JN442940

노동분쟁해결 시리즈 3

# ADR 대안적 분쟁해결 제도 고급편

김태기 · 김학린 · 문강분
이 정 · 김민표 외 22인 공저

# The Handbook of ADR

박영사

# 서문

우리들의 삶은 갈등의 연속입니다. 가정생활과 학교생활부터 직장 생활이나 사회생활에 이르기까지 갈등을 겪습니다. 갈등이 자연스럽게 해소되면 좋겠지만 때로는 갈등이 분쟁으로 악화해 경제적으로 정신적으로 고통을 받습니다. 전통적인 분쟁 해결 방식은 소송 등 법으로 해결하는 것입니다. 소송이 불가피한 선택일 수 있지만, 법원에서의 판결은 시간과 비용이 많이 들고 그 과정에서 당사자들의 관계는 적대적으로 됩니다. 나라 전체로 보면 소송 만능 식의 분쟁 해결 문화는 사회 불신을 키워 협력과 혁신이 저해됩니다. 이러한 이유로 다른 사람의 손에 맡겨 분쟁을 일도양단으로 해결하기보다 당사자들이 자율적으로 해결하는 대안적 분쟁 해결 방식을 원하게 되고, 이러한 경향은 지구 전체의 문명사적 변화로 나타나고 있습니다.

대안적 분쟁 해결은 분쟁의 당사자가 분쟁 해결의 주체가 되는 것입니다. 당사자들이 협상으로 분쟁을 해결하고, 협상이 어려운 경우 이 분야의 전문가가 상담 · 화해 · 조정 등의 방법으로 당사자들을 도와줍니다. 대안적 분쟁 해결을 원하는 기저에는 분쟁이 발생하는 원인은 당사자들 자신이 가장 잘 알고, 당사자들이 합의한 해결이 과정이나 결과에서 가장 공정하다는 자각이 깔려 있습니다. 분쟁 발생의 단위가 개별화될수록 이런 경향은 더욱 큽니다. 특히 디지털 시대로 전환하면서 사람들의 욕구는 다양화되고 일률적인 기준으로 갈등과 분쟁을 해결하기 어려워지면서 당사자들의 기대와 요구에 따른 맞춤형 분쟁 해결이 더 필요하게 됩니다.

사람은 일함으로써 소득을 얻고 정체성도 지키기에 고용관계는 갈등이 그만큼 많습니다. 노동의 성격이 바뀌고 고용 형태가 다양해지면서 파업과 소송 등 전통적인 분쟁 해결 방식에 변화가 일고 있습니다. 판결이나 판정을 통한 해결 대신 화해나 조정을 통한 당사자들의 자율적 해결을 추구합니다. 노동위원회가 사건 당사자들을 대상으로 한 조사를 보면, 응답자의 95% 정도가 대안적 분쟁 해결의 활용을 원합니다. 하지만 이를 지원할 전문가가 부족하다는 비율도 95%로 매우 높습니다. 또 사건 해결에 대한 당사자들의 만족도 조사를 보면, 화해로 해결한 경우는 만족도가 판정보다 2~5배 높고, 해결에 걸린 시간은 화해가 판정의 절반에 지나지 않습니다.

자율적 분쟁 해결은 사회 분위기뿐 아니라 당사자들의 개인적인 갈등 해결 능력에 큰 영향을 받습니다. 이러한 능력은 임금 수준 등의 차이로도 나타납니다. 관련 연구에 의하면, 같은 조건이라고 하더라도 의사소통 · 협상, 화해 · 조정 등 사회적 관계 능력이 좋은 사람은 취업 기회와 급여가 높습니다. 하지만 우리나라는 이러한 능력이 직장 생활에 필요한 기본 소양임에도 불구하고 관련 교육은 빈약합니다. 고용관계의 당사자들이 분쟁을 예방하고 해결할 능력을 키우는 일은 지금까지 놓치고 있던 중요한 인프라인 만큼 중앙노동위원회는 정부의 예산으로 2024년에 대안적 분쟁 해결(ADR) 교육과정을 한국고용노동교육원의 도움을 받아 개설했습니다.

중앙노동위원회의 노동 · 고용 분야의 ADR 교육과정은 'ADR 아카데미'를 염두에 두고 있습니다. 이를 위해 관련 분야의 전문가들이 토론을 거쳐 교육 및 평가과정을 설계하고 교재를 집필했습니다. ADR 교육과정은 3단계로 구성되고, 그 이후 경험을 기반해 전문성을 계속 축적하는 마이스터 과정이 있습니다. ADR 레벨 Ⅰ 교육은 일반 사람이라도 언제든지 분쟁 해결의 기초적인 역량을 키우도록 원격교육으로, ADR 레벨 Ⅱ 교육은 분쟁 예방과 해결에 관련된 업무를 하는 사람들에게 필요한 전문 역량을 키우도록 강의와 롤플레잉 교육으로, ADR 레벨 Ⅲ 교육은 어려운 분쟁을 해결하거나 이러한 분쟁의 해결을 지원하는 데 필요한 고급 역량을 키우도록 강의와 현장 실습으로 진행합니다.

놀랍게도 ADR 교육에 대한 열기는 예상보다 뜨겁습니다. 수강을 신청하신 분이 예상보다 훨씬 많았고, 직업도 다양했으며, 수업에 임하는 열기는 뜨거웠습니다. 이에 정부는 ADR 교육에 대한 2025년도 예산을 대폭 늘렸습니다. 교재를 집필하신 교수님들의 열기와 인내심은 정말 특별했습니다. 전공 분야가 각자 다르지만, ADR 교육의 필요성과 교육 목표에 생각을 같이해, 과목들끼리의 연계성과 집필자들의 서술 방식의 일관성 등을 위해 수정에 수정을 거듭하면서 교재를 완성했습니다. 우리나라에서 처음으로 ADR 교육을 하고 또 교재를 직접 만든다는 사명감이 있기에 가능했고, 이러한 마음을 가지고 개선 · 보완할 점들을 찾아 추후 교재의 개정에 반영할 것입니다.

이번에 출간하는 ADR 레벨 Ⅲ 교재는 레벨 Ⅰ과 Ⅱ 교육을 이수한 사람들을 대상으로, 분쟁이 자주 발생하거나 고질화하거나 해결하기 어려운 문제를 해결하는 데 중점이 있습니다. 이러한 문제들의 원인과 결과를 이해하고, 극복하기 위한 솔루션을 찾을 수 있도록 하는 데 교육의 목표를 둡니다. 책의 범위와 내용이 방대하기에, 이에 맞게 주제별로 쉽게 찾고 활용하도록 핸드북 형태로 집필했습니다. 책의 내용은 크게 보면 4개 부문 25개 주제로 구성됩니다. 제1부 「협상의 장애요인, 어떻게 극복할 것인가?」, 제2부 「직장 내 갈등, 어떻게 풀 것인가?」, 제3부 「직장생활 법적 분쟁, 어떻게 해결하나?」, 제4부 「분쟁해결 실무, 어떻게 지원하나?」로 각 부문의 첫 장에 과목들의 요지를 소개하고 있습니다.

끝으로 ADR 레벨 III 교재가 출간하는 데 많은 분이 수고하셨습니다. 집필자이면서 각 부문의 집필 코디네이터인 이정 교수님, 김학린 교수님, 문강분 교수님, 김민표 교수님과 특별히 참여하신 이성희 전 고용노동부 차관님께서는 별도의 회의 등으로 많은 시간을 할애하셨습니다. 주제별 집필자이신 김용민 교수님, 황기돈 교수님, 박호환 교수님, 편정일 교수님, 김나정 교수님, 도보람 교수님, 이영면 교수님, 차명호 교수님, 이광선 교수님, 권순하 교수님, 변성영 교수님, 이세리 교수님, 최영우 교수님, 최선애 교수님, 서덕일 교수님, 맹수석 교수님, 박진환 교수님, 조영식 교수님, 이석준 교수님, 윤광희 교수님, 손동희 교수님 감사합니다. 교재출판은 물론 교육 전반에 걸쳐 지원을 아끼지 않은 중앙노동위원회와 한국고용노동교육원의 관계자들에게 감사합니다. 중앙노동위원회 ADR 교육의 투명성을 높이도록 교재를 외부에서 출간하는 데 협조해주신 박영사에도 감사합니다.

2025년 5월

김태기 중앙노동위원회 위원장

# 차례

## 제1부 협상의 장애요인, 어떻게 극복할 것인가?


제1부 개요 협상의 장애요인, 어떻게 극복할 것인가? ······ 2

원인을 알면 해법이 보인다
– 분쟁의 진단과 시스템의 개선 – ······ [김태기] ··· 7

Ⅰ. 우리 회사는 왜 이래? ······ 7
1. A사의 노사분쟁 이야기 ······ 7
2. B사의 고용 분쟁 이야기 ······ 8

Ⅱ. 분쟁 해결 시스템의 이해 ······ 10
1. 지원부터 자문까지 ······ 10
2. 시스템의 구성과 분석 방법 ······ 11

Ⅲ. 분쟁의 진단, 무엇이 왜 잘못된 거지 ······ 20
1. 진단 TF 구성과 툴 ······ 20
2. 진단 사례 ······ 22

Ⅳ. 분쟁 해결의 처방, 어디부터 어떻게 손을 대야 하지 ······ 25
1. 과제의 선택과 추진 ······ 25
2. A사의 경우 ······ 27
3. B사의 경우 ······ 27

Ⅴ. 해법의 실행과 피드백, 제도화에 성공하려면 ······ 28
1. 과제의 실행 ······ 28
2. A사의 경우 ······ 30
3. B사의 경우 ······ 31

불확실하기에 더 대립한다
- 고용관계의 정보 비대칭 관리방안 - [김용민] … 37
Ⅰ. 고용관계는 기본적으로 정보 비대칭 37
1. 정보비대칭이 발생하는 이유와 결과에 미치는 영향 40
2. 정보 비대칭의 대표적 사례 40
3. 정보는 많을수록 유리하다 41
Ⅱ. 협상 전 정보수집 및 협상 준비 41
1. 수집해야 할 정보의 유형 42
2. 정보수집 방법 42
3. 협상 점검표 작성 43
Ⅲ. 협상 과정에서의 정보수집 45
1. 협상은 친근한 담소로 시작 45
2. 질문은 정보창고의 문을 여는 열쇠 45
3. 경청은 정보창고 안을 들여다보는 광학렌즈 47
4. 정보공유 47
5. 상대방이 기만전술을 사용할 때의 대응법 50
Ⅳ. 협상에서 정보비대칭 관리 방안 50
1. 내가 정보 우위에 있을 때 56
2. 내가 정보 열위에 있을 때 59
3. 정보 비대칭을 줄이기 위한 조정자의 역할 61
Ⅴ. 정보 비대칭을 줄이면 윈윈의 결과를 얻는다 66

실패를 통해 배우는 협상 기법 [박호환] … 71
Ⅰ. 실패는 성공의 어머니 71
Ⅱ. 실패 사례와 원인 분석 72
1. 사례 1 : 사전 준비 미흡으로 인한 실패 72
2. 사례 2 : 대안 제시와 레버리지에 문제 82
3. 사례 3 : 노사 강경한 대치로 임금교섭 실패 86

공공부문과 민간부문 노동분쟁, 무엇이 다른가?
- 공공부문 노동분쟁의 특성과 해결방법 - [김학린] … 101
Ⅰ. 공공부문 노동분쟁, 왜 해결하기 어려운가? 101
1. ○○지역 시내버스 2023년 임단협 교섭 (사례 1) 101
2. ○○지역 교원노조(○○지역 교육청) 2021년 단체교섭 (사례 2) 103
3. 보건의료부문 2023년 노동분쟁 (사례 3) 105
Ⅱ. 공공부문 노사관계의 특성 106
1. 공공부문이란 무엇인가? 106
2. 공공부문 노사관계의 특성 108
Ⅲ. 공공부문 노동분쟁의 구조와 특징 110
1. 공공부문 노동분쟁의 구조 110
2. 공공부문 노동분쟁의 특징 111
Ⅳ. 공공부문 노동분쟁 해결의 원리와 과제 114
1. 공공부문 노동분쟁과 복잡성 114
2. 공공부문 노동분쟁의 합리적 해결을 위한 과제 116

사회문제화된 노동분쟁을 해결하기 위한 협상방법
- 극단적 대결로 치닫는 노사분쟁, 협상의 실마리를 찾아라 - [이성희] … 125
Ⅰ. 사회문제화된 노동분쟁, 새로운 협상방법론이 필요하다 125
Ⅱ. 사회문제화된 노동분쟁 사례와 주요 특징 126
1. 사회문제화된 노동분쟁 주요 사례 126
2. 사회문제화 된 노동분쟁의 성격과 주요 특징 131
Ⅲ. 사회문제화된 노동분쟁, 협상으로 해결하는 길 찾기 134
1. 극단적인 대결을 협상으로 해결하는 협상전문가 지원 필요 134
2. 총체적인 난국에서 협상의 실마리를 찾기 위한 정보분석 135
3. 사회문제화된 노동분쟁의 쟁점과 이해관계, 협상 장애요인 분석 135
Ⅳ. 사회문제화된 노동분쟁 해결 위한 협상 방법 139
1. 사회문제화된 노동분쟁 해결의 실마리 풀기 139
2. 협상국면 전환 위한 분위기 조성과 협상의 기본 룰(Ground Rule) 재구축 141

3. 새로운 협상 프레임 구축과 단계적인 합의 추진 ········ 143
4. 총체적 난국에 빠진 협상, 분쟁해결지원인의 역할이 필요하다 ········ 145

노동조합 내부 갈등의 관리방법 ········ [황기돈] ··· 151
Ⅰ. 사례의 개요 ········ 151
1. 사례 A: 대립적 집단심리와 노동조합 집행부의 리더십 ········ 151
2. 사례 B: 선거제도를 매개로 정파 갈등의 분출을 예방 ········ 152
3. 사례 C: 소수노조의 단체교섭권 침해의 최소화 ········ 153
Ⅱ. 조정의 주요 내용 ········ 153
1. 사례 A: 조합원의 대립적 집단심리와 집행부의 리더십 ········ 153
2. 사례 B: 선거제도를 매개로 정파 갈등의 표출을 예방 ········ 159
3. 사례 C: 소수노조의 희생 최소화로 노조민주주의 내용적 구현 ········ 162
Ⅲ. 요약과 시사점 ········ 167
1. 요약 ········ 167
2. 사례별 시사점 ········ 169

노동조합이 준비하는 경영정보 활용법
– 노사신뢰 증진과 공동의 이익을 추구 – ········ [편정일]··· 177
Ⅰ. 성장과 분배를 함께 추구하는 상생의 교섭 ········ 177
1. 경영정보 데이터를 통한 K사의 교섭 ········ 178
2. 노동조합의 교섭요구서 ········ 179
Ⅱ. 임단협 교섭을 위한 기본준비 ········ 180
1. 조합원 의견수집 및 분석 ········ 181
2. 내부규정 점검 ········ 182
3. 교섭전략 수립 ········ 183
Ⅲ. 임단협 교섭을 위한 정보수집 ········ 183
1. 거시경제 지표 ········ 184
2. 재무건전성 ········ 186
3. 인건비 적정성 ········ 191

4. 교육과 벤치마킹을 통한 정보수집 ........ 194
Ⅳ. 임단협 교섭 진행 과정 ........ 195
1. 교섭 사전준비 ........ 195
2. 주요쟁점과 합의도출 ........ 196
3. 최종합의 및 신고 ........ 198
Ⅴ. 공동의 발전을 위한 노사협력 ........ 198
1. 기업이 추구하는 방향 ........ 199
2. 노동조합이 추구하는 방향 ........ 200
3. 노사 공동이 추구하는 방향 ........ 200

## 제2부 직장 내 갈등, 어떻게 풀 것인가?

제2부 개요 직장 내 갈등, 어떻게 풀 것인가? ........ 206

선제적 대응으로 파괴적 갈등 예방하자
– 직장 내 괴롭힘 해결 시스템 구축 – ........ [문강분] … 211
Ⅰ. 선제적 대응을 통한 예방의 필요성 ........ 211
1. 인구구조 변화와 다양성 관리의 필요성 ........ 213
2. 직장 내 괴롭힘 법제화와 분쟁의 확대 ........ 214
3. 직장 내 괴롭힘 분쟁 해결 구조와 분쟁 처리 현황 ........ 214
4. 예방중심 통합적 대응의 필요성 ........ 218
Ⅱ. 반괴롭힘 정책 표명과 예방적 고충해결시스템 구축 ........ 220
1. 反괴롭힘 정책선언과 행동강령의 채택 ........ 222
2. 反괴롭힘 제도 사내 규범화와 가이드라인의 제시 ........ 224
3. 법기준에 부합하는 사후 대응 절차의 제도화와 한계 ........ 226
4. 예방적 고충처리시스템 구축 ........ 229
Ⅲ. 통합 솔루션을 통한 직장 내 괴롭힘 예방체계 구축 ........ 231
1. 체계적 진단과 리스크 관리 ........ 232

2. 존중 리더십과 협업문화의 조성 ··· 237

3. 실효적 교육의 설계와 운영 ··· 239

정체성에 기반한 사고와 도덕적 감정에서 벗어나자

– 갈등의 온도를 낮추는 의사소통 전략 – ··· [김나정] ··· 245

Ⅰ. 고용관계에서 흔히 발생하는 갈등 사례들 ··· 245

Ⅱ. 고용관계 갈등의 본질: 정체성, 사고습관, 도덕적 감정의 역할 ··· 249

1. 고용관계에서의 갈등이란 무엇인가? ··· 249

2. 정체성의 역할: '우리'와 '그들'의 구도 ··· 249

3. 사고습관과 프레임의 경직화 – 우리는 세상을 어떻게 보는가? ··· 252

4. 도덕적 감정 – "이건 단순한 문제가 아니다!" ··· 253

5. 극단적 갈등의 결과: 조직 붕괴로 이어진 M기업 사례 ··· 260

Ⅲ. 뜨거운 갈등의 온도를 낮추어 조직 내 갈등을 해결하는 실질적인 접근법: 정체성에 기반한 사고습관과 도덕적 감정에서 벗어나 프레임을 새로 짜다 ··· 262

1. 집단 정체성에서 벗어나 새로운 갈등 프레임 설정하기 ··· 263

2. 도덕적 감정을 객관화하고 해결 중심의 논의로 전환하기 ··· 264

3. 상대방의 관점을 이해하는 조망수용 대화 기법 활용하기 ··· 265

4. 도덕적 감정을 변화의 동력으로 전환하는 방법 ··· 266

5. 개별화된 관계 구축 전략 ··· 267

6. 지속 가능한 갈등 해결 체계 구축하기 ··· 268

7. 새로운 관계의 구축을 위한 대화법 도입 ··· 269

8. 장기적 관점에서의 접근 ··· 273

Ⅳ. 조직 내 갈등을 성장의 기회로 전환하기 ··· 276

긍정 조직문화로 직장갈등 예방하자

– 긍정 조직문화 구축 – ··· [도보람] ··· 283

Ⅰ. 갈등과 분쟁 예방을 위한 조직적 접근 ··· 284

Ⅱ. 직장 내 갈등의 유형과 해결 ··· 284

1. 직장 내 갈등의 정의와 유형 ··· 284

2. 어떠한 조직에서 파괴적 갈등이 심화되는가? ········· 287
3. 우리 조직의 갈등 악화 요인: 측정도구 ········· 291
Ⅲ. 직장 내 파괴적 갈등의 근본적 예방: 긍정 조직 문화를 위한 조직 개발 ········· 291
1. 조직 문화 이해하기 ········· 291
2. 갈등 회복력을 높이는 긍정 조직 문화: 능동적 소통, 진정성, 그리고 상호존중 ········· 292
3. 갈등 회복력을 높이는 조직문화를 위한 체계적 접근: 조직개발 ········· 293
Ⅳ. 갈등 회복력을 높이는 변화 전략: 긍정 조직 문화, 이렇게 만들 수 있다 ········· 295
1. 긍정 조직 문화를 위한 첫걸음: 조직 개발의 필수 요건들 ········· 295
2. 긍정 조직 문화를 위한 X 사의 조직 개발: 실행 과정 ········· 298
3. 조직 개발: 진단 전략 ········· 298
4. 조직 개발: 개입 전략 ········· 300
5. 긍정 조직 문화를 위한 조직 개발: Y 사의 사례 ········· 304
Ⅴ. 긍정 조직 문화를 향하여 ········· 305

MZ세대와 의사소통 어떻게 할 것인가?
– 비대면/실시간 의사소통 – ········· [이영면] ··· 309
Ⅰ. 비대면 의사소통에서 왜 갈등이 발생하지? ········· 309
Ⅱ. 직장에서의 비대면 의사소통과 갈등 ········· 311
1. 비대면 의사소통과 갈등 발생 ········· 312
2. 비실시간 의사소통과 갈등 발생 ········· 312
Ⅲ. 직장에서 비대면 및 비실시간 의사소통의 갈등 예방과 해결 방법 ········· 316
1. 상대방을 인격체로 대우하고, 직무와 관련 의사소통으로 제한한다. ········· 316
2. 비대면 의사소통을 보완하는 정보를 확보한다 ········· 317
3. 비실시간 의사소통은 정확하고 구체적으로 한다 ········· 317
4. 갈등 발생에 대한 준비와 연습이 필요하다 ········· 319
5. 사건 처리후 정리를 통해 반복적으로 발생하지 않도록 한다 ········· 319
Ⅳ. 비대면 및 비실시간 의사소통에서 갈등을 피하려면 ········· 320
1. 비대면 · 비실시간 의사소통과 인적자원관리 ········· 320
2. 예시: 감정 섞인 언어폭력과 부당해고 사례 ········· 321

3. 비대면 및 실시간 의사소통에서 갈등을 피하기 ........ 322

생각을 달리하면 해법이 보인다
– 사람 중심의 고충 상담 모형 – ........ [차명호] … 329
Ⅰ. 뭐 다른 방법 없을까? ........ 329
Ⅱ. 갈등과 관련하여 무엇을 살펴보아야 할까? ........ 333
1. 우리는 동일한 현실에 살고 있는가? ........ 334
2. 내가 세상을 바라보는 중심은 무엇인가? ........ 337
Ⅲ. 사람 중심의 직장 내 갈등 상담 모형: 사람 먼저! ........ 340
1. 사람 중심 갈등 상담 모형의 의미 ........ 340
2. 상담의 기초 기술 ........ 341
3. 갈등 해결 상담 기초 과정 ........ 346
4. 어려운 사람과의 갈등을 해결 방법은? ........ 351

## 제3부 직장생활 법적 분쟁, 어떻게 해결하나?

제3부 개요 직장생활 법적 분쟁, 어떻게 해결하나? ........ 362

법은 협상의 장애물인가?
– 법적 협상(Legal Negotiation)의 원리 – ........ [이 정] … 367
Ⅰ. 노동분쟁과 ADR ........ 367
1. 노동분쟁 양상의 변화 ........ 367
2. 노동분쟁의 특성과 ADR 활용의 필요성 ........ 368
Ⅱ. 법적 협상의 개념 및 모델 ........ 370
1. 법적 협상의 개념 ........ 370
2. 법적 협상의 모델 ........ 370
Ⅲ. 노동분쟁과 ADR 활용 방법 ........ 372
1. 노동분쟁 유형에 따른 구분 ........ 372

2. 노동분쟁과 ADR 활용 사례 ··· 374
3. 법적 협상의 성공 조건 ··· 387
Ⅳ. 법적 협상에서 법률대리인의 역할 ··· 388
1. 법률대리인이 관여하지 않는 협상 ··· 388
2. 협상에 법률대리인이 관여하는 의미 ··· 389
3. 유능한 법적 협상가란? ··· 391
Ⅴ. 법적 협상의 전망과 과제 ··· 393
1. 협상은 종합예술이다 ··· 393
2. 법적 협상은 AI로도 대체불가다 ··· 393
3. 법적 협상을 배워야 하는 이유 ··· 394

근로계약과 취업규칙 100% 활용법 ··· [이광선] ··· 399
Ⅰ. 근로계약과 취업규칙의 의의 및 필요성 ··· 399
1. 문제제기 ··· 399
2. 근로계약, 취업규칙의 의의 ··· 400
3. 근로계약, 취업규칙의 필요성 ··· 401
Ⅱ. 분쟁 예방과 해결을 위한 근로계약과 취업규칙 작성 요령 ··· 403
1. 근로계약과 취업규칙의 기재사항 ··· 403
2. 근로계약과 취업규칙 등의 우선순위 ··· 406
3. 근로계약과 취업규칙 변경 시 유의사항 ··· 408
4. 근로계약과 취업규칙의 효력 발생 요건 ··· 410
5. 근로계약서, 취업규칙 잘 작성하는 법 ··· 412
6. 근로계약서, 취업규칙 분쟁 예방 및 실무적 해결방법 ··· 414

직장생활을 아름답게 마무리하는 요령(사직과 해고) ··· [권순하] ··· 421
Ⅰ. 직장생활 마무리를 위한 대안적 분쟁해결방법 모색의 의미 및 필요성 ··· 421
Ⅱ. 사직과 해고의 법적 성질 · 의미 ··· 422
1. 사직의 법적 성질 · 의미 ··· 422
2. 해고의 법적 성질 · 의미 ··· 424

Ⅲ. 합의에 의한 퇴사 기타 화해를 통한 해결방법 ··· 426
1. 협상 준비 및 진행 ··· 426
2. 협상 결과의 문서화 과정 ··· 428
3. 협상 거부 내지 결렬 시 방안 ··· 431
Ⅳ. 사직 · 해고 효력 부정 시 대안적 분쟁해결방법 ··· 432
1. 임금 소급 지급 및 원직 복귀를 둘러싼 여러 가지 문제점 ··· 432
2. 금전 보상 등을 포함한 대안 ··· 434
3. 소위 '직장 빌런'이 되지 않기 위한 해결방안 모색 ··· 434
Ⅴ. 대안적 분쟁해결방법의 지속적 모색 노력 ··· 435

고용상의 차별
– 비정규직 · 성 · 연령 차별 분쟁에 관한 슬기로운 해법 – ··· [변성영] ··· 439
Ⅰ. 비정규직 · 성 · 연령 차별 분쟁의 특성 및 사례 ··· 439
1. 비정규직 · 성 · 연령 차별 개관 ··· 439
2. 차별 분쟁의 특성 – 분쟁당사자의 법리 오해가 야기하는 문제점들 – ··· 440
3. 고용상 차별 분쟁 사례 ··· 440
Ⅱ. 비정규직 차별에 관한 부정확한 인식 유형 ··· 443
1. 비교대상근로자 ··· 443
2. 불리한 처우 ··· 444
3. 합리적 이유 ··· 445
Ⅲ. 고용상 성 차별에 관한 부정확한 인식 유형 ··· 446
1. 동일 가치 노동 요건 ··· 447
2. 적절한 조치 의무 ··· 448
3. 간접차별 ··· 448
4. 시정명령의 내용 ··· 449
Ⅳ. 고용상 연령 차별에 관한 부정확한 인식 유형 ··· 449
1. 진정직업자격 ··· 450
2. 고용승계 및 경영상 이유에 의한 해고 등에 있어서 특정 연령 배제 ··· 450
3. 승진 심사 및 교육 · 훈련 대상자 선발 시 특정 연령 제한 ··· 450

4. 정년퇴직자의 재고용 …… 451
V. 고용상의 차별(비정규직 · 성 · 연령 차별) 분쟁 해결을 위한 실행 방안 …… 451
1. 분쟁당사자의 부정확한 인식 개선 도모 …… 451
2. 분쟁당사자에 대한 균형 있는 정보 제공 …… 453
3. 대화분위기 조성, 심리적 안정 …… 454
4. 신뢰와 공감대 형성 …… 455
5. 자율적 분쟁 해결 절차의 설계 및 관리, 문제해결의 촉진 …… 456
VI. 고용상의 차별(비정규직 · 성 · 연령 차별) 분쟁 해결 …… 457
1. 고용상의 차별(비정규직 · 성 · 연령 차별) 사례 공통 …… 457
2. 비정규직 차별 분쟁(사례 1) 해결 …… 459
3. 고용상 성 차별 분쟁(사례 2) 해결 …… 459
4. 고용상 연령 차별 분쟁(사례 3) 해결 …… 461

직장 내 괴롭힘 금지제도의 법적 쟁점
– 판단기준과 사용자의 조치 의무를 중심으로 – …… [이세리] … 467
I. 직장 내 괴롭힘, 어떻게 판단하나 …… 467
II. 근로기준법상 직장 내 괴롭힘 금지제도 …… 468
1. 현행법상 직장 내 괴롭힘 금지제도의 특징 …… 468
2. 직장 내 괴롭힘의 판단 …… 469
3. 직장 내 괴롭힘 관련 사용자의 조치의무 …… 469
4. 직장 내 괴롭힘에 대한 구제 수단 …… 469
III. 직장 내 괴롭힘의 성립요건 …… 470
1. 행위의 주체 …… 470
2. 행위의 객체 …… 471
3. 직장 내 괴롭힘의 행태적 구성요건 …… 472
IV. 직장 내 괴롭힘 금지제도의 오 · 남용에 대한 경계 …… 479
V. 직장 내 괴롭힘 관련 사용자의 법적 조치 의무 …… 481
VI. 직장 내 괴롭힘의 예방과 피해자 보호를 위하여 …… 483

집단 노동분쟁 주요 이슈, 합리적으로 해결하기 ······ [최영우] ··· 489
Ⅰ. 집단 노동분쟁 주요 이슈 ······ 490
Ⅱ. 근로시간면제제도(Time Off)를 둘러싼 다툼 ······ 491
1. 다툼이 발생하는 이유 ······ 491
2. 근로시간 면제제도 ······ 492
3. 공정대표의무 ······ 493
4. 합리적으로 해결하기 ······ 494
Ⅲ. 단체협약 해지를 둘러싼 다툼 ······ 495
1. 다툼이 발생하는 이유 ······ 496
2. 단체협약의 해지 ······ 496
3. 자동연장협정 ······ 497
4. 규범적 부분과 채무적 부분 ······ 497
5. 합리적으로 해결하기 ······ 497
Ⅳ. 협정근로자를 둘러싼 다툼 ······ 498
1. 다툼이 발생하는 이유 ······ 499
2. 협정근로자 대상업무 ······ 499
3. 협정근로자 도입절차 및 도입사례 ······ 500
4. 합리적으로 해결하기 ······ 500
Ⅴ. 총회 사전인준절차를 둘러싼 다툼 ······ 501
1. 다툼이 발생하는 이유 ······ 502
2. 노동조합 대표자의 권한 ······ 502
3. 총회 사전인준절차의 법적 효력 ······ 502
4. 합리적으로 해결하기 ······ 503
Ⅵ. 파업기간 중 급여지급을 둘러싼 다툼 ······ 504
1. 다툼이 발생하는 이유 ······ 504
2. 쟁의행위와 임금 ······ 504
3. 파업불참근로자의 임금청구권 ······ 505
4. 합리적으로 해결하기 ······ 506
Ⅶ. 비조합원의 임금인상을 둘러싼 다툼 ······ 507

1. 다툼이 발생하는 이유 ···· 508
2. 단체협약의 일반적 구속력 ···· 508
3. 확장적용의 요건 ···· 509
4. 비조합원에 대한 적용 ···· 510
5. 합리적으로 해결하기 ···· 510

노동법 · 판례 · 판정 등의 활용 요령 ···· [최선애] ··· 515
Ⅰ. 소송은 생물이다 ···· 515
1. 사건의 개요 ···· 516
2. 사건의 진행 경위 ···· 517
3. 전원합의체 판결의 의의와 유의점 ···· 521
Ⅱ. 사례와 관련된 주요 법령 ···· 522
1. 근로기준법 ···· 522
2. 노동위원회법 ···· 524
3. 노동위원회규칙 ···· 524
Ⅲ. 노동법 관련 자료의 검색과 접근방법 ···· 526
1. 법령과 판례 검색 ···· 526
2. 노동위원회 판정례 검색 ···· 530
3. 일반정보 검색 ···· 530
Ⅳ. 노동법 해석의 특수성과 유의사항 ···· 532
1. 법령해석의 기본원칙 ···· 532
2. 실무 적용 시 유의사항 ···· 533
3. 실무상 대응방안 ···· 534

글로벌 기업이 알아야 할 한국 노동법 및 노동관행 ···· [서덕일] ··· 539
Ⅰ. 글로벌 기업이 생각하는 한국 노동시장 ···· 539
Ⅱ. 한국 노동법과 노사관계의 특징 ···· 542
1. 고용주에 엄격한 노동법 ···· 542
2. 노동시장 유연성의 차이 ···· 542

3. 직원 보상 체계의 차이 ··· 543
4. 노사관계 상의 차이 ··· 543
Ⅲ. 글로벌 기업이 겪는 주요 쟁점 ··· 545
1. 채용과 해고 ··· 545
2. 임금 및 근로시간 ··· 547
3. 노사관계 ··· 547
4. 구조조정과 청산 ··· 548
Ⅳ. 사례로 살펴보는 효과적인 분쟁 해결방안 ··· 549
1. 철저한 준비 없이 성급히 대응한 사례 ··· 549
2. 한국 노동법 및 노사관계 환경에 대한 이해가 부족했던 사례 ··· 551
3. 본사의 경영 결정을 이행하는 과정에서 국내 노동법 위반 여부가 문제된 사례 ··· 552
4. 노사관계 개선을 위한 글로벌 본사의 적극적 노력이 성공한 사례 ··· 554
Ⅴ. 이해와 조정을 통한 선순환 구조 구축 ··· 556

## 제4부 분쟁해결 실무, 어떻게 지원하나?

제4부 개요 분쟁해결 실무, 어떻게 지원하나? ··· 562

노동위원회 실무 개론
- 한눈에 보는 사건의 배정부터 종료까지의 노동위원회 실무 - ··· [김민표] ··· 567
Ⅰ. 이 과목에서 무엇을 배우게 될까? ··· 567
Ⅱ. 노동위원회에 접수되는 사건의 종류 ··· 567
1. 노동위원회 사건의 개관 ··· 567
2. 노동위원회 접수 사건의 상세 목록 ··· 568
Ⅲ. 접수 사건의 배정 ··· 572
1. 심판사건 · 차별시정 사건의 배정 ··· 572
2. 조정사건의 배정 ··· 574
Ⅳ. 접수 사건의 조사 ··· 577

1. 노동위원회의 사실 조사권 ········ 577
2. 심판사건(차별시정 사건) 사실 조사의 기초원리 ········ 579
3. 조정사건의 사실 조사는 Checklist를 활용하자 ········ 582
V. 각종 위원회의 구성과 사건처리 ········ 585
1. 위원회의 종류와 역할 ········ 585
2. 조정위원회의 사건처리 방식 ········ 585
3. 심판위원회의 사건처리 방식 ········ 588
VI. 판정서의 작성 ········ 593
1. 판정서의 구성 ········ 593
2. 판정서 작성을 위해 챙겨두어야 할 자료 ········ 595
3. 판정서의 본격적인 작성 ········ 596

증거와 증언 등의 활용 요령
– 진술 자료의 사실인정 판단 – ········ [맹수석] ··· 617
I. 심문회의 진행과 사실관계의 규명 ········ 617
1. 심문회의 개최 · 진행 절차의 특성 ········ 617
2. 사실관계의 파악 방법 ········ 618
II. 당사자 및 증인에 대한 심문과 사실 발견 ········ 624
1. 심문절차 운영의 기본원칙 ········ 624
2. 심문절차 진행시 유의사항 ········ 626
III. 증거자료 등의 활용을 통한 사실 발견 ········ 628
1. 증거조사와 공정성 확보 ········ 628
2. 증거의 진실성 판단기준 ········ 633
3. 증거자료의 유형별 활용 ········ 638

화해 합의문 작성과 합의문의 이해 및 해석
– 당신이 궁금한 화해에 관한 모든 것 – ········ [박진환] ··· 647
I. 화해의 효력 ········ 647
1. 노동분쟁은 화해에 親한 것인가 ········ 647

2. 재판상 화해의 법률상 효력 ········· 648
3. 재판상 화해의 효력을 다투는 방법 ········· 651
Ⅱ. 화해합의문 작성의 일반 원칙 ········· 652
1. 화해조서 작성 개요 ········· 652
2. 화해안 도출 시 고려사항 ········· 652
3. 화해조항 작성 시 유의사항 ········· 653
Ⅲ. 화해합의문의 해석과 적용 ········· 660
1. 처분문서의 증명력 및 처분문서에 나타난 당사자 의사의 해석 ········· 660
2. 계약의 해석 방법 ········· 662
3. 법률행위의 해석의 기본입장(목표, 대상) ········· 663
4. 판례가 판시하는 관련 법리 정리 ········· 666
Ⅳ. 합의문서의 해석과 적용을 둘러싼 갈등을 예방하기 위해 유념할 사항 ········· 667
1. 노동관련 문서에서 나타나는 오류와 문제 ········· 667
2. 근로계약 내지 단체협약의 해석 ········· 667
3. 화해조서 작성 후 갈등 억제 방안 ········· 669
Ⅴ. 화해 관련 분쟁을 방지하려면 ········· 674

신청인 · 피신청인과의 대화 요령 및 사실 조사보고서 작성법은 따로 있다.
– 신청인 · 피신청인과의 대화요령 및 조사보고서 작성 – ········· [조영식 · 이석준] ··· 679
Ⅰ. 신청인 · 피신청인과의 대화 요령 ········· 679
1. 2가지 대화 요령 ········· 679
2. 진실에 기반한 대화 의무 ········· 680
Ⅱ. 화해를 위한 대화 요령 ········· 681
1. 영국의 민간조정 시스템에서 분쟁을 해결하는 대화 요령 ········· 681
2. 우리나라 시사점(화해를 위한 대화) ········· 690
Ⅲ. 조사보고서를 위한 대화 요령 ········· 693
1. 조사보고서 작성 과정의 단계별 대화 요령 ········· 693
2. 조사과정에서 당사자와 대화 시 유념할 사항 ········· 702
Ⅳ. 조사보고서 작성 사례 ········· 704

1. 노동위원회 조사보고서 기능과 구성 등 ··· 704
2. 심판사건의 조사보고서 작성 ··· 705
3. 조정사건의 조사보고서 작성 ··· 718

분쟁해결은 윤리를 바탕으로 하여야 한다
– 분쟁해결지원인의 윤리와 신뢰형성 – ··· [윤광희·손동희] ··· 727
Ⅰ. 분쟁해결, 왜 윤리가 필요한가? ··· 727
1. A사의 고용분쟁해결 사례와 윤리 ··· 729
2. B사의 노사분쟁해결 사례와 윤리 ··· 730
Ⅱ. 분쟁해결지원인과 윤리 ··· 731
1. 분쟁해결지원인 윤리의 특징 ··· 731
2. 분쟁해결지원인의 윤리 구성 요소 ··· 732
Ⅲ. 분쟁해결지원인이 취해야 할 윤리적 행동 ··· 734
1. 친절하고 정중한 태도: 경청 ··· 736
2. 전문성 향상을 위한 노력 ··· 738
3. 이해충돌 방지를 위한 노력 : 제척 · 회피 이행 ··· 742
4. 공정 · 성실하고 신속한 수행 노력 ··· 746
Ⅳ. 분쟁해결지원인이 해서는 안 될 비윤리적 행동 ··· 749
1. 차별과 불공정한 언행 ··· 750
2. 이해충돌과 비밀누설 ··· 754
3. 사적 접촉 ··· 757
Ⅴ. 「노동위원회법」상 행위규범과 「노동위원회 위원의 윤리강령」 ··· 759
Ⅵ. 분쟁해결지원인의 윤리성을 확보하려면 ··· 764
1. 분쟁해결 토대로서의 윤리 ··· 764
2. A사의 경우 ··· 765
3. B사의 경우 ··· 766

사항색인 ··· 767

제1부

# 협상의 장애요인, 어떻게 극복할 것인가?

- 원인을 알면 해법이 보인다 _김태기 교수
- 불확실하기에 더 대립한다 _김용민 교수
- 실패를 통해 배우는 협상기법 _박호환 교수
- 공공부문과 민간부문 노동분쟁, 무엇이 다른가? _김학린 교수
- 사회문제화된 노동분쟁을 해결하기 위한 협상방법 _이성희 교수
- 노동조합 내부 갈등의 관리방법 _황기돈 교수
- 노동조합이 준비하는 경영정보 활용법 _편정일 교수

# 제1부 개요 협상의 장애요인, 어떻게 극복할 것인가?

제1부("협상의 장애요인, 어떻게 극복할 것인가?")는 총 7개 장으로 구성되어 있습니다. 집필진들은 한국사회 노사관계 당사자들이 협상 능력을 제고하는 데 있어 반드시 검토해야 할 사안들을 7가지로 압축하여 정리하였습니다.

앞의 3개의 장은 총론적 성격으로 협상의 장애요인을 극복하는데 필요한 기법과 역량에 대해 다각적으로 검토합니다. 우선, 제1장('원인을 알면 해법이 보인다')는 특정 분쟁의 해결에 중심을 둔 미시적 접근을 넘어 거시적으로 시스템 개선을 통해 분쟁 해결 및 협상 역량을 높이는데 중점을 두고 있습니다. 제1장은 '진단 → 처방 → 실행 → 피드백'이라는 시스템 개선 로드맵을 제시하고 이를 바탕으로 협상의 장애요인을 극복하는 방법에 대해 체계적으로 검토합니다. 제2장('불확실하기에 더 대립한다')는 고용관계 및 노사관계에서 정보의 비대칭성이 발생하는 이유와 결과에 미치는 영향을 검토하고, 이를 바탕으로 협상에서 정보의 비대칭성 관리방안에 대해 토론합니다. 정보의 비대칭성을 줄이는 것이 협상당사자 간에 통합적 해법의 필수 조건임을 강조합니다. 제3장('실패를 통해 배우는 협상기법')은 협상 실패 사례를 통해 실전에서 유용한 협상 기법과 전략을 배우는 것을 목적으로 합니다. 사례분석 기법을 바탕으로 3가지 구체적인 협상 상황을 제시하며, 각 사례의 대화 장면을 분석하고 실패의 원인과 교훈을 정리합니다.

다음 제4장과 제5장은 한국사회에서 만성적(Protracted) 노동분쟁으로 평가되는 사안에 대해 토론합니다. 제4장('공공부문과 민간부문 노동분쟁 무엇이 다른가')은 공공부문 노동분쟁이 왜 해결되기 어려운가를 민간부문과 비교하여 진단하고 이를 극복하기 위한 방안에 대해 토론합니다. 공공부문에서 노사 간 자율적 분쟁해결의 구조적 한계를 지적하고, 공적 분쟁조정기구의 적극적 역할과 활용을 강조합니다. 제5장('사회문제화된 노동분쟁을 해결하기 위한 협상방법')은 극단적 대결로 치닫는 노사분쟁이 어떻게 해결의 실마리를 찾는가에 초점을 맞추어 토론합니다. 해당 노동분쟁의 특성, 갈등관계의 성격에 부합하는 협상 방법 및 분쟁해결 지원방안이 구축되고 실행될 필요가 있음을 강조합니다.

마지막 제6장과 제7장은 노동조합과 관련된 논의로 지금까지 많이 다루어지지 못한 사안을 검토합니다. 제6장('노동조합 내부갈등의 관리방법')은 한국사회에서 표출될 수 있는 3가지 전형적인 노동조합 내부갈등을 유형화하고, 이를 바탕으로 노동조합 내부갈등이 어떻게 해결되고 관리되는지를 분석합니다. 접근 방식에 따라 노동조합 내부갈등의 표출 방식은 다양할 뿐만 아니라 중장기적 노사관계에도 다르게 영향을 미친다는 점을 강조합니다. 제7장('노동조합이 준비하는 경영정보 활용법')은 다년간 노동조합 경험을 바탕으로 노사협상에 임하는 노동조합의 태도와 준비과정을 다룹니다. 특히, 노사협상의 합리적 전개를 위해서는 노동조합의 경영정보에 대한 철저한 분석이 필수적임을 강조합니다.

# 원인을 알면 해법이 보인다
## - 분쟁의 진단과 시스템의 개선 -

---

김태기 교수

# 원인을 알면 해법이 보인다
# - 분쟁의 진단과 시스템의 개선 -

김 태 기

## Ⅰ 우리 회사는 왜 이래?

### 1. A사의 노사분쟁 이야기

제조업인 A사는 지방에 공장이 있는 수출 대기업으로 유명하지만, 지금 인건비와 가격 경쟁력의 우위에다 보조금을 주는 중국에 밀리고 있다. 미국의 자국 우선주의로 미래의 경영 환경은 더 불확실하다. 하지만 이러한 변화에 대한 노사의 인식과 대응은 미흡하다. 노사관계는 대립적이고 의사소통이 빈약하다. 조합원들은 회사의 성과가 좋았을 때 그만큼 보상을 받지 못했다며 강경 투쟁으로 일단 많이 받아내기를 원해왔다. 단체교섭은 겉돌다가 파업을 결의한 이후에야 협상다운 협상을 했다. 회사 측은 경쟁력 저하를 로봇 등 신기술 도입과 협력 기업의 노동력 활용 등으로 극복하려고 노동조합의 협력을 구해왔으나 집행부가 바뀔 때마다 그 약속은 지켜지지 못했다. 이러자 A사는 사업의 구조조정과 외국 진출 등으로 돌파구를 열고자 하면서, 인사·노무 라인의 발언권은 줄었고 노동조합과의 대화도 작아졌다.

A사는 국내 사업은 인건비 절감으로 경쟁력을 회복하고자 한다. 조합원의 고령화로 노동조합은 정년 연장을 요구하나 회사는 기간제 고용과 하청 노동력을 확대한다. 일률적인 급여 인상은 피하고 성과급 강화 등 임금체계 개편도 추진한다. 노동조합은 상급단체의 입장대로 이에 반대하고 있지만, 회사의 구성원들이 다양해지고 의식도 개별화되는 경향을 보이는 가운데 노동조합의 활동 방향에도 변화가 생기고 있다. 개성이 강하고 합리적인 MZ세대 조합원의 비중이 늘어나면서 과도한 투쟁 노선은 지양하고, 실리주의를 추구하면서 조합원 내부의 갈등이 커지고 있다. 게다가 기존의 노동조합과 다른 엔지니어 등 사무기술직이 중심인 다른 노조가 새로 만들어지면서 전임자와 사무실 문제 등으로 갈등을 겪고 있다.

이런 가운데 A사는 최고경영자의 개편을 계기로 경영 환경 변화에 맞는 새로운 노사관계 구축에 힘을 쏟기로 한다. 그는 회사의 미래가 국내 사업의 경쟁력 회복과 기술 및 조직 혁신을 위한 노사협력에 달려있다고 본다. 마침 대표 노동조합에 합리적인 새로운 집행부가 등장함에 따라, A사는 회사의 혁신에 노사가 동반자가 되자면서 노동조합의 위상을 세워주려고 한다. 이에 노동조합 위원장이 원칙적으로 동의하고 노사는 중립적인 외부 전문가의 도움을 받아 현재의 노사갈등을 진단하고 공동으로 노사관계 안정 기반을 만들기로 한다. 외국 진출보다 국내 투자를 우선 늘리고, 고생산성–저비용 구조로 바꾸도록 인사제도를 개선하며, 노사협의를 강화하고, 단체협약과 취업규칙 등을 정비하는데 노사가 협력하기로 한다.

A사에 위촉된 분쟁 해결 전문가 ㄱ은 어떤 분쟁이든 원인이 있고, 원인은 어떤 과정을 거쳐 결과를 낳는다고 생각한다. 노사관계 불안의 근본 원인은 불신에 있고, 규범의 미확립과 약속의 미이행이 불신을 일으킨다고 본다. 이에 따라 ㄱ은 A사의 노사갈등 발생과 해결 과정 그리고 결과를 시스템의 관점에서 분석하기로 한다. 이를 위해 단체교섭과 노사협의 및 고충처리 등의 관행, 단체협약 및 취업규칙 등 규범, 회사와 노동조합 구성원들의 의사소통 및 조직 분위기 등을 조사하고, 정보의 비대칭성, 심리적 문제, 법규범 문제가 갈등의 발생과 해결에 어떤 영향을 미치는지 면밀하게 검토하기로 한다. ㄱ은 가치관과 비전의 공유를 성공적인 분쟁 해결 시스템의 기초로 보고, 기술과 경영 환경 변화의 실제와 구성원들의 이에 대한 인식의 차이 등을 알아보고, 일하고 싶은 직장의 모습에 대한 공감대가 있는지, 이를 위해 누가 무엇을 어떻게 바꾸어야 할지를 정리하는 방식으로 자문을 진행하기로 한다.

## 2. B사의 고용 분쟁 이야기

IT 업종의 대표 기업인 B사는 수도권 소재 코스닥 상장회사로 급성장했다가 지금은 침체기를 맞이하고 있다. 경기가 좋을 때 대규모 충원을 했지만, 기술과 경영 환경 변화로 인력을 줄이고 있다. B사는 다른 경쟁 기업처럼 채용을 늘리면서 급여를 올렸다가 이제는 인건비 절감 때문에 소수의 고급 개발 인력만 유지하고 나머지 인력은 자발적으로 떠나도록 분위기를 만들고 있다. 이러한 문제는 IT 업종의 전반의 문제다. 신기술의 도입과 새로운 서비스의 개발이 경쟁력을 좌우하고 기술과 직업 수명은 짧다. 또 창업이 활발하고 기업들 사이의 통폐합도 왕성하며, 고급 기술 인력은 부족하고 노동력의 이동이 많다. 기술 개발 지원 인력은 나이가 젊고 개성이 강하며 경력개발에 관심이 크고 여가를 중시한다. 새로운 서비스의 경쟁적 출시에 쫓기는 IT 업종의 특성 때문에 해당 구성원들은 스트레스가 많고 실제 작업 시간이 길다. 사업이 성공하면 수익이 크지만 그렇지 않으면 시장에서 퇴출이 될 위험이 크다. 또 성과급의 규모는 고액이되, 구성원에 따라 액수의 차이는 크다.

이러한 문제가 업종의 특성상 그렇다고 쳐도 B사의 내부 문제는 더 심각하다. 구성원들이 각자 업무를 독자적으로 수행해도 협업이 사업의 성공에 중요한데, B사는 의사결정의 권한과 업무 수행을 둘러싼 갈등이 많고, 직장 내부의 의사소통은 원활하지 못하고 공감대는 약하며, 업무 지시나 배정 등에 예민하다. 성과와 보상 그리고 이에 대한 평가가 공정하지 못하고, 본인의 능력을 인정받지 못하며 반면, 경쟁으로 상호 견제의 분위기가 강하다고 불만이다. 하지만 B사는 공동의 사명이나 동질감을 높이는 노력은 빈약하고, 조직의 질서 유지에 필요한 취업규칙 등 규범은 확립되어 있지 못하며, 인적자원개발을 위한 투자도 적다. 업종과 회사의 특성으로 남성과 여성의 갈등이나 세대 갈등 등이 많으나 구성원들 사이의 갈등을 효과적으로 예방 · 해결할 수 있는 제도적 장치나 교육 등은 미흡하다. 무단결근으로 인한 해고와 성희롱으로 인한 징계 등 고용 불안과 직장 내 고충이 누적되는 가운데 노동조합이 만들어졌으나 조합원들의 조합 활동에 대한 참여도는 높지 않다.

이런 가운데 B사는 최고경영자를 교체하면서 조직 혁신에 나섰다. 지금까지 기술 분야의 전문가가 최고경영자였다가 재무 등 관리 분야의 전문가로 바뀐 것이다. 신임 최고경영자는 회사가 지금처럼 변화를 따라잡지 못하면 수년 내 퇴출당할 수 있다고 생각한다. 그는 B사의 구성원들은 자기 업무만 챙기고 부서와 회사가 돌아가는 상황에 관심이 적고, 칼퇴근하지 않으면 따돌림을 당하고, 업무 지시 중에 모욕적인 발언이 반발하고, 또 이런 상황을 임원과 부서 책임자가 외면하는 등의 문제가 쌓이면서, B사가 필요한 핵심 인력은 떠나고 그렇지 못한 인력만 남는다고 본다. 최고경영자는 이러한 직장 내 갈등을 해결하고 기술혁신을 할 수 있도록 협력적인 조직 분위기를 만들지 못하면 B사의 경쟁력은 계속 하락할 수밖에 없다고 본다. 이에 그는 외부 전문가의 도움을 받아 B사의 복잡한 고용 및 노사갈등을 객관적으로 진단하고, 환경 변화를 극복하고 경쟁력을 회복하는 조직 혁신 처방을 찾기로 했다.

B사에 위촉된 분쟁 해결 전문가 ㄴ은 조직 내부의 경쟁은 갈등이 수반함으로 공정해야 하고, 협력은 신뢰가 있어야 가능하고, 공정과 신뢰는 규범의 확립에 좌우된다고 생각한다. ㄴ은 B사의 복잡 · 다양한 고용 갈등 발생과 해결의 패턴 및 특징과 문제점을 시스템 차원에서 접근하기로 하고, 이에 필요한 관련 문서의 분석과 인터뷰 등을 해보기로 한다. 갈등의 근본적인 원인을 정보 · 심리 · 법규범 차원으로 크게 나누고, 갈등을 이슈와 당사자 그리고 이에 관한 법령과 판례 등 규범 사이의 상호작용 관점에서 분석하기로 한다. 일하고 싶은 직장과 함께 일하고 싶은 동료의 모습에 대한 B사 구성원들의 인식을 조사하고, 이에 맞추어 조직 혁신의 방향과 비전을 설계

하고자 한다. 또 혁신의 구체적 실행 과제와 이를 이행하기 위해 일정과 전략 등을 시스템 개선의 로드맵으로 만들고, 최고경영자부터 일반 직원이 해야 할 일과 해서는 안 될 일을 정리하려고 한다.

# II 분쟁 해결 시스템의 이해

## 1. 지원부터 자문까지

### (1) 지원의 범위

분쟁 해결 전문가는 당면한 분쟁의 해결을 지원하는 역할을 하지만 때로는 그 이상의 역할도 한다. 분쟁이 누적되고 악화하는 문제를 해결하기 위한 조사연구와 교육 등의 지원이 그렇다. 이러한 과정에 상담이나 컨설팅 등을 하게 된다. 조사연구나 교육을 의뢰하는 분쟁 당사자들은 분쟁이 누적되면서 많아지고 복잡해져 자율적으로 해결하기 어려워, 전문가의 도움을 받아 이들의 전문적인 지식과 경험을 활용하여, 수준 높은 해법을 찾아 현재의 상태를 변화시키고자 한다. A사나 B사처럼 분쟁 해결 전문가에 기대하는 지원의 범위나 당사자들의 기대 수준이 커질수록 이들의 역할은 확장된다. A사와 B사의 자문을 요청받은 ㄱ과 ㄴ은 모두 분쟁의 발생과 해결을 시스템의 관점에서 접근해 노동관계 안정을 지원하려 한다는 점에서 이들의 지원의 범위와 자문의 역할은 그만큼 확장된 것이다.

시스템에 대한 자문은 분쟁의 진단에 중점을 둘 수 있다. 하지만 A사나 B사처럼 분쟁의 발생부터 해결의 처방과 그 실행 방안까지 자문의 범위를 넓혀 시스템을 개선한다면 그 효과는 그만큼 커질 수 있다. 이렇게 하려면 자문의 목적과 방법을 처음부터 명확하게 설정해야 한다. 시스템의 분석은 진단으로 도출한 처방을 정책과 제도로 연결해 정착되어야 실효성을 거둔다. 이런 경우 시스템의 분석은 1단계로 분쟁의 발생 원인을 진단하고, 2단계로 해결의 처방을 찾고, 3단계로 처방의 실행에 필요한 정책화와 제도화를 추진한다. 단계가 올라갈수록 분쟁 해결 전문가에 대한 기대는 크고 책임은 무거워진다. 처방의 정책화나 제도화는 기업의 경영 전략과 관계가 깊기에 더 신중해야 한다. 따라서 자료나 통계의 심층 분석은 물론 포커스 그룹 인터뷰, 요인분석을 위한 설문조사, 브레인스토밍 등의 기법을 활용할 필요가 있다.

### (2) 진단과 예측

ㄱ과 ㄴ이 자문을 성공적으로 하려면 본인이 분쟁 해결 시스템의 원리를 이해하고 A사와 B사 구성원들에게 왜 그리고 어떻게 시스템 접근을 하는가를 설명할 수 있어야 한다. 시스템은 분쟁을 폭넓게 이해하고 또 통찰력이 있는 해법을 찾을 수 있는데 매우 유용하다. 폭넓게 이해한다는 이유는 시스템은 과거와 현재의 분쟁 발생부터 해결까지를 인과관계로 연결된 하나의 집합체로 설명할 수 있기 때문이다. 모든 분쟁은 발생하는데 원인이 있고, 상호작용의 과정을 거쳐, 어떤 결과를 유발하며, 시스템의 분석은 원인과 결과의 분석을 통해 진단하고, 상호작용의 분석을 통해 처방과 실행 전략을 제시할 수 있다. 통찰력이 있는 해법을 찾을 수 있다는 이유는 시스템을 통해 역으로 추리해 제시할 처방이 앞으로 구성원들의 기업 환경 변화와 분쟁에 대한 인식 그리고 분쟁의 발생과 해결 양상에 어떤 영향을 미칠지를 예측하기에도 유용하기 때문이다.

## 2. 시스템의 구성과 분석 방법

### (1) 분석의 틀과 변수

자문을 맡은 ㄱ과 ㄴ이 분쟁의 발생과 해결을 시스템의 문제로 접근하려면 어떤 분석의 틀과 도구가 필요할까? <도표 1>은 분쟁 해결 시스템 분석의 틀을 보여준다. 시스템은 첫째, 분쟁 발생의 원인과 배경을 설명하는 '투입' 둘째, 분쟁 당사자들의 상호작용을 설명하는 '과정' 셋째, 분쟁 해결의 결과를 설명하는 '산출'로 구성한다. '투입', '과정', '산출'을 각각 설명하는 구체적인 변수는 분쟁의 성격과 크기 등에 따라 다를 수 있다. ㄱ과 ㄴ은 A사와 B사의 특징을 고려해 분쟁 해결 시스템의 설명 변수를 만든다. '투입'의 변수는 분쟁의 원인을 설명하는 고용관계와 노사관계의 당사자 · 이슈 · 법규범 등으로 구성한다. '과정'의 변수는 상호작용을 설명하는 의사소통 · 협상에다 노사 갈등은 파업 그리고 고용 갈등은 소송 등으로 구성한다. '산출'의 변수로는 분쟁 해결의 결과로 소득 · 생산성 · 고용 · 신뢰 등을 꼽는다.

자문과 시스템 분석의 용도에 따라 '투입', '과정', '산출'을 설명하는 변수의 크기가 다르다. 분석의 범위가 커지거나 심층적인 분석이 필요할수록 변수가 세분화한다. 시스템의 분석은 진단에 중점을 둘 수 있지만, 노사관계와 고용관계의 안정과 발전으로 목표를 확대해 분쟁의 예방과 발생부터 처방과 실행까지 포함한 시스템의 개선 및 설계와 제도화가 목적이라면 각 변수의 세부 변수가 많아진다. 하지만 '투입', '과정', '산출' 각각에 대한 심층적인 분석보다 분쟁 해결 시스템 전체에 대한 거시적인 분석을 한다면 핵심을 파악하도록 단순화가 필요하기에 세부 변수는 작아진다. 또 자문이 시스템의 분석과 설계는 물론 처방과 실행을 제도화한다면 시간도 그만큼 길어진다. 따라서 A사와 B사의 자문을 맡은 ㄱ과 ㄴ은 자문을 시작하기 이전에 자문의 범위와 깊이를 결정해야 한다.

**도표 1 고용 · 노동분쟁 해결 시스템 분석의 틀 예시**

시스템 설명 변수의 선택은 환경에 따라 다르다. 따라서 환경이 변화하면 분쟁 해결 시스템 자체도 달라진다는 점에 유념해야 한다. 환경이 바뀌면 '투입' 변수인 분쟁의 이슈와 당사자 그리고 법규범의 내용이 바뀌고, 이에 따라 '과정' 변수인 상호작용의 방식과 '산출' 변인 경제적 · 비경제적 요소도 달라진다. A사와 B사도 디지털화와 인구구조 변화에 따라 제조업 · 남성 중심인 기존의 분쟁 해결 시스템도 변화가 불가피하다. 거래 관계와 고용관계가 복잡해지면서 노사의 경계 구분이 흐려지고, AI와 로봇 등이 생산 활동의 핵심 요소가 되면서 노동의 수행 방식이 바뀌며, 무형의 서비스가 경제성장을 이끌면서 사람이 가진 인적자본의 중요성이 커지면서 '투입'의 구성 변수가 달라진다. SNS와 이메일이 직장 생활에도 필수가 되면서 비대면 의사소통이 많아지고, 여가를 중시하면서 정체성과 자기 성취 등 비경제적 요소가 삶의 질을 크게 좌우하기에 '과정'과 '산출'의 구성 변수도 달라진다.

### (2) 분석의 방법과 도구

ㄱ과 ㄴ은 A사와 B사의 분쟁 해결 시스템 분석과 설계를 위한 일의 순서를 정한다. 첫째, 분쟁의 발생 원인을 진단한다. 둘째, 해결의 처방을 찾는다. 셋째, 진단과 처방을 바탕으로 그 실행과 시스템을 만드는데 필요한 조건을 도출한다. 분석의 도구는 문서로 된 관련 자료와 통계 그리고 당사자들을 대상으로 하는 설문조사와 인터뷰 등을 활용하기로 한다. 조사연구와 자료 분석의 정확성은 시스템의 설계는 물론이고 분쟁 원인의 진단과 처방 및 실행에 대해 자문을 하는 전문가가 구성원들로부터 신뢰와 공감을 확보하려면 필수적이다. 특히 설문조사와 인터뷰는 자료

와 통계를 보완할 뿐 아니라 특히 구성원들의 관심과 참여를 이끌고, 현행 시스템의 문제와 바람직한 시스템의 방향에 대한 구성원들의 인식과 공감대의 형성에 중요한 역할을 한다.

시스템의 모든 설명 변수는 계량 분석에 필요한 통계 등으로 뒷받침되지 못한다. '투입'과 '산출'은 '과정'에 비해 분석에 필요한 자료를 상대적으로 확보하기 쉽다. '투입'은 누가 · 언제 · 무엇 등에 대한 기록으로 어느 정도 뒷받침된다. '산출'은 임금 · 생산성 · 고용처럼 바깥으로 드러난 결과물로 자료와 통계 등으로 정량적 분석이 가능하다. 그러나 신뢰는 분쟁의 발생과 해결에 핵심 변수이기는 하지만 추상적이라 그렇지 못하다. 정성적 분석에 필요한 별도의 지표와 설문조사 등이 필요하다. 특히 '과정'은 상호작용에 관련된 변수로 당사자가 아닌 외부인으로서는 추측만 가능할 뿐 내막을 알기 어려운 블랙박스에 있다. 시스템의 진단과 분석에 가장 힘든 부분인 만큼 분쟁 해결 전문가는 이론과 경험을 활용하여 자료와 통계를 분석하고 관계자들과의 개별 인터뷰 등으로 내막을 해독하는 노력이 필요하다.

ㄱ과 ㄴ은 특정한 하나의 분쟁을 분석하는 것이 아니다. A사와 B사가 여러 가지 분쟁이 누적되어 많아지며 악화하는 문제를 다룬다. 이뿐 아니라 시간이 지나면서 분쟁의 성격도 달라진다. 이렇다면 분석에서 어떠한 점을 유념해야 할까? 첫째, A사와 B사 모두 분쟁이 다수이기는 하지만 하나의 분쟁이 다른 분쟁으로 이어지는 등 이슈들 사이에 연관성이 있다는 점이다. 둘째, 시간이 지날수록 개별 고용 분쟁과 집단 노사분쟁이 결합한 복합적인 양상을 보이고, 분쟁의 당사자들이 다양해지면서 이들의 관계 분석이 중요해진다는 점이다. 셋째, 분쟁의 발생과 해결에 미치는 외부 환경이 변하면서 당사자들의 이해관계에 직접 영향을 미치는 법규범이 많아진다는 점이다. 이러한 분쟁의 복합성과 다이내믹스를 간과하면 분석은 코끼리 다리 만지는 식으로 부정확하고 단편적이기 쉽다.

### (3) 분쟁의 이슈

A사와 B사는 고용과 노동관계 분쟁의 이슈가 채용 및 해고, 임금 및 근로조건, 노동조합 및 단체교섭 등으로 다양하다. A사는 이슈의 중심이 집단 노사분쟁에서 개별 고용 분쟁으로 확산하고 반면, B사는 개별에서 집단으로 확산한다. 그렇지만 어떤 경우든 이슈의 본질 파악이 중요하다. 고용과 노동분쟁 이슈는 생산과 분배 등 경제적 이익에 있다. 당사자들은 생산 활동에 협력해 이윤을 창출하고, 그 몫을 분배하는데 충돌이 생기면서 경쟁한다. ㄱ과 ㄴ은 이슈에는 경쟁과 협력의 양면성이 존재하고, 어떤 이슈가 생겼을 때 구성원들이 어떻게 인식하는가에 따라 어느 한쪽으로 기울어진다는 점에 유념한다. 따라서 이슈 그 자체도 중요하지만 어떤 상황인가에 따라 이슈의 성격과 분쟁의 양상이 달라진다. 기업이 위기에 직면해 있다면 구성원들은 협력을 반

면, 성장을 지속하면 경쟁을 상대적으로 강하게 인식한다. 또 독점적인 기업보다 치열한 경쟁에 직면한 기업은 협력을 상대적으로 강하게 인식한다.

어떤 분쟁 이슈든 충돌하는 이익이 복합적이지만 당사자들이 본질을 명확하게 이해해야 해결이 쉽고 전문가의 시스템 분석도 정확해진다. 이슈에 걸려있는 이익은 4차원으로 나누어 볼 수 있다. 첫째, 실체적 이익의 문제다. 당면한 고용과 임금 및 근로조건 등에 대한 권리와 의무의 결정에 관한 것이다. 둘째, 절차적 이익의 문제이다. 실체적 이익의 결정을 둘러싼 분쟁의 해결 과정에서 어떤 요구와 주장을 하거나 소명 · 반박할 수 있는 기회와 관련된 것이다. 셋째, 관계적 이익의 문제다. 분쟁 당사자로서 지위를 인정받아 대등하게 협상하는 것은 물론 합의하면 이행되고 약속을 하면 지킨다는 신뢰에 관한 것이다. 넷째, 원칙적 이익의 문제다. 고용과 노동관계는 지속적이고 반복적이며 자연히 관행이 형성된다. 현재의 권리 · 의무와 결정하는 절차는 관행으로 향후의 이익에 영향을 미친다.

### (4) 분쟁의 당사자

분쟁 해결 전문가 ㄱ과 ㄴ의 자문은 모두 A사와 B사 최고경영자의 결심에 따라 시작된다. 고용과 노동관계 분쟁의 발생과 해결 모두가 당사자는 사람이다. 당사자가 조직에서 어떤 지위에 있는지가 분쟁의 성격에 큰 영향을 미친다. 하지만 유념할 문제는 의사결정을 내리는 기업의 경영자와 노동조합 대표든, 실무를 담당하는 관리자와 조합 간부이든, 당사자인 일반 근로자와 조합원이든 분쟁에 대한 인식과 태도는 각자 다르다는 점이다. 본인 자신의 이해관계와 성향이 분쟁에 크게 영향을 미친다. 사람은 이성적인 존재이지만 감성적이기도 하기에 더욱 그렇다. ㄱ과 ㄴ은 어떤 조직을 대표하는 사람이라도 구성원들의 이익보다 자신의 이익을 우선하고 뿐만 아니라 판단이 조직의 분위기에 영향을 받을 수 있다는 점에 유념한다. 특히 자신의 지위가 흔들린다면 감정에 흔들릴 가능성이 크다. 대주주의 신임을 받아야 하는 최고경영자나 조합원의 투표로 선출이 되는 노동조합 대표도 예외가 아니다.

이런 점에서 ㄱ과 ㄴ은 개인의 이익과 성향 그리고 심리 등에 따른 갈등의 증폭을 억제하는 조직 내부의 규범이 확립되어 있는지가 중요하다고 본다. 기업이든 노동조합이든 문화가 있다. 구성원들의 문화는 가치관이나 세계관처럼 사람들의 사고와 행동 양식에 영향을 미친다. 집단의 문화는 눈에 보이지 않는 규범의 역할을 하고 관행으로 자리 잡아 개인의 행동에 영향을 미친다. 따라서 ㄱ과 ㄴ은 분쟁을 진단하고 바람직한 분쟁 해결 시스템을 설계하는데 현재의 조직 문화에 어떤 문제가 있는지 점검한다. 갈등을 부추기는 문화가 퍼져있다면 개선하는 일이 쉽지 않지만 불가능한 일은 아니다. 구성원들이 공감할 수 있는 나쁜 관행을 하나씩 개선하고 그 성과를 느끼도록 만들어야 한다. 이러한 변화는 조직의 최고책임자가 솔선수범함으로써 촉진해야 한다.

분쟁 당사자의 심리적 문제는 다양하다. 예를 들면, ㄱ과 ㄴ은 임금 인상 또는 해고 분쟁에서 자신의 주장은 정당하고 상대방은 부당하다는 공정성의 논란에 있어 그 기준은 자기중심적이라는 점에 유념한다. 신기술 도입에 따른 인력 재배치 분쟁에서 정보가 자신에게 불리하면 외면하고, 유리하면 받아들이고, 같은 정보라고 하더라도 편향적으로 해석한다는 점을 안다. 또 근로시간 개편 분쟁에서 노사가 협력하면 파이를 키울 수 있는데도 불구하고 고정되어 있다고 생각해 대립한다. 이러한 개인의 심리적 문제는 준거 집단에 영향을 받을 수 있다. 즉 심리적 문제는 당사자 개인에 기인할 수 있지만 소속된 공식 또는 비공식 집단에 영향을 받기도 한다. 분쟁 당사자가 아닌 외부인 즉 제3자의 부정적인 언급은 분쟁을 악화시킨다. 노사분쟁은 물론 고용 분쟁에서 집단 심리가 작용해, 당사자들의 공정과 불공정의 기준이 자신의 주변 사람들을 의식해 달라지고 본인의 말과 행동에도 영향을 받는다.

### (5) 분쟁의 법규범

A사와 B사의 최고경영자들은 전문가 자문이 필요한 이유 중의 하나로 고용과 노사분쟁의 법규범이 복잡하다는 점을 꼽는다. ㄱ과 ㄴ은 노동법이 근로자의 권익을 보호하면서 기업 활동도 뒷받침하는 이중 역할을 하기 때문이라고 생각한다. 게다가 디지털화로 기업들의 거래 관계와 고용 형태가 다양해지고 노동의 자율성이 커지며 근로자의 범위가 넓어지고 새로운 노동법이 많아지고 있다는 점을 유념한다. 이와 함께 취업규칙 등 기업의 자체적인 법규범도 강화되고 있다는 점을 주목한다. 법규범은 고용과 노사분쟁 당사자들에게 분쟁 해결의 길잡이 역할을 하지만 추상적이고, 표현을 구체적이고 세세하게 하기에는 한계가 있어 해석과 적용을 둘러싼 분쟁이 발생할 수 있다. 이뿐만 아니라 노동 환경이 빠르게 바뀌는데 법 · 제도의 개선과 보완이 뒤따르지 못해 공백이 발생하거나 현실에 맞지 않는 문제가 커질 수 있다.

A사와 B사에서 발생한 파업의 적법성, 해고의 정당성, 차별의 합리성 등의 다툼은 기준이 명확하지 않거나 그렇다고 하더라도 해석에는 논란이 따른다. ㄱ과 ㄴ은 이런 문제를 재판으로 해결하는 경우 다툼이 더 복잡해지고 그 자체로 분쟁을 악화시키게 된다는 점을 알고 있다. 소송에는 비용과 시간이 들고, 유리한 판결을 받기 위해 사실과 다른 주장을 하는 등으로 스트레스를 받으며 상호 신뢰가 무너진다. 특히 법적인 공방에서 논리와 증거는 결정적인 역할을 한다. 변호사나 노무사의 도움을 받아 자신의 요구나 주장을 뒷받침하는 논리와 증거를 찾거나 때로는 만들어내고, 상대방은 이를 반박하거나 신빙성에 제동을 건다. 판결의 불확실성 문제 때문에 당사

자들이 차라리 자율적으로 해결하는 편이 낫다고 판단할 수 있지만, 불신이 깊어지면 사소한 갈등마저도 대화와 협상보다 고소와 고발 등 소송으로 해결하는 경향을 보인다.

ㄱ과 ㄴ은 법규범을 둘러싼 회사 내 구성원들의 다툼이 A사와 B사처럼 소송으로 악화하지 않으려면 자율적으로 해결하는 제도가 필요하다고 생각한다. 경험에 비추어보면 이들은 다음과 같은 경우 법규범을 둘러싼 조직 내부의 분쟁이 많다고 본다. 첫째, 사업주가 법규범을 일관성 있게 적용하지 못하고, 구성원들은 법규범을 준수하는 자세가 부족한 경우 둘째, 구성원들은 기업의 조직의 질서에 관해 가치관이 다양하고 반면, 회사는 이를 확립하려는 의지가 부족하고 바람직한 가치관을 위한 교육 기능이 뒷받침하지 못하는 경우 셋째, 협상을 통한 회사 내부의 자체적 해결이 소송 등에 의한 해결보다 낫다는 점에 대해 구성원들이 인식이 부족한 경우 넷째, 직장 내 고충처리제도 등이 없거나 소송의 대안적 역할을 할 제도가 미비한 경우 다섯째, 상담 · 화해 · 조정과 옴부즈맨 등의 활용에 필요한 중립적인 외부 전문가의 도움을 받지 못하거나 받기 어려운 경우를 들 수 있다.

### (6) 분쟁 해결 과정의 상호작용

분쟁 당사자들은 어떤 이슈에 대해 법규범을 근거로 요구나 주장을 하고 이에 반박한다. 따라서 ㄱ과 ㄴ은 분쟁 해결의 과정을 당사자들이 이슈와 법규범 등과 맞물려서 벌이는 역동적인 상호작용이라고 생각한다. 도표 2의 상호작용 개념도에서 보듯이 어떤 이슈에 대한 당사자들의 행동 선택과 게임의 규칙으로 작용하는 법규범은 긴밀하게 연관된다. 한쪽이 어떻게 행동을 선택하고 다른 한쪽은 이를 예상하여 행동을 선택하고 이에 따라, 상호작용은 강(强)대 강(强) 대립이나 온(穩)대 온(穩) 협력 등으로 나타난다. A사와 B사의 분쟁이 누적된 이유가 대부분의 분쟁에서 强 대 强의 대립적 상호과정이 지속한 결과로 짐작은 하지만 그 내막은 알 수 없다. 하지만 분쟁의 결과를 역으로 추리해 보면 정확하지는 않아도 어느 정도 퍼즐을 맞출 수 있다. 같은 회사에서 비슷한 분쟁이 발생했으나 당사자에 따라 일부 분쟁은 穩 대 穩으로 협력적인 상호과정을 거치면서 합리적인 해법을 도출한 것으로 보인다.

**도표 2** **고용 · 노동분쟁 당사자들의 상호작용 예시**

**《임금인상》**

당사자

| 당사자(정보·심리) | 강 | 온 |
|---|---|---|
| 강 | 강·강 | |
| 온 | | |

⇑

법규범

**《기술도입》**

당사자

| 당사자 | 강 | 온 |
|---|---|---|
| 강 | | |
| 온 | | 온·온 |

⇑

법규범

**《차별 · 괴롭힘》**

당사자

| 당사자 | 강 | 온 |
|---|---|---|
| 강 | | 강·온 |
| 온 | 온·강 | |

⇑

법규범

ㄱ과 ㄴ은 A사와 B사의 분쟁 당사자들의 상호작용이 의사소통을 통해 진행된다고 보고 이를 세심하게 관찰한다. 당사자들이 모두 분쟁의 이슈와 법규범에 매달려 요구나 주장을 하고 이를 반박하는데 치우치고 반면, 상대방의 왜 그런 요구나 주장을 하는지 관심과 이해는 작다는 점을 발견한다. 이것을 염두에 두고 분쟁을 악화한 요인과 이를 해소할 수 있다면 어떤 방안일지를 찾도록 초점을 둔다. A사는 단체교섭에서 노사의 행태나 노사협의나 평소의 대화와 의사소통을 보면 이러한 문제가 있다는 점을 발견한다. B사 또한 업무 배정과 지시 등에 관련된 갈등이 협의나 의사소통에서 특징과 문제점도 마찬가지다. 한쪽의 요구나 주장 그리고 의사결정이 불합리한 경우는 두말할 것도 없지만 합리적이라고 해도 의사소통의 실패로 상호 간의 다툼이 불필요하게 발생하고 있다는 점을 알게 된다.

분쟁 해결 과정에서 상호작용의 핵심 변수는 협상이다. 협상은 다양한 방법의 대화를 통해 진행되고, 대화는 협상 이전과 이후는 물론 특히 협상 중에 집중적으로 이루어진다. 대화는 협상에 필요한 정보를 전달 · 파악하고 상대방의 태도와 심리를 이해하는 통로이다. 협상은 요구나 주장을 주고받으면서 합의점을 찾는 과정이기에 대화는 상대방의 요구나 주장을 경청하고 질문을 통해 확인하는 역할을 한다. 이런 점에서 의사소통은 협상의 성공 여부를 좌우한다. 이런 점을 염두에 두고 ㄱ과 ㄴ은 당사자들의 회의 진행, 요구나 주장을 제기하는 방식, 발언하는 스타일 등에서 불필요하게 대립을 일으키는 문제가 있는지 조사할 계획이다. 또 요구나 주장을 할 때 논리나 근거를 제시하는지, 상대방의 요구나 주장을 경청하는지, 외부 관계자가 갈등 해결 과정에 영향을 미치는지 등도 조사하려 한다.

의사소통에 성공하려면 당사자들의 요구나 주장 그 자체를 넘어 이면에 깔린 욕구 · 기대 · 불만 등을 이해해야 한다. 겉으로 드러난 요구나 주장의 내용은 입장이고, 욕구 · 기대 · 불만의 층

족과 해소는 이익이라고 한다. 입장은 양보하기 어려워도 이익은 공통분모를 찾아 합의의 접점을 만들기 쉽다. 이슈가 정체성에 관련된 문제보다 경제적 문제라면 더욱 그렇다. 주의할 점은 논리적인 사람이라고 의사소통과 공통분모를 찾는 일을 잘하는 것은 아니고 공감 능력이 중요하다는 것이다. 입장의 문제를 이익의 문제로 전환을 할수록 의사소통이 잘되고 공통분모의 크기와 깊이도 커진다. 이런 점에서 ㄱ과 ㄴ은 A사와 B사의 구성원들이 추구하는 가치관에 공통분모가 얼마나 있는지, 가치관이 규범으로서의 기업 문화의 확립에 얼마나 역할을 하는지를 조사하고자 한다.

ㄱ과 ㄴ은 법규범은 제도적으로 분쟁 해결의 관행을 형성하고, 실체적 이익뿐 아니라 절차적·원칙적·관계적 이익에 직접·간접으로 영향을 미친다고 본다. 당사자들은 이러한 이유로 법규범을 자신에게 유리하게 해석하고 분쟁의 이슈의 프레임을 유리하게 만들고자 한다. 즉 법규범을 근거로 상대방의 요구나 주장은 부당하고 반면, 자신은 합리적이고 요구나 주장은 공정하다면서 부딪친다. 고용과 노동처럼 분쟁의 이슈가 당사자들의 삶에 직결되고 당사자들의 관계가 지속적이면 더욱 그렇다. 법규범에 대한 오해와 잘못된 프레임에 빠지면 분쟁은 악화한다. 노사갈등은 파업으로 또 고용 갈등은 소송 등으로 해결할 수밖에 없다고 생각한다. 파업의 적법성이나 해고의 정당성을 둘러싼 법적 분쟁도 그렇다. 게다가 협상과 의사소통을 하더라도 당사자들은 파업이나 소송을 염두에 두고 진행한다.

분쟁 해결의 상호작용에 힘의 논리, 권리의 논리 또는 이익의 논리가 작용한다. ㄱ은 A사의 노사가 힘의 논리에 빠져 파업처럼 사람의 숫자나 경제력을 이용해 해결하려 하고, ㄴ은 B사의 노사가 권리의 논리에 매달려 소송처럼 법에 매달려 시시비비를 따지려는 경향이 있음을 발견한다. 반면, 당사자들이 서로 욕구나 불만 등을 해소해 분쟁을 해결하는 노력은 부족해, A사는 힘의 논리가 지배해 파업으로 인한 손해를 또 B사는 권리의 논리에 빠져 소송에서 이기더라도 상당한 시간과 비용을 감수한다. A사와 B사 모두 비용은 적게 들고 만족도는 높은 이익의 논리에 입각한 협상에 의한 해결을 외면한 결과 경쟁력과 신뢰가 모두 저하되는 모순에 빠진다. 당사자들이 합리적이라면 이러한 모순을 예상하고 힘의 논리 대신 권리의 논리로 한 걸음 더 나아가 권리의 논리 대신 이익의 논리로 분쟁을 해결하는 것이 정상이다.

### (7) 분쟁 해결의 장애요인

ㄱ과 ㄴ은 분쟁을 이익의 논리로 해결하는 것이 바람직하지만 A사와 B사의 구성원에는 힘이나 권리를 이익의 논리로의 전환을 어렵게 만드는 문제가 있다고 생각한다. 사람의 생각과 판단의 경로는 이성과 감성으로 이루어지고, 당사자들의 상호작용이 짧은 순간에 진행될수록 또 당

사자들의 관계가 대립적일수록, 이성보다 감성의 경로에 의존해 판단하고 충동적인 행동을 할 가능성이 크다고 본다. 이러한 문제는 분쟁 해결의 문화와 깊은 관련이 있다. 이성적 판단을 강조하는 집단 내부의 규범이 문화로서 관행화되어 있으면 감성적 판단을 경계한다. 분쟁 해결을 위한 협상도 마찬가지다. 협상 회의의 규칙 즉 프로토콜이 확립된 경우와 그렇지 못한 경우는 확연하게 차이가 난다. 회의의 참석자와 장소는 물론 의제, 발언 순서와 태도 등 당사자들이 지켜야 할 규칙을 사전에 합의하고, 이를 지키면 감정을 자제하고 의사소통을 효과적으로 진행할 수 있다.

하지만 분쟁 해결의 당사자들이 이성적이라고 해도 협상이 반드시 성공하는 것만은 아니다. ㄱ과 ㄴ은 분쟁 해결 과정에서 상호작용을 어렵게 하는 보다 근본적인 요인이 있다고 본다. 3개의 요인으로 이슈에 관련된 정보의 비대칭 문제, 당사자들의 심리적 문제, 법규범의 미비나 불확실성 문제다. 협상에서 각자 합리적인 선택을 하지만 쌍방이 가진 정보가 서로 달라 선택의 결과는 바람직하지 못하고, 의사소통을 중요하게 여기지만 심리적인 문제로 장벽이 생겨 대화가 어렵고, 파업이나 소송이 바람직하지 않다고 하더라도 법규범이 미비해 다투게 된다. 구체적으로 말하자면 다음과 같다.

첫째, 정보의 비대칭 문제다. 기업의 경영 실적 등에 대한 정보를 사용자 측은 알고 노동조합 측이 모른다고 하자. 사용자 측은 실적이 좋지 않다고 주장하지만, 노동조합은 정보가 없어 믿지 않는다. 실적이 좋은데도 불구하고 나쁘다고 주장한다고 거짓을 말한다고 생각하면 파업을 선택해 사용자 측의 양보를 받아내는 것이 유리하다고 믿는다.

둘째, 심리적인 다양한 문제다. 예를 들어, 본인은 양심적이라고 생각해 자신의 요구나 주장은 정당하고 상대방은 부당하다는 등의 공정성에 대한 기준이 자기중심적이고, 상황이 자신에게 불리하면 외면하고 반면, 유리하면 수용하고, 또 파이를 키울 수 있지만 고정되어 있다고 믿는 등의 문제로 의사소통의 장벽이 불필요한 대립을 만든다.

셋째, 법규범의 공백과 미비나 불확실성의 문제다. 누구의 요구나 주장이 맞는지 알 수 없는 상황이라면 힘으로 굴복시키거나, 자신에게 유리한 법 논리를 찾아 분쟁 해결의 프레임을 만들어 밀어붙인다. 노사분쟁은 파업의 적법성 논란으로 악화하고, 고용 분쟁은 해고의 정당성이나 차별의 합리성 논란 등으로 소송을 선택하게 된다.

ㄱ과 ㄴ은 A사와 B사가 노사의 신뢰와 협력을 지금까지 강조해왔으나 분쟁 해결의 장애요인을 해소하는 노력은 부족하다고 본다. 정보의 비대칭 문제나 심리적 문제는 간과하고, 법규범의 미비나 불확실성의 문제를 해소하기 위한 제도의 개선 · 보완이 방치되어 있다고 생각한다. 구성원들의 경영정보 공유, 직장과 일에 대한 가치관의 공유, 고용과 노동의 법규범에 대한 인식의

공유를 촉진하고 이를 위한 기업과 노동조합의 정책적 · 제도적 장치는 부족하다. 이러한 문제를 해결하려면 정책과 제도의 개선은 물론 구성원들의 인식 개선을 위한 교육이 동시에 진행되어야 한다고 판단한다. 이렇게 해야 분쟁 해결 시스템이 바뀌고, 분쟁의 예방과 신속하고 공정한 해결은 물론 환경 변화에 구성원들이 공동으로 대응을 하고 이에 따른 과제를 해결할 수 있는 역량을 높일 수 있다고 생각한다.

## Ⅲ 분쟁의 진단, 무엇이 왜 잘못된 거지

### 1. 진단 TF 구성과 툴

#### (1) 작업의 순서와 로드맵

분쟁 해결 시스템 개선의 자문을 맡은 ㄱ과 ㄴ은 진단–처방–실행–피드백의 단계로 작업을 진행한다. 즉 A사와 B사의 분쟁 발생과 해결의 문제점을 진단하고, 이를 토대로 처방하며, 이에 따라 제시된 과제를 실행에 옮기고, 이행 과정을 점검하고 수정 · 보완한다. ㄱ과 ㄴ은 시스템 개선 작업을 효과적으로 수행하고 그 정보를 한눈에 파악할 수 있도록 로드맵을 만든다. 로드맵은 자문 작업 전체의 로드맵과 각각의 단계별 로드맵이 있다. 로드맵의 용도에 따라 구체적인 사항은 다르나, 도표 3에서 보듯이, 전체 로드맵에는 단계별 목표와 일정은 물론 체크 포인트 등을 담는다.

**도표 3** 고용 · 노동 분쟁 해결 시스템 개선 로드맵 예시

| | 진단 | 처방 | 실행 | 피드백 |
|---|---|---|---|---|
| 목표 | 원인분석 | 과제개발 | 제도화 | 시스템 안착 |
| 일정 | 6개월 | 6개월 | 1년 | 분기별 |
| 체크 포인트 | 이슈별 분류<br>당사자 · 법규범<br>장애요인 | 우선순위 · 선택<br>추진 로드맵<br>의견 수렴 | 구성원들 동참<br>반대의견 수렴<br>세부 미세 조정 | 성과 모니터링<br>신뢰 관계 개선<br>시스템 점검 · 보완 |

자문의 단계와 내용에 따라 ㄱ과 ㄴ의 역할과 관여의 폭이 달라진다. 객관적인 입장인 외부 전문가들은 진단과 처방을 주도하고, 실행과 피드백 등 나머지 과제는 회사의 사정을 잘 아는 내부 전문가의 몫이 되기 쉽다. 하지만 자문 작업이 연속성과 일관성을 확보하고 이를 위한 외부 전문가와 내부 전문가의 협력은 자문의 성공 여부를 좌우하는 만큼 중요하다. 외부 전문가 자문팀은 진단을 시작하기 전에 분석의 틀 및 도구와 방법 등 시스템 설계의 방향을 내부 전문가들에게 설명하고, 진단, 처방, 실행 등에 필요한 로드맵과 체크포인트 등을 내부 전문가들과 공유한다. 또 자문의 성공 여부에 내부 전문가의 역할이 크기 때문에 TF에 참여하는 내부 전문가는 시스템 개선을 위한 의지가 있고, 조직 내부 구성원들에게 신망받는 사람으로 구성하는 것이 좋다.

### (2) 역으로 추리

진단은 분쟁 해결 시스템의 개선이나 설계의 출발점으로 분쟁이 왜 빈발하고 악화하며, 해결 양상은 어떠하고, 원인은 무엇인지를 분석하는 일이다. 이를 위해 ㄱ과 ㄴ은 A사와 B사의 분쟁을 시스템 분석의 틀에 따라 진행하고 이러한 문제를 역으로 추리하는 방식으로 진단한다. 즉 미래의 바람직한 상황을 염두에 두고 시간을 뒤돌아가 현재 상황과 비교해 문제를 찾는 것이다. 첫째, 현재 상황을 결과로 보고 시스템의 설명 변수인 '산출'을 평가하고 둘째, 결과가 미흡하거나 불합리한 이유를 당사자들의 상호작용을 설명하는 변수인 '과정'에서 찾고 셋째, 상호작용의 오류나 실패를 분쟁 발생의 원인과 배경의 설명 변수인 '투입'의 문제점을 조사한다. ㄱ과 ㄴ은 A사와 B사에서 발생한 분쟁을 시간대별로 정리 · 분류하고, 각각의 분쟁이 어떤 환경에서, 어떻게 해결되었고, 무슨 결과에 도달했으며, 왜 분쟁의 해결이 어려웠는지 조사한다. 또 각각의 분쟁에 대해 투입을 설명하는 변수인 이슈 · 당사자 · 법규범의 분석을 위해 분쟁의 당사자들은 누구이고, 분쟁의 이슈들은 무엇이며, 이에 관련된 회사 안팎의 법규범은 어떻게 작용하는지 파악한다.

### (3) 분쟁의 분류

진단의 대상이 되는 A사와 B사의 분쟁이 많고 다양하다. 어떤 분쟁은 우연히 또는 특수한 상황에서 발생한다. 따라서 ㄱ과 ㄴ은 각각의 분쟁을 일일이 분석하기보다 먼저 분쟁의 전반을 분석해 문제점과 특징부터 파악하기로 하고 지금까지 발생했던 분쟁을 분류한다. 첫째, 분류의 기준은 분쟁의 이슈로 잡고, 중요성과 연관성에 주목해 우선순위를 정한다. 당사자와 법규범은 분쟁 이슈에 따라 각각 다르고, 이슈를 파악하는데 당사자와 법규범의 분석이 자연히 따르기 때문이다. 또 이슈를 중심으로 정리하는 편이 처방을 체계적으로 하고 이에 따른 과제의 목표를 정하기에도 효과적이다. 둘째, 이슈의 숫자도 하나가 아니고 복수이기에 충격이 큰 핵심 이슈 중심으로 우선순위를 정하고, 부수적 · 파생적 분쟁은 핵심 분쟁의 연장선에서 분석한다. 셋째, 환경 변화로 인해 발생한 새로운 분쟁에는 특별히 관심을 기울이기로 한다. 분쟁 발생의 미래를 예고하는 것이기에 초기 단계에 방향을 잘 잡는 일이 그만큼 중요하기 때문이다.

### (4) 내부 구성원들과 관계

ㄱ과 ㄴ은 진단 작업에서 분쟁 당사자들 사이의 상호작용 과정과 결과를 파악하는 일이 가장 어렵다고 생각한다. 이들의 의사소통과 협상 스타일의 분석은 물론 상호작용 과정에 외부의 영향도 점검한다. 또 결과의 역추리로 상호작용 과정의 실제에 근접하도록 분쟁이 해결된 이후 어떠한 변화가 생겼는지, 분쟁이 재발했는지, 당사자들의 관계는 어떤지 조사한다. 시스템의 진단이 부정확하면 좋은 처방이 나올 수 없기에 내부 구성원들의 협조와 진실한 정보 제공이 필수적이다. 하지만 진단은 조직 내부의 구성원들에게 고통스러울 수 있다. 분쟁을 사전 예방하고 효과적으로 해결하지 못해 악화했던 문제를 찾게 되는 것이라 자연히 책임론이 대두될 수도 있다는 점에 유념할 필요가 있다. 외부 전문가에 의한 진단이니만큼 내부 구성원들은 경계할 가능성이 큰 만큼 이들의 반응을 살피며 조심스럽게 추진한다.

진단에 성공하려면 ㄱ과 ㄴ은 내부 구성원들의 신뢰를 얻어야 한다는 점을 안다. 기업의 의사결정, 이에 관련된 구성원들의 역할과 권한, 나아가 기업 문화와 노사관계 및 고용관계 관행의 문제를 파악하는 일이기에 이들의 협력이 필수적이다. 이를 위해 우선 구성원들이 긴장과 경계를 풀고 자문에 호감을 느끼도록 겸손하면서도 용의주도하고 조용하면서도 신속하게 진단 작업을 진행해야 한다. 우선 자문의 역할과 계획 및 일정을 명확하게 수립하여 구성원들이 불안을 느끼지 않도록 노력해야 한다. 자문 작업에 조직 내부의 구성원들을 참여시켜 시스템 개선 TF를 함께 구성할 필요가 있다. 진단에 필요한 자료와 통계 수집 그리고 설문조사와 인터뷰 등 과제를 정하고, 이 중에서 외부 전문가 자문팀이 할 과제와 내부에서 참여하는 전문가들이 할 과제를 명확히 정하고, 수시로 대화를 나누고 정보를 공유하는 것이 중요하다.

## 2. 진단 사례

### (1) A사의 경우

ㄱ은 앞에서 설명한 방법대로 A사의 분쟁 해결 시스템을 진단하고, 지속적인 성장을 뒷받침하지 못한다고 판단한다. '산출' 측면에서 보면 생산성 향상이 임금 인상에 미치지 못하고, 이를 보완하기 위해 신규 채용은 줄이고 숙련도가 낮은 비정규직과 협력업체 노동력에 대한 의존도가

올라가지만, 회사의 경쟁력과 구성원들 사이의 신뢰는 낮아진다. '과정' 측면에서 보면 노사분쟁이 표면적으로는 안정을 보이지만, 의사소통은 부족하고 차별이나 산재사고 등의 고용 분쟁이 확산한다고 본다. '투입' 측면에서 보면 당사자들이 다양해지고 내외부 법규범이 많아지면서 분쟁의 이슈가 근로자의 속성에 따라 차이가 크게 나고 있다. 근속연수가 많은 정규직은 정년 연장 문제가, 비정규직은 차별 문제가 핵심이 되고 있다고 본다. 이러한 문제는 A사만의 문제가 아니고 한국 제조업체의 공통적인 문제이지만 조금 더 심각한 것으로 진단한다.

A사가 추구하는 인건비 절감을 통한 경쟁력 회복은 수정 · 보완이 필요하다고 진단한다. ㄱ은 노동시장의 외부 여건상 인건비 절감은 한계가 있기에, 기술혁신이 경쟁력의 회복에 더 중요한 역할을 한다고 본다. 생산성 향상이 임금 인상을 따라가지 못하는 문제가 인건비의 증가에 더 핵심적 원인이라고 본다. 또 정규직과 생산기능직 중심의 노사관계와 인적자원관리 및 근로시간 제도를 유지하고는 인건비를 줄이기 어렵다고 진단한다. 게다가 고용 형태의 다양화에도 불구하고 노사관계와 인적자원관리 관행은 기술직 및 전문직은 물론 여성과 청년 등에 적합하지 않고, 비정규직과 협력 기업의 노동력은 기업의 성과에 중요한 역할을 하고 있지만, 이들의 역량을 개발하기 위한 노력이 부족하다고 진단한다.

ㄱ은 A사가 파업은 줄고 소송이 늘면서 노사협의에 관심이 커지고 있다는 점에 주목한다. 분쟁 해결의 상호작용에 힘의 논리가 강했으나 지금은 권리의 논리가 크게 작용하고 이익의 논리에 눈을 돌리는 단계라고 진단한다. 그 배경으로는 A사의 대내외 경쟁이 치열해지고, 비정규직과 협력업체 노동력의 의존도가 커지며, 조합원들의 숫자나 응집력이 줄고, 사무기술직 노동조합이 등장하면서, 단체교섭에서 노동조합의 교섭력이 과거에 비해 낮아졌다. 하지만, 노동조합의 교섭력은 여전히 사용자에 대한 우위에 있다고 본다. 또 A사는 연령대는 물론 직군과 부서 등에 따라 근로자들의 의식과 관심이 달라지고, 회사의 조직과 의사결정이 분권화되면서, 과거보다 집단적 분쟁은 줄고 고용차별과 직장 내 괴롭힘 등 개별적 고용 분쟁이 많아지면서 기업의 조직 문화가 자유롭게 바뀌고 있다. 하지만, 기업의 조직 질서와 구성원들의 일에 대한 가치관은 훼손되고 있다고 진단한다.

A사는 기업 환경이 급변하나 변화에 대한 구성원들의 인식이 전반적으로 낮고 노사의 차이가 크다고 ㄱ은 본다. 근로자들은 기술과 시장의 변화에 대한 정보를 편향적으로 취득하는 편이고, 기업의 경영 상황을 실제보다 낙관적으로 본다. 노동조합은 A사의 경영 사정을 조합원들보다 잘 알고 있지만, 조합 내부의 갈등으로 그대로 말하기가 어려운 상태다. A사는 수평적이고 개방적인 조직 문화로 정보의 공유와 회사에 대한 신뢰를 높인다고 하지만 실제로는 그렇지 못하다. 작은 의사결정도 그 권한이 최고경영자에게 집중되고, 부서장의 결정에 따라 움직이는 하향

식 구조이고 반면, 부서 간의 횡적인 의사소통과 협력에는 장벽이 있다. 회사 내부에서 일하는 협력업체 근로자들이 많아지나 이들에 대한 A사 구성원들의 배려가 부족해 차별적 처우에 대한 이들의 불만이 커지고 있다.

### (2) B사의 경우

ㄴ은 앞에서 설명한 방법대로 B사의 고용·분쟁 해결 시스템을 진단한다. 그 결과 '산물' 측면에서 보면 B사가 성장은 지속하겠지만 핵심 노동력이 떠나면서 둔화할 것으로 본다. 새로운 서비스 개발을 주도하는 고급 기술 인력은 부족하고, 다수를 차지하는 중·저 숙련 인력은 넘치면서 직장 내부 구성원들의 갈등은 커지고 상호 신뢰가 낮아진다고 본다. '과정' 측면에서 보면 의사소통의 장벽이 높아 해고와 징계 그리고 차별과 괴롭힘 등 고용 분쟁이 많아지고, 고용 불안과 스트레스를 겪는 당사자들이 증가하면서 노사분쟁의 위험도 커질 것으로 본다. '투입' 측면에서 보면 당사자들의 나이가 젊고 개성이 강하고, 근로시간 단축과 근무방식의 유연화에 대한 요구가 커지나 이에 관한 노동법은 IT 업종의 현실과 차이가 크고, 경영 성과의 변동이 큰 만큼 성과급 등으로의 보상 체계 확립이 문제가 핵심 이슈로 될 것이라 본다. 이러한 특징은 B사만의 문제가 아니고 한국 IT업체의 공통 문제로 진단한다.

B사가 조직 혁신을 추진해왔던 것은 적절하지만 내용과 방식은 체계적이지 못했다고 ㄴ은 진단한다. 조직의 구조는 수평적으로 보이지만 의사결정은 수직적이고 부서 사이의 협력은 부족하다고 본다. 또 권한 위양과 자율성 강화로 조직 혁신을 추구하지만, 성과의 평가와 보상 체계는 이를 뒷받침하지 못한다고 진단한다. 기술혁신과 서비스 개발이 B사의 미래를 좌우하는 것은 맞지만, 이를 담당하는 고숙련 전문인력의 대우는 경쟁 기업에 뒤처져 있다고 본다. 지원 보조 인력의 비중이 높고 회사의 인적자원관리 역량은 이들에게 치중해 있다. 그러나 이들의 평균 연령이 젊고 의식은 다양하지만 일과 회사 그리고 동료들과의 관계에 대한 가치관의 공유를 위한 노력이 부족해 회사 밖으로의 원심력이 크고 회사에 대한 자부심이 낮다고 진단한다.

ㄴ은 B사의 분쟁 해결 과정의 상호작용이 특이하다고 진단한다. 구성원들의 불만이 많은데도 갈등이 잠복하는 경향은 크고 분쟁으로 표출되는 경향은 작다고 본다. 또 불만이 집단화하는 경향은 낮고 개별화되는 경향은 높다고 본다. 노동분쟁은 보통 고용관계를 유지하면서 경쟁이나 협력함으로써 이해관계의 다툼을 해결하고 경우가 많지만, B사는 불만이 있으면 다른 회사와 비교하면서 아예 회사를 떠나는 경우가 상대적으로 많고 특히 고숙련 전문인력에서 이러한 경향이 뚜렷하다. 노동조합이 전체 근로자의 권익을 대변하는 기능이 약하고, 그렇다고 회사가 고충을 예방하고 해결하는 기능이 강한 것도 아니다. 권리의 논리로 분쟁을 해결하려는 성향이 강하고

이익의 논리로 전환하도록 구성원들의 의식을 바꾸기 위한 의사소통이나 교육 등의 노력은 부족하다고 본다.

B사는 기술혁신과 서비스의 개발이 회사의 미래를 좌우하나 이에 대한 구성원들의 전반적인 인식은 낮고 소속된 부서에 따라 차이가 크다고 ㄴ은 진단한다. 또 구성원들은 기업과 노동조합에 대한 기대가 크지 않고, 외부로의 원심력이 강하다고 본다. B사의 구성원들은 실제보다 비관적으로 보는 경향이 있고, 정보 교환에서 왜곡이 발생한다고 진단한다. 직장 내 의사소통의 공식적인 채널은 미약하고 비공식적인 의사소통이 상대적으로 활발하며 그 채널은 당사자들의 친소관계에 따라 결정되는 폐쇄성의 문제가 있다고 본다. 업무 지시는 권위적이지만 명확하지 않고, 업무 수행의 결과가 좋지 않으면 하급자에게 탓을 돌리는 문제가 있다고 본다. 게다가 구성원들의 인적 속성이 바뀌면서 출퇴근과 휴가 사용 문제, 성희롱이나 괴롭힘 등의 문제가 커지는 등 조직에 대한 충성심과 동료에 대한 배려와 이해심이 줄어들고 있다고 본다.

## Ⅳ 분쟁 해결의 처방, 어디부터 어떻게 손을 대야 하지

### 1. 과제의 선택과 추진

#### (1) 처방의 과제화

ㄱ과 ㄴ은 A사와 B사의 진단 결과를 토대로 분쟁 해결 시스템의 처방을 마련한다. 진단이 과거의 일을 다룬다면 처방은 앞으로 해야 할 일을 다룬다. 따라서 처방은 진행될 상황을 앞으로 내다보고, 그 예상을 토대로 역으로 추리해 솔루션을 만드는 작업이다. 회사와 구성원들의 미래에 관한 일이니만큼 처방을 하는 전문가는 이들의 신뢰를 받는 것이 더 중요하다. 진단이 아무리 정확해도 통찰력이 없는 처방은 환경 변화를 따라잡지 못하고, 실효성이 없는 처방은 무용지물이 되고, 애매한 처방은 혼란을 일으킨다. ㄱ과 ㄴ은 이러한 점을 유념하고 처방을 전략적으로 접근하고 처방을 과제화 함으로써 실행에 대한 믿음을 준다. 분쟁이 다양하고 복잡하기에 처방은 특정한 문제를 해결하는데 필요한 미시적인 과제부터 시스템 전반에 관련된 거시적 과제까지 포함한다. 또 처방은 하나가 아니고 과제는 다수이기에, 무슨 과제를, 어떤 순서로, 누가, 어떻게 실행할지를 제시한다.

처방은 전문가가 하지만 실행은 구성원들이 한다. ㄱ과 ㄴ은 과제는 구성원들 사이의 상호작용 속에서 추진되고, 구성원들의 호응과 반발에 따라 과제의 추진 양상이 달라진다고 생각한다. 따라서 기업의 여건은 물론 구성원들의 심리 상태 등도 고려해 전략적으로 처방한다. 처방이 논리적으로 맞아도 너무 이상적이거나, 단계를 무시하고 너무 서두르거나, 구성원들의 능력에 비추어 무리한 처방이라면 약효는 떨어지고 부작용이 클 수 있다. 처방은 시스템의 개선 과제이지만 당사자들은 자신의 이해관계 문제로 인식하고, 심리적인 판단이 영향을 미칠 수 있다. 과거에도 지금 진행하는 자문과 유사한 조직 진단 등을 했지만 현실은 달라진 게 없었다고 냉소적일 수 있다. 이런 점들을 고려해 ㄱ과 ㄴ은 구성원들의 처방에 대한 이해와 반응을 고려하여 실행할 과제를 분류하기로 한다.

ㄱ과 ㄴ은 처방의 과제를 분류하는 기준을 정하기로 한다. 과제는 기능의 개선－조직의 개선－담당자의 역할 개선으로 분류해, 구성원들이 무엇을 왜 어떤 순서로 해야 하는지에 대해 공감하고, 이를 토대로 누가 어떻게 해야 하는지를 분명히 한다. 기능의 개선은 처방의 철학 및 원칙에 관한 과제, 구체적인 정책과 제도에 관한 과제, 구성원의 의식에 대한 과제로 나눈다. 조직과 담당자의 역할 개선도 세분화한다. 처방의 과제들이 많기에 대과제 · 중과제 · 세부 과제로 분류하고, 시간적 단계별로 1차 · 2차 · 3차로 분류하기로 한다. 예를 들면, 의사소통의 기능 개선은 철학에 관한 대과제로 의사소통을 분쟁의 예방과 해결의 핵심 요소이자 직장과 동료에 대한 신뢰 제고의 핵심으로 설정한다. 이를 위해 주요 사안에 대한 先 협의－後 결정의 제도화와 취업규칙의 보완, 구성원들의 대화 기법 교육을 중과제에 포함하고, 이를 추진하기 위한 조직 및 직제 개선을 세부 과제로 정한다.

### (2) 과제 추진 로드맵 작성

A사와 B사에 대한 처방의 과제의 실행력을 높이기 위해 ㄱ과 ㄴ은 도출한 과제 추진의 로드맵을 작성한다. 로드맵에는 과제의 배경, 목표와 내용, 추진 방법, 과제의 실행 기간, 과제의 기대효과, 과제에 대한 구성원들의 예상 반응, 과제 추진에서 유념할 사항 등을 담는다. 과제 추진의 로드맵을 작성하는데 내부 전문가의 의견은 물론 조직 혁신과 인적 혁신 등과 관련된 기업의 중대한 정책과 관련된 과제라면 최고경영자의 의견을 반영한다. 예를 들어 경쟁력 강화 과제의 로드맵에는 그 배경으로 기업의 기술 및 경영 환경 변화를, 목표와 내용으로 고숙련 인력의 양성과 확보를, 추진 방법으로 성과급의 강화와 임금체계 개선을, 과제의 실행 기간으로 1년, 기대 효과로 기술혁신과 생산성의 향상, 구성원들의 예상 반응으로 직무에 따른 구성원들의 찬반, 유념할 사항으로 평가의 공정성 제고를 담는다.

## 2. A사의 경우

ㄱ은 A사의 개선 과제를 분류해 핵심 과제를 뽑는다. 내부 전문가들과의 토론을 거쳐 정년 연장, 인건비 절감, 고용 형태의 다양화, 생산성 향상, 기술력 강화, 의사소통과 가치관 및 비전의 공유, 노사의 신뢰, 인적자원관리 강화를 핵심 과제로 삼기로 한다. 이를 위한 구체적인 실행 과제로 첫째, 정년 연장과 인건비 절감은 묶어 AI와 로봇 등의 활용을 늘리고 둘째, 고용 형태의 다양화와 생산성 향상을 위한 과제로 근로시간제도와 임금체계를 개편하고 셋째, 기술력 강화를 위한 과제로 고숙련 인력에 대해 주식 연계 보상을 제공하고 넷째, 구성원들의 의사소통과 가치관 및 비전의 공유를 위한 과제로 차별 폐지와 교육을 강화하고 다섯째, 노사의 신뢰를 위한 과제로 단체교섭의 프로토콜 합의와 단체협약의 이행을 둘러싼 권리분쟁 해결 장치를 만들고 여섯째, 고용 형태와 인적 속성의 다양화에 맞도록 통합형 인적자원관리 체제로 전환한다.

실행 과제를 시급성과 중요성 그리고 재정적 부담과 구성원들의 인식 등을 고려해 ㄱ은 우선순위를 정하고 추진 전략을 세운다. 먼저 시대적 대세가 되어버린 AI와 로봇의 활용을 강화해 인건비 비중을 줄이고 이에 맞게 조직 개편과 노동력의 재배치를 추진한다. 이와 함께 기술 경쟁력을 높이도록 고숙련 인력의 비중을 늘리고 이들에 대한 보상제도를 능력과 성과 중심으로 개편한다. 또 회사의 기술과 경영 환경 변화에 대한 구성원들과의 인식 공유를 통해 노동조합과 동반자 관계를 강화한다. 단체협약과 노사 합의 사항의 성실한 이행을 통해 신뢰 형성을 뒷받침하도록 그 이행 상태를 공동으로 모니터링하고 다툼이 있다면 신속하고도 자율적으로 해결하도록 도움을 받을 수 있는 외부 전문가를 노사 합의로 지정한다.

## 3. B사의 경우

ㄴ은 B사의 개선 과제를 분류해 핵심 과제를 뽑는다. 내부 전문가들과의 토론을 거쳐 핵심 과제로 기술혁신 및 서비스 개발을 위한 고숙련 인력 확보 및 유지, 부서 장벽 낮추기, 의사소통과 가치관 및 비전의 공유, 상호존중의 문화, 신뢰 규범의 확립, 고충처리제도 활성화, 인적자원관리의 강화를 꼽는다. 이를 위한 구체적인 과제를 다음과 같이 정한다. 첫째, 고숙련 인력 확보 및 유지 과제를 위해 성과 연계 주식 보상의 확대를 과제로 추진하고 둘째, 부서 장벽 낮추기와 의사소통과 가치관 및 비전의 공유 과제는 묶어 업무 전략 회의를 쌍방향 토론식으로의 전환을 과제로 추진한다. 셋째, 상호존중의 문화와 신뢰 규범 확립 과제도 묶어 먼저 인사하기 · 칭찬하기 캠페인과 취업규칙 등 사내 규범의 개선 및 정비를 과제로 넷째, 고충처리제도 과제는 차별이

나 괴롭힘 등의 예방과 해결을 위한 외부 전문가 활용을 과제로 다섯째, 인적자원관리 강화를 위한 과제는 선택형 근로시간제도와 경력개발제도의 도입 및 추진을 과제로 포함한다.

위의 과제를 시급성과 중요성 그리고 재정적 부담과 구성원들의 인식 등을 고려해 ㄴ은 내부 전문가들과 함께 우선순위를 정하고 추진 전략을 세운다. 원하는 구성원들을 대상으로 성과 연계 주식 보상을 단계적으로 확대하되, 그 규모는 능력과 성과에 따라 결정해 일반 직원들의 반발을 줄인다. 비대면 회의를 활성화하되 부서장들은 업무 시간의 1/3을 직원들과의 대화에 할애한다. 고용 형태는 물론 나이와 직위 등과 관계없이 서로 존칭을 쓰고, 부서장들부터 관계의 벽 허물기에 앞장선다. 분쟁을 회사 내에서 자율적으로 해결하도록 노사 합의를 통해 외부의 전문가를 고충처리인으로 지정한다. 출퇴근 시간 선택제를 도입하고, 외부의 다양한 업무 관련 교육 프로그램들을 사내 대학으로 체계화한다. 노동조합의 활동을 존중하고 회사의 성장과 구성원들의 발전을 위해 동반자 관계를 구축하도록 상시 협의 체제를 구축한다.

# V 해법의 실행과 피드백, 제도화에 성공하려면

## 1. 과제의 실행

### (1) 제도화의 과정

ㄱ과 ㄴ은 처방을 실행한다는 것은 자문의 최종 목적인 현재의 상태를 바람직한 새로운 상태로 개선하는 일이라고 생각한다. 새로운 상태로의 이행을 위한 처방은 A사와 B사가 과제를 일시적으로 추진하는 게 아니라 제도화시켜야 실효성이 있다고 본다. 문제는 제도의 변화로 구성원들의 이해관계가 달라지기 때문에 반대가 따른다는 점이고 다른 하나는 그 효과가 시스템의 '산출'이 긍정적인 변화로 나타나려면 시간이 걸린다는 점이라고 본다. 구성원들이 제도의 변화를 반대하는 이유는 하나만이 아니다. 본인에게 이익이 될 수 있음에도 불구하고 이에 대한 정보가 없거나, 주변의 분위기들을 보면서 심리적으로 불안하니까 반대하는 당사자들도 있다. 또 제도의 변화를 실행하는 과정의 공백과 허점으로 억울한 손해를 볼 수 있다고 반대할 수도 있다.

A사와 B사가 이전에도 제도 개선을 추진하다가 반대로 인해 도중에 중단한 일이 있다는 점에 ㄱ과 ㄴ은 유념한다. 더 큰 문제는 일부 구성원들의 반발로 실행이 되어도 일시적이거나 형식적이어서 회사에 대한 구성원들의 신뢰가 떨어진 것이다. 이런 문제를 피하도록 ㄱ과 ㄴ은 과제의 제도화를 협상의 관점에서 추진하기로 한다. 사람은 환경이 변화하면 기회로 삼아 자신의 이

익을 챙기는 기회주의적 행태를 보이고, 이해관계가 비슷한 사람들이 뭉쳐 집단으로 거부하기도 한다. 하지만 제도화의 완성도를 높이려면, 이런 태도를 비판만 하기보다는 현실로 인정하고 이해관계 조정을 하고 제도화에 반영하기로 한다. 과제의 제도화라는 목표가 흔들리지 않는다면 조직 내부 구성원들의 다양한 경험을 청취하고 이를 교훈 삼아 과제 시행의 폭과 속도를 조절해 시행착오를 줄이는 것이 낫다고 생각한다.

### (2) 구성원들의 동참

처방한 과제의 실행은 성패가 구성원들의 동참에 좌우된다. 과제의 제도화에 구성원들이 적극적으로 이해하고 협력해야 시스템의 개선이 자리를 잡는다. ㄱ과 ㄴ은 실행 초기 단계의 혼란과 이에 따른 수정 · 보완은 물론 특히 과제의 정책화와 시스템의 제도화 단계로 갈수록 내부 전문가의 역할이 커진다고 생각한다. 진단과 처방은 외부 전문가가 주도하지만, 실행과 피드백은 당사자인 내부 전문가의 역할이 중요하다. 하지만 내부 전문가에게 맡겨두고 관찰자로 머무르면 자문의 목적인 시스템의 개선이 지속하기 어려울 수 있다고 우려한다. 따라서 ㄱ과 ㄴ은 과제의 정책화와 제도화의 성공을 위해 구성원들의 인식과 참여를 높이는데 필요한 의사소통을 실행 전략에 포함한다. 과제와 실행에 적극적 참여를 위한 홍보, 제도 시행에 관한 수정 · 보완 의견의 모니터링, 과제 이행의 평가와 만족도 조사 등을 생각한다.

ㄱ과 ㄴ은 과제의 실행에 대한 구성원들의 우려와 반대에도 대비하기로 한다. 과제의 부분적인 수정 · 조정 의견이 합리적이고 필요성이 인정되면 목표와 원칙이 훼손되지 않는 한 수용하기로 한다. 과제에 찬성은 하지만 실행을 우려한다면 어떤 점을 우려하고 그 이유가 무엇인지 경청하고, 이해가 부족하다면 설명하고 이해를 구하도록 대화와 설득의 노력을 기울여야 한다고 생각한다. 또 과제를 반대한다고 무조건 방어적인 자세만을 취하기보다 협상의 자세로 대응하는 것이 낫다고 생각한다. 반대하는 구성원들과 먼저 대화를 나누고, 어떤 점에 대해 반대하고 그 이유가 무엇인지를 경청하고 합리적인 의견이라면 수용한다. 하지만 이해하려는 노력이 부족하거나 특별한 이유가 없이 반대한다면 과제의 실행을 번복해서 안 된다.

### (3) 개선 · 보완 피드백

시스템의 개선이 '산출'의 변화로 나타나려면 시간이 걸린다. ㄱ과 ㄴ은 A사와 B사의 시스템 개선의 긴 작업은 실행 과제의 제도화로 일단락되지만, 완성을 위한 여정은 끝난 게 아니라고 생각한다. 변화를 거시적이고 통합적인 시각으로 관찰하고 시스템을 끊임없이 점검하고 보완하는 일이 중요하다고 본다. 이를 위해 첫째, 시스템의 '산출' 변수인 생산 활동과 부가가치, 고용과 임금, 신뢰 등이 기대했던 대로 변화하는지 점검한다. 둘째, 기술 및 경제 환경의 변화와 이에 따른 고용과 노동의 성격 변화가 시스템의 '투입' 변수인 당사자, 이슈, 법규범에 어떤 영향을 미치고 있는지 점검한다. 셋째, 당사자들 자신과 전체 구성원들의 가치관 변화가 시스템의 '과정' 변수인 의사소통의 방식과 협상의 활용에 어떤 영향을 미치고, 상호작용의 방향이 긍정적으로 변화하는지를 점검한다.

ㄱ과 ㄴ은 분쟁 해결 시스템의 일부가 아니라 전체의 변화도 피드백의 중요 과제라고 생각한다. 현재 시점에서 설계한 분쟁 해결 시스템이 시간이 지나면 맞지 않을 수 있기 때문이다. 이것은 A사와 B사의 현실이기도 하다. A사의 분쟁 해결 시스템은 파업 등을 경험하면서 집단 분쟁 중심으로 형성되었지만, 개별 고용 분쟁이 급격히 많아지면서 기존의 시스템은 효용성이 떨어지고 있다. 반면, B사의 분쟁 해결 시스템은 개별 분쟁 중심이었지만 집단 분쟁이 커지고 있다. ㄱ과 ㄴ은 디지털화와 이에 따른 새로운 고용 형태의 등장, 인구구조의 변화에 따른 구성원들의 속성의 다양화, 새로운 노동법의 등장과 이에 따른 사내 규범의 재정비 등 분쟁 해결 시스템의 변화는 불가피하고, 이러한 변화를 수용하도록 시스템의 혁신이 지속되어야 회사와 구성원 모두 성장할 수 있다고 본다.

A사와 B사의 구성원들은 분쟁 해결 시스템 개선 작업이 마무리될 때 이런 일이야말로 중요한 인프라 투자라는 점을 인식하게 된다. 시스템의 개선은 구성원들의 갈등을 혁신의 동력으로 만드는 것은 물론 기업에 대한 신뢰와 동료에 대한 신뢰가 깊어지게 하기 때문이다. 따라서 A사와 B사의 최고경영자들은 시스템을 정기적으로 점검할 계획이다. ㄱ과 ㄴ은 분쟁 예방과 해결의 핵심 요소인 신뢰의 정도를 알기 위해 지표를 개발한다. 회사가 구성원들에게 일하고 싶은 직장인지 또 구성원은 자신이 함께 일하고 싶은 직장 동료인지를 자기 스스로 생각하고 개선하도록 만들며, 구성원들이 추구하는 가치관의 공통분모를 넓히기 위함이다. 기업의 환경이 변화하면 구성원의 가치관도 달라진다. ㄱ과 ㄴ은 신뢰가 부족하면 변화를 따라잡지 못하고 가치관의 공통분모가 작아져 결국 시스템도 붕괴한다고 생각한다.

## 2. A사의 경우

ㄱ은 A사가 AI 로봇의 활용을 통한 생산성 제고와 인건비 절감 과제를 실행에 옮기려면 노사의 공감대와 제도 개선이 중요하다고 생각한다. AI 로봇의 활용으로 노동력의 투입이 감소하는 만큼 인력의 전환배치와 이에 따른 근로시간제도와 교육훈련의 개편이 필요하다. 고숙련 인력 등 구성원들의 일부는 AI 로봇의 활용으로 단위 시간당 생산성과 임금은 높이고 여가가 늘 수 있

다고 찬성한다. 하지만 정년 연장을 요구하는 나이가 많은 구성원들은 AI 로봇의 활용으로 일자리가 없어지고 조기퇴직의 압력이 커질 것이라며 반대한다. 나머지 구성원들은 없어지는 일자리를 대체할 새로운 일자리로 전환배치 되려면, 교육 · 훈련제도와 근로시간제도가 구성원이 선택할 수 있는 범위가 넓어져야 가능하다며 조건부로 찬성한다.

A사는 ㄱ의 자문대로 AI 로봇 활용에 따른 긍정적인 효과는 키우고 부정적인 충격은 줄이는 조치를 찾도록 노사협의를 통해 다양한 의견을 수렴한다. 노사의 공감대를 높이기 위해 구성원들에게 필요성을 홍보하고, 보완 조치를 만들기 위해 의사소통을 강화한다. AI 로봇 활용을 위한 단체협약과 취업규칙의 개정은 노동법에 따라 각각 조합원과 근로자의 50% 이상의 동의를 받아야 하기에 노동조합과 머리를 맞댄다. 노동조합의 조합원들도 나이와 부서 및 직무 등에 따라 찬반이 엇갈리는 가운데 위원장은 조건부로 단체협약과 취업규칙의 개정에 찬성한다. 이에 노사는 AI 로봇 활용을 단계적으로 확대하고, 그 속도와 폭을 단위 시간당 생산성과 임금의 변화, 배치전환과 근로시간제도와 교육 · 훈련제도의 개편 등과 연동하기로 하고, 중립적인 외부 전문가의 도움으로 이행을 평가하기로 한다.

## 3. B사의 경우

ㄴ은 B사가 고숙련 인력 확보와 구성원들 사이의 신뢰와 협력을 증진해 경쟁력을 키우는 과제를 실행하려면 노사 공감대와 제도 개선이 중요하다고 본다. 주식 연계 보상제도 도입, 선택형 근로시간제도와 경력개발제도의 도입, 차별과 괴롭힘의 예방과 해결을 위한 자체 가이드라인의 도입, 고충처리제도의 외부 전문가 활용 등은 구성원들의 동참해야 성공한다. 일부 구성원들은 동의하지만 다른 일부는 반대하고 또 다른 일부는 과제의 실행에 관심이 없는 상황이다. 노동조합은 일부 과제는 찬성하고 다른 과제는 반대한다. ㄴ은 내부 전문가가 나서서 전체 구성원들을 대상으로 온라인으로 시스템 개선의 방향에 대한 설명회를 개최해 관심을 높이고, 부서와 직무 등 구성원별 특성에 따라 대면으로 만나 대화를 나누고, 인사 · 노무 책임자는 노동조합과 협의하도록 권유한다.

B사는 ㄴ의 자문에 따라 분쟁 해결 시스템 개선의 주요 과제를 구성원들이 이해하기 좋도록 설명자료로 만들고 추진계획을 밝힌다. 구성원들이 관심이 큰 근로시간제도와 고충처리제도 등의 개선을 위해 노동조합을 만나 단체협약을 개정하고, 차별과 괴롭힘의 예방 및 해결에 필요한 가이드라인을 취업규칙 등에 반영하도록, 근로자 과반수의 동의를 받고자 한다. 하지만 B사의 구성원들은 나이, 성별, 부서 및 직무뿐만 아니라 숙련 수준 등에 따라 찬반이 엇갈리고, 전체 근

로자의 일부만 가입하고 있는 노동조합은 일부 집행부가 단체협약과 취업규칙의 개정에 협력적이지 않다. 이에 B사는 과제의 실행에 대한 구성원들의 의견을 그룹별로 청취하고, 노동조합과는 노사 파트너십 발전을 위한 별도의 협상을 진행해, 시스템 개선에 대한 우려를 불식시키고 찬성을 하도록 지속해서 설득하고자 한다.

## 참고문헌


1. 김태기(2003), 협상의 원칙: 대한민국 협상론의 새로운 모색, 사회평론.
2. 김태기(2007), 분쟁과 협상, 경문사.
3. 중앙노동위원회, 노동분쟁해결가이드북: 조정과 심판 각호.
4. Dunlop John T.(1993), Industrial Relations Systems, Harvard Business School.
5. Lax A. David and James K. Sebenius(2006), 3D Negotiation:Powerful Tools to Change the Game in Your Most Important Deals.
6. Lewicki, Roy J., David M. Saunders and Bruce Barry(2006), Negotiation, New York: McGraw Hill.
7. McKerise, Robert B(2015), The Role of the Industrial Relations System in Achieving National Economic Objectives: The U. S. Experience, Palala Press.
8. Mnookin, Robert(2011), Bargaining with the Devil: When to Negotiate, When to Fight.
9. Rogers H. Nancy, Robert C. Bordone, Frank E. A. Sander and Craig A. McEwen(2013), Designing Systems and Process for Managing Disputes, Wolters Kluwer.
10. Stone Douglass, Bruce Patton, and Sheila Heen(1999), Difficult Conversations: How to Discuss What Matters Most.

# 불확실하기에 더 대립한다
## - 고용관계의 정보 비대칭 관리방안 -

---

김용민 교수

# 불확실하기에 더 대립한다
# - 고용관계의 정보 비대칭 관리방안 -

김 용 민

## I 고용관계는 기본적으로 정보 비대칭

고용관계라 하면 고용주와 근로자 간의 대립적 관계를 떠올리기 쉽다. 법과 제도, 관행 등 다양한 원인이 있지만, 고용관계가 본질적으로 고용주와 근로자 사이에 정보의 양과 질에 차이가 큰 정보비대칭이라는 점도 중요한 원인이다. 정보가 부족하고, 부정확하고, 불확실하기 때문에 상대를 의심하게 되고, 불필요하게 대립하게 되는 것이다. 고용관계에서의 정보비대칭은 채용, 승진, 연봉협상, 배치전환, 근로조건, 복지, 이직과 해고 등 인사 상의 의사결정과 임단협 등 거의 모든 상황에서 발생한다고 봐도 과언이 아니다. 따라서 고용주와 근로자는 협상을 통해 정보비대칭 문제를 완화하고 서로의 이익을 충족시키기 위한 해결책을 모색해야 한다.

그림 1 고용관계의 정보비대칭

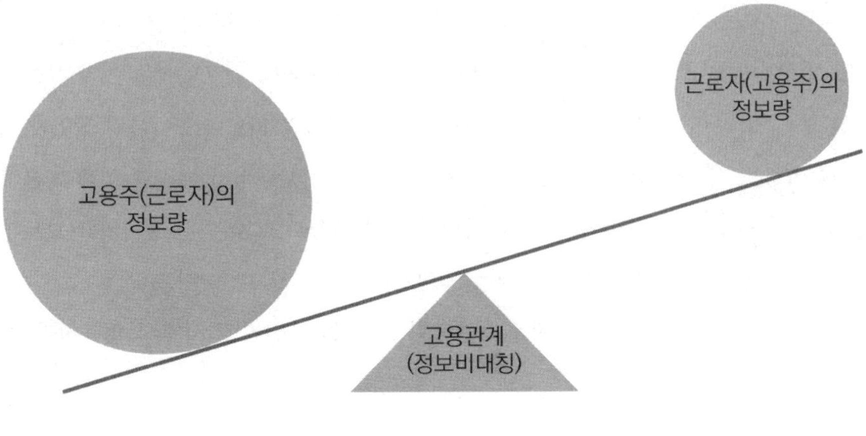

고용관계의 정보비대칭으로 발생하는 대표적인 부정적 사례는 다음과 같다. 첫째, 고용주가 구직자의 능력과 성과에 대한 정보가 부족하면 채용을 꺼리게 되어 사회 전체의 정규직 일자리가 줄어드는 결과가 초래된다. 특히 인적 역량에 대한 정확한 정보취득이 더욱 어려운 MZ세대의 낮은 취업률은 정보비대칭의 심각성을 보여준다. 둘째, 정보비대칭으로 사람－직무의 적합성(person－job match)이 떨어지면 회사 전체의 생산성 역시 저하된다. 셋째, 기업이 근로자의 실제 능력을 몰라서 고능력 근로자를 제대로 처우하지 못하면 근로의욕과 생산성의 저하 및 이직이 증가한다. 넷째, 근로자가 회사의 인사상 의사결정 기준을 정확히 알지 못하면, 회사에 대한 불만이 커지고, 갈등의 골은 깊어진다. 다섯째, 최근 증가일로에 있는 차별을 둘러싼 갈등은 차별의 구성 요건과 차별 해소에 필요한 불이익 산정방식에 대한 당사자들의 이해 부족에서 기인하는 경우가 많다. 여섯째, 노사 간의 정보격차는 불필요한 갈등과 합의 지연 및 파업 사태를 초래한다. 따라서 이를 줄이려는 노력은 노동시장 및 노사관계의 효율성과 공정성을 높이는 데 중요한 역할을 한다. 그렇다면 정보비대칭 상황에 놓여있는 한 여성 근로자가 육아 휴직에서 복귀한 다음 회사의 지방 전보 발령으로 인해 곤란을 겪게 된 다음의 사례를 알아보자.[1]

**[사례 1] 육아 휴직 여성 근로자 P의 서울 근교 전보**

종업원 500명 규모의 수도권 식품유통업체 A사에서 영업관리 업무를 보는 여성 P가 1년간의 육아 휴직을 마치고 복귀한 지 몇 달이 지난 다음, 상사는 P에게 내년부터 서울에서 김포로 근무지가 변경될 것이라고 알렸다. 서울 강동구에 사는 P는 당혹감을 이겨내며 거부의사를 밝혔으나 한 달 뒤 결국 인사 발령이 나고 말았다. 얼마 전 인사고과 결과가 안 좋게 나와 기분이 안 좋았는데, 설상가상으로 먼 곳으로 발령을 내면, 회사를 그만둬야 하는 건지 앞이 캄캄했다.

남편과 친정 부모, 회사 동료들과 상의하며 며칠을 고민하다가 아무리 생각해도 억울하고 화가 나서 일단 인사부서를 찾아가 항의하였다. "인사고과도 그렇지만, 김포발령은 정말 육아휴직에 대한 차별성 보복 아니냐?", "직장 그만두라는 거냐?, 그게 회사의 의도냐?"고 따져 물었다. 인사담당자 Y는 김포발령은 정기적 순환근무의 일환이며, 인사고과는 상대평가 기준에 의해 나온 결과라고 설명하고, 대수롭지 않은 듯 차별성 조치가 아니라고 하였다. 평소 P는 전 상사와 동료로부터 일을 잘한다는 평가를 받아온 터라 Y의 설명에 납득되기보다는 화가 더 났다.

가만히 있을 수 없는 P는 관련 정보를 수집하기 시작했다. 먼저 회사의 취업규칙과 인사 규정

1 중앙노동위원회(2023)에 근거하여 스토리를 새롭게 구성하였음.

을 확인하고 관련자들을 만나보니, 차별의 증거는 충분하지 않았지만, 근무지 변경은 정기적인 순환근무가 아니라, 일부에서만 시행되고 있었다. 또한 P는 본인말고도 다른 여직원 1명이 육아휴직을 다녀온 후 유사한 차별성 조치를 당했다는 것을 알게 되어, 공동 대응하기로 의견을 모았다. 이들은 2명의 명의로 A사 대표 R에게 고충을 제기하였다. 근무지 변경은 차별행위이므로 취소하고, 원래 근무지로 원대복귀하지 않으면 노동청에 진정한다는 내용이었다.

대표 R은 면담요청을 피하고, P를 설득하지 못한 인사담당자 Y를 질책하는 한편, 변호사 L를 고용하여 대응토록 했다. 이에 P측은 노동청을 찾아가 차별 피해를 호소했으나, 노동청에서는 차별 입증자료가 부족하다는 의견이었다. 낙담한 P는 지인의 소개로 노무사 W를 찾아가 의논하였으나, W는 우선 사내의 고충처리제도를 활용할 것을 권유하고, 그다음에 노동위원회에 업무범위보다는 성차별 구제신청을 하라고 권하였다.

결국 노동위원회에 구제신청을 하고 기다리고 있던 중 다행히 구제신청이 받아들여져 한 달 뒤 심문회의가 열렸다. 심문회의에서는 양측의 주장이 대립했는데, W는 차별에 의한 부당전보를 주장했고, A사는 인사담당자 Y와 변호사 L이 참석하여 회사의 인사경영권 행사라고 반박하였다. P는 회사측이 사실이 아닌 억지를 부린다고 생각하고 또다시 흥분하였다. 반면 W는 P의 주장에 증거가 부족해 설사 노동위원회에서 인정받는다 하더라도 법원에서 승소할지 의문이 들었다.

한편 노동위원회는 근무지 변경이 성차별일 수 있다는 의심은 있으나 확실한 증거가 부족한 반면, 회사측의 인사경영권 행사라는 주장이 좀 더 일관성과 설득력이 있는 것으로 판단하였다. 다만 한 위원은 근무지 변경이 육아와 직장을 병행하기에는 피해가 있다고 생각하는 것 같았다. 또 다른 위원은 육아 휴직을 둘러싼 성차별이 P 개인의 문제라기 보다는 A사의 불투명한 인사제도가 원인이 아니냐는 질문을 A사에 제기하였다. 따라서 위원회는 P의 근무지 변경이 부당전보가 아니지만, A사가 P에게 교통비(유류비, 주차비 등) 지급과 초과근무 억제를 약속하고, 또한 향후 육아휴직을 다녀온 여성 근로자들의 업무 배치, 근무지, 근무조건 등과 관련된 인사 규정 제정을 조건으로 양측이 합의할 것을 권고하였다. 이 규정이 만들어지면 P는 다시 서울로 복귀할 수 있는 근거가 생기게 된다.

위 사례에서 P는 본인이 원하는 최선의 결과를 얻었다고 볼 수 있을까? 애초부터 P는 회사가 어떤 의도를 가지고 있는지 알 수 없고, P가 회사가 가지고 있는 다양한 정보에 접근할 수 없기 때문에 정보 열위에 있다고 할 수 있다. 반면 회사는 전보 발령이 차별이 아니라는 근거를 마련할 정도의 정보력과 전문성을 갖추고 있어 정보 우위에 있다고 볼 수 있다. 그렇다면 P가 정보 비대칭을 극복하기 위해서 뭘 더 잘할 수 있을까를 생각해 보자. 위 사례에서는 조정위원회가 P의 불이익을 줄이는 결과를 가져옴으로써 우리 사회에서 조정자의 역할이 중요함을 보여준다.

## 1. 정보비대칭이 발생하는 이유와 결과에 미치는 영향

그렇다면 정보비대칭은 왜 발생하나? 정보비대칭이 발생하는 주요한 원인은 다음과 같다. (1) 불완전 고용시장: 현실 세계의 시장은 정보가 완전하게 공개되지 않는 불완전 시장이다. (2) 개인과 조직의 역량: 노조는 회사에 비해 개인과 조직의 역량이 부족하여 유리한 협상결과를 내지 못하거나, 강경 일변도로 나가는 우를 범하게 된다. 물론 회사 측 업무 담당자도 노사협상에 서툴기는 마찬가지이다. (3) 권력 구조: 권력의 변방에 있는 근로자들은 인사정보에 접근하기 어려워 공정한 결정인지 판단하기 어렵다. (4) 의도적인 정보 은닉 및 왜곡: 협상 당사자 중 한쪽이 상대방을 속이거나, 정보를 숨겨서 불이익을 당할 수 있다.

정보 비대칭은 고용관계 및 이와 관련된 협상에서 다음과 같은 여러 가지 부정적인 영향을 준다. (1) 협상력의 불균형: 상대적으로 정보의 질과 양이 우세한 협상 당사자가 협상력의 우위를 점하게 된다. (2) 의사결정의 왜곡: 정보 비대칭은 노사 양측의 의사결정을 왜곡시켜 소위 도덕적 해이와 역선택을 불러오게 된다. 예컨대 관리자의 감시를 피해 업무시간에 사적 업무를 보는 근로자나, 노조의 강력한 투쟁력을 과소평가한 회사 측의 강경 대응으로 파업을 불러일으킨 경우가 이에 해당한다. (3) 신뢰 관계 악화: 정보 비대칭은 정보 열위에 있는 당사자에게 공정성 논란을 불러일으켜 신뢰관계를 훼손하게 된다. (4) 거래비용 증가: 노사 양측에 불필요한 오해와 갈등을 불러일으켜 해결에 이르기까지 과도한 비용과 시간이 든다.

## 2. 정보 비대칭의 대표적 사례

정보 비대칭의 크고 작은 사례는 고용관계의 단계별로 파악할 수 있으며 그 대표적 내용은 아래 <표 1>과 같다. (1) 고용관계의 시작 단계에서는 정규직 채용 기피 및 채용시의 연봉 협상, (2) 고용관계 유지 단계에서는 임단협, 연봉협상, 배치 및 전보, 성과 부진자의 승진 탈락 및 연봉 감액, (3) 고용관계 종료 단계에서는 우수인재의 지속적 유출, 사직 후 새 직장의 채용 철회 등을 사례로 들 수 있다.

**표 1 고용관계 단계별 정보비대칭의 대표적 사례**

| 고용관계 단계 | 사례 | 정보 비대칭 이슈 |
|---|---|---|
| 고용관계 시작 | • MZ세대/정규직 채용 기피<br>• 채용 및 연봉협상 시 불만과 갈등 | • 지원자에 대한 정보 부족<br>• 회사: 지원자에 대한 정보 부족, 근로자: 회사의 HR정책이나 보상 체계에 대한 이해 부족 |
| 고용관계 유지 | • 노사협상 지연, 결렬, 파업<br>• 재직자 성과평가 및 연봉협상 시 불만과 갈등<br>• 성과부진자(C Player)의 승진 탈락/연봉감액<br>• 부당 전보(특히 지방 전보)<br>• 직장 내 차별을 둘러싼 다양한 갈등<br>• 기업특수적 인적자본에 대한 교육 투자 저조 | • 노사간 존재하는 정보격차, 정보 왜곡 및 기만, 단체협약 관련 법규 이해 부족<br>• 고용주의 근로자 생산성 등 인적 자본에 대한 정보 부족<br>• 근로자의 자기과신 및 승진, 연봉 결정요인에 대한 불충분한 이해<br>• 근로자의 회사 측 전보 결정에 대한 정보 부족<br>• 노사간 차별의 구성 요건과 불이익 산정에 대한 이해 부족<br>• 근로자의 생산성 및 장기근속 요인 파악의 어려움 |
| 고용관계 종료 | • 우수인재의 지속적인 유출<br>• 사직 후 새 직장의 채용 철회 | • 이직 원인에 대한 정보 부족<br>• 채용의 법적 요건에 대한 이해 부족 |

### 3. 정보는 많을수록 유리하다

손자병법에 "지피지기, 백전불태(知彼知己, 百戰不殆)"라는 말이 있다. "적을 알고 나를 알면 백번 싸워도 위태롭지 않다"는 말인데, 이는 다시 "적을 모르는 상태에서 싸우면, 싸울 때마다 위태로워진다"라고도 해석할 수 있다. 고용관계와 그에 따른 협상에서도 나와 상대방이 무엇을 원하는지를 정확하게 파악할수록, 협상에서 우위를 차지할뿐더러, 상대방에게도 만족스러운 해결책을 창출할 수 있는 것이다. 따라서 협상의 과정은 서로에 대해서 알아가는, 그리고 이를 통해 최선의 해결책을 찾아가는 "발견의 과정(process of discovery)"으로 볼 수 있다.

## Ⅱ 협상 전 정보수집 및 협상 준비

많은 사람들이 협상이 시작된 다음 상대방이 어떻게 나오는지를 보고 대응책을 고민하는 것이 좋다고 생각한다. 그러나 이는 틀린 말이다. 협상은 미리 많이 준비한 자가 이기는 게임이다.

협상은 협상 전의 정보수집에서 이미 시작된 것이며, 얼마나 철저하게 준비하냐에 따라 성패가 갈라진다. 다각적인 정보수집과 대응책 마련은 자신감 향상과 협상 시 우위를 점하게 하고, 수집된 정보는 협상 테이블에서 상대방으로부터 가치 있는 정보나 양보를 얻어내는 협상 칩(chip)으로 사용할 수 있으며, 종국적으로 통합적 협상 효과를 극대화할 수 있다. 그러면 사전에 준비해야 하는 정보의 유형과 수집 방법에 대하여 알아보자.

## 1. 수집해야 할 정보의 유형

정보를 잘 구분하면 협상의 우위를 점할 수 있는데 사실적 정보와 전략적 정보로 구별된다.

**(1)** 먼저 사실적 정보는 객관적으로 드러난 데이터, 사실, 수치, 기준 등을 말한다. 이에는 경제 전체, 고용시장 및 산업 동향, 회사의 재무상태 및 수익구조, 임금과 물가상승률 및 생산성 추세, 동종업계의 단체협상 결과 등 객관적으로 접근할 수 있는 정보이다.

**(2)** 반면에 전략적 정보는 상대방의 평판, 핵심 이해(interests)와 우선순위(priorities), 협상스타일과 관련된 정보를 말한다. 여기서 평판이란 협상 상대방이 얼마나 신뢰할 만한 사람인지에 대한 주변의 평가를, 핵심 이해란 당사자들이 진정으로 원하는 내면적인 니즈와 욕구, 희망이나 두려움을 의미하며 겉으로 드러나는 요구사항인 입장(position)과는 구별된다. 협상 스타일은 예컨대 주로 협력적으로 협상에 임하는지, 아니면 대결적인지에 대한 행동 패턴을 말한다.

## 2. 정보수집 방법

**(1) 공개적인 정보수집:** 경제, 산업, 노동, 노사협상, 기업과 관련된 정보를 수집하기 위해서는 ① 먼저, 인터넷을 통한 수집 방법으로 언론 기사, 간행물(예: 노동리뷰, 월간노동법률, 국제노동브리프, 건설경제 등), 정부 및 민간 연구 보고서, 관련 사례, 산업별 온라인 DB 등이 있고, ② 사내 정보로는 회사 재무제표, 인사 규정, 취업규칙 등 회사 내규, 단체협약 문서, 사내 설문조사 결과 등이 있다. ③ 노동법이나 판례, 판정과 관련된 정보로는 로앤비, LBOX(하급심 판례), 중앙노동위원회 홈페이지, 지방노동위원회의 판례 정보 등을 활용할 수 있고, 인공지능 앱으로는 ChatGPT, Perplexity, Claude 등을 참조할 수 있다.

**(2) 사내외 정보수집(내부에서 외부로):** 협상 상대방과 이해관계자에 대한 정보를 수집하기 위해서는 공개적인 정보 이외에도 다양한 사내외의 정보원을 활용할 필요가 있다. 가장 효과적인 정보수집 방법은 가까운 곳(내부)에서 시작하여 멀리(외부) 나가는 것인데, 무엇보다 사내의 전문가나 조력자를 활용하는 것이 가장 유력한 방법일 수 있다. 먼저 과거에 협상 경험이 있는 사내

구성원들로부터 상대방의 협상 스타일, 목표나 핵심 이해(interests), 협상전략 및 의사결정 패턴 등에 대한 전략적 정보를 청취하여 인사이트를 얻을 수 있다. 협상팀이 사내 전문가나 관련 인사들을 초청하여 세미나를 개최하는 것도 방법이다.

협상 이슈와 직접적 관련이 없더라도 협상 상대방과의 인간관계가 돈독한 인사로부터 상대방의 성격, 행동 스타일, 가치관과 신념 등의 정보를 캐낼 수 있다. 상대방의 숨겨진 니즈나 욕구를 파악할 수 있다면 금상첨화일 것이다. 상대방의 하급자를 비공식적으로 만나서 상사의 내면적 욕구를 파악하는 것도 의외의 소득을 얻을 수 있다. 낮은 지위에 있는 사람은 별부담없이 조언하면서 "잘해 보세요"라는 식으로 응원할 수도 있기 때문이다. 이들과 면담한 결과를 정리하면 협상 준비에 도움이 된다. 만약 상대방이 자료에 근거해 협상하는 분석가 스타일이라면 사전에 보다 치밀한 준비를 해야 하고, 상대가 관계지향 스타일이라면 의전과 관계 형성에 신경을 쓰는 것이 좋다.

사내 정보를 수집한 다음에는 사외로 정보수집 대상을 넓혀야 한다. 먼저 개인의 경우에는 과거에 유사한 고용관계 상황이나 협상을 해본 가족, 친지, 지인들의 조언, 그리고 전문직이나 동호인 카페의 의견을 구할 수 있다. 노사협상의 경우 해당 업무와 관련된 협회 및 단체, 전문 연구기관의 학자나 연구자, 협상 상대방과 거래관계에 있는 기관 및 개인들을 접촉하여 협상 이슈에 대한 사실적 정보 뿐 아니라 협상 상대방에 대한 정보를 수집할 수 있다.

## 3. 협상 점검표 작성

정보 수집이 끝나면 협상 목표를 설정해야 한다. 목표가 없으면 나침판 없이 항해하는 배와 다름없는 딱한 신세이기 때문이다. 목표는 CASS의 원칙에 입각하여 과감하고(Challenging), 달성 가능하며(Achievable), 구체적이고(Specific), 만족스러워야(Satisfiable) 한다. 목표를 설정한 다음, 가능하면 여러 개의 하위목표를 설정한다. 물론 상대방의 목표가 무엇인지를 파악하는 것도 협상 준비에 필수적이다. 그다음 나와 상대방의 핵심 이해(interests), 우선순위, BATNA, 상호 양보가 불가능한 이슈, 양보가 가능한 이슈, 장기적 관계, 협상의 최종 의사결정자 등을 파악한다. 이를 위해 협상 점검표(NPT: Negotiation Preparation Table)를 작성하여 종합적으로 점검한다. 협상 점검표를 꼼꼼하게 작성할수록 협상의 주도권을 잡을 수 있고, 협상이 시작되면 어떤 정보를 더 수집해야 하는지를 알 수 있게 된다.

참고로, 정보의 파악 수준을 3단계로 구분하여, 파악된 정보는 ○, 확인이 필요한 정보는 △, 파악이 안 된 정보는 *X*로 표시한다면, 이를 협상 테이블에서 확인하거나, 추가적인 정보를 수집하는 데 도움이 될 것이다. 아래 <표 2>는 직장을 옮기려는 A가 회사의 인사팀장 B와 진행하게 될 협상을 위한 NPT(협상 점검표) 작성 사례를 보여준다. 물론 NPT는 개인 차원이 아니라 임단협과 같은 집단 간의 협상에서 좀 더 전략적으로 활용될 수 있다.

**표 2 NPT(협상 점검표) 작성의 예**

| 구분 | 근로자 A | 인사팀장 B | 정보격차 해소 및 대응 | 협상 가이드라인 |
|---|---|---|---|---|
| 목표 | • 연봉 5,800만원/ 저항점 5,600만원 | • Hopefully ZOPA= 5,600~6,000 △ | • 개방형 질문을 통해 상대의 협상 목표와 저항점 파악 | • 6,000에서 시작하되, 5,600이 저항점 |
| 핵심 이해 (interests) | • 시장평균을 상회하는 공정한 처우와 커리어 비전 달성<br>• 지속적인 시장평균 이상의 연봉 인상 ○ | • 우수인재 확보 ○<br>• 직원 간 형평성(직무/처우 등) X | • 질문과 경청을 통해 파악 | • 공정한 처우와 직장생활의 유연성 동시 확보<br>• 핵심 요구사항을 일관되게 견지 |
| 우선 순위 | • 1. 기본연봉, 2. 서울로 이사, 3. 대출금 상환, 4. 재택근무, 5. 인센티브 ○ | • 1) 예산제약, 2) 우수인재 확보(전문성과 소통 능력), 3) 회사와의 장기적 적합성 X | • 선제안과 역제안으로 타진<br>• 의제와 순서를 설정하는 과정에서 파악 | • 1) 기본연봉과 업무 유연성의 우선순위가 높으며, 2) 사이닝보너스와 대출금은 트레이드-오프로 타협 |
| 객관적 기준 | • 본인이 수행하는 직무의 시장가치 △<br>• 과거의 경력과 실적 ○ | • 사내 유사 직무의 급여 수준/범위, 형평성<br>• 기업문화 적합성과 성과 창출 △ | • 사전 조사 및 HR정책에 대한 세부 질문(사내 급여수준, 승진, 복지 등 비금전적 보상) | • 사내 기준보다는 객관적 수치(시장가치, 경력, 성과 등)를 기준으로 어필 |
| BATNA | • 타 업체로부터 제안받은 연봉(6,000만) ○<br>• 그 외의 업체와 채용 면접 약속 ○ | • 더 낮은 연봉으로 다른 지원자 채용<br>• 사내공모를 통한 공석 채우기 △ | • 다른 지원자나 대안이 있는지 확인<br>• 다른 원천으로부터 추가 정보수집 | • 5,600 미만이면 협상 결렬(타사의 연봉 제안을 인용하되, 공격적으로 보이지 않도록 노력) |
| 양보 불가능 이슈 | • 최소 연봉(5,600) 과 재택근무 ○ | • 예산제약과 오피스 근무 강조 ? △ | • 회사의 HR 정책/제도에 대한 정보수집 | • 양보 불가능 이슈는 협상 초기에 공유 |

| 구분 | 근로자 A | 인사팀장 B | 정보격차 해소 및 대응 | 협상 가이드라인 |
|---|---|---|---|---|
| 양보 가능 이슈 | • 대출금이나 사이닝 보너스를 낮출 수 있음(기본급 인상이나 재택근무가 가능해질 경우) ○ | • 일정 한도 내에서 사이닝 보너스, 대출금 추가 지원 가능, but 과도한 재택근무는 곤란 X | • 새로운 이슈 추가(e.g., 휴가일수 추가 확보 등), 또는 이슈 재결합으로 양보 여지 확대 | • 양보할 용의가 있음을 표현(예: 형평성 고려나 재택 근무 제공 시 대출금/사이닝 보너스 절충 가능) |
| 예상 질문 리스트 | • 직무(역할)의 급여 범위는?<br>• 승진 기준과 가능성<br>• 인센티브 지급 기준과 범위는? ○ | • 언제부터 출근이 가능한지? △<br>• 본인이 생각하는 이상적인 보상 패키지는? △ | • HR정책, 인재관리, 기업문화, 보상체계, 복지 등과 관련한 가능한 많은 질문 리스트 준비 | • 제약과 핵심 이해, 우선순위를 파악하기 위해 더 많은 정보수집 |
| 장기적 관계 | • 장기적으로 회사측과 긍정적인 관계 구축(자극적 표현 절제) ○ | • 기업문화에 적합한 인재 확보(우호적 관계 유지) △ | • 신뢰구축을 위한 의견 표명 및 상대방의 반응 관찰 | • 상호 윈-윈으로 프레임 설정(중요) |

# Ⅲ 협상 과정에서의 정보수집

## 1. 협상은 친근한 담소로 시작

협상 테이블에서도 정보는 더 많이 수집할수록 좋다. 더 많은 정보를 가질수록 더 많은 옵션을 가지고 협상을 주도할 수 있기 때문이다. 협상 테이블에서 상대방에 대한 보다 정확한 정보수집을 위해서는 먼저 우호적인 관계를 설정하는 것이 중요하다. 협상 시작 전 가벼운 대화(icebreaking)를 나누는 것도 좋은 방법이다. 날씨, 교통상황, 스포츠, 해외토픽 등 일상적 주제로 시작하여 점점 업무관련 주제로 옮겨간다. 만약 상대방의 개인적인 관심사나 취미, 학연 · 지연 · 혈연 등 연고와 인적 배경을 사전에 파악한 것이 있다면 더 순조롭게 이야기를 풀어갈 수 있다. 가장 중요한 것은 상대방에 대한 배려이다. 상대의 관심사에 진심으로 귀를 기울이면 더 많은 정보공유가 가능해진다.

## 2. 질문은 정보창고의 문을 여는 열쇠

**(1) 더 많이 질문하는 자가 더 많은 정보를 얻는다:** 협상에서는 질문을 가급적 많이 해야 한다.

더 많이 질문하는 자가 더 많은 정보를 얻기 때문이다. 질문방식은 개방형 질문에서 깔대기형 질문으로, 입장(position)이 아닌 상대방의 핵심 이해(interests)를 파악하는 'Why'의 질문법을 사용하는 것이 좋다. 무엇을 원하는지를 아는 것도 중요하지만, 그것을 왜 원하는지를 아는 것이 상대방의 감추어진 의도와 핵심 이해를 파악하는 데 도움이 되기 때문이다(다이어몬드, 2022).

**(2) 개방형 질문:** 질문을 할 때에는 "예" "아니오"로 답할 수 있는 폐쇄형 질문보다는 "누가", "무엇을", "언제", 그리고 "왜"를 묻는 개방형 질문이 더 바람직하다. 예컨대 "회사의 연봉 구성 항목에 대해서 설명해 주시겠습니까?", "이전 직장에 비해 연봉을 줄여서 제안하신 이유를 알 수 있을까요?"와 같이 개방형 질문(open question)을 하면 풍부하면서도 여러 갈래로 구체적인 답변을 이끌어낼 수 있다. 물론 시작단계에서는 상대방의 거부감을 줄이기 위해서는 중립적 질문을 하는 것이 바람직하다. "이 회사는 급여보다는 복지가 더 잘 되어 있다고 들었는데 그 내용을 알려주시겠습니까?"와 같은 중립적 질문은 상대방과의 대화를 무리없이 이어갈 수 있고, 상대방의 입장을 더 이해할 수 있다.

상대방이 스스로 해결책을 생각하도록 유도하는 효과적인 열린 질문기법의 하나로 탐사 질문(calibrated questions)을 사용할 수 있다. 탐사 질문은 "How"로 시작하는 질문방식으로 상대방의 감추어진 핵심 이해(interests), 동기, 욕구나 새로운 관점을 파악하는데 효과적이다. 이 기법은 FBI의 인질협상팀이 사용하는 질문방식으로, 상대방이 감정적 저항을 낮추고 협상의 주도권을 장악했다고 인식하도록 만듦으로써 적극적인 해결책을 제시하게 된다고 한다(Voss, 2016). 예컨대, 근로자가 연봉 10% 인상을 요구하는 상황에서 인사담당자가 "연봉을 10% 올리려는 합리적인 근거를 말씀해 주실래요?"와 같은 전통적 방식으로 질문하면 근로자는 여러 가지 이유를 들며 방어적으로 대답함으로써, 타협보다는 간극이 더 커질 수 있다. 반면에 "연봉 인상이 없다고 가정했을 때 회사가 보상할 수 있는 방법은 없을까요?"와 같이 탐사 방식으로 질문하면 "나는 잘 모르겠는데 방법을 알려줘"라는 느낌을 줘서 근로자가 스스로 해결책(예: (비금전적 혜택)을 제시할 가능성이 높아진다는 것이다.

개방형 질문의 후속 질문은 좀 더 상세한 질문으로 범위를 좁혀나가는 깔대기형 질문(funnel question)이 효과적이다. 위의 급여와 복지정책에 대한 질문의 후속 질문으로 "그러면 직원들이 취사선택할 수 있는 복지에는 어떤 것들이 있나요?"와 같이 범위를 좁히는 질문을 하면 급여를 보완할 수 있는 복리후생에 대한 정보를 좀 더 자세히 취득할 수 있다.

여기서 질문의 범위를 폐쇄형으로 "예", "아니오"로 좁혀나갈 수도 있다. 협상 연구 일각에서는 "예"보다는 "아니오"라는 대답을 유도하는 질문이 더 효과적이라고 한다. 그 이유는 상대방에게 거부할 수 있는 기회를 제공하면, 협상에서 더 큰 권한과 통제권을 가진 것으로 인식하게 되어, 나에게 좀 더 협조적으로 나올 수 있다는 것이다.

**(3) Why를 물어봐라!:** Why라는 질문은 상대방의 관점을 이해하고, 입장(position) 뒤에 감추어진 핵심 이해(interests)를 파악하고, 협상에서 발생하는 본질적인 갈등이 무엇인지를 알 수 있게 해준다. 물론 "왜"라는 질문은 간혹 다른 사람의 책임으로 돌리는 것처럼 들릴 수 있으므로 비난하는 톤이 아닌 중립적이고 호기심 어린 자세로 물어야 한다.

**(4) 내용 요약 및 재확인:** 질문과 대답이 이어지면 어떤 식으로든 대화 내용을 확인하고 이를 상대방에게 환기시킬 필요가 있다. "지금까지 말씀하신 바를 정리하면 ( ... ) 라고 요약해도 되나요?"와 같은 질문(questions for clarification)으로 상호 이해와 협력관계를 다시 한번 확인하면 신뢰 형성에도 도움이 될 것이다.

## 3. 경청은 정보창고 안을 들여다보는 광학렌즈

**(1) 경청과 공감:** 좋은 질문과 함께 적극적 경청(active listening)은 정보비대칭을 줄이는 핵심 수단이다. 적극적 경청은 단순히 열심히 듣는 것이 아니라, 상대방이 내가 상대의 말과 내면의 동기나 정서를 공감한다고 느끼게 함으로써 원활한 대화를 가능하게 하는 효과적인 커뮤니케이션 기법이다.

적극적 경청은 상대방의 말을 열심히 듣는 것이 핵심이지만, 비언어적 신호를 보내는 것도 못지않게 중요하다고 한다. 상대방과 눈을 맞추거나 고개를 끄덕이고, 상대방을 향해 몸을 기울이거나 표정으로 공감을 표시하며, 상대방의 말투, 자세, 제스처를 미묘하게 따라 하는 미러링(mirroring) 역시 효과적이라고 한다(Voss, 2016). 경청하는 사이에 질문을 하는 것도 경청에 도움이 된다. 상대방의 목소리가 떨리거나, 눈꼬리가 올라가고, 언성이 높아지거나, 얼굴을 찡그리는 대목에서 상대방의 부정적인 견해나 거부감, 두려움을 포착하여 정보격차를 줄여 나갈 수 있다.

**(2) 침묵의 힘:** 때로는 침묵도 적극적 경청의 한 방법으로 상대의 의중을 파악하는 중요한 수단이 될 수 있다. 협상에서는 말을 많이 하는 사람보다 침묵을 지키고 있는 사람이 더 유리할 때가 있다. 상대방이 말을 마친 후 잠시(4-5초 정도) 침묵하면, 상대방이 불편함을 느껴서 추가적인 생각이나 의견을 더 말하게 하는 효과가 있다. 침묵은 의외로 효과적이어서 "침묵의 힘(power of silence)"이라고 부르기도 한다.

## 4. 정보공유

효과적인 정보공유는 통합적 협상의 핵심이라는 점을 아무리 강조해도 지나치지 않는다. 정보공유가 원활할수록 통합적 해결책의 도출이 가능해지기 때문이다(Lewicki, Saunders, & Barry, 2015). 정보공유는 서로 간에 어떤 대안이 있는지를 알게 되면 저항점을 완화하거나, 가용 자원의 투입을 늘리거나, 창의적인 해결책을 모색하기가 더 용이해진다(다이어몬드, 2022). 노사 간의 정보공유가 활발해지면 하이볼(high-ball) 및 로우볼(low-ball) 전술을 반복적으로 사용하는 폐단이 줄고, 불필요한 대결이 없어질 것이다.

**(1) 공유가능 정보:** 그렇지만 무턱대고 정보를 무한정 공유하는 것은 상대방으로부터 이용당할 위험이 있기 때문에 조심해야 한다. 이에 따라 정보는 공개해도 되는 정보와 가급적 공개해서는 안 될 정보를 분류할 필요가 있다.

공개해도 되는 정보는 중요성과 민감도, 그리고 상대방의 정보공유 의지에 따라 비례적으로 하는 것이 좋다. 공개해서는 안 되는 정보로는 (1) 법적으로 보호되는 정보(예: 영업비밀, 개인 신상정보), (2) 왜곡, 과장, 조작의 과정을 거쳐 생성된 윤리적으로 문제가 있는 정보, (3) 협상력을 약화시킬 수 있는 전략적 정보(예: BATNA, 저항점) 등이 있다. 특히 협상 초기부터 나의 불리한 BATNA를 공개하면 상대방은 나를 몰아붙일 수 있게 된다. 반면 나의 우월한 BATNA를 상대방을 압박하기 위하여 알려주면 오히려 상대방의 감정을 자극하여 공격적으로 나올 가능성도 있다. 저항점이나 BATNA와 같이 전략적 정보의 공개는 협상의 막바지에 하는 것이 바람직하다.

공유가능한 정보로는 1) 사실적 정보, 2) 나에게 유리한 정보, 3) 협상을 촉진하는 데 도움이 되는 정보, 4) 전체적인 상황이나 맥락에 대한 이해를 돕는 정보, 5) 나의 감정을 솔직하게 드러내는 정보, 6) 전략적 정보(양측이 서로 알고 싶어 하는 목표나 핵심 이해) 등이 있다.

**(2) 정보공개의 원칙:** 그러나 정보공유는 서로의 이해를 충족시키는 건설적인 제안을 하는데 도움이 되기 때문에 “정보를 공유할 것이냐, 말 것이냐?”보다는 “어떻게 정보를 공유할 것이냐?”의 방법을 고민해야 한다. 그러면 어떤 원칙에 의해서 정보를 공유해야 하나? 정보는 진실성(integrity)과 상호주의(reciprocity)의 원칙에 따라 유연하고도 선택적으로 공유한다.

진실성의 원칙은 거짓되거나 왜곡된 정보를 제공해서는 안 된다는 것이고, 상호주의의 원칙은 상대가 제공하는 정보의 중요성에 따라 그에 준하는 나의 정보를 제공하는 것을 말한다. 팃포탯(Tit-for-Tat)은 협상 초기에는 협조하되, 그다음부터는 협조에는 협조로, 배신에는 배신으로 맞대응하는 행동 전략으로 사회과학계에서 오랫동안 효과가 큰 것으로 알려져 있다(Axelrod, 1984).

팃포탯을 실행하기 위해서는 다음과 같이 정보공유 리스크를 관리해야 한다. 1) 솔선수범(lead by example): 상대방이 나에게 협조할 의사가 있는지 불확실한 초기 상황에서는 내가 먼저 정보를 제공하여 협상 분위기를 우호적으로 만든다. 2) 상호주의(reciprocity): 그다음부터 내가 정보 하나를 공유하면, 상대방에게 그에 걸맞은 정보공유를 유도한다. 3) 결정적 정보의 공유: 협상이 진행되면서 결정적 정보의 공유가 필요한 순간을 포착하여 이를 실행하면 윈윈의 창의적 해결책을 도출할 수 있다.

그러면, 사실적 정보에서 전략적 정보로 심화하는 정보공유를 통해 상호 통합적 해결책을 도출한 다음의 사례를 알아보자.

**[사례 2] 부서 이동 협상 사례: 사실적 정보에서 전략적 정보로**

국내의 한 전자회사에 근무하던 이공계 박사 출신 김차장은 직장을 잠시 쉬고 미국의 유명 대학 MBA 과정을 마친 다음 회사로 복귀하여, 이전에 근무했던 반도체사업부에서 가전사업부로 옮기고 싶어했다. 사내규정 상 사업부 이동을 하려면 상사의 허락이 필요하다고 해서 김차장은 전 상사에게 전화를 걸었다. 하지만 예상과는 달리 상사는 반도체사업부로 복귀하라고 한다. 이미 가전사업부로부터 두 번이나 제안을 받은 상태였는데, 상사의 한마디로 물거품이 되는 순간이었다.

"내가 가겠다고 하는데 회사 규정이 내 앞길을 막다니, 이게 말이 되나?"라고 항의하거나, 아예 새 직장을 찾을 수도 있는 상황이었다. 전화를 끊은 후 김차장은 감정을 추스르고 정확한 정보를 찾기 시작하였다. 회사 규정을 들여다보니, 꼭 반도체사업부에만 있어야 한다는 조항은 없고, 사업부 전보 시 상사의 승인이 필요하다는 것만 확인할 수 있었다.(**사실적 정보수집**)

김차장은 다시 상사에게 전화하여 물어보았다. "제가 반도체사업부로 돌아가야 하는 이유를 말씀해 주실 수 있나요?" [상사] "그게 자네에게 가장 잘 맞는 포지션이라서 그래." [김차장] "가장 잘 맞는 포지션이요? 근데 제가 반도체사업부에 남아 있어야 하는 조항은 없는 걸로 아는데요." [상사] "그렇지, 그런 조항은 없지!" [김차장] "그럼 제가 왜 꼭 반도체사업부에 있어야 하는지요?." [상사] 잠시 뜸들이다가, "사실은 반도체사업부와 가전사업부 간 업무 협조를 도와줄 사람이 필요한데, 아무리 생각해도 자네가 적임자네. 특허업무, 마케팅 및 영업, 원가관리, 공급망 등 최근 협조할 일이 많이 늘어났거든..." (**전략적 정보수집**)

[김차장] "그렇군요, 그럼 제가 어느 사업부에 가든 HQ에서 임원들끼리 소통하는 걸 도와드리면 된다는 말씀이시죠?" [상사] "맞아, HQ든 뭐든 난 자네의 도움이 필요해!" 김차장이 상사에게 혹시 더 필요한 것이 있는지를 물어보니, 상사는 2년 후 부사장 승진 대상인데 본부장에게 긍정적인 피드백을 줄 수 있는 누군가가 필요하다고 했다. 상사의 니즈를 파악한 김과장은 힘닿는 대로 노력하겠다고 약속하고 사업부 이동 승인을 받아냈다.

### 5. 상대방이 기만전술을 사용할 때의 대응법

정보비대칭을 줄이기 위해 노력하는 과정에서 부딪히는 가장 곤혹스러운 일은 상대방의 기만전술일 것이다. 기만행위는 포착하기 어렵고, 협상자는 "나는 쉽게 속지 않는다"는 자기과신의 오류(overconfidence)로 인해 기만을 과소평가하는 경향이 있기 때문에 근절되기 어렵다(Bazerman & Moore, 2012). 그렇다고 해서 이를 가만히 두면 기만행위는 증가하기 때문에 협상자는 응징을 망설이게 된다. 기만에는 적극적 기만과 소극적 기만이 있다. 적극적 기만(commission)은 협상자가 유리한 포지션을 차지하기 위해서 적극적으로 사실이 아닌 거짓되거나 왜곡된 정보를 노출하는 것을 말한다. 특히 협상의 핵심 이해(interests) 및 저항점에 대한 거짓말, 거짓 약속, 협박, 사실 왜곡 등이 이에 속한다. 소극적 기만(omission)은 나에게 불리한 정보를 상대방에게 노출하지 않고 포커 페이스를 유지하는 것으로 적극적 기만보다 더 많이 사용된다. 일반적으로 적극적 기만이 소극적 기만보다 더 나쁘다고 인식된다(Schwitzer & Croson, 1999).

국내에서 노사관계가 악화되는 중요한 이유 중의 하나도 상대방에 대한 근거없는 비방, 협박, 사실 왜곡, 거짓 약속 등이 난무하기 때문이다. 상대방이 기만전술을 사용한다는 의심이 들 경우에는 다음과 같이 대응할 수 있다. (1) 질문은 기만을 억제하는 효과가 있으므로, 질문을 많이 해서 정보의 진위 여부와 일관성을 검증하고, (2) 미심쩍으면 근거 자료를 달라고 요청한다. (3) 진술과 정보의 일관성이 없다고 판단되면, 진술의 모순점을 지적하면서 설명을 요구한 다음, 재발 방지를 요구한다. (4) 그럼에도 상대방의 행동 변화가 없다면, 기만에는 기만으로 대응한다. (5) 만약 도를 넘는다고 판단하면 협상 중단, 법적 조치 언급, 제3자 개입 요구 등 강력하게 대응한다.

## Ⅳ 협상에서 정보비대칭 관리 방안

아래 [사례 3]은 회사를 옮기면서 연봉협상을 처음 해보는 아트 디자이너 A(정보 열위자)와 경력직 채용 경험이 풍부한 회사의 인사팀장 B(정보 우위자) 사이에 벌어지는 협상 사례이다. 사례를 읽고 협상 당사자 간에 어떤 전술을 사용하고 있는지, 그리고 그 효과와 개선 포인트를 생각해 보자.

## [사례 3] 아트 디자이너의 연봉협상

A는 국내에서 매출 20위권인 게임회사에서 아트 디자이너로 근무한지 3년이 다 돼 간다. 어려서부터 일본 애니메이션을 좋아해서 대학에서 컴퓨터디자인을 전공하게 되었고, 학부 2학년 때 휴학을 하면서 동아리 친구들과 게임회사를 창업한 경험도 있다. 회사 매출이 조금씩 생길 무렵 지분율을 둘러싸고 의견 대립이 생겨 결국 회사를 그만두고 복학한 다음 졸업하여 이제는 평범한 직장인이 되었지만 말이다.

A는 회사에서 아트 디자이너로서 게임 컨셉에 맞는 캐릭터를 설정하고, 아트 스타일을 정교하게 구현하여 게임의 재미와 몰입도를 높이는 탁월한 재능이 있다는 평가를 받고 있다. 프로그래머들과의 소통도 잘 되어 협업 능력도 인정받고 있다. 문제는 이 회사가 취업 당시에는 잘 나가는 중견업체였는데, 기술인력 유출과 최근 출시한 신제품의 부진 등으로 미래 전망이 밝지 않다는 데 있다. 회사 사정이 어렵다보니 A의 연봉 역시 입사 이후 제자리걸음이고, 인센티브도 작년에 기본연봉 대비 10% 받은 게 전부이다. 다만 상사로부터 내년 말에는 시니어 승진(현재 직급은 미드-레벨)을 기대해도 된다고 언질을 받은 상태이다.

A는 평소에 알고 지내던 대학 선배와 저녁을 먹으면서 신세타령을 하니, 선배는 자신이 거래하는 게임회사 Q사가 아트 디자이너 채용 의사가 있는지 알아보겠다며, 한번 지원해 보겠냐고 내 마음을 떠봤다. 듣던 중 반가운 소식이다. 그러지 않아도 A는 얼마 전부터 헤드헌터에게 의뢰하여 직장을 알아보는 중이었다. Q사는 A가 다니는 회사보다 규모가 2배 이상 큰 업계 6-7위권의 유망한 기업이고 그만큼 아트 디자이저의 역할도 중요할 것이다. 직장 분위기가 화기애애하면서도 자유로워 A의 스타일에 맞는 것도 장점이다. 며칠 뒤 Q사로부터 연락이 와서, 팀장과 경영진 면접을 본 다음 드디어 합격 통지를 받았다. 이제 인사팀장을 만나 연봉협상의 마지막 허들을 넘어야 한다.

### 1. 아트 디자이너 A의 상황

A는 지금 직장보다는 좀 더 전망이 있고 보수도 좋은 회사에서 일해보고 싶다. 짧게나마 직장생활을 해보니 부서 간의 장벽이 높지 않은 조직에서 자유롭게 내 의견을 피력하고, 동료애가 끈끈한 문화를 가지고 있는 Q사가 내 스타일에 맞는다고 생각한다. 게다가 지금 받는 연봉(4,800만원)은 정말 박봉이며, 옮긴다면 이 기회에 내 능력에 맞게 적어도 5,800만원은 받아야 한다고 생

각한다. 만약 제의받은 연봉이 5,600만원 미만이라면 다른 곳을 찾는 것이 낫다고 본다. 아직도 학자금대출을 포함해서 3,000만원 가량 부채를 갚아야 하고, 이제는 부모님과 함께 사는 수원에서 서울로 나와 독립하기 위한 전세금 5,000만원을 합해 당장 최소 8,000만원이 필요한데 이를 감당할 수 있는 최소한의 연봉이라고 생각한다.

그러나 연봉협상은 처음 해보는 것이고, 사실 아는 게 많지 않아 걱정이 앞선다. A는 연봉 5,800만원을 목표로, 5,600만원을 저항점으로 설정하고, 인터넷을 뒤지던 중 지난 주말에 우연히 한 유투브 강의를 듣고 하루 종일 핵심 이해(interests) 목록이랑 NPT를 작성해 보았다. 웬지 모르게 조금씩 자신감이 올라왔다. A는 기죽지 말고 당당하게 임하자고 다짐한다.

### 2. 인사팀장 B의 상황

Q사의 인사팀장 B는 CEO가 평소에 강조한 대로 게임 프로그래머와 원활한 협업이 가능한 디자이너로 B를 꼭 채용해야겠다고 생각한다. 최근 들어 모바일 게임 시장의 성장 둔화로 자금 사정이 예전같지는 않지만, 미래 성장동력 확보 차원에서 예외적으로 뽑으려는 것이다.

현재 Q사의 4년차 아트 디자이너의 평균 연봉은 5,100만원, 연봉 구간은 4,800－5,400만원인데, 이 구간 내에서 우수인재를 영입하는 것이 본부장의 방침이고, A의 목표이기도 하다. 물론 본부장이 OK하면 구간을 벗어날 수도 있다. 한편 디자인팀에서는 A가 꼭 필요한 자원이니 웃돈을 얹어서라도 하루라도 빨리 뽑아달라고 재촉하고 있다.

사이닝 보너스는 A 같은 경력자는 300－600만원까지 지급할 수 있다. 디자인팀 인센티브는 연봉의 15%까지 가능하다. 복지혜택으로는 자기개발비 연 100만원, 체력단련비 연 100만원을 지급한다. 우수 인재로 선발되면 리더십개발 지원비 연 300만원이 추가 지원된다. 휴가일수는 15일 이상이지만 다 쓰는 분위기는 아니고, 최근 도입한 리프레시 휴가가 호응이 좋다. 코로나 사태 이후 도입된 재택근무는 프로그래머는 일주일에 이틀, 나머지 부서는 하루 혜택이 주어진다. B는 여태까지 회사의 보상체계 안에서 수십 명의 경력자 채용에 성공한 정보 우위자의 모습이다. 이번에도 무리없이 채용에 성공하여 상사와 해당 팀으로부터 인정받고 싶은 마음이다.

### 3. 협상 에피소드

※ 서로 인사하며 Icebreaking 차원에서 3－4분 대화 (주로 회사 현황과 개인사)

B: 그러면 본론에 들어가기 전에, 저희 회사에 지원하신 이유와 기대하시는 바에 대해 좀 더

자세히 말씀해 주시죠.

A: 아, 네, 저는 먼저 Q사의 혁신적인 게임개발 방식과 자유로우면서도 동료애가 끈끈한 기업 문화에 매력을 느꼈습니다. 시장을 선도하는 기술력도 돋보이고요. 특히 제가 가진 창의성을 마음껏 발휘하고, 프로그래머들과 원활히 협업하며 성장할 수 있는 근무 환경을 찾고 있었는데 Q사가 저랑 잘 맞을 것 같습니다. 제 커리어 비전은 AI－기반의 디자인 전문성과 전사적 소통능력을 가진 아트 디렉터가 되는 것입니다. 그리고 다른 무엇보다, 제 능력에 걸맞은 공정한 보상을 받고 싶습니다.

B: 잘 알겠습니다. 저희도 A씨와 같은 창의적이고 협업 능력이 뛰어난 인재를 모시고 싶습니다. 여러 가지 관심사를 말씀하셨는데, 구체적으로 어떤 부분이 중요하신가요?

A: 말씀드렸듯이 저는 이번 기회에 마켓 밸류를 꼭 인정받는 것이 제일 중요하고요, 그 외에도 아트 디렉터로 성장하기 위한 업무환경과 자기개발 기회, 워라벨, 승진도 중요하게 생각합니다. 특히 수원 사시는 부모님으로부터 독립해서 서울로 이사할 계획이라 주거 지원이나 대출 지원에도 관심이 있습니다. 참, 그리고 1년 정도 경험을 더 쌓으면 주니어 디자이너 대상으로 멘토링도 하고 싶습니다. 회사의 미래 역량을 키우면서 저도 성장하니까요.

B: (웃으면서) 역시 여러 가지 포부가 많으시군요. 그럼, 이 중에서도 우선순위를 말씀해 주실 수 있는지요?

A: 네, 역시 연봉이 가장 우선이고요, 그다음으로 저의 경력 비전 달성, 주거 지원, 그리고 워라벨의 순일 것 같네요.

B: 그럼 저희 회사에서 제공할 수 있는 옵션을 말씀드리면, 연봉 외에는 인센티브, 자기개발비, 리더십 개발 지원 등의 프로그램이 있습니다. 특히 A씨의 경력 비전을 위해서는 AI－디자인 개발 TF에 합류 가능성을 관련 팀들과 검토해 보겠습니다. 주거 지원은 없지만, 대출 프로그램은 있습니다. 자, 그럼, 희망연봉 5,800 써내셨는데 저희가 제안할 수 있는 연봉은 현재 받으시는 연봉 4,800에서 600을 증액한 5,400입니다. 어떻게 생각하시는지요?

A: 솔직히 제 정도 스펙과 경력이면 5,800은 받아야 한다고 생각합니다. 한국디자인진흥원 자료나 제가 접촉한 헤드헌터들에 의하면 저 정도 스펙이면 6,000 이상 가능하다고 하거든요. (자료를 보여준다) 게임업계에 있는 제 친구들도 제 정도 스펙이면 마켓밸류가 6,000 그 이상 가능하다고 하더군요.

더군다나 저는 블루오션 프로젝트 등에서 AI－기반 컴퓨터 그래픽과 디자인에 독자적인 역량을 인정받아 왔고, 고과에서 2년 연속 최고 등급을 받았습니다.

B: 잘 알겠습니다. 회사 입장에서는 연봉 5,800은 아트 디자이너 4년차 연봉 범위를 벗어나기 때문에, 다른 방식으로 귀하의 가치를 인정할 방법을 찾아보겠습니다. (잠시 생각하다가...) 그러면, 기본연봉은 5,400으로 하되, 사이닝 보너스를 기본 300에서 500으로 늘리고, 사내 펀드가 고갈되어 가고 있긴 하지만 남아 있는 자금을 이리저리 돌려서 대출금을 4,000에서 6,000으로 올려드리면 어떨까요? 안타깝지만 자기개발비는 고정액이라 여지가 없습니다. 그러나 경쟁이 좀 치열하긴 하지만 우수인재 풀에 선발되면 연 300이 추가 지원되는 프로그램은 있습니다.

휴가는 경력과 업무성과에 따라 연 15일까지 가능하지만 안타깝게도 이걸 다 쓰는 직원은 별로 없지요. 최근 리프레시 휴가가 인기를 얻고 있지만 근속년수가 5년은 되야 하니, 해당사항은 없네요. 코로나 사태 이후 대폭 도입된 재택근무는 최근 축소되어 일주일에 이틀까지 가능하지만 주로 개발자에게 혜택이 주어집니다. 마지막으로, 저희 회사는 팀성과에 따른 인센티브를 연봉의 15%까지 지급합니다.

A: (인사팀장 B의 설명을 메모지에 열심히 받아 적다가...) 회사 상황을 고려해서 저에게 다각도로 최대한 배려해 주시는 것 같아 마음이 흡족합니다. 그런데 혹시 디자이너 4년차 연봉 범위는 어느 정도인지 여쭤볼 수 있을까요?

B: (잠시 생각하며...) 4년차 구간은 4,800－5,400이고, 최대치를 제안한 겁니다.

A: 감사합니다. 최대한 배려해 주신 거군요. (뜸을 들이다가...) 근데 그럼에도 불구하고 5,400은 아직 제 경력과 실적을 고려할 때 좀 아쉽다고 생각합니다. (미소를 지으며) 혹시 200 정도 상향조정이 가능하신지요?

B: 쉽지는 않겠지만 얼마라도 가능한지 한 번 본부장님과 상의드려보겠습니다. 그런데 요즘은 연봉보다는 총보상 패키지로 접근하는 게 추세이니 그런 점을 고려해 주시면 좋겠네요.

A: 네, 감사합니다. 제안해 주신 내용을 모두 긍정적으로 생각합니다. Q사도 매년 연봉협상을 하는 것으로 알고 있는데 연봉협상에서 어느 정도의 인상이 가능한지요?

B: 좋은 질문입니다. 연봉 재협상은 올해 기준으로는 고과 A 등급은 6%, B는 4%, C는 2% 인상을 예상하고 있습니다.

A: 잘 알겠습니다. 마지막으로, 재택근무 기회가 있으면 좋겠습니다. 일주일에 이틀 정도 재택근무가 가능할까요? 저 같은 경우 집중도가 높아져서 업무 효율이 올라가는 것 같거든요.

재택근무 시 팀장께 업무일지를 제출해서 생산성 증대를 입증하겠습니다.

B: 아, 이건 본부장님과 상의해 보겠습니다. 현재로서는 개발팀에 한해 일주일에 이틀 재택근무를 허용하고 나머지 부서는 하루입니다만... 그러지 않아도 최근 디자인팀에서 한 번 이슈가 된 적이 있는데 이번 기회에 프로그래머와 동일하게 주 2일 재택근무를 허용할 수 있는지 타진해 볼께요. 재택근무에는 실시간 디자인 협업 툴 FIGURE를 깔아드립니다.

A: 여태까지 좋은 제안 많이 해 주셔서 다시 한번 감사드립니다. 그래도 하루이틀 시간을 주시면 마지막으로 고민을 더 해보겠습니다.

B: 알겠습니다. 저도 내부적으로 논의해 보고, 사흘 뒤에 다시 연락드리죠.

참고로 위 사례를 좀 더 심층적으로 분석하기 위해서 아트 디자이너 A와 인사팀장 B의 핵심 이해(interests)를 금전적인 영역과 비금전적인 영역으로 구분한다면 아래 <표 3>과 같이 정리할 수 있다.

**표 3 아트 디자이너 A와 인사팀장 B의 핵심 이해(interests)**

| 구분 | 아트 디자이너 A | 인사팀장 B |
|---|---|---|
| 금전적인 핵심 이해 | 1. 경력과 능력에 맞는 공정한 시장가치 (목표 연봉 5,800만원, 저항점 5,600만원)<br>2. 대출금 상환 및 주택자금(6,000-1억)<br>3. 지속적으로 시장평균을 상회하는 연봉 인상률 유지<br>4. 자기개발 교육투자(연 500만원) | 1. 예산 제약(예외적인 채용 포지션 마련)<br>2. 목표연봉 5,400만원(총보상 6,400만원)<br>3. 해당 팀의 매출 기여도(전년 대비 실적 증가 100억 이상) |
| 비금전적인 핵심 이해 | 1. 기술력이 탄탄하고, 미래 비전이 있는 직장<br>2. 수평적이면서 끈끈한 기업문화<br>3. 도전적인 경력 비전<br>- 업무 자율성과 프로그래머와의 협업 (향후 아트 디렉터 비전)<br>- 주니어 디자이너를 위한 멘토링 제공<br>4. 서울로 주거 이전<br>- 부모로부터 물리적 독립<br>- 시내에 쾌적한 원룸 입주<br>5. 재택 근무(일주일에 2일)<br>6. 조기에 시니어 디자이너로 승진 | 1. 유능하고 주도적인 팀플레이어 확보<br>2. 디자인팀 및 A와 원만한 업무관계 구축<br>- 팀 내부의 보상 공정성 유지<br>3. 상사로부터 좋은 평판(예산제약 하에 인재 유치)<br>4. 향후 해당 분야 리더로 육성(기술과 경영을 겸비한 아트 디렉터 육성)<br>- AI-디자인 개발 TF Join |

위의 사례에서 정보 우위에 있는 인사팀장 B는 1) 협상 프레이밍 설정, 2) 선제안, 3) 핵심 이해 공유, 4) 우선순위 파악, 5) 사실적 정보 제공, 6) 의사결정자와의 상의 등의 전술을 사용하고 있는 반면, 정보 열위에 있는 아트 디자이너 A는 1) 공신력있는 외부 자료 수집, 2) 본인의 핵심 이해 및 우선순위 결정, 3) NPT 작성 등 사전 정보 분석, 4) 적극적 경청과 질문(특히 깔대기형 질문), 5) 이슈 번들링, 6) 핵심 이해 공유, 7) 양보 및 조건부 양보, 8) 추가적인 정보수집 및 검토를 위한 시간 벌기 등의 전술을 사용하고 있음을 확인할 수 있다.

협상이 기본적으로 정보비대칭 상황이라면, 내가 정보 프리미엄을 가지고 있을 때와 그렇지 않을 때의 정보비대칭 관리방식은 달라져야 한다. 일반적으로는 정보가 많은 자는 정보가 적은 자보다 협상에서 힘의 우위를 점하게 되지만, 정보가 적은 자라고 해서 무조건 불리하지만은 않다. 정보가 적은 자라도 사전에 준비를 얼마나 철저하게 하는지, 협상 테이블에서 얼마나 정보 획득 노력을 하고, 현명하게 대처하는가에 따라 결과가 달라질 수 있기 때문이다.

## 1. 내가 정보 우위에 있을 때

정보 프리미엄을 보유하고 있을 때 사용할 수 있는 기법으로는 협상 프레임 설정, 선제안과 메소(MESO) 제안, 핵심 요구사항의 일관된 견지, 정보 우위를 바탕으로 BATNA 강화, 단계적 정보공개, 조건부 양보, 상대방이 스스로 취약점을 알도록 유도, 유연한 양보와 타협, 그리고 창의적 파이 키우기 등이 있다. 물론 이 기법들을 정보 열위자도 사용할 수는 있지만 정보 우위자가 사용하기에 상대적으로 더 용이하거나 유리하다.

**(1) 협상 프레임 설정:** 정보 우위를 바탕으로 협상의 주요 의제와 순서를 유리하게 설정할 수 있다. 그 방법으로는 1) 상대적으로 합의가 쉬운 이슈(쟁점)를 먼저 다루어 긍정적인 분위기를 조성하고, 2) 어려운 이슈는 나중에 다루도록 순서를 배치한다(이를 의제라고 함). 3) 단일 이슈가 아닌 복수 이슈로 협상의 프레임을 설정하여 파이 확대가 가능하도록 한다. 4) 상대방의 관심사와 연결지어 이슈를 제시함으로써 상대방이 해당 이슈를 수용할 가능성을 높인다. 의제를 유리하게 설정하는 것은 협상의 주도권을 가져올 수 있는 유력한 수단이 된다.

**(2) 선제안:** 일반적으로도 그렇고 특히 정보 우위의 협상자는 선제안이 유리하다고 알려져 있다. 그 이유는 1) 처음 제시된 수치나 조건은 소위 "닻 효과(anchoring)"로 협상의 준거점을 형성하여 상대방의 기대치를 낮출뿐더러, 2) 자신의 입장에 대한 자신감을 표현함으로써 상대방에게 심리적 압박을 주어 협상을 유리한 방향으로 끌고 갈 수 있기 때문이다. 물론 선제안의 단점으로는 1) 상대방의 입장과 우선순위를 파악할 기회를 놓칠 수 있고, 2) 선제안이 상대방의 기대에 크

게 벗어나는 경우, 협상 자체가 결렬될 위험이 있다.

**(3) 메소(MESO) 제안:** 메소(MESO: multiple equivalent simultaneous offering) 제안은 정보 우위 협상자의 배타적 권리로 그 효과가 크다. 메소제안은 동일 가치를 갖는(equivalent) 여러 개의(multiple) 제안(offering)을 동시에(simultaneously) 제시하는 기법을 말한다. 이 방법은 특히 상대방의 우선순위를 어느 정도 파악했거나, 상대방이 단일 제안에 대해서 결정을 망설일 때 효과적이다. 상대방에게 다양한 선택권을 허용함으로써 단일 제안에 비해 쉽게 거부하기 어렵게 만드는 장점이 있다. 그럼에도 상대가 모두 거절한다면, 그중에 어떤 것이 제일 좋은지, 왜 그런지를 물어보고, 좀 더 나은 옵션을 브레인스토밍할 수 있다. 메소제안은 협상의 교착상태를 풀고, 좀 더 창의적인 솔루션을 만들어내는 데 유리하다. 예컨대 노사간 임금협상에서 1) 기본급 5% 인상에 추가 복리후생, 2) 기본급 4% 인상에 직무교육 기회 제공, 3) 기본급 3% 인상에 재택근무제 도입을 제안한다면 노조는 이 중에서 가장 매력적인 제안을 선택하고 이를 준거점으로 협상을 지속할 수 있다.

**그림 2** 메소(MESO) 제안

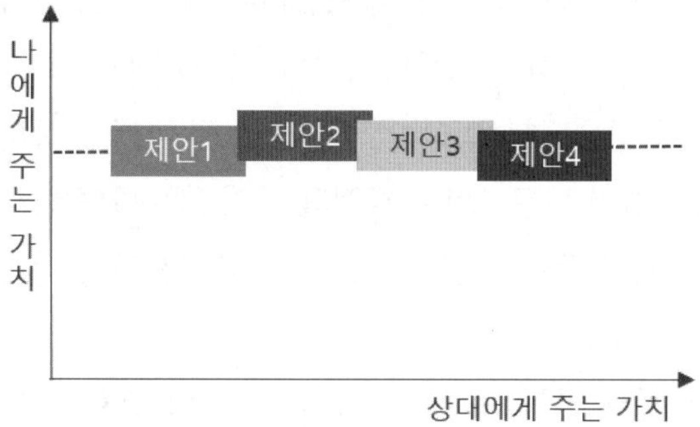


**(4) 핵심 요구사항을 일관되게 견지:** 정보 우위를 점한 협상자가 객관적인 기준과 자료를 활용하여 핵심 요구사항을 일관되게 제시한다면, 불필요한 탐색과정을 줄이고, 협상을 유리하게 끌고 갈 수 있다. 중요한 것은 합리적인 기준과 자료를 인용하되 상대방이 귀찮아 할지라도 핵심적 요구사항을 일관되게 반복하여 강조하면 설득력과 긴장감을 동시에 높일 수 있다.

**(5) BATNA 강화:** BATNA는 협상이 진행되면서 새로운 정보가 드러나고 변수가 생길 때마다 변한다. 이러한 특성 때문에 협상자의 신속한 판단과 조정이 중요하다. 국내 한 제조업의 단체교섭 사례에서 사측은 BATNA를 강화하기 위하여 노조의 파업 가능성에 대비해 임시 직원을 고용하거나 다른 공장으로 생산을 이전할 계획을 수립하고, 우월한 정보력을 바탕으로 경기 침체와

고용 불안정성 증대, 그리고 노조의 파업이 불법일 수 있는 근거를 마련함으로써 강력한 협상 입지를 확보하였다. 사측의 강화된 BATNA로 인해 노조는 당초 10%의 임금인상 요구에서 결국 3%의 인상안에 동의하게 되었다.

**(6) 단계적 정보공개:** 정보 우위에 있는 협상자는 정보를 단계적으로 공개하여 신뢰를 구축함으로써 보다 나은 협상 결과를 만들어낼 수 있다. 1990년대에 국내의 한 대기업이 매달 경영설명회를 개최하고, 재무정보 공유에 따른 성과배분 프로그램을 도입함으로써 노사갈등을 줄이고 생산성과 직원 만족도를 높일 수 있었다. 또한 2008년 국내의 한 철강업체 노사협상에서 업계 EBITDA 마진이 전년 대비 58% 하락하고, 중국 정부의 보조금 지원 현황 및 국내 철강기업과의 가격 경쟁력 비교 자료를 순차적으로 제시함으로써 노조가 임금 동결과 성과급 감축을 수용하며 파업 없이 협상을 타결한 사례를 들 수 있다.

**(7) 양보 및 조건부 양보(concession, and/or contingent concession):** 협상을 위해서 양보는 불가피하며 다음과 같은 원칙이 필요하다. 1) 한 번에 큰 폭의 양보보다는 작은 양보를 여러 번 한다. 2) 양보를 할 때는 이유를 명확하게 설명한다. 3) 내가 양보하면, 상대방의 양보를 요청한다(상호주의). 4) 처음 양보는 크게, 시간이 지날수록 작게 한다. 5) 고가치 양보는 협상 막바지에 한다. 특히 조건부 양보는 당사자간 핵심 이해(interests)가 상충할 때 사용하는 가치창출의 협상법으로, 상대방이 약속한 의무를 이행할 때 보상을 약속하는 협상방식이다. 예컨대 1) 사측이 노조에 연간 영업이익이 전년 대비 10% 이상 증가할 경우, 기본임금 인상률에 2%를 추가 인상하는 성과 연동형 임금인상을 제안한다든지, 2) 향후 2년간 노동조합이 파업을 하지 않는다면 회사의 재정 상태가 어려운 상황임에도 불구하고 같은 기간 동안 인위적 구조조정을 실시하지 않는다고 제안한다면 이는 조건부 양보의 사례이다.

**(8) 상대의 취약점을 스스로 알도록 유도:** 직장에서 연봉, 승진, 평가 등 인사와 관련된 의사결정에서 발생하는 갈등은 근로자가 실제보다 더 낫다고 생각하는 경향인 자기과신(overconfidence)의 오류로 인해 초래된다(Bazerman & Moore, 2012). 이를 해결하기 위해 선진 기업들은 많은 노력을 경주해 왔는데, 1) 객관적인 성과지표의 설정 · 공유, 2) 상시적인 성과 데이터 수집, 3) 다면평가, 4) 지속적인 코칭과 피드백, 5) 성과–보상의 연계성 강화 등으로 자기과신 현상을 줄이는 데 성공하였다. 최근 전세계적으로 확산되고 있는 평가 및 피드백시스템인 "체크인(check–in)"이 대표적인 예이다. 상사는 근로자에게 성과향상을 위한 코칭을 제공하고 언제든지 사내 동료, 타부서, 고객들로부터 피드백을 받아 상호 대화 내용을 시스템에 기록 · 저장함으로서 근로자 스스로 본인의 강점과 취약점을 깨달을 수 있도록 하는 데 큰 진전을 이루었다.

**(9) 정보 우위에 안주하지 않고 유연한 타협:** 협상에서 정보 우위는 권력(power)의 우위를 만든

다고 볼 수 있다. 권력은 행사하지 않을 때 더 위력이 있다는 말이 있듯이 정보 우위에 있는 협상자가 윽박지르지 않고, 양보하고 타협하는 모습을 보여주면 상대방은 이를 수용할 용의가 더 생긴다.

**(10) 양측에 이득이 되는 창의적 파이 키우기 제안:** 정보 우위에 있는 협상자는 상대방의 니즈와 제약조건, 그리고 해결책 도출에 필요한 다양한 요소를 더 잘 알고 있기 때문에 창의적인 제안을 할 수 있다. 예컨대 연봉협상 시 부하가 자기개발에 강한 욕구가 있음을 알게 된 상사가 기본급 인상 대신 회사 측이 제공할 수 있는 가장 강력한 자기개발 패키지를 제안한다면 양측에 이득이 되는 파이 키우기가 가능해지는 것이다.

## 2. 내가 정보 열위에 있을 때

협상자가 정보 열위에 있다면 아무래도 유리한 결과를 이끌어내기 어렵다. 정보 열위자는 상대방에게 수동적으로 끌려가기 쉽기 때문이다. 그러나 정보 열위자도 노력 여하에 따라 얼마든지 불리함을 극복할 수 있다. 정보 열위의 협상자가 정보격차의 불리함을 극복하는 방법으로는 질문과 경청, 추가 정보수집 및 검토를 위한 시간 벌기, 협력과 신뢰 관계의 중요성 부각, 로그롤링, 상대방의 가정에 도전, 과도한 선제안에 맞대응, 새로운 객관적 기준 제시, 순발력있는 이슈 결합 및 재결합, 이슈 쪼개기, 핵심 쟁점 외의 쟁점 추가, 상대방 제안의 단계적 도입 등이 있다.

**(1) 질문과 경청:** 정보 열위에 있는 협상자가 상대방의 핵심 이해(interests)와 우선순위(priorities)를 파악하기 위해서는 더 적극적으로 질문하고 경청하는 것 외에 더 효과적인 방법은 없을 것이다. 상대방이 나보다 말을 많이 하도록 하는 것도 정보격차를 줄이는 효과적 방법이며, 필요하면 자료 공유도 요청한다. 정보 우위의 상대방이 추진하는 이슈가 여러 개 있는지, 이 중에서 어떤 것을 보다 중시하는지를 다음과 같이 솔직하게 물어보아 파악한다. "이번 협상에서 귀측의 요구사항을 3－4개로 압축하신다면 어떤 것인지요?" "이 중에서 어떤 것이 더 중요한지, 우선순위를 말씀해 주실 수 있는지요?"

**(2) 추가적인 정보수집 및 검토를 위한 시간 벌기:** 협상 초기에 정보 열위에 있는 협상자는 핵심 이슈 및 의제가 상대방에게 유리하게 설정되면 상대방에게 휘둘려 어려움을 겪을 공산이 크다. 이때 정보 열위의 협상자는 휴식이나 검토 시간을 제안할 수 있다. 1) 핵심 이슈는 협상 후반부에 논의하자고 하고, 갈등의 소지가 작은 이슈부터 다룸으로써 준비할 수 있는 시간을 확보한다. 2) 특정 사안에 대해 검토 시간이 필요하다고 주장해 휴식 시간을 갖는다. 3) 노사협상의 경우 자율교섭 시간이 더 필요하다고 주장하여 조정기간 연장을 요청한다.

**(3) 협력과 신뢰 관계의 중요성 부각:** 정보를 공유하면 서로에게 이익이 되고 신뢰관계가 돈독해짐을 강조하여 요구하면, 상대방의 거부감을 줄이면서 대답을 이끌어낼 수 있다. 예컨대 노사협상에서 정보 열위에 있는 노조가 사측에 정보공유가 노사 운명공동체의 생존과 번영에 기여함을 어필하고 다음과 같이 요구할 수 있다. "현재 진행되는 매출 감소의 원인과 회사의 대응전략, 그리고 투자계획을 공유해 주시면, 저희도 임금인상 자제를 포함한 대응책을 마련하겠습니다." "업계 평균 임금 인상률은 4.6%인데, 회사 측의 임금동결(0%) 제안은 어떤 기준에서 나온 것인지 궁금합니다. 경영 악화가 이유라면, 분기별 재무 현황을 공유해서 함께 검토해 보시는 건 어떨까요?"와 같은 맞대응이 필요하다.

**(4) 로그롤링:** 상대방의 핵심 이슈와 우선순위가 어느 정도 파악되면 상대방이 제시한 프레임에 끌려다닐 것이 아니라, 오히려 이를 발판으로 창의적인 대응책을 마련해야 한다. 창의성은 정보 열위에 있는 협상자에게 꼭 필요한 덕목이다. 만약 상대방의 핵심 이슈가 내가 생각하는 핵심 이슈와 다르거나, 핵심 이슈가 서로 동일하더라도 우선순위가 나와 일치하지 않는다면, 로그롤링(log-rolling)을 통해 통합적 협상의 가능성이 열린다. 상대방과의 차이는 갈등의 원인이 아니라 오히려 윈-윈의 결과를 낳는다는 것을 기억하자(Pruitt, 1981).

**(5) 상대방의 가정에 도전:** 협상에서 상대방이 가지고 있는 가정에 도전하는 질문은 상대방으로 하여금 자신의 입장을 다시 한번 생각하게 만들고, 상대방으로부터 새로운 정보를 얻는 데 도움이 된다. 예컨대, 제시된 대안 외에 다른 대안이 있는지 질문하면, 상대방이 선택할 수 있는 옵션에 대해 알게 되는 효과가 있다. "주 4일제를 도입하면 생산성이 떨어질 것이라고 가정하시는 근거를 알 수 있나요? 이미 주 4일제를 성공적으로 도입한 기업 사례는 없나요?"

**(6) 과도한 선제안에 맞대응:** 정보 열위자라 하더라도 상대방의 선제안이 과도하다고 판단되면, 먼저 제안의 근거를 요구하여 불합리성을 따진다. 그럼에도 불구하고 상대방이 양보하지 않는다면, 나도 위축되지 말고 강력한 역제안을 함으로써 "닻 효과"를 차단시켜야 한다(Maaravi & Levy, 2017).

**(7) 새로운 객관적 기준 제시:** 정보 열위에 있는 협상자는 상대방이 제시한 기준을 별 저항없이 받아들일 위험이 있지만, 이에 휘둘리지 않고 새로운 기준(standards)을 제시할 수만 있다면 양자 간에 좀 더 공정한 협상안을 마련할 수 있다(피셔, 유리, 패튼, 2014). 한 예로 2020년 서울메트로 노사협상에서 사측이 코로나로 인한 수송량 감소(객관적 기준)로 임금 삭감을 요구했는데, 노조가 "공기업 재정건전성 지표(교통공사 평균 150%, 서울메트로 28%)"와 "사회적 가치 창출액(교통약자 편익 2,300억원)"을 새롭게 제시하여 임금삭감 저지에 성공하였다.

**(8) 순발력있는 이슈 결합 및 재결합:** 정보 열위의 협상자는 정보 우위의 상대방보다 더 창의적

이고 순발력있는 발상으로 불리함을 극복해야 한다. 한 가지 방법으로 상대방이 제시한 여러 개의 단일 의제를 결합(issue bundling)하여 역제안하는 것도 시도해 볼 만하다. 이는 단일 의제 협상의 한계를 극복하고 윈-윈 가능성을 높이는 좋은 방법이 될 수 있다(정민주, 2020). 기존의 이슈 패키지를 역동적으로 재구성하는 이슈 재결합(issue rebundling)도 효과적인 방안이다. 예컨대 협상자들이 A와 B라는 이슈로는 타협이 여의치 않으면, 이슈 B를 새로운 이슈 C로 대체하고 A와 C의 새로운 결합으로 양보와 타협을 더 용이하게 이끌어갈 수 있다.

**(9) 이슈 쪼개기(살라미 전법):** 정보 열위에 있는 협상자라 하더라도 상대방이 제시한 단일 이슈를 여러 개의 세부 이슈로 분할하는 이슈 쪼개기(issue chopping, or issue unbundling)로 교착상태를 타개할 수 있다. 단일 이슈는 적용범위, 시간, 비용 등의 이슈로 세분화화여 다중 이슈로 전환이 가능한데, 이렇게 하면 세분화된 이슈 중에서 유리한 조건을 확보거나, 세부 이슈간 로그롤링을 통해 파이를 키울 수 있다. 예컨대 고용안정 이슈를 단일 이슈로 다루지 않고, 정규직 전환 기준, 계약직 고용 조건, 재교육 및 재배치로 세분화하여 협상하면 서로에게 더 유연하고 만족스러운 결과를 이끌어낼 수 있을 것이다.

**(10) 핵심 쟁점 외의 새로운 쟁점 개발:** 상대방이 제시한 핵심 쟁점 이외의 새로운 쟁점을 개발하여 협상하는 것도 파이를 늘리는 효과적인 방법이다. 예컨대 연봉협상 시 근로자가 연봉 인상 이외에 인센티브나 유연근무제, 또는 추가 휴가를 포함시켜 협상하면 더 유리한 결과를 얻을 수 있다.

**(11) 단계적 도입:** 상대방 제안이 효과가 있을지 불확실할 때에는 단계적 도입을 역으로 제안할 수 있다. 예컨대 새로운 평가제도를 둘러싼 노사간의 협상에서 노측은 1) 새로운 평가제도를 전면 수용하기보다는 단계적 도입을, 2) 전면 시행 이전에 일부 부서에 한하여 시범운영을, 3) 특정 조건이 충족될 경우에 합의를 이행하는 조건부 합의 등 미래의 불확실성에 대비하는 수정 제안을 할 수 있다.

## 3. 정보 비대칭을 줄이기 위한 조정자의 역할

협상 당사자들이 서로 간에 정보격차를 줄이지 못하여 어려움을 겪을 때 조정자(mediator)가 개입하여 양자 간의 정보비대칭 문제를 줄임으로써 통합적 해결책과 타협을 이끌어내는 매우 중요한 역할을 할 수 있다. 대부분의 갈등과 대립은 정보비대칭으로 발생하기 때문이다. 조정자가 협상자들 사이에 존재하는 정보비대칭 문제를 완화하여 협상 타결에 이르게 한 다음의 [사례4]를 읽어보자.[2]

### [사례 4] S공사의 노사협상

S공사의 노사는 대법원의 통상임금 판결로 발생한 인건비 부담을 둘러싸고 첨예하게 대립하게 되었다. 사측은 법원 판결로 인해 추가로 발생한 약 400억의 인건비를 해결하기 위해 통상임금 항목조정이 필요하고, 노측은 추가 인건비 해결에 대한 조합원의 고통 분담 설득 및 현장 조합원의 승진포인트 제도 확대, 성과상여금 기준 고수 등이었다. 노사 양측은 8개월에 걸친 30여 차례의 교섭에도 불구하고 입장(position) 차이를 좁히지 못하고 중노위에 조정을 신청하게 되었다.

**1. 주요 쟁점 사항**

**A. 노측 주장:** (a) 전년도 경제성장률과 물가인상률, 그리고 올해 매출 증가(전년 대비 15% 증가 예상) 및 수익성 개선을 종합적으로 감안하면 기본급을 5.4% 인상해야 하며, 사용자의 총인건비 인상률 2.0% 내의 기본급 인상은 동결에 가까워 동의하기 어려움. (b) 대법원 판결에서 10개의 수당을 통상임금으로 인정함에 따라 추가로 발생한 인건비 약 400억원에 대한 재원 마련과 연장근로 단축에 따른 정원 증원 방안이 필요하다고 주장함. 사측의 요구는 "조합원의 희생을 강요하는 방안이며, 조합원의 권리를 침해한다"고 강력 반발함. (c) 기본급 200%의 성과상여금 지급기준을 120%로 줄이자는 사측의 주장은 "기존 합의를 완전히 무시하는 태도"라며 지적하며, 연봉제 근로자의 직무 역할급을 기본급 산정에서 제외해야 한다고 주장함. (d) 승진 포인트 제도를 전 조합원이 수용할 수 있는 수준으로 3급(현장 관리직)까지 적용 범위 확대를 요구함. (e) 이 밖에도 근무체계 개편 및 단체교섭 조항을 포함하여 9개의 쟁점을 추가로 제기함.

**B. 사측 주장:** (a) 공공기관 예산운용지침에 따라 총 인건비 2.0%의 범위 내에서 임금인상 가능하고, 이를 초과하면 내년도 인건비를 감액해야 하므로 노조 주장을 받아들이기 어려움. 더군다나 올해 매출은 특수한 요인에 의한 일시적 증가이며, 국내 에너지 가격 상승으로 매출 원가도 상승하여 수익성이 개선되기는커녕 이익률은 전년 대비 오히려 하락하였음. (b) 매년 400억 이상 발생하는 추가 부담을 해결하기 위해서는 통상임금 항목(10개 항목 제외)과 기준 시간(현행 월 209시간에서 월 224시간으로 15시간 증가) 조정이 불가피함. (c) 국회와 감사원의 지적으로 현행 성과상여금의 200% 지급을 120%로 줄여야만 하는 재정적으로 어려운 상황임(단, 연봉제

2 중앙노동위원회(2023)에 근거하여 스토리를 새롭게 구성하였음.

근로자의 기본급 산정 기준에 대해서는 축소 조정 논의는 가능함). (d) 승진포인트를 현장 관리직(3급)까지 적용을 확대하는 것은 불가하며 "이는 경영권 침해 우려가 있다"며 난색을 표명함.

### 2. 협상 과정: 갈등 완화와 조정자의 역할

**1) 1차 조정회의(11월 6일):** 회의 초반부터 노측은 "사측이 책임을 회피하고 있다"고 주장하였고, 사측은 "노측이 비현실적인 요구를 하고 있다"고 맞서며 서로 강하게 대립하였다. 조정위는 쟁점사항에 대하여 미리 준비한 통상임금과 관련된 객관적인 데이터를 제시하며 팩트체크를 진행함과 동시에 양측의 정보공유를 유도하여 적어도 추가적인 인건비의 해결 필요성에 대해서는 양측이 모두 인정하게 되었으나, 여전히 각자의 입장을 고수함으로써 회의는 교착상태에 빠졌다.

그나마 조정위가 얻은 한 가지 소득은 노사 양측이 정보비대칭 문제가 있음을 알게 된 점이다. 먼저, 공공기관의 임금인상은 당해년도 인건비의 집행 내역에 따라 총인건비 인상률 내에서 합의하는 것이 일반적인 관행인데, 노측은 사측의 재정 상태 악화 주장을 과장된 것으로 간주하고 기본급 인상을 지속적으로 요구하고 있으며, 사측 역시 노조의 승진포인트에 대한 진의를 파악하지 못하고, 과도한 요구로 간주하는 등 양측 간에 불신이 높음을 간파하였다. 조정위는 상호 불신과 정보 비대칭 문제를 완화하기 위해서 다음 회의부터 due process를 적용하여, 1) 자극적 발언 자제, 2) 균등한 발언 기회 부여, 3) 양측과 비공식적인 개별 면담 추진, 4) 외부 전문가가 참여하여 노사 공동으로 팩트 체크 등을 시행하기로 하였다. 조정회의가 끝난 후 노사 간에 3차례의 성과없는 추가적인 교섭이 진행되었다.

**2) 회사의 재정 상태 분석:** 조정위는 1차 조정회의에서 사측에 올해 3분기의 재무제표와 에너지 비용을 포함한 원자재 구매 내역서 제출을 요청하고, 외부 회계사의 도움을 받아 이를 면밀하게 분석하였다. 분석 결과 매출 증가는 노측이 주장하는 대로 15%에 육박하지만, 영업이익은 전년에 비해 23% 감소하는 것으로 추정되었다.

**3) 2차 조정회의(11월 14일):** 추가 교섭에서도 입장 차이가 좁혀지지 않자 2차 조정회의에서 노조 측은 "사측이 협상의 진전을 방해하고 있다"며 불만을 드러냈고, 사측은 "노조가 사실 파악 노력은 하지 않고, 막무가내로 파업하려는 것이냐?"며 심각한 우려를 표시했다. 조정위는 어수선한 분위기임에도 불구하고 정보격차를 줄이기 위해 회계사를 초청하여 그동안 진행된 회사의 재무 자료 분석 결과, "매출은 14% 이상 증가하나, 영업이익이 23% 감소"하는 것으로 보고하고 Q&A를 진행하였다. 동시에 사측에게는 노측의 승진포인트에 대한 진의를 파악하는 것이 중요함

을 강조하였다. 다행히 노사 양측이 주요 사실을 어느 정도 인식하기 시작했다는 느낌이 왔다. 그럼에도 불구하고 노사 간의 의견 차이로 장기간 지속되어 온 교착상태를 풀지 못하여 조정 중지를 결정하였고, 노조는 12월 8일 파업을 예고하였다.

**4) 사후조정 요청**: 불행 중 다행으로 사측이 교섭에 의지를 보이면서 중노위에 사후조정요청서를 제출하고, 노조에서 이를 동의하면서 사후조정이 개시되었다. 양측이 타결에 대한 의지가 있음을 보여주는 긍정적 신호다.

**5) 현장 방문(12월 1일)**: 2차에 걸친 조정회의가 무위로 돌아갔기 때문에 조정위원회(중노위 조정과장)는 양측의 좀 더 주장을 정확하게 파악하려는 진지한 노력이 필요하다고 판단하고, S사 사장 등 사측 임직원 4명, 지방노동청장 및 과장이 노조집행부와 함께 현장을 방문해 조합원들과 직접 대화하며 적극적 경청을 통해 현장 분위기를 파악하려고 시도하였다. 이 과정에서 조합원들이 사측의 일방적 제안에 대한 불만이 예상보다 크다는 것을 확인했고, 이에 따라 조정 전략을 수정하여 핵심 쟁점 위주로 협상을 끌어가기로 하였다.

**6) 셔틀 외교(12월 2-4일)**: 현장 방문 이후 사흘 동안 조정위원들은 노사 양측을 오가며 거의 매일 번갈아 만나는 셔틀 외교를 통해 양측의 핵심 이해(interests)와 우선순위를 파악함으로써 상호간 정보격차를 좁히는 효과를 거둘 수 있었다. 양측과 긴밀하게 만난 결과, 조정위원들은 회사는 통상임금 항목과 기준 시간의 조정, 성과상여금 지급 축소에, 노조는 승진포인트 제도 확대와 연봉제 근로자 기본급 산정 기준 인하에 핵심적인 우선순위를 두고 있음을 확인할 수 있었다.

**7) 사후 1차 조정회의(12월 5일)**: 조정위원회는 노사가 협상 타결을 위해 취했던 조치들, 즉, 사측의 재무자료 공개, 현장 방문시 노측의 솔직한 의견제시에 대하여 감사를 표시하고, 이러한 신뢰 구축 노력이 양측에게 모두 이익이라는 점을 강조하였다. 동시에 노조에게는 "좀 더 장기적 관점에서 조합원의 이익이 무엇인지를 바라봐야 한다"고 설득했고, 사측에게는 "파업으로 인한 손실을 막아야 한다"고 강조하며 합의 가능성을 타진하였다.

협상에 돌입해서는 통상임금 항목(기준 시간 포함) 조정, 승진포인트 제도, 성과상여금 지급, 연봉제 근로자 기본급 산정 기준 인하의 4가지 쟁점을 가지고 이슈 번들링과 리번들링, 그리고 로그롤링(log-rolling)을 시도하였다. 합의에 이르지는 못했지만, 조정회의에서 양측이 시도했던 이슈 번들링과 로그롤링의 예는 (a) 노측이 통상임금에서 제외되는 수당을 4개에서 6개로 양보, (b) 승진포인트는 원안대로 3급까지 확대 적용, (c) 사측은 성과상여금 120%에서 140%로 20% 양보, (d) 연봉제 근로자의 연봉 산정 시 직무역할급 제외 등이었다. 그러나 이슈 (c)와 (d)는 이슈 (a)

와 (b)에 비해 상대적으로 중요도가 낮아 (즉, 로그롤링을 하더라도 그 효과가 작아), 교섭이 신속하게 진전되지 않았다.

이에 조정위는 양측을 설득하여 최종적으로 통상임금 기준 변경과 승진 포인트 제도의 2개 핵심 쟁점으로 단순화하여 집중 교섭을 유도하였다. 조정위의 노력이 효력을 발휘했는지, 노사 양측은 오전 9시에 시작한 회의가 다음날 새벽 1시까지 이어져 무려 16시간에 걸친 마라톤 회의에 몸과 마음이 지쳐갔지만, 협상은 타결을 향해 조금씩 움직여 나갔다.

**8) 사후 2차 조정회의(12월 6일):** 조정위원회는 승진 포인트 제도를 4년 후부터 점진적으로 3급까지 확대 적용하고, 통상임금 기준 변경에 대해서는 12월 7일 자정까지 자율적으로 협상하도록 권고안을 제시하였다. 최종적으로 양측은 권고안을 수용하며 파업 직전 극적으로 합의에 도달하게 되었다.

조정자는 정보 우위의 협상자와 정보 열위의 협상자가 취할 수 있는 정보격차 줄이기 전술을 모두 구사할 수 있지만 위 사례에서는 1) 협상 당사자간 원활한 정보공유 촉진(핵심 이해, 우선순위, 자료 등), 2) 1)이 원활치 않을 경우, 조정자가 적극적으로 나서서 핵심 이해, 우선순위 파악 및 정리, 3) 팩트 체크를 위한 별도의 회의 개최, 4) 개별 면담 및 셔틀 외교(당사자 간을 오가며 정보전달 및 이해 촉진), 5) 협력과 신뢰 구축의 중요성 강조, 6) 이슈 결합 및 재결합, 7) 로그롤링으로 인한 파이 늘리기 제안, 8) 양보 및 조건부 양보 등의 전술을 사용했음을 확인할 수 있다. 조정자는 협상자보다 이러한 기법을 숙지하고 더 능란하게 구사할 수 있어야 어려움에 빠진 협상자들을 구해낼 수 있을 것이다.

그러나 정보 비대칭을 해소하기 위한 기법보다 본질적으로 더 중요한 것은 조정자의 역량과 자세이다. 조정자의 역량과 자세는 크게 윤리 및 인성 영역, 의사소통 영역, 그리고 인지 영역으로 구분하여 생각해 볼 수 있다. 먼저 윤리 및 인성 영역으로는 1) 중립성(impartiality)/비밀 유지, 2) 인내심과 끈기, 의사소통 영역으로는 3) 적극적 경청과 4) 공감(empathy) 능력, 그리고 인지 영역으로는 5) 해당 이슈에 대한 전문지식, 6) 핵심 인식(top－ down processing) 능력, 7) 창의적 문제해결 능력 등을 꼽을 수 있다. 이들 역량 목록은 성공적인 조정자가 되기 위한 역량과 매우 유사한데, 이는 유능한 조정자일수록 협상 당자사 간에 존재하는 정보 비대칭 문제를 효과적으로 해결할 수 있음을 보여주는 것이다.

## V 정보 비대칭을 줄이면 윈윈의 결과를 얻는다

고용관계에서의 협상은 정보비대칭을 줄임으로써 당사자 간에 통합적 해결책을 끌어내는 공동의 문제해결 과정이다. 협상에서는 나의 결과만 중요한 것이 아니라 상대방의 결과도 중요하다는 점을 인식하여 나에게 불리한 정보격차는 적극적으로 줄여 나가고, 내가 정보 우위를 갖는 경우에는 이를 활용하되 상대방에게도 파이를 늘려나갈 기회를 주어 상호 만족스러운 협상결과를 만들어야 한다. 특히 장기적 관계가 중시되는 고용관계에서는 그렇게 하는 것이 당사자들뿐 아니라 소속 조직이나 사회 전체적으로도 바람직하다.

그러나 정보격차를 줄이는 노력은 생각보다 괄목할 만한 성과를 내기가 쉽지 않다는 점을 유념해야 한다. 정보 우위의 협상자는 본인이 가지고 있는 정보 프레미엄을 이용하여 상대방을 제압하려는 유혹에 빠지기 쉽고, 정보 열위의 협상자는 무기력하게 정보 우위의 협상자에 끌려가거나(yielding), 아니면 그와는 반대로 비타협적으로(competing) 나올 수 있기 때문이다. 이렇게 되면 통합적 협상의 최종목표인 양측의 문제해결(problem solving)과는 거리가 먼 실망스러운 결과가 나오게 된다.

이 과목에서는 정보 우위와 정보 열위의 협상자가 구사할 수 있는 다양한 기법을 학습하였다. 또한 협상 당사자들이 정보격차를 해소하기 어려워 곤란한 상황에 빠질 경우 이를 해결할 수 있는 조정자(mediator)의 역할과 기법, 그리고 요구되는 역량이 무엇인지를 학습하였다. 특히 조정자는 협상 당사자들이 어려움을 겪는 다양한 상황에 적용이 가능한 전문지식과 협상 기법에 숙달되어 있어야 실질적인 도움을 줄 수 있을 것이다. 이번 학습을 통해 그 어느 때보다 만연해 있는 우리 사회의 개인 · 집단 간 대립과 갈등을 조금이라도 줄일 수 있게 되기를 바란다.

## 참고문헌


1. 로저 피셔, 윌리엄 유리, 브루스 패튼(2014). 『YES를 이끌어내는 협상법』, 박영환, 이성대 역, 서울: 도서출판 장락.
2. 리 톰슨(2012). 『지성과 감성의 협상 기술』, 김성환, 김중근, 홍석우 역. 서울: 한울아카데미.
3. 스튜어트 다이아몬드(2022). 『어떻게 원하는 것을 얻는가?』, 개정판, 김태훈 역. 서울: 세계사.
4. 정민주(2020). "다중 의제를 활용한 중고등학생의 협상 수행 양상". 새국어교육, 124: 102–126.
5. 중앙노동위원회(2023). 『전국노동위원회 우수조정사례집(2019–2022)』.
6. Axelrod, R.(1984). *The evolution of cooperation*. New York: Basic Books.
7. Bazerman, M. H., and Moore, D. A.(2012). *Judgment in managerial decision making*. 8th ed., New York: John Wiley & Sons.
8. Lewicki, R. J., Saunders, D. M., & Barry, B.(2023). *Negotiation*. International Student Edition, 9th ed., New York: McGraw–Hill Education.
9. Maaravi, Y., & Levy, A.(2017). When your anchor sinks your boat: Information asymmetry in distributive negotiations and the disadvantage of making the first offer. *Judgment and Decision Making*, 12(5): 420–429.
10. Pruitt, D. G.(1981). *Negotiation behavior*. New York: Academy Press.
11. Schweitzer, M. E., & Croson, R.(1999). Curtailing deception: The impact of direct questions on lies and omissions. *International Journal of Conflict Management*, 10(3), 225-248.
12. Voss, C., & Raz, T.(2016). *Never split the difference: Negotiating as if your life depended on it*. New York: Harper Business.

# 실패를 통해 배우는 협상 기법

박호환 교수

# 실패를 통해 배우는 협상 기법

박 호 환

## I 실패는 성공의 어머니

협상은 단순한 대화가 아니다. 그것은 정보를 주고 받는 싸움이자, 전략적 사고와 심리적 균형이 요구되는 복합적 과정이다. 특히 고용관계와 노사관계에서의 협상은 조직 내 질서를 유지하고, 이해관계를 조정하며, 지속 가능한 관계를 형성하는 중요한 역할을 한다. 그러나 현실에서는 많은 협상이 실패로 끝난다. 근로자는 징계를 피하지 못하고, 사용자는 노동조합과의 협상에서 불필요한 양보를 하며, 때로는 합의가 무산되어 노사 간 갈등이 심화되기도 한다.

이러한 협상의 실패는 어느 한쪽만 잘못해서 나타나는 것이 아니다. 사용자와 노동조합, 그리고 개별 근로자 모두가 협상 과정에서 전략적 실수를 범하며, 그로 인해 원하는 결과를 얻지 못하는 경우가 빈번하게 발생한다. 사용자는 노동조합과의 단체교섭에서 협상력을 확보하지 못한 채 끌려다니거나, 마감 시한을 전략적으로 활용하지 못해 불리한 합의를 하기도 한다. 반대로 노동조합도 상대방의 의도를 파악하지 못하거나, 과도한 요구를 고집하다 협상을 장기화시키고, 그 결과 조합원들에게 불리한 결과를 초래하는 경우가 많다. 징계 협상에서도 근로자가 사전 준비 없이 감정적으로 대응하여 기회를 놓치는가 하면, 회사가 징계 절차를 엄격하게 따르지 않아 불필요한 법적 분쟁을 초래하기도 한다.

이 글에서는 협상이 실패하는 주요 원인을 사용자와 근로자, 노동조합 각각의 시각에서 분석하고, 실질적인 교훈을 도출하고자 한다. 협상의 실패는 단순히 한쪽의 패배가 아니라, 노사가 함께 더 나은 해결책을 찾을 기회를 놓치는 것을 의미한다. 따라서 우리는 협상을 단순히 '이기는 방법'을 찾는 것이 아니라, 어떻게 하면 노사 모두가 납득할 수 있는 합리적이고 지속 가능한 윈윈(win－win) 합의를 이끌어낼 수 있을지 고민해야 한다.

한편, 실패는 단순한 좌절이 아니다. 그것은 학습의 기회이며, 더 나은 협상가로 성장할 수 있는 발판이 될 수 있다. 인사담당자와 노사관계 전문가들이 겪는 협상 실패의 경험은 올바른 분석과 성찰을 통해 더 견고한 고용관계와 생산적인 노사관계를 구축하는 귀중한 자산으로 탈바꿈할 수 있다. 협상 테이블에서 빈손으로 물러난 경험이 내일의 성공적인 합의를 위한 소중한 밑거름이 될 수 있음을 기억하자.

## II 실패 사례와 원인 분석

아래 3개의 사례는 협상 실패의 전형적인 모습을 보여준다. 각 사례는 3개 파트로 구성되어 있다.

첫째, 협상이 실패로 이어지는 상황이 협상 당사자 간 대화 형식으로 서술되어 있다. 독자는 협상 상황을 읽으며 어느 부분에서 당사자들이 잘못했는지 찾아내면 협상 역량을 기르는 데 큰 도움이 될 것이다.

둘째, 실패의 직간접적인 원인이 제시되어 있고, 이어서 성공적인 협상을 위해 당사자가 나눴어야 할 대화도 제시되어 있다. 독자는 첫째 파트의 협상 상황을 읽으며 찾아낸 실패 원인과 대조해보면 협상 성공을 위해 해야 할 사항들을 좀 더 분명히 파악할 수 있을 것이다.

셋째, 이 사례로부터 얻는 교훈이 정리되어 있다. 이 교훈을 잘 기억해두고 실제 협상장에서 사용하면 좋은 결과를 얻을 수 있을 것이다.

### 1. 사례 1 : 사전 준비 미흡으로 인한 실패

아래 협상 진행 과정은 7개의 대화 장면들로 구성되어 있다. 각 장면에서 김 대리가 어떤 잘못을 하고 있는지 분석해보자.

#### (1) 협상 상황과 진행 과정

**등장 인물 :**
- 김 대리 - 징계 처분을 통지받음
- 인사팀장

① 김 대리는 마케팅팀 사무실의 자리에 앉아 모니터를 빤히 바라보았다. 메일함에 도착한 아래 제목만으로도 그의 심장은 쿵쾅거리기 시작했다.

**[중요] 징계위원회 출석 통보**

이메일을 열자마자 그의 얼굴에서 핏기가 가셨다. '1개월 무급 정직'이라는 단어가 화면에서 그를 노려보는 것 같았다.

'세상에, 이럴 수가...' 김 대리는 한숨을 내쉬며 중얼거렸다.

마케팅팀에서 5년째 근무 중인 그였지만, 최근 몇 달은 정말 최악이었다. 반복된 지각, 기한을 넘긴 프로젝트, 그리고 팀장의 지시를 제대로 이행하지 못한 여러 사례들. 경고는 여러 번 받았지만, 정작 징계위원회까지 가게 될 줄은 몰랐다.

'무급 정직이라...' 김 대리는 다시 한번 메일을 훑어보며 중얼거렸다. '한 달 월급이 날아가는 건 물론이고, 승진도 물 건너갔네.'

동료 박 대리가 그의 어깨를 툭 쳤다. "무슨 일이야? 얼굴이 하얗게 변했네."

"징계위원회 출석 통보 받았어. 한 달 무급 정직이래."

"뭐? 그렇게까지 될 일이야? 인사팀에 가서 한번 얘기해봐. 인사팀장님한테 사정 좀 해보면 어떨까?"

김 대리의 눈이 반짝였다. "그러게. 그냥 가서 사정하면 되지 않을까? 인사팀장이 나쁜 사람은 아니잖아."

박 대리가 고개를 갸웃했다. "그래도 어떻게 말할지 좀 준비하고 가는 게 좋지 않을까?"

"뭐, 그냥 가서 부탁하면 되지. 지금 바로 가볼게."

김 대리는 자리에서 벌떡 일어났다. 어떻게 말할지, 무엇을 요구할지, 상대방은 어떻게 반응할지에 대한 생각 없이 그저 인사팀장 사무실로 향했다.

② 인사팀장 사무실 문을 노크하자 안에서 팀장의 차분한 목소리가 들렸다.

"들어오세요."

김 대리는 조심스럽게 문을 열고 들어갔다. 팀장은 모니터를 보다가 고개를 들었다. "아, 김 대리. 무슨 일이지요?"

김 대리는 바로 본론으로 들어갔다.

"팀장님, 저... 징계위원회 통보 받았습니다."

팀장의 표정이 단번에 진지해졌다.

"아, 그랬군. 무슨 말을 하러 왔는지 알겠네. 그런데 내가 지금 바빠서 짧게 얘기해야 합니다.

다음 주 징계위원회에서 공식적으로 논의하세요."

"팀장님, 이번 징계는 너무 과합니다. 제가 정말 반성하고 있고, 다음부터는 잘할 테니 한 번만 봐주세요."

③ 팀장은 냉정한 표정으로 김 대리를 바라보았다.

"그런데… 김 대리, 나는 징계 처분을 최종적으로 결정할 권한이 없습니다. 징계위원회에서 결정할 사항이에요."

팀장 자신의 권한이 아니라는 말에 김 대리는 맥이 빠졌다.

"김 대리, 회사 규정상 근태가 불량하고 성과가 계속 저조할 경우 징계를 받게 됩니다. 이미 여러 차례 경고를 받았는데, 이번에는 징계위원회에서 공식적으로 논의된 사항입니다."

④ 김 대리는 당황했다. 그는 단순히 호소하는 것만으로 상황이 해결될 거라고 막연히 기대했던 것이다.

팀장이 다시 입을 열었다. "그러면 김 대리님, 징계를 철회해달라는 건가요? 아니면 감경을 원하시는 건가요?"

김 대리는 잠시 말문이 막혔다. 그는 자신이 정확히 무엇을 원하는지 생각해보지 않았다.

"음... 일단 그냥 징계를 안 받았으면 하는데요."

팀장은 살짝 미간을 찌푸렸다.

"그럼, 감경이나 대체안을 생각해 보신 건가요?"

"그런 건 미처 생각 못 했습니다만... 한 번만 선처해주시면 안 될까요?"

⑤ 팀장은 한숨을 내쉬었다.

"김 대리님, 회사는 규율을 유지해야 합니다. 비슷한 사례에서 다른 직원들에게도 징계를 내린 바 있기 때문에, 특정 직원에게만 예외를 두는 것은 형평성에 맞지 않습니다."

김 대리는 갑자기 억울함이 치밀어 올랐다.

"그런데 저만 징계를 받는 건 불공정합니다. 다른 직원들도 지각을 많이 했어요!"

팀장이 단호하게 답했다.

"김 대리님, 이번 징계는 다른 직원과의 비교가 아니라, 본인의 근태와 성과를 기준으로 결정된 것입니다. 그리고 지금 논의하는 건 징계 감경 여부이지, 다른 직원들의 문제는 논의 대상이 아닙니다."

⑥ 팀장이 이어서 물었다.

"김 대리님, 이번 징계에 문제가 있다고 말씀하시는데, 그렇다면 대리님의 잘못에 대해 회사가 어떤 조치를 취하면 되겠습니까?"

김 대리는 이 질문에 선뜻 대답을 못하였다. 징계 취소만 요청할 생각이었지 본인 잘못에 대해 스스로 반성의 조치에 대해서는 생각해보지 않았기 때문이다.

⑦ 김 대리는 더 이상 잃을 것이 없다고 생각하고 강경한 태도로 나왔다.

"만약 징계를 철회해 주지 않으면, 저도 법적으로 대응할 수밖에 없습니다."

그러자 팀장의 얼굴이 굳어지며 싸늘한 목소리로 답했다.

"김 대리님, 징계 절차는 이미 회사의 규정에 따라 진행 중이며, 법적으로도 문제가 없습니다. 그런 협박성 발언은 오히려 징계위원회에서 부정적으로 작용할 수 있습니다."

팀장의 표정에서 실망감이 읽혔다. 그는 서류를 정리하며 말했다.

"김 대리님, 징계위원회의 결정이 번복될 가능성은 낮습니다. 징계 감경을 원하시면 공식적으로 서면으로 제출하고, 위원회에서 공식적으로 논의해야 합니다."

김 대리는 멍하니 그 자리에 서 있었다. 서면 요청서? 공식 절차? 그는 그런 것들을 전혀 준비하지 않았다.

"알겠습니다. 감사합니다."

그는 겨우 이 말만 남기고 돌아서 나오고 말았다.

### (2) 질문

위 사례는 김 대리가 징계 처분을 받은 상황에서 회사측 담당자를 만나 선처를 요청하였지만 실패하는 장면을 그리고 있다. 이와 관련하여 다음 질문에 대하여 답을 해보자.

① 김 대리는 왜 협상에서 실패하였을까요?

② 협상의 사전 준비 측면에서 봤을 때, 김 대리는 어떤 준비를 안 하거나 소홀히 하였습니까?

③ 귀하가 만약 김 대리라면 사전에 어떤 준비를 하였을까요?

### (3) 실패의 원인 분석

위 협상 진행 과정에서 김 대리는 여러 가지 잘못을 저지르고 있다. 각 대화 장면에서 보이는 잘못들을 다음과 같이 정리할 수 있다. (협상 진행과정에 표기되어 있는 장면 번호 ①~⑦에 따라 설명되어 있다.)

**① 상황 분석 미흡**

김 대리는 이메일로 온 '1개월 무급 정직'이라는 징계 통보를 보고 매우 당황하였고 바로 이 문제를 해결할 방법을 찾기 시작하였다. 그러나 회사가 보내온 징계 통보에는 징계위원회에서 중징계가 결정되었다고 하는데, 이는 징계 절차를 지키지 않아 법 위반으로 무효이다. 징계할 때는 당사자에게 사전 통보와 소명 기회 부여와 같은 징계절차가 인사규정이나 취업규칙 등에 명시되어 있는데 회사는 이를 지키지 않은 것이다. 김 대리는 인사담당자를 만나 호소하거나 따지기 전에 회사의 징계 조처에 대한 법적 검토를 먼저 하는 것이 순서인데, 이것을 놓쳤다.

**포인트** 징계와 같은 인사상 불이익 처분을 받은 경우에는 관련 법규를 살펴보고 위법 사항이 있는지 먼저 파악한다.

**② 협상 환경 고려 부족**

김 대리는 사전 조율 없이 인사팀장을 급히 찾아가는 바람에 심도 있는 의논이 어려운 상태였다. 인사팀장이 "그런데 내가 지금 바빠서 짧게 얘기해야 합니다. 다음 주 징계위원회에서 공식적으로 논의하세요."라고 말하는 순간 이미 이 협상은 진지하게 진행될 수 없음을 예견할 수 있다. 어쩌면 인사팀장이 이 곤란한 상담을 피하기 위해 일부러 바쁜 척했을 수도 있다. 상대방의 이런 회피 전략에 대한 대응책 없이 무작정 협상 상대를 만나러 가서 결국 제대로 대화를 이어가지 못했다.

**포인트** 자신에게 유리한 협상 환경(시간, 장소, 참석 인물 등)을 확보하는 것도 중요하다.

**③ 전권 확인 실패 - 무의미한 협상**

김 대리는 어떻게든 징계를 막아야 한다고 생각하며 평소에 안면이 있는 인사팀장을 찾아가서 부탁했지만 그는 자신의 권한 밖의 일이라고 하였다. 전권이 없는 사람에게 협상을 시도한 것이었다. 그 결과 시간만 낭비하게 되었다.

**포인트** 협상을 시작하기 전에 상대방이 협상 당사자인지, 만약 대리인이라면 전권을 가지고 있는지 확인한다.

### ④ 명확한 의제와 목표 없이 협상 시작

김 대리는 인사팀장을 만나자마자 명확한 협상 의제나 목표도 없이 본능적으로 감정적인 호소를 시작했다. "팀장님, 이번 징계는 너무 과합니다. 제가 정말 반성하고 있고, 다음부터는 잘할 테니 한 번만 봐주세요."와 같이 매달리는 식의 읍소를 하였지만, 인사팀장은 객관적인 징계 사유가 있기 때문에 어쩔 수 없다는 식으로 응답하자 김 대리는 대응할 말을 찾지 못하였다.

김 대리는 애초에 "징계를 감경해 줄 것을 요청"할 것인지, 아니면 "경고로 대체해줄 것으로 요청"할 것인지를 고민하지 않은 채 협상에 나섰다. 그래서 인사팀장이 "어떤 해결책을 원하는가?"라고 물었을 때도 명확한 답변을 하지 못하고 우물쭈물할 뿐이었다.

김 대리가 이런 식으로 답변하자 인사팀장은 김 대리의 요청을 진지하게 받아들이지 않게 되었다. 상대가 뭘 원하는지 명확하게 의사를 밝히지 않고 있는데 이쪽에서 나서서 대안을 제시할 이유가 없기 때문이다.

**포인트** 협상에 나가기 전에 협상 의제와 목표를 분명히 한다.

### ⑤ 상대방 입장에 대한 검토 없이 시작

김 대리는 인사팀장이 징계를 철회해줄 수 있다고 막연하게 기대만 하고 인사팀의 입장은 고려하지 않았다. 인사팀이 회사 규율과 공정성을 유지하는 역할을 한다는 점을 고려하지 않았던 것이다. 단순히 개인적인 감정을 내세우며 '너무 가혹하다'고 주장했지만, 인사팀장은 감정적인 호소보다는 객관적인 근거와 회사 방침을 중요하게 여겼다.

그래서 인사팀장이 회사가 징계를 하는 이유로 회사 규율과 규칙 위반을 지적했을 때 김 대리는 논리적으로 반박할 수가 없었다. 애초에 회사가 왜 징계를 강행하였는지(규율 유지, 조직 내 형평성, 선례 등) 분석하지 않았기 때문이다. 그 결과 주도권을 인사팀장에게 완전히 빼앗기고 이후 인사팀장의 설명과 주장에 제대로 대응하지 못하게 되었다.

**포인트** 상대방 입장에서 그의 예상 목표와 전략을 추측하고 대응 방안을 수립한다.

### ⑥ 저항선과 결렬 시 최선책(BATNA) 없이 협상 개시

김 대리는 저항선, 즉 최소한 어느 정도의 징계까지는 받아들일 수 있는지에 대한 생각이 없었다. 그리고 징계위원회의 결정이 번복되지 않을 경우 할 수 있는 최선의 대안(BATNA)도 전혀 준비하지 않았다. 즉, 인사팀장과 협상이 실패했을 때 어떻게 대응할 것인지 전혀 생각해보지 않았던 것이다.

인사팀장이 "만약 징계를 철회할 수 없다면, 김 대리님은 어떻게 하실 생각인가요?"라고 물었을 때 김 대리는 대답을 못 하고 당황한 것이 그런 태도를 보여주었다.

만약 김 대리가 사전에 준비를 했다면, 예를 들어, "징계를 받는 대신 부서를 이동할 수 있다" 또는 "징계가 확정되면 노조에 부탁해서 도움을 요청할 수도 있다" 등의 대안을 마련할 수 있었을 것이다. 하지만 그는 아무런 대안도 준비하지 않았고, 결국 협상에서 무력한 입장이 되어버렸다. 협상이 결렬되면, 징계를 그대로 받아들일 수밖에 없는 상황에 놓이게 되었다.

**포인트** 저항선과 결렬시최선책(BATNA)를 사전에 생각해두면 어디까지 양보하고 어느 선에서 결렬시킬지 정할 수 있다. 이것이 없으면 상대방의 압박에 적절히 대응하기 어렵다.

### ⑦ 대책 없는 협박으로 협력적 관계 훼손

인사팀장이 단호하게 징계를 유지하겠다고 말하자 김 대리는 더 이상 잃을 게 없다는 생각으로 강하게 나갔다. "만약 징계를 철회해 주지 않으면, 저도 법적으로 대응할 수밖에 없습니다."라고 언급한 것이다. 여기서 우리는 협상테이블에서 극히 자제해야 할 대답이나 대응을 본다. '법적 대응'을 언급하는 순간 상대방은 긴장하게 되고 협상은 경직되어 더 이상 진척되지 않는다는 사실이다. 협상과 법적 대응은 상극 관계로, 법적 대응을 언급하는 사람과 더 이상 협상 테이블에 같이 앉아 있을 이유가 없어진다.

협상에서 유의할 점은 협상은 협상 이슈와 인간관계라는 두 가지 차원으로 구성되어 있다는 것이다. 상대방과의 인간관계를 깨는 것을 감수하고 이슈에 집중할 것인지, 인간관계를 유지하기 위해 이슈에서 많이 양보해줄 것인지 선택해야 한다.

김 대리가 만약 이 징계가 원하는 방향으로 해결되지 않으면 사직하겠다는 결심을 한다면 인사팀장과의 인간관계 측면은 더 이상 고려할 필요가 없을 것이다. 반면에 계속 회사에 다닐 생각이라면 인사팀장과 우호적인 관계를 유지하는 것이 바람직하다. 그렇다면 인사팀장이나 회사 측과의 관계에 부정적인 언급이나 주장은 극히 자제하는 것이 필요하다.

**포인트** 상대방과 우호적인 관계를 계속 유지할 것인지 잘 판단하고, 법적 대응과 같은 극단적인 언급은 상황에 따라 자제하는 것이 좋다.

### (4) 김 대리가 취해야 할 협상 전략

김 대리는 징계를 피하거나 감경받기 위해 무작정 인사팀장을 찾아가 감정적으로 호소하는 대신, 전략적 접근을 해야 한다. 이를 위해 다음과 같은 협상 전략을 활용하는 것이 바람직하다.

#### ① 협상 의제와 목표를 명확히 설정하기

| 김 대리 전략 | 협상 전에 명확한 협상 의제와 목표를 정의하고, 이를 협상 초반에 분명히 전달해야 한다. |
|---|---|
| 잘못된 접근 (실패 사례) | "징계가 너무 과합니다. 봐주시면 안 될까요?"<br>→ 목표가 불분명하며, 감정적인 호소만 강조한다. |
| 올바른 접근 | "저는 이번 징계위원회에서 징계를 감경하거나, 경고로 대체해주었으면 합니다."<br>덧붙여 "회사의 규율 유지 방침을 이해하지만, 성과 개선 계획을 마련하여 회사에도 긍정적인 영향을 줄 방안을 논의하고 싶습니다."<br>→ 협상 초반부터 목표를 명확히 설정하고, 대안도 함께 제시하는 것이 중요하다. |

#### ② 협상 상대방(인사팀장)의 입장을 고려하여 설득 논리 개발

| 회사(인사팀)의 입장 | • 공정성 유지 : 이미 다른 직원들에게도 비슷한 사례에서 징계가 적용되었기 때문에 예외를 두기 어렵다.<br>• 규율 유지 : 직원들의 근태 및 성과 관리는 조직 운영의 핵심 요소이다.<br>• 징계 위원회의 결정 존중 : 인사팀장 개인이 쉽게 번복할 수 없는 사안이다. |
|---|---|
| 김 대리 전략 | 회사가 징계를 추진하는 이유를 분석하고, 그 논리를 기반으로 설득 논리를 만들어야 한다. |
| 잘못된 접근 (실패 사례) | "그런데 저만 징계를 받는 건 억울합니다. 다른 직원들도 지각을 많이 했어요!" |
| 올바른 접근 | "회사 입장에서 모든 직원에게 공정한 기준을 적용해야 한다는 점을 이해합니다. 하지만, 저는 즉시 개선할 수 있는 조치를 취할 의사가 있으며, 징계보다는 경고를 통해 동일한 효과를 얻을 수 있다고 생각합니다."<br>덧붙여 "제가 준비한 성과 개선 계획을 통해 회사도 만족할 수 있는 방향을 제시하고 싶습니다." |

### ③ 저항선 및 BATNA 설정하기

| 김 대리 전략 | 협상이 실패했을 경우를 대비하여 최소한의 요구 조건(저항선)을 정하고, 최악의 경우 실행할 결렬시 최선책(BATNA)을 준비해야 한다. |
|---|---|
| 잘못된 접근(실패 사례) | "그냥 징계를 피하고 싶어요."<br>→ 대안 없이 무조건 요구만 하면, 인사팀이 협상에 응할 이유가 없다. |
| 올바른 접근 | • 저항선 : "1개월 무급 정직이 아니라, 경고 처분까지는 수용하겠으니 선처를 바랍니다."<br>• BATNA : 징계가 결정되면, 평소 좋은 관계를 맺고 있고 이직 제의를 받아왔지만 연봉이 줄어들어 주저해온 거래처로 이직한다.<br>→ 협상이 결렬될 경우 어떻게 대응할지 사전에 준비하면, 상대방이 쉽게 압박하지 못한다. |

### ④ 첫 제안을 신중하게 설정하고, 현실적 대안을 제시하기

| 김 대리 전략 | 협상에서 최초 제안(Anchor)은 협상의 흐름을 결정짓는 핵심 요소다. 회사 측은 처음부터 강경한 입장을 보일 가능성이 크므로, 현실적인 대안을 먼저 제안하여 협상할 여지를 남겨야 한다. |
|---|---|
| 잘못된 접근 (실패 사례) | "그냥 징계를 철회해 주세요."<br>→ 현실성이 부족하고, 인사팀이 받아들이기 어려운 요구다. |
| 올바른 접근 | "저는 성과 개선 계획을 제출할 준비가 되어 있으며, 이를 기반으로 징계를 경고로 대체할 수 있는 방안을 논의하고 싶습니다."<br>"다른 직원들과 형평성을 고려하여, 성과 목표 달성을 조건으로 징계 유예 조치를 검토해주실 수 있을까요?"<br>→ 회사가 바로 거부할 수 없는 현실적인 대안을 제시하는 것이 중요하다. |

### ⑤ 협상 전략 수립 및 연습 (모의 협상 진행)

| 김 대리 전략 | 협상 전에 동료와 함께 모의 협상을 진행하여 예상 질문과 답변을 준비해야 한다. 인사팀의 반응을 미리 예상하고, 논리적으로 반박할 방법을 찾는 것이 필요하다. |
|---|---|
| 잘못된 접근 (실패 사례) | "그냥 징계를 취소해주면 좋겠습니다."<br>→ 즉흥적으로 대응하면 신뢰도가 낮아지고, 협상의 주도권을 빼앗긴다. |
| 올바른 접근 | "예상했던 질문입니다. 이에 대한 답변을 미리 준비했습니다. 제가 준비한 자료를 보시면, 회사에도 도움이 되는 대안이 될 수 있습니다."<br>→ 협상 전에 모든 가능한 시나리오를 연습하고, 철저한 준비를 통해 실전에서 당황하지 않도록 해야 한다. |

### ⑥ 협력적 태도를 유지하며 신뢰 구축

| 김 대리 전략 | 협상에서 감정적으로 대응하면 오히려 불리한 입장에 처할 수 있다. 회사와 협력적 관계를 유지하면서, 긍정적인 협상 분위기를 조성하는 것이 중요하다. |
|---|---|
| 잘못된 접근 (실패 사례) | "이렇게 강경하게 나오시면 저도 법적으로 대응할 수밖에 없습니다."<br>→ 협박성 발언은 오히려 역효과를 불러온다. |
| 올바른 접근 | "저는 회사의 방침을 존중하며, 해결책을 찾기 위해 대화를 이어가고 싶습니다. 회사도 원칙을 지키고, 또 저도 직장 생활을 이어갈 수 있는 방법을 함께 논의하고 싶습니다."<br>→ 협력적 태도를 보이면, 회사도 유연한 입장을 보일 가능성이 높아진다. |

### ⑦ 문서화 및 공식 절차 준수

| 김 대리 전략 | 협상 내용을 반드시 문서화하여 공식적인 형태로 제출해야 한다. 구두로만 협상하면, 이후에 상대방이 말을 바꿀 위험이 있다. |
|---|---|
| 잘못된 접근 (실패 사례) | 문서화에 대한 생각 자체가 없었다. |
| 올바른 접근 | "저는 공식적으로 징계 감경 요청서를 제출하고, 이를 바탕으로 협상을 진행하고 싶습니다. 논의된 사항을 문서로 정리하여, 징계위원회에서 참고할 수 있도록 하겠습니다."<br>→ 공식 문서를 준비하면, 협상의 신뢰도를 높이고 상대방이 쉽게 거부하지 못하게 만들 수 있다. |

## (5) 시사점

협상에 대비한 사전 준비는 매우 중요하다. 협상 전문가들의 말을 빌리면, 협상 전체 과정에 들어가는 시간의 80%는 사전 준비에 쓰고, 나머지 20%를 본협상에 쓴다고 한다.

본 사례에서 김 대리가 사전 준비를 하면서 챙겼으면 큰 도움이 될 수 있었던 사항들은 다음과 같다.

- 협상 의제 명확화 : 징계 최소화
- 협상 목표 설정 : 최소한 경고로 마무리한다.
- 저항선 및 BATNA 준비 : 다른 부서 전환까지 수용하고(저항선), 안 되면 타사 이직을 선택한다(결렬시최선책 – BATNA).
- 첫 제안 신중히 설정 : 성과 개선 계획을 제출하고 더 분발하겠다는 의지를 분명히 밝힌다.
- 상대방 입장 분석 : 회사의 규율 유지 목적을 이해하고 반박 논리를 개발한다.

- 협상 전략 및 연습 : 모의 협상을 진행하고 예상 반응에 대비한다.
- 협력적 태도 유지 : 상대방과 협력적 관계를 저해하는 협박이나 최후통첩성 발언을 삼간다.
- 공식 문서 제출 및 확보 : 회사에서 요구하는 모든 자료와 징계 감경에 도움이 될 자료를 모두 제출한다. 그리고 회사가 징계 과정에 사용하는 자료들을 모두 확보하고 분석한다.

## 2. 사례 2 : 대안 제시와 레버리지에 문제

아래 협상 상황과 진행 과정은 2개의 대화 장면들로 구성되어 있다. 각 장면에서 해고된 이만수씨가 협상을 어떤 식으로 못하고 있는지 분석해보자.

### (1) 협상 상황과 진행 과정

장소 : J경비파견회사의 본사 회의실
등장 인물 :
• 이만수(58세) : 해고된 경비원
• 송 이사(운영부) : J파견회사 담당 임원

이만수씨는 굳은 얼굴로 회의실에 들어섰다. 그는 10년 넘게 경비원으로 일했지만, 오늘 해고 통보를 받았다. 그가 배정받은 아파트에서 다른 경비원들과의 다툼과 주민들의 민원을 이유로 해고가 결정되었다.

그는 이 결정을 바꾸기 위해 송 이사를 찾아왔다.

① 이만수씨는 자리에 앉기도 전에 목소리를 높였다.

"이사님, 이건 너무하잖아요! 저는 몇 년 동안 성실히 일했는데, 갑자기 해고라뇨?"

이사는 서류를 넘기며 말했다. "이만수씨, 해당 아파트에서 다른 경비원들이 같이 일하기 어렵다고 했고, 주민들의 민원도 계속 접수되었습니다. 이런 상황에서 계속 근무를 유지하는 것은 어렵습니다."

이만수씨는 당황하며 말을 이었다.

"다른 사람들이 싫어한다고 사람을 내보내는 게 말이 됩니까? 저는 이 일을 계속해야 합니다!"

이사는 한숨을 쉬었다.

"그럼 어떻게 해야 합니까? 지금 상태에서 해고를 철회할 현실적인 방안이 있습니까?"

이만수씨는 순간 말문이 막혔다. 그는 그저 해고가 억울하다는 점만 강조했을 뿐, 대안을 제시하지 못했다.

② 이사가 오히려 부탁조로 말했다. "이만수씨에게 5년간 우리 회사가 일자리를 줬으니, 회사도 할 만큼 한 것 아닙니까? 이제 이만수씨 때문에 회사가 곤란한 지경에 처해지게 됐으니 좀 나가주시죠."

이만수씨는 기어들어가는 목소리로, "그럼 저보고 어떻게 하라는 겁니까? 이 나이에 어디 가서 새 일자리를 구하라는 말입니까?"

이사가 단호하게 말했다.

"이만수씨, 개인적인 사정은 이해합니다. 하지만 우리는 감정이 아니라 원칙에 따라 운영해야 합니다. 현재 상태에서 해고 결정을 바꿀 이유가 없습니다."

이만수씨는 속이 타들어 갔다. 그러나 이 협상을 뒤집을 힘이 없었다. 그는 해고 철회를 주장했지만, 회사가 받아들이도록 할 힘이 없었다.

이사가 마지막으로 정리하듯 말했다.

"오늘 논의는 여기까지 하겠습니다. 해고는 예정대로 진행될 것입니다."

이만수씨는 결국 아무것도 얻지 못한 채 자리에서 일어났다. 회의실 문을 나서는 순간, 그는 깨달았다.

"그냥 억울하다고 말하는 것만으로는 아무것도 얻을 수 없구나…"

### (2) 질문

위 사례는 아파트 경비원이 아파트 주민의 민원과 동료들의 왕따 때문에 해고되는 과정을 묘사하고 있는데, 아래 질문에 답하면서 주인공이 협상에서 실패하게 된 이유를 찾아보자.

① 왜 이만수씨는 협상에 실패하게 되었을까? 원인은 무엇일까?
② 특히 대안 제시와 레버리지 측면에서 이만수씨는 어떤 잘못을 했을까?
③ 이만수씨가 어떤 식으로 접근했다면 성공했을까?

### (3) 실패의 원인 분석

위 협상 진행 과정에서 이만수씨는 두 가지 잘못을 저지르고 있다. 각 대화 장면에서 보이는 잘못들을 다음과 같이 정리할 수 있다. (협상 진행 과정에 표기되어 있는 장면 번호 ①~②에 따라 설명되어 있다.)

#### ① 대안 제시 부족, 무조건적인 요구

협상을 진행하면서 상대에게 내가 요구하는 대안을 제시할 수 있어야 한다. 내가 처음 제안한 것은 어디까지나 내 위주로 만든 것이고, 상대방 입장에서는 받아들일 수 없는 것이다. 그래서 협상 중간쯤에 가서 새로운 대안들을 제시하는 것이 꼭 필요하다. 만약 새로운 대안이 없으면 결렬되거나 상대방의 대안을 받아들이는 수밖에 없다.

위 사례에서 이만수씨는 회사 측 이사가 대안을 제시하면 한번 검토해보겠다는 말만 할뿐 아무런 대안을 갖고 있지 않았다. 그 결과 협상 주도권은 임원에게 완전히 넘어갔고, 결국 실패로 끝나게 되었다.

**포인트** 사전 준비 단계에서도 여러 대안을 준비하고, 또 협상을 진행하면서도 상대의 제안과 요구를 감안하여 새로운 대안을 만들 수 있어야 한다.

#### ② 레버리지 활용 못함

레버리지는 협상력을 더 높여주는 요소로서, 예를 들면 권력이나 지위, 정보력, 인맥, 자금 등을 가리킨다. 협상에서 좋은 레버리지를 가지고 있으면 상대를 압박할 수 있는 강한 무기를 확보한 셈이다.

위 사례에서 이만수씨는 회사 측의 일방적인 통보와 무시에 대해 아무런 저항을 하지 못하고 있다. 그러나 주변을 잘 살펴보면 이만수씨의 해고에 동정하거나 부당하다고 생각할 수 있는 동료나 주민이 있을 수 있고, 이들을 동원하여 이사를 압박할 수 있었다.

**포인트** 사전에 좋은 레버리지를 확보하고, 협상 진행하면서도 레버리지를 적극적으로 찾아보는 것이 필수적이다.

### (4) 이만수씨가 취해야 할 바람직한 협상 방식

#### ① 대안의 제시

| 바람직한 협상 방향 | 첫 제안 후 새로운 대안과 역제안을 함으로써 유리한 위치에 서거나 교착 상태를 극복한다. |
|---|---|
| 잘못된 협상 대화 | 이사는 한숨을 쉬었다.<br>"그럼 어떻게 해야 합니까? 지금 상태에서 해고를 철회할 현실적인 방안이 있습니까?"<br>이만수씨는 순간 말문이 막혔다. 그는 그저 해고가 억울하다는 점만 강조했을 뿐, 대안을 제시하지 못했다. |

| | |
|---|---|
| **바람직한 협상 대화** | 이만수씨가 제안하였다.<br>"이사님, 만약 저의 근무 태도가 문제가 되었다면 저를 다른 아파트로 배치해 주실 수는 없겠습니까? 또는 저에게 일정 기간의 수습 기회를 주신다면, 저는 제 태도를 개선할 수 있도록 노력하겠습니다."<br>이사는 고개를 끄덕이며 손을 모았다.<br>"흠… 현재 다른 아파트에서 공석이 있는지 확인해 봐야 합니다. 하지만, 기존 아파트에서 근무하는 것은 어려운 상황입니다."<br>이만수씨는 이사가 자신의 제안을 완전히 거부하지 않았다는 것을 인지했다. 이제 더 현실적인 대안을 제시할 차례다.<br>"좋습니다. 그러면 이렇게 해보죠. 저를 다른 아파트로 배치하는 대신, 3개월 동안 수습 기간을 거치는 것은 어떻습니까? 그 기간 동안 근무 태도를 개선하고, 주민들과 원만한 관계를 유지하는 것을 평가받겠습니다."<br>이사는 손가락을 탁탁 두드리며 고민했다. 그는 단순한 해고 철회를 요구받을 것이라고 예상했지만, 이만수씨가 대안을 제시하며 회사가 부담 없이 검토할 수 있도록 전략적으로 접근했다. |

### ② 레버리지 활용

| | |
|---|---|
| **바람직한 협상 방향** | 좋은 레버리지를 확보하면 협상력이 올라가고 그 결과 상대방을 압박할 수 있게 된다. |
| **잘못된 협상 대화** | 이사가 단호하게 말했다.<br>"이만수씨, 개인적인 사정은 이해합니다. 하지만 우리는 감정이 아니라 원칙에 따라 운영해야 합니다. 현재 상태에서 해고 결정을 바꿀 이유가 없습니다."<br>이만수씨는 속이 타들어 갔다. 그러나 이 협상을 뒤집을 힘이 없었다. 그는 해고 철회를 주장했지만, 회사가 받아들이도록 할 힘이 없었다. |
| **바람직한 협상 대화** | 이만수씨는 이사가 고압적으로 나오자 자신을 도와줄 우군이 누군가 곰곰이 생각해보았다. 그러자 자신이 경비하는 동에 아파트입주자대표가 살고 있고, 여러 번 그 대표의 노모가 외출할 때 택시를 불러주고 데려다주고 해서 항상 고마워하고 있다는 사실이 떠올랐다. 그래서 그 대표에게 전화하여 사정을 말하고 도와줄 것을 간곡히 부탁하였다. 그러자 대표는 흔쾌히 도와주겠다고 약속하였다. |

### (5) 시사점

협상의 성공 요인에는 여러 가지가 있지만 대안을 제시하고, 좋은(강한) 레버리지를 확보하는 것은 상당히 중요한 요인이다. 대안은 상대방의 역제안에 대한 대응 수단도 되고, 상대방을 설득하는 수단이 되기도 한다. 또한 교착에 빠졌을 때는 이를 극복하는 좋은 수단이 되기도 한다.

레버리지는 협상력을 높이고 상대를 압박할 수 있는 수단이므로 미리 확보해두는 것이 꼭 필요하다. 레버리지는 정보력, 권력, 지위, 관계, 자금 등 여러 가지이므로 상대방과 협상 상황을 보고 유리하고 도움이 되는 것으로 확보하고 활용하면 큰 도움이 된다.

- 대안의 제시 : 협상 중반 이후에는 상대에게 부담이 크게 가지 않고 서로에게 이익이 될 수 있는 대안을 많이 만들어 제시한다.
- 레버리지 활용 : 협상력을 강화할 수 있는 레버지리를 최대한 많이 확보하고 상대를 압박하고 양보를 하는 수단으로 활용한다.

## 3. 사례 3 : 노사 강경한 대치로 임금교섭 실패

아래 임금교섭 상황은 6개의 장면들로 구성되어 있다. 각 장면에서 노사가 어떤 잘못을 하고 있는지 분석해보자.

### (1) 교섭 상황과 진행 과정

장소 : C전자 본사 회의실
참석자 :
- 노동조합 측 : 박 위원장(노조 대표), 부위원장, 사무국장, 조직국장
- 회사 측 : 최 상무(인사팀장), 정 차장(법무팀), 김 과장(재무팀)

① C전자 노사는 오늘 기본급 인상률과 성과급 배분 방식을 놓고 최종 협상을 벌이기로 했다. 그러나 시작부터 분위기가 냉랭했다.

박 위원장은 팔짱을 낀 채 사측 교섭위원들을 바라보며 말했다.

“이번 협상이 단순한 대화로 끝나지 않길 바랍니다. 여기 계신 분들이 최종 결정을 내릴 수 있는 분들 맞습니까?”

최 상무가 서류를 정리하며 대답했다.

“경영진과 논의가 필요한 사항도 있겠지만, 오늘 논의한 내용이 그대로 받아들여질 가능성이

높습니다."

박 위원장은 헛웃음을 지으며 고개를 저었다.

"그 말을 들은 게 이번이 몇 번째인지 모르겠군요. 결국 "논의해 보겠다"는 말만 듣고 돌아갈 거라면, 우리가 여기 앉아 있을 이유가 있습니까?"

부위원장도 거들었다.

"전권을 갖고 있지 않은 분들과 협상하는 건 시간 낭비입니다. 다음부터는 최종 결정을 내릴 수 있는 분이 직접 나오십시오."

회사에서 처음부터 전권을 가진 대표가 나오지 않으면서, 협상에 대한 신뢰가 깨지기 시작했다.

② 최 상무가 서류를 보며 말했다.

"우선 기본급 인상률부터 논의하는 것이 좋겠습니다. 성과급 배분 방식은 나중에 별도로 다루도록 하죠."

박 위원장은 즉각 반박했다.

"그건 우리한테 불리한 방식입니다. 기본급 인상폭을 낮추고 나서 성과급을 논의하면, 결국 성과급에서도 손해를 보게 되겠죠."

최 상무가 단호하게 말했다.

"그럼 순서를 바꿔서 성과급부터 논의하면 됩니까? 기본급은 아예 제외하고 말이죠."

사무국장이 신경질적으로 끼어들었다.

"말장난하지 마십시오. 그렇게 나오시면 우리도 순서 따지지 않고 파업부터 논의해야겠군요."

논의 순서를 정하지 못한 채 협상은 점점 감정적인 싸움으로 번지고 있었다.

③ 노조 측이 준비한 자료가 스크린에 띄워졌다. 박 위원장이 나섰다.

"우리는 기본급 7% 인상, 성과급 50% 균등 지급을 요구합니다. 작년 회사 이익이 28% 증가했고, 경쟁사도 비슷한 수준으로 인상했습니다."

최 상무가 냉소적으로 웃으며 말했다.

"7%요? 현실을 보셔야죠. 그 요구를 받아들이면 우리 인건비 부담이 80억 원 증가합니다. 그 돈을 어디서 충당하라는 겁니까?"

부위원장이 강하게 반박했다.

"직원들은 회사를 위해 헌신했고, 그 결과가 회사 이익 증가로 나타났습니다. 그런데 회사는 이익을 쌓아두면서, 직원들에게는 '미래가 불확실하다'고만 하죠. 우리가 당신들 주머니 사정을 신경 써야 합니까?"

김 과장이 냉정하게 맞받아쳤다.

"노조가 너무 과도한 요구를 하고 있습니다. 기본급을 지나치게 올리면, 앞으로 회사가 어려울 때 유연하게 대응할 방법이 사라집니다. 그리고 성과급을 균등 지급하는 건 말도 안 됩니다. 성과에 따른 차등 지급이 기본 원칙 아닙니까?"

논의는 점점 감정적인 싸움으로 변해가고 있었다.

④ 박 위원장이 최 상무에게 말했다.

"그렇다면 회사가 생각하는 인상률을 말해보시죠."

최 상무가 대답했다.

"3% 이상은 불가능합니다. 이미 경영진에서도 최대한 양보한 수치입니다."

부위원장이 응수했다.

"고작 3%? 이건 협상이 아니라 일방적인 통보입니다. 우리도 조합원들에게 이런 숫자를 가져가면 받아들이지 않을 겁니다."

박 위원장이 단호하게 말했다.

"우리는 5.5% 이하로는 협상할 생각이 없습니다. 직원들을 설득할 명분이 있어야 하지 않겠습니까?"

최 상무가 피식 웃었다.

"그럼 협상은 여기서 끝이겠군요. 5.5%? 경영진이 절대 승인할 리 없습니다."

노조는 한 걸음도 양보하지 않았고, 회사도 대안 없이 강경한 입장만 고수했다.

⑤ 박 위원장이 말을 이어갔다.

"우리가 여기서 물러나면 조합원들 반발이 심할 겁니다. 이 협상이 결렬되면, 우리는 바로 파업 절차에 들어갑니다."

최 상무는 차갑게 대꾸했다.

"파업이든 뭐든 하십시오. 회사도 최악의 상황을 대비하고 있습니다."

사무국장이 벌떡 일어섰다.

"우리를 우습게 보시는군요. 하지만 직원들의 힘이 어떤지 보여주겠습니다."

박 위원장도 자리에서 일어났다.

"협상은 결렬입니다. 더 이상 논의할 의미가 없습니다."

최 상무는 미동도 하지 않았다.

"좋습니다. 회사의 입장도 변하지 않습니다."

⑥ 이후 노사는 다섯 번 더 만나 교섭을 진행하였지만 기본급 인상률에서 회사는 3%, 노조는 5.5%를 주장하며 한 치도 양보하지 않았고, 그 결과 성과급이나 그 외 교섭 주제들에 대해서는 말도 꺼내보지 못하였다.

7차 교섭에서 결국 노조는 결렬을 선언하고 교섭장을 떠났으며, 회사도 결렬을 전체 공지란에 올렸다.

### (2) 질문

위 사례는 노사가 임금교섭을 하다가 결국 결렬되고 파업으로 나아가는 과정을 그린 것이다. 이와 관련하여 다음 질문에 대하여 답을 해보자.

① 왜 이 임금교섭은 결렬로 끝났을까요? 노동조합과 사측의 잘못은 어떤 것이 있을까요?

② 교섭을 진행하면서 단계별로 노사가 보인 실수나 잘못은 어떤 것입니까?

③ 만약 교섭을 성공적으로 했다면 노사는 어떤 식으로 대화하고 어떤 대응을 하였을까요?

### (3) 실패의 원인 분석

위 협상 진행 과정에서 노사는 여러 가지 잘못을 저지르고 있다. 각 대화 장면에서 보이는 잘못들을 다음과 같이 정리할 수 있다. (협상 진행과정에 표기되어 있는 장면 번호 ①~⑥에 따라 설명되어 있다.)

#### ① 협상의 시작 - 전권 확인 실패로 출발부터 꼬이다

협상을 시작하는 시점에서 반드시 상대방이 교섭 당사자인지, 만약 대리인이라면 전권을 가지고 나왔는지 확인해야 한다. 전권은 교섭 진행만이 아니라 합의 체결권까지 가진 대리인이 나와야 실질적인 협상이 가능하다. 그리고 구두로 전권을 확인할 것이 아니라 문서로 된 위임장을 받는 것이 바람직하다. 만약 이런 전권을 가지지 않은 대리인이 나왔다면 교섭을 중단하는 것이 바람직하다. 많은 노력과 시간을 투자하여 합의하였지만 실질적인 권한을 가진 의뢰인(사용자와 노조 대표)이 마지막에 가서 거부하면 그동안의 수고가 허사로 돌아가기 때문이다.

이 사례에서는 사측 대표로 나온 최 상무 등은 전권을 가지고 있지 않다. 게다가 노조 측은 이들이 교섭과 관련하여 어디까지 할 수 있는 권한을 갖고 있는지 확인도 하지 않고 교섭을 진행하는 잘못을 범했다.

**포인트** 협상 상대방의 전권을 확인하는 것이 반드시 필요하다. 전권 확인은 구두보다는 문서(위임장)로 하는 것이 확실하다.

**② 협상의 틀과 논의 범위 설정 실패**

논의 범위와 순서를 포함하여 교섭을 진행하는 전체 틀을 정하는 것은 협상이 일정한 방향으로 진행되는데 꼭 필요한 과정이다. 이 부분에서 노사는 많은 시간을 들여서 명확하게 정하는 것 바람직하다. 흔히 시간 없다는 핑계로 이 부분을 간과하거나 대충하고 지나가는데, 그렇게 하면 수 주일 내지 수 개월간 진행되는 임금교섭이나 단체교섭에서는 중간에 새로운 이슈가 끼어들어 전체 흐름을 이상한 방향으로 빠지게 만들 수 있다.

이 사례에서는 전체 틀을 명확하게 정하지 않고 기본급부터 논의하는 것으로 진행하는데, 이런 방식을 절대 바람직하지 않다.

**포인트** 협상 개시 시점에 협상 의제, 논의 범위, 순서, 진행 절차 등에 관한 전체 틀에 대해 노사 간 합의가 있어야 한다.

**③ 첫 제안이 비현실적 - 강대강 대치**

위 사례에서 기본급 인상률에 대하여 노조는 7% 인상을, 사측은 3% 인상을 제안하였다. 물가인상률이 3~4% 정도임을 감안하면 노조의 제안이 상대적으로 높은 편이다. 물론 협상에서 첫 제안은 목표보다 강하게(즉, 노조는 목표보다 더 높게, 사측은 더 낮게) 하는 것이 정석이긴 하지만, 과도하게 강한 것은 상대방의 반발을 불러일으키고 상대도 강한 것을 요구하여 결국 강대강 대치 상태로 나아가게 된다.

첫 제안은 적당한 선에서 강하게 제안하는 것이 바람직하다. 첫 제안은 양보를 전제로 하기 때문에 상대방은 첫 제안의 수준을 보고 양보를 어디까지 받아낼 수 있을지 짐작하게 된다. 너무 강한 첫 제안은 상대를 경직하게 만들고 비협조적인 태도를 갖게 만들어버린다.

**포인트** 첫 제안은 강하게 하되 적정한 수준 내에서 한다. 그리고 그 수준을 책정하게 된 합리적인 근거를 제시할 수 있어야 한다.

### ④ 양보 없이 강경 대응 - 협상이 경색되다

위 사례에서 노조는 5.5%까지 양보하고 더 이상 양보할 수 없다고 선언한 상태다. 노조가 그렇게 할 수밖에 없는 이유가 첫 제안이 7%로 워낙 높았기 때문에 노조도 5.5% 이상 양보하는 것은 비상식적이고 비합리적이라는 인상을 줄 수 있으므로 더 낮출 수 없는 형편이기 때문이다. 그러다 보니 결국 노조는 양보의 여지가 없어져 버렸다.

한편, 사측은 첫 제안만 고수하고 더 이상 양보를 절대 못 한다고 주장하는 바람에 교섭은 지지부진해질 수밖에 없었다. 사실 사측의 첫 제안 3%는 예상 합의점(4% 가까이)에 너무 근접하기 때문에 양보의 여지가 없다는 흠이 있다. 차라리 2.8% 같이 어느 정도 양보의 여지를 둔 첫 제안이 더 바람직하였다.

**포인트** 상호 적절한 양보가 있어야 협상이 순조롭게 진행된다. 나의 양보의 여지가 어느 정도인지, 상대방은 어느 정도인지 계속 모니터링해야 한다.

### ⑤ 감정적 대응 - 신뢰 붕괴

위 사례에서 양측은 계속 말씨름만 하고 별다른 진척을 보지 못하였다. 말씨름이 계속되면 대부분 감정싸움으로 번지는데 위 사례에서도 그런 장면들을 볼 수 있다. 상대방의 감정을 자극하는 말이나 행동은 절대 금해야 하는데, 이런 금지 사항은 협상을 개시하는 단계에서 정해야 한다. 이것이 협상의 틀을 정하는 부분인데, 이 사례에서는 협상의 틀을 정하는 부분을 소홀히 하는 바람에 이런 행동 규칙을 정하지 못하였다.

**포인트** 감정 조절은 협상의 기본이다. 협상 이슈에 집중하고 상대방의 감정을 자극하는 언행은 절대 금물이다.

### ⑥ 교착 상태와 협상 결렬

노측의 5.5% 인상과 사측의 3% 인상 제시 외에는 아무런 진척 없이 대치하다가 결국 결렬로 빠져버렸다. 교착을 극복하려면 다른 대안들을 찾아내는 작업과 협상 분위기를 쇄신하는 차원에서 교섭위원을 교체하는 방법을 쓰기도 한다. 또한 교섭대표만 따로 만나서 타결을 시도하기도 한다. 그러나 위 사례에서는 그런 시도는 전혀 없었고 결렬이 선언되었다.

노사 교섭에서 결렬되는 장면을 보면 대개 어느 한쪽이 결렬이나 파업을 언급하는 순간 상대방도 질세라 그것에 동조하기 때문에 파국을 맞는다. 협상 전문가는 마지막 순간까지 결렬을 입에 올리지 않는다고 한다. 위 사례에서 보면 결렬을 너무 쉽게 말하는 모습을 볼 수 있는데 가장 자제해야 할 부분이다.

위 사례에서 양측이 결렬을 선언하였지만, 각자 어떤 결렬시최선책(BATNA)을 갖고 있는지 궁금하다. 만약 BATNA를 검토해보지 않고 상대가 결렬을 선언하자 대책 없이 덩달아 했다면 큰 실책이다. 파업과 같은 노동쟁의는 노사 양측에 상당한 손실을 입히기 때문에 냉정한 손익계산을 하고 BATNA를 잘 살펴보고 난 뒤에 결정할 일이다.

**포인트** 교착 상태는 대부분의 협상에서 나타난다. 그런데 이를 극복만 하면 합의는 쉬워진다. 인내심을 가지고, 새로운 대안을 찾고, 협상팀을 재정비하고, 대표 간 막후협상 등을 통해 극복한다.

### (4) 노사가 취해야 할 바람직한 교섭 방식

#### ① 교섭의 시작 - 전권 확인과 신뢰 구축

| 바람직한 교섭 방향 | 협상을 개시하기 전에 협상 상대방의 전권 확인하고(위임장 확인), 상호 신뢰 구축을 위한 분위기 조성 |
|---|---|
| 잘못된 교섭 | 박 위원장: "이번 협상이 단순한 대화로 끝나지 않길 바랍니다. 여기 계신 분들이 최종 결정을 내릴 수 있는 분들 맞습니까?"<br>최 상무: "경영진과 논의가 필요한 사항도 있겠지만, 오늘 논의한 내용이 그대로 받아들여질 가능성이 높습니다." |
| 바람직한 교섭 | 박 위원장: "오늘 이 자리에서 합의할 수 있는 겁니까? '경영진과 논의해보겠다'는 말은 더 이상 듣고 싶지 않습니다."<br>최 상무: "오늘 논의된 사항은 최종 결정권자들과 사전 조율이 끝났습니다. 여기서 합의가 이루어지면 경영진 승인까지 바로 진행할 수 있습니다. 여기 사장님의 서명이 있는 위임장이 있으니 확인하시기 바랍니다." |

#### ② 교섭의 틀과 논의 범위 설정 - 논의 초점 맞추기

| 바람직한 교섭 방향 | 협상 초기에 교섭의 틀과 논의 범위를 명확히 정하여 교섭 중간에 새로운 이슈가 끼어들거나 논의가 빗나가는 것을 방지 |
|---|---|
| 잘못된 교섭 | 최 상무: "우선 기본급 인상률부터 논의하는 것이 좋겠습니다. 성과급 배분 방식은 나중에 별도로 다루도록 하죠."<br>박 위원장: "그건 우리한테 유리한 방식이 아닙니다. 기본급 인상을 낮추고 나서 성과급을 논의하면, 결국 성과급에서도 손해를 보게 되겠죠."<br>이런 식으로 노사는 논의 범위를 사전에 정하지 못하고 교섭에 들어갔다. |

| | |
|---|---|
| **바람직한 교섭** | 최 상무: "좋습니다. 하지만 기본급 인상이 낮아지면 성과급 배분 방식을 조정해야 합니다. 두 사안을 연계해서 논의해야 합니다."<br>박 위원장: "그런 것을 포함하여 교섭 진행절차에 관한 세부적인 사항들을 서로 의논하여 정하고, 서로 합의된 사항은 문서로 남겨 협상 과정이 뒤집히지 않도록 하겠습니다." |

### ③ 첫 제안과 정보 교환 - 질문과 논리적 반박을 통한 공방

| | |
|---|---|
| **바람직한 교섭 방향** | 상대가 어느 정도 이해할 수 있는 수준의 첫 제안을 하고, 그것에 대해 상호 깊이 있는 분석과 논리적 반박을 통해 서로의 제안에 들어있는 의도를 파악한다. |
| **잘못된 교섭** | 박 위원장: "우리는 기본급 7% 인상, 성과급 50% 균등 지급을 요구합니다. 작년 회사 이익이 28% 증가했고, 경쟁사도 비슷한 수준으로 인상했습니다."<br>최 상무가 냉소적으로 웃으며 말했다.<br>최 상무: "7%? 현실을 보셔야죠. 그 요구를 받아들이면 우리 인건비 부담이 150억 원 증가합니다. 그 돈을 어디서 충당하라는 겁니까?" |
| **바람직한 교섭** | 박 위원장: "작년 회사 영업이익이 28% 증가했습니다. 그런데 기본급 인상률을 3%로 제한하는 것은 이해하기 어렵습니다."<br>최 상무: "노조는 실적이 증가한 부분만 강조하지만, 내년 시장 전망은 매우 불확실합니다. 우리가 기본급을 과도하게 올리면 향후 인건비 부담이 커지고, 재무적 유연성이 사라질 겁니다."<br>사무국장이 기다렸다는 듯 반박했다.<br>사무국장: "경쟁사인 A전자와 B전자는 각각 5.5%, 6% 인상을 결정했습니다. 같은 시장 환경에서, 왜 우리만 이렇게 낮게 책정해야 합니까?"<br>김 과장이 자료를 넘기며 말했다.<br>김 과장: "그 기업들은 대규모 인원 감축을 전제로 임금 인상을 한 것입니다. 우리는 구조조정을 고려하지 않고 안정적 운영을 유지하려 합니다. 단순 비교는 어렵습니다."<br>박 위원장이 무표정을 유지하며 말했다.<br>박 위원장: "좋습니다. 그럼, 회사가 현실적으로 수용할 수 있는 인상률을 제시하십시오."<br>최 상무: "4%까지는 가능합니다. 다만, 성과급 배분 방식은 현행 방식을 유지하는 것이 원칙입니다."<br>노조 측은 작은 한숨을 내쉬었다. 하지만 이제 협상의 실질적인 논의가 시작되었다. |

### ④ 양보와 역제안

| 바람직한 교섭 방향 | 양측의 제안에 대해 서로 수긍할 선에서 양보를 주고 받으며 타결를 시도하고, 또 다른 협상 주제도 함께 넣어서 전체 패키지로 만들어 타결한다. |
|---|---|
| 잘못된 교섭 | 박 위원장: "그렇다면 회사가 생각하는 인상률을 말해보시죠."<br>최 상무: "3% 이상은 불가능합니다. 이미 경영진에서도 최대한 양보한 수치입니다."<br>부위원장: "고작 3%? 이건 협상이 아니라 일방적인 통보입니다. 우리도 조합원들에게 이런 숫자를 가져가면 받아들이지 않을 겁니다."<br>박 위원장이 단호하게 말했다.<br>박 위원장: "우리는 5.5% 이하로는 협상할 생각이 없습니다. 직원들을 설득할 명분이 있어야 하지 않겠습니까?"<br>최 상무가 피식 웃었다.<br>최 상무: "그럼 협상은 여기서 끝이겠군요. 5.5%? 경영진이 절대 승인할 리 없습니다."<br>노조는 한 걸음도 양보하지 않았고, 회사도 대안 없이 강경한 입장만 고수했다. |
| 바람직한 교섭 | 박 위원장: "7%에서 5.5%까지 조정할 수 있습니다. 다만 기본급을 낮추는 대신에, 성과급 배분 방식을 조정해야 합니다."<br>최 상무가 눈을 가늘게 뜨고 말했다.<br>최 상무: "5.5%? 그건 받아들이기 어렵습니다. 다만, 성과급 일부를 전 직원이 받을 수 있도록 일부 균등 지급하는 방안은 검토할 수 있습니다."<br>부위원장이 강하게 나섰다.<br>부위원장: "성과급 일부 균등 지급은 긍정적인 신호지만, 기본급 인상률이 너무 낮습니다. 3%는 직원들을 설득하기 어려운 수준입니다."<br>최 상무가 한숨을 쉬며 테이블을 가볍게 두드렸다.<br>최 상무: "그러면, 기본급을 4.5%까지 조정하는 대신, 성과급 일부를 공통 배분하고, 복리후생 혜택을 확대하는 것은 어떻겠습니까?"<br>노사는 기본급 인상률을 성과급과 복리후생 확대와 연계시키며 교섭을 계속 진행하였다. |

### ⑤ 감정 조절 - 신뢰 관계 유지

| 바람직한 교섭 방향 | 상대의 감정을 자극하는 언행을 삼가고, 마지막까지 협상 결렬을 선언하지 않으며, 상대와 협력할 의사가 분명하다는 점을 보여준다. |
|---|---|
| 잘못된 교섭 | 박 위원장: "우리가 여기서 물러나면 조합원들 반발이 심할 겁니다. 이제 결렬되면, 우리는 바로 파업 절차에 들어갑니다."<br>최 상무가 차갑게 말했다.<br>최 상무: "파업이든 뭐든 하십시오. 회사도 최악의 상황을 대비하고 있습니다."<br>사무국장이 벌떡 일어섰다.<br>사무국장: "우리를 우습게 보시는군요. 직원들의 힘이 어떤지 보여주겠습니다." |

| | |
|---|---|
| **잘못된 교섭** | 박 위원장도 자리에서 일어났다.<br>박 위원장: "협상은 결렬입니다. 더 이상 논의할 의미가 없습니다."<br>최 상무: "좋습니다. 회사의 입장도 변하지 않습니다." |
| **바람직한 교섭** | 박 위원장: "이제 교섭이 결렬되면 노사 양측에 모두 부담이 될텐데 걱정스럽습니다. 회사가 조금만 더 양보를 해주면 가능한 일인데 안타깝습니다."<br>최 상무: "회사도 하는 데까지 하고 있는데 사실 정말 경영환경이 어렵습니다. 그럼에도 파업을 하시겠다면 어쩔 수 없지만 다시 한번 생각해봐주십시오."<br>사무국장: "그 말에 속아서 우리가 지금까지 양보만 해왔습니다. 회사는 우릴 속이고 어물쩍 넘어가기만 하려고 하는데 이번에는 그냥 두지 않을 겁니다."<br>박 위원장: "사무국장님, 잠깐만요. 회사도 어려움이 있고 우리는 한배를 탄 사람들인데, 너무 극단적으로 가지 맙시다. 회사 측에서 좀 더 전향적인 안을 만들어주시죠. 다음 회차에서 더 의논해보십시다." |

**⑥ 교착의 극복과 타결**

| | |
|---|---|
| **바람직한 교섭 방향** | 노사 간 교섭이 더 이상 진척이 없고 공전만 한다면, 이 교착 국면을 극복할 방법으로 새로운 대안을 추가하거나, 대표자 간 막후교섭과 같은 방법을 쓴다. |
| **잘못된 교섭** | 이후 노사는 다섯 번 더 만나 교섭을 진행하였지만 기본급 인상률에서 회사는 3%, 노조는 5.5%에서 한 치도 양보하지 않았고, 그 결과 성과급이나 그 외 교섭 주제들에 대해서는 말도 꺼내보지 못하였다.<br>7차 교섭에서 결국 노조는 결렬을 선언하고 교섭장을 떠났으며, 회사도 결렬을 전체 공지란에 올렸다. |
| **바람직한 교섭** | 사측이 경영성과급제를 새로 도입하여 연말에 목표 영업이익을 초과 달성하면 성과급 50%를 추가 지급하는 제안을 하고, 노사 대표가 별도를 만나 이 추가안에 대해 합의하고 전체 교섭을 타결하였다. |

## (5) 시사점

위 사례는 임금 인상률을 둘러싼 노사간 교섭이 결렬로 이어지는 과정을 보여주고 있다. 만약 노사가 아래의 성공을 위한 유의 사항은 잘 이해하고 따라갔다면 좋은 결과를 얻을 수 있었을 것이다.

- 전권 확인을 통해 신뢰 형성
- 협상의 틀을 설정하고 논의 초점 유지

- 합리적인 제안과 상호 정보 교환을 통해 서로의 욕구 파악
- 양보와 역제안을 통해 실질적 합의 접근
- 감정적 대응 없이 협상 이슈에 대한 논의에 집중
- 교착 극복 방법의 활용 (소위원회 구성, 막후교섭, 새로운 대안 제시, 제3자 개입 등)

## 참고문헌

1. 박호환, 최명원, 정원준 (2025), 「윈윈 협상법」, 나무미디어

# 공공부문과 민간부문 노동분쟁, 무엇이 다른가?

## - 공공부문 노동분쟁의 특성과 해결방법 -

---

김학린 교수

# 공공부문과 민간부문 노동분쟁, 무엇이 다른가?
# - 공공부문 노동분쟁의 특성과 해결방법 -

김 학 린

## I 공공부문 노동분쟁, 왜 해결하기 어려운가?

노동분쟁에 있어서 공공부문이 차지하는 비중이 급속도로 증가하고 있다. 이와 더불어 공공부문은 일단 분쟁이 발생하면 이를 해결하기 위해 다양한 주체들에 의한 유기적 노력이 결집되어야 겨우 해결되는 경우가 일반적이다. '낙타가 바늘구멍 통과하는 것'만큼 어렵다는 말이 나올 정도이다. 왜 그러한가. 비교적 성공적으로 분쟁이 해결되었다고 평가받고 있는 ○○지역 시내버스 2023년 임금협상 사례와 그렇지 못한 사례로 평가되는 2021년 ○○지역 교원 노조(○○지역 교육청) 노동쟁의 조정(중재) 사례, 그리고 아직도 핵심 쟁점에 대한 분쟁이 지속되고 있는 2023년도 보건의료부문 노동분쟁 사례를 살펴보면서 공공부문 노동분쟁이 왜 해결하기 어려운가를 탐색해 보고 이를 돌파하고자 하는 다양한 주체들의 노력에 대해 검토해보자.

### 1. ○○지역 시내버스 2023년 임단협 교섭 (사례 1)

#### (1) 임단협의 핵심 쟁점

○○지역 버스 노사는 2022년 12월, 2023년 임금 및 단체협약에 대한 교섭을 시작하였다. 쟁점은 임금인상률과 학자금 등 복지기금 조성이었다. 노조는 고물가, 고금리에 따른 생활비 부담으로 운전직 · 정비직 등의 임금 7.4% 인상을 요구하였고, 단협 제41조에 명시된 학자금 복지기금 조성을 위한 지원금 연 36억 원이 2024년 5월 만료되므로, 연 42억 확대와 지급 기간 5년 연장 요구하였다. 하지만 사용자(버스회사조합)는 임금 1.3% 인상을 제안하였고, 학자금 등 복지기금 조성을 위한 지원금은 연장 없이 2024년 5월까지만 지급하겠다는 방침을 정하였다. 이와 더불어 사용자는 △ 식사시간 최소 30분 보장 삭제, △ 청원 유급휴가 삭제 또는 축소, △ 운행 중 사고에

대한 노동자 징계조항 신설 등을 제시하였다.

### (2) 임단협의 진행 과정

전국의 지역 버스노동조합은 ○○지역 버스 노사 간 임단협에 대한 의견 차이가 크다는 사실을 확인한 후 상급단체인 산별 연맹의 결의에 따라 2023년 4월 초에 집단적으로 조정신청에 들어가며, 조정 중지 시 4월 총파업에 돌입할 것을 결의하였다.

결국 노사는 2023년 3월 14일 제8차 단체교섭 때까지도 이견을 좁히지 못했고, 이에 해당 지방 노동위원회가 교섭 촉진을 위해 지원팀(준상근조정위원 포함)을 구성해 교섭에 참관하고 의견을 좁히기 위한 노력을 진행하였다. 급기야 3월 21일 제9차 단체교섭에서 노동위원회 준상근조정위원이 본 조정신청 전 사전조정(조정전지원 제도)을 시도해 보자는 제안을 하였고, 노사가 노동위원회 권고를 받아들여 3월 24일 제1차 사전 조정회의를 진행하게 된다. 조정전지원 제도는 노동쟁의조정 신청 전 원활한 교섭을 위해 노동위원회가 분쟁 해결을 지원하는 제도로 노조법 제53조에 근거한 것이었다.

### (3) 노동위원회의 사전 조정과 합의 도출

노사는 3월 28일 2차 조정회의를 개최하였는데, 오후 3시부터 노동위원회의 주선으로 밤 11시까지 자율적으로 교섭을 진행하였지만, 이견을 좁히지 못하였다. 버스업체 운영 적자를 지자체에서 보전하는 준공영제를 시행 중인 관계로 지자체장의 결정이 필요한 사안이 있었기 때문이었다. 이에 노동위원회는 해당 지자체 관계자의 조정회의 참관을 설득하였고, 결국 참관인 자격으로 참석하게 되었다. 노동위원회 공익위원은 조정회의에 참관한 지자체 관계자와 별도로 의견을 조율하였는데, 회의를 진행하면서 2.8% ⇒ 3.0% ⇒3.5%까지 진전된 안이 제시되었다. 공익위원은 노동조합이 4%대 임금인상을 고수하고 있어 임금 3.6%와 복지기금 지급 기간 5년 연장을 권고하였으나, 지자체 관계자는 임금 3.5% 인상이 마지노선이라며 그 이상 요구한다면 철수하겠다고 배수진을 쳤다.

결국, 3월 28일 자정을 넘긴 시간 노동위원회 공익위원과 자자체 관계자와의 마지막 조율에서 임금 3.5% 인상과 복지기금을 4억 증액하여 연 40억으로 하고, 기간도 5년 연장하는 방향으로 의견을 조율하였다. 이어 공익위원이 노사 개별 면담 등을 거쳐 자정을 넘긴 3월 29일 오전 12시 30분경 조정안을 마련하여 제시했고, 노조 지부 위원장들로부터 결정권을 위임받은 ○○지역 버스노조 교섭위원들이 이를 수락하며 최종합의에 이르게 되었다.

### (4) ○○지역 시내버스 임단협의 성공적 타결의 의미

사실, 노동위원회의 사전조정은 전국적 버스 파업의 시발점에 될 수 있다는 점에서 적잖은 관심을 받았다. 산별 연맹 소속 전국 시내버스 노조 대표자들이 ○○지역 시내버스 노사가 합의에 이르지 못하면 공동투쟁에 나서기로 결의한 상태였기 때문이다. 사전조정을 통해 ○○지역의 단체교섭이 타결되면서 각 지역 시내버스 노사는 개별 교섭 형태로 진행되었고, 2023년도 전국 시내버스 임금 및 단체협약 교섭은 무난하게 마무리되었다.

○○지역 시내버스 노사가 극한대립 없이 임금협상이 타결된 이유는 무엇일까? 교섭에 참여한 노조 교섭대표는 이를 다음과 같이 설명한다.

"노동위원회가 노사 양측을 오가며 설득하고, 직접적인 교섭 당사자가 아닌 서울시도 설득하며 (교섭 타결에) 큰 역할을 했다. 서울시의 경우 실질적 결정권을 가지고 있지만 교섭의 직접 당사자가 아니다 보니 교섭 참여를 부담스러워하였는데, 서울시도 (조정회의 과정에서 노동위원회 공익위원과의 비공식적 채널을 통해) 부담 없이 이야기를 할 수 있었던 것 같다"(노조 교섭대표 중 1인).

## 2. ○○지역 교원노조(○○지역 교육청) 2021년 단체교섭 (사례 2)

### (1) 노사 간 자율적 교섭의 결렬

○○지역 교원노조와 ○○지역 교육청은 2013년 7월부터 2021년 4월까지 80차례 교섭을 진행하였으나 합의에 이르지 못하였다. 이에 노조가 결렬을 선언하고 2021년 4월 마지막 날 중앙노동위원회에 조정을 신청하였다. 해당 노사관계는 법외노조 처분에 따라 2016년 1월부터 2020년 9월까지 교섭이 중단되는 우여곡절이 있었다. 이러한 이유로 노사 간 미합의 쟁점이 66개에 달하였고, 핵심 쟁점은 교원의 업무부담 경감이었다. 노조 측은 교사의 회계 · 시설 관련 업무를 배제하는 '학교 업무분장 가이드라인'을 작성하여 단위 학교에 안내하고 이를 바탕으로 행정지도를 실시할 것을 요구한 반면, 사용자인 ○○지역 교육청은 사용자와 학교장의 업무분장 권한 침해와 타 직종 교직원과의 이해 충돌 소지가 있어 수용이 불가하다는 입장이었다.

### (2) 노조의 조정신청과 노동위원회의 조정 및 중재의 진행

조정회의는 2021년 5월 중순 1차 회의를 시작으로 3차에 걸쳐 진행되었으며, 조정을 통해 미합의 쟁점을 66개에서 29개로 축소하였다. 2021년 5월 마지막 날 3차 조정회의에서 조정위원회는 미합의 29개 조항에 대하여 조정안을 제시하였고, 이에 노사 쌍방 모두가 조정안을 거부함으로써 조정이 불성립되었다. 조정안은 핵심 쟁점인 교원의 업무부담 경감 마련을 위해 교육청, 노동조합, 교원단체가 참여하는 연구 · 협의 기구를 구성 · 운영하는 방안을 포함하고 있었다.

조정이 불성립되면서 해당 사건은 교원노조법에 의해 자동적으로 중재에 회부되었다. 중재회의는 2차에 걸쳐 진행되었고, 2021년 7월 15일 노동위원회 중재위원회는 미합의 29개 조항에 대해 중재재정 결정을 내리게 된다. 이에 반발하여 ○○지역 교육감은 7월 말 중앙노동위원회 중재 결정 취소를 요구하는 행정소송 제기하였다.

### (3) 중재재정 결정에 대한 사용자의 반발과 법원의 판단

2022년 2월 ○○지법 1심 재판부는 중앙노동위원회 중재재정 결정에 대해 29개 조항 중 9개 조항이 위법 · 월권이라고 선고하였고, 2022년 8월 ○○고법 2심 재판부는 29개 조항 중 13개 조항을 위법 · 월권으로 판단하였다.

법원은 '교원노사에 대한 중재재정은 근무조건과 직접 관련된 것이어야 하고, 이 경우에도 기관의 본질적 · 근본적 권한을 침해하거나 제한하는 내용은 허용되지 않는다'는 대법원 판례를 판단 근거로 제시하였다. 교육정책 및 교육과정에 관한 사항에 대한 협의기구의 설치 · 운영의 의무는 국가나 지방자치단체가 그 권한을 행하는 정책결정에 관한 사항으로 근무조건과 직접 관련되지 않는다고 판단하였다. 더불어 법원은 기관의 관리 · 운영에 관한 사항 중 근무조건과 직접 관련이 없는 사항에 대해서는 그 규정이 추상적 · 선언적으로 표현되어도 그 기관의 관리운영권 침해로 판단하였고, 법령상 규정되어 있지 아니한 의무를 지방자치단체에 부과한 경우 그 기관의 관리 · 운영의 본질적 · 근본적 권한 침해라고 판단하였다.

결국, ○○지역 교원노조와 ○○지역 교육청 간 2021년 단체교섭은 2022년 8월 법원의 선고로 원점에서 재검토해야 할 상황에 처하게 되었다. 교원노조법은 노동3권 중 단체행동권을 법적으로 제한한 반면, 이에 대한 대상(代償)조치로서 '조정 불성립 이후 자동적으로 중재에 회부되는 제도'를 도입하여 분쟁을 신속히 종료하도록 하고 있다. 그러나 이러한 조정연계중재(Med-Arb) 제도는 이번 사례에서 나타난 바와 같이 한국 사회에서 실효적으로 적용되기에는 상당한 한계가 있음을 보여주었다. 2021년 단체교섭에 대한 법원의 판단이 2022년 단체교섭과 시기적으로 중첩되는 기간에 나옴으로써 사실상 2022년 단체교섭에서 2021년 단체교섭의 대부분 내용을 다시 다루게 되는 상황이 연출되었기 때문이다.

## 3. 보건의료부문 2023년 노동분쟁 (사례 3)

### (1) 산별 중앙교섭과 특성별 교섭의 병행

2023년 2월 말 보건의료산업노조는 "코로나19를 겪으며 보건의료인력 부족에 대한 심각성이 드러났고 국민적인 지지를 얻어 (2021년) 9.2 노정합의를 이뤄낼 수 있었지만 이후 합의사항 이행이 지지부진해지고 있어 투쟁하지 않으면 합의사항이 사라질 위기라고 판단하고 산별 총파업을 결의했다"고 밝혔다. 이후 5월부터 본격적인 산별 중앙교섭과 특성별 교섭이 개시되었다. 그러나 교섭은 지지부진하였고, 6월 27일 노동위원회에 128개 지부, 147개 사업장이 동시에 쟁의조정을 신청하였다.

노동위원회 조정은 7월 13일 산별 총파업이라는 일정과 맞물려 실질적으로 진전이 없었고, 그 결과 법적으로 허용된 조정기간 중 마지막 날(7월 12일) 노동위원회는 조정 중지 결정을 내리게 된다. 이에 보건의료산업노조는 13일–14일 이틀간 총파업을 진행하였고, 14일 총파업을 종료하면서 현장교섭과 현장파업으로 전환하여 남은 쟁점에 대한 협의를 계속 진행하기로 하였다. 8월 2일 산별중앙교섭은 9.2 노정합의의 주요 내용을 지속적으로 추진하기 위해 노사가 공동으로 노력하기로 하고, 임금인상에 대해서는 특성별 교섭과 의료기관별 현장교섭에서 정하기로 합의하고 마무리되었다.

### (2) 현장의 특성과 노동위원회의 다양한 조정 서비스 제공

그러나 산별교섭과 별개로 특성별 교섭은 현장의 특성에 따라 다양한 방식으로 전개되었다. 특히 신속한 분쟁해결에 관심이 높은 현장도 많았다. 이러한 상황을 반영하여 노동위원회는 다양한 형태의 조정 서비스를 제공하게 된다. 우선, 노조는 지방자치단체에 속해 있는 지방의료원과 녹색병원 등 민간병원에 대해 2023년 6월 조정전지원(사전조정) 제도의 활용을 결정하였고, 사측의 동의 의사를 얻어 6월 14일 사건을 접수하였다. 이에 노동위원회는 21일 지방의료원과 민간병원 노사와 함께 사전 조정을 각각 진행하였다. 노사 간 합의 도출까지는 이루어내지 못했으나, 신속한 해결을 위한 다양한 노력이 필요하다는데 공감대를 형성하였다. 사전 조정 이후 27일 노조의 쟁의조정 신청과 7월 12일 노동위원회의 조정 중지, 그리고 산별 총파업이라는 숨가쁜 일정을 거치게 된다. 그러나 노조 측은 신속한 분쟁해결에 대한 현장의 요구에 따라 다시 노동위원회의 조정 서비스를 활용하기로 하였다. 민간중소병원 노사는 노동위원회의 조정 중지 다음날인 7월 13일 사후 조정을 신청하였고, 17일 사후 조정회의를 진행하여 조정 합의(조정안 수락)에 이르렀고, 지방의료원 노사는 17일 사후 조정을 신청하여 8월 4일 사후 조정회의에서 노사가 조정안을 수락하여 분쟁을 종결하였다.

#### (3) 복합분쟁에서 노동위원회의 적극적 역할

사실, 보건의료산업 노사는 임금인상에 대한 교섭을 진행하였지만, 임금교섭 이면에는 코로나 이후 간호인력 확충에 대한 정부의 적극적 추진과 노동조합 – 정부 간의 대화 창구 마련이라는 쟁점이 존재하고 있었다. 요약하면, 공공부문에서 종종 나타나는 노사 갈등 이면에 노정 갈등이 작동되는 복합갈등의 성격을 띠고 있었던 것이다. 노동조합은 임금교섭에 대한 조정 불성립과 이를 통한 쟁의권 획득으로 정부를 상대로 노조의 요구사항에 대한 이행 및 노동조합과의 대화를 촉구하고자 하였다(이에 노동위원회는 주무 부서인 보건복지부와 보건의료산업노조와의 비공식 면담을 알선하기도 하였다). 한편, 개별 병원 차원에서는 산별 연맹의 투쟁 계획과는 다르게 쟁의행위 없이 임금협약을 마무리하고자 하는 요구도 높은 상황이었다. 노동위원회와 보건의료산업 노사는 이러한 상황적 요인을 반영하여 노정 간 해묵은 갈등이 완전히 해소되지는 않았지만, 노동위원회의 조정 서비스를 유연하고 신속하게 진행시켜 개별 사업장의 임금협상을 순조롭게 마무리하였다.

## Ⅱ 공공부문 노사관계의 특성

### 1. 공공부문이란 무엇인가?

#### (1) 공공부문의 정의

공공부문(public sector)은 시장을 통해서는 생산되기 어려운 공공재(public goods)를 생산하는 부문이라 할 것이다. 구체적으로 공공부문은 정부가 소유하거나 통제하는 부문과 민간 사업자라도 공익사업을 일정 영역에서 담당하는 부문을 포괄한다. 이를 노사관계 측면에서 살펴보면, 공공부문은 정부가 직·간접적인 사용자로서 노동조건을 결정하고 통제하는 영역인 정부기관(지방자치단체 포함)이나 다양한 형태의 공공기관, 그리고 필수공익사업으로 규정된 민간사업장에 종사하는 노동자들을 포괄한다고 볼 수 있다.

### (2) 공공부문의 범위

공공부문이 포괄하는 구체적인 범위는 어떠한가? 우선, 정부기관을 살펴보면 정부가 직접적 사용자가 되며 소속 노동자는 일반적으로 공무원의 신분을 갖게 된다. 정부기관의 공무원은 중앙정부에 소속되어 공적 업무에 종사하는 국가공무원과 지방자치단체에 고용되어 공적 업무에 종사하는 지방공무원으로 구분된다. 국가공무원은 다시 일반직 공무원과 특정직 공무원으로 구분되는데, 특정직 공무원은 사법부, 입법부, 경찰, 소방, 교육, 군무원 등 특수 분야의 업무를 담당하는 공무원을 지칭한다.

둘째, 정부가 간접적 사용자가 되는 경우가 있는데 공공기관의 종사자들이 여기에 해당된다. 공공기관은 '공공기관의 운영에 관한 법률' 제5조에 따라 공기업, 준정부기관, 기타 공공기관으로 분류된다. 공기업이란 직원 정원이 300명, 총수입액이 200억원, 자산규모가 30억원 이상이면서, 총수입액 중 자체수입액이 차지하는 비중이 50%(기금관리기관은 85%) 이상인 공공기관을 의미한다. 공기업은 다시 시장형 공기업과 준시장형 공기업으로 구분되는데, 시장형 공기업은 자산규모가 2조원 이상이고, 총 수입액 중 자체수입액이 85% 이상인 기관인 경우이고, 준시장형 공기업은 자체수입비율이 50% 이상 85% 이하 기관인 경우이다. 준정부기관은 정부의 기금을 관리하는 기금관리형 준정부기관과 정부가 위탁한 업무를 수행하는 위탁관리형 준정부기관으로 나뉘는데, 직원 정원이 300명, 총 수입액이 200억원, 자산규모가 30억원 이상이면서, 총수입액 중 자체수입액이 차지하는 비중이 50%(기금관리기관은 85%) 미만인 공공기관의 경우가 여기에 속한다. 공기업, 준정부기관에 속하지 않는 공공기관은 기타 공공기관으로 분류되는데, 금융공기업이나 정부출연연구기관이 여기에 속한다.

또한 공공기관에는 지방자치단체가 주민의 복리증진을 목적으로 직접 설치 · 운영하는 지방공기업과 지방자치단체가 자본금 전액 또는 일부를 출자하거나 출연한 지방출자 · 출연기관 등이 포함된다.

셋째, 필수공익사업 종사자들도 노사관계 측면에서 볼 때 공공부문으로 포함된다. 필수공익사업은 노조법 71조에 규정되어 있는데, "필수공익사업"이라 함은 노조법상 공익사업으로서 그 업무의 정지 또는 폐지가 공중의 일상생활을 현저히 위태롭게 하거나 국민경제를 현저히 저해하고 그 업무의 대체가 용이하지 아니한 사업으로 ① 철도사업, 도시철도사업 및 항공운수사업, ② 수도사업, 전기사업, 가스사업, 석유정제사업 및 석유공급사업, ③ 병원사업 및 혈액공급사업, ④ 한국은행사업, ⑤ 통신사업이 여기에 속한다. 필수공익사업장의 경우 쟁의행위를 보장하되 필수유지업무를 일정 정도 유지해야 한다. 우리나라 공공부문의 구체적인 현황은 <표 1>과 같다.

**표 1** 공공부문 유형 및 현황

| 구분 | 세부 구분 | | 내용 |
|---|---|---|---|
| 정부기관 | 국가 공무원 | 일반직 | 일반 행정 및 현업 기관 |
| | | 특정직 | 법무, 경찰, 소방, 교육 등 |
| | 지방 공무원 | | 각 시/도 및 교육청 |
| 공공기관 | 공기업 | 시장형 | 한국전력공사, 인천국제공항 등 13개 |
| | | 준시장형 | 한국조폐공사, 한국마사회 등 19개 |
| | 준정부기관 | 기금관리형 | 국민연금공단, 신용보증기금 등 11개 |
| | | 위탁관리형 | 한국농어촌공사, 한국장학재단 등 44개 |
| | 기타 공공기관 | | 한국산업은행, 기초과학연구원 등 240개 |
| | 지방공기업 | | 서울교통공사, 부산시설공단 등 418개 |
| | 지방출자 · 출연기관 | | 서울의료원, 서울연구원 등 857개 |
| 필수공익 사업장 | 노조법 71조에 규정된 필수공익사업장 | | ① 철도사업, 도시철도사업 및 항공운수사업<br>② 수도, 전기, 가스, 석유정제 및 석유공급사업<br>③ 병원사업 및 혈액공급사업<br>④ 한국은행사업<br>⑤ 통신사업 |

## 2. 공공부문 노사관계의 특성

### (1) 공공부문과 민간부문 노사관계의 차이

공공부문이 갖고 있는 독특한 소유 및 지배구조 또는 생산하는 재화 및 서비스의 성격으로 인해 공공부문 노사관계는 민간부문과는 다른 특성을 지니게 된다. 통상 공공부문은 예산이 정부나 국회에서 결정되고, 시장 메커니즘이 전면적으로 작동하지 않고, 법률에 의해 노동자의 노동기본권이 제약받으며, 공공서비스의 경우 국민이 직접적으로 고객인 경우가 많은데, 이러한 요인들이 공공부문 노사관계에 영향을 미치는 요인으로 작동한다. 예산의 정부 의존도나 생산하는 재화 및 서비스의 공익성 정도에 따라 공공부문 내의 기관별 노사관계는 다양한 모습을 띠게 된다.

그럼에도 공공부문 노사관계가 민간부문의 노사관계와 많은 차이를 보이는 가장 핵심적인 이유는 공공부문의 실질적 사용자 또는 강력한 영향력을 행사는 주체가 정부(지방자치단체 포함)라는 점에 기인한다. 정부는 기관별 경영의 자율성은 물론 자율적 노사관계 형성에 일상적인 영향을 미친다고 할 수 있다.

### (2) 공공부문 노사관계에 대한 정부 개입의 논리

정부가 공공부문 노사관계에 개입하게 되는 논리는 '독과점에 의한 시장지배권 행사'와 '대리인 문제'의 존재에 그 토대를 두고 있다. 민간부문에서는 자율적 교섭을 통해 적정한 임금수준이나 근로조건이 결정된다는 논리가 일반적이다. 그 이유는 첫째, 경쟁적인 시장 조건 하에서 적정수준을 크게 벗어난 임금 및 근로조건이 형성될 경우, 이는 경쟁기업과 차별화하여야만 가능한 이윤 즉, 임금 파이 창출이 어렵게 되고, 둘째, 사용자는 기업수익에 대한 잔여수익 청구권을 가진 기업소유주이거나 그의 대리인이므로 이윤 배분에 있어서 노동자의 과도한 요구를 견제하여야 하는 유인을 갖게 되기 때문이다. 반면 공공부문에서는 '독과점에 의한 시장지배권 행사'를 통해 첫째 조건을 무력화시킬 수 있을 뿐만 아니라, '주인없는 대리인' 혹은 '중층적 대리인'의 존재로 인해 위에서 언급한 둘째 조건을 충족시키지 못할 개연성이 크기 때문에 공익을 대표하는 정부의 규제가 불가피하게 된다.

이러한 이유로 정부기관, 공공기관, 필수공익사업장 등 정부의 지배 정도나 조직 형태에 따라서 다소간의 차이는 있지만, 노동3권에 대한 제약이 일정 정도 존재하고, 임금 및 근로조건 등에 있어서도 정부 정책에 의해 직·간접적으로 규정되는 경우가 일반적이다. 특히, 예산 배정이나 지원 그리고 경영진 선임 등이 정부 주도로 이루어질 뿐 아니라, 일상적인 경영이나 업무에 있어서도 정부의 규제로부터 자유로울 수가 없어 공공부문에 있어서 노사 간의 자율적 교섭은 많은 한계를 지닐 수밖에 없다.

요약하면, 공공부문 노사관계는 첫째, 사용자가 정부와 해당 기관의 경영자로 구성된 중층적 구조로 되어 있고, 사적 이익을 넘어 공적 이익을 추구하며, 둘째, 공공부문 종사자들의 보상은 시장의 수급 논리가 아닌 법제도적으로 또는 생산되는 재화나 서비스에 대한 국민의 관심 정도에 의해 결정되는 경향이 있으며, 셋째, 이러한 이유로 직접적 사용자와 피고용인 간에 자율적으로 해결해야 할 대립 지점이 명확하지 않을 수 있으며, 이는 자율적 노사관계를 확립하는데 한계로 작용하는 요인이 된다.

## Ⅲ 공공부문 노동분쟁의 구조와 특징

### 1. 공공부문 노동분쟁의 구조

#### (1) 노사분쟁과 노정분쟁의 중층적 구조

공공부문 노사관계의 특성을 반영한 공공부문 노동분쟁의 구조를 압축적으로 도식화하면 <그림 1>과 같다.

**그림 1** 공공부문 노동분쟁의 구조

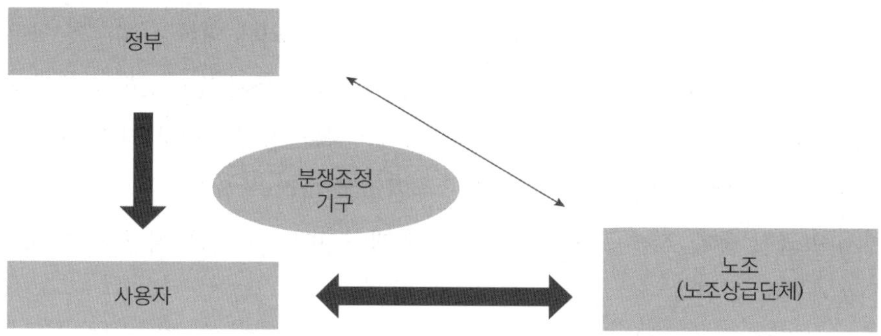


<그림 1>에서 드러난 바와 같이 기업별 노사관계가 확립된 우리나라에서 공공부문 노사관계는 직접적인 사용자인 해당 기관의 경영자와 노동조합이 기본적 대립 구도를 견지하는 가운데, 실질적으로 사용자를 통제하고 있는 정부와 노동조합과의 대립이라는 중층적 구조를 띠게 된다. 이와 같은 이중구조는 공공부문의 노사관계 구조에 영향을 미치는데, 노사 간 교섭은 기업 단위별로 이루어지고, 정부는 직·간접적으로 교섭에 개입하되 직접 당사자로 나서지 않는 구조를 가지게 되는 것이다.

#### (2) 공공부문 노동분쟁의 유형

공공부문 노사관계의 이러한 이중구조는 크게는 4가지 유형의 노동분쟁을 야기할 수 있다. 첫째, 노사 간 분쟁을 들 수 있다. 해당 기관의 경영자가 직접적인 사용자인 관계로 노동조합은 불가피하게 해당 기관의 경영자를 대상으로 임금수준이나 근로조건을 교섭할 수밖에 없고, 교섭의 최종적 타결도 해당 기관의 경영자와 노동조합 간 협약 체결로 이루어질 수밖에 없다. 그러나 해당 기관 경영자의 한정된 처분권과 공공부문 노동조합의 법제도적 제약(예, 파업권)으로 인해 자율적 교섭에 한계가 있고, 궁극적으로 분쟁의 최종적 해결에 이르지 못하는 교착상태에 직면할 수 있다. 앞에서 논의한 사례 1(○○지역 시내버스 임단협 교섭)은 이러한 교착상태가 어떻게 전개되고 어떻게 타결되는지를 보여준다.

둘째, 노정 간 분쟁을 들 수 있다. 노동조합의 경우 해당 기관의 경영자가 갖고 있는 처분권의 한계로 인해 분쟁의 최종적 해결을 도모할 수 없다는 인식에 도달하게 되면 이제는 정부를 향해 문제를 제기하는 수순을 거치게 된다. 분쟁해결을 위해 실질적인 영향력과 결정권이 있는 정부가 당사자로 나서기를 압박하게 되고 이를 위한 다양한 노력과 활동을 하게 된다. 그러나 정부는 직접적인 당사자가 아니기 때문에 분쟁해결을 위한 적극적 행동을 시도할 수 없고 이에 비공식적, 간접적인 방식으로 해결을 도모할 수밖에 없다. 이러한 이유로 노정 간 분쟁은 장기간의 대치와 교착상태의 일상화가 지속되는 양상을 보이게 된다. 앞에서 논의한 사례3(보건의료부문 2023년 노동분쟁)은 이러한 교착상태를 잘 보여준다.

셋째, 정부와 해당 기관의 갈등을 들 수 있다. 물론 정부의 압도적 권한으로 인해 정부와 해당 기관 경영자와의 갈등이 분쟁으로 표출될 가능성은 매우 희박하다. 그러나 해당 기관이 직접적인 사용자로서 지불여력이 충분한 경우 해당 기관 경영자는 노동조합의 정부에 대한 문제 제기를 용인 또는 부추기는 태도를 견지할 수 있다. 이러한 경우 소위 노사 간 '담합구조'가 형성될 수 있는데, 공공부문 노사관계에 있어 실제로 야기될 수 있는 잠재적 위협요인이라 할 수 있다.

마지막으로 노사정이 모두 관계되는 복합분쟁을 들 수 있다. 공공부문 노동분쟁에서 종종 목격되는 분쟁으로, 노사 간, 노정 간 교섭이 분리되어 있지만 동시에 진행되거나 노사정이 같은 공간에 모여(물론 정부는 참관이라는 형식을 갖지만) 문제해결을 위한 교섭을 진행하는 경우를 말한다. 노사정 복합분쟁은 교섭구조의 복잡성과 정부 위상의 불명확성과 민감성으로 인해 중립적인 제3자의 개입이 일반적인데, 이러한 경우 중립적 제3자(분쟁조정기구)의 적극적인 태도와 능력이 요구된다. 사례 1(○○지역 시내버스 2023년 임금협상 사례)는 노사정 복합분쟁 및 그 해결의 모습을 잘 보여준다. 반면, 사례2(○○지역 교원노조 2021년 단체교섭)는 분쟁조정기구의 개입과 역할의 한계를 보여준다.

## 2. 공공부문 노동분쟁의 특징

### (1) 노사 간 자율적 해결의 구조적 한계

공공부문 노동분쟁의 특징은 분쟁 구조를 반영한다. 우선, 분쟁이 자율적으로 해결되기보다는 교착상태에 빠질 개연성이 크다는 점이다. 공공부문은 주지하다시피 사용자와 노동조합 간의 자율적 해결 영역에 있어 일정 정도 한계가 있다. 사용자는 처분권이 제한되어 있고, 노동조합은 해당 기관의 특성에 따라 다소 차이는 있지만 노동기본권(특히 파업권)의 행사에 있어 법제도적인 제약을 갖고 있다. 이러한 이유로 노사 간 자율적 분쟁해결 경험과 관행이 부족하다. 심지어는 노사 간에 체결된 협약도 기관 이사회의 결정에 의해 사후적으로 번복되기도 하는 등 다양한 측면에서 위협요인이 존재한다. 반면, 공공부문 노동조합의 경우 분쟁해결의 최종적 수단인 파업권이 일정 정도 제약되어 있기 때문에 노사 간 자율적으로 분쟁을 해결할 돌파구를 찾지 못하는 경우가 많고, 그 결과 분쟁이 해결되지 못하고 지속되는 경향을 띤다.

### (2) 노정 간 분쟁으로 비화 가능성

공공부문 노동분쟁은 또한 노정 간 분쟁으로 쉽게 비화되는 경향을 갖는다. 노동조합의 불만에 처분권이 제한되어 있는 해당 기관 경영자는 자신의 임기 동안 문제가 되지 않으면 된다는 회피적 태도로 대응하거나 심지어 "당신들 요구를 들어주고 싶으나 나도 힘이 없고 정부가 하라는 대로 할 도리밖에 없지 않은가?"라고 무책임하게 대응하게 된다. 때문에 노동조합의 적대감은 사용자가 아닌 정부로 돌려지게 되고 일부 노조는 정부 당국에 직접적인 전투의지를 표출하기도 한다. 이는 곧 예산편성지침이나 임금가이드라인 등을 비롯한 정부 규제에 대한 공정성 시비로 귀착되거나 정책변경에 대한 요구 또는 투쟁으로 발전된다.

### (3) 노사 간 담합의 가능성

공공부문 해당 기관 경영자는 종종 무책임한 태도를 넘어 보다 적극적으로 정부 규제를 벗어나기 위한 편법을 노사 간 합의로 진행하기도 한다. 예를 들어, 임금인상 수준이 정부의 가이드라인에 의해 사실상 결정되어 버리기 때문에, 노사 간의 임금교섭은 형식적인 절차로 전락하는 경우가 일반적이다. 이러한 경우 수당 신설 등 편법적인 방법을 통해 실질임금을 증대시켜 주는 이면교섭으로 임금협상을 타결짓는 것이 관행적으로 실행될 수 있다. 이러한 관행은 장기적으로 공공부문의 임금체계를 더욱 왜곡시키는 요인으로 작동한다. 소위, 노사 간 '담합구조'가 형성되는 것이다. 이에 정부는 '공기업에는 노와 사가 따로 있는 것이 아니고, 모두 노(勞)만 있다'라는 시각을 갖게 되어, '공공부문 경영진에 대한 불신 가중 → 정부의 공공부문에 대한 경영개입 심화 → 노정갈등 심화'의 악순환에 빠지는 요인이 된다.

### (4) 생산성과 임금 및 근로조건의 연계성 부족

공공부문 노동분쟁의 가장 핵심적인 문제점으로서 공공부문의 경우 기관의 생산성 향상과 임금 및 근로조건 결정 간 연계가 부족하여 분쟁해결의 규범이 확립되기 어렵다는 점이다. 통상 정부는 예산편성지침과 임금가이드라인의 결정 기준을 세부적으로 밝히지 않은 채 일률적으로 제시한다. 민간부문에서는 임금교섭이나 근로조건 결정 시 최저생계비, 경제성장률, 물가상승률, 생산성 증가율 등을 고려하여 임금인상률과 근로조건을 결정한다. 그러나 정부는 통상 거시경제적 요인을 고려하여 당해 연도 대비 차기 연도의 예산증가율을 선택하고, 예산편성지침과 임금가이드라인이 이러한 예산증가율을 따르도록 하고 있다. 이처럼 해당 기관의 특성 차이를 무시한 채 임금가이드라인이 일률적으로 적용되기 때문에 임금 결정 기준의 합리성 결여라는 문제가 발생하게 되는 것이다. 동종업계의 임금수준, 생산되는 재화나 서비스의 성격의 차이, 재정상황이나 지불능력의 차이 등을 무시하고 가이드라인에 따라 일정하게 인상하도록 함으로써 민간부문과의 균형은 물론 기관 간 형평성 문제도 야기하게 된다.

### (5) 분쟁조정기구의 적극적 역할 필요성

기관의 특성에 따라 다소 차이가 있지만 공공부문 노동조합은 노동3권의 일부(특히 파업권)가 법제도적으로 제약되어 있다. 공공부문이 국민경제에 미치는 영향이 크기 때문이다. 이는 쟁의행위 제한에 대한 실질적인 대상(代償)조치를 요구하는 것으로 귀결된다. 쟁의행위 제한에 대한 대상조치가 되려면 쟁의행위(파업)를 통해 얻을 수 있는 것을 그 대상조치(예: 중재제도)로 얻을 수 있어야 한다는 논리를 갖게 되는데, 이는 분쟁해결에 있어 공정하고 중립적인 제3자의 역할이 불가피함을 의미한다. 노동분쟁의 자율적 해결 원칙과 충돌하는 측면이 일부 있으나 공공부문 사용자와 노동조합이 갖고 있는 제약적 요인은 중립적 제3자의 개입과 적극적인 활용을 구조적으로 요구한다 할 것이다. 그러나 공공부문 노동분쟁에 있어 노사정 모두 분쟁조정기구를 적극적으로 활용해 본 경험이 부족하고 그 결과 분쟁조정기구의 활용을 통한 분쟁해결에 의한 인식 또한 박약한 것이 현실이다.

# Ⅳ 공공부문 노동분쟁 해결의 원리와 과제

## 1. 공공부문 노동분쟁과 복잡성

### (1) 복잡성 관리의 필요성

공공부문 노동분쟁은 민간부문 노동분쟁과 비교하여 볼 때 합의에 이르는 균형점을 찾는데 어려움이 있는 것으로 평가되어 진다. 그 결과 협상의 성공적 타결도 현저히 낮아질 수밖에 없다. 이러한 어려움은 공공부문 노동분쟁에 내재하고 있는 '복잡성'이라는 특성에 기인한다고 할 수 있다.

우선, 공공부문 노동분쟁은 분쟁해결에 셋 혹은 그 이상의 다수가 당사자로 참여하는 것이 일반적이다. 당사자는 분쟁해결 결과에 직간접적인 이해관계를 가진 개인 또는 집단으로 볼 수 있는데, 이들은 분쟁해결 과정에서 독자적인 행위자로 활동하게 된다. 따라서 당사자 수가 증가할수록 당사자 간의 상호작용의 횟수는 급속하게 증가할 가능성이 크다고 할 수 있다. 또한 당사자 간 상호작용의 성격도 균일하지 않고 다면적이기 때문에 이를 식별하거나 분석하기가 쉽지 않다.

둘째, 공공부문 노동분쟁은 통상 다수의 쟁점을 포괄하는 경우가 많다. 물론 단일한 쟁점을 놓고 대립과 협상을 진행하는 경우가 있을 수 있다. 그러나 이는 논리적인 경우일 뿐 현실에서는 많지 않다. 사실, 노사 양자 대립 구도가 주요 특성인 민간부문 노동분쟁도 다수의 쟁점을 포괄하는 경우가 많은데 이 경우 다수의 쟁점이 분쟁해결 가능성을 높여주는 토대로 작용할 수도 있다. 반면, 다수 당사자가 참여하는 공공부문 노동분쟁에서는 당사자 각자들이 생각하는 쟁점에 대한 이해와 우선순위의 차이로 인해 다수의 당사자와 다수의 쟁점 간 다양한 조합으로 창출되는 공간(party－issue space)이 기하급수적으로 넓어지게 되어 협상 타결을 어렵게 할 수 있다.

셋째, 공공부문 노동분쟁은 당사자들의 참여가 균등하지 않을 경우가 많다는 점이다. 민간부문 노동분쟁에서 분쟁해결은 어느 당사자라 하더라도 비토권을 가지고 있어 어느 정도 균등한 관계와 위상을 갖고 참여한다. 그러나 공공부문 노동분쟁의 경우 당사자들이 협상 결과에 대한 각기 다른 이해관계를 갖고 있을 개연성이 크고, 이는 분쟁해결 과정에서 당사자들의 역할의 차이로 나타날 수 있다. 분쟁해결 결과에 대한 각자의 이해관계에 따라 당사자는 협상 타결을 주도하는 리더 역할을 할 수도 있고, 단순히 리더를 따라가거나 무임승차의 기회를 노리기도 한다. 심지어 자신의 이해관계에 따라 협상 타결을 방해하는 역할도 할 수 있고 중립적인 조정자 역할도 할 수 있다[1]. 이러한 역할의 다양성은 당사자－쟁점 공간(party－issue space)의 특성을 반영하는 것일 뿐 아니라 당사자–쟁점 공간을 더욱 복잡하게 만들 수 있다.

이처럼 공공부문 노동분쟁은 불가피하게 다수의 당사자, 다수의 쟁점, 다수의 역할 등 다양한 구조적 요인에 의해 영향을 받는데, 이러한 요인들의 다양한 상호작용으로 인해 당사자 간 해결해야 할 과제를 도출하기 어렵게 하게나 분산시킬 수 있다. 심지어 순환적 거래 상황과 같이 협상이 교착상태에 빠질 위험성도 높다고 할 수 있다. 순환적 거래는 당사자 간 관계가 순환적 구조로 되어 있을 때 발생하는데, 특정 쟁점에 대해서는 특정 상대방과 다른 쟁점에 대해서는 다른 상대방과 이해관계가 일치 또는 불일치하는 경우라 할 것이다. 예를 들어, 당사자 A와 당사자 B가 합의한 사항에 대해 당사자 C가 반대하고, 당사자 B와 당사자 C가 합의한 사항에는 당사자 A가 반대하며, 당사자 C와 당사자 A가 합의한 사항은 당사자 B가 반대하는 상황이 발생할 수 있는데, 이러한 경우 협상 과정이 무한협상게임 양상으로 전개될 수 있다.

더불어 공공부문 노동분쟁은 상대적으로 분쟁해결 과정이 장기간에 걸쳐 진행되는 경우가 많다. 이러한 의미에서 공공부문 노동분쟁은 다수의 단계를 거치는 특성도 갖게 된다. 결국, 공공부문 노동분쟁은 민간부문 노동분쟁에 비해 다수의 참여자(multi–party)를 기본으로 다수의 쟁점(multi–issue)과 참여자의 다양한 역할(multi–role)이라는 구조적 요인과 더불어 다수의 단계(multi–stage)라는 과정적 요인이 상호작용하면서 진행되는 모습을 띠게 된다.

### (2) 복잡성 관리의 원칙

복잡성은 분쟁해결 과정에서 합의 혹은 타결의 장애물로 인식된다. 물론 당사자가 2명(혹은 집단)인 단순한 분쟁의 경우 종종 참여자의 공동 이익을 증진하기 위해 쟁점을 추가하는 등 복잡성을 증가시키기도 한다. 그러나 다수의 당사자가 관여하는 분쟁의 경우 일반적으로 분쟁 당사자의 상호작용을 증가시켜 공동 이익을 창출하는데 장애로 작용하여 합의의 가능성을 낮추는 요인이 된다. 결국 다수의 당사자가 관여하는 분쟁의 경우 분쟁해결의 열쇠는 복잡성을 어떻게 관리 가능한 것으로 전환시키는가에 달려 있다 할 것이다.

이처럼 복잡성을 관리 가능한 것으로 전환시키는 과정을 '탈복잡화(decomplexify)'라 부르는데, 탈복잡화 전략으로 단순화(simplifying), 구조화(structuring), 지향성(orientation)이 통상 제시된다. 단순화, 구조화, 지향성은 동시적, 순차적으로 진행될 수 있는데, 단순화는 그룹화 및 다양한

1 Sjöstedt & Zartman(1994)은 협상당사자의 역할을 추동자(Drivers), 지휘자(Conductors), 방어자(Defenders), 제동자(Brakers), 여행자(Cruisers) 등 5가지로 구분한다. 추동자는 자신들의 이해관계에 부합되게 합의를 도출하기 위해 노력하는 자들이며, 지휘자는 관리자로도 불리며 합의를 도출하려고 하지만 자신의 이해관계가 없는 중립자이고, 방어자는 단일이슈 참여자로 협상의 전반적 성공보다 자신들의 관심사를 촉진 확보하는 데 더 신경을 쓰는 자들이며, 제동자들은 일정한 쟁점과 관련하여 합의를 반대하거나 저항하며 자신들의 행동의 자유를 확보하려고 노력하며, 여행자는 자신의 강한 이해관계가 없이 팔로워의 역할을 하는 자들을 의미한다.

정리 방법을 통해 당사자 및 쟁점의 수를 관리 가능한 숫자로 줄이는 것을 의미한다. 당사자와 쟁점을 빼거나, 통합하거나, 나누는 등의 다양한 단순화 방법이 사용될 수 있다. 하지만 단순화만으로는 부족하다. 당사자나 쟁점 간의 관련성과 우선순위를 구축하고 그것들을 관리할 수 있도록 절차를 체계화하는 구조화가 필요하다. 구조화는 당사자와 쟁점에 대해 일정한 질서를 부여하는 시도로서, 단순히 당사자와 쟁점의 우선순위를 설정하는 것에서부터 당사자–이슈 조합의 유형화 및 모듈화 등과 같은 방법을 활용하여 분쟁해결 구조와 과정의 복잡성을 단순화하고 조직화하는 것이다.

그러나 단순화와 구조화만으로는 정적인 상태를 넘어설 수 없다. 지향성은 상호 동의할 만한 결과를 향한 구조화된 절차에 방향성을 제시하는 것이다. 통상, 공공부문 노동분쟁은 당사자 간 직접적인 상호거래에 주로 의존하는 민간부문 노동분쟁과 달리 명분이나 정의의 개념이 보다 중요할 수 있다. 다수 당사자가 관여하는 분쟁에서 다수의 동의를 얻기 위해 수많은 상호거래를 직접 실행하는 것은 불가능할 뿐 아니라 비효율적이기 때문이다. 이러한 의미에서 지향성은 공공부문 노동분쟁의 해결을 이끌어가는 동력이라 할 수 있다.

#### (3) 복잡성 관리 전략

탈복잡화는 말처럼 쉬운 과정이 아니다. 이에 중립적 제3자 개입이 탈복잡화의 주요 수단으로 활용되곤 한다. 중립적 제3자는 통상 분쟁해결 과정에서 중립적이며 건설적 역할을 수행하게 되는데, 이는 중립적 제3자의 유일한 이해관심사가 합의에 기반한 분쟁해결에 있고, 더 나아가 분쟁해결에 필요한 유무형의 다양한 지식 및 자원을 갖고 있는 경우가 많기 때문이다. 실제로 제3자는 분쟁해결 과정에서 이해관계자 및 당사자 식별을 위한 갈등 진단 및 분석가, 합의 형성 전략 및 프로세스 설계자, 소집자 및 프로세스 관리자, 조정가, 중재자, 합의 도출의 조력자 등 다양한 역할을 수행한다. 이러한 역할을 통해 다수가 관여한 분쟁의 탈복잡화에 기여하게 된다.

### 2. 공공부문 노동분쟁의 합리적 해결을 위한 과제

공공부문 노동분쟁의 합리적 해결은 앞서 논의한 바와 같이 복잡성을 관리하는데 기여하는 방안을 한국적 상황에 맞게 탐색하는 것에서 비롯된다. 물론, 다양한 방안들이 제안될 수 있다. 본 장에서는 노사 자치의 존중, 신속하고 효율적인 분쟁 해결, 공공의 이익과 공공부문 종사자 이익의 조율이라는 관점에서 노사관계의 자율성 강화, 조정과 중재의 적극적 활용과 개선, 분쟁해결 규범 강화를 통한 탈교섭화(탈협상화)에 초점을 맞추어 논의한다.

### (1) 노사관계의 자율성 강화

현실적으로 공공부문 경영자들의 자율적 처분권은 민간부문에 비해 상대적으로 협소하다고 할 수 있다. 특히, 예산편성지침이나 임금가이드라인 등은 공공부문 노사 간 자율적 교섭에 있어 사전적인 제약요인으로 작용하고 있는 반면, 노사 간 교섭 결과에 대해 이사회의 승인 절차는 사후적인 제약요인으로 작용한다. 이처럼 공공부문 노사 간 자율적 교섭을 사전, 사후적으로 규제하는 제도적인 장치가 존재하며, 이는 해당 기관의 조건에 맞는 능동적이고 책임 있는 교섭을 하기가 어렵다는 것을 의미한다. 특히, 노사가 이미 체결한 협약이 이사회에서 거부될 경우 노사관계는 첨예한 대립으로 치닫거나 노사 간의 신뢰 상실로 이어질 수 있다.

사정이 이러하다 보니 노동조합 측은 해당 기관 경영자를 상대로 하는 교섭이 실효성이 없다는 판단하에 실질적인 사용자인 정부를 직접 상대로 하는 대정부 교섭이나 투쟁을 추진하거나 요구하고 있는 실정이다. 그러나 정부가 직접 임금을 지급하고 관련 법규를 통해 제반 노동조건을 전일적으로 결정하는 공무원과는 달리 별도의 법인체로서 경영진이 구성되어 있는 공공부문의 경우에는 정부가 직접 교섭 당사자 지위를 가지기에는 법리적 혹은 현실적인 문제가 많다고 할 수 있다. 한편, 공공부문 노동조합의 경우 쟁의행위권이 제한되어 있어 분쟁해결의 최종적 수단을 갖고 있지 못한 상황에 놓이게 되는 것이 비일비재하다.

이처럼 다양한 요인들이 영향을 미쳐 공공부문 노사관계는 노사 자치의 원칙이 크게 위축되어 있는 상황이다. 공공부문에 있어 노사 간 자율성의 확대는 공공부문 노동분쟁을 공간적 의미에서 해당 기관으로 축소할 수 있을 뿐 아니라 현장의 다양한 조건에 부합하는 결과를 도출할 가능성을 높일 수 있다. 그러나 이러한 상황을 단번에 타개할 방법은 사실상 존재하지 않는다. 현실적으로 불가피하게 존재하는 제약요인을 인정하면서 노사관계의 자율성을 확대하는 방안을 지속적으로 찾아보아야 한다.

노사관계의 자율성을 강화하는 가장 핵심적 과제는 노사 간 합의 영역의 지속적 확대와 학습을 통해 탈복잡화를 추동하는 것이 될 것이다. 무엇보다 해당 기관의 특성에 부합되는 정부의 위상과 역할을 노사 간 합의로 명확히 규정하는 것이 필요하다. 물론 시행착오가 있을 것이다. 심지어 정부의 위상과 역할을 현실에 맞지 않게 설정할 수도 있다. 그렇기 때문에 학습이 필요하다. 지속적인 합의와 학습을 통해 특정 기관의 노사 간 교섭에 있어 정부의 위상과 역할을 명확히 해나가는 과정이 필요한 것이다. 이러한 과정은 특정 기관의 노사는 물론 정부도 학습하는 과정이 되기도 할 것이다. 정부의 위상과 역할에 대해 노사 간 합의는 해당 기관의 노사관계 자율성을 강화하는 초석이 될 것이다.

아울러 노사관계에 있어 핵심 사안인 임금인상 및 근로조건 개선에 대한 합리적 원칙을 확립하는 것도 필요하다. 특히 임금 결정 과정의 투명성과 공정성 확보가 필수적이다. 정부의 지침을 일방적으로 수용하는 것을 넘어 해당 기관의 특수성을 반영한 임금결정 원칙과 과정이 사전에 노사 간 합의로 확립되면 해당 기관의 노사관계 자율성 확대에 크게 기여할 수 있을 것이다.

더불어 노사 간 합의만으로 부족하다면 공적 분쟁조정기구를 활용하여 노사 간 합의 영역을 확대하는 것도 하나의 방편이 될 수 있다. 공적 분쟁조정기구는 국가기관으로서 공익을 대표하여 특정 기관의 노동분쟁에 개입하고 해결을 도모한다. 따라서 공적 분쟁조정기구를 통해 노사 간 합의가 도출된다면, 그것 자체로 강력한 사회적 규범성을 띨 수 있고 이는 해당 기관의 노사관계 자율성을 강화하는 토대로 작용할 수 있다. 사례3(보건의료부문 2023년 노동분쟁)은 오래된 분쟁해결 경험과 학습을 통해 산별교섭과 특성별 교섭을 내용적으로 분리함으로써 단위 현장의 특성에 부합하는 자율적 분쟁해결 관행을 제고하고자 노력하고 있음을 보여준다.

### (2) 조정과 중재의 적극적 활용과 개선

조정과 중재의 적극적 활용도 공공부문 노동분쟁의 탈복잡화에 크게 기여할 수 있다. 조정과 중재 과정 자체가 분쟁의 탈복잡화 과정이기 때문이다. 유능한 조정인과 중재인은 단순화, 구조화, 지향성이라는 탈복잡화의 핵심 과제를 능란하게 처리하는 능력을 갖추고 있다 할 것이다. 특히, 공공부문 노사관계는 해당 기관 경영자의 제약된 처분권과 노동조합의 법제도적 제약으로 인해 노사 간 자율적 해결의 공간이 상대적 좁다고 할 수 있다. 이는 분쟁해결에 있어 중립적 제3자의 역할이 상대적으로 클 수밖에 없다는 것을 함의한다. 예를 들어, 앞서 논의한 사례 1(○○지역 시내버스 2023년 임금협상 사례)의 경우 성공적으로 임단협 협상이 타결된 데에는 공적 분쟁조정기구인 노동위원회의 조정인이 임금협상의 실질적·결정권자인 서울시를 불러오고, 서울시의 역할을 상황에 적합하게 (참관인으로) 구조화하였기에 가능한 것이었다. 조정인이 비공식적인 대화의 창구가 되어 서울시의 의견을 부담없이 노출시켜 줌으로써 불가능하게 보였던 교섭이 합의가 능한 교섭으로 전환되게 된 것이다.

#### ① 조정의 활성화와 확장

무엇보다 당사자의 자율성을 최대한 보장하는 제3자 개입 방법인 조정이 적극적으로 활용될 필요가 있다. 조정의 장점은 유연성에 있는데, 이를 위해서는 포괄적 조정 서비스가 제공되도록 노력하고 관행화해야 한다. 노동위원회에서 제공하는 공적 조정의 경우 사전 조정, 본 조정, 사후 조정으로 구분된다. 그러나 현실은 본 조정에 초점을 맞추어 활용되어 왔다. 노사 당사자 중 일방이 조정을 신청하면 그때부터 조정 서비스가 작동되는 방식이다. 그러나 본 조정만으로는 노동법상 제약(특히, 조정 기간의 제약) 등으로 인해 조정 본연의 장점을 살리는 데 어려움이 있다. 따라서 이를 개선하기 위한 하나의 방안으로 사전 조정 – 본 조정 – 사후 조정의 체계적인 연계 방안을 모색할 필요가 있다.

최근 노동위원회는 사전 조정 – 본 조정 – 사후 조정의 연계를 통해 조정 서비스의 품질을 제고하기 위한 다양한 활동을 전개하고 있다. 2023년만 하더라도 ○○지역 시내버스 임단협 협상 사례(사례 1)의 경우 사전 조정을 통해 단체교섭을 신속하게 마무리하였고, 2022년 ○○지역 지하철공사 임단협 협상을 비롯한 다수의 현장에서 사후 조정 서비스를 활용하여 노동분쟁을 평화적으로 해결하였다. 2023년 보건의료산업노조(사례 3)의 경우 사전 조정 – 본 조정 – 사후 조정을 모두 거치면서 노동분쟁을 비교적 신속히 마무리하였다. 특히, 사례 3은 탈복잡화의 핵심 과제인 단순화와 구조화를 성공적으로 적용한 것으로 평가된다. 산별교섭과 특성별 교섭을 분리하여 현장의 요구에 부응하여 노동위원회와 함께 특성별 교섭을 속도감 있게 진행하여 성과를 도출한 것이다.

더 나아가 사전 조정 – 본 조정 – 사후 조정의 연계를 넘어 보다 적극적인 프로그램을 추진할 필요가 있다. 조정을 통한 사후적 해결을 넘어 예방적 활동에 다가서려는 기획이 필요한 것이다. 노사 당사자와 노동위원회가 사전에 협약을 체결하여 교육, 대화 촉진, 교섭 주선, 현장 조정, 유관기관 협의 및 협조, 권고안 · 조정안 제시 등의 활동을 통해 노사의 신속하고 평화적인 분쟁해결을 위한 전방위적 서비스를 제공하는 것 등이 이에 해당한다. 노동위원회는 이를 '공정 노사 솔루션(약칭 공솔)' 프로그램이라 부르며 다양한 시도를 하고 있다.

아울러 미국의 FMCS(연방조정알선청)처럼 상시적 조정도 적극적으로 시도될 필요가 있다. 특정 사업장과 조정인을 상시적으로 연계하여 현장 중심의 분쟁해결을 도모하는 것이다. 우리나라의 경우 노동위원회 규칙 제169조에 의해 준상근조정위원 제도를 두고 있는데, 준상근조정위원은 ① 조정전지원, ② (일반) 조정, 교원 및 공무원 조정, ③ 사후 조정, ④ 필수유지업무의 노사협정 관련 업무 등 노사분쟁과 관련하여 필요하다고 인정되는 업무, ⑤ 단체협약과 노사교섭 진행 상황 분석 등 관련 업무, ⑥ 노동관계 조정업무와 관련한 자료 수집 · 분석 · 연구 등의 업무를 수행하도록 되어 있다. 그러나 준상근조정위원 제도의 활성화를 위해 다양한 시도가 진행되고 있지만 아직까지 크게 활성화되어 있지 못한 것이 현실이다. 제도가 활성화되기 위해서는 모범사례가 도출되고, 이를 기반으로 학습하고 전파되도록 해야 한다. 최근 노동위원회는 미약하나마 성공적이라고 평가될 수 있는 사례들을 모니터링하고 있다.

### ② 중재의 활성화와 개선

공공부문 노동분쟁에 있어 노동조합의 파업권 제약에 대한 대상조치로 중재제도가 구축 · 운용되는 것이 일반적이다. 이러한 의미에서 중재 역시 적극적으로 활용될 필요가 있다. 실제로 우리나라에도 일부 공공부문, 특히 교원 노사관계의 경우 조정이 실패하면 자동으로 중재에 회부되는 제도가 마련되어 있다. 그러나 제3자가 중재안을 마련하여 노사 당사자에게 제시하는 일반중재 방식만 제시되어 있을 뿐, 조정과 중재가 내용적으로 연계되어 있지 못한 것이 현실이다. 개정된 교원노조법에 따라 법외노조에서 벗어난 ○○지역 교원노조의 2021년 첫 번째 단체교섭(사례 2)은 조정과 중재가 유기적으로 연계되어 시너지 효과를 도출하기보다는 단순히 기계적 연계에 그쳐 분쟁의 최종적 타결을 도모하는데 많은 한계를 노정한 사례였다.

우리나라는 조정전치주의로 인해 공공부문 노동분쟁에서 중재를 활용하고자 할 경우 불가피하게 조정과 중재가 연계되어 실행될 수밖에 없다. 그러나 우리 사회는 아직까지 조정과 중재의 유기적 연계를 통한 분쟁해결의 성공적 경험이 일천하다고 할 수 있는데, 조정과 중재의 유기적 연계 방안에 대한 지속적 실천과 모델링 작업이 필요하다. 특히, 일반 중재를 넘어 최종제안중재(Final－Offer Arbitration)와 같은 당사자 선택중재 방식의 도입과 활용이 필요하다. 일반 중재보다 분쟁해결 과정에서 당사자의 참여 정도를 제고할 수 있기 때문이다.

조정연계중재(Med－Arb)는 조정과 중재라는 독립적인 분쟁해결 방법을 결합한 것이기 때문에 조정과 중재가 어떻게 결합되느냐에 따라 다양한 유형으로 구분된다. 조정인과 중재인이 같은 사람인지의 여부, 조정 후 중재의 자동 실행 여부에 따라 조정연계중재의 구체적인 모습이 달라질 수 있다. 더불어 조정연계중재는 중재절차에서 분쟁 당사자의 참여 정도와 방식에 따라서도 다른 모습을 띌 수 있다.[2] 조정연계중재의 각 유형은 각각의 고유한 특성을 가지는데, 각 특성에 부합하는 분쟁에 적용하였을 때 분쟁해결의 효율성과 효과성은 높아질 수 있다.

현재 노동위원회는 교원 노사관계를 비롯하여 법제도적으로 규정된 조정연계중재 제도를 동일 중립인 조정연계중재(Same－neutral Med－Arb) 방식에 기초하여 실행하는 경향을 보이고 있다. 그러나 기존의 법제도적 테두리 안에서도 다양한 조정연계중재 제도를 구상하고 실행할 수 있다. 이러한 문제의식에 기초하여 기존의 법 테두리 안에서 공공부문 노동분쟁의 특성에 부합하는 조정과 중재의 연계 방안을 다양하게 시도하여 모범사례를 도출하고 학습할 필요가 있다.

---

2 조정연계중재는 조정과 중재의 결합 방식에 따라 다양하게 구분될 수 있는데, 동일 중립인 조정연계중재(Same－neutral Med－Arb), 순차적 조정연계중재(Sequential Med－Arb), 병행적 조정연계중재(Co－Med－Arb), 조정연계최종제안중재(MEDOLA), 제한적 조정연계중재(High－Low Med－Arb) 등 다양한 유형이 존재한다.

### (3) 분쟁해결 규범 강화를 통한 탈교섭화

공공부문은 정부가 사용자이자 공익의 대변자로서 노사관계에 상당한 영향을 미친다. 그런데 한국 사회의 경우 기업별 노사관계 체계가 중심축으로 작동되고 있어 정부가 직접적인 교섭 당사자로 나서기 쉽지 않은 구조이다. 정부의 이러한 위상과 역할은 노정 분쟁을 야기하는 원인으로 작용되기도 한다.

따라서 공공부문 노동분쟁을 합리적으로 해결하기 위해서는 정부 스스로 자신의 역할을 긍정적인 방향으로 개선하는 것이 요구된다. 구체적으로 정부의 분쟁해결에 대한 규범 강화를 통해 분쟁 대상의 축소 내지는 탈교섭화(탈협상화)시키는 것이 필요하다. 예를 들어, 공공기관 종사자들의 적정한 임금과 근로조건을 결정할 수 있는 근거는 노사 간의 교섭에서 찾을 수 있지만 사회적 인정에서도 찾을 수도 있다. 사회적 인정은 공공부문이 제공하는 공공서비스를 국민들이 어떻게 평가하는가에 따라 달라질 수 있다. 즉, 사회적 인정에 바탕을 둔 적정한 임금과 근로조건은 노사 간의 교섭을 통한 임금과 근로조건의 결정과는 다른 논리적 근거를 갖게 되는 것이다.

정부가 사회적 인정에 바탕을 둔 적정한 임금과 근로조건의 근거를 강화하게 된다면 노사 간 교섭을 통한 적정한 임금과 근로조건의 결정 범위는 그만큼 줄어들 수 있다. 이처럼 사회적 인정을 바탕으로 분쟁해결 규범을 강화함으로써 공공부문 노동분쟁의 강도와 빈도를 합리적으로 축소할 수 있다. 예를 들어, 공공부문의 경우 일률적인 임금인상 가이드라인이 분쟁의 원인으로 작용하고 있다고 판단되면, 사회적 인정을 바탕으로 한 임금인상 결정 체계를 구축하기 위한 치밀한 조사와 사회적 논의를 시도할 수 있다. 이러한 시도가 과정의 투명성과 공정성을 확보한다면 임금인상 결정과 관련한 노사 간 분쟁 가능성은 대폭 축소될 것이다.

사례3(보건의료부문 2023년 노동분쟁)은 공공부문 노동분쟁에서 정부의 탈교섭화(탈협상화) 역할이 얼마나 중요한가를 보여준다. 보건의료부문에서 체결된 2021년 9.2 노정합의는 보건의료부문의 적정 인원에 대한 것이 주된 내용이었다. 이러한 합의가 사회적으로 인정받고 구체적으로 실행되어 탈교섭화되었다면, 보건의료부문에서 2023년 노사협상은 현장 중심의 임금교섭에 초점을 맞추어 전개되었을 것이다.

궁극적으로 공공부문 노동분쟁을 합리적으로 해결하기 위한 정부의 핵심 과제는 풍부한 사회적 논의를 바탕으로 한 사회적 인정 범위의 구체화 및 제도화를 통해 비교섭(비협상) 영역을 지속적으로 확대하는 것이라 할 것이다. 모든 분쟁 대상이 협상 대상이 아닌 것처럼, 노사 간 모든 쟁점이 교섭을 통해 타결될 필요는 없기 때문이다.

## 참고문헌


1. 김학린(2022). “다자협상에서 복잡성 관리에 관한 탐색적 연구”. 『분쟁해결연구』 20(2): 97-133.
2. 서장권(2002). 『공공부문노동분쟁의 해결방안에 관한 연구』 한국노총 중앙연구원.
3. 신은종(2005). 『공무원노동관계 분쟁조정시스템에 관한 연구: 미국의 경험을 중심으로』 노동부 정책 용역연구과제 보고서.
4. 이장원 · 김동배 · 신재욱(2023). 『공공부문 임금체계개편 쟁점과 추진방안』 한국노동연구원.
5. Blankenship, John T. 2006. “Developing Your ADR Attitude: Med-Arb, A Template for Adaptive ADR,” *Tennessee Bar Journal*. (42): 28-41.
6. Crump, L.(2015). “Analyzing Complex Negotiation,” *Negotiation Journal*, 31-2: 131-253.
7. Raiffa, H.(1982). *The Art and Science of Negotiation*. Cambridge, MA: Harvard University Press.
8. Sjöstedt, G., B. Spector, and W. Zartman(1994) “The Dynamics of Regime-Building Negotiations,” In *Negotiating International Regimes*. London: Graham and Trotman edited by B. Spector, G. Sjöstedt and W. Zartman.
9. Welsh, Nancy. 2021. “Switching Hats in Med-Arb: The Ethical Choices Required to Protect Process Integrity,” in *Mediation Ethics: A Practitioner's Guide*. edited by Omer Shapira. Texas A&M University School of Law.
10. Zartman, W.(2009). “Multilateral Negotiation”, In *Conflict Resolution*, Vol. 2. edited by K. W. Hipel. Oxford, UK: EOLSS Publishers/UNESCO.

# 사회문제화된 노동분쟁을 해결하기 위한 협상방법

## - 극단적 대결로 치닫는 노사분쟁, 협상의 실마리를 찾아라 -

이성희 교수

# 사회문제화된 노동분쟁을 해결하기 위한 협상방법
# - 극단적 대결로 치닫는 노사분쟁, 협상의 실마리를 찾아라 -

이 성 희

## I 사회문제화된 노동분쟁, 새로운 협상방법론이 필요하다

우리나라에서는 노사갈등이 사회경제에 심각한 영향을 주는 경우가 많다. 특히 대기업 구조조정, 원하청 · 비정규직 노사문제, 물류서비스 노사갈등이 무기한 점거농성, 옥쇄투쟁 등 극단적인 투쟁으로 비화되면서 국가경제에 심각한 타격을 주고 정치사회적인 문제가 사례가 종종 발생하고 있다.

사회문제화된 노동분쟁은 노사간에 갈등이 첨예하고 복잡하고 다차원적인 이해관계로 얽혀 있다보니 협상을 통한 문제해결이 쉽지 않고, 협상이 총체적인 난국에 빠지게 되는 경우가 많다. 이러한 노동분쟁이 발생하면 노사 상급단체가 투쟁지원에 나서고, 정치권도 찬반으로 나뉘어 정부의 대책마련을 요구하면서 복잡한 정치사회적 갈등으로 비화된다. 결국 노동분쟁이 장기화되고 엄청난 갈등비용을 낳게 되는 것이다. 이렇게 사회문제화된 노동분쟁은 우리나라의 노사관계 경쟁력을 약화시키고, 사회갈등 지수를 높이는 사회불안요인으로 작용하고 있다.

우리나라가 선진국에 걸맞는 경쟁력과 노사관계를 발전시켜 나가기 위해서는 이런 사회문제화된 노동분쟁을 투쟁과 실력행사가 아니라, 대화와 협상을 통해서 신속하고 공정하게 해결할 수 있는 협상관행을 정착시켜 나가야 한다.

그러면 이러한 사회문제화된 노동분쟁은 어떻게 해결해야 할까. 사회 문제화된 노동분쟁을 신속하고 공정하게 해결하기 위해서는 이러한 노동분쟁의 특성, 갈등관계의 성격에 맞는 협상방법, 분쟁해결 지원방안이 활용될 필요가 있다.

이번 시간에는 이러한 사회문제화된 노동분쟁에 대해 협상을 통한 대화와 타협으로 해결하는 협상 방법론을 고민해 보고자 한다. 이를 위해 과거에 사회문제화된 노동분쟁 사례를 살펴보고, 이러한 노동분쟁을 어떻게 해결할 것인지 살펴보고자 한다. 사회문제화된 노동분쟁에 대한 노사나 국민들의 평가는 다를 수 있다. 이에 사회문제화된 노동분쟁을 객관적으로 정리하기 위해 연합뉴스 등 언론에 보도된 내용을 중심으로 서술하고자 한다.

# Ⅱ 사회문제화된 노동분쟁 사례와 주요 특징

## 1. 사회문제화된 노동분쟁 주요 사례

### (1) A단체 집단 물류운송 거부 투쟁

2003년 화물차주들로 구성된 A단체가 '물류를 멈춰 세상을 바꾸자'며 2차례의 전국적인 물류운송 거부 파업에 돌입하면서 철강, 시멘트, 석유화학산업의 물류운송이 마비되고 수천억원의 경제적 손실이 발생하는 노사분쟁이 발생했다.

A단체는 화물차주들의 연합조직으로 조합원은 화물 운송을 담당하는 화물차주들이 조직한 단체다. 2000년대 들어서 화물차 운송수입이 감소하면서, 화물차주들은 열악한 근무여건 개선을 요구하며 조직을 결성했다. A단체는 2000년대 초반 들어서 화물운송료 인상과 근무여건 개선을 요구하고 나섰다. A단체의 요구사항은 운송료 인상, 화물차 지입제도와 다단계 알선제 폐지, 운전자면허제 도입, 경유세 및 고속도로 통행료 인하, 고속도로 휴게소 개선, 화물운송제도 개선을 위한 노정협의기구 구성 등이었다.

A단체의 1차 파업은 철강제품을 운송하는 지역지부 조합원들이 운송료 인상과 노조탄압 중단을 요구하며 집단운송거부를 하면서 시작되었다. 곧이어 산업단지 지역지부가 파업에 동참하면서 전국적인 파업으로 확산됐다.

A단체 파업은 집단적인 화물운송거부를 넘어서 고속도로 저속주행, 톨게이트 한줄로 통과하기 등 소위 준법투쟁과, 철강업체 진출입로 봉쇄와 같은 불법투쟁이 동반되면서 전국의 물류운송에 심각한 타격을 주게 되었다. 파업이 10일 넘게 지속되면서 우리나라 수출입 관문역할을 하는 부산항의 물동량이 50% 감소하고, 철강, 석유화학 등 물류마비로 인한 경제적 손실이 급증했다.

정부는 A단체 파업초기부터 '선 정상화(파업철회) 후 정책협의' 원칙을 천명하고 A단체와 화물운송사단체간 협상을 통해 문제해결을 할 것을 촉구했다. 하지만 파업이 지속되면서 물류마비로 인한 경제적 손실이 급증하고, 정부의 공권력 투입 압박에도 파업이 계속 확산되는 추세를 보이자, 정치권과 언론에서는 정부의 적극적인 대책 마련 요구가 커지기 시작했다. 이렇게 파업이

10일이 넘어가고 경제적 타격이 현실화되자, 정부는 건설교통부를 중심으로 A단체와 정책협의에 나서게 되었다. 정부는 화물파업 관련 관계장관 회의를 열고 경유세 인하 등 정부대책을 조율하고 A단체와의 긴급 심야협상을 진행한 끝에 파업 14일째에 A단체와 합의를 도출했다.

A단체와 정부협상단의 합의내용은 화물차 경유세 감면(유류세 인상분 전액보전), 중간착취 구조개선을 위해 다단계 알선 실태조사 실시와 단속 및 처벌 강화, 과다한 주선료 및 장기 어음결제 등 운수업의 불공정한 거래관행 개선 등 정부의 정책대안 중심으로 이뤄졌다. 또한 정부는 A단체와 운송사업업계와 교섭이 이뤄질 수있도록 적극 지원키로 했다.

A단체는 1차 파업이 종료된 이후에 화물운송업계를 상대로 운송료 인상 교섭을 요구하고 나섰다. 노사는 협상테이블 구성부터 논란을 벌였다. A단체는 화물운송업체 전체와 일괄교섭을 요구했지만, 화물운송업체들은 업체별 개별 협상을 주장했다. 노사는 몇 달동안 협상단위로 논란을 겪다가 콘테이너, 시멘트, 일반 화물 등 분야별 운송료 협상을 진행하는 것으로 가닥을 잡았다.

이렇게 운송업 분야별 협상이 진행되면서 A단체와 콘테이너 운송업체 대표간의 협상에서는 운송거리 구간별 동일요금 적용, 운송료 인상폭 등과 의견접근이 이뤄졌지만, 시멘트 운송업체 대표간의 협상은 별 진척이 없었다.

이런 상황에서 A단체는 운송업계 전체와 일괄타결을 요구하며 8월 2차 파업에 돌입했다. A단체는 1차 파업 때와 같이 주요 항만과 물류기지를 중심으로 물류운송 거부 투쟁을 전개했고, 또다시 전국적인 물류대란이 발생하게 되었다.

정부는 A단체의 2차 파업에 대해 법과 원칙에 따른 문제해결 원칙을 천명했다. 이에 따라 A단체 파업을 불법파업으로 규정하고 노조 지도부에 대해서는 체포영장을 발부하고, 노조의 불법행위에 대해 현장 검거에 나서는 등 강경한 태도로 대응했다.

이렇게 정부가 강경대처 방침을 고수하면서 조합원들의 복귀가 늘어나고, 물류마비현상은 조금씩 해소되기 시작했다. 결국 파업 16일만에 노조 지도부가 업무복귀 결정을 내리면서 2차 파업은 종료되었다.

### (2) B회사 구조조정을 둘러싼 노사분쟁

2009년 완성차업체인 B회사는 경영위기 극복을 위해 대규모 인력감축 구조조정을 추진했다. 이에 노조가 옥쇄점거농성 파업에 돌입하면서 77일간의 극한적인 노사갈등을 겪고, 공권력의 강제해산으로 사태가 종결되었다.

B회사는 직원 7천여 명이 연간 8만대의 차량생산을 하는 완성차 제조업체였다. 2008년부터

시작된 국제금융위기로 전세계 자동차 시장이 급속도로 위축되면서 B회사는 경영위기에 빠지게 되었다. B회사는 2006년 상하이차에 인수된 이후 신차개발 투자가 줄어든 탓에 신차모델 출시도 못하면서 더욱 심각한 경영위기를 맞게 되었다. 매출은 급속도로 저하되고, 은행권에서도 대출자금 회수에 나서면서 B회사의 자금사정은 급속도로 악화되었다. 회사는 경영정상화를 위해 공적자금 투입을 요청했지만 해법은 나오지 않았다. 과거에는 대기업이 경영위기에 빠졌을 때 공적자금 투입을 통해서 경영정상화를 지원한 사례가 있었지만, 2009년에는 국제금융위기로 경기침체가 지속되는 상황에서 B회사만 지원하기는 어려운 상황이었다. 정부는 이후에도 B회사 구조조정 과정에서 회사(노사)와 채권단 등 이해당사자가 해결해야 한다는 입장을 고수했다.

결국 B회사는 경영위기를 버티지 못하고 2009년 1월 법정관리를 신청하게 된다. B회사가 법정관리에 들어가면서 채권단과 법정관리인은 B회사의 절박한 경영위기에서 벗어나기 위해 인원감축과 임금삭감 등 구조조정 방안을 검토하기 시작했다. 이에 대해 노조는 회사측의 경영실패 책임을 근로자에게 떠넘긴다며 반발하고 나섰다.

B회사 법정관리인과 노조간의 협상이 별 진척이 없는 상황에서 회사는 4월 인력감축 등 구조조정안을 담은 '경영정상화방안'을 발표했다. 회사측의 경영정상화 방안은 자산매각 등 재정대책과 함께 희망퇴직과 분사, 정리해고로 2천600여명의 인력을 감축하자는 것이었다. 이에 대해 노조는 근로시간 단축을 통한 일자리 나누기로 총고용은 유지하자는 '총고용보장대책'을 발표하며 구조조정 반대투쟁에 돌입했다.

이렇게 경영정상화를 위한 구조조정과 인원감축 방안을 놓고 노사 대치국면이 본격화 되면서 해법을 찾기 위한 노사협상이 본격화 되었다. 노사협상에서 핵심쟁점은 구조조정을 위한 인력감축 방안이었다. 회사측은 경영위기로 부도가 나고 법정관리인 체제로 운영되는 상황에서 기업의 회생을 위해서는 정리해고를 포함한 대규모 인력감축이 반드시 필요하다는 입장이었다. 이에 대해 노조는 경영위기의 원인이 회사측의 경영실패에 있다면서 구조조정을 하더라도 희망퇴직, 무급 순환휴직 등을 활용해서 강제적 인력감축이 없는 구조조정이 돼야 한다고 주장했다.

이렇게 노사간의 인력감축 방안이 팽팽하게 대립하면서 노사협상에서는 희망퇴직과 무급휴직자를 최대한 늘이고 정리해고는 최소화 하는 방향으로 일부 의견접근이 이뤄지기도 했다. 하지만 노사는 핵심쟁점인 정리해고 수용 여부에 대해서 합의점을 도출하지 못하면서 협상은 결렬되었다.

그러자 회사는 5월 고용노동부에 2,400여명 규모의 정리해고 계획을 신고했다. 이렇게 회사측이 정리해고 계획을 신고하자, 노조는 본격적인 파업투쟁에 돌입했다. 노조간부 3명이 공장굴뚝에 올라가 무기한 고공농성을 시작했고, 노조는 전면파업에 돌입했다. 노조는 공장출입구를 봉쇄하고 공장내에서 점거농성을 하는 이른바 옥쇄투쟁에 돌입했다. 여기에 민주노총과 금속노조는 공장 정문앞에서 B회사노조 파업농성 지지를 위한 집중투쟁 집회를 개최하고 노조투쟁을 지원하고 나섰다. 이렇게 노사간 극한대치가 계속되면서 공장은 가동을 멈췄고, 수많은 하청업체의 부도설이 나돌기 시작하는 등 지역경제에는 찬바람이 불었다.

이에 B회사 공장이 위치한 평택시장, 평택지역 국회의원들이 중재에 나서게 되었다. 중재단은 노사양측에게 노조는 파업을 풀고 공장가동에 협조를 하고, 회사는 정리해고 실시를 유보하며, 공장 가동을 하면서 구조조정 관련 쟁점들을 협상을 통해서 해결 할 것을 제안했다. 이에 대해 회사측은 노조가 파업농성을 철회하면 정리해고를 유예할 수 있다는 입장을 밝혔고, 노조측은 정리해고 '유보'가 아닌 '철회'를 요구하고 나섰다. 결국 노사간의 주장이 엇갈리면서 협상은 결렬되었다.

이렇게 평택시와 정치권의 중재 시도가 실패로 돌아가면서 회사측은 6월 900여명에 대한 정리해고 통보를 단행했다. 그리고 회사는 법원에 농성조합원 강제퇴거 가처분신청을 하고, 법원에서 가처분신청을 인용하는 결정을 내리자 노사간에는 강제해산을 둘러싼 긴장감이 고조되어 갔다.

이런 상황에서 노사간에 간헐적인 대화가 시도되고, 무급휴직자를 최대한 늘리고 정리해고를 최소화 하자는 논의가 진행되기도 했으나, 노조가 정리해고 없는 무급휴직 원칙을 고수하면서 협상은 결렬되었다.

이렇게 협상이 결렬되면서 회사측은 정부에 공권력을 동원한 파업농성 강제해산을 촉구했고, 이에 정부는 경찰력을 공장안으로 투입해 공장안에서 점거농성을 하고 있던 조합원들의 강제해산에 나섰다. 이에 대해 노조는 인화물질이 가득한 도장공장 점거농성으로 맞섰지만, 경찰이 도장공장의 전기와 수도를 끊고, 강제해산을 강행했다. 결국 노사는 막판 협상에 돌입했고 희망퇴직과 정리해고 52%, 무급휴직 및 영업전직 등으로 48%를 정리하는 방안에 합의를 하게 되었다. 이로써 77일간의 전쟁같은 구조조정 갈등은 막을 내리게 된다.

B회사 구조조정 노사갈등이 종료된 이후에 해고자들은 새로운 일자리를 찾지 못하고 극심한 생활고를 겪었고, 구조조정 후유증으로 정리해고 이후 근로자와 가족 중에서 자살 또는 암투병 등으로 인한 사망자는 30명을 넘어섰다. 노조 위원장을 비롯해 64명의 노조원들이 구속되었다. 한마디로 B회사 구조조정 협상은 노사정과 국민 모두에게 깊은 상흔을 남긴 채 끝이 났다.

### (3) C회사 사내하청 임금인상 옥쇄 점거농성 투쟁

2022년 선박제조업체인 C회사 사내하청노조는 원청인 C회사와 사내하청사용자들을 상대로 임금인상을 요구하며 점거농성 파업에 돌입했다. 사내하청노조 간부 한명이 선박 건조도크에 있는 철제 구조물에 들어가 용접으로 입구를 봉쇄해 버리는 옥쇄투쟁을 전개하는 등 극단적인 노사갈등을 겪은 끝에 파업 51일 만에 노사가 임금인상에 합의하며 노동분쟁이 종료되었다

C회사 사내하청 노조가 옥쇄투쟁이라는 극단적인 투쟁을 하게된 데는 2015년부터 조선업종 불황기를 겪으면서 조선업종 근로자들의 근로조건이 악화된 것이 주요한 원인으로 작용했다. 당시 조선업종 수주절벽으로 인해 6년동안 고용인원이 1/3 이상 감소했고, 사내하청 근로자들의 임금은 30% 이상 삭감되었다.

우리나라 조선업종에서는 2021년부터 선박수주가 회복되면서, C회사의 선박수주량도 증가했지만 사내하청노동자의 임금과 처우는 여전히 낮은 수준에 머물러 있었다. 2022년 들어 C회사 선박 수주량이 계속 증가하면서 사내하청 노동자들 사이에서는 임금인상에 대한 기대도 높아지게 되었다. 사내하청 노조는 2022년 30% 임금인상을 요구하면서 사내하청기업과 원청인 C회사에 교섭을 요구하게 된다.

우리나라 조선업종의 원하청 구조에서는 원청기업인 C회사가 하도급 단가를 인상하지 않으면 사내하청 기업은 임금인상을 하기 어려운 구조다. 실제로 사내하청 노조의 임금인상 요구에 대해 사내하청 기업들은 "임금인상을 위해서는 원청인 C회사가 기성금(공사대금)을 올려줘야 한다"는 입장이었다. 이에 따라 C회사 사내하청 노조는 2022년 임금교섭에서 사내하청기업과 C회사를 상대로 임금인상을 요구하고 나섰다. 하지만 현행 노동조합및노사관계조정법에 따르면 원청 기업인 C회사는 사내하청업체 노조와 교섭 의무가 없다. 실제로 C회사는 하청기업노조와 교섭의무가 없다며 교섭에 응하지 않았고, 그러다보니 사내하청노조와 사내하청기업들간의 임금교섭은 별 진척이 없었다.

사내하청노조는 임금인상 교섭이 아무런 진전이 없자 6월부터 부분파업에 돌입했고, 그래도 C회사가 교섭에 응하지 않자 사내하청 노조간부 한명이 선박건조 도크에 가로세로높이 1m의 철창 구조물을 용접으로 봉쇄하고, 그 안에서 무기한 점거농성에 돌입했다. 이로 인해 원청기업인 C회사의 선박건조생산이 중단되었고, C회사는 선박건조 납기일 일정에도 심각한 차질이 발생하게 되었다.

이에 C회사는 사내하청 노조 점거농성이 불법이라며 정부에 점거농성 해산을 위해 공권력 투입을 요청했다. C회사는 도크를 점거 중인 하청노조 조합원이 이동통로 점거, 천막 설치 등을

업무방해라며 법원에 가처분 신청을 했고, 법원에서는 점거농성 철거와, 철거하지 않으면 C회사 측에 하루 300만원씩 지급해야 한다고 명령했다.

정부는 사내하청노조의 파업 초기부터 법과 원칙을 준수하며 노사가 협상으로 해결할 것을 촉구했다. 노조에 대해서는 불법 점거농성을 중단하고, C회사와 사내하청기업들에게는 협상을 통한 해결을 촉구하고 나섰다.

이런 상황에서 6월30일 C회사 사내하청 노조간부의 옥쇄투쟁을 계기로 국민들 사이에서는 오죽 절박했으면 목숨걸고 투쟁에 나섰겠느냐면서 사내하청 노동자들의 저임금과 열악한 근로조건 문제가 부각되기 시작했다. 언론에서는 조선업 하청 노동자들이 원하청 구조에서 가장 열악한 근로조건에 시달리고 있다는 보도가 잇따르고, 정부의 정책대안 제시가 필요하다는 여론이 커지기 시작했다.

정부는 문제해결을 위해 고용노동부 장관이 파업현장을 방문해서 당사자간 교섭을 통한 문제해결을 촉구하고 나섰다. 여기에 정치권에서도 점거농성 현장을 방문하여 교섭을 통한 문제해결을 촉구하며 원청인 C회사가 교섭에 나설 것을 촉구하기 시작했다. 정부가 C회사와 사내하청기업들에게는 적극적으로 협상에 나서도록 압박하고, 노조에는 협상을 통한 문제해결을 촉구하면서 원청인 C회사와 사내하청기업대표, C회사 사내하청노조가 교섭테이블에 앉게 되었다. 이렇게 실질적인 원하청 노사가 참여하는 노사협상이 본격화 되면서 파업 51일만에 노사합의가 도출되었다.

주요 합의내용은 사내하청 노동자 임금 4.5% 인상, 파업 참가자에 대한 민형사상 책임 최소화, C회사와 사내하청업체간의 협력을 통해 사내하청 노동자 처우 개선 방안 논의 등이었다. 이와함께 사내하청 노사는 점거농성 파업과정에서 해고된 근로자들에 대한 복직에도 합의를 했다.

정부는 노사합의 이후에 불법 점거농성을 주도한 핵심 지도부에 대해서는 구속기소 처분했다. C회사측은 사내하청 노조의 불법점거농성으로 발생한 생산손실에 대해 손해배상 청구소송을 제기했다. C회사 사내하청 노조의 임금인상 요구 점거농성 투쟁은 원하청간 노동시장 이중구조라는 구조적 문제를 사회적으로 부각시키는 계기가 되었다.

## 2. 사회문제화 된 노동분쟁의 성격과 주요 특징

### (1) 노사간 첨예한 갈등 장기화로 사회경제에 심각한 타격

2000년대 이후의 사회문제화된 노동분쟁은 공통적으로 노사간의 첨예한 갈등을 겪으며 극단적인 노사갈등이 장기화되는 특징을 갖고 있다. 그러다보니 국가경제에 심각한 타격을 주고,

사회정치적인 쟁점이슈가 되는 경우가 많다.

03년 A단체의 물류운송거부 투쟁, 09년 B회사 정리해고 구조조정 노사갈등, 22년 C회사 사내하청 노조 투쟁 등이 대표적인 사례라고 할 수 있다. 이들 사회문제화된 노동분쟁은 근로자의 생존권이나 사업주의 경영위기 등 절박한 쟁점을 놓고, 노사가 협상을 통한 해결 방법을 찾지 못하고 투쟁력 대결이 벌어졌다. 또한 사간 협상이 실패하고 첨예한 대치를 하는 상황에서 노사 상급단체가 투쟁 지원에 나서고, 정치권과 정부가 관여하게 되면서 복잡한 정치사회적 갈등으로 비화되고, 수천억원의 경제적 손실을 낳았다는 공통점을 안고 있다.

### (2) 노사 및 외부 이해집단간 다자간 갈등구조가 문제해결 장벽

사회문제화된 노동분쟁은 직간접적인 이해관계자가 다양하다. 기업단위 노사분쟁의 경우 기업과 노조를 중심으로한 노사의 이해관계를 중심으로 협상이 이뤄지지만, 사회문제화된 노동분쟁에서는 노사단체를 넘어 정치권, 시민단체 등 다양한 이해관계 주체가 참여하는 경우가 많다.

**그림 1** 화물운송 관련 단체의 이해관계와 교섭구조

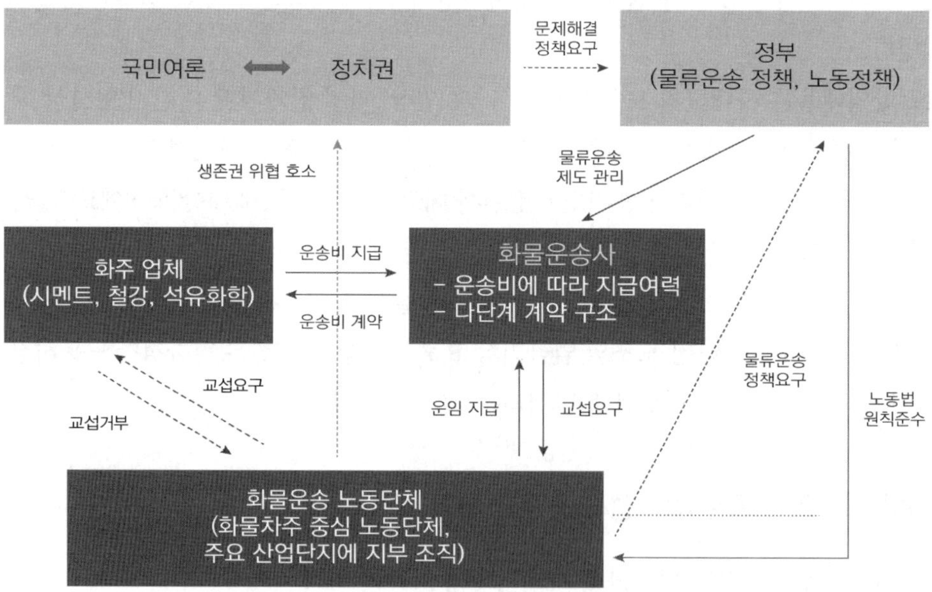

2003년 A단체의 물류운송거부 투쟁에서 A단체는 화주업체와 운송업체를 상대로 운송료 인상을 요구하는 한편, 정부에는 화물차 지입제도와 다단계 알선제 폐지, 운전자면허제 마련 등 화물운송제도개선을 요구했다. 이렇게 교섭구조와 이해관계가 복잡하게 얽혀 있는 다자간 갈등 구조를 띠고 있다 보니 노사간의 협상을 통한 해결이 사실상 불가능 했다.

실제로 A단체가 집단 물류운송거부 투쟁 당시 A단체는 화주업체, 화물운송업체를 상대로 운송료 인상을 위한 교섭요구를 했지만 화주업체는 협상 당사자가 아니라는 이유로 교섭에 참여하지 않았다. A단체는 정부를 상대로 화물차 지입제도와 다단계 알선제 폐지 등 정부 대책을 요구하며 협상을 요구했지만, 정부는 A단체와 직접 교섭에 나서지 않았다. 결국 A단체는 화물차주들의 생존권을 확보하기 위해 집단운송거부 투쟁에 돌입하게 되었고, 그 결과 엄청난 갈등비용과 사법처리, 손해배상 소송이라는 후유증을 남긴 채 파업이 종료되는 결과를 빚게 된 것이다.

게다가 사회문제화된 노동분쟁은 노사 상급단체, 정치권이 찬반 지원에 나서면서 복잡한 이해관계 구조를 띠는 경우가 많아, 협상을 통한 해결이 더욱 어렵다. 특히 외부의 노사단체들은 타협보다는 투쟁지원에 집중하는 경우가 많다. 그러다보니 노사 당사자간 협상도 어려운데, 상급단체, 정치권, 정부가 관여하게 되면, 이들 이해관계단체가 참여하는 협상테이블을 구성하기도 어려워 협상을 통한 해결이 더욱 어려워진다는 것이다.

### (3) 노동분쟁 해결 지원제도의 사각지대에서 발생

사회문제화된 노동분쟁은 기존의 단체교섭 제도와 노동분쟁 해결 시스템으로 해결이 어려운 노동분쟁인 경우가 많다. 2003년 A단체 집단 물류거부투쟁, 2009년 B회사 구조조정 반대 점거농성투쟁, 2022년 C회사 사내하청노조의 목숨건 옥쇄투쟁 등 사회문제화된 노동분쟁의 전개과정을 살펴보면 현재의 단체교섭제도에 근거한 노사협상이 실패하고, 노동위원회의 조정을 통한 분쟁 해결시스템도 제대로 기능하지 않았다. 이런 사회문제화된 노동분쟁은 현재의 단체교섭제도와 노동분쟁 해결제도의 사각지대에서 발생하고 있다는 것이다.

사회문제화된 노동분쟁의 경우 정리해고나 근로자 생존권, 사업주의 경영위기 등과 같은 절박한 쟁점을 두고 노사가 대립하다보니 당사자간 협상으로 해결하기 어려운 경우가 많다. 게다가 사회문제화된 노동분쟁의 경우 협상 당사자, 교섭절차 등 현행 노동관계제도에 협상의 룰이 갖추어져 있지 않은 경우가 많고, 그러다보니 협상 주체들의 권리와 책임이 규정돼 있지 않아서 협상을 통한 문제해결이 더 어려울 수밖에 없다.

이런 복잡하고 다차원적인 노동분쟁을 협상으로 해결하기 위해서는 그에 맞는 분쟁해결 지원이 필요하다. 사회문제화된 노동분쟁을 신속하고 공정하게 해결하기 위해서는 노동분쟁의 성격에 맞는 협상절차와 분쟁해결 지원체계를 구축하고, 사회문제화된 노동분쟁이 발생했을 경우, 이러한 분쟁해결 시스템이 신속하게 작동되도록 할 필요가 있다.

#### (4) 정책제도 개선방안 제시, 분쟁해결 위한 정부의 적극적 조정역할 중요

기업 단위 노사협상에서는 노사간에 임금, 근로조건, 고용 등 경제적 쟁점에 대한 협상이 대부분이다. 이에 비해 사회문제화된 노동분쟁에서는 쟁점이 단순히 임금, 근로조건 문제를 넘어서 정부의 정책 제도개선 요구가 제기되거나, 기존에 제도로 해결하기 어려운 쟁점이 핵심쟁점으로 제기되는 경우가 많다.

이렇게 사회문제화된 노동분쟁에서 정부의 정책제도개선 쟁점이 제기되면, 정치권에서는 이에 대해 정부의 대책을 요구하거나 국회에서 법제도개선을 추진하는 경우가 많다. 그러면 사회문제화된 노동분쟁은 단순히 노사 이해단체들간의 갈등 구조에서 노사단체와 정부, 정치권이 개입하는 사회정치적인 갈등으로 비화된다. 그래서 사회문제화된 노동분쟁 해결을 위해서는 노사간의 협상과 함께 정부의 정책대안과 법제도개선 방안에 대한 정책협의가 필요해지는 경우가 많다.

사회문제화된 노동분쟁에서는 노사간에 투쟁력 대결을 하는 과정에서 불법행위가 나타나는 경우도 많다. 정부가 법과 원칙을 집행하는 과정에서 노－정 갈등이 발생하기도 한다. 이런 상황에서 정부는 법과 원칙에 따라 노동분쟁을 해결할 수 있도록 지원하는 역할을 담당하게 된다. 정부가 사회문제화된 노동분쟁이 법과 원칙의 토대 위에서 협상을 통해서 해결될 수 있도록 적극적인 조정자 역할을 담당하는 게 중요한 과제가 된다는 것이다.

## Ⅲ 사회문제화된 노동분쟁, 협상으로 해결하는 길 찾기

### 1. 극단적인 대결을 협상으로 해결하는 협상전문가 지원 필요

사회문제화된 노동분쟁은 대부분 노사 당사자들간의 협상이 총체적인 난국에 빠져 있는 경우가 많다. 노사간에 생존을 건 투쟁력 대결을 하게되면 노사 양측 모두 심각한 피해를 입게 되고, 사회경제적으로도 엄청난 비용을 치러야 한다. 그래서 사회문제화된 노동분쟁은 극단적인 대립구도가 고착화되기 전에 협상을 통한 해법을 찾는 것이 가장 효과적인 해결방법이다.

하지만 노사간 극단적인 대치가 이뤄지는 상황에서 당사자들이 스스로 협상국면으로 전환하는 것은 사실상 불가능하다. 노사분쟁 쟁점이 당사자간 협상으로 해결하기 어려운 쟁점인 데다, 노사 양측간에는 불신의 골이 파여있는 상황에서 새로운 협상을 제안하는 것이 쉽지 않기 때문이다.

이렇게 노사간 협상실패로 극단적인 대치가 벌어진 상태에서 탈출하기 위해서는 먼저 노사간 대결 국면에서 협상 국면으로 전환하고, 노사갈등을 대화와 타협으로 하나하나 풀어갈 수 있도록 해야 한다. 이를 위해서는 노사분쟁 해결을 지원하는 협상 전문가의 지원이 필요하다.

과거 사회문제화된 노동분쟁에서 노사관계 전문가들이 분쟁해결 지원 역할을 함으로써 분쟁해결 비용을 줄인 사례가 있었다. (당시에는 비공식 루트를 통해 분쟁해결 지원 역할을 하다보니, 구체적인 역할이 공개되지 않았다) 이러한 사례들을 토대로 사회문제화된 노동분쟁을 협상을 통해 해결하도록 지원할 수 있는 방법론을 검토해 보고자 한다.

## 2. 총체적인 난국에서 협상의 실마리를 찾기 위한 정보분석

사회문제화된 노동분쟁은 이미 노사협상 실패를 겪고 노사간 실력대결이 본격화 된 상태이기 때문에 섣불리 협상을 통한 해결을 시도하다가는 협상이 더 꼬일수도 있다. 이런 상황에서는 협상의 실마리를 찾기 위한 정보분석부터 시작할 필요가 있다.

이렇게 협상을 통한 해법의 실마리를 풀기 위해서는 먼저 사회문제화된 노동분쟁의 주요 쟁점과 노동분쟁의 직간접적인 이해관계 구조, 협상 진행과정에 대한 입체적인 분석이 필요하다. 이러한 정보분석을 위해서는 사회문제화된 노동분쟁의 노사 당사자 뿐만 아니라 노동분쟁에 관여하고 있는 노사단체 관계자, 시민단체 관계자, 정부 관계자, 정치권 관계자 등을 폭넓게 만날 필요가 있다. 그래야 노동분쟁의 이해 관계 당사자들이 인식하는 실질적 협상 쟁점, 노동분쟁의 이해관계 구조, 협상의 장애요인 등을 정확하게 파악할 수 있다. 대개의 경우 노동분쟁에 관여하는 이해 당사자들은 각자 자기 입장에서 협상쟁점과 해법을 얘기하는 경향이 있기 때문에 이렇게 노동분쟁에 관여하고 있는 관계자들을 만나 노동분쟁의 실체를 입체적으로 분석할 필요가 있다.

## 3. 사회문제화된 노동분쟁의 쟁점과 이해관계, 협상 장애요인 분석

### (1) 총체적인 난국에 빠진 협상의 실질적 쟁점 파악하기

사회문제화된 노동분쟁은 협상이 총체적인 난국에 빠진 상태인 만큼 새롭게 협상을 통한 문제해결 방법을 찾아내기 위해서는 현재 협상을 가로막고 있는 쟁점과 장애요인, 당사자들의 상태를 정밀하게 분석할 필요가 있다.

먼저 노동분쟁의 협상쟁점을 분석해야 한다. 사회문제화된 노동분쟁의 경우 협상초기의 쟁점에 협상과정에서 새로운 쟁점이 덧붙여져 협상 난이도가 눈덩이처럼 불어난 상태일 가능성이 크다. 예를 들어 초기 협상과정에서 제기되었던 쟁점과 함께, 노사가 점거농성과 같은 실력행사를 동원하면서 불법행위에 대한 사법처리, 업무방해에 대한 손해배상 소송 등 새로운 쟁점이 추가된 경우가 많다. 이외에도 노사협상 과정에서 일방의 약속위반이나, 불법행위에 대한 고발, 개인 비리 폭로 등으로 첨예한 감정적인 대립이 발생하기도 한다.

이렇게 난마처럼 얽혀 있는 쟁점을 한꺼번에 해결하는 것은 불가능하다. 복잡하게 얽혀 있는 쟁점 중에 어디서부터 해결을 실마리를 풀어나갈지를 찾아내야 한다. 이를 위해서는 극단적인 대치 상황에서는 노사가 생각하는 갈등쟁점의 우선순위를 파악할 필요가 있다. 대개의 경우 극단적인 대치상태에서 노사가 우선적으로 해결했으면 하는 쟁점이 달라지는 경우가 많다. 노사협상 초기에는 경제적인 요구가 핵심쟁점이었다가, 극단적인 대치 이후에는 손해배상청구 여부가 더 중요한 쟁점이 되기도 한다. 이렇게 난마처럼 얽힌 갈등쟁점 중에서 노사 당사자들이 실제 해결을 원하는 실질적인 갈등쟁점을 파악할 필요가 있다.

이러한 실질적인 쟁점분석을 위해서는 노사가 공개적으로 제시하는 요구안(Position)과 함께 실제로 원하는 요구안(Interest)을 함께 분석해야 한다. 여기서 실제로 원하는 요구안 파악은 쉽지 않다. 이런 속마음을 파악하기 위해서는 노사 당사자들 내부에 목소리를 청취하는 접근방법이 필요하다. 노사 당사자가 신뢰할 수 있는 채널을 통해서 내부의 솔직한 얘기를 들어보는 것이 중요하다는 것이다. 이렇게 노사협상 실패를 겪고 난 이후에 노사의 실질적인 요구안을 파악해서 현재 실질적인 쟁점과 장애요인을 분석할 필요가 있다.

### (2) 협상실패와 투쟁력 대결 과정에서 노사 양측의 전력 분석

사회문제화된 노동분쟁은 각자 협상실패에 이르게 된 협상의 서사가 있게 마련이다. 노사가 협상실패와 투쟁력을 동원한 대결 과정에서 노사는 각자의 협상력, 투쟁력을 최대한 동원하게 되고, 이러한 실력대결 과정에서 노사의 강점과 약점도 드러나게 된다. 이러한 노사협상 실패와 실력대결 과정에서 노사 양측의 투쟁능력과 한계를 분석함으로써 노사간 극단적인 대치국면에서 협상국면으로 전환할 수 있는 실마리를 찾아나갈 필요가 있다.

이를 위해 노사가 협상실패 이후 실력행사를 하는 과정에서 노사 양측의 내부 리더십, 투쟁 참여도, 현재 투쟁방식에 대한 지지 강도 등 조직내부 상황의 변화를 추적해볼 필요가 있다. 대개의 경우 노사의 투쟁력 대결이 본격화하면 노사는 조직 내부적으로 결속을 다지는 데 주력하기 때문에 외형적으로는 똘똘 뭉쳐 있는 것처럼 보인다. 하지만 시간이 길어질수록 협상실패로 인한 피해가 점점 가시화되면 노사 조직 내부 분위기는 변하기 마련이다. 따라서 투쟁력 대결이 벌어진 이후에 노사 조직내부에 투쟁 참여도나, 투쟁방식에 대한 지지 강도, 리더십 신뢰도를 면밀히 분석할 필요가 있다. 이를 통해 노사의 협상력이 어느 정도 상태인지, 극단적인 대치 상태에서 협상 필요에 대한 목소리가 어느 정도인지를 파악해 볼 수 있다.

### (3) 노사 조직내 ① 실질적 의사결정권 ② 빅마우스 파악하기

사회문제화된 노동분쟁에서 협상을 통한 해결방법의 실마리를 찾기 위해서는 협상의 핵심 키를 갖고 있는 사람이 누구인지를 파악해야 한다. 협상이 총체적인 난국에 빠지고 노사간 첨예한 대치국면이 형성될 경우, 노사 당사자 내부에는 집단적인 결속력을 강화하기 위한 조직행동이 활발해진다. 이 과정에서 조직내 여론을 주도하고, 결속력을 만들어내는 키맨이 역할을 하게 된다.

사회문제화된 노동분쟁 해결을 위해서는 노사 조직내에서 이런 실질적인 리더 역할을 하는 사람에 대한 파악이 중요하다. 이렇게 노사가 첨예한 갈등을 겪는 과정에서 노사 조직내에서 투쟁을 지휘하는 사람은 공식적으로는 노조 위원장이나 사업주이지만 실제 투쟁 분위기를 주도하는 사람은 다양할 수 있다. 노조의 경우 노조간부 또는 조합원이 실제 빅마우스 역할을 하는 경우도 종종 발생한다. 사용자측의 경우에도 사업자단체인 경우에 협회 회장이 아니라 시장점유율이 가장 큰 가장 업체에서 실질적인 결정권을 쥐고 있는 경우도 있다.

이렇게 사회문제화된 노동분쟁에서 노사 당사자 조직 내에서 누가 실질적인 리더나 빅마우스 역할을 하고 있고, 실질적인 결정권을 쥐고 있는 사람이 누구인지를 파악하는 것이 필요하다.

### (4) 노사 조직내 협상파의 입지와 영향력 파악하기

노사 대치국면에서 협상국면으로 전환 가능성의 실마리를 찾기 위해서는 노사 조직내에서 강경파와 협상파의 역학구도를 파악할 필요가 있다. 협상이 총체적인 난국에 빠져 있는 상태라고 하더라도, 대치국면이 오래될수록 협상을 통해 문제해결에 나설 필요성이 제기되게 마련이다. 노사 대치국면이 길어지면 이런 협상파의 목소리가 커지고, 강력한 투쟁을 고수하자는 강경파의 목소리는 상대적으로 줄어드는 경우가 많다. 그래서 사회문제화된 노동분쟁에서는 노사 당사자 내부에서 강경파와 협상파를 주도하는 인사가 누구인지를 파악할 필요가 있다.

이러한 노사 당사자 내부에 실질적인 의사결정이 어떻게 이뤄지고, 협상파와 강경파가 어떠한 영향력을 갖고 있는지 파악하기 위해서는 노사 조직내부 사정을 잘 아는 인사를 찾아서, 조직 내 실질적인 의사결정이 이뤄지는 과정을 청취할 필요가 있다. 이를 위해서는 노사 당사자와 신뢰관계를 갖고 있는 외부 인사를 통해 접촉을 하는 것이 바람직할 것이다. 이를 위해 노사 당사자와 투쟁지원이나, 협상지원 활동을 하고 있는 인사를 찾아가서 조직 내부 상황을 듣는 것이 효과적일 수 있다. 이 때 노사 어느 편에 서 있느냐에 구애받지 말고, 노사 조직내 실제 상황을 생생하게 얘기해 줄 수 있는 사람을 찾는 것이 중요하다. 그래야 노사 조직내 역학구도와 실질적인 결정자 역할을 할 수 있는 사람을 파악하는 데 도움이 되는 정보를 들을 수 있다.

### (5) 극단적인 대치상태에서 직간접적인 대화채널에 대한 분석

사회문제화된 노동분쟁이 극단적인 대치상태에 있는 경우, 노사간에 직접 또는 간접적인 대화채널이 어떻게 가동되고 있는지 분석할 필요가 있다. 여기서 유의할 것은 노사간 첨예한 대립이 진행되는 과정에서도 노사 당사자 간에는 다양한 방식으로 대화가 이뤄지는 경우가 많다는 것이다.

협상이 총체적 난국에 빠졌더라도, 노사 일각에서는 협상실패가 가져올 치명적인 피해를 우려해서 뭔가 타협점을 찾으려는 움직임이 있게 마련이다. 이러한 실무적인 대화채널은 노사 지도부와 협의하에 조직 내부 간부가 나서는 경우도 있고, 조직내에서 노사 어느쪽에도 속하지 않은 사람이 중간에 대화매개 역할을 하는 경우도 있다. 어떤 경우에는 상급단체나 외부 지원단체 관계자가 이런 대화 매개 역할을 하는 사람이 역할을 하는 경우도 있다. 협상이 총체적인 난국에 빠진 상황에서는 이러한 실무 대화채널을 중심으로 노사협상으로 전환할 수 있는 실마리를 찾는 것이 효과적일 수 있다.

### (6) 노사 당사자에 영향을 주는 외부 전문가의 역할 분석

사회문제화된 노동분쟁은 노사 상급단체가 투쟁지원에 나서고, 정부와 정치권이 복잡하게 얽힌 다자간 갈등 구조의 성격을 띠는 경우가 많다.

사회문제화된 노동분쟁이 극단적인 대치국면에서 협상국면으로 전환해서 협상으로 문제를 해결하기 위해서는 이러한 직간접적인 이해관계집단들의 역학관계를 입체적으로 분석할 필요가 있다. 이를 위해 실제 노동분쟁에 직간접적으로 관여하고 있는 이해단체들의 활동을 분석해야 한다.

사회문제화된 노동분쟁의 외부 이해관계단체의 영향을 분석할 때 가장 주의깊게 살펴봐야 하는 쪽은 노사 당사자에게 드러나지 않는 채널로 노사 당사자를 지원하고 있는 전문가들의 역할이다. 노사협상이 가파른 대치국면으로 가게 될수록 노사는 심각한 피해를 각오하고 투쟁을 하는 경우가 많기 때문에 노사 당사자는 주변에 투쟁경험이 많은 노조활동가, 노사관계 전문가들의 자문과 지원을 받게 되는 경우가 많다.

사회문제화된 노동분쟁에서는 이렇게 노사 당사자의 투쟁에 실제 영향을 미치고 있는 외부 전문가의 활동을 파악할 필요가 있다. 이러한 외부 전문가의 활동은 드러나지 않는 경우가 많기 때문에 노사 당사자 내부에 얘기를 들어보는 것이 효과적일 수 있다. 이렇게 노사 당사자의 투쟁에 실질적인 영향력을 행사하고 있는 외부 전문가 채널을 파악해 두면, 이후에 협상의 실마리를 푸는 대화채널을 구축하는데 도움이 될 수 있다.

#### (7) 노사 대치국면에서 협상국면으로 전환하기 위한 실마리 찾기

사회문제화된 노동분쟁에서 협상의 불씨를 살려내기 위해서는 앞서 살펴본대로 노동분쟁의 쟁점과 이해관계 구조, 노사 협상 진행 상태에 대한 면밀한 분석을 토대로 노사분쟁의 최대 장애요인이 무엇인지를 종합 분석하고, 협상의 실마리를 어디서부터 풀 것인지 해법을 모색할 필요가 있다.

사회문제화된 노동분쟁은 협상 초기의 쟁점에 노사 대치가 지속되면서 새로운 쟁점이 덧붙여지고, 외부 이해관계단체가 개입하면서, 복잡다단한 구조적인 장애요인을 안고 있는 경우가 많다. 이런 상황에서 협상을 통한 해법을 모색하려면 노사 당사자간에 협상 쟁점, 협상력에 대한 면밀한 평가와 함께 협상의 외부 이해관계구조에 대한 분석을 토대로 협상의 실마리를 풀기 위한 방법을 찾아야 한다.

이러한 협상 장애요인 분석과 협상국면으로의 전환 전략을 세우기 위해서는 협상 상황분석에 참여했던 전문가들이 모여 그동안의 정보분석을 토대로 종합적인 분석과 협상의 해결 실마리를 어떻게 잡을 것인지에 대해 지혜를 모으는 방식이 필요하다.

## Ⅳ 사회문제화된 노동분쟁 해결 위한 협상 방법

### 1. 사회문제화된 노동분쟁 해결의 실마리 풀기

#### (1) 노사 대치국면에서 협상국면으로 전환 타이밍 잡기

사회문제화된 노동분쟁에서 노사가 극한대치를 하고 있는 상황에서 협상을 통한 문제해결 방안을 제안하는 것은 신중하게 접근할 필요가 있다. 노사 당사자가 조직의 생존을 걸고 투쟁력을 쏟아부으며 대치하고 있는 상태에서는 갑작스런 협상국면으로의 전환이 쉽지 않다. 노사가 준비되지 않은 상태에서 협상으로 전환했다가 만족스러운 협상결과를 얻지 못하면 조직력이 와해되고, 지도부가 책임을 져야하는 등 심각한 타격을 받을 수 있다. 그래서 노사간에 가파른 대치를 하고 있는 상황에서는 협상국면으로의 전환을 모색할 타이밍을 잡는 것이 중요하다.

그러면 사회문제화된 노동분쟁에서 노사 당사자가 협상국면으로의 전환을 모색하는 타이밍은 언제일까? 그것은 노사 양측 또는 한쪽이 투쟁력에 한계를 느끼기 시작할 때이다. 노사간에 투쟁력 대결이 시작되면, 모든 투쟁자원을 집중해서 상대방에 타격을 주기 때문에 노사 양측 모두 극한 대치로 인한 피해가 급증하게 된다. 그만큼 노사분쟁으로 인한 조직 구성원들의 피로도도 급증하게 된다. 여기에 불법 점거농성 등 불법행위가 동반되는 경우 정부의 공권력 개입 압력과 손해배상 청구소송 가능성도 커지게 된다. 이렇게 노사간에 가파른 대치상황이 지속될수록 노사 양측 모두 피해가 커지고, 투쟁을 지속할 수 있는 투쟁능력은 점점 고갈될 수밖에 없다. 국민여론도 노사간의 극단적인 대결을 빨리 끝내라는 압박이 커지게 된다. 이렇게 노사 당사자가 투쟁력의 한계를 느끼게 되면, 노사 당사자는 협상을 통한 해법을 고민할 수밖에 없게 된다. 이 때가 협상국면으로 전환할 수 있는 타이밍이 될 수 있다.

이러한 협상국면으로의 전환을 위한 타이밍을 찾기 위해서는 앞서 살펴본대로 노사의 조직 내 분위기와 리더십 상태, 협상력 분석을 토대로 노사 양측의 협상력 상태를 면밀하게 분석해 보아야 한다. 또한 노사 당사자 조직 내에서 협상에 대한 기대심리가 형성되고 있는지, 협상파가 어느 정도 발언권을 확보하고 있는지 분석할 필요가 있다. 이렇게 노사의 협상력 상태, 조직내부의 협상 기대심리 상태분석을 토대로 협상국면으로의 전환 타이밍을 검토할 필요가 있다.

### (2) 협상에 우호적인 인사를 중심으로 대화채널 구축하기

협상이 총체적인 난국에 빠져 있는 노동분쟁에서 협상을 통한 해결의 실마리를 풀기 위해서는 먼저 노사 당사자와 신뢰할 수 있는 대화채널을 구축하는 것부터 시작할 필요가 있다. 이 때 기존에 협상을 담당했던 협상채널을 다시 가동하는 것은 실효성이 떨어질 수 있다. 그동안 협상 실패 과정에서 상대방에 대한 신뢰가 깨졌을 수도 있고, 협상에 대한 기대감도 낮을 것이기 때문이다.

그래서 사회문제화된 노동분쟁에서 협상의 실마리를 풀기 위해서는 서로 대화할 수 있는 협상채널을 새롭게 구축하는 데서부터 출발할 필요가 있다. 이를 위해서는 먼저 노사 당사자 내부에서 협상에 우호적이면서, 조직 내에서 실질적인 영향력이 있는 인사를 찾아야 한다. 협상이 총체적인 난국에 빠져 있는 상태라고 하더라도, 대치국면이 오래될수록 협상을 통해 문제해결에 나설 필요성이 제기되게 마련이다. 앞서 노사 당사자 내부의 역학구도 분석에서 협상 필요성을 제기하면서 조직내에서 영향력을 갖춘 협상파를 찾아내고, 이러한 협상파와 대화채널을 구축하는 것이 협상국면으로 전환하는 첫걸음이다.

이렇게 노사 당사자 조직내에서 협상파와 대화채널 구축을 위해서는 이런 조직내 협상파와 얘기가 되는 외부 인사를 통해서 대화할 수 있는 연결고리를 만드는 것이 효과적이다. 새로운 대화채널을 열 때는 상호 신뢰관계가 있는 관계를 연결고리로 대화를 시작하는 것이 서로 믿고 얘기할 수 있는 여건을 만드는 데 효과적일 수 있기 때문이다.

#### (3) 협상파 중심으로 새로운 협상의 접점 찾기

노사 당사자 내부 협상파와 대화할 수 있는 채널이 구축되면, 그 다음에는 협상을 통한 문제해결을 협의하는 단계로 넘어갈 필요가 있다. 협상의 실마리를 풀기 위해서 노사 협상파가 생각하는 협상 쟁점의 범위와 협상 방법을 주고 받으면서 접점을 찾아나가는 것이 효과적이다. 협상파를 중심으로 협상국면으로의 전환을 위한 접점을 찾아나가면, 기존의 강경파 주도로 형성된 대치국면에서 보이지 않던 가능성의 문이 조금씩 열릴 수 있다.

이렇게 노사 양측이 협상파간의 대화채널을 가동하면서 서로 상대방에 대한 솔직한 정보를 주고받게 되면, 이를 통해 조직 내에서 협상파의 영향력이 확대될 수 있다. 노사 대치국면에서는 노사간 정보교류채널도 끊기는 경우가 많기 때문에 상대방에 대한 정보를 파악하는 것이 조직내에서 발언권을 강화하는데 도움을 줄 수 있다. 이런 점을 고려해서 노사 협상파간의 정보교류를 통해 협상파가 상대방 정보를 먼저 접하고 이를 통해 조직 내에서 발언권을 강화할 수 있도록 하는 것이 필요하다.

이렇게 노사 협상파와 대화채널을 구축하고, 새로운 협상쟁점 범위와 협상 절차등에 대해 접점을 찾아나가면, 그동안 강경파 주도의 대치국면에서 생각할 수 없었던 협상 가능성의 문이 열리고, 노사 당사자 조직 내부에서도 새로운 협상에 대한 기대심리가 형성될 수 있을 것이다. 이러한 협상의 접점찾기를 통해 노사 양측 내에서 대화와 협상을 통한 문제해결 가능성에 대한 기대심리가 형성되면 공식적으로 새로운 협상 테이블 구성을 논의할 수 있는 여건이 조성될 수 있다.

### 2. 협상국면 전환 위한 분위기 조성과 협상의 기본 룰(Ground Rule) 재구축

#### (1) 협상국면 전환을 위한 새로운 '협상 분위기' 조성하기

사회문제화된 노동분쟁에서 노사간 극단적인 대치상태에서 협상국면으로 전환하기 위해서는 먼저 협상 분위기를 바꿔야 한다. 이를 위해서는 노사가 공개적으로 새로운 협상테이블을 구성하는 방안이 효과적이다. 이러한 새로운 협상테이블 구성을 통해 노사가 이제는 협상으로 문제를 해결하겠다는 의지를 대내외적으로 밝힐 필요가 있다.

새로운 협상 테이블 구성을 계기로 협상분위기가 조성되도록 하기 위해서는 노사 각각 공개적으로 협상대표단을 구성하겠다는 입장을 밝히는 것이 효과적이다. 그리고 이러한 협상대표단 구성에서 협상파가 참여할 수 있도록 해서, 노사 양측이 이번에는 협상을 통해서 문제를 풀어보자는 의지를 확인할 수 있도록 하는 것이 필요하다.

이렇게 협상대표단이 구성되면 공개적인 협상을 시작하는 회의를 개최해서 노사 조직 내외에 협상이 진행되고 있다는 것을 알리는 것이 필요하다. 노사가 협상 테이블을 재구성하고 공개적인 협상을 진행함으로써 노사 조직내에서 협상을 통한 문제해결에 대한 기대심리를 만들어내는 것이 중요하다. 이렇게 협상을 통한 문제해결에 대한 기대심리를 살려내서 협상 분위기를 조성하는 것이 대치국면에서 협상국면으로 전환하는 첫걸음이 될 수 있다.

### (2) 협상의 첫단추: 노사간의 극단적인 대치상태 완화하기

노사간에 협상테이블이 본격 가동되면 이제 본격적으로 협상을 통한 문제해결에 나설 필요가 있다. 이렇게 새로운 협상테이블을 구성하고 협상을 시작할 때 우선적인 해결과제는 노사간 극한대치로 인한 긴장을 완화하는 것이다.

사회문제화된 노동분쟁은 협상 초기의 협상쟁점에 협상실패와 실력행사에 따른 극한대치 과정에서 새로운 쟁점이 켜켜이 쌓여있을 경우가 많다. 이렇게 노사간에 극한대치가 이뤄지고 있는 상황에서는 기존의 협상쟁점에 대한 협상으로 바로 들어가기보다, 먼저 극한대치로 인한 긴장을 완화하는 것이 필요하다. 무기한 점거농성과 강제해산 과정에서 물리적인 충돌이 벌어지고 있다면 먼저 더 이상의 충돌을 피하는 합의부터 하는 식으로 극한 대치를 푸는 것이 우선적인 과제가 될 수 있다. 예를 들어 노사협상이 진행되는 동안에는 더 이상의 공격적인 행동을 일시적으로 중단하거나, 투쟁 수위를 낮추기로 합의를 하고, 노사협상이 진행되는 동안에는 공권력 개입 요청을 하지 않는다는 식의 '일시적 평화협정'을 도출하는게 필요할 수 있다.

### (3) 새로운 협상의 기본 룰(Ground Rule), 협상절차 및 쟁점범위 합의하기

노사간 대치국면에서 노사 협상파 간의 대화채널을 가동해서 새로운 협상테이블 구성 논의가 시작되면 그다음에는 이러한 협상 분위기를 확산시켜 나가는 것이 필요하다. 이를 위해서는 노사 당사자가 협상 범위나, 협상 절차 같은 협상의 기본 룰에 대한 합의를 추진하는 것이 효과적이다.

노사간 가파른 대치국면이 고착화되면, 노사 양측 모두 협상에 대해 경직된 태도를 갖게 마련이다. 이러한 경직된 분위기를 풀기 위해서는 노사 양측이 큰 양보의 부담 없이 협의할 수 있는 것부터 논의하는 것이 효과적이다. 이 때 협상쟁점의 범위나 협상 절차 등 본격적인 협상 재개를 위해 필요한 기본적인 협상의 룰부터 논의하는 것이 유리하다. 이러한 기본적인 협상의 룰은 중립적인 주제이기 때문에 노사 모두 필요성을 받아들이고, 쉽게 합의에 도달할 수 있기 때문이다.

이때 유의할 것은 노사 양측은 새로운 협상의 기본 룰에 대한 논의를 하면서 일체의 전제조건을 붙이지 않는 것이 좋다는 것이다. 대개의 경우 노사 대치국면이 길어진 상태에서 협상국면으로 넘어가려 하면 조직내 강경파는 상대방의 양보를 전제조건으로 제시하는 경우가 종종 나타난다. 예를 들어 구조조정 노동분쟁에서는 노조는 '정리해고 없는 구조조정'를 전제조건으로 요구하고, 회사는 '정리해고를 포함한 구조조정'을 요구하는 식이다. 하지만 이러한 전제조건은 협상의 장애물만 될 뿐 협상재개에는 도움이 안되는 경우가 많다. 따라서 새로운 협상의 기본 룰을 논의하는 단계에서는 이러한 전제조건이 없이 중립적인 협상 쟁점 범위를 설정하는 논의에 집중하는 것이 유리하다. 예를 들어 앞서 구조조정 노동분쟁에서는 '구조조정 피해 최소화' 등과 같이 노사 양측의 전제조건을 포함하면서도 중립적인 쟁점 범위를 설정하는 식으로 논의를 진행할 수 있다는 것이다. 이렇게 협상의 기본 룰부터 논의를 하면 노사 모두 극한대치로 경직된 상태에서 새로운 협상으로 분위기 전환이 가능해질 수 있다.

## 3. 새로운 협상 프레임 구축과 단계적인 합의 추진

### (1) 협상 프레임의 전환: 협상가능 영역 확대하고, 합의 가능성 높이기

사회적 쟁점이 된 노동분쟁 해결을 위해 노사간 협상쟁점에 대해 본격적으로 협상을 시작하게 되면, 노사양측이 기존에 협상 쟁점에 얽매이지 말고 새로운 협상 쟁점 범위를 설정하고 새로운 협상쟁점 프레임으로 문제를 해결하는 방법론이 효과적일 수 있다.

사회문제화된 노동분쟁에서는 기존의 협상 쟁점은 이미 협상실패를 경험한 쟁점들이다. 따라서 기존의 협상쟁점을 그대로 다시 논의하는 것은 그만큼 또다시 협상실패로 이어질 가능성이 높다. 따라서 새로운 협상 테이블에서는 새로운 협상 프레임을 구축하는 것이 효과적이다. 이를 위해 기존의 협상쟁점 중에서 일부 쟁점만을 분리해서 논의를 하거나, 아예 새로운 쟁점으로 전환해서 협상을 하는 식으로 협상 가능성이 높은 쪽으로 협상 쟁점을 재정리할 필요가 있다.

이렇게 새로운 협상 프레임을 구축하는 방법은 여러 가지가 있다. 먼저, 기존의 협상쟁점 중에서 협상 가능성이 높은 쟁점을 먼저 논의하고, 협상 난이도가 높은 쟁점은 추후 논의하는 식으로 단계적인 협상을 진행하는 것이다. 예를 들어 기존에 해법이 나오지 않는 쟁점은 장기 논의과제로 돌리고, 노사 합의가 가능한 쟁점을 먼저 논의하는 방안도 시도해 볼 수 있을 것이다. 또 다른 방법으로 노사간에 협상쟁점 범위를 새롭게 설정하는 방안이 있다. 예를 들어 기존에 쟁점을 포함해서, 노사가 논의가능한 새로운 쟁점을 포괄적으로 논의하는 것이다. 이렇게 해서 노사간에 협상 가능 영역을 확대하고, 노사합의 가능성을 높이는 방향으로 협상 프레임을 재구축할 필요가 있다는 것이다. 그래야 노사간에 협상에 대한 기대심리도 높일 수 있고, 타협의 가능성도 높일 수 있다.

### (2) 1차 합의 토대로 극단적인 대치 풀기

사회문제화된 노동분쟁이 협상 국면으로 접어들게 되면, 그다음은 협상을 통해 일차적인 합의를 도출하고, 이를 토대로 노사가 실력행사를 중단하고 대치상태를 해소하는 합의를 도출할 필요가 있다.

앞서 제시한 대로 협상쟁점을 단계적으로 접근하기로 했을 경우에는 협상의 난이도가 낮은 쟁점에 대해 먼저 합의를 도출하고, 이를 계기로 노사가 파업이나 점거농성, 강제해산, 직장폐쇄 등 일체의 공격적인 실력행사를 중단하는 합의로 연결시킬 수 있다는 것이다.

이렇게 일부 협상쟁점에 대한 일차 합의를 도출하는데 성공하면, 노사 조직내에서 협상을 통한 해결에 대한 기대심리가 확산되고, 조직 내에서 협상파의 영향력도 강해지게 된다. 이런 분위기가 조성되면 노사가 투쟁력 대결을 중단하고 협상으로 해결하자는 결정을 할 수 있다.

### (3) 협상 통한 타협 분위기 살려 협상쟁점 단계적 합의 추진

노사가 극단적인 투쟁력 대결을 중단하기로 합의가 이뤄지면, 노사 조직내에서는 그동안 극단대치 상태로 인한 긴장감이 풀리면서, 이제는 협상으로 끝을 내자는 분위기가 우세해질 수 있다. 이런 분위기를 살려서 나머지 쟁점도 협상을 통해서 해결하자는 분위기를 확산시킬 필요가 있다.

노사간 투쟁력 대결을 해소하기로 합의가 이뤄지면 이를 조직 내외적으로 공표해서 협상을 통한 문제해결 의지를 밝힐 필요가 있다. 그러면 노사 조직내에서는 나머지 쟁점에 대해서도 협상으로 타결하자는 기대심리가 높아질 수 있다. 또한 언론홍보를 통해 이런 협상에 대한 국민적 지지 분위기를 조성하는 것도 필요하다. 이를 통해 협상타결을 지지하는 국민여론이 형성되면,

노사 당사자 내부에서도 나머지 쟁점에 대해 협상으로 해결하자는 분위기가 강해지게 된다.

이렇게 사회문제화된 노동분쟁은 일단 노사가 극단적인 대치를 풀기로 합의하면, 나머지 협상쟁점은 협상으로 해결할 수 있는 길이 열리게 된다. 그다음부터는 노사가 협상의 기본 룰을 지키면서 대화와 타협을 이뤄내는 협상을 진행하는 것이 가능하다.

이렇게 본격적인 협상이 진행되면, 그동안 노사간의 협상쟁점 중에서 이번에 꼭 해결해야할 쟁점과 장기적으로 협의해야할 쟁점을 구분해서, 협상쟁점을 최소화할 필요가 있다. 그래서 이번 협상 테이블에서 꼭 해결해야할 쟁점에 대해서만 합의를 도출하는 방식으로 협상을 진행하는 방법이 효과적이다. 이렇게 사회문제화된 노동분쟁은 노사가 꼭 해결해야 하는 쟁점에 대해서만 합의를 도출하고 분쟁을 끝내는 것이 현실적인 해법이 될 수 있다.

## 4. 총체적 난국에 빠진 협상, 분쟁해결지원인의 역할이 필요하다

사회문제화된 노동분쟁은 대부분 노사 당사자들간의 협상이 총체적인 난국에 빠져 있는 경우가 많다. 노사 당사자간 극단적인 대치가 고착화된 상태에서 당사자들이 스스로 협상국면으로 전환하는 것은 사실상 불가능하다. 이러한 극단적인 대치 상황에서 협상을 통한 문제해결의 길로 국면전환을 하기 위해서는 제3자인 노사관계 전문가들로 구성된 노동분쟁 해결 지원 역할이 필요하다. 노사분쟁 해결 전문가는 사회적 노동분쟁 해결을 지원하기 위해 협상국면으로 전환을 유도하고, 협상 진행을 지원하는 역할을 수행할 필요가 있다.

첫째로 해야할 역할은 극단적인 대치상태에 있는 노사 당사자에게 협상을 통한 문제해결을 제안하는 역할이다. 사회문제화된 노동분쟁에서는 노사 당사자 모두 새로운 협상을 제안하기 어렵다. 이 경우 공정한 노사관계 전문가가 나서서 협상을 통한 문제해결을 제안하면 노사 당사자는 이에 응해서 협상으로 전환하기가 용이할 수 있다.

둘째로 해야할 역할은 협상 진행과정에서 과정관리와 조정자 역할이다. 노사간 극한대치를 하고 있는 상황에서는 노사간 불신이 쌓여 있기 때문에 새롭게 협상이 재개되더라도, 협상 진행과정에서 다양한 갈등이 발생할 수 있다. 이러한 상황에서 노사관계 전문가들이 조정자로 나서서 협상과정에서의 갈등을 조정하고 협상을 지속할 수 있도록 협상 과정관리와 조정역할을 수행할 필요가 있다는 것이다.

셋째로 해야 할 역할은 협상과정에서 단계적 합의를 추진할 때, 합의사항에 대한 공적 보증인 역할을 수행하는 것이다. 사회문제화된 노동분쟁에서는 협상 쟁점이 한번에 합의로 끝낼 수 없는 경우가 많다. 이런 상황에서는 먼저 협상의 기본 룰부터 합의하고, 협상쟁점에 대해서도 단계적인 합의를 추진해야 하는 경우가 많다. 이런 상황에서 노사관계 전문가들이 단계적 합의사항에 대한 공적인 보증인 역할을 함으로써 노사 서로가 상대방의 배신에 대한 부담을 줄이고, 협상타결의 명분을 갖추도록 해서 합의에 이르도록 지원할 수 있다.

사회문제화된 노동분쟁 해결을 지원하기 위해서는 공신력이 있고, 노사관계 전문가들로 구성된 분쟁해결 지원 시스템이 가동될 필요가 있다. 이런 노동분쟁 해결 시스템이 가동되면, 사회문제화된 노동분쟁을 신속하고 공정하게 해결하도록 지원할 수 있고, 노동분쟁으로 인한 사회경제적 비용을 크게 줄일 수 있다. 또한 노사간에 대화와 타협을 통한 노사문화를 확산하는데도 크게 기여할 수 있을 것이다.

## 참고문헌


1. 김태기(2010), 「쌍용차 노사분쟁해결 사례연구 : 협상의 장애요인」, 분쟁해결연구 통권15호, 단국대학교 분쟁해결연구센터.
2. 연합뉴스 등(2003), 「화물연대 파업」, Google 검색(2003년 4월~9월까지 기사 모음).
3. 연합뉴스 등(2009), 「쌍용자동차 파업」, Google 검색(2009년 2월~9월까지 기사 모음).
4. 연합뉴스 등(2022), 「대우조선 사내하청노조 파업」, Google 검색(2022년 6월~7월까지 기사 모음).
5. 한국노동연구원(2004), 『대형노사분규 심층연구: 2003년 산업별 사례분석』, 한국노동연구원 보고서.
6. 한국노동연구원(2018), 『산업구조조정기, 장기 노사분규 예방을 위한 대안 모색』, 한국노동연구원 정책세미나.

# 노동조합 내부 갈등의 관리방법

황기돈 교수

# 노동조합 내부 갈등의 관리방법

황 기 돈

## Ⅰ 사례의 개요

### 1. 사례 A: 대립적 집단심리와 노동조합 집행부의 리더십

사례 A의 중심은 신생노조가 파업 등 각종 상황을 두루, 압축적으로 경험하는 과정에서 도출된 시사점이다. 오랫동안 '초일류 인재', '기술 초격차', '최고의 성과 보상'으로 구성된 하이로드 전략의 글로벌 상징이었지만, 최근 발생한 경쟁력 문제의 극복 과정에서 노사 갈등과 함께 예기치 않았던 노동조합 내부 갈등도 드러났다. 기업은 물론 노동조합도 회복탄력성을 증명해야 할 새로운 국면을 마주하고 있다.

'노조인정투쟁'에 성과급 등의 문제가 겹치는 과정에서 조합원 수가 급증해서 노사 모두에 강력한 영향을 미쳤다. 노동조합은 요구안을 원안대로 '관철', 사용자에겐 노동조합의 원안을 '수용'하라는 압박이다. 이는 노사가 교섭 및 조정은 물론 파업에 돌입해도 쉬이 벗어나지 못하는 압력이었다. 실제로 파업 이후 마련된 잠정 합의(안)조차도 조합원 찬반투표를 통과하지 못했다.

부결은 노동조합과 관련, 두 가지 의미가 있다. 찬반투표 부결은 우선 집행부와 조합원 간 갈등의 표현이다. 그 잠재력은 조합원의 도구적 노조관에 뿌리를 둔다. 노동조합을 자신의 경제적 요구를 사용자로부터 쟁취하는 도구로만 인식하는 조합원에게 비조합원은 "우리" 쟁의행위 결과물의 "차등" 분배가 정당한 "그들"에 불과하다. 차등을 배제한 잠정 합의(안)는 잠재하던 대립적 집단심리를 부결이라는 방식으로 표출한 자극제였다.

부결은 또 조합원의 집행부 견제라는 '노조민주주의' 원칙의 작동 증거다. 이런 해석은 집행부가 조합원에 대한 불신, 좌절감보다 자신감을 가지고 적극 대응할 동기를 부여한 것으로 보인다. 실제로 부결에 대한 집행부의 대응은, 사퇴 등으로 반응한 타사의 많은 전례와 달리, '과반수 불신임 시 사퇴'라는 과감한 조건을 내건 (불)신임투표 제안이었고, 결과는 재신임이었다.

이후 재개된 단체교섭에서 노사는 조정 과정에서 좁혀진 쟁점에 일부를 수정 및 보완하는 선에서 단체협약을 체결했다. 격동의 한 해를 거치고 자율적으로 임·단협을 타결한 이듬해에는 노사가 쟁의행위 없이 파업 후유증 해소 등 노사관계 발전에 매진하고 있다.

A 사례의 핵심 시사점은 MZ세대 등 신규 조합원의 이전 세대와 다른 사고·행위 양식과 집행부 리더십의 관계다. 특히, 전자가 임·단협 요구의 핵심 근거인 동시에 잠정 합의(안) 부결 등 조정성립의 핵심 장애요인이라는 점과 조정인의 그에 대응하는 논리 및 전략이 주를 이룬다.

## 2. 사례 B: 선거제도를 매개로 정파 갈등의 분출을 예방

노동운동이 폭발적으로 증가한 1980년대부터 한국의 대형 사업장 노동조합의 내부에는 정파가 형성, 부침을 겪은 뒤 지금에 이르고 있다. 한때 쟁의행위 및 임·단협에서 노사 간의 쟁점보다 더 큰 결정력으로 작용하기도 한 노동조합 정파 갈등이 최근에는 눈에 띄는 변화를 겪고 있다. 그 배경은 동유럽 현실사회주의 실험의 실패, 노동계의 정치권 진출, 민주·개혁 세력의 집권 등이다.

여건의 변화와 함께 대다수 정파의 목표도 이념보다 집행부 장악이라는 현실적인 것으로 바뀌고 있다. 노동조합 집행부 선거에 제 정파는 각자의 후보를 내고, 때로는 이합집산하기도 한다. 집행부가 선출되면 각 정파의 보직 및 정책 관련 요구를 조율하는 협력 시스템도 작동한다. 집행부에 불참한 정파는 다음 선거를 대비, 야당과 유사한 방식으로 나름의 조직 및 득표 활동을 전개한다.

대다수 전통의 제조업체에선 베이비붐 세대의 일자리 문제가 정파는 물론 노사 간에도 중요한 주제다. 그런데 법정 정년연장은 법·제도 개편이 필요한 사회 차원의 주제다. 차원이 다른 주제를 단위 사업(장) 노사가 임·단협에서 쉬이 해결하지 못하는 것은 현실적 한계다. 특히, 제 정파의 비판은 조정의 주요 장애요인으로 작용한다. 노동조합 내부의 정치 문제에 대한 대안은 정치 논리가 적당하다. 현 집행부가 마주하고 있는 현실의 제약조건은, 사회경제적 차원의 변화 없이는, 비집행 정파가 선거를 통해 집행을 맡더라도 다시 겪을 수밖에 없는 문제라는 점을 성공리에 설득했다.

제 정파가 선거라는 제도를 통해 언제든 집권할 민주적 기회를 가진다면, 조정인이 정파 갈등을 어디에 어떻게 활용하는지에 따라 노사갈등의 증폭이 아니라 예방이라는 성과도 얻을 수 있다. 이것이 사례 B의 핵심적인 시사점이다.

### 3. 사례 C: 소수노조의 단체교섭권 침해의 최소화

사례 C의 내용은 공공부문 복수노조에 관한 것이다. 다수노조의 '친사용자성'을 비판하며 소수노조가 출범하는 흔한 패턴에 따라 복수노조가 설립됐다. 이후 각자는 서로 다른 상급단체에 소속, 노동위원회의 교섭단위 분리결정에 따라 별도의 단체교섭을 진행 중이다. 그런데 노동조합의 분열을 임 · 단협에 전술적으로 활용한다는 점에서 노사가 서로 다르지 않다. 이것이 임 · 단협이나 조정에서 합의의 장애요인을 노사 양쪽에서 찾아야 하는 까닭이다.

사용자가 (다수)소수노조와 임 · 단협에서 "노노 간 갈등을 일으키지 않기 위해서"라는 명분을 내세우며 (소수)다수노조와 합의했거나 합의할 예정인 수준 이상의 협약체결을 거부한다. 사용자 쪽에 책임이 있는 합의의 장애요인이다. 반면에 노동조합의 전략에서도 핵심 장애요인을 찾을 수 있다. '경쟁노조보다 1원이라도 더 받아내기'나 '경쟁노조의 어깨 짚고 넘기'처럼 경쟁노조－사용자의 임 · 단협 내용을 자신과 사용자 간 임 · 단협의 최저선으로 보는 전략은 타협에 거의 도달한 협상조차도 무산시키기도 한다.

사례 C의 핵심 시사점은 복수의 노조와 사용자가 노동조합 내부 분열을 임 · 단협 전술에 활용한 결과가 소수노조에 미치는 부정적인 영향을 최소화하기 위한 조정안을 마련해야 한다는 점이다. 소수노조가 다수노조보다 더 작게 받을 이유가 없듯이 더 많이 받아야 한다는 주장도 합리적인 근거가 없어서다. 같은 목적으로 민간의 '공정대표의무'에 대한 법원의 결정과 판례도 소개한다. 이러한 방향으로 노사 및 노노갈등을 조율한 결과, 노사는 자율적으로 갈등을 관리하기 시작했다.

## Ⅱ 조정의 주요 내용

### 1. 사례 A: 조합원의 대립적 집단심리와 집행부의 리더십

#### (1) 쟁점의 파악

##### ① 배경 파악

'하이로드 전략'은 초일류 인재, 기술 초격차 유지 · 확대, 최고 수준의 성과 보상 등으로 근로자가 노동조합의 존재나 강력한 활동의 필요성을 느끼지 못하게 만드는 전략이다. 문제는 이 전략이 모든 기업에 항상 유효하지는 않다는 사실이다. 경기변동의 한 국면, 일시적 경쟁력 약화나 기업 지배구조 변화 등으로 위기가 올 수 있다. 특히 이 과정에서 과거엔 경험하지 못했던 변수, 예를 들어 '우리', '그들' 간 대립적 집단심리의 표출로 위기가 확산, 심화할 가능성이 크다. 노사가 이 문제를 어떻게 극복하고, 그 과정에서 조정인은 어떤 역할이 필요한지 따져볼 만한 가치가 충분하다.

**② 쟁점의 파악 및 축소**

조정인은 노동위원회의 조사보고서와 전체 회의에서 질의, 개별 면담을 통해 쟁점의 대강을 파악한 후, 조정의 효율성 제고를 위해 노동조합에 요구사항 축소와 축소한 요구사항 사이에 우선순위를 설정해 달라고 요청한다. 노동조합은 요구안 축소 요청은 받아들여 축소했지만, 우선순위의 설정은 거부했다. 그 까닭은 '모든 쟁점이 다 중요하기 때문'이라는 취지로 설명했다.[1]

노동조합의 주요 요구와 쟁점은 다음처럼 요약할 수 있다. MZ의 워라벨 선호를 반영한 유급휴가 추가; 임금인상률은 경쟁조직과 협의 수준보다 높게; 파업 참가자의 임금 손실 보전; 불공정한 성과급 지급 기준의 개선; 노동조합 인정 등

### (2) 조정안 마련

**① 방법론**

휴가, 임금 및 무노동무임금 원칙, 성과급 제도, 노동조합 인정 등 임 · 단협의 유력 주제를 총망라한 요구사항으로부터 조정안 마련은 귀납법을 따를 수밖에 없었다. 복잡다기한 문제를 조정하기 위해 선험적으로 주어진 조정안은 존재하지 않거나, 존재한다손 치더라도 사례 A에게 적용이 제한돼서다. 조정안 도출에 도달하기 위한 첫 단계는 실현 불가능하다고 판단되는 쟁점의 수정 및 제거와 이를 통한 쟁점의 명확화다.

**② 요구의 제약조건 설명: '무노동무임금' 원칙**

조정인이 선택한 전략은 주요 요구사항의 현실적인 제약조건을 설명, 실현 가능성이 더 높은 대안을 모색하는 것이다. 우선, '파업 참가자의 임금 손실 보전' 요구는 '무노동무임금' 원칙의 무력화 요구이며, 이를 목적으로 하는 쟁의행위는 노조법 위반이라는 조정인의 설명에 대해

* 노동조합도 법 · 제도적 한계를 부정하지 않음.
* 사용자도 조정인의 허락을 받고, 파업 기간 중의 임금을 지급할 의무가 없기에 '무노동무임금'은 '물러설 수 없는 원칙'이라고 설명했다. 이에 대해

1 사례는 노사 발언의 직접 인용이 아니라, 필자인 조정인의 발언과 이에 대한 노사의 발언 및 입장을 조정인이 이해한 대로 기술한 것이다. 내용에 대한 책임은 전적으로 필자의 몫이다.

* 노동조합도 이를 '양보 불가능한 원칙'이라고 천명, "돈을 더 많이 받으려고 했지, 손해 보려고 파업했나"라는 조합원의 문제의식을 반영한 것으로 보임.

'무노동무임금' 원칙의 무력화는 노동조합이 그 법적인 한계를 인정하더라도, 노사의 이해관계가 첨예하게 충돌, 특히 원칙의 충돌이 조정의 핵심 장애요인으로 작용할 것으로 보였다. 이에 따라 조정인은 조정을 신청한 노동조합에 쟁점의 전환을 제안했다.

**③ 쟁점의 전환: 원칙에서 실리로**

원칙과 원칙이 충돌하는 사건의 조정은 지연 혹은 불가능할 가능성이 크다. 조정인은 요구의 실현 가능성을 높이기 위해 원칙 문제를 실리 문제, 예컨대, 금전적 이해관계, 근로조건 개선, 노동조합 인정 및 활동 영역의 확보 문제로 전환을 제안했다.

* 노동조합은 '사용자가 수용가능한 대안을 제시한다면, 논의 가능'이란 입장

이어진 과정에서 조정인은 대안으로 '노동조합의 인정 요구'의 구체화 필요성 등을 제시하고, 그 방향성에 대한 노사의 동의를 유도했다.

**④ 새로운 요구: '무임승차자' 배제**

노동조합은 쟁점의 전환 과정에서 조합원에 대한 금전 지급의 수준을 비노조원과 차등할 것을 단체협약에 명기하자고 요구했다. "그들"은 파업에 불참, 조합비도 미납이기에 파업 성과의 동등한 분배는 불공정하고 단체협약 적용 대상도 아니라는 이유에서다. "무임승차자 문제"는 새로운 쟁점이다.

무임승차자 문제 해결을 위한 비조합원 배제 요구의 실현 가능성과 한계를 설명해 쟁점을 좁히기 위한 조정인의 노력이 다시 시작됐다. 조정인의 논리는 다음과 같다. 노동조합의 기능 중 가장 중요한 것이 조합원의 이해관계 대변이기에 비조합원 등 특정 대상의 단체협약 적용 배제를 원칙적으로는 요구할 수 있겠다. 그렇지만, 비조합원 배제는 현실에선 최대한 자제할 문제다. 일부 조합원은 이를 당연하다고 여길 수 있겠지만, 집행부로선 그 부정적 영향의 사전 인지와 문제 발생을 예방해야 할 필요성 때문이다. '우리'와 '그들' 등 조합원과 비조합원 간 집단심리의 분열, 대립적, 적대적 감정의 형성 및 고착화, 정파 형성, 별도 노동조합 설립 등은 노동조합 역사에서 자주 관찰된다.

* 노동조합은 제약조건, 부정적 영향의 설명이 요구사항 정리에 도움이 된다고 언급하면서도, 이를 확신하는 표정은 아니었음.

사용자가 관련 관행을 설명하고자 했을 때, 조정인은 노동조합의 동의를 구해 기회를 주었다. 사용자가 개략적으로 설명하길

* 조합원에게 유리한 단체협약을 비조합원에겐 적용하지 않거나 그보다 낮은 수준으로 적용

하면, 비조합원의 노동조합 가입을 자극한다. 그래서 대다수 사용자가 관행상 비조합원에도 차별 없이 단체협약을 적용한다.

조정인의 논의 요약: 노동조합의 내부 분열 가능성 대 노동조합 가입 촉진 등 노사 간 이해관계의 상충으로 무임승차자 관련 요구를 액면 그대로 수용한 단체협약은 논리적으론 가능하지만, 현실에선 찾아보기 어렵다. 이러한 조정인의 설명에 대해

* 사용자는 동의, 이와 다른 논리로 대주주 등을 설득 가능성이 없다고 밝힘.
* 노동조합은 사용자 발언에 강력 반발, 핵심 요구라며 관철 의지를 재천명

**⑤ 실질적 요구의 명확화**

주요 쟁점의 제약조건 설명, 노사의 일부 쟁점의 수용 및 수정 가능성과 잔존 쟁점 확인 후, 노동조합의 실질적 요구를 열쇳말로 정리했다. 파업 참여로 인한 임금 손실 보전은 조합원의 '심리적 마지노선'이기에 양보 불가; 노동조합의 성과를 '무임승차자'와 배분 및 성과급 제도의 '불공정성'을 개선; 노조의 실질적 인정 요구는 '상징적 조치'의 즉각 시행을 요구. 쟁점의 명확화 시도에 동의 여부를 묻는 조정인에게

* 노사가 모두 동의

**⑥ 핵심 변수의 도출, 장애요인 파악**

조정인은 조정의 핵심 변수가 '원칙의 충돌'이라고 판단했다. 노동조합의 '무노동무임금' 및 '비조합원 배제' 원칙, 그리고 사용자의 노동조합 인정 관련 원칙, 성과급은 경영권 원칙 등이 이에 속한다. 그리고 조정 과정에서 법 · 제도적 한계 외 노동조합의 조정 전략을 크게 강제해, 타협이나 합의의 핵심적인 장애요인으로 작용하는 것은 조합원의 비조합원에 대한 대립적 집단심리의 문제였다.

**⑦ 조정안 도출의 기준과 내용**

쟁점 전환에 대해 노동조합이 조건부 수용한 것으로 판단한 다음 조정안을 도출하는 과정이 시작됐다. 조정안 도출의 핵심 기준은 실행 가능성이다. 현실의 제약조건을 고려하지 않고, 구체적이지도 않으며, 무엇보다 일방의 요구만 수용한 조정안이 조정을 성립으로 이끈 전례가 없고 앞으로도 찾아보기 어려울 것이라서다.

조정안의 주요 내용은 다음과 같다. 노동조합은 법 · 제도, 관행의 제약이 강한 무노동무임금 원칙의 무력화와 비조합원 차별 등 원칙의 문제를 양보하는 대신 그에 상응하는 수준의 실리 찾기; 사용자는 전체 직원 대상의 노동조합이 수용가능한 수준의 보상; 노동조합의 실질 인정의 상징 조치의 즉각 시행; 성과급 제도 개선의 추후 단체협상에서 논의를 수용

### (3) 조정안 합의 추진

**① 추진전략 수립**

조정인은 조정안의 노사합의 도출 전략을 수립했다. '무노동무임금' 원칙, '비조합원 배제' 원칙 고수의 배경인 조합원의 대립적 집단심리와 그의 부정적 영향을 설득, 원칙의 문제를 임금·근로조건 개선, 노동조합의 실질적 인정 및 활동의 제도화 문제로 전환한다. 사용자의 노동조합 실질적 인정의 상징 조치를 구체화, 노동조합이 수용가능한 수준의 보상, 성과급 제도 관련 협상의 여지 제시 등을 촉진한다.

**② 대립적 집단심리 극복 지원: 민주주의자 '우리'**

집행부가 조합원의 개인－경제 중심의 대립적 집단심리를 온전히 대변해야 한다는 압박감이 조정의 결정적 장애요인으로 볼 수 있다. 물론 대중조직인 노동조합의 선출직 집행부가 유권자 이해관계를 따르는 것은 불가피하다. 그런데 조합원 의사의 무조건적인 추수는 노동조합에 되돌리기 힘든 위험을 내포하기도 한다. 이를 노동조합이 인식하고 대안 찾기에 나서 성공할 것인가가 조정성립의 관건이다.

노동조합의 조직 목표가 단순히 개인의 경제적 이익 극대화가 아니라 연대에 기반한 공동체가 핵심 목표라는 사실을 노동조합이 인식해야 한다는 조정인의 당위성 설파에 대해

* 노동조합은 이를 부정하지 않았지만, 조합원 의견을 존중하지 않을 수 없다는 입장도 견지

이어서 비노조원 배제의 가능성과 한계도 설명했다. 이는 사용자 반대로 무산될 가능성이 크고, 향후 조합원이 겪을 수도 있는 각종 차별의 정당화 근거로도 활용될 수 있다. 오늘 '그들'이 배제되는 논리와 처지가 바로 내일 '우리'가 배제되는 논리와 처지일 수도 있어서다. 아울러 비조합원의 처지에 대한 이해와 관용, 그들의 '노조몰입' 가능성 열어두기가 필요하다. '그들'에 대한 배제나 적개심보다 차이를 인정하고 관용과 연대를 선택하는 것이 '민주주의자인 우리' 모두를 위한 선택이라는 조정인의 논리에 대해

* 노동조합도 대의는 수긍하는 것으로 보임.

**③ 사용자와 쟁점 조율**

노동조합이 원칙에서 실리로 쟁점의 전환에 여지를 보이자, 조정인은 사용자를 두 방향으로 설득했다. 우선 과반수에 이르지 못한 조직률이 최근 추세를 고려하면 언제든 과반수 돌파가 가능해 보인다. 따라서 노동조합 불인정 전략은 재검토하고, 노동조합의 실질적 인정의 상징적 조치를 즉각 시행하자. 예컨대, 노동조합과 단체교섭 우선시, 일정한 노조교육 및 활동 시간의 유급화로 '휴급휴가 1일 추가' 요구와 교환. 비조합원 배제 및 무노동무임금 원칙 무력화를 노동조

합이 양보하는 대신, 무노동무임금 원칙의 무력화를 상징하는 어떤 명목도 쓰지 않으며 전체 직원을 대상으로 노동조합이 수용가능한 수준의 금전 및 복지포인트 지급, 그리고 성과급제도의 개선은 추후 단체협약에서 다루자. 조정인의 제안에 대한

* 사용자의 반응은 전반적으로 긍정적

### (4) 잠정 합의(안) 도출 및 찬반투표에서 부결

노사 모두가 방향 전환에 부정적으로 반응하진 않았지만, 구체적인 합의안 도출은 여러 날에 거친 여러 번의 조율과 번복, 그리고 재조율이 필요할 정도로 어려운 과정의 연속이었다. 그렇지만 결국은 조정안의 주요 내용을 노사가 앞서 논의한 내용을 크게 훼손하지 않는 선에서 수정, 잠정 합의(안)를 마련했다.

잠정 합의(안)는 이후 조합원의 요구를 충족하지 못했다는 이유로 찬반투표에서 부결됐다. 부결은 집행부와 조합원 간 갈등의 표현인 동시에 노동조합 내부에 견제와 균형의 건전한 민주주의 원칙의 작동한다는 증거로 이해할 수도 있다. 조정인은 후자에 무게 중심을 둔다. 이에 심리적 도움을 받아 집행부가 자신감을 가지고 대응하기를 기대해서다. 실제로 집행부는 그래서인지 과감한 승부수를 던졌고, 잠정 합의(안) 반대자들도 조직된 힘으로 집행부의 대안으로 나서지는 않았다. 그렇게 국면은 전환됐다.

### (5) 새로운 시작

이후 진행된 단체교섭에서 노사는 다음 회계년도 임 · 단협까지 포함하는 단체협약 체결을 시도했다. 노사는 조정인에게 필요시 (사전)조정을 신청하겠다고 말했지만, 그 속에서 자율교섭의 의지를 엿본 조정인은 이제는 '자율교섭 및 타결의 시간'이라는 점을 강조했고, 노사는 실제로 단체협약의 자율 타결에 이르렀다.

새로운 시작은 갈등의 씨앗도 안고 있다. 최근 대다수 조직에서 그렇듯이 MZ세대 등 신규 조합원에게서 자주 관찰되는 개인과 경제 중심, 그리고 도구적, 대립적 집단심리는 집행부가 앞으로 핵심 과제로 관리할 대상이다. 관리의 기본 원칙은 '노조민주주의 원칙'의 실현이다. 기존의 것들과 서로 다르다는 것이 배제의 원인일 수 없다. 오히려 이를 기존 조직 및 기업문화에 적절히 반영, 개선하고 그의 제도화도 검토할 일이다. 서로 다름의 인정과 포용 중심의 다원주의를 토대로 노조민주주의 원칙에 따른 조직관리는 MZ세대 마음잡기 경쟁이 노사 간에도 활기를 띨 전망이기에 더욱 필요해진다.

## 2. 사례 B: 선거제도를 매개로 정파 갈등의 표출을 예방

### (1) 쟁점의 파악

노동조합이 조정을 신청한 주요 주제를 둘러싼 갈등 구조와 그 배경의 파악은 조정인의 필수 과제다. 이 과제는 그러나 조정인이 해당 노사와 오랜 기간 다양한 관계를 맺고 있다면, 별도의 조사 과정 없이 수행할 수 있을 터다.

**① 배경 파악**

정년연장은 최근 한국 사회의 주요 화두다. 사회 및 인구구조의 초고령사회 진입과 그로 인한 사회경제적 영향의 대응책 찾기의 한 방안이다. 전통이 오랜 노동조합의 대다수에 정년연장을 핵심 공약으로 제시한 집행부가 들어선 것도 같은 맥락에서 이해할 수 있다. 그런 탓에 단체교섭에서도 노동조합이 정년연장을 전면에 내세우고 사용자를 압박해 들어가는 패턴이 만들어져 갔다. 사용자는 정년연장의 청년고용에 대한 영향, 사회 분위기 미조성 등을 이유로 노동조합의 요구를 거부하고 나서, 교섭의 초반부터 갈등의 골이 깊었다.

정년연장을 둘러싼 노사갈등은 노노갈등의 한 표현 방식으로 볼 수 있다. 정년연장 요구가 사용자는 물론 여론의 반발로 즉각 실현이 어렵다는 것을 집행부도 모르지 않지만, 이를 소홀히 다룰 순 없다. 대부분 정파의 주요 구성원인 장년근로자의 강한 요구를 임·단협의 우선순위에 두지 않으면, 집행부에 속하지 않은 정파가 문제를 제기할 수밖에 없으며, 이는 집행부의 리더십 문제로 이어질 여지가 크기 때문이다.

### (2) 조정안 마련

**① 쟁점의 축소**

조정 회의는 신청 사항에서 쟁점을 골라내고 좁히는 데서 시작한다. 노사와 질의, 면담을 통해 임·단협의 핵심 쟁점을 임금 및 성과급 문제와 정년연장 문제로 축약했다. 대형 사업(장) 노사의 임·단협 쟁점이 이처럼 단순하고 명확해서 조정의 변수를 별도 정리할 필요가 없을 정도다. 이는 조정신청 전에 이미 대다수 쟁점에 대한 잠정 합의가 이루어졌고, 2개 핵심 쟁점에 대해서도 노사가 상대방의 요구 및 제안의 핵심을 충분히 파악하고, 해결의 단초도 짐작이 가능한 상태였기 때문이었다. 이런 예측 가능성은 노사가 대화와 충돌의 오랜 역사 속에서 축적한 암묵지 덕분이다.

② **쟁점 관련 각종 정보 제공**

조정인 중 근로자위원이 정년연장에 대한 사회적 논의와 관련된 정보를 노사에 제공했다. 상황의 객관적인 판단을 지원하기 위해서다. 노동조합 총연맹 차원에서 정년연장 논의를 시작할 계획이며, 초고령사회 진입, 국민연금의 재정문제, 일부 업종의 인력 부족 등의 이유로 정부와 중앙 차원의 사용자도 법정 정년연장에 흔쾌히 찬성하진 않지만, '반대의 강도가 예전 같지 않다'라는 정보를 제공했다. 사용자 위원도 앞의 내용과 크게 다르진 않지만, 사용자 관점에서 각종 정보를 제공했다. 조정인도 해당 분야의 전문가 중 한 명으로 향후 노사가 원한다면, 관련 자료의 제공, 컨설팅, 자문 등 서비스를 제공할 의사를 밝혔다.

* 노사 모두 정보 제공에 감사를 표시, 대안 모색의 필요성에 공감

③ **쟁점 전환**

조정인은 앞선 논의를 바탕으로 쟁점 전환을 제안했다. 법정 정년연장은 중앙 노사정대표 간 법·제도 변경 논의가 필요하고 그들 사이의 논의로 시작과 끝이 정해질 쟁점이다. 이에 단위사업(장) 노사가 과몰입한 결과, 다른 주요 과제를 간과하는 우를 범하지 말자는 뜻이었다. 현장의 관련 분위기도 언급했다. '노동조합의 MZ 조합원도 법정 정년연장에 과몰입보다 자신들의 이해관계를 중점 취급하라고 요구하냐는 조정인의 질문에

* 노동조합도 수긍

MZ세대에게 정년퇴직은 먼 훗날의 일이고, 그때까지 사례 회사에서 계속 일하고 있을지도 불확실하다. 이는 누구든 쉬이 부정하기 어려운 사실이다. 따라서 조정인은 MZ세대는 자신들에겐 아직 비현실적인 미래의 주제에 임·단협의 중점을 두기보다, 눈앞의 경제적 보상을 관철하라는 압력을 가하는 것이 아니냐? 그리고 그들도 노동조합의 현재인 동시에 미래인 바, 이들의 요구를 지금보다 더 많이 수용할 필요성을 재삼 강조했다. 이에 대해

* 노동조합도 젊은 세대에 대한 설득에 노력을 기울이고 있고, 그 결과 최근에는 정년연장 문제에 이해가 깊어지곤 있지만, 부정적 인식도 남아있다고 언급

④ **조정안 도출**

쟁점이 간단명료하기에 조정안을 마련하는 과정은 타 조정사건보다 빨리 완결됐다. 그 핵심은 다음과 같다. 법정 정년연장은 중앙 단위 노사정 논의와 법제화가 필요한 사안이다. 그래서 장년근로자가 그때까지 기다리다 정년연장 혜택 없이 퇴직하는 상황을 예방하고, 그들의 이해관계를 최대한 대변할 방안을 마련하는 동시에 청년세대의 주요 요구사항이며 모든 근로자의 공통 이해에 속하는 임금 및 성과급에 중점을 둔다. 조정안에 대한 노사의 의견을 물었더니,

* 사용자는 큰 틀에서 동의하지만, 세부 논의가 더 필요하다고 밝힘. 대형 사업(장)이기에 합

의의 실현에 많은 후속 조치가 뒤따라야 하기 때문이라며.

* 노동조합은 '두 쟁점 사이의 균형을 유지해야 한다'라는 입장

**⑤ 주요 장애요인 파악: 정파 갈등**

노동조합이 조정안에 대해 원론적인 수준의 입장인 이유를 긴 시간, 여러 측면을 건드리며 집요하게 묻는 조정인에게 노동조합이 대답한 것의 대강을 요약하자면,

* 비집행 정파가 그들에게 중요한 장년근로자 문제가 덜 중요하게 다뤄졌다고 비판하면, 일상의 집행은 물론 선거에도 부정적인 영향을 미친다.

조정인은 노동조합의 발언을 통해 조정의 주요 장애요인 중 하나가 정파 갈등이라는 점을 간파했다. 그리고 노동조합이 천명한 원칙론적 입장이 조정안에 대한 완전한 부정은 아니라고 해석했다. 노동조합도 요구안의 실행 가능성을 의사결정의 주요 기준으로 삼고 있다는 점을 다양한 기회를 통해 알고 있었기 때문이다. 따라서 관건은 임금 및 근로조건 개선의 수준이며, 그에 따라 정년연장의 다양한 변형태의 수용 여부가 결정될 것으로 판단했다.

### (3) 조정안 합의 추진

**① 추진전략 수립**

조정인은 조정안에 대한 합의 도출을 위해 다음과 같은 전략을 수립했다. 조정안에 대한 노동조합과 논의를 기반으로 사용자와 조정안의 실현 가능성을 타진하는 것은 자연스러운 절차다. 이어서 노사와 함께 조정 관련 네트워크를 형성하는 정부, 제 정파 등에도 조정안을 (비)공식적으로 설명하고 (묵시적) 동의를 구하기로 했다. 이는 조정인이 조정 관련 네트워크의 연결자 역할을 수행했다는 의미다. 그리고 마지막 전략은 노사 양쪽에 명예로운 양보를 요청하고, 각자가 상대방 양보의 가치를 폄하보다 높게 평가하자고 권유했다.

② 사용자와 조정안 실현 가능성 검토

조정인은 사용자에게 법정 정년연장의 대안으로 고용연장을 수용할 여지를 다음과 같은 논리로 타진했다. 당해 사업장에서 베이비붐 세대의 다수가 이미 퇴직해 정년연장의 후유증이 크지 않을 것으로 보인다. 또 산업전환을 노동조합과 함께 기획 및 집행해 나간다면, 이는 회사의 미래에 긍정적 영향을 미칠 장기투자다. 그리고 장기투자는 회사가 경제적으로 감당할 수 있을 때 과감히 시행하는 것이 효율적일 수 있다.

* 사용자는 배경 설명에 동의하며, 법정 정년연장은 정부 및 여론의 질타가 부담스럽고, 그래서 실시 중인 고용연장 기간 연장과 대상자의 임금 및 근로조건 개선의 여지를 긍정적으로 검토하겠다는 반응을 보였음.

③ **정부 및 정파 설득**

조정인은 해당 사안을 중앙노동위원회와 협의, 조정위원회가 필요하다고 판단, 요청하면 정부 차원의 자원을 조직, 지원해달라고 요청했다. 사회적 파급력이 큰 당사에서 다양한 형태의 시범사업 실시, 효과 평가 후, 전체 기업에 전파할 사례를 마련하겠다는 취지였다. 이는 법정 정연 연장에 대한 정부와 여론의 비판에 따른 사용자의 부담을 줄여주어 조정안의 합의 도출을 촉진하기 위해서였다.

같은 맥락에서 노동조합 내부 정파의 반대 최소화를 위한 노력도 필요했다. 관련 인사의 지원 등도 포함하는 직·간접적인 설득의 주요 논리는 다음과 같다. 조정에서 실현이 가능한 정년 연장 방식을 논의 중이다. 안이 제시되면, 아쉬운 점이 있더라도 수용해 주길 요청한다. 특히 강조한 것은 현 집행부가 마주하고 있는 현실의 제약조건은 사회 및 정치 차원의 논의에서 큰 변화가 없으면, 누가 집행을 맡더라도 다시 겪을 수밖에 없는 문제라는 점이었다.

### (4) 조정 결과: 조정 중지 이후 무파업으로 쟁의행위 종료

노동조합이 상급단체 규정에 따라 조정안 수용을 거부하던 오랜 관행을 유지하겠다고 밝혀, 조정안을 제시하지 않고 조정이 중지됐다. 반전은 이후에 노사가 추가교섭을 통해 파업 없이 자율적으로 잠정 합의에 도달했다는 사실이다. 제 정파 소속 조합원을 포함한 다수 조합원의 찬성으로 찬반투표를 통과한 임·단협의 주요 내용은 조정에서 노사와 조정인이 조율한 쟁점이 대체로 반영됐다. 금전 보상도 조합원 대다수가 부족하다고 느끼지 않는 선에서 마무리됐다.

## 3. 사례 C: 소수노조의 희생 최소화로 노조민주주의 내용적 구현

### (1) 쟁점의 파악 및 축소

① **배경 파악**

사례 C의 단체교섭 및 조정의 당사자는 공공부문 사용자와 함께 복수의 노동조합이다. 공공부문에서 복수노조는 흔하지만, 본 사례의 쟁의행위에서는 흔치 않은 현상이 관찰된다. 다수노조와 소수노조가 모두, 시차를 두고 노동위원회에 조정을 신청해 단체행동에 돌입하는데, 주된 대립선은 노사 간이 아니라 노노 간에 그어져 있다. 갈등의 실질 당사자가 다수노조와 소수노조라면, 이는 새로운 문제다.

2011년 7월의 복수노조 법제화를 통해 복수의 노조 사이에 경쟁의 공간이 열렸다. 그렇지만, 경쟁의 공간 제공이 공정한 경쟁으로 자연적으로 이어지지는 않는다. 조직경쟁이 임·단협이나 노사관계 전반에 미치는 영향 중에서 부정적인 영향을 노사가 예방 및 관리할 수 있도록 촉진하는 조정이 필요한 까닭이다.

**② 쟁점 축소**

조정인은 다양한 임금 및 근로조건 개선 관련 조정신청 사항을 검토해 쟁점을 좁혀 나가면서 노사에게도 쟁점 축소를 요청했다. 노동조합이 축소한 요구사항에는 임금인상률은 상급단체의 지침을 따르고, 다양한 근로조건 개선을 위한 요구가 포함됐다. 전반적으로 쟁점은 간략해 추가 축약이 필요하지 않았지만, 한 가지 특이한 점이 확인됐다. 노동조합의 대다수 요구의 핵심적인 근거가 다수노조와 격차 해소였다.

### (2) 조정안 마련

**① 조정의 상수: 정부 지침**

노사와 조정회의를 진행하는 과정에서 점차 분명해지는 것이 있었다. 공단이라는 조직 체계상 특성으로 인해 단위 사업(장) 사용자가 제시할 수 있는 내용이 제한적일 수밖에 없다는 것이다.

* 사용자는 공기업으로서의 조직체계 특성 때문에 '정부의 인건비 총액 지침을 어길 수 없다'. 이를 어기면 차기 예산의 불이익, 경영평가에 문제가 발생한다는 것을 여러 차례 되풀이해서 주장

공공기관이라서 감수할 수밖에 없는 예산지침 등 제도적 제약조건에 대해

* 노동조합도 인정하면서, 사용자가 예산 당국을 설득해 노동조합의 요구를 수용하라고 요구하면서, 필요하다면, 자신도 이에 힘을 보태겠다고 발언

공공부문 임 · 단협의 수준 결정에 있어서 '정부의 지침은 상수'라는 조정인의 정리에 대해

* 노사 모두가 동의

**② 핵심 변수와 장애요인**

노동조합은 법 · 제도의 제약을 인정하지만, 조정이 진행되는 과정에서 '파업 등 쟁의행위에 돌입할 준비가 다 됐다'라는 등 강경한 발언을 계속 쏟아냈다. 강경한 발언의 배경이 무엇인가라는 조정인 질문에

* 노동조합은 단체교섭 및 조정의 최고 목표가 다수노조, 즉 '경쟁노조보다 1원이라도 더 많이 받아내기'라고 솔직히 대답
* 조직경쟁 상황에서 '조직의 보호를 위해 불가피하다'라고 주장

조직경쟁은 노동조합의 요구사항 결정은 물론 교섭 및 조정 전략도 규정하는 핵심 변수라는 의미로 해석할 수 있었다. 쟁위행위조차 '조직보호'를 위해 불가피하다고 주장하면서 노동조합

은 단체교섭에서 사용자의 일관된 태도를 비판했다.

* 사용자가 '먼저 체결한 다수노조와 합의 이상의 제시안을 내놓지 않는다'

조정인은 이어서 사용자에게 노동조합의 주장의 사실 여부를 확인하기 위한 질문을 했다.

* 사용자는 '그런 사실이 있었다'라고 인정하며,
* 그 이유는 "노노 간 갈등을 일으키지 않기 위해서"라고 발언

노동조합의 주장과 사용자의 확인을 통해 조정인은 문제의 핵심이 단순히 임금 및 근로건 개선이 아니라고 판단했다. 정부 지침이 상수로서 그 범위를 미리 규정했기 때문이다. 따라서 조정의 핵심 장애요인은 조직경쟁을 각자의 이해관계에 따라 달리 활용한 노사의 임 · 단협 전략으로 보아야 한다. 여기서 다수노조 – 사용자 임 · 단협은 독특한 위상을 가진다. 노동조합에겐 조직경쟁에서 조직보호를 위해 그보다 '1원이라도 더 받아야'하는 하한선, 사용자에겐 그 반대로 노노 갈등 예방을 위해 그보다 '1원도 더 줄 수 없는' 상한선이다.

다수노조든 소수노조든 무관하게 먼저 체결한 임 · 단협은 추후 진행되는 임 · 단협에서 사용자에겐 상한선, 소수노조에겐 하한선으로 작용한다. 이는 복수노조 사업(장)의 단체교섭에서 흔히 관찰되는 관행이다.

**③ 조정안 도출의 내용과 기준**

조정안은 정부 지침이 허용하는 범위 내에서 다수노조의 임 · 단협 내용과 거의 같은 수준의 임금 및 근로조건 개선 방안을 담았다. 그 근거는 우선 노사 모두 정부 지침의 준수라는 원칙에 동의했기 때문이다. 그리고 소수노조가 다수노조보다 더 작게 받을 이유가 없듯이 더 많이 받아야 한다는 주장도 합리적인 이유가 없다. 아울러 소수노조에 합리적 이유 없는 불이익도 당연히 없어야 한다. 이를 조정안으로 제시하겠다는 의사를 밝히며 사전에 노사의 동의 여부를 확인했다.

* 사용자는 조정안에 수용 의사를 보이면서도, 조정안이 추후 교섭에서 소수노조의 과도한 요구로 이어져 교섭이 지연될 가능성에 심각한 우려를 표명
* 소수노조는 경쟁노조보다 '더 높은 수준이 아니'라고 비판, 거부의사를 밝힘.

### (3) 합의 추진

조정인은 노동조합에 정부의 지침 범위 내, 그리고 다수노조와 차이가 거의 없는 수준의 조정안을 거부한다면, 발생할 문제(예: 노사관계 악화)와 한계(정부의 예산제약)를 다시 설득하기로 결정했다. 사용자에게는 노동조합의 요구를 최대한 수용하기 위해 예산의 제약 범위 내에서 '마른 수건 짜듯 예산을 마련해 보라'고 권유했다.

조정안 합의 시도는 그러나 무위로 끝났다. 노동조합이 조정안에 대해 원칙적인 거부 의사를

바꾸지 않았고, 사측의 입장에 변화를 줄 정도의 소폭 수정조차도 없었다. 게다가 노동조합의 상급단체 규정은 노동위원회 조정에서의 조정안 수용을 제한하고 있었다. 사용자도 '노동조합이 수정안을 제시하면 그때 검토하겠다'는 소극적인 입장에서 바뀐 것이 없었다. 노사 양측이 법 · 제도 및 관행의 구조적 한계를 벗어나지 못한 것이다.

#### (4) 조정의 결과: 노사의 조정안 거부와 조정 중지, 그 이후

조정인은 조정안을 제시하지 않고 조정을 종료했다. 양자의 입장 차가 커 조정안 제시가 향후 노사관계의 발전에 이바지하기보다 그 반대의 영향이 예견됐기 때문이다. 이로써 노동조합은 쟁의행위에 돌입할 합법적인 권리를 확보했지만, 권리를 적극 활용하기보다 사용자에 대한 항의성 피케팅과 태업 정도의 수준에 머물렀다.결국, 노동조합과 사용자는 다수노조－사용자의 임 · 단협과 거의 같은 수준의 임 · 단협을 자율적으로 체결했다.

C 사례의 의미는 이렇다. 임 · 단협에서 조직경쟁을 한쪽은 성과 최대화, 다른 한쪽은 비용 최소화의 수단으로 활용했기 때문에 조정의 성립에 이르지는 못했다. 그렇지만 노동조합과 사용자 사이의 첨예한 의견 대립을 '정부 지침 준수', '소수노조의 희생 최소화' 등의 논리적 접근을 통해서 줄여간 결과, 실제 파업에는 돌입하지 않고 조정안과 유사한 수준에서 자율 타결에 이를 수 있었다. 해당 조정을 통해 노사는 요구, 협상 및 수용이 가능한 영역을 명확히 확인했고, 그 후에는 '노동위원회 조정 → 쟁의행위 → 임 · 단협 체결'이라는 관행과는 다른 대안을 만들고 있다.

#### (5) 최근 법원의 결정 및 판결

##### ① 공정대표의무 관련

2011년 7월의 복수노조 법제화는 노동조합 간 조직경쟁에 제도적 공간을 열었다. 사용자와 단체교섭 주도권을 둘러싼 노동조합 간 경쟁은 모든 경쟁처럼 과열의 가능성을 내포한다. 이로 인한 노노갈등이 노사관계와 기업 운영의 장애로 작용할 가능성도 배제할 순 없다. 이는 법제화 논의 시부터 중요한 극복 대상으로 언급된 우려다. 노동조합 간 공정한 조직경쟁과 단체교섭의 효율화를 동시에 보장하기 위한 제도로 제시된 것이 창구단일화제도와 그 보완책인 공정대표의무제도다.

최근 헌법재판소와 대법원이 지난 10여 년 복수노조 갈등을 둘러싼 논의에 가르마를 타 줄 결정을 내리고 있다. 헌법재판소(2022헌바237)는 복수노조 사업(장)에서 일정 기간에 노동조합들이 교섭대표노조를 자율 결정하지 못하면 과반수노조가 단체교섭과 쟁의행위를 주도할 교섭대표노조가 되도록 규정한 노조법 제29조 제2항이 합헌이라고 결정했다. 창구단일화제도의 목적의 정당성과 수단의 적합성을 인정한 결정의 현장 안착에 결정적인 것은 소수노조의 단체교섭권 침해의 최소화다. 당해 결정의 소수의견으로 제시된 관련 내용을 재구성해서 소개한다.

공정대표의무의 단체협약에 명기가 필요하다. 다수노조가 소수노조에 내용적, 절차적 참여를 보장할 수단이기 때문이다. 내용적 참여는 복수노조의 조합원 수에 비례한 교섭대표단 구성이나 공동대표제 등이 보장할 수 있다. 아울러 소수노조의 의사를 실질적으로 반영할 절차적 참여의 보장 방안은 단체교섭 시작부터 교섭요구안 및 잠정합의안 관련 정보, 그리고 단체교섭 종료 후 체결된 단체협약 관련 정보의 공유 등이다.

다수노조는 교섭대표노조에는 타임오프를 인정하면서 소수노조에는 아무 조치를 하지 않은 등 소수노조에 합리적 이유 없는 불이익을 가하지 말아야 한다. 대법원은(2023다285193) 회사 창립기념일이 유급휴일이던 기존 취업규칙과 달리 다수노조와 체결한 단체협약에 다수노조의 창립기념일을 유급휴일로 바꾼 것이 소수노조 조합원의 "기존 유급휴일을 삭제하는 불이익"을 가한 것으로 공정대표의무 위반으로 판결했다.

**② 사용자 역할 관련**

사용자가 다수노조에 사무실이나 타임오프을 제공한다면, 교섭창구 단일화에 참여한 소수노조에도 독립적 활동이 가능한 정도의 사무실과 타임오프를 제공해야 한다. 대법원(2017다218642)이 지적하길, "교섭대표노조에게 상시 사용이 가능한 노조 사무실을 제공한 이상 특별한 사정이 없는 한 교섭창구 단일화 절차에 참여한 다른 노조에도 반드시 일률적 · 비례적이진 않더라도 상시적인 노조 사무실을 제공해야 한다." 이어서 "물리적 한계나 비용 부담 등을 이유로 노조 사무실을 전혀 제공하지 않거나 일시적으로 회사 시설을 사용할 수 있는 기회를 부여했다고 해도 차별에 합리적 이유가 있다고 볼 수 없다"라며 공정대표의무 위반으로 판단했다. 같은 맥락에서 서울행정법원은 '사무실 쪼개기'도 최후에 사용할 방법이라고 판단했다.

사용자의 노동조합 내부 문제 개입은 엄격히 제한된다. 사용자에게 우호적인 노동조합의 설립이나 그를 지원해 해당 노동조합으로 소속 변경을 종용하지 말아야 한다. 부당 개입은 형사처벌 대상인 동시에 표출된 노사갈등의 신속한 해결에 만에 하나 효과가 있다손 치더라도, 단기 효과에 불과하며, 장기적으론 오히려 새로운 노노갈등의 가능성을 키운다. 이른바 "어용노조" 설립은 일부 사용자가 대립적 노사관계 해결 수단으로 선택한 바 있지만, 그 실제 효과와 법률적 후유증은 사용자의 기대와 크게 달랐다.

사용자의 공정대표의무는 "노조의 조직 경쟁에 개입하지 않는 소극적인 의무"다(대법원, 2024.05.17.). 복수의 노동조합 사이의 차별적 타임오프 배분의 시정과 관련해 "노조가 제출한 자료를 검토해 처리 방향을 정하면 충분한 것이지 노조의 이의제기가 있다는 이유만으로 제3의 해결책을 모색하는 등 적극적 의무가 있다고 볼 수 없다"라고 지적한 것이다. 대법원의 소극적 공정대표의무 판단은 최초라는 의미가 있지만, 그것이 특정 노동조합에 치우치지 않는 중립적 태도 유지라는 원칙과 충돌하지는 않는다.

## Ⅲ 요약과 시사점

### 1. 요약

#### (1) 쟁점 파악

쟁점 파악은 노동조합의 요구와 사용자의 대응 논리 파악에서 시작, 조정의 효율성 제고를 위한 요구사항 축소 및 우선순위 설정 등의 절차를 거친다. 신생노조는 대부분 조정신청 사항이 많아서 요구사항의 축소 및 축소한 요구사항별 우선순위 설정은 필수다. 그런데 일부 노동조합은 '조합원 요구의 충실한 대변이 집행부의 의무'라는 일견 타당한 명분으로 우선순위 설정을 거부하기도 한다. 이와 달리 노사관계 전통이 오랜 사례에서는 조정신청 사항은 많았지만, 그 축소 및 우선순위 설정에는 거침이 없다. 심지어 우선순위 설정이 필요 없을 정도로 간결한 정리의 근원은 노사의 오래 축적된 역량이다. 특히, 조정인이 노사와 자문, 교육 등의 관계를 오랫동안 유지하면, 조정신청의 배경 및 당사자 특성 등 주요 사항의 별도 파악도 불필요했다.

#### (2) 조정안 마련과 합의 추진

조정안은 주로 귀납법에 따라 마련됐다. 정확한 상황 판단과 비합리적 요소의 배제를 지원하기 위해서 법 · 제도적 제약조건을 설명하고, 노사와 함께 명목상 요구와 실질 요구의 구분, 쟁점 전환을 시도한 다음, 핵심 쟁점, 핵심 변수 및 장애요인을 도출한 결과가 조정안이다. 쟁점이 명확한 상태에서 조정을 신청한 경우, 최소한의 쟁점 정리만 거친 후 조정안을 마련하는 등 상대적으로 절차가 단순하다.

쟁점의 전환, 조정안 도출, 합의 추진은 조정인의 적극적인 역할이 필요한 과제다. 우선 쟁점 전환은 사례별로 내용과 의미가 다르다. 원칙에서 실리로 전환; 선거에서 특정 집행부에 부정적 영향에서 어떤 집행부든 직면할 부정적 영향으로 전환; 법 · 제도, 관행의 한계를 쟁점 전환으로도 극복하지 못한 사례 등. 그리고 조정안 도출에서 가장 중요한 기준은 실현 가능성이다. 실현이 불가능한 조정안 마련은 누구에게도 도움이 되지 않는 허튼 일에 불과하다. 이 원칙은 모든 사례에 적용된다. 다음의 표는 핵심 변수, 장애요인, 조정안의 핵심을 사례별로 정리한 것이다.

| 구분 | 핵심 변수 | 장애요인 | 조정안의 핵심 |
|---|---|---|---|
| 사례 A | 조합원 요구 | 대립적 집단심리 | 다양성 존중의 노조민주주의 |
| 사례 B | 정파 갈등 | 선거에 영향 우려 | 사전 조율로 갈등을 예방 |
| 사례 C | 정부지침(상수)<br>조직경쟁 | 노사의 임 · 단협 전략 | 정부 지침 내<br>소수노조의 피해 최소화 |

조정안 마련 후 조정인은 적극적인 방식으로 합의를 추진했다. 우선 노동조합은 조정안 수용의 필요성과 장점, 미수용 시 발생할 문제를 설명, 명예로운 양보를 설득했다. 동시에 모든 사용자에겐 노동조합이 수용할 만큼 기존 안의 수정 · 보완 등의 양보를 요청하면서 갈등 지속의 경제적 비용은 물론 여론의 질타 등 사회적 비용도 강조했다. 노사 모두에게 상대방의 작은 양보라도 폄하보다 후한 평가를 권했고, 조정 마지막 단계에서 때로는 노사에 대한 선의의 압박도 가했다.

### (3) 조정의 결과

조정안의 합의를 추진한 결과는 사례별로 달랐다. 예시하자면, '무노동무임금' 원칙의 무력화는 조합원의 가장 강력한 요구이자 사용자가 끝까지 수용 거부한 쟁점으로, 찬반투표 부결의 결정적 요인으로 작용했다. 그리고 일부 사례의 경우, 조정인이 조정 관련 네트워크 연결자로서 조정안을 설명, (묵시적) 동의를 구해, 쟁의권 획득 이후 조정안을 반영한 협약의 자율 체결을 지원하고, 이후 정년연장 관련 자문 등 사후관리도 진행했다. 아울러 조정안 합의 시도가 법 · 제도의 구조적 한계 및 임 · 단협의 관행을 극복하진 못했지만, 노사가 상호 수용가능한 영역을 확인했다는 의미를 부여할 사례도 있다.

### (4) 사례의 ADR에 대한 의미

위의 3개 사례는 노동위원회 조정과 ADR의 관점에서 달리 볼 여지가 있다. 우선 노동위원회의 관점에선 조정의 성립이 최선의 결과일 터다. 그런데 사례들은 모두 잠정합의(안)의 부결, 노동조합 내규 및 관행에 따른 조정안 수용 불가, 혹은 조정 중지로 종료됐다. 그리고 쟁의권 확보 후, 일부는 파업에 돌입, 다른 일부는 조정안을 기준으로 자율적 교섭을 통해 협약을 체결했다.

특히 사례 A, B는 조정인의 공식, 비공식 사전조정, 조정종료 후 사후관리 등을 통해 난관에 봉착한 단체교섭의 재개, 그의 자율성과 효과성을 확보하는 등 노동위원회의 전통적인 조정보다 넓은 범위를 포괄한다. 따라서 ADR에도 적용이 가능한 사례라고 할 수 있을 터다.

## 2. 사례별 시사점

### (1) 노동조합 집행부의 노노갈등 관리 역할

노동조합 내부의 각종 갈등을 효과적으로 관리할 리더십의 구축 및 유지를 일관하는 원칙은 노조민주주의의 실현이다. 아래는 다양성에 기반을 둔 공존의 원칙인 노조민주주의 실현을 통한 노노갈등의 효과적 관리 방안이다.

#### 1) 사례 A: 집단심리의 다양성 인정 등 다원주의에 터 잡은 노조민주주의 구현

**① 대립적 집단심리와 리더십 사이의 갈등에서 집행부의 선택지**

조합원의 대립적 집단심리와 집행부 간 갈등에서 집행부의 선택지는 두 가지로 나눌 수 있다. '무원칙한 승리' 혹은 '원칙 있는 패배'. 조합원의 집행부 비판은 물론 잠정 합의(안) 부결조차도 견제와 비판이라는 민주주의 원칙의 실현으로 보아 수용해야지만, 이는 무원칙한 대중 추수주의 옹호와 다르다. 집행부가 '어쨌든 집행부를 유지하기만 하면 된다'라는 생각으로 무원칙한 타협을 선택하는 것은 "승리"가 아니라 "패배"나 다를 바 없다. 오히려 긴 안목에서 노동조합과 조합원에게 유리하다고 판단되면, 일부 조합원의 반대와 그로 인한 "패배"의 위험에 맞서 이들을 적극 설득할 용기와 역량을 갖추어야 한다.

**② 다원주의에 기반한 노조민주주의의 구현**

집행부가 조직 내에 새로 형성되는 집단심리의 실태와 영향을 파악, 효과적으로 관리해야 한다. 그렇지 못하면, 다양한 위기와 맞닥뜨릴 게 자명하다. 노동조합에 대한 도구주의 확산, 조합원의 노조몰입 약화, 조합원 내 대립적 집단심리의 형성 및 고착 가능성 등. 집행부의 위기 대응의 핵심 원칙은 노조민주주의의 구현이다. 변화의 민주성 확보는 집행부의 일방 추진이 아닌 조합원의 참여와 몰입을 통해서만 가능하다. 아울러 변화의 주된 내용은 새로운 집단심리를 노동조합의 조직 및 문화에 수용하는 다원주의를 기반으로 다양한 가치의 상호공존이다.

#### 2) 사례 B: 절차적 노조민주주의 구현체인 선거제도를 매개로 정파 갈등을 예방

**① 선거제도를 활용한 정파 갈등의 예방**

정파의 형성 및 유지에서 이념, 이해관계의 차이 및 대립이 필요조건이라면, 충분조건은 선거제도다. 제 정파가 경험을 통해 선거제도를 절차적 노조민주주의의 실현수단으로 인식한다면, 즉 어떤 정파든 민주적 기제를 통해 노동조합 집행권의 합법적 획득 가능성이 제도화된다면, 정파 분열의 유지는 합리적 선택이 된다. 실제로 많은 대형 노동조합 집행부 선거에서 다양한 정파들이 '선거연합'이라는 명분으로 이합집산하기도 한다. 선거제도가 노동조합 내부의 전략적 의사소통을 가능케 하는 민주적 기제로 작용하고 있다는 의미다.

**② 정파 갈등 등에 선입견 없는 접근**

조정인은 조정에 임할 때 과거 세평이나 선입견에 의존하지 말아야 한다. 예컨대, 정파 갈등의 성격과 임·단협 및 노사관계에 대한 의미의 변화 등을 객관적으로 파악해야 한다는 말이다. 현실은 변했지만, 정파 갈등이 임·단협이나 노사관계 발전에 핵심 장애요인이었던 시절의 평판과 선입견에만 의존했다면, 조정은 사례와 같은 성과를 이끌 수 없었을 터다. 사례는 선입견 없는 접근을 통해 중앙의 법·제도 차원에서 다룰 주제를 사업(장) 차원의 단체협약 문제로 전환하는 과정에서 발생할 여지가 있는 정파 갈등을 예방 및 관리가 가능하다는 것을 보여준다. 어떤 주제에 어떤 접근방식을 선택하느냐에 따라 성과의 여부와 질의 차이도 클 수 있다.

### 3) 사례 C: 소수노조의 단체교섭권 피해 최소화로 노조민주주의 구현

**① 조직경쟁의 강제**

복수의 노조가 연대의 필요성을 인식하면서도, 그 실행에는 한계를 보인다. 다수노조나 소수노조 모두 조직경쟁에서 '승리'라는 심리적 강박에 시달리고 있어서다. 조직경쟁 심리는 조합원의 경쟁노조(원)에 대한 경쟁적, 대립적 집단심리로서 집행부의 의사결정을 한 방향으로 강제하는 힘으로 작용한다. 실제로 협상 및 조정에서 경쟁노조보다 더 받아내기에 실패할 경우, 조합원이 경쟁노조로 옮겨가는 조직적 후유증을 방지하기 위해 집행부는 '우리'가 '그들'보다 더 많이 받아내기 위해 모든 힘을 다했다는 것을 증명해야 한다. 이른바 "인지부조화 축소 성향"이다. 심지어 '그들'이 그렇게 한다는 이유로 '우리'도 쟁의권을 획득하지 않으면 조합원 설득이 불가능할 정도다. 조직경쟁에서 '승리'라는 심리적 강박의 존재 및 작동은 다수노조나 소수노조 모두의 집행부에 차이가 없다.

**② 다수노조와 사용자의 과제**

다수노조의 힘의 근원은 경쟁노조의 조합원도 포괄하는 연대다. 그리고 사용자도 기업의 성공을 위해 조직의 체계적, 심리적 통합이 절실하다. 기업의 관점에선, 연대와 포용이 노사관계의 최상위 가치란 말이다. 그런데 복수노조 사업(장)의 임·단협 관행은 이런 원칙론과 거리가 멀다. 그 까닭은 조직경쟁 심리와 함께 노동조합 내부 분열을 임·단협 전략으로 적극 활용하는 노사의 관행에서 찾을 수 있다.

단체협약에 보장된 내용적, 절차적 참여는 소수노조의 단체교섭권 침해를 최소화한다. 이를 통해 복수노조에서 자주 관찰되는 소수노조와 그 조합원의 다수노조에 대한 적대심 예방 내지 신속한 해결의 힘이 길러진다. 제도 운영의 관행 개선을 위해 다수노조와 사용자는 관행보다 관련 법을 행위의 최저기준으로 삼고, 이를 기반으로 공정대표의무의 단체협약에 제도화 등 다양한 방안을 검토, 시행할 필요가 있다.

### (2) 사용자의 제한된 역할

노동조합 지도부의 노노갈등 관리 활동에서 사용자의 역할은 중요하지만, 한계도 분명하다. '부당노동행위 관련 법에 저촉하지 않는 범위 내'에서가 핵심 원칙이다. 그래서 지도부와 조합원 간 갈등이나 정파 문제에는 불개입을 원칙으로 삼고, 소수노조의 독자적 단체교섭권 행사 제한의 최소화에 중점을 둬야 한다.

문제의 노동분쟁화, 분쟁의 사법화는 사법적 위험을 내포한다. 이로 인한 비용 및 시간 부담을 회피하기 위해 사용자는 우선 문제를 만들지 말고, 문제의 분쟁화를 예방해야 하며, 일단 분쟁이 발생하면 노사 간 협의 및 화해 등 자율적인 해결이 최선이다. 그마저도 어렵다면, 조정 및 화해 등 제3자 지원을 모색해야 한다. 특히 쟁점이 법의 경계선에 서 있고, 아직 명확한 법 · 규정이 없거나, 판례가 형성되지 않은 사건은 더할 나위가 없다.

노동조합은 조합원이 투표로 집행부를 선출하는 정치조직이고, 집행부 활동의 최우선 목표는 유권자(조합원)의 경제 및 심리적 욕구의 충족이다. 반면에 경제조직에서 임명된 사용자에게 정치조직인 노조가 요구하는 최소 기준은 현 집행부의 재선출 가능성이다. 집행부의 선출직으로서의 특징을 고려해 임 · 단협에서 정치적 하한선과 경제적 상한선 사이에서 타협점 찾기가 임명직 사용자의 역할이다.

### (3) 조정인의 네트워크 연결자 역할과 필요 역량: 전문성과 입체적 신뢰

조정의 성공은 조사관의 역량, 노사의 경험, 조정인의 전문성과 그에 대한 노사의 신뢰가 크게 영향을 미친다. 특히 조정인은 조정 생태계 연결고리 역할을 담당한다. 노사는 물론 노동조합 제 정파 및 복수노조, 상급단체, 회사의 본사, 정부 등 다양한 행위 주체의 때론 상충하는 이해관계를 효과적으로 조율하기 위해선 관련 분야 전문성이 필요하다. 여기에는 노동운동 및 기업의 사업 전반과 그 변화에 대한 높은 이해, 일정 수준의 노동경제학 · 법학 · 사회학 · 심리학 · 인적자원관리 등 전문지식, 그리고 다양한 조정 성공 및 실패 경험을 포함한다. 전문성의 하부 구성요소는 객관성과 체계성이다.

조정인은 노사관계나 노동조합 내부의 갈등 파악에 선입견 없이 접근해야 한다. 과거에 형성된 세평이나 선입견에 기대서 조정을 시도한다면, 당사자는 조정인을 신뢰하지 않는다. 이는 조정이 불가능함을 의미한다. 사례 B는 오롯이 그 반대 사례다.

조정인은 조정을 체계적으로 사고해야 한다. 즉, 갈등의 원인 분석, 해결 방안 마련, 그의 실행 및 사후관리까지를 하나의 연결된 문제로 볼 수 있어야 한다. 객관성과 체계성을 갖춘 조정 전문인력이 갈등의 원인을 객관적으로 분석, 이를 기반으로 창의적 해결 방안을 마련, 그 실행 및 사후관리도 효과적으로 관리할 수 있다.

전문성이 필요조건이라면 신뢰는 충분조건이다. 아무리 뛰어난 전문성도 교섭 당사자의 신뢰가 없다면 현실화할 수 없는 잠재력에 불과하다. 최고의 전문인력이 항상 최고의 조정인이지는 않은 까닭이다. 조정인에 대한 신뢰는 각각의 행위 주체로부터의 신뢰 그 이상의 것이다. 즉, 교섭의 한 당사자가 '조정인이 자신뿐만 아니라 교섭 상대방으로부터도 신뢰받고 있다'라는 입체적 신뢰가 최고의 필요 역량이다. 교섭의 한 주체가 조정인과 사안을 조율할 때, 조율된 안을 교섭의 다른 주체도 조정인에 대한 신뢰를 기반으로 쉬이 수용할 것이라는 확신이 있을 때 조정인은 조정의 성립은 물론 노사 당사자 간 훼손된 신뢰도 회복하는 조정의 꼭지점 역할을 효과적으로 수행할 수 있을 터다.

입체적 신뢰는 특정 사유로 한 번에 혹은 단기에 주어지기보다 장기적으로 형성된다. 특히, 다양한 조정사건을 통해 축적된 노사 및 관련 주체들의 신뢰를 기반으로 형성된 사회적 평판은 입체적 신뢰가 형성 및 유지되는 결정적인 요소다.

## 참고문헌

1. 김태기 외(2024). 『ADR 대안적 분쟁해결 제도』, 박영사, 서울.
2. 진숙경(2008), 『노동조합 내부 민주주의와 현장조직 - 현대차, 기아차, 대우차 현장조직 사례를 중심으로』, 한국노동연구원, 정책연구 2008-01.
3. 황기돈(2022). 『2022 한국의 노동과 윤석열 정부』, (주)레이버플러스, 서울.

# 노동조합이 준비하는 경영정보 활용법

## - 노사신뢰 증진과 공동의 이익을 추구 -

편정일 교수

# 노동조합이 준비하는 경영정보 활용법: 노사신뢰 증진과 공동의 이익을 추구

편 정 일

## I 성장과 분배를 함께 추구하는 상생의 교섭

노사 교섭이 시작되면 기업은 경쟁력 강화를 위해 비용 절감을 내세우며 인건비를 줄이려 하고, 노동조합은 근로자의 권리를 지키기 위해 강경한 태도를 보인다. 또한 회사는 경영상의 어려움을 강조하며 보수적인 입장을 유지하고, 노동조합은 회사의 주장이 단순한 협상 전략인지 실제로 경영이 악화된 것인지 파악해 봐야 한다. 대부분의 교섭 과정을 보면 정보의 비대칭성과 신뢰 부족이 존재하기 때문에 노사관계는 감정적 대립이 심화하여 갈등으로 치닫게 되고 협상은 교착 상태에 빠질 가능성이 크다. 그렇다면 노동조합이 교섭을 준비할 때 단순한 요구가 아닌 논리적이고 합리적인 교섭전략을 마련하려면 어떻게 해야 할까?

노동조합이 협상력을 확보하려면 강경 일변도의 접근보다는 경영지표를 활용한 데이터 기반의 교섭전략을 수립하여야 한다. 또 기업의 재무구조와 경영현황을 이해하고 분석하여 현실적으로 요구할 수 있는 정량적 측정치를 마련하여 교섭의 실효성을 높여야 한다. 노동조합이 기업의 성장을 고려한 교섭전략을 수립하면 기업 역시 노동조합을 경영의 동반자로 인정할 것이다. 기업이 성장하면 노동자의 고용안정과 보상이 확대되기 때문에, 노동조합은 단기적인 이익보다는 장기적인 비전을 제시하는 전략을 수립할 필요가 있다.

본 교재는 노동조합이 설득력 있게 교섭을 진행할 수 있도록 도움을 주는 실용적 가이드가 될 것이다. 1장에서는 내부 정보수집과 협상 전략 설정, 2장에서는 경제환경과 경영지표를 활용한 교섭준비, 3장에서는 실무 교섭의 과정, 4장에서는 노사가 추구하는 가치에 대해 구체적으로 설명하였다. 이를 통해 노사가 감정의 대립보다는 상호 신뢰의 공감대가 형성되어 정보의 부족과 비대칭성에서 비롯되는 불필요한 노사분쟁을 예방하고, 상호 이해와 협력에 기반한 자율적 해결 방식을 통하여 효과적인 교섭문화가 정착될 수 있도록 도움을 주고자 한다.

## 1. 경영정보 데이터를 통한 K사의 교섭

K사는 과거 글로벌 시장에서 강력한 경쟁력을 보유한 제조업체였으나, 최근 몇 년간 급격한 시장 변화와 원가 절감에 성공한 해외 경쟁사로 인해 어려움을 겪고 있었다. 원재료 가격 상승과 환율 변동으로 인한 비용 부담이 커지는 가운데, 기업은 생산성 향상을 위한 기술 투자와 원가절감을 추진하고자 했다. 이에 반해 노동조합은 조합원의 고용 안정을 최우선 과제로 삼으며, 이익 발생에 대한 임금인상과 복지 확대를 강하게 요구하고 있었다.

이런 상황에서 노동조합은 이전과 다른 방식으로 단체교섭을 준비하였다. 노동조합은 단순한 요구 제시가 아닌, 경영정보를 기반으로 한 교섭요구서를 체계적으로 작성하여 협상력을 극대화했다. 이는 기업의 재무제표, 동종산업 내 인건비 수준, 거시경제 지표 등을 분석하여 기업의 실질적인 재정 상태와 성장 가능성을 수치적으로 파악했다.

이를 통해 노동조합은 기업의 영업이익이 일정 수준 유지되고 있지만, 원가 부담 증가로 인해 단순한 비용 절감이 필요한 것이 아니라 인건비와 생산성을 동시에 고려한 최적의 분배 전략이 요구된다는 점을 인지했다. 이에 따라 기본급 조정보다는 성과급 연계 방식의 임금 협상, 자율적인 명예퇴직과 신규채용 확대를 병행하는 방안, 근무 환경 개선을 통한 장기적인 생산성 향상, 기업의 재무건전성과 노동자의 권익 실현을 같이 고려할 수 있는 구체적인 교섭요구서를 작성하였고 협상안으로 설계하였다. 주요 내용은 다음과 같다.

1. 원가대비 및 영업이익 대비 인건비 비율 분석을 통한 임금 협상.
2. 목표에 따른 성과급 인상폭을 탄력적으로 조정하는 방안.
3. 통상임금과 복지비의 비중을 적절하게 고려하는 방안.
4. 경영목표를 이해할 수 있도록 투명한 재무정보 제공과 토론.
5. 생산성 향상을 위한 노사 공동 TFT 구성.

노동조합의 이러한 전략적 접근에 대해 기업 측도 긍정적으로 반응했다. 기존의 대립적인 협상이 아니라, 재무근거와 객관적 데이터를 활용한 협상이 진행되었기에 불필요한 쟁의 조정 절차 없이 신속한 합의에 도달했으며, 기업은 안정적인 비용 구조를 유지하면서도 노조의 요구를 어느 정도 수용할 수 있었다.

이처럼 K사의 사례는 경영 데이터를 기반으로 한 교섭요구서의 중요성을 여실히 보여준다. 이번 교섭을 통해 노동조합은 단순한 요구가 아닌 실효성 있는 해결책을 제시하는 협상 주체로서의 위상을 확립했으며, 기업 또한 노동조합과의 신뢰 관계를 강화하며 장기적인 생산성 향상의 기회를 확보했다.

## 2. 노동조합의 교섭요구서

**[표 1] 노동조합의 교섭요구서**

**[2025년 OO노동조합 임금인상 및 단체협약 교섭요구서]**

발신: ○○기업 노동조합
수신: ○○기업 대표이사
제목: 지속가능한 성장과 공정한 분배를 위한 2025년 임단협 요구안

○○기업 노동조합은 기업의 지속적인 성장과 조합원의 경제적 안정을 동시에 달성하는 것을 목표로 2025년 임금 및 단체협약 교섭을 통해 이를 실현하고자 합니다. 본 요구안은 2024년 기업의 재무 성과, 거시경제 환경, 업계 동향을 종합적으로 분석한 객관적 데이터를 바탕으로 작성되었습니다.

당사는 2024년 한 해 동안 OO산업 내 선도적인 역할을 수행하였으며, 매출 증가율 xx%, 영업이익률 xx%, 순이익 xx%를 기록하는 성과를 거두었습니다. 5년 평균치를 보면 영업이익률 XX% 순이익 XX%, 유동비율 200%, 당좌비율 150%, 부채비율 50%, 매출총이익률 30%, 영업이익률 10%로 지속적인 안정성을 유지하고 있으며, 이러한 경영성과는 임직원의 헌신과 노력으로 달성된 결과이며, 이를 바탕으로 조합원의 실질적 생활 안정과 기업의 장기적인 경쟁력 강화를 동시에 고려한 요구안을 제시합니다.

**1. 임금인상 요구**

- 기본급 인상 2024년 대비 통상임금 0% 인상 요구
- 현재 조합원 수 100명, 1인당 평균임금 00원
- 기본급 0% 인상 시 1인당 연간 증가액은 00억원, 전체 조합원 연간 총액 00억원
- 영업이익 대비 약 0% 수준으로 기업의 재무 부담을 고려한 현실적인 요구안임

**2. 성과급 지급기준 개선**

- 2024년 기준 매출 00억원, 영업이익 00억원, 순이익 00억원

- 성과급 지급기준을 영업이익 대비 00%로 상향 조정
- 기존 성과급 총액 00억원에서 목표달성시 요구안을 적용하면 00억원 증가
- 이는 영업이익 대비 0% 수준으로 조정 가능

**3. 복지제도 개선**

- 고등학교 입학축하금 100만원 신설: 적용 대상자 증가 총액 XX억원, 영업이익대비 XX%
- 건강검진 비용 20만원 상향: 적용 대상자 증가 총액 XX억원, 영업이익 대비 XX%
- 현재 정년 60세 임금피크제 적용률 90%→ 요구안 100% 지급 (10% 상향)
- 임금피크제 적용대상자 X명 10%상향시 1인 연간 증가액 XX억원, 영업이익 대비 XX%
- 복지비 요구안 적용시 총 증가액은 XX억원, 영업이익 대비 XX%
- 기업이 감당할 수 있는 범위 내에서 경영 안정성을 저해하지 않는 수준임.

노동조합은 기업의 성장과 조합원의 생활 수준 향상이 함께 이루어져야 한다는 방향성을 가지고, 기업의 재무 부담을 과도하게 초래하지 않는 범위에서 요구안을 설정하였고, 재무건전성도 양호하기에 임금 지급능력은 충분하다고 판단됩니다. 교섭 일정 협의와 관련하여 빠른 회신을 요청드리며, 상호 존중을 바탕으로 합의에 도달할 수 있도록 협력해 주시길 바랍니다. 감사합니다.

(첨부파일: 재무건전성 추세, 한국은행 기업별 재무비율 비교, 인건비율 추세)

2025년 00월 00일 ○○노동조합 위원장 ○○○ 올림

## II 임단협 교섭을 위한 기본준비

교섭은 단순히 권리만을 관철하는 과정이 아니라, 상호 신뢰와 협력을 통해 지속 가능한 관계를 구축하는 중요한 단계다. 이를 위해 노동조합은 합법적이고 체계적인 교섭 준비를 통해 대외 신뢰도를 높여야 한다.

노동조합의 교섭 준비는 먼저 법적 정당성과 조직적 투명성을 기반으로 해야 하며, 이를 위해 철저한 사전준비가 필요하다. 교섭 전 단계에서는 명확한 목표를 설정하고, 교섭팀의 역할과 책임을 분명히 하여, 내부 의사 결정을 진행하는 것이 교섭의 성공을 좌우하는 중요한 요소다.

노동조합은 자본에 대해 요구만 하고 대립하는 조직이 아니라, 주인의식을 가지고 기업과 협업하여 노동자의 권리를 보호하는 동시에 조직의 지속 가능한 발전을 추구하는 주체임을 인지해야 한다. 이를 위해 객관적인 데이터를 준비하고, 논리적이고 설득력 있는 교섭안을 수립하여 노

동자들의 요구를 대변함과 동시에 기업과의 신뢰를 구축하여, 노동조합이 사회적 책임을 다하는 조직으로 발전해 나아가야 한다. 이번 장에서는 합법적인 교섭 준비의 기본 과정을 제시한다.

## 1. 조합원 의견수집 및 분석

### (1) 설문조사 및 의견수렴

조합원들의 요구를 정확히 이해하기 위해 설문 조사는 중요한 도구다. 설문은 익명성을 보장해 조합원들이 솔직한 의견을 제시할 수 있도록 해야 한다. 설문 항목은 근로 조건, 복지, 근무 환경 등 핵심 주제를 포함하며, 개방형과 객관식 질문을 혼합하여 구체적이고 실질적인 요구사항을 도출한다. 설문 조사에서 수집된 데이터를 분석하여 교섭요구안을 만드는 데 활용한다.

### (2) 노사 간담회 개최

노사 간담회는 조합원과 경영진이 상호 의견을 교환하며 현안을 논의하는 중요한 자리다. 주로 경영진이 말하고 노동자들이 듣는 전통적인 간담회 방식에서 벗어나, 노동자들이 적극적으로 의견을 제시하고 경영진이 경청하는 간담회 구조로 바꿔야 한다. 간담회에서 논의된 주요 사안의 해결을 위해 노사가 함께 참여하는 TFT를 구성하여 구체적인 개선방안을 모색한다. 이러한 접근방법은 경영진과 조합원 간의 신뢰를 구축하고, 문제 해결 중심의 협력을 강화할 수 있다.

### (3) 조합원 요구사항 분석

교섭준비팀은 설문 조사와 간담회를 통해 수렴된 의견을 토대로 자료정리를 해야 한다. 실행 가능한 단기적 요구사항과 실현 가능성이 작거나 장기적으로 접근해야 할 요구사항을 구별하여 단계별 계획을 수립한다. 설문 조사 결과를 바탕으로 선호하는 복지 항목별 요구 비율의 변화를, 연도별로 분석하고 트렌드를 파악한다. 이를 통해 구성원들의 복지 요구사항이 어떻게 변화하고 있는지 파악할 수 있다. <그림 1>을 보면 특정 복지 항목에 대한 선호도의 증감과 해당 항목에 대한 구성원들의 관심도를 비교할 수 있다. 요구사항의 비용에 대해서는 경영실적 자료를 기반으로 산출하여 장단기적 성장과 분배에 어떤 영향을 미치는지 파악한다.

그림 1 내부 설문조사를 활용한 협상 전략 수립

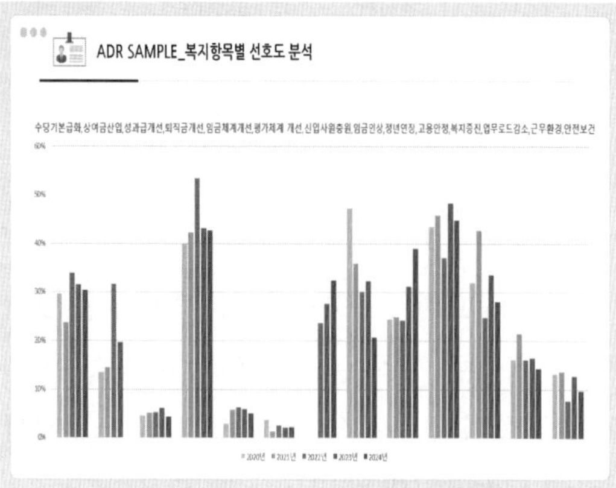


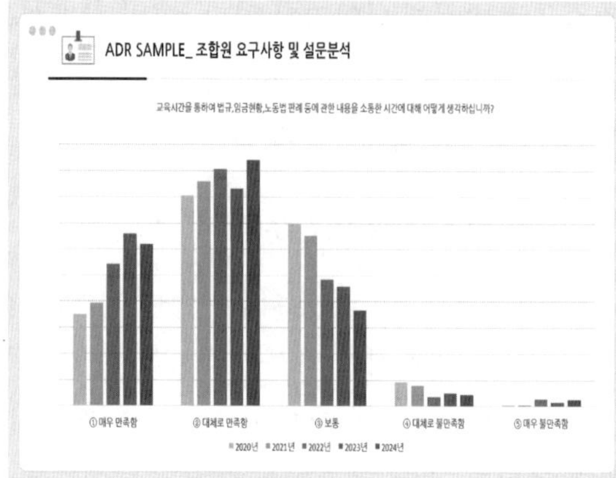


## 2. 내부규정 점검

### (1) 노동조합 규정 검토

교섭을 시작하기 전, 노동조합 내부의 규정을 검토하여 모든 절차와 규정을 준수해야 한다. 교섭 과정에서 노동조합 규정이 준수되지 않으면 조합 내에서 불신이 생길 수 있고, 교섭의 정당성도 훼손될 위험이 있다. 규정 준수는 노동조합의 일관성과 내부 신뢰를 쌓는 데 필수적이며, 조합원 모두가 인정하는 교섭을 가능하게 하며 회사와의 신뢰를 유지할 수 있는 기반을 만든다.

### (2) 내부 의사 결정 과정

노동조합의 의사 결정은 민주적이고 투명한 과정을 통해 진행되어야 하며, 이는 조합원들의 지지를 얻는 핵심 요소 중 하나다. 교섭준비팀은 임금과 복리후생의 주요 사안을 심도 있게 토론하여 교섭요구안을 설계하고, 중앙 심의기구에서 교섭요구안을 검토하며, 의결기구인 대의원대회의 결의를 거쳐서 최종적으로 결정하는 절차준수를 통해 투명성과 공정성을 확보할 수 있다.

### (3) 교섭 일정 수립

효율적인 교섭을 위해서는 일정 관리가 필수적이다. 교섭의 목표와 주요 논의 사항을 명확히 하고, 각 사안에 적절한 시간을 배정하여 일정을 계획한다. 예상치 못한 변수에 대비해 유연한 예비 계획을 마련하는 것도 중요하다. 꼼꼼한 일정 관리와 조율은 교섭의 효율성을 높이고, 불필요한 마찰을 줄일 수 있다.

### 3. 교섭전략 수립

#### (1) 노조법상 교섭의 범위

노동조합이 교섭에서 다룰 수 있는 주제는 노조법에 명시된 범위 안에서 설정되어야 한다. 교섭 가능한 주제는 임금, 근로시간, 복리후생 등 노동자의 근로 조건과 직결된 사항이다. 반면에 강행규정에 따라 금지되거나 인사권과 경영권의 범주는 사용자에게 상당한 재량이 있으므로, 근로조건과의 직접적인 연관성이 없는 경우라면 교섭에서 다루지 않는 것이 분쟁 가능성을 줄일 수 있다. 이처럼 교섭의 범위를 명확히 이해하고 법적 제한사항을 준수할 때 합법적이고 정당성 있는 교섭을 진행할 수 있다.

#### (2) 교섭팀 구성 및 역할 분담

효율적인 교섭이 이루어지기 위해서는 전문성과 협업 능력을 갖춘 교섭팀이 필요하다. 교섭 대표자는 전체 방향과 목표를 설정하여 전반적인 협상을 주도하고, 간사는 교섭 흐름을 조율하며 자료 준비와 일정 관리를 담당한다. 교섭 팀원들은 법률, 재무, 인사, 복리후생 등 분야별로 데이터를 분석하고 논리를 준비해 교섭에 참여한다. 역할 분담이 명확할수록 팀워크는 강화된다.

#### (3) 교섭요구안 수립

교섭요구안 수립은 객관적인 근거를 바탕으로 구체적인 요구사항을 만드는 과정이다. 조합 간부로 구성된 교섭준비팀을 결성하여 각종 데이터 분석을 통해 교섭요구안을 구체화한다. 임금 인상 요구는 거시경제지표와 내부 경영지표, 업계 평균 등을 수집하고 데이터를 시각화하여 종합적으로 분석한 후 상정안을 도출한다. 복리후생제도는 구성원의 선호도가 중요하지만 연령, 근속, 급여 수준 등 현실적인 여건과 비용을 고려한 요구안을 작성한다.

## Ⅲ 임단협 교섭을 위한 정보수집

교섭에서 분쟁과 대립은 정보의 비대칭성 즉 불명확한 정보로 인해 발생하는 상호 오해와 혼란에서 대부분 야기된다. 따라서 교섭은 다투는 것이 아니라 논리와 근거를 바탕으로 합의하고 문제를 해결하는 과정으로 접근해야 하며, 이를 효과적으로 수행하기 위해서는 명확성과 공감성이라는 두 가지 핵심 요소가 필요하다. 명확성은 객관적 데이터를 기반으로 상대방을 설득력 있게 이해시키므로 대립을 최소화하고 교섭의 신뢰성을 강화하게 한다. 공감성은 명확한 데이터를 바탕으로 상대방의 입장을 이해하고, 상호 간의 신뢰와 협력을 증진할 수 있다.

교섭 과정에서 명확성과 공감성이 조화를 이루면, 대립보다는 문제 해결에 초점을 맞출 수 있으며, 노사 간 지속 가능한 협력의 가능성을 열어준다. 노동조합이 체계적인 정보수집과 데이터 분석을 통하여 설득력 있는 교섭안을 마련할 때, 노사 교섭은 좀 더 수준 높은 관계로 발전할 수 있을 것이다. 이번 장에서는 거시경제 지표, 재무제표, 인건비 정보수집과 데이터 가공의 구체적인 방법을 살펴보고, 이를 통해 명확성과 공감성을 실현하는 교섭전략을 제시한다.

## 1. 거시경제 지표

### (1) 경제성장률

① **의미 :** 경제 성장률은 한 국가의 경제가 일정 기간 얼마나 성장했는지를 나타내는 중요한 지표다. 주로 GDP의 증가율로 측정되며 소비 증가, 수출 확대, 정부의 경기 부양 정책 등 다양한 요인에 의해 영향을 받으며 경제의 전반적인 건강 상태를 평가하는 데 사용된다. 일반적으로 임금이 오르면 근로자들의 가계 소득이 증가하고, 이는 소비 증가로 이어져 경제 성장을 촉진할 수 있다. 경제가 성장하면 기업의 수익이 증가하고 이는 임금인상과 고용 증가로 이어지지만, 반대로 경제가 침체하면 기업이 비용 절감을 위해 임금 동결이나 인원 감축을 고려할 수 있다.

② **주요 관점**

경제 성장률이 높을 때는 기업의 생산 활동이 활발해지고 고용이 증가한다. 이는 더 많은 일자리가 창출되고 실업률이 낮아지는 결과를 가져오며 기업의 수익이 증가하면서 임금인상과 더 나은 근로 조건으로 이어질 수 있다. 또 가계 소득이 증가하여 소비가 활발해지고, 이는 다시 경제 성장을 촉진하는 선순환이 형성되어 기업은 미래 성장 가능성을 보고 투자를 확대하며 기술개발과 인프라 확충으로 이어져 장기적인 경제 성장을 촉진한다. 또한 정부의 재정 상태는 세수가 증가하고, 이는 공공 서비스와 사회복지 프로그램의 확대로 이어질 수 있다.

반면, 경제성장률이 낮을 때는 기업의 생산 활동이 둔화하여 투자가 축소되고 고용이 감소한다. 이는 실업률이 상승하고 일자리 창출이 어려워지는 결과를 초래하고 기업의 수익이 감소하면서 임금 동결이나 삭감으로 이어질 수 있다. 가계 소득은 정체되거나 감소하여 소비가 위축되고 경기침체를 심화시키는 악순환을 초래할 수 있다.

### (2) 물가상승률

#### ① 의미

물가 상승률은 일정 기간 물가가 얼마나 상승했는지를 나타내는 지표로 물가 인상에 따른 실질임금에 영향을 주며, 주로 소비자물가지수의 증가율로 측정된다. 물가 상승률은 원자재 가격 상승, 유가 상승, 수요 증가 등 다양한 요인에 의해 영향을 받으며 물가 상승률이 높아지면 실질임금이 감소하는데, 이는 명목 임금 상승률이 물가 상승률을 따라가지 못할 때 발생한다. 물가상승은 생활비 증가와 실질 구매력 감소를 초래하며, 이에 대한 국가의 정책적 대응이 필요하다.

#### ② 주요 관점

기업은 물가 상승률이 높을 때 생산 비용이 증가하여 수익성이 감소할 수 있다. 원자재와 인건비가 상승하면 제품 가격을 인상해야 할 필요가 생기지만 이는 소비자 수요 감소로 이어질 수 있고, 중앙은행이 인플레이션을 억제하기 위해 금리를 인상하면 대출 비용이 증가하여 기업의 투자와 성장이 위축될 수 있다. 물가 상승률이 낮을 때는 비용 안정성을 유지할 수 있어 경영 계획을 세우기 쉬우며, 소비자들의 구매력이 높아져 매출 증가로 이어질 수 있다. 그러나 지나치게 낮은 물가 상승률은 디플레이션 우려를 낳아 소비와 투자가 위축될 수 있다.

노동조합은 물가 상승률이 높을 때 실질임금이 하락할 수 있어 임금인상을 요구하게 된다. 물가가 상승하면 생활비가 증가하여 노동자들의 경제적 부담이 커지기 때문에, 이를 보상하기 위해 임금인상과 근로 조건 개선을 요구한다. 반면 물가 상승률이 낮을 때는 실질임금이 안정되거나 상승할 수 있어 임금인상 요구가 줄어들 수 있다.

### (3) 환율과 금리

#### ① 의미

환율은 한 나라의 통화가 다른 나라의 통화와 교환되는 비율을 의미하며, 금리는 돈을 빌리거나 빌려줄 때 적용되는 이자율을 의미한다. 환율 변동은 국제 무역 상황, 보유 외환, 글로벌 경제 동향 등에 의해 영향을 받으며, 금리 변동은 중앙은행의 통화 정책, 인플레이션율, 경제성장률 등에 의해 영향을 받는다. 환율 변동은 수출입 기업의 수익성에 영향을 미치며, 금리 상승은 기업과 가계의 차입 비용을 증가시켜 재무 부담을 가중한다.

#### ② 주요 관점

환율 상승 시 수출 기업의 수익성은 증가하고 수입 기업의 수익성은 감소하며, 반대로 환율 하락 시 수출 기업의 수익성은 감소하고, 수입 기업의 수익성은 증가한다. 금리 상승시 기업은 대출 이자 비용 증가로 재무 부담이 커지고, 가계는 주택담보대출 등의 이자 비용 증가로 재정적 부담이 커지므로 이는 소비 감소로 이어질 수 있다.

그림 2 **경제성장률 & 물가상승률 & 임금인상률 추세분석**

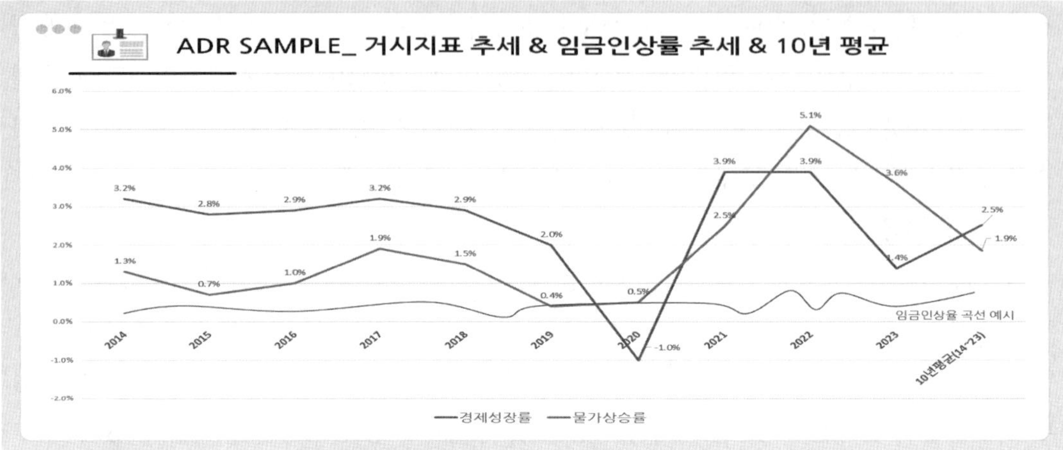


## 2. 재무건전성

회계는 경영의 언어다. 재무건전성은 채무를 적기에 갚을 수 있는 경제적 능력을 의미하며 재무 점수가 높으면 신용 등급도 높아진다. 재무건전성을 안정성, 수익성, 활동성, 성장성으로 나누어 평가해 보면 기업의 지급능력과 경영 상태를 파악할 수 있다. 교섭에서는 수치로 측정할 수 없는 정성적 평가보다는 숫자로 측정 가능하여 판단할 수 있는 정량적 부분이 중요하다.

<그림3>은 재무건전성의 비교 예시를 소개한다. 경영정보 비교분석은 먼저 자사의 최근 몇 년간의 재무제표를 수집하여 자사의 재무건전성을 파악한다. 서로 다른 형식의 데이터를 비교할 수 있도록 하기 위해 수집한 데이터를 일정한 기준으로 맞추어 정리하고 통일시키는 표준화 작업을 진행한다. 데이터 분석 결과의 확실성을 보장하기 위해 많은 샘플을 수집하여 데이터를 시각화하고, 정량적 데이터 분석을 한후 교섭에서 주장하고 싶은 내용의 근거로 활용한다.

자료의 결과는 기간에 따른 요소 간의 관계를 나타내는 막대그래프나 꺾임선 그래프등 여러 개의 차트나 데이터 세트를 시각화 하여 쉽게 이해할 수 있도록 한다. 시각화는 복잡한 데이터를 한눈에 파악할 수 있게 도와주며, 의사결정 과정에서 중요한 역할을 하기 때문이다.

교섭 전략수립을 위해 동일한 기간 동안 자사와 경쟁사의 지표를 수평적으로 비교한다. 예를 들어 매년 매출액을 비교하여 자사의 시장 위치를 파악할 수 있고 이를 통해 자사가 경쟁사에 비해 어느 정도의 경쟁력을 가지고 있는지 알 수 있다. 다음으로 자사의 지표를 여러 기간에 걸쳐 수직적으로 비교를 해본다. 예를 들어 2020년부터 2024년까지의 안정성, 수익성, 활동성, 성장성 등의 재무 건전성 변화를 비교하여 성장 가능성과 지불능력을 평가할 수 있다.

그림 3 경영정보 비교분석 방법

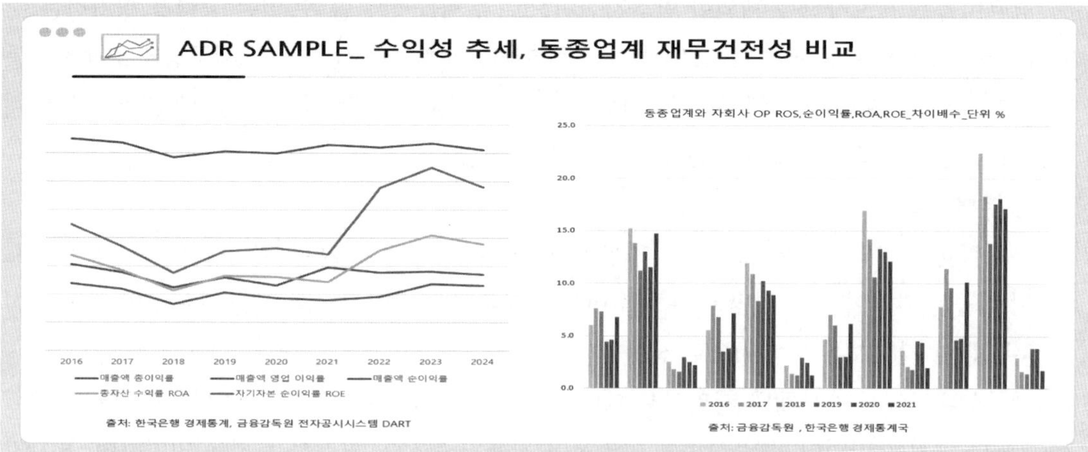


### (1) 안정성

안정성은 기업의 재정 안정성을 평가하는 중요한 지표다. 이는 기업이 재무상태의 위험이 없는 안전한 상태를 지속할 수 있는지를 나타내며 주로 부채비율, 유동비율, 당좌비율, 자기자본비율 등의 지표를 통해 파악한다. 안정적인 재무구조는 기업이 외부 충격에 얼마나 견딜 수 있는지를 보여주며, 장기적인 기업의 성장에 필수 요소다. 안정성 지표는 회사의 재무적 안전성과 지속 가능성을 판단하는 데 중요한 역할을 하므로 장기적인 안정성을 확보하려는 노력이 필요하다.

기업의 안정성이 높을 때 노동조합은 노동자의 고용안정과 임금인상을 기대할 수 있고 근로조건 개선과 복지 혜택 확대를 요구할 수 있는 여지가 커지지만, 기업의 안정성이 낮을 때는 고용 불안과 임금 동결 및 복지 축소 등의 우려가 발생할 수 있다.

기업과 노동조합이 안정성을 바라보는 공동의 상생 관점은 지속 가능한 성장을 도모할 수 있도록 혁신과 효율성을 통해 생산성을 높이고, 안정적인 고용 환경을 조성하여 상호 협력적인 관계를 유지할 때 재무 안정성을 높일 수 있다.

#### ① 유동비율

유동비율은 기업의 채무 상환 능력을 평가하며 단기적으로 부채를 상환할 수 있는 능력을 평가하는 지표다. 산출 방식은 유동자산 ÷ 유동부채 × 100으로 비율을 산출하며, 유동자산과 유동부채는 DART(전자공시시스템)에서 기업의 재무상태표를 검색하면 확인할 수 있다. 산업별로 다르지만, 유동비율은 보편적으로 150%~200% 정도가 양호하다. 유동비율이 낮을 경우, 단기 부채 축소나 현금성 자산 확보를 통한 개선이 필요하다.

**② 당좌비율**

당좌비율은 재고자산을 제외한 당좌자산만으로 부채를 상환할 수 있는 능력을 평가하는 지표다. 산출 방식은 (유동자산 − 재고자산) ÷ 유동부채 × 100으로 산출한다. 재무상태표에서 유동자산, 재고자산, 유동부채 항목을 확인하여 산출할 수 있다. 당좌비율이 낮을 때 비효율적인 재고관리 개선 및 당좌자산 확보를 통한 개선이 필요하다.

**③ 부채비율**

부채비율은 기업의 총부채가 자기자본에서 차지하는 비율로 재무 위험성을 나타내는 지표다. 이 비율은 기업이 얼마나 많은 부채를 이용해 자본을 조달하고 있는지를 보여주며 산출 방식은 총부채 ÷ 자기자본 × 100으로 산출한다.

재무상태표에서 총부채와 자기자본 데이터를 확인하여 부채비율을 산출할 수 있다. 부채비율이 높다는 것은 기업이 채무 상환에 어려움을 겪을 가능성이 커진다는 것을 의미하며, 투자자와 채권자에게 부정적인 신호가 될 수 있다. 적정 부채비율은 기업의 특성과 재무 상황에 따라 다를 수 있으며 일반적으로 부채비율이 100% 이하이면 안전하다고 보며, 200% 이상이면 위험하다고 간주한다.

**④ 자기자본비율**

자기자본비율은 기업의 총자산 중에서 자기자본이 차지하는 비율로, 기업의 재무건전성을 나타내는 지표다. 산출 방식은 자기자본 ÷ 총자산 × 100으로 산출한다. 재무상태표에서 자기자본과 총자산을 확인하여 산출한다. 자기자본비율이 높을수록 기업의 재무 안정성이 높다고 평가되고, 자기자본비율이 낮으면 경기 악화 시 이자 지급이나 차입금 상환에 어려움을 겪을 수 있으며, 경기 변동에 대한 저항력이 약해지므로 자본 확충이나 부채 관리 방안이 필요하다. 적정 자기자본 비율은 산업과 기업 특성에 따라 다를 수 있지만 25%~50% 사이로 본다.

### (2) 수익성

수익성은 기업이 얼마나 효율적으로 이익을 창출하는지를 평가하는 지표다. 이를 통해 기업의 경영 효율성과 시장 경쟁력을 파악할 수 있다. 주요 지표로는 매출총이익률(GP), 영업이익률(OP), 순이익률(NI), 자산수익률(ROA), 자기자본이익률(ROE) 등이 있다. 교섭 시 수익성 지표를 활용하여 기업의 이익 창출 능력을 평가하고, 이를 근거로 임금인상 및 복지 확대를 요구할 수 있다. 특히 영업이익률은 분배 요구의 핵심 근거가 된다.

노동조합은 기업의 수익성이 높을 때 임금인상과 복지 혜택 확대를 요구할 수 있지만, 수익성이 낮을 때는 임금 동결이나 삭감, 고용 불안정 등의 우려가 발생할 수 있다. 기업과 노동조합이 수익성을 바라보는 공동의 상생 관점은 지속 가능한 수익성과 안정적인 이익을 창출할 수 있도록 기업을 성장발전 시키고 이를 통해 노동조합은 노동자들의 고용안정과 임금인상을 기대하며 장기적으로는 기업의 경쟁력을 강화하고, 일자리를 늘릴 수 있다.

**① 매출총이익률**

매출총이익률은 매출에서 매출원가를 제외한 금액의 비율로, 기본적인 수익성을 평가하는 지표다. 산출 방식은 매출총이익 ÷ 매출액 × 100으로 산출한다. 손익계산서에서 매출액과 매출총이익을 확인하여 산출할 수 있다. 매출총이익률이 낮을 경우, 생산성 향상 및 비용 절감을 통한 수익성 개선이 필요하다.

**② 영업이익률**

영업이익률은 기업의 영업활동에서 발생하는 수익성을 나타내는 지표다. 산출 방식은 영업이익 ÷ 매출액 × 100으로 산출한다. 손익계산서에서 영업이익과 매출액을 확인하여 산출할 수 있다. 영업이익률이 감소할 때 경영 효율성 제고를 위한 업무 프로세스 개선이 필요하다.

**③ 순이익률**

순이익률은 기업의 매출액 중에서 순이익이 차지하는 비율로, 기업의 수익성을 평가하는 중요한 지표다. 산출 방식은 순이익 ÷ 매출액 × 100으로 계산한다. 손익계산서에서 순이익과 매출액을 확인하여 산출할 수 있으며, 순이익률이 높을수록 기업의 수익성이 높다고 평가하며, 순이익률이 낮을 경우 비용 절감이나 매출 증대 방안이 필요하다.

**④ 자산수익률(ROA) 자기자본이익률(ROE)**

자산수익률은 기업의 총자산 대비 순이익을 평가하는 지표로, 자산운용의 효율성을 나타낸다. 산출 방식은 순이익 ÷ 총자산 × 100으로 산출한다. 손익계산서에서 순이익, 재무상태표에서 총자산을 확인하여 산출할 수 있다. 자산수익률이 낮을 경우, 비효율적인 자산 처분 또는 투자 전략 재검토가 필요하다.

자기자본이익률은 기업의 자기자본 대비 순이익의 비율로, 주주가 투자한 자본이 얼마나 효율적으로 사용되고 있는지를 평가하는 지표다. 산출 방식은 순이익 ÷ 자기자본 × 100으로 산출한다. 손익계산서와 재무상태표에서 순이익과 자기자본 데이터를 확인하여 산출할 수 있으며, ROE가 높을수록 기업이 주주 자본을 효과적으로 활용하고 있음을 나타내고, ROE가 낮을 때 경영 효율성 개선이나 수익성 증대 방안이 필요할 수 있다.

### (3) 활동성

활동성은 기업에 투입된 자본이 어느 정도 활발하게 이루어지는가에 대한 운영효율성과 기업이 자산을 얼마나 효율적으로 활용하고 있는지의 자산활용도를 평가하는 지표다. 주요 지표로는 재고 자산 회전율, 매출채권 회전율, 영업활동 현금흐름 등이 있다. 기업이 자산을 효율적으로 활용하여 높은 매출을 기록하면, 노동조합은 이를 근거로 임금인상과 근로 조건 개선을 요구할 수 있지만, 활동성이 낮을 때는 기업의 경영 효율성이 떨어져 노동자들의 고용과 임금에 부정적인 영향을 미칠 수 있다. 기업과 노동조합이 활동성을 바라보는 공동의 상생 관점은 자산운용의 효율성을 평가하고, 이를 바탕으로 생산성 향상을 위한 장비 투자 또는 프로세스 개선을 정확하게 파악해야 한다.

**① 재고자산회전율**

재고자산회전율은 재고자산이 당좌자산으로 변화하는 속도이며 재고가 얼마나 효율적으로 운영되고 있는지를 보여주는 지표다. 산출 방식은 매출원가 ÷ 평균 재고자산으로 산출한다. 손익계산서에서 매출원가, 재무상태표에서 재고자산 항목을 참고하여 산출할 수 있다. 재고자산회전율이 낮을 경우, 재고관리 시스템 개선이 필요하다.

**② 매출채권회전율/매입채무회전율**

매출채권회전율은 매출채권이 얼마나 빠르게 현금화되는지를 나타내는 지표로 기업이 외상으로 판매한 제품이나 서비스의 대금을 얼마나 신속하게 회수하는지를 나타내며 산출 방식은 매출액 ÷ 평균 매출채권 x 100으로 산출한다.

매출채권회전율이 높을수록 기업이 외상 매출금을 빠르게 회수하고 있다는 의미이며, 이는 기업의 현금 유동성이 좋음을 나타낸다고 보며 회전율이 낮다면 외상 매출금 회수에 어려움을 겪고 있을 가능성이 있으니 현금 흐름 개선을 위한 채권 회수 전략 강화가 필요하다.

매입채무 회전율은 기업이 외상으로 구매한 원재료나 상품에 대해 얼마나 신속히 지급하는지를 평가하는 지표로 산출 방식은 매출원가 ÷ 평균 매입채무 x 100으로 산출하며, 공급자와의 관계나 자금 운용 효율성을 분석하는데 유용하다.

**③ 총자산 회전율**

총자산 회전율은 기업의 자산이 얼마나 효율적으로 매출을 창출하는지를 평가하는 지표다. 산출 방식은 매출액 ÷ 총자산으로 산출하며 1~2.5 이상이 양호하다. 총자산 회전율이 낮을 때 비핵심 자산의 매각 또는 활용도 제고가 필요하다.

### (4) 성장성

성장성은 기업의 규모에 대한 전년 대비 성장의 성적이며 매출, 자산, 이익 등이 얼마나 증가했는지를 통해 투자자와 이해관계자들이 기업의 미래 성장 가능성을 평가하는 지표로 기업의 성장 추세와 잠재력을 파악할 수 있다. 주요 지표로는 매출성장률, 자산 성장률, 영업이익 증가율 등이 있다. 기업이 높은 성장성을 유지할 때 노동조합은 임금인상과 근로 조건 개선을 요구할 수 있지만, 성장성이 낮을 때는 고용 불안정과 임금 동결, 복지 축소 등의 우려가 발생할 수 있다. 기업과 노동조합이 성장성을 바라보는 공동의 상생 관점은 상호 협력과 지속 가능한 성장목표를 추구하기 위해 서로 협업해야 한다.

**① 매출 증가율**

매출 증가율은 전년 대비 매출액이 얼마나 증가했는지를 평가하는 지표다. 산출 방식은 (금년도 매출액 − 전년도 매출액) ÷ 전년도 매출액 × 100으로 산출한다. 손익계산서에서 전년과 올해의 매출액을 확인하여 산출할 수 있으며 3~5년 추세를 파악해 본다. 매출성장률이 높을 경우, 이익 분배 확대를 요구할 수 있다.

**② 영업이익 증가율**

영업이익 증가율은 영업이익이 전년도 대비 얼마나 증가했는지를 나타내는 지표로 산출 방식은 (금년도 영업이익 − 전년도 영업이익) ÷ 전년도 영업이익 × 100으로 산출한다. 손익계산서에서 전년도와 금년도의 영업이익 데이터를 확인하여 산출할 수 있으며 3~5년 추세를 파악해 본다. 영업이익이 증가했을 경우 노동조합은 임금인상 또는 성과급 지급을 요구할 수 있다.

**③ 자산 성장률**

자산 성장률은 기업의 총자산이 전년 대비 얼마나 증가했는지를 보여주는 지표이며 산출 방식은 (금년도 자산 − 전년도 자산) ÷ 전년도 자산 × 100으로 산출한다. 재무상태표에서 전년과 올해의 총자산 데이터를 확인하여 산출할 수 있다. 자산 성장률이 높을 때 신용도와 주가 상승 등의 긍정적인 효과를 기대할 수 있다.

## 3. 인건비 적정성

노동조합은 인건비가 노동자들의 생활 수준을 보장할 수 있는 수준에서 책정되기를 원하며, 임금인상과 근로 조건 개선을 통해 생활의 질을 향상시켜 노동자들의 경제적 안정을 도모하는 것을 목표로 한다. 따라서 인건비 통계 및 재무 데이터를 종합적으로 분석하고 인건비 부담 수준을 파악하여야 한다.

인건비의 적정성을 산출하기 위해 KOSIS, DART, 고용노동부 등 신뢰할 수 있는 기관의 데이터를 활용하여 객관적 근거자료를 수집하여 교섭전략을 수립한다면 보다 효과적이고 설득력 있는 교섭전략을 마련할 수 있다.

기업은 인건비를 체계적으로 관리하고 최적화하여 재무 건전성과 지속 가능한 성장을 추구하는 목적을 가진다. 적정 인건비는 기업이 지급할 수 있는 범위 내에서 인재를 채용하고 유지할 수 있는 수준을 의미하기에 기업은 동종업계와의 비교를 통해 자사의 인건비 수준을 평가하고 분석한다.

인건비가 높아지면 기업의 경쟁력이 약화할 수 있으므로, 기업이 경쟁력을 유지하면서 노동자의 경제적 안정을 보장할 수 있는 적정한 수준에서 관리하는 것이 중요하다. 기업과 노동조합이 인건비 적정성을 바라보는 공동의 상생 관점은 인건비를 효율적으로 관리하면서 노동자의 생활 수준을 보장하는 것이다.

<그림 4>는 공신력 있는 기관의 자료와 객관적인 경영정보 수치를 활용한 인건비 적정성 평가와 비교 방법이다. 먼저 신뢰할수 있는 기관의 자료를 활용하여 업종별 임금 자료를 수집하고, 산업 평균과의 비교를 통한 자사의 경쟁력을 분석해 본다. 자사의 순매출, 영업이익, 제조원가 대비 인건비 비율을 평가해 보고, 기업이 감당할수 있는 수준의 인건비 인상률을 설정한다. 제조비 내 노무비 의 구조적 분석을 통하여 제조비와 노무비의 증감 관계를 살펴보고, 노무비 조정이 어려운 경우에는 인센티브 제도 도입이 대안이 될 수도 있다.

**그림 4 인건비 적정성 비교 방법**

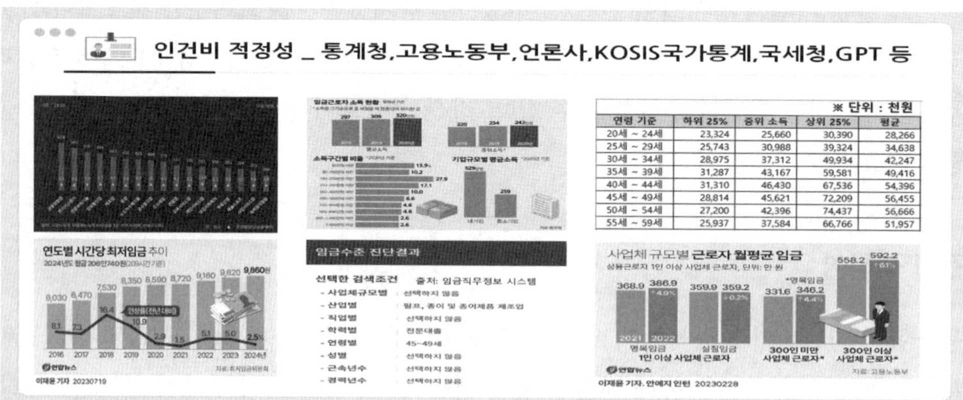

### (1) 매출 및 영업이익 대비 인건비 비율

인건비는 근로자에게 지급하는 모든 비용에 인원수를 곱한 비용을 의미하며, 세부 항목으로는 기본급, 상여금, 각종 수당, 퇴직금, 복리후생비 등이 포함된다. 보편적으로 인건비 비율은 회사의 원가 부담을 나타내는 지표로 매출 대비 인건비 비율과 영업이익 대비 인건비 비율로 나누어서 분석할 수 있다.

매출 대비 인건비 비율은 매출에서 인건비가 차지하는 비중을 보여주고, 총 인건비 ÷ 총매출액 ×100으로 산출하며, 산업 평균이나 경쟁사와 비교해 과도하거나 부족한지를 평가할 수 있다. 노동조합은 매출 증가에 따른 적정 인건비 인상 또는 비율 조정을 요구할 수 있다.

영업이익 대비 인건비 비율은 총 인건비 ÷ 영업이익 ×100으로 산출하며 영업이익 중 인건비가 차지하는 비중을 평가한다. 노동조합은 영업이익 증가율과 연동하여 임금인상 폭을 논리적으로 요구할 수 있으며 인건비 비율이 업계 평균보다 낮다면 노동자의 기여도에 비해 적정 보상이 이루어지지 않고 있음을 강조하고, 인건비 투자를 통해 장기적인 생산성 향상을 도모해야 한다고 주장할 수 있다.

정보수집은 국가통계포털 KOSIS에서 업종별, 직무별 인건비 비율 통계를 활용할 수 있으며, 전자공시시스템(DART)에서 기업의 재무제표와 경영공시 자료를 통해 각 기업의 인건비 비율 현황을 분석할 수 있다.

### (2) 업종, 직무, 연차별 인건비 통계

국가 기관별 인건비 통계 자료를 활용하여 해당 업종 및 직무와 연령별 평균 인건비를 도출하여 임금 수준의 적정성을 파악할 수 있다. 만약 현재의 임금 수준이 연령과 연차에 따른 업계 평균과 비교하여 낮다면, 동등한 산업 수준과 맞추기 위해 임금인상과 공정한 보상 체계를 마련할 필요가 있다고 노동조합에서 주장할 수 있다. 정보수집은 한국은행 경제통계시스템(ECOS)에서 경제활동별, GDP 산업별 노동 생산성에서 업종별 데이터를 확인할 수 있고, KOSIS에서 업종별, 직무별, 연차별 임금 통계를 참고할 수 있다.

### (3) 최저임금 추세

법정 최저임금의 연도별 변화율을 분석하여 임금정책에 반영하는 방법으로 고용노동부의 최저임금 고시 자료를 활용해 최근 5~10년간 최저임금 상승률을 계산할 수 있다. 최저임금 상승률은 (금년도 최저임금 − 전년도 최저임금) ÷ 전년도 최저임금 × 100으로 산출한다.

### (4) 교섭요구안 및 합의안 추세 분석

노동조합은 과거 교섭에서 논의된 요구안 및 합의안의 변화를 분석하여 교섭의 방향과 주요 논의 사항을 파악하고 이를 통해 향후 교섭전략을 수립할 수 있다. 지난 5년간 교섭요구안과 합의안의 내용 및 결과를 정리하여 교섭의 주요쟁점 사항을 파악하고, 이전에 합의되지 않은 부분은 개선하여 다시 요구할 수 있다. 정보수집은 회사와 노동조합 간 체결된 단체협약 기록, 과거 교섭 회의록 및 노사협의회 자료가 있다.

## 4. 교육과 벤치마킹을 통한 정보수집

### (1) 상급 단체 교섭 지침

노동조합 상급 단체에서 제공하는 교섭 지침은 노동조합이 임단협 교섭시 참고할 수 있는 지침으로 교섭전략과 법적 판례 등을 포함한다. 상급 단체에서 발행한 공식문서와 지침서를 수집하여 교섭에 적용할 수 있는 전략을 도출한다. 주의할 사항은 상급 단체의 지침이 기업별 실제 상황과 얼마나 부합하는지 살펴봐야 하며, 지침을 현장에 적용할 때 발생할 수 있는 문제점과 해결 방안을 함께 모색해야 한다. 정보수집은 한국노총과 민주노총의 교섭 지침서, 교섭 매뉴얼, 법적 해설서 등이 있다.

### (2) 동종업계 임단협 및 복리후생 사례

동종업계의 임단협 사례와 복리후생제도를 수집하여 자사 교섭전략에 반영함으로 효과적인 방안을 도출하는 방법이다. 이 과정에서 동종업계의 사례가 자사의 상황과 얼마나 유사한지 비교해야 하며, 벤치마킹한 사례를 자사에 적용할 때 현장의 특수성을 반영한 맞춤형 교섭전략을 수립해야 한다. 정보수집은 동종업계의 임단협 사례 보고서 및 복리후생제도, 업계 뉴스, 관련 연구논문 등이 있다.

### (3) 교섭 관련 교육 프로그램

노동조합은 노동자들의 권익을 위해 끊임없이 학습해야 하는 조직이다. 따라서 효과적인 교섭을 진행할 수 있도록 도움을 주는 교섭 강좌 프로그램을 수강하여 교섭전략과 전술을 강화해야 한다. 교육 프로그램을 수강하기 전에 그 내용이 실제 자사의 교섭 상황에 얼마나 유용한지 점검해야 하며, 교육을 통해 습득한 지식을 현장에 적용할 때 발생할 수 있는 문제점과 해결 방안도 함께 모색해야 한다. 나아가 지속적인 교육을 통해 교섭문화를 향상시키고 교섭 동향과 판례의 흐름을 파악한다. 교섭과 관련된 교육을 제공하는 곳은 한국생산성본부, 중앙경제교육원, 노사발전재단, 한국고용노동교육원, 양대 노총 지침 교육 등이 있다.

## Ⅳ 임단협 교섭 진행 과정

원가의 3요소는 재료비, 제조경비, 노무비로 구성되어 있듯이, 교섭의 3요소는 사람과 기술과 데이터의 연결이며, 교섭 과정에서는 사람과 사람의 연결이 핵심이다. 아무리 데이터를 화려하게 가공하여 논리적으로 표현한다고 하더라도 상대방이 무엇을 중요하게 생각하는지 파악하지 않고 대화를 한다면, 서로가 서로에 대한 메시지를 깊이 받아들일 수 없을 것이다. "찬탄하지만 감동하지 않는다"라는 말처럼 기술이 아무리 뛰어나다고 해서 감동적이지는 않다는 점이다. 시각적인 데이터 분석을 통한 화려한 언변과 논리도 필요하지만, 서로가 솔직하게 의견을 밝히고 경청하면서 상대방의 가치를 존중하고 이해하려는 태도를 보여줄 때, 상대방은 마음을 열고 더 건설적인 대화를 할 수 있게 되며 마음의 공감대가 형성된다. 더 나아가 서로의 이견보다 공동의 관심사와 목표를 기반으로 협상을 한다면 상대방은 방어적인 태도를 줄이고 협력적인 자세를 취하게 된다. 논리적인 설득력에 진정한 공감성이 더해질 때 시너지 효과는 커지고, 성공적인 교섭 결과를 도출할 수 있다.

### 1. 교섭 사전준비

#### (1) 상견례 일정 및 참석자

교섭의 첫 단계로, 상견례 일정을 조율하고 참석자를 확정한다. 교섭의 기본적인 틀과 방향을 논의하며, 간사를 선정하여 교섭의 원활한 진행을 도모한다. 상견례는 교섭의 출발점으로서 모든 참여자가 교섭의 목표와 절차에 대해 명확히 이해하고 동의하는 기회를 제공한다.

#### (2) 본교섭 진행 방식과 협상 규칙

본교섭의 진행 방식을 사전에 합의하고, 협상 규칙을 명확히 하는 것은 교섭의 투명성과 공정성을 확보하기 위함이다. 모든 참여자가 이를 준수해야 하며 이는 교섭의 효율성과 정확성을 높이고, 불필요한 오해나 갈등을 방지하는 데 도움이 된다.

### (3) 체결권 위임과 권한 확인

교섭에 참여하는 각 대표가 법률상 체결권을 위임받았는지 확인하는 것은 필수적인 절차다. 이는 법적 효력을 갖춘 합의를 하는 데 필수 요소이며, 교섭의 신뢰성을 높이는 데 이바지한다. 체결권의 위임과 권한을 정확히 함으로써, 교섭 과정에서 발생할 수 있는 법적 문제를 예방하고, 합의 가능성을 보장할 수 있다.

## 2. 주요쟁점과 합의도출

### (1) 실무 교섭 소위원회 운영

실무 교섭 소위원회는 2~3명으로 구성하고 구체적인 사항을 논의하여 교섭의 효율성을 높일수 있다. 소위원회는 교섭의 주요쟁점을 집중적으로 다루어 합의를 이끌어내는 역할을 하며 세부적인 문제를 심도 있게 논의할 수 있고 해결책을 제시할 수 있다. 이를 통해 교섭의 전반적인 진행 속도를 높이고 보다 구체적이고 실질적인 결과를 도출할 수 있다.

### (2) 교섭 주기 및 회의록 작성

일정한 주기로 교섭이 이루어지면, 모든 참여자가 교섭의 진행 상황을 명확히 이해할 수 있고 지속적인 논의와 피드백이 가능해진다. 회의록은 교섭의 공식 기록으로 모든 논의 사항을 기록하기보다는 <표 2>처럼 핵심주장과 결정된 내용을 명확히 문서화할때 교섭 과정에서 발생할 수 있는 오해나 분쟁을 예방할 수 있다.

### (3) 쟁점의 공감적 접근

각각의 쟁점에 대해 중요도와 우선순위를 정하여 핵심 쟁점을 도출하고, 핵심사안에 대해 집중적으로 논의를 거쳐 합의에 도달하는 것이 교섭 타결의 중요한 과정이다. 공감적인 접근은 교섭 참여자가 상대방의 입장을 이해하고 존중하는 태도를 보일 때, 더 원활하고 건설적인 대화가 가능해지며 상호 협력적인 분위기가 조성됨으로 효과적인 합의를 이끌어낼 수 있다.

[표 2] 임단협 회의록

**202X년 1차 임단협 회의록**

- 일시: 202X년 00월 00일(수) 13:00~18:00
- 장소: 서울시 ADR 회의실
- 참석자: ADR 노동조합 ADR 회사

**1. 주요 내용**

– 회사는 성장정체의 긴 터널속에서 가능한 빨리 탈출하기 위해 노력을 하고 있으며 이를 위해 임금 및 복지항목은 현수준으로 유지하여 글로벌 경쟁력에서 뒤쳐지지 않는 경쟁력과 비즈니스 성과를 달성하는 것이 급선무이며 이를 통해 우리의 제조 설비를 유지하고 새로운 투자를 받는 것이 무엇보다 필요한 사항임을 강조함.

– 특히 올해의 경우 전년대비 매출이 낮아지고 있기 때문에, 어렵고 힘들지만 노사의 일치단결된 모습으로 제조 경쟁력 회복에 초점을 맞추고, 단체교섭도 우리에게 꼭 필요한 부분 그리고 미래 경쟁력 강화에 도움이 되는 항목을 개선하는 방식으로 진행하는 것을 제안함.

– 노동조합은 지속가능한 경영과 일자리 창출을 위한 신규설비 투자와 신규고용 창출을 위해 상생의 노력을 함께 하였다. 지속가능한 경영은 기업이 매출이나 이익 등 재무적 가치뿐만 아니라 경제적, 사회적 이슈들을 종합적으로 고려하여 기업과 외부환경의 지속가능성을 추구하는 경영활동을 의미한다.

– 중요한건 성과이익에 대한 형평성 있는 분배가 이루어질 때 근로조건이 향상되고 근로자의 애사심과 책임감이 높아진다고 판단하며, 협력적이고 안정적인 노사관계에 중점을 두는 협상을 위해 경영지표를 근거로 임단협 요구안을 타당성 있게 제시하였으며, 회사가 이를 수용할 때 노동의 가치는 존중된다고 생각한다.

**2. 차기 교섭일정**

– 2차: 00월 00일(목) 서울시 00회의실에서 진행하는 것으로 함.

202X.00.00.

노동조합 간사 000　　　　회사 간사 000

## 3. 최종합의 및 신고

### (1) 최종 합의안 작성 및 검토

교섭의 마지막 단계에서는 합의 내용을 문서로 만들어 최종 합의안을 작성하고, 모든 참여자가 교섭의 결과를 명확히 검토하여, 추후 발생할 수 있는 분쟁을 예방한다. 교섭 참여자는 합의안을 꼼꼼히 살펴보고 누락된 사항이나 수정이 필요한 부분이 없는지 확인하여 교섭의 투명성과 신뢰성도 확보한다.

### (2) 합의안 서명 및 발표

최종 합의안이 작성되고 검토가 완료되면, 모든 참여자가 합의안에 서명하고 이를 공식적으로 발표한다. 서명은 합의의 법적 효력을 부여하는 중요한 절차이며, 이를 통해 합의 내용이 공식적으로 인정된다. 합의안 발표는 합의 내용을 투명하게 공개하여 조합원들과의 신뢰를 강화하는 과정이며 발표를 통해 조합원들은 교섭의 결과를 정확하게 이해할 수 있다.

### (3) 협약서 배포 및 신고

최종 합의안에 서명이 완료되면 작성된 단체협약서를 사원들에게 배포하고, 행정관청에 신고하는 절차가 필요하다. 협약서 배포는 사원들이 합의 내용을 정확히 이해하고 이를 준수할 수 있도록 돕는 과정이다. 합의안은 행정관청에 신고함으로써 법적 효력을 갖추게 되며, 합의 내용이 공식적으로 인정받는 중요한 절차다.

# V 공동의 발전을 위한 노사협력

임단협 타결은 교섭의 끝이 아니라, 새로운 시작을 알리는 중요한 전환점이다. 교섭을 통한 합의는 단기적인 성과보다는 장기적인 비전과 미래의 지속 가능한 관계를 위해 노사 모두의 발전을 추구하는 과정 중 하나이다.

노동조합은 임단협 타결 이후에 사원 소통을 통해 교섭의 결과를 공유하는 것도 중요하지만, 사회적 책임감을 고취시키는 활동도 병행해야 한다. 이는 노동조합이 단순히 노동자의 권리만을 대변하는 조직이 아니라 사회적 가치를 추구하는 주체이기 때문이다. 따라서 타결 이후에는 우리 일터의 성과 창출과 사회적 가치 실현이라는 두 가지 축을 중심으로 노사 모두의 발전을 도모해야 한다.

사회적 가치를 실현하는 것은 노사가 사회공헌 활동을 확장하여 지속 가능한 상생의 관계를 대내외적으로 구축하는 것이다. 기업은 성장을 추구하고 노동조합은 분배를 추구하지만, 두 목표는 갈등적이지 않고 오히려 서로를 보완하며 상생의 관계를 형성할 기회를 제공한다. 이번 장에서는 노사가 함께 사회적 책임을 다하는 사례에 대해 제시하고자 한다.

## 1. 기업이 추구하는 방향

### (1) 생산성 향상

지속 가능한 성장을 위해 기업은 다양한 방법으로 생산성을 향상시키는 전략을 추구한다. 이를 위해 새로운 기술을 도입하거나 기존 기술을 개선하여 생산 과정을 효율적으로 만든다. A 기업 사례를 보면 인공지능(AI) 기반의 데이터 분석 시스템을 도입하여 실시간으로 데이터를 분석하고 문제를 조기에 발견하여 해결점을 찾도록 도와줌으로 생산 공정을 최적화하였고, 그 결과 생산 시간은 20% 단축되고 불량률은 15% 감소했다.

### (2) 이익 확보

기업은 다양한 방법으로 비용을 절감하고 수익을 다변화하여 안정적인 성장을 추구하고 있다. C 기업 사례를 보면 에너지 비용 절감을 위해 태양광 패널을 설치하여 자체적으로 전력을 생산하고 이를 통해 연간 에너지 비용을 25% 절감하였고 환경 보호에도 이바지하고 있다.

### (3) 시장 경쟁력 강화

기업은 변화하는 시장 환경에 유연하게 대응하고 브랜드 가치를 높여 고객 만족을 실현하려고 한다. 이를 위해 마케팅과 홍보 활동을 강화하고, 고객의 요구와 기대에 부응하는 제품과 서비스를 제공한다. E 기업 사례를 보면 플라스틱 대신 생분해성 소재를 사용한 제품을 개발하여 출시함으로 환경친화적인 이미지를 구축하고, 소비자들의 호응이 높아짐으로 시장 경쟁력을 강화했다.

## 2. 노동조합이 추구하는 방향

### (1) 근로 조건 개선

노동조합은 노동자의 삶의 질을 향상시키기 위해 임금, 복리후생, 근로 조건 개선을 최우선의 과제로 삼고, 이를 실현하기 위해 임금인상을 요구하거나 더 나은 근무 환경과 복리후생 증진을 위해 노력한다. A 노동조합은 교섭을 통해 연차 휴가 일수를 최대 40일까지 상향, 건강검진 비용 회사가 전액 부담, 근무환경 개선을 위해 휴게실을 새롭게 마련하는 등 근로조건을 개선하였다.

### (2) 고용 안정성 확보

노동조합은 기업의 구조조정과 고용 불안에 대응하여 노동자들의 고용안정을 유지하기 위한 역할을 한다. C 노조는 기업의 구조조정 계획에 대응하여 조합원들을 위한 재교육 및 전환 배치 프로그램을 도입하여 조합원의 직업 능력을 향상시켰고, 이를 통해 정리해고 없이 인력을 재배치하는 협약을 체결하여 고용 안정성을 확보했다. 또 디지털 전환 과정에서 발생할 수 있는 인력 감축에 대비하여, 조합원들에게 새로운 기술 교육을 제공하여 내부 전환 배치를 통해 고용을 유지하는 방안을 마련했다.

### (3) 공정한 분배 실현

노동조합은 기업의 성과를 노동자들에게 공정하게 분배하는 것을 목표로 한다. 이를 위해 경영실적을 바탕으로 협상안을 제시하여 기업 성과에 따른 혜택을 공정하게 분배할 수 있도록 요구한다. IT 업계 E 노조는 협상을 통해 회사의 연간 성과를 기반으로 매출 증가분의 일정 비율을 성과보수로 배분받는 제도를 도입하여 성과에 따른 공정한 보상을 받을 수 있게 하였고, 연말 성과급 지급기준을 만들어 노동자들의 기여도를 반영한 공정한 분배를 실현했다.

## 3. 노사 공동이 추구하는 방향

### (1) 지속가능한 경쟁력과 고용안정

2025년 딥시크 AI의 등장으로 글로벌 반도체 업계가 새로운 도전에 직면하고 있다. 아울러 AI의 급속한 발전과 도입은 기업과 노동계에도 전례 없는 도전과 기회를 동시에 제공하고 있다. 2023년 맥킨지의 분석에 따르면, 현재 직무의 약 60~70%가 AI에 의해 자동화 또는 보조될 수 있는 잠재력을 가지고 있다고 한다.

AI는 강력한 도구이지만 중요한 건 이를 활용하여 노동의 잠재력을 어떻게 최대한 발휘하게 하고, 조직의 목표를 달성하는 데 어떻게 기여할 것인가를 고심해야 한다. 특히 AI에 대한 구성원들의 이해와 수용성을 높이는 것이 중요하다. AI 도입으로 인한 업무 방식의 변화속에서 사원들의 일과 삶이 균형을 유지하는 것이 주요 과제로 인식되고 있는 상황이다. 기업의 성장이 근로자의 희생을 강요하는 방식이 되어서는 안 되며, 노동자 보호가 기업의 경쟁력을 저해하는 방식으로 작용해서도 안 된다. 결국 지속가능한 경쟁력과 고용안정은 노사가 상호 신뢰를 바탕으로 함께 실천해야 할 과제이다.

### (2) 상생의 교섭문화 형성

노사가 공동으로 추구해야 하는 교섭 방향은 기업의 성장과 노동의 공정한 보상 그리고 사회적 책임을 다하는 데 있다. 노사 간의 대립을 넘어 상호 신뢰를 바탕으로 협력 관계를 구축하는 문화가 형성되면, 단기적 성과를 넘어 장기적인 상생을 목표로 노사 모두에게 이익을 가져오는 결과를 창출한다. 교섭위원은 이러한 노사 공동의 목표를 명확히 이해하여 균형 잡힌 합의점을 도출해야 한다.

A 노동조합은 교섭의 목표를 설정할 때 근거자료를 토대로 타당성 있는 교섭요구안을 작성하여 협상에 임한다. 회사도 데이터를 기반으로 정당하게 주장하는 노동조합에 대해 형평성 있는 분배와 더불어 성장에도 포커스를 맞추는 상생적 시각으로 협상을 진행한다. 교섭이 타결되면 교섭 결과를 조합원 교육 및 노조 워크숍에서 공유한다. 또한 외부 소통을 통해 자사의 교섭 정보를 공유하고 동종업계 노동조합과 다양한 의견을 교류하여 더 나은 정책과 제도를 만들어 가고 있다.

### (3) 사회적 책임과 지역사회 공헌

노사는 다양한 사회공헌 활동을 함께 전개하여 구성원들의 책임감을 높여야 한다. Y 노사는 전사적으로 사원 급여의 1%를 기부하여 취약계층을 돕는 활동을 해마다 진행하고 있으며, 노사가 일대일 매칭펀드를 통해 상생기금을 조성하여 한부모 가정의 자녀를 위한 교복 및 장학금 지원, 독거 가정을 위한 연탄 배달과 김장 행사 등을 정기적으로 실시함으로써 경제적 어려움을 겪는 이웃들에게 실질적인 도움을 제공하고 있다. 지역사회와 협력하여 정기적으로 환경 정화 활동을 진행하여 환경 보호에 이바지하며, 무료 급식소 운영, 등을 통해 지역사회의 신뢰를 얻고 조합원들의 사회적 책임 의식을 높이고 있다.

## 참고문헌


1. 국가통계포털 (KOSIS).「임금 및 인건비 통계자료」https://kosis.kr
2. 김강민, 김학린, 임재형, 전형준, 갈등관리와 협상.(2018)
3. 고용노동부 노사문화우수기업 사례집.(2022)
4. 고용노동부, 노동조합 및 노동관계조정법 질의회시 모음집.(2024)
5. 금융감독원 전자공시 시스템 https://dart.fss.or.kr/
6. 박호환 최명원 정원준.(2025) 윈윈 협상법 나무
7. 유한킴벌리 지속가능성 보고서 사람이 희망이다.(2024)
8. 중앙노동위원회 ADR 대안적 분쟁해결 제도 심화편 박영사.(2024)
9. 최영우 집단 노동법 실무.(2024)
10. 한국노총 공동 임단투 지침.(2023, 2024)
11. 한국은행「경제통계시스템(ECOS)」, https://ecos.bok.or.kr

제 2 부

# 직장 내 갈등, 어떻게 풀 것인가?

- **선제적 대응으로 파괴적 갈등 예방하자** _문강분 교수
- **정체성에 기반한 사고와 도덕적 감정에서 벗어나자** _김나정 교수
- **긍정 조직문화로 직장갈등 예방하자** _도보람 교수
- **MZ세대와 의사소통 어떻게 할 것인가?** _이영면 교수
- **생각을 달리하면 해법이 보인다** _차명호 교수

# 제2부 개요 직장 내 갈등, 어떻게 풀 것인가?

직장 내 갈등, 파괴적 국면을 넘어 실질적 해결로 가는 다섯 가지 접근

제2부는 다양한 직장 내 갈등 양상을 분석하고, 이를 예방 · 관리 · 회복하기 위한 전략을 제시하는 다섯 편의 실천적 논의로 구성되어 있다. 각 장은 조직 내 갈등의 발생 구조와 확산 메커니즘을 조망하며, 대응의 패러다임을 '사후 규제'에서 '사전 예방'으로 전환할 것을 일관되게 주장한다.

제1장('선제적 대응으로 파괴적 갈등 예방하자')은 직장 내 괴롭힘 법제화 이후 조직 내 갈등이 어떻게 법적 사건화되고, 이것이 파괴적 갈등으로 비화되는지를 조명한다. 괴롭힘 신고 이후 당사자 간 관계는 회복 불가능한 수준으로 악화되고, 조직은 보호가 아닌 분열로 나아가는 현실을 지적한다. 이에 따라 대응의 중심축은 '행위자 처벌'이 아니라 '괴로움 해소'로 전환되어야 하며, 조기 감지 시스템, 고충 중심 대응 체계, 존중리더십, 실효적 교육과 같은 통합 예방 전략을 제시한다. 실례로서 세계은행의 Anti－Harassment Coordinator 제도의 한국형 모형의 구축을 제안한다.

제2장('정체성에 기반한 사고와 도덕적 감정에서 벗어나자')은 갈등의 심층 원인을 도덕적 감정, 정체성 위협, 인지적 왜곡 등으로 분석하며, 의사소통의 방식 전환을 제안한다. 갈등 당사자 간의 '우리 대 그들' 구도는 정체성 위협을 강화하고, 도덕적 분노가 조직 전체로 전이될 경우 회복이 어려운 파괴적 갈등으로 이어진다. 이에 대응하기 위해서는 도덕 감정을 객관화하고, 조망수용적 대화를 통해 상호이해를 증진시킬 수 있는 실질적 커뮤니케이션 전략을 제시한다.

제3장('긍정 조직문화로 직장갈등 예방하자')은 조직문화 차원에서 갈등을 예방하기 위한 '긍정 조직문화' 형성과 조직개발(OD)의 필요성을 다룬다. 파괴적 갈등이 만연한 조직은 심리적 안전감이 결여되어 있고, 감정 표현이 억제되며, 문제 중심 사고가 고착되어 있다. 이러한 구조를 극복하기 위해서는 경영진의 정책적 의지와 리더층의 실천, 구성원의 참여가 통합된 조직문화 개선 전략이 요구된다. 사례 기업의 조직 개발 과정은 실천적 지침이 될 수 있음을 강조한다.

제4장('MZ세대와 의사소통 어떻게 할 것인가?')은 디지털 전환 시대의 비대면, 비실시간 의사소통이 새로운 갈등의 원인이 되고 있다는 점을 부각한다. 메시지의 전달 시차, 단편적인 정보, 감정이 배제된 텍스트 중심 커뮤니케이션은 오해와 불신을 증폭시키며, 직장 내 괴롭힘으로까지 비화될 수 있다. 이를 방지하기 위해선 조직 차원의 커뮤니케이션 규범 정립과 교육이 병행되어야 함을 역설한다.

제5장('생각을 달리하면 해법이 보인다')은 직장 내 갈등을 단순히 해결해야 할 '문제'가 아닌, 관계 회복을 위한 '대화의 기회'로 접근해야 한다는 사람 중심 상담모형을 제안한다. 당사자의 정서와 경험을 존중하며 진행되는 갈등상담은 조직의 신뢰 기반을 회복시키고, 반복적 갈등 발생을 예방할 수 있는 핵심 자산이 된다는 점을 강조한다.

제2부는 갈등을 둘러싼 다양한 양상과 조직의 대응 실패를 고찰하며, 제도 중심 대응의 한계를 넘어서기 위한 '통합형 예방 전략'을 강조한다. 특히 직장 내 괴롭힘 법제화는 문제 해결의 수단이기보다는 때로는 갈등의 격화와 장기화를 초래한 기폭제가 되었다. 이제는 제도의 도입을 넘어 조직문화와 대응 시스템 전반을 진단하고, '괴로움 해소' 중심의 실효성 있는 내재화 전략으로 나아가야 할 시점이다.

# 선제적 대응으로 파괴적 갈등 예방하자
## - 직장내 괴롭힘 해결 시스템 구축 -

문강분 교수

# 선제적 대응으로 파괴적 갈등 예방하자
# - 직장 내 괴롭힘 해결 시스템 구축 -

문 강 분

## I 선제적 대응을 통한 예방의 필요성

**[상황 1] 50대 팀장과 20대 주임의 불편한 동거**

P기업은 소재 생산 대기업으로 전국적으로 제조 공장을 운영하며 해외 영업망을 가진 글로벌기업이다. 지방 산업 단지에 위치한 K공장은 산업단지를 대표하는 공장으로 P기업의 성장을 견인한 원조 사업장으로 명성이 높았던 사업장이다. 그러나 개발국의 공급 물량 확대로 국제경쟁력이 저하되는데다 소속 인력의 고령화와 설비노후화로 수익성이 악화되고 적자가 누적되고 있다. 최근 본사에서 임명된 K공장장은 그룹내 재무통으로 관리자들에게 공장폐쇄까지 고려되는 위기 상황을 지속적으로 강조하고 있다. 특히 생존을 위한 혁신과 특별 케어를 통한 MZ사원 이탈을 방지를 주문하고 있다.

**A팀장의 특별케어**

올해 오십이 된 A팀장은 지역 K공고를 졸업하고 K공장에 입사한 뒤 병역기간을 제외하고는 30여년 장기근속 해온 베테랑 기술자이다. A팀장은 출신 지역과 학교에 대한 자부심도 높고, 성격도 화통하여 동료들 사이에서 친화력이 높다는 평판을 받으면서 K공고 동문회 간부로 활동하는 한편 동네 조기축구회 좌장 역할까지 수행하고 있다. 본부장 승진을 꿈꾸는 A팀장은 신임 공장장의 당부대로 MZ와의 소통에도 열심이다. 마침 B주임이 서울에서 부임하여 관심을 기울이는 중이다. 직장에서는 물론 사택에서도 동료나 선배들과 어울리지 못하며, 얼굴도 창백하고 식사도 잘

하지 못하는 것으로 보인다. 자주 잘 지내고 있는지 묻고, 틈나는 대로 지역 맛집에 데려가 식사를 챙겨주며, 원만한 인간관계를 유지하고 체력에도 도움이 되도록 조기축구회까지 안내하는 등 특별히 케어하는 중이다.

### 지방근무가 '극혐'인 B주임

B주임은 高스펙을 갖춘 20대 후반 남성이다. 넉넉하지 못한 집안에서 자란 B주임은 줄곧 우수한 학업성적을 유지하며 S대까지 순탄하게 합격하지만, 재학 중 고시합격이라는 목표를 이루지 못하고 취업으로 진로를 바꾸면서 P사에 입사하였다. B주임은, P사에서 그의 전문성을 활용할 기회가 많을 것 같다는 기대 외에도, '집밥'이 가능한 출퇴근 거리와 여자친구 회사와 인접해있는 본사의 위치 때문에 결정적으로 P사를 선택하게 되었다. 그러나 B주임은 본사의 기획실 근무를 희망했음에도, 수도권에서 한참 떨어진 지방공장의 생산지원부서로 배치되자 이 상황을 이해하지 못하고 있다. 미리 알았다면 당연히 P사에 입사하지 않았을 것이다. 그러나 이미 채용시즌이 종료된 상황이었기 때문에 B주임은 울며 겨자먹기로 일단 K공장에서 견디기로 했다. 삭막한 산업단지에 위치한 K공장에서 하루 종일 생활하고, 퇴근 후에도 방이 세 개인 사택에서 연고가 다른 부장, 과장과 함께 거의 24시간 동안 공동 생활을 해야 하는 지방근무가 B주임에게 지옥이나 다름없다. 직장 구성원은 대부분 지방 출신으로 심한 사투리를 사용하여 말뜻을 잘 이해하기 힘들고, 서로 사생활 없이 가족처럼 지내는 방식도 불편하다. 은근히 따돌리는 느낌도 들어 아예 말을 섞지 않고 지낸다. 퇴근 후 사택으로 귀가하면 상사들은 거의 매일같이 술자리를 밤늦게까지 벌이고, 술자리를 거절하고 사생활을 가지려고 해도 웅성거리는 소리가 거슬리는 상황이 반복되고 있다. 게다가 팀장은 근무시간은 물론 퇴근 후와 휴일 날까지 면담을 이유로 불러내 이리저리 식당에 데리고 가지를 않나, 급기야 은근히 조기축구회 가입까지 강요하고 있다. 수면을 못 취하고, 식사도 못하니 컨디션은 나날이 나빠지고 스트레스는 더욱 높아지고만 있다. P사는 왜 나를 이런 시골공장으로 보냈는지 원망스러울 뿐이다.

### 인사발령과 B주임의 분노

B주임은 얼마 지나지 않아 여자친구의 이별 통보를 받게 되었고, 이후 식욕부진과 불면증 악화로 정신과 치료까지 받게 되었다. 연차와 병가를 최대한 쓰면서 서울 전보만을 기다리고 있던 와중, 정기인사에서 K공장에 유임하는 것으로 발표되었다. 스펙이 본인보다 한참 못미치는 입사 동

기가 본사로 발령났다는 소식을 듣고서는 자신이 부당하게 대우받는다는 생각에 분노가 차오르게 되었다. 나중에 A팀장이 자신에게 최하위 고과를 준 것을 알게 되자 서울로 전보되지 못한 것이 A팀장 탓이라고 생각하며 그에 대한 원망이 더욱 커지고 있다.

## 1. 인구구조 변화와 다양성 관리의 필요성

고령화 저출생 현상은 선진국에 공통적으로 나타나는 현상이지만 우리나라는 이 중에서도 특히 두드러지는 지표를 보이고 있다. 최근 연구에 의하면 우리나라는 생산가능인구 수준이 2022년 70%에서 2072년 45%으로 감소될 것으로 예상되고 있다. 이에 대응한 AI의 발전과 로봇 활용을 통한 자동화로 인력 감축은 상당 정도 대체되겠지만 결국 '사람', 즉 근로자의 고용과 인력 운용이 핵심 과제로 남게 된다. 이러한 인구구조 변화는 필연적으로 기업 내 인력 구성의 다양성으로 이어질 것이다. 아직까지 경제활동 참여가 적은 여성의 진출이 확대되고, 정년연장과 재채용 등으로 중고령자의 비중이 증가할 것이며, 외국인력의 유입이 지속적으로 늘어날 것이다. 이러한 변화는 서로 다른 가치관과 경험 그리고 감정을 가진 사람들 간의 관계에서 오는 갈등이 직장 내에서 복잡하게 증대될 것이라는 것을 의미하기도 한다. 최근 연구에 의하면 우리나라는 연령, 젠더, 정당, 이념 등 사회갈등이 다른 나라 국가 평균을 크게 상회하는 압도적 갈등 국가로 조사되었다. 사례에서 우리가 직면하는 갈등 상황은 세대간 갈등의 현상을 보여주지만 여기에 젠더 그리고 향후 국적과 인종까지 확대되는 경우 증폭될 갈등상황을 가늠하기란 쉽지 않다.

A팀장과 B주임이 당면한 상황은 서로 다른 경험과 기대를 가진 50대와 20대가 직장에서 상하 관계로 만나면서 흔히 겪게 되는 에피소드이다. 충성심과 자부심으로 뭉친 근면의 아이콘 A팀장은 지역 고등학교를 졸업한 뒤 무난히 동지역에 위치한 K공장에 취업했고, 입사 후 기업이 성장함에 따라 동반 승진도 하고 임금도 오르는 등 30여 년간 안정적인 직장생활을 보내왔다. A팀장은 이러한 고성장기 세대의 경험에 기초하여 전형적인 '라떼'식 리더십을 보여주고 있다. 반면 B주임은 학창시절부터 무한 경쟁 구조에서 대학입시를 위해 쉼 없이 달려와야 했고, 명문대를 졸업한 이후에도 취업을 위해서는 이른바 '高스펙'을 갖추어야만 한다는 압박에 시달리며 '공정성'에 예민한 저성장기 세대로 살아왔다. B주임은 허약한 체력에 예민한 성격으로 장기간의 고시와 취업 준비로 번아웃 상태에 있지만, 원하지 않는 지방 공장에서 벗어나기 위해 또다시 사

내 경쟁에 뛰어들어야 하는 상황이다.

## 2. 직장 내 괴롭힘 법제화와 분쟁의 확대

사람과 사람이 만나는 곳엔 필연적으로 갈등이 있기 마련이다. 따라서 '갈등'은 반드시 나쁜 면만 있는 것이 아니라, 잘만 관리하면 오히려 성장과 성숙의 기회가 될 수 있는 긍정적 면도 가지고 있다. 그러나 직장 내 갈등 상황에서는 위계 구조가 작동하므로 자유롭게 목소리를 내는 것이 어렵다. 이처럼 당사자 간 관계가 수평적이지 않아 어느 일방이 오롯이 괴로움을 감당해야 하는 상황이 누적되면 이는 곧 그 당사자의 감내할 수 없는 고통으로 이어진다. 직장이라는 특수한 환경에서 이와 같은 대인관계 갈등이 심화되는 경우에는, 당사자 개인은 물론 조직에도 파괴적 영향을 미치게 된다는 점이 주목받으면서 직장 내 괴롭힘은 북유럽을 중심으로 법제화되기 시작되었다. 이어서 캐나다 등 북미와 호주까지 확대되던 직장 내 괴롭힘 금지 법 제도가 우리나라에서도 2019년 7월부터 시행되고 있다. 아시아에서 최초로 입법화된 우리나라의 직장 내 괴롭힘 금지 법제는 사용자와 모든 근로자에게 직장 내 괴롭힘을 금지하고, 괴롭힘이 발생하여 이를 신고하거나 인지하게 된다면 그 즉시 조사 의무를 지우고 있으며, 괴롭힘 사실이 확인된 경우에는 행위자에게 징계 등 필요한 조치를 취하는 한편 피해 근로자를 불이익하게 처우하면 형사처벌을 부과하는 등 강력한 처벌 구조를 취하고 있다. 또한 취업규칙에 직장 내 괴롭힘 예방과 조치에 대한 내용을 규정하도록 의무화하고, 직장 내 괴롭힘으로 피해를 입은 근로자에게는 산재보상을 지급하도록 하는 등 근로자 보호 측면에서 다각적으로 규율하고 있다.

## 3. 직장 내 괴롭힘 분쟁 해결 구조와 분쟁 처리 현황

＜상황1＞에서 A팀장은 B주임의 상사이며, B주임의 사내 평판에 절대적 영향을 미치는 존재이다. 지역과 회사에 대한 높은 자부심과 충성심으로 연대와 의리를 중시하는 A팀장은 직장과 지역의 대인관계를 주도하고 있다. B주임은 A팀장의 부하로서 인사고과의 대상이다. B주임은 본사 근무를 전제로 P사에 입사하였으며 지역이나 K공장에 대하여 가치를 두고 있지 않고, 오히려 이를 불공정한 인사의 결과로써 부정적으로 인식하고 있다. 또한 사택 생활 때문에 '집밥'과 '사적 영역'이 중요한 그의 생활방식이 전혀 보장받지 못하며 식사와 수면 모두 방해받고 있다. 이러한 상황에서 A팀장의 '라떼'식 친절은 B주임의 근무환경을 더 악화시키고 있다.

### (1) 사내 해결 절차와 갈등의 '사건화'

현행법 하에서 직장 내 괴롭힘 사건이 발생한 경우 피해자는 우선 사업장 내 신고절차를 활용할 수 있다. 고용노동부는 사내 절차와 관련하여 아래와 같이 제안하고 있다.

**표 1** **직장 내 괴롭힘 사건의 처리 절차**

| 절차 | 내용 |
|---|---|
| 1. 신고접수 | 신고, 제보 및 소문 등 다양한 경위로 사용자가 직장 내 괴롭힘 발생 사실을 인지한 경우, 지체없이 객관적인 조사 실시 |
| 2. 상담진행 | 상담을 통해 피해자의 피해상황 및 요청사항 등을 파악하고 피해자의 의사를 고려해 사건의 처리방향을 결정하고, 참고인 등에 대해 비밀유지의무를 고지 |
| 3. 조사진행 | 약식조사(당사자 간 합의 및 분리조치 실시를 위한 것으로 관계자 등에 대한 조사를 실시)-정식조사(취업규칙 등 회사 내부규정에 따른 조사위원회 또는 외부전문가를 통한 조사)-비밀유지의무(조사과정 참여자 등에 대한 비밀누설 금지) |
| 4. 조치 및 대응 | 당사자 간 해결(수용 및 사과), 행위자 대상 조치(징계, 근무장소의 변경 등), 피해자 대상 조치(근무장소 변경, 배치전환, 유급 휴가명령 등의 조치) |
| 5. 모니터링 | 피해자 지원, 교육 및 조직문화 점검, 재발방지 대책 수립 |

자료: 고용노동부, 직장 내 괴롭힘 예방 · 조치 교육자료 게시(사용자용), 2024, 6－10면 참조

<상황1>에서 만약 B주임이 겪고 있는 고충이 해결되지 않는다면, 고용노동부가 제시하는 사내 절차를 P사가 구축하고 있는 경우엔 '괴롭힘 사건' 신고로 이어질 수 있다. 반면 해당 절차를 불비하고 있거나, 괴롭힘 사건이 사내에서 충분히 처리되지 못하는 경우 사외 구제절차를 통해 법적 분쟁으로 확대될 수도 있다.

최고 수준의 갈등국가로 조사되는 우리나라에서는 인구구조변화로 사업장 내 다양성이 높아지고, <상황1>과 같은 잠재적 갈등이 증폭되어 고용노동부로의 진정 사건을 비롯한 법적 분쟁이 폭증하는 상황이다. 세계에서 가장 엄격한 직장 내 괴롭힘 법제를 갖추었지만 그런 만큼 직장 내 괴롭힘의 파괴력을 감당하기 힘든 구조가 되어버렸다.

근로기준법상 사후조치 의무를 이행하는 수준에서 대응하는 것으로는 부족하다. 직장 내 괴롭힘 사건의 사내 신고를 독려하고, 신고 사건을 객관적으로 처리한다고 하더라도 이 절차를 통해 만족스러운 결과에 이를 수 없기 때문이다. 일단 사건이 발생한다면 해당 괴롭힘 사건을 제기한 당사자, 주변의 목격자, 참고인, 그리고 처리 과정에 관여한 다수의 관계자까지 모두 고통스

러운 '조사'절차를 거치게 되고, 그 결정이 '인정되는 경우'와 '인정되지 않는 경우'라는 두 가지 선택지에 따라 회사 구성원 내의 희비가 엇갈리게 된다. 신고인의 괴롭힘 주장이 인용되어 피신고인에 대한 징계처분이 이루어지는 경우 피신고인이 이를 수용하지 않고 노동위원회로 넘어가 정당성을 다투는 상황이 벌어지기도 한다. 신고인이 '솜방망이 처벌'이라 원망하거나, 해당 사건 자체에 '2차 가해'가 있었다거나, '보호조치' 가 이루어지지 않았다는 이유로 지속적인 고충 제기를 하며 이와 관련한 후속 분쟁으로 확장될 수 있는 가능성 또한 산재한다.

### (2) 사외 구제 절차와 법적 분쟁 확대

직장 내 괴롭힘과 관련한 분쟁이 사업장 내에서 해결되지 못하는 경우 피해자, 동료 근로자, 그 밖에 직장 내 괴롭힘을 알고 있는 제3자는 진정, 고발을 할 수 있다. 직장 내 괴롭힘의 발생 사실, 조사 · 피해자 보호 등을 포함한 조치의무 불이행, 신고를 이유로 한 불이익 처우 등에 대해 신고가 가능하며, 그중 사용자의 불이익 처우 금지의무 위반의 경우에는 형사처벌까지 가능하다. 이러한 절차는 고용노동부 홈페이지 및 지방고용노동관서로의 방문 · 우편 등을 통해 진행할 수 있다.

**표 2** '직장 내 괴롭힘'의 사외 구제 방식

| 구분 | 구제 방식 |
|---|---|
| 고용노동부 신고 | 지방고용노동관서 진정 |
| 국가인권위원회 진정 | 직장 내 괴롭힘 가해자에 대한 손해배상, 인권교육수강 등 권고 가능, 소속기관 장에 대하여 행위자에 대한 징계 및 재발방지대책 수립 권고 가능 |
| 수사기관 고소/고발 | 직장 내 괴롭힘 행위가 폭행, 상해, 모욕, 명예훼손, 협박, 강요, 성폭행 · 성추행 등의 범죄에 해당하는 경우 고용노동부 또는 경찰에 고소/고발 |
| 민사소송 | 행위자에 대하여 직장 내 괴롭힘으로 인한 손해배상 청구<br>사용자에 대하여 직장 내 괴롭힘 발생의 사용자 책임 및 조치의무 위반에 대한 채무불이행 책임 청구 등 |

자료: 고용노동부, 직장 내 괴롭힘 예방 · 조치 교육자료 게시(근로자용), 2024, 5–6면 참조.

아래 표에서 확인할 수 있듯, 지난 2019년 7월 직장 내 괴롭힘 법제화가 도입된 이후 수많은 직장 내 괴롭힘 사건들이 법적 분쟁으로 번지는 확대일로에 서게 되었다.

**표 3 직장 내 괴롭힘 신고사건 처리현황**

| 연도 | 접수 | 처리완료 | | | | | | | | 처리중 |
|---|---|---|---|---|---|---|---|---|---|---|
| | | 계 | 개선지도 | 과태료 | 검찰송치* | 기소 | 취하 | 기 타** | 법 위반 없음 | |
| 2019 (7.16~) | 2,130 | 2,130 | 419 | - | 24 | 3 | 917 | 770 | 767 | - |
| 2020 | 5,823 | 5,823 | 894 | - | 70 | 26 | 2,459 | 2,400 | 1,365 | - |
| 2021 | 7,774 | 7,774 | 912 | 39 | 148 | 64 | 2,953 | 3,722 | 2,247 | - |
| 2022 | 8,961 | 8,961 | 800 | 161 | 221 | 100 | 2,755 | 5,024 | 2,636 | - |
| 2023 | 11,038 | 11,038 | 845 | 272 | 218 | 96 | 2,301 | 7,402 | 3,623 | - |
| 2024.8 | 7,720 | 7,231 | 492 | 131 | 119 | 61 | 1,624 | 4,865 | 2,167 | 489 |
| 계 | 43,446 | 42,957 | 4,362 | 603 | 800 | 350 | 13,009 | 24,183 | 12,805 | 489 |

* 검찰송치: 1) 불리한 처우 금지(법 제76조의3⑥ 위반에 대해서만 형사 처벌 可) 법 위반 시 기소, 2) 법 위반 없거나, 기타조항 고소·고발은 불기소

** 기타: 법 위반 없음(진정 사건 조사 결과), 법 적용 제외(5인 미만 사업장, 특고 등), 불출석에 따른 조사 불능, 이송, 동일 민원, 고소 접수 등

직장 내 괴롭힘에 대한 진정은 2019년 7월 첫해부터 2000건을 넘었고, 2020년 5823건, 2021년 7774건, 2022년 8976건, 2023년 1만28건으로 급증하고 있다. 직장 내 괴롭힘이 규율된 2019년 7월 16일부터 2024년 8월까지 고용노동부(지방고용노동관서)에 접수된 직장 내 괴롭힘 신고 사건 수는 43,446건에 달한다. 그 중 처리완료된 사건은 42,957건이며, 이 중 13,009건(30.3%)은 진정서 제출 이후 취하서를 제출하여 종결처리 되었고, 개선지도 4,362건(10.2%), 과태료 부과 603건(1.4%), 검찰송치 800건(1.9%), 기타 24,183건(56.3%)으로 집계되었다. 여기서 개선지도는 직장 내 괴롭힘에 관한 조사 또는 사업주에게 적절한 관련 조치를 취하도록 권고하는 것을 의미하는데, 과태료 규정이 도입된 2021년 10월 이후부터 고용노동부는 법 위반 사실 적발 시 시정지시를 통해 조속히 법 위반을 해소하고자 하는 한편, 시정되지 않거나 시정에 불응하는 경우 과태료를 부과하고 있다(사용자의 괴롭힘 행위는 확인 즉시 과태료 부과). 검찰송치는 근로기준법 제76조의3 제6항의 불리한 처우 금지의무 위반으로 확인된 사건을 근로감독관이 범죄로 인지하여 기소 또는

불기소 의견(혐의없음)으로 검찰에 송치하는 것을 의미하는데, 기소 의견으로 검찰 송치된 사건은 약 350건 정도이다. '기타'의 경우 법 위반 사항이 없거나, 5인 미만 사업장 또는 특수형태근로종사자 등 법 적용 제외의 경우, 또는 불출석에 따른 조사 불능, 이송, 동일 민원, 고소 접수 등을 포함하고 있다. 진정 사건에 대한 조사 결과 '법 위반 없음'으로 판단된 사건은 총 12,805건에 달한다.

임금체불이나 해고의 당부를 다투는 사건과 달리 직장 내 괴롭힘 사건은 가해자와 피해자를 분명히 나누기가 어려운 경우가 대부분이어서, 고용노동부 진정으로 접수된 사건 중 검찰 기소, 과태료 처분이 이루어지는 경우는 극소수이며, 시정 지시까지 포함하더라도 10%에 미달할 정도로 처리하기 곤란한 경우가 대부분이다.

노동위원회의 경우에도 전체 사건 중 40% 이상이 사례와 같은 직장 내 괴롭힘 사건일 만큼 그 비중이 점점 높아지고 있다.

## 4. 예방중심 통합적 대응의 필요성

### (1) 직장 내 괴롭힘 발생 시 대응 실태

고용노동부의 조사(2024)에 따르면 '회사(사업장)에서 시행 중인 직장 내 괴롭힘 대응 제도'에 대한 근로자들의 응답을 분석한 결과, 가장 큰 숫자인 응답자의 36.8%는 "잘 모름"으로 응답한 것으로 나타났다. 그다음으로는 "상담 및 사건조사 실시"(36.5%)를 가장 많이 응답했으며, "괴롭힘 인정 시, 행위자에 대한 징계 · 분리 등 인사조치"(28.8%), "괴롭힘 인정 시, 피해근로자 요청에 의한 인사조치" (24.2%), "조사기간 중 피해근로자 보호를 위한 조치"(24.0%) 등 근로기준법에서 정한 조치라는 응답들이 주로 나타났다. 그 외에 "회사 구성원에게 사례전파 및 재발방지 교육"(22.5%), "피해근로자의 스트레스 감소를 위한 제도(상담프로그램 등) 운영"(16.4%)은 상대적으로 낮은 수준으로 조사되었는데, 특히 사업장 규모간 편차가 크게 나타났으며, 소규모 사업장일수록 대응 수준도 낮은 것으로 조사되었다.

### (2) 예방을 위한 제도 운영 실태

한편 '회사(사업장)에서 시행 중인 직장 내 괴롭힘 예방 제도'에 대한 근로자들의 응답을 분석한 결과, "직원 대상 교육 실시"(60.2%)를 가장 많이 응답했으며, "취업규칙 · 규정 등에 직장 내 괴롭힘 금지 및 예방 · 대응 조치 명시"(24.5%), "예방 포스터 부착, 안내 등 사내 캠페인"(24.2%), "직장 내 괴롭힘 전담 예방 · 처리부서(또는 담당자)의 운영"(16.3%), "근로자지원프로그램(EAP) 등 고충상담 프로그램 운영"(15.2%), "최고경영자의 직장 내 괴롭힘 근절 선언"(14.0%) 순의 응답이 확인되었다. 응답자의 1/4이상에 해당하는 25.8%는 예방을 위한 제도를 실시하지 않는다고 응답하였다. 한편 사업장 규모 간 편차는 예방제도에서 더 큰 차이를 보이는 것으로 조사되었다. 이러한 조사결과는 우리나라 기업의 직장 내 괴롭힘에 대한 예방 노력이 미비한 수준이며 보다 적극적으로 이루어질 필요가 있음을 시사한다.

### (3) 예방 중심 전략의 필요성

해당 사업장에 누적되어 있던 크고 작은 문제들이 직장 내 괴롭힘 사건으로 드러나거나, 사건을 계기로 봇물처럼 퍼지는 추가적인 갈등 상황이 바로 괴롭힘 발생이 몰고 오는 파괴적 상황이다. 보이지도 않던 어느 부서의 작은 괴롭힘 사건이 평화롭던 우리의 터전을 모두 상처투성이 전쟁터로 만들 수 있다. 괴롭힘 사건을 당사자가 수용하지 않는 경우 사업장 담을 넘어 고용노동부의 진정, 노동위원회 구제신청이나 소송을 통한 구제절차로 분쟁화되는 사례가 증가되고 있다. 일단 상황이 발생하면 해결에 최선을 다해야 할 것이나, 괴롭힘 사건의 특수한 성질상 모두가 만족하는 원만한 해결은 기본적으로 불가능하다는 것을 우선 인식하는 것이 중요하다. 따라서 직장 내 괴롭힘 사건 자체가 발생하지 않도록 전사적 노력을 기울여야 한다. 첫째도 둘째도 셋째도 '예방'에 주목하여 전력을 다해야 할 필요가 있는 것이다.

고용노동부는 지난 2023년 대응 매뉴얼을 통해 자율적 대응의 필요성을 역설하며 직장 내 괴롭힘의 사내 규범을 마련하고, 직장 내 괴롭힘 예방을 위한 활동을 통해 직장 내 괴롭힘의 예방과 대응체계를 마련하는 방안을 제시한 바 있다. 매뉴얼에서는 단순히 실태를 조사하는 것에서 끝나는 것이 아니라 조직문화 · 커뮤니케이션 · 업무의 명확성 · 권한과 책임의 적절성 등에 대한 점검도 포괄하는 종합적 활동으로의 전개라는 구체적인 방향도 제시하고 있다. 나아가 노조, 노사협의회, 산업안전보건위원회 등 근로자 측이 참여한 기구를 통해 괴롭힘 문제를 노사가 함께 점검하고 관련한 예방조치를 협의하는 것이 직장 내 괴롭힘 예방효과를 제고할 것이라 제언하고 있기도 하다. 괴롭힘 현상에 주목하여 행위자 처벌에 중점을 두는 사후조치를 넘어 조직문화와 시스템에 중점을 두고 예방에 중점을 두는 통합적 전략이 필요하다.

**표 4** **직장 내 괴롭힘 대응 전략 비교**

| 구분 | 사후조치에 한정한 대응 | 예방중심의 통합적 대응 |
|---|---|---|
| 목표 | 가해자 처벌 및 재발 방지 | 갈등 관리 및 조직 문화 개선 |
| 주요 전략 | 법적 제재, 징계, 해고, 보복 방지 조치 | 심리적 안전 보장, 진단 및 예방, 조기 감지, 갈등 해결 시스템 구축 |
| 대응 방식 | 사건 발생 후 사후 조치 | 사전 예방 및 조기 개입에 의한 우선 해결 |
| 관점 | 개별 사건 중심 (가해자-피해자 문제) | 조직 문화 및 시스템 개선 중심 |
| 핵심 조치 | 가해자에 대한 처벌 | 위험 요인 관리와 고충처리 |
| 신고 처리 방식 | 공식적인 조사 및 법적 절차 | 조기 감지와 비공식적 조치 제공 후 공식 절차 진행 |
| 갈등 해소 방식 | 조사와 조치 | 낮은 단계 갈등해소, 비공식 해결단계 활용 |
| 사건 처리 후 결과 | 당사자에 대한 조치에 따른 조직 내 긴장감이 지속 | 조직 내 소통과 신뢰 회복이 가능하며, 장기적 조직 안정성 확보 |
| 장점 | 강력한 경고 효과, 즉각적 문제 해결 가능 | 지속 가능한 조직 개선, 근본적인 문제 해결 |
| 단점 | 직원 간 불신 확대, 고소 · 고발 증가, 조직 내 위축 효과 | 시스템 구축 기간 필요 단기적 효과가 미비할 수 있음 |

# Ⅱ 반괴롭힘 정책 표명과 예방적 고충해결시스템 구축

**[상황 2] 손방망이 처벌? 끝까지 간다!**

**P사의 직장 내 괴롭힘 신고 캠페인**

P사 감사실은 최근 MZ직원들이 상사와의 갈등으로 인해 경쟁사에 이직하는 사례가 있다는 사실을 파악하여 리더들에 대한 단속을 강화하고 있다. 게다가 관계사에서 발생한 직장 내 괴롭힘 사건이 연일 언론에 오르내리자 직장 내 괴롭힘 신고를 활성화하기 위해 홍보를 강화하기로 한다.

이에 인사부에 사내 신고창구를 마련하고 "퇴근후 연락, 따돌림, 사생활 간섭! 참지 말고 신고하세요" 등 MZ사원들이 불만을 가지고 있는 주요 행위를 중심으로 캠페인을 전개하고 있다.

### B주임의 신고할 결심

B주임은 캠페인 문구를 보는 순간 그간의 고충이 모두 A팀장으로부터 받은 괴롭힘으로 인한 것이라고 믿게 되었다. 유선으로 인사부 담당자에게 상황을 호소한 뒤 신고절차를 안내받고 곧바로 A팀장을 신고하기로 했다. 그간 당해왔던 어려움을 돌아보며 이러한 고충을 회사에 알리면 서울 근무로 변경시켜주리라는 기대에 따라 꼼꼼하게 신고서를 작성하였다. 애초에 스펙이 가장 우수한 자신이 지방공장에 배치된 것, 부임 직후 A팀장이 퇴근 후와 휴일 등 근무시간 외 시간에 회식에 불러내거나 조기축구회에 가입하라고 강요한 것, 자신에게 낮은 평가를 준 것, A팀장과 다른 팀원들이 한패가 되어 자신을 뒷담화하고 따돌린 것 등을 모두 괴롭힘 행위라고 신고하였다. 지난 1년간 일기에 빼곡이 적어 둔 기록에 근거하여 회사의 신고양식에 해당 행동이 일어난 시간과 장소를 상황을 모두 적어 제출하였다. 신고와 동시에 가해자들과 같은 장소에서 근무가 어렵다는 점을 들어 재택근로를 신청하고 신고 후 엄중한 조치를 기다리고 있다.

### 신고에 따른 조사와 심의 진행 : '일부' 인정과 행위자 경징계 & 타 공장 전보

B주임의 신고에 따라 P사 감사실은 3개월여에 걸쳐 B주임이 주장한 모든 신고행위에 대해 B주임, A팀장, 팀원 전부, A팀장의 상사 등 당사자와 목격자를 포함해 10여명을 대상으로 신고서에 제출된 모든 신고행위에 대하여 각각 사실관계를 확인하는 조사를 진행하였다. 회사는 공정성을 기하기 위하여 외부 전문가가 참여시켰고, 괴롭힘 여부 판단과 징계절차를 결정하는 심의 단계에도 변호사와 노무사 등 외부 심의위원이 과반수 이상 참여하였다. 심의 결과 괴롭힘으로 주장하는 행위들 대부분이 사실로 확인되기는 하였지만, 사실로 확인된 행위 중 대부분은 특별케어 차원에서 A팀장의 호의로 진행된 정황이 확인되었고 특별히 규정을 벗어난 부분도 확인하기 어려웠다. 다만, A팀장이 퇴근 및 휴일 중 빈번하게 연락한 행위는 '업무상 적정범위'를 넘는 괴롭힘 행위로 인정되어 징계위원회 심의를 통해 최종적으로 '경고' 처분이 내려지고 사건은 종결되었다. P사는 경징계의 경우 별도의 인사조치가 없으므로 보직을 그대로 유지하는 기준에 따라 A팀장은 서면 경고처분을 받고 직책을 그대로 유지되었다. 신고인 B주임에 대하여는 본인의 의사를 존중하여 K공장 외 보직으로 이동하기로 하였다.

**B주임의 또 다른 결심 - 끝까지 가자**

B주임은 잘못된 전보부터 시작된 괴로운 상황을 괴롭힘 신고를 통해 벗어날 것을 기대했지만, 원하는 결과가 전혀 이루어지지 않자 극도의 불안감에 빠지면서 회사가 신고를 하도록 유도해놓고 실제로는 가해자에게는 아무런 실질적인 불이익을 주지 않은 반면 자신에게는 K공장보다 더욱 외진 지역으로 발령을 내 쫓아내어 불리한 처우를 하였다고 확신한다. 이러한 내용을 외부 무료상담을 통해 확인하니, '사실관계 확인이 필요하나' 그간의 정신과 치료에 대해서는 산재보상이 가능하고, 불리한 처우에 대해서는 노동청에 진정을 제기하면 회사를 형사처벌까지도 할 가능성이 있다는 자문을 받고 나니 이대로 물러설 수는 없다는 생각이다. 회사가 처음부터 공정하지 않게 지방으로 발령을 내더니, 직장내괴롭힘에 대해서도 솜방망이 처벌을 하며 가해자를 감싸는 태도를 도저히 용인할 수 없다는 생각이다. 이제까지 버틴 것이 아까워서라도 여기서 물러날 수는 없다는 생각이다. 서울 발령이 나는 그날까지 할 수 있는 모든 노력을 다하기로 한다.

## 1. 反괴롭힘 정책선언과 행동강령의 채택

### (1) 최고 경영자의 정책 선언

직장 내 괴롭힘의 예방과 조치는 기본적으로 사용자의 의지에 따라 좌우된다. 불확실성과 경쟁 환경에서의 생존을 치열하게 모색해야 하는 경영진에게 근로자에 대한 괴롭힘을 근절하는 정책을 채택하는 것은 쉽지 않은 결단이다. 이러한 결단은 법을 준수하는 문제를 뛰어넘어 괴롭힘이 구성원의 신체 · 심리 · 사회적 건강을 파괴하고 생산성과 평판을 훼손하여 기업의 경쟁력을 저하시킨다는 확신이 있어야만 가능한 결단이며, 그 확신에 근거할 때에만 경영진은 괴롭힘 예방과 근절을 위한 정책을 시행할 수 있게 된다. 이러한 경영진의 의지는 CEO 및 주요 경영진의 모든 메시지를 통해 표출될 수 있어야 하며, 해당 기업의 여건에 기초한 의사소통 과정에 효과적으로 반영되어 대 · 내외 이해 관계자에게 체계적으로 전달되어야 한다. 세대별로 가치와 일하는 방법이 모두 큰 차이를 보이는 상황에서 회사의 지속을 위해서는 회사의 철학과 목적에 부합하는 기본적인 태도와 행동기준에 대해 상세하게 제시되어야 한다.

### (2) 정책선언문의 작성 사례 : 반괴롭힘 vs 존중일터

경영진의 의지는 괴롭힘에 대한 구체적인 반대 또는 청렴, 윤리, 인권 등 제반 사회적 가치를 실현하는 내용으로 다양하게 표명될 수 있다. 이때 괴롭힘이 당사자에 한정되는 개인적 문제가 아니라, 조직의 생산성을 저해하고 구성원의 안전을 저해하는 조직 차원의 중대한 문제라는 인식을 공유하는 것이 핵심이다. 또한 그러한 의지에 대한 표명은, 지향하는 바람직한 행동을 구체적으로 도출하고 함께 지킴으로써 서로 신뢰하고 함께 일하고 싶은 직장을 만들 수 있도록 실효적으로 제시되어야 한다.

정책선언문을 통해 직장 내 괴롭힘에 대한 경영진의 의사를 표명할 때 "반 괴롭힘 정책" 또는 "존중일터 정책" 등 다양한 차원에서 최고 경영자의 의지를 확실히 공고할 수 있도록 선언문으로 작성하고 공유할 필요가 있다.

고용노동부는 매뉴얼에서 아래와 같은 선언문을 제시하고 있다.

**반 괴롭힘 선언문 예시**

1. 회사는 직원들을 존중하고, 직원들이 안전하게 근무할 수 있는 환경을 만들기 위하여 노력한다.
2. 회사는 직원들의 인격이 무시되는 어떠한 직장 내 괴롭힘 행위도 용인하지 않음을 분명히 선언한다.
3. 경영진은 직장에서의 괴롭힘을 예방하기 위한 정책을 최우선으로 중요하게 다루며, 직장 내 괴롭힘이 발생할 경우 피해자가 그 피해를 복구할 수 있도록 최선을 다해 지원할 것이다.
4. 관리자는 직원들이 회사 생활을 원만하게 하도록 돕고, 직원들 간의 괴롭힘 행위가 발생하지 않는지를 예의주시하여야 한다. 또한, 직원들과의 커뮤니케이션에 신경써서 사전에 직장 내 괴롭힘이 발생하지 않도록 예방하여야 한다.
5. 직원들은 다른 직원을 대함에 상호 존중을 기본으로 삼아야 하며, 다른 직원을 신체적, 정신적으로 괴롭히는 행동을 절대 하지 말아야 한다.

**존중일터 선언문 예시**

**하나.** 직원들은 인격을 존중받고 안전하게 일할 권리가 있다.

**둘.** 회사는 직원들의 인권을 보호하기 위한 정책을 우선적으로 고려하여야 하며, 직원들의 인권이 침해되는 어떠한 경우라도 인정하지 않을 것을 선언한다. 회사는 직원의 인권이 침해되는 경우에는 인권의 회복을 위하여 최선의 노력을 다할 것이며, 직원이 안전하게 근무할 수 있는 환경의 복구를 위하여 노력할 것이다.

**셋.** 회사는 물리적인 근무환경만이 아니라, 근로자의 정신적 건강까지 고려하여 근로자가 직장 내에서 건강하게 근무할 수 있도록 계획을 수립, 시행할 것이다.

**넷.** 경영진은 직원의 인권을 침해하는 근무환경이나 요소들이 없는지를 수시로 점검하여 인권이 존중되는 회사를 만들기 위한 노력을 아끼지 않을 것이며, 직원과의 적극적인 커뮤니케이션을 통해 직원들의 의견을 반영하기 위한 노력을 게을리하지 않을 것이다.

**다섯.** 관리자는 부하직원을 대함에 있어 항상 부하직원을 존중하며, 부하직원이 사내에서 겪는 어려움에 대하여는 지속적인 관심과 지원을 아끼지 않아야 한다.

**여섯.** 직원은 다른 직원에게 무례한 행동을 하지 않도록 항상 주의하여야 하며, 다른 직원과의 소통에 있어서 상호 존중하는 태도를 항상 잊지 말아야 한다.

근래 공공부문을 중심으로 진행되어온 바와 같이 윤리 경영과 반괴롭힘 선언을 지속적으로 강조해 온 사업장을 가정해보자. 경영환경 악화 속에서 재무적으로 탁월한 영업 실적이 달성되고 있음과는 별개로, 사업부의 병가 사용률이 늘었는지, 퇴사자가 평균보다 높은 수준으로 발생하는지, 비윤리적 업무처리에 대한 고충이 발생하는지 등 재무외적인 요소에 대해서도 균형적으로 평가할 수 있어야 한다.

## 2. 反괴롭힘 제도 사내 규범화와 가이드라인의 제시

### (1) 직장 내 괴롭힘 정책의 사내 규범화

우리 근로기준법 제76조의2에서는 사용자와 모든 근로자의 직장 내 괴롭힘을 금지하고 있고, 근로기준법 제93조 제11호에서는 직장 내 괴롭힘에 대한 구체적인 예방과 조치에 대해 취업규칙에 필수적으로 기재하도록 명시하고 있다.

고용노동부는 매뉴얼을 통해 직장 내 괴롭힘에 관한 규범 마련 시에는 기본적으로 직장 내 괴롭힘이 사업장에서 금지되는 비위행위임을 명확히 밝히는 것이 필요하다는 점을 강조하고 있다. 구체적으로 직장 내 괴롭힘이 금지된다는 것, 직장 내 괴롭힘 가해자에게는 강력한 제재를 한다는 것, 피해자에 대해서는 보호 조치가 이루어진다는 것을 직원들이 확인할 수 있도록 명시해야 함을 의미한다. 특히 취업규칙 등에 직장 내 괴롭힘에 관하여 규정할 경우 ▲금지되는 직장 내 괴롭힘 행위, ▲직장 내 괴롭힘 예방교육, ▲고충상담, ▲사건처리절차, ▲피해자 보호조치, ▲가해자 제재, ▲재발방지대책 등의 내용을 마련하도록 안내하고 있다. 특히, 직장 내 괴롭힘 고충·사건 접수기관을 명시하여 사내 괴롭힘을 겪고 있는 사람들에 대해 회사가 적극적으로 대응하도록 하고 있다. 이와 관련하여 대부분의 사업장에서는 괴롭힘 정의를 법률 규정으로 대체하는 등 형식적으로 대응하는 경우가 많다.

직장 내 괴롭힘을 근절하고 존중일터를 만들기 위한 정책을 실효성 있게 규범화하기 위해서는 다양한 방식을 모색하여야 한다. 서울특별시 등 지방 자치 단체는 시 소속 공무원뿐 아니라 출자기관과 위탁 업체까지 포괄하는 반괴롭힘 조례를 제정하고 예방과 구제 조치를 제공하고 있으며, 구 단위에서도 별도로 조례 제정을 하는 등 자율 입법이 확산되고 있다. 관련하여 전담 부서 설치, 사내 인권센터 설치, 고충 심의 및 징계위원회의 외부 전문가 참여 등을 통해 조직 내 분쟁 처리의 투명성을 제고하고 있으며, 기관 자체의 대응 매뉴얼 작성, 예방 교육의 정례화, 지속적인 캠페인 실시와 같은 적극적인 예방 활동도 전개하고 있다. 이러한 과정에서 노동조합 등 조직 구성원의 의견뿐만 아니라 유관 기관들의 의사까지도 수렴하여 관련 주무 조직을 간소화하고 고충 처리 가이드라인을 상세히 제정하며, 프로세스별 효과성을 제고하기 위한 노력을 기울여 현행 법령과 공공 기관의 가이드라인에 부합하는 수준의 제도를 구축하여 운용하고 있다.

### (2) 행동지침과 가이드라인의 제시

인간 사회에서 발생할 수밖에 없는 수평적 '갈등'과 우위를 이용하여 고통을 주거나 근무 환경을 악화시키는 행위인 '괴롭힘'은 개념적으로는 분명히 구분되지만 현실에서는 경계가 모호한 경우가 많다. 각 사업장 특성별로 조직 분위기와 문화가 상이하고 사업장 내에서도 성별과 세대별로 일에 대한 가치관과 업무방식, 각각의 언행에 대한 인지 차이가 커서 갈등 발생 위험이 매우 높은 상황이다.

근로기준법 상 직장 내 괴롭힘의 정의가 매우 추상적이어서 해당 개념만으로 사업장에서 해야 할 행동과 하지 말아야 할 행동의 기준으로 삼기는 어렵다. 고용노동부 매뉴얼에서는 소속 기업의 구성원들에게 괴롭힘과 관련된 행위 규범을 분명히 제시함으로써 바람직한 행위와 금지되는 행위를 명백히 구분할 수 있을 것을 강조하고 있다. 즉, 근로기준법상 직장 내 괴롭힘 개념을 감안하여 각 기업에서 금지하는 괴롭힘 행위가 무엇인지를 명확히 규정하는 것이 필요하다고 설명한다.

만약 직장 내 괴롭힘의 행위 유형을 추상적으로 규정하는 경우에는 어떠한 사건이 발생했을 때 직장 내 괴롭힘 해당 여부에 대한 판단 기준으로 활용될 수 없을 것이므로, 구체적 예시를 통해 조직구성원들이 금지되는 행위가 무엇인지 명확히 인지할 수 있는 방식으로 규율해야 한다. 다시 말해 기업이 처한 내·외적 상황을 충분히 고려하여 발생 가능한 괴롭힘 유형을 충분히 명시하는 것이 바람직하다.

<상황2>에서 A팀장은 퇴근 후는 물론 휴일까지 식사자리를 만들고, 사택에 방문하며, 조기축구회까지 가입시키는 방식으로 B주임을 위해 노력하지만, 결국 직장 내 괴롭힘 가해자로 전락해버리고 마는 상황에 처한다.

호주에서는 괴롭힘의 개념을 추상적으로 알리는 수준에서 벗어나, 경영상 필요한 업무를 수행하거나 정당한 업무 지시라면 설령 당사자가 주관적으로는 괴롭더라도 직장 내 괴롭힘이 아니라는 가이드라인을 제시하여 이러한 혼란을 극복해오고 있다.

한편 직장 내 괴롭힘에 해당하는 행위는 물론 해당하지 않는 행위의 판단 기준과 구체적인 행위 양태 및 판단기준에 대하여도 명확하게 제시하는 것이 필요하다. 예를 들면, '퇴근 후 연락'을 금지 행위로 하는 경우, 해당 사업장의 특성을 고려하여 설령 퇴근 후라 하더라도 허용되는 예외적인 기준을 제시하여 지휘감독 상의 혼선을 예방할 필요가 있다. 또한 '과도한 업무 부여'나 '업무 떠넘기기'를 금지하는 경우에는 주관적으로 '과도'하다고 주장하며 업무 거부가 일어나지 않도록 과업을 명확히 정의하고, 누구의 과업에도 해당되지 않는 임시적이고 긴급한 과업의 수행 순서를 정해 두어야 한다.

## 3. 법기준에 부합하는 사후 대응 절차의 제도화와 한계

### (1) 사후 대응 절차의 제도화

현행 직장 내 괴롭힘 관련 법제는 사용자에게 객관적인 사건조사와 보호 조치 및 행위자 징계 등을 강제하고 있어, 실무에서는 이에 부응하기 위하여 사후조치를 중심으로 제도화되는 경향이 있다.

A사는 사건 발생 후 피해자, 행위자 및 해당 조직에 대한 모니터링, 현업 관리자 대상 협의회 운영 및 고충 처리 상담원에 대한 워크숍 제공 등 적극적인 노력을 기울이고 있다. 고충 처리 절차 중 직장 내 괴롭힘 절차의 ① 고충 상담과 ② 사건 조사 사이에 신고인의 의사가 있는 경우 화해나 조정 등 비공식적 해결절차를 설계하는 경우도 있다. 고충 상담과 사건조사 단계에서 신고인의 의사를 확인하여 당사자 간 해결을 원할 경우 사건을 종결하고. 합의서를 작성한 후 종결한다.

**그림 1 A사 : 직장 내 괴롭힘 고충 처리 절차**

* 당사자 간 해결 갈등 관리 중요

| ① 고충상담 (신고접수) | 갈등관리 (화해) | ② 사건조사 | ③ 괴롭힘 고충심의위원회 | ④ 감사처분 | ⑤ 징계위원회 |
|---|---|---|---|---|---|
| 인재경영본부 /소속 | 소속 | 감사실 (외부위탁조사) | 인재경영본부 (위탁 시 생략가능) | 감사실 | 인재경영본부 /소속 |

* 각 ①~③단계에 성희롱 · 괴롭힘 방지 관련 외부 전문가 참여 가능

A사의 경우 제도와 정책 및 고충 처리 조직의 체계를 고려하여 관련 법률과 가이드라인 및 노동조합 등의 관계자 참여를 통해 적시에 지침을 제 · 개정하고, 지속적인 모니터링을 통해 적절히 수정하는 한편 이를 실행하기 위한 업무분장을 하고 고충 처리 가이드라인을 제작하는 등 선제적이고 적극적인 노력도 기울이고 있다.

한편 B사의 경우 구성원 및 이해관계인의 인권 보호와 권익 향상을 위해 인권센터를 설치하었으며, 인권침해 사건의 접수 · 조사 · 구제조치를 포함해 제도 개선과 피해자 지원까지 포괄적인 역할을 수행하고 있다. 상담신고센터를 통해 기명 또는 익명 접수가 가능하며, 조사 결과는 인권침해구제위원회의 심의를 거쳐 구제 또는 시정 권고가 이루어진다. 센터장은 외부공모로 위촉된 비상근 전문가이며, 사건 조사와 판단의 독립성을 확보하기 위해 사건조사팀이 별도로 구성되고 외부 위탁도 가능하다. 규정은 공식적 조사와 징계 중심의 구조를 따르나, 피해자 보호와 구제조치, 제도 개선 권고 등 복합적인 기능을 수행하는 등 사후 절차를 정교하게 운영하고 있다.

### (2) 사후 조치 중심 대응의 한계

A사와 B사의 직장 내 괴롭힘 대응체계는 주로 신고 → 조사 → 징계의 사후 처리 모델에 기반하고 있다. 이는 사건 발생 이후 사실관계 확인과 책임자 처벌에 집중하는 사후 조치 중심 대응에 집중되어 법적 정당성을 확보하는 데는 효과적인 방식이라고 평가할 수 있다.

그런데 ＜상황2＞에서 P사는 관리자들에게 경각심을 주고 직장 내 괴롭힘의 발생에 따른 사후조치를 성실히 이행하기 위해 사내 신고창구에 대한 캠페인을 진행했지만, 해당 절차를 통해 B주임의 불만을 해결할 수 없었을 뿐 아니라 오히려 법적 분쟁으로의 확산까지 촉발되고 말았다. B주임 입장에서는 내심 서울로의 전보를 기대하고 신고를 하였지만, 결과적으로 A팀장은 그 자리를 유지하는 반면 본인만 더욱 외진 지역의 공장으로 전보되는 최악의 상황에 빠지게 되었다. B주임은 지방 전보에 대한 회사의 기준이나 정책을 이해하지 못한 채 합숙 생활 내내 고통을

겪고 있지만 정작 P사는 B주임의 신고 '행위'에 대한 조사와 조치를 하였을 뿐 그간 B주임이 겪어 왔던 고충에 대해 충분히 인지하거나 이에 대한 고충처리 차원에서의 대안은 전혀 제시되지 못했다. 결과적으로 B주임은 이번 괴롭힘 신고 사건을 통해 사실상 사내 '문제아'로 전락하는 중이다. P사의 경우 직장 내 괴롭힘의 사건처리를 고용노동부의 처리지침에 벗어나지 않는 수준에서 적극 처리하였으나, 이 사건의 처리는 관계 당사자 누구도 만족시키지 못한 채 종료되었다. 사후대응 중심적인 공식적 조사절차로는 피해자를 실질적으로 보호하기도 어렵고 조직문화 회복이라는 관점에서도 한계가 뚜렷하다. 갈등이 지속적이고 다층적인 관계 문제에서 비롯된 경우, 공식 조사 중심의 사후대응 만으로는 근본적 해결이 어려운 것이다. 공식적 해결 절차가 종료된다고 하더라도 해결되지 않은 갈등으로 인해 2차 피해, 보복성 민원, 구성원 간 불신 등 조직의 감정적 후유증이 누적되고 사례와 같이 법적 갈등으로 확산되어 파괴적 갈등 상황으로 확산된다는 점이 문제적이다.

같은 문제를 다르게 바라보고 다르게 행동하는 세대 간 차이가 직장 내 괴롭힘 사건으로 비화되지 않으려면 일상생활에서의 고충을 조기에 발견하고 해결하기 위한 'Soft'한 비공식적 해결절차가 더 많이 갖추어질 필요가 있다.

### (3) 사업장 내 비공식적 분쟁해결절차의 중요성

사례와 같은 조직 내 갈등이 직장 내 괴롭힘 사건으로 확장되지 않으려면 공식 절차 이전 또는 병행 가능한 '비공식 해결 메커니즘'의 제도화가 시급하다. 직장 내 괴롭힘 대응체계는 이제 단순한 조사-징벌 모델을 넘어, 피해자 회복과 조직의 학습을 병행할 수 있는 유연한 대응체계로 전환되어야 한다. 신고-조사 뿐 아니라 상담, 조정, 중재, 회복적 대화 등의 조치를 통해 갈등을 조기에 완화하고, 구성원 간 신뢰 회복을 유도하는 방식을 통해 기존 제도의 부족한 점을 보완할 수 있다. 예를 들면 B사의 인권센터 내의 조사기능과 분리된 화해 절차를 설계하여 신고인이 원하는 경우 비공식적 해결이 가능하도록 제도를 개선하는 방안을 모색할 수 있다. 감사실 또는 노무관리팀과 협업하여 조기 개입이 필요한 사안에 대해 사전 진단 및 갈등 해소를 위한 개입 권한을 부여하는 방안을 모색해 볼 수도 있을 것이다. 현행 「근로자참여 및 협력증진에 관한 법률」에는 사내 갈등이 해결되지 않는 경우 사내외 중재절차를 활용하도록 하는 법률적 근거를 마련하고 있다. 한편 중앙노동위원회는 최근 ADR 아카데미를 통해 분쟁 조정 전문가를 양성하기 시작했으며, 또한 기업의 사내 고충을 조정해주는 고충 솔루션 서비스를 제공하고 있다.

## 4. 예방적 고충처리시스템 구축

### (1) 괴롭힘(행위자 찾기)보다 괴로움 해소(고충해결) 우선

<상황1>과 <상황 2>에서 B주임은 개인적 기질 때문에 지방에서의 합숙생활이 적합하지 않은 상황으로 육체적 정신적 건강의 취약성이 악화될 수 있는 상황이다. 괴롭힘 행위에 대한 신고나 징계에 앞서 B주임이 일상에서 겪고 있는 고충을 조기에 해소할 수 있도록 세심한 고충상담이나 건강지원 프로그램이 제공되었다면 좋았을 것이다. 또한 A팀장과 같은 관리자에게는 MZ세대 직원과의 소통역량을 강화하는 리더십 교육이나 코칭과 같은 지원이 필요하다. 만약 A팀장의 특별케어가 B주임에게 고통을 주는 것이라는 것을 누군가 알려주었더라면, 그래서 B주임에게 적절한 케어가 제공되었다면 어땠을까? B주임이 심리상담이나 적절한 면담을 통해 A팀장의 선의를 이해하고 신뢰에 기반하여 서로의 이야기를 할 수 있었다면 어땠을까? 만약 누군가가 A팀장에게 B주임의 사택생활의 고통과 대인관계에 대한 부담을 설명해주고 이에 따라 A팀장이 적절한 지원을 제공할 수 있었다면 어땠을까? 사업장 내 소통이 자유롭게 이루어져 직원 고충을 조기에 발견하여 해소할 수 있었다면, 불만족스러운 신고절차를 활용하거나 '솜방망이 처벌'로 인한 고통이나 법적 분쟁으로의 확산을 막을 수 있었을지도 모른다. 직장 내 괴롭힘 문제에 대해 누가 가해자인지 이를 어떻게 처벌할 것인지에 집중하면 근본적인 해결이 힘들다. 핵심은 괴로움을 조기에 발견하고, 괴로움의 원인을 신속하게 해결하는 '고충처리'에 집중하는 것이다.

### (2) 조기 감지 시스템 구축

실제로 직장 내 괴롭힘에 대한 다수 조사에서 근로자들은 직장 내 괴롭힘 상황이 발생하는 경우 사내 절차를 활용하기보다는, 아무 대응도 하지 않거나, 동료와 의논하거나 사직을 택하고 있으며, 상당수는 고용노동부 진정 등 외부 기관을 이용하는 것으로 확인되고 있다.

<상황1>과 <상황 2>에서 B주임은 신고 전까지 A팀장이나 관리자에게 고충을 호소하지 않았다. A팀장은 스스로가 믿는 배려를 제공하였을 뿐 실제로 B주임이 무엇 때문에 고통을 받고 있는지, 필요한 것이 무엇인지 알고자 하는 노력을 기울이지 못했다. MZ세대 직원과 소통을 강화하라는 회사의 지시는 A팀장에게 왜곡된 소통방법을 더 빈번히 사용하게 만들어 B주임을 더욱 괴롭게 하였을 뿐이다.

고용노동부 매뉴얼은 직장 내 괴롭힘 예방 · 대응 조직 및 담당자의 지속적 운영을 강조하고 있다. 직장 내 괴롭힘은 조직 분위기와 문화에 크게 영향을 받으며 해당 조직의 구조와 인적 특성에 매우 밀접하게 연계되어 있다. 이에 매뉴얼은 직장 내 괴롭힘에 대한 체계적인 예방 및 대

응을 위해 중장기적으로는 직장 내 괴롭힘 담당 조직(담당자)을 별도로 설치하는 것이 좋으며, 담당 조직(담당자)을 중심으로 직장 내 괴롭힘 근절 분위기가 지속적으로 확산되고 나아가 상호존중 문화로 전환될 수 있도록 추진할 필요가 있다고 안내하고 있다. 직장 내 성희롱, 고충상담 업무 담당자가 직장 내 괴롭힘 예방 · 대응 업무를 함께 수행할 수도 있지만, 성희롱과 괴롭힘은 상호 다른 측면이 있는 만큼 보다 적절한 대응을 위해서는 직장 내 괴롭힘에 관한 전문성을 키울 수 있도록 지원하는 것이 필요하다.

### (3) 세계은행의 Anti-Harassment Coordinator와 시사점

최근 세계은행(World Bank)이 시행하여 성공적으로 운영하고 있는 Anti Harassment Coordinator 제도(AHC)에서 비공식적 해결 조직의 설계를 참조할 수 있다(World Bank Group, 2020). 이 제도는 성희롱과 괴롭힘 등 조직의 행동 규범에 어긋나는 행동이 발생하는 경우 피해자가 공식적 절차를 사용하기 전에 비공식적 차원에서 해결할 수 있도록 직원들이 고충 처리에 접근하는 문턱을 낮추어 준 것으로 획기적인 개선 효과를 보고하고 있다. 동 제도는 최초 도입된 2017년부터 2018년까지 2년간은 활용도가 낮았으나 2020년 94건, 2021년 128건, 2022년 209건 및 2023년 279건을 처리하며 활성화되고 있다. 동 기간 신고 사건에 대한 세계은행의 공식 조사 건수는 2017년 71건, 2018년 114건으로 증가하다가, AHC가 본격적으로 작동하기 시작한 2019년 113건으로 감소하기 시작하여, 2020년에는 80건으로 큰 폭으로 줄어들어 오히려 AHC 처리 건수보다 낮아졌으며, 2021년 20건, 2022년 22건 및 2023년 32건으로 안정화된 하향 추세를 보이고 있다. AHC는 고충을 호소하는 구성원에게 문제 제기할 수 있도록 안내하거나(AHC가 사건조사에 직접 관여하지는 않음), 기타 건강 관련 서비스를 받을 수 있도록 하는 등 정보 전달 및 자문과 코칭 등을 통해 고충을 조기 감지하여 사내 분쟁 예방에 기여하는 것을 기본 역할로 한다. 또한 피해자가 원하는 경우 행위자에 대하여 문제 상황을 알려주며 경고하고, 행동 개선을 위한 조언과 코칭을 제공하는 등 비공식적 해결 조직으로서의 역할까지 수행하고 있다. 게다가 직원들에 대해 반(反) 성희롱 및 괴롭힘 교육 세션과 워크샵을 진행하고 성희롱 및 괴롭힘 없는 근무 환경의 중요성에 대해 인식을 높이는 예방 활동도 전개한다. 나아가 인사부, 법무부, 윤리부 등의 타 부서는 물론 외부 기관과 네트워크와 협력하여 다양한 사내 고충 해결과 분쟁 예방 활동을 종합적으로 수행하는 사례로서 AHC가 주목받고 있다.

회사의 구성원들이 사내 고충처리 시스템을 잘 활용하지 못하는 우리나라의 현실에서 세계은행의 AHC 성공은 매우 시사적이다. 다만 AHC의 성공에는 UN산하 기관이 피해자의 이야기를 경청할 수 있고, 조직의 대응절차에 대한 안내 및 중재를 통해 갈등을 공정하고 안전하게 조율할 수 있는 중간자 역할을 수행하는 독립조직인 옴브즈 제도가 작동하는 등 구조적 차이가 있다는 점을 고려해야 한다. 따라서 세계에서 가장 강력한 수준의 직장 내 괴롭힘 법제를 운영해야 하는 우리나라에선, 파괴적 갈등을 예방하기 위한 본격적인 한국형 AHC모델에 대한 검토가 필요하다.

## Ⅲ 통합 솔루션을 통한 직장 내 괴롭힘 예방체계 구축

**[상황 3] 사건 종료? 파괴적 갈등의 서막..**

**A팀장의 좌절**

A팀장은 B주임의 괴롭힘 신고 직후 3개월간 수차례 조사를 받고 징계위원회에 출석하여 징계절차까지 받으면서 삶 전체를 부정당한 느낌이다.

사실 B주임은 병약하게 태어나 명문대 재학 중 세상을 떠난 아들과 닮아 특별히 마음을 다해 케어한 직원이었다. B주임은 부임하는 날부터 지친 표정이었고, 식당에서 지켜볼 때마다 식사도 제대로 하지 못하는 것이 안쓰러워 특별히 지역의 맛집에 데리고 가고, 주말에는 맛있는 치킨을 사서 사택에 가져다주기도 하면서 정성을 기울인 것이다.

그런데 B주임은 평소에도 출신 대학 과점퍼나 츄리닝 등을 즐겨 입으면서 과시하고, 주변의 친절에 대해 "이런 걸 어떻게 먹지요?, 이런 시골에서 어떻게 평생 살아요? 난 이런데서 일할 사람이 아녜요" 등의 부적절한 언행을 하여 팀원들로부터 '싸가지 없다', '거만하다'는 평가를 받곤 했다. A팀장은 그런 B주임의 평판이 걱정스러워 면담을 통해 조언을 해주고, 조기축구회까지 가입시키며 직장 내 인간관계 개선을 도모하는 등 온갖 노력을 기울여왔던 것이다. 그러나 이러한 노력에도 불구하고 B주임의 태도는 전혀 개선되지 않았다. 업무에 집중하지 않을 뿐 아니라, 틈만 나면 휴가와 병가를 사용하여 주변 동료들에게 부담을 전가하는 바람에 근무평정에서도 최하위 고과를 받게 되었다. 다만 내부기준에 따르면 B주임의 고과는 C에 해당했지만 A팀장은 상급자를 설득하여 B주임에게 B−를 부여하느라 노력을 기울였다.

조사과정에 A팀장은 그간의 모든 노력이 모두 괴롭힘 신고 행위로 열거된 것을 알게 되었다. 30여 년 헌신했던 직장에서 어린 직원으로부터 신고를 당하고 피조사자 신분으로 수차례 조사받으며 마침내 징계위원회까지 불려가는 신세가 한탄스러울 따름이다. 주변에서 모두 위로해주지만 회사 사람들이 '괴롭힘 관리자'로 수군거리는 것 같아 누굴 만나기도 꺼려져 조기축구회 대표도 그만 두었고 각종 모임도 모두 중단하였다. 마지막으로 본부장 승진만 바라보고 있었지만 이젠 조기퇴직 대상이 된 것 같아 살아갈 희망이 없다. 그냥 죽지 못해 살 뿐이다.

## 1. 체계적 진단과 리스크 관리

### (1) 괴롭힘 행위 진단과 활용

괴롭힘 문제에 직면하려면 '무엇이 괴롭힘인가?'에 대한 진지한 이해가 선행되어야 한다. 고용노동부는 매뉴얼에서 KICQ(Korea Interpersonal Conflict Questionnaire) 등 직장 내 괴롭힘 피해 진단항목과 일본·호주 등 해외 매뉴얼 등을 토대로 직장 내 괴롭힘으로 포섭될 가능성이 있는 행위를 아래와 같이 제시하였다.

**고용노동부 직장 내 괴롭힘 행위 예시**

- 정당한 이유 없이 업무 능력이나 성과를 인정하지 않거나 조롱함
- 정당한 이유 없이 훈련, 승진, 보상, 일상적인 대우 등에서 차별함
- 다른 근로자들과는 달리 특정 근로자에 대하여만 근로계약서 등에 명시되어 있지 않는 모두가 꺼리는 힘든 업무를 반복적으로 부여함
- 근로계약서 등에 명시되어 있지 않는 허드렛일만 시키거나 일을 거의 주지 않음
- 정당한 이유 없이 업무와 관련된 중요한 정보제공이나 의사결정 과정에서 배제시킴
- 정당한 이유 없이 휴가나 병가, 각종 복지혜택 등을 쓰지 못하도록 압력 행사
- 다른 근로자들과는 달리 특정 근로자의 일하거나 휴식하는 모습만을 지나치게 감시
- 사적 심부름 등 개인적인 일상생활과 관련된 일을 하도록 지속적, 반복적으로 지시
- 정당한 이유 없이 부서이동 또는 퇴사를 강요함
- 개인사에 대한 뒷담화나 소문을 퍼뜨림
- 신체적인 위협이나 폭력을 가함
- 욕설이나 위협적인 말을 함
- 다른 사람들 앞이나 온라인상에서 나에게 모욕감을 주는 언행을 함
- 의사와 상관없이 음주 / 흡연 / 회식 참여를 강요함

- 집단 따돌림
- 업무에 필요한 주요 비품(컴퓨터, 전화 등)을 주지 않거나, 인터넷·사내 네트워크 접속을 차단함

위에 열거된 행위들이 사업장의 취업규칙에 금지되는 행위로 규정되어 있는 상태에서, 해당 행위가 실제 발생하면 법상 직장 내 괴롭힘의 개념요건에 부합하는지를 판단한다. 기업마다 각 사업장의 상황에 맞게 어떤 행위를 징계 등으로 규제할 것인지, 규제대상이 되는 행위의 정도에 따라 징계 수위를 어떻게 할지 등을 명확히 할 필요가 있다.

한편 미국의 직장 내 괴롭힘 연구소(Workplace Bullying Institute)는 직장 내 괴롭힘을 무례함부터 젠더 괴롭힘, 성희롱, 심각한 괴롭힘, 나아가 인명 사고에 이를 수 있는 폭력까지 연속적으로 이루어진 스펙트럼에 해당하는 부정적 행위라는 개념으로 설명한다. 이러한 관점은 근로자의 신체·정신적 건강에 심각한 영향을 미치는 직장 내 괴롭힘 스펙트럼 내 일련의 행위들이 다양한 형태로 나타날 수 있고, 각 행위가 발생하면 직장 내 괴롭힘의 맥락에서 이해하고 근본적인 해결책을 모색하는 접근이 필요하다는 시사점을 제공해준다.

직장 내 괴롭힘 진단을 위해 국내·외 선행 연구에서 다루어진 행동들과 유형을 참조하여 국내의 법·제도적 현실과 조직적 특성을 반영하여 조정하는 과정을 거쳐 6개 유형에서의 20여개 행동으로 한국형 부정적 행위 유형을 개발한 경우도 있다. 이 사례에서 모욕, 차별/배제, 강요/위협, 업무상 괴롭힘 등 네 종류의 영역은 선행 연구에서 보편적으로 사용되는 부정적 행위 설문지(Negative Acts Questionnaire, 이하 NAQ) 등 대표적인 괴롭힘 측정 지표를 참고했고, 30여년 간 규율되고 있는 성희롱 분야와 노동 기준 및 구제 제도를 감안하여 성적 괴롭힘과 부당 대우를 별도의 영역으로 구분하였다. 다시 모욕 유형은 의견 무시, 모욕적 언행, 시비/트집 등 3가지, 차별/배제 유형은 따돌림/배제, 소문, 성차별 등 3가지, 강요/위협 유형은 사생활 간섭, 회식/음주 강요, 사적 심부름, 심한 질책 등 4가지, 업무상 괴롭힘 유형은 업무 떠넘김, 초과 근무, 휴일 연락 등 3가지, 부당 대우는 권리 방해, 부당 평가 등 2가지, 성적 괴롭힘 유형은 성(性)문제 질문/언급, 원치 않는 관심, 외모 평가, 성적 혐오감 언동, 신체 접촉 등 5가지로 총 20개 행동으로 유형화하고 있다.

**표 5** **직장 내 괴롭힘 관련 부정적 행동 유형화 사례 (20개 행동)**

| 유형 | 문항 |
|---|---|
| 모욕<br>(3) | 상대방의 말을 가로막거나 의견을 무시한다. |
| | 반말, 폭언, 욕설 등 모욕적인 말을 한다. |
| | 사소한 일로 시비를 걸거나 트집을 잡는다. |
| 차별<br>배제<br>(3) | 대화, 회식, 단톡방 등에서 따돌리거나, 의사 결정에서 배제한다. |
| | 부정적이거나 악의적인 소문을 퍼뜨린다. (SNS를 통한 소문 포함) |
| | 성차별적 언행을 하거나, 성별 역할을 강요한다. |
| 강요<br>위협<br>(4) | 가족 관계, 취미, 성향 등 사생활을 지나치게 간섭한다. |
| | 회식 등의 참여를 강요하거나, 음주를 강요한다. |
| | 업무와 무관한 사적인 일(개인 심부름 등)을 시킨다. |
| | 갑자기 화를 내거나(고함을 치거나), 심하게 질책한다. |
| 업무상<br>괴롭힘<br>(3) | 자신의 업무를 반복적으로 떠넘긴다. |
| | 지나치게 많은 일을 주거나, 불필요한 추가 근무(야근, 휴일 근로 등)를 시킨다. |
| | 퇴근 후 또는 휴일에 여러 차례 연락(전화, SNS, 이메일)한다. |
| 부당대우<br>(2) | 휴가나 병가, 각종 복지 혜택을 못 쓰도록 한다. |
| | 합리적 이유 없이 업무 능력이나 성과를 인정하지 않고, 부당하게 평가한다. |
| 성적<br>괴롭힘<br>(5) | 개인적인 성 문제(이성 교제 등)에 대해 질문하거나 언급한다. |
| | 원하지 않는 관심을 보이거나 사적인 연락을 한다. |
| | 외모나 몸매를 평가한다. |
| | 성적 혐오감을 느끼게 하는 말 또는 행동을 한다. |
| | 나의 의사와 상관 없이 신체 접촉을 한다(손, 어깨, 머리, 얼굴 등). |

직장 내 괴롭힘 실태를 파악하기 위해서는 설문조사, 다면평가, 퇴사자인터뷰, 노사협의회 또는 산업안전보건위원회 등 근로자협력기구를 통한 의견 취합 등 다양한 방식을 활용할 수 있다. 이를 활용하여 도출된 전형적인 부정적 행동의 패턴과 사례를 압축하여 전체 직원 및 주요 관리자가 준수해야할 구체적인 행위 규범을 제공하고, Don't와 Do의 형태로 내면화하도록 정형화된 교육과정을 만들고 이를 체계적으로 제시하여 실효적인 행동 개선을 촉진할 수 있다. 나아

가 실제 발생하고 있는 사건 데이터와 연계하여 정교화한다면 괴롭힘 신고 사건의 접수율을 낮추는 방향으로 활용할 수도 있다.

### (2) 괴롭힘 촉발 요인과 억제 요인의 관리

직장 내 괴롭힘에 미치는 위험요인(억제 요인/촉발 요인)과 관련하여 다수의 선행 연구가 진행되었다. 위험요인은 개인 차원, 업무 차원, 조직 차원으로 구분할 수 있다.

고용노동부의 매뉴얼에서는 직장 내 괴롭힘 발생 위험요인의 점검 내용으로 앞에서 제시한 부정적 행위 외에 조직 문화, 직무수행, 근로자 및 부정적 행위 등을 점검할 것을 제안하고 있다. 첫째, 조직 문화에 대해서는 조직 문화의 경직성에 대한 검토, 조직 내 커뮤니케이션의 원활성에 대한 검토, 부정적 리더십의 확인(직원의 자율성이 허용되지 않는 경직되고 독재적인 방식 여부, 근로자에게 지침을 거의 또는 전혀 제공하지 않는 행위 유무, 책임의 부적절한 비공식적 위임 여부, 부적절한 또는 경멸적인 언어 또는 악의적인 비판과 피드백을 포함하는 학대 및 모욕적인 행동 유무), 사업장 내 관계의 부족함에 대한 확인(의사소통의 부족, 낮은 수준의 지원, 소속팀에서의 불화, 권한과 책임의 불명확성) 등에 대한 설문조사나 다면평가 및 퇴사자 인터뷰를 통해 위험요인을 확인할 수 있도록 안내하고 있다. 둘째, 직무수행과 관련하여서는 직장 내 스트레스의 존재(업무에 대한 압박 정도, 통제 정도, 구조조정이나 중요한 기술적 변화에 따른 조직 변화, 고용불안도, 직장 내 행동기준이 되는 구체적 규율 부족, 부당노동행위, 고객의 부당한 요구의 수용 정도)와 업무시스템(충분한 자료제공 여부, 충분한 교육훈련 여부, 업무·작업 일정의 적절성, 불합리한 업무 명령 또는 시간 제약 여부)를 확인하며, 마지막으로 근로자에 대하여는 직무만족도, 이직 의사, 신체적 건강상태(건강검진, 병가 등), 우울증, 불안 등 정신적 건강상태 등을 위험요인으로 언급하면서 설문조사나 정기건강검진을 통해 조사할 수 있음을 안내하고 있다.

세계노동기구(International Labour Organization)가 채택한 모형에서는 직장 내 정신적, 신체적 폭력 등 문제 행동은 개인적 요인과 사업장의 요인이 상호 작용한 결과로 발생되며, 이러한 폭력은 개인뿐만 아니라 조직, 나아가 사회 전체에 부정적 영향을 미치고 있음을 설명하고 있다. 또한 문제 행동의 발생에 영향을 미치는 위험 요인을 조기에 파악하여 개선하고, 장기적인 폭력 예방을 실행하는 데 있어 유용한 시각을 제공하고 있다. 먼저 개인 수준의 위험 요인으로는 폭력 경험, 남성, 청년, 힘든 유년기, 정신 건강, 폭력 유발하는 상황, 대인관계 어려움, 연령, 외모, 경험, 건강, 기술, 성별, 성격·기질, 태도와 기대 등을 언급하고 있으며, 반면 사업장 수준의 위험 요인으로는 물리적 특성, 조직 환경, 경영 방식, 조직 문화, 외부 환경의 영향, 과업 상황, 독립적 직무 수행, 대중 상대 직무 수행, 과도한 스트레스 대상 업무, 특수한 취약성 등을 언급하고 있다. 미국의 고용평등기회위원회(Equal Employment Oppertunity Commission)는 직장 내 괴롭힘을 유발하는 위험요인으로 '동질적인 근로자로 구성된 경우', '사업장 내 규범을 준수하지 않는 경우', '근로자 집단 간 권력 차이가 큰 경우', '고객 만족을 우선시하는 경우', '작업장이 고립되거나 분산된 경우' 등을 제시하고 있다. 호주 정부의 직장 내 괴롭힘 방지를 위한 가이드 라인(Work Health and Safety ACTS 2011)에서는 '스트레스 요인의 존재(과도한 업무, 고용 불안, 부당 노동 행위, 고객의 부당한 요구 등)', '리더십(업무 지침 미제공, 책임 전가, 부적절한 언어, 악의적 비판, 모욕 등)', '업무 시스템(자료나 훈련의 부족, 열악한 업무 일정, 불합리한 평가, 시간 제약 등)', '관계의 부족(의사 소통 부족, 격리, 낮은 수준의 지원 등)', '직원들의 특성(젊은 근로자, 임시직, 인턴, 종교 · 장애 · 성별 · 성적 지향)' 등을 위험 요인으로 언급하고 있다.

### (3) 진단 시스템개발과 모니터링 시스템 구축

조직의 문제를 파악하고 대응 체계를 강화하여 조직 구성원의 권익을 보호하고 지속 가능한 근무환경을 조성하기 위해서는 실태를 체계적으로 조사하여 예방 대책과 정책 과제를 마련함과 더불어 권익 보호 프로세스에 대한 제도적 개선방안이 제시되어야 한다.

고용노동부는 매뉴얼에서 사업장 자체 조직문화진단을 위한 근무환경 설문조사표를 제시하고 있다. 이는 응답자 특성(남/여, 연령대, 정규직/비정규직), 근무환경에 대한 7점 척도 25문항, 최근 6개월간 직장생활에서 경험한 부정적 행위 5점 척도 25문항, 가해자 직급, 대응 방법, 무대응의 경우 이유, 사내 담당자 및 실제 영향, 개선과제 등에 대한 내용으로 구성된다.

위 도구를 활용하여 정기적인 실태 조사를 지속적으로 수행하는 경우 법적 판단 기준 및 성립 요건에 관한 합의 지점을 마련하고, 권익 보호 절차 및 결과에 대한 수용력을 높일 수 있는 토대를 마련할 수 있다. 나아가 정기적 진단을 통해 조직 내의 투명성과 신뢰성을 높이고 구성원들이 실태 조사와 관련된 과정을 신뢰할 수 있도록 도움을 줄 수 있다.

한편 전문기관 H연구소에서 활용 중인 통합적 진단 모형도 참고할 수 있다.

다음 모형에 따라 G사에 대한 통합 진단을 실시한 결과 6가지 부정적 행동 유형 모두 직무만족 감소 및 스트레스 증가와 유의미한 상관관계를 보이는 것으로 나타났다. 구체적인 부정적 행동으로는 '말을 가로막기/의견 무시', '반복적 업무 떠넘기기', '사소한 일로 시비나 트집'이 두 가지 결과 요인 모두에서 가장 큰 관련성을 보이는 등의 조직별 특성이 반영되는 결과가 도출되고 있다. 한편 조직 규모가 큰 경우 자체적으로 진단 시스템을 개발하여 이에 따른 조치가 즉각적이고 실효적으로 이루어지도록 모니터링 시스템을 구축할 수 있다.

그림 2 **직장 내 괴롭힘 통합 진단 모형 예시**

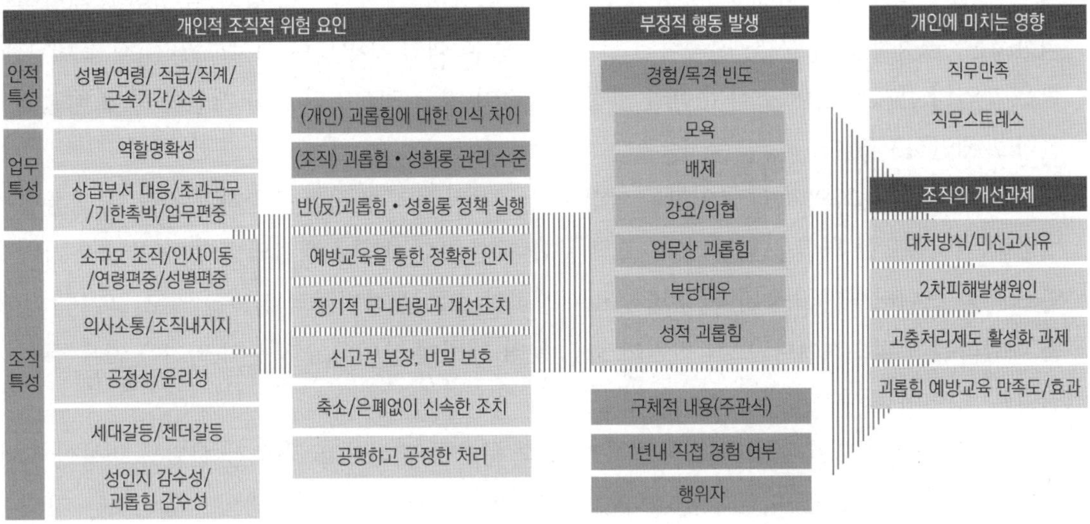


국내 대기업인 D그룹의 경우 리더십 개선에 적극적으로 활용하기 위하여 진단 도구를 개발하고 이를 정기적으로 활용하고 있다. D그룹에서는 그룹사 내 구성원 전체를 대상으로 모바일 설문 조사를 실시하고, 동 데이터에 따라 각 부문별 부정적 행위 발생 상황을 파악하여 그 결과를 해당 부문 리더에게 공유하고 이들이 이를 해결하기 위한 적극적 조치를 취하도록 하는 진단 프로그램을 전문기관과 함께 개발하여 활용 중이다. 프로그램은 해당 그룹의 성희롱 · 직장 내 괴롭힘의 특성을 파악할 수 있도록 인적 특성, 업무적 · 조직적 위험 요인의 파악 및 행위별 경험과 목격에 대한 내용으로 구성되었으며 해당 그룹의 특성을 반영하기 위하여 그룹 구성원의 의견을 적극 반영하는 방식으로 개발되었다. 결과에 대하여는 그룹 최상위 경영진에게 보고하고, 부문별로 심각도를 측정할 수 있도록 여러 단계로 위험도를 측정한 뒤, 그에 따라 리더에게 필요한 리더십을 주문하는 내용으로 구성하여 운영하고 있다. 위와 같은 진단 시스템을 지속적으로 실시하면 시기별로 발생 현황의 변화 추이를 파악할 수 있을 뿐 아니라, 리더십 개선이나 교육 컨텐츠 개발 등 예방과 개선을 위한 지침을 제공하는데 활용할 수 있다.

## 2. 존중 리더십과 협업문화의 조성

### (1) 존중 리더십의 중요성

실제로 직장 내 괴롭힘 사건을 성공적으로 해결한 사례에 대한 연구에서는 조직 문화 차원의 솔루션을 강조한 바 있다. 이 연구에서는 조직 문화의 핵심 요소로 강력한 리더십, 명확한 괴롭힘 처리 절차, 괴롭힘 인식 교육, 존중과 긍정적 행동 장려, 리더십 역량 강화, 투명하고 개방적인 의사소통, 긍정적 조직 문화, 지속적인 모니터링 등을 핵심 요인으로 제시하였다. 직장 내 괴롭힘은 개인의 문제를 넘어 조직 문화와 밀접한 관련이 있으므로 조직 문화 개선을 통해 해결해야 한다고 제안하고 있다.

리더는 조직 문화의 핵심적 역할을 담당하며 긍정적 조직 문화를 구축하고 직장 내 괴롭힘을 예방하는데 중요한 역할을 담당한다. 조직 문화 개선은 단시간에 개선되는 것이 아니라 지속적인 노력과 모니터링이 요구된다. 투명하고 개방적인 소통은 직원들의 신뢰를 얻고, 괴롭힘 문제를 해결하는데 필수적이다. 모든 직원이 조직 문화 개선에 참여하고 자신의 의견을 자유롭게 개진할 수 있어야 한다.

괴롭힘 문제에 대한 강력한 조치를 통해 조직 문화를 개선하고 직원 간 신뢰를 회복한 사례에서는 괴롭힘 행위자를 마땅히 징계하여 그러한 행위가 조직 내에 용납되지 않는다는 강력한 메시지를 전달하였고, 인사 담당자와 직원 간 관계 개선을 통해 괴롭힘을 조기에 보고할 수 있는 환경을 조성한 점이 확인된다. 또한 조직의 가치관에 기반한 행동 정책을 개발하고 자율적 해결을 장려하였으며, 조직의 가치관을 모든 활동의 핵심으로 삼고, 협업을 장려하는 한편 우수한 행동을 보상하고 인정하는 프로그램을 통해 긍정적 변화를 유도함으로써 성공적으로 변화에 도달한 사례도 소개되었다. 고위층이 가해자로 문제된 사건에서는 고위층의 직장 내 괴롭힘 행위에 대하여 독립적인 조사를 실시한 후 가해자를 해고하였고, 조직 문화 개선을 최우선 과제로 삼고 투명하고 개방적인 소통을 장려하였다. 또한 긍정적 조직 문화를 만들기 위해 다양한 웰빙 프로그램과 팀워크 활동을 도입하고 리더십 역량 강화 프로그램을 통해 조직 문화를 개선하고 리더 간 협력을 강화하는 한편 유능한 인사 리더를 임명하여 조직 문화를 개선한 해결 사례가 제시되었다.

위와 같이 조직 문화 개선은 리더십을 비롯한 전사적 의식 및 행동 개선과 동시에 해당 조직의 현장 단위부터 부정적 행동을 억제하고 바람직한 행동으로 조직 구성원을 인도할 수 있어야 한다. 우리나라는 사후 조치 중심으로 고도화되어 있으나, 성희롱이나 괴롭힘에 이르지 않은 단계에서 조기에 이러한 행동을 제어할 수 있는 시스템이 부족하여 이를 보완할 필요가 있다. 이것이 곧 조직 문화 개선과 연결되어 있기 때문이다.

### (2) 존중 리더십 제고 방안

MZ세대가 본격적으로 사회에 진출하게 되면서 중간 관리자들에게 관리직을 기피하는 현상

(Unbossing)도 급속히 확대되고 있다. 이러한 현상이 만연할수록 조직의 효율성은 떨어질 수밖에 없다. 직장 내 괴롭힘의 발생 가능성이 높은 환경은 의도적인 관리직 기피 현상을 확산시키는 꼴이 될 뿐이다. 미국의 고용평등기회위원회는 직장 내 괴롭힘을 근절하기 위해서는 리더들의 적극적 참여와 괴롭힘을 용납하지 않는 문화 조성이 핵심임을 강조하고 있다. 리더십은 명확한 정책 선언, 자원의 할당, 책임자 지정을 통해 실천될 수 있다고 강조하고 있다. 따라서 관리자들에게는 괴롭힘 정책, 고충 처리 시스템, 교육을 제공하고 정기적으로 평가하며 필요한 변경 내용이 적절하게 전달될 수 있어야 한다고 제시하고 있다.

리더는 세대를 넘어 직원에 대한 안전한 환경을 보장하고, 유연한 근무 환경을 제공하며, 무엇보다 공정하게 처우해야 하고 그 실천적 방법을 습득하여야 한다. 안전한 환경이란 신체적 안전뿐만 아니라 자신이 누구인지 드러낼 수 있는 심리적 안전과 사회 구성원 간 원활하게 소통할 수 있는 사회적 안전까지 포함하는 것으로 이해하는 것이 필요하다. 근무 환경에서 개인들이 가지는 가장 중요한 시간을 파악하고 직원들이 시간에 대한 주도권을 가지고 개인적 삶과 직장 생활의 균형을 이루도록 지원할 수 있어야 한다. 세대 간 연결과 소통을 위해서는 각자의 업무 언어를 파악하여 소통할 수 있어야 하며, 관리자는 정기적으로 이를 확인할 필요가 있다. 이들의 다양성을 인정하고, 모든 직원이 소속감을 느끼도록 포용적인 문화를 만들어야 한다. 이 과정에서 개인이 겪는 어려움을 이해하고 이를 해결하기 위한 노력을 기울일 필요가 있다. 예를 들어 유연성을 추구하는 경우에도 베이비부머 세대라면 부모님의 요양을 위한 시간을 중요하게 생각할 수도 있고, M세대의 경우라면 자녀를 돌보는 시간을 더 필요로 할 수도 있으며, Z세대의 경우 개인적인 여가 활동에 집중하고 싶어 할 수도 있다. 요컨대, 세대별 고정관념보다는 보상, 경력개발, 의미 있는 업무, 안전한 근무 환경 등 개인의 상황과 필요에 맞게 접근함으로써 세대 간 갈등을 줄이고 갈등을 완화하는 리더십이 제고되어야 한다.

## 3. 실효적 교육의 설계와 운영

### (1) 실효적 교육의 필요성

성희롱과 달리 직장 내 괴롭힘은 예방 교육을 의무화하지 않고 있다. 고용노동부의 조사에 의하면 많은 기업들이 조직 내 갈등을 해소하기 위하여 자발적으로 예방 교육과 리더 교육을 실시하는 사례가 보고되고 있다.

고용노동부는 매뉴얼에서 예방을 위한 실효적 방안으로 임직원 대상 교육을 필수적으로 고려할 필요가 있음을 안내하고 있다. 특히 직장 내 괴롭힘은 지위·관계상 우위 있는 사람이 행할 가능성이 크므로 관리자 이상은 정기적으로 교육을 수료할 필요가 있고, 관리자 교육과 직원 교육을 분리하여 실시할 필요가 있음을 강조하고 있다. 연 1회 이상 실시하는 등 정기 계획을 마련하고, 회사에서 직장 내 괴롭힘이 문제되는 경우 수시 추가 교육이 바람직하고, 기존의 성희롱 예방교육이나 산업안전관리 교육 또는 인권교육에 콘텐츠와 시간 등을 확대 · 보완하여 진행하는 식도 가능하다고 안내하고 있다.

### (2) 대상자에 특화한 체계적 교육

가장 문제되는 상황은 <상황1>, <상황2>, <상황3>에 나타난 바와 같이 괴로움과 괴롭힘의 주관성과 이로 인한 혼란이다. 이를 해결하기 위해 왜곡된 괴롭힘 및 성인지 감수성을 바로잡고 주로 사례 중심으로 대상에 특화해 적절히 개입하는 구체적인 행동 지침을 마련할 필요가 있다. 직장 내 괴롭힘의 행위자들은 낮은 성인지 감수성이나 인권 감수성, 사회적 스킬의 결핍으로 특별히 타인을 괴롭히려는 의도가 없었음에도 불구하고 부정적인 행위를 하는 사례가 많이 조사되고 있다. 특히 인식과 행동 패턴의 차이로 인해 호의적 의도로 했던 행동이나 무의적 행위가 징계 대상이 되는 경우 결과에 대한 행위자의 수용성이 매우 낮은 것이 문제 될 수 있다. <상황3>과 같이 가치관상의 혼란이나 조직에 대한 배신감을 느낄 뿐 만 아니라 신고인을 포함한 조사 관계자에게 부정적 감정을 가질 수 있어 이후 2차 가해로 이어질 수 있다. 특히 직장 내 괴롭힘은 경징계에 그치거나 분리 조치가 이루어지지 않을 수 있으므로, 행위자들이 사건의 결과를 불수용한다면 피해자 입장에서는 오히려 신고 이전보다 상황이 악화될 우려가 있다. 이러한 행위자의 특징과 행위 발생의 원인을 명확하게 진단하여 부정적 행동을 개선하는 방향으로 교육내용을 구성해야 한다. 나아가 관리자 등 행위 위험군에 대한 부정적 행동에 대한 개선 교육(대안 행동 교육) 및 코칭을 제공하여 부정적 행위가 발현되지 않도록 행위자에게 집중한 대안 마련이 중요하다.

나아가 변화하는 경영환경, 사업장의 상황, 교육 대상자의 직종, 연령, 성별 등 인적 특성도 다르다는 점을 교육프로그램에 반영한다면 보다 실효적인 교육프로그램을 운영할 수 있다. 잠재적 피해 그룹에게는 문제에 대한 대응력을 높이고, 주변의 동료가 피해를 받는 경우 지지하고 신고를 안내하는 등 개입 방법을 알게 해주는 반면, 잠재적 가해 그룹에게는 해당 조직의 현황을 명확히 인식하게 하고 해당 조직의 실제 발생 사례를 활용하여 부정적 행동을 수정하도록 컨텐츠를 구성하는 것이 바람직할 것이다.

이때 해당 사업장의 실태를 파악하고 적절히 반영하는 경우 실효성을 높일 수 있다. F사의 경우 직장 내 괴롭힘 실태조사 결과에 따라 대상자별로 왜곡된 인식을 개선하는 방향으로 교육프로그램을 설계하여 운영하고 있다. 여성이나 Z세대 직원에 대하여는 왜곡된 인식을 확인하고 책임감을 강화하며 예절을 지키는 방향으로 교육과정을 설계하고, 이들과 접점이 많은 팀장급 리더에 대하여는 소통역량을 향상하는 내용을 강조하고 있다. 예컨대, 대다수 직원이 우위성 없는 갈등 상황을 직장 내 괴롭힘으로 인식하거나, 인사 명령이나 업무 지시도 괴롭힘이라고 인식하는 상황을 파악하여 직장 내 괴롭힘의 정의와 기준을 현장에서 실제 나타난 사례로 퀴즈로 풀어보도록 교육과정에 반영하였다. '소문은 어쩔 수 없다'고 인식하는 조사결과를 토대로 "2차 피해 예방" 관련 실천 지침으로 구체화하였다. 직장 예절 관련하여 호칭 미사용이나 반말, 업무 시간 외 연락에 대해 허용적인 태도를 보이는 점에 착안하여 직장 내 예절을 강조하는 방식으로 컨텐츠를 제작하였다. 해당 내용은 교육안에 반영하는 것은 물론, 상시 캠페인을 반복적으로 확산시키는 한편 리더들에게는 관리자용 지침을 개발하는 등 실효성을 높이기 위해 노력하고 있다.

직장 내 괴롭힘의 치명적 영향을 고려한다면 구성원의 인식을 개선하고 행동을 변화할 수 있도록 중·장기적 계획에 따라 교육프로그램을 개발하고 개선해나갈 필요가 있다. 현장 실태를 반영한 행동 변화 중심의 예방 교육, 현장 리더와 임원을 대상으로 하는 리더십 프로그램, 고충역량 향상 기본 과정과 상담 및 조사자 과정 등 전문성 향상 프로그램 및 행위자 대상 재발 방지 프로그램 등이 개발되어야 할 것이다.

## 참고문헌


1.고용노동부(2023),「직장 내 괴롭힘 판단 및 예방·대응 매뉴얼」

2. 고용노동부(2024).「직장 내 괴롭힘 법제화 5주년 실태조사」(미발간)

3. 문강분(2022),「이것도 직장 내 괴롭힘인가요?」, 가디언

4. 행복한 일 연구소 · 노무법인(2022),「한경무크 직장 내 괴롭힘 금지법」, 한국경제신문

5. Anne—Marie Burns, Patrick Gottey (2024), Ethics & Internal Justice Services - Tackling Sexual Harassment at the World Bank: A Survivor—Centered Approach, International Association Workplace Bullying and Harassment.

6. Australian Human Rights Commission(2020). *Respect@Work: National Inquiry into Sexual Harassment in Australian Workplaces - Community Guide*. Australian Human Rights Commission.

7. Einarsen, Hoel, Zapt, Cooper(2011), *Bullying and Harassment in the Workplace*. CRC Press.

8. Equal Employment Opportunity Commission(2017a). *Respect in the Workplace: Creating a Respectful Environment for All Emplyees*. U. S. Equal Employment Opportunity Commission.

9. Equal Employment Opportunity Commission(2017b). *Leading for Respect: How Supervisors and Managers Can Create Respectful Workplaces*. U. S. Equal Employment Opportunity Commission.

10. Feldblum, C. R., & Lipnic, V. A.(2016). *Select Task Force on the Study of Harassment in the Workplace*. U.S. Equal Employment Opportunity Commission.

11. Forastieri, V.(2012). SOLVE: *Integrating Health Promotion into Workplace OSH Policies: Participant's Workbook*. International Labour Office.

12. Larrazabal, J. P., Lopezdelallave, A., & Topa, G. (2019). Organizational tolerance for workplace harassment: Development and validation of the POT scale. *Sustainability*, 11(4078).

13. Madgavkar, A., Noguer, M. C., Bradley, C., White, O., Smit, S., & Radigan, TJ.(2025). *Dependency and depopulation: Confronting the consequences of a new demographic reality*. McKinsey Global Institute.

14. Promising practices for preventing harassment. U. S. Equal Employment Opportunity Commission.

15. Safe Work Australia(2016). *Guide for Preventing and Responding to Workplace Bullying*. Safe Work Australia.

16. Victorian Public Sector Commission(2017). *The Case Studies: Turning the Tide on Bullying and Poor Workplace Cultures*. State of Victoria.

# 정체성에 기반한 사고와 도덕적 감정에서 벗어나자

## - 갈등의 온도를 낮추는 의사소통 전략 -

김나정 교수

# 정체성에 기반한 사고와 도덕적 감정에서 벗어나자
# - 갈등의 온도를 낮추는 의사소통 전략 -

김 나 정

## I 고용관계에서 흔히 발생하는 갈등 사례들

### 사례 1: D커머스 A씨 퇴사 통보, 그날의 기록

### "이런 식의 평가가 말이 되나요?"

D커머스의 사내 게시판에 올라온 A씨의 글은 금요일 오후의 고요를 깨뜨렸다. A씨는 3개월간 시용 계약을 맺고 근무한 후 정규직 전환을 기대하고 있었지만, 인사팀은 계약 종료를 통보했다.

"저는 지난 3개월 동안 매일 밤 12시까지 일했습니다. 주말에도 자발적으로 나와 일했고, 팀원들과 잘 지냈다고 생각했습니다. 그런데 이렇게 이유도 제대로 설명하지 않고..."

인사팀의 통보를 받은 직후, A씨는 평가 세부 내용이나 구체적인 이유를 묻지도 않았다. 그는 '열심히 일하면 정규직이 될 수 있다'는 자신의 기대가 깨졌다고 생각했고 온몸에 힘이 빠지는 느낌이 들었고, 곧이어 분노가 차올랐다. 그의 첫 마디는 "이건 명백한 부당해고야"였다.

그날 저녁, A씨는 자신의 블로그에 긴 글을 올렸다. "나는 정당한 평가를 받지 못했다"는 생각이 강해졌고, 이 글에서 A씨는 자신을 "부당한 대우를 받은 피해자"로 규정했고, 회사의 결정을 "명백한 권리 침해"라고 표현했다.

A씨의 시선은 자연스럽게 과거의 유사 사례들로 향했다. 작년에 있었던 계약 종료 건들을 찾아보기 시작했고, 자신의 상황과 비슷한 패턴을 발견했다고 확신했다. "이건 우연이 아니에요. 회사는 처음부터 계획이 있었던 거죠."

댓글이 물결처럼 밀려들었다. "저도 비슷한 경험이 있어요." 다른 부서의 계약직 직원들이 하나둘 자신의 이야기를 털어놓기 시작했다. 누군가 작년의 비슷한 사례들을 정리한 문서를 공유했고, 이는 사내 메신저를 통해 빠르게 퍼져나갔다.

이틀 후, 인사팀은 공식 입장을 발표했다. "모든 평가는 객관적 기준에 따라 공정하게 진행되었습니다." 회사는 A씨에게 다른 부서 지원 기회도 제안했다. 하지만 A씨의 귀에는 이 모든 것이 "관료적인 변명"으로만 들렸다. "숫자로만 사람을 판단하는 비인간적인 태도"라고 그는 반박했다.

처음에는 조용히 지켜보던 정규직 직원들도 목소리를 내기 시작했다. "이건 우리 모두의 문제예요"라는 공감의 목소리가 커졌다. 심지어 일부 중간관리자들조차 "평가 제도에 문제가 있는 것 아닌가"라는 의문을 제기하기 시작했다.

회사의 제안들은 진지하게 고려되지 않았다. 다른 부서 지원 기회나 재평가 제안은 A씨와 그의 지지자들에게 "불의를 덮으려는 시도"로만 보였다. "불공정한 상황과는 타협할 수 없습니다. 이건 우리 모두의 존엄성이 걸린 문제입니다."

상황은 회사 밖으로도 번져나갔다. 취업 준비생들의 온라인 커뮤니티에서 D커머스의 사례가 회자되기 시작했고, 예정된 채용 설명회 참석 신청률이 급격히 떨어졌다.

인사팀장은 답답함을 감추지 못했다. "우리는 모든 지원자를 동일한 기준으로 평가했습니다. 시용 기간이라는 게 바로 이런 적합성을 판단하기 위한 거 아닌가요?" 하지만 이미 직원들의 마음 속에서 회사는 "차가운 이윤만을 추구하는 조직"으로 자리잡았다.

A씨는 자신의 마지막 블로그 글에서 이렇게 적었다. "나는 단순히 일자리를 잃은 게 아니다. 우리는 전문가로서의 자존심, 한 인간으로서의 존엄성을 부정당했다. 이것은 단순한 계약 종료가 아닌, 우리 모두의 미래가 걸린 문제다."

## 사례 2: T전자 부당전보 논란 – "회사가 나를 버린 걸까요?"

T전자에서 20년 이상 근무한 E부장은 어느 날 아침, 인사팀으로부터 부서 이동 통보를 받았다. 회사의 공식적인 설명은 단순했다.

"조직 개편 및 인력 효율성 증대를 위한 조치입니다."

하지만 E부장은 그 말이 무슨 의미인지 직감적으로 알 수 있었다. 조직 내에서 세대교체가 가속화되고 있었고, 성과 평가 방식이 '성과 중심'에서 '젊은 리더십 중심'으로 변화하면서, 그의 입지는 점점 줄어들고 있었다.

그가 받은 인사 통보 내용은 충격적이었다.

"E부장님, 조직 개편으로 인해 앞으로 물류 관리팀으로 이동하게 됩니다. 기존 연봉 체계는 일부 조정될 예정이며, 향후 성과에 따라 추가적인 조정도 있을 수 있습니다."
E부장은 자신이 조직에서 인정받지 못하고 있으며, 회사가 자신을 내보내려 한다는 불안을 느꼈다.

E부장은 해외 영업팀에서만 10년을 근무하며 주요 고객사 관리 업무를 맡아왔다. 하지만 이제껏 한 번도 경험해본 적 없는 물류 관리팀으로 이동해야 한다는 사실을 받아들이기 어려웠다. 더 큰 문제는 급여였다. 이동 후 6개월 동안 기본급이 30% 삭감되며, 이후 2년 차에는 40%, 3년 차 이후에는 최대 50%까지 줄어드는 구조였다.

"이게 말이 됩니까?"

당장 인사팀을 찾아간 그는 강하게 항의했다.

"저는 지금까지 해외 고객사와 협상하며 회사의 주요 수익을 담당해왔습니다. 그런데 갑자기 물류 관리팀으로 가라니요? 연봉 삭감까지? 이건 사실상 강제 퇴직 유도 아닙니까?"

인사 담당자는 흔들리지 않았다.

"회사의 인사 방침에 따라 이루어진 결정입니다. 해당 조치는 조직의 장기적 경쟁력을 확보하기 위한 조치이며, 인사 원칙에 따라 공정하게 이루어졌습니다."

E부장은 납득할 수 없었다. 사내 익명 게시판에 자신의 이야기를 올렸다.

"20년을 헌신한 대가가 이겁니까? 성과가 낮아서도 아니고, 조직 개편이라는 이름으로 한순간에 경력과 역할을 잃었습니다. 회사가 우리를 이렇게 대할 수 있습니까?"

게시판에는 곧 비슷한 경험을 한 직원들의 댓글이 이어졌다.

"저도 18년 동안 개발팀에서 근무하다가 갑자기 지원부서로 전보됐어요. 이후 1년 만에 희망퇴직 신청을 권유받았습니다."
"이건 사실상 퇴출 압박이죠. 명예퇴직을 유도하기 위한 조치 아닙니까?"

반면, 일부 관리자들은 사내 회의에서 다른 입장을 보였다.

"조직 개편이 필요하면 변화를 받아들여야 합니다. 회사도 생존해야 하니까요."

E부장은 결국 노동위원회에 부당전보로 구제 신청을 했다. 조사 결과, 회사가 일정 연령 이상이거나 승진에서 누락된 직원들을 대상으로 직책을 낮추고 급여를 삭감하는 방식을 통해 사실상 퇴출을 유도해왔음이 드러났다.

T전자는 노동위원회의 판결을 받아들여 E부장을 원직으로 복귀시켰지만, 이미 신뢰를 잃은 직원들의 불만은 쉽게 가라앉지 않았다.

"회사가 언제든 이런 식으로 사람을 내칠 수 있다는 걸 이제야 깨달았습니다."

이 사건은 단순한 인사 발령이 아니었다. 조직 내에서 인사권 남용이 어떻게 직장 내 갈등을 촉진하고, 직원들의 신뢰를 무너뜨릴 수 있는지를 보여주는 대표적인 사례로 남게 되었다.

한국의 고용관계는 2025년 현재 중대한 전환점에 서 있다. 고용노동부 통계에 따르면, 2023년 고용과 관련된 분쟁 건수는 전년 대비 59.8% 증가했으며, 특히 IT · 플랫폼 기업에서의 고용형태 변화와 이에 따른 갈등이 두드러지게 나타나고 있다(고용노동부, 2024; 박명준, 2024). 주목할 만한 점은 MZ세대(1981－2004년생)의 고용 안정성과 공정성에 대한 관심이 높아지면서 노동조합 가입에 대한 긍정적인 태도를 보이고 있다는 사실이다(김영국, 2021).

이러한 변화의 배경에는 단순한 근로조건 개선을 넘어선 세대 간 가치관의 차이, 조직문화의 변화 요구, 그리고 고용의 공정성과 안정성에 대한 새로운 인식이 자리 잡고 있다. 특히 코로나19 이후 재택근무 확대, 워라밸(Work－Life Balance) 중시, 수평적 조직문화 정착 등의 흐름이 강해지면서, 전통적인 위계적 조직 운영 방식과의 갈등이 심화되고 있다(박정우, 2025).

이러한 갈등은 소셜미디어를 통해 빠르게 확산되고 증폭되는 특징을 보인다. 2023년 플랫폼 기업에서 발생한 '고용 형태 변경에 따른 불공정 논란'이나, 2022년 한 대기업에서 촉발된 '인력 구조조정 과정의 부당성 문제'는 순식간에 사회적 이슈로 확대되었다(문예진, 오성은, 2019). 이 같은 변화는 단순한 일시적 현상이 아니라 구조적 전환의 과정을 의미한다. 산업구조의 변화, 세대 교체, 그리고 디지털 기술의 발전은 고용관계의 본질적 재구성을 요구하고 있으며, 이에 따라 고용 갈등을 다루는 방식 또한 근본적으로 변화해야 할 필요성이 커지고 있다.

특히 고용관계에서의 갈등은 단순한 이해관계 충돌을 넘어 도덕적 감정과 특정한 사고 습관이 결합된 정체성 대립으로 확장되는 경향이 있다. 예컨대, 기업의 인사조치가 일부 직원들에게는 '정당한 경영 판단'으로 받아들여지는 반면, 또 다른 그룹에게는 '불공정한 차별'로 인식되면서 감정적 반발이 커지는 현상이 나타난다.

따라서 본 장에서는 이러한 고용관계에서의 갈등을 '특정 사고습관과 도덕적 감정을 수반하는 정체성 대립'이라는 관점에서 분석하고자 한다. 특히 한국의 독특한 고용관계 속에서 이러한 갈등이 어떻게 발생하고 심화되며, 어떠한 방식으로 해결될 수 있는지를 들어가는 이야기에 나온 네 개의 구체적인 사례를 통해 살펴볼 것이다.

## Ⅱ 고용관계 갈등의 본질: 정체성, 사고습관, 도덕적 감정의 역할

### 1. 고용관계에서의 갈등이란 무엇인가?

고용관계는 단순한 노동 제공과 보상의 교환을 넘어, 개인의 정체성과 가치관, 조직 문화가 얽힌 복합적인 상호작용을 포함한다. 우리는 직장에서 단순히 일만 하는 것이 아니라, 승진, 평가, 보상, 협업, 리더십, 조직 문화 등의 다양한 요소 속에서 정체성을 형성하고, 관계를 구축하며, 자신의 가치를 인정받으려 한다. 따라서 갈등은 단순한 업무 조정이나 의견 차이에서 발생하는 것이 아니라, 더 깊은 심리적 · 사회적 요인이 개입되면서 복잡해진다.

고용관계 상황에서 갈등을 경험한 적이 있는가? 다음과 같은 생각이 떠오른 적이 있을 것이다.

- “나는 회사에 헌신했는데, 왜 이런 대우를 받지?”
- “왜 내 성과는 제대로 인정받지 못하는 거지?”
- “내가 먼저 양보하면 결국 손해 보는 것 아닌가?”
- “회사는 나를 단순한 ‘비용’으로만 보고 있는 걸까?”

이러한 고민은 단순한 감정적 반응이 아니라, 개인의 사고습관과 정체성, 도덕적 감정이 결합되면서 발생하는 것이다.

예를 들어, T전자 부당전보 사건(사례2)에서 김 부장은 20년 동안 성실하게 해외 영업을 담당했지만, 회사는 그를 물류 관리팀으로 이동시키며 급여를 삭감했다. 이때 김 부장이 느낀 감정은 단순한 실망을 넘어 “나는 회사에서 인정받지 못하는 존재인가?”라는 정체성 위협으로 이어졌다. 그는 회사를 향해 불만을 제기했고, 동료들은 이에 공감하며 조직 내 신뢰가 무너졌다.

즉, 고용관계에서의 갈등은 단순한 이해관계의 충돌이 아니라, 정체성의 위협과 도덕적 감정이 결합되면서 심화되는 경향이 있다. 따라서 이러한 갈등을 제대로 이해하고 해결하기 위해서는, 단순한 조정이 아닌 정체성, 사고습관, 도덕적 감정의 작동 방식을 깊이 들여다볼 필요가 있다.

### 2. 정체성의 역할: ‘우리’와 ‘그들’의 구도

#### 우리는 누구인가? 그들은 누구인가? – 정체성과 갈등의 시작

T전자의 부당전보 논란(사례2)이 조직 내 긴장을 고조시키고 있었다.

한 고위 임원은 사내 간담회에서 이렇게 말했다.

"조직 개편은 항상 있는 일입니다. 우리 회사는 경쟁력을 유지해야 하고, 필요에 따라 인력 배치가 조정될 수밖에 없습니다."

이 말을 들은 한 직원은 동료들과 대화를 나누었다.

"우리는 단순한 숫자가 아니야. 20년 동안 쌓아온 내 경력과 전문성이 한순간에 무시된다고 생각하니 너무 억울해."

같은 조직에 속해 있지만, 경영진과 직원들은 회사의 역할과 개인의 가치에 대해 서로 다른 정체성을 가지고 있었다.

한 사람에게 회사는 변화에 적응해야 하는 조직이고, 다른 한 사람에게는 개인의 경력과 공헌을 인정받는 곳이다.

이 차이는 어디에서 오는 걸까? 바로 **정체성(identity)** 때문이다.

### 조직 속 정체성 - 우리는 누구이며, 누구와 함께하는가?

정체성은 개인적 차원을 넘어 조직 속에서 형성된다. 한 사람은 동시에 다음과 같은 정체성을 가질 수 있다.

- 특정 직무의 수행자 (예: "나는 해외 영업 전문가다.")
- 조직의 구성원 (예: "나는 T전자 직원이다.")
- 세대의 일원 (예: "나는 MZ세대다.")
- 직급과 역할 (예: "나는 팀장이다.")

이처럼 다층적인 정체성을 가진 사람들은 상황에 따라 어떤 정체성을 더 강조하기도 한다. 예를 들어, T전자에서 물류팀으로 전보된 E부장의 경우(사례2)를 보자.

E부장은 스스로를 "20년 경력의 해외 영업 전문가"라고 생각해 왔다. 그러나 갑작스럽게 물류 관리팀으로 전보되면서, 그는 자신의 정체성이 훼손된 것처럼 느꼈다.

"나는 회사에서 버려진 걸까?"

이 순간, 그의 개인적 정체성과 조직이 부여한 정체성 사이에 충돌이 일어났다.

### 정체성의 작동 방식 - 우리는 집단 속에서 누구인가?

조직 내에서 개인의 정체성은 특정한 과정을 거쳐 더욱 강화된다.

- 범주화 단계 - 자신을 특정 집단의 일원으로 인식 ("나는 이 회사의 핵심 인재다.")
- 동일시 단계 - 집단의 가치와 목표를 자신의 것으로 받아들임 ("회사의 성공이 곧 나의 성공이

다.")

- 비교 단계 - 다른 집단과의 차이를 강조함 ("우리 팀이 회사에서 제일 중요한 부서다.")

이 과정이 강하게 진행될수록, 사람들은 자신의 정체성을 위협받는 상황에서 더 큰 저항감을 느낀다.

**표 1** **고용 관계에서 생길 수 있는 정체성 기반 갈등 심화 유형**

| 고용 관계 단계 | 정체성 충돌 | 역할과 입장의 충돌 |
|---|---|---|
| 채용 (고용 관계 시작) | • "나는 유능한 전문가인데, 회사가 나를 평가하는 기준이 불공정하다."<br>• "나는 실력으로 평가받아야 하는데, 회사는 학벌과 경력만 본다."<br>• "나는 기업 문화에 맞는 인재인데, 단순한 숫자로만 평가받고 있다."<br>• "나는 충분한 역량이 있지만, 회사는 내 나이/성별/배경 때문에 기회를 주지 않는다." | • "회사는 '조직 적합성'을 중요하게 보지만, 나는 '공정한 경쟁 기회'를 원한다."<br>• "회사는 내부 추천제를 선호하지만, 나는 모든 지원자가 동등한 기회를 가져야 한다고 생각한다."<br>• "회사는 직무 적합성보다 조직 내 기존 질서를 유지하려고 한다." |
| 고용 유지 (근무 및 성장 과정) | • "나는 조직에서 중요한 역할을 하고 있다고 생각하지만, 회사는 나를 쉽게 대체 가능한 사람으로 본다."<br>• "나는 충분한 실력을 갖췄는데, 승진에서 제외되었다."<br>• "나는 중요한 프로젝트를 맡을 자격이 있지만, 회사는 나를 배제했다." | • 나는 개인의 기여를 인정받고 싶지만, 회사는 팀워크와 조직 운영을 더 중시한다."<br>• "회사는 조직 운영을 위해 특정 직무 경험을 요구하지만, 나는 내 전문성을 인정받고 싶다."<br>• "회사는 업무 분장을 조직 논리에 따라 결정하지만, 나는 내 경력과 성장 기회를 고려해야 한다고 본다." |
| 고용 종료 (해고 및 이직) | • "나는 여전히 조직에서 기여할 수 있다고 생각하지만, 회사는 나를 더 이상 필요하지 않다고 본다."<br>• "나는 계속 일할 의지가 있지만, 회사는 내 가치를 인정하지 않는다."<br>• "나는 여전히 전문성을 갖추고 있지만, 다른 조직에서 쉽게 받아주지 않는다." | • "회사는 경영 논리에 따라 해고하지만, 나는 내 커리어와 생계를 우선으로 고려해야 한다."<br>• "회사는 비용 절감을 위해 인력을 줄이지만, 나는 내 미래와 직업 안정성을 고려해야 한다."<br>• "회사는 해고 이후 지원 방안을 고려하지 않지만, 나는 안정적인 전환이 필요하다." |

## 3. 사고습관과 프레임의 경직화 - 우리는 세상을 어떻게 보는가?

사람들은 정체성을 바탕으로 한 특정한 방식으로 세상을 바라보며, 이를 통해 자신과 주변 환경을 해석한다. 이러한 인식의 틀은 오랜 경험, 교육, 그리고 직업을 통해 형성되며, 이를 **사고습관**(habits of mind)이라고 한다. 사고습관은 우리가 세상을 효율적으로 이해하고 빠르게 결정을 내리는 데 도움을 주지만, 동시에 경직화될 경우 갈등을 유발하는 원인이 될 수 있다.

예를 들어, 기업이 인력 조정을 발표했을 때, 이를 받아들이는 방식은 서로 다를 수 있다. 경영진의 입장에서 이러한 결정은 회사의 지속적인 성장과 경쟁력 확보를 위한 전략적 조정으로 인식될 수 있다. 따라서 조직의 장기적인 생존을 위해서는 인력 배치의 유연성이 필수적이며, 변화는 불가피하다고 판단할 것이다. 반면, 직원의 시각에서는 이러한 변화가 단순한 정책 조정이 아니라 개인의 안정성을 위협하는 요소로 다가올 수 있다. 특히 오랫동안 회사에 헌신한 직원일수록, 인력 조정이 자신을 배제하는 조치로 해석될 가능성이 높다. 이 경우, 구조조정은 단순한 조직 운영상의 변화가 아니라, 개인의 희생을 강요하는 결정이며, 회사가 자신들을 필요 없는 존재로 간주하고 있다는 인식으로 이어질 수 있다.

이처럼 동일한 상황에서도 사람들이 전혀 다른 해석을 내리는 것은 사고습관이 작동하는 방식과 밀접한 관련이 있다.

### 사고습관의 작동 방식

자동적 작동 - 특정한 방식으로 문제를 해석하게 됨. (A씨: "이건 부당해고야!")

선택적 지각 - 자신의 기존 관점과 맞는 정보만 선택함. (A씨: "과거 사례들을 찾아보자!")

프레임의 경직화 - 다른 해석을 받아들이지 않음. (A씨: "회사의 말은 변명일 뿐이다.")

이처럼 사고습관이 경직되면, 사람들은 다른 관점을 고려하지 않고 자신의 시각만 고수하게 된다. 즉, 사고습관이 경직화되면, 자신이 속한 조직이나 환경을 특정한 관점에서만 바라보게 되며, 이에 따라 갈등이 심화될 가능성이 커진다.

> **사고습관과 프레임이란?**
> 사람들은 자신이 가진 경험과 정체성에 따라 상황을 해석하는 틀(프레임)을 갖는다.
> 이 프레임이 경직될수록, 상대방의 입장을 이해하기 어려워진다.

## 4. 도덕적 감정 - "이건 단순한 문제가 아니다!"

D커머스의 A씨가 계약 종료 통보를 받았을 때(사례1), 그는 단순한 좌절감을 넘어 분노를 느꼈다.

"이건 단순한 해고가 아니다. 우리는 전문가로서의 자존심을 부정당했다."

T전자의 E부장도 비슷한 감정을 경험했다.

"나는 단순히 부서를 옮기는 게 아니다. 회사가 내 가치를 인정하지 않는다는 의미로 받아들여진다."

이처럼 사람들이 갈등 속에서 단순한 이해관계를 넘어 옳고 그름의 문제로 인식할 때, 도덕적 감정이 개입된다.

사람들이 자신의 핵심 정체성(예: 능력 있는 전문가, 조직의 중요한 구성원, 공정한 평가 대상자 등)이 부정당했다고 느끼면, 단순한 실망을 넘어 강한 감정적 반응이 발생한다.

예: A씨는 '나는 충분한 성과를 냈다'는 신념이 있었고, 계약 종료는 그의 '유능한 전문가'로서의 정체성을 부정하는 행위로 해석되었다.

정체성 위협이 '도덕적 불공정'으로 해석되는 순간, 감정이 극적으로 변화하게 된다. 조직이 '자신을 존중하지 않았다'는 해석이 추가되면, 감정은 더욱 강해진다.

단순한 업무 조정 문제가 아니라, "나는 잘못된 대우를 받았다"는 확신으로 이어지면서 도덕적 감정(분노, 억울함, 배신감 등)이 폭발적으로 증가한다.

예: E부장은 자신이 오랜 기간 성실하게 일했다고 믿었으며, 부당한 인사 조치를 "존재 자체를 부정당한 행위"로 인식했다.

도덕적 감정이 작동하는 순간, 문제 해결보다는 "이것은 잘못된 것이다", "나는 정당성을 위해 싸워야 한다"는 사고방식이 강화된다.

공정성과 정의의 문제로 변질되면서, 타협과 대화의 여지가 줄어든다.

예: A씨는 회사의 해명을 더 이상 듣지 않으며, 회사가 '부당한 조직'이라는 프레임을 형성했다.

도덕적 감정은 개인의 정체성이 위협받을 때 강하게 작동하며, 단순한 불만을 넘어 존재의 위협으로 인식될 경우 더욱 극단적인 방식으로 표출된다. 예를 들어, 조직 내에서 자신의 역할이 축소되거나 오랜 경력을 인정받지 못한다고 느낄 때, 이는 단순한 실망감에서 끝나지 않고 강한 도덕적 분노로 이어질 가능성이 크다. 이러한 감정은 개인의 정체성과 밀접하게 연결되며, 조직 내 갈등을 심화시키는 주요한 요인으로 작용한다.

도덕적 감정은 다양한 형태로 나타날 수 있으며, 크게 세 가지 유형으로 구분된다. 첫째, 도덕적 분노(Moral Outrage)는 특정한 결정이나 조치가 부당하다고 느낄 때 발생하는 감정으로, "이건 불공정해! 싸워야 해!"라는 강한 저항심과 함께 표출된다. 둘째, 도덕적 역겨움(Moral Disgust)은 조직의 가치나 행동이 개인의 도덕적 기준과 심각하게 충돌할 때 나타나는 감정으로, "이런 조직과는 함께할 수 없어"라는 인식으로 이어지며 조직에 대한 거부 반응을 유발한다. 셋째, 도덕적 경멸(Moral Contempt)은 조직 내 특정 집단이나 구성원이 도덕적으로 열등하거나 신뢰할 수 없는 존재로 여겨질 때 발생하며, "저 사람들은 답이 없어"라는 태도로 상대를 배척하는 형태로 나타난다.

이러한 도덕적 감정은 실제 조직 내 변화에 대한 반응으로 극명하게 드러난다. 예를 들어, 고용 조정이 발표되었을 때 직원들은 단순히 업무 배치의 변경이 아니라, 조직이 자신들을 쉽게 내버리는 존재로 인식한다고 느낄 수 있다. 일부 직원들은 이를 정당한 인사 조정이 아닌, 특정 그룹에 대한 부당한 차별로 받아들이며 더욱 강한 감정을 표출할 가능성이 높다. 이와 같이 도덕적 감정은 단순한 업무 조정에 대한 불만을 넘어, 조직과 개인 간의 신뢰를 결정하는 핵심 요인으로 작용하며, 갈등이 어떻게 전개될지를 좌우하는 중요한 심리적 요소가 된다.

이처럼 도덕적 감정은 갈등을 단순한 이해관계 조정이 아닌, 정의 실현의 문제로 전환시키는 강력한 요소가 된다. 도덕적 감정(moral emotions)은 우리가 단순한 의견 차이를 넘어, 옳고 그름의 문제로 상황을 인식하게 만드는 강력한 심리적 기제다. 감정은 본래 개인적인 것이지만, 도덕적 감정은 사회적 판단과 즉각적으로 결합되며, 이 과정에서 단순한 불만이 도덕적 분노로 확장될 수 있다.

고용관계에서 도덕적 감정이 개입되면, 단순한 이해관계 조정이 아니라, 도덕적 정의를 실현해야 한다는 강한 동기가 발생한다. 예를 들어, D커머스 A씨 사건에서 A씨는 "이건 부당한 대우다"라고 느끼는 순간, 단순한 실망을 넘어 "이건 정의의 문제"라는 도덕적 감정으로 전환했다. 이후 A씨의 감정은 동료들 사이에서 빠르게 확산되었고, 이는 조직 전체의 신뢰 붕괴로 이어졌다.

갈등 상황을 이해관계로 바라보지 않고 정체성에 기반한 감정적 대립 관계로 만들어 버리게 되면 상대편이 무슨 주장을 하고 있는지 들을 마음도 없어지고 자신의 입장을 객관적으로 전달할 수 있는 능력도 흐려지게 된다. 갈등 관계 해결을 위한 정보를 최선을 다해 모은다고 하더라도 해결하고자 하는 태도 형성 자체가 불가하게 만드는 이 도덕적 감정이라는 것은 어떻게 작동하는지 살펴보자.

**표 2 도덕적 감정의 유형과 특징**

| 감정 유형 | 핵심 특성 | 행동 양식 |
|---|---|---|
| 도덕적 역겨움 | 도덕적 오염 인식<br>순수성 위협 지각<br>전염성 있는 위험으로 인식 | 물리적/심리적 회피<br>집단적 격리<br>정화 의식 요구 |
| 도덕적 경멸 | 우월성 기반 평가절하<br>지위 위계 강화<br>무가치함 판단 | 무시와 배제<br>비인격화<br>조롱과 비하 |
| 도덕적 분노 | 정의 위반 인식<br>도덕적 경계 침범<br>처벌 동기 활성화 | 적극적 저항<br>집단 행동<br>처벌 요구 |

### (1) 도덕적 감정과 도덕적 판단의 결합

도덕적 감정은 단순한 감정을 넘어 도덕적 판단과 즉각 결합되는 특징을 갖는다. 이는 개인이 특정한 사건을 해석하고 반응하는 방식에 중요한 영향을 미치며, 대체로 다음과 같은 세 단계의 인지적 과정을 거쳐 강화된다.

**■ 1단계: 상황을 '옳고 그름'의 문제로 인식**

도덕적 감정이 작동하기 시작하는 첫 번째 단계는 특정한 사건을 단순한 사실이 아니라 '옳고 그름'의 문제로 해석하는 것이다. 이 단계에서 개인은 자신의 경험을 윤리적 기준이나 공정성의 틀 안에서 평가하게 된다. 예를 들어, D커머스의 A씨는 시용 계약 종료 통보를 받았을 때, 단순히 계약이 연장되지 않은 현실을 받아들이는 것이 아니라, 이를 "부당해고"로 인식했다. 아직 회사의 평가 기준이나 결정 과정에 대한 충분한 정보를 확인하지 않았음에도 불구하고, 그는 즉각적으로 이 상황이 부당하며 자신의 권리가 침해되었다고 판단했다. 이처럼 도덕적 감정이 개입되면, 사건을 단순한 행정적 절차가 아니라 개인의 존엄성과 정의의 문제로 바라보게 된다.

**■ 2단계: 감정에 도덕적 정당성과 당위성 부여**

첫 번째 단계에서 사건을 '옳고 그름'의 문제로 인식했다면, 다음 단계에서는 이러한 감정을 더욱 정당화하고 강화하는 과정이 진행된다. 도덕적 감정은 신속하고 자동적으로 작동하며, 복잡한 상황을 단순한 도덕적 판단으로 환원하는 경향이 있다. 개인은 자신의 감정이 단순한 주관적 느낌이 아니라, 사회적 정의와 윤리적 원칙에 부합하는 정당한 것이라고 확신하게 된다. 예를 들어, A씨는 처음에는 자신의 해고를 부당하게 여겼지만, 이후 "이건 단순히 내 문제가 아니라,

우리 모두의 문제다"라고 생각하며 감정을 더욱 확대했다. 그는 자신의 경험을 사회적 부당함의 사례로 전환하며, 더 많은 사람들과 공감대를 형성하려 했다. 이 과정에서 개인적인 불만이 집단적인 문제의식으로 확장되며, 도덕적 감정은 더욱 강한 동력을 얻게 된다.

■ **3단계: 선택적 지각의 강화**

도덕적 감정이 강해지면, 사람들은 자신의 신념과 일치하는 정보만을 받아들이고 반대되는 정보는 무시하거나 왜곡하는 경향을 보인다. 이는 '선택적 지각'(selective perception)이라는 심리적 과정과 연결되며, 개인이 기존의 신념을 강화하면서 다른 가능성을 배제하도록 만든다. 예를 들어, A씨는 회사 측에서 "객관적인 평가 결과에 따른 결정"이라는 입장을 밝혔음에도 불구하고, 이를 단순한 변명으로 간주했다. 더 나아가 과거에 있었던 유사한 사례를 찾아내어 "이전에도 비슷한 일이 있었다. 따라서 회사는 계획적으로 계약직 직원을 희생시키고 있다"라는 확신을 가지게 되었다. 이 단계에서는 상황을 객관적으로 분석하려는 노력이 줄어들고, 자신의 해석을 뒷받침하는 정보만을 선택적으로 받아들이면서 도덕적 감정이 더욱 공고해진다.

이러한 세 단계를 거치면서 도덕적 감정은 단순한 개인적 불만을 넘어서 조직 내 갈등을 심화시키는 요인이 된다. 사건이 단순한 계약 종료에서 '정의 실현'의 문제로 변화하게 되면, 타협은 더욱 어려워지고, 갈등은 극단적으로 치닫게 된다.

### (2) 도덕적 감정의 강한 지속성과 행동 동기화

도덕적 감정은 단순한 감정적 반응을 넘어 장기적으로 지속되며, 개인의 행동을 강력하게 동기화하는 특성을 가진다. 이는 시간이 지나면서도 쉽게 사라지지 않고, 특정한 조건에서 다시 활성화되며, 개인과 집단의 행동에 직접적인 영향을 미친다. 이러한 특징은 크게 두 가지 측면에서 나타난다.

첫째, 도덕적 감정은 강한 지속성을 가진다.

일반적인 감정은 시간이 지나면서 점차 희미해지지만, 도덕적 감정은 특정한 사건이 종료된 후에도 잔존하며, 유사한 상황에서 쉽게 재활성화된다. 이는 개인이 경험한 부당함이나 불공정함이 단순한 기억이 아니라, 자신의 정체성과 결부된 깊은 감정적 경험이기 때문이다. 예를 들어, T전자의 E부장은 부당전보로 인해 큰 충격을 받았고, 이후 노동위원회의 판정을 통해 원직으로 복귀하였음에도 불구하고 회사에 대한 신뢰를 회복하지 못했다. 이는 단순히 업무 배치의 문제가 아니라, 조직이 자신을 대하는 방식에서 근본적인 부당함을 경험했다고 느꼈기 때문이다. 이러한 감정은 시간이 지나면서도 쉽게 사라지지 않으며, 비슷한 인사 조치가 다시 발생할 경우 더욱 강하게 재점화될 가능성이 크다.

둘째, 도덕적 감정은 강한 행동적 반응을 유발한다.

도덕적 감정이 강화되면, 개인은 단순히 불만을 느끼는 것에서 그치지 않고, 이를 해결해야 한다는 강한 동기를 가지게 된다. 이는 항의, 저항, 내부 고발, 집단 연대와 같은 적극적인 행동으로 이어질 수 있다. 예를 들어, D커머스의 A씨는 계약 종료 통보를 받은 직후 이를 개인적인 좌절로 받아들이는 대신, 회사의 평가 방식이 근본적으로 부당하다고 판단했다. 그는 즉시 블로그에 글을 올려 자신의 경험을 공유하고, 동료들과 공감대를 형성하면서 조직에 대한 집단적인 반발을 촉진했다. 개인적인 감정이 조직 전체의 신뢰 문제로 확산되면서, 결국 회사의 평판과 내부 분위기에도 큰 영향을 미치게 되었다.

이처럼 도덕적 감정이 개입되면, 개인의 감정 조절이 어려워지고, '이 문제는 반드시 바로잡아야 한다'는 강한 신념이 형성된다. 단순한 실망감을 넘어, 조직의 윤리성과 공정성을 바로잡아야 한다는 확신이 생기면서, 갈등이 더욱 공고해지고 확산될 가능성이 높아진다.

### (3) 정체성 위협과 방어적 태도의 강화

도덕적 감정은 개인이 자신의 정체성이 위협받는다고 느낄 때 더욱 강하게 작동하며, 이는 방어적인 태도로 이어져 갈등을 더욱 고착화시킨다. 정체성 위협을 경험하는 과정은 크게 세 가지 단계로 구분할 수 있다.

첫째, 개인은 자신의 가치를 부정당했다고 인식하며 감정이 극도로 증폭된다.

정체성은 단순히 직장에서 수행하는 역할이 아니라, 개인이 자신을 어떻게 정의하는지와 깊이 연결되어 있다. 따라서 업무 변경, 평가 절차, 고용 관계 변화와 같은 결정이 내려질 때, 이를 단순한 조직적 조치로 받아들이기보다는 자신의 가치와 존엄성이 부정당하는 경험으로 해석할 가능성이 크다. 예를 들어, D커머스의 A씨는 단순히 계약이 종료된 것이 아니라, 자신이 인정받을 가치가 없다고 평가받았다고 느꼈다. 그는 이를 단순한 실직이 아니라 자신의 존재 자체가 부정당한 사건으로 인식하면서 강한 감정적 반응을 보였다. 이처럼 고용이 단순한 경제적 계약이 아니라 개인의 정체성과 연결된 문제일 경우, 갈등이 더욱 심화된다.

둘째, 도덕적 감정이 강하게 지속될수록 논리적 사고가 어려워지고, 극단적인 선택으로 이어질 가능성이 커진다.

도덕적 감정이 지속적으로 작동하면, 개인은 합리적인 해결책을 찾기보다 감정적인 반응에 의존하게 된다. 이는 심리적 자원을 소진시키고, 상황을 더욱 악화시키는 결과를 초래할 수 있다. 예를 들어, T전자의 E부장은 부당전보 조치를 받은 후 인사팀과 논쟁을 거듭했지만, 감정적으로 소진된 상태에서는 더 이상 내부 협의를 이어가기 어려웠다. 결국 그는 조직과의 대화를 포기하고 노동위원회에 공식적으로 제소하는 방법을 선택했다. 이처럼 정체성 위협이 장기화될 경우, 개인은 조직 내에서 해결책을 찾기보다 외부적인 방법을 모색하게 되며, 이는 갈등을 더욱 공식적이고 강경한 대립으로 발전시키는 원인이 된다.

셋째, 도덕적 감정이 강화될수록 방어적 태도가 고착화되고, 타협이나 양보를 거부하는 경향이 나타난다.

강한 정체성 위협을 경험한 개인은 조직이 제시하는 대안을 '불의를 덮으려는 시도'로 해석할 가능성이 높다. 이는 조직이 해결책을 제시하더라도, 개인이 이를 수용하지 못하는 이유가 된다. 예를 들어, D커머스의 A씨에게 회사는 다른 부서 이동 기회나 재평가의 기회를 제공했지만, A씨는 이를 '부당한 처사를 합리화하려는 시도'로 받아들였다. 이는 회사가 아무리 합리적인 해결책을 제시하더라도, 이미 형성된 도덕적 감정을 깨뜨리기는 어렵다는 점을 보여준다. 결국, 갈등 당사자는 문제 해결보다 자신의 정체성을 보호하는 데 집중하게 되며, 이는 대화의 가능성을 차단하고 갈등을 장기화하는 요인이 된다.

이처럼 도덕적 감정이 결합된 정체성 위협은 조직 내 갈등을 더욱 심화시키며, 협상과 타협의 가능성을 제한한다. 조직이 이러한 상황을 효과적으로 관리하지 못할 경우, 단순한 인사 조치가 극단적인 갈등으로 발전하여 조직의 신뢰와 협력 구조를 무너뜨릴 위험이 크다.

### (4) 사고습관에서 비롯된 고정관념 위협과 갈등의 확산

도덕적 감정이 개인의 차원에서 발생하더라도, 이는 쉽게 조직 전체로 확산될 가능성이 높다. 특히, 특정한 사고습관이 형성된 상태에서는 부정적인 감정이 개인에게만 머무르지 않고 조직 내 다른 구성원들에게 영향을 미치며, 갈등을 더욱 증폭시키는 결과를 초래할 수 있다. 이러한 확산 과정은 크게 세 가지 방식으로 나타난다.

첫째, 도덕적 감정이 한 영역에서 발생한 후 다른 영역에서도 지속되는 '영역 간 전이'가 이루어진다. 특정한 사건에서 비롯된 부정적인 감정은 단순히 해당 사건에 대한 반응으로 끝나지 않고, 조직 내 다른 문제와 연결되면서 점점 더 넓은 범위로 확장된다. 예를 들어, D커머스에서 A씨의 시용 계약 종료 사건이 발생한 이후, 직원들은 단순히 해당 사례 하나만을 문제 삼은 것이 아니라, 사내 평가제도 전반에 대한 불신을 가지게 되었다. 한 사람의 경험이 단발적인 문제가 아니라 조직 문화의 구조적 문제로 인식될 때, 갈등은 단순한 개인적 차원을 넘어 조직 전체로 확대될 가능성이 커진다.

둘째, 도덕적 감정은 개인이 경험한 것에 그치지 않고 집단적 정서로 전이되며 조직 전체에 영향을 미친다. 한 개인이 불공정함을 느끼고 이를 공유하기 시작하면, 동료들 역시 공감하며 유사한 경험을 떠올리게 되고, 이는 조직 내부에서 공통된 불만으로 자리 잡는다. 예를 들어, D커머스 사건에서 익명 게시판을 통해 “이건 우리 모두의 문제다”라는 공감대가 형성되면서, 갈등은 단순한 A씨 개인의 문제가 아니라 모든 계약직 및 정규직 직원들에게도 영향을 미치는 사안으로 확대되었다. 이 과정에서 도덕적 감정이 집단적 형태로 변하면서, 조직 내부의 신뢰가 흔들리고, 직원과 경영진 간의 대립이 더욱 심화되는 결과를 초래할 수 있다.

셋째, 반복된 경험이 축적되면서 감정이 더욱 강해지고, 시간이 지나도 관계 회복이 어려워지는 ‘만성화’ 현상이 발생할 수 있다. 갈등이 해결되지 않은 채 반복될 경우, 구성원들은 조직에 대한 신뢰를 완전히 상실하게 되며, 이후 유사한 사건이 발생할 때마다 더욱 강한 반응을 보이게 된다. 예를 들어, T전자에서 E부장의 부당전보 사건이 발생한 이후, 다른 직원들도 인사 발령에 대해 강한 불신을 가지게 되었으며, 시간이 지나도 회사의 결정에 대한 의심이 사라지지 않았다. 이러한 불신이 누적되면서, 이후 조직이 어떠한 변화를 시도하더라도 구성원들은 이를 긍정적으로 받아들이기보다 ‘또다시 불공정한 처우가 반복될 것’이라는 전제를 가지고 대응하게 된다.

결과적으로, 도덕적 감정은 개인적 차원에서 시작되더라도 조직 내 다른 영역으로 확대되면서 근본적인 신뢰의 붕괴를 초래할 수 있다. 조직이 갈등을 방치하거나 적절한 개입 없이 시간이 흐르도록 두게 되면, 구성원들의 사고습관과 도덕적 감정은 더욱 경직화되며, 조직 내 협력과 대화의 가능성이 점차 사라지게 된다. 이러한 현상을 방지하기 위해서는, 초기 갈등이 발생했을 때 이를 단순한 개인적 문제로 치부하지 않고, 조직 차원에서 근본적인 해결책을 마련하는 노력이 필요하다.

따라서, 고용관계 갈등을 해결하기 위해서는 단순한 사실 확인이 아니라, 사고습관, 도덕적 감정과 정체성 위협을 어떻게 다룰 것인지에 대한 전략적 접근이 필요하다. 구체적으로 사고습관은 특정한 프레임을 형성하고, 이러한 프레임이 경직화되면 새로운 정보 수용이 어려워진다. 이때, 도덕적 감정이 개입하면 갈등 당사자는 상대방을 도덕적으로 ‘잘못된 존재’로 규정하고 이를 변호할 필요를 느끼게 된다. 즉, ‘나는 정의로운 입장에 서 있고, 상대는 비윤리적인 존재이므로 타협할 수 없다’는 인식이 강화된다. 고용 관계에서 일어나는 갈등 상황에 대해 정체성에 기반한 접근을 하게 되면 인지적으로 사고습관에 갇히게 만들고, 정서적으로 도덕적 감정을 강화시키며 정체성 기반 위협을 느끼게 하여 갈등을 심화시킨다는 논리는 노사갈등의 복잡한 역학을 이해하는 데 필수적이다. 따라서 한국의 고용관계에서 이러한 정체성, 사고습관, 도덕적 감정의 역학이 어떻게 작용하는지를 이해하는 것은 효과적인 갈등 해결을 위한 첫걸음이 된다.

## 5. 극단적 갈등의 결과: 조직 붕괴로 이어진 M기업 사례

M기업 사례는 정체성 위협, 도덕적 감정의 폭발, 사고습관의 경직화, 그리고 조직 내 갈등의 확산이 기업을 어떻게 붕괴시킬 수 있는지를 보여주는 대표적인 사례다. 단순한 정책 변경이 극단적인 노사 갈등으로 번졌고, 결국 조직의 존속 자체를 위태롭게 했다.

| 정체성 위협 감지 | |
|---|---|
| 개인이 자신의 존재와 가치가 부정당했다고 느낌 | "나는 중요한 직원인데, 회사는 나를 쉽게 버리려 한다!" |
| **↓ 도덕적 감정 유발** | |
| 상황을 옳고 그름의 문제로 인식 | "이건 명백한 부당해고야!" |
| **↓ 선택적 지각 및 정보 왜곡** | |
| 자신이 믿는 정보만 수용/ 반대 정보는 배제 | "회사의 설명은 변명일 뿐!" |
| **↓ 행동 동기화 (저항, 폭로, 연대)** | |
| 개인이 적극적인 행동을 결정 | SNS 폭로, 집단 행동, 내부 고발 |
| **↓ 갈등 고착화** | |
| 감정이 강해질수록 타협 가능성 축소 | "어떤 제안도 불의를 덮으려는 시도야!" |

### (1) M기업의 파국 - 정체성 갈등이 초래한 최악의 결말

한때 국내 제조업을 선도했던 M기업은 이제 사라졌다. 30년 이상 지속된 기업이 단 한 번의 인사 정책 변경으로 인해 극단적인 갈등을 겪었고, 결국 법정관리로 돌입하며 역사 속으로 사라졌다.

M기업의 위기는 경영진이 기존의 정년 보장 정책을 폐지하고 성과 중심 인사 제도를 도입하면서 시작되었다. 경영진은 이를 기업 생존을 위한 변화라고 주장했지만, 오랜 기간 근속한 직원들에게는 자신의 정체성이 부정당하는 위협으로 다가왔다. 경영진은 "연공서열이 아니라 성과로 평가받아야 한다"고 강조했으나, 직원들은 이를 "오랜 헌신이 하루아침에 무시당했다"고 받

아들였다.

경영진은 변화를 설명하는 과정에서 직원들의 불안과 정체성 위협을 고려하지 않았고, 이로 인해 직원들의 반발은 더욱 거세졌다. "30년을 헌신했는데 하루아침에 해고될 수도 있다고?"라는 의구심은 "회사가 우리를 버렸다"는 분노로 확산되었다.

### (2) 도덕적 감정의 폭발: 분노에서 저항으로

회사의 발표 이후, 직원들의 반응은 즉각적이었다. 익명 게시판과 내부 소통 채널에는 회사를 비판하는 글이 급속도로 퍼졌고, 직원들은 이 결정을 단순한 정책 변화가 아닌 '존재 자체에 대한 부정'으로 인식했다. 이러한 도덕적 감정의 증폭은 빠르게 집단적 반발로 이어졌다.

직원들은 회사가 자신들을 이용한 후 버린다고 믿었고, 사내 분위기는 급격히 악화되었다. 경영진이 대화를 시도했지만, 한 임원의 "오래 근속했다고 해서 회사가 평생 보장해줄 수는 없다"는 발언이 사태를 더욱 악화시켰다. 직원들은 이를 "결국 우리를 내쫓겠다는 말"로 받아들였고, 분노는 더욱 커졌다.

결국, 노조가 결성되고 대규모 시위가 조직되면서, 갈등은 돌이킬 수 없는 지경에 이르렀다.

### (3) 정체성 갈등이 초래한 극단적 대립

시간이 지날수록 직원들과 경영진은 더 이상 대화를 시도하지 않았다. 노조는 사측과의 협상을 거부하고 전면 파업을 선언했다. 이에 대응해 경영진은 강경한 조치를 내놓았다.

사측 조치: 해고 예고 통지 발송, 생산성 저하 직원 징계, 사옥 내 집회 금지

노조 대응: 내부 문건 및 임원진 부정 자료 폭로, 고객사 및 투자사 대상 회사 문제점 공개

결과적으로, 직원들은 회사를 '신뢰할 수 없는 적'으로, 회사는 직원들을 '비협조적인 존재'로 인식하며 대립 구도는 더욱 심화되었다.

### (4) 기업의 붕괴: 피고용인도, 고용주도 사라지다

M기업의 노사 갈등이 극한으로 치닫자, 주요 고객사들은 계약을 해지하고 투자자들은 자금을 회수했다. 결국, 주력 공장의 운영이 중단되었고 대규모 해고가 불가피해졌다.

- 뉴스 헤드라인 (6개월 후)
- "M기업, 결국 법정관리 돌입... 노사 갈등이 부른 파국"
- "30년 역사 기업, 결국 무너졌다"
- "직원들도, 회사도 모두 잃었다"

M기업의 사례는 단순한 정책 갈등이 아니라, 정체성 위협 → 도덕적 감정의 폭발 → 사고습관의 고착화 → 조직 붕괴라는 전형적인 갈등 심화 패턴을 보여준다. 처음에는 단순한 인사 정책 변경이었지만, 직원들은 이를 '존재 가치의 부정'으로 받아들였고, 경영진은 이를 간과했다. 결과적으로, 대화의 문은 닫혔고, 해결책을 찾기도 전에 조직 자체가 사라지는 비극적 결말을 맞이했다.

## Ⅲ 뜨거운 갈등의 온도를 낮추어 조직 내 갈등을 해결하는 실질적인 접근법: 정체성에 기반한 사고습관과 도덕적 감정에서 벗어나 프레임을 새로 짜다

M기업의 사례는 조직 내 갈등이 제대로 관리되지 않을 경우 어떤 치명적인 결과를 초래할 수 있는지를 보여준다. 단순한 인사 정책 변경이 직원들에게는 정체성 위협으로 작용했고, 이에 따라 도덕적 감정이 급격히 증폭되었으며, 사고습관의 고착화로 인해 대화와 타협의 가능성은 완전히 사라졌다. 결과적으로 조직은 극단적인 대립을 피하지 못했고, 피고용인과 고용주 모두 파국에 치닫게 되었다.

이러한 사례는 단순한 오해나 의견 차이를 넘어서, 갈등이 조직의 존폐를 결정할 수 있는 중요한 요인임을 시사한다. 하지만 M기업이 겪은 문제는 충분히 예방할 수 있었다. 만약 초기 단계에서 갈등관리 전문가나 담당자가 개입하여 정체성 위협을 완화하고, 도덕적 감정을 객관화하며, 프레임 전환을 유도하고, 신뢰 구축을 위한 조치를 취했다면 조직은 갈등을 성장의 기회로 전환할 수 있었을 것이다.

조직에서 갈등은 피할 수 없는 현상이지만, 이를 어떻게 다루느냐에 따라 기업의 지속 가능성이 결정된다. 효과적인 갈등 해결을 위해서는 단순한 문제 해결을 넘어, 정체성과 도덕적 감정이 어떻게 작동하는지를 이해하고, 이를 관리하는 전략적 접근이 필요하다.

이제, 우리는 갈등이 극단으로 치닫기 전에 뜨거운 갈등의 온도를 낮추어 조직 내 갈등을 해결하는 실질적인 접근법을 살펴볼 것이다. 조직 내 갈등을 효과적으로 관리하려면 어떻게 해야 하는가? 갈등관리 전문가와 조직 내 담당자들은 어떠한 원칙과 전략을 적용해야 하는가? 이번 장에서는 D커머스와 T전자의 사례를 통해, 조직 내 갈등을 해결하고 협력적인 조직 문화를 구축하는 실질적인 방법을 모색해본다.

## 1. 집단 정체성에서 벗어나 새로운 갈등 프레임 설정하기

갈등이 고착화되는 가장 큰 이유 중 하나는 사람들이 '우리 vs. 그들'이라는 집단적 정체성을 중심으로 문제를 바라보기 때문이다. 노사 대립, 세대 갈등, 부서 간 갈등이 심화되면, 당사자들은 자신이 속한 집단의 입장을 더욱 강화하려 하며, 이 과정에서 상대를 '다른 집단'으로 규정하고 감정적으로 대응하게 된다.

갈등 당사자가 개인적인 경험을 이야기하도록 유도하면 갈등의 초점을 이동시킬 수 있다.

대립적 구도를 완화하려면 '우리 vs. 그들'이 아닌, '같은 문제를 해결하려는 사람들'이라는 관점을 강조하는 것이 중요하다.

### ◑ 사례 적용: T전자(부당전보 갈등)

T전자에서 조직 개편 과정에서 E부장이 갑작스레 전보 발령을 받은 사건에서도 이런 양상이 나타났다.

- 회사 측: "인력 효율성을 높이기 위한 불가피한 결정이다."
- E부장: "20년 동안 쌓아온 내 전문성이 무시당하고 있다."

이와 같은 상황에서는 '노조 vs. 경영진' 혹은 '세대 간 대립'과 같은 집단 정체성이 갈등을 더 악화시키는 요소가 될 수 있다.

해당 갈등 관리를 담당하는 내부 담당자 혹은 HR 담당자는 이와 같은 대화를 개인적 경험을 중심으로 논의를 전환할 필요가 있다.

예를 들어, E부장이 전보 발령을 개인적으로 어떻게 받아들이고 있는지 공유하는 자리를 만들면, 갈등의 초점이 "회사 vs. 직원"의 대립 구도가 아니라 "경력 인정과 조직 운영의 균형을 찾는 문제"로 바뀔 수 있다. 경영진 역시 "구성원의 커리어를 존중하면서도 조직 변화에 적응할 수 있는 방안"을 고민하게 되면, 일방적인 구조조정보다는 상호 수용 가능한 해결책을 모색할 가능성이 커진다.

### ◗ 갈등관리 담당자가 할 수 있는 접근:

노조와 사측이 각자의 입장을 반복하는 것이 아니라, 개인적인 경험과 고민을 이야기할 수 있도록 유도해야 한다. 노조 대표에게 "이 결정이 개인적으로 어떤 영향을 미치는가?"를 묻고, 회사 대표에게 "결정을 내린 입장에서 어떤 어려움이 있었는가?"를 묻는 방식으로 대화를 유도한다. 이러한 방식으로 대화를 전환하면, 갈등의 초점이 "권력 다툼"이 아니라 "구성원 모두가 지속 가능한 방안을 찾는 것"으로 이동할 수 있다. 이러한 접근을 통해, 회사는 직원 재배치와 희망퇴직 프로그램 등의 대안을 함께 고민하는 협의 과정을 만들 가능성이 높아진다.

## 2. 도덕적 감정을 객관화하고 해결 중심의 논의로 전환하기

도덕적 감정이 강하게 개입되면, 문제 해결보다 분노, 억울함, 배신감과 같은 감정이 상황 판단을 흐리게 한다. 이 과정에서 양보할 수 없는 도덕적 문제로 변질되며, 당사자들은 해결보다 상대를 규탄하는 데 집중하게 된다.

도덕적 감정이 발생했을 때, 이를 부정하거나 억압하려 하기보다는 하나의 '데이터'로 다루는 접근이 효과적일 수 있다. 예컨대:

"지금 이 상황에서 왜 분노를 느끼는지 구체적으로 적어보기"

"그 감정이 언제부터 시작되었는지 추적해보기"

"어떤 상황에서 그 감정이 더 강화되는지 관찰하기"

갈등을 격화시키는 감정을 해결하기 위해, 각자의 핵심 우려 사항을 명확하게 정리하고 객관화할 필요가 있다.

**◑ 사례 적용: D커머스(A씨의 시용 계약 종료 사건)**

A씨는 시용 계약 종료 통보를 받았을 때, 이를 "부당해고"로 규정하며 강한 감정적 반응을 보였다.

A씨: "내가 이렇게 열심히 일했는데, 이유도 없이 해고하다니! 이건 명백한 부당해고다."

인사팀: "객관적인 평가 결과를 바탕으로 결정한 것이다."

**◗ 갈등관리 담당자가 할 수 있는 접근:**

A씨에게 "이 상황에서 가장 억울하다고 느끼는 부분이 무엇인가?"를 질문하여 감정의 근원을 파악한다.

인사팀에게 "회사가 평가 기준을 적용하는 과정에서 놓친 요소는 없는가?"를 돌아보게 한다.

이 과정을 통해 문제의 핵심이 "불투명한 피드백 과정"임을 밝혀내고, 향후 시용 직원들에게 주기적인 평가 피드백을 제공하는 제도를 마련하는 방향으로 논의를 전환할 수 있다.

이러한 방식으로 접근하면, 당사자들이 감정을 표출하면서도 해결책을 모색하는 방향으로 논의를 이어갈 수 있다.

## 3. 상대방의 관점을 이해하는 조망수용 대화 기법 활용하기

갈등이 격화될수록, 사람들은 자신의 입장만을 강조하며 상대방의 논리를 인정하지 않으려 한다. 조망수용(타인의 입장에서 바라보기) 대화를 활용하면, 갈등을 보다 건설적으로 풀어나갈 수 있다.

각자의 입장에서 문제를 바라보는 것이 아니라, 상대의 입장을 듣고 이해하도록 유도하는 것이 중요하다. 상대방의 관점을 이해하려면 단계적으로 접근해야 한다. 먼저, 그들의 행동이 처한 상황과 제약 속에서 나온 것임을 파악하고, 이후 그들의 가치관과 우선순위를 이해해야 한다. 마지막으로, 상대방의 정체성과 전문성을 존중하며 그들의 경험을 고려하는 것이 중요하다.

단순한 입장 차이를 확인하는 것이 아니라, 상대의 논리를 받아들일 수 있는 부분이 있는지 확인하는 과정이 필요하다.

**◑ 사례 적용: D커머스(A씨의 시용 계약 종료 사건)**

D커머스에서는 시용 계약 종료 통보를 받은 A씨가 "부당해고"라고 반발하며 강한 감정적 대응을 보였다.

A씨: "저는 최선을 다해 일했는데, 회사는 이유도 없이 저를 해고했습니다!"

인사팀: "평가 기준에 따라 공정하게 진행된 결정입니다."

이러한 상황에서 갈등관리 담당자는 갈등의 핵심을 파악하고, 감정적 대립을 해결 중심의 논의로 전환할 수 있도록 유도할 필요가 있다.

**◗ 갈등관리 담당자가 할 수 있는 접근:**

- **첫 단계:** 회사가 직원들에게 "시용 계약 평가 기준과 절차"에 대한 데이터를 공유하도록 유도한다.

인사팀이 A씨의 업무 평가 방식, 평가 점수, 동료 대비 비교 자료 등을 명확하게 공개하도록 요청한다. 이를 통해 A씨가 계약 종료 결정이 어떻게 내려졌는지 구체적으로 이해할 기회를 제공한다. 회사가 투명한 자료를 제공하면, 평가 기준이 불명확하다는 불신을 해소할 수 있다.

예시: "A씨가 어떤 평가 기준에 따라 부족하다고 판단되었는지 상세하게 설명해 주실 수 있을까요?"

- **둘째 단계:** A씨가 계약 종료에 대해 느끼는 감정과 우려를 회사가 직접 듣고 이해하도록 한다.

A씨는 단순히 해고에 대한 불만을 느끼는 것이 아니라, 자신의 노력과 기여가 인정받지 못했다는 감정적 상처를 받고 있다. 따라서 회사는 '절차적 공정성'뿐만 아니라 '소통 과정'에서 부족했던 점을 인정할 필요가 있다.

예시: "A씨는 본인의 기여가 충분히 평가되지 않은 채 갑작스럽게 계약 종료 결정을 받았다고 느끼고 있습니다. 이 과정에서 더 명확한 피드백이 제공되었다면 어땠을까요?"

- **셋째 단계**: "하이브리드 근무제 시범 운영"이라는 현실적인 대안을 논의할 수 있도록 유도한다. 향후 개선을 위한 현실적인 대안을 논의한다.

향후 시용 계약 직원들에게 중간 피드백을 제공하는 절차를 마련할 것인지 논의할 수 있다. 계약 종료 전에 개선 기회를 제공하는 공식적인 정책을 도입하는 방안도 고려할 수 있다. 또는, 회사 내 다른 포지션에서 A씨가 적합성을 평가받을 수 있도록 지원하는 제도를 마련할 수도 있다.

예시: "이런 상황이 반복되지 않도록, 향후 시용 계약 직원들에게 중간 피드백을 제공하는 절차를 공식화하는 것이 도움이 될까요?"

이러한 과정을 거치면,

- A씨는 회사가 자신을 공정하게 평가했고, 최소한 기여를 인정했다는 인식을 가질 가능성이 높아진다.
- 회사는 평가 절차의 투명성을 높이고, 향후 유사한 갈등을 방지하는 제도를 마련할 수 있다.
- 조직 내에서 계약 종료 절차에 대한 신뢰가 형성되며, 감정적 갈등이 최소화될 수 있다.

## 4. 도덕적 감정을 변화의 동력으로 전환하는 방법

도덕적 감정은 갈등을 악화시킬 수도 있지만, 이를 적절히 활용하면 변화를 위한 강한 동력으로 전환할 수도 있다.

도덕적 감정을 부정하지 않고, 이를 해결책으로 연결할 방법을 고민해야 한다.

갈등 당사자가 감정을 느끼는 이유를 분석하고, 이를 조직 문화 개선의 기회로 활용하는 것이 중요하다.

### ◑ 사례 적용: T전자(부당전보 논란, E부장 사례)

E부장은 20년 이상 해외 영업팀에서 근무했지만, 갑자기 물류 관리팀으로 발령받았다.

E부장: "이건 사실상 퇴출 압박이다!"

회사 측: "조직 개편과 인력 효율화를 위한 결정이다."

◗ **갈등관리 담당자가 할 수 있는 접근:**

E부장이 느끼는 "전문성과 경력의 인정 부족"에 초점을 맞춰 논의한다. 이를 바탕으로, "전문 경력을 고려한 재배치 기준 수립"과 같은 제도적 개선을 제안한다. 이러한 방식으로 접근하면, E부장은 단순한 반발이 아니라 조직 개선을 위한 변화를 이끌어낼 수 있을 것이다.

**도덕적 감정별 전환 접근법**

**1. 도덕적 역겨움의 전환**

대상에 대한 '도덕적 오염' 인식을 '차이와 다양성'으로 재해석
"이것은 잘못된 것이 아니라, 다른 것일 수 있다"는 관점 채택
상대방의 행동을 전체 맥락 속에서 이해하려 노력

**2. 도덕적 경멸의 전환**

우월감에 기반한 판단에서 상호 보완적 관계로 시각 전환
상대의 전문성과 경험에 대한 인정
"다름"을 "틀림"으로 보는 시각에서 벗어나기

**3. 도덕적 분노의 전환**

처벌 지향적 감정에서 문제 해결 지향적 감정으로 전환
"누구의 잘못인가?"가 아닌 "어떻게 해결할 수 있을까?"에 집중
단순한 반대가 아니라 '대안적 감축 방안'이나 '보상 체계 개선' 같은 구체적인 제안을 내놓는 방식을 통해 건설적인 대안 모색

## 5. 개별화된 관계 구축 전략

도덕적 감정이 수반된 갈등 상황에서는 당사자들의 입장을 집단적 대립 구도가 아닌 개별적인 관계 속에서 바라볼 필요가 있다. 이를 위해 다음과 같은 단계적 접근이 효과적일 것이다.

- 경청 단계: 상대방의 이야기를 판단 없이 듣고, 그들의 경험과 감정을 인정하는 것이 필요하다.

◑ **사례 적용: D커머스의 시용 기간 종료 논란**

A씨는 시용 계약 종료 통보를 받은 후, 자신의 노력이 평가되지 않았다고 강하게 반발했다.

갈등관리 담당자는 다음과 같은 질문을 던질 수 있다:

"지금까지 어떤 경험을 하셨는지 들려주시겠어요?"

"그 상황에서 어떤 감정을 느끼셨나요?"

"당신에게 가장 중요한 것은 무엇인가요?"

A씨가 자신의 감정을 객관적으로 돌아볼 수 있도록 하며, 불만의 핵심이 단순한 계약 종료가 아니라 '공정한 평가 과정'에 대한 의문임을 인식하도록 돕는다.

• 인정 단계:

상대방의 감정을 인정하고 공감하는 것은 갈등 해소의 중요한 첫걸음이다.

**◑ 사례 적용: T전자의 부당전보 논란 (E부장 사례)**

E부장은 오랜 경력에도 불구하고, 회사의 조직 개편에 따라 원하지 않는 부서로 발령받았다. 그는 이를 단순한 이동이 아니라, "회사가 나를 내보내려 한다"는 위협으로 인식했다.

이 상황에서 경영진이 이렇게 반응할 경우 대화의 흐름이 개선될 수 있다.

비효율적 반응: "인사 조치는 공정하게 진행되었습니다. 받아들이세요."

효율적 반응: "그렇게 느끼셨다면 충분히 이해할 수 있습니다. 우리의 목표는 퇴출이 아니라, 조직의 역할을 최적화하는 것이었습니다. 함께 해결책을 고민해볼 수 있을까요?"

E부장이 '자신의 불만이 인정되었다'는 느낌을 받을 수 있도록 하며, 대화를 단절이 아닌 해결 방향으로 전환할 기회를 제공한다.

## 6. 지속 가능한 갈등 해결 체계 구축하기

갈등 해결이 일회성 합의로 끝나지 않고 조직 내 지속 가능한 해결 체계로 자리 잡으려면 실험적 접근과 피드백 시스템을 활용해야 한다.

갈등 해결이 일회성 합의로 끝나지 않고, 조직 내 지속 가능한 해결 체계로 자리 잡으려면 실험적 접근과 피드백 시스템을 활용해야 한다.

**◑ 사례 적용: T전자의 인사 발령 논란**

E부장의 부당전보 논란이 재발하지 않도록, 회사는 다음과 같은 개선책을 도입할 수 있다.

1단계: 전보 정책 개선 시범 운영

6개월간 인사 발령에 대한 사전 협의 절차를 시범 운영한다.

직원들에게 전보 사유와 평가 기준을 투명하게 공유하는 프로세스를 도입한다.

2단계: 부서별 재배치 자율성 확대
일방적인 인사 조치가 아닌, 직원들과 협의하여 이전 직무 경험과 연결되는 부서를 선택할 수 있는 시스템을 마련한다.
3단계: 정기적인 피드백 세션 운영
직원들이 자신의 배치에 대해 의견을 제시할 수 있도록 인사팀과 정기 피드백 세션을 운영한다.
이동 후 3개월, 6개월 단위로 만족도를 조사하고, 필요 시 추가 조정을 검토한다.

**이러한 접근을 통해:**

- 직원들은 갑작스러운 발령에 대한 불안을 줄일 수 있고,
- 회사는 직원들이 수용 가능한 수준에서 조직 개편을 추진할 수 있다.
- 이후 유사한 갈등이 재발하는 것을 예방할 수 있다.

## 7. 새로운 관계의 구축을 위한 대화법 도입

### (1) 집단적 대표성을 벗어난 개별 대화 방식 도입

많은 경우, 노사 갈등이나 조직 내 분쟁에서는 대표자 간의 공식적인 협상 테이블이 주된 논의의 장이 된다. 그러나 집단적 대표성을 강조하는 대화 방식은 자칫 상대를 '적'으로 규정하게 만들고, 협상의 유연성을 감소시키는 경향이 있다. 따라서, 갈등관리 담당자는 당사자들이 개인적 경험을 바탕으로 의견을 표현할 수 있도록 유도해야 한다.

**◑ 사례 적용: D커머스(A씨의 시용 계약 종료 논란)**

D커머스에서 A씨의 계약 종료 이후, 직원들은 사측의 결정을 '부당해고'로 규정하며 강하게 반발했다.
A씨: "우리 계약직 직원들은 언제든지 해고될 수 있다는 말인가요?"
인사팀: "우리는 객관적인 평가 기준에 따라 공정하게 결정했습니다."
이러한 공식적인 대립 구도에서는 갈등이 더욱 고착화될 가능성이 높다. 이를 해결하려면 공식 협상 테이블이 아닌, 개별적인 경험을 바탕으로 한 대화 방식이 필요하다.

**◗ 갈등관리 담당자가 할 수 있는 접근:**

- "우리 계약직 직원들은…" 같은 집단적 표현 대신, "저는 이렇게 경험했습니다." "제가 받은 피드백은…" 등의 개별적 의견을 중심으로 대화하도록 유도한다.

- 인사팀 역시 "회사의 정책은..."이 아니라, "우리는 이런 기준을 적용하면서 이런 고민이 있었습니다"와 같은 방식으로 입장을 설명하도록 유도한다.
- 단체 대립이 아닌 개별 경험을 중심으로 대화하도록 조정하면, 서로를 '조직'이 아닌 '사람'으로 바라보게 되어 신뢰 회복이 용이해진다.

### (2) 맥락 중심의 대화 방식 전환

갈등 상황에서 사람들은 종종 상대방을 직접적으로 비난하거나 평가하려는 경향이 있다. 그러나 문제를 해결하려면 "이런 상황에서는 이렇게 하면 어떨까요?"와 같은 맥락 중심의 접근이 더욱 효과적이다.

**◑ 사례 적용: T전자의 부당전보 사태(E부장 사례)**

E부장은 예상치 못한 전보 조치를 받았고, 이를 부당한 조치로 인식했다.

E부장: "회사는 내 경력을 전혀 고려하지 않고 강제로 물류팀으로 보냈다!"

경영진: "이전에도 많은 직원들이 받아들인 결정입니다."

이런 식의 대화는 상대방의 감정을 더욱 격화시킬 뿐이다. 대신, 다음과 같은 방식으로 대화를 전환하는 것이 효과적이다.

**◗ 갈등관리 담당자가 할 수 있는 접근:**

- 경영진이 "이전에도 많은 직원들이 받아들였다"라고 말하는 대신, "E부장님이 이 결정을 어떻게 받아들이셨는지 듣고 싶습니다"와 같은 개방형 질문을 던지도록 유도한다.
- 직원들도 "이 결정은 불공정하다"라고 단정 짓기보다는, "이 결정이 제 경력과 업무 방식에 미치는 영향을 고려해주실 수 있나요?"라고 표현하도록 유도하면 대화의 방향이 더 건설적으로 흘러갈 수 있다.

### (3) 감정과 사실을 명확히 구분하는 대화 방식 도입

갈등이 발생하면 감정적 대응이 자연스럽게 뒤따르게 마련이다. 그러나 문제 해결을 위해서는 감정적 표현을 인정하면서도, 논의를 구체적인 사안으로 초점을 맞추어야 한다.

**◑ 사례 적용: D커머스(A씨의 시용 계약 종료 논란)**

A씨와 인사팀 간의 대화에서, 감정적 대응이 갈등을 더욱 악화시켰다.

A씨: "회사가 우리를 희생양으로 삼고 있다!"

인사팀: "우리는 정당한 절차를 따랐습니다."

이러한 감정적 프레이밍을 해결하기 위해, 구체적인 사안으로 논의의 초점을 맞출 필요가 있다.

**◗ 갈등관리 담당자가 할 수 있는 접근:**

- A씨에게 "회사 전체의 문제가 아니라, 이번 평가 과정에서 어떤 점이 가장 불공정하다고 느끼셨나요?"라고 질문하여 구체적인 불만 사항을 정리하도록 돕는다.
- 인사팀에도 "이번 평가에서 A씨가 동의하지 않는 부분이 있다면, 그것을 어떻게 설명할 수 있을까요?"라고 묻는다.
- 논의를 '계약직 차별' vs. '회사 방침' 같은 거시적 갈등에서 벗어나, 평가 기준, 피드백 절차 등의 구체적인 문제로 좁혀나간다.

### 갈등 상황 실전 가이드: 당신을 위한 실용적 팁

**1. 갈등 당사자를 위한 체크리스트**

**(1) 내 감정 점검하기**

✓ 지금 내가 느끼는 감정이 정확히 무엇인가?

✓ 이 감정이 상황 판단에 어떤 영향을 미치고 있는가?

✓ 이 감정은 얼마나 오래 지속되고 있는가?

**(2) 내 프레임 확인하기**

✓ 나는 이 상황을 어떤 관점으로 보고 있는가?

✓ 다른 해석의 가능성은 없는가?

✓ 내가 놓치고 있는 정보나 관점은 없는가?

**(3) 대화 준비하기**

✓ 상대방에게 전달하고 싶은 핵심은 무엇인가?

✓ 감정을 배제하고 사실만 정리한다면?

✓ 상대방의 입장에서 받아들일 수 있는 제안은?

**2. 갈등관리 담당자/분쟁조정지원 실무자를 위한 실전 팁**

**(1) TIP 1: 첫 미팅에서 해야 할 것**

✦ 각자의 이야기를 중단 없이 들어주기

✦ 감정 표현을 허용하되 상호 비난은 제한하기

✦ "지금 이 순간" 가장 시급한 문제 파악하기

✦ 대화의 기본 규칙 합의하기

(2) TIP 2: **프레임 전환을 위한 질문들**

▶ "이 상황을 다르게 볼 수 있는 방법은 없을까요?"

▶ "1년 후에 이 문제를 돌아본다면 어떨까요?"

▶ "우리가 함께 찾을 수 있는 해결책은 무엇일까요?"

▶ "이 상황에서 가장 중요한 가치는 무엇일까요?"

(3) TIP 3: **감정 다루기 테크닉**

▶ 감정 인정하기: "그런 감정을 느끼시는 게 당연합니다"

▶ 구체화하기: "그 순간 어떤 감정이 들었나요?"

▶ 미래로 초점 옮기기: "앞으로 어떻게 되길 바라시나요?"

▶ 행동으로 연결하기: "그럼 우리가 할 수 있는 일은?"

### 3. 상황별 프레임 전환 가이드

#### (1) 평가/승진 갈등 시

프레임:

✕ 피해야 할 프레임: "능력 있는 자 vs 능력 없는 자"

□ 지향할 프레임: "모두의 성장을 위한 기회"

구체적 접근법:

– 평가 기준의 투명한 공유

– 개선 포인트의 구체적 제시

– 성장 기회로서의 피드백 강조

#### (2) 구조조정/임금 갈등 시

프레임:

✕ 피해야 할 프레임: "사측 이익 vs 노동자 희생"

□ 지향할 프레임: "조직의 지속가능한 미래"

구체적 접근법:

– 현재 상황의 객관적 데이터 공유

– 단기/중기/장기 시나리오 함께 검토

– 고통 분담과 미래 보상의 구체적 계획 수립

**4. 긴급 상황 대처 가이드**

**(1) 감정이 폭발했을 때**

STEP 1: 즉시 타임아웃 선언

STEP 2: 15–30분 휴식 시간 가지기

STEP 3: 물이나 차 등 음료 제공

STEP 4: 개별 면담으로 전환

STEP 5: 다음 단계 약속하고 일단 마무리

**(2) 대화가 막혔을 때**

시도 1: 쟁점을 더 작은 단위로 나누기

시도 2: 이미 합의된 사항 재확인하기

시도 3: 제3자의 관점 도입하기

시도 4: 구체적 사례로 논의 전환하기

**5. 기억할 핵심 포인트**

> 모든 갈등은 기회다

> 감정은 인정하되 프레임은 유연하게

> 작은 합의부터 시작하기

> 과정은 더디더라도 신뢰는 잃지 말기

## 8. 장기적 관점에서의 접근

갈등 해결은 단기적인 합의로 끝나는 것이 아니라, 지속적인 관계 회복과 협력 구조 구축을 통해 이루어져야 한다. 이를 위해 점진적인 신뢰 구축, 공동 경험 형성, 정기적 대화 채널 유지라는 세 가지 원칙을 고려해야 한다.

### (1) 점진적인 신뢰 구축

신뢰는 한 번의 대화나 한 번의 정책 변화로 회복되지 않는다. 특히, 한쪽이 과거에 상대방에게 실망한 경험이 있는 경우, 신뢰를 되찾기 위해서는 작은 실천적 경험들이 반복적으로 축적되어야 한다.

**◑ 사례 적용: D커머스(A씨의 시용 계약 종료 논란)**

D커머스에서 A씨의 계약 종료 이후, 직원들은 회사의 평가 기준과 인사 정책에 대한 신뢰를 잃었다.

A씨: "이렇게 불투명하게 계약을 종료해 버리면, 앞으로 누가 성실하게 일하겠습니까?"

다른 직원들: "우리도 언제든 해고될 수 있다는 불안감이 생겼어요."

**◗ 갈등관리 담당자가 할 수 있는 접근:**

- 회사가 직원들에게 "시용 기간 평가 방식이 어떻게 이루어지는지"를 투명하게 공개하도록 유도한다.
- 향후 계약직 평가 과정에서 중간 피드백 세션을 도입하여 직원들이 평가 기준을 미리 이해하고 준비할 수 있도록 한다.
- 직원들에게 피드백을 받을 수 있는 공식적인 경로(예: 평가 리뷰 미팅, 내부 설문조사)를 마련하여, 회사와 직원 간의 신뢰를 점진적으로 회복해 나간다.

이런 방식으로 접근하면, 직원들이 회사의 평가 절차를 신뢰하는 경험이 축적되면서 불신이 완화될 수 있다.

### (2) 공동의 경험 형성

과거의 갈등 경험을 극복하고 새로운 협력 구조를 만들기 위해서는, 당사자들이 긍정적인 공동 경험을 쌓을 수 있도록 돕는 것이 중요하다.

**◑ 사례 적용: T전자의 부당전보 사태 (E부장 사례)**

E부장은 20년 동안 해외 영업을 담당했지만, 갑작스럽게 물류 관리팀으로 이동해야 했다.

E부장: "내가 쌓아온 경력이 무시당하는 것 같은데, 이 상황에서 어떻게 회사와 신뢰를 회복할 수 있을까요?"

경영진: "조직 개편에 따른 불가피한 조치였지만, 회사도 베테랑 직원들의 경력을 고려해야 한다는 점을 깨달았습니다."

**◗ 갈등관리 담당자가 할 수 있는 접근:**

- 경력직 직원들과 젊은 직원들 간의 '멘토링 프로그램'을 운영하여, 경험을 공유할 수 있는 기회를 제공한다.
- 조직 개편이 필요한 경우, 경력직 직원들이 새로운 역할에 적응할 수 있도록 사전 교육과 역할 조정을 진행한다.
- 경영진과 직원들이 함께 '직무 재설계 워크숍'을 진행하여, 기존 직원들의 전문성을 어떻게 활용할 수 있을지 논의하는 장을 마련한다.

이러한 방식으로 접근하면, 조직 개편이 단순한 '강제 이동'이 아니라, 회사와 직원이 함께 조정해 나가는 과정으로 인식될 수 있다.

### (3) 정기적인 대화 채널 유지

갈등이 완전히 해결되었더라도, 신뢰를 유지하려면 정기적인 대화 채널을 유지하는 것이 필수적이다. 공식적인 회의뿐만 아니라, 비공식적인 피드백 창구를 마련하는 것도 중요하다.

**◑ 사례 적용: D커머스(A씨의 시용 계약 종료 논란)**

A씨 사건 이후, 직원들 사이에서 회사의 인사 정책과 평가 기준에 대한 불신이 커졌다.

직원들: "우리가 평가에서 부족한 점을 미리 알 수 있었다면 결과를 받아들이기 쉬웠을 거예요."

경영진: "회사도 평가 결과를 더 투명하게 공유하는 것이 필요하다는 점을 인식하고 있습니다."

**◗ 갈등관리 담당자가 할 수 있는 접근:**

- 평가 과정에서 정기적인 피드백 미팅을 도입하여, 계약직 직원들이 자신의 강점과 보완할 점을 미리 확인할 수 있도록 한다.
- 익명 피드백 시스템을 구축하여, 직원들이 자신의 의견을 자유롭게 제출하고 회사가 이를 반영하는 모습을 보여준다.
- 정기적인 인사 정책 간담회를 개최하여, 직원들이 직접 회사의 인사 운영 방침을 이해하고 신뢰할 수 있도록 돕는다.

이러한 방식을 적용하면, 회사와 직원 간의 신뢰가 점진적으로 회복되고, 미래의 갈등 발생 가능성이 줄어들 수 있다.

이처럼 갈등 해결은 단기적인 합의에 머무르는 것이 아니라, 신뢰를 회복하고 지속적인 협력

구조를 구축하는 방향으로 이루어져야 한다. 갈등관리 담당자의 역할은 당사자들이 이러한 장기적 관점에서 변화할 수 있도록 돕는 것이며, 이를 위해 점진적인 신뢰 회복, 공동 경험 형성, 정기적 대화 채널 유지라는 세 가지 원칙이 반드시 고려되어야 한다.

**조직 차원의 예방책**

**(1) 단기 실행 항목**

☐ 정기적 1:1 면담 제도화

☐ 익명 피드백 채널 구축

☐ 갈등 조기 경보 시스템 도입

☐ 정기적 교육/워크숍 실시

**(2) 장기 실행 항목**

☐ 공정한 평가/보상 체계 구축

☐ 다층적 소통 채널 확립

☐ 멘토링/코칭 시스템 도입

☐ 조직 문화 개선 프로그램

## Ⅳ 조직 내 갈등을 성장의 기회로 전환하기

갈등은 조직 내에서 피할 수 없는 현상이지만, 이를 어떻게 다루느냐에 따라 조직 문화는 더욱 건강하게 발전할 수도 있고, 반대로 악화될 수도 있다. D커머스, T전자의 사례는 조직 내 갈등이 단순한 이해관계 충돌이 아니라, 정체성, 사고습관, 도덕적 감정이 복잡하게 얽혀 있음을 보여준다. 중요한 것은 갈등을 단순한 대립의 연장선에서 바라보지 않고, 조직의 성장과 협력을 촉진하는 기회로 전환하는 것이다.

갈등이 심화되는 이유 중 하나는 집단 정체성에 대한 집착과 도덕적 감정의 고착화다. "우리는 옳고 저들은 틀렸다"는 인식이 강할수록 해결의 실마리는 더욱 멀어진다. 따라서, 갈등을 효과적으로 해결하기 위해서는 프레임을 새롭게 설정하고, 감정을 객관화하며, 구조적인 해결 방안을 마련하는 과정이 필요하다. 집단적 대립에서 벗어나 개인의 경험을 바탕으로 대화하고, 도덕적 감정을 객관화하며 해결 중심의 논의로 이끌어야 한다. 또한, 상대의 관점을 이해하고, 도덕적 감정을 변화의 에너지로 활용하며, 지속 가능한 갈등 해결 체계를 구축하는 과정이 필요하다.

결국, 조직은 갈등을 통해 더 단단해질 수 있다. 문제를 객관적으로 바라보고, 서로의 경험을 존중하며, 장기적 신뢰를 구축하는 과정이 갈등을 기회로 만드는 열쇠다. 이 접근이 실현될 때, 조직은 보다 건강하고 지속 가능한 협력의 문화를 형성할 수 있을 것이다.

갈등 해결은 단순히 분쟁을 종결하는 것이 아니라, 보다 건강한 조직 문화를 형성하는 과정이다.

갈등은 필연적이지만, 그 해결 방식에 따라 조직의 방향이 달라진다.

집단 정체성에서 벗어나기 – 개인적 경험 중심의 대화로 전환.

도덕적 감정 객관화 – 감정의 근원을 탐색하고 해결 중심으로 논의.

조망수용 대화 활용 – 상대방의 입장을 이해하는 단계적 접근.

도덕적 감정의 동력화 – 감정을 조직 개선의 에너지로 전환.

개별화된 관계 구축 – 경청과 인정으로 신뢰 형성.

지속 가능한 해결 체계 – 시범 운영과 피드백 시스템 도입.

새로운 대화법 도입 – 개별 경험, 맥락 중심, 감정 · 사실 구분.

장기적 관점 유지 – 점진적 신뢰 구축, 공동 경험, 정기적 대화.

이러한 접근을 통해, 조직은 더욱 지속 가능하고 협력적인 환경을 만들어 갈 수 있다.

## 참고문헌


1. 김영국. (2021). MZ세대 직장인 80%, "노조 필요하다!" 월간 리크루트. 2021.06.14. http://www.hkrecruit.co.kr/news/articleView.html?idxno=23610
2. 문예진, & 오성은. (2019, December). 플랫폼 노동자의 근로자성과 플랫폼 기업의 책임에 대한 논의. 한국노동연구원.
3. 박명준. (2024). 2023년 노사관계 평가와 2024년 전망. 월간 노동리뷰. 한국노동연구원. https://www.kli.re.kr/kli/prdclView.es?pblct_sn=9972&mid=a10103010000&nPage=2&sch_yr=&sch_type=&sch_keyword=&sch_prdcl=%EB%85%B8%EB%8F%99%EB%A6%AC%EB%B7%B0
4. 박정우. (2025). 최고의 조직문화 '워라밸'… 최악의 조직문화 순위는? 이코노미톡뉴스. 2025.02.20. https://www.economytalk.kr/news/articleView.html?idxno=403724
5. 고용노동부. (2024). 2023년 노사분규건수 및 근로손실일수.
6. Brown, R., & Martinez, S. (2023). The role of moral emotions in organizational conflicts: A meta-analysis. Journal of Applied Psychology, 108(4), 515-534.
7. Cho, S. H., Kim, J. W., & Park, M. S. (2023). Identity conflicts and moral emotions in East Asian organizational contexts. Asian Journal of Social Psychology, 26(2), 89-103.
8. Davidson, J. A., & Lee, M. K. (2023). Managing moral emotions in workplace: New approaches to conflict resolution. Academy of Management Journal, 66(3), 892-916.
9. Fischer, A. H., & Roseman, I. J. (2022). Beat emotions at work: The role of contempt in organizational conflicts. Organizational Behavior and Human Decision Processes, 167, 28-43.
10. Garcia, M., & Martinez, P. (2023). Identity-based conflicts in modern organizations: A systematic review. Journal of Organizational Behavior, 44(5), 661-679.
11. Greene, J. D. (2021). Moral psychology in organizations (3rd ed.). Harvard University Press.
12. Haidt, J. (2021). The emotional dog and its rational tail: A social intuitionist approach to moral judgment in organizations. Psychological Review, 128(1), 814-834.
13. Kim, S., & Lee, J. (2023). Generational identity conflicts in Korean companies: The MZ generation perspective. Journal of Asian Studies, 45(3), 234-251.
14. Kim, Y. H., Park, J. S., & Lee, S. M. (2022). The legacy of rapid industrialization: Organizational culture and conflict in Korean companies. Asian Business & Management, 21(4), 445-467.
15. Park, S. H., & Lee, K. M. (2023). Face culture and hierarchical relationships in Korean

organizations. Cross−Cultural Research, 57(2), 178−196.

16. Park, J. H., Kim, M. S., & Lee, S. Y. (2022). Moral framing and conflict resolution time in organizational disputes. Journal of Business Ethics, 175(2), 321−339.

17. Rozin, P., & Singh, L. (2023). Neural correlates of moral disgust in organizational contexts: An fMRI study. Neuropsychologia, 178, 108−122.

18. Tajfel, H., & Turner, J. C. (1986). The social identity theory of intergroup behavior. In S. Worchel & W. G. Austin (Eds.), Psychology of intergroup relations (2nd ed., pp. 7−24). Nelson−Hall.

# 긍정 조직 문화로 직장갈등 예방하자
## - 긍정 조직문화 구축 -

도보람 교수

# 긍정 조직문화로 직장갈등 예방하자
## - 긍정 조직문화 구축 -

도 보 람

**[상황 1]**

A 팀장은 전자 제조 분야에서 12년간 일해온 실력파 중간관리자다. 그는 전문성은 물론, 명확한 업무 지시와 탁월한 리더십으로 맡은 프로젝트마다 우수한 성과를 거두며 업계의 스타로 자리매김했다.

이러한 능력을 인정받아 2년 전, A 팀장은 업계 최고 수준의 대우를 받으며 이직에 성공했다. 이직한 새 회사는 최근 큰 규모의 회사를 인수한 X 사로, 빠르게 성장하고 있는 전자 제조 회사이다. A 팀장은 15명의 팀원과 함께 프로젝트를 수행하고 있다.

그러나 새로운 환경에서 그는 이전에 경험하지 못했던 심각한 상황들에 직면하게 되었다. 재직한 짧은 2년 동안 두 가지 중대한 사건이 발생하였는데, 첫째는 한 팀원이 그를 직장 내 괴롭힘 및 차별의 가해자로 신고를 한 것이고, 둘째로는 다른 팀원이 그와 사전 협의 없이 인사팀에 타 부서 전보 신청을 낸 것이다. 비록 괴롭힘 신고는 최종적으로 "미인정"으로 결론이 났고, 전보를 신청한 팀원은 큰 잡음 없이 다른 부서로 이동했지만, 과거 직장에서 한 번도 경험하지 못했던 일이라 A 팀장은 더욱 혼란스럽다.

A 팀장은 이전 회사와 동일한 방식으로 업무를 수행하고 있다. 자신이 성과 중심적이고 다소 직설적인 성향임을 인지하고 개선하려 노력하고 있지만, 새 회사인 X 사에서는 전반적으로 괴롭힘에 대한 이야기가 많고, 실제 괴롭힘의 수준도 이전 직장보다 높다는 사실을 알게 되었다. 특히 평소 아무런 의견이나 불만을 표출하지 않던 팀원들이 갑작스럽게 신고나 전보 신청을 하는 상황에 직면하면서, A 팀장의 팀원들을 향한 의심과 불신은 날로 깊어지고 있다.

# I 갈등과 분쟁 예방을 위한 조직적 접근

분쟁은 현명한 해결만큼 예방도 중요하다. 다양한 이해관계와 가치관을 가진 사람들이 모인 직장에서 갈등의 발생은 자연스러운 일이지만, 모든 갈등이 분쟁으로 발전하지는 않는다. 일상적 갈등을 일상의 대화로 해결하는 조직은 어떠한 특성을 가질까?

본 장에서는 이 답을 긍정 조직 문화와 조직 개발에서 찾고자 한다. 일반적으로 갈등과 분쟁은 단순 개인의 문제로 결론지어지기 쉽다. 특정 개인의 성격이 독특해서, 가치관이 달라서, 혹은 이기적인 성향 때문에 분쟁이 발생했다고 생각하는 것이다. 그러나 다양한 사람들이 함께 일하는 직장에서 완벽하게 어울리는, 갈등이 없는 사람들만으로 조직을 꾸리는 것은 불가능하다. 성실하고 사회성 높은 구성원들도 조직 분위기나 특성 때문에 더 빈번하고 심각한 갈등을 경험할 수 있다. <상황 1>에서 이전 직장에서는 문제가 없었던 A 팀장이 이직한 X 사에서 연속 신고 대상이 된 것은 A 팀장 개인의 문제라기보다는 X 사의 조직 특성으로 인해 구조적으로 비롯되었을 수 있다.

따라서 본 장에서는 1) 조직 내 발생 가능한 기능적, 파괴적 갈등의 유형을 알아보고, 파괴적 갈등을 심화시키는 조직적 특성을 이해하고, 2) 조직 문화의 중요성을 이해하고 갈등 회복력을 높이는 조직 문화의 요소들을 식별하며, 3) 긍정적인 조직 문화 형성을 위한 실무적인 전략과 사례를 살펴보는 것을 목적으로 한다.

# II 직장 내 갈등의 유형과 해결

## 1. 직장 내 갈등의 정의와 유형

갈등은 다양한 방법으로 정의될 수 있으나, 경영학에서 갈등은 한 사람이 중요하게 여기는 어떠한 것에 대하여 다른 사람이 부정적인 영향을 미쳤거나, 또는 미칠 것이라고 인식할 때 경험되는 과정을 의미한다. 예를 들어, 일과 삶의 균형을 중시하는 팀원이 초과 업무를 지시했거나, 지시할 것으로 예상되는 팀장과 상호작용할 때, 갈등이 발생할 수 있다. 또는 제품의 장기적 평판을 중시하는 팀원과 제품의 단기 판매량을 우선시하는 팀원이 협업하는 과정에서도 갈등이 발생할 수 있다.

직장 내 갈등이 항상 부정적인 것만은 아니다. 때로는 회사나 팀의 목표 달성을 촉진하고 성과를 향상시키는 건설적인 형태의 갈등이 존재하며, 이를 기능적 갈등functional conflict이라 한다. 그러나 많은 경우의 갈등은 조직의 생산성을 저해하는 파괴적 갈등destructive conflict으로 이어진다. 직장 내 괴롭힘 신고나 분쟁으로 이어지는 대부분의 상황이 이러한 파괴적 갈등에 해당한다.

관련하여 경영학에서는 직장에서 발생하는 세 가지 유형의 갈등을 제시한다. 첫 번째는 업무적 갈등task conflict으로 일의 내용과 목표에 관한 충돌이다. 이는 의견, 아이디어, 또는 문제 해결 방식의 차이로 인해 발생한다(예: 제품 디자인이나 목표 설정에 대한 의견 차이). 두 번째는 과정적 갈등process conflict으로 업무 수행 방식에 대한 의견 차이를 말한다. 권한 위임 및 업무 절차 등에 관한 것으로, 과업 자체보다는 실행 방식과 조율에 관한 차이에서 비롯된다(예: 역할 배정이나 업무 순서에 대한 이견).

이러한 갈등의 예시로, 일과 삶의 균형work-life balance(이후 워라밸)을 중시하는 팀원과, 성과를 강조하는 팀장 간의 목표 설정 과정을 들 수 있다. 팀원은 낮은 목표를, 팀장은 높은 목표를 원해 초기 갈등이 발생할 수 있다. 그러나 적극적인 소통과 협력적인 고민을 통해 생산적인 결론에 도달하는 것이 가능하다. 예를 들어 해당 팀원이 까다롭지만 재택 근무로 처리 가능한 일을 맡는 등의 조율을 통해 워라밸과 성과를 동시에 달성하는 방식이다. 업무적 갈등과 과정적 갈등은, 적절히 해결된다면 상호 관계의 질과 팀워크가 강화되고 혁신적인 문제 해결이 가능해진다. 또한 도출된 해결책에 대한 구성원들의 몰입도가 높아져 업무 생산성이 향상되는 기능적 갈등으로 남을 수 있다.

그러나 많은 경우 업무적, 과정적 갈등이 장기화되고 심화되면 이는 **관계적 갈등**relational conflict으로 이어지게 된다. 관계적 갈등은 감정적 성격을 띠며, 개인 간의 차이, 성격 충돌, 또는 부정적 감정에서 비롯된다. 직장 내 괴롭힘 신고나 법적 분쟁으로 확대되는 상황에서 당사자들 간의 부정적 감정은 필연적으로 생긴다. 업무적, 과정적 갈등과 달리, 관계적 갈등은 대개 파괴적 성격을 띠며 팀이나 조직의 성과를 저해한다.

**[상황 2]**

아래는 <상황 1>의 A 팀장을 직장 내 괴롭힘으로 신고했던 B 팀원의 상황이다.

**B 팀원 입장**: B 팀원은 1년 전 새로운 팀에 배정된 후 줄곧 A 팀장으로부터 차별받는다고 느끼고 있다. 먼저 A 팀장의 팀에 합류된 이유부터가 이전 팀장에게 미움을 받아 쫓겨난 것이라 생

각하고 있다. 이 결과 팀 합류 초기에는 주요 업무를 배정받지 못했고, 자신이 주도한 제안서는 대부분 반려되었다. 이후에는 팀에서 가장 나이가 많고 역량이 부족해 보이는 팀원을 사수로 배정받았다. B 팀원은 자신이 인정받지 못한다는 불안감에 다른 팀원들의 업무를 돕고, 지시받지 않은 추가 업무까지 수행하고 있다. 그러나 A 팀장이 여전히 자신을 싫어해 회의 중 사소한 일에도 트집을 잡으며 자신을 괴롭힌다고 느끼고 있다. B 팀원은 이러한 대우를 받는 이유가 자신이 X 사 출신이 아닌, 피인수된 회사의 출신이기 때문이라고 여기며, A 팀장이 출신 배경에 따른 차별을 하고 있다고 생각하고 있다.

**A 팀장 입장:** 새로 합류한 B 팀원은 성실하고, 잠재력이 뛰어난 인재다. 하지만 팀의 현 프로젝트와 관련된 경험이 부족하여, 충분한 사전교육 후에 업무에 투입하는 것이 적절하다고 생각했다. 이를 위해 팀에서 가장 경험이 많고 멘토 역할을 잘하는 베테랑 팀원을 사수로 배정하고, 회의 때에도 B 팀원의 성장을 위해 많은 피드백을 제공하고 있다. 그러나 B 팀원은 배정된 학습에 집중하지 않고, 오히려 다른 팀원들과의 관계나 업무 외적인 일에 지나치게 신경을 쓰고 있는 것 같다.

<상황 2>는 제안서 반려와 같은 업무적 갈등, 그리고 역할 및 사수 배정과 같은 과정적 갈등에서 시작되었다. 초기에 적절히 해결되었다면 기능적 갈등으로 발전할 수 있었으나, 적절한 개입 없이 상황이 악화되면서 B 팀원과 A 팀장 간의 관계적 갈등으로 발전했다. 결국 A 팀장이 사태의 심각성을 인지하기도 전에 B 팀원은 이를 직장 내 괴롭힘 및 차별로 신고하게 되었다.

<상황 2>가 사내에서 괴롭힘의 "불인정"으로 판정되었더라도, 그 과정에서 A 팀장, B 팀원, 그리고 X 사가 감당한 심리적, 시간적 비용은 막대할 것이다. 괴롭힘 경험은 주관적 판단에 좌우되기 때문에 직장 내 괴롭힘 신고가 남용되고 있다는 지적도 제기되고 있다. 실제로 고용노동부가 밝힌 직장 내 괴롭힘 관련 '법 위반 없음' 처분은 2020년 1365건에서 2023년 3623건으로 2.7배나 증가했다.

이러한 현실에서, <그림 1>의 오른쪽 화살표처럼 업무적, 과정적 갈등이 주관적 판단에 의한 관계적 갈등으로, 나아가 직장 내 괴롭힘 신고로 악화되어 파괴적으로 발전하는 것을 어떻게 막을 수 있을까? 또한 이러한 문제 해결이 과연 A 팀장 개인의 노력만으로 가능할 것인가?

그림 1

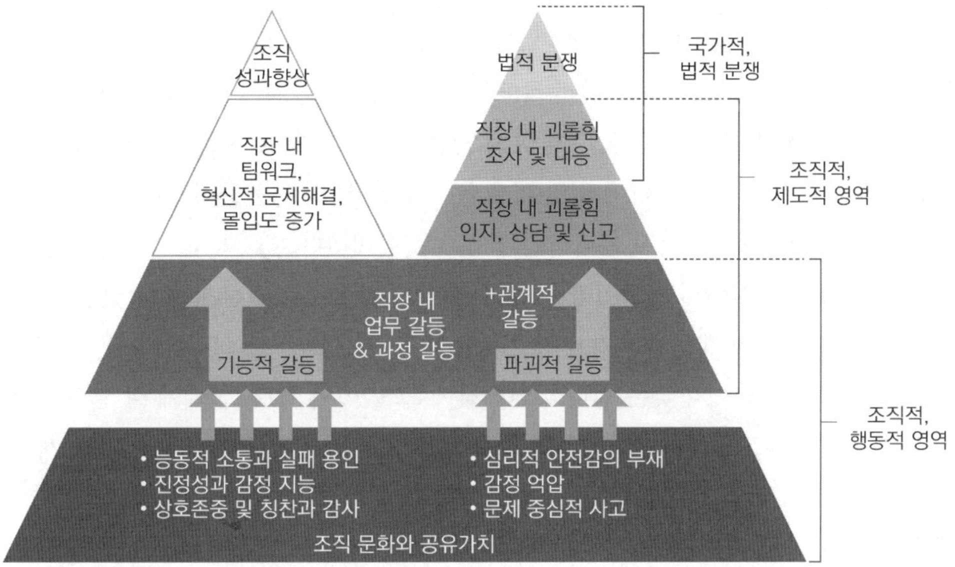


## 2. 어떠한 조직에서 파괴적 갈등이 심화되는가?

다시 <사례 1>을 보면, A 팀장은 성과 중심적이고 직설적인 성향의 관리자이다. 이는 직장 내에서 강점과 단점을 모두 지닌 특성이다. 그런데 이전 직장에서는 우수한 성과로 이어져 긍정적으로만 발현되던 해당 성향이, 왜 X 사에서는 관계적 갈등과 직장 내 괴롭힘, 차별이라는 부정적인 방식으로 표출되는 것일까? 이에 업무적, 과정적 갈등을 관계적 갈등으로 악화시키는 조직의 특성으로 1) 심리적 안전감의 부재, 2) 감정 억압, 그리고 3) 문제 중심적 사고에 대해 알아보고자 한다.

### (1) 심리적 안전감의 부재

심리적 안전감이란 하버드 경영대학의 에이미 에드먼슨 교수가 제시한 개념으로, 자신의 행동이나 발언이 관계적으로 안전하다는 조직이나 팀의 구성원들 간 공유된 믿음이다. 즉, 의견 개진, 질문, 제안, 심지어 실수를 해도 팀 내에서 소외되거나 모욕당하는 등의 관계적 처벌을 받지 않을 것이라는 생각을 구성원들이 공유하는 것이다.

심리적 안전감이 높은 조직에서는 문제나 갈등 발생 시, 구성원 간의 자유롭고 적극적인 소통으로 원만한 해결책을 찾을 수 있다. 반면 심리적 안전감이 낮은 조직에서는 구성원 만족도가 낮을 뿐만 아니라, 조직 내 일상적인 문제들이 불필요하게 큰 비용을 발생시키거나, 돌이킬 수 없는 심각한 사고로 이어질 수 있다.

예를 들어, 미국의 대형 은행인 웰스파고는 심리적 안전감이 낮은 조직으로 알려졌는데, 2010년대에 들어 비현실적으로 높은 실적 목표가 설정되었다. 그러나 이러한 목표에 대하여 이의를 제기하거나 정정을 요구할 수 있는 심리적 안전감이 부재했다. 직원들은 과도한 스트레스와 실적 압박을 수년간 경험할 수밖에 없었고, 이는 5,000여명의 직원들이 200만여 개의 유령계좌를 고객의 동의 없이 개설하는 비윤리적인 행동으로 이어졌다.

도덕성이 낮은 몇몇 직원의 일탈이라면, 이는 개인의 잘못으로 결론지을 수 있을 것이다. 그러나 한 조직 내 수천 명의 직원이 비윤리적인 행동을 한 것은 과도한 실적 압박을 가하고 또 개선의 여지를 주지 않은 조직의 낮은 심리적 안전감에 그 원인이 있다. 국내에 잘 알려진 1997년 대한항공 801편 추락사고 역시 착륙 경로를 잘못 설정한 기장에게 부기장이 이의를 제기할 수 없었던 낮은 심리적 안전감이 부분적인 원인이었다.

<상황 2>의 X 사는 심리적 안전감이 매우 낮은 조직이었다. 대부분의 직원들이 작은 실수나 실언이 큰 처벌로 이어질 수 있다고 생각하는 분위기가 팽배했다. 이러한 환경에서 B 팀원은 자신의 초기 업무 배제에 대한 불만족이나 사수와의 갈등 등에 대하여 A 팀장에게 솔직하게 말할 수 없었다.

사실 A 팀장은 성과 중심적인 만큼 문제 해결에도 빠르고 적극적이어서, 이전 직장에서는 팀원들의 불만을 신속하게 처리하며 성과를 냈었다. 그런데 X 사에서는 불만 자체가 A 팀장에게 전달되지 않은 것이다. 이러한 상황이 지속되면서 B 팀원은 A 팀장이 자신의 출신 배경으로 인해 차별한다고 단정 짓게 되었고, 그러한 생각을 뒷받침하는 상황만 눈에 들어오게 되면서(확증편향), 관계적 갈등이 심화되어 결국 괴롭힘 신고로 이어지게 된 것이다.

### (2) 감정 억압

사소한 업무적, 과정적 갈등을 관계적, 파괴적 갈등으로 악화시킬 수 있는 두 번째 조직 특성은 조직의 감정 억압 규칙이다. 많은 회사들이 자신들의 감정 표현 규칙display rules을 갖고 있는데, 이는 회사가 직원들에게 특정 감정을 느끼고 표현하도록 기대하는 정도를 의미한다. 예를 들어 놀이공원 직원들은 즐거움과 신남을, 상조회사 직원들은 슬픔과 조의를 표현하도록 요구받는 것이다.

이러한 긍정, 부정적 감정 표현만큼이나 흔한 감정 표현의 규칙은, 감정 억압의 규칙이다. 이는 직장에서 자신의 감정을 드러내지 않는 집단의 분위기이자 기대를 말한다. 감정억압 규칙은 정확도가 강조되는 금융업이나 법률 산업, 또는 긴급한 의사결정이 요구되는 경찰·소방 조직에서 자주 발견된다. 이러한 조직에서는 감정 표현이 업무의 질을 저하시킨다는 가정하에 모든 종류의 감정 표현을 부정적으로 간주하고 억압한다.

이러한 감정 표현의 규칙들은 조직의 업무적, 산업적 특성상 어느 정도 불가피하지만, 과도하게 요구되면 부작용이 생길 수 있다. <상황 2>의 X 사는 강한 감정 억압의 규칙을 가진 조직이었다. 분노나 폭언과 같은 극단적인 감정은 물론, 일상적인 즐거움이나 섭섭함과 같은 감정도 드러내지 않았으며, 워크샵이나 교육, 회식과 같은 업무 외적인 교류의 기회도 존재하지 않았다.

사실 감정 표현은 비언어적인 많은 정보를 전달하는데, 감정 억압 규칙은 이러한 정보의 공유를 차단한다. 팀장의 이전 직장은 커피 타임과 워크숍, 일대일 면담 등과 통해 감정 공유가 빈번했던 회사였다. 그러나 이러한 감정 공유의 창구가 없었던 X 사에서 A 팀장은 B 팀원의 불만족한 감정 상태를 눈치챌 수 없었다. 이러한 오해는 감정 억압이 아닌, 어린이집이나 놀이공원과 같이 긍정적 감정 표현만을 요구하는 조직에서도 마찬가지로 발생할 수 있다.

더욱이 감정적 소통의 부재는 직장 동료나 상사와 같은 직장 내 타인에게 거리를 두게 하고, 냉소적이며 비인격적인 태도를 갖게 하는 탈인격화로 이어질 수도 있다. 즉, B 팀원은 A 팀장을 한 인격체로 보지 않고 경영층이라는 대상으로만 여겨 인간적 배려나 설득의 노력 없이 곧바로 신고하게 된 것도 이러한 맥락에서 이해할 수 있다.

모든 감정 규칙이 부정적인 것은 아니며 갈등을 심화시키지도 않는다. 조직 내 감정 규칙의 긍정적 효과를 극대화하고 부작용을 최소화하기 위해 다양한 노력을 할 수 있다. 예를 들어 놀이공원 직원들에게는 업무 과정에서 즐거움을 느끼도록 직무설계를 함으로써, 요구되는 긍정 감정을 단순히 흉내 내는 것이 아닌 진심으로 느낄 수 있는 환경을 제공할 수 있다. 또는 특정 통로를 통해서 구성원 간 실제 감정을 건설적으로 공유하는 문화를 조성할 수 있다. 예컨대 감정억압이 어느 정도 필요한 금융권이나 경찰·소방 조직에서, 내부 워크샵이나 행사를 통해 자신들의 인간적인 면을 공유하게 하는 것이다. 이를 통해 조직은 성과에 도움이 되는 감정 표현을 지속 가능하게 유지할 수 있다.

### (3) 문제 중심적 사고

마지막으로 조직의 문제 중심적 사고는 조직 내 갈등을 악화시켜 파괴적 결과를 낳는 조직 특성이 될 수 있다. 많은 회사들은 직장에서 문제가 되는 부정적 사례에 집중하고, 그 원인을 규명하고자 노력한다. 그러나 긍정적이거나 모범이 되는 사례에 대해서는 단순한 보상만 제공할 뿐, 왜 또는 어떻게 성공할 수 있었는지에 대한 구체적 분석을 하지 않는 경향이 있다.

예를 들어 고객만족도 조사에서 95%가 '만족', 5%가 '불만족'을 표시했다면, 많은 경영자는 불만족한 5%에 집중하고 그 원인이 되는 담당자들의 실수를 지적한다. 직장 내 인간 관계에서도, 상사는 역량 있는 직원의 사소한 단점(예: 과묵한 성격, 업무 중 SNS 사용 등)에 집중하고 이를 고치려 한다.

하지만 이러한 실수나 습관 교정이 반드시 성과 향상으로 이어지지는 않으며, 오히려 성과를 저해시킬 수 있다. '실수 금지' 압박은 담당자들을 위축시켜 기존 95%의 고객을 만족시켰던 담당자들의 장점 발휘를 저해할 수 있다. 또한 역량 있는 직원의 습관 교정은 상사의 기분 전환에만 도움이 될 뿐, 해당 직원에게는 상처가 되어 업무 몰입도와 조직 애정을 감소시킬 수 있다. 즉, 문제 해결이 항상 관계 개선이나 조직 생산성의 향상으로 이어지는 것은 아니다.

회사 성과 향상의 핵심은 사소한 문제 해결보다 기존 강점 강화에 있다. 구체적으로는 95%의 고객 만족을 이끌어 낸 직원들의 성공 요인이나, 특이한 습관에도 불구하고 뛰어난 역량을 보여주는 직원의 일하는 방식 등을 파악하고, 이러한 강점을 어떻게 더욱 발전시키고 확장할 수 있을지를 모색하는 것이 중요하다.

다시 X 사의 <상황 2>를 살펴보자. A 팀장은 사실 B 팀원의 성실성과 적극성, 뛰어난 잠재력을 인지하고 있다. 그렇지만 이전 회사와 달리, X 사에서는 구성원 간에 칭찬을 주고받는 것이 매우 어색한 분위기다. 또한 A 팀장이 X 사로 이직한 이후 참석한 모든 회의는 상위자가 하위자의 부족한 부분과 개선점을 지적하면서 마무리되었다. X 사는 문제 중심의 사고가 팽배한 조직인 것이다. 이러한 분위기에 편승해 A 팀장도 B 팀원이 다른 업무에 관심이 많거나 가벼워 보인다는 작은 단점을 지적했고, 이것이 관계적 갈등을 심화시켰다.

그러나 다른 업무에 대한 관심은 B 팀원의 적극성이라는 강점의 또 다른 측면일 수 있다. 따라서 문제 해결에 치중하기보다는, 적극성과 성실성이라는 강점을 존중하고 강화하여 추가 업무를 배정하거나 격려한다면, 현재 수행 중인 업무에도 긍정적 동기부여가 되어 시너지를 창출할 수 있다.

이렇게 조직의 "문제" 해결과 더불어 소수일지라도 조직 내 긍정적인 요소들(예: 개인 및 리더십의 장점, 조직 문화의 장점 등)을 구체적으로 파악하고 탐구하여 확산시키는 것이 조직 성과에 기여할 수 있다는 강점 중심의 경영 접근을 연구하는 학문이 긍정조직학이다. 조직 내 갈등 및 분쟁의 해결과 예방에 있어서도 문제나 한계점의 개선 이상으로, 강점을 파악하고 존중하는 것이 효과적일 수 있다.

## 3. 우리 조직의 갈등 악화 요인: 측정도구

**표 1** 우리 조직의 갈등 악화 요인

| 심리적 안전감의 부재1 | (1) 매우 비동의 -- (7) 매우 동의 | | | | | | |
|---|---|---|---|---|---|---|---|
| 우리 회사에서 실수를 하면, 나는 큰 비난을 받을 것이다. | 1 | 2 | 3 | 4 | 5 | 6 | 7 |
| 우리 회사 사람들은 자신들과 다르다는 이유만으로 다른 사람을 거부하기도 한다. | 1 | 2 | 3 | 4 | 5 | 6 | 7 |
| 우리 회사에서 다른 사람들에게 도움을 청하는 것이 어렵다. | 1 | 2 | 3 | 4 | 5 | 6 | 7 |
| **감정 억압 규칙2** | (1) 매우 비동의 -- (7) 매우 동의 | | | | | | |
| 우리 회사에서는 감정을 드러내지 않는 것이 바람직한 것으로 여겨진다. | 1 | 2 | 3 | 4 | 5 | 6 | 7 |
| 우리 회사에서는 감정을 직접적으로 표현하는 것이 적절하지 않다. | 1 | 2 | 3 | 4 | 5 | 6 | 7 |
| 우리 회사에서는 감정을 느끼더라도 표현하는 것을 조심해야 한다. | 1 | 2 | 3 | 4 | 5 | 6 | 7 |
| **문제 중심 사고3** | (1) 매우 비동의 -- (7) 매우 동의 | | | | | | |
| 우리 회사에서는 나의 약점이나 부족한 점을 개선할 것을 요구한다. | 1 | 2 | 3 | 4 | 5 | 6 | 7 |
| 우리 회사 사람들은 내가 부족한 점에 집중하고 보완할 것을 기대한다. | 1 | 2 | 3 | 4 | 5 | 6 | 7 |
| 우리 회사 사람들은 서로의 약점이나 한계에 대하여 자주 피드백을 주고 받는다. | 1 | 2 | 3 | 4 | 5 | 6 | 7 |

# Ⅲ 직장 내 파괴적 갈등의 근본적 예방: 긍정 조직 문화를 위한 조직 개발

## 1. 조직 문화 이해하기

지금까지 조직 내 관계적 갈등을 악화시키는 주요 조직 특성으로서 심리적 안전감의 부재, 감정 억압 규칙, 그리고 문제 중심적 사고를 알아보았다. 이러한 특성들을 어떻게 개선할 수 있을까?

이를 위한 가장 어렵지만 근본적인 방법은 갈등 회복력이 높은 조직 문화[1]를 구축하는 것이

1 경영학 연구에서는 조직 문화와 조직 풍토를 구분하여 정의한다. 조직 문화는 "구성원들이 공유하는 기본 가정, 가치관, 믿음의 체계"를 의미하고, 조직 풍토는 "조직의 구성요소와 기대되는 행동에 대한 구성원들의 공유된 인식"을 뜻한다. 다만 노무 실무에서는 이 두 개념을 모두 포괄하여 "조직 문화"라는 용어로 통칭하는 것이 일반적이다. 따라서 본

다. 조직 풍토로도 불리는 이 개념은 조직의 관행, 정책, 절차, 일상적인 운영 방식, 보상 체계 등에 대해 직원들 사이에 공유된 인식을 의미하며, 이를 통해 조직에서 무엇이 중요하게 여겨지고, 어떤 행동이 기대되며 보상받는지를 나타낸다.

각 조직은 자신만의 전략적 목표와 핵심 가치를 반영하는 고유한 문화를 형성한다. 어떤 조직은 서비스 품질이나 안전관리를 중시하는 서비스 문화나 안전 문화를, 또 다른 조직은 다양성이나 윤리와 같은 가치 중심의 문화를 발전시킨다. 이러한 특정 문화는 구성원들로 하여금 조직의 핵심 영역이나 가치를 내면화하고 이에 부합하는 일관된 행동을 하도록 유도함으로써 조직 성과에 기여한다. 대표적으로 스타벅스는 포용성과 다양성의 문화를 통해 모든 구성원이 성별, 연령, 인종과 무관하게 서로를 존중하도록 장려한다. 파타고니아의 경우 지속가능성 문화가 두드러져 친환경적 의사결정을 핵심 가치로 삼는다. 이처럼 강한 조직 문화에서는 해당 가치에 위배되는 행동(예: 스타벅스에서의 차별적 발언이나 파타고니아에서의 환경 파괴적 행위)이 다른 조직보다 더 큰 비난과 제재를 받게 되므로, 구성원들은 자연스럽게 그러한 행동을 피하게 된다.

## 2. 갈등 회복력을 높이는 긍정 조직 문화: 능동적 소통, 진정성, 그리고 상호존중

조직 내 갈등 해결과 분쟁 예방에 도움이 되는 다양한 조직 문화가 존재하지만, 앞서 언급한 문제점들을 개선하기 위해서는 특히 세 가지 조직 문화가 중요하다. 심리적 안전감의 부재를 해소하기 위한 능동적 소통voice behavior, 감정 억압의 규칙을 개선하기 위한 진정성authenticity, 그리고 문제 중심적 사고를 극복하기 위한 존중respect의 문화에 대하여 알아본다.

갈등 회복력을 높이고 파괴적 갈등의 예방에 도움을 줄 수 있는 첫 번째는 능동적 소통의 문화이다. 학술적 용어로는 발언 문화 또는 발언 풍토voice climate으로 불리는 이 개념은, 조직의 운영을 개선하기 위해 구성원의 자발적인 제안, 우려, 또는 의견을 표현하는 행동이 기대되는 분위기를 의미한다. 능동적 소통 또는 발언 행동은 종종 기존의 프로세스나 의사 결정을 반대하는 제안일 수 있어, 이를 행하는 개인에게 보복이나 사회적 고립과 같은 위험이 따를 수 있다. 따라서 능동적 소통 문화가 강한 조직에서는 이러한 소통이 안전하게 이루어지고 장려된다는 인식이 공유되어 있어야 하며, 구성원들이 효율적으로 의견을 주고받을 역량을 갖추고 있다는 인식 역시 확산되어야 한다.

갈등 회복력을 높이는 두 번째 조직 문화는 진정성이다. 이는 감정 표현이 조직 내에서 존중받고 수용된다는 인식을 의미하며, 특히 적절하고 건설적인 부정적 감정 표현을 중요하게 여기

---

글에서는 조직 문화와 조직 풍토를 구분하지 않고 "조직 문화"라는 용어로 통합하여 사용한다.

고 자유롭게 표현할 수 있는 분위기이다. 일반적으로 감정 억압 규칙과 진정성은 반대되는 개념으로 인식된다. 하지만 감정 표현을 억제하는 문화 속에서도 진정성이 발현될 수 있으며, 감정 표현을 장려하는 조직에서도 형식적인 소통만 이루어질 수 있다. 진정성 문화가 높은 조직에서는, 조직의 목표나 성과에 해가 되지 않는 범위에서라면 구성원들의 감정 표현을 자연스럽고 가치 있는 행동으로 여기며 조직도 이를 장려한다. 반면 진정성 문화가 낮거나, 정서적 억압이 심한 조직에서는 감정 표현을 불편하게 느끼고 억제하려는 경향이 있다. 이러한 문화의 차이는 구성원들의 타고난 성격뿐만 아니라 상급자의 모습을 모방하고 학습하면서 발생하거나 직장 내 교육이나 워크샵 또는 상사의 피드백 과정을 통해 형성될 수 있다.

갈등 회복력에 도움이 되는 마지막 문화는 상호존중이다. 많은 연구들에 따르면 조직마다 평균적으로 조직 구성원을 포함하는 다양한 개인을 존중하는 정도가 다르다. 이는 한 명의 관리자나 노동자가 타인을 얼마나 존중하느냐 또는 존중받느냐와는 다른 개념으로, 일반적으로 조직 내에서 상호존중이 얼마나 활발히 일어나고 있으며 또 중요한 가치로 공유되고 있는지를 의미한다. 예를 들어 같은 제조업에 속하더라도 한 회사는 직급이나 위치에 관계없이 모든 개인의 가치와 존엄성을 매우 중요하게 여기고 각자의 강점을 인정하며, 구성원들을 존중한다는 메시지를 직간접적으로 전달할 수 있다. 반면 다른 회사는 구성원들을 언제든 대체 가능한 기계의 부품처럼 여기며, 개인의 존엄이나 감정을 배려하지 않는 대우를 할 수도 있다.

## 3. 갈등 회복력을 높이는 조직문화를 위한 체계적 접근: 조직개발

갈등 회복력이 있는 조직을 만들기 위해서는 조직의 문화 개선이 핵심이다. 그러나 이는 단순한 기술 도입이나 구조 조정과 달리, 조직 전체의 가치와 문화를 전면적으로 바꾸는 체질 개선을 의미하므로 상당한 노력과 전문성, 시간이 필요하다.

이처럼 복잡한 변화 과정을 전문적으로 관리하고 연구하는 실무 및 학문 영역이 바로 조직개발OD: Organization Development이다. 조직개발은 조직이 보다 효과적인 전략, 구조, 프로세스를 구축하기 위해 계획적이고 체계적인 변화를 하향식Top－down으로 추진하는 과정을 말한다. 이는 인적자원관리HR: Human Resources와 차별화되는 개념으로, HR이 개별 구성원들의 성과와 효율성 관리, 법규 준수에 초점을 맞추는 반면, 조직개발은 조직 전체 차원의 성과와 효율성 향상에 중점을 두며 현상 유지적 '관리'가 아닌 혁신적 '변화'를 추구하기 때문이다. 이러한 조직개발 과정은 높은 전문성이 요구되어 대개 내외부 전문 컨설턴트들의 참여가 필요하다.

조직개발은 일반적으로 <표 3>의 순서에 따라 이루어진다. 먼저 조직 문화의 개선이나 일하는 방식의 고도화와 같은 1) 변화의 목표를 수립하고 해당 변화 실행을 지원할 주요 이해관계자들과의 협력 관계를 구축한다. 조직 문화 개선의 의지가 정립되고 충분히 공유되면, 다음으로 조직의 현재 상태를 정확히 2) 진단하는 단계로 넘어간다. 이는 마치 개인의 체력과 체질에 따라 맞춤형 치료나 운동이 필요한 것처럼, 조직 역시 구성원들의 현재 상태에 따라 실행 가능한 변화의 형태나 속도가 달라질 수 있기 때문이다. 이 진단 단계에서는 예를 들어, 세대별 또는 부서별로 구성원들이 느끼는 심리적 안전감의 수준이나, 이들이 심리적 안전감을 위협받는 상황들을 구성원 인터뷰와 설문을 통해 파악하고 분석한다.

이러한 진단 결과를 토대로 우리 회사에 적합한 변화의 구체적인 3) 실행 계획을 수립한다. 예컨대 '심리적 안전감 증진'이라는 동일한 목표라 하더라도, 진단 결과 한 조직의 구성원들은 변화의 필요성을 강하게 느끼는 반면, 다른 조직은 현재 상태에 만족할 수 있다. 이처럼 조직의 상황에 따라 서로 다른 방식의 실천 전략이 필요하므로, 이에 맞는 세부 계획을 수립해야 한다.

다음으로 수립된 계획을 실행하고 조직 구성원의 참여를 이끌어내며 조율해 나가는 4) 개입 단계가 있다. 개입은 조직문화 혁신을 위한 호칭 체계나 조직구조 개편, 채용 프로세스 재설계, 고객 응대 프로토콜 개선 등 다양한 형태로 이루어질 수 있다. 이 단계에서는 구성원들이 많은 혼란과 스트레스를 경험할 수 있어 조직 차원의 세심한 관리가 필요하다. 마지막으로는 도입된 변화를 평가하고, 이러한 변화들이 일회성으로 끝나지 않고 조직의 지속적인 제도와 문화로 정착될 수 있도록 하는 5) 평가 및 제도화 과정이 이어진다.

**표 2** **조직 개발 과정**

| | |
|---|---|
| **1) 변화 목표 수립** | • 변화의 필요성을 식별 (예: 성과 문제, 문화적 과제)<br>• 주요 이해관계자(조직장, 구성원, 내외부 컨설턴트)와 협력<br>• 역할, 책임, 기대 사항 정의<br>• 조직 개발 목표, 범위, 방법에 대한 합의 |
| **2) 진단** | • 설문조사, 인터뷰, 포커스 그룹, 관찰 등을 통해 정보 수집<br>• 조직 구조, 문화, 리더십, 프로세스 분석<br>• 문제점, 강점, 개선 영역 식별 |
| **3) 실행 계획 수립** | • 조직 문제의 핵심 원인 논의<br>• 구체적인 목표, 전략, 방법을 포함한 실행 계획 수립 |
| **4) 개입** | • 교육, 팀 빌딩, 프로세스 재설계, 리더십 개발 등의 변화 실행<br>• 새로운 정책, 기술, 조직 구조 도입<br>• 직원들의 적극적인 참여와 변화 적응 지원 |

| 5) 평가 및 제도화 | • 핵심 성과 지표(KPI)를 활용하여 개입 효과 평가<br>• 직원 및 이해관계자로부터 피드백 수집<br>• 해당 변화를 조직 문화와 일하는 방식, 제도에 정착 |
|---|---|

조직개발이 이러한 일반적인 과정을 따른다 하더라도, 각 조직이 처한 상황과 맥락이 모두 다르기 때문에 조직개발의 구체적인 내용과 과정 역시 조직별로 달라질 수밖에 없다. 따라서 모든 조직의 문화 개선을 성공적으로 이끌어 줄 하나의 정답이나 왕도는 존재하지 않는다. 이에 다음 장에서는 다양한 상황과 전략의 사례를 통하여 조직 개발이 실제로 어떻게 이루어지는지 살펴보고자 한다.

# Ⅳ 갈등 회복력을 높이는 변화 전략: 긍정 조직 문화, 이렇게 만들 수 있다

**[상황 3-1]**

위의 <상황 2>에서 A 팀장과 B 팀원의 사건을 담당했던 사내 노무팀장 C는 회사의 직장 내 괴롭힘 발생 건수가 동종업계 타사보다 높다는 점과, 관련 신고 역시 남용되는 사내 분위기를 우려하고 있었다.

이러한 상황에서 때마침 X 사의 대표와 인사노무 팀장 역시 늘어나는 직장 내 갈등에 대한 문제의식을 느끼고 관련 논의를 시작하게 되었다. 이를 근본적으로 해결하기 위해서는 조직 문화에 대한 종합적 변화가 필요하다는 판단이 이어졌다. 이에 따라 X 사는 인사와 노무를 아우르는 테스크포스task force를 출범하여, 긍정적 조직 문화를 위한 조직 개발을 추진하게 되었다.

## 1. 긍정 조직 문화를 위한 첫걸음: 조직 개발의 필수 요건들

많은 조직이 문화 개선뿐만 아니라 기술 도입이나 업무 혁신과 같은 다양한 변화를 시도하지만, 여러 연구에 따르면 전사적 변화의 시도가 실질적 성과를 거두는 비율은 30%가 채 되지 않는다. 이는 직장 내 괴롭힘 근절이나 심리적 안전감 증진과 같은 조직 문화 개선 노력을 시도하는 10개 기업 중 7개 이상이 유의미한 변화를 이끌어내지 못할 수 있다는 것을 의미한다.

실제 사례를 보면, 2019년 직장 내 괴롭힘 방지법 시행 이후 많은 기업들이 관련 제도를 정비하고 실질적인 괴롭힘 감소를 위해 전사적으로 노력했음에도, 괴롭힘 신고 건수는 2019년 2,130건에서 2023년 12,253건으로 약 6배 가까이 증가했다. 더욱이 직장 내 괴롭힘 관련 산업재해 신청은 같은 기간 25건에서 345건으로 13.8배나 증가했다. 이처럼 조직들이 직장 내 괴롭힘과 차별 문제 해결을 위해 다각적인 노력을 기울였음에도 불구하고, 구성원들이 체감할 만한 긍정적 변화가 이루어진 사례는 극히 드물다. 그렇다면 왜 긍정적 조직 문화 조성을 위한 이러한 조직 변화의 노력들은 실패하는 것일까? 위 ＜상황 3－1＞에서 X 사의 조직 개발이 성공적으로 이루어지기 위해서는 어떤 요소들이 필요할까?

### (1) 경영진의 의지 표명과 리더급의 적극적 참여

안타깝게도 많은 조직에서 문화 혹은 가치 관련 변화 시도가 단순히 인사팀이나 노무팀의 업무로 국한되어 인식되며, 다른 부서 구성원들에게는 자신과 무관하거나 번거로운 일로 여겨지기 쉽다. 따라서 조직이 의미 있는 변화를 이루고자 할 때는 경영진이 새로운 방향성을 명확하고 강력하게, 그리고 지속적으로 강조하는 것이 핵심적이다. 이는 구성원들로 하여금 해당 변화가 조직의 최우선 과제임을 인식하게 하고, 변화 과정에 동참하는 것이 회사의 핵심 목표와 직결된다는 확신을 심어주기 때문이다.

＜선제적 대응으로 파괴적 갈등 예방하자: 직장내 괴롭힘 해결 시스템 구축＞에서 경영진의 반괴롭힘 의지 표명을 강조한 것과 마찬가지로, 긍정 문화 구축을 위해서는 '심리적 안전감'이나 '긍정 정서'와 같은 바람직한 조직 문화에 대한 경영진의 확고한 의지 표명이 필수적이다. 국내 사례를 보면, 2007년부터 행복 경영을 강조해온 SK그룹과 2010년부터 감사나눔 문화를 선도해 온 포스코DX가 대표적이다. 두 기업은 행복과 감사라는 긍정적 가치를 전사적으로 내재화하기 위해 각 조직의 리더들이 신년사에서부터 뉴스레터, 주간 회의에 이르기까지 일관되고 강력하게 이러한 문화적 가치를 강조해왔고, 이는 수년이 지나 실질적인 조직 문화의 변화를 이끌어냈다. 이처럼 최고 경영진의 명확한 의지 표명과 지지는 이후 전개되는 다양한 진단 및 개입 활동들에 정당성을 부여하고, 궁극적으로 조직 구성원들의 자발적이고 적극적인 참여를 이끌어내는 핵심 요소가 된다. 아무리 정교하게 설계된 조직 개발 전략이라도 높은 우위성이나 지위를 가진 리더들이 그 필요성을 인정하지 않거나 단순히 형식적인 활동으로 치부해버린다면, 다른 조직 구성원들도 해당 활동에 진정성 있게 참여하지 않을 것이기 때문이다.

### (2) 실무자들의 입장과 경험이 반영된 조직 개발

많은 조직 문화 관련 프로젝트와 변화 시도들이 두 가지 전형적인 한계에 부딪히곤 한다. 하나는 인사노무팀 단독으로 실행되면서 다른 부서의 관점과 요구가 반영되지 못하는 경우이고, 다른 하나는 최고경영층의 지원이 있더라도 과도한 하향식top–down 방식으로 추진되면서 현장의 실정과 동떨어진 실천 전략이 하달되거나 달성하기 어려운 목표가 설정되는 경우이다.

예를 들어, 어떤 기업이 "안전 제일"이라는 조직 문화를 강조하며 선진국 수준의 안전 기준 준수를 실천 전략으로 제시했다고 하자. 하지만 실제 현장에서는 생산성 목표 달성이나 납기일 준수에 대한 압박으로 인해 이러한 높은 수준의 안전 기준을 준수하는 것이 현실적으로 불가능한 경우가 많다.

갈등 회복력을 위한 조직 문화 개선의 상황에서도 마찬가지이다. 한 조직에서 심리적 안전감을 높이기 위해 회의 진행 시 직급이 낮은 팀원부터 높은 팀원, 그리고 팀장 순으로 발언하도록 하는 회의 프로토콜을 도입했다. 그러나 실제 업무 현장에서는 회의 시간이 매우 제한적이어서 이러한 프로토콜을 실행하기 어려웠다. 또 다른 사례로, 회의마다 팀원들이 돌아가면서 팀장에게 반대 의견을 제시하도록 하는 회의 규칙을 만들었지만, 위계적인 조직 분위기 속에서 익명성이 보장되지 않는 회의 환경으로 인해 이 제도는 형식적인 절차에 그치고 말았다.

긍정적인 조직 문화를 구축하기 위한 구체적인 실천 전략과 개입 방안을 설계할 때는, 다양한 사업 부문과 직군의 실무자들이 반드시 참여해야 한다. 이를 통해 현장의 실제 상황과 구성원들의 구체적인 고충이 충분히 반영된, 실행 가능한 전략을 수립할 수 있다. 이러한 상향식bot–tom–up 접근은 조직 개발이 실질적인 변화로 이어지는데 필수적이다.

### (3) 지속성과 일관성이 있는 조직 개발

실효성 있는 조직 개발을 저해하는 가장 큰 요인은 지속성과 일관성이 결여된 실행에 있다. 안타깝게도 많은 기업들이 리더십 교체나 사회적 트렌드 변화에 따라 조직 문화와 구성원 행동 관련 기조를 급격히 전환하곤 한다. 예컨대, 2년간 심리적 안전감과 능동적 소통, 열린 토론 문화를 강조해왔던 회사가, 새로운 대표가 부임하면서 신속한 의사결정과 효율성을 우선시하여 기존의 제도와 회의 규칙을 폐지하는 경우를 들 수 있다. 문화 중심의 조직 개발은 본질적으로 장기적이고 포괄적인 과정이다. 따라서 담당 업무가 다른 부서이든, 지리적 위치가 다른 사업소이든, 시간의 흐름에 따라 리더십이 교체되든 일관된 실천이 지속적으로 보장되어야만 가시적인 변화를 이끌어낼 수 있다.

## 2. 긍정 조직 문화를 위한 X 사의 조직 개발: 실행 과정

위와 같은 필수 요건들을 고려하여, X 사는 <상황 3-2>와 같은 단계별 조직개발을 실시하였다. 첫째, 대표 및 경영진부터 중간관리자까지 리더 대상 교육과 워크샵을 시행하여, 이들이 변화의 필요성과 시급성을 이해하고 회사의 최우선 과제로 인식하게 하였다. 둘째, 진단 및 개입 단계에서는 실무자들의 관점을 반영한 하향식 실행을 위해 다양한 직급과 직무의 구성원으로 구성된 '변화 추진팀'을 공모하여 설립, 진단과 개입 전략 수립에 실무자들의 목소리가 반영되도록 하였다. 셋째, 조직 개발의 지속 가능한 실행을 위해 정기적인 참여형 행사를 개최하고 부서별 맞춤형 실행전략을 수립하여 정착시켰다.

| [상황 3-2] X 사의 긍정 문화 프로젝트 진행 단계 | 핵심 과정 |
|---|---|
| A. 리더들의 적극적 참여를 위한 리더 교육<br>1) X 사 대표가 6개월 가량의 조직문화 관련 교육과정 이수, 이후 인사노무팀과 함께 프로젝트의 기틀 마련.<br>2) HR 담당자들이 5일간의 심화 워크샵과 교육을 통해 실행 계획 구체화.<br>3) 전체 임원진(대표 및 전체 이사진)이 3일간의 워크샵과 교육에 참여하여 변화 방향성을 공유 및 합의 | 전체 리더 (임원 및 중간관리자) 참여 워크샵 |
| B. 실무자들의 경험이 반영된 상향식bottom-up 실행<br>4) 변화 추진 방향과 관련한 현재 상태 파악을 위한 전사적 설문 및 포커스 그룹 실시 및 결과 분석<br>5) 전사적 변화를 주도할 변화추진팀 설립 및 공개 모집을 통해 구성원 선발<br>6) 변화추진팀이 워크샵을 통해 전사 설문의 결과를 논의하고, 긍정 문화의 전사적 확산을 위한 구체적인 개입 전략 수립 | 전사 진단과 참여적 개입 실행 |
| C. 지속 가능한 조직 개발을 위한 전사적 확산 및 장기적 실행<br>전 직원 대상 분기별 프로그램 및 교육을 실시하여 지속적 변화 유도<br>각 부서별 로컬 변화추진팀을 구성하여 현장 중심의 변화 확산을 도모 | 변화의 제도화와 현지화 |

## 3. 조직 개발: 진단 전략

정기 설문은 구성원들의 심리 상태와 조직 인식을 측정하고 변화를 모니터링하는 방법이다. 부서 및 세대 간 결과 비교를 통해 구체적 분석이 가능하며, 자유 서술형 응답으로 문제점과 개선 요구사항을 파악할 수 있다. 특히 서술형 응답은 수치 분석으로는 발견하기 어려운 잠재적 문제와 해결책 도출에 유용하다. 예를 들어 X 사는 <표 1>의 심리적 안전감, 정서 억압, 문제 중심적 문화의 측정 도구와 함께 조직 만족도, 스트레스 레벨, 이직 의도 등이 포함된 80문항의 정기 설문을 전문가 자문을 받아 구축하여 연 1회 실시하고 있다.

펄스 서베이pulse survey는 연도별/분기별 정기 설문과 달리, 빈번하고 유연한 설문으로 구성원들의 상태를 실시간 파악한다. 최근 경험이나 사건에 대한 인식을 확인하는 5-10개의 간단한 질문으로 구성되어, 응답 부담은 낮추고 핵심 정보는 신속히 수집한다. 실시간 데이터로 잠재적 문제를 빠르게 포착하고 대응하는 것이 장점이다. X 사는 조직 개발 전사 워크샵과 신사업 발표 직후에 펄스 서베이를 실시하여, 스트레스가 급증하거나 심리적 안전감이 감소한 부서에 즉각 대응하였다.

최근 주목받는 또 다른 형태의 구성원 진단 형식은 감정 설문이다. 이는 구성원들이 의식적으로 인식하는 스스로의 생각이나 태도를 넘어, 명확히 인지하지 못하는 자신의 감정과 스트레스까지 조직이 이해하고 관리하는 것이 중요해지고 있기 때문이다. 예를 들어 최근 여러 기업들은 간단한 모바일 앱을 통하여 구성원들이 일상적으로 자신의 감정을 기록하고, 팀 전체의 심리적 상태를 시각화하고 있다. 즉, 구성원들은 매일 간단한 설문 응답이나 감정 선택을 통해 현재 기분을 기록하고 이러한 수집된 데이터를 통해 감정 변화를 추적할 수 있는 것이다. 시기별, 직군별 또는 팀별로 감정 데이터를 분석하여 특정 조직이 높은 스트레스를 받고 있는지, 또는 협업 과정의 문제를 겪고 있는지 등을 파악하고 이에 따라 업무 환경 개선이나 추가적인 지원을 제공할 수 있다.

마지막 진단 방법은 포커스 그룹focus group으로, 특정 주제에 대해 관련된 사람들을 모아 의견을 수집하고 이를 통해 현상을 체계적으로 진단하는 방식이다. 이 방법의 구체적인 운영 절차는 먼저 직원들의 소통 만족도나 직장 내 괴롭힘에 관한 인식과 같이 조사하고자 하는 내용을 구체적으로 파악하여 진단 목표를 명확히 설정하고, 세션당 6~12명의 다양한 배경, 역할, 직군의 참가자를 선정하는 것이다. 이후 참여자들에게 토론의 목적과 방식을 안내하고 중립적인 토론을 이끌 수 있는 적합한 진행자를 선택한 뒤 예비 질문지를 작성한다. 이 과정에서 X 사의 경우, 먼저 변화추진팀의 구성원들을 대상으로 첫 포커스 그룹 세션을 진행하였고, 이후 변화추진팀의 구성원들이 각자의 팀에서 진행자의 역할을 맡으며 추가적인 세션들을 진행하였다. 이러한 포커스 그룹 논의가 종료된 후에는 수집된 데이터를 분석 및 요약하여 참가자들의 의견에서 도출된 주요 주제를 파악한 뒤 리더십 및 관련 팀에 보고하는 것으로 마무리한다. 조직 개발에서 포커스 그룹 과정의 궁극적인 목적은 도출된 주제와 통찰을 바탕으로 조직에 필요한 맞춤형 개입 전략을 수립하는 것이다.

## 4. 조직 개발: 개입 전략

내부 진단을 통해 구성원들의 심리적 상태와 그들이 인식하는 조직의 문제점과 강점을 파악하였다면, 다음 단계는 이러한 통찰을 기반으로 다양한 캠페인, 제도 등의 개입 전략을 수립하고 실행하여 실질적인 조직문화의 변화를 이루어내는 것이다. 조직 개발에 활용할 수 있는 다양한 개입 전략이 존재하지만, 본 글에서는 특히 조직의 능동적 소통과 진정성, 그리고 강점중심 문화를 효과적으로 촉진할 수 있는 전략들에 초점을 맞추어 살펴보겠다.

### (1) 심리적 안전감과 능동적 소통을 위한 전략: 회의 프로토콜 구축

개인들은 서로 다른 배경에서 성장하며 각자 고유한 소통 방식과 말투를 발전시켜 왔기 때문에, 이들이 직장 환경에서 즉시 긍정적인 소통 방식으로 전환하는 것은 현실적으로 어렵다. 따라서 조직 내 능동적 소통을 촉진하기 위해서는 신뢰와 포용적, 개방적 태도를 장려하는 체계적이고 의도적인 프로토콜이 필수적이다. 실제로 많은 조직들은 구체적인 회의 지침을 수립하고, 이를 지속적으로 교육하며 실행함으로써 조직 내 소통 문화를 개선하고자 노력하고 있다.

논의가 필요한 회의에서 활용할 수 있는 효과적인 프로토콜로 먼저 방해 금지와 타임 아웃 규칙이 있다. 이 규칙은 회의 참여자들이 직급에 관계없이 순서대로 동일한 시간 동안 발언할 수 있도록 보장하며, 발언 중 방해가 발생하는 경우 진행자는 즉시 개입하여 참석자들에게 차례를 기다리도록 상기시키는 것이다. 이는 상급자가 일방적으로 오랫동안 발언하는 상황을 최소화하고 다양한 의견이 나올 수 있도록 도와준다.

질문 전용 규칙에서는 회의 중 팀원의 의견이나 보고에 대해 팀장이 평가를 내리지 않고 질문만 할 수 있으며, 팀원은 즉각적인 응답 대신 회의 이후에 서면으로 답변을 제출한다. 이는 다른 구성원이 지켜보는 회의 상황에서 팀원이 질문 응답으로 인해 느낄 수 있는 심리적 부담감을 최소화하는 것이 목적이다.

생각 쓰기 제도는 토론이나 논의를 시작하기 전, 직원들이 자신의 아이디어를 먼저 적어두는 방식이다. 이 아이디어들은 익명으로 수집하고 공유되어, 발언자의 우위성이나 지위에 영향을 받지 않고 공정하게 논의하고 평가될 수 있다. 이와 유사한 열린 마이크 회의는 직원들이 자신들의 우려 사항이나 아이디어를 경영진에게 직접 전달할 수 있는 소통 채널로, 직원들은 익명으로 질문을 제출하거나 실시간으로 발언할 기회를 가지며 경영진은 이에 단/장기적 대응을 제공한다.

### (2) 심리적 안전감과 능동적 소통 문화를 위한 전략: 실패 및 실수 사례 나눔

심리적 안전감 문화를 만드는 또 다른 방법으로는 전사적 활동을 통해 직원의 실패나 실수를 수용하고, 교훈을 공유하고, 학습에 대한 보상을 제공하는 분위기를 만드는 것이다.

예를 들어 "이달의 직원 상"을 우수한 성과를 낸 직원에게 수여하는 것처럼, 이달의 실수 상을 만들어 실수는 했지만 중요한 문제 사항이나 개선 사항을 보고한 직원을 칭찬하는 것이다. 이는 실제로 서구의 여러 제조 회사가 안전과 효율성을 향상시키기 위해 자주 사용되고 있는 방법이다.

규모가 작은 팀 단위에서는, 실패 지혜 나눔터와 같은 소규모 그룹을 매월 조직하여 과제, 실수 및 교훈을 논의하고 비난보다는 프로세스 개선에 집중할 수 있다. 직원들은 차례로 경험을 공유하고, 가장 좋은 학습 결과는 상품권이나 공개 인정과 같은 작은 보상을 받게 하는 것이다. 이러한 접근 방식은 생산팀, 유지 관리, 안전 및 건설 분야나 품질 보증 부서에 특히 효과적일 수 있다. 이러한 팀 단위의 실패 및 실수의 나눔은, 연 1회 정도의 실패 사례 경진 대회 등으로 이어질 수 있다. 즉, 팀이 해당 실수나 실패의 해결책을 개발할 수 있는 대회의 장을 만들어, 최고의 아이디어에 공개 보상과 인정을 제공하는 것이다.

익명성을 더욱 보장할 수 있는 방법으로는, 사업장 내 잘 보이는 곳이나 온라인 소통 창구에서 실수 스토리 보드를 설정하여 직원들이 익명으로 실수와 해결책을 공유하는 것이 있다. 마찬가지로 가장 통찰력 있는 스토리는 매달 또는 분기별로 상을 제공할 수 있다.

### (3) 감정 관리와 진정성 문화를 위한 전략: 감정 지능 훈련과 표현 캠페인

전통적으로 감정 억압의 분위기가 있었거나, 부정적 감정의 표출이 빈번했던 조직들이 감정 문화를 변화시키는 것은 사람들의 인지적 사고방식이나 이성적 측면을 변화시키는 것보다 훨씬 더 어려운 과제이다. 그럼에도 불구하고 타인과 자신의 감정을 인지하고, 이해하며, 관리하는 역량으로 정의되는 감정 지능emotional intelligence은 체계적인 훈련과 교육을 통해 효과적으로 증진될 수 있음이 다수의 연구와 실무사례를 통해 입증되었다.

감정 지능 교육은 구체적으로 세 가지 핵심 영역에 초점을 맞춘다. 첫째, 감정과 관련된 자기 인식(예: 내가 언제 화를 느끼고, 어떤 방식으로 감정을 표현하는가)을 강화한다. 둘째, 자기 규제 역량(예: 어떻게 화나 불안과 같은 부정적인 감정을 타인과의 관계나 업무에 지장을 주지 않으면서 효과적으로 관리할 것인가)을 개발한다. 마지막은 타인의 감정의 공감 능력(예: 팀원이 특정 상황에서 당황하거나 말이 없어지는 근본적인 이유 파악하기)을 향상시키는 것을 목표로 한다.

이를 위한 다양한 훈련 기법과 전문가들이 존재하는데, 예를 들어 워크숍을 통해 감정지능의 핵심 개념을 체계적으로 이해하고 자신의 감정 패턴에 대한 심층적인 자기 성찰을 진행할 수 있다. 역할극은 직장 내의 발생할 수 있는 감정적 갈등 상황을 안전한 환경에서 실제처럼 연습함으로써 실질적인 대응 능력을 향상시키는 방법이다. 360도 피드백은 동료나 부하직원, 상사, 가족 및 지인 등 다양한 관계에 있는 사람들로부터 구체적인 피드백을 수집하여 자신의 감정 지능을 객관적으로 평가하고 개선이 필요한 영역을 파악하는 데 활용된다. 전문 상담가와의 일대일 코칭은 개인별 특성과 상황에 맞춘 맞춤형 접근법으로 감정지능을 효과적으로 향상시키는 방안이다.

조직 차원에서 감정지능을 전사적으로 높이기 위해서는 이러한 감정지능 교육을 전사적 조직 개발 전략과 연계하여 실행하는 것이 중요하다. 더불어 조직 구성원의 생애주기나 커리어 단계(예: 신입사원 교육, 중간 관리자 교육, 리더십 개발 과정 등)에 따라 차별화된 내용으로 지속적으로 실시함으로써 장기적인 조직 문화 변화를 이끌어낼 수 있다.

이에 더하여 조직은 언어 표현에 관한 캠페인을 통해 긍정적이거나 부정적인 감정을 유발하는 소통 방식을 개선할 수 있다. 이 방법은 조직의 고유한 산업적, 문화적 맥락을 반영하여 직원들을 대상으로 "듣고 싶은 말"과 "듣기 싫은 말"에 대한 설문조사를 실시하고, 그 결과를 바탕으로 특정 표현들을 구체적으로 장려하거나 억제하는 전사적 캠페인을 전개하는 것이다. 실제 사례로, 한 회사에서는 "수고 많았어," "도와줘서 너무 고마워"와 "괜찮아"가 직원이 가장 듣고 싶어 하는 말로 조사된 반면, "아 됐고!(상대방의 말을 자르는 표현)," "알아서 해봐," "내가 하라는 대로 해" 등의 표현은 듣기 싫은 말로 분류되었다. 이처럼 특정 언어 표현이 전사적으로 장려되거나 억제될 경우, 구성원들은 의식적으로 또는 무의식적으로 이러한 언어적 규범을 내면화하게 되어 결과적으로 조직 내 긍정적 감정 문화 형성에 기여할 수 있다.

### (4) 강점 중심 문화를 위한 전략: 감사 및 칭찬 활동과 강점 탐구

감정지능과 마찬가지로 감사와 칭찬 역시 교육과 훈련을 통해 그 효과성을 크게 향상시킬 수 있다. 예를 들어 칭찬과 감사 표현은 구체적일수록, 또 공개적일수록 그 영향력이 커지는데, 예를 들면 "잘했어요"와 같은 모호한 표현보다는, "오늘 까다로운 고객을 상대하는 방식이 정말 훌륭했습니다. 특히 그 인내심과 명확한 정보전달 능력이 정말 좋았어요"와 같이 구체적인 행동과 그 영향에 초점을 맞추는 것이 효과적이다. 또한 칭찬과 감사는 개인적인 대화에서나 지나가는 말로 전달하는 것보다 팀 회의, 부서 미팅 또는 단체 이메일과 같은 공식적인 자리에서 인정을 표현할 때 해당 구성원의 기여가 더 널리 알려지고 가치를 인정받게 된다.

또한 칭찬과 감사의 대상을 다양화하는 것이 중요하다. 가시적인 업무 성과뿐만 아니라, 과정이나 투입된 노력에 대한 인정, 그리고 개인의 특별한 자질이나 특성에 대한 칭찬도 조직 내 긍정적 관계 형성과 갈등 해소에 큰 도움이 된다. 예를 들어 즉각적인 성과가 나타나지 않은 업무에 대해서도 "복잡한 규정을 꼼꼼히 챙기느라 수고 많았습니다" 또는 "오늘 파트너사에 대하여 보여준 배려심이 우리 평판을 높이는 데 크게 기여했어요"와 같이 구체적인 인정을 표현하는 것이 효과적이다.

이러한 감사와 칭찬 문화는 조직 내 제도를 통해서 전사적으로 확산될 수 있다. 최근 많은 기업들이 이러한 긍정적 행위에 실질적인 유인을 제공하기 위해 다양한 제도를 도입하고 있다. 예를 들어, 자체 개발한 사내 디지털 플랫폼을 통해 직원들이 서로에게 공개적으로 칭찬 또는 감사 메시지를 보내면 회사에서 커피 쿠폰과 같은 소정의 보상을 제공하는 방식이다. 또한 이렇게 주고받은 메시지를 사내 전광판이나 엘리베이터 디스플레이 등 다양한 공간에 공개함으로써 긍정적 소통의 파급효과를 키우고 있다. 자체 시스템 개발이 어려운 중소규모의 기업들을 위해서는 칭찬 및 감사 기능에 특화된 외부 플랫폼 서비스도 등장하여 보다 많은 조직에서 이러한 문화를 손쉽게 도입할 수 있게 되었다.

강점 중심의 문화를 구축하는 가장 널리 알려진 조직 개발 기법은 강점 탐구 Appreciative Inquiry로, 1980년대 케이스 웨스턴 리저브 대학교에서 개발되었다. 이는 방법론의 핵심은 문제 해결 중심의 접근법에서 벗어나, 조직의 긍정적 측면과 성공 사례에 초점을 맞추는 것이다.

구체적인 실행과정을 살펴보면, 먼저 최고경영진이 조직 내에서 탐구하고자 하는 핵심 질문을 설정한다. 이후 해당 질문의 답을 찾는 과정에서 조직의 문제점이나 취약점이 아닌, 이미 잘 작동하고 있는 요소나 성공 사례에 주목한다. 예를 들어, 소통 문제를 개선하고자 할 때, 현재 가장 소통이 원활하지 않은 부서나 직군에 집중하는 대신, 현재 소통이 가장 원활하게 이루어지고 있는 한두 개의 부서, 직군, 또는 팀을 선정하여 집중 분석한다. 이들이 어떻게 효과적인 소통 체계를 구축했는지, 그 구체적인 방식과 원칙, 규범 등을 심층적으로 탐구하여 이를 전사적으로 확대 적용하는 것을 목표로 한다. 이 과정의 특징은 최대한 많은 조직 구성원들이 참여하도록 장려한다는 것이다. 구성원들은 탐구 과정에 직접 참여함으로써 긍정적 변화에 대한 미래의 비전과 가능성을 함께 상상하고 구체화하게 된다. 더 나아가 이러한 비전을 현실화하기 위한 전략과 계획을 스스로 수립하도록 장려하여, 변화에 대한 실행 동력을 높이는 효과적인 방법론이다.

## 5. 긍정 조직 문화를 위한 조직 개발: Y 사의 사례

직장 내 괴롭힘 법이 통과되기 이전인 2010년대 초반, 긍정적인 조직 문화 개선에 성공한 국내 사례로 Y 사가 있다. 당시 국내 식음료 산업은 폭언, 성희롱, 성추행 등이 빈번하게 발생했으며, Y 사 역시 예외는 아니었다. 그러던 중 Y 사의 한 고위 임원이 저직급 여성 직원을 대상으로 한 성희롱 발언이 구설수에 올랐고, Y 사의 불명확한 초기 대응이 언론에 보도되면서 큰 비난을 받게 되었다. 이어서 납품업체를 대상으로 한 갑질과 비리까지 발견되면서 상황은 더욱 심각해졌다.

이러한 위기 상황에서 Y 사는 초기의 늦장 대응을 깊이 반성하고, 해당 가해자들에 대한 엄중한 징계와 관련 처벌 기준을 강화했다. 그러나 Y 사는 단순히 개별 사건을 처리하는 데 그치지 않고, 전사적 차원에서 윤리 문화를 강화하기 위한 조직개발에 착수했다. 윤리경영 선포식을 시작으로, 구성원들의 비윤리적 상황 경험이나 윤리 인식에 대한 설문 및 심층 인터뷰 등을 통해 조직 현황을 진단했다. 이를 바탕으로 대면 및 비대면 방식의 체계적인 윤리 교육을 실시했으며, 특히 성희롱과 갑질 예방을 위한 장기적이고 강력한 캠페인을 전개했다.

Y 사의 노력은 비윤리적 행동의 예방에 그치지 않고, 상호존중과 상생이라는 더 높은 가치를 지향하는 방향으로 발전했다. 조직 내 성희롱은 근절되었고, 대표와 저직급 직원이 함께하는 정기적 간담회를 통해 구성원들의 능동적 발언을 장려했다. "님 호칭" 제도의 정착으로 20대의 신입사원과 50대의 임원이 서로 "홍길동님"이라 부르는 상호 존중의 문화가 자리잡았다. 또한 갑질의 대상이었던 납품업체나 대리점과 같은 협력사를 위한 간담회를 개최하여 그들의 의견을 경청하고 실질적인 지원책을 마련했다. 특히 우수 협력사를 선정하여 가족 초청행사를 개최하는 등 물심양면의 지원을 제공했다.

이처럼 Y 사는 단순히 비윤리적인 문제를 방지하는 것을 넘어, 긍정적인 측면을 강화하고 지원하는 긍정조직 접근법을 적극 도입했다. 수년간 지속된 이러한 노력의 결과, 과거의 성희롱과 갑질 논란에 휩싸였던 Y 사는 현재 여러 기관으로부터 상생 우수기업, 존경받는 기업으로 수년 연속 선정되고 있다. 직장 내 괴롭힘이 사회적 화두로 떠오른 현재, Y 사의 사례는 이러한 문제를 성공적으로 해결한 모범적인 조직개발 사례로 평가받고 있다.

## V 긍정 조직 문화를 향하여

어떤 회사가 일하기 좋은 조직일까? 어떠한 문화가 긍정적인 조직 문화일까? 높은 연봉과 우수한 복지를 제공하는 회사들에서도 빈번히 들려오는 조직 구성원의 우울증 경험이나 극단적 선택, 직장 내 괴롭힘 사례를 생각해보면, 이러한 외재적 조건들이 긍정적인 조직문화의 필요충분조건이 아님은 분명하다.

조직 문화는 정성적인 개념으로, 단 하나의 '최고' 또는 '최악'의 조직 문화로 정의할 수 없다. 들어가는 글에서 언급했듯이, 갈등은 다양한 이해관계와 가치관을 가진 사람들이 모인 직장에서 자연스럽게 발생하는 현상이다. 중요한 것은 이러한 일상적 갈등이 파괴적 분쟁으로 발전하지 않도록 하는 조직의 특성과 문화이다.

조직행동학에서 추구하는 긍정 조직 문화는 본질적으로 다음의 두 가지 요소를 균형 있게 포함한다. 하나는 조직 구성원들의 즐거움과 성취감 같은 긍정적 경험이며, 다른 하나는 이를 통해 달성하는 우수한 조직 생산성이다. 아무리 조직 생산성이 뛰어나도 구성원들이 불행하다면, 또는 구성원들이 행복해도 조직의 생산성이 지속적으로 감소한다면, 이는 진정한 의미의 긍정적 문화라 할 수 없다.

결국 사람들이 즐겁게, 열정적으로, 그리고 효과적으로 일하기 위해서는 구성원 간의 현명한 갈등 해결이 필수적이다. 이러한 갈등 해결을 위한 건강한 토대가 되어주는 것이 바로 능동적 소통과 진정성, 상호존중이 촉진되는 조직문화인 것이다. 본 장에서 살펴본 것처럼, 갈등을 단순히 개인의 문제로 치부하기보다는 조직적 차원에서 갈등 회복력을 높이는 문화를 조성할 때, 조직은 단순한 일터를 넘어 구성원들의 성장과 조직의 발전이 함께 이루어지는 공간으로 진화할 수 있을 것이다.

## 참고문헌

1. Edmondson, A. C., Kramer, R. M., & Cook, K. S. (2004). Psychological safety, trust, and learning in organizations: A group-level lens. Trust and distrust in organizations: Dilemmas and approaches, 12(2004), 239-272.
2. O'Neill, O. A., & Rothbard, N. P. (2017). Is love all you need? The effects of emotional culture, suppression, and work-family conflict on firefighter risk-taking and health. Academy of Management Journal, 60(1), 78-108.
3. Van Woerkom, M., Mostert, K., Els, C., Bakker, A. B., De Beer, L., & Rothmann Jr, S. (2016). Strengths use and deficit correction in organizations: Development and validation of a questionnaire. European Journal of Work and Organizational Psychology, 25(6), 960-975.

# MZ세대와 의사소통 어떻게 할 것인가?

## - 비대면/실시간 의사소통 -

---

이영면 교수

# MZ세대와 의사소통 어떻게 할 것인가?
# - 비대면/실시간 의사소통 -

이 영 면

## I 비대면 의사소통에서 왜 갈등이 발생하지?

의사소통은 일반적으로 서로 얼굴을 보는 상태에서 실시간으로 소통하면서 시작한다. 그러나 코로나19로 인해 비대면 의사소통이 활발해졌고, 특히 정보통신 기술의 발전에 따라 이메일, 문자메시지, 카카오톡, SNS 등과 같은 비대면 · 비실시간(바로 응답하지 않아도 되는) 의사소통이 더욱 활성화되었다.[1] 그런데 비대면 의사소통은 얼굴의 감정이나 말의 속도 · 억양, 몸짓 등 정보가 제외되고, 여기에 비실시간의 경우는 더 많은 정보들이 제외되면서, 전달하려는 정보의 정확성이나 의미해석에 있어서 오해와 갈등을 불러일으키기도 한다.

디지털 세대로 불리는 MZ세대는 대면회의나 전화통화와 같은 즉각적이고 실시간적인 의사소통에 대해 부담을 갖기도 하고, 실시간(동기, synchronized)보다는 비실시간(비동기, non-synchronized) 의사소통인 문자메시지나 카카오톡을 선호하는 편이다. 그 이유는 답변하는데 일정한 시간을 가지고 적절한 답변을 찾아서, 대응할 수 있는 장점이 있기 때문이다. 여기서는 이러한 문제들을 포함해서 비대면과 비실시간 의사소통을 중심으로 발생하는 갈등을 이해하고, 그 예방 및 처리 방안에 대해 살펴보기로 한다.

우리나라 노동위원회는 매년 2만건이 넘는 고용관계 관련 분쟁을 처리하고 있는데, 그 중에는 문자메시지나 카카오톡 등의 비대면 · 비실시간 의사소통의 문제로 발생한 갈등 사례가 많이 다루어지고 있다. 특히 최근에는 전화 통화 내용을 녹음해 두었다가 필요한 경우 녹취록으로 바

1 비대면 의사소통은 회의나 면담 등 직접적으로 마주해서 대화하는 소통방식이 아닌 전화통화나 문자, 이메일, 카카오톡 등 서로 마주보지 않은 모든 의사소통 방식을 의미한다. 여기서 전화는 실시간으로 의사소통이 이루어지지만, 문자, 이메일, 카카오톡과 같은 SNS는 실시간 의사소통 방식이 아닌 비실시간 의사소통 방식이다. 여기서는 전화를 포함한 비대면 의사소통 방식을 다루지만 주로 비실시간 의사소통방식인 문자, 이메일, 카카오톡과 같은 방식을 중심으로 다루기로 한다. 또한 경우에 따라서는 혼용해서 사용하기도 한다.

꾸어서 증거로 제시하기도 하고, 카카오톡의 기록을 자신의 주장을 뒷받침하는 기록으로 사용하는 경우도 증가하고 있다.

아래 사례를 보면 한 병원에서 병원장과 근로자가 카카오톡을 이용하여 비대면 · 비실시간 소통을 하였는데, 근로자 A는 "센터장직 내려놓겠습니다. 다른 분 구하실 때까지 근무하고 나갈께요"라는 메시지를 보내면서 병원근무는 계속하겠지만 센터장직은 내려놓겠다는 의사를 전달했다. 그런데 이 카카오톡 메시지에 대해 병원장 B는 메시지 내용을 센터장직만이 아니라 병원도 그만두는 사직의사의 표시로 이해하였다. 이후 재차 근로자 A는 사직이 아니라는 의사를 표현했지만, 병원장 B는 카카오톡 메시지를 근거로 계속 사직서를 요구한 사건이다.

**[사례 1] 카카오톡 대화와 해석의 차이로 인한 갈등**

목요일 오전 10시

근로자 A는 병원장 B에게 아래와 같이 카톡하고 단톡방을 나감

"열심히 하려고 노력하고 있는데, 처음에 말씀하셨던 방향과 너무 달라져서 계속 가야 할지 고민이 되네요." "이러한 방향이라면 센터장직 내려놓겠습니다. 다른 분 구하실 때까지 근무하고 나갈께요."

금요일 오후 1시

근로자 A는 병원내 팀장 C에게 아래와 같이 카톡 메시지를 보냄

"센터장직 내려 놓겠다고 말씀드린 상황이며 퇴사하겠다고 말한 것은 아닙니다."

월요일 오후 3시

병원장 B가 근로자 A에게 아래의 카톡 메시지로 사직서 제출을 요구함

"본인이 사직의사를 표명하셨으니 사직서 제출하기 바랍니다."

월요일 저녁

근로자 A는 병원장 B에게 카톡 메시지를 보냄

"사직 의사 표명한 것이 아니라고 말씀드렸고, 근무 중에 있습니다."

병원장 B는 근로자 A에게 사직서 제출 재차 요구함

"... 노무사에게 질의하였고 사직의사 표시한거라고 말씀하셨습니다..."

직접 대면으로 근로자와 병원장이 대화를 했다면 이러한 오해는 생기지 않았을 것이다. 물론 병원 일이 많고 바쁘니 문자메시지나 카카오톡으로 업무를 처리할 수도 있지만, 배치전환이나

사직과 같은 중요한 인사문제에 대해서는 충분한 의사소통과 기록 관리를 통해서 불필요한 갈등이 발생되지 않도록 해야 한다.

이 사례에서 보는 바와 같이 문자메시지나 카카오톡과 같은 비대면 · 비실시간 의사소통의 경우 정보전달의 상황에 대한 내용에 제한이 있기 때문에, 전달된 정보에 대한 해석에서 오해가 발생할 가능성이 크다. 또한 이러한 문제는 젊은 세대와 기성 세대의 가치관이나 태도의 차이로 인해 해석상에 차이를 불러 일으키는 경우도 많다. 따라서 세대차이에 따른 의사소통의 차이에 대해서도 잘 이해함으로써 비대면 · 비실시간 의사소통으로 인한 갈등을 사전에 예방할 필요가 있다.

## II 직장에서의 비대면 의사소통과 갈등

직장은 많은 사람이 모여서 일하는 곳이기에 항상 의사소통에 갈등의 소지가 있다. 일반적으로 기업은 둘 이상의 사람 이상이 모여서 공동의 목표를 달성하기 위해 지속적으로 활동하는 조직이다. 회사는 고용관계에 대한 계약을 하고, 투입된 노동에 대해 급여나 기타 보상을 하는 조건이다. 하지만 근로계약서에 모든 사항을 기록할 수 없기 때문에, 일하는 동안에 근로자에 대한 감시와 사용자의 명령은 불가피하다. 그래서 근로계약에 대한 해석에 대한 갈등이 생길 수 있다.

또한 회사는 관리자를 통해서 근로자에게 업무를 지시하게 되는데, 흔히 근로자를 보는 관점에 X관점과 Y관점이 있다. X관점은 근로자가 게으르고 일하기를 싫어하기 때문에 감시와 감독이 필요하다는 관점이고, Y관점은 근로자가 솔선수범하고 적극적이기 때문에 굳이 감시를 하지 않아도 스스로 일을 잘 할 것으로 믿는 관점이다. X관점의 경우 회사와 근로자간에는 지시와 명령으로 인한 의사소통이 많아지고, 결과적으로 더 많은 갈등이 생길 소지가 있다.

과거에는 대면 의사소통 방식이 일반적이었지만, 정보기술의 발전을 바탕으로 출퇴근 시간의 증가, 재택근무의 활성화, 코로나19와 같은 전염병의 주기적 확산 등으로 비대면 · 비실시간 의사소통이 활발해졌다. 여기에 젊은 세대의 비대면 의사소통의 선호도 기여했다.

기업에서 소통방식은 아직도 회의나 면담같은 실시간의 대면 의사소통이 기본이기는 하지만, 각종 서류에 대한 온라인 결재, 사내외 이메일, 카카오톡과 같은 비대면 · 비실시간 의사소통도 중요한 부분을 차지한다. 지리적으로 볼 때도 글로벌화에 따라 국가간, 지역간, 회사내 부서간 등 물리적인 차이의 확대도 비대면 · 비실시간 의사소통의 확대에 기여했고, 경영진 · 관리자 · 부서내회의 등 다양한 수준별 의사결정과 토론결과를 전달하기 위한 결재 서류 회람, 이메일이나 메신저를 이용한 정보 공유 등으로 비대면 · 비실시간 의사소통의 중요성이 증가하였다.

## 1. 비대면 의사소통과 갈등 발생

일반적으로 의사소통이란 둘 이상의 사람간에 다양한 수단을 이용하여 정보를 보내고, 수신한 정보를 해석하여 의미를 전달하는 과정이다. 물론 개인 수준을 떠나서 기관이나 조직간에 의사전달이 이루어지기도 한다. 문제는 의사소통 과정에서 다양한 방해요인으로 인해 의도한 정보가 제대로 전달되지 못하거나, 수신한 정보를 제대로 해석하지 못해서 오해나 갈등이 발생할 수 있다.

대면 의사소통의 경우는 정보를 보내는 송신자의 말솜씨, 사용하는 언어, 말하는 속도, 몸짓 등 다양한 배경적인 상황이 보내는 정보에 포함되어 전달된다. 또한 수신자의 언어해독 능력, 가치관이나 태도, 심리적 상태 등 다양한 요인에 의해 수신한 내용을 해석하는 데 차이를 보인다. 송신인의 특징, 송수신 매체 수단인 언어, 수신인의 특징 외에도 대화가 이루어지는 상황, 잡음 등 여러 요인에 의해서 의사소통에 오류가 발생하기도 한다. 하지만 대면 의사소통의 경우에 수신인은 송신인의 다양한 상황(몸짓, 사용하는 언어, 말하는 속도, 감정이나 태도 등)을 함께 반영하여 수신 내용을 해석하여 오해나 오류를 줄일 수 있다. 소위 분위기나 뉘앙스를 추가해서 해석하기 때문이다.

하지만 비대면 · 비실시간 의사소통 과정에서는 문자나 메시지만 전달되므로 송신인의 기타 요인(몸짓, 사용하는 언어, 말하는 속도, 감정이나 태도 등)이 다 제외되어 수신한 정보를 해석하는데 오류가 발생할 가능성이 더 커진다. 따라서 비대면 의사소통의 경우 대면 의사소통에 비해서 더 관심을 가져서 오해의 여지를 줄일 필요가 있다.

특히 비대면 · 비실시간 의사소통의 경우 명시적인 정보 외에 분위기, 상황, 심리적인 측면 등에 대한 정보 전달이 제한적이라서 맥락을 이해하기가 더 어렵다. 따라서 회의나 전화통화 이외의 사내 메신저, 이메일, 카카오톡 등 비실시간 의사소통에 대해 신중하게 접근할 필요가 있다. 여기서는 전화통화 외에 비대면 · 비실시간 의사소통에 대해 살펴보기로 한다.

## 2. 비실시간 의사소통과 갈등 발생

비실시간 의사소통은 비동기성(non－synchronization), 즉 메시지를 전달한 이후에 즉각적인 반응보다는 상당한 시간이 흘러간 이후에 메시지를 수신하고 해석한다는 점을 특징으로 한다. 그런데 대면 의사소통에 비해 메시지 전달 상황, 송수신자의 심리적 상황 등이 반영되지 않아서 맥락을 고려한 메시지 해석이 어려워 전반적인 정보가 상대적으로 부족하다는 점이다(장윤준·윤정안, 2024; Schip, 2025). 이러한 특성이 세대간 차이인 가치관이나 태도와 결합되면서 의사소통 과정에 갈등이 발생할 가능성은 더 높아진다.

예를 들어 젊은 세대는 상사가 보낸 카톡에 대해 바로 답변이 어려운 상황인 경우에 좀 더 많은 시간이 흐른 다음에 대응을 해도 괜찮다는 생각이지만, 기성세대는 답변이 늦어지는 경우 기본적인 예의가 없다고 생각하거나 무시를 당한다는 생각을 하기도 한다. 이러한 경우 같은 내용의 답변에 대해서도 답변 시간이 달라지면, 대응이 달라지고 갈등 상황이 발생하기도 한다.

### (1) 세대간 가치관의 차이

매일 같이 생활하는 부모와 자식 사이에도 세대간 차이가 있는 것처럼, 기업이나 사회에서도 세대간에 가치관이나 태도와 행동에서 많은 차이를 보인다. 가치관은 어렸을 때부터 부모로부터의 교육, 경험하는 중요한 사건 등을 통해서 형성되는데, 일단 형성된 이후에는 쉽게 바뀌지 않는다. 따라서 기업에서도 구성원들은 세대간 가치관 차이를 이해하고 이를 바탕으로 소통하려는 노력이 필요하다.

**표 1 세대별 특성과 가치관**

| | 베이비부머 | X | 밀레니얼 | Z |
|---|---|---|---|---|
| 태어난 해 | 1955-1963 | 1964-1980 | 1981-1996 | 1997-2012 |
| 주요 사건 | • 한국전쟁 복구시기<br>• 경제개발5개년계획<br>• 88서울올림픽 | • 민주화 운동<br>• MF외환위기<br>• 컴퓨터와 인터넷 | • 9/11 테러<br>• 글로벌 금융위기<br>• 스마트폰 보급 | • 소셜미디어 발달<br>• 4차 산업혁명, 코로나19 |
| 특성과 가치관 | • 근면성실/노력중시<br>• 가족과 조직에 대한 강한 책임감<br>• 경제적 안정과 성장을 중시<br>• 위계질서 중시 | • 개인주의적 성향과 일-삶의 균형을 추구<br>• 다양성/창의성중시<br>• 실용주의적 접근<br>• 디지털 기술에 적응하려는 노력 | • 디지털 네이티브 기술에 능숙<br>• 경험과 가치 중시<br>• 수평적 관계/소통 선호<br>• 사회적 가치와 환경에 관심 | • 디지털 기술에 능숙하고 의존<br>• 다양성/포용성을 당연시<br>• 개성/자아실현중시<br>• 글로벌 이슈에 관심이 많고 행동 |

출처: 조삼섭(2021), 최재원·정태연(2023), Howe & Strauss(2000), Inglehart(1997), Turner(2015), Twenge(2006).

위의 <표 1>에서 보는 것처럼 각 세대는 그들만의 고유한 경험과 가치관을 가지고 있다. 하지만 중요한 것은 이러한 차이를 이해하고 존중하는 자세다. 세대 간 차이를 인정하고, 서로의 강점을 활용할 때 의사소통이 원할하게 이루어질 수 있다.

### (2) 세대간 의사소통 방식 차이

젊은 세대는 언제나 그래 왔듯이 기성세대와 다르게 표현하고 생각하려고 한다. 대화에서도 줄이거나 생략한 표현을 많이 사용한다. 예를 들면 갑툭튀, 겉바속촉, 깜놀, 냉무, 닥공, 답정너, 듣보잡, 먹튀 등과 같은 표현이다.

또한 앞에서 이야기했듯이 비실시간 의사소통 방식을 선호한다. 전화를 이용해서 대화하기도 하지만, 문자나 카카오톡, 인스타그램을 반복적으로 이용하는 성향을 보인다. 표현도 자음만으로 간단히 표현하는 방식인 ㅋㅋㅋ(크크크), ㅎㅎㅎㅎ(흐흐흐)같은 표현도 많이 사용한다.

젊은 세대는 기성세대와는 달리 의사표현이 구체적이고 명시적이며, 차이에 대해서 당연한 개성이라고 생각한다. 따라서 <표 2>에서 보는 바와 같은 젊은 세대 소통의 특징을 살펴보는 것도 필요하다.

**표 2** 요즘 세대 소통의 특징

| 요즘세대 DNA | 요즘 세대 소통의 특징 |
|---|---|
| 질문자 | 말을 자르는 순간 마음을 닫는다 |
| 조급증 어른이 | 10분 이상 답을 기다리지 못한다 |
| 학습자 | 배울게 없으면 관심을 두지 않는다 |
| 최신기술 숙련자 | 혼자가 편한 온라인 소통의 전문가다 |
| 의미 추구자 | 명확한 설득 논리를 원한다 |
| 현실주의자 | 멘토가 아니라 진솔한 소통의 파트너를 원한다. |
| 성취주의자 | 공정한 평가와 대우를 원한다 |

출처: 허두영, https://50plus.or.kr/detail.do?id=1249780에서 2025.1.27.에 확인하고 저자가 일부 수정함.

### (3) 젊은 세대가 비대면/비동기 의사소통을 선호하는 이유

우선은 콜 포비아(Call Phobia)를 들 수 있다. "전화벨이 울리면 가슴이 두근대고 긴장된다," "급한 일이 아니면 문자로 이야기를 나눈다"와 같이 전화 통화를 꺼리는 MZ세대들의 이야기다. 한 설문조사에 따르면 콜 포비아를 겪는 이유로 첫째는 메신저앱이나 문자 등 비대면 의사소통

방법이 익숙하고 편하기 때문이다.

다음으로는, 나도 모르게 말 실수를 하거나, 말을 잘 못해서, 전화로 정확하게 표현하기 어려워서 등이다. 문자나 메신저를 사용하면 생각하는 시간을 가질 수 있고, 사용할 수 있는 어휘를 선택할 수 있는 시간이 있으며, 그 결과 말 실수나 의사표현의 실수를 줄일 수 있어 의사소통의 질을 높일 수 있다. 이러한 비대면 의사소통은 학문적으로도 의사소통에서의 만족도를 제고하는 것으로 검증되고 있다(임명성, 2024).

또한 기록이 남기 때문에 향후에 발생할 수 있는 문제들에 대한 대비가 가능하다. 전화 통화할 때도 기본적으로 녹음하는 모드를 선택해 놓은 경우가 많다. 사진이나 동영상 촬영도 마찬가지다. 좋은 추억을 기록으로 남길 수도 있지만, 문제가 되는 상황을 객관적으로 기록하는 것이다. 모욕적인 단어나 성적인 묘사 등도 다 기록에 남기 때문에 좀 더 신중하고 의미있는 대화를 할 수 있다.

### (4) 세대 간 의사소통 개선을 위한 적절한 플랫폼과 대화 방식 선택

세대 간 소통에 있어서 디지털 기술은 새로운 기회이자 도전이 되고 있다. 디지털 시대의 세대 간 의사소통을 개선하기 위해 SNS와 메신저를 활용한 소통과 적절한 플랫폼을 선택할 필요가 있다(좋은어른들, 2024.8.30). 예를 들어, 기성세대는 카카오톡을 선호하지만, MZ세대는 인스타그램을 선호할 수 있다. 따라서 서로 다른 세대라면 각 세대의 선호도를 존중하면서 공통의 플랫폼을 찾아보는 것이 좋다.

비실시간 의사소통의 경우 이모티콘과 이모지를 활용해서 거리감을 줄일 수 있다. 이모티콘이란 특수문자 등을 활용해 송신자의 감정을 표현하는 방법이다. 문자메시지 끝에 ㅎㅎ 나 ㅠㅠ 등을 추가해서 즐거움이나 슬픔 등을 표현한다. 이모지란 아예 별도의 간단한 그림으로 감정을 표현하는 방식이다. 텍스트만으로는 전달되기 어려운 감정을 이모티콘이나 이모지로 표현할 수 있다.[2]

다음으로는 디지털 에티켓을 지키는 것이다. 우선 늦은 시간 메시지 보내기를 자제하고, 답장을 강요하지 않는 등의 기본적인 예의를 지켜야 한다. 최근 근무시간 이후에 문자나 카카오톡을 보내지 못하도록 하는 법률이 논의되는 등 일생활균형(work－life balance)이 강조되고 있다. 비상상황이 아니라면 근무시간 이외 시간에 문자나 카카오톡 메시지 전달을 피해야 한다.

---

2 이모티콘(그림말)은 문자를 이용하여 만들어낸 감정을 나타내는 기호들을 일컫는다. 이 이모티콘은 문자 기반의 의사소통에서 주로 쓰이며, 특히 채팅, 전자우편, 게시판 등 컴퓨터 혹은 스마트폰으로 글을 쓸 때 많이 사용된다. 이모지는 20여년전 일본에서 개발된 전자처리 그림 문제 및 그 기술을 말하는데 이모지는 이미지 자체가 하나의 문자로 취급된다. 그 종류는 무제한 수준으로 증가하고 있다.

표현 방식도 중요하다(브릿지경제, 2023.2.7). 우선 '버리고 삼가해야 하는 표현이 있다. "너는 몰라도 돼"나 "용건만 간단히"와 같은 경멸하는 표현은 의사소통의 단절을 가져온다. 답정너(답은 정해져 있고 너는 대답만하면 돼) 식의 표현도 소위 "꼰대"가 되기 쉽다. 비록 질문을 했지만 결과적으로는 자신의 생각을 강요하거나 지식을 뽐내는 것이다.

단순한 호기심이 무례함으로 이어질 수 있다. 애정을 바탕으로 한 선한 호기심은 대화를 풍성하게 만들지만, 이는 상대방에 대한 배려를 전제로 해야하고, 질문하기 전에 상대방에게 불쾌함이나 당혹감을 줄 수 있는지 미리 생각해 보아야 한다. 다른 세대를 일반화하는 오류를 범하지 않아야 한다. "젊은 세대는 예의가 없어" "산업화 세대는 고리타분해" 등과 같이 자신의 경험을 일반화하게 되면 편견이 생긴다. 같은 세대라도 다 다르다.

반면에 '기분좋은 표현'은 상대에게 믿음을 주는 표현이다. 긍정적인 표현, 고민을 공감해 주는 표현, 요청을 거절하더라도 긍정적인 멘트를 주는 표현은 긍정적인 결과를 가져온다. 70대인 배우 윤여정은 MZ세대의 워너비다(브라보마이라이프, 2021.9.15). 직설적이지만 권위적이지 않다. 높은 위치에 올랐지만 상대를 가르치려 하지 않는다. 솔직하고 자유롭다. "젊은 사람이 왜 재미없게 살라? 인생 길지 않아. 그냥 즐겨!" 장황한 잔소리 없이 솔직하게 자신의 생각을 짧고 명확하게 전달한다.

## Ⅲ 직장에서 비대면 및 비실시간 의사소통의 갈등 예방과 해결 방법

회사에서의 의사소통은 앞에서 설명한 것처럼 갈등의 소지가 크다. 따라서 비대면 및 비실시간 의사소통에서도 정보부족이나 오해로 인해서 갈등이 발생할 여지를 줄이거나 없애는 것이 좋다. 그러한 방법에 대해서 살펴보자.

### 1. 상대방을 인격체로 대우하고, 직무와 관련 의사소통으로 제한한다.

비대면 · 비실시간으로 타인과 소통할 때에도 상대방을 '인격체'로 존중해야 한다. 서로의 생각과 취향이 다름을 인정하고 있는 그대로 존중할 필요가 있다. 차별적인 표현도 하지 말아야 한다. 성, 직급, 연령 등의 차이나 장애인 · 외국인 여부 등을 이유로 함부로 대해서는 안 된다.

이전에는 직장에서 대화를 시작하기 전에 가족의 안부를 묻거나 개인적인 사항에 대해 물어보고 직무와 관련된 소통을 했지만 이제는 직무중심으로 소통해야 한다. 물론 '안녕하세요'나 '건강하시지요' 정도의 표현은 문제가 없지만, 그 이상 개인적인 질문은 아주 친밀한 사이가 아니라면, 굳이 언급한 인사말이 아니다.

## 2. 비대면 의사소통을 보완하는 정보를 확보한다

비대면 의사소통의 경우 비실시간의 장점이 있고 젊은 세대가 선호하는 방식으로 많이 활용되지만, 전반적인 분위기나 상황을 포함하는 맥락적인 정보가 전달되지 못하기 때문에 정보의 해석에 문제가 발생해서 오해나 갈등으로 이어질 가능성이 크다. 따라서 전화 통화와 같은 비대면 의사소통을 하는 경우에도 문자 메시지나 기록을 남겨서 보완하는 조치가 필요하다.

문자나 메시지를 남겨서 갈등을 줄일 수도 있지만, 제한된 정보만을 제공할 수도 있다. 따라서 전후 사정에 관한 사항, 확인이나 합의에 간접적으로 연계되는 내용들에 대해서는 정리하고 기록으로 남겨두어, 사후 갈등을 예방하고 갈등이 발생했을 경우 신속하게 해결할 수 있다.

전화의 경우에는 녹음을 해서 보관하는 것도 방법이다. 요즘에는 업무와 관련된 통화 내용을 자동으로 저장하는 방식을 사전에 지정해 둘 수도 있다. 양 당사자 즉 송신자와 수신자가 서로 녹음을 해둔다면 사후 갈등 예방과 신속한 해결에 도움이 된다.

이메일 내용이나 문자메시지, 카카오톡 메시지는 보관기간이 있어서, 나중에 필요할 때 활용하지 못하는 경우도 발생한다. 따라서 정기적으로 클라우드와 같은 저장소에 영구보관하는 방안을 활용하는 것도 좋은 방법이다. 다만 이러한 내용은 개인정보보호법 등에 저촉될 수 있으므로 사전에 충분한 동의와 필요한 조치를 취해서 필요시에 유효한 기록으로 활용할 수 있어야 한다.

## 3. 비실시간 의사소통은 정확하고 구체적으로 한다

대면 회의나 전화와 달리 텍스트로 하는 비실시간 의사소통은 난이도가 높다. 가장 큰 이유는 맥락 정보가 부족하기 때문이다. 직접 대면으로 실시간 대화를 하는 경우 말하는 사람의 뉘앙스나 표정, 말하는 속도와 억양 등을 이용하여 의미를 파악하지만, 비실시간 의사소통은 그러한 부가적인 정보를 얻을 수 없어서 미루어 짐작하고 해석해야 한다. 따라서 다음과 같은 점에 유의할 필요가 있다.

### (1) 의사소통에서의 시차를 고려해서 완결형으로 표현한다

문자, 이메일, 카카오톡의 경우 바로 응답하기를 기대하기 어렵기 때문에, 필연적으로 '지연'

과 '대기'시간이 필요하다. 전화는 바로 받아서 실시간으로 대화하지만, 문자는 몇 분이나 몇 시간, 이메일의 경우 몇 시간 때로는 며칠을 기다려야 할 수도 있고, 그렇다고 화를 낼 수는 없다. 따라서 몇 시간 후에 답변을 해도 문제가 없도록 완결형으로 표현하는 게 좋다.

따라서 "지금 시간되시나요?"라는 표현보다는 "계약서류는 다 준비되었습니다. 이거 보시면 연락주세요"와 같이 완결형이 좋다.

#### (2) 상대방이 궁금하지 않도록 구체적으로 서술한다

상대방은 구체적인 내용에 대해 궁금할 수 있다. 따라서 처음 보내는 이메일이나 카톡에서 공문을 포함하고 공통적인 관심사에 미리 알려주어서 추가적인 질문을 줄이는게 효율적이다.

#### (3) 지시와 의견, 느낌과 요청을 뒤섞지 않는다

지시와 의견이, 느낌과 요청이 뒤섞이면 상대방이 혼란스러워 한다. 다음의 예를 생각해 보자. 첫 메신저 내용은 다음과 같다.

"디자인 잘 부탁합니다. A사의 신제품 디자인이 진짜 멋있었습니다."

이 메신저를 보고 나서 A사의 신제품처럼 부드럽고 수수하게 디자인을 했다. 그랬더니 회사의 콘셉이 컬러풀하고 강렬한 이미지인데 그렇게 디자인하면 곤란하다고 반응을 했다. 다음의 메신저 내용을 보자.

"A사의 제품같이 부드럽고 수수한 디자인을 원하지 않으셨나요?"

"개인적으로 좋아 보였다는 것이지 그렇게 하라는 말은 아니었어요."

자기의 생각과 요청사항을 구분해서 구체적으로 표현해야 오해의 소지를 줄일 수 있다. 첫번째 메시지는 요청 사항이 있고, 그 다음에는 개인적인 생각이 들어가 있다. 이 두 문장이 한번에 적혀서 둘 다 요청사항으로 이해될 수 있는 것이다. 구체적으로 표현해서 요청사항과 개인적인 생각을 구분해서 이해하도록 메시지를 보낼 필요가 있다.

#### (4) 수신인 지정은 최소한으로 한다

요즘 시대에는 불필요한 정보가 넘친다. 하루에는 수십 개의 문자, 이메일, 카카오톡이 들어온다. 따라서 관심을 가지게 하려면 가능한 수신인의 숫자를 최소한으로 하는게 좋다.

다만 직속 상사나 핵심 관계자는 참조로 넣을 필요가 있다. 직속 상사나 핵심 관계자는 이 내용에 대해서 알고 있어야 하기 때문에, 정보를 제공하면 궁금한 문제를 미리 해결할 수 있고, 잘못되는 경우 수정이 가능하다는 장점이 있다.

## 4. 갈등 발생에 대한 준비와 연습이 필요하다

비대면 의사소통의 경우 앞으로 더욱 활발하게 활용될 가능성이 크다. 따라서 이러한 비대면 의사소통에 대해 구체적인 지침서를 준비해서 사용할 필요가 있다.

다만 사내에 CCTV 설치와 같이 사내의 전화통화 내용의 녹음이나 이메일, 문자메시지, 직무 관련 카카오톡 메시지 내용 등 회사에서 직무와 관련된 내용을 보관하는 방안에 대해서는 충분한 공지와 협의를 통해 자료보관에 법률적인 문제가 발생하지 않도록 해야 한다.

### (1) 갈등 발생시 초기에 양 당사자 간에 해결할 수 있도록 신속 대응한다

그리고 갈등이 발생하는 초기 단계에서는 양 당사자간에 신속하게 대면 회의 등을 통해서 비대면 의사소통으로 인해 발생하는 오해나 문제를 해결할 수 있도록 제도화한다. 발생할 가능성이 큰 이슈에 대해서는 사전에 연습을 통해서 실제 갈등 발생시에 신속하게 해결할 수 있도록 한다.

직장에서 상사가 호의와 격려 차원에서 보낸 문자나 카카오톡 메시지가 부하에게는 직장 내 성희롱이나 직장 내 괴롭힘에 해당할 수 있다. 이러한 상황이 발생했을 때 초기에 신속하게 해결될 수 있도록 당사자들의 행동에 대한 지침서가 제공되어야 하고, 관련된 신고가 이루어졌을 때는 담당 부서가 신속하게 대응하고 필요한 조치를 취해야 한다.

### (2) 갈등 해결 과정에서 양 당사자에 대한 비밀유지가 필수적이다

갈등을 인지하고 이를 해결하면서 관련 부서가 이를 확인하고 처리하는 과정에 외부에 이러한 사건이 알려지고 2차 가해나 2차 갈등이 발생할 가능성이 있다. 따라서 해당 사건을 처리하는 부서는 사건 관리에 신중을 기해서 원치 않은 정보나 상황의 외부 누출을 신경써서 예방해야 한다.

## 5. 사건 처리후 정리를 통해 반복적으로 발생하지 않도록 한다

하지만 양 당사자 간에 갈등이 신속하게 해결되지 않는 경우에는 지침서에 따라서 사내 분쟁 조정 시스템이나 기타 외부 전문기관을 활용하여 초기 단계에 갈등을 해결할 수 있도록 제도화할 필요가 있다.

노동위원회, 국민신문고, 고용노동부, 경찰서, 검찰 등과 같은 외부의 공공 갈등조정기관을 거치게 되면 시간과 비용도 문제지만 회사의 이미지에도 타격을 줄 가능성이 크다.

#### (1) 갈등 해결 결과의 정리 및 재발생 예방 노력

그리고 분쟁이 해결된 다음에는 사건 처리 과정과 결과에 대해서 잘 분석하고 이를 정리해서, 사내 교육이나 훈련에 포함하여 재발 방지를 위해서 노력해야 한다.

#### (2) 비대면 의사소통 이슈를 모든 교육훈련 과정에 포함

따라서 비대면 의사소통에 대한 교육훈련만이 아니라 차별 예방 및 처리, 성희롱 예방 및 처리, 직장 내 괴롭힘 예방과 처리 등의 교육훈련에서도 비대면 의사소통 내용을 포함하여 진행하도록 한다.

## Ⅳ 비대면 및 비실시간 의사소통에서 갈등을 피하려면

개인적인 고용관계에 있어서 문서화된 서류, 문자메시지, 업무관련 SNS 의사소통은 비대면 · 비실시간 의사소통이고 그에 따른 갈등이 발생할 수 있으므로 이에 대한 예방과 신속한 처리가 중요하다.

### 1. 비대면 · 비실시간 의사소통과 인적자원관리

비대면 · 비실시간 의사소통은 향후 더욱 활발하게 사용될 것이고, 그로 인해 관련된 분쟁이 발생할 가능성이 더 증가할 것으로 보인다. 문서화된 근로계약서를 포함해서 비대면 의사소통은 개인 수준 고용관계의 모든 과정에서 발생할 수 있다.

예를 들면 모집공고문 내용에 대한 해석에 대한 차이로 갈등이 발생할 수 있다. 고용형태를 정규직으로 공고하면서 실제로는 계약직으로 고용하는 경우 갈등이 발생할 수 있다. 근무시간은 원칙적으로 40시간이지만, 대체로 초과근무를 하게 된다. 이러한 내용을 모집공고문에 구체적으로 명시하지 않은 경우 근로자는 초과근무가 없는 것으로 이해했기 때문에, 채용 이후에 갈등이 발생하고 부당해고 사건으로 이어질 수 있다. 연봉도 월 300만원이라고 공고문에 적었지만, 여기에 상여금이 포함되었는지도 명확하게 제시하지 않으면 근로자 입장에서는 상여금을 제외한 것으로 해석할 수 있다. 채용을 위한 면담 과정에서 명시적으로 정리해 두어야 한다.

수습기간 중에도 사원에 대한 평가내용이 평가서에 기록되지만 구체적으로 평가기록을 적지 않은 경우에 사후에 부당해고를 다투게 되면 평가기록의 타당성에 대해 해석의 차이가 발생할 수 있다. 분쟁이 생기면 양 당사자의 주장이 다르기 때문에 문서화된 기록에 의존할 수밖에 없다.

배치전환의 경우도 근로자와의 합의를 필요로 하지는 않지만 최소한의 협의과정이 요구된다. 이러한 협의과정은 노사 양 당사자가 해석하는 데 많은 차이를 보여서 갈등의 소지가 된다. 사용자는 충분히 협의했다고 하지만 근로자는 제대로 협의되지 않았다고 주장하는 경우가 많다. 따라서 사용자는 근로계약서에 배치전환에 대한 구체적인 내용을 언급하여야 하고, 배치전환에 대한 협의과정을 자세하게 기록으로 남길 필요가 있다.

직무수행 평가나 연봉 산정 등에서도 실시간 대면 상담을 통한 의사소통이 충분하지 않은 경우, 서류에 의존할 수 있는데 이러한 경우 내용에 대한 해석에서 양 당사자의 차이로 갈등이 발생할 수 있다.

이직관리와 관련해서 사직서의 작성도 많은 문제를 야기한다. 사직서를 작성했으니 문서상으로는 사직이지만 사직서 작성이 강요와 협박으로 이루어졌다면 그 사직서 작성은 무효가 되고, 결과적으로 부당해고가 된다. 문제는 강요와 협박이 있었는지에 대한 구체적인 증거는 없는 경우가 많다. 여러 여건을 가지고 판단하게 된다. 이러한 경우가 비대면 의사소통의 한계를 보여주는 사례라고 할 것이다.

## 2. 예시: 감정 섞인 언어폭력과 부당해고 사례

아래의 사례는 노동위원회에서 부당해고 사건으로 다루어 졌는데, 식당 사장님과 외국인 근로자와의 카톡 기록이다. 아래 인용된 카톡 메시지 이전에 직무수행과 관련해 어떤 상황이 있는지는 확실하지 않지만 늦은 밤시간 업무가 종료되는 시간에 "너 오늘 부로 끝," "오늘 당장 집 비워," 그리고 "너는 이제부터 인간으로 상종할 가치도 없으니까. 그런줄 알아"와 같은 상당히 모욕적인 메시지를 보냈고, 이는 기록으로 부당해고를 다투는 증거자료로 제출되었다. 이후 다시 새벽 3시30분에 "앞으로 잘살구"와 같은 조롱하는 말투의 메시지를 보냈다.

**[사례 2] 사용자 A와 외국인 근로자 B와의 카카오톡 기록**

밤 10시 30분 사용자 A가 외국인 근로자 B에게 보낸 카카오톡 메시지

"너 오늘 부로 끝"

“오늘 당장 집 비워”

“너는 이제부터 인간으로 상종할 가치도 없으니까. 그런줄 알아”

다음 날 새벽 3시 30분 사용자 A가 외국인 근로자 B에게 보낸 카카오톡 메시지

“이렇게 끝나는게 넘 속상하지만.. 이게 맞는 듯하다. 앞으로 잘살구, 건강하구”

늦은 시간에 업무가 끝나면서 화가 난 사용자가 외국인 근로자에게 보낸 메시지이고, 새벽 시간이기에 사용자가 술을 마시고 음주 상태에서 보낸 카카오톡일 수도 있다. 하지만 비록 사용자가 화가 났더라도 그 당시에 바로 문자나 메시지를 보낼 것이 아니라 다음날 제대로 만나서 대면 면담을 했더라면, 이 사건이 굳이 노동위원회에 부당해고 구제신청으로 이어지지 않았을 수도 있었을 것이다.

## 3. 비대면 및 실시간 의사소통에서 갈등을 피하기

지금까지 비실시간 의사소통을 중심으로 그 특징과 그로 인해 발생할 수 있는 갈등 및 예방과 해결방안에 대해서 살펴 보았다. 비실시간 의사소통은 직접 회의를 하거나 전화 통화 등의 실시간 의사소통이 아닌 이메일, 문자메시지, 카카오톡과 같은 SNS활용 등을 통해서 정보를 전달하는 소통방식을 의미한다. 정보통신기술의 발전과 젊은 세대의 비실시간 의사소통 방식의 선호에 따라 급격하게 확대되어 가고 있다. 즉각적으로 응답하지 않기 때문에 시간을 가지고 생각을 한 다음에 답을 할 수 있어서 질 좋은 답을 할 수 있는 장점이 있지만, 상황이나 맥락에 따라 정보가 생략되어 있어서 제한된 정보를 바탕으로 상황 판단이나 의사결정 등을 어렵게 하는 단점이 있다.

여기에 젊은 세대와 기성 세대간의 가치관 차이, 개인의 태도 차이 등으로 정보에 대한 해석기준이 달라서 비대면 의사소통에서는 오해가 발생하기 쉽고 이러한 오해가 갈등으로 이어지기 쉽다.

따라서 우선 성, 연령, 직급 등에 대해 선입견을 가지지 않고 상대방의 가치관과 태도를 있는 그대로 받아들이는 자세로 의사소통하려는 자세가 중요하다. 그리고 비대면 의사소통의 경우 향후 문제가 생길 수 있는 가능성을 염두에 두고 추가적인 정보를 확보하려는 노력이 중요하다. 따라서 애매한 상황이라면 문제나 해결책 등에 대해 추가적인 의사소통을 통해 구체적으로 정리해 두는 노력이 필요하다.

또한 비대면 의사소통에서는 대면 의사소통에서 활용되는 상황 정보가 제한되므로 이러한 정보를 확보하려는 노력이 중요하다. 이 노력 역시 추가적인 정보 확보나 제3의 정보원을 활용할 수 있을 것이다.

비대면 의사소통에서 갈등이 발생했다면 초기에 추가적인 의사소통을 통해 오해를 풀고 갈등을 해결하려는 노력이 필요하다. 제한적인 정보로 오해가 발생했다면 생각보다 쉽게 갈등이 해결될 수 있다. 하지만 제한적인 정보가 아니라 근본적인 문제로 인해 갈등이 발생했다면 객관적으로 사실을 확인하고 그 결과에 대해 필요한 조치를 취함으로써 2차 갈등으로 이어지는 것을 피할 수 있다. 또한 갈등을 처리하는 과정에서 불필요한 정보 누출 등이 발생하지 않도록 유의해야 한다.

사내에서 비공식적으로 갈등이 해결되지 않으면 공식적인 절차를 통해서 해결하기 위해 노력해야 하고, 그렇지 못한 경우에는 외부의 갈등처리 절차나 공식적인 기관을 활용하게 될 것이다. 이러한 경우 사건 처리에 신속하고 공정하게 임하고 사건 처리 결과는 잘 정리하여 사내에 공유해서 유사한 사건이 재발하지 않도록 노력해야 한다.

비대면 의사소통을 포함해서 의사소통 과정에서 발생할 수 있는 갈등에 대비해서 구체적인 지침서 제작 및 활용과 사내외 교육훈련을 통해 갈등 예방과 갈등 처리에 대한 역량을 제고할 필요가 있다.

## 참고문헌


1. 나무위키의 줄임말 참조, https://namu.wiki/w/줄임말에서 2025.1.28에 확인함.
2. 민영욱(2015), 상대의 공감을 이끌어 내는 대화의 기술, 조정을 위한 설득과 수사, 봄호, 27－37.
3. 브라보마이라이프(신다정 기자), 2021.9.15, [세대공감] 추석 명절, 손주부터 형님까지 가족 간 세대 공감 소통법, https://bravo.etoday.co.kr/view/atc_view/12757에서 2025.1.27에 확인함.
4. 브런치스토리, 비대면 커뮤니케이션은 더 단순하고 정확해야 합니다, https://brunch.co.kr/@mentorgrace/64에서 2025.1.26에 확인함.
5. 브릿지경제(조진래 기자), 2023.2.7, [비바100] "말투만 바꿔도 통한다"… 세대간 소통·대화단절 피하려면, https://www.viva100.com/article/202302053515719에서 2025.1.27에 확인함.
6. 안지영(2021), 회복적 생활교육 구현방안 II: 비폭력대화에 기초한 공감적 갈등 조정을 중심으로, 열린교육연구, 29(3): 247－275.
7. 이소영(2022), 조정대화에 나타나는 조정자의 대화전략 － 입장 차이를 중심으로, 독일어문학, 30(4): 163－188.
8. 임명성(2024), 모바일 의사소통 동기가 의사소통 만족 및 두려움에 미치는 영향, 비즈니스융복합연구, 9(4): 21－29.
9. 위키백과, 이모지, https://ko.wikipedia.org/wiki/이모지 에서 2025.1.26에 확인함.
10. 위키백과, 이모티콘, https://ko.wikipedia.org/wiki/이모티콘 에서 2025.1.26에 확인함.
11. 장윤준·윤정안(2024), 효과적인 의사소통을 위한 이메일 작성법 교육 방안 연구, 열린정신 인문학연구, 25(2): 89－113.
12. 조삼섭(2021), MZ 세대의 사내 커뮤니케이션 인식에 영향을 미치는 요인 연구: Public Relations의 조직－공중 관계성 이론 적용을 중심으로, 사회과학논집, 52(2): 69－90.
13. 좋은어른들, 2024.8.30, 세대 간 소통, 마음의 벽을 허무는 대화 기술: 좋은 어른으로 성장하기, https://good－adults.kr/세대－간－소통－마음의－벽을－허무는－대화－기술－좋은－어른/에서 2025.1.26에 확인함.
14. 중앙노동위원회 2023년 및 2024년 부당해고 구제 재심신청사건.
15. 최재원·정태연(2023), 삶에 대한 가치관과 태도에 대한 세대차이 연구－MZ 세대와 기성 세대의 비교. 문화와융합, 45(10): 887－900.
16. 한국원자력환경공단, MZ세대의 소통법, 너와나의 연결고리, https://www.korad.or.kr/webzine/202112/sub1－5.jsp에서 2025.1.26에 확인함

17. 허두영, [요즘 것들 사용설명서 3] 요즘 것들의 소통 특징과 그들과 소통하는 방법, 서울시50플러스포털, https://50plus.or.kr/detail.do?id=1249780에서 2025.1.27.에 확인함.
18. Howe, N., & Strauss, W.(2000). Millennials Rising: The Next Great Generation. Vintage Books.
19. Inglehart, R.(1997). Modernization and Postmodernization: Cultural, Economic, and Political Change in 43 Societies. Princeton University Press.
20. Schip, M.(2025), Digital conflict resolution through emotional intelligence: Bridging communication gaps in virtual workpspaces, Journal of Organizational Culture, Communications and Conflict, 28 (S6): 1-3.
21. Turner, A.(2015). Generation Z: Technology and Social Interest. The Journal of Individual Psychology, 71(2), 103-113.
22. Twenge, J. M.(2006). Generation Me: Why Today's Young Americans Are More Confident, Assertive, Entitled and More Miserable Than Ever Before. Free Press.

# 생각을 달리하면 해법이 보인다

## - 사람 중심의 고충상담 모형 -

---

차명호 교수

# 생각을 달리하면 해법이 보인다
# - 사람 중심의 고충 상담 모형 -

차 명 호

## I 뭐 다른 방법 없을까?

**다음 상황을 읽어보고 자신의 견해를 밝혀보세요!**

**직원 A**: 저는 정말 직장에서 인정받으려고 정말 열심히 노력했어요. 그런데 결혼 후 임신하게 된 거예요. 저도 당황했죠. 그런데 그 사실을 회사에 이야기했을 때 갑자기 뭔가 다른 분위기를 느꼈어요. 비난하는 듯한 시선도 느끼고 조직을 전혀 생각하지 않는다는 뒷담화도 들었어요. 심지어 일 않으려고 임신했다고도 말하더라고요. 저출산으로 국가적 문제가 되는데, 임신했다면 축하해줘야 하는 것 아닌가요? 왜 저를 괴롭힐까요?

**직원 B**: 임신했다고 비난하는 것이 아니라니까요. 지금 프로젝트에 회사의 사활이 걸려 있습니다. 이것을 수주하지 못하면 회사가 끝장나는 거예요. 그런데 갑자기 임신했다고 하면서 업무를 못 하겠다고 하면 어떡합니까? 게다가 그 사람이 맡은 부분은 다른 사람이 해 본 일이 아닙니다! 그리고 괴롭힌 것 아닙니다. 자기 부분은 책임지고 끝내 달라는 것이에요.

**직원 C**: 아이가 아파서 회사에 늦게 출근했습니다.
**직원 D**: 누구는 아이를 안 키웁니까? 한, 두 번도 아니고….
**직원 C**: 지난번에는 큰 애가 아팠는데, 이제는 둘째가….
**직원 D**: 그래서 날 보고 어쩌라는 것입니까?

위의 사례에서 두 사람의 갈등을 본질은 무엇일까? 이 갈등을 해결하려면 어떻게 해야 할까? 이런 과정이 지속하여 확대되고, 직장 내 괴롭힘으로 신고까지 이르게 되었을 때, 이들의 관계를 회복하는 방안은 있을까?

직장은 단순히 일만 하는 장소가 아니다. 직장은 개인의 직업을 통해 삶의 가치를 드러내는 장소이다. 이는 개인의 사회적 성취를 의미하기도 하고, 살아낸 삶에 대한 증명이 되기도 하며, 사회경제적 정체성을 형성하기도 한다. 또한, 직장은 사회적 및 집단적 역할의 성공적 수행을 의미하기도 한다. 게다가 직장은 개인만의 성취가 아니라 때로는 가족 전체나 공동체의 성취를 나타낼 때도 있다.

직장에서 개인은 자신의 역량을 드러내고, 성취감을 느끼며 자기 존재감을 지속해서 확인하는 경험을 하게 된다. 자신의 경제적 정체감을 형성하기도 하고, 자신과 가치관이 같거나 다른 사람들과 함께 일할 때도 있으며, 세상을 바라보는 관점이 다른 경우도 많다. 또한, 동료들과 협력하면서 경쟁하기도 하고, 누군가의 성취를 부럽게 느끼며, 업무 성과나 인정 등에 따라 삶의 기쁨과 슬픔 혹은 희망과 좌절을 느낄 때도 있다.

이처럼 다양한 의미와 가치를 가진 직장에서 겪는 좌절감이나 갈등 혹은 괴롭힘은 단순한 괴로움으로 종료되지는 않는다. 이는 개인이 그 직장에 도달할 때까지의 모든 노력과 학습 등을 부인하는 행위일 뿐만 아니라 그의 삶을 완전히 바꾸어놓을 수도 있는 심각한 정서적 폭력이 되기도 한다.

직장 내에서 겪는 갈등이나 괴롭힘은 가정 내에서도 다양한 문제를 일으킨다. 건강한 가족관계를 파괴할 수도 있고, 직장의 스트레스를 가정으로 가져와 가정폭력을 유발하거나 심각한 우울증과 알코올에의 의존 등을 유발하여 가정의 해체를 만들기도 한다. 이런 점에서 최근 기업상담 장면에서 직장 내 괴롭힘 상담사례가 급증하고 있는 점은 직장 내 심리 건강과 관련하여 중요한 문제로 등장하고 있다.

이런 맥락에서, 조직 내에서 갈등 및 괴롭힘을 해소하고, 구성원 간의 공통점과 다른 점을 파악하며, 건강하고 생산적인 직장 생활을 하도록 돕는 것은 개인의 심리적 건강에 매우 중요한 것이다. 그러나 직장 내에서 다양한 상황과 이유로 심리적 괴롭힘을 느끼거나 의도하거나 혹은 의도하지 않은 가해가 발생할 수 있다. 같은 직장 내 모든 구성원이 같은 생각이나 가치 그리고 태도를 가진 것은 아니기에, 사람들은 다양한 갈등이나 분쟁, 서로에 대한 반발심과 억압 등을 갑자기 마주하게 되는 경우도 있다. 심한 경우, 같은 직장 동료나 상하 간에 행정적 및 법적 분쟁을 겪는 경우도 발생한다.

이런 문제가 발생하면 사람들은 문제를 해결하는 방법을 찾고자 노력한다. 그 어느 때보다 당면한 문제에 대해 깊이 고민하게 된다. 해결할 전문적 방법이나 갈등 해결 및 중재와 협상 등의 기술을 배울 때도 있다. 틀어진 인간관계를 해결하기 위해 대인관계 훈련이나 의사소통 방법 등을 배우기도 한다.

그런데 조직 내 갈등이나 분쟁 해결, 그리고 다양한 사안을 다루는 방법이나 전략 기술 등은 대부분 문제와 문제해결을 중심으로 구성되는 경우가 많다. 이는 문제를 명확히 하고, 달성 목표를 구성하며, 현실적으로 가능한 대안을 만들어, 참여자들 간의 해결 만족도를 높여나가는 것에 초점을 맞춘다. 부수적으로 상호 모두 승리하는 방법이나 효용성을 높이는 주고－받기 식의 해결 전략을 제시하기도 한다.

이런 방법들은 문제가 맥락 없이 객관적으로 존재한다는 인식을 전제로 하고 있다. 즉, 서로 다른 환경과 맥락에 있는 사람들은 개인이 처한 특수한 상황이 있음에도, 같은 대화 방법과 문제해결 전략을 따르면 당면한 문제를 해결할 수 있는 것으로 간주한다는 것이다.

그러나 사람들이 살아가면서 부딪히는 모든 문제는 특정 맥락 속에서 일어난다. 나아가 사건 자체가 문제가 되기보다는 관련된 사람들이 어떠한가에 따라 어떤 사건은 문제가 되고, 어떤 일은 전혀 문제가 되지 않을 수도 있다. 즉, 직장 생활에서 일어나는 다양한 문제는 참여하는 개인이 어떤 사람이냐에 따라 서로 다르게 해결된다는 것이다. 그렇다면 직장 생활 가운데 일어나는 모든 일은 개인의 인간적 측면이 작동하고 있다고 볼 수 있다.

그러나, 직장 내 문제를 해결하는 대부분의 접근법은 객관적 문제를 중심으로 법률적, 행정적, 객관적 해결에 더 많은 관심을 쏟는 경향이 있다. 그 일례로 직장 내 괴롭힘을 다루는 과정을 살펴보자. 직장 내 괴롭힘 사건이 발생하면 관련자들을 가해자와 피해자로 구분한다. 가해자에게는 적절한 처벌이나 교정 교육을 제시하고, 피해자에게는 손실을 복구하고 자신의 일상적 삶을 다시 살아갈 수 있도록 돕는 방법이나 기술들을 제시한다.

이런 과정에서 가해자와 피해자의 요구가 서로 일치하지 않는 경우, 협상이나 중재 및 조정 방법을 사용한다. 그리고 법률적으로 혹은 행정적으로 자신이 얻을 수 있는 것을 최대화하는 다양한 기술이나 전략을 제시한다. 발생한 사안에 대하여 서로 상충하는 의견들 사이에서 균형점을 찾는 것, 새로운 방안을 창조하는 것, 서로 수용할 만한 점을 찾는 것 등이 모두 포함된다. 이를 통하여 당사자들이 최대한 만족할 수 있는 대안을 찾는다. 여기에는 양보와 타협 그리고 잠재적 손실 등에 대한 위협 등도 포함된다.

이런 객관적 문제를 대상으로 특정한 전략을 따르는 체계적 접근은 매우 효과적이고, 관련자들에게 공평한 결과를 도출할 수 있을 것으로 보인다. 그러나 실제로는 가해자와 피해자 모두 실망감을 느끼고 원하는 않는 결과를 얻을 수도 있다. 이러한 결과에 도달하는 몇 가지 주된 요인을 살펴보면 다음과 같다.

첫째, 발생한 특정 사안에 대한 관련자들 간의 인식이 다르다는 점이다. 가령, 일을 성실하게 한다는 주장에 대해 생각해보자. 누가 일을 성실하게 하는 사람인가? 이 질문에 대해 사측과 노측 그리고 상사와 부하 그리고 동료 간에도 의견은 분분할 것이다. 올해 회사는 어떤 비전을 바탕으로 일을 할 것인가에 대하여 합의를 했다고 하더라고, 그것을 실천하는 방법에 대해서는 각자 다른 의견을 가지고 있을 수 있다.

보다 구체적으로 직장 내 괴롭힘 사건이 발생한 경우, '가해자와 피해자의 폭력 인식이 같을까?'라는 주제를 생각해 보자. 가해자는 가벼운 손동작을 했을 뿐이라고 주장하고, 피해자는 위협을 느꼈다고 말한다고 가정하자. 이 상황에서 일반 사람들은 '폭력' 사안이 발생했다고 인식한다. 폭력 행위에 대한 주관적 느낌은 중요하지 않다. 피해자와 가해자의 인식 차이에도 별로 관심이 없는 경우도 많다. 그 결과 특정 폭력 행위에 대해 가해자에게는 어떤 처벌을 가하고, 피해자에게는 어떤 피해 보상을 할 것인가에 초점을 맞추게 된다.

그러나 가해자는 자신의 폭력을 그저 기분이 상해서 주먹을 몇 번 휘두른 행위로 인식할 수 있지만, 피해자는 자신에게 행해진 폭력이 삶을 완전히 망가뜨린 행위라고 인식할 수 있다. 폭력의 물리적 혹은 의학적 상해 정도와 법률 규정으로 폭력의 경중을 판단하는 것과 실제 경험하는 폭력에는 차이가 있다. 이러한 인식 차이에 대한 이해 없이는 폭력 사안을 예방하고, 중재하고 협상하며 갈등을 해결해 나가기가 매우 어렵다.

둘째, 특정 사안의 최종 상태를 무엇으로 규정할 것인가에 대한 것이다. 일반적으로 따돌림 현상이 발생했을 때 개입 목적은 따돌림에 관한 판단과 처벌 혹은 조정이나 협상을 통해 사건을 종결하는 것이다. 그러나 이런 목적 달성이 실제로 당사자와 직장에 어떤 상태를 만들어 낼 것인지에 대한 최종 상태를 미리 선택하는 경우는 드물다. 최종 상태가 무엇인가를 결정하지 않는 경우, 문제는 해결하였으나 누구도 만족하지 못하는 상황에 직면할 수 있다. 따라서 갈등을 포함한 다양한 직장 내 문제를 해결하기 위해서는 모든 과정을 종료했을 때 어떤 상태에 도달할 것인가를 사전에 합의해 가는 과정이 필요하다.

셋째, 직장 내에서 특정 사건이 발생하였을 때 누구의 관점을 중심으로 할 것이냐에 대한 쟁점이다. 가령, 직장 내 괴롭힘 사안에 대해 협상으로 상황을 종결하려는 경우, 피해자가 중심이라면 피해자의 심리적 손상 등을 먼저 고려하게 된다. 반면 가해자를 중심으로 두는 경우 어떤 교육적 접근을 통해 재발을 예방할 것인가에 관심을 두게 된다.

사안에 초점을 맞출 것인지, 관련된 사람에 맞출 것인지에 대한 관점도 매우 중요하다. 사안에 초점을 맞추는 경우, 특정 사건의 발생 원인, 가 · 피해의 정도, 원하는 해결책 등을 살피는 일에 더 많은 관심을 쏟게 된다. 관련자들에게 관심을 쏟는 경우, 각자의 입장과 의도 등에 더 많은 관심을 쏟는다. 따라서 '사안을 바라보는 중심 관점을 무엇으로 할 것인가?'에 대한 이해는 협상의 시작부터 종결까지 모든 것을 다르게 만든다.

넷째, 지금까지 제시한 인식의 차이, 최종 상태의 선정, 중심 관점의 선택 등을 효과적으로 구현하는 기술 혹은 태도에 대한 것이다. 그동안 협상을 위한 다양한 대화 기법, 진행 과정에 대한 탐색 등이 있었지만, 그것을 어떻게 실행하느냐 하는 것은 여전히 모호하게 제시되어 있을 뿐이다.

가령, 협상 기술에 대한 자료에서 초기에 신뢰 관계를 구축하라고 주장하지만, 신뢰란 무엇이며 어떻게 구현하는가에 대해서는 모호한 경우가 많다. 따라서 위에 제시한 패러다임의 변화에 적합한 기술을 탐색하는 일이 필요하다.

마지막으로 기존 문제해결은 조직의 성장 문화에 기여하는 것에 한계가 있다는 점이다. 효과적 문제해결을 넘어 개인의 성장과 건강한 조직 문화를 구축하는 성장 중심의 대안이 필요하다.

그렇다면 이를 수행할 수 있는 대안적 방안은 무엇일까? 기존의 객관적 문제 인식을 통한 해결책을 보다 효과적으로 진행할 수 있는 관계를 형성하고, 구성원들의 상호 가치를 존중하며, 개인의 성장을 통해 문제해결도 원활하게 진행할 수 있는 성장 모형은 있는가? 나아가 직장 내 괴롭힘과 갑질을 예방하고, 필요한 경우 적절한 화해와 중재에 도달하며, 건강한 조직 문화를 구축하는 방법은 있는가?

본 강좌는 이에 대한 하나의 대안을 제시하기 위하여 준비하였다. 본 교과의 제목은 "생각을 바꾸면 해결책이 보인다"라는 것이다. 이는 기존의 객관적 및 법률적 모형과 연계하여, 어떤 사안에 대한 해결책을 시도하기 전에, 그리고 시도하는 중에, 나아가 해결 이후에 인간적 회복을 통해 성장을 돕는 갈등 해결 모형을 제시하고, 건강한 조직 문화를 촉진하여 갈등 이전보다 더 기쁘게 일할 수 있는 조직 문화에 기여하는 인간 중심적 접근법을 제시해 보고자 하는 것이다. 이를 위해 본 장에서는 현실 인식의 다양성, 대화의 중심축으로 문제를 두는 것 대 사람을 두는 것, 사람 중심의 갈등 해결 모형과 실제 대화 기법과 전략 등을 탐색할 것이다.

## II 갈등과 관련하여 무엇을 살펴보아야 할까?

직장 내 다양한 문제 – 갈등, 소외, 갑질, 따돌림 등 – 를 해결하기 위한 모형을 탐색하기 위해서는 우선 현실을 인식하는 방식과 중심의 의미에 대해 탐색해 볼 필요가 있다. 현실을 하나의 객관적 세계로 인식하는 경우, 모든 갈등 해결은 합리성을 바탕으로 진행된다. 그러나 각자에게는 각자의 현실이 있다고 인식하는 경우, 서로 다른 세계에 대한 존중 등이 필요할 것이다. 이러한 인식 차이는 갈등 해결의 방향성 또한 결정하게 된다.

중심의 의미는 어떤 것을 기준으로 세상을 보느냐에 따라 동일한 현상이 다르게 보일 수 있음을 의미한다. 가령, 한 직장인이 "회사 다니기 싫다"고 하는 경우, 이를 문제로 인식한다면 가장 먼저 "무엇 때문에 다니기 싫은가?" 에 대한 관심이 생긴다. 그러나 그 사람에 초점을 맞춘다면 "네가 정말로 힘든 모양이구나"라는 관심이 먼저 생겨난다.

이에 따라 본 장에서는 현실 인식의 방식과 중심의 의미에 대해 살펴보고, 갈등 해결을 위한 상보적 모형을 찾아보고자 한다.

## 1. 우리는 동일한 현실에 살고 있는가?

임신을 중심으로 한 사례에서 두 사람은 같은 현실을 두고 갈등하고 있는가? 사실 이들은 각자 다른 현실을 바탕으로 갈등하고 있다고 볼 수 있다. 한 사람은 인생에서 가장 중요한 순간으로 인식할 수 있고, 다른 사람에게는 중요한 프로젝트를 수행하는 과정에 어려움을 겪는 순간이라고 볼 수도 있다.

이런 현상은 다양하게 나타난다. 가령, '직장 생활에서 무엇이 가장 중요한가?'를 물어보면 사람마다 동일한 대답을 하지는 않는다. 기업의 대표이사와 노조위원장의 대답이 다르고, 임원과 직원과의 대답도 다르다.

이는 삶의 다른 장면에서도 마찬가지이다. 아픈 사람과 건강한 사람의 대답은 서로 다르다. 노인의 대답과 청년의 대답도 상호 다르다. 병원에 있는 환자에게 물어보면 건강이 최고라고 대답을 한다. 놀라운 것은 그 사람이 퇴원하면 다른 것이 중요하다고 말할 가능성이 매우 높다. 모든 사람은 조건에 관계없이 동일 임금을 받아야 하는가에 대한 주제도 마찬가지이다. 각자는 자신의 처지와 입장에 따라 서로 다른 대답을 할 것이다. 이는 인간 삶의 모든 문제에서 발생한다.

현실이란 무엇일까? 당연히 우리가 살아가고 있는 세상이 우리의 현실이라고 생각한다. 내 눈앞에 놓여 있는 세계 – 아파트, 자동차, 돈, 숲과 나무들, 하늘 등 – 가 현실이라고 주장하는 것은 당연하다. 너도 볼 수 있고, 나도 볼 수 있는 것은 객관적인 현실로 존재한다고 생각한다. 그러나 '이것이 우리가 인식하는 현실과 동일한가?' 하는 주제는 또 다른 문제이다. 가령, '직장이란 어떤 곳인가?'라는 질문을 해 보자. 일반적인 대답은 출근하여 일하고, 거기에 따른 보수를 받는 곳이라고 말할 수 있다. 이것은 객관적 현실일 수 있다.

그러나 객관적 직장의 정의는 각자에게 서로 다른 의미를 지닐 수 있다. 다른 직원들에게 괴롭힘을 당하고 있는 사람에게 회사는 가고 싶지 않지만, 생존을 위해 어쩔 수 없이 가야 하는 곳이 될 수 있다. 그에게 직장은 피할 수만 있다면 피하고 싶은 곳이다. 입사 동기 가운데 가장 승진이 늦은 사람에게는 열등감을 느끼는 곳일 수도 있다. 보편적인 직장이라는 개념이 개인에게는 다른 의미로 존재한다.

'상사란 누구인가?'라는 질문을 생각해 보자. 각자가 처한 위치에 따라 상사에 대한 개념은 다르게 인식된다. 기업의 대표에게 상사란 자신의 직위를 바탕으로 조직을 효과적으로 이끌어줄 사람이 된다. 어떤 부하는 상사란 직장 생활의 모델이 되고, 부하직원의 고충을 해결해 줄 사람으로 인식할 수 있다. 어떤 부하에게는 자신을 가르쳐 줄 사람이 될 수 있고, 자신이 뛰어넘어야 할 대상으로 생각할 수도 있다. 상사 자신은 자기의 입장을 어떻게 생각할까?

'일을 한다'라는 것 또한 마찬가지이다. 모두가 근무를 하면 일에 해당한다. 그런데 어떤 사람에게는 자신의 가치를 실현하는 것이지만, 또 다른 사람에게는 급여만큼 근무하는 것이 일이라고 생각할 수 있다.

이상에서 간단히 살펴본 현상만으로도 우리가 살아가는 객관세계는 서로에게 다른 현실로 나타나고 있음을 알 수 있다. 그렇다면 우리는 서로 다른 현실에서 세상을 살아가고 있다고 말할 수도 있다. 이를 편의상 분류하면 전자를 객관적 현실이라고 하고, 후자를 주관적 현실이라고 할 수 있다.

이 두 가지 세상 가운데 어느 것이 진짜 현실일까? 주관 세상은 타인들과 합의하지 않은 주관적 인식일 뿐이기 때문에 개인차를 중요하게 여기지 않아도 되는가? 오히려 객관적 현실이라는 것은 개념적으로만 규정되어 있는 것이다. 객관적 현실과 주관적 현실이 충돌하면, 타인의 인정을 받고자 하거나 사회적 기준을 통과해야 하는 경우라면, 객관적 현실이 더 중요하다. 그러나 개인적 삶의 차원에서는 주관적 현실이 객관적 현실보다 훨씬 더 생생한 현실이다. 그 결과, 객관적 현실이 강조되는 공식적 회의에서는 사람들이 자신의 의견보다 상급자의 의견을 존중할 수 있지만, 주관적 현실이 강조되는 마음속에서는 사람들이 상급자의 의견을 아무런 가치 없는 것으로 여길 수도 있다.

이러한 객관적 현실과 주관적 현실의 상이성으로 인해 우리는 예측하지 못한 장면을 목격하게 되는 경우가 많다. 가령, 직장 내 괴롭힘으로 자살을 시도한 사람에게 다른 사람들은 "그렇게 힘들면 진작 이야기를 하지."라며 안타까워하는 경우가 있다. "그럴 정도로 고통스러웠으면 누구에게라도 말을 하지." "자살할 용기로 살았더라면…."이라고 말하는 경우가 있다.

그러나 이는 직장이라는 사회라고 하는 객관적 현실과 개인 내적 심리라고 하는 주관적 현실을 이해하지 못하기 때문에 일어나는 일이다. 어쩌면 그는 자신이 너무 힘들다는 것을 누군가 들어주기를 바랐을 수 있다. 그런 그에게 힘을 내라는 것은 자신이 충분히 노력하지 않는 사람이라고 비난하는 것으로 들릴 수 있다. 타인이 그런 말을 하는 의도는 그를 지지하려는 것이지만, 자신의 안타까운 호소마저 비난받는다고 느끼는 사람은 커다란 좌절에 빠질 수도 있다.

이러한 현상은 우리에게 현실이란 객관적으로 합의된 하나의 현실만이 아님을 시사한다. 사실 우리는 각자의 주관적 세계에서 객관적 세계를 해석하며 살아가는 것이라고 보는 것이 더 타당하다. 긍정적으로 살아가라는 지시나 노력하는 사람이 더 큰 성과를 얻을 수 있다는 객관적 충고가 주관적 경험에 따라 불쾌함이나 무례함으로 인식할 수 있는 것은 이러한 현실의 차이 때문이다. 만약에 우리는 서로 다른 현실 속에서 서로 다른 기준을 가지고 살아간다면, 객관적 기준에 따라 사람의 행동을 규정하고, 그 기준에 맞는 사람이 되라고 요구하는 것으로는 그 사람을 충분히 이해할 수 없을 것이다.

이런 측면을 고려한다면 모든 문제해결이나 갈등 해결 과정에서 기본적으로 고려해야 하는 것은 사람들이 각자의 주관적 현실을 가지고 있다는 것과 그 현실을 존중하는 것이다. 우리가 각자의 현실 속에서 살아가고 있기에 서로 다른 현실에 대한 깊은 관심을 가질 때만 상대편의 세계를 이해할 수 있다. 이런 경우에 문제의 해결은 더 효과적이고 생산적으로 이루어진다. 또한 객관적 현실을 바탕으로 당사자들이 조건의 중간 지점에서 만나는 식의 해결이 아니라 새로운 가치를 창조하는 대안을 만들어 낼 수 있다.

이는 직장 내 괴롭힘의 경우도 마찬가지이다. 직장 내 괴롭힘을 행하는 가해자는 자기가 생각하는 기준대로 피해자가 행동해야 한다는 전제를 가지고 있다. 즉, 가해자는 자신이 바라보는 현실이 진짜 현실이고, 그 현실에 맞게 피해자가 살아가야 한다는 논리가 깔려 있다. 특히 가해자가 주관적 현실 인식을 바탕으로 자신은 조직 발전을 위해 노력하고 있다고 믿는 경우, 그 현실 인식에 부합하지 않는 피해자를 몹시 못마땅하게 여길 수 있다. 가해자는 자신의 현실 인식이 옳다고 믿기에 자기 행위에 대해 반성하거나 탐색하지 않는다. 오히려 그는 조직에 제대로 적응하지 못하는 상대편의 행동과 직장 내 업무 기준과 성취에 미치지 못하는 행위를 수정하는 일에 초점을 둔다. 가해자의 이런 행동을 회사 차원에서 긍정적으로 인식할 경우, 괴롭힘은 더욱 심해진다. 일을 열심히 하려는 잘하는 사람이 그렇지 않은 사람을 이끌어주는 과정에서 일어난 일이라고 생각한다.

이제 우리는 다시 한번 현실이란 무엇인가를 점검해 보아야 한다. 그리고 누구의 현실이 진짜 현실인가, 나의 현실을 타인에게 강요할 수 있는가? 그렇지 않다면 타인과 어떻게 지내야 하는가 등에 대해 고민을 해야 한다.

**임신한 여직원과 불평하는 직장 상사의 현실**

임신한 여직원은 새로운 생명체를 잉태한 것에 대한 기쁨과 구성원에게 부담을 줄 것 같은 염려가 공존한다. 그녀는 업무 공백에 대한 염려보다는 사람들에게 축하받고 싶었다. 그녀 자신도 여전히 일하고 싶고, 사회적 성취를 이루고 싶고, 능력을 보여주고 싶었다. 그러나, 소중하고 연약한 생명을 보호하기 위해 무리하게 움직이는 것에 대해 불안감을 느낀다. 게다가 지금 몸이 불편하여 휴가를 내는 것은 부끄러운 것이 아니라 중요한 결정이라고 생각하고 있다.

직장 상사는 지금 업무가 급하다. 그는 주어진 업무를 성공적으로 완수하고 싶었고, 모든 구성원이 자기의 의도를 존중해주기를 바랐다. 그 업무가 성공하면, 자기 팀원 중에 승진시킬 사람을 강력하게 추천할 수 있다고 기대도 하고 있다. 이제껏 그는 업무를 성공적으로 수행해왔으며, 유능하고 열정적이라는 인정을 받았다. 이번에 맡은 프로젝트를 성공시키기 위해서는 인력도, 시간도 모자란다. 그는 여직원의 임신을 비난하는 것은 아니었지만, 업무 공백이 생기는 것을 몹시 염려한다.

사례에서 보듯이, 각자는 자신의 현실에 충실히 살아가고 있다. 각자는 자신의 요구와 타인에 대한 바람이 있다. 그들은 서로를 비난하는 것이 아니다. 객관적으로 볼 때, 각자는 임신과 업무 완수라는 과제에 대해 정당한 근거를 가지고 있다. 그래서 서로 자기 입장이 객관적으로 옳다고 믿는다.

그러나 그들이 서로 다른 현실에서 살아가고 있다는 것을 인정하기만 하면, 서로 다른 현실을 존중하기만 하면, 이 문제의 해결책은 중재, 조정, 화해가 아닌 새로운 신뢰와 대안을 통해 이루어진다. 객관적 현실은 옳고 그름으로만 따지지만, 주관적 현실을 이야기하는 것은 서로 다른 세계에 대한 따뜻한 관심, 존중, 인간적 가치와 연결되어 있다고 생각하기 때문이다.

## 2. 내가 세상을 바라보는 중심은 무엇인가?

우리가 서로 다른 현실에서 살아간다는 것을 수용한다면, 이제 관심은 누구의 현실을 중심에 둘 것이냐 하는 것으로 옮겨간다. 이를 위해서는 중심의 개념을 먼저 살펴보아야 한다. 중심이라고 하는 것은 일반적으로 도형의 가운데 있는 점을 말한다. 중심의 또 다른 의미는 근본적이고 기준이 되는 것을 의미한다.

이런 맥락에서 중심은 모든 현상의 출발점이자 종착점을 결정하는 틀이라고 볼 수도 있다. 중심은 매우 중요한 인식의 틀을 구축한다. 조직이나 사회현상을 바라보는 중심이 무엇이냐에 따라 모든 판단의 기준은 달라진다. 기업의 운영 형태를 생각해 보자. 과거 공급자 중심의 시대에는 공급자가 생산하는 제품을 소비자가 구매하는 형태였다. 공급자 중심의 시대에는 회사가 원하는 제품의 디자인을 결정하고, 소비자는 구매할 것인가, 하지 않을 것인가만 결정하면 된다. 소비자의 욕구는 공급자가 결정하는 시대였다. 더 빠르게, 더 많은 제품을 만드는 것이 중요하였다.

수요자 중심의 시대가 되면서 공급자는 더 좋은 제품을 만든다고 해서 수요자가 구매하는 것은 아니라는 문제에 직면하게 된다. 이 시대에는 소비자들이 무엇을 원하는지, 소비 계층의 경향은 무엇인지, 고객 만족을 위해서 공급자는 어떤 서비스를 제공해야 하는지 등에 관심을 쏟게 되었다.

수요자 중심의 시대는 소비자 계층을 세분화하게 했고, 이는 결국 탈중심화 시대에 이르게 만든다. 이는 중심이 없는 것이 아니라 각자가 생산과 소비의 주체로 등장하게 만든다. 이제는 주류 방송국의 뉴스보다는 자신이 선호하는 개인 미디어 방송을 보는 사람들이 많아졌다. 기업의 제품도 무조건 명품이 가장 좋은 제품이 되지는 않는 시대가 되었다. 어느 날 누군가의 사연을 담은 신발이 최고의 제품이 되는 경우도 발생한다.

이런 시대의 특징을 사실적 기준으로 이해하기에는 어려움이 있다. 그래서 사측 중심의 회사 운영과 노 측 중심의 회사 운영에 대해 간략히 살펴보자. 사측 중심의 회사 운영에는 회사의 이윤 극대화와 낮은 투입 비용 대 높은 성과에 관한 관심이 높을 수 있다. 회사의 발전이 곧 구성원에게 더 나은 미래를 보장하는 지름길이라고 생각할 수 있다. 이를 위해 당장 임금 인상보다는 미래의 성장을 위해 투자하는 것이 더 중요한 것으로 가정할 수도 있다. 적절한 성과를 내지 못하는 구성원에 대하여 역량 발전을 위해 더욱 분발할 것을 요구할 수 있다.

그러나 동일한 내용을 노 측 관점에서 보면 다른 것이 될 수도 있다. 노 측 관점에서는 현재 일하고 있는 사람들의 최대 복지를 우선하여 바라보고, 지금 불만이 있는데 미래를 위해 더 헌신해달라는 요청은 불합리한 것으로 보일 수 있다. 현재 적절한 성과보다는 적절한 보수에 더 많은 관심을 쏟는 것이 중요한 과제로 볼 수 있다.

이는 노 측과 사측이 원래부터 대립하는 관계이기 때문이라고 생각한다면, 부모 중심의 육아 대 자녀 중심의 육아라는 일반적 사례를 살펴보자. 부모가 형제나 자매 혹은 오누이 간에 서로 싸우고 상처를 입히면 몹시 속상해한다. 왜 그럴까? 그것은 부모 중심의 양육 태도 때문이다. 아이들 때문에 헌신하는 자신이 아이들 간의 싸움으로 마음 상한다고 생각한다. 이를 아동 중심 관점에서 살펴보자. 어린 아동이 볼 때 부모가 서로 말싸움을 하는 것은 어떤 일일까? 그것은 자녀끼리 싸우는 것보다 더 큰 충격이 될 수 있다. 이때 부모 중심의 관점에서 생각하는 해결책과 아동 중심의 관점에서 생각하는 해결책은 커다란 차이가 나타난다.

이는 직장 내에서도 마찬가지이다. 중심 관점을 무엇으로 하느냐에 따라 동일한 사안이 완전히 다르게 보인다. 가령, 직장 내 갑질이 발생하였을 때, 법률 중심으로 사안을 바라본다면 정확한 판단과 판결을 통해 법의 가치와 질서를 유지하는 것이 가장 좋은 해결책이 될 것이다. 조직 내에 정의를 구현하고, 일벌백계의 교훈을 제공하며, 법률의 엄중함을 보여줌으로써 추후 유사 사례 발생을 미연에 경고하는 효과를 가지고자 할 수 있다.

조직을 중심으로 두고 사안을 바라보면 가해자와 피해자 모두가 조직의 화합을 저해하는 사람으로 보일 수도 있다. 이 경우, 양비론적 입장을 채택하게 될 가능성이 크다. 가해자도 잘못했지만, 피해자도 다른 해결 방법을 택할 수도 있었는데 너무 사건을 크게 만들었다는 비난도 나올 수 있다.

가해자 중심의 관점에서는 비록 그 구성원이 문제를 일으켰지만 한 사람과 가족의 삶에 영향을 준다는 점에서 반성할 기회를 제공하고, 교정 교육을 제공하는 일에 관심을 둔다. 반면에 피해자 중심에서는 피해자가 일상의 삶을 최대한 원상회복하도록 지원을 제공하고, 새로운 미래를 준비하도록 도움을 제공하는 조치에 관심을 두게 된다.

이런 관점의 차이에 관한 내용을 바탕으로 할 때, 직장 내 갈등 해결을 위해서는 자신이 어떤 관점에서 사태를 바라보는가를 탐색하는 노력을 해야 한다. 특히 사건이나 문제를 중심에 두고 사태를 바라볼 곳인지, 아니면 사람을 중심에 두고 바라볼 것인지에 대한 논의는 매우 중요하다. 사건을 중심으로 바라볼 때는 개인의 주관적 현실은 중요한 고려 대상이 아니다. 그러나 사람을 중심으로 두고 볼 때는 객관적 판단이나 사안 처리보다는 그의 삶을 가치 있게 만드는 것이 훨씬 중요한 일이 된다.

기존의 모형은 대부분 문제를 중심으로 해결책을 찾거나 중재 혹은 조정하는 형태였다. 그 결과 문제는 해결되었지만, 여전히 사람들 간에는 불만족이나 불편함을 호소하는 경우가 발생한다. 이는 범죄행위에 대해 사법적 판단을 내리면 적법한 처벌은 하였지만, 피해자는 여전히 고통을 겪는 상황과 마찬가지이다.

대안적으로 살펴볼 수 있는 모형은 사람 중심의 관점이다. 이미 말하였듯이, 문제나 사건을 중심으로 바라볼 때 개개인의 주관적 현실은 중요한 고려 대상이 아니다. 그러나 사람을 중심으로 두고 볼 때는 객관적 판단이나 사안 처리보다는 그의 삶을 가치 있게 만드는 것이 훨씬 중요한 일이 된다.

## Ⅲ 사람 중심의 직장 내 갈등 상담 모형: 사람 먼저!

### 1. 사람 중심 갈등 상담 모형의 의미

일반적으로 직장 내에서 발생하는 갈등은 하나의 문제로 간주한다. 그리고 이것은 객관적인 현실을 바탕으로 일어나는 것이기 때문에 갈등 당사자들은 자신의 인식이 옳다는 것을 증명하기 위해 서로 자기주장을 한다. 만약에 문제나 갈등의 요인이 기존의 규정이나 규칙에 합당한다면 쉽게 해결할 수 있다. 그러나 기존의 규정이나 규칙에 어긋나거나 상대편의 요구가 너무 부당하다는 생각이 들면, 혹은 자신의 업무에 방해가 된다고 판단되면, 상대편의 잘못을 찾거나, 왜 그것이 틀렸는가를 지적하게 되고, 상대편도 마찬가지로 행동하는 경우가 발생한다.

이렇게 되면 상호 신뢰가 무너지고, 사람은 실질적으로는 없는 존재가 되고, 누구의 의견이나 관점이 옳은가에만 집착하게 된다. 그 과정에서 문제를 해결하기 위한 자신의 노력이 거부당했다고 느끼는 경우, 당사자들은 감정적인 소진이나 불화를 경험하게 되고, 이는 상실감이나 소외감 혹은 무력감으로 이어지거나 상대편 혹은 조직에 대한 원망 등으로도 이어질 수 있다.

이런 지경에 이르면 상대편을 만난다는 생각만으로도 마음이 불편해질 수 있다. 서로가 상대를 회피하면서도 더 이상의 대화가 어렵다고 판단하면 민원 제기나 행정 소송 등을 한다. 더 이상 참을 수 없는 경우, 자신이 더 정당하고 옳다는 것을 증명하기 위해 법적 분쟁을 시도한다.

법적으로 사안을 해결하는 것은 객관적 세계의 해결 방법이다. 사람들은 이를 누가 봐도 자신이 옳음을 증명하는 수단이라고 생각한다. 기실 법적 해결 방안은 매우 효과적이고 실질적 해결책을 얻는 최종적 방법이다. 그러나 법적으로 사안을 처리한다고 해서 자기 삶이 온전히 회복되고, 올바름이 증명되는 것도 아니며, 상대편이 처벌받는다고 해서 자신의 마음이 평온하거나 성숙하는 것도 아니다. 적절한 처벌과 보상이 개인이 원하는 만큼 이루어지지 않는 경우도 많다. 오히려 때로는 다른 방법을 통해서 해결할 수도 있었다는 생각이나 처음부터 다르게 접근하였더라면 더 나았을 것이라는 후회를 할 때도 있다.

갈등 사안이 발생하였을 때, 가장 의미 있는 해결책은 서로의 가치와 관점을 존중하고, 상대편의 입장을 볼 수 없었던 자신의 한계를 인정하며, 자신의 관점을 넘어 타인의 관점까지 포용하는 기회를 가지는 것이다. 가해와 피해가 있는 경우, 가해자는 진심으로 사과하고, 책임 있는 행동에 대해 배울 기회를 얻어야 한다. 피해자는 성숙하게 용서하며 부정적 삶의 경험을 가치 있게 승화하는 기회로 만들고자 노력할 수 있다.

이러한 해결을 위해서는 어떤 사건에 관한 법의 기준이나 정책적 판단 기준 등을 우선적 해결책이나 대응책으로 삼기 전에 사람을 중심에 두고 관련자들 모두가 성장하는 대응책을 고민해 볼 필요가 있다.

그렇다면 사람을 중심에 둔다는 것은 무엇인가? 일반적으로 사람들은 어떤 사안이 발생하면 그 사안 혹은 문제에 초점을 맞춘다. 이미 밝혔듯이 문제의 원인은 무엇이고, 왜 발생했으며, 해결책은 무엇인가를 고민한다. 그리고 그 문제를 해결하면 모든 것이 정상적으로 회복되었다고 가정한다.

이런 과정에서 관심의 대상이 되지 않는 것은 서로가 어떤 주관적 세계에서 살아가고 있는지, 어떤 의도를 알아주기를 바라는지, 진심으로 원하는 것은 무엇인지 등에 대한 것이다. 즉, 그가 실제로 살아가고 있는 삶에 관한 관심은 사라진다. 자기 존재감이 사라지는 경우, 자기를 되찾기 위한 극한의 노력을 하게 된다.

이럴 때 사람을 중심에 둔다는 것은 문제에 관한 관심을 거두고, 그 사람은 어떤 사람이고, 어떤 관점에 서 있으며, 자신의 뜻이 관철되지 않을 때 무엇을 경험하는 사람인가에 초점을 맞추는 것이다. 가령, 상사가 부하에게 업무 지시를 하였을 때 "내가 왜 이 일을 해야 하느냐?"고 강변하는 사람이 있다고 하자. 상사가 부하를 상대편의 의사를 무시하거나 게으름을 피우거나 비협조적이라고 보면서 업무를 회피한다고 판단하는 경우, 상사는 "다 맡은 업무가 있는데 왜 당신은 못 한다고 하느냐?"고 묻게 된다. 그러면 부하는 "내가 언제 못한다고 말했느냐? 나는 왜 해야 하는가를 물었다!"라고 반문하게 된다. 여기에 대해 "말꼬투리를 잡느냐?"고 다그치면 상황은 악화일로에 이른다.

그런데 그 사람은 일을 무엇으로 바라보고, 무엇을 중요한 기준으로 가지고 있는 사람인가? 그는 자기 일에 대한 정당성을 중요시하는 사람이다. 그는 자기의 정당성이 받아들여지기를 원하는 것이다. 상사는 업무의 효율성을 중요시하는 사람인 것이다. 그들의 갈등 원인은 업무 지시와 회피가 아니다. 그들은 서로 다른 것을 바라보며 대화하고 있다. 그런데 그 사람에 대한 이해보다는 문제의 해결 여부에 초점을 맞추기 때문에 갈등의 골은 깊게 된다.

## 2. 상담의 기초 기술

상담에서 일어나는 다양한 조력 기술을 이론과 관계없이 기술하자면 크게 듣기와 말하기로 나눌 수 있다. 듣기 기술로는 관심 기울이기, 의사 확인하기, 재진술, 공감이 있다. 말하기 기술로는 질문하기, 피드백하기 등이 있다.

그러나 이런 기술만으로는 갈등을 겪고 있는 사람의 내적 변화를 초래하기란 어렵디. 실제로 반응의 기술보다는 도움을 제공하려는 사람이 어떤 태도를 보이고 있느냐 하는 것이 훨씬 중요하다. 이에 본 절에서는 상담의 태도, 듣기, 말하기라는 측면에서 살펴보고자 한다.

### 1) 상담자의 태도

상담에서 가장 중요한 것은 도움을 제공하려는 사람의 태도이다. 그의 태도를 통하여 상담 관계의 분위기가 결정된다. 그리고 이 분위기에 따라 상담의 효과성이 결정된다고 해도 과언이 아니다.

조력자의 태도 가운데 중요한 것은 도움을 받고자 하는 사람을 지향한다는 것이다. 지향한다는 것은 무엇일까? 이는 조력자가 도움을 받고자 하는 사람에게 관심이 있다는 것이다. 가령, 직장에 다니기 싫다고 하는 사람에게 관심을 쏟는 사람은 그의 불편함보다는 그가 겪고 있는 내적 갈등에 더 깊은 관심을 쏟는다.

조력자의 태도로 중요한 또 다른 태도는 무조건적 긍정적 관심과 진실성이다. 이는 피 조력자가 겪고 있는 심리적 경험에 대해 조건에 흔들리지 않으면서 있는 그대로 이해하려고 노력하는 것이다. 진실성이란 상담의 전체 과정에서 조력자도 있는 그대로의 자기로 내담자를 만나고자 노력하는 행위를 지칭한다.

### 2) 듣기 반응

상담 반응에서 중요한 것은 내담자의 이야기를 통해 그의 내적 세계를 이해하는 일이다. 이를 위해서 상담자는 피 조력자의 이야기를 제대로 들을 수 있어야 한다. 하지만 전문적인 기술이 숙달되지 않은 상태에서의 상담자의 듣기는 내담자가 스스로 자신의 생각이나 느낌을 표현할 수 있는 것을 어렵게 만들 수 있다. 이에 조력자의 듣기를 돕는 다양한 반응을 살펴보면 다음과 같다.

#### (1) 관심 기울이기

내담자를 어떤 사람으로 판단하지 않고 하나의 인격체로 존중하는 것이다. 상담자가 내담자에게 진심으로 관심이 있으며 한 인간으로 존중한다는 뜻을 전달하려는 행위를 말한다. 관심 기울이기는 비언어적으로 눈 접촉, 개방적 자세 취하기, 몸 기울이기, 분산된 행동하지 않기 등을 통에 드러낼 수 있고, 그 사람에게 관심을 언어로 표현할 수도 있다.

예) 상담자: 오늘 어떤 이야기를 하게 될지 궁금합니다.
   내담자: 잘 모르겠습니다.
   상담자 : 최근에 00 씨의 얼굴이 좋지 않은 것 같기도 하고, 어떤 생각에 빠진 것 같기도 했어요. 그래서 혹시 00 씨를 도와줄 수 있을까 생각이 들어서 함께 이야기하고 싶었어요.

**(2) 의사 확인**

의사 확인은 피 조력자가 말을 할 때, 그가 전달하고자 하는 생각, 정보, 또는 의견이나 의도를 조력자가 제대로 이해하고 있는가를 확인하는 것이다. 이를 통해 조력자는 자신이 듣고 있음을 전달할 뿐만 아니라 그의 내적 경험과 일치하고 있는가를 확인할 수 있다. 이를 위해서 조력자는 자신의 의견을 결정적으로 진술하기 보다는 가정적으로 말하는 것이 효과적이다. 가령, 조력자는 피 조력자의 이야기를 듣고 "제가 제대로 들었는지 모르겠지만, 제가 듣기에는 당신이 말하는 것이 00000 한 의미인 것 같은데 맞나요?"라고 말하는 것이다.

예) 내담자 : 사람들이 너무 이기적인 것 같아요. 뭔가 의견을 내었는데 아무도 관심을 주지 않았어요.
   상담자 : 직원들이 좀 더 적극적으로 참여했으면 좋겠다는 이야기인 것 같은데, 그것이 맞나요?

**(3) 재진술**

재진술은 조력자가 피 조력자의 말을 다시 한번 반복하여 말하거나 문장을 바꾸어 말하는 것이다. 이 반응 기법은 조력자가 피 조력자의 이야기를 듣고 그의 이야기를 따라가면서 잘 경청하고 있다는 것을 알려주고, 그의 관점에서 자신이 한 말을 스스로 생각해 볼 수 있는 기회를 제공하기도 한다. 내담자가 자신의 생각이나 감정을 탐색할 수 있도록 격려하여 내담자의 내적 역동을 자각할 수 있도록 도움을 준다. 재진술을 할 때 내담자의 감정이나 생각에 초점을 두지 않도록 유의하여야 하고, 내담자가 한 말을 앵무새처럼 반복하지 않도록 하며, 내담자의 이야기 흐름이 깨지지 않도록 한다.

예) 내담자 : 사람들이 나를 이상한 사람 생각하는 것 같아요.
   상담자: 사람들이 나를 특이하게 생각하는 것 같다….

**(4) 공감**

공감은 피 조력자의 시각과 입장에서 그 사람의 감정과 경험을 이해하고 수용하며 공유하는 것이다. 피 조력자가 자신의 어려움을 어떻게 생각하고 느끼는지에 대해 주의 깊게 경청하고 관심을 준다. 공감의 방법은 상대의 위치에 나를 데려다 놓고 생각하고, 그의 감정이 어떨지 찾아보고, 그 상황을 나에게 대입해 보며, 상대의 느낌을 반영해 줄 수 있는 적절한 말을 찾아 언어적 또는 비언어적으로 표현하는 것을 말한다. 공감은 내담자가 자신을 이해할 수 있도록 돕는다.

공감에서 가장 중요한 것은 상대편의 이야기를 듣고, 상담자 스스로 그의 입장과 경험을 느껴보려고 노력해야 한다는 것이다. 상대편의 이야기를 듣고 아무것도 느껴지지 않는 상태에서 그의 심정을 이해하는 것처럼 말하는 것은 그저 입술에 발린 이야기를 하는 것과 다를 바 없다. 이는 아무리 효과적으로 이야기하더라도 심리적 변화에는 영향을 줄 수 없다.

예) 직원 : 사람들이 나를 어떻게 보는지 상관 말아야지 하지만 어려워요.
계속 이런 상황이 되는 것이 너무 짜증이….
조력자 : 사람들의 시선에서 벗어나려고 노력하지만, 그것이 쉽지 않군요.

### 2) 말하기

상담 진행 과정에서 조력자는 피 조력자의 이야기를 듣고, 자신이 생각하거나 느낀 것, 혹은 내담자의 심정을 더 명확하게 이야기하기 위해 질문을 하고 싶을 때가 있다. 이때 조력자는 피 조력자에게 분명하고 직접적인 메시지를 전해야 한다. 이런 경우 말하기의 기법이 유용하게 사용될 수 있다. 여기에서는 질문하기, 피드백을 제시하고자 한다.

#### (1) 질문하기

상담자가 내담자에 대하여 구체적인 정보가 필요하거나 문제를 깊이 탐색하고, 각 정보 관련성을 알아보기 위해 내담자에게 물어보는 것을 말한다. 질문의 목적은 필요한 정보를 얻거나 내담자 스스로 자신을 탐색할 수 있게 도우며, 내담자의 말을 정확히 이해하고 대화의 실마리를 풀기 위해서이다. 질문에는 개방형 질문, 폐쇄형 질문, 직접 질문, 간접 질문이 있다.

| 개방형 질문 | 폐쇄형 질문 |
|---|---|
| 연관된 영역을 탐색하고 명료화하기 위한 질문<br>예) “부모님에 대해 어떻게 생각하나요?” | 구체적이고 제한된 정보를 유도하는 질문<br>예) “팀장을 싫어하니?” |
| 직접 질문 | 간접 질문 |
| 직선적으로 물어보는 것, 물음표로 끝나는 문장 | 물음표 없이 넌지시 질문함 |

| 개방형 질문 | 폐쇄형 질문 |
|---|---|
| 예) "지난 한 주 동안 회사에서 무슨 일이 있었니?" | 예) "지난주에 회사에서 어떤 일이 있었는지 궁금하네요" |

폐쇄형 질문은 '예' 혹은 '아니오'로 대답할 수 있는 문장이다. 가령, "직장을 다니는 것이 좋습니까?"라고 묻는 경우 상대편은 '예'나 '아니오'로 대답할 수 있다. 이는 대화를 촉진하기보다는 단편적 정보를 얻는 것으로 종결될 수 있다.

개방형 질문은 상대편이 자신의 관점을 드러낼 수 있도록 촉진하는 질문이다. 가령, "직장에 대해서 어떻게 생각하나요?'라는 질문은 단답형으로 대답을 할 수 없다. 따라서 상대편은 직장에 대한 자신의 다양한 견해를 드러내게 되고, 이때 조력자는 그의 내적 세계를 보다 심층적으로 이해하는 실마리를 얻게 된다.

직접 질문은 물음표로 끝나는 질문이다. 이는 질문의 형태를 지니고 있지만, 상대편에게 대답하라는 지시를 느끼도록 만들기 때문에 조력 관계에서 비효과적일 때가 있다. 반면에 간접 질문은 대답 여부를 상대편이 결정할 수 있도록 돕는 효과가 있기 때문에 대화 과정에 더 능동적으로 참여할 수 있도록 돕는다.

### (2) 피드백

상담에서는 충고나 지시, 문제해결 방안 등을 직접적으로 제시하는 경우는 드물다. 그것은 조력자에게 유용한 방법일 수는 있지만, 피 조력자에게 도움을 될 수 있을 것으로 판단할 수는 없기 때문이다.

그러나 내담자가 미처 인식하지 못한 경험이나 삶의 방향 등에 대해 상담자가 자신의 의견을 제시하여 피 조력자를 심층적으로 돕고자 시도할 수 있다. 이때 조력자는 피드백 기법을 활용할 수 있다. 조력자는 피 조력자와 이야기를 나누는 과정에서 자신이 지각한 사실이나 느낌을 말로 전달할 수 있는바, 이를 피드백이라고 한다. 이는 상대편으로 하여금 자신의 문제를 깊이 탐색해 보거나 생각하지 못한 부분을 살펴볼 수 있는 기회를 제공한다.

피드백할 때 유의점은 다음과 같다. 첫째, 의도적으로 행동을 변화시키기 위해서 강요하거나 충고가 아닌 단순히 생각이나 정보를 제공하는 형식으로 이루어져야 한다. 둘째, 피드백은 상대방이 그것을 받아서 수용할 수 있는 준비가 되어 있을 때 해야 한다. 셋째, 피드백은 행동이 일어난 직후에 하고 변화 가능한 것에 대해 한다.

예) 내담자 : 모르겠어요.

상담자 : 이 문제는 생각만 해도 외면하고 싶은 것인지 궁금하구나.

## 3. 갈등 해결 상담 기초 과정

상담의 기술을 바탕으로 상담을 진행하는 경우 대개 아래와 같은 과정을 거친다. 각 상담이론이나 내담자와의 관계 형성 등에 따라 다른 과정을 거칠 수도 있지만, 상담 과정을 이해하도록 돕고자 본 절에서 제기하였다.

### 1) 상담 전 조력자 점검

이 단계는 갈등 해결을 위한 준비와 만날 사람에 대한 심리적 상태에 대해 이해하는 단계이다. 여기에서 도움을 제공하는 사람(이하 "조력자")은 도움을 받는 사람을 만나기 전에, 양 자의 다양한 심리적 상태를 점검해 본다. 가령, 도움을 받으러 오는 사람은 어떤 심정으로 올 것 같은지, 자신은 어떤 불안감이나 긴장감이 있는지 등을 점검해 보는 것이다. 또한 자신이 문제를 중심으로 상대편을 판단하는 것이 아니라 그의 내적 세계를 이해하려고 노력하는지 등도 점검해 보아야 한다.

예) 회사를 퇴직하고 싶다는 피조력자에 대한 점검 사항

이 경우에 조력자는 회사에 다니는 것이 훨씬 유리하다는 신념을 가지고 있을 수 있다. 그 결과 상담을 하는 과정에서 자기도 모르게 회사를 계속 다니면서 대안을 생각해 보라고 조언할 수도 있다. 이런 조력자의 신념은 피 조력자의 자율적 결정을 방해하게 할 수 있다. 따라서 자신이 어떤 신념이나 가치 태도를 보이고 피 조력자를 만나려고 하는가를 반드시 점검해 보아야 한다.

조력자가 노동부에 민원을 제기한 사람을 만나게 되는 경우, 사전에 그런 사람은 성격이 까다롭다거나 제대로 대화를 하지 못하면 더 큰 문제를 일으키게 될까 봐 불안함을 가질 수 있다. 이러한 편견은 상담 자체를 비효과적으로 만들 수 있다. 따라서 조력자는 자신이 어떤 마음으로 피 조력자를 만나려고 하는가를 사전에 점검해야 한다.

또한 조력자는 피 조력자가 상담 장면에 어떤 마음으로 오는가를 생각해 보아야 한다. 피 조력자는 상담받는 자기 모습을 나약하거나 패배자로 인식할 수도 있다. 이런 경우, 상담 초기 단

계에서 피 조력자에게 상담을 무엇이라고 생각하는지, 상담받는 자기 모습을 어떻게 평가하는지를 확인할 필요가 있다. 이를 통해 신뢰할 수 있는 상담 관계를 형성하고, 상담에 대한 부정적 인식을 낮출 수 있다.

### 2) 신뢰감 형성 및 구조화

상담을 시작하면 조력자는 상담 회기가 어떻게 진행되는지, 어떤 관점에서 진행할 것인지, 비밀 보장은 어떻게 하는지 등에 대해 피 조력자에게 설명하고, 어떻게 진행하고 싶은가를 논의해야 한다. 직장 상사나 동료가 상담하게 되는 경우, 직책이나 직위로 대화를 하는 것이 아니라 한 사람으로 다른 한 사람을 만나는 과정이 상담임을 명확하게 설명해야 한다. 이를 통하여 피 조력자는 상담 및 조력자에 대한 신뢰를 형성하게 된다. 여기에는 상담 시간과 방법, 상담을 진행하는 과정에 대한 설명, 원하는 결과와 상태에 대한 점검, 자신과 타인을 해치는 행위에 대한 비밀 보장 예외 고지 등을 포함한다.

**상담 구조화**

① 상담에 대한 이해와 기대 확인

조력자: 어서 오세요. 여기에 오시면서 상담에서 어떤 일이 일어나길 기대하고 오셨는지 궁금합니다.(피 조력자의 이야기를 듣는다)

조력자: 본 상담은 여기서 이야기는 선생님이 잘했거나 잘못했다는 것을 판단하려는 자리가 아닙니다. 선생님께서 정말 이 상담을 통해서 자신이 무엇을 얻고 싶은지를 찾아갈 수 있도록 돕기 위한 자리입니다.

② 상담 진행에 대한 안내

조력자: 상담 진행에 대해서 말씀드리려고 합니다. 본 상담은 선생님께서 이야기하고 싶은 것을 충분히 말씀하실 수 있는 시간입니다. 그래서 대부분 선생님께서 이야기하고, 제가 열심히 들을 것입니다.

③ 회기 및 상담 시간에 대한 안내

조력자: 오늘 상담은 00시간 동안 진행되고 총 0번의 만남을 가지게 될 것입니다. 혹시 선생님께서 필요하다고 생각되시면 회기를 늘릴 수도 있습니다.

④ 비밀 보장에 대한 고지

조력자: 본 상담에서 선생님이 하신 이야기는 모두 비밀 보장됩니다. 단, 자신이나 타인을 해칠 수 있는 이야기는 비밀 보장을 하지 않습니다.

### 3) 갈등과 관련된 호소 문제 확인

이는 피 조력자가 겪고 있는 심리적 어려움에 대해 들어보고 명료화하는 단계이다. 여기서는 ① 호소 문제의 심리적 이해 ② 문제해결을 위해 내담자가 시도했던 기존 대응 방안에 대한 가치 인정 ③ 호소 문제의 중요성을 인정해 준다.

우선 피 조력자는 어떤 사건을 중심으로 자신의 문제를 호소하는 경우가 많다. 이는 조력자와 피 조력자가 특정 사안을 해결하는 방안에만 초점을 맞추게 한다. 이를 효과적으로 해결하기 위해서는 피 조력자가 그 문제를 어떻게 인식하고 있는가에 초점을 맞추어야 한다.

가령, 직장 상사 때문에 회사를 다니기가 어렵다고 말하는 경우, 사람들은 직장 상사가 어떻게 그를 괴롭히는가에 초점을 맞춘다. 이는 결국 직장 상사를 변화시키거나 자신이 변화하는 방식 중에 하나를 택해야 한다. 그러나 이를 심리적으로 살펴보면 피 조력자는 자기 뜻대로 사람들을 변화시키고 싶어 하는 시도일 수도 있다. 따라서 피 조력자의 문제를 심리적으로 탐색하고자 노력해야 한다.

피 조력자의 문제를 심리적으로 파악하고 나면, 그런 문제를 해결하기 위해 그동안 다양한 노력을 한 피 조력자의 가치를 인정할 필요가 있다. 누구나 사람은 성장하기 위해 노력하지만, 원하는 결과를 얻지 못했다는 이유로 자신의 효과적인 사람이 아니라고 판단하는 경우가 많다. 이럴 때 그의 노력을 긍정적으로 인식하고 가치를 존중하는 경우, 피 조력자에게 심리적 여유 공간을 만들어 줄 수도 있다.

또한 피 조력자의 문제가 관심과 노력을 기울여 해결해 나갈 가치가 있음을 인식하도록 조력한다. 이를 통해 상담 과정은 단순히 자신이 원하는 것을 얻는 시간이 아니라 스스로 노력하며 보다 나은 결과를 얻고자 하는 과정임을 인식할 수 있도록 도울 수 있다. 이를 예시로 살펴보면 다음과 같다.

예) 직장 내 대인관계가 어렵다는 직원

직원 : 회사 생활이 힘들어요.

조력자: 뜻대로 안 되는 것이 있는 것 같아요. 맞나요?

직원 : 회사에서 내가 다른 사람들과 잘 지내고 있나…. 그런 생각이….

조력자: 내가 다른 사람들과 잘 지낼 수 있을까…. 염려가 된다는 이야기로 들리네요.

직원 : 예…. 회사 사람들과 관계가 힘들어서 친구와 이야기도 해 보고 선배 조언도 듣고 책도 읽어봤어요.

조력자 : 더 좋은 관계를 맺고자 여러 가지로 노력해 보았네요.

직원 : 예!

조력자 : 자기 삶에서 중요한 시간이네요.

#### 4) 상담 목표 및 최종 상태 설정

바라는 상태나 수준을 확인하는 것은 상담 대상자가 바라는 상태를 확인하는 것이다. 대상자에게 "어떻게 되길 바라나요?"라는 질문을 통해 호소하는 문제가 아닌 실질적으로 어떤 상태가 일어나기를 원하는지 확인하는 것이다.

상담 목표는 실질적인 문제해결을 달성하는 과정이라면, 최종 상태는 모든 것이 해결되었을 때, 피 조력자가 원하는 심리적 상태를 지칭한다. 최종 상태는 특정 해결책이 피 조력자에게 적합한 방안인가를 판단하는 데 도움이 되고, 나아가 상담 과정을 포기하려고 할 때 상담 동기와 해결 과정에 대한 의지를 환기하는 일에 도움이 될 수 있다.

예) 조력자: 상담을 마치고 나면 어떻게 되기를 바라나요?
직원 : 사람들이 나를 특별하게 보지 않았으면 좋겠어요.
조력자: 자신이 정상적인 사람임을 증명하고 싶은 것인가요?

예) 조력자: 이 상담을 마치고 나면 어떤 상태가 되었으면 좋을까요?
직원 : 내가 다른 사람들을 편안한 마음으로 만날 수 있으면….
조력자: 그러니까 당신의 마음이 편안해지는 것이 원하는 것이군요.

#### 5) 진짜 문제의 확인

생활 문제가 아닌 심리적 문제 확인의 단계이다. 내담자가 바라는 상태나 목표를 확인하고 내담자가 문제를 해결해서 최종적으로 원하는 상태, 문제가 해결된 상태를 통해서 달성하려고 하는 것을 확인하는 것이다.

예) 조력자 : 사람들이 특별하게 본다고 생각하시는군요.
내담자 : 네.
조력자 : 무엇 때문에 특별하게 보이고 싶지 않은 것인가요?
내담자 : 좀 편안하게 지내고 싶어요.
조력자 : 편안한 자기 모습을 원하네요.

예) 아침마다 달릴 시간이 없어 걱정이라는 직원
직원 : 아침에 달리기하고 싶은데 시간이 없어요.
조력자: 달리기를 해서 무엇을 얻고 싶은가요?
직원 : 건강이 걱정스러운데, 운동하면 좋아질 것 같아서요.

### 6) 심리적 결과

심리적 결과 단계는 도움을 청하는 사람의 특성으로 인해 자신의 삶에 나타나는 결과를 탐색해 보는 것이다.

예) 조력자 : 그렇네요. 선생님을 이해하고 도우려는 사람들도 있으시네요.
직원 : 예. 있기는 있어요.
조력자 : 도우려는 사람들이 있다는 것보다는….
직원 : 네. 제가 좀 좋은 것보다는 좋지 않은 것에 대해서 속상해하는 편이긴 해요. 그래도 너무 속상해요. 화도 나고.

### 7) 메타포 사용하기

메타포 사용하기는 감정적 흥분의 과다 등으로 인해 문제와 개인을 분리하지 못할 때 도움을 주기 위해 사용할 수 있다. 이는 자신의 문제를 비유적으로 표현하여 자기 문제와 심리적 특성을 객관적 관점에서 바라볼 수 있도록 하는 기법이다. 내담자에게 심리적으로 한 차원 높은 상태로 자기 문제와 심리적 특성을 이해할 수 있게 도와 주관적 문제를 객관적 관점에서 바라보게 돕는다.

예) 조력자: 지금 자기 모습을 비유적으로 표현해 본다는 어떻게 표현할 수 있을까요?
직원 : 음…. 나의 모습을 보니 손에 더러운 것이 묻었는데 씻지 않고 짜증만 내는 아이 같아요.

### 8) 의미 탐색

이는 상담의 결과를 종합하고 의미를 정리하는 과정이다. 이를 통해 개인이 성장할 수 있도록 조력한다. 그리고 앞서 진술한 상담의 최종 상태와 일치하는가에 관해 확인해 볼 수도 있다.

예) 조력자: 지금까지 이야기해 봤는데. 회사가 선생님에게 중요하신 것 같아요.
직원 : 네. 관두고 싶다고 했지만, 저에게 회사는 중요해요. 저를 위해서 뭔가 해 볼 것이 있는지, 좀 더 찾아봐야겠어요. 잘 될지는 모르겠지만요.

### 9) 격려와 후속 상담 안내

갈등 해결은 단순히 좋은 대화를 나누었다는 것으로 종결되는 것은 아니다. 이는 지속적인 관심과 지지가 있어야 한다. 격려와 추수 상담 단계는 상담 종결 후, 내담자 스스로 주도적으로 삶을 살아갈 수 있음을 격려하고 자신감을 주는 시간이다.

예) 조력자: 오늘 이야기를 나눠 봤는데. 다음에 또 만나고 싶으면 만날 수 있어요. 어떠세요?
직원 : 음. 오늘 이야기를 나눠봤더니 일단 좀 노력해 보고…. 잘 안되면 다시 이야기를 나누고 싶어요.

## 4. 어려운 사람과의 갈등을 해결 방법은?

갈등을 해결하는 과정에서 대화하기 어려운 사람을 만나는 경우가 있다. 혼자서 장광설을 하거나, 같은 말을 반복해서 주장하는 경우, 침묵하는 경우, 자기 관점에서만 말하는 사람 등의 경우이다.

일견 이들은 다른 사람들을 괴롭히는 것으로 보이지만, 자기 자신도 심리적 고통을 심하게 받는 사람들이다. 어떤 일이 뜻대로 되지 않을 때, 즉시 자신의 방식대로 해결되기를 바라기에 타인들의 입장을 고려할 심리적 여유가 없는 것이다. 이들은 상호 간의 대인관계나 규정을 훼손하더라도 자기 뜻을 관철하는 일에 초점을 맞추고 있다.

이들과의 대화를 시작하고 유지하는 일은 신뢰 관계를 구축하는 것에서 시작한다. 신뢰 관계는 상호 판단을 멈추고 서로의 세계를 이해하는 일에서 시작해야 한다.

자칫 신뢰 관계를 형성하기 위한 노력으로 의사소통 기술을 사용하거나 어쭙잖은 공감을 하거나, 문제의 원인이 무엇인가를 파악하는 경우가 있다. 이러한 시도는 신뢰 관계를 형성하는 것이 아니라 "좋은 관계"를 형성하려는 것에 불과하다. 즉, 상대편으로 하여금 자신에 대해 긍정적인 감정을 가지도록 유도하고, 이를 바탕으로 적당히 현안을 종결하려는 전략이기에 장 · 단기적인 성과를 이끌 수 없다.

신뢰 관계는 상대편의 세계에 대한 이해로부터 시작한다. 이를 위한 과정은 이미 제시한 사람 중심의 갈등 해결 과정을 활용하면 된다. 사람을 중심에 두고 갈등이나 분쟁 상황을 바라보면 문제 중심의 관점과는 매우 다른 것이 보이기 시작한다. 후자의 경우에는 대립하는 사안, 상대편이 원하는 것과 자신이 제공할 수 있는 것, 최후 조건에 대한 설정 등이 중요한 요소가 된다. 또한, 이를 달성하기 위해 협상의 기술, 전략적 설득 방법, 상대편과의 관계에서 힘의 우위를 차지하는 방안 등이 성공적 해결의 중요한 방편이 된다.

그러나 사람 중심의 관점에서는 갈등과 분쟁 해결에서 자기 자신의 특성에 대한 탐색, 상대편의 심리적 상처와 고통에 관한 관심, 조건을 뛰어넘어 그 사람과의 참다운 만남을 이루려는 시도, 자신이 할 수 있는 일과 상대편에게 진심으로 양해를 구해야 하는 일 등이 매우 중요한 요소가 된다. 이를 통하여 서로 성장하고 성숙한 일을 돕는 것, 상대편이 드러내고자 하는 있는 그대로의 모습에 대한 존중, 그의 세계에 대한 공감 등이 해결 과정에 매우 중요한 방편으로 등장한다.

### 1) 서로 다른 현실의 인식과 존중하기

이는 앞에서 다른 바와 같이, 각 구성원이 서로 다른 내적 세계를 가지고 있음을 인정하려는 태도를 지칭한다. 이는 자신의 주관적 현실만큼이나 타인의 주관적 현실도 이해하고자 노력하는 자세이다.

앞서 언급하였듯이, 임신한 여직원은 업무에 방해가 되는 것은 아닌가 하는 염려도 있지만 동시에 진심 어린 축하를 받고 싶었다. 직장 상사는 주어진 업무를 효과적으로 완수하는 것에 관심이 집중되어 축하하는 마음이 있음에도 미처 표현하지 못했을 수 있다. 여유로운 상황이라면 먼저 직원의 임신을 축하해주고 싶은 마음을 표현했을 것이다. 서로 이런 주관적 세계에 대해 이해하고 존중한다면, 조직에서 진심으로 새로운 생명 잉태를 축하해주면서도 업무를 조정하고 함께 협력하는 대안적 방안도 찾을 수 있다.

**다음의 사례에서 두 사람은 각자 어떤 세계에서 대화하고 있을까요?**

상사: 오늘까지 이 프로젝트 기안을 끝내야 하니까 빨리 진행해 주세요.

부하: 갑자기 이런 일을 시키면 어떻게 합니까? 오늘은 못 합니다.

상사: 왜 못 한다는 것입니까? 내 지시가 우습게 들립니까?

부하: 내가 언제 우습게 들린다고 말했습니까? 자격지심이 있는 것 아닙니까?

상사: 그걸 지금 상사한테 할 말이라고 생각합니까?

부하: 제가 뭐라고 했습니까?

### 2) 중심 파악을 위한 자기 탐색

조직 내 갈등이나 괴롭힘 등이 발생하는 경우 가장 중요한 대상은 누구일까? 그리고 이를 해결해 가는 과정에서 가장 중요한 사람은 누구일까? 그것은 바로 당사자들이다. 이는 문제해결 과정에서도 마찬가지이다. 문제해결 과정에서 가장 중요한 상대는 자기 자신이다.

괴롭힘과 같은 사인이 발생할 때, 이와 관련된 규정이나 규칙 혹은 처벌을 몰라서 발생하는 것이 아니다. 오히려 자기와의 관계 몇 타인과의 관계에서 자기 특성이 어떻게 드러나는지에 대해 모르거나 이해하지 못하기 때문에 발생하는 경우가 더 많다고 볼 수도 있다. 직장 내 괴롭힘은 누구라도 가해자가 될 수 있고, 피해자가 될 수 있다. 따라서 이런 행위에 대한 자기 탐색을 할 수 있는 교육과 경험을 제공할 필요가 있다.

가령, 직장 내에서 성취감이 높고, 동기 수준이 높으며 매사에 적극적인 사람이 있다고 가정해 보자. 그는 열심히 자기 삶을 살아간다. 직장에서는 자신의 성취를 이루기 위해서 시간을 투자하고, 주말에도 회사 일을 생각하며 새로운 아이디어를 구상한다. 그는 매우 친절하다. 그런데 회사 내에서 새로운 사업을 수주해야 할 때면 나머지 구성원들이 자기처럼 적극적이고 회사 중심적으로 살아가기를 바란다.

그래서 그는 새로운 사업 계획서를 작성하는 과정에서 집안에 일이 있다고 먼저 퇴근하는 직원, 아이디어를 제출해 보라고 해도 침묵만 하는 직원, 토요일에 온라인 회의를 잠깐 하자고 할 때 거부하는 직원 등을 보면 그들에게 실망감을 느끼고, 회사에 적극적으로 기여하지 않는 사람이라고 생각하고 불쾌감을 느낄 수 있다.

그는 심리 내적으로 이번 사업을 수주하지 못하면 자신의 존재가 가치가 없다고 느끼고, 무능한 자기를 회사에서 어떻게 바라볼까를 염려하며, 자기만의 일정표에 따라 살아가고 있음을 이해하지 못한다. 그리고 이런 심리적 상태로 인하여 불안하고, 불안을 이기는 유일한 방법으로 성취 중심의 삶을 살아가고 있음도 이해하지 못한다.

조직 내 괴롭힘을 다루기 위해서 가장 먼저 해야 할 일은 무엇인가? 일반적으로는 괴롭힘 예방 교육이라고 한다. 가장 타당한 주장이다. 그러나 괴롭힘이라는 현상에 대한 각자의 주관적 현실과 중심 관점은 서로 다르다. 그래서 괴롭힘 예방 교육을 자신과는 무관한 교육이라고 생각하면서 귀찮게 여기는 경우도 발생한다.

괴롭힘 예방 교육을 효과적으로 진행하기 위해서는 각 구성원이 괴롭힘을 무엇으로 인식하고 있는가를 물어보고 탐색하는 일이 선행되어야 한다. 가령, 서류를 제출할 때마다 오류가 있는 직원에게 "서류를 낼 때는 반드시 확인하라고 몇 번이나 말했느냐?" 말하는 것은 괴롭힘일까? 아닐까?

여기에 대한 개인의 대답을 바탕으로 무엇을 중심으로 보기에 그것이 괴롭힘이거나 아니라고 판단하였는지, 서로의 세계는 어떻게 다른지를 토론할 수 있을 때만 예방 교육은 효율적으로 목적을 달성할 수 있다.

### 3) 관심 기울이기

관심을 기울인다는 것은 매우 흥미로운 일이다. 사람은 누구나 관심을 받고 싶어 한다. 그러나 관심을 준다는 것이 무엇인가에 대해 탐색하는 경우는 드물다. 듣는 것과 마찬가지로 관심을 기울이는 것도 그저 하나의 기술에 불과하다고 생각한다.

관심 기울이는 것이 하나의 기술이라는 관점에서는 상담에서 사용하는 관심 기울이기 기술 —SOLER나 ENCOURAGE 기법—을 사용하면 관심을 주는 것으로 생각한다. SOLER은 똑바로 앉기, 개방적 태도, 앞으로 상체를 숙이기, 시선 접촉하기, 최소 반응 보이기의 영문 약자를 조합한 것이다. 그러나 관심 기울이기 기술을 사용하는 것과 실제 관심을 주는 것은 완전히 다른 문제이다.

학교 가기 싫다고 하는 자녀에게 "학교 가는 것이 힘들구나"라고 말하는 것은 마치 좋은 관심을 준 것처럼 느껴진다. 그러나 이것은 사실 판단에 가까운 말이기에 자녀로 하여금 부모가 학교는 힘든 곳이라는 것에 동의해 주는 것으로 인식할 수도 있다. 이렇게 되면 자녀는 학교에 가지 않아도 되는 좋은 명분을 얻게 되거나, 다음에 가고 싶은 마음이 생겨도 자유롭게 앞서 진술한 것을 변경시킬 수 없게 된다.

관심을 기울인다는 것은 사건이나 문제에 관심을 두는 것이 아니다. 이는 관심은 사람에게 기울이는 것이어야 한다. 그래야 관계가 형성되고, 신뢰감이 쌓이며, 참여자들이 성숙하여 효과적인 결과나 대안을 도출할 수 있게 된다. 사건이나 문제에 관해 관심을 주는 것은 그 사람이 관심을 받는 것이 아니다.

어떤 직원이 회사에서 동료들의 괴롭힘을 신고했다. 그 직원은 대화하는 가운데 자기도 좀 지나친 느낌이 있어서 미안하다고 말했다. 다음 상황을 살펴보자.

직원1: 저도 그 정도 행동을 가지고 신고한 것은 좀 지나쳤다고 생각해요.

상사: 그러니까 너도 좀 참아봐. 참지 않고 사는 사람이 누가 있냐?

직원1: 저도 잘하려고 노력하고 있어요.

직원2: 그러면 처음부터 그러면 신고를 하지 말던가….

직원1: 나도 노력하고 있는데 왜 나쁜 사람으로 만드냐?

직원 3: 지금 사과를 하려면 처음부터 신고하지 말든가 해야지….

이 대화에서 사람들은 무엇에 관심을 주고 있는가? 신고를 한 것이 잘한 것인지, 못 한 것인지에 초점을 맞추고 있다. 그 결과 피해직원이 미안함을 느끼고 있다는 것, 용기를 내어 동료들에게 솔직한 자기 마음을 표현했다는 것, 더 깊은 속마음을 이야기하기에는 아직 두렵다는 것 등에는 조금도 관심을 주지 않고 있다. 문제에 초점을 맞추어서 사람과 사람의 만남에는 관심을 쏟지 못하는 것이다.

### 4) 듣기

위에서 제시한 주관적 세계에 대한 상호 이해와 존중 그리고 중심의 변화를 이끄는 핵심 기술은 듣기이다. 전자의 두 가지는 사람 중심의 분쟁 해결과 개인의 가치를 창조하는 듣기 기술을 익히기 위한 전제 조건이다.

조직에서 행복하고 만족스러운 근무를 창조하는 가장 중요한 요인 가운데 하나는 직장 내 인간관계이다. 사람은 관계 속에서 태어나 관계 속에서 죽는다고 하는 말이 있을 만큼 인간의 삶에서 인간관계는 절대적 영역을 차지한다. 만족스러운 인간관계는 직장 생활을 풍요롭게 하고, 개인의 존재 가치감을 높여준다. 반면에 불만족스러운 인간관계는 직장 생활을 황폐화하고 존재 가치를 떨어트리며, 이직을 꿈꾸게 만드는 요인이 되기도 한다.

이러한 관계의 핵심 요소는 대화이고, 대화의 핵심은 타인의 이야기를 듣는 것에 달려있다.

물론 말하기의 중요성도 있지만, 아무리 훌륭한 말을 하더라도 그것에 대한 해석은 어떻게 듣느냐에 따라 달라지기 때문이다. 같은 연설을 듣고서 어떤 사람은 훌륭하다고 말하지만, 다른 사람은 형편없다고 비하하는 경우가 있다. 자신의 정치적 신념에 따라 어떤 정치인의 주장은 마음을 시원하게 만들지만, 다른 정치인의 주장은 마음을 답답하게 만든다.

이런 문제를 이해하기 위해서는 우선하여 듣는다는 것이 무엇인가를 탐색할 필요가 있다. 듣는다는 것은 무엇인가? 다수의 자기 계발 관련 서적이나 대화 기술 훈련 자료에 따르면 "공감하라" "감정을 파악하라" "적극적으로 경청하라" "긍정적으로 들으라" 등과 같은 주장을 한다.

이런 주장은 이미 듣는 것은 생물학적으로 결정된 것이니 듣는 기술만 발달시키면 나머지는 자동으로 해결된다는 것과 마찬가지이다. 그래서 적극적 경청을 하고 나－메시지를 사용하면 좋은 관계가 형성된다는 식의 공식을 제시한다.

그러나 이런 기술이나 공식을 알고 있다는 것만으로 있는 그대로 말하는 사람의 관점에서 듣는 것이 가능한 것은 아니다. 즉, 그가 말하고자 하는 바를 이해하는 것과 그저 기술로 듣는 것은 다르다는 것이다. 듣는다는 것이 무엇인지 모르는데 우리는 어떻게 들었다고 말할 수 있는가? 특히 우리가 각자의 현실 세계를 바탕으로 서로 말하고 듣는다면 서로 다른 세계의 언어를 어떻게 들을 수 있는가? 이런 점에서 듣는 것이 무엇인가에 대해 탐색하지 않고 들었다고 주장하는 것은 그저 말뿐인 반응에 지나지 않는다.

듣는다는 것을 객관적 세계에서 듣는다는 것은 물리적으로 들려오는 소리를 사회적으로 합의한 바대로 듣는다는 것이다. 가령, 배가 고프다고 하는 표현은 언어적으로 그리고 신체적으로 허기가 진다는 뜻일 수 있다. 그러나 수업을 마치고 집에 온 자녀가 "밥을 달라"고 하는 것은 직장 상사와 갈등을 겪다가 들어온 남편이나 아내가 "밥을 달라"고 하는 것은 같은 뜻일까? 남편이나 아내는 상대편이 밥을 차려주면 그제야 자신이 그날 직장에서 겪은 일로 인해 얼마나 마음이 상했는가를 쏟아내기 위해 밥을 달라고 말할 수 있는 것이다. 이러한 말의 의미를 듣는 것은 음성학적으로 어떤 소리를 듣는 것과는 다른 것이다.

그렇다면 듣는다는 것은 무엇인가? 이는 상대편의 이야기를 통해 그의 내적 세계를 배운다는 것을 의미한다. 배움을 통하여 우리는 상대편을 이해하고, 자기 세계를 드러내며 참다운 인간관계를 형성해 나갈 수 있다. 상대편의 이야기를 듣고 배울 수 있는 것이 없는 사람은 타인의 이야기를 듣는 목적이 자기 입장을 설명하거나 타인을 설득하려는 목적으로 듣는 사람이다. 혹은 새로운 충고를 하거나, 어떤 사항에 대해 지시를 하거나 자신이 더 영향력이 있는 사람이 되려고 하는 것이다. 이런 사람들은 듣는 것이 아니라, 자기 말을 하기 위한 사전 준비로 듣는 척하고 있을 뿐이다.

이제 우리는 조직 내 갈등을 겪고 있을 때 서로의 이야기를 듣고 있는지 확인해 보아야 한다. 서로 들었다면 무엇을 듣고 있는지 의사 확인을 해 볼 필요가 있다. 내가 들은 것이 맞는지, 다른 의미가 있는지, 나와는 어떻게 다른지 등을 확인할 때 비로소 서로에 대한 이해에 도달할 수 있게 된다.

그런데도 우리는 듣기를 연습하기보다는 상대편의 말끝에 자신이 무엇으로 반응해야 할까를 고민하는 경우가 많다. 결국 상대편은 자신의 이야기를 듣거나 들어주지 않는다는 것을 느끼게 되고, 이는 새로운 갈등의 주제로 등장할 수도 있다. 듣는다는 것은 매우 많은 연습을 해야 하는 일이다. 이는 갈등과 문제해결의 핵심이고, 서로의 관계를 성장시키는 주된 통로이다.

새로운 프로젝트에 대해서 팀장이 팀원 1, 2, 3에게 의견을 요청하고 있다. 그러나 팀원 2는 계속 반대 의견을 내며 프로젝트가 성공적으로 끝나기 어려울 것이라고 이야기한다.

팀장 : 새로운 프로젝트에 대해서 여러분의 의견을 들어보고 싶습니다.

팀원1: 팀장님 제가 프로젝트에 대한 사람들의 인식 조사를 해 보았는데 긍정적으로 보는 사람들이 많았습니다.

팀원2: 인식 조사만으로 프로젝트가 성공적으로 이루어질 줄 알 수 있을까요?

팀원3: 실제 이것과 비슷한 프로젝트를 성공시킨 사례가 있어서 제가 자료를 가지고 왔습니다.

팀원2: 저도 예전에 이와 비슷한 프로젝트를 해봤는데 막상 해 보니 쉽지 않았습니다.

팀원1: 팀원 2님, 계속 안 될 것이라고만 이야기하는데 어떻게 하면 성공할 수 있을지 의견을 듣고 싶습니다.

팀원2: 나도 잘되면 좋지요. 그런데 잘되지 않을 것에 대해서도 이야기해야 하는 자리 아닌가요?

팀장: 팀원 2는 무조건 긍정적으로 보기보다는 부정적인 면도 보려는 마음이 있군요.

팀원2: 네. 팀장님. 혹시 안될 것에 대해서도 대비해야 하니까요.

팀장: 좋은 면만 보는 것이 아니라 그렇지 않은 면도 보자? 그런 면을 이야기하기가 쉽지 않은데 이 자리에서 이야기를 할 수 있네요. 다양한 의견을 낼 수 있는 자리라는 것에 대해 믿고 얘기하는 것 같아요.

팀원2: 음. 그렇죠. 이번 프로젝트가 중요하니까요.

팀장: 이번 프로젝트를 제대로 성공시키고 싶군요.

팀원2: 네.

팀장: 여러분들 모두 이번 프로젝트를 정말 성공시키고 싶은 마음이 큰 것 같네요.

## 참고문헌

1. 김 환 (2006). 상담 면접의 기초. 서울:학지사
2. 이규미 (2022). 상담의 실제 과정과 기법(2판). 서울:학지사.
3. 오민정, 배효정(2021). 한국의 직장 내 괴롭힘 연구 동향. 한국상담학회 학술 대회 논문집, Vol. 2021 No. 8
4. 매일노동뉴스(2025.02.09). 직장 내 괴롭힘 경험 지난해 증가추세. http://labortoday.co.kr/news/articleView.html?idxno=226123
5. Egan, G. (1994). The Skilled Helper: A Problem-Management Approach to Helping. Brooks/Cole Publishing Company.
6. Corey, G. (2012). Theory and Practice of Counseling and Psychotherapy. Brooks/Cole Publishing Company.
7. Rogers, C. (1957) 'The Necessary and Sufficient Conditions of Therapeutic Personality Change', Journal of Consulting Psychology, Vol. 21, pp. 95-103.
8. Rogers, C. R. (1961). On Becoming a Person: A Therapist's View of Psychotherapy. Houghton Mifflin.

제 3 부

# 직장생활 법적 분쟁,
# 어떻게 해결하나?

- 법은 협상의 장애물인가? _이 정 교수
- 근로계약과 취업규칙 100% 활용법 _이광선 교수
- 직장생활을 아름답게 마무리 하는 요령(사직과 해고) _권순하 교수
- 고용상의 차별 – 비정규직 · 성 · 연령 차별 분쟁에 관한 슬기로운 해법 – _변성영 교수
- 직장내 괴롭힘 금지제도의 법적 쟁점 _이세리 교수
- 집단 노동분쟁 주요 이슈, 합리적으로 해결하기 _최영우 교수
- 노동법 · 판례 · 판정 등의 활용 요령 _최선애 교수
- 글로벌 기업이 알아야 할 한국 노동법 및 노동관행 _서덕일 교수

# 제3부 개요 직장생활 법적 분쟁, 어떻게 해결하나?

제3부는 모두 8장으로 구성되어 있다. 각 장의 내용을 요약하면 다음과 같다.

제1장('법은 협상의 장애물인가?')은 직장생활에서 발생하는 법적 분쟁을 소송에 의하지 않고 분쟁당사자가 협상을 통하여 자율적으로 해결할 수 있는 방법, 즉 ADR(대안적분쟁해결방법)과 법적 협상(Legal Negotiation)의 원리를 소개하고, 이를 실무에서 활용할 수 있도록 하는 데 학습목표를 두고 있다. 또한 법적 협상을 보다 리얼하게 이해할 수 있도록 전형적인 노동분쟁사례 3개를 에피소드 형식으로 구성하였으며, 이 사례를 통하여 실제 분쟁해결과정과 법률대리인의 역할의 중요성과 아울러 유능한 법률대리인이 갖추어야 할 덕목을 강조하고 있다.

제2장('근로계약과 취업규칙 100% 활용법')은 근로계약과 취업규칙의 개념을 파악하고, 우선 적용 범위에 대해 서술하고 있다. 특히, 최근 판례에서 취업규칙 불이익 변경을 적법하게 했음에도 불구하고 변경된 취업규칙보다 유리한 개별 근로계약이 우선 적용된다고 판단한 바 있는데, 해당 판례의 취지를 이해하여 취업규칙 불이익 변경시 개별 근로계약과의 관계를 어떻게 설정할 것인지, 근로계약과 취업규칙에 필수적 기재사항이 무엇인지, 근로계약과 취업규칙 변경시 유의사항은 무엇인지, 분쟁을 예방하고 해결하기 위해 근로계약, 취업규칙을 제대로 작성하는 방법을 제시하고 있다.

제3장('직장생활을 아름답게 마무리하는 요령')은 노동법의 기본 개념인 사직과 해고의 법적 성질과 의미를 명확히 함으로써 합의에 의한 퇴사 기타 화해를 통한 해결방법, 사직과 해고의 효력이 부정될 경우 ADR(대안적 분쟁해결방법)을 통한 해결방법을 모색한다. 특히 사직과 해고를 둘러싼 분쟁은 매우 복잡하며, 정당성 여부와 효력 발생 시점에서 사용자와 근로자 모두에게 불확실성이 존재한다. 따라서 ADR과 법적 협상을 통하여 해결하는 것이 법적 분쟁을 줄이고 실질적 해결을 도모함으로써, 직장생활을 순조롭게 마무리하는 지혜와 방법임을 제시하고 있다.

제4장('고용상의 차별 – 비정규직 · 성 · 연령 차별 분쟁에 관한 슬기로운 해법 –')은 비정규직 · 성 · 연령차별 등 고용상 차별분쟁을 슬기롭게 해결하는 방법에 대해 제시하고 있다. 차별시정 제도에

대한 오해와 과도한 주장 · 공방은 분쟁을 격화시키고 깊은 갈등을 남긴다. 쟁송 중의 갈등은 이후에도 사용자와 근로자 간 관계에 부정적 영향을 미친다. 따라서 비정규직 차별 및 성차별에 대한 분쟁당사자 간의 자율적인 해결은 근로자에게는 소속감과 근로의욕을, 사용자에게는 법적 리스크 해소와 경영 안정성을 제공한다. 궁극적으로는 함께 일하고 싶은 직장 환경 조성에 기여할 수 있음을 강조하고 있다.

제5장('직장 내 괴롭힘 금지제도의 법적 쟁점')은 직장 내 괴롭힘 금지제도가 법제화 된 사회문화적 배경을 이해하고, 근로계약관계에서 직장 내 괴롭힘 금지제도가 갖는 의미를 고찰한다. 아울러 근로기준법상의 직장 내 괴롭힘의 판단기준에 대한 검토를 통하여 근로계약 관계에서 발생하는 여러 유형의 갈등 중 법률상의 직장 내 괴롭힘과 사회문화적 해결이 필요한 사적 갈등을 판별할 수 있는 능력을 습득하도록 한다. 직장 내 괴롭힘으로 인한 분쟁해결을 갈등단계와 분쟁단계로 구분하여, 갈등단계에서는 주로 사내 고충처리시스템 활용 방안에 대해, 법적 분쟁 단계에서는 고용노동청, 법원, 국가인권위원회 등 다양한 구제기관들을 통한 분쟁 해결 방안에 대해 검토한다.

제6장('집단 노동분쟁 주요 이슈, 합리적으로 해결하기')은 단체교섭 및 쟁의행위 과정에서 발생하는 다양한 노사분쟁의 법적 쟁점을 검토하고, 사례 토의를 통해 해결방안을 모색하고, 단체협약 해지가 단체교섭과 노사관계에 미치는 영향을 살펴보고, 그에 대한 대응책을 논의한다. 협정근로자 제도의 쟁점과 도입 사례를 검토하여 노사가 공감할 수 있는 대안을 찾는다. 단체협약 체결 전 총회 인준 절차의 타당성을 살펴보고, 노조대표자 권한 제한 방식에 대한 비교를 통해 개선 방향을 제시한다. 유니온 숍의 법적 쟁점과 적용상의 문제점, 쟁의기간 중 신분보장조항 적용에 따른 분쟁 사례를 통해 실질적 해결방안을 도출한다.

제7장('노동법 · 판례 · 판정 등의 활용 요령')은 부당해고를 다투는 사례가 노동위원회와 법원을 거치면서 소의 이익에 관한 기존 판례를 변경하는 전원합의체 판결을 만들어내고 이후의 과정에서 정당해고에서 부당해고로 결론이 달라지는 실제 사례를 통해 '소송이 살아 움직이는 생물'이라고 하는 이유를 실감할 수 있게 된다. 그 과정에서 주로 문제되는 법률 규정, 사건이 진행된 경위(판례)를 파악하는 방법을 알아본다. 법, 단체협약, 개별계약, 내부 규정 등 중층적 구조의 성문법규와 판례, 노동위원회 판정과 행정해석 등 법원(法源)을 구체적으로 검색하는 방법과 이를 실무에 적용할 때 법적 해석, 법령 적용의 우선순위, 강행법규성 판단 등 특수성을 아울러 살펴본 후 유의해야 할 점에 대해서도 알아본다.

제8장('글로벌 기업이 알아야 할 한국 노동법 및 노동관행')은 지난 50년간 한국 경제는 급속한 발전을 이루었으나, 그만큼 노사관계도 불안정한 시기를 거치며 큰 변화를 겪었다. 이 과정에서 한국은 고유한 노동법 체계를 구축하고, 독특한 노동관행을 형성해왔다. 최근에는 노사관계의 개인

화가 진행되며, 경제적 이슈를 중심으로 다양한 요구가 분출되고 있다. 이런 변화 속에서는 법과 원칙에 기반한 안정적인 노사관계 형성이 더욱 중요해지고 있다. 하지만 국내에 진출한 글로벌 기업의 구성원들은 한국 노동법과 관행과 노사관계의 특수성 등을 제대로 이해하지 못해 불필요한 어려움을 겪는 경우가 많다. 이에 한국 노동법과 노사관계의 특성, 글로벌 기준과의 차이를 이해하고, 채용부터 해고까지의 인사노무 이슈를 사례 중심으로 고찰한다.

# 법은 협상의 장애물인가?

## - 법적 협상(Legal Negotiation)의 원리 -

이 정 교수

# 법은 협상의 장애물인가?
# - 법적 협상(Legal Negotiation)의 원리 -

이 정

## I 노동분쟁과 ADR

### 1. 노동분쟁 양상의 변화

우리 사회가 점점 다원화되면서 산업현장에서 발생하는 갈등도 매우 개별화 · 다양화되는 특징을 보이고 있다. '노동분쟁'하면 아직도 노동쟁의나 부당노동행위와 같이 사업주와 노동조합 간의 집단적 분쟁을 연상하기 쉽다. 하지만, 근래에는 해고를 비롯하여, 징계처분, 배치전환, 통상임금 산정, 정년연장에 따른 임금체계의 변경 등과 같이 개별적 분쟁이 압도적으로 증가하고 있다. 또한 최근에는 원 · 하청 간의 노노갈등에서부터, 직장 내 성희롱과 괴롭힘, 고용상의 차별, 특수고용종사자나 플랫폼종사자들의 고용 관련 분쟁에 이르기까지 과거에는 경험할 수 없었던 새로운 형태의 분쟁이 점점 증가하고 있다.

이처럼 노동분쟁의 양상이 점점 개별화 · 다양화되는 배경에는 크게 두 가지 이유가 있다. 하나는 집단적 근로조건 결정시스템의 후퇴를 들 수 있다. 이는 노동조합의 조직률 감소에서 볼 수 있듯이,[1] 노동조합의 분쟁해결기능 저하로 인하여 근로자들이 직접 분쟁당사자가 되고 있기 때문이라 생각된다. 또 하나는 고소득 전문직이나 MZ세대들로 대표되는 젊은 근로자들은 개인주의적 성향이 강하기 때문에, 연봉이나 근로시간 등 근로조건을 집단적 · 획일적으로 결정하는 방식을 기피하는 성향도 한 몫하고 있다고 생각된다. 이러한 경향은 고용의 디지털화로 인하여 고용형태 및 근무방식이 다양화되면 될수록 심화될 것으로 예상된다.

---

1 노동조합 조직률 감소는 세계적인 추세이다(예를 들어 영국, 독일, 미국, 일본 등). 단, 우리나라의 경우, 2017년까지는 조직률이 10% 수준에 정체되어 있다가, 2018년(11.8%), 2019년(12.5%), 2020년(14.2%), 2021년(14.2%)로 증가하다가, 2022(13.1%)이후에는 다소 감소하는 추세를 보이고 있다.

## 2. 노동분쟁의 특성과 ADR 활용의 필요성

### (1) 노동분쟁의 특성

'노동관계'를 '개개인 근로자와 사용자 간의 개별적 근로계약관계 및 노동조합과 사용자 간에 발생하는 집단적 노사관계'라고 정의하면, '노동분쟁(Labor Disputes)'이라 함은 이러한 관계로부터 발생하는 개별 · 권리분쟁은 물론, 집단 · 이익분쟁을 포섭하는 개념이라고 할 수 있다.[2] 노동분쟁은 분쟁당사자가 개인인가 집단인가에 따라 개별분쟁(individual disputes)과 집단분쟁(collective disputes)으로 나뉘며, 분쟁의 성격에 따라 권리분쟁(disputes of right)과 이익분쟁(disputes of interest)으로 나뉜다.

전자는 분쟁의 주체에 따른 구분으로 사용자와 근로자 사이에 근로계약, 징계 · 해고, 배치전환, 승진 등을 둘러싼 다툼을 '개별분쟁'이라 하고, 사용자와 노동조합 간의 단체교섭이나 쟁의행위를 둘러싼 다툼을 '집단분쟁'이라고 한다. 이에 비해, 후자는 분쟁의 객체(성질)에 따른 구분으로, 노사 간의 권리의무관계를 정한 규범(룰)이 이미 존재하는 경우에 그 해석 · 적용을 둘러싼 다툼 – 예를 들어, 근로계약이나 취업규칙 · 단체협약의 해석을 둘러싼 분쟁을 '권리분쟁'이라 하고, 새로운 규범(rule)의 설정을 둘러싼 다툼 – 예를 들어, 임금인상이나 근로시간 단축 등을 둘러싼 분쟁을 '이익분쟁'이라고 한다.

그러나 노동분쟁의 종류를 이론상으로는 이와 같이 4가지로 분류할 수 있지만, 실제로 발생하는 노동분쟁 양상을 보면, 이러한 4가지 종류의 분쟁이 서로 착종하여 복잡한 양상을 띠는 것이 일반적이다. 예를 들어 취업규칙의 불이익 변경(정년연장에 따른 임금피크제 도입을 둘러싼 분쟁 등)은 전형적인 이익분쟁이지만, 법정에서 다투게 되면 권리분쟁의 성격을 띠게 된다. 이처럼 노동분쟁이 다면성을 가지는 이유는 노동관계의 특수성, 즉 개별적 노동관계를 중심으로 하면서도 단결력을 배경으로 근로자의 지위향상을 꾀하는데 기인하는 것으로, 다른 법적 분쟁에서는 보기 드문 노동분쟁의 특징이라고 할 수 있다.

이와 같이 노동분쟁은 계속성과 포괄성, 집단성, 복잡성, 이데올로기적 성격을 띠기 때문에, 일도양단의 법적 판단만으로는 궁극적 해결에 한계가 있다. 다시 말해서 사법기관은 어디까지나 철저한 증거와 입증에 기초하여 법리적 판단을 하는 곳이므로, 노동분쟁의 특수성을 반영하여 분쟁을 유연하게 해결하기란 기대하기 어렵다. 또한 민사소송은 사법절차의 장기화로 인하여 소송비용이 많이 들기 때문에 노동분쟁해결 방법으로는 적절하지 못하다는 지적이 있어 왔다.[3] 그

---

2 李鋌, "日本における労使紛争の法的概念", 東京大学·本郷法政紀要, 第1号(1993).

3 荒木誠之, "労働委員会と裁判所", 現代労働法講座14(労働訴訟), 総合労働研究所, 1985年2頁; 沖野 威, "労働事件におけ

래서 노동분쟁해결 방법으로써 소송대신 ADR이 주목을 받게 된 것이다.

참고로 우리보다 먼저 산업화가 이루어진 주요 선진국에서는 재판시스템과는 별도로 노동사건을 먼저 화해나 조정·중재를 통해 분쟁해결을 꽤하는 소위 '대안적 분쟁해결제도(ADR: Alternative Dispute Resolution)'가 발달되어 있다. 예를 들어 영국의 ACAS와 미국의 NLRB와 FMCS, EEOC가 대표적이다. 그리고 최근에는 일본과 독일도 대안적 분쟁해결에 관한 법제도를 정비하는 등 ADR에 많은 관심을 보이고 있다. 이처럼 많은 국가에서 노동분쟁 해결시스템으로서 기존의 사법제도와는 별도로 독자적인 노동분쟁 해결시스템을 구축하고 있는데, 그 배경에는 이러한 노동분쟁의 다면성과 특수성에 대응하기 위한 것이다.

### (2) ADR 활용의 필요성

'ADR(Alternative Dispute Resolution: 대안적 분쟁 해결)'이란, 소송에 의하지 않고 협상이나 조정, 중재를 통하여 분쟁을 해결하는 방법을 의미한다. ADR은 소송에 비해 저비용으로 신속하게 분쟁을 해결할 수 있을 뿐 아니라, 기업 비밀이나 사생활 보호가 가능하며, 서로 만족할 만한 해결책을 도출할 수 있다는 점에 메리트가 있어, 노동사건을 비롯하여 가사사건이나 의료분쟁, 상사분쟁 등에 널리 이용되고 있다.

우리나라의 경우, 대표적인 노동 ADR기관으로 노동위원회가 있다. 노동위원회에서는 전체 노동사건의 약 9할 정도를 해결하고 있는데, 그 중 상상수가 화해·조정·중재를 통해서 해결되고 있다. 다만, 노동위원회는 어디까지나 분쟁을 사후적으로 해결하는 기관이기 때문에 분쟁을 사전적으로 예방할 수 있는 '예방적 기능'이 다소 부족하다는 점과, 관할대상이 노동 관련 법규에 근거한 분쟁으로 제한되기 때문에 이러한 프레임에서 벗어난 상시 5인 미만의 영세사업장 근로자나 특수고용종사자, 플랫폼종사자들은 권리를 보호받지 못하는 사각지대에 놓이게 된다는 점에서 그 한계를 드러내고 있다.

따라서 종전의 노동분쟁해결시스템의 문제점을 보완하기 위해서는 노동분쟁을 사전에 예방하고, 이미 분쟁이 발생한 경우에는 신속하게 해결하며, 권리구제의 사각지대에 놓여 있는 영세사업장 근로자나 특수고용종사자, 플랫폼종사자의 고용 관련 분쟁까지도 포섭할 수 있는 분쟁해결시스템과 스킬을 개발할 필요가 있다.

---

る本案訴訟と仮処分との役割", 新·実務民事訴訟講座XI(労働訴訟), 日本評論社, 1988, 3頁; 萩沢時清, "労働民事訴訟の奇跡と課題", 三ヶ月章先生古希祝賀「民事手続法学の革新」, 有斐閣, 1991, 683頁.

## Ⅱ 법적 협상의 개념 및 모델

### 1. 법적 협상의 개념

'법적 협상(Legal Negotiation)'이란, '법적 분쟁이나 계약 협상 과정에서 당사자들이 법적 이익을 극대화하고 분쟁을 해결하기 위해 서로 협의하는 과정'을 의미한다. 이러한 협상은 변호사 등 법률 전문가나 당사자들 사이에 이루어질 수 있으며, 협상의 목적은 법적 권리를 보호하고 최선의 결과를 도출하는 것이다.

법적 협상은 소송이나 중재 같은 공식적인 법적 절차를 거치지 않고 분쟁을 해결하는 방법 중의 하나로, ADR의 한 형태이거나, ADR과정에서 협상 전략으로 활용되는 기법(스킬) 중의 하나이다(〈표-1〉 참조). 다시 말해서 ADR은 중재, 조정, 협상 등을 포함하는 포괄적인 개념인데 비해, 법적 협상은 ADR의 한 유형이면서도 독립적으로 활용될 수 있는 중요한 법적 협상 기법이라고 할 수 있다.

**표 1 ADR과 법적 협상의 차이**

| 구 분 | ADR(대안적 분쟁해결제도) | 법적 협상(Legal Negotiation) |
|---|---|---|
| 정 의 | 소송을 대신하는 분쟁 해결 절차(중재, 조정, 협상 등 포함) | 법적 분쟁 해결을 위한 협상 과정 |
| 형 태 | 중재(Arbitration), 조정(Mediation), 협상(Negotiation) 등 다양한 방법 포함 | 협상(Negotiation) 자체가 핵심 |
| 제3자 개입 여부 | 중재인, 조정자 등 제3자가 개입 가능 | 당사자 간 협상 중심 (변호사가 개입할 수 있음) |
| 법적 구속력 | 중재는 구속력이 있지만, 조정이나 협상은 구속력 없음 | 합의가 이뤄져야만 구속력 발생 |
| 활용 분야 | 상사 분쟁, 노동 분쟁, 가사 사건 등 | 계약 협상, 법률적 분쟁 조정 등 |

### 2. 법적 협상의 모델

#### (1) 종전의 협상 모델

법적 협상의 모델로는 ①사인 간에 분쟁이 발생한 경우의 협상(분쟁해결형 협상)과, ②사인 간 거래에 앞서 계약체결을 위한 협상(거래계약형 협상)의 두 가지로 분류하는 것이 일반적이다. 이

중에서 전자인 '분쟁해결형 협상'은 이미 분쟁이 발생한 이후에 회고적 또는 '과거지향적(retrospective) 협상'인데 비해, 후자인 '거래계약형 협상'은 분쟁이 발생하기 이전에 이루어지는 '미래지향적(prospective) 협상'이라는 점에서 차이가 있다. 이와 같이 양자를 구분하는 이유를 굳이 찾는다면, 거래계약형 협상은 비즈니스협상 등 일반적인 협상과 그 성격이 비슷하기 때문에, 법적 협상은 물론 일반적인 협상스킬을 응용하기 쉽다는 점에서 양자를 구분하는 실익이 있다고 할 수 있다.

위에서 언급한 협상모델은 기본적으로 당사자가 2인 또는 3인 정도를 전제로 한 협상이라고 할 수 있다. 그러나 세상에는 이보다 많은 수의 당사자가 관여하는 협상도 있을 수 있다. 예를 들어 주주총회나 이사회 등과 같이 단체를 전제로 한 협상도 얼마든지 있다. 이와 같은 협상도 법적 절차에 따라 이루어져야 하는 협상'이라면, 당연히 법적 협상에 포함된다고 할 수 있다. 이를 '단체의 의사형성에 있어서 협상'이라 하는데, 종전의 '분쟁해결형 협상'이나 '거래계약형 협상' 중 어디에도 합치하지 않기 때문에, 여기서는 편의상 종전의 협상모델에 대해서만 다루기로 한다.

### (2) 두 개의 협상 모델

위에서 소개한 '분쟁해결형 협상'과 '거래계약형 협상'에는 각각 '①분배적 협상(distributive negotiation)'과 ②'통합적 협상(integrative negotiation)'이 있다. 이 중에서 '분배적 협상'은 협상의 목적물(파이)은 고정되어 있고 당사자가 서로 정보를 제시하지 않고 각각 자기 이익의 확대만을 추구하고, 최소한의 양보밖에 하지 않는 방법을 의미한다. 이에 비해, '통합적 협상'은 협상의 목적물은 당사자가 협상동기를 제시하고 선택지를 확대하여 당사자 쌍방의 이익을 도모하면서도 다원적인 제안을 함으로써 문제를 해결해나가는 협상 방식을 의미한다.

이 중에서 '하버드류 협상술(이는 하버드대 로스쿨을 비롯하여 많은 로스쿨에서 가르치고 있는 협상술을 말함)'에서는 후자인 통합적 협상의 중요성이 강조되고 있는데, 그 전형적인 예로 협상 텍스트에 단골로 등장하는 것이 '오렌지를 서로 차지하려는 자매간의 갈등'이다. 즉 자매가 오렌지를 서로 가지려는 동기, 즉 언니는 오렌지 향이 필요하여 껍질을 원하는 반변, 동생은 오렌지 주스를 만들기 위해 속이 필요하다는 사실을 서로 공개함으로써, 각자가 원하는 목적을 달성하는 협상(win－win solution)이 전형적인 예이다. 분배적 협상으로는 상호 간에 정보를 공개하지 않은 채 '무조건 오렌지를 가져야 한다.'라고만 할 뿐, 최소한의 양보 외에는 어떠한 타협도 하지 않기 때문에 그 성과도 빈약할 수밖에 없다.

이와 같이 통합적 협상의 포인트는 ① 협상의 동기를 제시하여, ② 선택지를 다양화하는 점이라 할 수 있다. 이는 오렌지를 차지하려는 목적과 동기를 서로 공개함으로써, 협상의 대상과 목적물이 확대되고 다원적인 제안을 함으로써 문제를 해결해 나가는 방법이다. 분배적 협상보다도 통합적 협상아 경제학적으로도 최적의 결과를 도출할 수 있다고 지적하는 경제학자도 있으며, 이러한 어프로치를 '원칙입각형 협상(Principled Negotiation)', '협력형 협상', '문제해결형 협상'이라고도 하는데, 배타적으로 경쟁적인 관계를 지향하는 '분배형 협상'과는 구별된다.

위에서도 살펴보았듯이 선택지를 확대하는 것이 협상 전반에 걸쳐 매우 중요하다는 사실을 알 수 있다. 이는 뒤에서 소개하는 〈에피소드3〉에서 확인할 수 있는데, 변호사가 당사자에게 다양한 선택지를 제시함으로써, 양쪽 모두가 수용할 수 있는 방향으로 수렴해 나가는 프로세스를 확인할 수 있다. 또한 협상과정에서 여러 가지 변수가 생겨 사안이 복잡하게 꼬이거나 교착상태에 빠지는 경우도 있다. 이때는 새로운 해결방안을 제시하거나, '최상의 대안(이하, BATNA; Best Alternative to a Negotiated Agreement)'을 제시함으로써, 직접고용이 아니라 관련기업으로의 간접고용 방식을 제시함으로써 돌파구를 찾을 수도 있다. 또한 협상은 시간이 경과함에 따라 상황이 변하는 경우도 종종 있는데, 이런 경우, 이 사건은 '분배적 협상, 저 사건은 통합적 협상'과 같이 일도양단할 것이 아니라, 양쪽을 효율적으로 통합하여 보다 좋은 합의를 목표로 하는 것이 바람직하다.

## Ⅲ 노동분쟁과 ADR 활용 방법

### 1. 노동분쟁 유형에 따른 구분

노동분쟁에 ADR을 활용할 수 있는 방법은 매우 다양하다. 이 중에서 어떤 방법을 선택할지는 당사자의 의사에 따라 달라지겠지만, 일반적으로는 노동분쟁의 주체에 따른 유형(개별분쟁 vs 집단분쟁)과 객체에 따른 유형(권리분쟁 vs 이익분쟁)에 따라 그 방법이 달라진다(〈표-2〉 참조).

우선, 노동분쟁이 사업주와 근로자 개인 사이의 분쟁(개별분쟁)인지, 아니면 노동조합과 관련된 분쟁(집단분쟁)인지에 따라 구제방법이 달라진다. 예를 들어 근로자 개인 차원의 근로계약이나 임금, 근로시간, 휴가 등 근로조건에 관한 분쟁이거나 또는 해고 · 징계 및 직장 내 괴롭힘 · 성희롱과 같은 개별분쟁은 ①당사가가 차원에서 협상을 통하여 조정 · 중재로 해결하는 방법, ②노동위원회의 화해 · 중재나 판정으로 해결하는 방법, ③고용노동청의 시정명령 등을 통하여 해결하는 방법 등이 있을 수 있다.

이에 비해, 노동분쟁이 노동조합 관련 집단분쟁의 경우에는 개별분쟁과는 달리 우선 단체교섭을 통한 해결을 꾀한 다음, 여의치 않은 경우에는 노동위원회와 같은 외부 기관이나 중재인의 도움을 받아 해결하는 것이 일반적이다. 예들 들어 근로조건 개선이나 노동조합 운영을 둘러싸고 노동쟁의가 발생한 경우, 또는 복수노조와 관련된 공정대표의무나 근로시간면제를 둘러싼 분쟁은 노사가 단체교섭을 통하여 해결하는 것이 가장 바람직하다. 그러나 단체교섭이 교착상태에 빠져 해결이 어려운 경우에는 노동위원회의 조정이나 중재 또는 판정에 의하여 해결할 수밖에 없다.

**표 2 노동분쟁 유형에 따른 ADR 활용방법**

| 구 분 | 개별분쟁<br>(권리 · 이익분쟁) | 집단분쟁<br>(권리 · 이익분쟁) |
|---|---|---|
| 사적 해결 | 당사자 차원의 협상 · 조정 · 중재 | 단체교섭, 사적 조정 · 중재 |
| 공적 해결 | 노동위원회의 화해, 조정, 판정<br>고용노동청의 시정 명령 | 노동위원회의 조정 · 중재 |

위의 분류방법 이외에도, 노동분쟁이 근로조건에 관한 권리의 형성 · 유지 · 변경 등 근로조건 결정을 둘러싼 분쟁(이익분쟁)이냐, 아니면 기존의 법령 · 단체협약 등에 의해 이미 확정된 권리에 해석과 적용에 관한 분쟁(권리분쟁)이냐에 따라 해결방법이 달라질 수 있다.

예를 들어 임금인상이나 근로시간 단축 등과 같은 이익분쟁은 단체교섭 및 조정 · 중재의 대상이 되나, 경영상의 해고나 사업조직의 통폐합(구조조정) 등과 같은 권리분쟁은 고도의 경영상 결단에 속하는 사항이므로 원칙적으로 단체교섭의 대상이 될 수 없지만, 그 내용이 강행법규나 사회질서에 위배되지 않는 이상, 단체교섭이나 조정 · 중재를 통하여 해결할 수 있다는 것이 판례의 입장이다.[4]

따라서 ADR은 분쟁의 유형이나 분쟁의 성격에 상관없이 모든 노동분쟁에 활용될 수 있다고 본다. 흔히 근로조건 개선(임금인상, 근로시간 단축 등)을 둘러싼 이익분쟁은 조정 · 중재의 대상이 되나, 해고 · 징계, 부당노동행위와 같은 권리분쟁은 그 대상에서 제외된다고 한다. 이는 ADR에 대한 단순한 오해라고 생각된다. ADR은 재판과는 달리 분쟁해결에 유연성이 있고 이점이 많기 때문에, 오히려 권리분쟁에도 ADR을 적극적으로 활용하는 것이 유리하다.

4 대법원 2014. 3. 27. 선고 2011두20406 판결.

## 2. 노동분쟁과 ADR 활용 사례

위에서는 노동분쟁에 ADR기법을 활용할 경우, 어떠한 메리트가 있는지에 대해 설명을 했다. 이하에서는 실제로 ADR기법을 활용하여 노사 간 갈등을 해결한 사례를 소개하고자 한다. 다만, 여기서는 지면상의 제한도 있고 해서, 사안의 성격과 분쟁해결 방식이 서로 다른 3가지 에피소드(사례)를 중심으로 살펴보기로 한다.

우선, 〈에피소드 1〉은 해고·징계와 직장 내 괴롭힘까지 연루된 개별적 권리분쟁의 전형이다. 해고 관련 분쟁은 노동위원회에 접수되는 사건의 절반이상을 차지할 정도로 많으며, 이 중 3할 이상이 사실상 화해로 종결되고 있다. 〈에피소드 1〉은 해고사건과 같은 권리분쟁이 노동위원회에서 어떻게 화해가 이루어지는지 대한 프로세스를 상세하게 보여주고 있다.

이에 비해, 〈에피소드 2〉는 노동조합과의 단체교섭 및 쟁의행위와 관련된 전형적인 집단분쟁의 한 예이다. 여기서는 최근에 대법원이 제시한 통상임금의 산정기준이 노사갈등의 계기가 되었다. 이 사건에서는 단체교섭이 교착상태에 빠지면서 노조 측은 전면파업으로, 사측은 기업철수로 맞서는 극단적인 상황에 이르지만, 노사양측이 서로 양보와 타협을 통하여 슬기롭게 극복해나가는 협상과정을 잘 보여주고 있다.

마지막으로 〈에피소드 3〉는 정년 후 재고용을 둘러싼 분쟁으로, 사업주와 근로자 간의 개별적 이익분쟁의 전형이라고 할 수 있다. 여기서는 양 당사자가 자율적으로 문제를 해결하려고 노력을 했지만, 순조롭게 협상이 진행되지 않자 중재인으로 변호사를 선임하여 난맥상을 해쳐나가는 과정을 잘 보여주고 있다. 이 사례에서는 양당사자 간의 협상이 교착상태에 빠질 경우, 분쟁해결을 위한 중립적인 제3자의 역할이 얼마나 중요한지를 보여주고 있다.

### [에피소드 1] 해고와 징계

#1. 김부장은 오늘 아침에도 회사가 아닌 공원으로 출근했다. 회사로부터 권고사직을 통고받은 때부터 공원으로 왔으니 벌써 2주째다. 그 동안 다니던 회사는 해외여행 패키지상품을 개발·판매하는 회사로, 지금까지는 순조롭게 성장하여 꽤나 이름이 알려져 있다. 불행은 어느 날 갑자기 찾아온다고 했던가. 코로나팬데믹이 길어지면서 회사사정은 급변했다. 매출액이 반 토막이 나면서 회사는 본격적인 구조조정에 착수했다. 김부장은 그 동안 회사로부터 수많은 회유와 압박, 따돌림 등 온갖 수모를 겪으면서도 묵묵히 참아왔는데, 나이가 많다는 이유와 실적이 부진하다는 이유로 사실상 해고를 당한 것이나 다름없다.

#2. 이러한 회사의 일방적 조치가 너무나 가혹하다고 생각되어 회가 측에 수차례 따지기도 해보고 사정도 해보았지만 아무 소용이 없었다. 급기야 2주 전에는 인사총괄상무와의 면담에서는 감정이 고조된 나머지, 그 동안 꾹꾹 눌러온 감정이 폭발하고 말았다.

"20년 가까이 내 영혼을 갈아 부었는데, 단지 나이가 많고 실적이 미흡하다는 이유만으로 자르다니...신의라고는 털끝만큼도 없는 회사야. 회사에 오래 다닌 것이 잘못인가? 코로나사태로 실적이 부진한 것인데, 그게 모두 내 책임인가? 세간에 '56도'라 해서 56세가 되면 무자비하게 자르는 악질 기업이 있다더니, 여기가 바로 그런 곳이었네. 이렇게 위법한 짓을 서슴지 않는 회사에 더 이상 미련을 가진들 무슨 소용이 있겠어."

한동안 잠잠히 얘기를 듣고 있던 인사총괄상무는 상기된 얼굴로 "우리도 자내 같은 사람과는 함께 갈 수 없네, 자네 마음대로 하게!"라는 외마디를 남기고 문을 박차고 나가버렸다.

#3. 그 이후, 김부장은 당분간 쉬고 싶으니 연차처리를 부탁한다는 말만 회사에 남기고, 지금까지 회사에 출근하지 않고 있다. 그 대신 이곳 공원으로 와서 독서도 하고 산책도 하면서 시간을 보내는 게 일상이 되어 버렸다. 사실상 실업자다. 가끔씩 구직정보도 알아보고 있지만, 도무지 집중되지 않고 머리만 복잡해져 당분간은 쉬면서 재충전할 생각이다. 이런 사실을 차마 가족에게는 말할 수가 없어, 아직까지 비밀로 하고 있다. 아침이면 평상시처럼 집을 나와 공원에서 시간을 보내다가 퇴근시간에 맞추어 귀가하기 때문에, 아직은 아무도 눈치를 채지 못한 것 같다. 그나마 다행이다. 하지만 언제까지 이런 생활을 해야 할지 막막하여 극단적인 선택을 생각한 적도 있다.

#4. 어제는 공원벤치에서 편의점 도시락으로 점심을 때우다가 내 인생이 어쩌다 한순간 이렇게 비참하게 되었나 하는 생각에 한참이나 흐느껴 울었다. 그러다 문득 고개를 들고 자신을 바라보니 도심 공원벤치에서 흔히 볼 수 있는 홈리스의 모습과 오버랩되었다. 순간 정신이 번쩍 들면서 지금부터는 세상을 향해 당당히 맞서기로 하고 자리를 박차고 일어났다. 마침 그때 핸드폰 알림메세지가 도착했다. 회사로부터 온 메시지였다. 2주 만에 회사로부터 온 것이다. 김부장은 떨리고 두근거리는 마음으로 한참이나 망설이다 메시지를 조심스럽게 열었다. 거기에는 이렇게 적혀 있었다.

"안녕하세요. 어떤 사정이 있으신지 모르지만, 2주일째 무단결근 중입니다. 이번 주에 복귀하지 않으시면, 1주일 이상 무단결근이라 징계해고가 될 수 있습니다. 혹시 부득이한 사정이 있으시면,

내일 회사로 연락주시기 바랍니다.

–인사총괄상무 드림–

**Q: 당신이 김부장이라면, 어떻게 할 것인가?**

### (1) 사안의 개요 및 쟁점

〈에피소드 1〉은 '권고사직'과 '경영상의 해고' 및 '징계해고'가 혼합된 전형적인 해고 관련 분쟁이다. 이처럼 법적 쟁점이 많은 노동분쟁은 액션을 취하기에 앞서 사실관계 및 법적 쟁점을 명확하게 정리하는 것이 무엇보다 중요하다. 위 사안에서 중요한 쟁점사항을 정리해보면, 대략 다음과 같다.

- 회사의 경영상태가 구조조정을 해야 될 정도로 악화되었는지?
- 김부장에 대해 권고사직은 사실상 '경영상의 이유에 의한 해고'에 해당되는지? 그렇다면 경영상의 이유에 의한 해고의 요건을 모두 갖추고 있는지?
- 김부장이 인사총괄상무에게 한 말을 진정한 '사직'의 의사표시로 간주할 수 있는지? 인사총괄상무가 "함께 갈 수 없다,"는 발언은 사실상 '해고통보'로 볼 수 있는지?
- 김부장이 2주간 회사에 출근하지 않은 것이 '무단결근'에 해당하여 징계의 대상이 되는지? 그렇다면 회사가 결근을 연차유급휴가로 처리하지 않은 것인지?

### (2) 분쟁해결방법의 선택

위의 쟁점정리가 끝났다면, 그 다음 과정은 이러한 주장을 효율적으로 관철시킬 수 있는 분쟁해결방법을 선택하는 것이다. 어떤 방법을 선택할 것인가는 분쟁당사자의 취향에 따라 달라지겠지만, 당해 분쟁의 특성을 고려하여 가장 유리한 방법을 선택하는 것이 일반적이다. 위 사안의 경우에는 아래 〈표–3〉과 같이 4가지 방법을 생각할 수 있다. 이 중에서 어떠한 방법을 선택할 것인가는 각각의 장 · 단점을 비교하여 신중하게 선택할 필요가 있다. 그렇지 않고 성급하게 선택하여 진행하다가, 다른 방법으로 변경하는 경우에는 자칫 시간과 경비를 낭비할 수도 있기 때문이다.

**표 3 분쟁해결 방법에 따른 장 · 단점**

| 해결방법 | 장점 | 단점 |
| --- | --- | --- |
| 민사소송 | ◎ 적정한 사실인정<br>◎ 보전의 필요성 不要<br>◎ 강력한 집행력(가집행 付 → 강제집행 可) | ◉ 분쟁해결의 장기화<br>◉ 소송비용에 대한 부담<br>◉ 과거지향형 분쟁해결 |
| 가처분 | ◎ 신속한 해결<br>◎ 재판에 비해 소송비용 低<br>◎ 강제집행력 强(이의가 있어도 강제집행 可) | ◉ 보전의 필요성요건 충족 要<br>(엄격한 요건 → 근로자에게 심리적 부담)<br>◉ 인증조사 곤란 |
| 관할 행정기관<br>(노동위원회 등) | ◎ 저비용 · 신속한 해결<br>◎ 구제방법의 유연성(화해 등)<br>◎ 집행력 强 | ◉ 판정불복시 장기화(5심)<br>(지노위-중노위-행정소송1,2,3심)<br>◉ 관할대상이 제한적임 |
| ADR | ◎ 저비용 · 신속한 해결<br>◎ 당사자에 의한 해결 可<br>◎ 미래지향적 분쟁해결<br>◎ 해결방법의 유연성<br>(창의적 · 맞춤형 해결)<br>◎ 노동조합에게도 진입장벽 低<br>◎ 노무사도 대리인 可<br>◎ 관할대상에 대한 제한 無 | ◉ 해결비율이 상대적으로 저조<br>◉ 당사자간의 권력(힘)의 불균형<br>◉ 강제력 低 |

이 사안과 관련하여 '〈표－3〉 분쟁해결 방법에 따른 장 · 단점'을 참조하여 비교해보면, 노동위원회나 법원과 같은 공적분쟁해결기관을 이용하거나 또는 자율적인 협상(대안적 분쟁해결)을 이용하는 것이 가장 유리해 보인다. 따라서 이하에서는 이 세 가지 방법에 대해 검토하면 다음과 같다.

첫째, 법원에 민사소송을 제기하는 경우, 권리의무관계를 명확히 한다는 점에서 그 의미가 크지만, 입증책임과 증거제출 및 치밀한 법리검토에 많은 시간이 소요되는 것이 가장 큰 흠이다. 법원에서는 비교적 간단한 사건이라도 판결까지 2~3년 걸리는 것이 보통인데, 위 사안처럼 쟁점이 많은 경우에는 그 만큼 시간과 소송비용이 소요되어 부담으로 작용할 수 있다. 뿐만 아니라 법원의 판결은 분쟁을 종식시킨다는 점에서는 의미가 있으나, 분쟁을 예방하거나 회복시키지 못한 점에 그 한계가 있다.

둘째, 노동위원회에 부당해고구제신청을 하는 경우에는, 민사소송에 비해 시간과 비용을 절약할 수 있다는 게 최대의 장점이라 할 수 있다. 또한 노동위원회에서는 판정에 앞서 사실상 화해전치를 하고 있으며, 심판절차가 진행되거나 심지어는 종결된 경우에도 화해를 시도하는 등 분쟁해결에 유연성이 있다는 점도 커다란 장점이라 할 수 있다. 그러나 합의가 성립하지 않는 경우에는 해고를 법적으로 다툴 수밖에 없는데, 노동위원회 판정에 불복하는 경우에는 사실상 5심제(지노위-중노위-행정소송1,2,3심)가 되어 민사소송보다 오히려 분쟁해결에 시간이 더 걸린 수도 있다.

셋째, 위의 해고분쟁을 ADR 기법을 활용하여 해결을 꾀하는 경우, 당사자 간의 합의가 성립하면 분쟁을 저비용으로 신속하게 해결할 수 있으며, 이행과정도 순조로울 수 있다는 것이 최대의 장점이다. 그러나 당사가 간에 합의가 이루어지지 않는 경우에는 중립적인 제3자가 중재인으로 관여할 수밖에 없는데, 중재인의 자질과 능력에 따라 분쟁해결에 편차가 발생할 수 있다는 점과, 화해가 성립하더라도 노동위원회나 법원에서의 화해처럼 법적 효력이 부여되지 않는다는 점에서 취약하다. 그럼에도 불구하고 노동분쟁의 특성(계속성, 다면성 등)을 고려할 때, ADR기법을 활용하는 것이 노동법상의 '노사자치(협약자치)' 및 '원상회복'의 원칙에 가장 부합한 분쟁해결방식이라 할 수 있다.

### (3) 경과

〈에피소드1〉은 실제 노동위원회에 제기된 사건으로, 심판절차를 시작하기 전에 화해를 시도했으나, 회사 측이 수용할 의사가 없는 것 같아 일단 심판회의를 진행하면서 화해의 기회를 모색해 보기로 했다. 그런데 심문과정에서 의외의 사실을 알게 되면서 극적으로 합의에 이르렀다. 그 과정을 요약하면 다음과 같다.

- 주주총회에서 기업회생에 들어가기 전에 구조조정을 전사적으로 실시하기로 결정함.
- 회사는 주주총회의 결정에 따라, 1차적으로 55세 이상을 구조조정의 대상으로 정한 다음, 희망퇴직자 모집을 시작으로 본격적인 구조조정에 착수함.
- 정리해고 대상자 5명 중, 김부장을 제외한 나머지 4명은 모두 희망퇴직에 응함.
- 회사는 처음에는 김부장을 설득하고 회유했으나, 아무런 소득이 없자 퇴직을 압박하는 과정에서 직장 내 괴롭힘을 비롯하여 따돌림, 강요 등 인격을 모독하는 행위가 있었음을 확인함.
- 심판위원들은 이러한 회사 측의 약점을 알아채고, 회사 측 대리인에게 이 사건이 노동청이나 수사기관에 정식으로 접수되어 형사사건이 되면 문제가 더 어렵게 되므로 이쯤에서 서로 협상을 통하여 화해를 하는 것이 좋겠다고 권고함.
- 양 당사자는 이미 감정의 골이 깊어 처음에는 합의할 의사가 거의 없었으나, 노사위원들의 끈질긴 설득 끝에 극적으로 화해가 성립함. 화해한 내용은 다음과 같음.

○ ○ 지 방 노 동 위 원 회

**화 해 조 서**

사 건 ○○2025부해○○○주식회사 ○○부당해고 구제신청

근로자 성 명 ○○○ 사용자 성 명 ○○○

주 소 ○○○ 주 소 ○○○

대표자 ○○○

**화 해 조 항**

1. 이 사건 근로자와 사용자는 202○. ○. ○.자로 권고사직을 철회하고 202○. ○. ○.까지 아무런 조건 없이 원직에 복귀한다.
2. 이 사건 당사자는 근로관계의 원상회복과 관련하여 향후 일체의 민·형사 및 행정상 기타 어떠한 방법으로도 이의를 제기하지 아니 한다.

위 사건에 대하여 위와 같은 조건으로 화해하였음을 확인합니다.

○ ○ 지 방 노 동 위 원 회

심 판 위 원 회

위원장 공익위원 ○○○

공익위원 ○○○

공익위원 ○○○

### [에피소드 2] 쟁의행위와 부당노동행위

#1. "임금체불 사업주는 당장 물러나라" "대법원판결까지 무시하는 사장, 구속하라" K사장은 회사 정문에 걸려있는 현수막을 볼 때마다 가슴이 답답하고 한숨만 나온다. 오늘도 현수막 아래에서는 머리띠와 쪼기를 두른 노조원들이 구호를 외치며 전열을 정비하고 있다. 지난 연말부터이니 벌써 두 달째다. 지난주에는 노조가 사업장 일부와 사장실을 무단으로 점거하는 바람에, 부품 납품에 차질이 생겨 상당한 손실이 생겼으며, K사장은 별관 회의실에서 집무를 보고 있다. 이런 일은 K사장이 한국지부의 총괄책임자로 부임하기 전까지는 한 번도 없었다고 한다.

※ 참고로 이 회사는 다국적기업의 한국지사로, 본사는 해외에 두고 있으며, 한국지사는 주로 콘덴서 등 전자축전지를 제조하고 있다. 이 회사의 주된 클라이언트는 국내 대기업들이며, 종업원들은 정규직과 협력업체 직원을 포함하여 약 2천여 명 정도이다.

#2. 회사와 노조와의 갈등에 기폭제가 된 것은 2024. 12. 19. 대법원 전원합의체가 '통상임금 산정'에 대한 새로운 판단기준을 제시하면서부터이다. 즉 대법원은 이번판결에서 통상임금 판단기준에서 '고정성'이라는 개념징표를 폐기하였는데, 이로 인하여 잔업수당과 연차수당 등의 산정기준이 달라졌기 때문이다. 구체적으로는 새로운 판단기준에 의할 경우, 종전에는 통상임금에 포함되지 않던 조건부 정기상여나 각종수당이 통상임금에 포함되게 되어 잔업수당금액이 상당히 증가하게 되는데, 노조는 그 임금차액에 대한 지급을 요구하고 나선 것이다. 회사는 노조와의 면담에서 처음에는 긍정적으로 답변을 했다. 그러나 임금차액의 규모가 전년도 순수익의 약 90%에 이를 정도로 큰 금액이라 당장 지급하지 못하고, 임금지불을 차일피일 미루고 있었다. 그러자 노조는 더 이상 참지 못하고, K사장을 상대로 관할 노동관서에 '임금체불 진정'을 제기했다.

#3. 조용하던 회사가 아침부터 소란스럽다. 창밖을 보니, 오늘은 노조가 거사를 치를 예정인지 본관 앞에 모여 구호를 외치고 있다. 그 때 회의실을 노크하는 소리가 들리고, 비서실장과 노조위원장이 모습을 드러냈다. 노조위원장은 사장을 보자마자 거두절미하고 오늘 명확한 답변을 주지 않으면, 내일부터는 전면파업에 돌입하겠다고 했다. 이에 당황한 K사장은 오후 단체교섭 때 만나자고 하고 위원장을 돌려보냈다. 그런 다음, 곧 바로 임원회의를 소집하여 해결책을 모색했지만 역시 묘안은 없었다. 그렇다고 회의가 전혀 무의미한 것은 아니었다. 노조관련 업무에 경험이 있는 몇몇 임원들 중에는 ①사장이 노조간부들과의 간담회에서 회사가 처한 사정을 솔직하게 설명하고, 이해를 구하는 것이 좋겠다는 의견을 비롯하여, ②체불된 임금액이 고액인 만큼, 본사에 특사를 보내서 이쪽 사정을 설명하고 양해를 구한 다음, 일단 파업만은 막아보자는 주장에 이르기까지 다양한 의견이 제시되었다. 그렇잖아도 K사장은 본사로부터 대규모 구조조정을 하든가해서 이번 사태를 수습을 하지 못하면, 한국으로부터 기업을 철수하겠다는 압박을 받고 있는 터라, 황급히 자문변호사의 의견을 들어보기로 했다.

#4. 노사가 협상테이블에 마주 앉았다. 벌써 6번째 단체협상이다. 하지만 노사 간에는 여전히

긴장감만 맴돌 뿐, 아무런 진전이 없었다. 노조 측은 자기들의 임금차액요구는 대법원판결에 따른 정당한 요구이며, 만약 회사가 이를 수용하지 않으면 근로기준법 위반이 되어 형사처벌의 대상이 된다는 주장만 반복하였다. 이 말을 듣자 K사장은 마치 자기가 범법자가 된 기분이 들었다. 그래서 K사장은 가급적 냉정한 표정으로 ①회사가 부담해야 하는 금액(약 100억원)이 작년도 순수익의 8할 정도의 고액이므로, 이를 일시에 지급하게 되면 기업경영이 어렵게 된다는 점과, ②지난번 노조의 파업으로 생산에 차질이 생기면서 막대한 손실이 발생했다는 점, ③노조가 전면파업에 돌입할 경우, 회사는 더 이상 수습을 못할 정도로 혼란에 빠질 수 있다는 점 등을 진지하게 설명했다. K사장의 간절한 호소가 먹혔는지, 진지한 표정으로 듣고 고개를 끄덕이는 간부들도 있었다. K사장은 이 기세를 몰아, 만약 노조가 더 나아가 회사의 요청을 거부하고 파업에 돌입할 경우, ①지난 불법파업에 따른 책임을 물을 수도 있으며, ②극단적으로는 직장폐쇄에 돌입할 수도 있다고 공세를 취할까도 생각했지만, 노조 측의 반응을 살펴본 다음, 좀 더 신중하게 대응하기 위해 다음 기회로 미루기로 했다.

#5. 그 이후에도 두 차례에 걸쳐 단체교섭을 진행했으나, 서로 입장차이만 확인했을 뿐, 아무런 진전이 없었다. 하나 다행인 것은 마침 K사장이 본사 출장이 잡혀 있어 귀국할 때까지는 당분간 전면파업은 잠시 유보했다는 점이다. K사장은 본사에 간 김에 이쪽 상황을 충분히 설명하고 긴급지원을 요청한다는 방침을 정한 다음, 노사관계에 실무경험이 많은 변호사와 노무사의 조언을 받았다. K사장은 본사 방문 시에 현지사정을 상세하게 설명하고 이해를 구했다. K사장의 필사적인 노력 덕분에 다행히 본사가 당분간은 기업을 철수하지 않기로 결정했다. 이에 용기를 얻은 K사장은 귀국하자마자 노조간부들과의 간담회를 소집하여, 다음과 같은 내용의 메모지를 노조간부들에게 배포했다. 그 메모지를 받아 본 노조간부들의 눈에는 당황해하는 보습이 역력했다. 그 메모지에는 다음과 같은 내용이 적혀 있었다.

"이 시간 이후로 노조가 사업장을 전면적으로 점거하는 등 불법파업을 감행할 경우, ①파업에 따른 손해배상을 청구하고, ②파업을 주도한 노조와 노조원에 대해서는 엄중한 책임을 물으며, ③극단적으로는 본사가 기업을 철수할 수도 있다."

#6. K사장이 지난 간담회에서 배수진을 치고 공세로 나선 탓일까, 이번에는 노조 측에서 면담

을 신청해 왔다. 노조는 면담에서 본사가 이 정도의 금전적 지원을 할 수 있는 여력이 없는지, 회사를 철수할 수도 있다는 것이 사실인지 등을 물어왔다. 이에 K사장은 모두 본사의 방침이므로 자기도 더 이상의 여지가 없다고 단호하게 말한 다음, 자기는 사직을 포함해 이미 마음을 비웠다고 했다. 그러자 노조 측에서도 회사 측의 사정을 어느 정도 이해한다고 하면서도, 내부적으로는 아직도 강경파들을 중심으로 반발이 심하다고 했다. K사장은 노조가 아마도 파업중지를 위한 명분을 찾는 것 같다고 생각했다. 그래서 회사가 체불된 임금액의 절반을 4회로 나누어 지급하되, 나머지 금액에 대해서는 상여금비율을 지금보다 상향조정하여 지급하면 안 되겠느냐고 제안을 했다. 그로부터 1주일 후, 노조 측은 사내공문을 통해 회사 측의 제안을 수용하기로 했다는 의사를 밝혀왔다.

### (1) 분쟁의 원인 및 쟁점 파악

위 사건의 사실관계는 비교적 간단하고 쟁점 또한 심플하다. 하지만 그 해결방법은 그리 간단하지 않다. 왜냐하면, 노사갈등의 원인이 회사에 있는 것이 아니라, '대법원의 판례변경'이라는 외부적 요인에 기인하기 때문이다. 따라서 노조 측이 대법원판례에 근거하여 추가수당을 요구하는 것은 당연한 권리이다. 사용자 또한 본의 아니게 거액의 임금체불이 발생한 것이므로 이를 비난할 수도 없는 상황이다. 이와 같이 노사 간의 갈등이 외부에 있는 경우에는 해결책을 찾지 못하고, 자칫 미궁에 빠지기 쉽다. 따라서 이 사안에서는 노사양쪽에 책임이 없는 만큼, 분쟁의 원인과 쟁점을 명확히 정리한 다음, 이를 협상을 통해 서로 양보하고 타협해나가는 과정을 잘 보여주고 있다. 이 사건의 쟁점사항을 정리하면 다음과 같다.

- 노동조합의 통상임금 산정기준의 변경에 따른 추가수당 요구는 정당한가?
- 회사 측의 임금체불은 위법한 것으로, 마땅히 비난을 받아야 할 행위인가?
- 노조의 쟁의행위(직장점거)는 정당성 요건을 갖추고 있는가?
- 회사 측이 노조와의 협상카드로 제시한 회사철수 및 상여금 인상 조건은 적절한가?

### (2) 협상과정

회사는 임금체불의 원인이 예상치 못한 대법원판결에 있다는 이유로, 처음에는 노조의 요구에 매우 소극적이었다. 이러한 회사 측의 태도가 노조를 더욱 자극하여 직장점거 등 파업으로 이어졌다. 그러자 회사 측은 노조 측에 대해 회사의 상황을 설명하고 전면파업은 자제해주길 원했으나, 별로 진전을 보지 못했다. 이런 와중에 K사장은 본사로부터 대규모의 구조조정을 실시하지 않으면 기업을 철수하겠다는 압박까지 받는 상황에 처하게 되었다.

벼랑 끝에 몰린 K사장은 돌파구를 찾기 위해 간부회의를 소집하여 노사관계 관련 업무에 종사한 경험이 많은 임원들과 노사관계 전문변호사로부터 법적 조언을 듣는 한편, 본사를 방문하여 현지사정을 상세히 설명하고 양해를 구했다. 그리고 K사장은 노조간부들과의 간담회에서 회사의 입장을 솔직히 설명한 다음, 만약 노조가 회사의 제안을 거절하고 전면파업에 들어가는 경우에는 특단의 조치를 취할 수밖에 없다고 배수진을 쳤다. 그러자 노조는 회사 측의 단호한 의지를 확인하고, 회사의 요구를 수용하는 쪽으로 분위기가 바뀌게 되었다. 하지만 노조집행부는 전면파업철회에 따른 내부적인 반발을 무마하기 위한 명분으로 망설였다. 이를 눈치 챈 회사는 '상여금 인상'이라는 최상의 카드(BATNA)를 사용하여 노조를 설득할 수 있었다.

### (3) 경과

이 사건의 경우, 처음에는 회사와 노조 간의 소통부재 등으로 단체교섭이 교착상태에 빠지고 전면파업이라는 극단적인 상황까지 치달았다. 그러나 회사는 끝까지 포기하지 않고 끈질기게 노조를 설득하였다. 그 결과, 노사양측이 서로 양보하고 타협하여 분쟁이 잘 마무리되었다.

### [에피소드 3] 중립적인 제3자를 활용한 법적 협상

**〈사실관계 요약〉**

A로펌에 근무하는 B변호사는 T사로부터 아래와 같은 내용의 상담을 받게 되었다. 사실관계를 간단히 요약하면 다음과 같다.

1. T사는 외국에 본사를 두고 있는 외국법인으로 국내에서는 수 십 여명의 직원을 고용하여 특수유리를 제조하여 국내 대기업을 상대로 도매업을 영위하는 회사다. T사의 정년은 취업규칙에서 60세로 정하고 있어, 정년이 도래하면 자동적으로 근로관계가 해소되는 구조이다. 따라서 정년 후에 정년연장이나 고용연장 등 재고용은 원칙적으로 허용되지 않으며, 그러한 관행이나 사례는 지금까지 없었다.
2. 그런데 품질보증부에 근무해온 K부장은 T사로부터 정년이 도래하여 근로관계가 해소됨을 통보받자, 자기는 그동안 성실하게 근무해왔으며, 자식들도 아직 어리기에 정년퇴직 후에도 몇 년간을 더 일을 해야 한다는 개인적인 사정을 이유로, 정년이후에도 재고용해 줄 것을 T

사에 간절히 요구했다. 그러나 T사는 60세 정년이 원칙이므로, 예외를 인정할 수 없다고 단호히 거절했다. 그러자 K부장의 태도가 갑자기 일변하여 자기의 요구조건을 들어주지 않으면 그 간 불량품을 제조, 납품한 사실 등 컴플라이언스 위반 사실을 고객사에 폭로하겠다고 협박했다.

3. 이에 T사 사장(외국인)은 경황이 없는 상황에서 K부장의 강박에 못 이겨 정년이후 3년간 촉탁의 형태로 재고용한다는 내용의 근로계약서 작성에 합의했다. 이 사실을 알게 된 본사 측에서는 "그러한 좋지 못한 선례를 남기게 되면 계속해서 유사한 사례가 발생할 수 있으므로, K부장의 협박에 굴하지 말고 원칙대로 하라"는 본사방침에 따라, T사는 재고용 합의를 한 날로부터 열흘 후에 '하자있는 의사표시' 및 '자질부족' 등을 이유로 '재고용 합의'를 취소하고, 정년도달로 근로관계가 종료되었음을 구두와 서면으로 통보하였다.
4. 그러자 K부장은 이러한 T사의 조치에 반발하여 합리적 사유 없이 촉탁직 재고용을 거절하는 것은 사실상 부당해고에 해당하며, 이 과정에서 T사로부터 겪은 수모와 고통은 '직장 내 괴롭힘'에 해당하므로, 이에 대한 법적 조치를 취하겠다고 T사에 통보해왔다.

**〈이후 협상과정〉**

#1. B변호사는 T사를 수차례 방문하여 근로계약, 취업규칙, 단체협약 등을 통해 60세 정년 이후에 고용연장을 한다는 규정이나 고용관행이 없음을 확인한 다음, K부장이 T사에 대해 어떻게 협박을 했는지, T사가 재고용에 합의한 과정을 상세하게 검토했다. 그 결과 B변호사는 K부장의 행위는 강박에 의한 근로계약 체결에 가깝고, 취업규칙상 '영업비밀 유지의무'에 위반될 수도 있다고 판단했다. 또한 K부장이 주장하는 직장 내 괴롭힘에 대해서는 재고용근로계약을 합의하는 과정에서 양당사자가 흥분하여 대화가 다소 거칠어지긴 했지만, 직장 내 괴롭힘으로는 볼 수 없다고 판단했다.

#2. B변호사는 T사 방문을 통하여 얻은 정보를 쟁점별로 정리한 다음, K부장과 면담을 시작했다. 우선 B변호사는 K부장에게 T사와의 오랜 기간 인연을 생각하여 원만하게 해결했으면 좋겠다고 운을 뗀 다음, K부장의 의견을 듣고 싶다고 했다. 그러자 K부장은 동종업계에서도 정년이후의 재고용제도를 도입한 기업이 있으며, 최근 정부차원에서도 저출산·고령화에 대비하여 정년 후 재고용을 권장하고 있는 만큼, 이번 기회에 T사도 정년이후 재고용제도를 전향적으로 검토해줬으

면 좋겠다고 했다. 이에 대해 B변호사는 T사의 경우, 60세 정년 이후에는 재고용을 하지 않는 것이 본사의 방침이므로 타협의 여지가 거의 없다고 귀띔했다.

#3. 며칠 후, B변호사가 K부장을 만났을 때도 K부장은 종전의 주장을 반복하며, 자기의 주장이 관철되지 않으면 노동위원회와 노동청에 부당해고 구제신청과 직장 내 괴롭힘을 노동청에 신고하고, 회사비리를 폭로할 수도 있다고 했다. 이에 B변호사는 혹시 K부장이 재고용 근로계약 해지에 따를 금전보상을 원하고 있을지도 모른다는 생각에 조심스럽게 T사 차원에서도 약간의 위로금을 지불할 생각이 있음을 넌지시 알렸다. 이에 대해 K부장이 관심을 보이는 듯하여, T회사 차원에서는 정년을 2년 남기고 희망퇴직자들에게 지급된 기준(3개월 임금)으로 위로금을 지급할 수 있다고 했다. 그러자 K부장은 정년 이후 3년간 재고용을 전제로 근로계약서를 작성했기 때문에 적어도 1년 연봉수준이 아니면 T사의 제안에 응할 수 없다고 단호하게 말했다.

#4. 다음날 B변호사는 T사와의 면담에서 K부장은 재고용을 계속 고집할 뿐 타협의 여지가 없으므로, 금전보상액을 조금 상향하면 어떻겠냐고 타진해봤지만, T사는 정년 퇴직자에게 희망퇴직 위로금을 지급한 사례도 없으며 그것도 최대로 배려를 한 것이므로, 더 이상은 지급할 수 없다고 했다. 그러자 B변호사는 T사가 재고용 계약체결에 합의한 후 T사가 일방적으로 해지하였기에, ①노동위원회나 법원에서 다투더라도 반드시 좋은 결과가 나오리라는 보장도 없으며, ②거래처에 불량품 납품 사실을 폭로하게 되면 회사 이미지가 실추되고 영업 손실도 적지 않으리라 예상되며, ③더구나 직장 내 괴롭힘 등 컴플라이언스 위반행위를 행정관청에 진정을 하게 되면 회사 운영에 막대한 지장을 초래할 수 있으므로, 위로금을 조금 상향하거나 또는 T사의 임시직으로라도 재고용하는 방법을 타진했다. 그러나 T사는 B변호사의 권고는 현실적으로 수용하기 어렵다고 난색을 표했다.

**〈새로운 협상안 모색〉**

#5. 당사자 간 협상이 벽에 부딪혀 해결의 실마리가 보이지 않자, B변호사는 다시 원점으로 돌아가 양당자의 본심과 양쪽이 모두 수용할 수 있는 최소한의 조건이 무엇일까에 대해 고민하기 시작했다. 그래서 얻은 결론은 T사가 K부장에게 "위로금(3월분) 지급+임시직으로 재고용(제1안)"하는 것으로 하게 되면, T사의 입장에서도 K부장에 대한 정규직고용과 금전보상에 대한 부담

이 줄어들고, K부장의 입장에서도 약간의 금전보상과 함께 어린 자녀들을 위해 퇴직 후에도 취업할 수 있다면 수용할 가능성이 있다고 생각하고 양당사자에게 새로운 협상안을 제안하기로 했다.

#6. 이에 B변호사는 곧바로 양당사자와의 면담에서 위 협상안을 제안했으나, T사는 K부장에 대한 위로금 지급은 가능하나, 임시직으로 재고용하는 것은 새로운 선례를 남기기 때문에 곤란하다고 난색을 표했다, 한편 K부장은 굳이 정규직이 아니더라도 T사에 재고용된다면 수용할 수 있다는 의사를 내비쳤다. 이에 B변호사는 새로운 협상안이 양당사자에게 어느 정도 설득력이 있다고 판단하고, T사가 K부장에게 "위로금(3월분)+관련 업체에 취업기회 제공(제2안)"이라는 협상안을 단호하게 밀어붙이기로 했다.

#7. 다음날 B변호사는 T사와의 면담에서 지난번에 제시한 협상안에 대한 수용여부를 타진해 보았으나, T사는 '임시직 채용'은 여전히 수용하기 어렵다고 회신했다. 이에 B변호사는 만약 K부장과의 법적 다툼을 시작하게 되면, 많은 시간과 경비가 소요될 뿐 아니라, 결과 또한 불확실하고 기업이미지만 나빠질 수 있으므로 가능한 한 법적 다툼을 피하는 것이 좋다고 충고한 다음, 조심스럽게 <제2안>을 제시하면서 2~3일 숙고하도록 했다. 또한 B변호사는 K부장과의 면담에서도 T사의 입장이 너무 완고하여 임시직 채용은 어렵다고 하자, K부장은 임시직도 많이 양보를 한 것인데, 그렇다면 법적 다툼을 할 수 밖에 없다고 했다. 이에 B변호사는 K부장에게도 T사에 설명했듯이 법적 다툼을 하게 되면 많은 시간과 비용이 소요될 뿐 아니라, 승소할 가능성도 불투명하므로 조금 양보하여 타협하는 것이 좋다고 하면서 <제2안>을 제시하고 숙려기간을 주었다.

#8. 며칠 후 B변호사는 T사 및 K부장으로부터 협상안을 수용하겠다는 회신을 받았다.

### (1) 사안의 개요

위의 〈에피소드3〉은 사업주와 근로자가 정년 이후의 재고용을 둘러싸고 다투는 전형적인 개별적 이익분쟁이라고 할 수 있다. 여기서는 양 당사자는 자율적으로 분쟁을 해결하려고 노력을 했지만, 서로의 입장차이로 인하여 협상이 순조롭게 진행되지 않았다. 그러자 회사 측이 이를 중재해 줄 제3자(변호사)를 선임하여 해결해나가는 과정을 잘 보여주고 있다.

### (2) 중재인의 역할

이 사례에서는 양당사자 간의 협상이 교착상태에 빠질 경우, 분쟁해결을 위한 중립적인 제3자의 역할이 얼마나 중요한지를 보여주고 있다. 특히 이 사례에서 주목할 점은 분쟁해결을 위한 B변호사의 법적 협상 스킬인데, 이것이 협상이 성공적으로 이루어지는데 결정적인 역할을 하고 있다. 그 내용을 요약하면 다음과 같다.

- 양당사자의 요구사항을 충분히 청취하고 해결책을 모색한 점
- 협상에 들어가기 전에 양당사자에게 제시할 여러 플랜을 준비한 점
- 협상이 교착상태에 빠졌을 때, 최상의 대안(BATNA)을 적절히 활용한 점

## 3. 법적 협상의 성공 조건

법적 협상이 성공하려면 어떻게 해야 할까? 첫째, 법적 협상의 경우에는 일반적인 협상과는 달리 그 대상이 법적 규제를 받거나 또는 법적 기준에 의거하여 해결되어야 하는 경우가 많다. 따라서 법률전문가(변호사, 노무사, 세무사 등)의 역할이 매우 중요하다. 왜냐하면 분쟁 당사자들만으로는 문제를 객관적으로 보지 못하고 자기에게 유리한 주장만 고집하여 분쟁해결이 어려움에 봉착할 수 있다. 또한 당사자만으로는 법규에 위반된 협상을 할 가능성도 배제할 수 없다. 따라서 분쟁의 핵심쟁점을 객관적인 시각으로 분석하고, 합리적인 해결방안을 제시하기 위해서는 대리인(법률전문가)이 협상에 관여하는 것이 당사자만으로 협상을 하는 것보다 훨씬 효율적이다.

둘째, 위 〈에피소드3〉와 같이 전형적인 법적 분쟁을 보다 신속하고 효율적으로 해결하기 위해서는 일반적인 협상스킬도 중요하지만, 아래와 같은 법적 쟁점에 대한 해박한 지식이 필요하다. 예를 들면 계약해지에 대한 부당해고 성립 여부나 비진의 의사표현에 의한 계약체결의 취소, 직장 내 괴롭힘과 고소 · 고발에 대한 대응책 등 기본적인 법률지식을 기반으로 협상을 보다 유리한 방향으로 이끌어낼 수 있기 때문이다.

- 계약해지에 따른 부당해고 성립 여부
- 비진의 의사표시에 대한 계약체결의 취소
- 직장 내 괴롭힘의 성립 여부
- 행정기관에 대한 고소 · 고발에 대한 대응

셋째, 분쟁을 해결하려면, 이에 최적화된 방식을 선택하는 것이 무엇보다 중요하다. 분쟁해

결방법으로는 소송을 비롯하여 화해와 조정을 통한 방법 등 매우 다양한데(위의 〈표-3〉 참조), 그 중에서 어떤 방법을 것을 선택할 것인가가 제일 중요하다. 예를 들어 〈에피소드3〉의 경우를 보면, 아래와 같이 사적 협상기관(상담 · 조정기관 등)에 의한 방법과 관할 행정기관(감독기관, 노동위원회 등), 법원(민사소송, 가처분 등)을 비롯하여, 대리인을 선임할 것인지의 여부 등 다양한 선택지가 있을 수 있다. 이런 경우에는 분쟁의 성격상 어떤 방법이 가장 효율적인지를 꼼꼼히 비교분석하여 최적의 해결방법을 선택하는 것이 무엇보다 중요하다.

- 자율적인 협상을 통하여 해결하는 방법
- 노동위원회에 부당해고구제신청을 하는 방법
- 법원에 근로자지위확인소송을 제기하는 방법
- 노동행정관청에 직장 내 괴롭힘 등을 신고하는 방법
- 그 외, 위의 여러 방법을 동시에 이용하는 방법 등이 있다.

## Ⅳ 법적 협상에서 법률대리인의 역할

### 1. 법률대리인이 관여하지 않는 협상

위의 〈에피소드 3〉에서도 확인할 수 있듯이, 법적 협상에서 가장 중요한 역할을 하는 것이 바로 법률대리인이다. 물론 법적 분쟁 중에는 양당사자가 자주적으로 갈등을 해소할 수 있는 경우도 있지만, 법적 협상의 경우에는 협상대상이 법적규제를 받거나 또는 법적기준에 따라야 하는 경우가 많기 때문에 법적 지식이 풍부한 법률대리인의 조력이 필요한 경우가 많다.

따라서 이하에서는 협상에 법률대리인이 쌍방 또는 일방에 관여하는 것을 전제로 논의를 전개하기로 한다. 또한 여기서 말하는 '법률대리인'이란 변호사에 국한되지 않고 공인노무사나 변리사, 세무사 등 특정 직역의 전문가들도 포함한 포괄적인 개념이다. 다만 노동분쟁의 경우, 변호사와 공인노무사가 실제로 법률대리인의 역할을 하고 있기 때문에, 이들의 역할을 중심으로 검토하고자 한다.

## 2. 협상에 법률대리인이 관여하는 의미

### (1) 법률대리인의 적극적 기능[5]

#### ① 사실관계를 신속하게 정리하는 기능

법률대리인이 제3자로 관여함으로써 문제해결에 감정적으로 접근하기보다 이해관계를 보다 객관적이고 냉정하게 분석하게 된다. 우선 법률대리인은 법률전문가이기 때문에 여러 관계 당자들의 이해관계가 얽혀 있는 복잡한 분쟁에서도 객관적인 증거를 합리적으로 평가하여 사실의 유무와 내용을 분석하는데 특화되어 있다.

이와 같은 사실관계 정리에 관한 역량이 있는 자가 협상에 관여함으로서, 복잡하게 뒤엉킨 분쟁이 하나하나 정리가 되면서 쟁점사항에 집중하게 된다. 이는 법원에서 재판관이 행하는 '쟁점정리'와 매우 유사한 것으로, 협상이 순조롭고 합리적으로 진행될 수 있도록 유도해 준다는 점에서 매우 큰 의의가 있다.

#### ② 법적 협상을 촉진하는 기능

위 사실관계가 정리되면, 법률대리인은 협상이 결렬된 경우의 BATNA로써 항상 '당해 사실에 법률과 판례를 적용한 해결'을 의식하게 되며, 경우에 따라서는 이를 상대방에게 직접 제시하기도 한다. 이로써 법률대리인에게 의뢰한 클라이언트도 그 상대방도 법률적용의 결과를 늘 의식하면서 협상에 임하기 때문에, 법률대리인의 관여로 인하여 법률적인 해석을 촉진시키는 기능을 한다.

#### ③ 윤리적 협상을 촉진하는 기능

법률대리인은 윤리적으로 행동할 것이 법률상 요구되기 때문에, 협상에 법률대리인이 관여하는 것은 폭력이나 협박, 비윤리적인 협상을 배제하는 방향으로 작용하고, 이러한 의미에서 협상에 법률대리인이 관여하는 것은 윤리적 협상을 촉진하는 기능을 한다.

#### ④ 의뢰인을 설득하는 기능

법률대리인은 협상에서 당사자가 될 수는 없다. 다시 말해서 법률대리인은 클라이언트의 이익을 항상 염두에 둬야 하는 것은 맞지만, 그와 일체가 되어서는 안 된다. 예를 들어 의뢰인이 감정적으로 협상에 임하는 경우에도 클라이언트에게 냉정을 되찾도록 다독이고 설득하여 협상을 잘 마무리하는 것이 법률대리인의 중요한 역할이다. 이는 법률대리인의 입장에서 보면, 자신에게 보수(에이전시 코스트)를 지불하는 클라이언트를 설득한다고 하는 것이 어쩌면 서로 모순되게

---

5 이에 대해서는 S tefan H. Krieger & Richard K.Neumann Jr., Essential Lawyering Skills, at 277 (2nd ed., Aspen Publishers, 2003) 자료를 주로 참고함.

보일 수도 있다. 특히 신진법률대리인의 경우에는 이를 못마땅하게 여겨 고민하는 경우도 많다.

하지만 법률대리인이 당사자가 하고 싶은 말을 대변하는 것도 중요하지만, 법률대리인이 클라이언트의 주장을 스피커처럼 반복하는 것만으로는 분쟁이 해결되지 않는다. 상호 간에 '이렇게 하는 것을 어떨까'하고 상대방을 설득하여, 갈등의 폭과 거리를 축소해 나가지 않으면, 협상은 마무리되지 않는다. 이러한 의미에서 법률대리인은 양면성(ambivalent)을 가진 입장에 있다고 할 수 있다. 반대로 말하면, 이처럼 곤란하고 어려운 역할을 법률대리인이 수행하기 때문에 분쟁이 해결될 수 있으며, 이러한 의미에서 변호사가 협상에 관여하는 것은 중요한 의의가 있다.

### (2) 법률대리인의 소극적 기능

#### ① 본인 의사와의 괴리 가능성

위에서는 협상에서의 법률대리인의 적극적 기능에 대해 설명했는데, 이와는 반대로 법률대리인이 협상에 관여함으로써 초래하는 소극적 기능도 있다. 그 대표적인 것이 법률대리인이 적극적으로 협상을 진행하는 것은 좋지만, 클라이언트의 감정이나 의도와는 다른 방향으로 문제를 해결하려고 하다 보면, 자칫 클라이언트로부터 불만을 초해할 수 있으므로 이 점에 충분히 주의할 필요가 있다.

#### ② 협상기간의 장기화

법률대리인이 협상에 관여함으로써 기간이 장기화될 수 있다. 예를 들어 관계 당사자가 늘어나게 되면, 법률대리인과 상태방과의 협상, 법률대리인과 의뢰인과의 사전준비 등 일정조율을 해야 하기 때문에, 당초의 예상보다 기간이 늘어날 수 있다. 이런 이유 때문에 법률대리인의 관여는 협상기간을 장기화시킬 수 있다는 의미에서 비판적인 견해도 있다.

#### ③ 에이전시 코스트

대리인의 관여로 대리인 자신의 이해와 본인의 이해가 미묘하게 상충하는 경우가 있다(예를 들어 Agency Costs). 법률대리인의 비용부담은 본인과 법률대리인의 이익이 곧바로 상반되는 대표적인 예이지만, 현행 우리법제 하에서는 사건이 가령 최종판결까지 진행된다고 해도 기본적으로는 의뢰인 본인(당사자 본인)의 부담으로 된다. 따라서 의뢰인 본인은 문제를 해결함에 있어 이러한 법률대리인 비용(경우에 따라서는 쌍방의 법률대리인 비용)도 염두에 둘 수밖에 없다. 이러한 관점에서 보면, 법률대리인의 관여는 합의를 오히려 어렵게 하는 요소로 작용할 수도 있다.

## 3. 유능한 법적 협상가란?

유능한 법적 협상가(Legal Negotiator)는 단순히 법적 지식을 활용하는 것을 넘어, 법적 갈등을 효과적으로 해결하고, 클라이언트의 이익을 극대화하면서도 상대방과의 관계를 고려하는 협상 전문가이므로, 적어도 다음과 같은 핵심 역량이 필요하다.

### (1) 법률 지식과 전략적 사고

법적 협상가는 일반 협상가(Negotiator)와는 달리, 법률적 근거에 기초해서 협상을 하므로, 계약법을 비롯하여 민사법, 형사법, 노동법 등 관련 법률을 깊이 이해하고 있어야 하며, 법률을 무기처럼 사용할 것이 아니라, 협상의 지렛대(레버리지)로 활용할 줄 알아야 한다. 또한 협상의 쟁점(issue)을 명확히 인식하고, 협상 목표를 체계적으로 설정하여야 한다. 협상이 지지부진하거나 교착상태에 빠질 경우에는 이를 돌파할 전략인 협상방법으로 접근하거나, 경우에 따라서는 BATNA(Best Alternative to a Negotiated Agreement)를 분석하고, 최악의 시나리오까지 대비할 줄 알아야 한다.

### (2) 강력한 커뮤니케이션과 설득력

법적 협상가는 법적 근거를 기반으로 하되, 논리적이면서도 감성적 요소(공감과 신뢰)를 활용하여 협상을 유리하게 이끌어갈 줄 알아야 한다. 또한 상대방을 설득하고 상대방이 수용할 수 있는 방식으로 메시지를 전달하는 스킬이 있어야 한다. 또한 협상을 성공적으로 이끌어 내기 위해서는 효과적인 스토리텔링이 필요하다. 다시 말해서 복잡한 법적 논리를 쉽게 풀어서 설명하는 능력이 필요하다. 협상에서 '스토리텔링'을 만들어 상대방이 자연스럽게 자신의 논리를 받아들이도록 하는 것은 매우 중요하다.

### (3) 창의적인 문제 해결 능력

법적 협상가는 단순한 법적 해결이 아닌, 최적의 솔루션을 도출, 제시하여야 한다. 다시 말해서 단순히 법적 다툼을 피하는 것이 아니라, 비즈니스적, 실무적 측면까지 고려한 해결책을 제시할 필요가 있다. 그러기 위해서는 법적 리스크를 최소화하면서도, 상대방이 받아들일 수 있는 대안을 제시해야 한다. 여기서 가장 중요한 것은 협상방식의 유연성이다. 협상 테이블에서 상대방의 의도를 정확히 파악하고, 협상 전략을 신속하게 조정할 수 있어야 하며, 단순히 법적 판단이 아닌 합의(settlement)를 유도하는 능력이 중요하다.

### (4) 심리전과 갈등 관리 능력

법적 협상가는 상대방의 심리를 분석하고, 상대방이 협상에 임하는 동기, 형상의 우선순위, 압박 요소 등을 파악하여 전략적으로 접근할 필요가 있다. 상대방의 합의를 유도하기 위해서는 협상에서 정보를 어떻게 구조화하고 제시하는지에 따라 상대방의 인식과 결정을 조작하는 소위 '프레이밍 기법(framing techniques)'[6]도 활용할 수 있어야 한다.

또한 협상에서 감정에 휘둘리지 않고, 협상의 분위기를 조정하는 능력이 중요하므로, 극단적인 요구를 받을 때도 차분하게 대처하며, 합리적인 대안을 제시하여야 한다. 법적 협상은 언제든지 법적분쟁으로 발전할 가능성이 있으므로, 이를 최소화하면서도 클라이언트의 이익을 보호하여야 한다. 그러기 위해서는 협상과정에서 상대방과의 관계를 손상시키지 않고, 신뢰관계를 유지하는 것이 매우 중요하다.

### (5) 협상 종료 후 후속 조치 능력

협상이 이루어지면 집행력을 확보하기 위해 합의내용을 명확히 문서화하고, 법적 구속력을 확보할 필요가 있다. 협상 후에도 분쟁이 발생할 수 있으므로 세부사항까지 철저하게 챙겨둘 필요가 있으며, 혹시도 모를 분쟁에 대비하여 클라이언트와는 장기적으로 신뢰관계를 공고히 하면서, 지속적인 법률 자문 기회를 확보하는 것이 중요하다.

요약하면, 훌륭한 법적 협상가(Legal Negotiator)란 단순한 법률대리인이 아니라, 법과 협상의 경계를 넘나드는 전문가이다. 따라서 유능한 법적 협상가는 ① 법률을 활용하면서도, 상대방과의 관계를 고려하는 전략적 사고를 할 수 있어야 하고, ② 강한 법적 논리를 펼치면서도, 유연하게 해결책을 모색하는 협상스킬을 구사할 줄 알아야 하며, ③ 심리적 우위를 점하면서도, 신뢰를 구축하는 갈등 관리 능력을 갖추어야만 최고의 법적 협상가라 할 수 있다.

---

6 협상에서 '프레이밍 기법(framing techniques)'이란, 특정한 방식으로 정보를 구성하고 제시하여 상대방의 인식과 결정을 원하는 방향으로 유도하는 전략이다. 같은 사실이나 제안을 어떻게 표현하느냐에 따라 상대방의 반응이 달라질 수 있기 때문에, 협상에서 매우 중요한 역할을 한다.

## V 법적 협상의 전망과 과제

### 1. 협상은 종합예술이다

'협상'을 흔히 '종합예술'이라고 한다. 그 이유는 협상이 성공하려면 고도의 협상전략이 필요한데, 이 협상전략은 심리학, 사회학, 경제학, 법학, 인사조직, 노사관계, 커뮤니케이션, 전통문화, 갈등관리에 이르기까지 다양한 장르에 걸쳐 그 기반을 두고 있기 때문이다. 따라서 협상이 성공하려면 이 중 특정 분야에 대한 식견만으로는 부족하고, 협상전략이 모든 분야에 걸쳐 골고루 조화롭게 어우러질 때 좋은 결과를 도출할 수 있다.

특히 법적 협상의 경우에는 '법학'이라는 장르가 더해지고, 분쟁에 법률전문가가 관여하기 때문에 협상전략은 거의 고차방정식에 가깝다. 이처럼 분쟁에서 매개변수가 많아지게 되면 협상전략도 이에 걸맞게 다양하게 스킬을 구사할 필요가 있다. 예를 들어 상대방이 협상을 포기하고 소송전략으로 나가는 경우에는 소송에 따른 득실을 어필하여 다시 협상에 임하도록 전략을 수립해야 한다. 또한 상대방이 예상치 못한 제안을 해오는 경우도 있으므로, 이에 대비하여 다양한 전략을 미리 수립해 놓을 필요가 있다.

이와 같이 같은 법적 분쟁을 놓고도 어떤 협상전략을 활용하는가에 따라 전혀 다른 결과를 초래하는 것이 법적 협상이다. 예를 들어 부당해고 사건에서 근로자가 원상회복과 금전보상 중 어느 것을 선택하느냐에 따라 협상결과가 달라지며, 마찬가지로 사용자가 둘 중 어떤 선택지를 택하느냐에 따라 협상결과가 달라진다. 이처럼 협상에는 여러 경우의 수가 있을 수 있다. 따라서 협상에서 가장 중요한 것은 여러 선택지 중에서 당해사건에 가장 최적화된 조합(해결방법)을 찾는 것이다. 한마디로 협상에는 정답이 없다. 더욱이 법적 협상은 변수가 많아 거의 예측불가이다. 이것이 법률대리인과 같은 법률전문가들이 고액연봉을 받고 있는 이유이기도 하다.

### 2. 법적 협상은 AI로도 대체불가다

위에서 서술한 바와 같이 '협상의 주역은 법률대리인'이라고 해도 과언이 아닐 정도로 매우 중요하다. 물론 법률대리인은 소송에서 사건을 분석하고 이유서나 답변서 등 문서작업과 변론도 중요하지만, 실제로 분쟁이 해결되는 상황을 보면 당사자 간의 화해(재판과정에서 화해 포함)로 해결되는 경우도 많다. 따라서 법적 협상은 법률대리인이 분쟁해결을 위해서 반드시 숙지해야하는 것 중의 하나가 바로 협상스킬이다. 이는 협상문화가 잘 발달되어 있는 주요 선진국의 예를 보면 명확해진다.

예를 들어 미국의 경우, 대부분의 로스쿨에 소위 '로이어링(Lawyering)'라고 하는 '법률대리인이 해야 할 것' 또는 '법률대리인의 실무전반'이라는 과목을 개설하여 협상을 포함하여 ADR에 대한 이론과 실무교육을 실시하고 있다. 또한 영국이나 독일에서도 노동사건의 상당수가 판정절차를 거치기보다는 ADR기법을 통하여 해결되고 있는 상황에 비추어 협상문화가 어느 정도 정착되어 있다고 판단된다. 뿐만 아니라, 우리와 비슷한 사법체계와 로스쿨시스템을 갖추고 있는 일본에서도 대부분의 로스쿨에서 협상을 포함하여 ADR 관련 과목을 두고 독자적인 텍스트를 개발하여 이론과 실무교육을 실시하고 있다.

한편, 우리나라의 경우에도 현장실무(특히 노동사건)에서는 판정이나 심판을 통하기보다 화해나 중재를 통하여 해결되는 경우가 상당수 있음에도 불구하고, ADR에 대한 체계적인 이해가 부족한 것이 현실이다. 예를 들어 노동사건을 전문적으로 해결하는 행정기관 중의 하나인 노동위원회의 경우를 보더라도 심판절차와 함께 조정절차를 두고 있지만, 화해나 조정으로 해결되는 비율은 선진국에 비해 그다지 높지 않은 편이다. 그 이유로는 ADR에 대한 니즈는 많음에도 불구하고 이에 대한 시설과 교육인프라가 절대적으로 부족한 것이 원인이 아닐까?

최근 제4차 산업이 빠른 속도로 진행되면서, AI가 사람을 대체하는 비율이 점점 늘어나고 있다. 이러한 현상은 법률시장에서도 예외일 수는 없다. 예를 들어 법률대리인의 고유영역이라고 할 수 있는 이유서나 답변서와 같은 문서작성도 머지않아 AI가 상당부분 대체할 수 있고, 심지어는 판정이나 심판조차도 AI가 대신할 수 있는 시기가 도래할 수도 있다. 그러나 과연 AI가 ADR 기법을 통한 분쟁해결까지 대신할 수 있을까에 대해서는 다소 의문이다. 예를 들어 협상만 하더라도 워낙 다양한 변수들이 많기 때문에 정답이란 있을 수 없다. 한편 AI는 어떤 사안에 대해 모범답안을 제시할 수 있어도, 법적 협상에서 법률대리인이 하는 역할을 대체할 수 있을까에 대해서는 여전히 의문이다.

## 3. 법적 협상을 배워야 하는 이유

위에서 언급했듯이 협상에는 다양한 종류가 있다. 그 중에서도 법적 협상은 법적으로 규율되는 사항 또는 법적 기준에 의해서 해결되어야 하는 사항이 협상의 대상이 된다. 따라서 법령이나 판례, 학설과 같은 법률문제에 관한 지식이 필수적이다. 그러다보니 법적 협상에는 법률전문가가 관여하는 경우가 많다. 이때 법률실무가가 법적 협상을 순조롭게 진행하여 성공시키기 위해서는 해박한 법적 지식과 더불어 협상스킬이 필요하다.

이에 대해서는 위에서도 이미 언급했듯이, 미국에서는 로스쿨 커리큘럼에 '협상' 또는 '협상론'이라는 정규과목을 개설하여 이론 · 실무교육을 체계적으로 실시하고 있는데, 학생들에게 인기가 많다고 한다. 특히 하버드로스쿨의 협상론은 워낙 유명하여 다른 유럽의 여러 나라에서도 이를 벤치마킹할 정도이다. 또한 최근에는 우리와 비슷한 법체계와 법문화를 가진 일본에서도 모든 로스쿨에 '협상' 또는 'ADR' 관련 과목을 개설하여 운영하고 있으며, 일본 고유의 협상문화를 반영한 텍스트를 개발하여 교재로 활용하고 있는 것이 특징적이다.

한편, 우리나라에서는 '법적 협상'이라는 단어가 법조인에게도 생소하게 느껴진다. 그 이유는 법적 협상에 관한 이론이나 스킬을 체계적으로 가르쳐주는 곳도, 심지어 이에 관한 텍스트도 거의 전무하기 때문이다. 그러다보니 심지어 전문법조인을 양성하는 로스쿨에서조차 협상이나 ADR에 관한 커리큘럼은 거의 개설되어 있지 않고, 개설되더라도 법률대리인(특허, 변호사)시험의 필수과목이 아니라서인지 거의 폐강되는 것이 현실이다. 그 결과 로스쿨을 거쳐 법률대리인이 되더라도 협상에 관한 기본지식도 없이 바로 현장에 투입되는 형국이다. 법적 협상을 모르고 법적 분쟁을 해결하려고 하는 것은, 마치 포크도 없이 나이프만으로 스테이크를 먹으려는 것과 다를 바 없다. 법적 협상의 필요성을 강조하는 이유도 바로 여기에 있다.

## 참고문헌


1. 김태기(2003), 협상의 원칙, 사회평론
2. 고용노동부(2023), 집단적 노사관계 업무 매뉴얼
3. 서울지방노동위원회(2017), 화해업무 매뉴얼
4. 이정 外(2023), 노동쟁의 조정시스템 개선방안에 관한 연구, KLI
5. 임상훈 · 이성희 · 김홍영(2003), 사적조정 활성화 방안, 노동부 학술용역사업보고서
6. 중앙노동위원회(2022), 심판 사건 업무 매뉴얼
7. S tefan H. Krieger & Richard K.Neumann Jr., Essential Lawyering Skills, at 277 (2nd ed., Aspen Publishers, 2003.
8. Salacuse, J.(2021). The Importance of a Relationship in Negotiation. PON Blog. Harvard Law School. 2021.4.27.
9. Susan Blake, Julie Browne, Stuart Sime(2013), The Jackson ADR handbook, Oxford University Press.
10. NLRB, NLRB Launches Pilot of Proactive Alternative Dispute Resolution Program:
11. FMCS Annual Report(2014~2018)
12. 荒木誠之(1985), "労働委員会と裁判所", 現代労働法講座14(労働訴訟), 総合労働研究所
13. 菅野和夫(2019), 労働法, 有斐閣
14. 李 鋌(1993), "日本における労使紛争の法的概念", 東京大学·本郷法政紀要, 第1号
15. 李 鋌(2001), 解雇紛争解決の法理, 信山社
16. 山本和彦 · 山田文(2008), ADR仲裁法, 日本評論社
17. 山川隆一外(2015), ローやリング労働事件, 労働開発研究所

# 근로계약과 취업규칙 100% 활용법

이광선 교수

# 근로계약과 취업규칙 100% 활용법

이 광 선

## I 근로계약과 취업규칙의 의의 및 필요성

### 1. 문제제기

1. 일정한 자격증을 필요로 하는 업무를 위해 A와 회사가 1년 기간의 기간제 근로계약을 체결하면서 '계약기간 만료시까지 별도 합의가 없으면 기간만료일에 자동 연장된다'고 명시했는데, 계약기간 중 자격을 유지하지 못하는 사정이 생긴 경우에도 계약이 자동연장될까?
2. 연봉계약 기간이 종료하였음에도 불구하고 차년도 연봉액에 대해 회사와 근로자간 합의가 성립되지 않은 경우 회사는 임의로 삭감된 연봉금액을 지급할 수 있을까?
3. 근로계약서에 B가 종사할 업무를 기계실 및 보일러실 유지 관리로, 근무장소를 00아파트로 특정한 경우, 사용자가 B의 동의 없이 다른 아파트에서 또는 다른 업무를 하라고 전보발령을 유효하게 발할 수 있을까? 만일 유효하지 않다면 이를 방지할 수 있는 방법이 있을까?
4. 취업규칙에 당연퇴직 사유로 '59세에 달한 때'가 명시되어 있을 때 구체적인 퇴직시기가 언제일까?
5. 취업규칙에 법정육아휴직이 아닌 별도의 복리후생 차원의 육아휴직을 부여하면서 육아휴직 급여를 '법정지원금 상한 금액으로 한다고만 기재하였는데, 관련법이 변경되어 육아휴직 기간별 급여 상한액을 달리 정한 경우 육아휴직 급여액수는 법정지원금 상한 금액일까, 아니면 기간에 따라 다른 급여 상한액이 될까?
6. 회사가 C와 체결한 연봉계약 기간 중에 과반수 노동조합의 동의를 받아서 임금피크제 실시에 관한 취업규칙을 변경한 경우 임금피크제는 C에게도 적용할 수 있을까?

분쟁이 발생한 사건에서 취업규칙이나 근로계약의 문구 내지 내용이 불분명하거나 그 규범의 내용에 서로 충돌이 있을 때가 있다. 만일 해당 문구 또는 내용을 명확하게 하고 규범이 상호 일치했으면 분쟁이 발생하지 않았거나 결론이 달라질 수 있었다고 보일 때 더욱 안타깝다. 그와 같은 사태를 미연에 방지하기 위해 아래와 같은 사례를 통해 그 적용 내지 해석이 어떻게 되는지, 어떻게 분쟁을 예방할 수 있는지에 관해 알아보기로 한다.

## 2. 근로계약, 취업규칙의 의의

### (1) 근로계약의 의의

회사(개인)와 자연인이 법적으로 '사용자'와 '근로자'가 되는 계약이 바로 근로계약이다(근로자는 자연인만이 해당되지만 사용자는 개인이나 법인이 될 수 있다). 근로계약에 의해 아무 관련이 없던 회사와 자연인이 사용자와 근로자로 지칭되며 근로기준법이 적용된다. 일반적인 계약에는 특별한 이슈가 없는 이상 법률이 개입되는 경우가 적지만, 근로계약이 체결되면 강행법규인 근로기준법이 대부분의 규율을 하게 되고, 사적 자치의 원칙이 매우 제한되게 된다. 즉, 사용자와 근로자가 아무리 자발적으로 근로계약 내용을 합의하였더라도, 해당 내용이 근로기준법의 내용보다 근로자에게 불리하게 되면 무효가 된다(근로기준법 제15조). 또한, 근로기준법은 근로계약을 체결하면서 법에서 정한 의무를 준수하지 않을 경우 형사처벌 조항까지 두고 있는데, 예를 들어 임금 구성항목, 계산방법 등이 기재된 근로계약서를 서면으로 교부하지 않는 경우이다(근로기준법 제114조 제1호, 제17조).

그렇다면 근로계약이란 무엇인가? "근로계약"이란 근로자가 사용자에게 근로를 제공하고 사용자는 이에 대해 대가(임금)를 지급하는 것으로 목적으로 체결된 계약을 말한다(근로기준법 제2조 제1항 제4호). 반면, 민법에는 근로계약과 유사한 고용계약이 있는데, 고용계약과 근로계약은 어떻게 다른 것인가? 고용계약이란 "당사자 일방이 상대방에 대하여 노무를 제공할 것을 약정하고 상대방이 이에 대하여 보수를 지급할 것을 약정"하는 것이다(민법 제655조). 근로계약이나 고용계약 모두 노동력(노무, 근로)을 제공하는 점에서는 유사한데, 노동력을 제공하는 자가 근로기준법이 적용되는 사업(장)의 사용자와 계약을 체결하는지 여부에 따라 달라지고, 노동력을 제공받는 자(사용자)와 이를 제공하는 자(근로자) 사이에 사용종속관계가 있다면 근로계약으로 본다.

### (2) 취업규칙의 개념

취업규칙이란 근로계약 관계에 적용되는 근로조건이나 복무규율 등에 대해 사용자가 일방적으로 작성하여 자신의 근로자들에게 공통적으로 적용하는 규칙을 의미한다(대법원 1997. 11. 28. 선고 97다24511 판결 등). 이 때 취업규칙이라고 명명된 것 뿐 아니라 명칭과 무관하게 복무규율과 임금 등 근로조건에 관한 내용을 담고 있으면 모두 취업규칙에 해당한다(대법원 2007. 10. 11. 선고 2007두11566 판결 등).

사용자가 근로계약 관계에 적용되는 내용을 일방적으로 작성하면 무조건 취업규칙에 해당하는가? 취업규칙은 근로계약 관계 중에서 근로조건, 복무규율 등에 대해 규율한 것만이 이에 해당한다.

예를 들어, 사용자가 근로자들의 적정한 운용과 배치를 위한 기준으로 삼기 위해 각 부서별·직급별로 배치할 정원의 기준을 정한 문서는 근로조건에 대한 규정이 아니므로 취업규칙이 아니다(대법원 1992. 6. 23. 선고 91다19210 판결).

또한, 취업규칙은 근로조건 등에 대하여 지속적으로 적용되는 것이지, 개별 사안에 대해 1회적으로 결정한 것에 불과한 것은 이에 해당하지 않는다(대법원 2005. 7. 29. 선고 2003다9254 판결).

근로계약은 사용자와 근로자 양 당사자의 동의로 작성되지만, 취업규칙은 원칙적으로 사용자가 일방적으로 작성한다는 점에서 차이가 있다.

## 3. 근로계약, 취업규칙의 필요성

근로계약은 근로자 뿐 아니라 사용자의 권리도 보장하고 양 당사자의 분쟁을 사전에 예방하는 차원에서 필요하다. 원칙적으로 근로계약은 처분문서에 해당하는데, "처분문서는 그 성립의 진정함이 인정되는 이상 법원은 그 기재 내용을 부인할 만한 분명하고도 수긍할 수 있는 반증이 없는 한 그 처분문서에 기재되어 있는 문언대로의 의사표시의 존재와 내용을 인정하여야 하는 것이고, 객관적인 의미가 명확한 처분문서의 문언과 배치되는 사실을 인정할 특별한 사정에 대한 증명책임은 이를 주장하는 측"에 있다(대법원 2015. 9. 10. 선고 2015다31308 판결). 즉, 근로계약에 기재된 내용은 특별한 사정이 없는 한 그 문언대로 인정되므로, 그 내용을 분명히 기재할 필요가 있다.

근로계약을 명확하게 작성하게 되면 사전에 분쟁을 예방할 수 있는데, 반대로 근로계약에서 근로조건을 분명하게 기재하지 못한 경우 분쟁의 불씨가 될 수 있다. 예컨대, 회사가 헬기조종사와 기간제 근로계약을 체결하면서 계약기간을 명시하면서 계약기간 만료시까지 별도 합의가 없으면 기간만료일에 자동연장된다고 명시했는데, 계약기간 중에 항공종사자 자격을 유지하지 못하는 사정이 발생한 경우에도 자동연장 되는지가 문제된 사례가 있다. 해당 사건은 소송까지 가서 대법원은 근로계약에 '근로자가 근로계약기간 동안 항공종사자 자격을 유지함으로써 근로계약상 정해진 근로를 정상적으로 제공할 수 있다는 전제에서만 계약기간 자동갱신 조항이 적용된다'는 기재가 없다는 이유로 헬기조종사가 자격을 유지하지 못하더라도 근로계약이 자동연장된다는 취지로 판단한 바 있다(대법원 2022. 2. 10. 선고 2020다279951 판결). 만약 해당 사건에서 근로계약서에 자동연장 조항을 두면서 '정상적인 근로를 제공할 수 있는 것을 전제(또는 항공종사자 자격을 유지하는 것을 전제)로 자동연장된다'는 등의 보다 분명한 내용을 기재했다면 위와 같은 분쟁이 발생할 가능성은 낮았을 것이고, 설령 분쟁이 발생하더라도 회사가 승소할 가능성이 높았을 것이다.

취업규칙은 사업장의 근로조건을 명확히 하고 통일화 하며, 회사의 규율을 확립하여 일관되게 회사를 운영하게 하는 등에서 그 필요성이 인정된다. 따라서 취업규칙의 내용은 각 근로계약 · 사규 · 단체협약의 내용과 충돌하지 않도록 내용을 통일화하는 것이 필요하고, 그 내용 역시 분명하게 기재하는 것이 필요하다.

취업규칙의 내용이 분명하지 않아 발생하는 분쟁의 사례를 예로 들면 아래와 같다.

과거 고용보험법 시행령에서는 육아휴직 급여의 한도를 일률적으로 150만원으로 규정했는데, 최근 고용보험법 시행령이 변경(2025. 1. 1. 시행)되어 육아휴직 기간별로 급여 상한액을 달리 정하게 되었는데, 근로계약에서 법정육아휴직이 아닌 회사의 복리후생 차원의 육아휴직을 별도로 부여하면서 육아휴직 급여를 '법정 지원금 상한 금액'으로 한다고만 기재해 둔 경우이다. 이때 근로자 측에서는 회사가 별도로 부여한 휴직급여도 변경된 고용노동법 시행령의 최고상한 금액(250만원)이 적용되어야 한다고 주장할 수 있고, 반대로 회사는 별도로 부여한 육아휴직 기간에도 법정 육아휴직 수당처럼 기간별로 수당을 달리 지급해야 한다고 주장할 수 있다. 만약 근로계약서에 약정 육아휴직 급여는 '법정 지원금과 동일하게 지급'하는 것으로 기재를 했더라면, 회사의 주장에 특별한 이견이 없어 특별히 분쟁이 발생할 여지도 없을 것이다.

# Ⅱ 분쟁 예방과 해결을 위한 근로계약과 취업규칙 작성 요령

## 1. 근로계약과 취업규칙의 기재사항

### (1) 근로계약의 기재사항

사용자와 근로자가 합의한 내용을 근로계약서에 기재할 수 있지만, 근로기준법에서는 근로계약에 필수적으로 기재해야 할 사항을 명시하고, 일부 항목에 대해서는 서면으로 기재하여 근로자에게 교부할 의무를 부여하고 있다(근로기준법 제17조). 따라서 근로기준법에서 명시해야 할 사항이 근로계약에 명시되지 않거나 서면 명시 · 교부의무를 위반할 경우 형사처벌(500만원 이하의 벌금)에 처하게 된다(근로기준법 제114조 제1호, 제17조).

근로계약서에 의무적으로 기재할 사항은 임금, 소정근로시간, 휴일, 연차유급휴가, 근로기준법 시행령(제8조)으로 정하는 근로조건(취업 장소, 종사할 업무, 근로기준법 제93조 제1호 내지 제12호[1]에서 정한 사항)이다. 그 중에서도 임금의 구성항목 · 계산방법 · 지급방법, 소정근로시간, 휴일, 연차유급휴가에 대해서는 서면(전자문서 포함)으로 명시하여 근로자에게 교부해야 한다. 또한 해당 서면 교부할 사항이 단체협약 또는 취업규칙의 변경 등으로 변경되는 경우에는 근로자의 요구가 있을 경우에만 해당 근로자에게 교부하면 된다(근로기준법 제17조). 서면 명시 의무 사항을 제외한 나머지 근로조건의 명시 방법은 아무런 제한이 없으므로 문서 또는 구두 등 어떠한 방법으로 명시해도 무관하지만, 추후 분쟁 예방을 위해서는 문서에 의해 명시하는 것이 바람직하다.

기간제 근로자의 경우는 일반 근로자와 달리 '근로계약기간에 관한 사항, 근로시간 · 휴게에 관한 사항, 임금의 구성항목 · 계산방법 및 지불방법에 관한 사항, 휴일 · 휴가에 관한 사항, 취업의 장소와 종사할 업무에 관한 사항'을 서면으로 명시하야 한다. 단시간 근로자의 경우에는 위

---

1 1. 업무의 시작과 종료 시각, 휴게시간, 휴일, 휴가 및 교대 근로에 관한 사항
2. 임금의 결정 · 계산 · 지급 방법, 임금의 산정기간 · 지급시기 및 승급(昇給)에 관한 사항
3. 가족수당의 계산 · 지급 방법에 관한 사항
4. 퇴직에 관한 사항
5. 「근로자퇴직급여 보장법」 제4조에 따라 설정된 퇴직급여, 상여 및 최저임금에 관한 사항
6. 근로자의 식비, 작업 용품 등의 부담에 관한 사항
7. 근로자를 위한 교육시설에 관한 사항
8. 출산전후휴가 · 육아휴직 등 근로자의 모성 보호 및 일 · 가정 양립 지원에 관한 사항
9. 안전과 보건에 관한 사항
9의2. 근로자의 성별 · 연령 또는 신체적 조건 등의 특성에 따른 사업장 환경의 개선에 관한 사항
10. 업무상과 업무 외의 재해부조(災害扶助)에 관한 사항
11. 직장 내 괴롭힘의 예방 및 발생 시 조치 등에 관한 사항
12. 표창과 제재에 관한 사항

내용 외에 근로일 및 근로일별 근로시간에 관한 사항도 서면으로 명시해야 한다[기간제 및 단시간근로자 보호 등에 관한 법률(이하 '기간제법') 제17조]. 이를 위반할 경우 500만원 이하의 과태료를 부과한다(제 24조 제2항 제2호). 다만, 최근 대법원은 기간제 근로자에 대한 근로계약 서면 명시 의무를 위반한 경우 근로기준법의 서면명시의무를 위반한 벌금형이 기간제 근로자에게도 적용된다고 보았다(대법원 2024. 6. 27. 선고 2020도1654 판결).

한편, 위 내용들은 주로 근로자를 위해 근로계약에 기재해야 할 사항들이다. 그렇다면 사용자를 위해 기재해야 할 수 있는 근로계약의 내용도 있다. ① 수습기간에 대한 사항, ② 연장근로 사전 동의 조항, ③ 개인정보 사용 동의, ④ 종사할 업무와 장소를 기재하면서도 '사용자의 필요에 따라 변경될 수 있다'는 내용, ⑤ 전직금지나 겸업금지 등에 관한 사항 등이다. ① 수습기간에 대해 명시하지 않을 경우 곧바로 정식 근로계약을 체결한 것이 되지만, 근로계약에 수습기간을 둘 경우(보통 3개월~6개월) 수습기간 종료 후 평가를 통해 본 채용 여부를 판단할 수 있다.[2] ② 연장근로는 원칙적으로 근로자가 동의해야 가능하지만 근로계약에 사전 동의 조항을 둘 경우 근로자가 정당한 이유 없이 연장근로를 거부할 경우 이에 대해 징계가 가능하다(대법원 1995. 2. 10. 선고 94다19228 판결 등). ③ 근로자의 위치정보, 메신저나 이메일 등에 대한 개인정보의 사용 동의를 미리 받아둘 경우 추후 해당 근로자의 근태관리, 비위 조사시 활용할 수 있다. ④ 근로계약에서 종사할 업무와 장소를 특정한 경우에는 이를 변경시 원칙적으로 근로자의 동의를 받아야 하지만(대법원 2013. 2. 28. 선고 2010다52041 판결 등), 근로계약에서 종사할 업무와 장소를 특정하면서도 사용자의 필요에 따라 이를 변경할 수 있다는 근거를 두게 되면 추후 근로자가 동의하지 않더라도 종사 업무나 장소를 변경할 수 있다(물론 사용자의 이러한 인사명령이 유효하기 위해서는 업무상 필요성, 해당 근로자의 생활상 불이익, 근로자와 성실한 협의 등을 종합적으로 고려하여 판단하고 있다). ⑤ 근로자가 퇴직 후 동종업무에 종사할 경우 이를 금지하기 위해서는 우선 경업금지(전직금지) 약정이 있어야 하는데, 퇴직하면서 이러한 동의서 작성을 거부하는 경우가 많고 이를 강제할 방법이 없기 때문에 입사 당시에 이러한 동의를 받아두는 것이 좋다[이 역시 근로자의 경업금지에 대한 동의가 있다고 무조건 유효한 것이 아니라 사용자의 영업비밀이나 노하우, 고객관계 등 경업금지에 의하여 보호할 가치 있는 사용자의 이익이 존재하고, 경업 제한의 기간과 지역 및 대상 직종, 근로자에 대한 대가의 제공 여부, 근로자의 퇴직 전 지위 및 퇴직 경위, 그 밖에 공공의 이익 등 관련 사정을 종합하여 근로자의 자유와 권리에 대한 합리적인 제한으로 인정되는 범위 내에서만 유효한 것으로 인정된다(대법원 2016. 10. 27. 선고 2015다221903 판결 등)].

---

2 수습계약에서의 해고가 보통의 해고보다는 넓게 인정된다고 하더라도, 이 경우에도 해고에는 객관적으로 합리적인 이유가 존재하여 사회통념상 상당하다고 인정되어야 한다(대법원 2006. 2. 24. 선고 2002다62432 판결 등).

### (2) 취업규칙의 기재사항

근로기준법은 상시 10명 이상의 근로자를 사용하는 사용자에게 아래 사항에 대해 취업규칙에 필수적으로 기재하여 고용노동부 장관에게 신고하도록 명시하고 있고(근로기준법 제93조), 이를 위반할 경우에는 500만원 이하의 과태료가 부과된다(근로기준법 제116조 제2항 제2호, 제93조).

1. 업무의 시작과 종료 시각, 휴게시간, 휴일, 휴가 및 교대 근로에 관한 사항
2. 임금의 결정 · 계산 · 지급 방법, 임금의 산정기간 · 지급시기 및 승급(昇給)에 관한 사항
3. 가족수당의 계산 · 지급 방법에 관한 사항
4. 퇴직에 관한 사항
5. 「근로자퇴직급여 보장법」 제4조에 따라 설정된 퇴직급여, 상여 및 최저임금에 관한 사항
6. 근로자의 식비, 작업 용품 등의 부담에 관한 사항
7. 근로자를 위한 교육시설에 관한 사항
8. 출산전후휴가 · 육아휴직 등 근로자의 모성 보호 및 일 · 가정 양립 지원에 관한 사항
9. 안전과 보건에 관한 사항

9의2. 근로자의 성별 · 연령 또는 신체적 조건 등의 특성에 따른 사업장 환경의 개선에 관한 사항

10. 업무상과 업무 외의 재해부조(災害扶助)에 관한 사항
11. 직장 내 괴롭힘의 예방 및 발생 시 조치 등에 관한 사항
12. 표창과 제재에 관한 사항
13. 그 밖에 해당 사업 또는 사업장의 근로자 전체에 적용될 사항

상시 10명 미만의 근로자를 사용하는 사용자에게는 취업규칙의 작성 · 신고 의무가 없는데, 위 사용자가 취업규칙을 임의로 작성한 경우에는 근로기준법 제94조 이하의 규정이 적용된다고 본다. 따라서 상시 10명 미만의 근로자를 사용하는 근로자가 취업규칙을 임의로 작성하였다가 불이익하게 변경하는 경우에도 과반수 노동조합 또는 근로자 과반수 동의를 받아야 한다(서울고법 2005.9.15. 선고 2004누23621 판결 등). 다만, 상시 4명 이하의 근로자를 사용하는 사업장에 대해서는 취업규칙 관련한 근로기준법 규정이 적용되지 않는다(근로기준법 제11조 제1항, 제2항, 동법 시행령 제7조, 별표 1).

위와 같은 필요기재사항 이외의 사항에 대해서는 사용자가 자유롭게 취업규칙에 기재할 수 있는데, 이를 임의기재사항이라고 한다. 임의기재사항의 취업규칙 기재 여부는 사용자의 재량이지만, 일단 취업규칙에 기재를 하게 되면 그 이후에는 취업규칙에 관한 근로기준법의 모든 조항이 적용된다.

한편, 취업규칙에서 정한 복무규율과 근로조건은 근로관계의 존속을 전제로 하는 것인데, 최근 대법원은 사용자와 근로자 사이의 근로관계 종료 후의 권리 · 의무에 관한 사항이라고 하더라도 사용자와 근로자 사이에 존속하는 근로관계와 직접 관련되는 것으로서 근로자의 대우에 관하여 정한 사항이라면 이 역시 취업규칙에서 정한 근로조건에 해당한다고 판단했다(대법원 2022. 9. 29. 선고 2018다301527 판결). 위 판결에서 대법원은 특별퇴직자에 대한 재채용과 관련한 부분은 특별퇴직자의 재채용 행위 자체는 종전 근로관계가 종료된 후에 이뤄지기는 하지만, 재채용 부분은 특별퇴직하는 근로자와 사용자 사이에 존속하는 근로관계와 직접 관련된 것이므로 취업규칙으로서 성질을 갖는다고 보았다.

그 외에 사업장에 필요한 사항에 대해서 법령이나 단체협약에 위배되지 않는 한 취업규칙에 명시할 수 있다. 다만, 취업규칙에서 감급의 제재를 정한 경우에는 그 감액의 1회 금액이 평균임금의 1일분의 2분의 1, 총액이 1임금지급기의 임금 총액의 10분의 1을 초과하지 못하는 제한이 있다(근로기준법 제95조).

## 2. 근로계약과 취업규칙 등의 우선순위

근로조건을 결정하는 규범에는 근로계약, 취업규칙 외에도 단체협약, 법령이 있다. 이 경우 각 규범의 내용에 서로 충돌이 있을 때 어느 규범이 우선하는지가 문제된다. 근로기준법 제22조에서는 "이 법에 정한 기준에 미치지 못하는 근로조건을 정한 근로계약은 무효로 하며 무효로 된 부분은 이 법에 정한 기준에 의한다"고 규정하고 있다. 따라서 근로기준법 등 노동관련 법령에 위반되는 근로계약은 효력이 없고 근로기준법 등의 내용대로 근로계약이 정해진다.

그리고 "취업규칙에서 정한 기준에 미달하는 근로조건을 정한 근로계약을 그 부분에 관하여 무효로 한다. 이 경우 무효로 된 부분은 취업규칙에 정한 기준에 따른다"고 규정되어 있다(근로기준법 제97조). 따라서 근로계약보다는 취업규칙이 우선하므로 양 규범 간에 충돌이 발생할 경우 취업규칙이 우선한다.

한편, 근로기준법은 "취업규칙은 법령이나 해당 사업 또는 사업장에 대하여 적용되는 단체협약과 어긋나서는 아니 된다"고 규정하고 있으므로(근로기준법 제96조 제1항), 단체협약이 취업규칙보다 우선한다.

그러므로 각 규범 간 우선순위를 보면, 근로기준법 등 성문법령 → 단체협약 → 취업규칙 → 근로계약 순으로 우선순위가 있다.

그러나 양 규범 간에 근로자에게 유리한 내용이 있으면 근로자에게 유리한 내용이 우선하여 적용되는데, 이를 '유리조건 우선원칙'이라고 한다. 단체협약과 취업규칙 사이의 유리조건 우선의 원칙은 판례에 의해 인정되고 있다(대법원 2002. 12. 27. 선고 2002두9063 판결 등). 취업규칙과 근로계약 간의 유리조건 우선의 원칙은 '취업규칙에서 정한 기준에 미달하는 근로조건을 정한 근로계약은 그 부분에 관해서는 무효로 하고, 무효로 된 부분은 취업규칙에 정한 기준에 따른다'는 근로기준법 제97조 내용에 따라 적용된다.

한편, 근로기준법에서는 취업규칙을 불이익하게 변경할 경우 해당 사업(장)에 근로자의 과반수로 조직된 노동조합이 있는 경우에는 그 노동조합, 근로자의 과반수로 조직된 노동조합이 없는 경우에는 근로자의 과반수 동의를 받으면 되도록 규정하고 있다(제94조 제1항 단서). 이에 따라 과거에는 개별 근로계약이 있더라도 근로기준법 제94조에 따르는 취업규칙 불이익 변경 절차를 거치면 해당 취업규칙에 동의하지 않는 나머지 근로자들에게도 모두 적용된다고 보았다. 그런데 최근 대법원은 이와 다른 판단을 내리고 있다. 즉, 근로자A와 사용자가 기본연봉을 정한 연봉계약으로 근로계약을 체결한 6개월 후 과반수 노동조합의 동의를 받아 취업규칙인 임금피크제 운용세칙을 제정·시행하여 A에 대해서도 임금피크제를 적용하여 근로계약에서 정한 연봉액을 60% 또는 40% 삭감한 사안에서, "근로기준법 제94조가 정하는 집단적 동의는 취업규칙의 유효한 변경을 위한 요건에 불과하므로, 취업규칙이 집단적 동의를 받아 근로자에게 불리하게 변경된 경우에도 근로기준법 제4조[3]가 정하는 근로조건 자유결정의 원칙은 여전히 지켜져야 한다. 따라서 근로자에게 불리한 내용으로 변경된 취업규칙은 집단적 동의를 받았다고 하더라도 그보다 유리한 근로조건을 정한 개별 근로계약 부분에 우선하는 효력을 갖는다고 할 수 없다"고 판단했다(대법원 2019. 11. 14. 선고 2018다200709 판결). 만약 위 판결이 대법원의 주류적인 견해라면, 앞으로는 취업규칙 불이익 변경을 할 경우에는 과반수 노동조합이나 근로자 과반수의 동의 뿐 아니라 개별 근로계약에서 변경되는 취업규칙 내용보다 유리한 내용이 있는지를 파악해서 해당 근로계약을 체결한 근로자의 개별 동의를 받아야 전체 사업장에 적용할 수 있게 되므로, 유의가 필요하다.

---

3 근로조건은 근로자와 사용자가 동등한 지위에서 자유의사에 따라 결정하여야 한다.

## 3. 근로계약과 취업규칙 변경 시 유의사항

### (1) 근로계약 변경 시 유의사항

개별 근로계약을 해당 근로자의 동의를 받아 변경하는 것은 특별한 문제가 없다. 그런데 실무에서는 입사할 경우에만 근로계약을 체결하고 매년 연봉에 대해서는 별도의 연봉계약을 체결하는 경우가 많다(매년 체결되는 연봉계약도 근로계약의 일종이다). 연봉계약에 기재된 연봉을 다음 해에 삭감하려 하는데 해당 근로자가 연봉액 삭감에 대해 동의를 하지 않는 경우 사용자가 임의로 연봉액을 삭감할 수 있는지가 실무에서 많이 문제된다. 연봉계약이 유효한 기간 동안에는 사용자가 임의로 정해진 연봉을 삭감할 수 없다. 하급심 판결에서 사용자가 일방적으로 근로자의 임금 삭감을 요청하고 이에 대해 근로자가 명시적인 이의를 제기하지 않고 삭감된 임금을 지급받은 사정만으로 근로자가 임금 삭감에 묵시적인 동의를 하였다고 볼 수 없다고 보아 임금체불의 유죄판결을 하였다(서울동부지방법원 2021. 8. 20. 선고 2020노1694 판결).

연봉계약 기간(1년)이 종료하였음에도 차년도 연봉액에 대해 사용자와 근로자가 동의를 하지 못한 경우라면, 사용자가 삭감한 연봉계약을 제시하고 근로자가 동의하지 않는데 임의로 삭감한 연봉금액을 지급할 수는 없고, 이 경우 전년도 연봉액을 그대로 지급하는 것이 타당하다. 하급심 판결도 "사용자와 근로자간 연봉액에 관한 의사가 불합치하여 연봉계약이 체결되지 않았으나 연봉액을 제외한 나머지 근로조건은 종전과 동일한 내용으로 근로관계가 계속되는 경우, 계약체결 거절에 대한 정당한 사유가 있다는 등의 특별한 사정이 없다면, 종전 연봉과 동일한 범위 내에서는 의사의 합치가 있다고 봄이 상당"하므로 전년도 연봉과 동일한 수준으로 근로계약관계가 계속되고 있다고 판단했다(서울고등법원 2021. 12. 3. 선고 2020나2048391 판결).

한편, 급여규정에서 '인사평가를 거쳐 연봉을 삭감할 수 있다'고 규정한 경우, 그에 기초하여 인사평가를 거쳐 연봉을 삭감한 것이 근로기준법 제4조(근로조건은 근로자와 사용자가 동등한 지위에서 자유의사에 따라 결정해야 한다)에 반하거나 신의칙에 위반되지 않아 유효하다고 본 하급심 판결이 있다(서울고등법원 2021. 12. 3. 선고 2020나2048391 판결).

### (2) 취업규칙 변경 시 유의사항

취업규칙을 변경할 때 불이익한 변경이 아니라면 해당 사업(장)에 과반수 노동조합이 있으면 그 노동조합, 과반수 노동조합이 없으면 근로자 과반수의 의견을 들으면 되고, 이들이 반대하더라도 그 의견에 종속될 필요는 없다. 다만, 취업규칙을 근로자에게 불리하게 변경하는 경우에는 과반수 노동조합 또는 근로자 과반수 동의를 받아야 한다(근로기준법 제94조 제1항). 이를 위반한 경우 500만원 이하의 벌금에 처해진다(근로기준법 제114조 제1호, 제94조).

취업규칙의 불이익한 변경이란 사용자가 종전 취업규칙 규정을 개정하거나 새로운 규정을 신설하여 근로조건이나 복무규율에 관한 근로자의 권리나 이익을 박탈하고 근로자에게 저하된 근로조건이나 강화된 복무규율을 일방적으로 부과하는 것을 말한다(대법원 1993. 8. 24. 선고 93다17898 판결 등 참조). 여기서 근로조건이나 복무규율에 관한 근로자의 권리나 이익이란 종전 취업규칙의 보호영역에 따라 보호되는 직접적이고 구체적인 이익을 가리킨다(대법원 2022. 3. 17. 선고 2020다219928 판결 등 참조). 대법원은 사립학교법인이 매 학년도에 예산 상황 등을 고려하여 새롭게 정한 연구보조비 액수는 매 학년도의 교직원 보수표의 보호영역에 따라 보호되는 직접적이고 구체적인 이익이라고 보기 어렵다고 보아[4] 연구보조비 액수가 직전 학년도에 비해 감소된 것을 취업규칙의 불이익한 변경으로 볼 수 없다고 보았다(대법원 2022. 4. 14. 선고 2021다28071 판결).

그렇다면 근로자에게 불리하게 변경되었는지 여부를 어떻게 판단해야 하는지와 관련해서, 판례는 "취업규칙의 변경이 근로자에게 불이익한 것인가 여부를 판단함에 있어서는, 근로조건을 결정짓는 여러 요소가 있는 경우 그 중 한 요소가 불이익하게 변경되더라도 그와 대가관계나 연계성이 있는 다른 요소가 유리하게 변경되는 경우 이를 종합적으로 고려해야 한다"라고 판시하고 있다(대법원 2004. 1. 27. 선고 2001다42301 판결 등). 일부 근로자에게는 유리하고 일부 근로자에게는 불리한 경우 특별한 사정이 없는 한 근로자에게 불리한 변경으로 본다(대법원 1993. 5. 14. 선고 93다1893 판결 등).

방송국의 기술직 근로자들의 TV조정실 근무형태를 '4조 3교대근무제'에서 '3조3시차와 4조3교대의 병합근무제'로 변경하는 등 근무형태 전면 조치를 시행한 것은 이로 인해 기술직 근로자들의 근무형태가 크게 불규칙해졌다거나 업무부담이 증가하였다고 보기 어렵고, 설령 일부 근로조건에서 다소 저하된 부분이 있다고 하더라도 위와 같은 조치 이후로 밤샘근무가 대폭 축소되는 등 오히려 근로조건이 향상된 부분도 있으므로 여러 요소들을 종합적으로 고려해 보면 취업규칙이 불이익하게 변경되었다고 볼 없다고 판단한 원심판단이 타당하다고 보았다(대법원 2022. 3. 11. 선고 2018다255488 판결).

한편, 취업규칙 불이익 변경시 근로자 과반수의 동의 방법에 대해서는 근로기준법에서 규정하고 있지 않고 다만 판례에서 구체적인 동의방법을 설시하고 있다. 즉, "과반수 노동조합이 없

---

4 위 판결에서 대법원은 만일 해당 사립학교법인이 이전부터 실질적으로는 예산 상황 등에 대한 별다른 고려 없이 매 학년도의 연구보조비 액수를 그 직전 학년도의 교직원 보수표가 정한 연구보조비 액수 이상으로 정했다는 등의 특별한 사정이 있다면, 교원들에게 연구보조비 액수에 대한 권리나 이익이 인정될 여지가 있다고 하면서도, 해당 사안에서는 그러한 사정이 없으므로 취업규칙의 보호영역에 따라 보호되는 직접적이고 구체적인 이익이 아니라고 보았다.

는 경우에는 근로자들의 회의방식에 의한 과반수의 동의를 요하고, 회의방식에 의한 동의라 함은 사업 또는 사업장의 기구별 또는 단위 부서별로 사용자 측의 개입이나 간섭이 배제된 상태에서 근로자 간에 의견을 교환하여 찬방을 집약한 후 이를 전체적으로 취합하는 방식도 허용된다"고 판단하였다(대법원 2003. 11. 14. 선고 2001다18322 판결, 대법원 2010. 1. 28. 선고 2009다32362 판결 등). 다만, 유의할 사항은 대기업 등 모든 근로자가 한자리에 모여 회의를 개최하는 것이 사실상 불가능할 경우 기구별 또는 단위부서별 회의를 통해 의견을 취합하는 방식이 유효하다고 판례가 보았지만, 의견취합의 단위가 전체 근로자 수에 비해 지나치게 작거나 토의 사실의 존재를 인정할 증거가 부족한 경우 집단적 동의를 인정할 수 없다고 본 판례가 있다(대법원 2017. 5. 31. 선고 2017다209129 판결). 해당 사안에서 동의 대상 근로자들이 3,331명이었는데, 794개의 팀별(교육국) 단위로 분리하여 의견을 취합하여 의견을 취합한 것은 평균 4.2명 정도가 1개 단위가 된 것은 근로자 전체의 집단적 의사 확인을 위한 의미있는 취소단위로 기능하기 어렵다는 이유 등으로 무효로 판단했다. 최근에도 대법원은 동의대상 근로자 449명을 66개의 팀별 단위로 분리하여 집단적 동의절차를 거친 사안에서 평균 6.8명 정도가 1개의 단위가 되어 찬반 회의를 거친 것은 근로자 전체의 집단적 의사확인을 위한 의미있는 최소 단위로 기능하기 어렵다는 이유 등으로 취업규칙 불이익 변경을 무효로 판단했다(대법원 2023. 2. 23. 선고 2022다292385 판결).

따라서 근로자 과반수의 동의를 받는 과정에서는 ① 취업규칙 변경 내용에 대해 설명회나 자료 등을 통해 충분한 설명시간을 가질 것, ② 사용자의 간섭이 배제된 상태에서 집단적 토의 절차를 거칠 것, ③ 전체 근로자가 모이기 어려운 경우에도 단위 부서별 규모가 지나치게 적지 않도록 할 것, ④ 의견취합의 기간을 지나치게 짧게 하지 말 것(판례에서는 3~4일의 기간은 지나치게 짧다고 판단했음) 등의 사항을 유의할 필요가 있다.

## 4. 근로계약과 취업규칙의 효력 발생 요건

### (1) 근로계약 효력 발생 요건

근로계약의 내용 중 임금의 구성항목 · 계산방법 · 지급방법 및 소정근로시간, 주휴일, 연차유급휴가의 사항은 서면으로 명시하여 근로자에게 교부해야 하고 이를 위반할 경우 처벌조항(500만원 이하의 벌금)도 있다. 그런데 사용자가 이러한 근로계약서의 명시 · 교부의무를 위반하였다고 하더라도 근로계약이 무효가 되지는 않는다. 즉, 명시 · 교부의무는 근로계약의 효력 발생 요건은 아니다.

사용자는 근로계약 불이행에 대한 위약금 또는 손해배상액을 예정하는 계약을 체결하지 못한다(근로기준법 제20조). 민법상 계약에서는 계약의 이행을 확보하기 위해 계약 체결시 미리 채무불이행에 대한 위약금 또는 손해배상액을 예정하는 것이 허용되지만, 근로계약에 대해 위약금을 정할 경우 근로자가 퇴직을 원하더라도 위약금 지급의 부담 때문에 퇴직의 자유를 제한받아 부당하게 근로의 계속을 강요당하는 것을 방지하기 위해 근로기준법에서는 이러한 위약금 예정을 금지하고 있다. 따라서 이러한 내용의 근로계약 부분은 설령 근로자가 자발적으로 작성하여 명시했더라도 효력이 없다. 다만, 근로자가 실제 근로 제공과 관련하여 채무불이행 또는 불법행위로 인하여 사용자에게 발생한 손해에 대한 책임을 묻는 조항은 '근로계약 불이행'과 관련된 것이 아니므로 유효하다. 최근 대법원은 사용자가 근로자에게 일정한 금전을 지급하면서 의무근로기간을 지키지 못할 경우 그 전부 또는 일부를 반환하기로 약정한 경우, 의무근로기간의 설정 양상, 반환 대상인 금전의 법적 성격 및 규모 · 액수, 반환 약정을 체결한 목적이나 경위 등을 종합할 때 그러한 반환 약정이 해당 금전을 지급받은 근로자의 퇴직의 자유를 제한하거나 그 의사에 반하는 근로의 계속을 부당하게 강요하는 것이라고 볼 수 없다면, 이는 근로기준법 제20조가 금지하는 약정이라고 보기 어렵다고 판단했다(대법원 2022. 3. 11. 선고 2017다202272 판결). 근무 중 해외연수 · 교육비용을 사용자가 지급하고 의무재직기간 중 퇴직할 경우 사용자가 대신 지출한 교육비용을 반환하되 의무재직기간의 근무를 제공하면 반환의무를 면제한다는 취지의 약정은 유효하다고 본다(대법원 2008. 10. 23. 선고 2006다37274 판결, 대법원 1996. 12. 20. 선고 95다52222 판결 등).

### (2) 취업규칙의 효력 발생 요건

사용자는 취업규칙을 근로자가 자유롭게 열람할 수 있는 장소에 항상 게시하거나 갖추어 두어 근로자에게 널리 알려야 하는 '주지의무'가 있고, 이를 위반할 경우 500만원 이하의 과태료가 부과된다(근로기준법 제14조 제1항, 제116조 제2항 제2호). 그렇다면 이러한 주지의무를 위반한 취업규칙이 무효가 되는지와 관련해서는 견해가 대립되지만, 판례는 '주지의무를 규정한 해당 근로기준법 조항은 단속법규에 불과할 뿐 효력규정이라고 볼 수 없으므로 주지의무를 위반했다고 해서 무효가 되는 것은 아니지만, 신설 또는 변경된 취업규칙의 효력이 생기기 위해서는 반드시 근로기준법 제14조 제1항에서 정한 방법에 의할 필요는 없지만 적어도 법령의 공포에 준하는 절차로서 그것이 새로운 기업내 규범인 것을 널리 종업원 일반으로 하여금 알게 하는 절차 즉 어떠한 방법이든지 적당한 방법에 의한 주지는 필요하다'고 판단했다(대법원 2004. 2. 27. 선고 2001다28596 판결 등). 반대로 사용자가 취업규칙의 주지의무를 태만히 해 놓고선 취업규칙 무효가 자신에게 유리하다고 해서 이를 주장하는 것은 허용되지 않는다고 본다.

또한, 취업규칙을 작성 또는 변경할 경우 과반수 노동조합 또는 근로자 과반수의 의견 청취

절차를 거쳐야 하고, 취업규칙을 고용노동부장관에게 신고할 때에는 이러한 의견을 적은 서면을 첨부해야 한다(근로기준법 제94조). 이러한 의견청취절차를 밟지 않은 취업규칙이 유효한지 문제가 되는데, 판례는 의견청취 절차에 대한 규정은 단속규정에 불과하고 그 절차를 거치지 않았다고 하더라도 무효가 되지는 않는다고 판단했다(대법원 1994. 12. 23. 선고 94누3001판결 등).

취업규칙 불이익 변경의 요건인 과반수 노동조합 또는 근로자 과반수의 동의를 받지 않은 경우 변경된 취업규칙은 무효이고, 설령 해당 취업규칙 변경에 대해 동의한 개별 근로자들에 대해서도 무효가 된다(대법원 2003. 11. 28. 선고 2001다4750 판결 등). 그러나 과거 다수의 판결은 취업규칙 불이익 변경시 집단적 동의를 받지 않았더라도 예외적으로 '해당 취업규칙의 작성 또는 변경이 그 필요성 및 내용의 양면에서 보아 그에 의하여 근로자가 입게 될 불이익의 정도를 고려하더라도 여전히 해당 조항의 법적 규범성을 시인할 수 있을 정도로 사회통념상 합리성이 있다고 인정되는 경우에는 유효'하다고 보아 소위 '사회통념상 합리성' 법리를 인정해 왔다(대법원 1978. 9. 12. 선고 78다1046 판결 등 다수). 그런데 최근 대법원 전원합의체는 사용자가 취업규칙을 근로자에게 불리하게 변경하면서 근로자의 집단적 동의를 받지 못한 경우, 노동조합이나 근로자들이 집단적 동의권을 남용하였다고 볼 만한 특별한 사정이 없는 한 해당 취업규칙의 작성 또는 변경에 사회통념상 합리성이 있다는 이유만으로 그 유효성을 인정할 수 없다고 보면서 '사회통념상 합리성' 법리를 폐기하고 소위 '집단적 동의권 남용' 법리를 도입했다(대법원 2023. 5. 11. 선고 2017다35588, 35595 전원합의체 판결). 집단적으로 동의권을 남용한 경우란 '① 관계 법령이나 근로관계를 둘러싼 사회환경의 변화로 취업규칙을 변경할 필요성이 객관적으로 명백히 인정되고, ② 나아가 근로자의 집단적 동의를 구하고자 하는 사용자의 진지한 설득과 노력이 있었음에도 불구하고 ③ 노동조합이나 근로자들이 합리적 근거나 이유 제시 없이 취업규칙의 변경에 반대하였다는 등의 사정이 있는 경우'를 말한다고 판단했다.

## 5. 근로계약서, 취업규칙 잘 작성하는 법

### (1) 근로계약서 잘 작성하는 법

근로계약서를 잘 작성하기 위해서는 우선 근로기준법에서 필수적으로 기재할 것을 규정하고 있는 항목(근로기준법 제17조)을 빠지지 않고 기재하는 것이 우선이다. 다만, 이 경우에도 근로계약서에 모두 해당 내용을 명시해야 하는 것은 아니고 당해 근로자의 개별적 사항만을 근로계약서에 명시하고, 근로시간, 휴가, 징계 등 모든 근로자에게 공통적으로 적용되는 근로조건에 대해서는 '취업규칙 등 사규, 단체협약에 정하는 바에 따른다'는 등의 방식으로 기재하는 것도 가능하다(대법원 2007. 3. 30. 선고 2006도6479 판결). 특히, 취업규칙에 명시할 사항도 근로계약서에 기재하도록 되어 있는데(근로기준법 제17조 제1항 제5호, 시행령 제8조 제2호, 근로기준법 제93조 제1호 내지 제12호), 그 내용 중에 자주 변경해야 할 사항을 근로계약서에 그대로 명시할 경우에는 해당 내용이 변경될 때마다 근로계약서를 다시 체결해야 하는 등의 번거로운 문제가 발생하므로, 위와 같이 취업규칙 기타 사규에서 정하는 바에 따른다는 등의 방식을 기재하는 것도 가능하다.

또한, 근로계약은 취업규칙에서 정한 기준에 미달하는 근로조건을 정할 수 없으므로(근로기준법 제97조) 취업규칙 내용과 충돌하지 않도록 기재해야 한다. 그 뿐 아니라 최근 대법원 판례에 따라 취업규칙 불이익 변경 절차를 거쳤더라도 개별 근로계약에서 정한 근로조건이 변경된 취업규칙보다 더 유리하다면 변경된 취업규칙보다 개별 근로계약이 우선하게 된다(대법원 2019. 11. 14. 선고 2018다200709 판결). 따라서 개별 근로계약에서 취업규칙에서 정할 내용을 명시해 두기 보다는 개별 근로자에 대한 특별한 부분만 근로계약에서 명시하고 나머지 사항은 '취업규칙, 단체협약 등에서 정한 바에 따른다'고 위임해 두는 것이 필요하다.

근로계약서의 내용은 분명하고 명확하게 작성해서 이견의 여지를 남기지 않는 것이 중요하다. 기간제 근로계약인데 갱신하지 않고 계약기간 만료로 종료할 것이라면 갱신기대권을 부정하기 위해 '근로계약기간이 종료하면 갱신하지 않고 종료된다'는 등의 문구를 명확하게 기재하는 것이 좋다.

그 외에 사용자에게 필요한 기재사항을 적절히 기재하는 것이 필요하다. 종사할 직무와 장소는 특정을 하더라도 회사의 필요에 따라 변경할 수 있음을 명시해 두어야 추후 직무와 장소를 변경하더라도 개별 근로자의 동의를 받지 않아도 가능하다. 연장근로에 대해서도 사전 동의 조항을 두는 것이 좋고, 경업금지약정이나 개인정보 사용 동의도 사전에 받아두는 것이 좋다. 또한 최근에 문제가 많이 되고 있는 연장 · 야간 근로수당이 모두 포함된 포괄임금제 약정을 하는 경우인데, 판례는 포괄임금제 약정을 엄격한 조건(근로시간 산정이 어렵거나 불가능할 것 + 근로자에게 불리하지 않을 것)에서 인정하므로(대법원 2023. 11. 30. 선고 2019다29778 판결) 포괄임금제가 아닌 OT 수당 선지급 형식으로 하거나(일정 금액을 특정하여 해당 금원이 연장근로수당임을 명시) 포괄임금제 약정을 하더라도 추후 무효가 될 경우를 대비하여 기본급과 정액의 법정수당을 구분하여 명시하는 것이 좋다.

### (2) 취업규칙 잘 작성하는 법

취업규칙을 잘 작성하기 위해서는 다양한 사규, 근로계약, 단체협약과의 충돌이 없도록 하는 것이 필수적이다. 실무에서는 취업규칙과 기타 다른 규정과의 내용의 충돌이 발생하여 어떤 규정을 우선해야 하는지 이슈가 되는 경우가 많다. 예컨대, 취업규칙에서는 '상여금은 지급일 현재 재직 중인 자에 한해 지급', '임금은 일할 계산'한다고 규정하고 있고, 단체협약에서는 임금의 구성항목 중 하나로 상여금을 명시하면서 '상여금 지급일 이전에 입사, 복직, 휴직하는 사람의 상여금은 일할 계산'한다고 규정한 사례에서, 판례는 취업규칙에 '상여금은 지급일 현재 재직 중인 자에 한해 지급'한다는 규정이 있었음에도 불구하고 상여금의 통상임금성을 인정했다(대법원 2022. 4. 28. 선고 2019다238053 판결). 해당 판결은 최근 전원합의체 판결(대법원 2024. 12. 19. 선고 2012다89399 전원합의체 판결)에서 고정성(재직자 조건) 조건을 통상임금 요건에서 제외하기 이전이었으므로, 만약 취업규칙과 단체협약의 규정에서 서로 충돌되는 부분이 없도록 규정을 했더라면, 해당 상여금의 통상임금성은 부정되었을 것이다. 또 다른 예는 취업규칙과 단체협약의 징계 관련 규정에서 차이가 있는 경우가 많다. 취업규칙에는 '무단결근 7일 이상'을 면직사유로 기재하고 있었는데, 그 뒤에 체결된 단체협약에서는 '무단결근 5일 이상'을 면직사유로 달리 규정한 사안에서, 단체협약의 개정에도 불구하고 종전의 단체협약과 동일한 내용의 취업규칙이 그대로 적용된다면 단체협약의 개정은 그 목적을 달성할 수 없으므로 개정된 단체협약에는 당연히 취업규칙상의 유리한 조건의 적용을 배제하고 개정된 단체협약이 우선적으로 적용된다는 내용의 합의가 포함된 것으로 보아, 단체협약 내용에 따라 면직한 것이 정당하다고 판단했다(대법원 2002. 12. 27. 선고 2002두9063 판결).

취업규칙의 징계규정과 관련해서 해석상 이견이 많이 발생하므로 작성에 유의가 필요하다. 예컨대, 징계사유를 지나치게 구체화할 경우 사용자의 징계권이 제약될 수 있으므로 징계사유는 어느 정도 일반화하는 것이 필요하고, 징계해고사유와 기타 징계사유를 별도로 구분하는 것보다는 이를 구분하지 않은 채 징계사유만 기재한 후 징계대상행위의 태양 등에 따라 사용자가 재량으로 징계양정을 정하는 것이 좋다. 징계시효도 '사유 발생일로부터 1년'으로만 기재할 경우 사용자가 징계대상행위를 늦게 발견할 경우 징계를 할 수 없게 되는 문제가 있으므로, 징계시효를 규정하면서도 '회사가 징계사유를 인지한 시점'부터 기산된다는 단서를 두는 것이 필요하다.

## 6. 근로계약서, 취업규칙 분쟁 예방 및 실무적 해결방법

### (1) 근로계약서 분쟁 예방 및 실무적 해결방법

근로계약서를 작성하는 과정에서 곧바로 분쟁이 발생하는 경우는 별로 없다. 오히려 근로계약서의 내용이 부실 또는 명확하지 않거나 지나치게 일방에게 유리하게 작성된 경우 분쟁이 발생하는 경우가 많다. 근로계약서의 내용이 부실 또는 명확하지 않는 부분은 위에서 언급한 부분을 유의하여 작성하거나 전문가의 도움을 받으면 된다. 그런데 지나치게 일방에게만 유리하게 작성된 경우에는 추후 해당 내용이 무효가 되거나 이로 인해 분쟁이 촉발된다. 예를 들어, 근로자가 일정 기간 의무 복무하지 않을 경우 위약금이나 손해배상 예정을 하는 경우 근로기준법 제20조에 반하여 무효가 된다. 또한 근로계약서에 사용자가 일방적으로 해고할 수 있는 사유를 열거하더라도 결국 그 해고가 유효한지 여부는 '사회통념상 근로관계를 계속시킬 수 없을 정도로 근로자에게 책임 있는 사유'가 있어야 한다(대법원 1991.3.27. 선고 90다카25420 판결 등). 따라서 근로계약서의 내용도 지나치게 일방에게만 유리하게 작성하기 보다는 합리적으로 작성하는 것이 추후 분쟁 발생을 예방하는 데 도움이 된다.

또한, 연봉계약을 갱신하는 경우 분쟁이 발생하는 경우가 많다. 회사 입장에서는 연봉을 인상하는 경우 뿐 아니라 삭감하는 경우에는 합리적이고 객관적인 근거를 마련하여 근로자와 협의를 통해 진행하는 것이 좋다. 이는 최근 판례가 '동일노동가치 동일임금원칙'을 사실상 일반론처럼 적용하고 있으므로(대법원 2019. 3. 14. 선고 2015두46321 판결 등), 동종, 유사한 업무를 수행하는 근로자 간에 연봉 차이가 있을 때 추후 분쟁을 예방하기 위해서도 왜 연봉 인상(인하) 차이가 발생했는지에 대한 근거를 마련하는 것이 좋다. 이를 위한 가장 좋은 방법은 공정하고 합리적인 근무평가를 통해 진행하는 것이다. 연봉결정시 객관적인 근무평가에 기반하여 근로자를 설득한다면 연봉 협상시 분쟁을 상당수 줄일 수 있다. 또한, 근무평가에 따라 연봉을 인하할 수 있다는 규정을 마련해 두고, 그에 따라 근무평정이 좋지 않은 근로자에 대해 연봉을 삭감한다면, 연봉 삭감에 대해 동의하지 않는 근로자가 있더라도 유효하게 인정될 가능성이 높다. 반면, 근로자의 경우에도 매년 연봉 협상시 일방적으로 연차와 타 근로자만을 근거로 제시하며 연봉 인상을 요구할 것이 아니라 한 해 동안 자신이 수행한 업무 내용, 그 결과, 회사에 기여한 부분을 객관적인 근거를 마련하며 회사와 협상을 한다면, 보다 원활하게 연봉 협상이 이뤄질 수 있다. 또한, 사용자도 연봉 협상이 원활히 이뤄지지 않을 경우 일방적으로 결정하기 보다는 연봉조정위원회(와 같은 별도 기구를 마련하여 해당 기구를 통해 최종 결정하는 절차를 거친다면 분쟁을 사전에 예방할 수 있고 연봉 협상 결렬로 인해 인력의 타사 유출도 막을 수 있다. 그리고 이러한 위원회에 사용자측 위원 뿐 아니라 근로자측 위원이나 외부위원도 포함시킨다면 위원회의 결정에 훨씬 객관성과 공정성을 확보할 수 있을 것이다.

### (2) 취업규칙 변경시 분쟁 예방 및 실무적 해결방법

취업규칙 변경시 항상 문제가 되는 것이 불이익 변경인지 여부이고, 최근 판례는 집단적 동의의 방법을 엄격하게 해석하고 있는 경향이다(서울중앙지방법원 2015. 8. 28. 선고 2014가합557402 판결, 서울서부지방법원 2025. 1. 23. 선고 2022가합37878 판결). 그 뿐 아니라 취업규칙 불이익 변경시 집단적 동의 절차를 거쳤음에도 개별 근로계약상 더 유리한 내용이 있으면 그 유리한 근로계약이 우선한다고 최근 대법원 판례까지 변경(대법원 2019. 11. 14. 선고 2018다200709 판결)이 되어 취업규칙 변경에는 각종 어려움과 분쟁 가능성이 상존하고 있다.

이로 인해 취업규칙을 불이익하게 변경할 때 과반수 근로자의 동의를 받았음에도 불구하고 그 효력이 무효가 되어 기업 내에 혼란이 발생하는 경우가 많다. 따라서 취업규칙을 변경할 경우에는 분쟁 예방을 위해 사전적으로 취업규칙 변경 내용, 취지 등에 대해 충분히 근로자들 또는 노동조합에 설명을 하여 공감대를 형성하는 것이 좋다. 그 경우에도 취업규칙 변경 내용이나 취지 등을 게시판에 공지하는 정도로 그칠 것이 아니라 근로자들에게 직접적으로 설명하는 것이 좋다. 의견 취합의 기간도 지나치게 짧거나(예컨대, 3일~5일) 의견취합의 단위가 너무 소규모일 경우(예컨대, 단위별 인원이 5명 정도) 집단적 논의가 제대로 이뤄지지 않아 무효로될 가능성도 높으므로, 의견취합의 기간도 충분히 갖고, 의견취합 단위 역시 지나치게 소규모가 되지 않도록 하며, 연명서에 의한 동의 방식을 취할 때 찬성의 의사표시 뿐 아니라 반대의 의사표시도 할 수 있는 양식을 갖는게 좋다. 그리고 이러한 절차가 추후 문제될 경우를 대비하여 이러한 절차를 거쳤음을 입증할 수 있는 자료도 확보해 두는 것이 좋다.

## 참고문헌


1. 고용노동부 근로기준법 질의회시집(2024)
2. 김형배, 「노동법」, 박영사(2021)
3. 김형배, 박지순, 「노동법강의」, 신조사(2025)
4. 노동법실무연구회, 「근로기준법 주해 I」 제2판, 박영사(2020)
5. 노동법실무연구회, 「근로기준법 주해 II」 제2판, 박영사(2020)
6. 노동법실무연구회, 「근로기준법 주해 III」제2판, 박영사(2020)
7. 배동희, 「근로기준법과 개별관계실무」, 미래가치(2022)
8. 이철수, 「노동법」, 현암사(2025)
9. 하갑래, 「근로기준법」, 중앙경제사(2025)
10. 하경효, 「노동법사례연습」, 박영사(2023)

# 직장생활을 아름답게 마무리하는 요령
# (사직과 해고)

---

권순하 교수

# 직장생활을 아름답게 마무리하는 요령 (사직과 해고)

권 순 하

## I 직장생활 마무리를 위한 대안적 분쟁해결방법 모색의 의미 및 필요성

최근 "아내가 숨졌다"라며 퇴사를 요청한 근로자가 사실은 일을 그만두려 회사에 '아내가 죽었다'는 거짓말을 한 황당한 기사가 보도된 바 있다.[1] 해당 근로자는 동료들에게 "예전부터 그만두려고 했는데 솔직하게 말하면 혼날까 봐 두려웠다"라면서 "가족 핑계 대면서 그만두겠다고 하면 아름다운 이별을 할 수 있겠다 착각했다"라고 털어놨다고 한다.

직장생활을 아름답게 마무리하고 또 아름답게 마무리할 수 있도록 하는 것은 근로자나 사용자나 공통의 로망일 수 있다. 그러나 현실은 냉엄하고 분쟁 절차에서 법적인 잣대만으로 판단을 받을 경우 어느 한쪽은 아름다울 수가 없을 것이다.

이러한 의미에서 일도양단의 전통적인 분쟁 절차가 아니라 서로 양보하여 윈윈하면서 직장생활 마무리를 할 수 있는 대안적 방법(Alternative Dispute Resolution, ADR)을 모색할 의미가 있고 이를 위한 논의와 노력이 특히 필요한 시점이라고 생각된다.

종래 전통적으로 직장생활을 마무리하는 방법으로는 근로자 측의 사직과 사용자 측의 해고로 크게 대별될 수 있었다. 법원의 판례나 노동위원회의 판정례도 이러한 사직이나 해고의 유효성을 중심으로 법리가 발전되어 왔다.

이러한 종래의 방법은 근로자나 사용자의 일방적인 의사에 기한 것으로 근로자와 사용자 간에 직장생활을 원만하게 마무리하는 방법에 관한 상호 협상이나 합의가 전제되지 않음으로써 그 법적 효력을 둘러싸고 많은 분쟁이 발생하여 왔다. 예를 들면, 근로자 측의 사직의 경우 비진의 의사표시(민법 제107조), 강박에 의한 의사표시(민법 제110조) 문제라든지 그 효력발생시기를 둘러

---

1 파이낸셜뉴스 2024. 11. 13.자 『"아내가 죽었습니다" 대성통곡한 신입, 조문 안 와도 된다는 이유가』 기사.

싼 철회 가부 문제가 그것이다. 사용자 측의 해고의 경우 '정당한 이유'(근로기준법 제23조 제1항) 충족 문제에 분쟁이 집중되어 왔다고 할 수 있다.

이처럼 전통적인 사직이나 해고의 경우 당사자 간 상호 협상이나 합의를 통한 해결이 전제되지 않음으로써 다양한 분쟁의 요인이 되어온 것이 사실이다. 이러한 측면에서 기존의 일방적인 사직이나 해고의 방법이 아닌 직장생활 마무리를 위한(근로관계 종료를 위한) 대안적 방법(ADR)을 모색함으로써 기존의 다양한 분쟁 발생 가능성을 줄이고 근로자나 사용자나 분쟁의 염려로부터 벗어나 근로자와 사용자가 함께 한 직장생활을 원만하고 아름답게 마무리하는 요령을 논의하는 것이 나름의 의미가 있다고 생각된다.[2]

## II 사직과 해고의 법적 성질 · 의미

대안적 분쟁해결방법을 모색함에 있어 전통적인 사직과 해고의 각 법적 성질과 의미 및 기존에 분쟁이 발생한 양상 등을 살펴보는 것이 도움이 될 것으로 생각된다.

### 1. 사직의 법적 성질 · 의미

근로자가 사용자에게 사직의 의사를 표시하는 행위는 민법의 관점에서는 일종의 법률행위라고 할 수 있다. 이러한 사직의 의사표시를 근로자의 사용자에 대한 일방적 의사표시로서 근로계약 해지통고(해약고지)라고 볼 것인지 또는 근로자와 사용자 간 근로계약 합의해지를 위한 근로계약의 해지 청약이라고 볼 것인지 논란이 있을 수 있다.

위 양자의 구별의 주된 실익은 의사표시 이후 철회의 가능 여부에 있다고 할 수 있다. 즉 근로계약 해지통고일 경우에는 그 의사표시가 사용자에게 도달한 이상 근로자로서는 사용자의 동의 없이 이를 철회할 수 없다.[3] 반면 근로자가 사직원의 제출방법에 의하여 근로계약관계의 합의해지를 청약하고 이에 대하여 사용자가 승낙함으로써 근로관계를 종료시키는 근로계약 해지 청약의 경우에 있어서는, 근로자는 사직원의 제출에 따른 사용자의 승낙의사가 형성되어 확정적으로 근로계약 종료의 효과가 발생하기 전에는 그 사직의 의사표시를 자유로이 철회할 수 있고, 다만

2 물론 기존에도 법원 소송절차나 노동위원회 구체신청절차 내에서 당사자들이 화해를 통한 원만한 합의 기회가 존재하지만 분쟁이 발생한 상황에서의 화해 논의보다는 근본적으로 분쟁 발생 가능성 자체를 차단할 수 있는 방법론에 대한 논의가 의미가 있다고 생각된다.

3 대법원 2007. 10. 11. 선고 2007다11668 판결.

근로계약 종료의 효과 발생 전이라고 하더라도 근로자가 사직의 의사표시를 철회하는 것이 사용자에게 불측의 손해를 주는 등 신의칙에 반한다고 인정되는 특별한 사정이 있는 경우에 한하여 그 철회가 허용되지 않는다고 해석되고 있다.[4]

이처럼 사직의 경우에 있어 해지통고라고 볼 것인지 해지 청약으로 볼 것인지 여부에 따라 근로자의 일방적인 단독행위로 가능한지 아니면 사용자의 승낙의 의사표시가 필요한지, 사직의 의사표시가 사용자에게 도달한 이후 철회가 가능한지 여부가 달라지게 된다.

판례는 사직의 의사표시는 특별한 사정이 없는 한 당해 근로계약을 종료시키는 취지의 해약고지(해지통고)라고 보면서도[5] 구체적 사안에서 근로자의 사직 의사표시가 해지통고인지 아니면 사용자에 대한 근로계약관계 합의해지의 청약인지 여부는 그 의사표시가 기재된 사직서의 구체적인 내용, 사직서 작성 · 제출의 동기 및 경위, 사직서 제출 이후의 상황 등 제반 사정을 참작하여 판단하여야 한다는 입장이다.[6]

나아가 사직의 의사표시의 경우 비진의의사표시(민법 제107조), 강박에 의한 의사표시(민법 제110조)에 해당할 경우 그 법적 효력이 부정되게 되는데, 비진의의사표시인지, 사용자의 강박이 있었는지 등은 구체적 사실관계에 따라 판단될 문제이다. 관련하여, 판례는 사용자가 사직의 의사 없는 근로자로 하여금 어쩔 수 없이 사직서를 작성 · 제출하게 한 후 이를 수리하는 이른바 의원면직의 형식을 취하여 근로계약관계를 종료시키는 경우에는 근로자의 사직서 제출이 진의 아닌 의사표시에 해당한다고 보는 반면(이와 같이 비진의의사표시에 해당하는 경우 사용자의 사직서 수리행위는 실질적으로 사용자의 일방적 의사에 의하여 근로계약관계를 종료시키는 해고에 해당된다),[7] 표의자가 의사표시의 내용을 진정으로 마음속에서 바라지는 아니하였다고 하더라도 당시의 상황에서는 그것이 최선이라고 판단하여 그 의사표시를 하였을 경우에는 이를 내심의 효과의사가 결여된 진의 아닌 의사표시라고 할 수 없다고 판단한 사례도 다수 있다.[8] 이처럼 비진의의사표시 내지 강박에 기한 의사표시의 무효 문제까지 개재가 되면 구체적 사실관계에 따라 사직의 의사표시의 효력은 더욱 불확실한 상태가 될 수 있다.[9]

---

4 대법원 1992. 4. 10. 선고 91다43138 판결. 유사한 취지로 근로계약 해지 청약의 경우 그에 대한 사용자의 승낙의사가 형성되어 그 승낙의 의사표시가 근로자에게 도달하기 이전에는 청약의 의사표시를 철회할 수 있다고 판시한 판결도 있다(대법원 1994. 8. 9. 선고 94다14629 판결).

5 대법원 2000. 9. 5. 선고 99두8657 판결

6 대법원 2007. 10. 11. 선고 2007다11668 판결

7 대법원 2000. 4. 25. 선고 99다34475 판결

8 대법원 2003. 4. 25. 선고 2002다11458 판결, 대법원 2000. 4. 25. 선고 99다34475 판결 등.

9 근로자가 홧김에 "그만두겠다"고 하자 자발적 퇴사 처리한 사안에서 법원이 "감정적 대응을 마치 진정한 사직 의사표시로 취급해 근로계약관계를 종료시킨 것은 사용자의 일방적 의사에 의한 해고로 정당한 이유가 없어 무효"라고 판시한 사례도 있다(법률신문, 2019. 3. 4.자 『홧김에 "그만두겠다" 말 듣고 근로자 해직은 '무효'』 기사).

결국 사직의 법적 성질과 효력을 어떻게 보아야 할지(사용자의 승낙의 의사표시가 필요한지, 사직의 의사표시가 사용자에게 도달한 이후 철회가 가능한지), 비진의의사표시 내지 강박에 의한 의사표시에 해당할지의 문제는 위와 같이 제반 사정을 종합적으로 참작하여 판단될 문제로 귀결되어 이를 둘러싸고 분쟁이 발생할 경우 근로자나 사용자나 법적 불안상태에 놓일 수 있다.

## 2. 해고의 법적 성질 · 의미

해고는 근로자의 의사에 반하여 사용자의 일방적 의사로 근로계약을 종료시키는 것으로,[10] 본질적으로 고용계약의 해지에 해당하고, 그 법적 성질이 상대방 있는 단독행위로서 그 의사표시가 상대방에게 도달하는 때에 효력이 발생한다.[11] 그리고 해고는 해고사유와 해고시기를 명확히 명시한 서면의 통지에 의해 이루어져야 하는데(근로기준법 제27조), 이는 사용자로 하여금 근로자를 해고하는 데 신중을 기하게 함과 아울러, 사후에 이를 둘러싼 분쟁이 적정하고 용이하게 해결될 수 있도록 하고, 근로자에게도 해고에 적절히 대응할 수 있게 하기 위한 것이다.[12]

근로기준법 제23조 제1항은 근로자에게 해고 등 징계를 하기 위해서는 '정당한 이유'가 있어야 한다고 규정하고 있을 뿐, 정당한 이유의 구체적인 의미에 대해서는 규정을 두고 있지 않다. 관련하여, 법원은 징계처분의 정당성(정당한 이유)을 판단함에 있어 일반적으로 비위 행위의 내용 · 성질 · 경중, 평소의 소행, 근무성적, 징계전력, 사업의 목적과 성격, 사업장의 여건, 징계의 목적, 종전 유사 · 동종 행위에 대한 징계처분의 내용 등을 종합적으로 고려하고 있다.[13] 그런데, 법원은 징계 중에서도 '해고'의 경우 근로자에게 가장 불이익한 처분이라는 점을 고려하여 그 정당성을 매우 엄격하게 인정하고 있다. 구체적으로, 법원은 "해고처분은 사회통념상 고용관계를 계속할 수 없을 정도로 근로자에게 책임 있는 사유가 있는 경우에 정당성이 인정되고, 사회통념상 근로자와 고용관계를 계속할 수 없을 정도인지는 사용자의 사업 목적과 성격, 사업장의 여건, 근로자의 지위와 담당직무의 내용, 비위행위의 동기와 경위, 근로자의 행위로 기업의 위계질서가 문란하게 될 위험성 등 기업질서에 미칠 영향, 과거의 근무태도 등 여러 가지 사정을 종합적으로 검토하여 판단하여야 한다"는 입장이다.[14]

이처럼 해고의 경우 '정당한 이유' 즉 사회통념상 고용관계를 계속할 수 없을 정도로 근로자

---

10 대법원 1993. 10. 26. 선고 92다54210 판결 등.
11 대법원 1997. 9. 26. 선고 97누1600 판결.
12 대법원 2021. 7. 29. 선고 2021두36103 판결.
13 대법원 1998. 5. 22. 선고 98다2365 판결, 대법원 2002. 5. 28. 선고 2001두10455 판결 등.
14 대법원 2017. 3. 15. 선고 2013두26750 판결 등.

에게 책임 있는 사유가 있다고 인정되어야 하는 한편, 절차적으로도 엄격한 규제가 존재한다. 즉 해고를 포함한 징계절차에 대하여 근로기준법에는 특별한 규정이 없으나, 취업규칙이나 단체협약에 징계위원회 개최, 소명의 기회 부여, 징계위원회 의결, 재심절차 등의 절차적 제한규정을 두는 경우 이에 따라야 하고, 그렇지 않은 경우 해고의 효력이 부정된다. 취업규칙이나 단체협약에 징계위원회에서 소명할 기회를 부여하도록 되어 있다면 그 통보의 시기와 방법에 관하여 특별한 규정이 없다고 하여도 변명과 소명자료를 준비할 만한 상당한 기간을 두고 징계위원회 개최 일시와 장소를 통보하여야 하며, 이러한 시간적 여유를 주지 않고 촉박하게 이루어진 통보는 절차적으로 위법하다.[15]

나아가 해고의 서면통지절차의 경우 징계해고, 통상해고, 정리해고 등 해고의 유형에 관계없이 모든 해고에 대해 서면으로 통지가 이루어져야 한다. 또한 해고 서면통지절차는 근로관계의 종료가 '해고'에 의한 것일 경우에만 적용되는 것이므로, 기간만료 등 해고 이외의 종료 사유에 대하여는 적용되지 않는 것이 원칙이라 할 수 있지만, 예외적으로 외관상으로는 기간만료, 합의퇴직(의원면직), 당연퇴직 등의 형식을 취하고 있더라도, 그것이 사용자의 일방적 의사에 의한 근로관계의 종료로 실질적으로 해고라고 볼 수 있는 경우에도 서면통보가 이루어져야 한다고 할 수 있다. 이처럼 실질적으로 해고에 해당하는 경우 그 사유가 정당한지를 떠나 서면통지를 하지 않았다면 해고는 무효가 된다.

위와 같은 해고의 실체적 · 절차적 요건은 사용자 입장에서는 함부로 해고를 하지 못하는 장치가 될 수 있고 근로자 입장에서는 사용자의 부당한 해고로부터 보호를 받을 수 있는 장치가 된다. 근로자가 사용자의 해고가 부당하다고 다투는 절차로 (1) 노동위원회 구제신청 및 행정소송 절차, (2) 민사소송(해고무효확인의 소) 절차, (3) 가처분(지위보전가처분, 임금지급가처분 등) 절차를 들 수 있다.

그런데 근로자에게 위와 같은 절차가 인정된다고 하더라도 실제 해당 절차를 밟기 위해서는 시간과 비용이 들기 때문에 근로자 입장에서 마냥 위와 같은 절차에 기대어 분쟁을 제기할 수만은 없고 분쟁 내에서의 화해는 물론 분쟁에 이르기 이전에 사용자와 원만한 화해를 통한 해결을 도모할 유인은 여전히 존재한다. 그렇기 때문에 사직이나 일방적 해고가 아닌 사용자와 근로자 간의 합의에 의한 퇴사 기타 화해를 통한 근로관계의 종료라는 해결방법을 선택하게 된다.

---

15 대법원 1991. 7. 9. 선고 90다8077 판결.

## Ⅲ 합의에 의한 퇴사 기타 화해를 통한 해결방법

### 1. 협상 준비 및 진행

근로자의 사직이나 사용자의 해고 방법이 아닌 합의에 의한 퇴사를 위한 협상을 위해서는 통상 상정할 수 있는 단계들이 있을 수 있다. 협상 전 준비단계, 협상을 위한 면담단계, 협상에서 합의된 내용을 반영한 합의서 작성 및 체결단계가 그것이다.

#### (1) 협상 전 준비단계

사용자 입장이든 근로자 입장이든 대안적 분쟁해결방법으로서 합의에 의한 퇴사 기타 화해를 통한 해결방법이 의미를 가지려면 협상을 통해 합의라는 목표에 이르는 것일 것이다.

이를 위해 합의 성사 가능성을 높이기 위해 준비하는 단계가 필요하다. 이를 위해서는 사용자와 근로자 간에 체결된 근로계약서와 회사 규정의 관련 내용을 파악하고 대상 근로자에 대한 근무평정기록, 인사평가기록 등 관련 자료를 검토할 필요가 있다. 그리고 이를 통해 협상 과정에서 정확한 의사와 메시지를 전달할 수 있도록 면담자료(소위 talking point 자료)와 예상 시나리오를 사전에 준비하고 그 범위 내에서 면담이 이루어질 수 있도록 준비한다. 가능하다면 면담에서 제시할 합의 조건과 수준에 대한 대략적인 입장도 정리를 해두는 것이 합의 성사 가능성을 높이는데 있어 유용할 것이다.

아울러 협상에 참여하고 진행할 사용자 측 참석자를 미리 정하여 두는 것이 바람직할 것이다. 참석자 숫자는 면담이나 협상 과정에 대한 추후 분쟁 발생 등을 감안할 때 1인보다는 2인으로 구성하여 참석하는 것이 바람직할 것이다. 그렇지만 사용자 측에서 2인보다 더 많은 참석자가 있을 경우 근로자 입장에서는 다수에 의한 강압적 분위기를 느낄 수 있으므로 특별한 사정이 없는 한 지양하는 것이 바람직할 것으로 생각된다. 근로자 입장에서는 대리인(변호사, 노무사 등)을 대동할 것인지를 결정하여 미리 사용자 측에 통지를 해두는 것을 고려할 수 있을 것이다.

#### (2) 협상을 위한 면담단계

합의 성사 가능성을 고려한다면 면담 시간 자체가 중요하지는 않을 것이고 서로 당사자의 입장을 경청하고 오해나 혼동이 없도록 의사소통은 직관적이어야 할 것이다. 이러한 측면에서 당사자보다 객관적 입장에서 감정에 좌우되지 않고 당사자를 대변할 수 있는 대리인 참석은 장점이 되는 측면이 있을 것이다. 참석하는 대리인은 위임인인 당사자와 사이에 수용 가능한 합의 조건과 수준에 관하여 미리 가이드라인을 정해두는 것도 협상의 신속하고 효율적 진행을 위해 바람직할 것이다.

그리고 면담 시작 전에 면담 진행의 원칙을 당사자들이 정해두는 것이 필요할 것이다. 대표적인 예가 면담 내용에 관한 녹음을 서로 양해 하에 진행할 것이지 아니면 서로 하지 않는 것으로 할지의 문제다.[16]

아울러 면담을 임하는데 있어 일반적인 행동 요령도 고려해 볼 수 있다. 예를 들면, 퇴사를 강요하거나 그러한 취지로 오해를 불러일으킬 수 있는 표현을 지양하고, 감정이나 자존심을 상하게 하는 행위나 불필요한 농담을 자제함으로써 상대방을 존중하고 배려하는 자세가 합의 성사 가능성 측면에서 바람직할 것이다. 상대방으로 하여금 무시당한다는 생각이 들지 않도록 상대방의 반응에 적절히 응대하고 면담 중에 휴대전화 사용을 자제하는 것도 필요할 것이다.

그리고 면담에서 논의된 사항을 적절히 기록하여 남겨두는 것이 후속 면담에서 논의를 이어갈 수 있도록 하고 합의가 이루어질 경우 합의서에 포함될 내용을 정확하게 반영하기 위해서 필요할 것이다.

나아가 돌발상황에 대한 대응방안도 미리 마련해두는 것이 상황관리에 도움이 될 것이다. 예를 들면, 상대방의 감정이 격해지거나 위협적 자세를 보이는 경우, 더 이상의 협상 진전이 없는 경우 등의 상황에서 협상이 결렬 내지 파탄에 이르지 않고 지속될 수 있는 액션 플랜도 필요할 것이다.

### (3) 협상에서 합의된 내용을 반영한 합의서 작성 및 체결단계

우선 합의서에서 당사자들이 수수하기로 합의한 금품이 있을 경우 해당 금품의 지급명목과 지급조건을 명확하게 기재하는 것이 중요할 것이다.

실제 협상 결과의 문서화 과정에서 주요 쟁점사항은 뒤에서 살펴보기로 하고 협상이 완료되어 합의가 이루어질 경우 합의 내용을 신속하게 문서화하여 체결절차를 진행함으로써 혹시라도 당사자 중 어느 일방이 번의(飜意)를 하는 것을 방지하는 것도 필요하다. 이러한 측면에서 합의에 의한 퇴사의 신속한 진행을 위해 미리 합의서 초안이나 합의서에 포함될 일반적 사항을 준비해 두는 것도 고려할 수 있다.

---

16 참고로 법원은 통신비밀보호법상 공개되지 아니한 타인간 대화 녹음 금지와 관련하여 대화에 참여하는 사람이 그 대화를 녹음하는 것은 "타인간 대화"라고 할 수 없어 통신비밀보호법 위반으로 형사처벌 대상이 되지는 않는다는 입장이다(대법원 2006. 10. 12. 선고 2006도4981 판결 등). 다만 형사적으로 처벌 대상이 되지 않더라도 민사적으로는 타인의 사생활 침해로 불법행위를 구성할 수는 있다.

## 2. 협상 결과의 문서화 과정

사용자와 근로자가 협상을 거쳐 퇴사를 합의한 경우 이러한 합의의 결과를 단순한 구두 합의에 그치지 않고 합의서 등 형식으로 문서화를 통해 합의의 내용을 명확히 하여 각 당사자의 권리 의무를 확정하는 것이 통상적이다.

이러한 합의서에는 합의의 조건으로 사용자가 근로자에게 지급하는 금품[17]의 청산에 관한 본질적인 내용 이외에 통상 권리포기조항 및 부제소합의, 비밀유지, 비방금지 등 부수적 조항들이 포함된다. 또한 합의의 조건으로 지급되는 금품의 세무 처리에 관한 사항도 실무적으로 중요한 부분이다.

### (1) 권리포기조항 및 부제소합의

권리포기조항 및 부제소합의는 합의서를 통해 소정의 금액을 지급받음으로써 퇴사(사직)와 관련하여 사용자로부터 현재 및 장래에 가질 수 있는 모든 청구권이 최종 정산되고 전액 지급이 된 것임을 인정하는 취지와 사용자 및 사용자의 관계인에 대하여 모든 청구권 포기 및 사법 · 행정상 이의 제기 포기의 취지가 포함된다.

**권리포기조항 및 부제소합의 조항의 예시**

근로자는 본 합의서에 따른 금액을 수령함으로써, 회사에서의 업무수행 및 사직과 관련하여 현재 및 향후에 가질 수 있는 모든 자격, 권리 및 청구권이 완전하고도 최종적으로 정산되었으며, 기타 모든 법률상 권리에 대하여 전액 지급된 것임을 인정한다.

근로자는 회사 및 회사의 계열사와 그 이사, 대리인, 근로자, 법적 대표자 또는 회사와 이해관계가 있는 여타 당사자에 대하여, 회사와의 관계로부터 발생한 여하한 모든 청구권을 포기하고 면제하며, 회사 및 회사의 계열사와 그 이사, 대리인, 근로자, 법적 대표자 또는 회사와 이해관계가 있는 여타 당사자에 대하여 행정상 또는 사법상 어떠한 형태의 이의 제기도 하지 않을 것임을 확인한다.

이러한 권리포기조항 및 부제소합의의 취지를 합의서에 기재함에 있어 유의할 사항은 아무리 사적자치의 영역이라고 하더라도 이러한 권리포기조항 및 부제소합의가 항상 유효한 것은 아

17 통상 퇴직위로금(ex gratia)의 명목으로 지급될 수도 있고 화해금 내지 분쟁해결금의 명목으로 지급될 수도 있다.

니라는 점이다. 즉 부제소합의는 당사자에게 헌법상 보장된 재판청구권의 포기와 같은 중대한 효과를 발생시키는 것이므로, 합의서에 표시된 문언의 내용이 불분명하여 당사자의 의사해석에 관한 주장이 대립할 소지가 있고 당사자의 의사를 참작한 객관적 · 합리적 의사해석과 외부로 표시된 행위에 의하여 추단되는 당사자의 의사가 불분명하다면 그에 따른 불이익은 당사자에게 귀속될 수밖에 없다. 나아가 부제소합의는 당사자가 처분할 수 있는 특정된 법률관계에 관한 것으로서 그 합의 당시 각 당사자가 예상할 수 있는 상황에 관한 것이어야 유효하게 된다.[18]

따라서 권리포기조항 및 부제소합의는 최대한 그 대상이 되는 구체적 사실관계를 특정하고 이를 통해 당사자가 예상할 수 있는 상황에 관한 것이라는 점이 명확하게 드러날 수 있도록 그 문구가 마련될 필요가 있다.

### (2) 비밀유지, 비방금지

경우에 따라서는 퇴사 합의에 이른 과정 및 그 조건 나아가 합의의 존재 자체가 비밀로 유지될 필요가 있고 어느 당사자가 합의 이후에 상대방 당사자에 대한 비방이나 명예훼손, 모욕적인 행위를 할 가능성에 대비할 필요가 있다. 이를 위해 통상 합의서에 비밀유지, 비방금지에 관한 취지가 포함된다.

**비밀유지, 비방금지 조항의 예시**

근로자는 본 합의서 체결 및 본 합의서에 관한 모든 사항을 엄격히 비밀로 유지하고, 회사의 서면 동의가 없는 한 여하한 개인, 여타 회사 및 법인에 누설하지 아니한다.

근로자는 제3자(회사 외부는 물론 회사 내의 경우에도 다른 임직원을 포함)에게 회사(회사의 계열사, 이사, 임직원 및 대리인을 포함)를 모욕 또는 비방하는 발언을 하거나 또는 달리 회사(회사의 계열사, 이사, 임직원 및 대리인을 포함)의 명예를 손상시키거나 여타 손해를 주도록 계획된 또는 명예를 손상시키거나 여타 손해를 줄 것으로 합리적으로 예측 가능한 발언을 하거나 그러한 발언을 하도록 허용 또는 승인하는 행위를 하지 않기로 동의한다.

그리고 이러한 비밀유지, 비방금지 조항의 실효성 담보를 위해 이를 위반한 당사자에 대하여 위약벌이나 손해배상액 예정(민법 제398조)과 같은 조건을 부가하는 경우도 있다. 이러한 위약벌

---

18 대법원 2019. 8. 14. 선고 2017다217151 판결 등.

이나 손해배상액 예정 조항이 근로관계가 존속 중인 경우에는 근로기준법 제20조에 규정된 위약 예정 금지에 저촉될 수 있지만 근로관계 종료를 위한 합의에 의한 퇴사 국면에서는 위약 예정 금지에 저촉되지 않는다고 보는 것이 타당하다. 한편으로는 손해배상의 예정액이 부당히 과다한 경우에는 법원은 감액할 수 있고(민법 제398조 제2항), 위약벌의 경우 손해배상액의 예정에 관한 민법 제398조 제2항을 유추적용하여 그 액을 감액할 수는 없지만 그 의무의 강제에 의하여 얻어지는 채권자의 이익에 비하여 약정된 벌이 과도하게 무거울 때에는 그 일부 또는 전부가 공서양속에 반하여 무효로 된다는 것이 법원의 입장이다.[19] 이러한 감액 내지 무효 가능성을 감안할 때 위약벌이나 손해배상액 예정에서 정한 금액은 당사자의 각 지위, 합의의 목적 및 내용, 위약벌이나 손해배상액을 예정한 동기, 채무액에 대한 예정액의 비율, 예상손해액의 크기, 그 당시의 거래관행 등을 종합적으로 고려하여 적정 수준이 되어야 할 것이다.[20]

### (3) 합의의 조건으로 지급되는 금품의 세무 처리에 관한 사항

합의의 조건으로 지급되는 금품의 세무 처리 문제가 뜻밖에 당사자 간 합의에 의한 퇴사 협상 과정에서 합의 성사 장애요인(deal breaker)으로 작용하는 경우가 많다. 해당 금품을 받는 근로자 입장에서는 해고의 사유가 없음에도 퇴사를 하는 조건의 손해배상금이라거나 분쟁해결금 내지 화해금(위자료)으로서 비과세 대상이라고 주장을 하는 반면 사용자 입장에서는 비과세로 처리하여 원천징수를 하지 않을 경우 원천징수의무자로서 불이익(원천세 본세 및 가산세 추징 등)을 우려하여 과세 대상이라고 주장을 하여 합의 성사 막바지에 합의가 결렬되는 상황을 맞을 수 있다.

기본적으로 세무에서는 합의금 등의 세법상 소득 분류는 명칭에 구애받지 않고 그 소득의 실질이 무엇인가를 따져 결정된다. 통상 본래 사용자가 지급했어야 할 퇴직금을 합의금의 형태로 지급하는 것이라면 퇴직소득으로 분류하고, 본래 사용자가 지급했어야 할 퇴직금 기타 금품은 아니지만 분쟁의 조기 종료 등 다른 목적을 고려하여 지급하는 것이라면 기타소득(사례금)으로 분류되는 것이 일반적이다.

---

19 대법원 2005. 10. 13. 선고 2005다26277 판결.
20 대법원 1988. 1. 12. 선고 87다카2291 판결.

**〈조심 2017서4876, 2017. 12. 18.〉**

쟁점금액은 과거 근로제공에 대한 공로나 위로금 형식으로 지급하는 퇴직금으로 보기 어렵고, 사직절차에 대한 합의 · 향후 소송 미제기 등의 합의조건 준수를 목적으로 지급된 합의금으로서 일종의 사례금 성격이 있어 보이는 점 등에 비추어 쟁점소득은 기타소득으로 보임

소득세법 상 사용자 부담금을 기초로 하여 현실적인 "퇴직을 원인으로" 지급받는 소득은 퇴직소득에 해당하지만(소득세법 제22조 제1항 제2호), 사용자가 합의에 의한 퇴사의 조건으로 지급하는 금품은 그 지급의 조건이 부제소합의, 비밀유지, 비방금지와 관련이 되어 있는 경우가 많고 이러한 합의를 통해 일체의 분쟁을 조기에 해결하는 것에 대한 사례의 뜻으로 지급한 것으로 볼 수 있어 소득세법상 "사례금"으로서 기타소득에 해당한다(소득세법 제21조 제1항 제17호).[21]

위와 같은 세무 처리를 둘러싼 당사자들의 입장 차이가 발생할 가능성을 감안할 때 합의에 의한 퇴사 협상 과정에서 세무 처리에 관하여 당사자들이 사전에 협의를 진행하여 협상 막바지에 합의 결렬이라는 불의타가 발생하지 않도록 미리 신경쓸 필요가 있다.

## 3. 협상 거부 내지 결렬 시 방안

우선 각 당사자로서는 협상이 거부 내지 결렬된 이유를 파악하여 그 이유에 맞는 대응방안을 마련할 필요가 있을 것이다.

협상 거부 내지 결렬의 이유는 구체적 사안에 따라 여러 가지가 있을 것이나, 사용자 측이 제시한 퇴직위로금(ex gratia) 등 합의의 조건으로 지급하고자 하는 금품의 금액 수준에 관한 양자의 격차를 먼저 상정해 볼 수 있다. 실제 사례에서 이처럼 지급 금액 수준에 대한 양자의 격차로 결렬에 이르는 경우가 많다. 이 경우 각 당사자는 더 이상의 협상 없이 다음 단계로 이행하는 사례도 있지만 많은 사례에서는 사용자 측이 제시한 금액 수준을 근로자가 거부한 경우 합의 성사 가능성을 높이기 위해 기존 금액 수준을 일부 상향하거나 다른 보상 방안을 추가하여 다시 한번 제시하게 된다. 이 경우 이러한 수정 제시가 계속 금액 수준을 높이려는 유인으로 작용할 수 있

---

21 참고로 해고무효확인소송에서 법원 화해권고결정에 따라 지급된 금품에 대하여 법원은 화해권고결정 금액은 사무처리 또는 역무의 제공 등과 관련하여 사례의 뜻으로 지급된 금품으로 보기 어려워 과세대상 소득인 '사례금'에 해당한다고 볼 수 없다는 취지로 판시하여 비과세 대상으로 판단하였다(대법원 2022. 3. 31. 선고 2018다237237 판결). 반면 노동위원회 화해조서에 따른 화해금의 경우에는 '사례금'으로서 기타소득으로 과세 대상으로 판단하였다(대법원 2018. 7. 20. 선고 2016다17729 판결).

으므로 적정한 기대수준 관리가 필요하다. 그래서 기대수준 관리를 위한 차원에서 미리 제시를 하기 전에 사용자 측의 금액 범위(최소 금액 ~ 최대 금액)을 정한 뒤 그 범위 내에서 상황에 따라 단계적으로 금액 수준을 높여가는 전략을 취하기도 하고 전략적으로 다음 면담 시 제시하는 수정 금액 수준이 사용자 측의 최종 제안임을 밝힐 필요도 있다.

한편 금액 수준의 상향 조정 제시 이외에 근로자 입장에서는 실직에 따른 미래의 불확실성이 협상을 거부하는 주요 요인일 수 있으므로 전직 지원 서비스(Outplacement Service)를 제공하거나 사직유효일을 정하고 사직유효일까지의 일정 기간 동안 적을 두게 하되 그 일정 기간 동안 대기발령(garden leave)으로 처리하는 방안도 고려될 수 있다. 또한 취학자녀를 둔 근로자의 경우 자녀 졸업 시까지의 학자금 지출을 퇴사 이후 걱정할 수 있으므로 퇴사 후 일정 기간 학자금 분할 지원 또는 일시금 지원 방안도 예를 들 수 있다.

위와 같은 방안들을 소위 'Positive Leverage'라고 한다면, 'Positive Leverage'에 병행하여 'Negative Leverage'도 활용될 수 있는데, 이러한 'Negative Leverage'로는 확인된 비위행위에 대한 징계조치, 대기발령 및 타 부서/직무로의 전환배치, 저성과자관리프로그램(Performance Improvement Program, PIP) 실시 가능성의 제시를 들 수 있다. 이러한 'Negative Leverage' 활용에 있어서는 자칫하면 근로자에게 퇴사를 강요 내지 압박하는 것으로 인정될 가능성이 있으므로 강요 내지 압박이 되지 않도록 적절하게 근로자에게 전달될 수 있게 유의할 필요도 있다.

결국 협상이 원만하게 진행되지 않는 상황에서는 기대수준 관리와 함께 'Positive Leverage'와 'Negative Leverage'를 적절히 활용하는 것이 합의 성사 가능성을 높이는데 기여할 수 있을 것으로 생각된다.

## Ⅳ 사직 · 해고 효력 부정 시 대안적 분쟁해결방법

### 1. 임금 소급 지급 및 원직 복귀를 둘러싼 여러 가지 문제점

사용자의 해고가 무효이거나 취소된 때에는 그 동안 피해고자의 근로자로서 지위는 계속되고, 그간 근로의 제공을 하지 못한 것은 사용자의 귀책사유로 인한 것이므로 근로자는 민법 제538조 제1항에 의하여 계속 근로하였을 경우 받을 수 있는 임금 전부의 지급을 청구할 수 있다. 여기에서 근로자가 지급을 청구할 수 있는 임금은 근로기준법 제2조에서 정하는 임금을 의미하므로, 사용자가 근로의 대가로 근로자에게 지급하는 일체의 금원으로서 계속적 · 정기적으로 지급되고 이에 관하여 단체협약, 취업규칙, 급여규정, 근로계약, 노동관행 등에 의하여 사용자에게 지급의무가 지워져 있다면 명칭 여하를 불문하고 모두 이에 포함된다.[22] 그렇지만 실제 사용자가 지급하는 금품의 구체적 조건과 구성항목에 따라서는 소급 지급되는 임금에 포함될지 여부를 둘러싸고 또 다른 분쟁이 발생하는 경우가 많다.

한편 사용자가 근로자를 해고할 만한 사유가 전혀 없는데도 오로지 근로자를 사업장에서 몰아내려는 의도 하에 고의로 어떤 명목상의 해고사유를 만들거나 내세워 해고한 경우나 해고의 이유로 된 어느 사실이 취업규칙 등 소정의 해고사유에 해당되지 아니하거나 해고사유로 삼을 수 없는 것임이 객관적으로 명백하고 또 조금만 주의를 기울이면 이와 같은 사정을 쉽게 알아볼 수 있는데도 그것을 이유로 해고에 나아간 경우 등 해고권의 남용이 건전한 사회통념이나 사회상규상 용인될 수 없음이 분명한 경우 그 해고가 정당성을 갖지 못하여 효력이 부정되는 데 그치는 것이 아니라 위법하게 상대방에게 정신적 고통을 가하는 것이 되어 근로자에 대한 관계에서 불법행위를 구성한다는 것이 법원의 입장이다.[23]

또한 사용자가 부당하게 해고한 근로자를 원직(종전의 일과 다소 다르더라도 원직에 복직시킨 것으로 볼 수 있는 경우를 포함한다)이 아닌 업무에 복직시켜 근로를 제공하게 하였다면 근로자는 사용자에게 원직에서 지급받을 수 있는 임금 상당액을 청구할 수 있다.[24]

사용자가 부당해고된 근로자를 복직시키는 경우 원칙적으로 원직에 복귀시켜야 할 것이나, 해고 이후 복직 시까지 해고가 유효함을 전제로 이미 이루어진 인사질서, 사용주의 경영상의 필요, 작업환경의 변화 등을 고려하여 복직 근로자에게 그에 합당한 일을 시킨 경우, 그 일이 비록 종전의 일과 다소 다르더라도 정당하게 복직시킨 것으로 볼 수 있다. 사용자가 부당해고한 근로자를 복직시키면서 일시적인 대기발령을 하는 경우 그 대기발령이 아무런 보직을 부여하지 않는 인사명령으로서 원직복직에 해당하지 않는다는 이유만으로 위법하다고 볼 것은 아니고, 그 대기발령이 앞서 본 바와 같이 이미 이루어진 인사질서, 사용주의 경영상 필요, 작업환경의 변화 등을 고려하여 근로자에게 원직복직에 해당하는 합당한 업무를 부여하기 위한 임시적인 조치로서 필요성과 상당성이 인정되는 경우에는 근로자의 생활상의 불이익과 비교 · 교량하고 근로자 측과의 협의 등 신의칙상 요구되는 절차를 거쳤는지 여부 등을 종합적으로 고려하여 대기발령의 정당성을 인정할 수 있다.[25]

---

22 대법원 2012. 2. 9. 선고 2011다20034 판결.

23 대법원 1993. 10. 12. 선고 92다43586 판결, 대법원 2006. 7. 28. 선고 2006다17355 판결, 대법원 2007. 12. 28. 선고 2006다33999 판결.

24 대법원 2024. 4. 12. 선고 2023다300559 판결.

25 대법원 2024. 1. 4. 선고 2021다169 판결.

이처럼 사직이나 해고의 효력이 부정되는 경우 사직 · 해고 전의 원직에 복귀시켜야 하고 해당 기간의 임금을 전액 지급하여야 하는데, 원직의 범위나 소급해서 지급하여야 하는 임금(back pay)의 범위를 어떻게 판단할지의 복잡한 문제를 놓고 후속적인 분쟁이 발생하는 사례가 많다.

## 2. 금전 보상 등을 포함한 대안

위에서 살펴본 바와 같이 사직이나 해고의 효력이 부정되는 경우 원직 복귀나 소급 지급될 임금의 범위 문제로 당사자 간에 다시 분쟁이 발생할 가능성이 상당히 있다.

이러한 분쟁 발생 가능성을 감안할 때, 비록 사직이나 해고의 효력이 부정된 상황에서도 추가적인 분쟁 발생 가능성을 없애고 다시 한번 원만한 해결을 시도하기 위한 차원의 추가적인 협상은 의미가 있다고 생각된다. 이러한 추가적인 협상의 경우에도 위에서 살펴본 협상 준비 및 진행의 각 단계에서의 쟁점들이 공통적으로 적용될 것이다. 다만 합의에 의한 퇴사 기타 화해를 통한 최초의 해결방법과는 달리 근로자 입장에서는 사직 과정에서의 의사표시 흠결이나 사용자의 일방적 부당해고로 사직이나 해고가 무효로 판단됨으로써 상대적으로 유리한 지위를 점유하게 된다고 할 수 있고, 그 만큼 사용자가 취할 수 있는 수단이나 전략이 제한적이 될 수 있으므로 보다 신중하고 면밀한 대안 마련 및 제시가 필요할 것이다.

## 3. 소위 '직장 빌런'이 되지 않기 위한 해결방안 모색

최근 '직장 빌런' 또는 '오피스 빌런'이라는 신조어가 자주 등장하고 있다.[26] '직장 빌런' 또는 '오피스 빌런'은 일종의 '갈등유발자'로서 직장 내에서 '거리두기'의 대상이 되고 있다.

사직과 해고 국면에서는 사용자에 의한 해고 전(前)단계의 근로자 또는 부당해고 판정을 받아 복귀한 근로자가 '직장 빌런'이 되지 않도록 적절한 관리와 관심이 필요하다.

'직장 빌런'으로 받아들여지는 근로자에 대해서는 사용자 입장에서 훨씬 더 많은 인사관리 부담을 지게 되고 그 만큼 다른 근로자에 대한 인사관리에 투입될 시간과 노력이 소모되는 부작용도 예상해 볼 수 있다. 한편으로는 근로자 입장에서도 직장생활 및 직장 내 인간관계에 적응이 어려워지고 그에 따라 더욱 갈등유발자로서 '직장 빌런'의 정도가 심해지는 악순환의 구조에 놓

26 원래 '빌런'은 창작물에서 악당이나 악역을 뜻하는 영어 단어 'villain'이 그 어원이다. 그런데 2017년 중반부터 승리욕이 과하거나 무언가에 집착하거나 정상적인 사람들과 다른 행동을 하는 괴짜들이나 이상한 사람들을 인터넷에서 '빌런'으로 부르고 있다. 인터넷 신조어로서의 '빌런'이라는 단어에는 뚜렷한 개성을 가지고 민폐를 저지르는 자라는 의미가 내포되어 있다.

이게 될 수 있다.

이러한 상황에서 직장생활 및 직장 내 인간관계에 대한 적응성을 높여 '직장 빌런'에서 벗어날 수 있도록 하는 해결방안을 마련하여 실행하는 것이 최선의 방책이 되겠지만 이것이 항상 가능할 수 없으므로 그 경우에는 '퇴사를 잘하는 법'을 통해 사용자든 근로자든 그 굴레에서 벗어날 수 있는 해결방안을 모색하는 것이 필요하다.

## V 대안적 분쟁해결방법의 지속적 모색 노력

위에서 전통적인 사직과 해고의 법적 성질과 의미를 먼저 살펴보고 이러한 사직과 해고 상황에서 발생할 수 있는 여러 분쟁 상황에 대한 이해를 토대로 대안적 분쟁해결방법으로서 합의에 의한 퇴사 기타 화해를 통한 해결방법에 관하여 살펴보았다. 아울러 대안적 분쟁해결방법의 특수한 상황으로 사직이나 해고의 효력이 부정될 경우 임금 소급 지급 및 원직 복귀를 둘러싼 여러 가지 문제점과 추가적인 협상을 통한 법적 불확실성과 분쟁의 방지를 위한 대안을 함께 살펴보았다.

종래 엄격한 법의 잣대가 아닌 당사자 간의 원만한 협상과 이를 위한 여러 고려사항들을 통해 전통적인 사직이나 해고가 아니더라도 직장생활을 아름답게 마무리할 수 있는 돌파구를 모색할 수 있고, 또 다양한 이해관계가 존재하고 점점 더 이해관계가 첨예하게 복잡해지는 현실에서 분쟁을 피하면서 협상을 통해 최선의 방안을 도출하는 것이 사용자와 근로자가 아름다운 이별을 선택하는 이유가 될 수 있다고 생각된다.

## 참고문헌


1. 노동법실무연구회, 「근로기준법 주해 III」 제2판, 박영사, 2020
2. 김형배 · 박지순, 「노동법 강의」 제12판, 신조사, 2023
3. 중앙노동위원회, 노동분쟁해결가이드북: 조정과 심판 각호
4. 중앙노동위원회. 2023. 전국노동위원회 우수조정사례집(2019 – 2022)
5. 중앙노동위원회 2023년 및 2024년 부당해고 구제 재심신청사건
6. 중앙노동위원회(2022), 심판 사건 업무 매뉴얼
7. 서울지방노동위원회(2017), 화해업무 매뉴얼
8. 김태기(2003), 협상의 원칙: 대한민국 협상론의 새로운 모색, 사회평론
9. 김태기(2007), 분쟁과 협상, 경문사

# 고용상의 차별

## - 비정규직 · 성 · 연령 차별 분쟁에 관한 슬기로운 해법 -

---

변성영 교수

# 고용상의 차별
# - 비정규직 · 성 · 연령 차별 분쟁에 관한 슬기로운 해법 -

변 성 영

## I 비정규직 · 성 · 연령 차별 분쟁의 특성 및 사례

### 1. 비정규직 · 성 · 연령 차별 개관

90년대 말 IMF 경제위기 이후 비정규직(기간제, 단시간, 파견) 근로자가 급격히 증가하고, 정규직 근로자와의 임금격차가 심화되면서 비정규직 근로자에 대한 차별을 금지하는 「기간제 및 단시간근로자 보호 등에 관한 법률」, 「파견근로자 보호 등에 관한 법률」이 시행되었다.

또한 사업주가 성별, 혼인, 임신 또는 출산 등의 사유로 차별을 하는 경우 근로자가 차별에 대해 시정을 신청할 수 있는 구제수단에 관한 근거규정을 「남녀고용평등과 일 · 가정 양립 지원에 관한 법률」에 마련해두고 있다.

마지막으로 「고용상 연령차별금지 및 고령자고용촉진에 관한 법률」은 모집 · 채용에서부터 퇴직 · 해고에 이르기까지 연령을 이유로 한 차별을 금지하고 있다.

다만 해당 법률은 연령 차별에 대한 구제절차를 별도로 규정하고 있지는 않지만, 가까운 장래에 노동위원회를 통한 구제절차가 곧 도입될 것으로 예상하고 있다.

차별 분쟁에서도 승자와 패자가 분명하게 가려지는 판정보다는 대화와 협상을 통해 분쟁 당사자의 화해 · 조정을 이끌어내는 자율적 · 대안적 분쟁해결 방안이 선호되는 현상이 뚜렷이 나타나고 있다.

계속적인 근로계약 관계의 특성상 공격과 방어를 통한 문제해결은 필연적으로 분쟁 당사자 모두에게 상처를 남길 수밖에 없기 때문이다.

여러 가지 차별의 유형 중에서 이미 노동위원회를 통한 구제가 이루어지고 있는 비정규직 차별 · 성 차별과 가까운 장래에 노동위원회에 구제절차가 마련될 것으로 예상되는 연령 차별에 국한하여 대안적 분쟁해결 방안을 살펴보고자 한다.

## 2. 차별 분쟁의 특성 – 분쟁당사자의 법리 오해가 야기하는 문제점들 –

안타깝게도 차별 관련 분쟁에서 분쟁 당사자들은 불필요하고 소모적인 대립의 악순환에 빠지는 경우가 많다.

이러한 소모적인 대립을 일으키는 가장 큰 요인 중 하나는 분쟁 당사자들이 가지고 있는 '차별'의 개념 및 법리에 대한 오해이다.

'차별'의 개념 및 법리에 대한 오해가 발생하는 배경에는 여러 가지 원인이 있을 수 있겠지만, 일단 차별 법리 자체가 일반인은 물론 전문가들도 어렵다고 느낄 만큼 단계별로 쟁점이 복잡하다.

법적 권리 · 의무에 대한 정확한 이해를 기반으로 어느 정도의 교통정리가 이루어진 후에 남겨진 문제에 대한 대화와 협상을 통해 합의점을 도출해 나가는 것이 가장 이상적인 분쟁 해결의 모습이라면 차별 법리의 복잡성 · 난해성은 매우 큰 장애물이라고 하지 않을 수 없다.

더 나아가 이러한 차별 법리에 대한 분쟁당사자의 부정확한 이해가 그들의 확증편향성과 결부된다면 도저히 상대방이 수용할 수 없는 주장들만 되풀이되는 결과를 피할 수 없을 것이다.

이와 같은 불필요하고도 소모적인 분쟁 발생을 사전에 차단하고 분쟁 해결의 효율성을 도모하기 위하여 각 유형의 차별 판단 기준에 대한 부정확한 인식 유형들을 살펴보기로 한다.

아울러 비정규직 · 성 · 연령 차별 분쟁 해결을 위한 구체적 실행 방안도 모색해 보기로 한다.

## 3. 고용상 차별 분쟁 사례

### (1) 비정규직 차별 분쟁 사례

**① 사건 개요**

지방공기업 A가 운영하는 사격장에서 경비 업무를 수행하는 기간제 근로자 B가 공무직 경비원 및 안전관리원과 비교하여 ①안전관리수당, ②업무수당, ③근속수당, ④가족수당, ⑤복지포인트, ⑥휴일근로수당, ⑦성과금에 대하여 차별 시정을 신청한 사건이다.

**② 당사자 주장**

노동위원회에 차별시정을 신청한 기간제 근로자B는 무기고 경비업무를 수행하는 공무직 근로자와 권총사격장 공무직 안전관리원이 비교대상근로자라고 주장하였고, 이들과 동종·유사한 업무에 종사하였음에도 각종 수당에 대해 차별적 처우를 받았다고 주장하였다.

이에 반해 사업주 A는 해당 기간제 근로자와 공무직 경비원 및 안전관리원 간에는 채용절차, 채용경로, 응시자격 연령, 요구되는 역할과 책임에서의 차이 등 현저한 질적 차이가 있으므로 비교대상이 아니라고 주장하였다.

덧붙여 사업주 A는 해당 기간제 근로자가 속한 실버직과 비교대상이라고 주장하고 있는 공무직은 채용인원이 각각 별도로 정해져 있고, 지원자격과 시험과목이 다르게 되어 있는 등 채용 절차가 다름을 특히 강조하였다.

### (2) 고용상 성 차별 분쟁 사례

**① 사건 개요**

약 1,000명을 고용하여 기계 제조 및 판매업을 행하는 A사의 승진과 관련한 취업규칙과 인사규정은 남녀 동일하게 적용되었다. A사의 경우 국내사업본부에서 직접적인 영업활동을 하는 영업관리직은 전원 남성으로 구성되어 있고, 직접적인 영업활동을 하지 않는 영업지원직은 전원 여성으로 구성되어 있다. 이런 상황에서 A사는 24년 상반기 승진심사시 직접적인 영업활동을 하지 않는 영업지원직은 충족할 수 없는 매출점유율 · 채권점유율 등을 승진기준으로 사용하였다.

이에 국내사업본부 영업지원직인 여성 승진대상자 2명이 모두 승진에서 탈락한 반면 영업관리직의 남성 직원들은 4명 중 3명이 2급갑(과장급)으로 승진하자, 여성 승진대상자 B, C가 성 차별 시정을 신청하였다.

승진에서 탈락한 2명의 여성 직원들은 3년간 인사평가 평균이 영업관리직 남성 직원보다 동일하거나 더 높았고, 직급 근무기간도 승진한 남성 직원들보다 더 길었다.

특히, '22년 6월 기준으로 이 회사의 남녀 성비는 남성 297명(88.13%), 여성 40명(11.86%)으로 남성이 여성보다 월등히 많기는 하나, 2급갑 이상의 남성은 150명(96.7%)인 반면, 여성은 5명(3.2%)에 불과하다.

또한, '19년부터 '23년까지 이 사건 회사에서 2급을에서 2급갑으로 승진한 53명 중 여성은 3명이다. '23년 상반기 이 사건 회사에서 2급갑 이상으로 승진한 46명 중 여성은 전혀 없으며, 이 사건 근로자들이 소속되어 있던 국내사업본부에서 '19년부터 '23년까지 2급을에서 2급갑으로 승진한 12명 중 여성은 한 명도 없다.

② **당사자 주장**

사업주인 A사는 해당 승진 심사 시 남녀 모두에게 매출점유율·채권점유율이라는 동일한 기준을 사용하였고, 승진에서 탈락한 여성 직원 2명(B, C)의 경우 입직 경로의 차이, 업무 확장성의 차이 등의 이유로 고급관리자로 가는 역량이 부족했다고 주장하였다.

### (3) 고용상 연령 차별 분쟁 사례

① **사건 개요**

A사는 '23. 12. 29. B아파트 입주자대표회의와 '24. 1. 1.부터 '25. 12. 31.까지 경비용역 계약을 체결하였다. A사는 구 용역업체인 B사가 고용하고 있었던 경비원 88명 대부분을 고용승계하기로 하고, 그들로부터 주민등록등본, 이력서, 사진 등을 제출받아 이틀에 걸쳐 면접전형을 실시하였다. A사는 면접전형 결과, 1955년 이전 출생자 14명에 대해서만 고용을 승계하지 않기로 결정하였고 해당 14명의 근로자가 연령 차별 시정 신청을 하였다.

② **당사자 주장**

사업주인 A사는 1955년 이전 출생자들인 14명의 신청인들은 70세가 넘어 아파트 경비원 업무 수행에 부적합하다고 주장하였고, 70세 이상의 신청인들에 대해 수시로 직무교육을 하는데 소요되는 비용과 시간이 지나치게 과다하여 해당 연령대의 근로자들을 고용승계에서 배제할 수밖에 없었다고 주장하였다.

## Ⅱ 비정규직 차별에 관한 부정확한 인식 유형

비정규직 차별 판단은 크게 비정규직 근로자와 동종 · 유사한 업무에 종사하는 정규직 근로자가 있는지(비교대상근로자 유무), (비교대상근로자가 있다면) 실제 불리한 처우가 있었는지(불리한 처우 유무), (불리한 처우가 있었다면) 해당 불리한 처우를 함에 있어서 합리적인 이유가 있었는지(합리적 이유 유무)의 단계로 이루어진다.

### 1. 비교대상근로자

#### (1) 채용경로

비정규직 차별 분쟁이 발생하면 사업주는 일반적으로 정규직 근로자와 비정규직 근로자의 채용경로가 상이하기 때문에 아예 비교대상이 될 수 없다고 주장한다. 예를 들면 정규직 근로자는 채용시 더 심층적인 단계를 거쳐 채용되었다거나, 정규직 근로자는 시험을 통해 채용된 반면 비정규직 근로자는 면접만을 보고 채용되었기 때문에 양자를 비교할 수 없다는 것이다.

그러나 비정규직 근로자들에 대한 차별을 금지하고 있는 비정규직법은 비교대상이 될 수 있는 요건으로 '업무의 동종 · 유사성'을 규정하고 있을 뿐, 채용경로까지 동일할 것을 요구하고 있지 않다.

채용경로가 다르다는 이유로 아예 비교대상이 될 수 없다는 잘못된 주장을 사업주가 밀고 나간다면 차별 판단의 첫 번째 단계에서 분쟁당사자의 대화 · 협상은 중단되고 말 것이다.

비정규직 근로자와 동일한 사업 · 사업장에서 동종 · 유사한 업무에 종사하는 정규직 근로자는 비교대상근로자가 될 수 있다.

채용경로와 같이, 비교대상근로자 요건을 규정하고 있는 비정규직법에 있지도 않은 추가적인 요건을 주장하는 것은, 불필요하고도 소모적인 분쟁만을 야기할 뿐이다.

#### (2) 부수적인 업무의 차이

사업주는 정규직 근로자와 비정규직 근로자가 수행하는 주된 업무는 동종 · 유사할지 몰라도 양자가 수행하는 부수적인 업무가 다르기 때문에 비교대상이 될 수 없다고 주장하는 경우가 종종 있다.

그러나 비정규직법은 비교대상근로자가 될 수 있는 요건으로 업무의 동종 · 유사성을 요구하고 있으며, 현재 법원은 일관되게 동종 · 유사성을 판단하는 '업무'는 비정규직 근로자와 정규직 근로자가 실제 수행하는 '주된 업무'를 기준으로 판단하여야 한다는 입장이다.

따라서 정규직 근로자와 비정규직 근로자가 실제 수행하는 '주된 업무'가 동종 · 유사하다면 사업주가 흔히 주장하는 것처럼 부수적인 업무가 상이하다고 하여 비교대상근로자가 될 수 없는 것이 아니다.

요약하면 비정규직 근로자의 비교대상근로자가 될 수 있는 요건인 '업무의 동종 · 유사성'은 비정규직 근로자와 정규직 근로자가 실제 수행하는 '주된 업무', 그 자체에 집중할 필요가 있고, 그 외 불필요한 주장으로 인한 소모전은 피해야 할 것이다.

### (3) 근무장소의 상이

사업주는 흔히 정규직 근로자와 비정규직 근로자가 동종 · 유사한 업무에 종사한다고 하더라도 근무장소가 다르기 때문에 비교대상근로자가 될 수 없다고 주장한다.

그러나 비정규직법이 예정하고 있는 비교대상근로자 요건으로서의 공간적 범위는 반드시 동일한 장소일 것을 요구하지 않는다.

법원 또한 비정규직법에 따라 차별적 처우가 금지되는 동일한 '사업 또는 사업장' 요건은 반드시 장소적 동일성을 요구하는 것은 아니며, 동일한 사업 내라면 ① 각 사업 또는 사업장에서 이루어지는 주된 영업의 내용, ② 근로자가 수행하는 직무의 내용, ③ 각 사업 또는 사업장의 주된 영업에서 근로자가 수행하는 직무가 차지하는 비중 등이 실질적으로 유사함에 따라 위 임금 등의 근로조건 및 복리후생이 동등한 수준으로 유지되어야 하는지 여부를 기준으로 판단하여야 한다는 입장이다.

비정규직법의 취지 · 규정의 내용, 법원의 입장 등을 정확하게 이해하지 못하고 얼핏 생각하면 사업주로서는 근무장소를 달리하는 정규직 근로자를 비정규직 근로자의 비교대상근로자로 여기지 않을 수도 있다.

다만 이에 그치지 않고 법리오해에 기반한 이와 같은 주장을 계속 되풀이한다면 대화와 협상은 시작부터 막혀버릴 것이다.

## 2. 불리한 처우

비정규직 차별에 해당하려면 비정규직 근로자가 비교대상근로자인 정규직 근로자에 비하여 객관적으로 불이익을 받았어야 한다.

불이익을 받았는지 여부, 즉 불리한 처우가 있었는지는 객관적으로 판단되는 것이지만, 비정규직 근로자와 정규직 근로자의 임금 구성항목이 상이한 경우가 대부분이어서 불리한 처우가 있었는지, 있었다면 어느 정도의 불리한 처우가 있었는지를 정확하게 판단하기란 생각보다 쉽지 않다.

흔히 비정규직 근로자는 본인이 비교대상근로자인 정규직 근로자에 비하여 받지 못하거나 적게 지급받은 임금 구성항목은 모두 불리한 처우에 해당한다고 주장한다.

그러나 비정규직 근로자들은 정규직 근로자에게는 지급되는데 본인은 받지 못하고 있는 모든 급부를 차별받고 있다고 생각하기 쉬우나, 양자가 지급받고 있는 임금 구성항목이 달라 체감하는 불이익의 정도가 실제보다 더 크게 느껴질 수 있음을 간과하는 경우가 적지 않다.

예를 들어 비정규직 근로자에게는 임금 구성항목이 다양하지 않은 대신 기본급을 정규직 근로자에 비하여 훨씬 더 많이 주고 있다면 실제로 발생하는 불이익은 비정규직 근로자의 기본급에 대응하는(기본급과 같은 속성으로 볼 수 있는) 정규직 근로자의 다른 급부항목을 합산하여 비교·산정하여야 한다.

이렇게 되면 결국 근로자가 체감하는 불이익의 정도와 실제 산정되는 불리한 처우의 금액은 상이할 수 있다. 이러한 산정방식을 이해하지 못하면 비정규직 근로자는 차별이 인정되더라도 과도한 금전배상액을 요구하게 되고, 사업주와 타협점을 찾기는 매우 힘들 것이다.

불리한 처우가 있었는지, 그리고 그 불이익의 정도는 객관적으로 산정되는 것이며, 객관적으로 정확하게 산정된 구체적인 금전배상액을 전제로 더 나아가 대화와 협상을 통한 분쟁 해결을 도모할 수 있을 것이다.

요약하면 불리한 처우 유무, 그리고 불리한 처우가 있었다면 그 불이익의 정도는 이미 법원이 세부 지급항목별 비교방식, 범주화 비교방식이라는 10여 년에 걸쳐 확립된 산정방식을 가지고 있으며, 이러한 산정방식에 대한 분쟁 당사자의 명확한 이해가 바탕이 되어야 비로소 대화와 타협이 원활하게 이루어질 수 있다는 것이다.

### 3. 합리적 이유

비정규직법이 정규직 근로자와 동종·유사한 업무에 종사하는 비정규직 근로자에게 차별적 처우를 금지하는 규정을 두고 있지만, 모든 경우에 있어서의 불리한 처우를 금지하는 것은 아니다.

'차별'이라는 개념 자체가 합리적인 이유 없이 불리하게 처우하는 것을 의미하며, 불리한 처우를 하더라도 합리적인 이유가 있다면 해당 불리한 처우는 적어도 차별로 평가되지는 않는다.

비정규직 근로자에게 불리한 처우가 존재하긴 했지만, 해당 불리한 처우를 하게 된 합리적인 이유가 있었다면 더 이상 비정규직법이 금지하고 있는 '비정규직 근로자임을 이유로 하는 불리한 처우'에는 해당하지 않기 때문이다.

즉 비정규직 근로자라는 사실과 해당 불리한 처우 사이에 인과관계가 단절되기 때문에 해당 불리한 처우를 비정규직 차별로 판단할 수 없게 되는 것이다.

따라서 비정규직 근로자가 비교대상근로자인 정규직 근로자와 동종 · 유사한 업무에 종사하였다고 하더라도 양자가 수행하는 업무의 내용 · 범위 · 권한 · 책임의 정도에 다소의 차이가 있다면 업무밀접성이 높은 임금항목에 있어서는 불리한 처우에 있어 합리적인 이유가 인정될 수 있다.

이러한 차별법리를 간과하고, 비정규직 근로자 본인이 비교대상근로자인 정규직 근로자에 비하여 받지 못한 모든 급부에 대하여 차별을 주장한다면 역시 사업주와의 원활한 대화 · 협상은 불가능하게 될 것이다.

거꾸로 사업주 또한 채용경로 등 업무의 내용 · 범위 · 권한 · 책임의 정도에 있어서의 차이와 무관한 사실을 들어 합리적인 이유가 존재한다는 일방적인 주장만을 고수한다면 비정규직 근로자와 사업주 간 대화 · 협상은 영원히 평행선을 긋게 될 가능성이 높을 것이다.

## Ⅲ 고용상 성 차별에 관한 부정확한 인식 유형

2021년 남녀고용평등법이 개정되면서 노동위원회에 의한 고용상 성차별 권리구제 절차가 마련되었다.

이에 따라 고용상 성차별을 당한 근로자는 노동위원회에 구제신청을 할 수 있고, 노동위원회가 고용상 성차별이 존재한다고 판단하는 경우 사업주에게 시정명령을 할 수 있도록 함으로써 근로자의 고용평등을 실현할 수 있게 되었다.

고용상 성차별은 비정규직 차별과 달리 그 범위가 매우 넓다. 예를 들어 모집 · 채용 단계부터 정년 · 퇴직 및 해고에 이르기까지 근로계약 관계를 둘러싼 전 영역은 물론, 근로계약 관계 이전의 영역까지도 고용상 성차별 금지 규정이 적용된다.

뿐만 아니라 직장 내에서 성희롱 사실이 발생한 경우 사업주에게 적절한 조치를 취할 의무를 부담하게 하고, 사업주가 이러한 적절한 조치 의무를 이행하지 않은 부작위에 대해서도 이를 '차별적 처우 등'으로 규정함으로써 성희롱 발생 사업장에서의 사업주의 조치의무 위반 문제 또한 성차별의 영역으로 포섭하고 있다.

또 하나 주목할만한 점은 고용상 성차별의 개념에는 직접차별만이 아니라 간접차별도 포함되어 있다는 것이다.

직접차별과 간접차별은 판단구조 자체가 다르다.

고용상 성차별의 경우, 그 특성상 직접차별은 부정되더라도 간접차별은 인정되는 경우가 적지 않을 것으로 보인다.

직접차별인지를 직접차별 판단 메커니즘을 거쳐 결론을 내린 후, 설령 직접차별에 해당하지는 않더라도 다시 간접차별 여부를 살펴야 하는 이중의 판단 단계를 거쳐야 하는 점은 고용상 성차별 구제제도가 갖는 특색이기도 하다.

## 1. 동일 가치 노동 요건

남녀고용평등법은 임금상 차별에 대해서만 동일 가치 노동일 것을 요건으로 규정하고 있다.

먼저 임금상 성차별에 대해 동일 가치 노동일 것을 요건으로 규정하고 있다는 것은 고용상 성차별에 있어서의 비교대상근로자 범위는 비정규직 차별에 있어서의 그것과 달라질 수 있음을 의미한다.

예를 들어 임금에 대한 고용상 성차별에 있어서는 동종 · 유사한 업무에 종사하지 않더라도 동일 가치에 해당하는 업무를 하는 다른 성은 비교대상근로자가 될 수 있는 것이다.

두 번째 남녀고용평등법은 임금 외의 금품('임금 외의 금품'이란 임금 외에 근로자의 생활을 보조하기 위한 금품의 지급 또는 자금의 융자 등의 복리후생을 의미한다)이나 기타 모집 · 채용, 교육 · 배치 및 승진, 정년 · 퇴직 및 해고 등의 성차별에 있어서는 동일 가치 노동일 것을 요구하고 있지 않다.

따라서 임금 외의 금품이나 기타 모집 · 채용, 교육 · 배치 및 승진, 정년 · 퇴직 및 해고 등의 성차별에 있어서 비교대상근로자가 될 수 있는 다른 성의 범위는 일정 범위의 업무를 하는 자로 국한되지 않는다.

역시 이와 같은 고용상 성차별 특유의 법리를 분쟁당사자, 화해 · 조정인이 제대로 이해하지 못한다면 불필요한 소모전을 피할 수 없을 것이다.

## 2. 적절한 조치 의무

성희롱 관련 사건에서 피해근로자는 사업주가 조사 결과 직장 내 성희롱 발생 사실을 확인한 때에는 피해근로자가 요청한 조치를 반드시 취해야 한다고 주장하는 경우가 많다.

그러나 남녀고용평등법은 사업주가 조사 결과 직장 내 성희롱 발생 사실을 확인한 경우, 피해근로자가 요청하면 사업주에게 적절한 조치를 취할 의무를 규정하고 있기는 하나, 사업주에게 어떠한 조치를 취할 것인지에 대한 1차적인 판단 재량을 부여하고 있다.

근무장소의 변경, 배치전환, 유급휴가 명령 등등의 여러 가지 수단 중 사업장내 상황을 가장 잘 알 수 있고, 그에 따른 경영상의 위험을 부담하게 될 사업주에게 1차적인 판단을 맡기는 것이 타당하다는 입법자의 의사로 판단된다.

따라서 피해근로자가 특정 조치를 요청하였다고 해서 사업주가 이에 기속되는 것은 아니며, 사업주는 더 적절하다고 판단되는 조치를 취할 수 있는 것이 남녀고용평등법에 부합하는 해석이라고 할 수 있다.

문제는 성희롱 관련 사건 대부분의 경우 피해근로자는 자신이 요구하는 조치가 받아들여지지 않으면 사업주가 남녀고용평등법을 위반한 차별적 처우 등을 한 것으로 오해한다는 점이다.

고용상 성차별 구제와 같이 도입 · 시행 초기에 해당하는 제도일수록 분쟁당사자 간 이와 같은 기본적인 법리에 대한 정확한 이해가 반드시 선행되어야 한다. 그 너머에서 본격적으로 대화와 협상을 통해 타협점을 찾아가는 여정이 시작될 것이다.

## 3. 간접차별

고용상 성차별 사건에서 사업주가 남녀 모두에게 동일한 조건(기준)을 적용한 경우에는 '성차별'이 될 수 없다고 주장하는 경우를 흔히 볼 수 있다.

그러나 남녀고용평등법은 비정규직법과는 달리 '직접차별' 외에 '간접차별'의 개념도 규정하고 있다.

따라서 남녀 모두에게 동일한 조건을 적용한 경우에도 그 조건을 충족할 수 있는 남성 또는 여성이 다른 한 성에 비하여 현저히 적고 그에 따라 특성 성에게 불리한 결과를 초래하며 그 조건이 정당한 것임을 증명할 수 없는 경우에는 직접차별은 아니지만 '간접차별'에 해당하게 된다.

결국 '성차별'에 있어서는 '비정규직 차별'과는 달리 '직접차별'이라는 판단 과정에 더해서 '간접차별' 판단 과정까지 이중의 차별 판단 과정을 거치도록 되어 있다.

사업주가 이와 같은 고용상 성차별 특유의 법리를 간과한 채 남녀 모두에게 동일한 조건(기준)을 적용하였으니 차별이 아니라는 주장만 내세운다면 더 이상의 대화와 타협은 불가능하게 될 것이다.

### 4. 시정명령의 내용

비교적 최근인 2021년에 와서야 노동위원회에 고용상 성차별 권리구제 절차가 마련되었기에 고용상 성차별이 인정된 경우, 노동위원회가 내릴 수 있는 시정명령의 내용에 대해서도 분쟁당사자의 오해가 적지 않다.

예를 들어 성차별을 받았다고 주장하는 근로자는 만일 '승진'에 있어서 성차별이 인정되는 경우, 노동위원회가 승진을 시키라는 시정명령을 내릴 수 있다고 오해하는 경우가 많다.

그러나 '승진' 인사는 사용자의 고유한 권한에 속하는 영역이므로 '승진'에 있어서 성차별이 인정되더라도 노동위원회는 제대로 된 승진의 기회를 부여할 것을 시정명령의 내용으로 할 수는 있어도 '승진을 시켜라'와 같은 사용자의 고유 권한을 대체하는 시정명령은 내릴 수 없다.

근로자가 노동위원회의 구제절차를 통해 달성하고자 하는 목표치가 남녀고용평등법이 예정하고 있는 권리구제의 범위 밖에 설정되어 있다면 근로자와 사용자 간 대화와 협상은 쉽지 않은 방향으로 흘러가고 말 것이다.

## Ⅳ 고용상 연령 차별에 관한 부정확한 인식 유형

고용상 연령차별금지법은 고용상 성차별을 금지하고 있는 남녀고용평등법의 내용과 유사한 면이 많다.

모집 · 채용단계에서부터 퇴직 · 해고에 이르기까지 근로계약관계를 둘러싼 전 영역은 물론 근로계약관계 이전의 단계까지도 규율 대상으로 하고 있는 점과 간접차별의 개념을 포함하고 있다는 점에서 그렇다.

노동위원회에 의한 연령차별 구제제도가 입법적으로 논의되고 있을 뿐 아직 입법화되지 않아 연령차별 판단 기준에 대한 부정확한 인식 사례가 축적되지는 않았다.

다만 고용상 연령차별금지법상 다음과 같은 점은 분쟁당사자가 명확하게 인식할 필요가 있을 것이다.

## 1. 진정직업자격

고용상 연령차별금지법 제4조의5 규정은 "직무의 성격에 비추어 특정 연령기준이 불가피하게 요구되는 경우"를 이른바 '진정직업자격'으로 보고 차별금지의 예외사유로 규정하고 있다.

'연극 · 영화 등에서의 청년의 역할'이나 '노인단체의 임원'과 같은 경우를 예로 들 수 있다.

연령차별 분쟁에서 근로자의 경우, 모든 영역에 있어서의 연령제한을 연령차별로 인식하는 경우가 적지 않다.

거꾸로 사업주의 경우, (특히 채용에 있어서) '진정직업자격'의 개념을 확대해석하여 왜 일정 연령 구간을 절대적으로 배제하는 것이 해당 지위와 업무수행에 있어 필요불가결한 요건인지에 대한 합리적인 이유 없이 무분별하게 남용하는 사례가 적지 않다.

## 2. 고용승계 및 경영상 이유에 의한 해고 등에 있어서 특정 연령 배제

신 · 구 용역업체 변경 시 고용승계나 경영상 이유에 의한 해고에 있어서 합리적인 이유 없이 획일적으로 특정 연령을 배제하는 것은 연령 차별에 해당한다.

사회통념상 노령으로 인해 해당 업무의 원활한 수행을 기대하기 어렵다거나, 노령으로 인한 업무상 재해 위험의 증가 등 합리적 이유 없이 개개인의 특성을 고려하지 않고 단지 연령만을 이유로 획일적인 고용승계 거절 또는 경영상 이유에 의한 해고 대상자 선정은 연령 차별에 해당한다.

연령이 높은 고위 직급자와 장기 재직자 및 근무성적 불량자를 우선적으로 해고하는 것은 합리적이고 공정한 것으로 인정한 대법원 판결이 있지만,[1] 법원은 해당 기준을 노동조합과 합의해서 정한 점과 그와 같은 기준이 해고 인원을 최소화하게 된다는 점을 고려한 것이지, 단지 연령만을 이유로 획일적으로 해고 대상자를 선정한 것이 정당하다고 판단한 취지가 아니다.

연령으로 인한 업무능력의 상실, 재해 위험의 증가 등은 사용자가 증명하여야 한다.

## 3. 승진 심사 및 교육 · 훈련 대상자 선발 시 특정 연령 제한

승진 기준의 설정이 사업주의 광범한 재량에 속한다고 주장하며, 승진 이후의 직무종사 가능기간이 짧다는 이유로 특정 연령대 이상을(예를 들어 만 55세 이상) 승진 심사에서 배제하는 사례가 적지 않다.

---

1 대법원 2002. 7. 7. 선고 2001다29452 판결.

단지 향후 예상되는 근무기간이 짧다는 이유만으로 승진 심사에서 일률적으로 배제하는 것은 그 불가피성이 인정되지 않는 이상 연령을 이유로 한 차별에 해당한다.

그리고 일반적으로 나이가 들어감에 따라 인간의 정신적, 육체적 능력이 쇠퇴해가는 것은 사실이지만, 개인마다 그 노쇠화의 정도에 차이가 있음에도 각 개인별 활동성의 차이를 무시한 채 (교육 · 훈련 대상자 선발 시) 획일적인 연령 기준에 따라 점수를 감점하는 것도 연령에 따른 차별에 해당한다.

국가인권위원회는 교육훈련 대상자를 선발하면서 연령점수라는 기준을 두어 세부적으로 만 60세 이상은 15점, 만 50~59세 18점, 만 40~49세 21점, 만 30~39세 24점, 만20~29세 27점, 만 15~19세는 30점을 차등 부여한 사례에서 나이를 기준으로 일률적인 차등점수를 부여한 사업주의 행위 자체를 연령을 이유로 한 차별로 보았다.

### 4. 정년퇴직자의 재고용

고용상 연령차별금지법 제21조는 정년퇴직자의 재고용을 촉진하기 위하여 사업주가 고령자인 정년퇴직자를 재고용할 때 당사자 간의 합의에 의하여 임금의 결정을 종전과 달리할 수 있다고 규정하고 있다.

해당 규정에 따라 정년퇴직 후 재고용된 근로자는 낮은 수준의 임금을 지급받기로 사업주와 합의한 이상 이를 연령을 이유로 한 차별이라고 주장해서는 안 된다. 정년에 이르지 않은 근로자들과 같은 업무를 계속 수행한다고 하더라도 임금에 있어서의 불이익은 분명 존재하지만 고용상 연령차별금지법 제21조에 따른 불이익으로서 합리적인 이유가 인정되기 때문이다.

## V 고용상의 차별(비정규직 · 성 · 연령 차별) 분쟁 해결을 위한 실행 방안

### 1. 분쟁당사자의 부정확한 인식 개선 도모

기본적인 차별법리에 대한 이해, 즉 법적 권리 · 의무에 대한 정확한 이해가 선행된다면 불필요하고도 소모적인 분쟁 발생을 사전에 차단하고 분쟁해결의 효율성을 제고할 수 있음은 이미 살펴보았다.

차별법리에 대한 분쟁당사자의 부정확한 인식을 개선할 수 있다면 분쟁사안을 단순화할 수 있고, 대화와 협상을 통해 합의점을 도출해나가야 할 범위가 상당히 줄어드는 긍정적인 효과를 가져올 수 있을 것이다.

따라서 분명한 것은 비정규직 차별, 고용상 성차별, 고용상 연령차별 등에 있어서 분쟁 당사자가 각 유형의 차별 판단 기준에 관하여 부정확하게 가지고 있는 오해들을 풀어나갈 구체적 방안을 모색하는 것이 분쟁 해결의 지름길이라는 점이다.

먼저, 화해 · 조정인은 각 유형의 차별 시정제도에 관한 분쟁당사자의 법리 오해 지점을 정확하게 포착하고, 이에 대해 충분히 설명함으로써 불필요한 분쟁을 최소화하는 노력을 기울여야 한다.

예를 들어 비정규직 차별 관련, 화해 · 조정인은 채용경로가 달라 비교대상이 될 수 없다고 주장하는 사업주에 대해 채용경로와 상관없이 비정규직 근로자와 동일한 사업 · 사업장에서 동종 · 유사한 업무에 종사하는 정규직 근로자는 비교대상근로자가 될 수 있음을 이해하기 쉽게 설명해줘야 한다.

그리고 부수적인 업무가 달라 비교대상이 될 수 없다고 주장하는 사업주가 있으면 비교대상근로자 요건으로서의 업무의 동종 · 유사성은 비정규직 근로자와 정규직 근로자가 실제 수행하는 '주된 업무'를 기준으로 판단한다는 점을 설명할 필요가 있다.

또한 화해 · 조정인은 사안에 따라 세부 지급항목별 비교방식 또는 범주화 비교방식을 활용하여 비정규직 근로자에게 발생한 불이익의 정도를 구체적인 금액으로 정확하게 산정하여 분쟁당사자에게 제시할 수 있어야 한다.

비정규직 근로자에게 발생한 해당 손해액이 대화와 협상의 기초가 될 수 있기 때문이다.

비정규직 근로자에게 발생한 불이익 중 합리적인 이유가 있는 불이익은 비정규직 근로자라는 사실 때문이 아닌 다른 합리적 이유로 발생한 것이어서 차별적 처우로 평가되지 않는다는 점을 근로자에게 충분히 설명할 필요가 있다.

고용상 성차별과 관련하여서는 임금 외의 금품이나 기타 모집 · 채용, 교육 · 배치 및 승진, 정년 · 퇴직 및 해고 등의 성차별에 있어서는 동일 가치 노동이 비교대상근로자 요건이 아님을 사업주에게 설명해야 한다.

직장 내 성희롱 관련, 화해 · 조정인은 피해근로자에 대하여 피해근로자 본인이 요구하는 조치가 받아들여지지 않았다고 하더라도 사업주의 판단 하에 다른 형태의 적절한 조치가 이루어졌다면 남녀고용평등법이 금지하고 있는 '차별적 처우 등'에 해당하지 않음을 설명해야 한다.

그리고 사업주에 대하여는 고용상 성차별은 간접차별의 개념을 포함하고 있으므로 직접차별에는 해당하지 않더라도 경우에 따라 간접차별에는 해당할 수 있음을 충분히 이해시킬 필요가 있다.

이 과정에서 화해 · 조정인은 관련 판정, 판결 등 공신력 있는 레퍼런스를 충분히 제시해야 한다.

특히 사안의 쟁점과 관련한 주요 판결의 제시는 분쟁 당사자에게 향후 전개될 법적 다툼의 결말을 어느 정도 예상할 수 있도록 하는 효과를 가져옴으로써 대화 · 협상을 촉진시키는 긍정적인 기능을 할 수 있다.

결국 이 단계에서 화해 · 조정인이 추구해야 하는 목적은 분쟁당사자가 명백히 법리를 오해하고 있는 부분들은 충분한 설명을 통해 논의의 대상에서 제외시키되, 사안의 핵심이 되는 쟁점들은 어느 일방에게만 치우치지 않도록 균형을 유지하며 집중적으로 다룰 수 있도록 판을 짜는 것이다.

## 2. 분쟁당사자에 대한 균형 있는 정보 제공

차별 분쟁해결 과정에서 화해 · 조정인이 개입하게 되면, 무엇보다도 분쟁 당사자 간의 정보 불균형을 해소하는데 기여하게 된다.

화해 · 조정인은 중립적인 입장에서 쟁점 사안에 관하여 객관적 정보를 제공하여야 한다.

분쟁 과정에서 쟁점 사안에 대한 정보 공유는 분쟁 당사자 각각에게도 중요한 무기가 될 수 있지만, 다툼의 대상을 더 명확하게 함으로써 자율적 분쟁해결을 촉진하는 기능을 하기도 한다.

거꾸로 쟁점 사안에 대한 정보의 불균형은 다툼의 대상에 관한 분쟁 당사자 사이의 인식 차를 심화시킴으로써 더 대립하게 만드는 결과를 가져오기도 한다.

자율적인 분쟁 해결은 분쟁 당사자 모두가 공정함을 느끼는 가운데 이루어질 수 있는 것임은 분명한데, 제대로 정보가 공유되지 않아 발생한 정보의 불균형은 분쟁 당사자 어느 일방에게 매우 불공정함을 느끼게 만드는 요인으로 작용할 수 있다.

따라서 대화 · 협상의 전 과정에서 쟁점과 관련된 핵심 정보들은 분쟁 당사자 모두에게 공유되는 것이 바람직하다.

예를 들면 비정규직 차별의 경우 비정규직 근로자와 정규직 근로자의 업무와 관련된 세부 내용, 정규직 근로자의 임금 구성항목에 관한 정보, 성차별의 경우 남녀 근로자의 업무와 관련된 세부 내용, 남녀 근로자의 임금 구성항목에 관한 정보, 승진 등에 있어서 해당 승진 기준을 통과한 남녀의 통계상의 수치 등이 그렇다.

대부분 결국 금전배상으로 귀결되는 비정규직 차별은 물론, 금전배상이 문제되는 성차별 사안의 경우에도 화해 · 조정인은 비정규직 근로자 및 성차별을 받은 근로자에게 발생한 불이익을 (범주화 비교방식 등을 통해) 정확하게 금전으로 환산하여 분쟁 당사자에게 제시하여야 한다.

비정규직 근로자와 정규직 근로자 또는 남성근로자와 여성근로자 사이에 업무의 내용 · 범위 · 권한 · 책임의 정도에 다소의 차이가 있다면, 합리적 이유가 인정될 수 있는 임금 등을 비례적으로 차감한 금액에 관한 정보 또한 공유되어야 한다.

그밖에 화해 · 조정인은 상대방의 주장에 관한 정보를 군더더기 없이 간단명료하게 서로에게 제공할 수도 있다. 감정이라는 장애물이 없고, 상대방에게 직접적으로 내비치지 못하는 정보들을 화해 · 조정인은 중립적인 입장에서 다룰 수 있기 때문이다.

## 3. 대화분위기 조성, 심리적 안정

대화 · 협상은 분쟁 당사자의 분쟁해결에 대한 의지와 자발적인 헌신을 필요로 한다.

분쟁 당사자들이 제3자의 도움을 받아서라도 상대방과의 대화를 통해 분쟁을 해결하려는 인식과 의지가 필요하다.

특히 노동위원회와 같이 일반인들에게 '노동위원회 = 판정'이라는 인식이 굳어져 있는 경우에는 더욱 그렇다.

이러한 맥락에서 자율적 분쟁해결 절차의 개시에 대하여 분쟁 당사자 모두의 사전적 동의를 이끌어내는 것은 매우 중요하고도 필수적이라고 할 수 있다.[2]

협상은 분쟁 당사자가 자신이 원하는 바를 이루기 위한 노력이다.

협상은 대화로 이루어진다.

특히 비정규직 차별, 고용상 성차별, 고용상 연령차별과 같은 차별분쟁은 원활한 대화가 이루어지지 않으면 감정적으로 흘러갈 공산이 크다.

분쟁 당사자가 대화를 나누며 협상의 진행 방식부터 합의 조건과 내용 등을 논의하고 이견을 좁히는 데에는 상당한 시간을 필요로 한다.[3]

상당한 시간의 소요뿐만 아니라 서로의 주장이 달라 발생하는 스트레스 등의 정신적 에너지 소모도 적지 않다. 협상은 자신이 원하는 바를 달성하는 일이지만, 이것은 상대방에게도 마찬가지이기 때문이다.

따라서 화해 · 조정인은 최대한 편안한 대화분위기 조성을 위해 노력해야 한다.

---

2 김태기 · 김학린 · 서광범 · 윤광희 · 이정, ADR 대안적 분쟁해결 제도, 박영사, 2024, 125면.
3 김태기 · 김학린 · 서광범 · 윤광희 · 이정, 전게서, 27면.

최대한 편안한 분위기 속에 자율적 분쟁해결을 위하여 분쟁 당사자들이 주장할 기회를 충분히 제공해야 한다.

화해 · 조정인은 분쟁 당사자들의 주장을 처음부터 끝까지 편견 없이 주의 깊게 경청할 필요가 있다.[4]

화해 · 조정인이 분쟁 당사자들의 주장을 경청하는 가운데 그들이 차별법리에 관하여 오해하고 있는 부분들을 정확하게 포착할 수도 있고, 상대방에게 전달해도 될 사항과 전달해서는 안 될 사항이 있는지도 아울러 파악할 수 있기 때문이다.

편안한 대화분위기에서 화해 · 조정인이 중립적인 입장에서 분쟁 당사자의 주장을 편견 없이 끝까지 경청하는 것 그 자체만으로도 분쟁당사자들의 심리적 안정을 가져올 것이며, 타협점을 찾아가는 출발점이 될 수 있을 것이다.

## 4. 신뢰와 공감대 형성

화해 · 조정인은 대화를 촉진하거나, 합의를 조언하거나, 합의안을 제시하는 역할을 한다. 화해 · 조정인의 역할이 제대로 이루어지기 위해서는 먼저 분쟁 당사자들의 신뢰를 확보해야 한다.

분쟁 당사자는 서로를 신뢰하지 못하고 있는 경우가 대부분이며, 자율적 분쟁 해결 과정이 당사자 본인에게 손해가 아닌 이익으로 귀결될 수 있을지에 대한 의문을 가질 수 있기 때문이다.

분쟁 당사자들의 신뢰를 확보하기 위해서는 화해 · 조정인이 철저하게 중립을 유지해야 하며, 이러한 중립성은 분쟁 해결 전 과정에서 견지되어야 한다.

화해 · 조정인이 중립적인 위치를 이탈하게 되면, 분쟁 당사자들 중 어느 일방은 불공정함을 느끼게 될 것이며, 이는 곧 화해 · 조정인, 더 나아가 자율적 분쟁 해결 과정 전체에 대한 불신으로 이어지게 될 것이다.

화해 · 조정인의 중립성은 분쟁 당사자들의 화해 · 조정인에 대한 신뢰와 직결되는 문제이기 때문에 화해 · 조정인의 중립성이 의심받을 경우 자율적 분쟁 해결 절차는 더 이상 진행되기 어려울 가능성이 높다.[5]

화해 · 조정인의 중립성, 자율적 분쟁 해결 절차의 공정성에 관한 신뢰가 훼손되면 분쟁 당사자들은 자기의 입장과 요구의 이면에 깔린 욕구나 불만 등 속마음을 더 이상 드러내지 않을 것이기 때문이다.

---

4 김태기 · 김학린 · 서광범 · 윤광희 · 이정, 전게서, 110면.
5 김태기 · 김학린 · 서광범 · 윤광희 · 이정, 전게서, 108 · 125 · 130면.

화해 · 조정인은 분쟁 당사자들과의 충분한 대화를 통해 불필요한 소모전의 결과는 갈등의 골만 깊어지게 할 뿐이며, 쟁송 과정에서의 갈등은 쟁송이 끝난 이후에도 사용자와 근로자 상호 간의 관계에 부정적인 영향을 미칠 수밖에 없을 것이라는 점에 대한 공감대를 형성한다.

비정규직 차별 및 고용상 성차별 · 연령차별에 대한 분쟁 당사자 간의 자율적인 해결은 근로자와 사용자 상호 간의 신뢰 회복에 긍정적인 영향을 미칠 것이라는 점에 대한 공감대를 형성한다.

구체적으로 화해 · 조정인은 근로자에게는 대립이 아닌 대화를 통한 차별의 해소, 직장 내 일상으로의 원활한 복귀, 직장에서의 소속감 · 근로의욕 고취 등을, 사용자에게는 법적 리스크 해소, 대립이 아닌 대화를 통한 문제해결이 직장 내 화합 등 안정적인 사업 운영을 가능하게 할 것이라는 지향점을 제시한다.

화해 · 조정인은 분쟁 당사자 모두에 대해 대립이 아닌 대화를 통한 자율적 분쟁 해결이 궁극적으로는 함께 일하고 싶은 직장 분위기 조성 실현에 일조할 수 있다는 공감대를 형성할 수 있도록 노력하여야 한다.

## 5. 자율적 분쟁 해결 절차의 설계 및 관리, 문제해결의 촉진

화해 · 조정인은 자율적 분쟁 해결 절차의 진행 과정, 타임 스케줄 등을 설계하고 관리하는 역할을 수행하여야 한다.

자율적 분쟁 해결 절차의 원활한 진행을 위하여 특별히 어떠한 규칙을 설정할 수도 있을 것이다.

화해 · 조정인은 분쟁 해결을 위한 본격적인 협상 실행에 들어가기 전에 자율적 분쟁 해결 절차가 어떠한 과정을 통해 진행되는지를 분쟁 당사자들에게 충분히 설명해야 하며, 화해 · 조정인이 설계한 자율적 분쟁 해결 절차가 중립적이고, 투명하며, 공정하다는 확신을 심어줄 필요가 있다.

화해 · 조정인이 자율적 분쟁 해결 절차의 원활한 진행을 위하여 특별히 어떠한 규칙을 설정한 경우, 분쟁 당사자들에 대하여 해당 규칙에 대해 충분히 설명하고 이를 준수하도록 관리하는 역할도 화해 · 조정인의 몫이다.[6]

자율적 분쟁해결 절차의 궁극적인 목적은 분쟁당사자 사이에 남아 있는 쟁점사안들을 해결하는 데에 있다.

---

6 김태기 · 김학린 · 서광범 · 윤광희 · 이정, 전게서, 127면.

이 과정에서 화해 · 조정인은 분쟁당사자 간 대화 · 협상을 촉진하는 역할을 수행하여야 한다.[7]

구체적으로 분쟁의 쟁점 사안들을 정리하고, 논의할 쟁점 사안 목록을 작성하고 우선순위를 선정하며, 분쟁 당사자들의 주장뿐만 아니라 임금 및 임금 구성항목에 관한 자료, 관련 통계, 산정된 배상금액 자료, 관련 판례 등의 관련 자료들도 공유함으로써 대화 · 협상을 촉진할 수 있도록 노력하여야 한다.

앞에서 살펴본 분쟁당사자의 부정확한 인식 개선 도모를 통한 쟁점 사안의 단순화, 분쟁 당사자에 대한 균형 있는 정보 제공 등의 화해 · 조정인의 역할은 바로 이 단계에서 수행되어야 하는 것이다.

대화 · 협상은 결국 분쟁 당사자 상호가 수용할 수 있는 대안을 도출하는 과정이다. 이 과정에서 화해 · 조정인은 분쟁 당사자 간 의사소통의 매개자 역할을 충실히 해야 한다.

특히 현격한 입장의 차이나 감정적 대립의 심화로 분쟁 당사자 사이에 대화 · 협상이 단절된 상태인 경우에는 의사소통의 매개자로서 화해 · 조정인의 역할은 더욱더 중요해지게 된다.

다만 화해 · 조정인은 어떠한 경우라도 분쟁 당사자들에 대해 강압적이거나 권위적이어서는 안 되며, 감정을 상하게 하거나 프라이버시를 침해하는 행위는 절대로 하여서는 안 된다.

협상의 타결이라는 결과는 매우 중요하지만 그러나 이러한 결과에 집착해 무리하거나 서둘러서는 안 된다.[8]

협상의 타결이라는 공동의 목표를 향해 분쟁 당사자 상호 간에 이해와 양보, 그리고 협력할 수 있도록 대화를 촉진하고 의견을 조율하는데 중점을 두어야 한다.

## VI 고용상의 차별(비정규직 · 성 · 연령 차별) 분쟁 해결

### 1. 고용상의 차별(비정규직 · 성 · 연령 차별) 사례 공통

화해 · 조정인은 조사과정에서 기간제 근로자와 사업주, 분쟁 당사자들의 주장을 충분히 경청하면서 비정규직 차별 분쟁 사건의 쟁점 사안들을 파악하여야 한다.

섣불리 분쟁 당사자 서로 간의 대화 · 타협을 강요하여서는 안 되며, 분쟁 당사자가 주장하는

7 김태기 · 김학린 · 서광범 · 윤광희 · 이정, 전게서, 128면.
8 김태기 · 김학린 · 서광범 · 윤광희 · 이정, 전게서, 107면.

내용들에 대한 경청을 통해 어떠한 쟁점 사안들이 있는지, 근로자와 사업주 사이에 어느 정도의 입장 차가 있는지, 서로 간의 감정적 대립의 정도는 어떠한지 등을 파악하는데 주력하여야 한다.

화해 · 조정인은 분쟁 당사자들이 편안한 분위기에서 자신의 주장을 개진하는 사이에 다른 한편으로는 자료제출 요구, 현장조사 등을 통하여 사안의 실체에 접근할 수 있는 관련 자료들을 확보할 필요가 있다.

이러한 과정을 통해 법리적 쟁점들을 좀 더 단순명료화 할 수 있을 것이다.

화해 · 조정인은 분쟁당사자 사이에 대화와 협상의 여지가 남아 있음을 파악한 후, 근로자와 사업주에게 자율적 분쟁해결 의사가 있는지를 직접적으로 확인하는 과정을 거칠 필요가 있다.

분쟁 당사자 모두가 자율적 분쟁 해결 절차에 거부감이 없을 때 비로소 자율적 분쟁 해결 절차가 본격적으로 개시될 수 있을 것이다.

화해 · 조정인은 자율적 분쟁 해결 절차의 진행 과정, 특히 타임 스케줄 등을 분쟁당사자들에게 고지하고, 자율적 분쟁 해결 절차가 매우 중립적이고, 투명하며, 공정하게 진행될 것임을 충분히 설명해주어야 한다.

그리고 만일 협상이 타결되어 조정이 성립하면 해당 조정조서의 내용은 재판상 화해와 동일한 의미를 가지며, 확정판결의 법적 효력이 있다는 점도 분쟁 당사자들에게 분명히 해두어야 한다.

화해 · 조정인은 편안한 분위기에서의 대화를 통해 분쟁 당사자들의 주장을 경청하여야 하고, 편견 없이 분쟁 당사자의 주장들을 경청하는 과정을 거치는 것만으로도 분쟁 당사자들의 신뢰를 일정 부분 확보할 수 있을 것이다.

분쟁 당사자의 입장에서는 화해 · 조정인이 자신의 생각, 주장들을 진심으로 이해해주고 들어주는 것만으로도 마음속 응어리가 어느 정도 풀릴 수 있다.

실제로 분쟁 당사자들은 자신의 주장을 끝까지 경청하는 화해 · 조정인에 대해 상당한 신뢰를 보였으며, 이후 분쟁 해결 절차 전 과정에서 매우 협조적인 모습을 보여주는 경우가 많았다.

화해 · 조정인은 최대한 편안한 분위기 속에 분쟁당사자들이 자신의 주장을 펼칠 수 있도록 하는 한편, 상대방에게 전달해도 될 사항과 전달하지 말아야 할 사항을 명확하게 구분하여 의사소통의 매개자로서의 역할을 충실히 수행하여야 한다.

특히 의사전달 과정에서 어느 일방에게 호감을 얻기 위하여 다른 일방에게 설명 또는 전달하는 내용과 다른 내용의 언행을 삼갈 필요가 있고, 어느 일방에 치우치지 않는 균형된 시각과 일관성 있는 태도를 유지하기 위해 노력하여야 한다.

## 2. 비정규직 차별 분쟁(사례 1) 해결

화해 · 조정인은 무기고 경비업무를 수행하는 공무직 근로자와 권총사격장 공무직 안전관리원과 동종 · 유사한 업무에 종사하였음에도 각종 수당에 대해 차별적 처우를 받았다고 주장하는 기간제 근로자 B의 주장에 대해서는 동종 · 유사한 업무에 종사하였더라도 업무의 내용 · 범위 · 권한 · 책임의 정도에 있어서 다소의 차이가 있으면 업무밀접성이 높은 임금 항목에서의 불리한 처우는 합리적 이유가 인정될 수 있음을 설명해주어야 한다.

예를 들어 업무수당과 같은 업무밀접성이 높은 임금항목의 경우에는 기간제 근로자와 공무직 근로자가 동종 · 유사한 업무에 종사하였더라도 업무의 내용, 범위, 권한, 책임의 정도에 다소의 차이는 존재하는 경우가 많기 때문에 적게 지급하거나 아예 지급하지 않더라도 합리적 이유가 인정되어 차별적 처우로 판단되지 않는 경우가 많다는 점을 설명하여야 한다.

거꾸로 화해 · 조정인은 해당 기간제 근로자와 공무직 경비원 및 안전관리원 간에는 지원자격과 시험과목이 다르게 되어 있는 등 채용절차, 채용경로가 다르다는 이유로 비교대상이 될 수 없다고 주장하는 사업주 A에 대해서는 채용경로와 상관없이 비정규직 근로자와 동종 · 유사한 업무에 종사하는 정규직 근로자는 비교대상근로자가 될 수 있음을 충분히 설명해주어야 한다.

화해 · 조정인은 분쟁 당사자들 각각의 주장들 중 현행 차별시정제도의 법리와 부합하지 않는 부분들을 설명해주고, 쟁점을 재정리함으로써 본격적인 협상 대상으로서의 쟁점 사안을 단순화할 수 있을 것이다.

한편 화해 · 조정인은 지난 10여 년 간 노동위원회와 법원이 형성해 온 불리한 처우 산정방식, 즉 범주화 비교방식을 활용하여 차별적 처우로 판단될 가능성이 높은 임금 항목들에 대한 금전배상액을 산출하여 해당 정보를 분쟁당사자들에게 공유함으로써 금액적인 부분에 대해서도 협상의 범위를 좁힐 수 있도록 노력하여야 한다.

이러한 과정들을 거쳐 결국 분쟁 당사자 사이에 큰 감정의 소모 없이 화해 · 조정인이 산출하여 제시한 금전배상액의 범위 안에서 타협점을 찾을 수 있게 될 것이다.

## 3. 고용상 성 차별 분쟁(사례 2) 해결

우선 화해 · 조정인은 분쟁 당사자인 사업주 A와 근로자 B, C에게 고용상 성 차별에 있어서는 '비정규직 차별'과는 달리 '직접차별'이라는 판단 과정에 더해서 '간접차별' 판단 과정까지 이중의 차별 판단 과정을 거치도록 되어 있다는 점을 설명해주어야 한다.

그리고 간접차별 여부를 판단의 자료가 되는 해당 승진 기준을 통과한 남녀의 통계상의 수치 등의 정보가 공유될 수 있도록 하여야 한다.

화해 · 조정인은 해당 승진 심사 시 남녀 모두에게 매출점유율 · 채권점유율이라는 동일한 기준을 사용하였고, 승진에서 탈락한 여성 직원 2명(B, C)의 경우 입직 경로의 차이, 업무 확장성의 차이 등의 이유로 고급관리자로 가는 역량이 부족했다고 주장하는 사업주 A에 대해 다음과 같은 내용을 설명해주어야 한다.

① 고용상 성 차별의 개념에는 '간접차별'이 포함되며, 승진 심사 시 남녀 모두에게 동일한 기준을 적용함으로써 직접차별에는 해당하지 않더라도 동일하게 적용하더라도 그 동일한 조건을 충족할 수 있는 남성 또는 여성이 다른 한 성(性)에 비하여 현저히 적고 그에 따라 특정 성에게 불리한 결과를 초래하며 그 조건이 정당한 것임을 증명할 수 없는 경우에는 '간접차별'에 해당하게 된다.

② '23년 상반기 이 사건 회사에서 2급갑 이상으로 승진한 46명 중 여성은 전혀 없으며, 이 사건 근로자들이 소속되어 있던 국내사업본부에서 '19년부터 '23년까지 2급을에서 2급갑으로 승진한 12명 중 여성은 한 명도 없다는 통계상의 수치는 남녀 모두에게 동일한 승진 기준을 적용하였더라도 해당 승진 기준을 충족하는 여성이 남성에 비하여 현저히 적다는 것을 의미한다.

③ A사의 경우 국내사업본부에서 직접적인 영업활동을 하는 영업관리직은 전원 남성으로 구성되어 있고, 직접적인 영업활동을 하지 않는 영업지원직은 전원 여성으로 구성되어 있다.

이런 상황에서 A사는 24년 상반기 승진심사시 직접적인 영업활동을 하지 않는 영업지원직은 충족할 수 없는 매출점유율 · 채권점유율 등을 승진기준으로 활용하였다.

사용자는 고급관리자로서의 역량을 갖추었는지를 판단하기 위해서는 매출점유율 · 채권점유율이라는 승진 기준을 적용할 수밖에 없다고 주장하지만, 승진에서 탈락한 여성 직원 2명(B, C)와 비슷한 시기에 동일하게 고졸로 입사한 남성 직원들은 모두 2급갑 이상으로 승진한 점, 2급갑으로 승진시 반드시 관리자로서의 보직을 수행하는 것은 아니라는 점, 2급갑 이상의 남성 직원 중 관리자가 아닌 자가 많이 존재한다는 점 등은 매출점유율 · 채권점유율이라는 승진 기준이 정당한 것임을 증명하기 어렵다.

이와 같은 과정을 거치게 되면, 분쟁 당사자들 각각의 주장들 중 현행 차별시정제도의 법리와 부합하지 않는 부분들이 상당히 제거되고, 본격적인 협상 대상으로서의 쟁점 사안을 단순화할 수 있을 것이다.

## 4. 고용상 연령 차별 분쟁(사례 3) 해결

우선 화해 · 조정인은 새로운 용역업체가 면접전형 등을 통해 기존 근로자들의 고용을 승계하였다면 면접전형의 채점표, 새로운 용역업체 자체적인 기준에 따라 고용을 승계하였다면 해당 기준의 세부적인 내용 및 기준 적용에 관한 구체적인 자료 등의 정보를 분쟁 당사자인 14명의 근로자들에게도 공유할 수 있도록 하여야 한다.

분쟁 당사자 사이에 정보의 격차가 큰 상황에서는 원활한 대화 · 협상 · 타협을 기대할 수 없기 때문이다.

화해 · 조정인은 분쟁 당사자인 사업주 A와 14명의 근로자들에게 신 · 구 용역업체 변경 시 고용승계나 경영상 이유에 의한 해고에 있어서 합리적인 이유 없이 획일적으로 특정 연령을 배제하는 것은 연령 차별에 해당한다는 점을 설명해야 한다.

사업주 A는 1955년 이전 출생자들인 14명의 신청인 근로자들은 70세가 넘어 아파트 경비원 업무 수행에 부적합하다고 주장하고 있다.

덧붙여 사업주 A는 70세 이상의 신청인들에 대해 수시로 직무교육을 하는데 소요되는 비용과 시간이 지나치게 과다하여 해당 연령대의 근로자들을 고용승계에서 배제할 수밖에 없었다고 주장하고 있다.

사업주 A에 대해서는 다음과 같은 설명이 필요하다.

① 사회통념상 노령으로 인해 해당 업무의 원활한 수행을 기대하기 어렵다거나, 노령으로 인한 업무상 재해 위험의 증가 등 합리적 이유 없이 개개인의 특성을 고려하지 않고 단지 연령만을 이유로 획일적인 고용승계 거절은 연령 차별에 해당한다.

② 14명의 신청인 근로자들이 70세가 넘어 아파트 경비원 업무 수행에 부적합하다고 하기 위해서는 우선 그 연령을 초과하는 근로자들 모두 또는 거의 모두가 경비 업무의 본질적인 부분을 안전하고 효율적으로 수행할 수 없는 연령 관련 특성을 가지고 있고, 그러한 특성을 개인별로 파악하는 것이 불가능하거나 비현실적이어야 한다.

③ 70세 이상의 신청인들에 대해 수시로 직무교육을 하는데 소요되는 비용과 시간이 지나치게 과다하여 해당 연령대의 근로자들을 고용승계에서 배제할 수밖에 없었다고 주장하기 위해서는 해당 연령대의 근로자들에 대한 직무교육 비용과 시간이 그 이하 연령대의 근로자들에 비해 과도하게 소요된다는 객관적 근거를 제시하여야 한다.

즉 연령으로 인한 업무능력의 상실, 재해 위험의 증가, 과도한 직무교육 비용 소요 등은 사용자가 증명하여야 한다.

④ 사업주 A가 70세 이상의 신청인 근로자들이 아파트 경비 업무를 수행하는데 부적합하다는 근거를 제시하지 못한 상태에서 고용승계 배제의 불가피성만을 주장하는 것은 해당 근로자들을 고용승계에서 배제해야 할 합리적인 이유가 될 수 없다.

역시 이와 같은 과정을 거치게 되면, 분쟁 당사자들 각각의 주장들 중 현행 차별시정제도의 법리와 부합하지 않는 부분들을 자연스럽게 떼어낼 수 있게 되고, 대화·협상의 테이블에는 이미 상당 부분 좁혀진 심플한 쟁점 사안만을 남길 수 있을 것이다.

# 참고문헌


1. 김태기 · 김학린 · 서광범 · 윤광희 · 이정, ADR 대안적 분쟁해결 제도, 박영사, 2024
2. 김태기 · 김용목 · 김학린 · 서광범 · 윤광희 · 이준호 · 이정 · 최영우, ADR 대안적 분쟁해결 제도 심화편, 박영사, 2024
3. 김희성 외 5명, 심판 · 차별시정 관련 분쟁해결과 개선방안 – 노동 ADR 포럼 –, 중앙노동위원회 연구용역 보고서, 2023
4. 중앙노동위원회, 한국의 노동위원회, 2018
5. 중앙노동위원회, 화해업무 매뉴얼, 2019
6. 중앙노동위원회, 비정규직 차별시정 판정 · 판결 분석집, 2021
7. 중앙노동위원회, 비정규직 차별시정 업무 매뉴얼, 2023
8. 중앙노동위원회, 부당해고 · 차별시정 조사 길라잡이, 2021
9. 중앙노동위원회, 주제별 판례 분석집 – 개별적 근로관계 –, 2020
10. 중앙노동위원회, 고용상 성차별 등 업무매뉴얼, 2022
11. 중앙노동위원회, 고용상 성차별 등 시정 조사 길라잡이, 2022
12. 이승욱 외 2명, 고용상 연령차별 구제절차 및 구제명령 개선에 관한 연구, 고용노동부 연구용역 보고서, 2021
13. 조용만, 고용차별금지법의 국제비교, 한국노동연구원, 2004
14. 국가인권위원회, 나이차별의 현 주소와 차별시정 방안 모색, 2012
15. 국가인권위원회, 연령차별금지법 시행 5주년 토론회, 2014
16. 국가인권위원회, 고용 영역에서 나이를 이유로 한 노인차별 및 인권상황 실태조사, 2023
17. 한국법제연구원, 고용상 연령차별금지법제의 입법론적 검토, 2004.
18. 신옥주, 유럽연합과 회원국의 차별금지법제에 관한 비교법적 연구, 한국법제연구원, 2009
19. 노동법실무연구회, 근로기준법 주해 Ⅰ, 박영사, 2020
20. 스게노 카즈오(이정 번역), 고용사회와 노동법, 박영사, 2001
21. 스게노 카즈오(이정 번역), 일본노동법(전면개정판), 법문사, 2015
22. 오우치 신야(이승길 역), 비정규직의 개혁 –동일근로 동일임금으로 격차는 없어 지지 않는다–, 박영사, 2020
23. Rolf Wank(유성재 역), “독일의 차별금지법 – 근로관계를 중심으로 –”, 법학논문집 제82권 제2호, 중앙대학교 법학연구소, 2008

# 직장 내 괴롭힘 금지제도의 법적 쟁점
## - 판단기준과 사용자의 조치의무를 중심으로 -

---

이세리 교수

# 직장 내 괴롭힘 금지제도의 법적 쟁점
## - 판단기준과 사용자의 조치 의무를 중심으로 -

이 세 리

## I 직장 내 괴롭힘, 어떻게 판단하나

한 회사의 팀장 A는 오전 6:26 팀원 B에게 업무 관련 기사 링크를 SNS로 전송하면서 "다른 회사에서는 벌써 보도 자료를 냈구나"라는 메시지를 전송했다. 이에 대해 B가 "헉..."이라고 회신하자 A는 "헉이 아니라 바로 보도자료 준비해서 내겠습니다 해야죠"라는 메시지를 보내어 B의 태도를 지적한다.

B는 A를 직장 내 괴롭힘으로 신고하였다. 팀장이라는 지위의 우위성이 인정되는 A가 근무시간이 아닌 새벽에 업무 관련 연락을 해 왔으므로 업무상 적정성을 넘었고, 새벽부터 상급자로부터의 업무상 연락과 지적을 받고 심한 스트레스를 받았다는 것이 그 이유였다.

직장 내 괴롭힘의 성립 요건을 문언 그대로 적용하면 B의 주장대로 직장 내 괴롭힘이 성립할 수도 있을 것도 같다. 그러나 새벽에 연락 한번 했다고 직장 내 괴롭힘이 성립한다는 결론도 쉽게 수긍하기 어렵다.

직장 내 괴롭힘의 성립. 어떤 기준으로 어떻게 판단해야 하는 것일까.

직장 내 괴롭힘 관련 규제는 2019년 7월 16일 근로기준법이 개정 시행된 이후 본격적으로 사회적 관심사가 되어 현재에 이르고 있다. 직장 내 괴롭힘 금지 제도는 근로자의 인격권 향상과 근로자 상호 존중에 대한 인식 재고 등 순기능을 한 것도 사실이지만, 소모적 분쟁이 증가되는 등의 부작용도 있어 왔다.

이러한 부작용은 근로기준법 제76조의 2에서 직장 내 괴롭힘의 추상적 정의 규정만을 두고 있고 구체적으로 어떤 판단기준에 의해 직장 내 괴롭힘이 인정되는지 명시해 두지 않은 개방성과 모호성에서도 그 이유를 찾을 수 있을 것이다. 현재까지 직장 내 괴롭힘의 판단기준을 대법원에서 정면으로 다룬 판례는 찾아보기 어렵지만,[1] 하급심에서는 직장 내 괴롭힘 판단에 대한 상당한 사례들이 축적되어 가고 있는 중이다. 비록 직장 내 괴롭힘에 관한 기준을 특정 사례에 대한 판시 내용만을 가지고 일반화 하기에는 한계가 있는 것은 사실이지만, 하급심의 사례 분석을 통해서 직장 내 괴롭힘의 판단기준을 살펴보고자 하는 시도는 각 사업장에서 직장 내 괴롭힘을 둘러싼 고충신고들 중에서 단순한 사적 갈등과 법적 조치가 필요한 직장 내 괴롭힘을 구분해 내는 데 도움을 줄 수 있을 것이다. 아울러 직장 내 괴롭힘 관련한 근로기준법상의 사용자의 제반 의무 조항의 의미를 살펴봄으로써 직장 내 괴롭힘 금지제도의 추가적인 법적 쟁점에 대해서도 살펴볼 수 있을 것이다.

이하에서는 직장 내 괴롭힘의 법적 요건들을 현재까지의 판례들을 중심으로 살펴보는 것을 시작으로, 직장 내 괴롭힘에 대한 법률상 규제들과 관련자의 법적 의무 등을 검토해 봄으로써 직장 내 괴롭힘 금지제도의 법적 쟁점들을 고찰해 보도록 하겠다.

## Ⅱ 근로기준법상 직장 내 괴롭힘 금지제도

### 1. 현행법상 직장 내 괴롭힘 금지제도의 특징

우리나라에서는 별도 단일법을 제정하는 형식 대신 근로기준법을 일부 개정하는 방식으로 직장 내 괴롭힘 금지제도가 입법화되었다. 이러한 입법화는 직장에서 일하는 사람들이 겪게 되는 괴로움을 초래하는 행위들 중 실정법에 따라 금지되어야 하는 유형이 있고, 직장 생활 중 근로자들이 겪는 고충을 단순히 '직장 생활 하다보면 그럴 수도 있지'라는 안일한 태도로 방관할 수 없다는 점 및 사용자가 의무적으로 이 문제 해결을 위해 여러 가지 조치를 해야 한다는 점을 명시하였다는 점, 그리고, 괴롭힘 행위의 핵심적인 구성요건들을 정립하여, 종속 노동의 관점에서 이른바 존중 노동의 관점을 부여하였다는 점에 있어서는 중요한 의미를 갖는다고 할 것이다.

그러나 기본적으로 직장 내 괴롭힘 금지제도가 근로기준법을 일부 개정하는 형식으로 입법

1 현재까지 직장 내 괴롭힘과 관련하여 대법원에서 선고된 의미 있는 판례는 직장 내 괴롭힘이 인정되는 경우 민법상 불법행위에 해당하여 손해배상 책임을 진다는 점을 명시한 대법원 2021. 11. 25. 선고 2020다270503 판결과 직장 내 괴롭힘 피해자에 대한 불리한 처우를 했음을 이유로 징역형을 선고하고 그 집행을 유예한 청주지방법원 2022. 4. 13. 선고 2021노438 판결(대법원에서 심리불속행 결정으로 확정)이 있다.

화되면서 괴롭힘을 근로기준법의 적용범위, 즉 하나의 사업 또는 사업장 내에서 종사하는 사람들 사이의 관계에서만 발생하는 것으로 한정하게 되었고, 직장 내 괴롭힘 입법의 주요 내용이 대부분 사용자의 의무 이행사항을 규정하는데 그침으로써, 직장 내에서 발생하는 괴롭힘 문제의 해결에 대해 국가기관의 직접적인 개입보다 기업 내에서 자율적인 예방과 분쟁해결 시스템을 통해 해결해야 하는 한계를 가지게 되었다.

## 2. 직장 내 괴롭힘의 판단

근로기준법에서는 제76조의 2에서 직장 내 괴롭힘의 개념을 포함하여 금지 원칙을 밝히고 있다. 근로기준법 제76조의 2에서는 직장 내 괴롭힘의 당사자, 수단 및 한계로서의 우위성과 업무 일탈성, 결과 요건으로서 신체적 · 정신적 고통 또는 근무환경의 악화를 직장 내 괴롭힘의 개념으로 설정해 두고 이를 금지한다는 원칙을 선언해 두고 있으나 구체적으로 어떤 유형이 직장 내 괴롭힘에 해당하는지에 대해서는 상술하지 않고 있다.

그런데, 현행 근로기준법에서는 직장 내 괴롭힘 금지제도의 운영에 관해 기업 내부의 자율적 해결을 원칙으로 하고 있다는 점을 고려하면, 사용자의 인사권이나 질서유지권에 근거하여 조사하고 징계권을 행사하는 것이 합리적인 것으로 인정될 정도의 비위행위라면, 명백히 위법성이 인정되지 않는 정도라고 할지라도 직장 내 괴롭힘으로 인정하여야 하고 그 과정에서 사용자의 판단의 재량을 어느 정도 보장해 주어야 할 필요도 있을 것이다.

## 3. 직장 내 괴롭힘 관련 사용자의 조치의무

사용자는 근로계약에 수반되는 신의칙상 부수적 의무로서 근로자가 노무를 제공하는 과정에서 생명, 신체, 건강을 해치는 일이 없도록 필요한 조치를 할 보호의무 내지 안전배려의무를 부담한다. 이에 직장 내 괴롭힘 발생 시 사용자가 취하여야 할 조치에 관해 규정한 제76조의 3 제2항 이하 역시 근로계약에 본질적으로 수반되는 사용자의 보호의무 또는 안전배려의무를 직장 내 괴롭힘 금지와 관련하여 구체화해 놓은 것으로 이해할 수 있을 것이다.

## 4. 직장 내 괴롭힘에 대한 구제 수단

현행 근로기준법에서는 앞서 언급한 바와 같이 직장 내 괴롭힘 발생 시 피해자의 보호를 피해자의 적극적 권리 구제 수단을 보장하는 방법 대신 사용자의 안전배려 의무 이행 또는 근로기준법에서 직접 사용자에게 부과하는 의무 중심으로 규정해 놓고 있다.

반면 현행 근로기준법에서는 피해자의 적극적인 권리구제에 관한 방침을 마련해두고 있지 않다. 따라서 피해자는 사용자가 인사권을 행사하여 피해자 또는 행위자에 대한 배치전환 등을 하거나 재량권을 행사하여 행위자를 징계하는 등의 조치를 취하는 경우 그로 인한 반사적 이익을 얻는 간접적 방식으로 피해를 보전받는 방법, 또는 사용자가 직접 직장 내 괴롭힘을 했거나, 다른 근로자의 직장 내 괴롭힘 사실을 알았거나 알 수 있었음에도 별다른 조치를 취하지 않은 과실이 있음을 입증하여 근로기준법이 아닌 민법상 채무불이행이나 불법행위를 이유로 별도의 민사적 배상청구를 할 수밖에 없는 한계가 있다.

# Ⅲ 직장 내 괴롭힘의 성립요건

## 1. 행위의 주체

### (1) 사용자

직장 내 괴롭힘이 기존의 근로기준법에 조문을 추가하는 형태로 명문화되면서, 행위 주체와 객체에 있어서도 근로기준법의 적용범위, 즉, 상시사용 근로자 5인 이상인 하나의 사업 또는 사업장을 기준으로 직접 근로계약 관계를 맺고 있는 사용자와 근로자 또는 동일한 사용자를 두고 있는 근로자들 사이의 관계를 규율하는 것으로 해석할 수밖에 없는 한계를 가지게 되었다. 따라서 현행 근로기준법 제76조의 2에서 행위의 주체로 규정되어 있는 사용자 역시, 근로기준법 정의 규정에 따른 '사업주, 사업경영담당자, 사업주를 위하여 행위하는 자'가 될 것이다.

다만, 파견근로자 보호 등에 관한 법률(이하, '파견법') 제34조 제1항 본문의 해석상,[2] 근로기준법 제76조의 2와 제76조의 3 관련해서는 파견사업주와 사용사업주 모두가 파견근로자에 대해 사용자로서 책임을 부담하므로, 파견 근로계약 관계에서는 파견근로자와 직접 근로계약을 체결한 파견사업주뿐 아니라 파견법에 따른 근로 제공의 상대방일 뿐인 사용사업주도 근로기준법상 직장 내 괴롭힘 금지의무 및 조치의무 수범자로서 사용자가 된다고 해석할 수 있을 것이다.

---

2 파견법 제34조(「근로기준법」의 적용에 관한 특례) ① 파견 중인 근로자의 파견근로에 관하여는 파견사업주 및 사용사업주를 「근로기준법」 제2조 제1항 제2호의 사용자로 보아 같은 법을 적용한다. 다만, 「근로기준법」 제15조부터 제36조까지, 제39조, 제41조부터 제43조까지, 제43조의2, 제43조의3, 제44조, 제44조의2, 제44조의3, 제45조부터 제48조까지, 제56조, 제60조, 제64조, 제66조부터 제68조까지 및 제78조부터 제92조까지의 규정을 적용할 때에는 파견사업주를 사용자로 보고, 같은 법 제50조부터 제55조까지, 제58조, 제59조, 제62조, 제63조, 제69조부터 제74조까지, 제74조의2 및 제75조를 적용할 때에는 사용사업주를 사용자로 본다.

### (2) 근로자

근로기준법상의 의무의 주체는 통상 사용자인데, 직장 내 괴롭힘의 경우에는 근로자도 그 금지의무의 주체가 된다. 근로자도 괴롭힘 금지의무의 주체가 된 이유는 집단 내에서의 괴롭힘은 그 단체의 지배자나 그 지시를 받는 자뿐만 아니라 구성원의 일부나 다수에 의해 의도적, 자발적 또는 무의식적으로 이루어질 수도 있기 때문이다.

한편, 직장 내 괴롭힘의 행위 주체인 근로자는 반드시 상급자일 필요는 없으며, 동급자나 하급자라 하더라도 행위 주체가 될 수 있다. 후술하는 바와 같이 지위의 우위뿐 아니라 관계의 우위에 따른 우위성도 인정될 수 있기 때문이다.

## 2. 행위의 객체

### (1) 근로자

직장 내 괴롭힘의 행위자가 사용자 또는 근로자임에 반하여, 객체가 되는 피해자는 사용자를 제외한 '다른 근로자'에 한정된다. 여기서 근로자의 의미는 우선적으로 직접적인 근로계약 관계에 있는 동일한 사업주를 계약 상대방으로 두고 있는 근로자가 피해 대상에 해당할 수 있을 것이다. 다만, 파견근로자의 경우에는 파견법 제34조 제1항의 특별 규정에 따라 예외적으로 근로계약 상대방이 다른 경우에도 직장 내 괴롭힘 관련하여 해석할 때는 근로자로 해석할 수 있다.

### (2) 특수형태 근로자

골프장에서 캐디로 근무하던 사람이 경기보조원들을 통솔 관리하던 캡틴 보조원에 의해 모욕 및 외모 비하의 피해를 입고, 이로 인해 자살하자, 망인의 유족들이 해당 캡틴과 골프장을 운영하는 학교법인을 상대로 직장 내 괴롭힘을 원인으로 한 손해배상소송을 제기한 사안에서, 의정부지방법원 고양지원은 특수형태 근로종사자에 대한 사용자의 손해배상 책임을 인정했다. '직장에서의 지위 또는 관계 등의 우위를 이용하여 업무상 적정 범위를 넘어 다른 사람에게 신체적 정신적 고통을 주거나 근무환경을 악화시켰다면 그 피해자가 반드시 근로자여야 할 필요는 없다'[3]는 것이 이유였다.

즉, 특수형태근로종사자는 근로기준법상 근로자와 달리 노무를 제공함에 있어 사업주의 특

---

3 의정부지방법원 고양지원 2023. 2. 15. 선고 2022가합70004 판결. 동 판결에 대한 항소는 기각된 후 대법원에서 상고기각(대법원 2024다207558 판결)되어 확정되었다.

정한 지시나 지휘·감독에 구속되지 않아 근로기준법상 근로자와 자영인의 중간적 위치에 있는 노무 제공자이지만 사용자를 상대로 괴롭힘으로 인한 손해배상 청구를 할 수 있다고 보았다. 다만, 이러한 대법원 판결을 근거로 근로기준법상 직장 내 괴롭힘 관련 조항들을 특수형태근로종사에 대해 일반적으로 확대할 수 있다고 해석하는 것은 무리가 있다고 할 것이다.

## 3. 직장 내 괴롭힘의 행태적 구성요건

직장 내 괴롭힘은 지위나 관계의 우위성 있는 자가 업무상 적정한 범위를 넘어 신체적 정신적 고통을 야기하거나 근무환경을 악화시키는 행위일 것을 그 성립요건으로 한다. 판례를 통해 나타난 사례들 중심으로 직장 내 괴롭힘의 구성요건 판단기준을 살펴보면 다음과 같다.

### (1) 우위성

#### 1) 지위의 우위

판례는 직장 내 성희롱에서 지위를 이용하였는지가 문제된 사안에서 '근로자에 대한 지휘명령권 또는 인사권을 가지거나 기타 실질적으로 그 근로자의 임면, 근로조건의 결정 등에 대하여 영향을 미칠 수 있는 권한을 가진 자'가 지위의 우위를 가진 자라고 보았다.[4]

이러한 직장 내 성희롱 판단에 관한 지위의 우위성에 관한 판시는 직장 내 괴롭힘의 지위의 우위성을 이해하는데도 차용할 수 있다고 본다. 즉, 근로자에 대한 지휘명령 또는 인사권을 가지고 실제 근로자의 근로조건에 영향을 미칠 수 있는 지위에 있다면 무난하게 지위의 우위성을 인정할 수 있을 것이고, 반대로 이러한 지위에 있지 않다면 어떠한 피해 사실에 대해 민사나 형사책임은 별론으로 하더라도 지위의 우위성이 매개된 직장 내 괴롭힘으로 인정할 수는 없을 것이다.

#### 2) 관계의 우위

직장에서의 괴롭힘은 반드시 상급자로부터만 피해가 야기되는 것은 아니다. 동료 또는 부하직원으로부터의 괴롭힘도 집단에 의한 행위와 같은 수적 우위의 관계, 업무상으로 전문지식 등을 가지고 있어 협조하지 않으면 일을 진행하기 어려운 관계, 학벌, 지역 등 인적 속성 등에 따라 상대방이 저항 또는 거절하기 어려운 개연성이 높은 관계에서는 충분히 피해가 발생하는 것이 가능하다.

특히 동료나 하급자에 의한 상급자에 대한 괴롭힘은 공개되었을 경우 피해자가 받게 되는 수

4 대법원 2009. 7. 10. 선고 2007두22498 판결.

치심, 회복되기 어려운 권위와 리더십의 실추를 이유로 대부분 그 관계의 우위나 괴롭힘 자체가 감춰지거나 은밀히 이루어질 가능성이 크다는 부분도 고려가 필요하다. 하급자나 동료들로부터 관계의 우위성에 따른 직장 내 괴롭힘 피해를 인정한 몇 가지 사례들을 살펴보면 다음과 같다.

**표 1 행위자의 관계의 우위를 이유로 직장 내 괴롭힘을 인정한 사례**

| 사건 | 사실관계 | 판시근거 |
|---|---|---|
| 서울행정법원 2021.9.9.선고 2020구합74627 판결 | 금융회사의 계장 A는 같은 콥의 C와 함께, A의 상급자인 B를 대상으로 '미친년', '개또라이', '개노답'. '극혐' 등의 표현을 수 차례 사내메신저에서 나누면서 피해자인 B를 따돌림. A와 C는 B 앞에서 유독 크게 소리를 내어 키보드를 두드리는 행동 등을 함 | A는 B보다 직위가 낮지만, A와 B 및 C 3명으로 구성된 콥 내에서 가장 선임자인 C와 합세하는 수법을 사용하여 지위 및 관계상의 우위를 점할 수 있었음 |
| 중앙노동위원회중앙 2022부해1388 | A를 포함한 19명의 그룹원들이 그룹원의 조퇴를 허용하지 않은 그룹장 B의 사임을 요구하며 14회의 피켓 및 현수막 시위를 하고 B 사임에 대한 연판장을 돌리며, 아침 조회에서 공개적으로 사임을 요구 | B는 그룹장으로서 지위상 A의 상급자이지만, 이 사건 직장 내 괴롭힘은 그룹원 19명이 B 개인 1인을 상대로 행해졌고, 19명 중 16명이 B보다 연장자이고, 대부분이 근속 연수도 피해자 B보다 오래되었다는 점, A도 B가 '선후배도 못 알아본다'라는 취지의 발언을 한 점 등의 사실에 비추어보면 A를 포함한 19명은 다수 또는 단체로서 이 사건 피해자와의 관계상에 있어 우위에 있음 |
| 서울중앙지방법원 2024. 3. 8. 선고 2022가단5320016 판결 | 한의원의 부원장이었던 한의사에 대한 행정직원의 직장 괴롭힘 성립을 인정 | 직장 내 형식적인 지위 등만을 고려하여 직장 내 괴롭힘의 인정여부를 삼을 수는 없고, 특히 병원과 같이 의사와 일반 직원이 그 조직구조를 달리 갖는 경우에 있어서 직장 내 지위 등의 우위를 이용할 수 없는 하급자라고 하더라도 회사 내의 평판, 여론 등을 이용하여 사실상 상급자의 위치에 있는 근로자에 대한 직장 내 괴롭힘이 있을 수 있음 |

상기 사례들을 보면, 직급상 하급자라고 하더라도 수적인 우세나, 나이, 성별, 직위 등에 추가하여 평판, 여론 등을 이용하는 경우도 관계의 우위를 이용하는 경우로 인정될 수 있겠다. 즉, 법원은 관계의 우위에 대하여 설명하면서 직장에서의 관계의 우위에는 사실상 우위를 점하고 있다고 판단되는 모든 관계가 포함되고, 연령, 성별 등 인적 속성도 고려될 수 있고 직접적인 지휘, 명

령 관계에서 상위에 있지 않더라도 성립할 수 있다고 보고 있다.[5]

### (2) 업무상 적정 범위를 넘는 행위인지 여부

근로기준법에서는 직장 내 괴롭힘 성립요건과 관련하여 '업무와 관련하여'라는 직접적 표현을 하지 않고 '업무상 적정 범위를 넘는' 행위를 직장 내 괴롭힘의 요건으로 규율함으로써, 업무와의 관련성이 직장 내 괴롭힘 성립의 전제가 되어야 함을 간접적으로 언급하고 있다.

'업무상 적정 범위를 넘어'라는 것은 직장 내 괴롭힘의 피해 근로자의 측면에서는 근로계약의 내용상 담당하도록 예정된 업무의 예견 가능한 범위를 넘어서 다른 일을 하도록 강요받거나 근로계약의 내용이 아닌 다른 사항을 원인으로 괴롭힘을 당하는 것을 의미하고, 직장 내 괴롭힘 행위자의 측면에서는 자신이 정당하게 지시하거나 요구할 수 있는 적정한 범위를 넘어서 피해 근로자에게 특정 행위를 지시하거나 강요하는 것을 의미하는 것으로 해석될 수 있다.

그런데 사용 종속성을 본질로 하는 근로계약의 특수성상, 업무의 적정 범위의 판단은 근로계약상 사용자의 본질적이자 전속적인 권한인 업무지시권 또는 업무상 발생하는 수준의 갈등과 피해 근로자의 인격권 침해의 경계에 있어서 객관적 판단이 쉽지 않은 경우가 많다.

#### 1) 업무상 적정범위를 넘는지 여부에 따라 직장 내 괴롭힘을 판단한 사례

직장 내 괴롭힘이 법제화된 2019년 이후 나온 판례들 중 업무상 적정성을 넘는 행위인지와 관련하여 직장 내 괴롭힘 성립 여부를 판단한 주요 사례들을 살펴보면 다음과 같다.

**표 2** 업무상 적정범위를 넘는 행위임을 이유로 직장 내 괴롭힘을 인정한 사례

| 사건 | 사실관계 | 판시근거 |
|---|---|---|
| 대전고등법원 2022. 5. 12. 선고 2021나13620 판결 | 사내 변호사로 독립적으로 근무하던 A는 총무 구매실로 인사발령이 난 후, 총무 구매실장인 B로부터 기존에 자율적으로 처리하던 업무까지 모두 B의 지휘와 감독을 받아 처리할 것, A가 전자파일 형태로 관리하여 오던 소송 관련 서류를 모두 문서로 출력하여 정리할 것 등을 요구받으면서 B로부터 "아직 행정직원이 아니라 변호사인 줄 아는 것 같다"라는 등의 말을 들음 | 총무 구매실장인 B가 A의 사내 변호사로서의 업무특성을 고려하지 않은 채, A가 총무 구매실에 배속된 점만을 강조하여 그 지위의 우위를 이용하여 업무 특성상 불필요한 것이거나 수행 불가능한 것을 강제하고 A의 정당한 업무의 수행을 어렵게 하며, A에게 모욕 또는 공격하는 말을 하고, 다른 직원과 차별적으로 대우하는 등의 행위를 한 것은 업무상 적정범위를 넘은 것임 |

5 서울행정법원 2023. 11. 3. 선고 2023구합54693 판결.

| | | |
|---|---|---|
| 대전지방법원 2022. 6. 17. 선고 2021나125421 판결 | 주식회사의 대표이사 A가 직무집행정지 및 대표이사로 선임된 주주총회 결의가 취소된 것과 관련하여 경리를 담당하던 B에게 주주총회결의 취소소송을 제기한 자를 확인하라고 지시 | A가 B에게 주주총회결의 취소소송을 제기한 자를 확인하라고 지시한 것은 업무상 적정범위를 넘은 위법한 지시에 해당함 |
| 서울남부지방법원 2022. 9. 15. 선고 2021가단213730 판결 | 사업부 팀장으로 근무하던 A는 B를 상대로 두 차례에 걸쳐 장시간 사직을 권유하면서 A는 “내가 하고 싶은 건 모든 걸 다 해가지고 너 내보내든지 하고, 너 빽그라운드 체크 들어오면 너 해고된 사람이라고 이야기한다. 권고사직이 아니라”등 의 발언을 하였고, B는 결국 회사를 그만 둠 | A는 B를 협박하여 의무 없는 일을 하게 함으로써 업무상 적정범위를 넘는 행위를 한 것임 |

**표 3 업무상 적정범위를 넘지 않았음을 이유로 직장 내 괴롭힘을 부정한 사례**

| 사건 | 사실관계 | 판시근거 |
|---|---|---|
| 서울행정법원 2021. 9. 29. 선고 2020구단79120 판결 | 근로자 A는 상급자인 이사 B가 연차유급휴가 사용 후 사용확인서를 제출하라고 요구하자 이를 거절하면서 “정당한 권리를 사용하는 것에 대해 왜 이래라 저래라 하느냐” 하면서 반박함. 이에 대해 B는 “계속 그러면 어떻게 일을 같이 할 수 있겠느냐”고 이야기함 | A가 B와 연차유급휴가 사용에 관한 확인서 또는 증빙서류 제출과 관련하여 1회 언쟁을 하였다는 사정만으로 B가 이 사건 회사에서의 지위 또는 관계 등의 우위를 이용하여 업무상 적정 범위를 넘어 직장 내 괴롭힘 행위를 하였다고 보기는 어려움 |
| 수원지방법원 2022. 1. 20. 선고 2020가합20923 판결 | 대학 의료원의 권역 외상센터에서 외상외과 전담 간호사로 근무하기로 근로계약을 체결하고 수습 기간에 있던 직원 A는 상급자인 간호사 B로부터 교육 중 폭언을 하고 고성을 지르는 등의 직장 내 괴롭힘의 피해를 당했다고 주장 | 외상센터에서 근무하는 간호사에게는 고도의 전문성과 숙련성이 요구된다는 점, B는 A를 교육하는 입장에서 업무상 적정범위를 넘지 않는 한 자신의 재량으로 A에게 지시를 할 수 있고, A가 간호사로서 독자적으로 업무를 수행할 수 있도록 독려하고 가르쳐야 하는 지위에 있는 점 등을 고려하면 A가 주장하는 B의 언행이 교육의 목적을 벗어나서 A에 대한 폭언에 해당한다고 단정하기 어려움 |

이러한 판시 내용들을 기초로 살펴보면, 우선 업무상 이루어진 행위 자체가 형법상 폭행이나 모욕의 구성요건을 충족하는 경우, 또는 업무 지시 자체가 법규 위반에 해당하는 내용인 경우 등 행위 자체의 위법성이 인정되는 경우에는 업무상 적정 범위를 넘는 것으로 인정된다.

또한, 문제된 행위가 합리적인 이유 없이 지속적이고 반복적으로 특정인에 대해 집중적으로 이루어지는 경우, 특정인에 대한 질책을 공개적으로 하거나 욕설이나 조롱하는 언어를 사용하는 경우, 외견상 업무 권한 범위 내의 행위로 보이는 것이라 하더라도 이례적인 업무 지시의 필요성을 설명하지 못하는 경우, 상대방의 업무 내용이 아니거나 업무상 전문성이나 능력을 전혀 고려하지 않은 처분을 한 경우에는 업무상 적정성을 넘는 것으로 인정될 가능성이 높다. 반면에 근무환경의 특수성으로 일반적인 경우보다 소속 근로자에 대해 엄격한 지도 감독이 요구되는 경우, 업무상 적정한 범위 내의 행위로 인정되는 경향이 있다.

한편, 피해자들의 업무미숙 또는 실수가 중하다고 하여 가해자에게 허용되는 언행의 범위가 넓어진다고 볼 수 없다는 하급심 사례도 있지만,[6] 서울지방노동위원회는 신고인이 피신고인으로부터 언어적 괴롭힘을 당했다고 주장한 사안에서, 신고인이 갈등을 유발한 측면을 직장 내 괴롭힘이 성립하지 않는다는 근거로 본 바 있고,[7] 중앙노동위원회는 피신고인이 신고인에 대하여 모욕적인 발언 등을 하며 업무상 적정성의 범위를 넘은 반성권유를 하였다고 주장한 사안에서, 신고인이 원인을 제공한 사실이 있는 점 등에 비추어 '신고인이 피신고인에게 먼저 무례한 언행을 한 점 등에 따라 직장 내 괴롭힘에 해당하지 않는다'고 판정한 바 있다.[8]

### 2) 업무상 지시 또는 질책이 업무상 적정성을 넘는지 여부에 관한 사례

업무상 적정성을 넘는 행위인지와 관련하여 특히 업무상 지시 또는 감독과정에서 있었던 질책이 직장 내 괴롭힘에 해당한다고 본 최근 사례들을 살펴보면, 대학 학과장이 조교들을 상대로 "진짜 마음에 안들고 일도 못하고 짜증난다. 그만 둘 거면 빨리 결정해라" 등의 폭언을 한 사안에서 업무상 지시나 지적의 경우에도 상급자와 하급자가 느끼는 정서적 간극이 매우 크고 상급자의 인식과 무관하게 하급자로서는 충분히 괴롭힘으로 느낄 수 있으므로 상급자가 그럴 의도가 아니었다 하여 그와 같은 행동이 모두 정당화될 수는 없다[9]고 판시하면서 업무상 질책이라는 이유로 또한 상급자의 의도가 괴롭힘 의도가 아니었다고 하여 괴롭힘 성립이 부정되는 것은 아니라고 한 사례가 있다.

반면에 영업기술부 차장으로 근무하던 A가 팀원인 B에게 병가에 관한 증빙을 제출하라고 지시하거나 B의 휴가사용에 대해 부정적인 어조로 대화를 하는 과정에서 B에게 "하는 일마다 맘에 안 든다. 회사에 놀러 다니냐. 월급만 받으면 그만이지 무책임하다. 내가 이거 큰맘 먹고 해주

---

6 서울행정법원 2023. 2. 24. 선고 2022구합70612 판결.
7 서울지방노동위원회 2023. 6. 23. 판정 2023부해1005.
8 중앙노동위원회 2023. 7. 20 판정 2023부해675.
9 서울행정법원 2023. 2. 24. 선고 2022구합70612 판결.

는 거야"라고 말하거나, A가 업무 수행 중 B에게 "어디에 처박혀 있는지 모르겠다 어슬렁어슬렁 쳐 다니네"라고 발언을 한 사안에서 부산고용노동청은 A에 대해 직장 내 괴롭힘으로 인정하였으나, 부산지방법원 동부지원에서는 직장 내 괴롭힘으로 인한 A의 민사상 불법행위 성립을 부정한 바 있다.[10]

결국, 직장 내에서 상급자 등의 업무지시나 질책이 업무상 적정한 범위를 넘어서는 지를 해석하는 기준은 i) 행위자의 권한 내의 행위인지[11], ii) 업무상 필요성과 상당성이 있는지[12], iii) 업무지시나 거절, 결정에 합리적 이유가 있는지[13], iv) 업무지시의 내용, 시기 등이 적정한지[14], v) 피해자의 본래 업무와 연관성 있는지[15] 등을 기준으로 판단해야 할 것이다.

또한 횡령이나 배임의 행위를 돕도록 강요하는 등 위법한 업무를 지시하면 특별히 추가적인 판단이 없더라도 직장 내 괴롭힘으로 해석된다. 다만, 사적인 지시의 경우 무조건 업무상 적정성을 넘는 행위라고 볼 것은 아니고 이러한 지시가 사회 통념상 충분히 용인되는 것으로 볼 수 있다면 이는 사적인 인간적 유대관계에서 허용되는 것이라고 봐야 할 것이고,[16] 그러한 범위는 넘는 경우에만 직장 내 괴롭힘에 해당할 여지가 있다고 보아야 할 것이다.

### (3) 정신적 고통 및 업무환경의 악화요건

#### 1) 직장 내 성희롱의 성적 굴욕감과의 비교

남녀고용평등법에서는 직장 내 성희롱 주관적 요건으로서 피해자의 '성적 굴욕감'을 제시하고 있는데, 직장 내 괴롭힘은 성적 언동이 매개되는 직장 내 성희롱의 발생 상황보다 보편적이고, 일상적으로 발생할 수 있는 것이란 차이가 있다.

이에 직장 내 괴롭힘의 결과와 관련된 요건을 구성하는 '정신적 고통'은 직장 내 성희롱의 성립 요소인 '성적 굴욕감'보다 좀 더 엄격하게 해석할 필요가 있다고 생각한다. 직장 내 성희롱의 경우 상대방의 성적 표현행위가 있었다면 그로 인해 단순한 분노 등을 초과하는 인격권의 침해를 받아 정신적 고통이 있었음은 추단할 수 있지만, 직장 내 괴롭힘의 경우에는 우위성이 인정되는 자의 업무상 적정한 범위를 넘었다고 하여 항상 인격권의 침해를 가져오는 정신적 고통이 있다는 점이 경험칙상 명백하다고 단정하기는 어렵고, 직장생활은 태생적으로 상시적인 긴장감과

---

10 부산지방법원 동부지원 2023. 3. 15. 선고 2022가단131727(본소), 2022가단131734(반소)판결.
11 서울행정법원 2021. 11. 4. 선고 2020구합90032 판결.
12 서울남부지방법원 2024. 1. 10. 자 2023카합20380 판결.
13 서울행정법원 2023. 6. 9. 선고 2022구합66163 판결.
14 수원지방법워 평택지원 2023. 7. 10. 선고 2020가단63700 판결.
15 서울행정법원 2023. 4. 13. 선고 2022구합56241 판결.
16 대전지방법원 2023. 11. 21. 선고 2023나201025 판결.

불편함을 수반하고 있기 때문이다. 이 경우 오로지 피해자 입장에서만 정신적 고통을 판단하게 된다면, 피해자 중심 중의를 넘어 피해자 주관주의가 될 우려도 있을 것이므로, 직장 내 괴롭힘의 성립요건으로서의 정신적 고통을 어떻게 판단할 것인지에 관해서는 주관적 불쾌감을 넘는 객관적인 기준이 필요하다. 즉, 단순히 기분이 상한다거나 스트레스를 받았다는 사정만으로 직장 내 괴롭힘 성립에 필요한 정신적 고통이 인정된다고 볼 수는 없을 것이다.

이와 관련하여 수원지방법원 안산지원은 직장 내 괴롭힘은 당사자의 관계 · 행위가 행해진 장소 및 상황 · 행위에 대한 피해자의 반응 · 행위가 지속된 기간 등과 같은 사정을 종합적으로 살펴 판단하되, 피해자와 비슷한 처지에 있는 보통의 사람 입장에서 보아 신체적 · 정신적 고통 또는 근무환경 악화가 발생할 수 있는 행위가 있고, 그로 인하여 피해자에게 신체적 · 정신적 고통 또는 근무환경의 악화라는 실제 결과가 발생하였음이 인정되어야 한다고 판시함으로써,[17] 피해자의 반응뿐 아니라 일반 평균인의 관점에서도 사안을 살펴보아야 한다는 점을 분명히 하기도 하였다.

**2) 정신적 고통이 인정되기 위한 위법성의 정도**

직장 내 괴롭힘 성립 여부와 관련하여 정신적 고통 인정 여부에 대해 판시한 사례들을 보면, 우선 직장 생활에 내재되어 있는 스트레스나 불쾌감을 직장 내 괴롭힘 성립요건으로서의 정신적 고통과 구분하고 있고, 특히 피해자의 주관적 어려움만 가지고는 직장 내 괴롭힘 성립을 인정할 정도의 정신적 고통에 이른다고 보기 어렵다고 보고 있다.

즉, 정신적 고통 판단과 관련하여 피해자의 상황을 고려할 수밖에 없다고 하더라도 단순히 기분이 상하거나 스트레스를 받는다는 것만으로는 부족하고, 피해자와 같은 처지에 있는 일반적이고도 평균적인 사람이라면 그 행위로 인해 고통을 느낄 수 있음이 인정되는 정도에 이르러야 직장 내 괴롭힘의 성립요건으로서 정신적 고통으로 인정된다.

다만, 직장 내 성희롱에서 성적 굴욕감을 판단함에 있어 성인지 감수성을 잃지 말아야 하는 것과 마찬가지로, 조직 내에서 옹호되는 문화, 인식, 구조 등으로 인해 우리 사회 많은 근로자들이 신체적 또는 정신적 건강을 위협받고 있으며 직업적 지위에서도 위태로움을 느끼고 있어서 신고에 소극적이 되거나, 피해를 입은 즉시 신고를 하기 어렵다는 점 역시 직장 내 괴롭힘 판단을 함에 있어 고려되어야 할 필요가 있다는 점도 잊지 말아야 할 것이다.

---

17 수원지방법원 안산지원 2021. 1. 29. 선고 2020가단68472 판결.

### (2) 업무환경의 악화

근로자가 업무 수행 중 사용자나 다른 근로자로부터 업무상 적정 범위를 넘는 우위성을 이용한 피해를 입어 신체적 · 정신적 고통을 입게 되었다면, 해당 개인의 근무환경은 당연히 악화된다고 보아야 할 것이며, 신체적 · 정신적 고통의 피해 없이 근무환경만 악화되는 경우를 상정하기는 쉽지 않다. 외국 입법례를 살펴보더라도 일본의 경우를 제외하고는 업무환경의 악화를 직장 내 괴롭힘을 정의하는 별도의 구성요건으로 두고 있는 경우는 찾기 어렵다. 그러나, 현행 근로기준법상 업무환경의 악화는 직장 내 괴롭힘의 결과로써 신체적 · 정신적 고통과 병렬적으로 규정되어 있다.

즉, 우위성을 이용하여 업무상 적정 범위를 넘는 행위가 있는 경우 신체적 · 정신적 고통이 발생한 경우는 물론, 신체적 · 정신적 고통에 이르지 않더라도 그러한 행위로 인해 업무 환경이 악화된 경우는 직장 내 괴롭힘 성립에 지장을 받지 않는다. 다시 말하면, 직장 내 괴롭힘 요건으로서의 업무환경의 악화는 피해근로자가 신체적 또는 정신적 고통을 느꼈는지와는 무관하게 PC나 전화기 같은 사무용 장비, 안전화, 고글, 휴대용 단말기 등의 작업도구 등을 다운그레이드 하거나 사무실 내 위치를 좀 더 열악한 곳으로 옮기는 등의 행위를 포괄할 수 있다는 점에서는 성립요건으로서 기능을 할 수 있을 것이다.

## Ⅳ 직장 내 괴롭힘 금지제도의 오 · 남용에 대한 경계

직장 내 괴롭힘이 고용노동청에 신고되는 건수는 법 시행 이후 계속 증가하여 2024년 기준 1만 2253건[18]에 이른다고 한다. 하루 평균 50건에 해당하는 엄청난 숫자이다. 현행 근로기준법에 따르면 누구든지 직장 내 괴롭힘에 대해 신고를 할 수 있고, 이러한 신고를 접수하면 사용자는 지체 없는 조사 의무, 피해자 보호 의무, 행위자 징계 의무 등 여러 의무를 부담하게 되며, 그 과정에서 행위자로 지목된 근로자도 조사와 징계 등 여러 부담에 노출된다. 이러한 법적 보호장치 때문에 직장 내 괴롭힘 신고제도가 남용 내지 악용되는 경우도 존재한다는 현실 역시 직시할 필요가 있다. 허위신고자가 외부 기관 신고, 언론제보 등을 언급하며 사측에 압력을 가하는 경우, 허위신고자의 압력을 받은 사측이 책임을 회피하고 쉬운 해결을 위해 피신고인에게 책임을 전가하고 그런 과정 속에서 사측이 가해자가 될 가능성도 이러한 허위신고의 폐해로 언급되기도 한다.

---

18 https://www.donga.com/news/Society/article/all/20250205/130968790/2.

직장 내 괴롭힘을 허위로 신고하거나 신고권을 남용하는 것이 규제되어야 하는 것은, 자칫 직장 내 괴롭힘 금지제도가 비위 행위를 한 근로자의 방어 수단 내지 근로자들 간의 사적 갈등의 보복 수단으로 악용되는 것을 방지하여 근무기강을 확립해야 함과 동시에 사용자로 하여금 진정으로 보호받아야 하는 근로자들에 대한 조치를 충실하게 할 수 있도록 할 필요가 있기 때문이다. 즉, 진정으로 보호받아야 할 직장 내 괴롭힘의 피해자의 구제수단을 제대로 확보하는 차원에서도 직장 내 괴롭힘 오남용에 대한 규제는 필요하다.

직장 내 괴롭힘의 오남용이라고 볼 수 있는 사안은 다음과 같이 몇 가지 유형으로 구분해 볼 수 있다. 먼저 첫 번째 유형은 '실제 발생하지 않은 사실을 발생했다고 주장하며 신고하는 경우'인데 이는 본래 의미의 허위 신고에 해당할 수 있고, 이는 직장 내 괴롭힘 금지제도를 명백히 오용하는 경우에 해당한다고 볼 수 있을 것이고, 근로기준법 제76조의 3에서 보호하고자 하는 피해자의 범위에서 제외하는 것이 타당할 것이다.

두 번째 유형은 '실제로는 단순한 사적 갈등 관계나 업무상 적정한 범위 내의 지휘 감독인데도 불구하고 당사자가 주관적이라고 괴롭힘이라고 느껴서 신고하는 경우'인데 이 경우를 근로자가 법적 판단을 정확하게 하지 못하였다고 하여 이러한 경우의 신고까지 허위신고로 보고 제재한다면, 결과적으로 직장 내 괴롭힘으로 피해를 입은 피해자들의 신고를 차단하는 결과가 될 것이므로 타당하지 못하다. 신고인들 입장에서는 신고 단계에서 법률상 직장 내 괴롭힘에 해당하는지 판단하기도 어렵기 때문이다. 따라서, 단순한 갈등이나 업무상 불편함을 직장 내 괴롭힘으로 신고하는 것으로 인한 부작용을 막기 위해서는 이러한 행위를 허위 신고로 보고 제재하는 것이 필요한 것이 아니고, 직장 내 괴롭힘 판단기준을 좀 더 명확화, 객관화하고 구체적인 개념에 대해서도 지속적인 교육을 통하여 근로자들의 이해를 도울 필요가 있다.

세 번째로 유형으로는 '실제 직장 내 괴롭힘 신고의 원인된 사실관계가 있었고, 법률적으로 직장 내 괴롭힘에 해당하지만, 신고의 목적이 괴롭힘으로부터의 보호 내지 피해 복구보다는 금전적 보상, 다른 사유로 이루어지는 자신에 대한 징계처분에 대한 방어적 목적, 피신고자에 대한 사적 복수 등에 있는 경우'로 본래 직장 내 괴롭힘의 규정 목적에는 벗어나는 경우가 있을 수 있다. 그러나 신고인이 직장 내 괴롭힘 피해에 대해 금전적 보상이나 재계약 등 다른 이익을 요구한다고 하여 이를 허위신고라고 단정하기는 어려울 것이다.

다만, 이러한 경우 직장 내 괴롭힘의 피해자 또는 신고자로서의 보호는 법에 따라 충실히 하되, 이러한 보호 과정이 다른 목적으로 악용되지 않도록 유의할 필요도 있다. 즉, 예를 들면, 다른 사유로 징계 조사를 받던 근로자가 조사자로부터 직장 내 괴롭힘 피해를 입었다고 주장을 한다면, 그러한 직장 내 괴롭힘 신고에 대해서는 근로기준법에 따라 지체 없는 조사, 보호 조치 등을 하되, 기존의 징계 조사를 중단할 필요는 없을 것이다. 또한 사용자가 피해자 등에 대하여 행하는 조치와 관련하여 사용자의 재량이 인정된다는 전제에서는 예를 들어 피해 근로자가 유급휴가를 부여받을 목적으로 직장 내 괴롭힘 신고했다고 하더라도 유급휴가 외에 부서 전환이나 근로장소 분리 등 사용자가 재량으로 판단하는 다른 적정한 보호 조치를 취할 수도 있을 것이다.

## V 직장 내 괴롭힘 관련 사용자의 법적 조치 의무

현행 근로기준법 제76조의 3 제2항 내지 제7항에 규정되어 있는 사용자의 조치의무의 내용을 개관하면 다음과 같다.

| 관련 조문 | 의무의 내용 | 제재 상한 |
|---|---|---|
| 제76조의3 제2항 | 사용자가 직장 내 괴롭힘 신고를 접수하거나 괴롭힘 발생사실 인지하면 지체없이 조사 실시할 의무 | 과태료 500만원 |
| 제76조의3 제3항 | 조사기간 동안 피해자 또는 피해 주장 근로자 보호를 위해 필요한 경우 근무장소의 변경, 유급휴가 명령 등 적절한 조치를 할 의무 | |
| 제76조의3 제4항 | 직장 내 괴롭힘 발생 사실이 확인되고 피해근로자가 요청하면 근무장소의 변경, 배치전환, 유급휴가 명령 등 적절한 조치를 할 의무 | 과태료 500만원 |
| 제76조의3 제5항 | 직장 내 괴롭힘 발생 사실 확인되면 지체없이 행위자에 대해 징계, 근무장소 변경 등 필요한 조치를 할 의무 | 과태료500만원 |
| | 행위자에 대한 조치 시 징계 등의 조치를 하기 전 피해 근로자의 의견 청취의무 | |
| 제76조의3 제6항 | 직장 내 괴롭힘 신고자 및 피해 근로자 등에 대한 해고나 그 밖의 불리한 처우 금지 | 3년 이하 징역 또는 3천만원 이하 벌금 |
| 제76조의3 제7항 | 직장 내 괴롭힘 조사자, 조사내용 보고 받은 사람 및 조사과정 참여한 사람의 누설 금지 의무 | 과태료500만원 |

이러한 조치 의무는 직장 내 괴롭힘 사건 발생 시점 이후의 시간적 순서에 따라 다시 아래와 같이 구분해 볼 수 있다.

| 단계 | 의무의 내용 | 법령 | 대상 |
|---|---|---|---|
| 사건 처리의 개시 | 지체 없는 객관적 조사의무 | 제76조의 3 제2항 | 당사자 등 |
| 조사 기간 중 | 피해근로자 등 보호의무 | 제76조의 3 제3항 | • 피해를 입은 근로자<br>• 피해를 입었다고 주장하는 근로자 |
| 직장 내 괴롭힘 발생 확인 후 | 피해 근로자에 대한 적절한 조치의무 | 제76조의 3 제4항 | 피해 근로자 |
| | 행위자에 필요한 조치의무 | 제76조의 3 제5항 | 행위자 |
| 사건 처리 전반 | 신고자와 피해 근로자 등에 대한 불리한 처우 금지의무 | 제76조의 3 제6항 | • 신고 근로자<br>• 피해를 입은 근로자<br>• 피해를 입었다고 주장하는 근로자 |

위에서 살펴보는 바와 같이 현행법상으로는 직장 내 괴롭힘의 신고부터 조사 및 행위자에 대한 제재까지 전 과정을 사용자의 주도하에 진행하도록 하고 있으면서도, 고용노동청에 직장 내 괴롭힘 사건이 진정되면 직장 내 괴롭힘의 성립 여부, 피해자 보호나 행위자에 대한 제재에 필요한 조치의 종류나 정도 등에 대해 사용자의 자율적 해결 원칙보다는 고용노동청의 판단이 우선시 되는 경향이 있다.

그러나 이러한 사용자의 조치의무들을 해석함에 있어 사용자의 책임이 지나치게 확대되는 것을 방지하고 조치 과정에서도 피해자의 보호가 실질적으로 이루어질 수 있도록 하며, 아직 직장 내 괴롭힘이 사실대로 확인되지 않은 상황에서 행위자로 지목된 근로자가 무분별한 내용 유출로 피해를 입지 않기 위해서는 몇 가지 보완책이 필요할 것이다.

첫째, 근로기준법 제76조의 3 제2항의 사용자의 지체 없는 조사 의무 이행과 관련하여, 조사의 준비 등으로 인해 신고를 받거나 사건을 인지한 시점과 실제 조사 착수 사이에 간극이 생긴다면 그러한 간극이 사용자의 일방적인 지연에 의한 것인지 합리적 사유로 설명될 수 있는지를 살펴보아 위반 여부가 판단되어야 할 것이지 단순히 '즉시' 조사 의무를 이행하지 않았다고 하여 '지체없이' 조사 의무를 이행하지 않았다고 보아서는 안 될 것이다.

둘째, 조사 기간 중 피해근로자에 대한 조치의무를 규정한 근로기준법 제76조의 3 제3항이나, 괴롭힘 사실이 확인된 후 피해자에 대한 조치를 규정한 동조 제4항 및 괴롭힘 사실이 확인된 후 행위자에 대한 징계 등 필요한 조치를 규정한 동조 제5항이 이행되었는지를 판단할 때에는,

남용에 이르렀다는 특별한 사정이 없는 한 그러한 조치는 피해 근로자 등의 요구에 구속되는 것이 아니라 사용자의 재량권 범위 내에서 행해지는 처분임이 고려되어야 할 것이다.

셋째, 피해근로자 등에 대한 불리한 처우를 한 것인지를 해석함에 있어서는 유사한 내용을 규정하고 있는 남녀고용평등법 제14조 제6항과 같이 불리한 처우의 유형을 구체화할 필요가 있을 것이다. 다만, 이 경우 피해근로자 등의 의사에 반하는지 여부를 불리한 처우의 직접적 판단 근거로 삼는 것은 불리한 처우의 범위를 지나치게 확대할 수 있어 지양해야 한다고 생각한다.

넷째, 조사자 등의 비밀 유지 의무를 규정한 근로기준법 제76조의 3 제7항을 해석함에 있어서는 피해근로자 등과 행위자도 수범자 범위에 포함하는 것이 타당할 것이다. 다만 현재 근로기준법 상으로는 비밀 유지 의무 위반의 예외로 인정되는 사유가 조사와 관련된 내용을 사용자에게 보고하거나 관계 기관의 요청에 따라 필요한 정보를 제공하는 경우로 한정되어 있어, 피해근로자 등이나 행위자가 법률적 조력을 받거나 사안에 대한 의사 결정 등의 목적으로 법률전문가나 친족과 협의하는 경우도 비밀 유지 의무 위반의 예외사유로 추가되는 것이 필요할 것이다.

## Ⅵ 직장 내 괴롭힘의 예방과 피해자 보호를 위하여

서두에 제시된 사례에서 법원은 팀장 A의 직장 내 괴롭힘 성립을 부정하였다.[19] 메시지의 내용, 메시지를 보내게 된 동기, 시점, 전후 상황, 행위자인 A와 피해자인 B의 관계 등을 종합하여 보면 A는 B에게 보도 자료를 준비할 필요가 있다는 취지로 해당 기사를 언급하며 보도 자료의 준비를 독려한 것에 불과한 것으로 보이고, 비록 메시지를 보낸 시간이 새벽 6:26으로 근무시간 전이기는 하나 인터넷기사의 특수성, 신속한 보도 자료의 필요성 등에 비추어 볼 때 업무상 적정 범위를 넘어선 행위라고 보기 어려우며, B와 같은 처지에 있는 일반적이고 평균적인 보통 사람 입장에서 정신적 고통이 있거나 근무환경이 악화되었다고 보기도 어렵다는 것이 그 이유였다.

결국 업무적으로 얼마나 필요한 행위였고, 수단에 있어서도 상당성을 갖추었는지, 보통 사람 입장에서 단순 스트레스가 아니라 그 이상의 정신적 어려움을 주는지를 기준으로 직장 내 괴롭힘 성립여부를 판단한다는 것이고, 단순히 피해자의 주관적인 느낌에 따라 결정되는 것이 아니라는 것이다.

---

19 대전지방법원 2021. 11. 9. 선고 2020구합105691 판결.

현재 근로기준법상 직장 내 괴롭힘은 행위 주체로 사용자 또는 근로자를, 행위 객체로 다른 근로자를 설정하고 있고, 직장에서의 지위나 관계의 우위성이 인정될 것을 전제로, 업무상 적정 범위를 넘을 것 그리고 행위의 결과로 신체적 또는 정신적 고통을 상대방에게 유발시키거나 근무환경을 악화시킬 것을 요구하고 있다. 직장 내 괴롭힘의 정의 규정은 2019년 개정 근로기준법에 도입된 이후 2021년 개정 근로기준법에도 변경없이 그대로 남아 있으며, 2021년 개정 근로기준법 이후 발의된 개정안들도 대부분 적용 범위와 확대와 구제수단의 확보에 중점을 두고 있고, 직장 내 괴롭힘의 개념 및 판단기준을 재정립해 보려는 시도는 보이지 않는다.

근로자들의 인격권 보장이라는 직장 내 괴롭힘 관련 규정의 본래적 의미를 고려해 볼 때는 직장 내 괴롭힘을 별도의 독립된 법률로 규정하는 것이 타당하다는 생각이지만, 현재와 같이 직장 내 괴롭힘 관련 규정을 근로기준법에 유지한다는 체계를 고수하는 경우에도 대상 행위가 업무상 적정성을 넘는 행위인지에 대해 직접 그 업무를 수행하는 당사자가 아닌 제3자가 판단하는 것은 쉽지 않다는 한계를 인정하되 최대한 객관적인 기준을 적용해서 판단하는 것이 필요할 것이다. 이에 행위 자체가 법에 위반되는 것, 행위의 필요성을 설명할 수 없는 것, 업무상 필요한 질책이라 하더라도 이를 합리적 이유 없이 여러 사람들 앞에서 공개적으로 하는 경우 등에는 업무상 적정성을 인정할 수 없을 것이고, 업무 환경이나 업무의 특성상 통상적인 경우보다 엄격한 지시 감독이 필요한 경우, 행위 객체의 주관적인 능력 부족으로 인하여 통상적인 근로자보다 업무상 부담을 많이 느끼는 경우, 업무지시나 감독에 업무상 필요성이 인정되는 경우 등에는 행위자의 업무 권한 내의 행동으로 인정해 주어야 할 것이다.

또한 직장 내 괴롭힘으로 인정하기 위한 주관적 결과인 정신적 고통은 피해자의 호소에 공감해 주기는 하되, 그 판단은 사회 일반인의 평균적인 관점에서 건전한 사회통념이나 사회상규상 도저히 용인될 수 없는 경우에 한하여 제한적으로 인정하는 것이 필요하며, 직장 내 괴롭힘의 성립 여부를 판단할 때 행위의 지속성이나 반복성 및 행위자의 고의나 의도는 현재 법률상 성립요건으로 명시되어 있지는 않지만, 중요한 판단 요소로 고려될 필요가 있을 것이다. 이러한 직장 내 괴롭힘 판단기준에 대한 재정립을 통해 직장 내 괴롭힘 금지 제도가 사적 갈등의 대용으로 남용되는 혼란을 방지하고, 진정 보호받아야 하는 피해자를 실효성 있게 보호하는 수단을 마련하는 계기를 만들어 볼 수 있을 것이다.

## 참고문헌


### [단행본 및 보고서]

1. 고용노동부, 「직장 내 괴롭힘 판단 및 예방·대응 매뉴얼」, 2023.
2. 김형배 · 박지순, 「노동법 강의」 제12판, 신조사, 2023.
3. 노동법실무연구회, 「근로기준법 주해 III」 제2판, 박영사, 2020.
4. 이준희, 「직장에서의 괴롭힘: 법적 쟁점과 과제」, 신조사, 2019.

### [학위논문]

1. 윤혜정, "직장 내 괴롭힘 구제제도", 이화여자대학교 박사학위 논문, 2023.
2. 이동욱, "직장 내 괴롭힘 금지제도의 실무적 쟁점과 입법적 제언", 고려대학교 석사학위 논문, 2023.
3. 이상곤, "직장 내 괴롭힘 법제의 개선방안 연구", 아주대학교 박사학위 논문, 2020.
4. 이용희, "직장 내 괴롭힘 금지제도에 관한 연구", 단국대학교 석사학위 논문, 2021.

### [학술논문]

1. 김근주, "직장 내 괴롭힘 방지법의 현황과 과제", 「노동리뷰」 11월호, 한국노동연구원, 2019.
2. 김민정, "직장 내 괴롭힘의 법적 개념과 성립요건: 직장 내 성희롱과의 비교를 중심으로",「젠더법학」제11권 제1호, 한국젠더법학회, 2019.
3. 서유정, "직장 내 괴롭힘의 허위신고 실태와 과제", 「the HRD Review」 2022. 12.
4. 오세웅 · 김동욱, "직장 내 괴롭힘에 대한 사용자의 조사 의무와 입증책임", 「법학연구」, 제34권 제2호, 충남대학교, 2023. 5.
5. 이준희, "직장에서의 괴롭힘 관련 법규에 대한 해석론과 실무상 쟁점",「노동법논총」제46호, 한국비교노동법학회, 2019.
6. 최홍기 · 박수경, "직장 내 괴롭힘 금지제도의 운영실태와 개선과제", 「사회법연구」제42호, 한국사회법학회. 2020.

# 집단 노동분쟁 주요 이슈, 합리적으로 해결하기

최 영 우 교수

# 집단 노동분쟁 주요 이슈, 합리적으로 해결하기

최 영 우

이 장에서는 최근 노동현장에서 주로 발생하는 집단적 노사관계 관련 법적 분쟁을 사례를 중심으로 살펴보고, 이에 대한 합리적인 해결 방안을 ADR(Alternative Dispute Resolution) 관점에서 모색한다. 이러한 다툼들은 집단적 노사관계의 구조적 문제와 맞물려 있으며, 합리적인 조정과 대안을 마련하기 위해 ADR 방식의 접근이 필요하다.

먼저, '근로시간면제제도(Time – off)'를 둘러싼 다툼에 대해 살펴본다. 이러한 다툼은 노조전임자에게 급여를 지급하던 기존 관행을 개선하기 위해 도입된 제도에서 비롯된다. 이는 일정 시간의 노조활동을 유급으로 인정하는 제도이나, 과도한 면제시간 부여 및 급여지급 여부를 두고 노사 간 분쟁이 발생하고, 면제시간 배분 문제로 노노 간 갈등도 나타난다.

둘째, 단체협약 해지를 둘러싼 다툼을 다룬다. 이는 사용자 측이 단체협약 유효기간 만료를 이유로 단체협약 해지를 통보하면서 발생한다. 이 경우 노동조합은 6개월 이내에 단체협약을 타결해내야 하는 부담을 안게 되는데, 이러한 상황은 '노조활동 탄압'으로 인식되기도 한다. 협약이 타결된다 해도 그 여파로 노사관계가 악화되는 사례도 나타난다.

셋째, 협정근로자 지정을 둘러싼 다툼이다. 이는 필수공익사업이 아닌 일반사업장에서 자주 발생한다. 관련법령이 구체적인 기준을 정하지 않고 있어, 보안작업이나 안전보호시설의 유지 필요성에도 불구하고 노사가 협정근로자 범위를 놓고 충돌하게 된다. 특히, 최근 IT 업종 등에서 이 문제가 두드러진다.

넷째, 단체협약 체결 전 조합원 총회 인준을 둘러싼 다툼이다. 이는 노조대표자에게 단체협약 체결권한이 있음에도 불구하고, 규약에 따라 총회 승인절차를 요구하면서 나타난다. 잠정합의안이 총회에서 부결되고, 이로 인해 교섭이 반복되는 비효율적인 교섭관행이 이어지고 있다.

다섯째, 파업기간 중 임금지급 문제이다. 이는 '무노동무임금 원칙'에 따라 파업 참가자에게 임금이 지급되지 않음으로써 발생한다. 파업이 장기화될 경우 조합원들의 생계에 직접적인 영향을 주게 되며, 노동조합은 이를 보완하기 위해 보상을 요구하게 되면서 나타나는 다툼이다.

마지막으로, 비조합원의 근로조건 결정을 둘러싼 다툼이다. 이는 회사 내 특정 노동조합이 전체 근로자의 반수 이상을 차지하지 못한 경우에 발생한다. 이 경우 사용자가 근로자위원회 등과 협의해 비조합원의 근로조건을 결정하게 되는데, 이것이 노동조합의 단체교섭권 침해로 간주되면서 나타나는 분쟁이다.

## I 집단 노동분쟁 주요 이슈

과거 사용자와 노동조합 간의 분쟁이 주로 임금, 근로시간, 노동환경 등의 문제에서 발생하였다면, 최근에는 기술혁신, 산업전환, 고용형태의 변화, 플랫폼 노동의 증가 등으로 인해 새로운 형태의 노사갈등이 증가하고 있다. 특히, AI와 자동화의 발전으로 인해 근로자의 역할이 빠르게 변화하고 있는데도 불구하고, 기존 노동법이 이를 제대로 반영하지 못하는 점이 분쟁을 더욱 복잡하게 만들고 있다. 앞으로 이러한 변화가 더 가속화 될 것으로 본다면, 노사 간의 소통과 정책적 대응이 더욱 중요해 질 것이다.

최근 노사 간에 발생하는 집단적 분쟁은 다음과 같은 특징을 나타낸다.

첫째, 분쟁의 핵심 원인이 변화하고 있다. 과거에는 임금인상, 노동환경 개선 등 근로조건 개선을 위한 투쟁이 많았다면, 최근에는 AI, 자동화, 산업전환 등으로 고용유지 자체가 분쟁의 핵심이슈가 되고 있다. 또한, 재택근무, 비정규직 및 플랫폼 노동자의 증가로 인해 기존 노동법이 보호하지 못하는 사각지대가 발생하고 있다.

둘째, 노동형태의 다양화로 인한 분쟁양상의 변화이다. 전통적인 제조업 중심의 정규직 노조가 강한 영향력을 행사하던 과거와 달리, 현재는 IT · 서비스업과 플랫폼 노동자들의 노조 조직화가 확대되고 있다. 아울러 계약직 · 프리랜스 등의 증가로, 이들에 대한 노동권 보호문제가 주요 분쟁요인이 되고 있다.

셋째, 기술혁신과 산업변화로 인한 새로운 갈등이 나타나고 있다. 과거에는 산업변화가 서서히 진행되었지만, 현재는 4차 산업혁명, 탄소중립, 자동화가 급격하게 진행되면서 근로자들이 적응할 시간이 부족한 것은 물론, AI가 인간 노동을 대체하면서 전통적인 직업군이 사라지고 있다.

넷째, ESG 경영과 노동환경의 변화이다. 과거에는 근로자 대 기업 간의 전통적인 갈등구조가 존재했다면, 현재는 기술과 지속가능성을 중심으로 한 새로운 갈등이 나타나고 있다. 기업들은 환경보호 및 사회적 책임을 강화해야 하는 상황에서 노동조합과 새로운 형태의 갈등이 발생하고 있고, 재택근무, 온라인 · 디지털 노동관계가 증가하면서 전통적인 단체교섭 방식이 도전을 받고 있다.

이러한 집단적 노동환경의 변화는 기존의 전통적인 법적 해결방식보다 노사 간의 자율적인 협상과 조정을 통한 해결이 더욱 필요하다는 점을 부각시킨다. 이는 노동문제의 복잡성이 증가하고 다양한 이해관계가 얽히면서, 법적 규제만으로는 효과적인 해결이 어려워지고 있기 때문이다.

이 장에서는 최근 우리나라 노동현장에서 주로 발생하는 집단적 노동분쟁을 노동환경 변화의 측면에서 분석하고, ADR 관점에서 합리적인 해결방안을 모색해 보고자 한다.

## Ⅱ 근로시간면제제도(Time Off)를 둘러싼 다툼

**〈사례 1〉** 00사는 2개의 노동조합이 존재한다. A노조는 산별노조 지부로서 조합원이 3,000명이고, B노조는 기업별노조로서 조합원은 500명이다. 이에 따라 면제시간인 14,000시간에서 A노조는 12,000시간(풀타임 6명), B노조는 2,000시간(풀타임 1명)을 사용하고 있다. 이번에 교섭창구단일화 절차를 거치면서 조합원 수를 확인해 본 결과 A노조 조합원은 2,800명으로 줄어든 반면, B노조는 800명으로 증가하였다. 그런데 근로시간면제시간은 기존과 같이 그대로 부여하고 있다(A노조 12,000시간, B노조 2,000시간). B노조는 A노조 조합원 수가 감소하고 B노조 조합원 수는 증가했음에도 불구하고 면제시간을 변동없이 그대로 부여하는 것은 합리적인 이유없는 차별로써, 공정대표의무를 위반한 것이라고 주장한다. 이에 대해 A노조는 교섭대표노조로서의 업무를 수행하고 있으므로, 기존처럼 근로시간 면제한도를 배분한 것에 합리적 이유가 있다고 주장하고 있다.

**〈사례 2〉** B노조는 매월 급여지급일 이전에 풀타임 근로시간면제자(위원장)의 타임오프 활동내역을 회사에 제출하고 있다. 반면 A노조는 타임오프 활동내역과 관련하여 어떠한 자료도 제출하지 않고 있다. 이에 대해 B노조는 타임오프 활동내용에 대한 확인없이 A노조 근로시간면제자에게 급여를 지급하는 행위는 노동조합법 제81조의 운영비 원조에 해당하는 부당노동행위라고 주장한다.

### 1. 다툼이 발생하는 이유

'근로시간면제제도'(Time off)란 일정한 노동조합 활동시간을 임금의 손실 없이 근로시간으로 인정해 주는 제도를 말하며, '근로시간면제자'란 단체협약으로 정하거나 또는 사용자의 동의가 있는 경우에 '사용자'로부터 급여를 지급받으면서 근로계약 소정의 근로를 제공하지 않고 노동조합의 업무에 종사하는 자를 말한다(노동조합법 제24조제1항, 제2항). 이 제도는 불합리한 노동조합 전임 관행을 개선하기 위해 노사정 합의를 통해 사용자에 의한 노조전임자 급여 지급을 금지하면서, 그 대안으로 유급근로시간면제제도를 도입한 것이다.

근로시간면제제도를 둘러싼 다툼은 부당노동행위(노동조합법 제81조) 및 공정대표의무 위반(노동조합법 제29조의4 제1항)의 법적 분쟁을 유발한다. 근로시간면제와 관련하여 노사 간에 주로 발생하는 다툼은 근로시간면제자에 대한 과도한 면제시간 부여와 급여지급 문제이고, 노노간에 발생하는 문제는 부여된 면제시간 배분에 관한 다툼이다.

## 2. 근로시간 면제제도

### (1) 공정대표의무 관련

노동조합 활동을 위한 시간은 노동조합의 설립과 유지 · 존속에 필수적인 요소이며, 노동조합 사무실 등 다른 요소와는 달리 이를 확보하지 못하면 노동조합의 존재 자체가 어려워 질 수 있다. 따라서 노동조합 활동시간은 노동조합 존립에 있어 가장 본질적이고 핵심적인 요소에 해당한다.

대법원은 교섭창구 단일화 절차에 참여한 다른 노동조합을 배제한 채 교섭대표노조에만 근로시간 면제를 인정한 것은 합리적 이유 없이 교섭대표노조와 다른 노동조합을 차별한 것으로서 공정대표의무 위반에 해당하고, 설령 재심판정 이후 조합원 수가 변동되어 사용자들의 사업장 중 소수노조의 조합원이 전혀 없는 사업장이 생겼다 하더라도 재심판정의 위법 여부는 재심판정 당시를 기준으로 판단해야 하므로, 공정대표의무 위반에 해당한다고 보았다(대법원 2018.12.27, 2016두41224).

### (2) 부당노동행위 관련

근로시간면제자로 하여금 근로제공의무가 있는 근로시간을 면제받아 경제적인 손실 없이 노동조합 활동을 할 수 있게 하려는 근로시간면제제도 본연의 취지에 비추어 볼 때, 근로시간면제자에게 지급하는 급여는 근로제공의무가 면제되는 근로시간에 상응하는 것이어야 한다. 그러므로 단체협약 등 노사 간 합의에 의한 경우라 하더라도 타당한 근거 없이 과다하게 책정된 급여를 근로시간면제자에게 지급하는 것은 노동조합법 제81조 제4호 단서에서 허용하는 범위를 벗어나는 것으로서, 노조전임자 급여지원 행위나 노동조합 운영비 원조행위에 해당하는 부당노동행위가 될 수 있다.

근로시간면제자에 대한 급여지급이 과다하여 부당노동행위에 해당하는지는 근로시간면제자가 받은 급여수준이나 지급기준이 그가 근로시간면제자로 지정되지 아니하고 일반 근로자로 근로하였다면 해당 사업장에서 정상적으로 받을 수 있는 급여수준이나 지급기준을 사회통념상 합리적인 범위를 초과할 정도로 과다한지 등의 사정을 살펴서 판단해야 한다(대법원 2018.5.15, 2018두33050).

## 3. 공정대표의무

### (1) 의 의

교섭대표노조와 사용자는 교섭창구단일화 절차에 참여한 노동조합 또는 그 조합원간에 '합리적 이유' 없이 차별을 해서는 안된다(노동조합법 제29조의4 제1항).[1] '공정대표의무'란 교섭단위 내 관련된 노동조합과 조합원의 이익을 합리적 이유없이 차별하지 않고 공정하게 대표할 의무를 말한다.

교섭창구단일화 제도 아래서 교섭대표노동조합이 되지 못한 노동조합은 독자적으로 단체교섭권을 행사할 수 없으므로, 노동조합법은 교섭대표노동조합이 되지 못한 노동조합을 보호하기 위해 사용자와 교섭대표노동조합에게 교섭창구단일화 절차에 참여한 노동조합 및 그 조합원을 합리적 이유 없이 차별하지 못하도록 공정대표의무를 부과하고 있다(노동조합법 제29조의4 제1항).

'공정대표의무'는 교섭창구단일화 제도와 일체로 규정된 것이므로 기본적으로는 교섭대표노조가 그 의무를 부담하지만, 사안에 따라서는 사용자도 소수노조와 그 조합원에 대한 차별적 처우의 주체가 될 수 있으므로, 사용자도 공정대표의무를 부담한다.

### (2) 공정대표의무 위반의 판단

공정대표의무 위반이 성립하기 위해서는 교섭대표노조 또는 사용자가 교섭과정, 단체협약 체결과 이행, 기타 고충처리 등에서 교섭창구단일화 절차에 참여한 노동조합 또는 그 조합원간에 '합리적인 이유'없이 차별하는 행위가 있어야 한다. '합리적인 이유'가 있는 차별인 경우에는

1 노동조합법에서는 단체교섭과정에서 사용자에게 2가지 의무를 부과하고 있는데, 제29조의4 제1항에서는 교섭대표노조와의 교섭과정에서 '공정대표의무'를 제29조의2 제2항에서는 개별교섭에서 '차별대우금지의무'(중립의무)를 규정하고 있다.

그 효력을 인정하게 되며, '합리적인 이유'에 대한 판단은 구체적인 사실관계에 따라 개별적으로 판단한다.

### (3) 공정대표의무의 범위

공정대표의무의 취지와 기능 등에 비추어 보면, 공정대표의무는 단체교섭의 과정이나 그 결과물인 단체협약의 내용뿐만 아니라 단체협약의 이행과정에서도 준수되어야 한다(대법원 2018.8.30, 2017다218642). 다만, 교섭창구단일화 제도 및 공정대표의무에 관한 노동조합법령 규정의 문언, 교섭창구단일화 제도의 취지와 목적, 교섭대표노조가 아닌 노동조합 및 그 조합원의 노동3권 보장의 필요성 등을 고려하면, 교섭창구단일화 절차에서 교섭대표노조가 갖는 대표권은 법령에서 특별히 권한으로 규정하지 아니한 이상 단체교섭 및 단체협약 체결(보충교섭이나 보충협약 체결 포함)과 체결된 단체협약의 구체적인 이행과정에만 미치는 것이고, 이와 무관하게 노사관계 전반에 걸쳐 당연히 미친다고 볼 수는 없다(대법원 2019.10.31, 2017두37772)).[2]

따라서 어떤 근로조건에 대하여 단체협약 자체에서는 아무런 정함이 없이 추후 교섭대표노조와 사용자가 합의 등을 통해 결정하도록 규정하는 것은 교섭대표노조의 대표권의 범위를 넘은 것으로 공정대표의무 위반이 될 수 있다(대법원 2019.10.31, 2017두37772).

## 4. 합리적으로 해결하기

〈사례 1〉에서 A노조의 조합원 수가 줄어든 반면 B노조 조합원 수가 증가하였으므로, 그에 따라 근로면제시간의 조정은 필요해 보인다. 다만, 조정과정에서 A노조는 여전히 교섭대표노조의 지위를 유지하고 있으므로, 교섭대표노조로서의 활동시간에 대한 고려는 필요하다고 할 수 있다. 이 경우 근로시간면제시간을 초과하는 조합활동시간에 대해서는 합리적인 수준에서 사용자가 유급으로 처리해 줄 수도 있는 것이므로(노사관계법제과-698, 2010.9.8), 분쟁해결과정에서 적절히 활용할 수도 있을 것이다.

〈사례 2〉근로시간면제자에 대해 사용자가 급여를 지급하기 위해서는 근로시간면제자가 노동조합법 제24조에서 명시한 근로시간면제 업무를 수행한 근거를 필요로 한다. 근로시간면제업

---

2 고용노동부, 『2022 집단적 노사관계 업무매뉴얼』, 2022, 223면. 당초 고용노동부는 교섭대표노조 및 사용자가 부담하는 공정대표의무는 교섭대표노조가 아닌 소수노조 및 그 조합원과 관련된 모든 사항에 대해 적용된다고 보았다(『사업장 단위 복수노조 업무매뉴얼』, 2010). 즉, 단체교섭과 단체협약의 체결, 단체협약의 해석·적용·시행을 둘러싼 분쟁, 고충처리, 필수유지업무한도 배분, 일상적인 조합활동 등 노사관계의 모든 영역에서 공정대표의무를 부담한다는 입장이었다.

무는 노동조합법 제24조 제2항에서 '사용자와의 협의 · 교섭, 고충처리, 산업안전활동 등 노동조합법 또는 다른 법률에서 정하는 업무와 건전한 노사관계 발전을 위한 노동조합의 유지 · 관리업무'로 규정하고 있는데, 이 중에서 '건전한 노사관계 발전을 위한 노동조합의 유지 · 관리업무'는 노사 간 협상의 영역에 해당한다. 따라서 면제대상업무를 합리적으로 정하고 사용절차를 가능한 단체협약에 구체적으로 명시하여, 이로 인한 불필요한 노사분쟁이 발생하지 않도록 해야 할 것이다.

**합리적으로 해결한 사례**

K화학은 교섭대표노조와 소수노조 간 면제시간 배분을 놓고 첨예하게 대립하였다. 앞에서 제시한 사례에서처럼 조합원 수의 변동에 따라 소수노조는 면제시간 추가를 요구하고 교섭대표노조는 대표노조로서의 활동시간을 근거로 1시간도 양보할 수 없다는 입장이었다. 조정에 나선 회사는 대법원 판례와 타사의 사례를 근거로 대표노조로서의 조합활동시간을 어느 정도 인정해 줄 필요가 있다는 점을 들어 기존에 배분된 시간을 유지하는 것으로 하되, 면제시간 활동내역을 매월 회사에 제출하는 것으로 하였다. 그리고 문제를 제기한 소수노조에게는 증가한 조합원 수만큼 유급 조합활동시간을 인정해 주는 것으로 합의하였다.

## Ⅲ 단체협약 해지를 둘러싼 다툼

B사 노사는 올해 단체교섭을 단체협약 유효기간 만료일인 3.31까지 타결하지 못한 채, 현재 계속 교섭을 진행하고 있다. 지난번 단체협약 체결 과정에서도 6개월이나 경과된 후에 타결된 적이 있었다. 그 당시 핵심 쟁점사항이었던 고정OT수당의 기본급화가 이번 교섭에서도 현재까지 이견을 좁히지 못한 채 계속해서 평행선을 달리고 있다. 회사는 2024년 대법원 전원합의체 판결로 정기상여금 600%가 통상임금화 되면서 인건비 부담이 높아진 상황에서, 고정OT수당의 기본급화는 절대 수용할 수 없다는 입장이다. 이에 회사는 더 이상 교섭을 계속하는 것은 명분과 실익 모든 측면에서 의미가 없다고 판단하고, 이번 주까지 타결되지 않으면 노동조합에 단체협약 해지통보(노동조합법 제32조 제3항)를 하려고 한다. 이러한 사용자의 방침에 대해 노동조합은 회사의 단

체협약 해지통보는 노사관계를 파국으로 몰고 가는 행위이자 노동탄압이라고 주장하면서 강력 투쟁을 선언하였다. 참고로 이 회사의 단체협약에는 '자동연장협정'이 존재한다.

## 1. 다툼이 발생하는 이유

단체협약 해지통보는 노사 양쪽 누구나 할 수 있지만, 현실적으로 단체협약 자체가 노동조합에 유리한 것이므로 노동조합보다는 사용자에 의해 이루어지는 것이 일반적이다. 이러한 단체협약 해지가 문제되는 것은 노사 간 성실히 교섭을 진행하고 있음에도 불구하고, 단지 단체협약의 유효기간이 경과되었다는 이유만으로 일방적으로 해지통보를 할 수 있다는 점이다.

사용자가 노동조합에 대해 단체협약 해지를 통보하면 노동조합은 6개월 이내에 단체협약을 타결해 내야 한다는 불리한 상황에 놓이게 되는데, 이런 이유로 노동조합은 시용자의 단체협약 해지가 노동조합법에 근거함에도 불구하고 '노동탄압'이라고 인식하게 된다. 실제 단체협약 해지 사례를 보면, 단체협약이 타결된 이후에도 그 후유증으로 인해 노사관계가 악화되고 갈등이 계속되는 것을 볼 수 있다.

## 2. 단체협약의 해지

단체협약의 유효기간은 3년을 초과하지 않는 범위에서 노사가 합의하여 정할 수 있으며, 유효기간을 정하지 않았거나 3년을 초과하는 유효기간을 정한 경우에 그 유효기간은 3년으로 한다(노동조합법 제32조 제1항, 제2항). 단체협약의 유효기간이 경과한 후에도 새로운 단체협약이 체결되지 아니한 때에는 새로운 단체협약이 체결될 때까지 종전 단체협약의 효력을 존속시킨다는 취지의 별도의 약정(이를 자동연장협정이라고 함)이 있는 경우에는 그에 따르되, 당사자 일방은 해지하고자 하는 날의 6월 전까지 상대방에게 통고함으로써 종전의 단체협약을 해지할 수 있다(동조 제3항 단서). 이렇게 한 취지는 단체협약의 유효기간을 제한한 입법취지에 따라 당사자가 장기간의 구속에서 벗어날 수 있도록 하는 한편, 당사자로 하여금 새로운 단체협약의 체결을 촉구하기 위한 것이다.

단체협약 해지통보는 단체협약 유효기간이 경과된 후에 할 수 있으며, 단체협약 해지가 행해진 경우 그 단체협약은 해지일로부터 6월까지 효력이 유지되고, 6월 내에 새로운 단체협약이 체결되지 못하면 단체협약이 존재하지 않는 무단협 상태가 된다. 단체협약의 유효기간을 제한한 노동조합법 제32조 제1항 · 제2항이나 단체협약의 해지권을 정한 제32조 제3항 단서는 모두 성질상 강행규정에 해당하여, 단체협약의 해지권을 제한하는 합의를 하더라도 효력아 없다(대법원 2016.3.10, 2013두3160).

## 3. 자동연장협정

'자동연장협정'이란 협약유효기간 만료 시까지 새로운 협약이 체결되지 않을 경우 유효기간 만료 후의 무협약 상태를 피하기 위하여 "이 협약은 새 협약이 성립될 때까지 유효하다"는 내용의 협정을 말한다. 이는 협약 당사자가 새 협약이 성립할 때까지 일단 현재의 단체협약에 의하여 노사관계를 안정시킨 가운데 단체교섭을 계속하자는데 그 취지가 있으므로, 당사자의 의사에 반하여 협약의 효력을 연장하는 것은 아니다. 그러므로 당사자 일방이 자동연장협정을 해지하고자 하는 경우에는 6월 전까지 상대방에게 사전 통고하고 기존의 단체협약을 해지할 수 있다(노동조합법 제32조제3항 단서).

## 4. 규범적 부분과 채무적 부분

무협약 상태가 되더라도 기존 단체협약의 내용 중 '채무적 부분'은 효력이 상실되지만 '규범적 부분'은 그대로 효력이 유지되는 것으로 본다. 대법원은 '단체협약이 실효되었다고 하더라도 임금이나 근로시간, 그밖에 개별적인 근로조건에 관한 부분은 그 단체협약의 적용을 받고 있던 근로자의 근로계약의 내용이 되어, 그것을 변경하는 새로운 단체협약이나 취업규칙이 체결 · 작성되거나 또는 개별적인 근로자의 동의를 얻지 아니하는 한 개별적인 근로자의 근로계약의 내용으로서 여전히 남아 있어 사용자와 근로자를 규율한다'는 입장이다(대법원 2018.11.29, 2018두41532).

## 5. 합리적으로 해결하기

단체협약의 해지는 노동조합법에 근거한 법적 행위이지만 성실한 교섭이 이루어지고 있음에도 불구하고 단지 유효기간이 경과했다는 이유만으로 이루어질 수 있어, 자칫 노사갈등을 확대시킬 수 있는 문제점이 있다. 따라서 단체협약 해지는 유효기간이 경과되었음에도 불구하고 기존 단체협약이 상당기간 계속 연장되고 있는 경우이거나 상대방이 고의로 교섭을 해태하여 교섭 타결이 어려운 경우 등 특별한 사정이 있는 경우에 한하여 신중하게 행사되어야 할 것이다.

단체협약 해지를 한 경우에는 해지 후 6개월이 경과하면 단체협약의 채무적 부분의 효력이 상실되어 노동조합 활동에 심각한 타격이 초래될 수 있으므로, 적극적인 협상과 조정을 통해 가능한 6개월이 경과하기 전에 타결해 내려고 노력해야 할 것이다.

**합리적으로 해결한 사례**

D화학은 단체협약을 체결할 때마다 반복되는 교섭의 장기화로 인한 생산 차질을 해소한다는 방침에 따라 올해는 반드시 단체협약 해지를 통해 이러한 관행을 개선하겠다는 입장이었다. 사전 조정에 나선 조정위원들은 회사에 대해 단체협약 해지는 당초 의도와는 달리 자칫 노사관계를 파국으로 몰고 갈 수도 있으므로 최대한 자제해 줄 것을 요청하고, 노조에 대해서는 단체협약 해지는 노조활동에 심각한 타격을 줄 수 있다는 점을 들어 가능한 사측이 단체협약 해지 통보를 하기 전에 합의할 것을 설득하였다. 이에 따라 회사는 한 달간 단체협약 해지를 유보하기로 한 상태에서 적극적으로 교섭에 임한 결과, 정기상여금 중 일부를 기본급화 하는 대신 정기상여금의 통상임금화에 따른 회사의 부담을 감안하여 올해 기본급 인상은 동결하는 것으로 합의하였다.

## Ⅳ 협정근로자를 둘러싼 다툼

C사는 인터넷 포털사이트 회사이다. 회사는 올해 반드시 '협정근로자조항'을 단체협약에 포함시켜야 한다는 방침을 세웠다. 우리나라 대표적인 인터넷 검색사이트로서 언제 발생할지 모르는 서버 장애에 대비하고 안정적인 서비스를 제공하기 위해서는 서버관리 등 핵심업무 종사자의 쟁의행위 참가를 일부 제한해야 한다는 입장이다. 최근 경쟁사에서 협정근로자조항을 합의했다는 사실도 영향을 끼쳤다. 노조는 회사 측의 이러한 주장에 대해 강력 반발하고 있다. "회사 측이 주장하는 협정근로자 요구는 그 범위가 너무 광범위하다. 회사 측 주장대로라면 조합원의 50% 이상이 협정근로자 대상에 포함된다. 이는 노조활동을 원천 봉쇄하려는 의도가 담겨 있다"는 것이다. 노조는 회사 측이 이번 주까지 성과급 인상 등 노조요구사항을 수용하지 않으면, 다음 주부터 무기한 파업에 들어가겠다는 입장이다.

## 1. 다툼이 발생하는 이유

'협정근로자'란 노동조합이 파업 등의 쟁의행위를 하더라도 쟁의행위에 참가할 수 없고 정상적으로 업무를 수행해야 하는 근로자(조합원)를 말한다.[3] 노동조합법 제42조의2 제2항에서는 '필수공익사업'의 경우 반드시 '필수유지업무'를 지정하여 쟁의행위를 할 수 없도록 제한하고 있다. 그런데 필수공익사업이 아닌 일반사업에서는 '보안작업'이나 '안전보호시설'에 대해서 정상적인 유지 · 운영을 정지 · 폐지 · 방해하는 쟁의행위를 할 수 없도록 하고 있을 뿐(동법 제38조제2항, 제42조제2항), 구체적인 사항에 대해서 정하고 있지는 않다. 이런 이유로 최근 IT 기업 등 국민생활에 밀접한 영향을 미치는 업종임에도 불구하고 필수공익사업에 해당하지 않는 기업들에서 '협정근로자' 합의를 둘러싼 다툼이 자주 발생한다.

작업시설 보호 등 보안작업(동법 제38조제2항)과 인명 · 신체의 위해를 예방하는 안전보호시설(동법 제42조제2항)은 회사의 유지 · 존속을 위해 필요한 시설이므로 쟁의행위기간 중이라도 정상적으로 계속 유지 · 운영되어야 하나, 노동조합법에서 이를 구체적으로 명시하고 있지 않은 관계로 노사 간에 이의 지정 여부를 두고 다툼이 발생하게 된다. 노사 간 협상과정에서 회사는 협정근로자제도를 도입하길 원하는 반면(도입할 경우 가능한 많은 인원을 지정하길 원할 것이고), 노동조합은 헌법에서 보장된 단체행동권이 제한된다는 이유로 도입 자체를 반대하거나 도입하더라도 대상인원을 최소화하려고 하기 때문이다.

## 2. 협정근로자 대상업무

'협정근로자'가 지정되는 업무에 대해서는 법에 정한 바가 없으므로 노사가 합의하여 정할 수 있는데, 주로 다음과 같은 업무가 대상이 될 것이다.

### (1) 노동조합법 제38조 제2항에서 정한 업무 - 보안작업

노동조합법 제38조 제2항에서는 "작업시설의 손상이나 원료 · 제품의 변질 또는 부패를 방지하기 위한 작업은 쟁의행위기간 중에도 정상적으로 수행되어야 한다"고 규정하고 있다. 쟁의행위기간 중이라도 사용자의 경영시설의 유지를 위하여 불가결하게 요구되는 작업은 계속 수행되어야 하는데, 이러한 작업을 '보안작업'(긴급작업)이라고 한다. 이 조항은 쟁의행위로 인해 작업시설의 손상이나 원료 · 제품의 변질과 부패를 방지함으로써, 사회적 · 경제적 손실을 최소화하고

---

3 최영우, 『집단 노동법 실무』(개정 9판), 중앙경제, 2024, 822면.

쟁의행위가 종료되면 즉시 업무에 복귀할 수 있는 여건을 유지하려는데 그 입법취지가 있다.

#### (2) 노동조합법 제42조 제2항에서 정한 업무 - 안전보호시설

노동조합법 제42조 제2항에서는 "사업장의 안전보호시설에 대하여 정상적인 유지 · 운영을 정지 · 폐지 또는 방해하는 행위는 쟁의행위로서 이를 행할 수 없다"고 규정하고 있다. 이 조항은 사람의 생명이나 신체의 안전을 보호하는 시설(안전보호시설)에 대한 정상적인 유지 · 운영을 정지 · 폐지 또는 방해하는 행위를 금지함으로써, 인명과 신체를 보호하고자 하는 취지이다. 안전보호시설은 '인명 · 신체의 안전'을 보호하는 시설만을 의미하므로, 물적 설비의 안전을 보호하기 위한 시설은 포함되지 않는다. 또한, '시설'이란 물적 시설만을 의미하므로, 인적 조직은 안전보호시설에 해당하지 않는다.

#### (3) 기타 업무성격상 최소한의 서비스 제공이 필요한 업무

'협정근로자'를 지정하는 업무는 주로 앞에서 언급한 '보안작업'이나 '안전보호시설'관 관련한 업무가 되겠지만, 이러한 업무가 아니더라도 노사가 합의한다면 '협정근로자' 지정이 가능하다.

### 3. 협정근로자 도입절차 및 도입사례

'협정근로자' 도입이 강제사항이 아니어서 당사자가 정한대로 따르면 될 것이나, 노동조합법 제42조의3 및 제42조의4에서 정한 '필수유지업무' 도입절차 규정을 준용할 수 있을 것이다. '협정근로자' 제도를 도입할 경우 고려해야 할 내용으로는 쟁의행위시 사업의 필요 최소한의 유지 · 운영 수준, 대상직무, 필요 최소한의 유지 · 운영수준을 위하여 쟁의행위기간 중 근무해야 할 필요인원 수, 업무수행 근로자 지명 등의 절차, 협정의 유효기간, 기타 협정근로자 운영에 필요한 사항으로서 노사가 합의한 사항 등이 될 것이다.[4]

### 4. 합리적으로 해결하기

협정근로자의 지정은 사용자 입장에서는 사업의 유지 · 존속을 위해 필요한 사항이지만 노동

4 H자동차의 경우 단체협약에서 '협정노동자' 조항을 두고 있는데, 그 내용은 다음과 같다. 다음 각호에 해당하는 조합원은 협정노동자로서 작업에 종사시키되, 그 수는 필요 최소한도로 하여야 하며 조합간부는 협정노동자로 할 수 없다. 1. 사업장의 시설 안전보호에 필요한 자(보일러 및 전기취급자, 위험물 취급인가자, PAINT OPERATOR 필수근무자, 열처리 필수근무자, 용해로 필수근무자, 폐수처리장 관리자) 2. 종업원의 일상생활에 직결되는 업무에 종사하는 자(식당종업원, 통근버스운전원, 의무실 · 연수원 · 안전환경관리실 근무자) 3. 제1호에 있어서 인원선정은 매년 1월에 조합과 합의하여 선정하며, 당월 조합에 통보한다.

조합 입장에서는 쟁의행위 참가 인원이 줄어들고 단결력이 약화될 수 있기 때문에 쉽게 수용할 수 없는 부분이다. 이러한 문제를 해결하기 위해서는 유사·동종업종의 사례를 참고하여 협정근로자 지정대상을 필수인원으로 최소화하고, 협정근로자에게 근무시간 단축이나 휴가 제공 등의 추가적인 보상을 제공하는 방안 등을 고려할 수 있을 것이다.

**합리적으로 해결한 사례**

E사는 수년간 단체교섭시마다 협정근로자 문제로 다투어 왔다. 특히, 지난해 임금교섭 과정에서 노동조합 설립 이래 처음으로 1주일간 파업을 경험하면서 회사는 협정근로자의 필요성을 더욱 강하게 느끼게 되었다. 이에 대해 노사는 단지 협정근로자 도입 여부를 넘어 회사의 경쟁력 강화와 조합원 복지제도 개선을 위한 TFT를 통해 논의하기로 하였고, 협정근로자에 대해서는 핵심업무를 명확히 설정하여 대상인력 중 필요최소인원에 대해서만 협정근로자로 지정하는 것으로 하고, 대상자로 지정된 조합원에게는 파업기간 중 근무시간에 대해 그 시간만큼의 휴가를 부여하는 것으로 합의하였다.

## V 총회 사전인준절차를 둘러싼 다툼

올해 임금교섭을 진행하기 위해 상견례를 실시하였다. 회사 측은 노조 측의 총회 사전인준절차에 대해 문제를 제기하였다. 지난해에도 잠정합의안이 총회에서 부결되어 다시 교섭을 하는 탓에 교섭기간이 당초 예상보다 2개월이나 더 연장된 사실이 있기 때문이다. 노조에서는 규약에서 "협약체결은 반드시 조합원 총회에서 인준을 받은 후 위원장이 대표로서 행한다. 위원장이 이러한 절차를 거치지 않고 직권조인 할 경우 자동 해임된다"고 되어있기 때문에, 총회 인준절차는 반드시 거쳐야 한다고 주장한다. 회사 측은 만약 이번 교섭에서도 총회 투표를 거쳐 가부를 결정하겠다고 하면 교섭에 응할 수 없다고 하면서, 노조대표자가 협약체결권한을 가지고 나올 것을 요구하였다. 이에 대해 노조는 회사 측이 이를 이유로 교섭을 거부하면 단체교섭 거부의 부당노동행위로 대응하겠다고 맞서고 있다.

## 1. 다툼이 발생하는 이유

노조대표자에게는 단체교섭권한 외에 단체협약체결권한도 부여되어 있다(노동조합법 제29조 제1항). 그럼에도 불구하고 일부 노동조합에서는 노조규약으로 노조대표자의 단체협약 체결권한을 제한하는 규정을 두고, 이를 근거로 조합원 총회를 거쳐 체결 여부를 결정하도록 하고 있다. 이 경우 조합원 총회에서 대부분 잠정합의안이 부결되고, 노동조합에서는 이를 이유로 다시 교섭을 요구하는 관행이 되풀이 된다. 노동조합 입장에서는 이러한 행위가 노조대표자의 권한을 제한하는 것이 아니라 조합원의 의사를 수렴하여 결정하는 민주적인 절차라고 주장하는 반면, 사용자는 체결권한이 없는 상대와 교섭을 하는 불합리한 상황을 수용할 수 없다는 입장이 서로 대립하게 된다.

## 2. 노동조합 대표자의 권한

구 노동조합법 제33조 제1항은 현행법 제29조 제1항과 달리 노동조합 대표자의 교섭권한만 규정했을 뿐 단체협약체결권한을 명시하지 않았다. 그러나 대법원은 '노조대표자의 교섭할 권한에는 사실행위로서의 단체교섭권한 외에 교섭한 결과에 따라 단체협약을 체결할 권한이 포함되므로, 노조대표자가 단체교섭 결과에 따라 사용자와 단체협약의 내용을 확인한 후 다시 협약안의 가부에 관하여 조합원 총회의 의결을 거치도록 하는 것은 이러한 노조대표자의 협약체결권을 전면적 · 포괄적으로 제한함으로써 사실상 단체협약체결권한을 형해화하여 명목에 불과한 것으로 만드는 것이어서 무효라고 판시하였다(대법원 전원합의체 1993.4.27, 91누12257). 이에 따라 1997년 노동조합법 제정시 제29조 제1항에서 '노조대표자는 단체교섭권 및 단체협약체결권한을 가진다'라고 구체적으로 명시하여, 노조대표자는 '단체교섭권한'과 함께 '단체협약체결권한'도 가진다는 것을 명확히 하였다.

또한, 단체교섭권한을 제3자에게 위임하더라도 단체교섭권한은 여전히 수임자의 단체교섭권한과 중복하여 경합적으로 남아 있다(대법원 1998.11.13, 98다20790). 단체교섭권한을 제3자에게 위임한 경우, 그 제3자가 체결한 단체협약은 단체교섭 당사자에게 그 효력이 귀속된다.

## 3. 총회 사전인준절차의 법적 효력

노동조합 대표자는 교섭권한 뿐만 아니라 협약체결권한도 가지고 있는데도 불구하고, 노조규약이나 단체협약 또는 총회 의결을 통해 '단체협약을 체결(서명 또는 날인)할 때에는 사전에 조합원 투표를 통해 추인이나 승인을 받아야 한다'는 소위 '사전인준투표제'(총회인준조항)를 둔 경우 이의 효력에 대해 다툼이 발생한다.

이에 대해 대법원은 "사전인준절차가 총회의 의결을 거쳐 조합원들의 의견을 수렴한 후 수렴한 의견을 반영하여 단체교섭을 하도록 한 취지라면, 노동조합 대표자의 단체협약 체결권한을 전면적 · 포괄적으로 제한하는 것으로 볼 수 없어 노동조합법 제29조 제1항에 위배된다고 보기 어렵다"(대법원 2013.9.27, 2011두15404)고 판단하였다. 그러나 "단체협약의 체결은 반드시 조합원 총회를 거쳐야 하며, 직권조인시에는 자동 해임된다"고 규정한 것은 노동조합 대표자의 단체협약체결권한을 전면적 · 포괄적으로 제한한 것으로, 노동조합법 제29조 제1항의 취지에 위반된다"(대법원 2002.11.26, 2001다36504; 대법원 2005.3.11, 2003다27429)는 입장이다.

## 4. 합리적으로 해결하기

잠정합의안에 대한 사전 총회인준절차는 그 내용이 단지 조합원에 대한 사전 정보공유 등의 차원에서 이루어지는 절차에 불과하다면 문제될 것이 없으나, 단체협약 체결 여부를 결정하는 절차라면 이는 노동조합법 제29조 제1항에 위반하여 무효이다. 따라서 총회사전인준절차가 노조대표자의 단체협약 체결권한을 전면적 · 포괄적으로 제한하는 내용이라면 이를 삭제하거나 절차적 제한 조항으로 수정하는 것이 바람직하다. 노사갈등과 이로 인한 법적 분쟁을 줄이기 위해서는 법을 위반하거나 불합리한 관행은 개선할 필요가 있기 때문이다.

### 합리적으로 해결한 사례

H사는 올해 임금교섭에서 노조대표자의 단체협약체결권한 여부를 놓고 교섭 시작단계부터 갈등을 겪었다. 노조에서 지난해처럼 이번에도 잠정합의안 상태에서 총회투표를 통해 합의 여부를 결정하겠다고 하자, 회사는 더 이상 교섭을 계속하기 어렵다고 맞섰다. 노조는 규약에 총회인준투표를 거치도록 되어 있기 때문에 어쩔 수 없다는 입장이었다. 노사는 서로의 입장을 이해하면서 다음과 같이 합의하였다. 먼저 노조는 규약상 노조대표자의 단체협약체결권한 제한내용을 전면적 제한이 아닌 절차적 제한으로 개정하는 것으로 하고, 회사는 그동안 노조가 계속 주장해 왔던 징계위원회 참석 요구를 일부 수용하는 것으로 합의하였다. 즉, 사용자의 인사권을 침해하지 않는 선에서 일부 양보를 통해 노조에 대해 규약 개정의 명분을 주면서, 그동안 되풀이 되었던 불합리한 관행을 개선하였다.

## Ⅵ 파업기간 중 급여지급을 둘러싼 다툼

올해 임·단협에서 노조는 노조설립 이래 처음으로 파업을 단행하여 현재 10일 째 계속되고 있다. 노사 양측은 파업기간 동안 계속해서 교섭을 진행한 결과 기본급 10만원 인상, 올해 경영성과에 대한 성과급 500만원 지급, 설·추석 특별교통비 100만원 지급 등을 합의하였다. 그런데 노조에서는 이와는 별도로 복지포인트 명목으로 1인당 2백만 포인트를 요구하면서 최종 합의가 불발된 상태다. 회사는 노동조합에서 추가로 요구하는 복지포인트는 사실상 파업기간에 대한 임금을 보전해 달라는 의미로 보고, 무노동무임금원칙에 따라 절대 수용할 수 없다는 입장이다. 노조는 기본급 인상과 올해 성과급 요구액에서 많이 양보한 만큼, 사측이 일정부분 파업기간 중의 임금을 보전해 줘야 합의해 줄 명분이 생긴다고 주장하면서, 요구조건이 관철될 때까지 파업을 계속하겠다는 입장이다.

### 1. 다툼이 발생하는 이유

과거 대법원은 근로자의 임금을 종업원의 지위에 대응하여 지급하는 '생활보장적 임금'과 근로제공에 대하여 지급하는 '교환적 임금'으로 구분하면서, 근로를 제공하지 않았을 경우에도 생활보장적 임금은 지급해야 한다는 입장이었다(대법원 1992.3.27, 91다36307). 그러나 그 후 "임금은 근로의 대가로서 지급되는 것으로 생활보장적 임금은 있을 수 없으며, 파업에 참가한 근로자는 무노동무임금원칙에 따라 임금청구권이 없다"는 것으로 입장을 변경하였다(대법원 전원합의체 1995.12.21, 94다2621).

임금은 근로자의 가장 기본적인 생계수단으로서, 파업이 장기간 계속되는 경우 이로 인한 무노동무임금 적용은 근로자에게 큰 타격이 아닐 수 없다. 이런 이유로 파업을 주도한 집행부 입장에서는 조합원들의 반발을 최소화시키기 위해서라도, 파업으로 인한 임금손실을 어느 정도 만회하기 위해 그에 상응한 보상을 요구하는 것이다.

### 2. 쟁의행위와 임금

#### (1) 파업의 경우

사용자는 쟁의행위에 참가하여 근로를 제공하지 아니한 근로자에 대하여는 그 기간 중의 임금을 지급할 의무가 없다(노동조합법 제44조제1항). 또한, 노동조합은 쟁의행위기간에 대한 임금의 지급을 요구하여 이를 관철할 목적으로 쟁의행위를 해서는 안된다(동조 제2항). 근로계약은 근로자가 사용자에 대해 임금 등의 대가를 받고 근로를 제공할 것을 약속하는 유상 · 쌍무계약인 바, 근로계약의 본질은 '일한다'는 '하는 채무'와 '임금 기타 보수를 지급한다'는 '주는 채무'의 대가적 교환관계에 있다. 따라서 '하는 채무의 불이행'이 '주는 채무의 불발생'을 초래하는 것은 '급부 없이는 반대급부도 없다'는 쌍무계약의 법리상 당연하다 할 수 있다(대법원 1995.12.21, 94다26721).

### (2) 태업의 경우

쟁의행위시의 임금지급에 관하여 단체협약이나 취업규칙 등에서 이를 규정하거나 그 지급에 관한 당사자 사이의 약정이나 관행이 있다고 인정되지 않는 한, 근로자가 근로를 제공하지 아니한 쟁의행위 기간 동안에는 근로제공의무와 대가관계에 있는 근로자의 주된 권리로서의 임금청구권은 발생하지 않는다. 그러므로 근로를 불완전하게 제공하는 형태의 쟁의행위인 태업도 근로제공이 일부 정지되는 것이라고 할 수 있으므로, 여기에도 이러한 '무노동무임금원칙'이 적용된다고 봄이 타당하다(대법원 2013.11.28, 2011다39946).

태업은 쟁의행위 수단 중 하나로서 근로계약으로 약정된 노무를 불안전하게 제공한 것이므로 그 부분만큼의 임금을 지급하지 않을 수 있으며, 감액수준을 결정함에 있어 단체협약 및 취업규칙에 정한 바가 없다면 근로제공의 불완전 정도, 생산량 감소정도 및 당해 사업장의 임금계산방법 등을 종합적으로 고려하여 결정할 수 있을 것이다.

### (3) 직장폐쇄의 경우

직장폐쇄의 경우에는 직장폐쇄의 효과로서 당연히 임금지급의무가 면제되며, 부분파업이나 일부파업의 경우에도 정당한 직장폐쇄라면 파업에 참가하지 아니한 근로자에 대하여도 임금지급의무가 면제된다. 직장폐쇄가 정당성이 없는 경우에는 파업기간에 대해 임금을 지급해야 한다(대법원 2000.5.26, 98다34331).

## 3. 파업불참근로자의 임금청구권

근로희망자는 원칙적으로 취업을 요구할 수 있고 사용자는 그 근로자를 취업시킬 의무가 있으므로, 사용자가 파업불참자의 근로제공을 수령하고 그들을 사용자의 지휘 · 감독 하에 둔 경우에는 파업에 의해 근로제공이 불가능하더라도 임금청구권이 발생한다. 노동조합의 쟁의행위에 참여하지 않은 비조합원의 임금지급문제는 진실로 취업의사를 가지고 출근하느냐의 여부, 조업

희망자의 근로가 불가능 또는 무가치한 것이냐 아니냐의 여부 등에 따라 결정되어야 한다. 만약 취업희망근로자의 근로가 불가능 또는 무가치한 것이 아님에도 불구하고 사용자가 이들의 노무 수령을 거부한 때에는 사용자는 이들에 대해 상응하는 임금을 지급해야 할 의무가 있다.

쟁의불참 비조합원의 임금지급 문제는 노동조합이 쟁의를 함으로써 비조합원이 근로를 제공할 수 없는 부득이한 사유에 해당되는지 여부에 따라 판단되어야 할 사항이다. 그런데 노동조합이 사용자와 합의한 단체협약(임금협약 포함) 중 '근로조건 기타 근로자의 대우에 관한 사항'은 통상 비조합원인 근로자에게도 그대로 적용하는 것이 일반적인 관행으로서, 쟁의행위기간 중 임금지급에 있어서 조합원인 근로자와 비조합원인 근로자를 차별 대우하는 것은 바람직하지 않다(노사 3228112975, 1989.9.5).

## 4. 합리적으로 해결하기

파업참여자에 대해 직접적으로 임금 명목의 수당을 지급하거나 보전 명목의 복지혜택을 제공하는 것은 파업에 참가한 근로자들에게는 좋은 일이지만, 비조합원 또는 조합원 중 파업에 참여하지 않고 근로를 제공한 근로자들에게는 불합리한 결과가 초래되는 것임은 물론 '무노동유임금'이라는 잘못된 관행이 용인되는 결과를 낳게 된다. 따라서 노사관계에서 가장 중요한 원칙인 '무노동무임금원칙'은 유지하되, 다음과 같은 방안을 고려할 수 있을 것이다.

첫째, 파업 종료 후 노사가 합의하여 일정기간 동안 생산성 향상 목표를 세우고, 이를 달성하면 추가 성과급을 지급하는 방식이다. 회사도 노동조합의 파업으로 인해 경영손실이 발생했으므로, 생산성 향상을 통해 모두가 이익을 얻는 방향으로 추진해 보자는 논리이다.

둘째, 파업 이후 복리후생 즉, 식대 지원, 교통비 지원, 휴가 보상 등을 강화하여, 조합원들의 실질적 부담을 줄이는 방법이 있다.

셋째, 파업기간에 대한 보상을 즉시 제공하는 것은 어렵지만, 향후 임금협상 과정에서 이를 일부 고려하는 방안을 모색할 수 있다.

### 합리적으로 해결한 사례

S사는 노조 설립 3년 만에 첫 파업이 한 달 여간 진행되고 있는 상황에서 파업기간 중 급여보전 문제로 교섭 타결이 지연되고 있다. 노조는 처음에는 파업기간 중 임금을 전액 지급해달라고 요구하다, 지금은 임금 중 일부를 복지포인트로 지급해 달라고 요구하고 있다. 회사는 노사관계의

가장 기본적인 원칙인 무노동무임금원칙을 절대 어길 수 없다는 확고한 방침에 따라 이 부분에 대해서는 절대 타협할 수 없다는 입장이다. 이에 따라 노사는 무노동무임금원칙을 존중한다는 대원칙 하에 올해 성과급 지급계획을 일부 수정하는 것으로 하고, 목표달성시 성과급 지급액을 상향 조정하는 것으로 합의하면서 임금교섭을 타결하였다.

## Ⅶ 비조합원의 임금인상을 둘러싼 다툼

00사는 올해 기업별 노조가 설립되었고 최근 교섭창구 단일화절차를 거쳐 노조와 임금교섭을 진행 중에 있다. 그런데 이 회사는 현 노조가 설립되기 전부터 매년 임금인상률 결정을 노사협의회 근로자대표와 교섭을 통하여 결정해 오고 있었는데, 올해 노동조합이 결성되자 조합원에 대한 임금교섭은 노동조합과 하면서도, 비조합원에 대해서는 여전히 근로자위원회(노동조합에 가입하지 않은 비조합원을 조직대상으로 하는 단체)와 진행하고 있다. 회사는 노조와의 임금교섭이 3개월이 지났음에도 타결의 실마리가 보이지 않자, 먼저 근로자위원회와 비조합원에 대한 임금인상률을 합의하여 지급하였다. 이에 대해 노조는 다음과 같은 이유를 들어, 회사를 부당노동행위로 고소하겠다는 입장이다.

첫째, 노동조합과 임금교섭이 진행 중임에도 불구하고 회사 측이 단체교섭권이 없는 근로자위원회와 임금인상률을 합의하는 것은 노동조합 활동에 영향력을 미치는 행위로서, 노동조합법 제81조 제1항 제4호 지배·개입의 부당노동행위이다.

둘째, 노동조합이 요구한 '조합비 공제'(check off)는 거부하면서 근로자위원회의 회비를 공제해 주는 행위는 노동조합에 대한 지배·개입의 부당노동행위이다.

셋째, 노동조합에는 회사 전산망 이용을 제한하면서 근로자위원회에는 위원회 활동과 관련하여 전산망 이용을 허용해 주는 행위는 노동조합에 대한 지배·개입의 부당노동행위이다.

참고로 현 노동조합에는 전체 노조가입대상 동종의 근로자 중에서 40% 정도만 가입하고 있다.

## 1. 다툼이 발생하는 이유

하나의 사업 또는 사업장 내 전체 근로자 반수 이상이 하나의 노동조합에 가입한 경우에는 노동조합에 가입하지 않은 비조합원에게도 자동으로 단체협약이 적용되므로(노동조합법 제35조), 비조합원에 대한 근로조건을 사용자가 별도로 결정하는 문제는 발생하지 않는다. 그런데 여러 개의 노동조합이 존재하더라도 특정 노동조합의 조합원이 전체 근로자의 반수 이상이 되지 않을 때에는 비조합원의 근로조건을 사용자가 임의로 결정할 수 있게 되는데, 이 경우 비조합원의 근로조건을 회사 내에 존재하는 별도의 근로자 조직 즉, 근로자위원회 또는 노사협의회 근로자 대표와 합의하여 결정하는 경우 노사 간 법적 분쟁이 발생한다.

노동조합에서는 헌법상 보장하는 노동조합의 단체교섭권을 침해하는 행위로서 부당노동행위라고 주장하는 반면, 사용자는 비조합원의 근로조건의 결정권은 사용자에게 있으므로 법적 문제가 없다는 입장이다. 대법원은 '노동조합법상의 노동조합이 아닌 근로자 단체는 단체교섭권이나 쟁의행위의 정당한 주체가 될 수 있는 노동조합에 해당하지는 않지만, 그렇다고 단체교섭권이 없다는 것은 아니다'라는 입장이다(대법원 1997.2.11, 96누2125).

## 2. 단체협약의 일반적 구속력

하나의 사업 또는 사업장에 상시 사용되는 동종의 근로자 반수 이상이 하나의 단체협약의 적용을 받게 된 때에는 당해 사업 또는 사업장에 사용되는 다른 동종의 근로자에 대하여도 당해 단체협약이 적용된다(노동조합법 제35조). 이것은 노동조합이 체결한 단체협약을 사업장 내의 비조합원에게까지 확장 적용시킴으로써, 사업장 내의 근로조건의 통일과 노동조합의 단결을 보호하기 위한 것이다.

사업장 단위의 효력확장은 법에 의해 강제적으로 적용된다는 점에서 사용자가 임의로 비조합원에게 적용하는 것과 구별되며, 요건이 충족되면 자동으로 확장 적용된다는 점에서 신청이나 직권에 의하는 지역단위의 일반적 구속력과도 구별된다. 또한, 노동조합법 제35조는 강행규정이므로 이를 배제하거나 제한하는 단체협약 규정은 무효이다. 일반적 구속력에 의해 단체협약의 효력이 확장되는 경우 그 범위는 근로자의 근로조건과 대우에 관한 부분인 '규범적 부분'에 한한다.

교섭대표노동조합이 체결한 단체협약이 노동조합법 제35조의 일반적 구속력 요건을 충족한다면, 교섭창구단일화 절차에 참여하지 않은 노동조합의 조합원을 포함한 당해 사업(장)의 동종 근로자 전체에게 적용된다. 그러나 창구단일화 절차에 참여하지 않은 노동조합에 적용되는 단체협약이 있는 경우에는 그 단체협약이 적용되고 일반적 구속력은 적용되지 않는다(노사관계법제과

－1482, 2012.4.25).

## 3. 확장적용의 요건

### (1) '하나의 사업 또는 사업장'을 단위로 한다.

하나의 단체협약의 적용을 받는 근로자가 반수 이상 인지의 여부는 '하나의 사업 또는 사업장'을 단위로 판단한다(대법원 1992.12.22, 92누13189). '하나의 사업 또는 사업장'이라 함은 단체협약의 적용을 받는 반수 이상의 근로자를 산출하는 단위를 의미하며, 하나의 사업에 조직된 노동조합이 여러 개의 사업장을 포괄하는 경우에는 여러 개의 사업장 전체 근로자의 반수 이상이 하나의 단체협약을 적용받는지 여부에 따라 판단해야 한다(노조 68107－612, 2001.5.28).

### (2) 상시 사용되는 '동종의 근로자'를 기준으로 한다.

'상시 사용되는 근로자'란 상용 여부에 관계없이 사실상 계속적으로 사용되고 있는 근로자를 의미하므로, 근로자의 명칭이나 지위와는 관계가 없다(대법원 1992.7.31, 91구28506). 이 경우 상시 사용되는 '동종의 근로자'라 함은 원칙적으로 근로자의 지위나 종류, 고용기간의 정함의 유무 또는 근로계약상 명칭에 구애됨이 없이, 사업(장)에서 사실상 계속적으로 사용되고 있는 동종의 근로자 전부를 의미한다.

'동종 근로자'의 판단에서 사업(장) 단위로 체결되는 단체협약의 직종별 적용범위가 특정되어 있거나(예를 들어, 생산직 사원), 그 단체협약의 내용에 비추어 보아 근로자의 고용계약 및 작업 내용이나 형태가 상이하여 '단체협약의 적용이 예상되지 않는 근로자'의 경우에는 '동종의 근로자'로 보기 어렵다. 단체협약의 적용이 예상되는 자는 규약상의 조합원 자격(가입범위)과 단체협약상의 적용범위를 기준으로 판단한다.

단체협약의 규정에 의하여 조합원의 자격이 없는 자는 단체협약의 적용이 예상된다고 할 수 없어, 단체협약의 적용을 받지 아니한다(대법원 2004.1.29, 2001다5142). 반대로 사업(장) 단위로 체결되는 단체협약의 적용범위가 특정되지 않거나 협약조항이 모든 직종에 걸쳐 공통적으로 적용되는 경우에는 직종의 구분없이 사업 또는 사업장 내의 모든 근로자가 동종의 근로자에 해당한다(대법원 1992.12.22, 92누13189).

### (3) '반수 이상'이 적용을 받아야 한다.

상시 사용 근로자의 '반수 이상'이 동일한 단체협약의 적용을 받아야 한다(노동조합법 제35조).

‘반수’의 산출기준은 하나의 단체협약의 적용을 받는 동종의 근로자이다. ‘하나의 단체협약의 적용을 받는 근로자’란 단체협약의 본래적 적용대상자로서 단체협약상의 적용범위에 해당하는 자만을 의미한다. 단체협약상 특별히 적용범위를 한정하지 않은 경우에는 해당 단체협약의 적용대상인 조합원 전체를 말하고, 단체협약이 근로자 일부에게만 적용되는 것으로 한정된 경우에는 그 한정된 범위의 조합원만을 의미한다(예를 들어, 생산직 근로자만 노조에 가입할 수 있다면 생산직 근로자 중 반수 이상이 노조에 가입한 경우를 말함)(대법원 2005.5.12, 2003다52456).

## 4. 비조합원에 대한 적용

노동조합법 제35조의 요건이 갖추어지면 단체협약의 규범적 부분은 당연히 비조합원에게도 적용된다(대법원 2018.9.13, 2016도2446). 확장적용의 대상이 되는 근로자가 확장된 협약내용보다 유리한 조건으로 이미 근로계약을 체결하여 적용되고 있는 경우에는 그 단체협약의 효력확장은 인정되지 않는다(유리조건 우선의 원칙). 노동조합의 조합원이 ‘동종 근로자 반수 이상’이 되지 않는 경우에는 노동조합법 제35조의 일반적 구속력이 미치지 않으므로, 이 경우 비조합원의 근로조건에 대해서는 사용자가 임의로 결정할 수 있다.

## 5. 합리적으로 해결하기

사용자 입장에서는 노동조합과의 단체교섭이 지연되는 경우 비조합원의 근로조건 결정까지 지연되는 상황이 초래될 수 있으므로, 근로자를 대표하는 다른 단체와 협의하여 결정하는 방식을 취할 수 있다. 그런데 노동조합 입장에서는 사용자의 이러한 행위가 노동조합의 단체교섭권을 무력화하는 의도로 오해하게 되고, 이로 인한 법적 분쟁이 발생하게 된다.

따라서 사용자는 비조합원에 대한 임금인상 등의 근로조건은 가능한 노동조합과 협상을 통해 결정하는 기준에 따라 처리하고, 노동조합과의 단체교섭이 장기간 지연되는 경우 등 특별한 사정이 있는 경우에 한해 근로자 단체와 결정하는 것이 바람직하다. 또한, 근로자 단체에 대해 노동조합에 비해 과도한 편의를 제공하는 등으로 인해 부당노동행위 시비에 휘말리지 않도록 주의해야 한다. 노동조합도 조합원이 반수 이상이 되지 않아 비조합원에게는 단체협약의 효력이 미치지 않는다는 것을 감안하여, 성실한 교섭을 통해 단체교섭이 장기간 지연되는 상황을 피해야 할 것이다.

### 합리적으로 해결한 사례

T사는 노동조합이 설립되었지만 조합원이 전체 근로자의 반수 이상이 되지 않는다는 이유로 기존에 해 오던 대로 노사협의회 근로자 대표와 임금교섭을 하고 있었다. 공식적으로는 그동안 견지해 오던 비노조 경영원칙을 폐기했다고 하면서도, 여전히 노사전략과 노무관리방식은 무노조하에서의 관리방식의 틀을 유지해 오고 있는 모습이다. 노조에 대한 경험이 없었던 회사로서는 변화된 노사관계에 대한 인식이 부족했고, 어떻게 대처해야 하는지에 대한 전략도 미흡한 탓에 계속해서 노조와의 갈등이 확대되고 있는 형국이다. 결국 노조는 회사의 행위에 대해 노동위원회에 구제신청을 제기하였고, 노동위원회의 적극적인 화해 노력을 통해 다음과 같이 합의서를 작성하였다. 첫째, 회사는 근로자의 근로조건에 대해서는 노동조합과 교섭을 통해 결정한다. 둘째, 다음 달부터 매월 급여지급일에 조합원 조합비를 일괄 공제하여 노동조합 지정계좌로 입금한다. 셋째, 노동조합은 필요시 회사의 승인을 얻어 조합활동에 필요한 범위에서 회사의 전산망을 이용하는 것으로 한다.

# 참고문헌

1. 고용노동부, 「사업장 단위 복수노조 업무매뉴얼」, 2010.
2. 고용노동부, 「근로시간면제한도 매뉴얼」, 2013.
3. 고용노동부, 「집단적 노사관계 업무매뉴얼」, 2022.
4. 최영우(2019), "협정근로자의 실태와 운영방안", 「인사관리」, pp.25.
5. 최영우(2024), 「집단 노동법 실무」, 중앙경제
6. 최영우(2024), 「노동법 상식 70선」, 중앙노동위원회
7. 최영우(2025), 「개별 노동법 실무」, 중앙경제

# 노동법 · 판례 · 판정 등의 활용 요령

최선애 교수

# 노동법 · 판례 · 판정 등의 활용 요령

최 선 애

## I 소송은 생물이다

노동분쟁 사건을 하다보면 법원 등에 가서 다툼을 하거나 상소 등으로 끝까지 다투어야 할 필요성에 대해 의문이 드는 사건이 있다. 법이나 판례를 몰라서 그런 사태가 발생한 것으로 보일 때가 있는데 사실 일반인에게 법은 쉽지 않고 판례도 오락가락 하는 경우도 있어서 부득이한 상황으로 짐작되기도 한다. 이에 노동분쟁이 발생했을 때 기본 전략을 세우기 위해 노동법, 판례, 판정 등을 어떻게 참고할 수 있는지에 관한 본 강의가 고급과정에 도입된 것으로 보인다.

소송은 마치 생명을 가지고 스스로 살아가듯이 변화무쌍하고 예측이 불가능할 때가 많아서 '소송은 생물이다'는 말이 회자된다. 노동사건의 경우 노동위원회를 경유해서 법원에서 부당해고 등을 다툴 때 구제신청서(소장) 제출 – 답변서 제출 – 이유서(준비서면) 제출 – 답변서(반박 준비서면) 제출 – 이유서(재반박 준비서면) 제출 등 절차를 거쳐 심문(변론)을 종결하고 판정(판결)을 하게 된다. 소송은 이처럼 이해관계에서 벌어지는 다툼을 정해진 규칙 하에서 진실을 가려가는 과정이나 그 결과를 확인할 때까지 마음을 놓아서는 안 되고 결과가 나기까지는 생물처럼 유동적인 특징을 가지고 있다.

아래에서는 8심의 단계를 거치는 과정에서 소송이 생물임을 가장 잘 보여주는 사례를 사건개요, 구체적인 사건이 진행된 경위 및 내용 순서로 살펴본다.

사례는 노동위원회 단계에서 해고의 정당성 여부(해고사유, 절차, 징계양정이 적정한지)가 쟁점이 되어 정당한 해고로 결론이 났으나, 법원 단계에서 정년 규정이 신설된 개정 취업규칙의 적법성과 소의 이익이 쟁점이 되어 고등법원까지는 소의 이익이 없는 것으로 결론이 났다. 그러나 대법원에서 '해고의 효력을 다투던 중 정년에 이르는 등의 사유로 원직 복직이 불가능하게 된 경우에도 해고기간 중의 임금 상당액을 지급받을 필요가 있다면 임금 상당액 지급의 구제명령을 받을 이익이 유지되므로 구제신청을 기각한 중앙노동위원회의 재심판정을 다툴 소의 이익이 있다고 보아야 한다'는 취지로 기존의 대법원 판례를 변경하면서 사건을 서울행정법원으로 파기 환송하였고, 파기 환송 후 법원에서는 해고의 서면통지 절차에 위법이 있어 부당해고로 결론을 내리고 종국적으로 근로자 승리로 확정되었다.

이와 같이 소송은 여러 심급을 거치는 동안 쟁점뿐만 아니라 결론까지 바뀔 수 있는 살아 움직이는 생명체의 모습을 가지고 있다. 사례 이후 구제이익, 소의 이익에 관한 판단이 변경되고 이는 노동위원회규칙 변경까지 가져왔다. 노동위원회 위원 등으로 사건을 심리할 때 열린 마음으로 경청하고 진실을 찾는 적극적 태도가 필요한 이유이다.

## 1. 사건의 개요 (대법원 2020.2.20. 선고 2019두52386 전원합의체 판결 부당해고구제재심판정취소)

**(1)** A는 회사와 2016. 7. 1. 계약기간 2월의 인턴계약과 2016. 10. 17. 기간의 정함이 없는 근로계약을 각 체결하고 부소장으로 근무하던 중 2016. 12. 19. 회사로부터 구두 해고통보를, 2016. 12. 22. 아래 해고통지서 사진을 카톡으로 각 받았고, 원본 서류는 2016. 12. 26. 수령하였다.

〈해고통지서〉

1. 참가인 회사는 회사 취업규칙과 기타 제 규정에 따라 아래 사유로 2016. 12. 19. 귀하를 해고함을 통지합니다.
2. 사유
   (1) 수차례 주의를 주었음에도, 주간 업무시간에 정해진 근로시간을 지키지 않고 외출을 함.
   (2) 본인 주장이 강해서 회사와 화합되지 않음.
   (3) 정당한 사유가 있는 상사의 명령에 불복함.
   (4) 직원들에게 대표에 관한 악성 험담을 계속함.
   (5) 외부 인사와의 불화로 회사 명예를 손상시킴.

2016. 12. 19.

**(2)** 회사는 상시 7명 근로자를 고용하여 잡지발간 및 공무원 교육사업 등을 영위하는 회사이다.

**(3)** A는 2017. 1. 17. 서울지방노동위원회에 부당해고 구제신청을 하였고, 그 후 근로기준법 제30조 제3항에 따라 원직복직 대신 임금 상당액 이상의 금품지급명령을 구하는 것으로 신청취지를 변경하였다.

**(4)** 서울지방노동위원회는 A에 대한 해고에 정당한 이유가 있다고 보아 구제신청을 기각하였고, 중앙노동위원회도 같은 이유로 A의 재심신청을 기각하였다.

**(5)** A는 2017. 9. 22. 이 사건 재심판정의 취소를 구하는 소(이하 '이 사건 소'라 한다)를 제기하였다.

**(6)** 회사는 2017. 9. 19. 근로자 과반수의 동의를 얻어 취업규칙을 개정하여 이 사건 소가 제1심법원에 계속 중이던 2017. 10. 1.부터 시행하였다(이하 '개정 취업규칙'이라 한다). 정년 규정이 없던 개정 전 취업규칙과 달리 개정 취업규칙에는 근로자가 만 60세에 도달하는 날을 정년으로 하고, 정년 규정은 개정 취업규칙 시행일 이전에 입사한 직원에게도 적용되는 것으로 정하였다.

## 2. 사건의 진행 경위

### (1) 초심 노동위원회(2017. 5. 11. 서울2017부해130)

A는 징계사유를 모두 부인하고 있으나, ① 직원들 모두 A가 무단으로 장시간 외출을 하고 직원들에게 모욕감을 주었으며 대표에 대한 험담 등을 하였다는 내용을 구체적이고 일관되게 진술하고 있는 점, ② A가 32차례의 출장 및 외출 등을 하면서 대부분 자신의 전결로 처리한 점, ③ 대표가 A를 상대로 제기한 명예훼손 고소사건이 검찰에 기소의견으로 송치된 점, ④ 구청 전산정보과장이 A가 구청 담당자 등에게 막말을 하였다고 구체적으로 진술하고 있는 점 등을 종합하여 볼 때, 징계사유 중 정당한 사유가 있는 상사의 명령에 불복함이 인정되지 않으나 인정되는 나머지 징계사유만으로도 해고가 적정하고, 절차적 위법도 없다는 이유로 A의 부당해고 구제신청을 기각하였다.

### (2) 재심 노동위원회(2017. 8. 24. 중앙2017부해603)

초심판정과 같은 이유로 징계사유를 인정하고, 비위사실의 내용과 정도 등을 고려할 때 징계해고 처분이 사회통념상 현저하게 타당성을 잃어 사용자의 재량권의 범위를 벗어난 위법한 처분이라고 보기 어렵고 징계 절차 또한 정당하다고 하여 재심신청을 기각하였다.

### (3) 부당해고구제재심판정취소 1심(서울행정 2018. 12. 13. 선고 2017구합6235)

회사는 아래 표와 같이 개정 취업규칙에 정년(만 60세) 규정을 신설하였고 이는 시행일 이전에 입사한 직원에게도 적용되므로 A의 경우(1957. 4. 15.생) 정년 도래로 당연퇴직 하는 날을 개정 취업규칙의 시행일로 보았다.

다만 이 사건에서 기존 대법원 판례를 좇아 해고의 효력을 다투던 중 정년에 도달하여 근로관계가 종료되었으므로 원직에 복직하는 것이 불가능하게 되어 소의 이익[1]이 없다고 각하하였다.

**[개정 취업규칙 발췌]**

**제7절 퇴직, 복직, 해고**

제61조(당연퇴직)

직원이 다음 각호의 어느 하나에 해당하는 경우에는 당연퇴직한다.

2. 정년 도달

제63조(정년)

직원의 정년은 주민등록상의 생년월일을 기준으로 만 60세가 도달하는 날로 한다. 다만, 정년에 도달한 자라 하더라도 회사의 업무상 필요가 있는 경우 회사의 결정에 의해 촉탁직으로 재고용할 수 있다.

제96조(적용에 관한 경과규정)

본 규칙은 본 규칙 시행일 이전에 입사한 직원에게도 적용한다.

**부칙**

제1조(시행일)

본 규칙은 2017년 10월 1일부터 개정 시행한다.

### (4) 항소심(서울고등 2019. 9. 4. 선고 2019누30487)

해고의 효력을 다투던 중 정년에 도달하여 근로관계가 종료되었으므로 원직 복직은 불가능하고 따라서 소의 이익이 없다고 하여 항소를 기각하였다.

---

1 소의 이익은 중앙노동위원회의 재심판정에 대하여 행정소송을 제기한 경우 재심의 명령이나 처분의 취소를 구할 법률상의 이익을 말한다.

### (5) 상고심(대법원 2020. 2. 20. 선고 2019두52386)

부당해고 구제명령제도에 관한 근로기준법의 규정 내용과 목적 및 취지, 임금 상당액 구제명령의 의의 및 그 법적 효과 등을 종합적으로 고려하면, 근로자가 부당해고 구제신청을 하여 해고의 효력을 다투던 중 정년에 이르거나 근로계약기간이 만료하는 등의 사유로 원직에 복직하는 것이 불가능하게 된 경우에도 해고기간 중의 임금 상당액을 지급받을 필요가 있다면 임금 상당액 지급의 구제명령을 받을 이익이 유지되므로 구제신청을 기각한 중앙노동위원회의 재심판정을 다툴 소의 이익이 있다고 보아야 한다는 취지로 기존의 대법원 판례[2]를 변경하면서 사건을 서울행정법원으로 파기 환송하였다. 위 법리는 근로자가 근로기준법 제30조 제3항에 따라 금품지급명령을 신청한 경우에도 마찬가지로 적용된다.

### (6) 파기환송 후 1심(서울행정 2020. 6. 18. 선고 2020구합56179)

A가 이 사건 소송계속 중 개정 취업규칙에 따라 2017. 10. 1. 당연퇴직 하여 원직에 복직하는 것이 불가능하게 되었다고 하더라도 이 사건 재심판정의 취소를 구할 소의 이익이 있다.

A의 회사에 대한 임금 상당액 지급 청구는 행정청의 처분 등을 원인으로 하는 법률관계 또는 공법상 법률관계에 관한 것이 아니고 민사소송에 해당하는데, 노동위원회 구제명령의 법적 효력은 구제명령을 받은 사용자에 대하여 이에 복종할 공법상의 의무를 부담시킬 뿐이고, 나아가 구제명령에 따라 직접 노사 간의 사법상 법률관계를 발생 또는 변경시키는 것은 아니며, 노동위원회가 판정서에 설시한 이유는 사용자에 대하여 아무런 기속력을 가지지 않으므로, 위 임금 상당액 지급 청구의 발생 원인이 이 사건 재심판정과 법률상 또는 사실상 공통된다거나, 이 사건 재심판정의 효력이나 존부 유무가 위 임금 상당액 지급 청구의 선결문제로 된다고 볼 수 없다고 하여 임금 청구를 각하하였다.

회사가 2016. 12. 19. A를 구두로 해고한 후 3일이 경과한 2016. 12. 22. 비로소 이 사건 해고통지서를 촬영한 사진을 카톡 메시지로 전송하고, 7일이 경과한 2016. 12. 26. A로 하여금 위 해고통지서 원본을 수령하도록 한 것[3]은 근로기준법 제27조에서 정한 서면통지 절차를 위반한 하

---

2 근로자가 부당해고 구제신청을 기각한 재심판정에 대해 소를 제기하여 <u>해고의 효력을 다투던 중 사직하거나 정년에 도달하거나 근로계약기간이 만료하는 등의 이유로 근로관계가 종료한 경우</u>, 근로자가 구제명령을 얻는다고 하더라도 객관적으로 보아 원직에 복직하는 것이 불가능하고, <u>해고기간 중에 지급받지 못한 임금을 지급받기 위한 필요가 있다고 하더라도 이는 민사소송절차를 통하여 해결할 수 있다는 등의 이유를 들어 소의 이익을 부정하였다</u>(대법원 2015. 1. 29. 선고 2012두4746 판결, 대법원 2012. 7. 26. 선고 2012두3484 판결 등).

3 2016. 12. 19. 저녁 7~8까지 A는 회사에 있었음, 12. 20.에도 업무수행, 12. 19.~12. 22. A에게 연락을 취하거나 A가 연락을 안 받았다고 볼 사정이 없다고 판시.

자가 있어 위법하다고 하여 재심판정을 취소하는 판결을 하였다.

### (7) 파기환송 후 항소심(서울고등 2021. 1. 15. 선고 2020누48439)

피고 등은 '민법 제111조 제1항에 따라 이 사건 해고의 효력은, A가 이 사건 해고통지서 스캔본을 카톡 메시지로 수령한 2018. 12. 22. 12:00경 또는 이 사건 해고통지서 원본을 직접 수령한 2016. 12. 26.에 비로소 발생하였음'을 전제로 서면통지 절차 위반의 하자는 존재하지 않는다고 주장하나, 위 인정사실에 의하면 회사는 2016. 12. 19. A에게 구두로 해고의 의사표시를 하였고, 위 의사표시는 그 즉시 A에게 도달하였음이 명백하며, 이 사건 해고통지서는 위 구두 해고통지와 동일한 내용을 서면화한 것일 뿐, 위 구두 해고통지를 무효화하고 그와는 별도의 새로운 해고 의사표시를 한 것으로는 보기 어려우므로, 이와 다른 전제에 선 피고 등의 위 주장은 더 나아가 따져볼 필요 없이 이유 없다'고 하여 피고의 항소를 기각하였다.

### (8) 파기환송 후 상고심(대법원 2021. 4. 29. 선고 2021두33487)

심리불속행 기각[4]으로 A에 대한 부당해고 인정 등 내용으로 사건이 확정되었다.

**[사건 진행 표]**

| 순번 | 진행경과 | 결론(판정, 판결) | 쟁점 | 특이점 |
|---|---|---|---|---|
| 1 | 서울지방노동위원회<br>(서울2017부해130) | 기각: 해고가 정당 | • 해고사유, 해고절차, 징계양정의 적정성 | • 금전보상명령 신청취지 변경 |
| 2 | 중앙노동위원회<br>(중앙2017부해603) | 기각: 초심유지 | • 해고사유, 해고절차, 징계양정의 적정성 | |
| 3 | 서울행정법원<br>(2017구합6235) | A패(각하): 2017.10.1. 정년도래로 당연 퇴직하여 종전 근로자 지위회복 및 이를 대신하는 금전보상명령 불가능 | • 재심판정 취소를 구할 법률상 이익이 있는지(소의 이익)<br>• 불이익하게 변경된 취업규칙의 유효여부 | • 취업규칙 개정하여 정년 신설(만60세 도달일, 시행일 이전 입사 직원에게도 적용)<br>• 2017. 10. 1. 취업 |

4 대법원이 상고심 초기 단계에서 상고이유가 법률상 상고이유를 실질적으로 포함하고 있는지를 검토한 후 이에 해당하지 않는 경우 본안심리를 하지 않고 상고를 기각하는 제도(상고심절차에 관한 특례법). 형식상 기각의 본안판결이나 내용상으로는 소송판결(상고본안심리 거부)의 성격을 가짐. 민사상고사건 중 약 72.7%(2021년 기준)에 심리불속행 기각 판결이 이루어짐. 상고기록 받은 날로부터 4개월 이내 이루어짐.

| | | | | 규칙 시행일<br>• 근로자의 정년2017. 4. 15. |
|---|---|---|---|---|
| 4 | 서울고등법원<br>(2019누30487) | A패(항소기각) | • 취업규칙 개정에 관한 집단적 의사결정-의견개진기회 부여, 보장x | • 소의 이익 부정 |
| 5 | 대법원<br>(2019두52386) | 파기환송<br>해고의 효력을 다투던 중 정년에 이르러 원직에 복직하는 것이 불가능하게 되었으나 해고기간 중의 임금 상당액을 지급받을 필요가 있는 경우, 구제신청을 기각한 중앙노동위원회의 재심판정을 다툴 소의 이익이 있다/ 위 법리는 금품지급명령을 신청한 경우에도 마찬가지로 적용. | • 재심판정 취소를 구할 법률상 이익이 있는지(소의 이익) | 기존 대법원 판례를 변경[각주 2)] |
| 6 | 서울행정법원<br>(2020구합56179) | A일부승<br>임금 상당액 추가 청구는 청구권 발생 원인이 재심판정과 법률상 사실상 공통된다거나 재심판정의 효력이나 존부 유무가 임금상당액 지급 청구의 선결문제로 된다고 볼 수 없다. | • 임금상당액 지급 청구의 적법성; x<br>• 재심판정 취소청구의 소의 이익 인정<br>• 서면에 의한 해고통지 절차의 유효성 x | • 해고일부터 판결확정일까지의 임금 상당액(1억여 원) 지급 청구를 청구취지에 추가 |
| 7 | 서울고등법원<br>(2020누48439) | A승(피고 항소 기각) | • 서면통지 절차 하자 유무 | |
| 8 | 대법원<br>(2021두33487) | A 상고 각하(전부 승소한 판결에 대한 상고는 상고를 제기할 대상이나 이익이 없기 때문)<br>피고 상고기각 | | • 원 피고 모두 상고 |

## 3. 전원합의체 판결의 의의와 유의점

### (1) 구제절차의 확대

해고의 효력을 다투던 중 정년 도래, 계약기간 만료 등으로 원직복직이 불가능한 경우에도 부당해고 구제신청이 가능해져서 근로자의 권리구제 수단이 실질적으로 확대되었다.

### (2) 금품지급명령 제도의 실효성 강화

근로기준법 제30조 제3항의 금품지급명령 제도의 실효성이 강화되어 근로자의 선택권이 확대되었다.

### (3) 유의사항

① 구제신청 당시 이미 정년이 도래하여 근로계약관계가 종료한 경우 구제명령을 받을 이익[정직기간 중의 임금 상당액 지급에 관한 구제명령을 받을 이익]은 인정하지 아니하므로(대법원 2022. 7. 14. 선고 2021두46285판결: 2018. 12. 28. 정직 1개월 처분, 2018. 12. 31. 정년퇴직, 2019. 1. 3. 부당정직 구제신청) 위 전원합의체 판결의 사건과 구별하여야 한다.

② 2022. 7. 14. 사단 간부이발소 미용사로 채용되어 근무하다가 간부이발소 폐쇄결정을 이유로 해고된 근로자가 노동위원회에 부당해고 구제신청을 한 사안에서, 근로자가 부당해고 구제신청을 할 당시 이미 간부이발소의 폐업으로 근로계약관계가 종료되었다면 그 근로자에게는 노동위원회의 구제명령을 받을 이익을 인정할 수 없다(대법원 2022. 7. 14. 선고 2020두54852 판결).

## II 사례와 관련된 주요 법령

## 1. 근로기준법

### (1) 제30조제4항 신설(2021. 5. 18. 일부 개정 – 시행 2021. 11. 19.)

- 「근로계약기간의 만료, 정년의 도래 등으로 근로자의 원직복직이 불가능한 경우에도 노동위원회는 구제명령이나 기각결정을 하여야 하고, 이 경우 노동위원회는 부당해고가 성립한다고 판정하면 근로자가 해고기간 동안 받을 수 있었던 임금 상당액의 지급을 사업주에게 명할 수 있다.」
- 부당해고 등 구제절차 '도중에' 근로계약기간의 만료, 정년의 도래 등으로 근로자의 원직복직이 불가능하게 된 경우에도 근로자에게 임금 상당액 지급의 구제명령을 받을 이익을 인정해야 한다는 취지. 구제신청을 하기 '전에'이미 근로계약관계가 소멸한 경우에는 구제이익이 인정되지 아니함.

### (2) 구제신청 관련 조항

• 부당해고 구제신청(제28조)

사용자가 근로자에게 부당해고등을 하면 근로자는 부당해고등이 있었던 날로부터 3개월 이내에 노동위원회에 구제를 신청할 수 있다.

• 구제명령(제30조)

– 구제명령 또는 기각결정

– 금전보상명령

• 구제명령 등의 확정(제31조)

– 재심신청 : 판정서 통지받은 날부터 10일 이내

– 재심판정에 대한 행정소송 : 재심판정서 송달받은 날로부터 15일 이내

– 정해진 기간 내에 재심 신청하지 아니하거나 행정소송을 제기하지 아니하면 구제명령, 기각결정 또는 재심판정은 확정된다.

### (3) 해고 관련 조항

• 해고 등의 제한(제23조)

사용자는 정당한 이유 없이 해고, 휴직, 정직, 전직, 감봉, 그 밖의 징벌("부당해고등")을 하지 못한다고 규정하여 해고의 사유를 제한하고 있다.

• 해고사유 등의 서면통지(제27조)

사용자가 근로자를 해고할 때는 해고사유와 해고시기를 서면으로 명시해서 통지하여야 하고 서면으로 통지하지 않은 해고는 효력이 없다.

• 해고예고제도(제26조)

해고의 경우 30일 전에 해고를 예고하거나 30일 분 이상의 통상임금(해고예고수당)을 지급하여야 한다. 예고의무를 위반하더라도 정당한 사유를 갖추고 있는 한 해고는 유효한 것으로 인정된다.

### (4) 취업규칙의 작성, 변경 절차(제94조)

사용자가 취업규칙을 작성 또는 변경할 때에는 당해 사업 또는 사업장에 근로자의 과반수로 조직된 노동조합, 근로자의 과반수로 조직된 노동조합이 없는 경우에는 근로자 과반수의 의견을 들어야 하며, 취업규칙을 근로자에게 불리하게 변경하는 경우에는 그 동의를 받아야 한다. 노동

조합의 의견은 노동조합 대표자의 의견을 의미한다.

## 2. 노동위원회법

### (1) 노동위원회의 소관 사무(제2조의2)

노동위원회의 소관 사무는 개별적 근로관계와 관련하여 부당해고 등 판정, 비정규직 차별시정 업무, 근로조건 위반을 이유로 한 손해배상 청구 등이고, 집단적 노사관계와 관련하여 부당노동행위 판정, 노동쟁의 조정, 필수유지업무 결정, 교섭창구 단일화 사건 판정 · 공정대표 의무위반 시정명령, 단체협약의 해석 또는 이행방법에 대한 견해 제시, 노동조합법상의 의결요청 사건 의결 및 노사협의회 의결사항에 대한 임의중재 등이다.

### (2) 중앙노동위원회의 재심권(제26조)

지방노동위원회의 심판위원회를 통한 부당해고등, 부당노동행위 판정 또는 근로조건 위반을 이유로 한 손해배상 신청에 대한 결정 등을 받은 사건의 당사자가 판정 또는 결정에 불복하는 경우 중앙노동위원회는 지방노동위원회의 처분을 재심하여 이를 인정 · 취소 또는 변경할 수 있다.

### (3) 중앙노동위원회의 처분에 대한 소송(제27조)

당사자가 중앙노동위원회의 처분에 대해 불복하는 경우 중앙노동위원회 위원장을 피고로 하여 처분 결과를 송달받은 날로부터 15일 이내에 법원에 행정소송을 제기하여야 한다. 그러나 소송을 제기하더라도 처분의 효력은 정지되지 아니한다.

## 3. 노동위원회규칙

### (1) 부당해고 구제신청기간(제40조)

구제신청은 처분이 있었던 날로부터 3개월 내에 하여야 하며, 신청기간을 지나 신청을 하게 되면 노동위원회는 신청을 각하하게 되므로 구제를 받을 수 없게 된다(제척기간).

### (2) 판정(제60조)

| 2020.7.1.[노동위원회규칙 제24호] | 현재 노동위원회규칙 |
|---|---|
| 제60조 ① 심판위원회는 심판사건이 다음 각 호 중 어느 하나에 해당하는 경우에는 각하한다. | 제60조 ① 심판위원회는 심판사건이 다음 각 호 중 어느 하나에 해당하는 경우에는 각하한다. |

| | |
|---|---|
| 1. 관계 법령의 규정에 따른 신청기간을 지나서 신청한 경우<br>2. 제41조에 따른 보정요구를 2회 이상 하였음에도 보정을 하지 아니한 경우<br>3. 당사자적격이 없는 경우<br>4. 구제신청의 내용이 노동위원회 구제대상이 아닌 경우<br>5. 같은 당사자가 같은 취지의 구제 신청을 거듭하여 제기하거나 같은 당사자가 같은 취지의 확정된 판정(법 제16조의3에 따른 화해조서를 포함한다)이 있음에도 구제 신청을 제기한 경우나 판정이 있은 후 신청을 취하하였다가 다시 제기한 경우<br>6. 신청하는 구제의 내용이 법령상이나 사실상 실현할 수 없거나 신청의 이익이 없음이 명백한 경우<br>7. 신청인이 2회 이상 출석에 불응하거나 주소불명이나 소재불명으로 2회 이상 출석통지서가 반송되거나 그 밖의 사유로 신청 의사를 포기한 것으로 인정될 경우 | 1. 관계 법령의 규정에 따른 신청기간을 지나서 신청한 경우<br>2. 제41조에 따른 보정요구를 2회 이상 하였음에도 보정을 하지 아니한 경우<br>3. 삭제 〈2021. 10. 7.〉<br>4. 삭제 〈2021. 10. 7.〉<br>5. 같은 당사자가 같은 취지의 구제 신청을 거듭하여 제기하거나 같은 당사자가 같은 취지의 확정된 판정(법 제16조의3에 따른 화해조서를 포함한다)이 있음에도 구제 신청을 제기한 경우나 판정이 있은 후 신청을 취하하였다가 다시 제기한 경우<br>6. 신청하는 구제의 내용이 법령상이나 사실상 실현할 수 없음이 명백한 경우〈개정 2021. 10. 7.〉<br>7. 신청인이 2회 이상 심문회의 출석에 불응하거나 주소불명 또는 소재불명으로 2회 이상 심문회의 출석통지서가 반송되거나 그 밖의 사유로 신청 의사를 포기한 것으로 인정될 경우〈개정 2021. 10. 7.〉 |

### (3) 금전보상제도(제64조 내지 제66조)

근로자가 부당해고를 인정받아 원직복직을 하더라도 사용자와의 관계가 원상회복되기 어려운 경우에 원직복직 대신에 원직복직에 상응하는 금전보상을 통해 사실상의 권리구제를 받을 수 있게 한 제도이다.

금전보상금 산정기간은 해고일로부터 당해 사건의 판정일까지로 하며, 보상금은 임금상당액 이상으로 한다.

# Ⅲ 노동법 관련 자료의 검색과 접근방법

## 1. 법령과 판례 검색

### (1) 법제처(https://moleg.go.kr)의 국가법령정보센터

법제처 홈페이지 우측 상단의 국가법령정보센터에서 현행 법령 · 행정규칙 · 자치법규 · 판례 등 종합적인 법령 정보를 찾을 수 있다. 법령명 또는 키워드 입력, 특정 조항 번호 입력 및 카테고리를 활용한 분야별 검색, 과거의 법령 이력(연혁법령), 제 · 개정이유, 시행일자별 법령 검색도 가능하다.

### (2) 사법정보공개포털(portal.scourt.go.kr)의 종합법률정보, 사건검색

사법정보공개포털 중 종합법률정보에서는 판례, 법령, 조약, 문헌, 규칙/예규/선례를 검색하고 조회할 수 있으며 특히 판례 검색에 효율적이다. 종합법률정보에서 일정 단어 검색 시 그 단어가 포함된 판례, 법령, 조약, 문헌, 규칙/예규/선례, 조약을 검색해서 콘텐츠별 목록건수를 5건씩 보여준다.

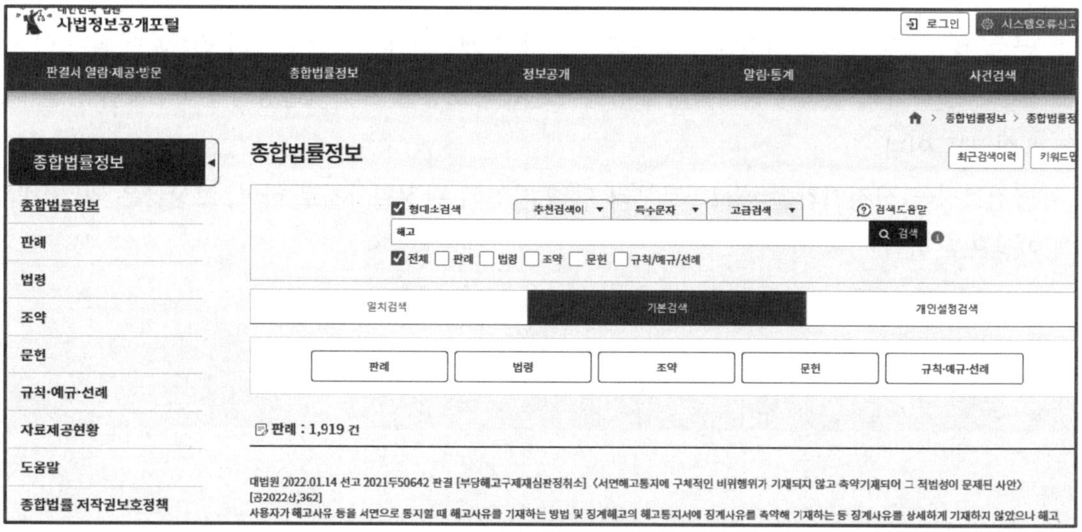


판례에서 검색어를 입력하면 해당 검색어로 판결요지, 판결전문, 판시사항이 동시에 검색되고 하단에는 화제의 판결, 최신선고판례를 보여준다.

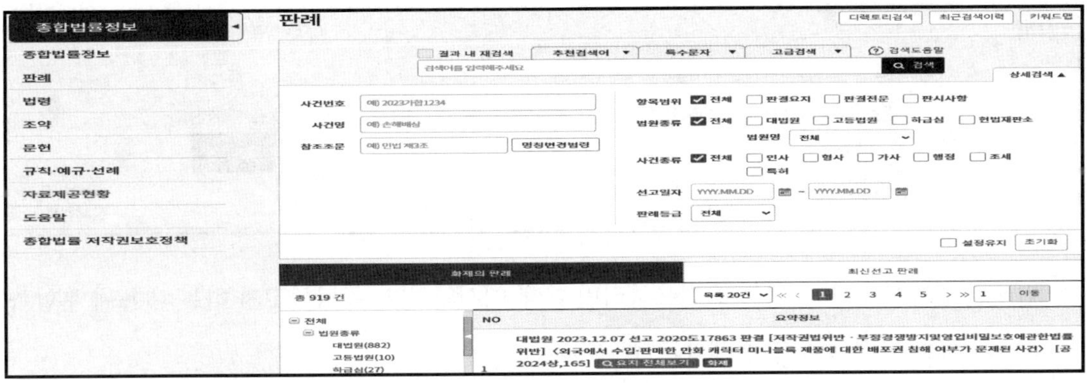


상세검색에서의 맨 위 검색어 입력칸은 단순검색과 기능이 동일하나 항목범위, 법원종류 및 사건종류의 각 체크박스를 이용하여 검색범위를 제한할 수 있다.

고급검색 아이콘을 누르면 포함하는 단어, 제외하는 단어를 입력하고 형태소 분석에 따른 단어 간의 거리를 계산한 인접하는 단어 기능을 사용할 경우 원하는 결과에 이르는 과정을 단축할 수 있다.

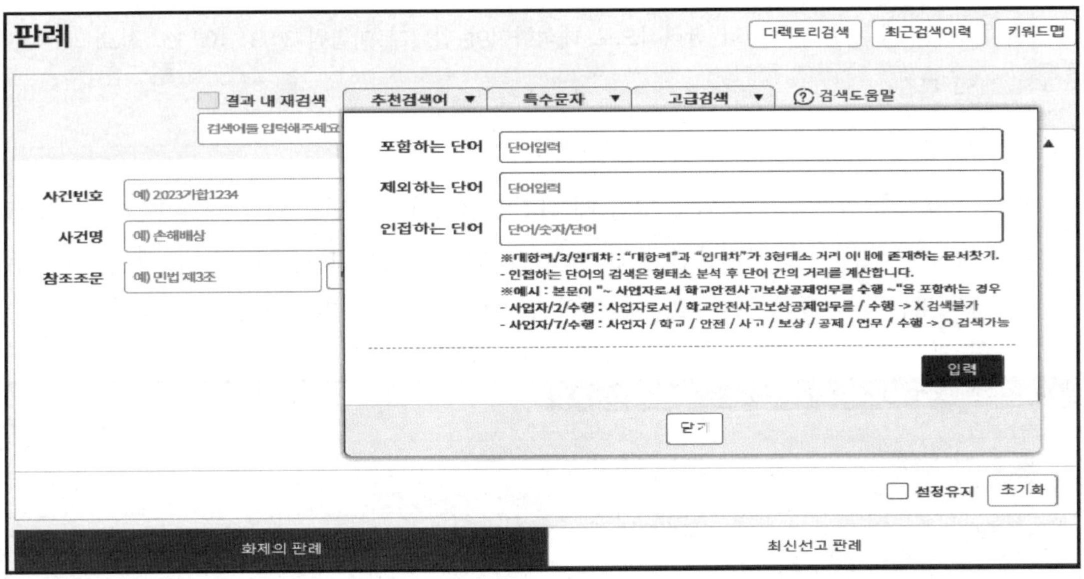


검색된 결과에서 검색어, 사건번호, 사건명, 참조조문 등을 입력하고 결과 내 재검색에 체크하면 검색된 결과에서 축소한 범위의 재검색이 가능하다.

검색한 판례를 준비서면 등에 인용하려면 아래 예시와 같이 주장하고자 하는 내용에 부합하는 판례문구 및 판례 번호를 기재하는 방식으로 한다.

> 원고들은 피고 회사와 위임계약(이하 '이 사건 위임계약'이라고 합니다)을 체결하였습니다[2]. 위임계약서는 민법상 처분문서에 해당합니다. 기재되어 있는 문언의 내용에 따라 당사자의 의사표시가 있었던 것으로 객관적으로 해석하여야 하고, 당사자 사이에 계약의 해석을 둘러싸고 이견이 있어 처분문서에 나타난 당사자의 의사해석이 문제되는 경우에는 문언의 내용, 그와 같은 약정이 이루어진 동기와 경위, 약정에 의하여 달성하려는 목적, 당사자의 진정한 의사 등을 종합적으로 고찰하여 논리와 경험칙에 따라 합리적으로 해석하여야 합니다(대법원 2011. 10. 13. 선고 2009다102452 판결).

한편, 구체적인 사건 번호를 알고 있을 때 사건검색에서 사건번호(예컨대 서울고등법원 2024누35487)와 당사자명 2글자를 기재하면 구체적인 소송 진행 상황도 확인할 수 있다. 다만 회사, 주식 등 금칙어로 등록된 경우 해당 글자 수 이상 입력해야 검색이 가능하다.

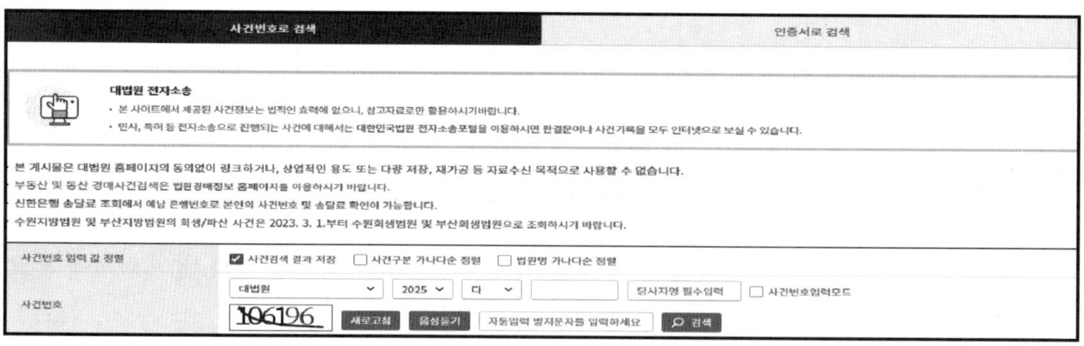

### (3) 고용노동부(근로감독관AI 지원시스템)

카카오톡에서 AI 노동법 지식 검색 채널을 추가하면 임금, 근로시간, 실업급여 관련 질문에 대한 답변을 제공받을 수 있으며 현재 시범운영 중이다.

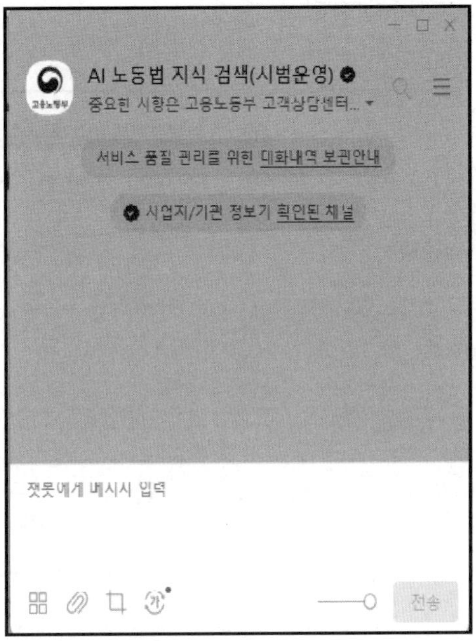


위 그림의 AI 노동법 지식 검색 창 하단 ⊞ 을 클릭하면 질문 예시, 임금명세서, 새로운 대화, 유용한 자료, 민원신청방법 등 이용할 수 있는 구체적인 내용이 나온다. 「유용한 자료」에서는 법령, 판례, 질의회시, 매뉴얼 등 참고자료 검색이 가능하고, 「민원신청」에서는 AI 진정서 접수 지원 봇의 단계별 질문에 답을 하면 진정서 작성 및 접수가 진행되어 온라인 민원신청이 가능하다.

## 2. 노동위원회 판정례 검색

중앙노동위원회(https://nlrc.go.kr) 홈페이지의 주요사례에서는 판정 · 결정요지, 주요판정사례, 주요조정사례 및 사례분석을 활용할 수 있다. 다만 일반인의 경우 법원의 판례와는 달리 특정 사건번호 입력에 의한 검색에는 제한이 있다.

위 표의 판정 · 결정요지에서는 부당해고 · 부당노동행위, 차별시정, 교섭창구 단일화 절차, 교섭단위 결정, 공정대표 의무위반과 기타판정의 분야를 선택하여 검색어를 이용한 판정 · 결정요지를 찾아볼 수 있다.

주요판정사례는 매년 중앙노동위원회가 선정한 경영상해고, 징계해고, 통상해고, 기타징계, 기간만료, 부당노동행위, 당사자적격, 교섭단위분리, 교섭대표결정 등에 관한 주요한 사례이고, 사례분석에는 중앙노동위원회가 주제별로 검토한 연구보고서 형태의 유용한 자료들이 많이 게재되어 있다. 예컨대, 판례 및 판정례로 본 복수노조와 단체교섭, 주제별 판례 분석집[집단적 노사관계], 주제별 판례분석집[개별적 노사관계] 등.

## 3. 일반정보 검색

사건 검토와 관련해서 관련 법령명, 판례 등을 바로 검색할 수 있을 정도로 숙달되지 않은 경우 아래와 같은 생성형 AI를 통해 전체적인 윤곽을 파악한 후 특정 쟁점 내지 심화된 내용으로 검토 범위를 좁힐 수 있다. 예컨대, ChatGPT에서 '한국법에서 해고 통지를 할 때 지켜야 하는 사항 검토해줘'를 입력하면 해고사유, 해고예고기간, 즉시해고, 해고통지방법, 해고의 효력, 해고무효확인 소송 등에 대한 요약된 정보를 보여준다. 다만 검색어 입력란 하단에 'ChatGPT는 실수를 할 수 있습니다. 중요한 정보를 확인하세요'의 주의문구에서 보듯이 해당 정보는 반드시 정확성 검증을 거쳐야 하는 한계가 있음을 유의하여야 한다.

### (1) ChatGPT

OpenAI의 GPT 모델을 기반으로 한 대화형 AI로, 사용자가 입력한 질문에 대해 종합적인 답변을 생성하나, 실시간 웹 검색은 기본적으로 지원하지 아니한다.

### (2) Claude(https://claude.ai)

Anthropic에서 개발한 고급 대화형 AI 챗봇 및 대규모 언어 모델(LLM)[5] 제품으로 인간과 유사한 텍스트 생성, 질문 답변, 문서 요약, 번역 등 다양한 언어 관련한 작업을 수행한다.

### (3) Perplexity. ai

사용자가 입력한 질문을 기반으로 웹에서 실시간으로 정보를 검색하고 요약된 답변을 제공한다. 답변에 사용된 출처를 명시하고 추가 질문 목록을 제시하여 심화 탐구도 가능하게 한다.

### (4) Superlawyer(https://superlawyer.co.kr, 유료)

법률가를 위한 AI 어시스턴트로, 생성형 AI와 법률데이터를 이용해 법률리서치, 법률서면 초안 작성 등 다양한 법률업무를 지원하는 유료 사이트이다.

### (5) 기타

Google의 Bard, Microsoft의 Bing AI, 네이버의 하이퍼클로버X (HyperCLOVA X) 등이 있어 각자 사용이 편한 검색 기능을 찾아 적응하는 것이 필요하다.

5 대규모 언어 모델(LLM, Large Language Mode). 방대한 데이터를 학습하여 인간과 유사한 언어 처리 능력을 갖춘 인공지능(AI) 모델로 텍스트 기반 작업에 특화되어 있다.

## Ⅳ 노동법 해석의 특수성과 유의사항

### 1. 법령해석의 기본원칙

#### (1) 노동법 해석의 특수성

근로기준법은 근로조건의 최저기준을 정한 것으로 강행법규이고 이에 미달하는 근로조건을 정한 근로계약은 그 부분에 한하여 무효가 된다. 노동법 해석에 있어서 기본적 생활 보장과 향상이라는 입법목적에 부합하도록 근로자 보호의 원칙에 입각하여 합목적적으로 해석되어야 하고 근로자에게 유리한 규정이 우선 적용된다.

#### (2) 법령적용 우선순위

법령 적용에 있어 상위법이 하위법에, 특별법이 일반법에 우선하는 것은 일반 법령 적용과 동일하다. 단체협약, 취업규칙, 근로계약 등 근로관계를 규율하는 여러 규범이나 계약의 적용순위가 문제될 때 단체협약이 최우선 적용되고, 취업규칙은 단체협약에 위반할 수 없으며(근로기준법 제96조) 취업규칙에서 정한 기준에 미달하는 내용의 개별 근로계약은 무효가 되며 당해 무효가 된 부분에 대하여는 취업규칙에서 정한 기준에 따르게 된다(근로기준법 제97조).

단체협약과 취업규칙 사이의 유리조건우선원칙 적용과 해석에 대해서 관련법에 명확한 규정이 없으나 '기존 근로조건보다 불리하게 변경된 단체협약은 협약자치의 원칙상 유리조건의 원칙을 배제하고 신협약을 적용'하여 단체협약이 우선하는 것으로 보고 있다(대법원 2002. 12. 27. 선고 2002두9063판결). 그러나 취업규칙이 근로자 과반수의 동의(과반수 노동조합이 있는 경우에는 해당 노동조합의 동의)를 거쳐 불리한 내용으로 변경된 경우, 취업규칙보다 유리한 근로조건을 정한 기존의 근로계약이 우선하여 적용되고 취업규칙에 대하여 과반수 노동조합의 동의를 받았더라도 기존의 근로계약은 유효하게 존속하고, 취업규칙에 따라 기존의 근로계약에서 정한 연봉액을 삭감할 수 없는 것으로 보는 사례들이 나오고 있다(대법원 2019. 11. 14. 선고 2018다200709 판결).

#### (3) 강행법규성 판단

헌법 및 최저임금법 관련 규정 내용과 체계, 2008. 3. 21. 법률 제8964호로 개정된 최저임금법 제6조 제5항(이하 '특례조항'이라 한다)의 입법 취지와 입법 경과, 여객자동차 운수사업법의 규정 취지 및 일반택시운송사업의 공공성, 소정근로시간을 단축하는 합의 관련 전후 사정 등을 종합적으로 고려하면, 정액사납금제하에서 생산고에 따른 임금을 제외한 고정급이 최저임금에 미달하는 것을 회피할 의도로 사용자가 소정근로시간을 기준으로 산정되는 시간당 고정급의 외형상 액수를 증가시키기 위해 택시운전근로자 노동조합과 사이에 실제 근무형태나 운행시간의 변경 없이 소정근로시간만을 단축하기로 합의한 경우, 이러한 합의는 강행법규인 최저임금법상 특례조항 등의 적용을 잠탈하기 위한 탈법행위로서 무효라고 보아야 한다. 이러한 법리는 사용자가 택시운전근로자의 과반수로 조직된 노동조합 또는 근로자 과반수의 동의를 얻어 소정근로시간을 단축하는 내용으로 취업규칙을 변경하는 경우에도 마찬가지로 적용된다(대법원 2019. 4. 18. 선고 2016다2451 전원합의체 판결 다수의견).

## 2. 실무 적용 시 유의사항

### (1) 판례 변경 가능성 검토

#### 1) 판례변경의 요인

급격한 인구 고령화와 저출산 문제로 인해 노동 환경을 포함한 사회경제적 환경 변화(여성 근로자 보호 강화, 고령 근로자 고용 안정, 유연근무제 확대 해석, 정년 연장 및 임금체계 개편 지원, 비정규직 보호 강화), 기업 환경의 변화에 따라 근로조건의 보장 수준도 변화할 수밖에 없는 현실 반영의 필요성, 근로자의 권리 보호와 기업의 경쟁력 유지 사이의 균형을 찾기 위한 노력, 플랫폼 노동 등 새로운 형태의 노동이 등장함에 따라 기존의 판례로는 해결하기 어려운 문제에 대한 대처 필요성 및 근로의 권리 · 평등권 등 헌법적 가치 실현을 위한 재검토 필요성 등이 판례 변경의 요인이 된다. 이는 변화하는 사회와 노동 환경에 대응하기 위한 필연적인 과정이라고 볼 수 있다.

#### 2) 판례변경의 효과

노동 관련된 판례 변경으로 인한 효과는 노사에게 미치는 영향 및 파급효가 클 수 있다. 최근의 전원합의체 판결 변경 사례와 관련하여 구체적으로 살펴보면 ① 2023년 5월 대법원 전원합의체 판결로 취업규칙 불이익 변경 시 근로자의 집단적 동의가 없더라도 변경 내용에 사회통념상 합리성이 인정되면 그 효력을 인정되던 데에서 사회통념상 합리성 이론이 폐기되고 '취업규칙 불이익 변경 시 반드시 근로자의 집단적 동의가 필요'한 것으로 변경되었고 이는 임금피크제, 성과연봉제 등 근로조건 변경 시 노사 간 협의가 더욱 중요해지는 변화를 가져오게 될 것으로 예상된다.

② 2024년 12월 대법원은 조건부 상여금도 통상임금에 포함된다고 하여 통상임금의 범위에 대한 판례를 변경한 바 이로 인해 초과근로수당, 연차수당 등 각종 수당 산정 기준이 변경되어 이를 둘러싼 노사 간 분쟁 가능성, 근로자의 실질적인 임금 상승, 기업의 인사관리와 노사관계에

상당한 영향을 미칠 것으로 예상된다.

판례 변경과 관련하여 소급효를 인정할 것인가도 문제된다. 판례의 소급효는 기존의 판례를 변경할 때 변경된 판례를 당해 사건에 적용할 것인가의 문제이다. 형사재판에서 이때까지 무죄 취지의 판례를 유죄취지로 변경할 경우 불리한 판례의 적용이 죄형법정주의에 위반되는 것은 아닌지가 문제될 수 있으나, 대법원은 판례의 소급효를 긍정하고 있다(2021. 9. 9. 선고 2017도19025 전원합의체 판결). 변경되는 판례에 대한 피고인의 신뢰와 그 보호의 필요성은 구체적인 사안에 따라 형법 제16조의 법률의 착오에 해당하는지 여부의 심리로 판단한다. 한편 2024년 12월 통상임금의 범위가 확대된 판례 변경과 관련해서 대법원은 새로운 법리는 판결 선고일인 2024년 12월 19일 이후의 통상임금 산정부터 적용되는 것으로 하여 새로운 통상임금 법리의 소급효를 제한한 바, 이는 판례 변경에 따른 파급효를 최소화하기 위한 조치이다.

#### (2) 사실관계 구별의 중요성

판례 변경 시 모든 사안에 일률적으로 새로운 법리를 적용하는 것은 법적 안정성과 예측가능성, 신뢰보호의 원칙 면에서 고려가 필요하고, 판례 변경의 소급효 문제를 해결하기 위해서 사실관계의 발생 시점과 판례 변경 시점을 비교해야 하는 등 사실관계를 면밀히 검토할 필요성이 발생한다. 또한 모든 사안이 동일한 것은 아니므로, 각 사안의 특수성을 고려하여 변경된 판례의 적용 여부를 결정하기 위해서는 사실관계의 세밀한 구별이 필요하다.

#### (3) 신규 입법 동향 파악

「고용상 연령차별금지 및 고령자고용촉진에 관한 법률」에 따라 사업주는 근로자의 정년을 60세 이상으로 정하도록 되어 있으나 급속한 고령화로 인해 65세로 정년을 연장하는 방안이 검토되고 있는 등 신규 입법 동향을 모니터링하고, 국회 입법예고 확인 및 행정부 정책방향 검토에 대해서도 늘 관심을 가지고 지켜봐야 한다.

### 3. 실무상 대응방안

최신 판례 동향, 특히 대법원 전원합의체 판결을 주기적으로 확인하고 분석해야 한다. 변경된 판례에 따라 기존의 법적 리스크를 재평가하고, 필요한 경우 내부 정책과 절차 수정, 취업규칙과 근로계약 검토 및 필요시 개정 작업이 뒤따라야 한다. 통상임금 범위 변경에 관해 대법원이 판례 변경의 소급효를 제한하였으나, 이에 대한 법적 근거가 불명확하므로 추가적인 소송 가능성도 고려하고 판례 변경으로 인한 영향을 최소화하기 위해 노사 간 협의를 통한 합의점 모색도 필요하다.

## 참고문헌


1. 근로기준법 주해, 노동법실무연구회, 박영사, 2020
2. 개별노동법 실무, 최영우, 중앙경제, 2023
3. 개별노동관계법, 이수영 외 4인 공저, 중앙경제, 2024
4. 근로기준법, 하갑래, 중앙경제, 2022
5. 심판 사건 업무 매뉴얼, 중앙노동위원회, 2022
6. 부당해고구제신청의 구제이익과 소의 이익, 대법원 2020. 2. 20. 선고 –2019두52386 전원합의체 판결– 박은정 · 권오성, 이화여자대학교 법학연구소, 2020. 3.
7. AI가 법관에 유사 판결 추천, 한 걸음 더 디딘 '스마트 법원', 법률신문, 2025. 1. 31.
8. 취업규칙과 근로계약간의 유리한 조건 우선의 원칙과 근로조건의 집단적 결정 법리와의 관계, 박종희, 안암법학회, 2018. 5.
9. 단체협약과 취업규칙의 관계, 김경태, 한국노동법학회, 2021. 2. 20.
10. 판례변경과 형법 제1조 제1항–대법원 2001. 4. 19, 2000도1985 전원합의체판결, 정영일, 평석, 2002. 1. 10.

# 글로벌 기업이 알아야 할 한국 노동법 및 노동관행

서덕일 교수

# 글로벌 기업이 알아야 할 한국 노동법 및 노동관행

서 덕 일

## I 글로벌 기업이 생각하는 한국 노동시장

주한외국기업연합회의 2022년 백서에 따르면 우리나라에 진출한 외국계 기업은 16,000개가 넘는다. 우리나라 전체 고용의 5% 이상을 담당하고 있으며 종사자가 100명이 넘는 기업이 절반 이상이다. 이처럼 우리 경제에 있어 외국계 기업은 결코 무시할 수 없는 부분을 담당하고 있다. 본 강의에서는 이처럼 중요한 기능을 수행하는 외국계 기업을 글로벌 기업이라고 부르기로 한다.

한편, 글로벌 기업은 우리 경제에서 차지하는 비중이 증가할수록 다양한 분쟁에 노출될 가능성이 커진다. 특히, 글로벌 기업의 경우 우리나라 노동법이나 노동관행에 대한 이해가 부족해 분쟁을 자초하는 경향이 강한 것도 사실이다. 따라서 글로벌 기업과 관련된 분쟁을 해결하기 위해서는 글로벌 기업 구성원들이 바라보는 우리나라 노동시장 및 노사관계에 대한 이해가 선행되어야 한다.

2024년에 한국경제인협회가 종업원 100인 이상 주한 외국인투자기업 중 제조업 538개사를 대상으로 국내 노동시장에 대한 인식을 조사한 결과,[1] 이들 중 절반 이상(53.0%)이 한국의 노동시장이 경직적이라고 응답한 반면, 노동시장이 유연하다고 생각하는 기업은 9.0%에 불과했다. 또한, 미국, 일본, 독일 등 주요 선진국과 비교했을 때 한국의 노동규제 수준이 높다고 응답한 기업이 47.0%인 반면 선진국에 비해 노동규제 수준이 낮다고 응답한 기업 비중은 13.0%에 그쳤다. 한편, 한국의 전반적인 노사관계에 대해 대립적이라고 평가한 기업이 63.0%였으며 협력적이라고 응답한 기업 비중은 4.0%에 불과해 외국인투자기업의 관점에서 우리나라 노사관계는 상당히 대립적임을 보여 준다.

대안적 분쟁해결(ADR)의 관점에서 보면, 분쟁의 자율적 해결이 어려워져 소송으로 진행되기

1 종업원 100인 이상, 제조업 주한외국인투자기업 538개사(응답 100개사)를 대상으로 2024년 4월 2일(화)~4월 12일(금) 사이 모노리서치에 의해 진행된 온라인 조사 결과이며 표본오차 95% 신뢰수준에서 최대허용 표본오차는 ±8.84% point임.

이전에 조정인이 당사자 사이에서 조정의 역할을 수행하는 것이 상당히 중요하다. 또한 이런 역할을 수행해야 하는 조정인에게 가장 필요한 요소는 분쟁 당사자에 대한 이해이다. 그러나 우리나라의 경우 대기업 중심의 발전과정을 거치면서 몇몇 부정적인 사건들이 발생했고, 이로 인해 국내 및 글로벌 대기업에 대한 오해와 편견이 국민 정서에 자리 잡게 된다. 이러한 정서는 문제 발생 시 선입견이 동반된 판단으로 오해의 가능성을 높인다. 사실을 확인할 시간적 여유도 없이 그 오해는 단시간에 확산되어 중재의 기회조차 갖기 어려운 것이 현실이다. 또한, 경제적 이슈를 정치적으로 활용하려는 일부 정치인들로 인해 기업에 대한 오해가 쌓여가고 중재보다는 대립이 우선되는 결과를 초래하기도 한다. 이와 같이 오해와 중재 부족의 대표적인 사례를 들라면 C기업과 P기업을 언급하지 않을 수 없다.

먼저 C기업 사례를 보자. C기업은 획기적인 서비스로 단기간에 한국 유통의 대표적인 기업으로 성장했다. 이러한 성장과정에는 많은 이슈들이 동반된다. 야기된 많은 문제 중에는 기업의 잘못과 노동자의 부주의가 혼합되어 발생하는 문제가 대부분이다. 특히 다른 산업에 비해 유통이라는 복잡한 구조를 가진 산업의 특성 상 문제가 발생하면 사실을 확인하고 법적 책임이 누구에게 있는지 밝히는 것은 해당 분야 전문가에게도 상당히 어려운 작업이다. 하지만 한국의 정치과 노동문화에 대한 이해 부족에서 오는 글로벌 기업의 다소 아쉬운 대응이 빈번하게 발생한다. 여기에 피해를 주장하는 개인 혹은 노동조합의 감정적 호소에 정치권과 노동 운동가들의 발언이 더해지면 사건의 본질 보다는 약자와 강자, 선한 자와 악한 자 구도의 프레임으로 흘러가는 경우가 허다하다. 이러한 식으로 문제가 확산되는 모습은 대기업과 관련된 거의 모든 노동 사건에서 볼 수 있다. 또한, 글로벌 기업이 한국에서 수익만 추구하는 소위 '먹튀' 과정에서 발생한 참사라는 프레임이 추가되면서 더 큰 사회적 논란을 가져온다. 이런 상황에서 정치권은 사건의 본질 파악을 통해 문제를 법적으로 해결하고 유사한 사례의 재발을 방지하는데 집중하기 보다는 누가 기업을 더 큰 소리로 호통 쳐서 보는 이들에게 약자를 위한 정의로운 정치인으로 각인될 것인지에만 몰두하고 있다. 그 결과 국회 청문회에서 '청취'는 사라지고 '호통'과 '질타'만 남는 것이 현실이다.

P기업의 경우는 대표이사가 외국인인 관계로 이 효과는 더 극대화되는 모습을 보여준다. 외국인이라서 한국의 노동 관련 법령과 문화를 충분히 이해하지 못한 부분과 잘못이 있다면 잘못한 부분을 알고 있는지, 알고 있다면 회사 내에서 유사한 사건 발생 예방을 위한 대책은 무엇인지 물어보는 모습은 거의 볼 수 없다. 특히 같은 어려운 시기에 매출이 상승했다는 점까지 더해져 호통치기, 망신주기 경쟁으로 이어지는 모습을 우리는 거의 매년 보고 있다.

위에서 살펴본 사례는 일부분에 불과하고 오해와 중재부족으로 인한 사례는 무수히 많다. 기업이 잘못한 부분은 법을 통해 그에 합당한 해결 과정을 거쳐야 할 것이다. 글로벌 기업과 외국인 대표이사의 입장에서 한국 노동법과 그 관행, 그리고 문화에 대한 이해 부족에서 오는 문제를 정치적이고 감정적으로만 대응해서는 현재 우리나라에 진출한 기업을 유지 및 확장하고 다른 글로벌 기업들의 한국 진출을 유도하는 데에 전혀 도움도 되지 않는다. 특히, 글로벌 기업의 대표이사는 적대적인 노사관계와 상사에게 직언하기 어려운 한국기업 구조로 인한 이중고를 겪고 있다. 유능한 중재는 이 같은 이중고를 해결할 수 있는 방안이어야 한다. 또한, 유능한 중재는 글로벌 기업의 안정적인 운영을 통한 양질의 일자리 확보, 그리고 한국으로 진출을 고민하고 있는 기업의 유치를 통한 새로운 일자리 창출로 이어지는 핵심적인 역할을 할 수 있다. 이 핵심 역할은 글로벌 기업의 입장과 한국노동법과 관습 및 문화에 대한 이해가 높은 ADR 전문가들이 할 수 있고 꼭 해야 하는 역할이다.

이상과 같은 노동시장 환경을 감안하여 본 강의에서는 우리나라 노동시장 및 노사관계가 글로벌 스탠다드와 큰 차이를 보이는 일부 영역에 대해 우선적으로 살펴보고자 한다. 여기에는 고용주에 엄격한 우리나라 노동법의 특징, 노동시장 유연성의 차이, 그리고 직원 보상 체계의 차이가 포함된다. 또한, 채용부터 회사 청산까지 기업 경영 전 과정에서 한국에 진출한 글로벌 기업이 빈번히 경험하는 인사 · 노무 관련 각종 이슈들을 간략히 정리해보고, 이를 바탕으로 글로벌 기업이 어떤 어려움을 겪고 있는지 확인하고자 한다. 본 강의 마지막에는 우리나라에 진출한 글로벌 기업이 실제로 겪은 분쟁 사례를 통해 이러한 분쟁이 왜 발생했는지 살펴보고자 한다. 또한 모범적인 노사관계 사례를 통해 글로벌 기업의 안정적 노사관계를 위한 필요조건을 살펴보고자 한다.

본 강의는 기본적으로 노동법과 노동관행 측면에서 우리나라와 글로벌 스탠다드 사이의 차이를 이해하는 것에 기초한다. 이러한 차이를 이해하고 분쟁을 조정할 경우 분쟁 조정자의 역할은 더욱 강화될 것이다. 뿐만 아니라 본 강의는 글로벌 기업의 구성원에게도 도움이 되어야 한다는 관점에서 준비되었다. 글로벌 기업의 실무자 입장은 어쩌면 분쟁 조정자와 동일할 것이다. 이제 더 이상 우리나라 노동시장 및 노사관계의 특수성만 강조하여 "이것이 한국이다(This is Korea.)."라는 명분으로 글로벌 본사를 설득하는 것은 효과적이지 못하다. 글로벌 본사를 설득하는 것은 그들의 시각을 이해하고 우리나라와 글로벌 스탠다드 간 간극을 파악하는 것에서 시작되어야 한다.

## II 한국 노동법과 노사관계의 특징

### 1. 고용주에 엄격한 노동법

한국에 진출한 글로벌 기업의 구성원 중 외국인이 가장 의아하게 생각하는 것 중 하나가 바로 노동법에 형사처벌 조항이 있다는 점이다. 예를 들어, 부당노동행위나 임금 미지급, 근로시간 및 휴게시간 위반 등에는 형사처벌이 따른다. 미국 노동법은 일반적으로 형사제재를 부과하지 않고 장기간에 걸친 소송과 관련하여 손해배상을 부과하는 점을 감안하면 외국인 입장에서 한국 노동법은 회사 또는 고용주에게만 엄격한 기준을 적용하는 것으로 비춰질 수 있다. 특히, 대표이사에게 형사적 책임을 묻는 것은 글로벌 스탠다드와 상당한 차이를 보이는 것으로 간주될 수 있다.

한편, 글로벌 기업의 경영자 입장에서는 노동조합 불법행위에 대한 형사적 처벌이 없다는 점에 상당한 의구심을 가지고 있다. 예를 들어, 부당노동행위제도가 사용자만 대상으로 하고 있고 노동조합의 부당노동행위는 전혀 규율하고 있지 않는 우리나라의 경우 노사 간 교섭력의 불균형이 초래되고 형평성에도 문제가 발생할 수 있다. 노동조합이 고의적으로 교섭을 거부하거나 해태할 경우 제재수단이 없다. 뿐만 아니라 불법적인 경비 원조를 요구하거나 타 노조의 정당한 조합활동을 방해하는 등 노동3권을 남용하거나 침해하는 경우에도 제재가 불가능하다. 미국의 경우 다른 근로자의 권리행사를 제한하거나 단체교섭을 거부할 경우, 불법파업을 행사하거나 부당한 금품지급을 요구할 경우 노동조합의 부당노동행위고 규율하고 있는 점을 감안하면, 이러한 불공평한 상황에 대해 글로벌 기업 경영진들이 의구심을 가지는 것은 어쩌면 너무나도 당연한 결과라고 할 수 있다.

### 2. 노동시장 유연성의 차이

우리나라 근로기준법 제23조 1항은 정당한 사유 없는 해고, 휴직, 정직, 전직, 감봉 기타 징벌을 금지하고 있다. 따라서 사용자 입장에서 노동력을 조정할 수 있는 수단이 상당히 제한적이며, 이로 인해 글로벌 기업의 구성원 시각에서는 다른 나라에 비해 노동시장의 유연성이 상당히 결여된 것으로 비춰진다.

특히, 경영상 해고의 경우 ①긴박한 경영상의 필요, ②해고회피 노력의무, ③해고자 선정의 공정성 및 ④노동조합 및 근로자대표와의 성실한 협의의무를 모두 충족해야 가능하며 이러한 요건의 충족 여부를 법원이 판단하기 때문에 경영상 해고는 폐업 수준의 긴박한 경영상 필요가 없는 경우 거의 불가능하다. 또한 통상해고 중 일신상의 사유에 의한 해고(저성과자 해고)의 경우 근로자의 근무성적이나 근무능력이 다른 근로자에 비해 상대적으로 낮은 정도를 넘어 상당한 기간 동안 일반적으로 기대되는 최소한에도 미치지 못할 뿐 아니라 향후 개선될 가능성을 기대하기 어렵다는 등 사회통념상 고용관계를 계속할 수 없을 정도에 이른 경우에만 그 정당성을 인정하기 때문에 저성과를 사유로 하는 해고는 실질적으로 불가능에 가깝다. 따라서 글로벌 기업의 경영진이 느끼는 우리나라 노동시장의 특징 중 하나는 고용조정의 경직성이라고 할 수 있다.

## 3. 직원 보상 체계의 차이

글로벌 스탠다드와 상당한 차이를 보이는 우리나라 노동시장의 특징 중 하나는 바로 임금체계이다. 특히, 수행하는 직무와 무관하게 근속기간이 길어질수록 기본급이 자동적으로 상승하는 호봉제로 인해 신입직원과 근속기간이 긴 직원과 임금 격차가 상당히 커지는 점은 글로벌 스탠다드와는 동떨어진 현상으로 비춰진다.

임금의 연공성 외에도 대부분의 국가에는 없지만 우리나라 임금체계의 특수성을 반영하는 주휴수당(1주일 동안 소정의 근로일수(1주 15시간 이상)를 개근하면 지급되는 유급휴일에 대한 수당)이 존재하는 점, 1년 근속에 대해 30일치의 평균임금을 퇴직금으로 지급하는 점, 금전적 보상을 통해 해고를 진행할 수 있는 공식적인 시스템이 없는 대신 금전적 보상을 통해 자발적 퇴사를 유도하는 점 등은 글로벌 스탠다드 관점에서는 쉽게 이해하기 어려운 노동시장 관행 중 하나이다.

마지막으로 우리나라가 보상체계 상 글로벌 스탠다드와 상당한 차이를 보이는 점은 임금체계가 상당히 복잡하다는 점이다. 과거 산업화 시대에 기업들은 정부의 요청으로 기본급 인상을 가급적 억제하였지만 보상 수준을 유지하기 위해 노사 간 합의를 통해 다양한 종류의 수당들을 도입하였다. 이처럼 복잡한 임금체계는 글로벌 스탠다드 관점에서 이해하기 어려운 점 중 하나이며 각종 수당 관련 분쟁이 확대되는 점은 글로벌 기업의 구성원 시각에서 관리하기 어려운 점 중 하나이다.

## 4. 노사관계 상의 차이

노사분규 건수나 임금근로자 1,000명 당 근로손실일수를 나타내는 파업성향으로 살펴본 우리나라의 노사관계는 과거에 비해 최소한 표면적으로는 안정적인 상태를 유지하고 있다. 그러나 1,000인 이상 대형 사업장과 제조업 중 기계 · 금속업종의 노사관계는 상당히 불안정하다. 특히 민주노총 소속 금속노조 및 공공운수노조의 노사관계는 불안정한 모습을 보이고 있다. 또한, 다른 국가에 비해서도 노사관계가 불안정한 것으로 판단된다. 노동조합원 10,000명당 노사분규건

수도 높지만 근로손실일수는 상당히 높은 수준이며, 노사분규가 장기간 이어진다는 특징을 보이고 있다. 따라서 노동조합이 있는 사업장에서의 노사관계는 전반적으로 여전히 불안정한 것으로 판단된다.

이처럼 여전히 대립적인 우리나라 노사관계의 가장 큰 특징 중 하나는 최상위에 있는 양대 노총을 중심으로 산별노조가 형성되어 있고 그 아래 기업별 노조가 포함되는 계층적 구조 하에서 양대 노총의 결정대로 전체 노사관계가 좌우된다는 점이다. 이런 환경에서는 개별 기업의 노사관계 이슈 못지않게 정치적 이슈도 전체 노사관계를 좌우하는 요소 중 하나가 된다. 양대 노총의 영향이 막강한 환경에서 우리나라 전체의 노사관계는 전체 임금근로자 중 약 3.7%에 불과한 대기업에 다니는 정규직 노조원 중심으로 결정되고 있다는 점도 특징 중 하나이다.

대립적인 노사관계 환경 하에서 노사관계는 악순환을 거듭할 수밖에 없다. 아래 그림은 대립적 노사관계 하에서 임금 결정 과정이 악순환을 거듭하는 사례를 보여준다. 예를 들어, 노동조합 상급단체에서 노동조합의 영향력을 극대화하기 위해 경영환경은 고려하지 않은 채 과도한 임금 인상률을 요구한다면, 기업은 경영 관련 자료의 투명한 공개를 주저하게 된다. 이로 인해 성과와 보상 간 정합성이 하락하고 임금은 정치적 투쟁력이나 쟁의를 통해 결정되는 부작용이 발생하고 협상력이 높은 대기업의 경우 생산성이나 경영환경과는 무관하게 과도한 임금 인상이 발생할 가능성이 커지게 된다. 악순환의 시작점이 어디인가와 무관하게 노사관계 악순환은 지속될 수 있고, 이는 대립적 노사관계를 심화시킨다.

대립적 노사관계가 형성된 가장 기본적인 원인 중 하나는 노사 간 힘의 균형을 법률이 보장하지 못하고 있다는 점이다. 예를 들어, 현행 노동조합법 제43조(사용자의 채용제한) 1항 및 2항에 의하면 사용자는 쟁의행위 기간 중 그 쟁의행위로 중단된 업무의 수행을 위하여 당해 사업과 관계없는 자를 채용 또는 대체할 수 없으며 중단된 업무를 도급 또는 하도급 줄 수도 없다. 따라서 사용자가 노동조합의 파업에 대항할 수 있는 적극적 조치는 전무하며 쟁의행위에 참가하여 근로를 제공하지 아니한 근로자에 대하여는 그 기간 중의 임금을 지급할 의무가 없는 소극적인 대응책만 가능하다.

그림 1 임금결정 관련 노사관계 악순환 사례

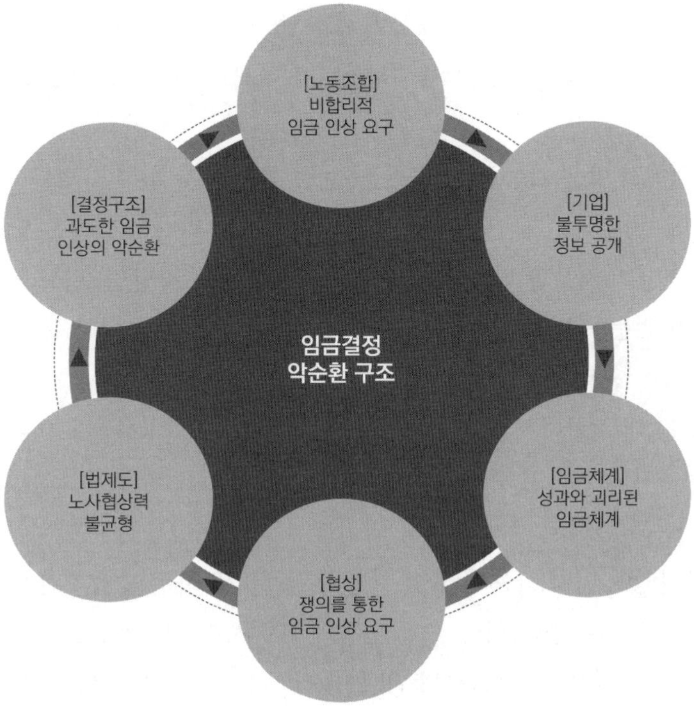


출처: 『Time to Change: 노사관계의 미래』 서덕일 · 변양규 · 우광호(2022)

## Ⅲ 글로벌 기업이 겪는 주요 쟁점

아래에서는 채용부터 회사 청산까지 기업 경영 전 과정에서 한국에 진출한 글로벌 기업이 빈번히 경험하는 인사 · 노무 관련 각종 이슈들을 간략히 정리해보고, 이를 바탕으로 글로벌 기업이 어떤 어려움을 겪고 있는지 확인하고자 한다.

### 1. 채용과 해고

직원을 채용하는 과정에서 기업이 당면하는 대표적 이슈는 개인정보보호법 관련 이슈, 차별 관련 이슈 및 외부 노동력 사용 관련 이슈라고 할 수 있다.

우선, 개인정보란 살아 있는 개인에 관한 정보로서 성명, 주민등록번호 및 영상 등을 통하여 개인을 알아볼 수 있는 정보뿐만 아니라 해당 정보만으로 특정 개인을 알아볼 수는 없더라도 다른 정보와 쉽게 결합하여 알아볼 수 있는 정보를 의미한다. 따라서 고객뿐만 아니라 직원의 개인정보도 당연히 개인정보 보호법의 보호 대상에 포함된다. 특히 회사는 직원 채용 과정 및 인사관리 등의 목적으로 직원의 개인정보를 광범위하게 수집하므로 개인정보 보호는 중요한 이슈가 될 수 있다.

한편, 채용 과정에서 발생 가능한 또 다른 이슈 중 하나가 차별이다. 법률적 의미의 차별이란 비교가 되는 대상에 비해 다르게 취급하는 것을 의미하며 우리나라 법률은 달리 처우할 필요성이 인정되지 않거나 달리 처우할 필요성이 인정되는 경우에도 그 방법, 정도 등이 적정하지 않은 경우 합리적 이유가 없는 차별로 간주하며 이러한 차별을 금지하고 있다. 인사관리 측면에서 차별이 이슈가 되는 것은 근로기준법 제6조(균등한 처우)에서 사용자는 근로자에 대하여 남녀의 성(性)을 이유로 차별적 대우를 하지 못하고, 국적 · 신앙 또는 사회적 신분을 이유로 근로조건에 대한 차별적 처우를 하지 못한다고 규정되어 있기 때문이다.

외부 노동력 사용과 관련된 규제도 채용 과정에서 각종 이슈를 초래할 수 있다. 가장 대표적인 이슈는 글로벌 기업이 인력 사용에 있어 가장 부담스러워 하는 불법파견 이슈이다. 우리나라 파견법은 직접생산공정업무를 제외한 32개 업종에 대해서만 상시적으로 파견근로자를 사용할 수 있도록 허용하고 있다. 따라서 파견근로의 활용이 제한적이기 때문에 파견 대신 도급을 활용하는 경우가 빈번하지만 도급 근로자가 파견근로자로 인정될 경우 사용사업주의 즉시고용의무가 발생하고 형사처벌 및 손해배상 청구의 대상이 될 수 있다.

글로벌 스탠다드와의 차이로 인해 해고 과정에서도 다양한 이슈가 발생할 수 있다. 가장 대표적인 것이 해고의 정당성을 인정받는 과정이다. 해고는 크게 통상해고와 경영상 이유에 의한 해고로 구분되고, 통상해고는 행태상의 사유에 의한 해고(징계해고)와 일신상의 사유에 의한 해고(저성과자 해고)로 구분된다. 앞서 설명한 것처럼 저성과자 해고와 경영상의 이유에 의한 해고는 그 정당성을 인정받기 상당히 어렵다. 따라서 해고의 필요가 발생했을 경우 징계해고가 사용되는 것이 일반적이다. 그러나 징계해고 역시 해고의 사유가 근로계약, 취업규칙, 단체협약 등에 규정되어 있고 사회통념상 근로계약을 계속할 수 없을 정도의 실체적 정당성을 갖추어야 하며, 근로자에게 해고의 사유와 시기를 서면으로 통지하고 징계위원회를 개최하여 소명의 기회를 부여해야 하는 등의 절차적 정당성도 갖추어야 한다. 또한, 징계사유와 징계처분 사이 적정성이 유지되도록 양정이 과다하지 않아야 한다. 고용계약 당사자 중 한쪽이 고용계약을 유지할 의사가 없을 경우 쉽게 고용계약이 해지되는 "employment – at – will" 시스템에 익숙한 글로벌 기업의 경우 해고의 정당성을 인정받기 위한 다양한 요건을 충족하지 못한 채 해고가 진행되고, 이러한 해고가 그 정당성을 인정받지 못하는 경우도 빈번하게 발생한다.

## 2. 임금 및 근로시간

글로벌 기업에서 발생하는 임금 및 근로시간 관련 가장 대표적인 이슈는 사무직 근로자의 포괄임금제 오남용이라 할 수 있다. 일본의 경우 고도의 전문지식 등을 보유하고 일정 금액 이상의 연봉을 지급받는 관리직과 전문직 근로자에 대해서 노동기준법에 정해진 잔업수당(연장수당)과 심야근로에 대한 할증임금의 적용을 제외하는 제도 고도프로페셔널제도를 운영하고 있고 미국도 유사한 화이트칼라 이그젬션(White Collar Exemption)을 활용하고 있다. 글로벌 기업의 경우 본사의 규정에 따라 우리나라에서도 일부 사무직에 대해 근로시간을 관리하지 않은 채 고정OT 제도를 적용하거나 연봉에 모든 수당이 포함된 것으로 간주하는 포괄임금제를 사용하는 경우가 빈번하다. 포괄임금제 오남용 이외에도 주 52시간 근로시간제를 회피하기 위하여 다양한 형태의 유연근무제를 사용하면서 적절한 도입 절차를 거치지 않은 경우도 다수이다. 이처럼 본국의 규정을 준수해야 하는 한국 지사의 입장에서 한국의 노동법에 규정된 임금 및 근로시간에 관한 규정을 간과하는 경우가 자주 발생하고 있으며, 이는 근로시간 규제 위반 및 임금체불이라는 결과를 초래할 가능성이 크다.

## 3. 노사관계

글로벌 기업의 경우 특히 단체교섭 거부 또는 해태와 관련된 부당노동행위가 자주 발생하는 편이다. 이는 글로벌 기업 구성원이 우리나라 단체교섭 거부 또는 해태의 정확한 정의를 이해하지 못하는 것에서 초래되는 경우가 있다. 단체교섭의 거부 또는 해태란 노동조합의 대표자 또는 노동조합으로부터 위임을 받은 자와의 단체교섭 등을 정당한 이유 없이 거부하거나 해태하는 경우를 의미하지만 사용자측의 행위만 보고 일방적 또는 추상적으로 판단하는 것은 아니며 양측의 교섭태도를 종합적으로 검토 · 판단한다. 특히, 교섭을 거부하는 정당한 이유의 존재 여부는 노동조합측의 교섭권자, 노동조합이 요구하는 교섭시간, 교섭장소, 교섭 당시의 상황, 노동조합측의 태도 등을 종합적으로 검토하여 사회통념 상 사용자에게 단체교섭 의무를 이행토록 하는 것이 어렵다고 인정되는지 여부에 따라 판단이 달라질 수 있다.

글로벌 기업의 경우 노동조합의 조직 · 운영에 대한 지배 · 개입도 노사관계 관점에서 문제가 자주 발생하는 영역 중 하나이다. 지배 · 개입이란 기본적으로 노동조합의 자주성을 침해하는 행위로 규정되는데 지배란 사용자가 노동조합의 조직 · 운영 등의 단결권 행사에 대하여 주도적인 영향을 미침으로써 노동조합의 의사결정을 좌우하게 되는 것을 의미하면 개입이란 지배의 정도에 이르지는 아니하지만, 노동조합의 자주적인 활동을 방해 · 간섭하고 의사결정에 영향력을 미치는 것을 의미한다. 글로벌 기업의 경우 최소한 표면적으로나마 안정적 노사관계를 유지하기 위해 노동조합과 우호적인 관계를 추구하는 과정에서 본의 아니게 노동조합의 조직 · 운영에 대한 지배 · 개입이 발생하는 경우가 있다.

이상에서 살펴본 것처럼 노동조합과 관련된 이슈 중 부당노동행위 관련 이슈는 사례에 따라 달리 판단될 수 있는 이슈이기 때문에 국내 노동조합 및 노동법에 대한 이해와 경험이 상대적으로 부족한 글로벌 기업의 경우 문제가 발생할 가능성이 크다고 할 수 있다.

한편, 노동조합과 관련된 또 다른 이슈 중 최근 크게 증가하고 있는 것은 원청의 사용자성 이슈이다. 노동조합의 교섭요구에 대하여 교섭의무가 있는 '사용자'란 원칙적으로 "근로자와의 사이에 사용종속관계가 있는 자, 즉 근로자와의 사이에 그를 지휘 · 감독하면서 그로부터 근로를 제공받고 그 대가로서 임금을 지급하는 것을 목적으로 하는 명시적이거나 묵시적인 근로계약관계를 맺고 있는 자"를 의미한다. 종래 대법원은 명시적 · 묵시적 근로계약관계가 인정되는 경우에만 노동조합법상 사용자성을 인정하였다. 따라서 명시적 · 묵시적 근로계약관계가 있는 자만이 노동조합의 교섭요구에 응할 의무가 있고, 단체교섭 거부 또는 해태와 관련된 부당노동행위의 주체가 될 수 있다. 그러나 대법원은 지배 · 개입에 의한 부당노동행위 주체로서의 사용자 개념과 관련하여, 원청이 협력업체 근로자들의 근로조건을 실질적이면서 구체적으로 지배 · 결정할 수 있는 지위에 있는 경우에는 예외적으로 노동조합법상 사용자성을 인정할 수 있다는 이른바 '실질적 지배력설'을 인용하였다. 따라서 명시적 · 묵시적 근로계약관계가 있는 자만이 노동조합의 조직 · 운영에 대한 지배 · 개입의 주체로서의 사용자가 되는 것이 아니라 근로자들의 근로조건을 실질적이면서 구체적으로 지배 · 결정할 수 있는 지위에 있는 경우에도 사용자가 될 수 있다.

## 4. 구조조정과 청산

우리나라에 진출한 글로벌 기업의 경우 국내 시장의 침체 또는 글로벌 본사의 결정에 따른 사업구조 변경 등으로 인해 국내 기업에 비해 인력 구조조정 및 청산의 가능성에 더 크게 노출되어 있다. 또한 국내 노동법에 대한 이해 수준이 상대적으로 낮기 때문에 필요한 절차를 준수하지 않아 이들 기업에서 구조조정과 청산의 적법성이 문제가 되는 경우가 종종 있다.

예를 들어, 특정 사업부를 폐지하거나 축소하는 경우 일부 직원에게 휴업을 명할 수 있지만 그 정당성을 인정받기 위해서는 업무상 휴업의 필요성과 휴업 대상자 선정 기준의 합리성이 있어야 하며, 휴업으로 인한 생활상 불이익이 현저한지 여부도 중요하다. 또한 신의칙상 협의절차를 준수하였는지 여부도 휴업의 정당성을 결정하는 중요한 요소이다. 이러한 요건을 충족하지 않은 채 본사의 지시에 따라 휴업을 시행하는 경우 그 정당성을 인정받지 못할 수 있다. 한편, 본사의 경영 판단에 의해 국내 공장을 폐쇄하는 경우 위장 폐업으로 판단될 가능성도 있다. 특히, 글로벌 기업의 경우 동일한 사업을 지속적으로 영위하면서 특정 지역의 일부 공장만 폐쇄하고 생산 설비를 이전할 필요가 발생할 수 있는데, 이 경우 위장 폐업으로 오해받을 가능성은 더욱 높다.

이상에서 살펴본 것처럼 채용부터 회사 청산까지 기업 경영 전 과정에서 한국에 진출한 글로벌 기업은 인사 · 노무 관련 상당한 분쟁의 가능성에 직면해 있다. 이러한 현상의 배경에는 한국 노동법 및 노동관행과 노사관계에 대한 이해도가 상대적으로 낮은 점, 국내 사정에 상대적으로 어두운 글로벌 본사의 결정에 따라야 하는 점 등 글로벌 기업이 가지는 특성이 있다고 할 수 있다. 아래에서는 이러한 상황에서 분쟁에 적절히 대응하지 못한 사례를 살펴보고 대안적 분쟁해결 제도(ADR)를 활용하는 조정자의 입장에서 어떤 시사점이 있는지 살펴보고자 한다.

## Ⅳ 사례로 살펴보는 효과적인 분쟁 해결방안

아래에서는 분쟁을 사전에 예방하거나, 분쟁이 발생했을 경우 이를 해결할 수 있는 방안에 대해 글로벌 기업의 여러 사례를 통해 살펴보고자 한다. 다만, 대부분의 사례가 회사의 입장에서 분쟁을 예방하거나 분쟁을 신속히 처리하기 위한 교훈임을 미리 밝혀둔다.

### 1. 철저한 준비 없이 성급히 대응한 사례

첫 사례는 회사가 근태불량 및 업무지시에 대한 허위보고를 사유로 직원을 징계 해고한 사례에서 징계 건을 처음 진행하는 회사가 입증에 대한 준비가 부족한 상태에서 성급히 해고를 진행한 경우이다. 구체적인 내용은 아래와 같다.

– 이 사건의 근로자를 해고하게 된 것은 입사 이후 지속된 근태불량 및 업무태만 행위에 대하여 회사가 여러 차례 개선을 촉구하였음에도 불구하고 전혀 개선의 노력조차 보이지 않았고, 결국 신청인 회사는 근로자로부터 정상적인 근로를 제공받는 것이 불가능하다고 판

단함에 따라 징계해고에 이르게 된 사건

– 일반적인 해고 사건과 마찬가지로 본 사건에서는 징계사유의 정당성 여부, 징계양정의 적정성 여부, 징계절차의 적법성 여부가 주요 쟁점이 됨.

– 징계사유의 정당성 여부: 징계 사유 중 업무태만 등만 정당한 징계사유로 인정된 반면, 근무지 무단이탈, 상사의 지시명령 불복종, 보고누락 및 업무태만을 징계 사유로 삼은 것은 부당한 것으로 판단됨.

– 징계양정의 적정성 여부: 이 사건 근로자의 비위의 정도가 사회통념상 고용관계를 계속할 수 없을 정도에 해당한다고 보기 어려움.

– 징계절차의 적법성 여부: 일부 사소한 절차를 준수하지 않은 것으로 지적되었으나 징계절차의 적법성은 인정됨.

– 위 사례에서 볼 수 있는 것처럼 글로벌 회사가 한국에서 이러한 징계 건을 처음 진행한 상태에서 징계사유의 입증에 대한 준비가 상당히 부족하였으며 이로 인해 부당해고가 인정됨.

– 회사 취업규칙, 해고에 대한 통상적 인정, 해고절차에서 이해 부족 및 근로자와 충분한 커뮤니케이션 없이 권고사직 제안 후 제안을 받아 드리지 않자 징계해고라는 절차를 거친 것이 해고의 정당성을 인정받지 못한 중요한 원인이 됨.

– 분쟁의 대안적 해결을 위해 조정을 해야 하는 조정자의 입장에서 본 사건은 다음과 같은 시사점이 있음

  • 업무에 지장을 초래할 정도의 불성실한 근무태도에 대해 회사가 불만을 제기하는 것은 충분히 이해되지만 근로자를 징계 해고하기 위해서는 징계사유의 정당성을 입증하고 이를 바탕으로 징계양정의 적정성도 입증할 충분한 자료가 있어야 함을 회사가 이해하지 못한 전형적인 사례임.
  • 징계해고를 진행하기 이전에 회사에 징계사유의 정당성 및 징계양정의 적정성을 입증할 구체적인 자료가 있어야 함을 회사에 충분히 설명할 필요가 있음. 이를 통해 해고와 관련된 분쟁을 사전에 예방하거나 분쟁을 신속히 종결시킬 필요가 있음.
  • 위 사건은 해고와 관련하여 국내법이 얼마나 증빙 가능한 구체적 주장을 요구하는지 사전에 이해하지 못한 글로벌 기업의 성급한 대응이 문제가 된 사례라고 할 수 있음.

## 2. 한국 노동법 및 노사관계 환경에 대한 이해가 부족했던 사례

본 사례는 전면파업 개시일부터 종료 시까지 파업 대신 조업에 참여한 근로자들에게 특별수당을 지급한 행위가 파업에 참여한 조합원에 대한 불이익 취급 및 지배 · 개입의 부당노동행위에 해당한다고 조합원들이 주장한 사례이며, 자세한 내용은 아래와 같다.

– 본 사건의 주요 쟁점
  - 이 사건의 특별수당 지급이 불이익 취급의 부당노동행위인지 여부
  - 이 사건의 특별수당이 지배 · 개업의 부당노동행위에 해당하는지 여부
  - 부당노동행위에 해당할 경우 노동조합이 요구하는 대로 파업에 참여한 근로자에게도 특별수당을 지급해야 하는지 여부

– 불이익 취급의 부당노동행위에 해당하는지 여부
  - 취급의 부당노동행위가 성립하기 위해서는 근로자가 노동조합에 가입하는 등 노동조합의 업무를 위한 정당한 행위를 하고 사용자가 이를 이유로 근로자에 대하여 불이익을 주는 행위를 한 경우라야 함(대법원 1998. 2. 10. 선고 96 10188 판결 참조).
  - 사용자로서는 이미 계약된 물량을 생산하기 위해 전면파업에 참여하지 않은 비조합원 등을 대체인력으로 투입하여 공장을 가동할 수밖에 없었던 사정이 인정되며, 전면파업 기간에 근무 장소가 판교, 안양에서 울산 등으로 변경되거나 사무직이 생산업무에 지원하여 투입된 사실이 있는 점, 이러한 근무환경 변경으로 인한 정신적 스트레스 강도가 높아졌을 것으로 추정되는 점 등을 고려할 때 특별수당을 지급한 사실 자체는 평상시보다 가중한 업무를 한 것에 대한 보상으로 지급된 것이지 전면파업을 이유로 파업 참여 근로자들에게 상대적으로 경제적 불이익을 준 것으로 판단되지 않음.

– 지배 · 개업의 부당노동행위에 해당하는지 여부
  - 사용자가 특정 노동조합의 조합원 또는 파업불참자에게 추가 금품을 지급한 행위가 지배 · 개입 부당노동행위에 해당하는지 여부는 금품을 지급하게 된 배경과 명목, 금품 지급에 부가된 조건, 지급된 금품의 액수, 금품 지급의 시기나 방법, 노동조합의 조직이나 운영에 미치거나 미칠 수 있는 영향 등을 종합적으로 고려하여 판단하여야 함. 다만, 그 지배 · 개입으로서의 부당노동행위의 성립에 반드시 근로자의 단결권의 침해라는 결과의 발생까지 요하는 것은 아님(대법원 2019. 4. 25. 선고 2017 33510 판결, 서울행정법원 2023. 5. 11. 선고 2021 구합69653 판결 등 참조).
  - 특별수당 지급의 기준으로 마련한 대체 투입 6개의 유형 중 사무직이 생산업무를 지원

하는 것과 같은 직무 내용의 변경이 있는 경우, 직무의 변경은 없어도 근무장소의 이동이 있는 경우와 달리 울산·진천 생산직의 경우 업무강도가 다소 늘었다고 하더라도 연장근무수당 등 법정수당과 별도로 실제 현장 투입시간의 50%를 특별수당으로 지급한 것은 그 지급액이 과도하므로 노동조합 및 노동관계조정법 81조제1항제4호에서 규정하고 있는 지배·개업의 부당노동행위에 해당함.

– 부당노동행위에 해당할 경우 노동조합이 요구하는 대로 파업에 참여한 근로자에게도 특별수당을 지급해야 하는지 여부
  • 현실적으로 발생하는 부당노동행위의 유형은 다양하고 노사관계의 변화에 따라 그 영향도 다각적이어서 그에 대응하는 부당노동행위 구제의 방법과 내용도 유연하고 탄력적일 필요가 있음.
  • 근무장소(지역)나 업무가 변경되지 않은 생산직에게 지급된 특별수당은 과도하게 지급된 부당이득으로 판단되므로 이 사건 신청인들의 특별수당 지급 요구의 신청 취지는 인용하기 어려움.

– 이상에서 볼 수 있는 것처럼 본 사례는 한국에 진출한 글로벌 회사가 처음 경험하는 전면 파업에 대해 한국의 노동법의 엄격함과 불안정한 노사관계 환경을 고려하지 못한 것에서 초래됨.

## 3. 본사의 경영 결정을 이행하는 과정에서 국내 노동법 위반 여부가 문제된 사례

우리나라에 진출한 글로벌 기업의 상당수는 독립적 경영 결정을 하기 보다는 글로벌 본사의 경영 결정에 따라야 하는 경우가 많다. 이런 경우 국내 노동법에 대한 이해가 충분하지 못한 본사의 결정을 성급히 추진하면서 의도치 않게 노동법을 위반하는 사례가 발생한다. 본 사례는 글로벌 본사의 사업부 축소 결정에 따라 국내 사업조직을 축소하는 과정에서 일부 조직원에게 내린 휴업명령의 부당휴업명령 여부가 문제된 사례이며, 자세한 내용은 아래와 같다.

– 휴업명령의 정당성
  • 우리나라 근로기준법 제46조(휴업수당)제1항에 의하면 사용자의 귀책사유로 휴업하는 경우에 사용자는 휴업기간 동안 그 근로자에게 평균임금의 100분의 70 이상의 수당을 지급하여야 함. 다만, 회사가 휴업수당을 지급하기만 하면 모든 휴업조치가 적법하고 정당한 것으로 인정되는 것은 아님.
  • 우리나라 법원은 기업이 그 활동을 계속적으로 유지하기 위해서는 노동력을 재배치하

거나 그 수급을 조절하는 것이 필요 불가결하므로, 휴직명령을 포함한 인사명령은 원칙적으로 인사권자인 사용자의 고유권한에 속한다고 보고 있음. 따라서 이러한 인사명령에 대하여는 업무상 필요한 범위 안에서 사용자에게 상당한 재량을 인정하여야 하고(대법원 2005. 2. 18. 선고 2003다63029 판결 참조), 그것이 근로자에 대하여 정당한 이유 없이 해고 · 휴직 · 정직 · 감봉 기타 징벌을 하지 못하도록 하는 근로기준법 제23조 제1항에 위배되거나 권리남용에 해당하는 등 특별한 사정이 없는 한 무효라고 할 수 없다고 봄.

• 경영상의 필요를 이유로 하여 휴직명령이 취해진 경우 그 휴직명령이 정당한 인사권의 범위 내에 속하는지 여부는 당해 휴직명령 등의 (i)경영상의 필요성과 그로 인하여 (ii)근로자가 받게 될 신분상 · 경제상의 불이익을 비교하고, (iii)휴직명령 대상자 선정의 기준이 합리적이어야 하며, (iv)근로자가 속하는 노동조합과의 협의 등 그 휴직명령을 하는 과정에서 신의칙상 요구되는 절차를 거쳤는지 여부를 종합적으로 고려하여 결정하여야 함.

– 경영상의 필요성

• 회사 입장에서 본 경영상의 필요성

▷ 글로벌 본사의 일부 사업 축소 · 폐지가 결정되어 피신청인 회사의 해당 사업부 정원도 대폭 축소 · 개편하여 운영하는 것으로 본사 방침이 정해진 상태임.

▷ 그간 누적된 적자로 인하여 부채총계가 계속기업으로서의 존속가능성에 대한 의문이 제기되는 수준이며 비용 절감, 최소화하기 위해 전사적으로 필요 최소인력으로 조직을 운영하고 있는 상황임.

▷ 이에, 2차례 희망퇴직을 실시하여 직원들의 피해를 최소화 하였음에도, 해당 사업부 내 부여할 직무가 없어 휴업 대상자들에게 부여할 직무를 찾는데 시간이 소요되어 잠정적 조치로 휴업발령을 함. 특히, 해당 부서와 다른 부서 간 업무 전문성의 차이로 인해 배치전환이 어려움

• 근로자 입장에서 본 경영상의 필요성

▷ 해당 부서와 다른 부서 간 배치전환이 종종 있었고, 해당 부서 직원을 마케팅 담당 직원으로 전환배치하는 것도 가능함.

▷ 휴업 이후 마케팅 업무 담당자, IT 담당자, E– Commerce 담당자, 대표이사 비서 등을 신규 채용함.

▷ 따라서 휴업의 필요성이 없음

- 생활상의 불이익
  - 회사는 근로기준법 제46조에 따라 평균임금의 70%를 휴업수당으로 지급하였으므로 회사의 경영상 필요성에 비하여 생활상 불이익이 현저하지 않다고 주장함.
  - 반면, 근로자들은 연봉 대비 6-8% 감소가 있었고, 휴업기간이 장기화됨에 따라 휴업에 따른 임금 감소 등 불이익은 더욱 증가한다고 주장함. 또한 고정상여금의 역할을 하던 상여금도 지급받지 못하였고, 영업활동비, 주유비, 통신비 중 실제 영업활동 이후 남은 잔여금도 지급받지 못해 연봉 대비 약 12%의 감소가 발생하였다고 주장함. 따라서 생활상의 불이익이 크다고 주장함.
- 대상자 선정의 합리성
  - 회사는 1차 희망퇴직 후 남은 인원 중 영업직을 대상으로 인사평가, 업무역량, 성장 가능성, 근무 경험, 지역/직급별 안배 등을 고려하여 합리적 기준에 따라 직무부여 대상자를 선정한 후, 신청인들에게 부여할 직무가 남지 않아 휴업발령을 하였다고 주장함.
  - 근로자들은 휴업 대상자들의 최근 5년간 인사평가 결과가 중간 등급 이상이었으므로 인사평가 결과가 저조하지 않았고, 휴업 대상자 선정 기준(직무부여 대상자 선정 기준)에 대해 근로자들과 협의하거나 사전 고지 또는 동의를 받지 않고 일방적으로 휴업을 통보함.
- 신의칙상 협의 절차
  - 회사는 휴업과 관련하여 휴업 대상자들이 소속된 노동조합과 집중적으로 협의하였고, 이후에도 교섭자리에서 지속적으로 협의하고 있음. 노동조합과 협의 등 신의칙상 절차가 부족하였다고 하여 인사권 행사가 권리남용에 해당하여 당연 무효가 되는 것은 아니라고 주장함.
  - 직원은 휴업 및 조직개편 후 직무부여 대상자 선정 과정에서 노동조합과 대상자 선정 기준 등 관련하여 사전 협의절차를 거치지 않았다고 주장함.
- 노동위원회의 판정
  - 업무상 휴업의 필요성이 존재하지 않음.
  - 생활상 불이익이 현저함.

## 4. 노사관계 개선을 위한 글로벌 본사의 적극적 노력이 성공한 사례

안정적 노사관계의 모범적 사례로 국내 근로자의 협조를 구하기 위한 글로벌 본사의 적극적인 노력이 돋보이고 지역 사회와의 협조가 중요한 역할을 한 경우를 살펴보기로 하자. 구체적인 내용은 아래와 같다.

- 안정적 노사관계 확립을 위한 글로벌 본사의 적극적 노력
  - 이 회사는 반도체를 생산하는 외국계 기업으로 최근 다른 외국계 반도체 기업을 인수하면서 국내 공장도 함께 인수함. 경영권이 이전되면서 국내 공장 구조조정의 불안감이 커지고 노사관계도 불안정한 모습을 보임.
  - 안정적 노사관계 확립을 위해 글로벌 본사 회장이 직접 한국을 방문하고 전 직원이 참석하는 미팅을 통해 회사의 연혁과 미래 전략, 그리고 최근 경영 성과를 직접 직원들에게 설명함으로써 국내 공장에 대한 글로벌 본사의 적극적인 관심을 표명함.
  - 또한, 글로벌 본사 회장은 각 부문의 리더들과 커뮤니케이션 미팅과 사이트투어 등을 하면서 국내 공장의 그간의 성과 및 강점, 그리고 미래 가능성을 적극적으로 파악한 후 직원들과 그 결과를 공유함.
  - 이러한 적극적 행보는 국내 공장 직원들에게 소속감 및 안정성을 부여하였으며, 안정적 노사관계의 기초가 된 것으로 평가됨.
- 지역사회 이슈에 적극적으로 참여함으로써 기업의 사회적 책임에 대해서도 책임감 있는 모습을 보임
  - 앞서 설명한 것처럼 글로벌 기업에 대한 국내 인식 중 가장 부정적인 것은 글로벌 기업이 한국에서 수익만 추구하는 소위 '먹튀' 행위를 하고 사회 발전에는 전혀 기여하지 않는다는 것임.
  - 국내에서는 생산시설만 가동하고 모든 수익은 글로벌 본사로 가져간다는 오해를 불식시키기 위해 국내 지역 문제에 대해서도 적극적인 행보를 보임.
    - ▷ 지방고용노동청과 청년 일자리 창출 산·학·관 업무협약을 체결하고 반도체업종 특별취업지원을 목적으로 상시 구인수요 있는 반도체 업체의 대학 졸업예정자 및 지역 청년층 채용 활성화에 동참함.
    - ▷ 디지털 인재 양성을 위해 지역 대학과 업무협약을 체결하고 인공지능·소프트웨어 분야 우수 인재 양성 위한 프로그램 공동개발, 취업역량 강화와 고용기회 확대 위한 협업, 실험실습 및 연구기기·시설물 등의 공동 사용을 추진함으로써 청년 일자리 창출과 같은 지역 이슈에 적극 동참하는 모습을 보임.
  - 이처럼 지역 발전에 적극적인 모습을 보임으로 인해 해당 기업에 대한 일반적인 인식도 크게 개선됨.
    - ▷ 해당 기업의 공장은 수도권정비계획법에 따른 과밀억제권역으로 지정되어 있고, 산

업집적활성화 및 공장설립 법률에 따라 공장 신설 등의 규제를 받고 있음.

▷ 이와 같은 규제로 인해 설비투자를 위한 공장 증설 계획에 여러 어려움을 겪었으나, 그간 지역 사회 문제에 적극적으로 참여하여 회사에 대한 긍정적인 인식을 키워온 결과, 지방 정부가 적극적으로 행정 편의를 제공함. 예를 들어, 공장 증설 승인 가능 여부에 대해 해당 시는 적극행정위원회에 의견 제시를 요청했고, 적극행정위원회가 공장 증설이 가능하다는 의견 제시를 받아 공장 증설을 승인함.

## V 이해와 조정을 통한 선순환 구조 구축

본 강의를 통해 우리나라에서 사업을 영위하는 글로벌 기업의 경우 우리나라 노동법이나 노동관행에 대한 이해가 부족해 사전에 예방할 수 있는 분쟁을 자초하는 경향이 강한 것을 확인할 수 있었다. 이런 의미에서 글로벌 기업과 관련된 분쟁을 해결하기 위해서는 글로벌 기업 구성원들이 바라보는 우리나라 노동시장 및 노사관계에 대한 이해가 반드시 필요하다.

앞서 살펴본 것처럼 우리나라 노동법의 엄격함, 대립적인 노사관계 등에 대한 충분한 이해 없이 글로벌 스탠다드에 맞춰 각종 인사·노무 관련 조치를 취할 경우 분쟁 가능성이 더욱 높아지고 분쟁 해결에도 많은 시간이 소요될 뿐만 아니라 그 결과도 예상하기 어려워진다. 따라서 분쟁을 예방하고 조정해야 하는 조정인의 입장에서 다음과 같은 시사점을 얻을 수 있다.

우선, 우리나라 노동법은 사용자에게 상당히 엄격히 적용됨을 글로벌 기업 구성원에게 충분히 설명할 필요가 있다. 과거 산업화 시대 당시에는 사용자가 우월한 지위를 악용하여 부당한 행위를 저지르는 경우가 빈번했던 것은 사실이다. 그러나 현재 노사관계 지형은 과거와 달리 노동조합의 영향력이 지대한 형태로 변화하였다. 하지만 과거 환경을 바탕으로 형성된 우리나라 노동법은 여전히 사용자에게만 엄격한 잣대를 들이댄다. 사법부 역시 법의 적용을 엄격히 다루는 경향이 강하다. 앞서 살펴본 것처럼 징계해고를 진행하기 이전에 회사는 징계사유의 정당성 및 징계양정의 적정성을 입증할 구체적인 자료를 충분히 준비해야 분쟁을 사전에 예방하거나 분쟁을 신속히 종결시킬 수 있다. 따라서 소송을 통한 분쟁 해결 이전에 사용자의 조치가 정당하였음을 입증할 수 있는 상당한 준비가 필요하다. 즉, 분쟁 예방 및 해결을 위해서는 본인 행동과 주장의 정당성을 뒷받침하는 객관적인 증거가 반드시 필요하다는 점을 인색할 필요가 있다.

한편, 분쟁을 해결하거나 사전에 방지하기 위해서는 절차적 적법성을 확보하는 노력이 반드시 선행되어야 한다. 글로벌 기업의 관점에서 경영상 필요에 의해 행해진 정당한 조치라 하더라도 절차적 적법성을 갖추지 못할 경우 그 정당성이 인정받기 어렵다는 점을 충분히 이해할 필요가 있다. 앞서 살펴본 것처럼 휴업이나 폐업 등 인력 조정이 동반되는 경우 과거에 비해 절차상의 적법성이 상당히 중요한 요소로 등장하고 있다. 따라서 휴직명령의 정당성을 확보하기 위해서는 휴직명령 등의 경영상의 필요성을 입증할 충분한 자료를 준비하고 휴직을 회피하기 위해 다양한 노력을 하였음을 입증할 필요가 있다. 또한, 근로자가 받게 될 신분상·경제상의 불이익을 최소화하기 위한 노력을 기울였고 휴직명령 대상자의 선정 역시 공정하고 합리적인 기준에 의해 진행되었음을 보여줄 필요가 있다. 뿐만 아니라 이 모든 과정을 노동조합과 협의하는 과정을 거쳐 신의칙상 요구되는 절차를 확보할 필요가 있다. 이제 분쟁을 해결하는 핵심 요소는 누가 절차적 정당성을 확보하고 있는지에 달렸다고 해도 과언이 아니다.

또한, 우리나라 노사관계의 특수성을 사전에 충분히 이해할 필요가 있다. 한국에 진출한 글로벌 회사는 우리나라와 같은 특수한 환경에서 다양한 인사·노무 관련 분쟁을 처음 경험하는 경우가 많다. 노동법의 엄격함을 이해하는 것도 필요하지만, 노조원과 비노조원 사이 역학관계, 복수노조가 있을 경우 노조 간 이해관계 등 노사관계의 특수성을 충분히 이해할 필요가 있다. 여기에 더해 정규직과 비정규직간 이해관계의 상충도 사전에 살펴볼 필요가 있다. 특히, 동일노동 동일임금을 강조하는 현재 노동시장 및 노사관계 환경을 감안하면, 노동력 제공에 대한 정당한 보상마저 차별로 받아들여질 가능성이 충분하다. 이는 절차적 정당성이나 보상의 합리성과는 무관하다. 이는 어쩌면 보상의 공평성을 지나치게 강조하여 본인이 받지 못하는 보상을 모두 차별로 인식하는 우리나라의 특수한 환경에 기인하는 것일지도 모른다. 따라서 분쟁을 사전에 예방하고 조정해야 하는 조정인의 입장에서는 글로벌 기업 구성원이 이러한 특수한 노사관계 환경을 사전에 충분히 이해하도록 도와야 할 필요가 있다.

마지막으로 글로벌 기업의 경영인 역시 우리나라 노동시장 및 노사관계 환경에 대한 이해도를 높이고 각종 규제를 준수하기 위한 노력을 기울일 필요가 있다. 본 강의에서 다뤄지지는 않았지만, 일부 사례를 살펴보면 글로벌 스탠다드 중 회사 경영에 유리한 부분만 선택적으로 취하는 경향을 쉽게 발견할 수 있다. 가장 대표적인 사례가 포괄임금제라고 할 수 있다. 포괄임금제란 연장근로수당을 비롯한 법정수당 등을 실제 근로시간에 상관없이 기본급에 포함하여 지급하거나, 정액으로 지급하는 임금지급 방식이다. 포괄임금제는 초과근로 상시화 등 장시간 근로를 고착화시키고 실제 일한 시간에 따라 마땅히 받아야 할 임금에 미달하는 임금을 받게 되는 등 다양한 문제를 야기할 가능성이 크기 때문에 우리나라 판례는 근로시간의 산정이 어려운 경우이거나 근로기준법상의 근로시간에 관한 규정을 그대로 적용할 수 없다고 볼 만한 특별한 사정이 있는 경우에만 예외적으로 포괄임금제의 효력을 인정하고 있다(대법원 2010. 5. 13. 선고 2008다6052 판결). 즉, 근로시간의 산정이 가능한 경우에는 원칙적으로 포괄임금제 사용이 금지되는 것이다. 그러나 글로벌 기업의 경우 우리나라 노동법의 규정은 무시한 채, 본국에서는 미국의 화이트칼라 이그젬션(White Collar Exemption)이나 일본의 고도 프로페셔널 제도와 유사한 제도가 있고 글로벌 지사 모두 동일한 유형의 연봉계약서를 사용한다는 이유만으로 연봉에 모든 연장 · 야간 · 휴일근로 수당이 포함된 연봉계약서를 활용하는 경우가 흔하다. 이처럼 글로벌 스탠다드와 국내 노동법 중 회사 경영에 유리한 것만 선택하는 경향으로 인해 회사의 정당한 권리 요구마저 그 정당성이 약화되거나 글로벌 기업의 경영 방식에 대한 부정적 시각만 커지는 부작용도 발생한다. 이제 글로벌 기업의 경우에도 기업과 경영자의 권리와 의무, 그리고 근로자의 권리와 의무 간 조화를 위한 노력이 필요한 시점이라고 할 수 있다.

## 참고문헌

1. 고용노동부(2023), 연도별 노사분규 발생건수 및 근로손실일수, 노사관계지원과.
2. 남성일(2017). 쉬운 노동경제학. 박영사.
3. 서덕일, 변양규, 우광호(2022). Time to Change:노사관계의 미래, 한국경제신문.
4. 이정(2023). 노동법체계의 새로운 지평. 법문사.
5. 우광호. (2014). 화이트칼라이그젬션제도 도입방안 모색. KERI Brief, 14(21), 1−8.
6. 정영훈. (2017). 일본의 노동법개혁과 그 시사점. 강원법학, 52, 77−124.
7. 한국경제인협회 보도자료. 외국인투자기업 대상 한국 노동시장 인식 조사. 2024 7. 22일 협회보도자료.

제 4 부

# 분쟁해결 실무, 어떻게 지원하나?

- **노동위원회 실무개론** _김민표 교수
- **증거와 증언 등의 활용 요령** _맹수석 교수
- **화해 합의문 작성과 합의문의 이해 및 해석** _박진환 교수
- **신청인 · 피신청인과의 대화 요령 및 사실 조사보고서 작성법은 따로 있다** _조영식 · 이석준 교수
- **분쟁해결은 윤리를 바탕으로 하여야 한다** _윤광희 · 손동희 교수

# 제4부 개요 분쟁해결 실무, 어떻게 지원하나?

노동위원회가 담당하고 있는 노동분쟁은 여타의 법적 분쟁과 달리 〈인격적 신뢰관계〉를 토대로 한 근로계약 관계로부터 초래되는 분쟁이어서 '한번 난 상처는 잘 아물지 않는다'라는 특성이 있다. 그래서 판정보다는 ADR을 통한 해결이 훨씬 바람직한 법 영역이다.

이러한 노동분쟁을 ADR을 통해 해결하고자 할 때 먼저 알아야 할 것은 노동위원회 실무이다. 왜냐하면 현재 우리 노동분쟁의 대부분은 법원보다는 노동위원회에서 처리되기 때문이다. 그래서 제4부는 노동분쟁을 해결하기 위해서 필수적으로 갖추어야 할 노동위원회 실무 지식의 함양에 주안점을 두고 있다.

이를 위해 제1장('노동위원회 실무 개론')에서는 노동위원회 실무 전체를 개관한다. 즉, 노동위원회에 접수되는 사건의 종류, 접수된 사건이 조정위원회 · 심판위원회 등에 배정되는 방식, 배정된 사건에 대한 사실조사 방법, 각 위원회의 사건처리 절차 등에 관한 노동위원회 실무를 살펴본다.

그리고 제2장('증거와 증언 등의 활용 요령')에서는 노동위원회 심문회의에서 사실관계를 규명하기 위해 꼭 필요한 지식을 배우게 된다. 심문회의는 어떻게 보면 거짓말의 경연장이다. 자신에게 조금이라도 유리하게 할 의도로 관계 당사자들이 사실을 왜곡해 진술할 유혹이 크기 때문이다. 그래서 당사자, 증인, 참고인 등의 진술의 허위를 가려내는 방법, 당사자가 제출한 증거자료의 가치를 판단하는 법 등에 관해 살펴볼 것이다.

제3장('화해 합의문 작성과 합의문의 이해 및 해석')에서는 화해조서에 담길 화해안을 도출하는 방법, 적확한 화해합의문을 기재하는 법, 화해조서의 해석과 적용을 둘러싼 갈등을 예방하기 위해 유의할 사항 등에 관한 지식을 학습한다. 심판사건으로 제기된 노동분쟁을 ADR을 통해 해결할 때 그 귀결은 화해이다. 그리고 화해는 화해조서 작성으로 종결된다. 그러므로 제3장에서 학습하게 될 내용을 자기의 것으로 깊이 체화시키기를 특별히 부탁드린다.

제4장('신청인 · 피신청인과의 대화 요령 및 사실 조사보고서 작성법은 따로 있다.')은 사실 조사보고서

를 작성하는 기술적 부분뿐만 아니라 작성 과정에서 신청인 · 피신청인과의 대화요령을 심층적으로 다룬다. 즉, 신청인 · 피신청인과의 대화를 '화해를 위한 대화'와 '사실 조사보고서 작성을 위한 대화'로 나누어 각 단계에서의 대화요령을 설명한다. ADR을 통한 노동분쟁 해결의 기초는 'fact finding report' 곧 '사실 조사보고서'이다. 사실 조사보고서가 제대로 작성되어 있다면 문제해결을 위한 든든한 무기를 갖추게 되므로 이 장의 내용은 참 중요하다.

마지막으로 제5장('분쟁해결은 윤리를 바탕으로 하여야 한다')에서는 분쟁해결지원인의 윤리에 관해 함께 고민해 본다. ADR이 적용되는 현장에서 윤리의 준수는 분쟁해결지원인이 제시하는 화해안에 대한 당사자의 수용 여부를 가르는 핵심적 기준이 될 수 있다. 그래서 분쟁해결지원인이 해야 할 일과 하지 말아야 할 일을 구체적으로 살펴보면서 분쟁해결지원인의 윤리 준칙을 모색해 본다.

# 노동위원회 실무 개론
## - 한눈에 보는 사건의 배정부터 종료까지의 노동위원회 실무 -

김민표 교수

# 노동위원회 실무 개론
# - 한눈에 보는 사건의 배정부터 종료까지의 노동위원회 실무 -

김 민 표

## Ⅰ 이 과목에서 무엇을 배우게 될까?

이 과목은 ① 노동위원회에 어떤 종류의 사건이 접수되는지, ② 노동위원회에 접수된 사건이 어떤 절차를 거쳐서 배정되는지, ③ 배정된 사건에 대해 어떻게 사실 조사가 이루어지는지, 사실 조사 결과 작성된 조사보고서는 어떻게 활용해야 하는지, ④ 조정사건 · 심판사건 · 차별시정사건은 조정위원회 · 심판위원회 · 차별시정위원회를 통해 각각 어떻게 처리되는지, ⑤ 심판사건의 판정서는 어떻게 작성하는지 등에 관한 노동위원회 실무 정보를 제공한다. 이 과목을 이수하게 되면 노동위원회 사건처리 각 단계에서 무엇을 해야할지에 관해 명료한 이해를 얻게 될 것이다.

## Ⅱ 노동위원회에 접수되는 사건의 종류

### 1. 노동위원회 사건의 개관

「ADR 대안적 분쟁해결제도 심화편」에서 학습한 것처럼 노동 사건은 개별적 근로관계와 집단적 노사관계 사건으로 나뉜다. 이에 대응하여 우리 노동법도 ① 개별적 근로관계법(근로자 개인과 사용자 간의 근로관계를 규율)[1], ② 집단적 노사관계법(노동조합과 사용자 간의 노사관계를 규율)[2]으로

1 개별적 근로관계법에는 대표적으로 「근로기준법」, 「기간제 및 단시간근로자 보호 등에 관한 법률」, 「파견근로자 보호 등에 관한 법률」, 「최저임금법」, 「산업안전보건법」, 「산업재해보상보험법」 및 「남녀고용평등과 일 · 가정 양립 지원에 관한 법률」, 「근로자퇴직급여보장법」, 「산업현장 일학습병행 지원에 관한 법률」 등이 있다.

2 집단적 노사관계법으로는 「노동조합 및 노동관계조정법」, 「노동위원회법」, 「교원의 노동조합 설립 및 운영에 관한 법률」, 「공무원의 노동조합 설립 및 운영 등에 관한 법률」 등이 있다.

제정되었다.

이에 따라 노동위원회는 ① 개별적 근로관계법인 「근로기준법」, 「기간제 및 단시간근로자 보호 등에 관한 법률」, 「파견근로자 보호 등에 관한 법률」, 「남녀고용평등과 일 · 가정 양립 지원에 관한 법률」, 「산업현장 일학습병행 지원에 관한 법률」 등에 따른 판정 · 차별적 처우 시정 등에 관한 업무, ② 집단적 노사관계법인 「노동조합 및 노동관계조정법」, 「교원의 노동조합 설립 및 운영 등에 관한 법률」, 「공무원의 노동조합 설립 및 운영 등에 관한 법률」 등에 따른 노동쟁의 조정(調停) · 중재 또는 관계 당사자의 자주적인 노동쟁의 해결 지원에 관한 업무 및 위의 법과 「근로자참여 및 협력증진에 관한 법률」에 따른 판정 · 결정 · 의결 · 승인 · 인정 등에 관한 업무를 수행한다(노동위원회법 제2조의2).

여기서 '판정 · 결정 · 의결 · 승인 · 인정(이하 '심판 사건'이라 한다), 노동쟁의 조정(調停) · 중재 또는 관계 당사자의 자주적인 노동쟁의 해결 지원에 관한 업무'가 무엇인지는 해당 법률과 「노동위원회규칙」[3]에 자세히 규정되어 있다.

## 2. 노동위원회 접수 사건의 상세 목록

구체적으로 노동위원회에는 어떤 사건들이 접수될까? 이에 관한 정보를 제공하기 위해서 아래의 표를 작성해 보았다. 아래의 표는 관계 법령 및 노동위원회 실무를 종합적으로 고려하여 작성한 것이다. 작성의 기준은 다음과 같다.

– 다 음 –

우선 노동위원회 처리 사건을 크게 개별적 근로관계와 집단적 노사관계로 나눈다(대분류). ① 개별적 근로관계 사건은 심판 사건, 화해회의 사건과 차별시정 사건으로 구분한다(중분류1). 심판 사건은 다시 판정 사건과 판정 이외 사건으로, 차별시정 사건은 판정 사건과 조정 · 중재 사건으로 분류한다(중분류2). ② 집단적 노사관계 사건은 조정 사건과 심판 사건으로 나눈다(중분류1). (a) 조정 사건은 사전 조정과 본 조정 사건으로 구분한다. 사전 조정과 본 조정 사건 모두 일반사업장 사건과 공익사업장 사건으로 구분해서 살펴보아야 하고 사용자가 공공기관이냐 민간기업이냐, 노동조합의 상급단체가 한국노총이냐 민주노총이냐에 따라 나누어야 한다(중분류2). (b) 심판 사건은 다시 판정 사건과 판정 이외 사건으로 나눈다(중분류2). 이러한 대분류 및 중분류 기준에 「노동위원회규칙」 제16조 내지 제18조가 심판위원회, 차별시정위원회, 조정위원회 등의 각 처리사항을 규정한 내용과 노동위원회가 처리하는 실제 사례를 세분류 기준으로 한다. 그리고 세

3 특히 노동위원회규칙 제16조, 제17조, 제18조를 참조하면 그 내용을 일목요연하게 파악할 수 있다.

세분류에서는 세분류를 더 분류할 필요가 있는 경우 항목을 나눠서 기술한다.

**표 1 노동위원회 접수 사건 목록**

<table>
<tr><th rowspan="2">대분류</th><th colspan="2">중분류</th><th rowspan="2">세분류</th><th rowspan="2" colspan="2">세세분류</th></tr>
<tr><th>1</th><th>2</th></tr>
<tr><td rowspan="19">개별적 근로관계</td><td rowspan="19">심판 사건</td><td rowspan="19">판정</td><td rowspan="2">징계</td><td>해고</td><td>• 사용자의 일방적 의사표시에 의한 모든 근로관계 종료</td></tr>
<tr><td>기타 징계</td><td>• 정직, 강등, 감봉, 견책 등의 질서벌</td></tr>
<tr><td>통상 해고</td><td colspan="2">• 질병, 직무능력 부족, 직무능력 상실 등 근로자의 귀책사유가 아닌 일신상의 사유로 인한 근로관계 해지</td></tr>
<tr><td>경영상 해고</td><td colspan="2">• 긴박한 경영상의 필요에 의한 해고(정리해고)</td></tr>
<tr><td>직장내 괴롭힘</td><td colspan="2">• 직장내 괴롭힘 가해자에 대한 해고, 기타 징계처분</td></tr>
<tr><td rowspan="3">비정형 사건</td><td>합의해지</td><td>• 당사자의 계약종료 합의 존부 분쟁</td></tr>
<tr><td>비진의 사직</td><td>• 근로자의 사직 의사의 진정성 분쟁</td></tr>
<tr><td>해고 부존재</td><td>• 사용자의 해고사실 존부 관련 분쟁</td></tr>
<tr><td rowspan="2">불이익처분</td><td>직장내 괴롭힘</td><td>• 신고자 · 피해주장자에 대한 해고 및 기타 불이익 처분</td></tr>
<tr><td>직장내 성희롱</td><td>• 신고자 · 피해주장자에 대한 해고 및 기타 불이익 처분</td></tr>
<tr><td rowspan="8">비정규직 사건</td><td>기간제법</td><td>• 2년 초과 사용 기간제근로자의 정규직 전환</td></tr>
<tr><td>파견법</td><td>• 파견근로자의 정규직 전환</td></tr>
<tr><td rowspan="4">각종 기대권</td><td>• 기간만료 후 갱신거절에 대한 분쟁(갱신기대권)</td></tr>
<tr><td>• 정년 도과 후 촉탁직 채용 등에 대한 분쟁(정년후 재고용기대권)</td></tr>
<tr><td>• 용역업체 변경 후 이전 업체 근로자의 고용승계 분쟁(고용승계기대권)</td></tr>
<tr><td>• 비정규직 채용 후 정부정책 등에 의한 정규직전환에 대한 분쟁(정규직전환기대권)</td></tr>
<tr><td>플랫폼 노동자</td><td>• 음식 배달, 퀵 서비스, 대리운전, 가사 돌봄, 청소, 번역, 디자인, 영상편집, 법률상담, IT 개발 등 디지털 플랫폼을 통해 일하는 사람의 근로기준법상의 근로자성에 관한 분쟁</td></tr>
<tr><td>인사명령</td><td>배치전환</td><td>• 근무내용(전직), 근로장소(전보)를 변경하는 인사</td></tr>
</table>

| 대분류 | 중분류 1 | 중분류 2 | 세분류 | 세세분류 | |
|---|---|---|---|---|---|
| | | | | | 명령에 대한 분쟁 |
| | | | | 전적 | • 계열사 간에 이루어지는 인사배치 명령으로 서로 다른 법인격 주체 간에 이루어짐 |
| | | | | 대기발령 | • 징계 등을 앞두고 직위를 해제하는 잠정적 인사조치 관련 분쟁 |
| | | | | 휴업 | • 경영상 불황 등으로 인해 조업을 일부 또는 전부 중단시키는 인사명령 |
| | | | 기업조직변경 | • 회사 합병 및 분할, 영업양도 등에 따른 고용승계 분 | |
| | | 판정외 | 근로조건 위반 | • 근로조건 위반에 대한 손해배상액 결정 | |
| | | | 이행강제금 | • 이행강제금 결정 | |
| | | | 휴업수당 | • 기준미달 휴업수당 지급에 대한 승인 | |
| | | | 휴업 · 장해보상 | • 휴업이나 장해보상의 예외 인정 | |
| | | | 재해인정 | • 재해인정 등의 이의에 관한 심사나 중재 | |
| | | | 고발 | • 확정된 구제명령 등을 불이행한 자에 대한 고발 결정 | |
| | 화해회의 | | • 심판 사건 절차의 모든 단계에서 관계 당사자에게 화해 권고를 할 수 있음 | | |
| | 차별 시정 | 판정 | 기간제법 | • 다른 근로자에 비하여 합리적 이유 없이 불리하게 처우 (비교대상 근로자와 근로조건 비교 등 사실 조사가 까다로움) | |
| | | | 파견법 | | |
| | | | 일학습병행법 | | |
| | | | 남녀고용 평등법 | • 고용에 있어 성별 등의 사유로 합리적 이유 없이 불리한 조치 등 | |
| | | 조정 · 중재 | • 판정을 통한 해결보다 당사자 간의 자율적인 대화를 통한 해결을 원하는 경우 노동위원회에 조정이나 중재를 요청할 수 있음 | | |
| 집단적 노사관계 | (본) 조정 | 일반 사업 | 조정 · 중재 | • 노사간에 근로조건의 결정에 관한 불일치로 노동쟁의가 발생한 경우 노동위원회에 조정 또는 중재 신청 | |
| | | | 조정안 해석 | • 조정안의 내용이나 이행방법에 관해 당사 간에 의견의 불일치가 있을 때 노동위원회가 해석과 견해 제시 | |
| | | 공익 사업 | 조정 · 중재 | • 노사간에 근로조건의 결정에 관한 불일치로 노동쟁의가 발생한 경우 노동위원회에 조정 또는 중재 신청 | |

| 대분류 | 중분류 1 | 중분류 2 | 세분류 | 세세분류 |
|---|---|---|---|---|
| | | | 조정안 해석 | • 조정안의 내용이나 이행방법에 관해 당사 간에 의견의 불일치가 있을 때 노동위원회가 해석과 견해 제시 |
| | | | 필수유지업무 | • 필수공익사업에서 파업시에도 일정수준의 서비스를 유지해야 하는 범위를 결정, 결정 내용 및 이행방법에 대한 해석 |
| | | 사용자별 | 공공기관 | • 정부의 투자 · 출자 또는 정부의 재정지원 등으로 설립 · 운영되는 기관으로서 '공공기관의 운영에 관한 법률' 제4조 제1항의 요건에 해당하여 기획재정부 장관이 지정한 기관<br>• 공기업, 준정부기관, 기타공공기관 |
| | | | 민간기업 | • 민간기업의 공식적인 산업분류는 통계청 고시 제2024-203호 「제11차 한국표준산업분류」에 의거함<br>• 건설산업, 자동차산업, 선박제조업, 철강제조업, 의료업, 물류유통업, 금융산업, 일반서비스업 등 |
| | | 상급단체별 | 한국노총 | • 공공노련, 공공연맹, 금융노조, 자동차노련, 우정노조, 공무원연맹, 교사노조연맹, 항운노련, 선원노련, 의료노련, 식품산업노련, 화학노련 등 |
| | | | 민주노총 | • 금속노조, 공공운수노조, 보건의료노조, 건설산업연맹, 교수노조, 대학노조, 사무금융노조, 서비스연맹, 언론노조, 전교조, 화섬식품노조 등 |
| | 사전조정 | | 상동(上同) | |
| | 심판사건 | 판정 | 부당노동행위 | • 불이익처분, 교섭거부, 지배 · 개입의 부당노동행위에 대한 구제신청 |
| | | | 공정대표의무 | • 교섭대표노조의 소수노조에 대한 차별시정 |
| | | | 화해회의 | • 판정에 이르기 전까지 절차의 모든 단계에서 관계 당사자에게 화해 권고를 할 수 있음 |
| | | 판정외 | 의결 | • 노동조합 회의 소집권자의 지명 의결 |
| | | | | • 노동조합 규약의 시정명령 의결 |
| | | | | • 노동조합의 결의 · 처분의 시정명령 의결 |
| | | | | • 노동조합의 해산 의결 |
| | | | | • 단체협약의 시정명령 의결 |
| | | | | • 단체협약의 지역적 구속력 결정에 대한 의결 |
| | | | 복수노조(결정) | • 교섭창구 단일화 절차상의 각 시정신청, 이의신청에 대한 결정 |
| | | | | • 교섭단위를 분리하거나 분리된 교섭단위를 통합하는 결정 |

| 대분류 | 중분류 | | 세분류 | 세세분류 |
|---|---|---|---|---|
| | 1 | 2 | | |
| | | | 견해제시 | • 단체협약의 해석이나 이행방법에 관한 견해의 제시 |
| | | | 승인 | • 안전보호시설의 정상적 운영을 방해하는 쟁의행위 중지통보 승인 |
| | | | 중재 | • 근로자참여법 제25조 제1항에 따른 임의 중재 |

## III 접수 사건의 배정

### 1. 심판사건 · 차별시정 사건의 배정

#### (1) 사건 배정의 원칙: 교대추첨제

앞서 《노동위원회 접수 사건 목록》에서 일별했던 사건들이 노동위원회에 접수되면 노동위원회는 소속 위원에게 사건을 배정한다. 현재 실무에서는 소속 위원을 심판 담당, 차별시정 담당, 조정 담당으로 구분해서 위촉하고 있다. 노동위원회는 준사법기관(Quasi-Judicial Machinery)의 법적 지위를 가지고 있어서 사건처리 과정의 공정성 확보가 매우 중요하다. 이에 따라 노동위원회는 '교대추첨제'에 입각해서 접수 사건을 위원들에게 배정한다.

이에 관해서 좀 더 자세히 알아보면, 「노동위원회법」 제25조는 '중앙노동위원회는 노동위원회의 부문별 위원회가 처리하는 사건의 지정방법에 관한 규칙을 제정할 수 있다'라고 규정하고 있다. 이에 따라 중앙노동위원회가 제정한 「노동위원회규칙」은 '심판위원회와 차별시정위원회가 처리하는 사건은 근로자위원과 사용자위원의 교대추첨을 거쳐 노동위원회위원장이 특정 심판위원회와 차별시정위원회에 사건을 지정한다 '라고 규정한다(제19조의2 제1항). 그리고 근로자위원과 사용자위원의 교대추첨 방식 등에 대한 구체적 내용은 노동위원회위원장이 정하게 되어 있어서(제19조의2 제2항), 중앙노동위원회에는 「중앙노동위원회 심판위원회 · 차별시정위원회 구성 및 사건배정 지침」이 마련되어 있다. 지방노동위원회는 위 중앙노동위원회 지침을 본떠 각자의 사건배정 지침을 만들어 사건배정을 실시하고 있다.

#### (2) 교대추첨제의 예외

앞의 교대추첨제에도 불구하고 ① 처리기간이 짧은 교섭창구 단일화 절차에 대한 신청 사건 등의 경우 근로자위원과 사용자위원의 교대추첨을 거치지 않고 노동위원회위원장이 특정 심판위원회와 차별시정위원회에 사건을 지정할 수 있고(노동위원회규칙 제19조의2 제1항 단서), ② 복잡한 법리적 쟁점 등의 이유로 사건처리에 특별한 전문성과 경험 등이 필요한 사건, 곧 쟁점사건의 경우 교대추첨제가 아닌 쟁점사건의 지정(노동위원회규칙 제19조의3) 절차를 거쳐 사건을 배정할 수 있다.

제19조의3(쟁점사건의 지정) ① 제19조의2에도 불구하고 노동위원회위원장은 복잡한 법리적 쟁점 등의 이유로 사건처리에 특별한 전문성과 경험 등이 필요한 사건(이하 '쟁점사건'이라 한다)의 경우 별도의 쟁점사건 배정위원회를 통해 사건을 지정할 수 있다.
② 제1항에 따른 쟁점사건 배정위원회(이하 '쟁점사건 배정위원회'라 한다)는 공익위원 3인(상임위원 1인 포함)과 근로자위원 간사 1인, 사용자위원 간사 1인 등 총 5인의 위원으로 구성한다.
③ 쟁점사건 배정위원회는 위원의 과반수 출석으로 개의한다.
④ 쟁점사건 배정위원회는 출석 위원 과반수 찬성으로 쟁점사건의 채택 여부를 결정한다.
⑤ 쟁점사건 배정위원회는 제4항에 따라 채택된 쟁점사건을 다룰 특정 심판위원회 및 차별시정위원회를 다음 각 호의 방식으로 추천하고, 노동위원회위원장은 추천된 결과에 따라 쟁점사건을 지정한다.
1. 쟁점사건 배정위원회에서 단수의 심판위원회와 차별시정위원회 추천 시: 근로자위원과 사용자위원의 확인 절차를 거쳐 노동위원회위원장이 단수로 추천된 심판위원회와 차별시정위원회에 사건을 지정
2. 쟁점사건 배정위원회에서 복수의 심판위원회와 차별시정위원회 추천 시: 복수로 추천된 심판위원회와 차별시정위원회를 대상으로 제1항 본문의 교대 추첨 절차를 거쳐 선정된 심판위원회와 차별시정위원회에 노동위원회위원장이 사건을 지정

⑥ 쟁점사건 배정위원회의 구성과 운영 등에 대한 구체적 내용은 노동위원회위원장이 정한다.

### (3) 차별시정 담당 위원의 심판사건 배정

앞에서 설명한 것처럼 현재 노동위원회는 소속 위원을 심판 담당, 차별시정 담당, 조정 담당으로 구분해서 위촉하고 있고, 이에 따라 심판 담당 위원은 심판위원회 사건을, 차별시정 담당 위원은 차별시정위원회 사건을, 조정 담당 위원은 조정위원회 사건을 맡아서 처리한다.

그런데 현재 실무에서는 차별시정담당 위원이 심판위원회 사건에 참여하고 있다. 이렇게 하

는 법적 근거는 「노동위원회규칙」 제20조이다.[4] 즉 동조는 단서에서 사건처리에 특별한 전문성이 필요한 경우 등 부득이한 사유가 있는 경우에는 담당분야가 다르더라도 지식과 경험을 고려하여 위원을 지명할 수 있도록 하고 있다.

## 2. 조정사건의 배정

### (1) 일반사업 조정사건의 배정: 교차추천제

조정사건을 담당하는 조정위원회 · 특별조정위원회 등은 「노동조합 및 노동관계조정법(이하 '노동조합법'이라 한다)」에서 정하는 바에 따라 구성한다(노동위원회법 제15조 제5항). 즉, 일반사업의 조정위원회는 조정위원 3인으로 구성하며, 그 조정위원은 당해 노동위원회의 위원 중에서 사용자를 대표하는 자, 근로자를 대표하는 자 및 공익을 대표하는 자 각 1인을 그 노동위원회의 위원장이 지명하되, 근로자를 대표하는 조정위원은 사용자가, 사용자를 대표하는 조정위원은 노동조합이 각각 추천하는 노동위원회의 위원 중에서 지명한다(노동조합법 제55조 제2항, 3항). 이른바 교차추천제이다. 다만, 조정위원회의 회의 3일전까지 관계 당사자가 추천하는 위원의 명단제출이 없을 때에는 당해 위원을 위원장이 따로 지명할 수 있다(노동조합법 제55조 제3항 단서).

실무에서는 조정사건이 접수되면 당사자에게 사전조사 일정 안내를 하면서 다음과 같이 조정위원 교차추천 안내를 같이 한다.

---

4 제20조(위원의 지명) 노동위원회위원장이 부문별위원회를 구성하기 위하여 공익위원을 지명할 때에는 부문별위원회를 담당하는 공익위원 중에서 지명한다. 다만, 특정 부문별위원회에 사건이 과도하게 집중되거나 사건처리에 특별한 전문성이 필요한 경우 등 부득이한 사유가 있는 경우에는 담당분야가 다르더라도 지식과 경험을 고려하여 위원을 지명할 수 있다.

《일반사업》

○ ○ 노동위원회

수신자 수신자 참조

(경유)

제 목 **사전조사 일정 및 조정위원 추천 등 안내**

1. 관련: ○○(주)노동쟁의 조정신청 사건(중앙2017조정00)
2. 「노동위원회법」 제23조 및 「노동조합 및 노동관계조정법」 제58조에 따라 위 노동쟁의 조정신청 사건을 원만히 조정하기 위해 다음과 같이 사전조사를 하고자 하오니 구비서류를 지참하여 출석하여 주시기 바랍니다.
   가. 출석일시: 2017. 0. 00.(수) 14:00
   나. 장 소: 우리 위원회 조정과
   다. 참 석 자: 노·사 대표자(대리 참석 시 반드시 위임장 지참)
   라. 조 사 관: ○○○
   마. 지참할 구비서류: 붙임2(공문 형식으로 제출)
3. 그리고 「노동조합 및 노동관계조정법」 제55조에 따라 조정위원회를 구성하고자 하오니 2017. 0. 00.(수)까지 조정위원을 교차추천하시기 바라며, 만일 관계당사자가 근로자위원 또는 사용자위원을 교차추천 하지 않을 경우 같은 법 제55조제3항에 따라 우리 위원회에서 조정위원을 지명하게 됨을 알려드립니다.
   ※ 교차추천: 붙임5의 명단 중에서 노동조합측은 사용자위원을, 사용자측은 근로자위원을 붙임4 서식에 따라 각 5명씩 추천
4. 또한, 「노동위원회법」 제21조에 따라 붙임6의 조정담당 공익위원 중 본 사건과 직접적인 이해관계에 있거나 조정의 공정을 기대하기 어려운 위원이 있을 경우 그 정당한 사유를 적어 제척·기피 신청할 수 있음을 알려드립니다.

### (2) 공익사업 조정사건의 배정: 순차배제

공익사업[5]의 노동쟁의의 조정을 위하여 노동위원회에 특별조정위원회를 두고 특별조정위원 3인으로 구성하는데, 특별조정위원은 그 노동위원회의 공익을 대표하는 위원중에서 노동조합과 사용자가 순차적으로 배제하고 남은 4인 내지 6인중에서 노동위원회의 위원장이 지명한다(노동조합법 제72조). 다만, 관계 당사자가 합의로 당해 노동위원회의 위원이 아닌 자를 추천하는 경우에는 그 추천된 자를 지명한다(노동조합법 제72조 제3항 단서).

실무에서는 공익사업 조정사건이 접수되면 당사자에게 사전조사 일정 안내를 하면서 다음과 같이 조정위원 순차배제 안내를 같이 한다.

**《공익사업》**

**○ ○ 노동위원회**

수신자 수신자 참조

(경유)

제 목 **사전조사 일정 및 조정위원 추천 등 안내**

1. 관 련: ○○(주)노동쟁의 조정신청사건(중앙2017조정00)
2. 「노동위원회법」 제23조 및 「노동조합 및 노동관계조정법」 제58조에 따라 위 노동쟁의 조정신청 사건을 원만히 조정하기 위해 다음과 같이 사전조사를 하고자 하오니 구비서류를 지참하여 출석하여 주시기 바랍니다.

   가. 출석일시: 2017. 0. 00.(수) 14:00

---

5 노동조합법 제71조(공익사업의 범위등) ①이 법에서 "공익사업"이라 함은 공중의 일상생활과 밀접한 관련이 있거나 국민경제에 미치는 영향이 큰 사업으로서 다음 각호의 사업을 말한다. 〈개정 2006. 12. 30.〉
1. 정기노선 여객운수사업 및 항공운수사업
2. 수도사업, 전기사업, 가스사업, 석유정제사업 및 석유공급사업
3. 공중위생사업, 의료사업 및 혈액공급사업
4. 은행 및 조폐사업
5. 방송 및 통신사업

나. 장　소: 우리 위원회 조정과

다. 참 석 자: 노·사 대표자(대리 참석 시 반드시 위임장 지참)

라. 조 사 관: ○○○

마. 지참할 구비서류: 붙임2(공문 형식으로 제출)

3. 그리고 「노동조합 및 노동관계조정법」 제72조에 의하여 특별조정위원회를 구성하고자 하오니 조정담당 공익위원(붙임6) 중 배제하고자 하는 위원이 있을 경우 그 명단을 순차적으로 선정하여 붙임4 서식에 따라 2017. 0. 00.(월) 00:00까지 제출해 주시고, 만일 노 · 사 당자사 합의로 우리 위원회 위원(붙임6)이 아닌 사람을 조정위원으로 추천하고자 하는 경우에는 특별조정위원 합의 선정서(붙임5)를 제출하시기 바랍니다.

– 배제할 위원명단을 제출하지 않거나 당사자 합의로 추천하는 조정위원이 없는 경우에는 노동위원회의 위원장이 특별조정위원을 지명하게 됨을 알려드립니다.

## Ⅳ 접수 사건의 조사

이렇게 사건 배정이 끝나면 노동위원회는 조사관을 통해서 사실조사에 착수하게 된다. 조사관은 사실조사의 결과를 '조사보고서'라는 문서로 위원에게 보고한다. 이때 담당 위원은 조사보고서를 검토하여 반드시 조사가 제대로 행해졌는지 살펴보아야 한다. 만약 미흡하다면 성공적인 사건처리를 위해서 조사관에게 사실조사를 더 하라고 요구해야 한다. 왜 그래야 할까? 아래의 설명을 읽다 보면 자연히 그 이유를 알게 될 것이다.

### 1. 노동위원회의 사실 조사권

노동위원회는 중앙노동위원회에 사무처가, 지방노동위원회에 사무국이 있고 여기에 조사관을 두고 있다(노동위원회법 제14조의3 제1항). 보통 지방노동위원회 사무국은 조정과와 심판과로 구성[6]되고 각 과에 담당 조사관을 배치한다. 그리고 조사관은 ① 노동위원회 위원장, ② 노동위원회가 구성하는 심판위원회(심판사건 담당), 차별시정위원회(차별시정사건 담당) , 조정위원회(조정사

6 서울지방노동위원회는 조정과, 심판과 외에 교섭대표결정과가 더 있다. 지방노동위원회 일부는 사무국을 조정과와 심판과로 나누지 않는다.

건 담당) 등의 부문별 위원회의 위원장(통상 실무에서는 의장이라 부른다) 또는 ③ 그 의장이 지명하는 주심위원[7]의 지휘를 받아 노동위원회의 소관 사무에 필요한 조사를 한다(노동위원회법 제14조의3 제3항). 여기서 유의할 사항은 당해 사건의 공익위원 중 의장· 주심이 아닌 공익위원, 근로자위원 · 사용자위원은 당해 사건에 관하여 조사관을 지휘할 수 없다는 점이다.

요컨대, 노동위원회는 소관 사무와 관련하여 사실관계를 확인하는 등 그 사무집행을 위하여 필요하다고 인정할 때에는 근로자, 노동조합, 사용자, 사용자단체, 그 밖의 관계인에 대하여 출석 · 보고 · 진술 또는 필요한 서류의 제출을 요구하거나 조사관으로 하여금 사업 또는 사업장의 업무상황, 서류, 그 밖의 물건을 조사하게 할 수 있다(노동위원회법 제23조)[8]. 이것이 노동위원회의 '사실 조사권'이다. 이러한 사실 조사권의 구체적인 행사 방법에 관해서는 노동위원회규칙 제46조가 아래와 같이 상세히 규정하고 있다.

(a) 노동위원회는 구제신청사건에 대한 증거자료가 필요하다고 판단하는 경우 당사자에게 관련 자료의 제출을 요구할 수 있음

(b) 노동위원회는 당사자의 주장이 일치하지 아니하는 때에는 당사자와 증인 또는 참고인을 출석시켜 조사할 수 있음. 이 경우 진술서를 작성 · 제출하는 것으로 조사를 대신할 수 있음

(c) 조사관은 사실관계 확인을 위하여 사업장 등을 방문하여 업무현황, 서류 그 밖에 물건을 조사할 수 있음

(d) 노동위원회는 당사자가 제출한 이유서, 답변서 및 증거자료 등이 외국어로 표기되어 있는 경우 번역본 제출을 요구할 수 있고, 증거자료가 녹음파일일 경우 녹음파일의 녹취서 제출을 요구할 수 있음

담당 사건의 조사관은 위의 사실 조사를 한 후 '조사보고서'를 작성하여 해당 위원회에 보고를 한다. 조사보고서의 구체적인 작성방법에 관해서는 조영식 교수의 강의를 참조하기를 바란다.

---

7 부문별 위원회 위원장은 부문별 위원회의 원활한 운영을 위하여 필요하다고 인정하는 경우에 주심위원을 지명하여 사건의 처리를 주관하게 할 수 있다(노동위원회법 제16조의2).

8 동 조항은 노동위원회 위원장 또는 부문별 위원회의 의장이 지명한 위원도 사실 조사를 할 수 있다고 규정하고 있지만 실무에서 위원이 사실 조사를 하는 경우는 보기 힘들고 조사관이 이를 전담한다.

## 2. 심판사건(차별시정 사건) 사실 조사의 기초원리

### (1) 3단 논법은 사실 조사가 왜 중요한지 알려준다

노동위원회가 부당해고 구제신청 사건과 같은 개별 심판 사건에서 인정 또는 기각의 판정을 하고 이에 대한 판정문을 작성하는 그 판단기준은 대체 무엇일까? 이에 관해서는 모든 법률가의 대답이 일치한다. 그것은 아리스토텔레스가 정립한 '3단 논법'이다. 중앙노동위원회 판정의 불복 사건을 맡은 행정법원도 이 3단 논법을 가지고 판단하고 판결문을 작성한다.

3단 논법에 관한 이해를 돕기 위해서 우리가 논증 시험을 본다고 가정해 보겠다. 이 시험에서 '소크라테스는 죽는다'를 논증하라는 문제가 출제되었다. 이것을 논증하기 위해서 무엇이 필요할까? 먼저 논증을 위한 판단기준이 필요할 것이다. 이 판단기준을 Rule(법규범)이라고 부르기로 하자. 그러면 위 논증 문제를 위해서 어떤 Rule을 생각할 수 있을까? 자연법인 '인간은 모두 죽는다'가 Rule이 될 수 있을 것이다. 이제 Rule이 마련되었으니 논증을 시작해 보자. 여러분이라면 어떻게 하겠는가?

3단 논법에 따른다면, 1) "인간은 모두 죽는다.", 2) "소크라테스는 인간이다.", 3) "따라서 소크라테스는 죽는다."라고 논증을 할 수 있다. 즉, 대전제인 Rule(법규범)에 소전제인 '소크라테스는 인간이다'라는 사실을 적용(Application)하여 결론(Conclusion)을 도출하는 것이다. 그리고 보시다시피 이 논증에는 아무런 허점이 없다. 그야말로 논리일관성을 갖추고 있다.

이 3단 논법을 영미법에서는 IRAC로 칭하고 있다. 즉, Issue(쟁점), Rule(법조문 · 판례법리), Application(Rule에 확정된 사실관계를 적용), Conclusion(결론)이 바로 그것이다.

1. **Issue:** 이 사안에서 쟁점은 과연 소크라테스가 죽는지 여부이다.
2. **Rule:** 이 사안에 적용되는 법규범은 자연법으로서 '인간은 모두 죽는다' 이다.
3. **Application:** 소크라테스가 사람인 것은 엄연한 사실이다. 따라서 위 자연법에 이 사실을 비추어 보면, 소크라테스는 죽는다.
4. **Conclusion:** 이상에서 살펴본 것과 같이 소크라테스는 사람이므로 죽는다.

자, 이것을 부당해고 구제신청 사건에 적용해 보자. A라는 근로자는 자동차 부품을 제조 · 판매하는 B회사의 품질관리본부 부장이었다. 같은 부서의 C는 A의 지휘 · 감독을 받는 직원인데 A로부터 직장내 괴롭힘을 당했다고 회사에 신고를 했다. 회사는 조사를 통해서 A의 직장내 괴롭힘 사실을 확인하고 징계위원회를 개최하여 A에게 해고처분을 내렸다. A는 노동위원회에 이것이 부당해고라며 구제를 신청한다. 이것을 위의 3단 논법에 따라 정리하면 아래와 같다.

**1. Issue:** 신청인 A에 대한 피신청인 회사의 해고는 정당한가?

**2. Rule:** ① 사용자는 정당한 이유 없이 근로자를 해고할 수 없다(근로기준법 제23조). ② '정당한 이유'란 사회통념상 근로관계를 계속할 수 없을 정도로 근로자에게 귀책사유가 있는 경우이다(대법원 판례법리).

**3. Application:** ① 신청인 A가 직장내 괴롭힘을 한 것은 사실이다. 그리고 그 비위행위는 사회통념상 근로관계를 계속하기 어려운 정도이다. 따라서 위 법규범에 이 사실을 비추어 보면 피신청인 회사의 신청인에 대한 해고는 정당한 이유가 있어서 적법하다.
② 신청인 A가 직장내 괴롭힘을 한 사실이 없다. 따라서 위 법규범에 이 사실을 비추어 보면 피신청인 회사의 신청인에 대한 해고는 정당한 이유가 없어서 부당하다.

**4. Conclusion:** 이상에서 살펴본 것과 같이 ① 신청인에 대한 해고는 정당하므로 신청인의 신청을 기각하기로 한다. ② 신청인에 대한 해고는 부당하므로 신청을 인정하기로 한다.

위에서 사안의 검토와 결론을 보면 서로 정반대의 검토와 결론이 기술되어 있다. 왜 그런가? 위 논증에서 Issue(쟁점)와 Rule(법조문·판례법리)은 동일하다. 결론을 가른 것은 '사실 인정'이다. 3단 논법은 위에서 보았듯이 Rule에 사실을 대입하여 결론을 도출하는 것이므로 A가 직장내 괴롭힘을 한 사실이 있는지 없는지에 따라서 결론이 달라지는 것은 논리적으로 당연하다.

여기서 도출되는 교훈은 노동위원회에 접수되는 심판 사건의 승패를 가르는 것은 Issue와 Rule이 아니라 사실관계의 인정이라는 것이다. Issue는 신청인의 신청서와 이유서에 기재되어 있다. Rule은 일반적으로 노동위원회가 직권으로 조사하여 상정한다. 당사자가 다툴 사항이 아니다. 그런데 이러한 Rule에 적용할 사실관계는 그렇지 않다. 당사자가 제출하는 입증자료, 조사관이 사실 조사를 통해 입수하는 증거자료 등에 따라 얼마든지 사실관계의 인정 여부가 달라진다.

한 가지 예를 더 들어보겠다. 노동위원회에 자주 접수되는 사건인 배치전환 사례이다. 회사가 어느 직원을 부산공장에서 창원공장으로 인사발령을 내었을 때 이것의 정당성을 판단하는 법규범인 판례법리는 이 인사발령에 ① 업무상의 필요성이 있는가? ② 생활상의 불이익이 업무상의 필요성에 비해 통상 감수할 수 없을 정도로 현저한가? ③ 근로자와 협의절차를 가졌는가? 등이다. 만약 당사자가 제출한 입증자료와 노동위원회가 사실 조사를 통해 입수한 증거자료에 비추어 보았을 때 업무상의 필요성이 없다고 사실 인정을 한다면 이 사건의 결론은 신청 인정이 될 것이다. 그 반대라면 기각일 것이다.

이처럼 실무에서 사건의 승패는 사실관계 인정이 좌우하고 이것은 당사자의 입증노력과 노동위원회의 사실 조사 여하에 달려있다. 만약에 조사관이 당사자가 제출한 입증자료만으로는 업무상의 필요성을 뒷받침할 만한 사실관계를 찾지 못했을 때 선택지는 두 가지다. 하나는 그대로 두는 것이다. 이렇게 되면 업무상의 필요성을 인정할 수 없어서 신청은 인정될 것이다. 다른 하나는 조사관이 피신청인 회사에 업무상의 필요성을 입증할 증거자료를 제출하라고 보고 요구하는 것이다. 또는 조사관이 회사에 현장조사를 나가서 업무상의 필요성을 입증할 만한 내부공문 등의 서류를 직접 조사하는 것이다. 아니면 인사명령에 관여한 담당자를 노동위원회에 불러 조사하거나 현장조사를 나갔을 때 담당자를 면담하여 사실 조사를 할 수도 있다. 다소 극단적인 대비이기는 하지만 조사관이 사실 조사를 하지 않고 그냥 내버려두었을 때와 적극적으로 사실 조사를 했을 때의 차이를 금방 느낄 수 있을 것이다.

요컨대, 노동위원회 판정 업무는 3단 논법에 따르고 이 3단 논법에서 쟁점과 법규범은 고정값이므로 실상 중요한 것은 법규범에 적용할 사실관계의 확정이다. 그리고 실무에서 이 사실관계의 확정에 조사관이 행사하는 사실 조사권이 매우 중요한 역할을 한다. 이 점을 절대 잊지 말자.

### (2) 법률요건 · 법률효과라는 유용한 도구

앞서 3단 논법을 공부했는데 이에 더하여 법률가들이 자주 쓰는 용어인 법률요건, 법률효과에 관해서 알아보자. 뭐, 아주 간단한 개념을 어려운 말로 포장한 것에 지나지 않으니까 긴장할 필요는 없다. 예를 들어 근로기준법 제23조는 사용자가 근로자를 해고하려면 정당한 이유가 있어야 한다고 규정한다. 여기서 해고에 '정당한 이유가 있을 것'은 조건이 된다. 무엇을 위한 조건인가 하면 해고가 적법 또는 정당하기 위한 조건이다. 정당한 이유라는 조건이 갖추어지면 해고는 적법 또는 정당하다는 결과에 이르게 된다. 적법하고 정당한 해고가 되는 것이다. 법률가들은 이 조건을 (법률)요건으로, 이 결과를 (법률)효과로 표현한다. 물에 냉기를 가하여 그 온도가 0도씨가 되면(조건), 물은 얼음으로 변한다(결과). 바꾸어 말하면 0도씨라는 요건을 갖추면 얼음이라는 효과가 발생한다. 당연한 이야기 아닌가!

위에서 배치전환에 관한 판례법리가 '인사명령이 ① 업무상의 필요성이 있고 ② 근로자가 입는 생활상의 불이익이 이에 비하여 통상 감수해야 할 정도를 넘지 않고 ③ 근로자와 사전 협의절차를 거치면, ④ 그 인사명령은 적법하다.'라고 설명했다. 여기서 ①~③은 (법률)요건이고 ④는 (법률)효과이다. 왜 이렇게 법률요건과 법률효과에 관해서 공들여 설명했냐면 이 개념에 능숙해져야 사실 조사의 대상을 명확하게 파악할 수 있기 때문이다.

사건을 배정받자마자 해당 사건에 적용되는 Rule(법조문 · 판례법리)을 확인하면서 이 Rule(법조문 · 판례법리)을 위 배치전환 사례처럼 법률요건과 법률효과로 나누어라. 그리고 조사보고서를 보면서 법률요건 하나하나에 해당하는 사실관계가 적시되어 있는지 꼼꼼히 확인해라. 만약 업무상의 필요성이든지 생활상의 불이익이든지 한가지 법률요건이라도 갖추지 않으면, 곧 그 법률요건에 부합하는 사실관계가 없다면 법률효과는 발생하지 않는다. 즉 사건은 피신청인 회사의 패소로 끝난다.

가령 생활상의 불이익이 현저한지 알려면 인사명령 전후 신청인 근로자가 수령한 임금총액에 현저한 차이가 있는지 파악해야 하는데 조사보고서에 신청인 근로자의 임금수령액에 대한 보고가 없다면 피신청인 회사의 신청인 근로자에 대한 임금대장의 제출이 필요할 것이다. 지금까지의 논의를 정리하면 아래와 같다.

(a) 사건의 쟁점을 파악하고 관련 법규범을 확인한다.
(b) 관련 법규범을 법률요건과 법률효과로 나눈다.
(c) 각 법률요건의 사실관계에 대한 당사자의 주장과 이를 뒷받침할 증거자료를 일대일로 확인하라.
(d) 주장에 대한 증거자료가 없거나 미흡하면 이에 대한 사실 조사가 더 필요하다.

## 3. 조정사건의 사실 조사는 Checklist를 활용하자

2007년부터 2018년까지 노동위원회에서 처리한 노동쟁의 조정사건을 활용하여 조정성공에 영향을 미치는 요인을 분석한 연구[9]에 따르면 근로자 수, 조합원 수, 노동조합 상급단체 유형, 노사대표 참여, 노사위임자 참여, 조정회의 횟수, 공익사업의 경우 조정성공에 영향을 미치는 것으로 조사되었다. 즉, 근로자 수가 200명 미만이거나 조합원 수가 100명 미만일 때가 그 이상일 때보다 조정성공 가능성이 높았다. 조정회의에 노사대표가 참여하는 경우 그 외의 참여자에 비해 조정성공 가능성이 높았고, 필수공익사업은 일반사업에 비해 조정성공 가능성이 높은 것으로 조

9 박태영 · 안성수, "노동위원회 노동쟁의 조정의 성공영향요인에 관한 연구", 한국자치행정학보 제34권 제1호, 2020.

사되었다. 노동조합의 상급단체가 민주노총일 경우 한국노총이거나 상급단체가 없을 경우에 비해, 조정회의에 노사위임자가 참여할 때 그 외의 참여자에 비해 조정성공 가능성이 낮아지는 것으로 나타났다.[10]

따라서 조정사건을 위해 사실 조사를 할 때 조정성립에 영향을 미칠 수 있는 요인들을 Checklist로 만들어 이에 관한 조사를 한다면 보다 충실한 조정사건 조사보고서를 작성할 수 있을 뿐만 아니라 담당 조정위원들에게 유용한 사건 관련 정보를 제공할 수 있게 될 것이다. 아래는 필자가 조정사건 사실 조사를 위한 Checklist 예시를 작성해 본 것이다. 본 예시를 활용해서 나만의 Checklist를 만들어 보자.

**표 2 조정사건 사실 조사 Checklist 예시**

| 요인 | Checklist |
|---|---|
| 노동조합 | 노동조합의 역사 및 규모는 어떠한지 |
| | 노조 집행부의 리더쉽 유형은 무엇인지 |
| | 노조 집행부와 조합원의 관계(신뢰도 포함)는 어떠한지 |
| | 노조 집행부의 프로필상 특이점은 무엇인지 |
| | 노조 내 다수의 정파가 존재하는지, (있다면) 상호 영향력은 어떠한지 |
| | 노조 차기 집행부 선거일은 언제인지 |
| | 노조의 역대 조정신청 횟수 및 파업 횟수는 얼마인지 |
| | 단체교섭에 상급단체가 참여하고 있는지, (있다면) 상급단체는 어떤 조직인지 |
| 사용자 | 사용자가 속한 산업(공공/민간 구분 포함) 및 사업의 종류는 무엇인지 |
| | 기업의 규모(종업원수 포함)는 어떠한지 |
| | 임금 수준(동종 업계 자료 포함)은 어떠한지 |
| | 최근 3개년 경영 상황(재무제표 분석 등)은 어떠한지 |
| | 사용자의 평소 노조에 대한 태도에 어떤 특성이 있는지 |
| | 대표이사의 리더쉽 유형은 무엇인지 |

10 박태영 · 안성수, 위의 글, 15면.

| | |
|---|---|
| | 대표이사가 기업의 오너인지 전문경영인인지 |
| | 경영진(인사담당자 포함)의 프로필상 특이점은 무엇인지 |
| 조정 회의 참여자 | 조정회의에 노조 위원장이 직접 참여하는지 |
| | 조정회의에 대표이사가 직접 참여하는지 |
| | 변호사, 공인노무사 등 법률 전문가가 참여하는지 |
| | 제3자에게 교섭권을 위임했는지 |
| 조정 이슈 | 조정신청의 이유는 무엇인지 |
| | 노조 요구안의 구체적 내용은 무엇인지 |
| | 노조의 양보할 수 없는 핵심 요구안은 무엇인지 |
| | '숨겨진' 노조의 교섭요구 동기는 무엇인지 |
| | 과거 교섭요구안 및 조정안은 어떠했는지 |
| 조정 이력 | 노사가 과거 조정에 임했던 태도는 어떠했는지 |
| | 조정중지가 있었다면 조정중지 후 양상(자율타결, 쟁의행위, 사후조정) |
| 상급 단체 | 노조가 가입한 상급단체의 종류(한국노총, 민주노총 등)는 무엇인지 |
| | 상급단체의 영향력 정도는 어떠한지 |
| 교섭 경과 | 단체교섭 진행 기간은 얼마인지 |
| | 단체교섭 진행 횟수는 어떠한지 |
| | 단체교섭 회차별 교섭상황 및 회의록 내용은 무엇인지 |
| 노사 관계 | 노사의 친밀도는 어느 정도 수준인지 |
| | 노사 간의 공식적 의사소통의 방식은 무엇인지 |
| | 노사 간에 비공식적 의사소통을 활용하는지 |
| | 현재 노사 갈등의 강도는 어느 정도인지 |
| | 노사 의사소통의 장애요인은 무엇인지 |
| 복수 노조 | 복수노조 사업장인지 |
| | 교섭창구단일화 관련 이슈가 있었는지 |
| | 노조 간 세력 관계 및 친소 관계는 어떠한지 |

# V 각종 위원회의 구성과 사건처리

## 1. 위원회의 종류와 역할

노동위원회에는 위원회의 권한에 속하는 업무를 부문별로 처리하기 위한 위원회로서 심판위원회, 차별시정위원회, 특별조정위원회, 조정위원회, 중재위원회, 교원노동관계조정위원회, 공무원노동관계조정위원회가 있다(노동위원회법 제15조). 심판위원회는 심판 담당 공익위원(위원장, 상임위원 1인을 포함) 중 노동위원회 위원장이 지명하는 3인으로 구성하며 심판 사건을 처리한다. 차별시정위원회는 차별시정 담당 공익위원 중 위원장이 지명하는 3인(위원장 또는 상임위원 1인을 포함)으로 구성되며 차별시정 사건을 처리한다. 조정위원회는 노 · 사 · 공익위원 3명으로 구성되며, 공익사업에 대하여는 특별조정위원회 및 중재위원회가 공익위원 3인으로 구성되어 운영된다. 노동위원회 위원장은 심판 사건의 신청, 차별시정 사건의 신청, 노동쟁의 조정 · 중재 신청 등이 있는 때에는 지체 없이 부분별위원회를 구성한다(노동위원회규칙 제19조).

## 2. 조정위원회의 사건처리 방식[11]

### (1) 조정위원 회의

조정위원 회의(조정위원 전략회의)는 조정회의 안건 검토 등을 위해 조정회의 30분 전에 개최한다. 이때 조사관은 위원 참석자 명부에 서명을 받고, 회의진행 계획을 위원들에게 배포한 후 사전조사 내용 및 노사교섭 진행상황을 보고한다. 1차 조정을 위한 조정위원 회의에서는 공익사업인 경우 의장을 선출하고, 조사관은 조사보고서를 토대로 당사자 쟁점사항 및 노사교섭 진행상황을 보고하며, 당일 조정회의의 진행에 대하여 논의한다. 2차 조정을 위한 조정위원 회의부터는 이전 조정회의 이후 교섭진행상황을 간략히 보고하고, 당일 조정회의의 진행에 대하여 논의한다.

### (2) 조정회의 개최

조정회의는 구성위원 전원의 출석으로 개의하고 출석위원 과반수의 찬성으로 의결(노동위원회법 제17조제2항)하여야 하나, 의결사항 없이 노사간의 쟁점 조율을 위한 회의 등의 경우에는 조정위원 3인 전원이 출석하지 않더라도 개최할 수 있다. 1차 조정회의 시 조사관은 조정신청에 이

---

11 이하의 내용은 중앙노동위원회, 『조정 및 필수유지 업무매뉴얼』, 2018, 45~78면을 정리한 것이다.

르게 된 경위를 보고한다. 조정회의 일정은 1차 조정회의, 2차 조정회의 등 차수로 구분하고, 최종 조정회의는 가급적 조정기간 만료일에 개최하도록 한다. 여기서 조정기간은 조정의 신청이 있은 날부터 일반사업에 있어서는 10일, 공익사업에 있어서는 15일 이내이며, 다만 노동관계 당사자 간의 합의로 일반사업에 있어서는 10일, 공익사업에 있어서는 15일 이내에서 연장할 수 있다. 조정기간의 연장은 조정기간 한도 내에서 수차에 걸쳐 할 수 있다.

#### (3) 현장조정의 개최[12]

노동쟁의 조정신청 사건의 신속·공정한 해결과 관계당사자의 편의를 위해 노동위원회의 조정회의실이 아닌 교섭현장 또는 노 · 사가 원하는 제3의 장소에서 행하는 조정을 '현장조정'이라고 한다. 현장조정은 조정위원회가 사건의 신속 · 공정한 해결을 위해 필요하다고 인정하여 조정의 일부 또는 전부를 현장에서 진행하기로 결정한 때에 개시한다. 현장조정회의 장소는 관계 당사자와 협의하여 결정하되 회의 환경(회의장 크기, 녹음 환경 등), 노사관계 동향 등 신속 · 공정한 조정에 영향을 미칠 수 있는 여러 가지 여건을 고려한다.

현장조정의 장점으로는 노 · 사 대표 등 근로조건의 결정에 관한 권한이 있는 사람이 참석하도록 유도함으로써 신속한 해결을 도모할 수 있다는 점, 조정위원이 현장의 환경 및 분위기 등을 직접 접할 수 있어 조정방안을 마련할 때 이를 고려할 수 있다는 점 등을 꼽을 수 있다. 효율적인 조정을 위하여 조정위원이나 조사관이 현장출장을 통한 당사자 설득, 권고 등 현장조정 활동을 적극 전개하는 것이 바람직할 것이다.

#### (4) 노 · 사 분리회의

조정위원들이 조정회의 진행과정에서 회의를 정회하고 위원실에서 조정 진행 방안을 논의 후, 노 · 사를 따로 불러 당사자의 내심의사 및 양보가 가능한 선 등을 듣고 합의타결 대안을 제시하는 등 설득을 반복하는 과정이다. 설득이 필요한 경우 가능한 한 노조측은 근로자위원이, 사용자측은 사용자위원이 설득하도록 하고, 당사자들에게 훈계 · 질책 · 충고 등을 삼가하며, 객관적 자료와 합리적 근거를 토대로 하는 안을 가지고 설득하도록 한다.

#### (5) 조정기간 연장

조정기간 내 조정이 성립될 가능성이 없는 경우에는 자율교섭을 통한 합의타결 또는 조정성립이 가능하도록 조정기간을 연장할 것을 조사관 또는 위원이 쌍방에게 권유한다. 조정기간 동

---

12 중앙노동위원회, 앞의 책, 305~309면.

안에 합의에 이르지는 못하였으나 좀 더 조정을 하면 합의타결이 가능할 것으로 판단되는 경우에는 조정기간을 연장할 것을 권유한다. 당사자가 합의로 조정기간의 연장을 요청하는 경우에는 조정기간(일반사업 10일, 공익사업 15일) 한도 내에서 수차에 걸쳐 연장할 수 있다.

### (6) 조정안 제시 및 조정회의 종료

노 · 사 쌍방의 의견이 어느 정도 접근하여 '조정안을 제시하면 양측이 이를 수락할 가능성이 높은 경우' 또는 '조정안 제시가 장차 당사자 간의 자율적 타결에 도움이 된다고 조정위원(들)이 판단하는 경우'에는 조정안을 제시한다. 조정 진행과정에서 당사자의 의견접근이 필요한 경우 조정하고자 하는 내용만을 위원 서명(날인) 없이 간이조정안 서식 형태로 정리한 수정 조정안을 반복 제시하고, 이를 통해 당사자 의견이 합치되면 법정 서식으로 작성한 조정안을 제시할 수도 있다. 필요한 경우 최종 조정회의 2~3일 전에 조정회의를 개최하여 조정 '권고안'을 제시한다. 조정위원회는 관계 당사자에게 조정안 수락을 권고할 수 있고 동시에 그 조정안에 이유를 붙여 공표할 수 있으며, 필요한 때에는 신문 또는 방송에 보도 등 협조를 요청할 수 있다(노동조합법 제60조 제1항).

조정안이 관계 당사자에 의하여 수락된 때에는 조정위원 전원은 조정서를 작성(3부)하고 관계 당사자와 함께 서명 · 날인한다(노동조합법 제61조 제1항). 관계 당사자가 수락한 조정서의 내용은 단체협약과 동일한 효력을 가진다(노동조합법 제61조 제2항). 조정회의 종료시 의장이 조정안(서)은 내용 전부를, 조정위원회 결정문은 주문만 낭독한다.

### (7) 조정중지 결정, 행정지도 결정

조정위원회는 부득이한 사유로 인해 조정을 계속할 수 없다고 인정되는 경우 조정안을 제시하지 아니하고 조정을 종료할 수 있다. 조정중지는 다음과 같은 경우에 한하여 예외적으로 행한다.

(a) 당사자가 조정안 제시를 원하지 않는 경우

(b) 당사자 간의 주장이 너무 현격한 차이가 있고 그 차이가 좁혀지지 아니하여 그 상황에서는 조정안을 제시하기가 불가능하거나 조정안을 제시하는 것이 앞으로 노사관계에 나쁜 영향을 미치게 될 것이 우려되는 경우

조정위원회에서 조정중지 결정을 통보할 때에는 조정중지의 결정 및 그 결정을 내리게 된 사유, 향후 노 · 사가 사후조정 또는 자율교섭을 통해 합의를 이루도록 당부하는 사항 등을 언급하고 그 결정서를 당사자에게 송달한다.

행정지도는 당해 조정신청의 내용을 검토한 결과 당해 신청이 조정의 대상이 아니라고 인정되는 경우, 즉 노동조합법 제2조 제5호에 의한 노동쟁의가 아니라고 인정되는 경우 동법 시행령 제24조 제2항 취지에 따라 조정위원회의 의결로 그 사유와 다른 해결방법을 알려 주는 것을 말한다(노동위원회규칙 제153조). 대표적인 행정지도의 대상은 다음과 같다.

(a) 당사자 부적격

– 조정을 신청한 자 또는 그 상대방이 노동관계 당사자가 아닌 경우

(b) 근로조건의 결정에 관한 사항이 아닌 경우

– 권리분쟁 사항, 인사 · 경영권에 관한 사항, 조합활동 관련사항, 노사협의회 협의 · 의결사항 등

(c) 교섭미진

– 조정신청 당시 교섭의 미진, 당사자 일방의 교섭안 미제시, 교섭거부 또는 해태의 경우

(d) 교섭창구 단일화 절차 미이행

교섭미진이 확인된 경우 조정신청 당사자에게 신청을 취하하고 추후 재신청하거나 당사자 쌍방에게 조정기간을 연장하도록 권고할 수 있다.

## 3. 심판위원회의 사건처리 방식[13]

### (1) 심판위원회와 단독심판

앞서 본 것처럼 노동위원회에 부당해고 구제신청, 부당노동행위 구제신청 등과 같은 심판 사건이 접수되면 이를 담당할 심판위원회가 구성된다. 노동위원회법 제15조 제3항에 따라서 심판위원회는 공익위원 3인(위원장, 상임위원 1인 포함)으로 구성하기 때문에 공익위원 3인만으로 심문회의 개정이 가능하다. 실무에서는 원칙적으로 근로자위원과 사용자위원이 모두 참석한 상태에서 심문회의를 진행한다. 그러나 근로자위원과 사용자위원은 심문회의 후 개최되는 판정회의에는 참석할 수 없다. 다만 심판위원회위원장(의장)은 판정회의에 전에 심문회의에 참석한 근로자위원과 사용자위원에게 당해 사건에 대한 의견진술의 기회를 주어야 한다(노동위원회규칙 제59조제2항). 노동위원회는 사건 접수일로부터 60일 이내에 심문회의를 개최한다(노동위원회규칙 제51조).

이처럼 심판사건은 실무상 공익위원 3인, 근로자위원 및 사용자위원 각 1인으로 구성된 심판위원회에서 처리되는 것이 원칙이다. 그런데 예외적으로 심판담당 공익위원 또는 차별시정 담당

13 여기서 심판위원회에 관해서만 서술하는 이유는 심판위원회에 관한 규정이 차별시정위원회에도 준용되고 노동위원회가 처리하는 사건 대부분이 심판 사건이기 때문이다.

공익위원 중 1인만으로 심문회의와 판정을 할 수 있는 경우가 있다. 이것을 단독심판이라고 하는데, ① 신청기간을 넘기는 등 신청 요건을 명백하게 갖추지 못한 경우, ② 관계 당사자 양쪽이 모두 단독심판을 신청하거나 단독심판으로 처리하는 것에 동의한 경우 등에 할 수 있다(노동위원회법 제15조의2).

「노동위원회규칙」 제67조 제1항은 위 ①을 더 구체화하여 ⓐ 관계 법령의 규정에 따른 신청기간을 지나서 신청한 경우, ⓑ 보정요구를 2회 이상 하였음에도 보정을 하지 아니한 경우, ⓒ 같은 당사자가 같은 취지의 구제 신청을 거듭하여 제기하거나 같은 당사자가 같은 취지의 확정된 판정(화해조서 포함)이 있음에도 구제 신청을 제기한 경우나 판정이 있은 후 신청을 취하하였다가 다시 제기한 경우, ⓓ 신청인이 2회 이상 심문회의 출석에 불응하거나 주소불명 또는 소재불명으로 2회 이상 심문회의 출석통지서가 반송되거나 그 밖의 사유로 신청 의사를 포기한 것으로 인정될 경우 등에는 단독심판을 할 수 있도록 규정하고 있다.

### (2) 화해절차

노동위원회의 화해는 노동위원회가 중립적인 제3자로서 근로자와 사용자의 화해계약을 유도하고 당사자간 합의 내용을 조서로 작성함으로써 노동분쟁을 해결하는 제도이다.[14] 2007. 1. 26. 노동위원회법 개정을 통해 화해의 권고 등에 대한 근거조항(제16조의 3)이 마련되었다. 이에 따르면 노동위원회는 판정이 있기 전까지 관계 당사자의 신청을 받아 또는 직권으로 화해를 권고하거나 화해안을 제시할 수 있다. 노동위원회의 종국적 결정인 판정이 있기 전까지라면 사건의 신청 이후 심판사건의 어느 절차에서도 화해권고가 가능하도록 한 것이다.[15]

즉, 구제신청서 접수 후 심문회의 개최 사이에서도 가능하고 심문회의 개최 중에도 가능하다. 그리고 심문회의 이후에도 화해권고가 가능하다. 실무상 이것을 '화해권고기간 부여'라고 한다. 가령 1주일의 화해권고 기간을 부여한다고 하면 심문회의 당일에 심문회의를 끝내고 바로 판정을 하지만 판정일을 화해권고 기간에 맞추어 화해권고기간 마지막날에 판정을 한 것으로 처리한다. 화해권고를 판정 전까지로 한정한 위 규정을 따르기 위해서이다.

화해가 성립되면 민사소송법에 따른 재판상 화해의 효력을 갖는다(노동위원회법 제16조의3 제5항). 이로 인해 노동위원회는 노동위원회에서 화해가 이루어진 사건에 대하여 다시 구제신청(또는 재심신청)하는 경우 허용하지 않는다. 화해조서를 송달받았으나 상대방이 화해내용을 이행하

---

14 중앙노동위원회, 『화해업무 매뉴얼』, 2019, 47~50면.

15 노동위원회규칙 제69조는 심판위원회는 사건의 조사 과정이나 심문회의 진행 중에 당사자에게 화해를 권고하거나 주선할 수 있다고 규정하여 이를 뒷받침하고 있다.

지 않을 경우 민사소송법에 따른 재판상 화해의 효력을 가지게 되므로 민사소송의 절차를 거치지 않고 바로 집행법원에서 집행문을 부여받아 강제집행을 진행할 수 있다.[16]

이러한 화해를 잘 진행하기 위해서는 사전에 준비가 필요하다. 아래에 화해성립을 위해서 고려해야 할 사항을 Checklist로 표현해 보았다.[17] 아래의 예시를 참조해서 나만의 화해 Checklist를 만들어 보자.

**표 3 화해 Checklist 예시**

| | Checklist |
|---|---|
| 신청인 | 신청인의 고용관계 유지/종료에 관한 의사가 어떠한지<br>- (고용관계 유지/종료 의사)<br>- (경제상황 및 재취업 가능 여부)<br>생계수단, 부양가족, 나이 · 건강상태, 재취업 시도 등 |
| | 신청인의 심리상태가 어떠한지<br>- (감정) 신청의 현재 감정상태<br>- (관계) 사용자에 대한 감정, 사용자와의 그간 관계<br>- (성향) 비타협적 · 협력적 · 감정적 |
| | 신청인이 보유한 정보 및 노동법 지식은 어떠한지<br>- (지식) 노동법 지식, 구제제도의 목적, 절차, 결과 등에 대한 이해정도<br>- (경험) 노동위원회 구제신청 경험 |
| | 신청인에게 법률대리인이 있는지<br>- 대리인은 화해에 조력할 의지가 있는지 |
| 사용자<br>(피신청인) | 사업장 및 사업주의 특성이 어떠한지<br>- 공공기관/민간기업<br>- 사업장 규모 |
| | 사업장의 상황이 어떠한지<br>- 경영상태, 자금사정<br>- 구제신청 사건과 관련한 회사 내 분위기, 핵심가치 |

16 화해조서를 가지고 강제 집행하는 절차는 먼저 신분증과 화해조서 정본을 가지고 해당 노동위원회 사무국을 방문하여 화해조서 송달증명서를 발급받고 화해조서 정본, 화해조서 송달증명서를 가지고 해당 노동위원회 소재지를 관할하는 지방법원에 제출하여 집행문을 부여 받는다. 집행문을 부여 받은 다음 강제집행의 대상을 선택하여 강제집행을 신청한다(이상복, 『노동위원회 심판제도 운영상 개선방안 연구』, 아주대학교 대학원, 법학 박사학위논문, 2024, 38면).

17 중앙노동위원회의 '개별적 권리분쟁 화해 체크리스트(2025. 3.)'를 참조하였고 여기에 필자가 몇 가지 항목을 더 추가하였다.

| | Checklist |
|---|---|
| | 사용자의 법률대리인(사내/자문)이 있는지<br>- 대리인은 화해 필요성에 공감하고 있는지 |
| | 사측 담당자에게 의사결정 권한이 있는지<br>- 의사결정권자에게 진행상황이 원활히 전달되고 있는지 |
| 사건 특성 | 신청취지 및 사건의 쟁점이 무엇인지 |
| | 주된 갈등의 원인이 무엇인지<br>- (근로자) 구제신청의 입장 이면에 있는 욕구 · 이익 파악<br>- (사용자) 구제신청의 대상이 된 행위에 대한 주된 이유 파악 |
| 화해의사 | 당사자에게 화해의사가 있는지 |
| | 화해의사가 없다면<br>- 화해의사가 없다고 밝히는 구체적인 이유가 무엇인지 |
| | 근로자, 사용자가 제시하는 화해조건이 무엇인지 |
| 화해시점 선택 | 심문회의 전 화해가 바람직한지<br>- 심문회의 진행으로 당사자 간에 감정이 더 악화될 우려 등 고려 |
| | 심문회의 중 화해가 바람직한지<br>- 사전에 화해의사가 없음을 표명한 경우, 화해조건의 차이가 큰데 당사자가 법리적 유 · 불리 판단을 그르치고 있는 경우 등<br>- 주심위원만 심문을 하고 화해를 추진할지, 모든 위원이 심문을 마치고 화해를 추진할지도 고려 |
| | 화해권고기간 부여가 바람직한지<br>- 회사 대표가 불참한 경우같이 최종 의사결정 과정이 필요한 사안<br>- 심문회의를 통해 법리적 유 · 불리에 관한 기존 판단이 뒤집혀 새롭게 화해의사가 생긴 경우 |
| 화해조서 | (해고) 근로관계 종료일을 언제로 할 것인지 |
| | (해고) 근로관계 종료사유를 무엇으로 할 것인지 |
| | 화해합의금의 지급방식은 어떻게 할 것인지<br>- 실수령액, 세후실지급금, 일시지급, 분할지급 등 |
| | 화해합의금의 법적 성격을 어떻게 처리할 것인지<br>신청인의 세금부담을 경감하기 위해서는 배상금 성격으로 기재 |
| | 고용노동청, 경찰 등 다른 기관에 제기한 사건은 어떻게 처리할 것인지 |
| | 향후 부제소특약은 어떤 범위로 할 것인지<br>- 보통 '이 사건 근로관계 및 근로관계 종료와 관련'한 범위로 특정 |

| | Checklist |
|---|---|
| | 당사자가 서명할 것인지 대리인이 서명할 것인지<br>- 분쟁 예방 차원에서는 당사자가 직접 서명하는 것이 매우 바람직함 |

### (3) 보정요구, 심문회의 생략

노동위원회규칙 제39조는 구제신청서의 필수적 기재사항을 규정하고 있다. 근로자의 성명 · 주소, 사업주의 성명 · 주소, 신청취지, 신청이유, 신청일자가 그것이다. 이 중 실무상 문제가 되는 것은 신청인 근로자가 신청서를 작성하면서 신청이유를 누락한 경우이다. 이 경우 조사관은 기간을 정하여 신청이유를 적은 이유서를 제출하라고 보정요구를 한다(노동위원회규칙 제41조). 보통 이 보정요구에 계속 불응하는 신청인은 심문회의에도 불출석한다.

앞서 언급한 것처럼 노동위원회는 심판 사건 접수일로부터 60일 이내에 심문회의를 개최해야 하는데 심문회의를 생략하고 바로 판정회의를 개최할 수도 있다. 즉, ① 관계 법령의 규정에 따른 신청기간을 지나서 신청한 경우, ② 보정요구를 2회 이상 하였음에도 보정을 하지 아니한 경우, ③ 같은 당사자가 같은 취지의 구제 신청을 거듭하여 제기하거나 같은 당사자가 같은 취지의 확정된 판정(화해조서 포함)이 있음에도 구제 신청을 제기한 경우나 판정이 있은 후 신청을 취하하였다가 다시 제기한 경우, ④ 신청인이 2회 이상 심문회의 출석에 불응하거나 주소불명 또는 소재불명으로 2회 이상 심문회의 출석통지서가 반송되거나 그 밖의 사유로 신청 의사를 포기한 것으로 인정될 경우, ⑤ 당사자 쌍방이 모두 정당한 이유없이 심문회의에 참석하지 않은 경우 등이 그것이다(노동위원회규칙 제57조).

### (4) 인정 판정, 기각 판정, 각하 판정, 화해권고기간 부여

심판위원회가 심문을 종결하였을 경우 판정회의를 개최하여야 하는데, 다만 심문회의에서의 새로운 주장에 대한 사실 확인이나 증거의 보완이 필요하다고 판단되거나 화해를 위한 회의 진행으로 추가적인 사실심문 등이 필요한 경우에는 추후에 심문회의나 판정회의를 재개할 수 있다(노동위원회규칙 제60조).

판정회의에서 신청인 근로자의 신청이유가 타당하다고 판단하면 인정 판정을 한다. 반대로 신청이유가 없다고 판단하면 기각 판정을 한다. 신청이유에 관한 판단 없이 각하로 사건을 종결할 수도 있다. 각하 사유는 위 (3)항의 ① ~ ④이다(노동위원회규칙 제60조).

인정인지 기각인지를 곧바로 판정하기보다 당사자 간에 화해로 원만히 마무리하는 것이 바람직한 사건들이 꽤 많이 접수된다. 이럴 때 앞서 언급한 화해권고기간 부여를 활용하면 좋다.

실무에서 화해권고 기간 중에 당사자가 서로 양보하여 분쟁을 자율적으로 해결하는 사례가 상당수 있다. 심문회의를 거치면서 당사자가 자신의 법적인 유 · 불리를 몸소 느끼게 되기 때문이다.

### (5) 금전보상명령제도

노동위원회는 해고에 대한 구제명령을 할 때에 근로자가 원직복직(原職復職)을 원하지 아니하면 원직복직을 명하는 대신 근로자가 해고기간 동안 근로를 제공하였더라면 받을 수 있었던 임금 상당액 이상의 금품을 근로자에게 지급하도록 명할 수 있는데 이것을 금전보상명령제도라고 한다(근로기준법 제30조 제3항). 근로자가 처한 상황에 따라서 종전 회사로 복귀하는 것이 가혹한 경우가 있기 때문이다. 실무에서 신청인 근로자의 금전보상명령의 신청은 신청서 접수와 동시에 또는 신청서를 접수한 이후 기존의 원직복직의 신청 취지를 변경하면서 이루어진다. 금전보상명령 신청은 심문회의 개최일을 통보받기 전까지 해야한다(노동위원회규칙 제64조 제3항).

## Ⅵ 판정서의 작성

앞서 본 것처럼 심판위원회가 심문을 종결하였을 경우 판정회의를 개최하는데 여기서 심판위원회를 구성하는 공익위원 3인은 근로자위원과 사용자위원의 의견을 들어 사건의 종국적 결정인 판정(구제명령, 기각, 각하)을 하게 된다. 심판위원회 위원장은 위원 간 의견 교환 시 제시된 내용 등을 충분히 고려하여 의결하고, 전원의 합의가 안 되는 경우 심판위원회 공익위원의 과반수 찬성으로 의결한다(노동위원회법 제17조 제2항). 노동위원회는 이러한 처분 결과를 당사자에게 서면으로 송달하여야 하는데, 이때의 서면을 판정서[18]라고 부른다. 노동위원회의 처분의 효력은 이 판정서를 송달받은 날부터 발생한다(노동위원회법 제17조의2 제2항). 판정서를 작성하고 이를 당사자에게 송달함으로써 사건처리 절차는 종료한다. 이하에서 판정서를 작성하는 방법에 관해서 살펴보겠다.

### 1. 판정서의 구성

판정서에 어떤 내용이 담겨야 하는지는 법령에서 정하고 있다. 즉, 「노동위원회규칙」 별지

18 앞에서 본 '노동위원회 접수 사건 목록'상의 결정 사건은 결정서, 의결 사건은 의결서라는 서면으로 작성되는데 구성과 작성 방법에서 판정서와 큰 차이는 없다.

제16호는 판정서의 구성 방법을 규정한다.

**○ ○ 지 방 노 동 위 원 회**

**판 정 서**

사　건

근 로 자

사 용 자

판 정 일

**주　　　문**

**신 청 취 지**

**이　　　유**

1. 당사자
2. 신청에 이른 경위
3. 당사자의 주장 요지
4. 인정사실
5. 관련 법령 및 규정
6. 판단
7. 결론

년　월　일

**○ ○ 지 방 노 동 위 원 회**

**(심판, 차별시정) 위 원 회**

위원장 공익위원　○○○ (서명 또는 날인)

공익위원　○○○ (서명 또는 날인)

공익위원　○○○ (서명 또는 날인)

따라서 판정서를 작성한다는 것은 아주 간략하게 말하면, ① 위 '사건' 부분에 접수번호를, ② '근로자' 부분에 신청인의 성명과 주소 등을, ③ '사용자' 부분에 피신청인의 성명과 주소 등을, ④ '주문' 부분에 구제명령을 하는지, 기각을 하는지, 각하를 하는지 등을, ⑤ '신청취지' 부분에 신청인이 구제신청서에서 작성한 신청취지를 기재하는 것을 말한다.

그리고 ⑥ 위 '이유' 부분에 ⓐ 근로자와 사용자에 대한 소개(당사자), ⓑ 근로자가 구제신청을 하기까지 경과(경위), ⓒ 사건의 쟁점에 대한 근로자와 사용자의 주장의 개요(당사자 주장 요지), ⓓ 당사자의 자백이나 증거를 통해 확정한 사실관계(인정사실), ⓔ 확정한 사실관계에 적용할 Rule(관련 법령 및 규정), ⓕ 앞서 본 3단 논법에 따라서 Rule에 확정된 사실관계를 적용하여 결론을 도출하는 과정(판단), ⓖ 도출된 결론을 정리하여 기재(결론)하는 것을 의미한다.

## 2. 판정서 작성을 위해 챙겨두어야 할 자료

**(1) 판정회의록:** 조사관은 근로자위원과 사용자위원의 의견, 의결사항의 판단 요지 등을 기재한 회의록을 작성하여야하는데(노동위원회규칙 제61조 제1항) 여기에 판정회의에서 확정한 사건의 쟁점, 사실관계, 판단의 논리적 근거, 최종 결론 등이 기재되어 있으므로 판정서 작성에 반드시 참고해야 한다.

**(2) 당사자의 주장서면:** 근로자가 제출한 구제신청서 · 이유서와 사용자가 제출한 답변서 등과 같은 서면에는 양 당사자의 사건의 쟁점에 관한 주장과 반박, 그리고 이에 대한 재반박 등이 기재되어 있으므로 판정서 작성 시 꼭 챙기도록 한다. 그리고 당사자가 구술로 한 주장, 곧 심문회의에서의 진술 내용도 잘 챙기자.

**(3) 증거목록:** 근로자가 제출한 증거자료와 사용자가 제출한 증거자료가 기재된 증거목록을 옆에 두고 당사자의 주장에 부합하는 각종 물증과 진술증거 등이 있는지 확인한다.

**(4) 노동위원회 사실 조사 자료:** 당사자가 제출한 자료 이외에 노동위원회가 사실 조사한 노위증, 관계 행정기관 사실조회 자료, 당사자 또는 참고인 진술조서 등은 사건의 쟁점에 관한 중요한 정보를 제공하므로 유심히 살펴보도록 한다.

**(5) 법규정 및 판례:** 사건의 쟁점과 관련한 법규정과 판례는 판정서 작성에서 정말 중요한 부분이다. 3단 논법에 따라 확정된 사실관계에 적용될 Rule이기 때문이다. 이에 관해서는 최선애 교수의 강의를 참고하면 된다.

**(6) 조사보고서:** 조사관이 작성한 조사보고서는 판정서의 '판단' 부분을 제외하고는 판정서와 유사해서 판정서를 작성할 때 요긴하게 참고할 수 있는 자료이다. 특히 사건의 쟁점, 사실관계

및 증거자료의 정리, 관련 법규정 및 판례 등이 수록되어 있어서 판정서를 작성할 때 많은 도움을 받을 수 있다.

## 3. 판정서의 본격적인 작성

판정서의 구성 부분 중 사건번호, 당사자, 판정일을 적는 것은 그리 어렵지 않은 것이라서 별도로 이 교재에서 언급하지 않을 생각이다. 특히 당사자를 기재하는 방법은 조사보고서와 같기 때문에 조사보고서 작성요령을 참조하면 된다. 뒤에 첨부하는《판정서 예시》를 참조하면 족하다.

### (1) 주문의 기재

주문은 판정서의 결론 부분이다. 노동위원회가 당해 사건에 대해 어떤 처분을 하는지를 간결하면서도 명백하게 적는 부분이다. 노동위원회에 가장 많이 제기되는 부당해고등 구제신청 사건의 주문의 기재례는 아래와 같다. 근로자의 구제신청이 이유가 있을 때는 구제명령을 내리고 이유가 없을 때는 기각한다. 신청이 앞서 본 각하 사유에 해당할 때는 그 신청을 각하한다.

**《구제명령: 부당해고》**

1. 이 사건 사용자가 2025. 00. 00. 이 사건 근로자에 대하여 행한 해고는 부당해고임을 인정한다.
2. 이 사건 사용자는 이 판정서를 송달받은 날부터 30일 이내에 이 사건 근로자를 원직에 복직시키고, 해고기간 동안 근로하였다면 받을 수 있었던 임금상당액을 지급하라.

**《구제명령: 부당정직》**

1. 이 사건 사용자가 2025. 00. 00. 이 사건 근로자에게 행한 정직은 부당정직임을 인정한다.
2. 이 사건 사용자는 이 판정서를 송달받은 날부터 30일 이내에 이 사건 근로자에 대한 정직을 취소하고, 정직기간에 정상적으로 근로하였다면 받을 수 있었던 임금상당액을 지급하라.

**《기각》**

이 사건 근로자의 구제신청을 기각한다.

**《각하》**

이 사건 근로자의 구제신청을 각하한다.

### (2) 신청취지의 기재

신청취지는 심판대상의 범위를 특정하는 아주 중요한 부분이다. 노동위원회는 근로자나 노동조합이 구제를 신청한 범위 안에서만 판정할 수 있기 때문에(노동위원회규칙 제58조) 근로자의 '구제신청서'상의 신청취지를 그대로 기재하도록 한다. 다만, 근로자가 심문회의 전에 신청취지를 변경할 수도 있으므로 사건기록상에 신청취지 변경서가 제출되어 있는지도 확인할 필요가 있다. 만약 변경되었다면 변경된 신청취지를 적도록 한다.

### (3) 이유의 기재

판정서 작성에서 이유 부분을 쓰기가 가장 어렵다. 채택된 증거에 따라서 꼼꼼하게 사실관계를 정리 · 확정하고 Rule에 이렇게 인정한 사실을 적용하여 결론을 내리는 법적 추론, 곧 3단 논법에 따른 논증이 잘 드러나야 하기 때문이다. 만약 3단 논법에 따른 논증이 허술하다면 이러한 판정서는 당사자의 승복을 얻을 수 없다. 그러므로 평소에 3단 논법에 따른 법적 추론 연습을 자주 하도록 하자.

앞서 본대로 이유 부분은 아래의 순서로 적는다. 아래의 내용을 보면 판정서의 이유 부분은 결국 3단 논법의 영미법 표현인 IRAC에 따라서 구성되었음을 쉽게 알 수 있다.[19]

1. 당사자
2. 신청에 이른 경위
3. 당사자의 주장 요지
4. 인정사실
5. 관련 법령 및 규정
6. 판단
7. 결론

#### (a) 당사자

노동위원회는 판정서를 통해서 구제명령 등을 발하기 때문에 그 처분을 받을 당사자를 특정하는 것은 매우 중요하다. 그런데 이것은 이유 부분에서가 아니라 앞에서 본 근로자, 사용자 부분의

19 3단 논법은 대전제인 Rule(법규범)에 소전제인 사실을 적용(Application)하여 결론(Conclusion)을 도출하는 것이다. 이것이 판정서에서는 '인정사실, 관련 법령 및 규정, 판단, 결론'으로 표현되어 있다.

기재에서 이루어진다. 즉 근로자의 성명과 주소 등을 기재함으로써, 또 사용자가 법인회사면 법인 명칭, 주된 사무소의 소재지 등을 기재함으로써 이러한 특정이 이루어진다. 따라서 여기의 당사자 부분에는 사건의 이해를 돕기 위해 필요한 만큼의 당사자 정보를 간략히 기재하면 족하다.

예를 들어 근로자의 경우 구제신청서, 근로계약서, 징계처분서 등의 자료를 통해서 입사일, 소속 부서 및 직책, 담당 업무, 사용자로부터 해고 등의 인사상 불이익조치를 당한 일자 등을 적는다. 사용자의 경우에는 사업자등록증, 법인등기부등본, 고용보험 자료 등을 통해서 사업체의 설립일, 상시근로자수, 영위 업종 등을 기재한다.

**《예시》**

1. 당사자

가. 근로자

○○○(이하 '이 사건 근로자'라 한다)은 2022. 8. 7. A병원에 입사하여 간호사로 근무하던 중 2023. 8. 9. 부당하게 해고되었다고 주장하는 사람이다.

나. 사용자

◇◇◇(이하 '이 사건 사용자'라 한다)은 2000. 8. 1. A병원(이하 '이 사건 사업장' 또는 '이 사건 병원'이라 한다)을 개업하여 위 주소지에서 상시 150여 명의 근로자를 사용하여 일반 병원업을 경영하는 사람이다.

**《예시》**

1. 당사자

가. 근로자

○○○(이하 '이 사건 근로자'라 한다)은 2010. 5. 21. 주식회사 A에 입사하여 ◎◎공단 민간 위탁사업 ☆☆점검 전담 업무 등을 수행하며 근무하던 중 2025. 2. 26. 부당하게 해고되었다고 주장하는 사람이다.

나. 사용자

주식회사 A(이하 '이 사건 사용자' 또는 '이 사건 회사'라 한다)는 1997. 6. 13. 설립되어 위 주소지에서 상시 11명의 근로자를 사용하여 건설 현장 안전관리업을 주요 사업으로 행하는 법인이다.

### (b) 신청에 이른 경위

별 특별한 내용은 없다. 구제신청서를 보면서 신청일자를 중심으로 신청 경위를 간략히 적으면 된다.

《예시》

이 사건 근로자는 2025. 6. 26. 이 사건 사용자가 행한 해고(이하 '이 사건 해고'라 한다)가 부당하다며 2025. 9. 15. 우리 위원회에 구제를 신청하였다.

《예시》

이 사건 근로자는 이 사건 사용자가 행한 2023. 11. 3.자 해고(이하 '이 사건 해고' 또는 '이 사건 근로관계 종료'라 한다)가 부당하다며 2023. 11. 13. 우리 위원회에 구제를 신청하였다.

### (c) 당사자의 주장 요지

당사자가 제출한 구제신청서, 이유서, 답변서 등의 주장서면과 당사자의 주장이 불분명할 때 노동위원회가 보고요구한 것에 대한 회신 자료 등을 참작해서 당사자의 주장을 요약해서 기재한다. 단순히 요약하는 것이므로 어렵지 않다.

《예시》

3. 당사자의 주장 요지

가. 근로자

근로계약기간 도중인 2024. 11. 3. 이 사건 사용자가 이 사건 근로자에게 해고를 통보하면서 근로관계가 종료되었고, 정당한 해고사유가 존재하지 않고 서면으로 해고통지를 하지 않았으므로 부당해고이다. 1년 단위의 재계약에 대한 갱신기대권이 존재하므로 구제이익이 있고, 이 사건 사용자가 주장하는 근무태도 불량 등은 갱신거절의 합리적 사유로 삼기에는 무리가 있다.

나. 사용자

이 사건 근로자는 보름의 짧은 근무기간 동안 세 차례나 사유서를 작성하는 등 근무태도가 불량하여, 2024. 11. 3. 이 사건 근로자에게 근로계약기간 만료일인 2024. 11. 15.까지 유급대기발령을 내렸고, 이는 해고가 아니라 근로계약기간 만료로 인한 2023. 11. 16. 자 근로관계 종료를 통지한 것이다. 이 사건 근로자와 단 한 차례 근로계약을 체결하였으므로 갱신 기대권은 존재하지 않는다.

### (d) 인정사실

심문회의와 판정회의를 통해서 조사한 결과 다툼이 없거나 증거자료를 통해서 확인된 사실을 시간 순서대로 육하원칙에 의거해서 서술하는 것이다. 육하원칙은 글을 쓸 때 지켜야하는 기본원칙이다. '누가, 언제, 어디서, 무엇을, 어떻게, 왜'의 여섯 가지 요소로 구성된다. 육하원칙을 따르면 사실을 간결하게 서술할 수 있다. 따라서 인정사실 부분을 기재할 때 육하원칙을 될 수 있으면 지키도록 하자.

앞에서 공부한 3단 논법을 다시 상기해 보면, 3단 논법은 대전제인 Rule(법규범)에 소전제인 사실을 적용(Application)하여 결론(Conclusion)을 도출하는 것이다. 이것이 판정서에서는 '인정사실, 관련 법령 및 규정, 판단, 결론'으로 표현되어 있다. 그러므로 인정사실을 정리해서 기재하는 것은 판단을 위해 매우 긴요한 사전작업이다. 인정사실을 서술할 때는 특정한 사실을 인정하게 된 근거를 반드시 표시해야 한다. 아래의 예시에서는 법원의 판결문 방식을 따라 인정근거를 기재하였다.

**《예시》**

4. 인정사실

가. 근로자의 직장 내 괴롭힘 피해 신고 및 사용자의 조치

1) 근로자는 2025. 8. 17. 사용자에게 '직장내 괴롭힘(갑질) 피해 사실 고지 및 재발 방지 요구서'라는 제목으로 "2024. 6. 19.부터 현재까지 근로자 소속 부서 팀장인 I으로부터 폭언, 폭력 및 지위를 남용한 인격 모독, 불평등하고 부당한 업무 지시 등 직장 내 괴롭힘을 당하여 피해사실을 알려드리며 재발방지요청에 대해 2025. 8. 22.까지 문서 회신을 요청한다"는 내용의 이메일을 전송하였다. 근로자는 2025. 8. 27. 다시 사용자에게 "가해자의 직장 내 괴롭힘이 지속되고 있다"며 I에 대한 징계와 소속 변경이 필요하다는 취지의 이메일을 전송하였다.

2) 사용자는 2025. 8. 23.부터 같은 해 9. 20.까지 근로자의 신고에 따른 직장 내 괴롭힘 조사를 실시하였다. 조사를 담당한 K 부장은 근로자와 I, 근로자가 목격자로 지목한 직원 10명에

대한 면담 등을 실시한 후, "근로자와 I의 주장이 상이한 점, 근로자의 주장을 뒷받침할 만한 증거가 없는 점을 볼 때, 근로자의 주장만으로 I과 근로자 사이에 근로자가 신고한 내용의 직장 내 괴롭힘이 있었다고 보기에는 무리가 있다"는 의견이 포함된 조사보고서를 작성하여 사용자에게 보고하였다.

3) 사용자는 2025. 10. 7. 고충처리위원회를 열어 근로자의 신고사항을 심의하였고, 같은 날 근로자에게 "근로자의 직장 내 괴롭힘 신고사항에 대한 증거불충분으로 해당사항 확인되지 않으므로 직장 내 괴롭힘 판단 불가"라는 심의 결과를 통보하였다.

4) 사용자는 2025. 10. 8. 근로자에 대하여 기획생산팀에서 주조생산팀으로의 부서이동을 명하는 인사발령을 하였다. 근로자는 같은 날 사용자에게 "직장 내 괴롭힘이 없었다는 고충처리위원회의 심의 결과를 수용할 수 없고, 가해자에 대한 조치 없이 피신청인의 부서 이동을 명하는 인사발령은 부당하다"는 취지의 이메일을 전송하였다.

[인정근거] 다툼 없는 사실, 노 제6~13호증, 사 제8호증의 각 기재

예컨대, 위 《예시》의 1)항은 당사자 간에 다툼이 없는 사실이고, 2)항은 노 제6, 7호증, 사 제8호증으로 인정되는 사실이며, 3)항과 4)항은 노 제8~13호증으로 인정되는 사실이라고 하면, 위 《예시》처럼 다툼이 없거나 증거를 통해 인정되는 사실관계를 시간의 흐름대로 육하원칙에 맞게 모두 서술하고 맨 마지막에 [인정근거]를 표시하면 된다.

물론 이러한 방식은 현행 노동위원회 실무와는 다르다. 오히려 법원의 판결문 작성방식과 같다. 필자의 사견(私見)으로는 사실인정의 각 항마다 증거자료를 표시하는 현행 노동위원회 실무보다는 위의 방식이 더 좋다고 생각한다. 어차피 당사자가 관심 있는 사항은 '어떤 근거에서 어떤 사실관계에 대해 어떤 판단이 내려졌느냐'인데 이것은 판정서의 '판단' 부분에서 명확히 언급하기 때문에 인정사실에서 일일이 사실관계 각 항마다 인정근거를 대는 것은 불필요하고 중복되는 작업이라고 생각된다.

같은 맥락에서 현행 노동위원회 실무에서는 인정사실에 당사자의 심문회의에서 진술 내용을 기재하고 있는데 이 부분도 수정이 필요하다고 필자는 생각한다. 왜냐하면 인정사실은 말 그대로 증거에 의해서 확정된 사실관계라는 뜻인데 당사자의 심문회의에서의 진술은 그저 일방적 진술일 뿐 항상 증거에 의해서 뒷받침되는 것은 아니기 때문이다. 다만, 일방 당사자의 심문회의 진술 중 다른 일방의 진술과 일치하는 진술은 자백에 해당하여 다툼이 없는 사실로 처리하면 된다.

인정사실을 잘 작성하기 위해서 중요한 것은 연습이다. 무슨 연습이냐고? 당사자가 주장하는

사실관계를 그대로 믿지 않는 연습이다. 주장된 사실관계 중에서 당사자 간에 다툼이 없는 사실, 증거를 통해 인정되는 사실을 가려내는 능력을 키워야 한다.

#### (e) 관련 법령 및 규정

보통 여기에는 근로기준법 중 해당 사건의 쟁점 관련 규정, 취업규칙 중에서 쟁점 관련 부분을 기재하는데 취업규칙의 경우 보통 사용자가 답변서와 함께 증거자료로 제출한다. 그렇지 않으면 노동위원회가 보고 요구를 통해서 제출받기도 한다. 해당 사건의 조사보고서를 참고하면 어렵지 않게 작성할 수 있는 부분이다.

#### (f) 판단

#### ① 두괄식 구성

판정서의 판단 부분은 3단 논법에 따라서 위에서 인정한 사실에 Rule(법규정 · 판례)을 적용하여 결론을 도출하는, 이른바 법적 논증을 보여주는 곳이다. 판단 부분은 대체로 판례법리를 제시하고 전형적인 문구와 함께 결론을 먼저 제시하는 두괄식으로 서술하는데 이것은 논증이 3단 논법을 따랐음을 보여주기 위한 것이다. 여기서 전형적인 문구는 아래 《예시》 내용 중의 밑줄친 부분과 같다. 이 문구는 암기해 두는 것이 좋다.

**《예시》**

마. 징계양정의 적정 여부에 관한 판단

1) 관련 법리

피징계자에게 징계사유가 있어서 징계처분을 하는 경우, 어떠한 처분을 할 것인지는 징계권자의 재량에 맡겨져 있다. 다만 징계권자의 징계처분이 사회통념상 현저하게 타당성을 잃어 징계권자에게 맡겨진 재량권을 남용하였다고 인정되는 경우에 한하여 그 처분이 위법하다고 할 수 있다. 징계처분이 사회통념상 현저하게 타당성을 잃어 재량권의 범위를 벗어난 위법한 처분이라고 할 수 있으려면 구체적인 사례에 따라 징계의 원인인 비위사실의 내용과 성질, 징계로 달성하려는 목적, 징계양정의 기준 등 여러 요소를 종합하여 판단할 때에 징계 내용이 객관적으로 명백히 부당하다고 인정되어야 한다(대법원 2017. 3. 15. 선고 2013두26750 판결 등 참조).

2) 구체적 판단

<u>앞서 든 증거 및 인정한 사실에 아래와 같은 사정들을 위 법리에 비추어 보면</u>, 이 사건 정직처분은 그 비위행위에 비하여 징계양정이 과다하여 부당<u>하다고 인정된다</u>. 따라서 이 사건 정직처분이

징계재량권을 남용한 부당한 징계처분에 해당한다고 판단한 이 사건 재심판정은 적법하다.

가) 업무 지시의 이행을 촉구하는 상급자 I에 대한 근로자의 태도, 경어 미사용, 언쟁 도중의 행동 등이 사회통념상 직장 상사에 대한 예의에 어긋나거나 부적절하다는 점은 충분히 인정되나, '업무지시 불이행, 불성실한 업무처리', '반사회적 행위', '직장 내 기본질서 유지 태만'이라는 각 징계사유의 범주 내에서 살펴볼 때, 그 비위의 정도가 중하다고 보기는 어렵다.

나) 제1징계사유 중 ① 금형장착률 향상 방안 보완 지시, ② 퇴근 전 일일업무 결재 보고 지시를 각 위반하였다는 부분은 앞서 본 것과 같이 근로자가 뒤늦게나마 위 각 지시를 이행한 사실이 인정된다. 위 ①의 업무 지시는 근로자가 무작정 이행을 거부하였다기보다는 실제로 보완할 방법을 찾기 어려워 처리가 지연된 측면도 있는 것으로 보이고, ②의 경우에는 전자결재 시스템을 이용하라는 지시 부분을 위반하였으나 이메일로 해당 내용을 전송한 사실은 인정되므로 그 위반의 정도가 크다고 보기 어렵다. 또한 근로자의 위 각 업무 이행이 지연됨으로 인하여 이 사건 근로자에게 직접적인 손해나 업무상 장애가 초래되었다고 볼 만한 정황은 나타나지 않는다.

즉, 사건의 내용이 무엇이든 상관없이 판단에서는 사건과 관련한 판례법리를 먼저 제시[20]하고 이어서 '앞서 든 증거 및 인정한 사실에 아래와 같은 사정들을 위 법리에 비추어 보면............하다.' 이렇게 맨 앞에 기술하고 이어서 위 밑줄의 '아래와 같은 사정들'에 해당하는 내용을 가)....., 나).... 이런 식으로 적어주면 되는 것이다. 여기의 '아래와 같은 사정들'은 판단의 논거에 해당한다. 예시를 하나 더 들어보겠다.

**《예시》**

가. 해고가 존재하는지 여부

1) 관련 법리

근로계약의 종료 사유는 근로자의 의사나 동의에 의하여 이루어지는 퇴직, 근로자의 의사에 반하여 사용자의 일방적 의사에 의하여 이루어지는 해고, 근로자나 사용자의 의사와는 관계없이 이루어지는 자동소멸 등으로 나눌 수 있고, 그 중 해고란 실제 사업장에서 불리는 명칭이나 절차에 관계없이 근로자의 의사에 반하여 사용자의 일방적 의사에 의하여 이루어지는 모든 근로계약관계의

20 다만, 부당징계 구제신청 사건에서 징계사유가 있는지를 판단하는 부분에는 굳이 판례법리를 제시할 필요는 없다.

종료를 의미한다(대법원 2011. 3. 24. 선고 2010다92148 판결 참조).

2) 구체적 판단

앞서 든 증거 및 인정한 사실에 아래와 같은 사정들을 위 법리에 비추어 보면, 이 사건 근로자가 근로계약서의 근무장소 조항을 문제삼으며 계약체결을 거부하고, 무단으로 근로제공을 중단한 채 다음 날 출근하지 않았으므로 당사자 간의 근로관계는 합의해지로 종료되었다고 판단된다.

가) 이 사건 근로자가 당일 근로제공을 중단하고 퇴근할 때까지 이 사건 회사의 근무장소가 아닌 숙식실에 있었다.

나) 이 사건 근로자는 다음 날 출근하지 아니하였으며 이 사건 사용자로부터 근무일수에 해당하는 임금상당액을 수령했을 뿐만 아니라 퇴직금 지급도 요청하였다.

**② 일방 당사자의 주장을 배척하며 판단하는 법**

판정서의 판단 부분을 작성할 때 어느 쟁점에 관해 일방 당사자의 주장을 받아들이면서 다른 일방의 주장을 배척하는 이유를 명백히 드러내야 할 때가 있다. 이것을 하는 전형적인 방법은 아래 예시의 밑줄 친 부분과 같다.

**《예시》**

3) 구체적 판단

위 법원의 판단법리, 위 '4. 인정사실'의 '가'항, '나'항, '다'항 및 '하'항의 내용 및 아래와 같은 사정들을 종합해 보면, 이 사건 근로자들은 임원의 지위에 있었던 자이긴 하나 사실상 임금을 목적으로 종속적 관계에서 이 사건 사용자에게 근로를 제공한 근로기준법상 근로자에 해당되어 이 사건 구제신청의 당사자 적격이 인정된다.

가) 이 사건 사용자는 이 사건 근로자들이 이 사건 회사 취업규칙 제12조에 따라 개별 계약을 체결한 임원이라고 주장하나, 일반 직원들과 동일한 서식의 근로계약서를 사용하는 등 이 사건 회사의 모든 근로자들이 개별 계약을 체결하고 있다는 점에서 이 사건 근로자들이 개별 계약을 체결하였다고 하여 근로기준법상 근로자가 아니라고 단정할 수 없다.

즉, '이 사건 근로자(사용자)는 ................라고 주장하나, ....................... 점, ............ 점 등에 비추어 보면 ............라고 판단된다.'라는 구성으로 문장을 서술하면 되는 것이다. 다른 방법은 '..................라는 사실이 인정된다. 그러므로 .........라는 이 사건 근로자(사용자)의 주장은 받아들일 수 없다.'라고 쓰는 방법도 있다. 상황에 맞게 선택해서 쓰면 된다.

《예시》

다) 구체적 판단

위 법원의 법리와 위 '4. 인정사실'의 '다'항, '바'항, '아'항, '자'항, '러'항 내지 '서'항의 내용 및 아래와 같은 사정을 종합할 때, 이 사건 사용자가 이 사건 근로자에 행한 이 사건 감급이 사회통념상 현저하게 타당성을 잃어 징계권자에게 맡겨진 재량권을 남용한 것이라고 보기 어렵다.

(1) 이 사건 교통사고의 과실비율이 80%라는 전국택시공제조합의 조사결과에 관해 이 사건 근로자도 인정하였다. 그러나 이 사건 사용자가 타차의 과실비율 20%를 대신 처리하면서 사고 처리 비용으로 1,548,101원을 부담하였다. 따라서 이 사건 근로자도 인정하고 있는 과실비율 80%를 합산하면 실질적으로 이 사건 사용자가 이 사건 교통사고로 발생한 모든 손실을 부담한 것으로 볼 수 있다. 그러므로 이 사건 교통사고의 과실비율이 90%에 미치지 않는다는 이 사건 근로자의 주장은 받아들일 수 없다.

### (g) 결론

결론 부분도 전형적인 문구가 정해져 있다. 아래의 예시를 참조하면 된다.

《예시》

7. 결론

그렇다면, 이 사건 근로자의 구제신청을 인용하기로 하여 근로기준법 제30조 및 노동위원회법 제15조제3항에 따라 주문과 같이 판정한다.

《예시》

7. 결론

그렇다면, 이 사건 근로자의 구제신청을 기각하기로 하여 근로기준법 제30조 및 노동위원회법 제15조제3항에 따라 주문과 같이 판정한다.

별지

## 판정문 작성 예시(직장내 괴롭힘에 대한 징계해고)[21]

**○○ 지 방 노 동 위 원 회**

**판 정 서**

**사 건** ○○2024부해○○○ ○○조합 부당해고 구제신청

**근 로 자** ○○○
(신청인) 서울 ○○○ ○○○
대리인 박○○노무사 사무소
공인노무사 박○○

**사 용 자** ○○조합
(피신청인) 서울 ○○○ ○○○
이사장 ○○○
대리인 ○○○법인
담당 공인노무사 홍○○

**판 정 일 2024. 9. 9.**

**주 문**

이 사건 근로자의 구제신청을 기각한다.

**신 청 취 지**

1. 이 사건 사용자가 2024. 6. 1. 이 사건 근로자에게 한 해고는 부당해고임을 인정한다.
2. 이 사건 사용자는 이 사건 근로자를 원직에 복직시키고, 해고기간에 정상적으로 근로하였다면 받을 수 있었던 임금상당액을 지급하라.

---

21 아래의 판정서 예시는 서울중앙지방법원 2023. 7. 13. 선고 2020가합569543 판결 [해고무효확인]의 사례를 활용하여 작성한 것이다.

## 이 유

### 1. 당사자

#### 가. 근로자

○○○(이하 '이 사건 근로자'라 한다)은 2003. 6. 1. ○○조합 대구지점에 입사하여 2024. 4. 1.부터 ○○조합 부산 · 경남지점에서 2급(부장)으로 근무하다가 2024. 6. 1. ○○조합으로부터 부당하게 해고되었다고 주장하는 사람이다.

#### 나. 사용자

○○조합(이하 '이 사건 사용자' 또는 '이 사건 조합'이라 한다)는 ○○산업기본법 제○○조 제○항에 따라 조합원에게 필요한 보증과 자금의 융자 및 공제사업 등을 함으로써 조합원의 주목적인 경제활동과 경제적 지위의 향상을 도모하여 ○○사업의 건전한 발전에 이바지하기 위하여 설립된 공제조합으로 상시 120여 명의 근로자를 사용하여 보증 · 공제 · 융자 등의 사업을 영위하고 있다.

### 2. 신청에 이른 경위

이 사건 근로자는 2024. 6. 1. 이 사건 사용자가 한 해고 처분은 부당하다며 2024. 8. 25. 우리 위원회에 구제를 신청하였다.

### 3. 당사자의 주장 요지

#### 가. 근로자

이 사건 근로자는 E에게 점심시간에 회의를 강요한 사실이 없고, 2024. 5. 7.자 회의에서 나온 발언도 직장 내 괴롭힘에 해당하지 않는 등 이 사건 해고처분의 사유를 인정할 수 없다. 설령 일부 징계사유가 인정된다 하더라도 해고에 이를 정도의 사유로 보기 어렵다.

#### 나. 사용자

이 사건 근로자는 휴게시간으로 보장되어 있는 점심시간에 E에게 회의를 강요하였으며 2024. 5. 7.자 회의에서 나온 발언이 업무상 필요에 의했다고 하나 폭언, 모욕, 비하 등의 발언을 한 것으로 직장내 괴롭힘에 해당한다. 이 사건 근로자의 비위행위의 정도가 중하고 개전의 정이 전혀 보이지 않아 해고한 것이다.

### 4. 인정사실

가. 이 사건 사용자의 부산 · 경남지점에서 대리로 근무하던 신청외 E는 2024. 5. 8.경 이 사건 사용자에게 이 사건 근로자로부터 직장내 괴롭힘을 당하였다는 취지로 근로기준법 제76조의3 제1항[22]

---

22 근로기준법 제76조의3(직장 내 괴롭힘 발생 시 조치) ① 누구든지 직장 내 괴롭힘 발생 사실을 알게 된 경우 그 사실을 사용자에게 신고할 수 있다.

에 따른 피해신고를 하였고, 이 사건 근로자도 2024. 5. 15.경 E를 가해자로 하여 직장내 괴롭힘 신고를 하였다.

나. 이에 이 사건 사용자는 조사위원회를 구성하여 이 사건 근로자와 E의 직장내 괴롭힘 여부 등을 확인하기 위한 조사를 실시하였고, 조사결과 E의 이 사건 근로자에 대한 직장내 괴롭힘은 인정할 수 없으나 이 사건 근로자의 E에 대한 직장내 괴롭힘은 인정할 수 있다고 판단하여, 2024. 5. 29.경 인사위원회를 개최하여 아래와 같은 징계사유로 이 사건 근로자를 2024. 6. 3.자로 파면하고 2024. 6. 1.부터 징계 확정시까지 직위를 해제하기로 하는 의결을 하였고, 2024. 6. 1.경 이 사건 근로자에게 그 사실을 통지하였다(이하 위 의결에 따른 이 사건 근로자에 대한 해고처분을 '이 사건 해고처분'이라 한다).

다. 2024. 6. 1.자 징계처분 통지서에 기재된 주문과 이유는 다음과 같다.

<table>
<tr><td>**주문**</td><td>직장내 괴롭힘과 품위유지의무 위반과 관련해서는 정직 2개월에 해당되지만 과거의 정직, 견책, 경고 등 지속적으로 여러 차례의 징계와 이에 대한 개선노력 · 자구노력 등을 이행하지 않는 점이 명백하고 개전의 정이 없다고 판단되는 등 제규정 위반 및 문란행위가 극히 중하여 장차 근무를 보장할 수 없다고 인정되어 해고의 징계처분을 하고자 함.</td></tr>
<tr><td rowspan="2">**이유**</td><td>○ 금번 징계 요구된 '직장내 괴롭힘 금지 의무'를 정하고 있는 취업규칙 제52조의 의무를 위반하였으며, 괴롭힘 과정에서 폭언, 강요, 모욕, 비하 등의 발언은 취업규칙 제5조(일반의무) 제2항의 직원으로서의 품위유지 의무를 다하지 못한 것으로 인정됨.<br>**[괴롭힘 인정사유]**<br>① 휴게시간으로 보장되어 있는 점심식사 시간에 회의 강요<br>② 2024. 5. 7. 발언이 업무상 필요에 의해서라도 행위 양태가 사회통념에 비추어 볼 때 상당하지 않다고 인정됨<br>**[직원으로서의 의무 위반 인정사유]**<br>① 2022년 11월과 2023년 11월에 직원으로서의 의무를 다하지 못하여 견책과 경고 등의 조치를 받았음에도 다시 직원에 대한 괴롭힘이 발생하게 한 사유는 품위유지의무 이행하지 않은 것임<br>② 지시사항(경영-345호, 2024. 4. 21.) 중 복무기강 확립 위반</td></tr>
<tr><td>○ 과거의 정직(3개월, 2020. 10. 12.), 견책(2023. 1. 9.), 이사장 엄중경고(2024. 1. 14.)의 이력과 자구계획노력의 약속 등이 전혀 지켜지지 않는 점이 상당함.<br>○ 계속되는 제규정 위반 및 문란행위가 극히 중하여 장차 근무를 보장할 수 없다고 인정됨.<br>위와 같은 사유 등을 종합적으로 감안하여 '해고'의 징계처분 함.</td></tr>
</table>

[인정 근거] 다툼 없는 사실, 노 제1 내지 6호증, 사 제 1 내지 4, 7, 8, 13, 14, 19, 20, 22, 33, 37, 42호증의 각 기재

### 5. 관련 법령 및 규정

《근로기준법》

제23조(해고 등의 제한) ① 사용자는 근로자에게 정당한 이유 없이 해고, 휴직, 정직, 전직, 감봉, 그 밖의 징벌(懲罰)(이하 "부당해고등"이라 한다)을 하지 못한다.

《취업규칙》

제5조(일반의무) ① 직원은 법령, 정관, 기타 제규정을 준수하며, 상사의 직무상 명령, 지시에 따라 성실히 직무를 수행하여야 한다.

② 직원은 조합의 명예와 위신을 실추·손상하지 아니하도록 조합직원으로서의 품위를 유지하여야 한다.

제51조(징계) 직원의 징계는 징계규정이 정하는 바에 의한다.

제52조(직장내 괴롭힘 금지) 임·직원이 직장에서의 지위 또는 관계 등의 우위를 이용하여 업무상 적정범위를 넘어 다른 직원에게 신체적·정신적 고통을 주거나 근무환경을 악화시키는 행위(이하 '직장내 괴롭힘'이라 한다)를 하여서는 아니된다.

제53조(직장내 괴롭힘 행위 발생 시 조치) ① 누구든지 직장내 괴롭힘 발생 사실을 알게 된 경우 그 사실을 조합에 신고할 수 있다.

② 전항에 따른 신고를 접수하거나 직장내 괴롭힘 발생 사실을 인지한 경우에는 지체 없이 그 사실 확인을 위한 조사를 실시한다.

《징계규정》

제4조(징계대상) 직원이 다음에 해당한 경우에는 징계한다.

직무수행 및 의무이행에 필요한 관계법령을 위반하거나 조합의 정관·규정·명령·지시를 위반한 직원

### 6. 기타 부당한 행위를 한 직원

제6조(징계의 종류·기준 및 효력) 징계의 종류는 해고, 강직, 정직, 감봉, 견책, 경고로 한다. 징계기준 및 처분의 효력은 붙임 1과 같다.

제10조(징계의 양정) 위원회가 징계사유를 심의함에 있어서는 징계 해당자의 소행, 근무성적, 공적, 개전의 정, 징계요구의 내용 기타 정상을 참작하여야 한다.

붙임 1 징계기준 및 처분의 효력

| 종류 | 기준 |
|---|---|
| 해고 | 제4조의 징계대상행위를 한 자로서 서약사항, 취업규칙 등 제규정 위반 및 기강문란행위가 특히 중대하고 극심하며, 장차 근무를 보장할 수 없다고 인정되는 자 |

## 7. 판단

이 사건에 관한 당사자의 주장 요지가 위와 같으므로 이 사건의 주요 쟁점은 첫째, 징계사유의 존재 여부, 둘째, 징계양정의 적정성 여부에 있다.

이러한 쟁점사항에 대하여 양 당사자의 주장과 우리 위원회에 제출된 각종 입증자료의 기재내용 및 이를 토대로 우리 위원회가 심문한 사항 등을 종합하여 다음과 같이 판단한다.

### 가. 징계사유의 존재 여부

살피건대, 앞서 본 사실, 앞서 든 증거 및 사 제2, 13 내지 15, 18 내지 21, 24, 25, 36호증의 각 기재 및 우리 위원회가 심문한 사항에 의하여 인정할 수 있는 다음과 같은 사실 내지 사정들을 종합하여 보면, 이 사건 근로자가 직장에서의 지위 또는 관계 등의 우위를 이용하여 업무상 적정범위를 넘어 신청외 E에게 신체적·정신적 고통을 주거나 근무환경을 악화시키는 행위를 하였음을 인정할 수 있고, 이는 취업규칙 제52조의 직장내 괴롭힘 금지의무 위반 및 취업규칙 제5조 제2항의 직원으로서의 품위유지 의무 위반에 해당하므로, 이 사건 근로자에게는 징계사유가 존재한다.

1) E, G, H의 각 진술[23]에 의하면, 이 사건 근로자가 2024. 5. 6.경 E에게 '점심식사 후 바로 사무실로 들어오라'고 하고, 2024. 5. 7.경에도 '회의를 하여야 하므로 점심식사 후 바로 사무실로 들어오라'는 취지로 말한 사실을 인정할 수 있다. E에게는 근로기준법상 1시간의 휴게시간이 보장되고, 양일간 특별히 점심시간에 회의를 하여야 할 필요성이 있었다고 볼 사정은 보이지 않는바, 위와 같은 이 사건 근로자의 행위는 업무상 적정범위를 넘어 E의 휴게시간을 침해한 행위에 해당한다.

2) 이 사건 근로자는 2024. 5. 7.경 지점장실에서 이루어 진 회의에서 E에게 "나를 잘 알겠지만 스나이퍼가 안되도록 하면 좋겠어요. 저격수. 아무 이유 없이 분노의 게이지 올라가게 하고 그래하면 스나이퍼가 될 수 있으니 그런 일은 하지 말자 이 말이지.", "밖에서 맞짱 한번 뜰까?"와 같이 직접적으로 위협하는 발언을 하거나, "E대리 다른데 보내. 같이 일 하기 싫어. 내가 불편하다고, 내가.", "(G 지점장이 '인사발령은 이사장이 내는건데 E를 어떻게 다른 곳으로 보내냐'는 취지로 말하자) 이사장한테 이야기하면 되지 뭐. 모레 오면. 내가 얘기할게."라고 하는 등 E로 하여금 이 사건 근로자가 인사권자를 통해 E를 다른 곳으로 인사발령 낼 수 있다고 생각할 수 있는 발언을 하였으며, "부산에 있었던 직원이 일 잘한다고 했는데 뭘 잘하는지 모르겠다.", "그거 밖에 안돼?"라고 하는 등 E의 능력이나 성과를 인정하지 않거나 조롱하는 부적절한 발언을 하였다(사 제36호증). 이러한 이 사건 근로자의 언행은 E에게 신체적·정신적 고통을 주기 충분한 것이었으며, 실제로 E는

23 G, H의 각 진술의 신빙성을 의심할 만한 사정도 보이지 않는다.

2024. 5. 8.경부터 5. 22.경까지 빈맥, 흉부압박감, 호흡곤란 등으로 통원치료를 받기도 하였다.

3) 이 사건 근로자는 부장(2급)으로서 대리(5급)인 E보다 높은 직급에 있었던 점, 이 사건 근로자의 연차가 E보다 13년 앞서는 점[24] 등을 고려하면, 이 사건 근로자의 E에 대한 행위는 직장에서의 지위 또는 관계 우위를 이용한 행위로 봄이 타당하다.

4) 한편, 이 사건 근로자는 E가 먼저 이 사건 근로자에 대해 적대적인 행위를 하였고, 오히려 E의 행위가 직장내 괴롭힘에 해당한다고 주장하며 직장내 괴롭힘 신고를 하기도 하였으나, 이 사건 근로자가 주장하는 E의 행위(① 볼펜을 쓰레기통에 던진 행위, ② 이 사건 근로자의 업무부탁을 거절한 행위, ③ 이 사건 근로자가 시간외근무신청을 하였음에도 식대용 법인카드를 주지 않은 행위 등)의 경우 업무상 적정범위를 넘은 행위 및 직장에서의 지위 또는 관계 우위를 이용하여 신체적 · 정신적 고통을 준 행위에 해당하지 아니하여, E가 이 사건 근로자에 대하여 직장내 괴롭힘 행위를 하였다고 인정하기는 어렵다.

### 나. 징계양정의 적정성 여부

1) 관련 법리

취업규칙이나 상벌규정에서 징계사유를 규정하면서 동일한 사유에 대하여 여러등급의 징계가 가능한 것으로 규정한 경우에 그중 어떤 징계처분을 선택할 것인지는 징계권자의 재량에 속한다. 그러나 이러한 재량은 징계권자의 자의적이고 편의적인 재량이 아니며 징계사유와 징계처분 사이에 사회통념상 상당하다고 인정되는 균형의 존재가 요구되므로 경미한 징계사유에 대하여 가혹한 제재를 하는 것은 징계권 남용으로서 무효이다(대법원 2008. 1. 31. 선고 2005두8269 판결 등 참조). 해고는 사회통념상 고용관계를 계속할 수 없을 정도로 근로자에게 책임 있는 사유가 있는 경우에 그 정당성이 인정되고, 사회통념상 근로자와 고용관계를 계속할 수 없을 정도인지는 사용자의 사업 목적과 성격, 사업장의 여건, 근로자의 지위와 담당직무의 내용, 비위행위의 동기와 경위, 이로 인하여 기업의 위계질서가 문란하게 될 위험성 등 기업질서에 미칠 영향, 과거의 근무태도 등 여러 가지 사정을 종합적으로 검토하여 판단하여야 한다(대법원 2017. 5. 17. 선고 2014다13457 판결 등 참조).

2) 구체적 판단

살피건대, 앞서 본 사실, 앞서 든 증거, 노 제8 내지 12, 20호증, 사 제4 내지 6, 9 내지 12, 30, 31, 33, 39호증의 각 기재 및 우리 위원회가 심문한 사항에 의하여 인정할 수 있는 다음과 같은

---

24 E는 2016.경 이 사건 조합에 입사하였다(사 제2호증).

사실 내지 사정들을 위 법리에 비추어 보면, 이 사건 해고처분이 이 사건 사용자가 징계권을 남용한 것으로서 무효라고 볼 수 없다.

가) 앞서 본 바와 같이 이 사건 해고처분 통지서에 기재된 징계경력 모두 정당한 절차를 거쳐 인정된 징계사유를 기반으로 내려진 것으로서 어떠한 위법이 있다고 보기 어렵다.

나) 이 사건 근로자는 이 사건 해고처분 이전에도 수차례 징계를 받은 전력이 있고, 그 과정에서 이 사건 근로자 스스로 재발 방지 각서 및 성격 개선을 위한 자구계획의 노력을 약속하였음에도 이를 재차 위반하였다.

다) 이 사건 사용자는 부장(2급)으로서 오히려 타에 모범이 되어야 할 지위에 있었다.

라) 이 사건 사용자의 인사위원회에서는 이 사건 근로자의 소명, 비위 행위의 중대성, 징계·포상 경력 및 여러 제반 사정 등을 모두 고려하여 이 사건 근로자에 대하여 이 사건 해고처분을 결정하였다.

다. 소결

이 사건 해고처분은 징계사유가 존재하고 징계양정도 적정하여 무효라고 볼 수 없다.

### 8. 결론

그렇다면, 이 사건 근로자의 구제신청을 기각하기로 하여 근로기준법 제30조 및 노동위원회법 제15조제3항에 따라 주문과 같이 판정한다.

## 참고문헌

1. 박태영 · 안성수, 「노동위원회 노동쟁의 조정의 성공영향요인에 관한 연구」, 한국자치행정학보 제34권 제1호, 2020
2. 이상복, 「노동위원회 심판제도 운영상 개선방안 연구」, 아주대학교 대학원, 법학 박사학위논문, 2024
3. 중앙노동위원회, 「조정 및 필수유지 업무매뉴얼」, 2018
4. 중앙노동위원회, 「화해업무 매뉴얼」, 2019

# 증거와 증언 등의 활용 요령
## - 진술 자료의 사실인정 판단 -

맹수석 교수

# 증거와 증언 등의 활용 요령 - 진술 자료의 사실인정 판단 -

맹 수 석

## I 심문회의 진행과 사실관계의 규명

### 1. 심문회의 개최 · 진행 절차의 특성

최근 중앙노동위원회의 설문조사에서 나타난 바와 같이,[1] 노사간 분쟁사건에 대한 사실관계의 파악을 위한 제도적 장치가 매우 제한적임에도 불구하고 심문절차는 실체적 진실을 규명하기 위한 중요한 의미를 갖는다. 특히 심판[2] 과정에서 심문절차는 소송절차와 큰 차이가 있기 때문에, 민사소송법 등 절차법 규정을 그대로 적용하는 데에도 한계가 있다.[3] 따라서 여러 제약이 있음에도 불구하고 노동위원회법(이하 "노위법"이라 한다) 상 구제제도가 충실히 기능하기 위해서는 심문절차의 효율적 운영은 물론 사실관계를 정확히 규명할 수 있는 방안이 강구되어야 한다.

심문과정에 있어서 사건장악이 제대로 이루어지지 않은 채 심문이 진행될 경우 당사자의 불만은 물론 통제 불능 상태로 절차가 표류할 수 있다. 따라서 판정부가 당사자를 직접 대면하고 사건의 실질적 내용에 관하여 확인하는 등 심문회의가 충실하게 운영될 수 있도록 노력하여야

1 부당해고 등의 권리구제율을 높이는 데 있어 노동위원회가 사건을 처리하는 방식과 관련하여 가장 큰 장애요인은 무엇인지에 대해 38.3%(550명)가 사실관계 조사 한계(현장 사실조사 등)라고 응답했다. 다음으로 심문판정 과정의 한계(심문·판정회의 시간 부족 등) 15.0%(215명), 전문성 축적 한계(조사관 인사이동, 비상임위원 중심의 운영) 14.7%(211명) 순이었다. 응답자에 따른 차이를 보면, 노·사·공익위원들은 사실관계 조사 한계(현장 사실조사 등)를 가장 큰 원인으로 보았던 반면, 조사관들은 전문성 축적 한계(조사관 인사이동, 비상임위원 중심의 운영)가 가장 큰 원인이라는 응답률이 25.0%(59명)로 가장 많았다(중앙노동위원회, 『노동분쟁해결 가이드북 조정과심판』, 2024년 겨울호, 2024. 12, 7~8면).

2 심판업무는 노동위원회법(이하 '노위법'이라 한다) 제2조의2에서 규정한 노동위원회 소관 사무 중 노조법, 근기법, 근로자참여법 등 법률에 따른 판정·결정·의결·승인·인정 등에 관하여 노동위원회에 구성된 심판 위원회에서 처리하도록 규정된 사항을 말한다(노위법 제15조 제3항).

3 노동분쟁을 노동위원회에 구제신청을 하는 경우 소송에 비해 신속성(3월 내), 경제성(무비용), 강제성(이행강제금제도) 등이 있기 때문에 특히 근로자의 권리구제에 유익한 제도이나, 시간적 제약으로 인한 심리미진, 사용자 불복의 경우 사실상 5심제의 문제 등이 있다.

한다. 특히 심문진행시에 판정부가 이미 제출되어 있는 모든 자료를 충분히 검토하여 사건내용을 파악하고 있다는 사실을 당사자가 분명하게 인식할 수 있도록 하여야만 당사자의 불신이 해소될 수 있을 것이다.

이와 함께 판정부가 당사자와 대면하는 목적 중의 하나는 분쟁의 실체를 정확하게 파악하고 다툼의 핵심을 이루는 주요쟁점을 조기에 확정하여 구술변론과 증거조사에 집중함으로써 자원의 낭비를 줄이고자 하는 것이다. 그러므로 적시에 판정부가 당사자와 대면하여 그들의 생각과 입장을 충분히 듣고 이후의 절차를 진행할 때 당사자의 절차만족도는 높아질 수밖에 없을 것이다.

노동위원회의 구제신청 심판사건의 심리의 기본원칙에는 처분권주의, 직권탐지주의, 공개심리주의, 구술심리주의, 법적 청문의 원칙 등이 인정되고 있다.[4] 이러한 원칙은 구제신청 단계에서 심문절차를 거쳐 판정 단계에 이르기까지의 전 과정에서 적용된다. 물론 공정하고 정확한 판단을 위해서는 우선 사실관계를 파악하여야 하는데, 이를 위해 다양한 기법이 활용되고 있다. 먼저 당사자의 구제신청이 있는 경우 노동위원회는 이유서 · 답변서 등을 검토하여 조사보고서를 작성하게 되는데, 이러한 과정에서 서면조사, 대면조사, 현장조사, 자료제출명령 등의 방법이 활용된다. 아래에서 이에 대해 살펴본다.

## 2. 사실관계의 파악 방법

### (1) 사실조사

#### 1) 사실조사의 의의[5]

사실조사란 심판기관이 특별한 방식의 제한이나 강제력의 사용 없이 자유롭게 분쟁 당사자 등을 대상으로 자료를 수집하는 것을 말한다.[6] 심판위원회는 사건의 실체적 진실에 최대한 접근하여 정확한 판정을 하여야 하기 때문에, 노동위원회(조사관)는 신속 · 공정하고 철저한 사실조사를 통하여 객관적인 사실에 입각한 조사보고서를 작성하여야 한다(직권탐지주의).[7] 조사보고서를 작성에 앞서 이유서 · 답변서를 검토할 필요가 있다. 제출된 이유서 · 답변서[8]는 부본을 지체 없

---

4 중앙노동위원회(박진환), 『사실조사 및 심문회의 운영시 유의사항』(이하 "유의사항"), 2023, 18면.

5 중앙노동위원회(조정심판국 심판2과), 『심판업무 매뉴얼』(이하 "매뉴얼"), 2022, 70면 이하 참조..

6 법원행정처, 『조정실무』, 2002, 110면.

7 노위법상 직권탐지주의란 심판자료를 수집할 권능과 책임이 노동위원회에 있다는 것으로, 민사소송절차에서는 사실과 증거의 수집 · 제출의 책임을 당사자에게 맡기는 것이 원칙이지만, 형사 · 행정 · 가사소송 등 공익실현의 목적과 실질적 진실발견이 강조되는 절차에서 인정되는 원칙으로, 노위법 등에서는 준사법적 행정기관인 노동위원회의 심판제도에 대해서도 직권탐지주의를 인정하고 있다(중앙노동위원회(박진환), 앞의 유의사항, 18~22면 참조).

8 이유서 · 답변서 제출 시 법인등기부 등본, 사업자등록증, 근로계약서, 노조설립신고증 등 신청 요건과 관련된 자료는 필수적으로 확보하여야 한다.

이 상대방에게 송달하고, 이유서 · 답변서상에 당사자의 주장을 정리하여 쟁점사항을 추출하고 쟁점사항에 대한 입증자료를 검토하여 향후 사실조사를 할 때 확인하여야 할 사항, 조사방법 등을 강구하게 된다.[9]

이유서 및 답변서를 통해 추출된 쟁점사항에 대해서는 증거자료의 제출을 요구하고 출석 · 진술요구 또는 현장조사 등을 적극적으로 실시하여 양 당사자 주장의 진위 여부를 확인할 필요가 있다. 출석 · 진술 요구, 보고 요구 · 자료제출 요구, 현장조사를 실시하는 경우에는 출석요구서, 보고요구서 · 자료제출요구서 및 현장출입조사서를 조사개시 7일 전까지 조사대상자에게 서면으로 통지하여야 한다. 다만, 미리 통지하는 때에는 ① 증거인멸 등으로 조사의 목적을 달성할 수 없다고 판단되는 경우, ② 조사대상자의 자발적인 협조를 얻어 실시하는 경우에는 조사의 개시와 동시에 해당 문서를 제시하거나 조사의 목적 등을 조사대상자에게 구두로 통지할 수 있다(행정조사기본법 제17조).

### 2) 조사권의 법적 근거 및 방법

조사권의 법적 근거는 근기법 제29조, 노조법 제83조, 노위법 제14조의3, 제22조 및 제23조 등에 규정되어 있다. 이에 기해 사실관계를 조사하게 되는데, 사실조사의 범위에 대하여 노동관계 법령이나 규칙에 명시된 바는 없지만, 구제신청 취지의 범위 내에서 필요한 사항에 대하여 조사할 수 있다(노위법 제23조 및 제14조의3).[10] 즉, 위원 등의 조사업무는 사실관계 확인 등 필요하다고 인정되는 경우에 할 수 있는데, 이는 위원장의 지명을 받아 노동위원회의 명에 따라 해당 조사업무를 수행하는 경우에만 적법하다. 그런데 노위법이나 그 하위 법령에는 근로자위원이나 사용자위원의 독자적인 조사권을 인정하거나 부정하는 명시적인 규정이 없어 위원장으로부터 조사권을 행사하도록 위임을 받지 아니한 근로자위원이나 사용자위원도 개별적으로 조사권을 행사할 수 있는지 문제된다. 이와 관련하여 근로자위원이나 사용자위원이 임의로 당사자 주장의 진위를 가리기 위하여 조사행위를 하는 것은 위법하나, 근로자위원이나 사용자위원이 임의로 조사행위를 하였다고 하여 해당 사건 심판위원회의 판정까지 위법해진다고 볼 수는 없고, 다만 심

---

9 이때 당사자가 제출한 이유서, 답변서 및 증거자료 등이 외국어로 표기되어 있는 경우 번역본 제출을 요구할 수 있다(규칙 제46조 제4항).

10 민사소송법상 법원은 사실주장이 진실한지 아닌지를 판단하게 되는데(민소법 제202조), 자유심증주의의 한 요소로서 '진실발견'을 규정하고 있다. 다만, 실체적 의미의 진실을 추구하는 형사소송과 달리 민사소송에서의 진실은 형식적 의미의 진실, 예컨대 형사소송에서는 피고인이 공소사실을 자백하더라도 반드시 다른 증거가 있어야만 유죄로 인정할 수 있으나(형소법 제310조), 민사소송에서는 당사자가 자백한 이상 증명이 불필요하고(민소법 제288조 본문), 명백히 다투지 아니하면 자백한 것으로 간주하게 되는데(민소법 제150조 제1항 본문), 이와 같이 법원은 당사자의 사실주장이 진실인지 아닌지를 판단하여야 한다. 그런데 노위법상 당사자의 사실주장에 대한 진실판단(진실발견) 조문이 없고, 민사소송법 준용 규정도 없다. 따라서 사실인정에 관한 기본원칙으로 자유심증주의를 천명한 민사소송과 차이가 있다.

판절차에서 위와 같이 위법하게 조사된 결과가 심문회의 등 심판절차에서 현출되고 당사자가 이의를 제기하였음에도 심판위원회가 적법한 조사권을 행사하여 조사절차를 진행하는 등으로 진위를 확인하고 이의를 제기한 당사자에게 위법한 조사결과에 대해 탄핵할 기회를 실질적으로 보장하는 등 위법한 조사행위의 결과가 심문회의에서 현출된 절차적 하자가 해소되지 않았다면 해당 판정은 위법하다.[11]

사실조사를 하는 방법은 다양한데, 노동위원회는 업무수행을 위해 당사자 · 관계인 출석조사, 자료제출 요구, 현지 출장조사 등의 방법을 활용할 수 있다(근기법 제29조, 노조법 제83조, 노위법 제22조 및 제23조). 사실조사는 공개 원칙이 적용되는데, 조사관의 제출요구에 따라 노 · 사 당사자가 제출한 자료[12]의 경우 그 부본을 상대방에게 지체 없이 송달하여야 한다(규칙 제46조 제5항). 이를 통해 당사자의 방어권 보장 및 증거 편재의 완화가 이루어진다. 자료제출 요구 시 제출자료는 상대방에게 송달되므로 개인정보, 영업비밀 등 민감정보를 포함하여 자료 제출 시 유의하도록 안내할 필요가 있다.

### (2) 대면조사(출석조사)

노동위원회는 이유서 · 답변서 및 입증자료를 검토한 결과 당사자 · 관계인의 진술을 통하여 직접 확인하여야 할 사항이 있으면 출석요구를 하여 직접 대면으로 조사할 수 있다.[13] 이는 제출된 서면자료에 의해 사건의 실체적 관계를 정확히 파악하는데 한계가 있기 때문에 서면조사와 함

---

11 서울행법 2020. 1. 23. 선고 2018구합78053 판결. 은행업을 영위하는 원고회사가 개인대출 담당자인 피고 보조참가인이 고객들에게 사기 논란이 있는 다단계 회사에 대한 투자를 권유하였다는 이유로 징계해고하였고, 피고 보조참가인의 구제신청에 대하여 서울지방노동위원회는 징계양정이 과중하다는 이유로 구제신청을 받아들였는데, 재심판정 과정에서 근로자위원이 심판위원회와는 별도로 직접 피고 보조참가인의 고객들에게 원고가 제출한 자료의 진위를 확인하였고, 재심판정의 심문회의에서 직접 조사하여 알게 된 내용을 공개하고 원고가 제출한 자료의 내용이 허위일 가능성을 제기하였으며, 이에 원고가 근로자위원의 조사 결과에 대하여 이의하였음에도, 원고의 재심신청을 기각하는 판정이 내려졌다. 법원은 조사권이 없는 근로자위원이 사실관계 등을 위법하게 조사한 뒤 그 결과를 심문회의에 현출하였고, 원고가 조사의 위법 · 부당을 주장하며 이의하였음에도 심판위원회가 별도로 조사권을 행사하여 그 진위 여부를 확인하거나 원고 측에 증인에 대한 심문권 행사의 기회를 제공하는 등 절차상 하자를 해소하지 않은 절차상 위법이 있다는 이유로 해당 재심판정을 취소하였다. 위 판결은 근로자위원이나 사용자위원이 당사자 주장의 진위를 가리기 위하여 임의로 조사행위를 하는 것이 위법하다고 본 근거로 노위법상 인정되는 노동위원회의 조사권이 '노동위원회'에 인정되는 권한이고, 노동위원회의 보고 또는 서류제출 요구에 응하지 아니하거나 관계 위원 또는 조사관의 조사를 거부 · 방해한 자 등을 처벌하는 조항(노위법 제31조, 제32조)에 비추어 노동위원회의 조사권을 행사할 수 있는 주체를 함부로 확장할 수 없다는 점을 들고 있다). 대법원 2023. 9. 14. 선고 2021두36851 판결은 이러한 취지의 원심 판단에 근로자위원의 권한 및 공정 · 중립의무의 내용, 노동위원회 심문절차에서 당사자에게 보장되는 권리의 범위 등에 관한 법리를 오해한 위법이 없다고 보았다.

12 양 당사자가 제출한 증거자료를 송달하고자 하는 취지이므로 현장조사 시 당사자가 제출한 자료도 해당한다.

13 당사자 출석을 요구하는 경우에는 ① 일시와 장소, ② 출석요구의 취지, ③ 출석하여 진술하여야 하는 내용, ④ 제출자료, ⑤ 출석거부에 대한 제재(근거법령 및 조항 포함), ⑥ 그 밖에 당해 조사와 관련하여 필요한 사항 등을 서면으로 통지하여야 한다(행정조사기본법 제9조 및 제17조).

께 주로 활용되는 방법이다. 출석조사 방법은 사건의 내용, 당사자의 수 등에 따라 달리할 수 있으나, 문답식 방식, 진술조서 작성 방식, 주장요지별 진술조서 작성 방식으로 구분해 볼 수 있다.

문답식 방식은 당사자 등을 직접 출석시킨 상태에서 이루어지는 방식으로, 당사자 또는 관계인(참고인)을 출석시켜 신청요건 및 당사자의 주장이 불일치하는 사실 등에 대하여 문답 형태로 진술조서를 작성하는 방식이다. 즉, 조사관이 진술인에게 사실관계 등에 대해 질문하고, 그에 대해 진술인이 답변하는 방식이다. 진술조서 작성 방식은 문답식의 진술조서 작성 방식이 사건의 쟁점 파악에 적합지 않을 경우, 조사관이 당사자 및 관계인(참고인)의 진술 요지를 기재하는 방식이다. 그리고 주장요지별 진술조서 작성 방식은 양 당사자 대질조사를 통해 당사자의 주장이 일치하는 사항에 대하여 확인한 후 주장이 서로 다른 부분이 있는 경우에는 쟁점사항 별로 주장요지를 정리하여 진술조서를 작성하는 방법이다.[14]

### (3) 현장조사(현지출장조사)

사업장의 폐업 여부, 상시근로자수 확인, 근로자 · 사업주 소재 불명, 입증자료의 제출 미흡 및 서면 또는 출석조사만으로 사실관계 판단이 어려운 경우 등에는 조사관이 현지출장 조사를 실시하는 것이 바람직할 것이다(규칙 제46조 제3항). 현지출장 조사를 실시하는 경우 ① 조사목적, ② 조사기간과 장소, ③ 조사원의 성명과 직위, ④ 조사범위와 내용, ⑤ 제출자료, ⑥ 조사거부에 대한 제재(근거법령 및 조항 포함), ⑦ 그 밖에 필요한 사항 등을 서면으로 통지하여야 한다.

현지출장조사 시 조사관은 그 권한을 표시하는 증표(공무원증)을 관계인에게 제시하여야 한다(노위법 제23조 제2항). 현지출장조사를 실시한 경우 조사목적, 조사내용 등을 기재한 '현지출장 보고서'를 작성하여 결재를 받고, 현지조사를 통해 확보한 자료는 '노위 제0호증'으로 하여 전자사건기록목록에 첨부하여야 한다. 전화 등을 통해 사실조사를 할 수도 있다. 예컨대 사안이 경미한 경우, 확인할 사항이 간단한 경우, 출석요구를 하기가 곤란한 경우 등에는 전화를 통하여 사실조사를 할 수 있으며, 조사 후에는 사실확인서인 '전화 등 사실확인 내용'을 작성[15]하여 결재를 받아야 한다.

---

14 예컨대 여러 가지 징계사유로 징계받은 사건에 있어서 특정 사유에 대해 당사자 간 주장이 서로 다른 경우 그 사유를 중심으로 당사자로부터 진술을 받아 작성하는 방식이다. 이러한 대면조사 과정에서 진술인이 이유서 · 답변서의 내용과 다르거나 새로운 사항을 진술하는 경우에는 그에 대한 입증자료를 확인하여 조서 말미에 첨부하고, 지참하지 않은 경우에는 자료제출을 요구하여야 한다. 그리고 구제절차의 보다 신속한 진행을 위하여 신청인이 제출한 이유서 등을 미리 검토한 후 구제신청의 상대방에게 답변서와 함께 필요한 문서 제출을 요구하면서 출석기일을 지정하여 출석하도록 한다면 신속하면서도 정확한 사실조사가 이루어질 수 있을 것이다.

15 '전화 등 사실확인 내용'은 '노위 제0호증'으로 하여 전자사건기록목록에 첨부하여야 한다.

### (4) 자료제출명령과 자료제출협조요청

당사자의 주장과 제출자료 또는 진술서에만 의존한다면 실체적 진실규명에 한계가 있을 수 밖에 없다. 따라서 당사자의 상반된 주장에 대하여 확인이 필요하거나 입증이 미비하여 추가적인 입증자료가 필요한 경우 자료제출명령 방법과 자료제출 협조요청 방법을 이용할 수 있다.

첫째, 노동위원회는 자료제출명령을 할 수 있다.[16] 노동위원회는 소관 사무와 관련하여 사실관계를 확인하는 등 그 사무집행을 위하여 필요하다고 인정할 때에는 근로자, 노동조합, 사용자, 사용자단체, 그 밖의 관계인에 대하여 출석·보고·진술 또는 필요한 서류의 제출을 요구하거나 위원장 또는 부문별 위원회의 위원장이 지명한 위원 또는 조사관으로 하여금 사업 또는 사업장의 업무상황, 서류, 그 밖의 물건을 조사하게 할 수 있다(노위법 제23조 제1항).[17] 자료제출명령 제도는 사용자에 비해 상대적으로 자료가 부족한 근로자 측에서 사용자가 보유하고 있는 서류를 확보하기 위해 노동위원회에 자료제출명령을 신청할 수 있는데, 근로자는 자료제출명령 제도를 통해 필요한 증거를 확보할 수 있다. 자료제출명령은 당사자·관계인에게 할 수 있으며, ① 제출기간, ② 제출요청사유, ③ 제출 서류, ④ 제출서류의 반환여부, ⑤ 제출거부에 대한 제재(근거법령 및 조항 포함), ⑥ 그 밖에 필요한 사항 등을 서면으로 통지하여야 한다(행정조사기본법 제10조 및 제17조).

둘째, 노동위원회는 관계 행정기관에 자료제출협조요청을 할 수 있다. 즉, 노동위원회는 그 사무집행을 위하여 필요하다고 인정하는 경우에 관계 행정기관에 협조를 요청할 수 있으며, 협조를 요청받은 관계 행정기관은 특별한 사유가 없으면 이에 따라야 한다(노위법 제22조). 예컨대 당사자 주장의 내용 또는 제출한 자료의 진위에 대하여 확인이 필요한 경우에는 국가기관 등 관계 행정기관에 사실 유무 확인 또는 자료 송부 등 협조를 요청할 수 있다.[18] 협조를 요청 받은 관계 행정기관은 특별한 사유가 없는 한 이에 응하여야 한다. 조사 과정에서 확보한 자료에 대하여 당사자의 요구가 있는 경우 노동위원회의 결정으로 이를 열람하도록 하거나 그 사본을 교부할 수 있다(규칙 제47조). 자료제출협조요청 제도를 통해 사실과 다른 주장을 하는 당사자의 주장을

---

16 이는 민사소송법 제343조 후단에서 정하고 있는 '문서제출명령'과 차이가 있다. 문서제출명령이란 문서제출의무를 부담하는 문서소지자(당사자 또는 제3자)에 대하여 그 문서의 제출을 명하는 법원의 재판으로(민사소송법 제347조), 심판절차에는 문서의 제출의무에 관한 민사소송법 제344조가 적용되지 않고 문서의 제출을 명할 수 있는 근거 규정도 없으므로, 서류 조사를 위해 당사자등에게 문서의 제출을 사실상 촉구하는 것을 넘어 문서제출명령을 하는 것은 곤란하다(민사재판실무편람 집필위원회, 『민사재판실무편람』, 재판실무편람 제38호(2017), 104면).

17 노동위원회의 조사권 등과 관련하여 ① 노동위원회의 보고 또는 서류제출 요구에 응하지 아니하거나 거짓으로 보고하거나 거짓의 서류를 제출한 자, ② 관계 위원 또는 조사관의 조사를 거부·방해 또는 기피한 자에 해당하는 자는 500만원 이하의 벌금에 처한다(노위법 제31조).

18 사용자가 근로자의 비위사실에 대하여 고소·고발을 하였다고 주장하면서 그에 대한 결과를 제출하지 않는 경우 해당 경찰서·검찰청에 그에 대한 처분 결과를 문서로 요청하여 사실 확인을 하여야 한다.

배척할 수 있는 자료를 확보하여 대응할 수 있는 제도이다.

### (5) 구술심리의 특성과 활용

#### 1) 구술심리의 필요성과 유용성

구술심리는 서면심리에 대조되는 방식으로, 판정부 앞에서 분쟁 당사자들이 구술(口述) 즉, 말로 진술하는 방식이다. 구술심리 방식을 취하면 서면심리와 달리 판정부로서는 사건기록에만 의존하지 아니하고 당사자들의 주장서면에서 미처 다뤄지지 않은 배경사실 또는 분쟁의 실질적이고 근본적인 원인을 인지할 수 있게 되고, 따라서 분쟁의 핵심 파악 및 그에 대한 적정한 해결책 제시가 용이해지는 장점이 있다. 또한 판정부는 구술심리를 통하여 당사자들에게 충분한 진술기회를 부여함으로써 당사자들의 동등한 대우 및 충분한 변론의 기회 등 적정절차를 실질적으로 보장할 수 있다. 이에 민사소송법 등은 원칙적으로 구술심리 방식을 기본적인 심리방식으로 규정하고 있다(민사소송법 제134조 제1항; 민사소송규칙 제28조 제1항 및 제2항).

#### 2) 구술심리의 형태(보고식 · 대화식 · 토론식)

구술심리는 커뮤니케이션 방식에 따라 보고식 · 대화식 · 토론식으로 구분할 수 있다. 보고식 구술심리는 각 당사자가 자신의 주장내용을 판정부에 주도적으로 전달하는 방식으로, 판정부는 중립적인 입장에서 당사자의 구술심리 중간에 궁금한 점이 생기더라도 도중에 개입하여 질의하는 것을 자제하고 공정한 판단자로서 각 당사자의 구술변론을 진지하게 청취하는 방식이다. 보고식 구술심리를 취할 경우 판정부는 각 당사자의 전체적인 변론의 요지를 종합적으로 파악하여 이해할 수 있다는 장점이 있다. 반면, 보고식 구술심리가 지나치게 장시간 이어질 경우 중간 중간 집중력이 저하되어 당사자의 주장 내용을 놓치는 경우도 발생하기 쉽다는 단점이 있다.

대화식 구술심리는 각 당사자가 차례로 자신의 주장을 말하면 판정부가 적절한 시점에 필요한 질문을 하고 해당 당사자가 이에 관하여 답변하는 방식이다. 대화식 구술심리에 의할 경우 당사자는 판정부에게 자신의 각 주장 내용이 효과적으로 전달되고 있는지를 수시로 확인 가능하며, 판정부 또한 의문점을 바로 묻고 해소할 수 있어 당사자의 주장 내용을 정확하고 효과적으로 파악할 수 있다는 장점이 있다. 반면, 대화식 구술심리 방식을 택할 경우 자칫 심리기일의 진행이 산만해지고 각 쟁점별 시간배분도 효율적으로 통제되지 못하고 당초 각 당사자들이 주장하고자 하였던 쟁점들에 대한 균형 잡힌 심리기일 진행이 어렵게 된다는 단점이 있다.

토론식 구술심리는 판정부가 마치 토론회의 사회자가 된 것처럼 특정 쟁점에 대한 일방 당사자의 주장에 대하여 상대방 당사자의 의견을 물어보고 청취함으로써 당사자 쌍방의 구술변론에 의한 공방을 유도하는 방식이다. 토론식 구술심리에 의할 경우, 특정 쟁점에 관하여 당사자 쌍방이 상호 토론하게 됨으로써 판정부는 각 쟁점의 본질 및 쌍방 당사자의 입장 차이에 대하여 보다 입체적이고 직관적으로 이해할 수 있으며, 판정부가 각 쟁점별 심리절차의 진행을 주도함으로써 효율적인 시간배분이 가능하다는 장점이 있다. 반면, 토론식 구술심리는 각 당사자가 판정부를 상대로 주장내용을 전달하는 보고식이나 대화식 구술변론과 달리, 분쟁 관계에 있는 상호 당사자간의 의견공방을 통하여 심리가 진행된다는 점에서 자칫 당사자들 또는 그 대리인들 간에 불필요한 감정싸움 및 상호비방으로 인하여 적대적인 분위기가 조성되기 쉽다는 단점이 있다.

이상과 같은 구술심리 방식의 구분은 의사소통의 개별적 형태를 개념적으로 구분한 것으로, 각 방식 모두 장단점이 있으므로, 어느 한 방식이 다른 방식보다 항상 우월하다고 볼 수는 없다. 따라서 판정부는 분쟁의 해결 절차에서 구체적 사건별로 사안의 특성 및 당사자들의 주장내용을 종합적으로 고려하여 위 세 가지 구술심리 방식을 적절하게 혼용하는 것이 바람직할 것이다.

## Ⅱ 당사자 및 증인에 대한 심문과 사실 발견

### 1. 심문절차 운영의 기본원칙

#### (1) 당사자자치 및 적정절차의 보장

##### 1) 심문회의 개최 원칙 등

심문회의는 당사자가 모두 출석한 가운데 진행하는 것이 원칙이나, 당사자 일방이 정당한 이유 없이 출석하지 아니하였을 경우에는 일방 당사자만을 상대로 심문회의를 진행할 수 있다(규칙 제54조 제2항). 당사자가 정당한 사유 없이 불참하는 경우에는 1회 불참의 경우에도 신청인 · 피신청인 구별 없이 궐석 심문 진행을 원칙으로 한다.[19] 심문회의는 공개로 진행함을 원칙으로 하나(공개심리주의), 심판위원회의 결의에 의하여 비공개로 할 수 있다(노위법 제19조). 당사자가 심문회의에 참고인과 함께 참석하고자 하는 경우에는 심문회의 개최 전에 당해 심판위원회 위원장의 승인을 얻어야 한다(규칙 제54조 제3항).

성희롱 · 직장 내 괴롭힘 등의 사건이 증가하고 있고, 개인명예 · 정보보호에 대한 요구도 높아지고 있는바, 참고인 · 참관인의 심문회의 참석에 대한 절차적 보완도 필요하다.[20] 또한 당사자 등

---

19 사자 일방이 불참하여 심문회의를 연기하고자 하는 경우에는 출석한 당사자의 의견을 들어 연기하도록 한다(중앙노동위원회, 앞의 매뉴얼, 145면).

20 (예시1) 성희롱 피해자(근로자/참고인)가 가해자(참고인/근로자)와 함께 심문회의에 참석하는 경우, (예시2) 직장 내 괴롭힘 등이 연관된 사건에서 근로자(피해자)가 사용자측 참관인(가해자)과 함께 심문회의에 참석하는 경우, (예시3)

의 민감정보, 추가피해 가능성 등과 관련이 있는 사건의 경우, 조사관은 심판위원회 위원장에게 보고하고, 심판위원회 위원장은 참석자 제한, 비공개 진행 여부 등에 대해 결정해야 한다.[21]

### (2) 절차진행의 공정성 제고

노동사건의 경우 그 특성으로 인해 소송에 의한 구제절차를 보완하기 위해 마련된 제도이기 때문에 노동위원회의 심문절차의 공정성 확보가 매우 중요하다. 특히 해당 분쟁사건에 대한 구제 여부 등을 판단하게 되는 공익위원이 노사 당사자로부터 중립적이지 못하고 편견이나 선입견을 가지고 있다고 인식되는 경우에는 어느 한쪽은 그 판정 결과를 받아들이지 않게 될 것이다. 따라서 공익위원의 중립성에 대한 불신이 크면 클수록 심문절차는 물론 판정결과에 당사자가가 승복하지 않게 될 것이고, 이는 곧 불복절차(행정소송)로 나아가게 되는 원인이 될 수 있다. 첨예하게 대립하고 있는 당사자들은 심문절차에서 공익위원 등이 어느 일방에게 불친절하게 대한다든지 아니면 옹호하는 듯한 언행 등을 하는 경우 매우 민감하게 반응할 수 밖에 없다. 그러므로 위원들의 공정성과 신뢰성 확보를 위한 노력은 제도의 운용과 정립에 있어서도 매우 중요한 요소로 작용하게 된다.

심문과정에서 위원들의 질문 태도와 내용에 따라 공익위원의 중립성 여부가 평가된다. 예컨대, 어느 특정 당사자에게 공격적이고 편견에 치우친 질문을 하게 되면 객관성과 타당성을 상실하여, 그 결과가 실체적 진실에 기한 판단이라 하더라도 일단 불신하게 될 것이다. 또한 공익위원들의 태도가 권위주의적인 자세를 보이게 되면 심문과정의 공정성과 중립성을 해치게 되고, 이것은 곧 심문결과에 대한 신뢰성을 약화시키는 결과를 초래한다. 그리고 심문과정에서 노·사 위원들이 서로 상대방측 당사자에게 훈계를 하는 듯한 태도도 노동위원회의 신뢰성 제고에 부정적 영향을 미칠 수 있으므로 훈계성 발언 등도 삼가는 등 공정성 제고를 위해 노력해야 한다.

### (3) 진술기회의 보장과 신뢰성 확보

심문 과정에서 가장 중요한 것은 당사자들로부터의 신뢰 확보이다. 사실관계를 확인할 때, 시간상의 제약 등으로 조사자료에 나와 있는 자료의 반복진술을 막고, 당사자의 의견진술을 축소시키는 경우가 있을 수가 있다. 이렇게 되면 당사자는 진술기회가 부족하여 불만을 갖게 되고, 이로 인하여 심문과정에서의 신뢰에 부정적인 영향을 주게 된다. 따라서 심문과정에서 노·사

---

참고인 등이 심문회의에 참여한 상태에서 근로자의 정신병력 등 민감정보가 공개적으로 논의되어, 인격권 침해 등의 문제제기된 경우 등이 있다.

21 당사자가 비공개를 요청하면 참고인, 참관인 등은 관련 질문 사항이 있는 경우에 한정하여 참석시켜 심문회의 진행이 가능하다.

양측이 충분한 진술기회를 갖도록 하고, 위원들은 당사자 입장에서 진술내용을 경청하는 등 진지성을 보여야 한다. 경우에 따라서는 양측의 취약점을 일방적으로 추궁하는 압박식 심문보다는, 당사자에게 심문 과정에서 충분한 진술기회를 부여하기만 하여도 신뢰성이 높아질 수 있다.

심문회의 과정에서 공익위원 등이 사실관계를 확인하기 위하여 심문할 때, 시간상의 제약 등으로 조사자료에 나와 있는 자료의 반복진술을 막고, 당사자의 의견진술을 불가피하게 축소 · 중지 시키는 경우가 있다. 이렇게 되면 노사 당사자는 진술기회가 부족하여 심판에 졌다고 불만을 갖게 될 수 있고, 이로 인하여 판정에 대한 신뢰에 부정적인 영향을 주게 된다. 따라서 심문회의시 노사 양측에 충분한 진술기회를 부여함으로써 판정의 신뢰성에도 긍정적인 영향을 줄 수가 있으므로, 당사자에게 충분한 주장과 입증기회를 부여하여 공정한 심문회의가 진행되도록 하여야 한다.[22]

## 2. 심문절차 진행시 유의사항

### (1) 심문 진행시 의장 유의 사항[23]

사건의 성격에 따라 필요시 심문회의에 들어가기 전에 위원별 심문 시간, 심문 대상, 심문 내용, 심문 방법 등을 사전 협의한 후 진행할 필요가 있다. 그리고 당사자가 편안한 분위기에서 의견을 충분히 진술할 수 있도록 심판정 분위기를 조성하는 것도 신뢰성 확보에 도움이 될 것이다.[24]

심문절차에 들어가서는 특정 위원이 질문시간을 지나치게 많이 사용하지 않도록 진행한다. 위원들이 주장이나 사실관계 확인을 넘어 당사자와 논쟁하지 않도록 진행한다. 당사자 양측에 공평하게 발언할 기회를 준다. 심문회의 직전 또는 회의 중 제출한 증거자료[25]는 상대방이 방어권 내지 반대진술권을 행사하는데 지장이 없음을 전제로 위원장이 증거채택 여부를 결정한다. 그리고 심문이 끝나는 단계에서는 최종진술을 할 수 있도록 해야 하는데, 다수인 사건의 최종진술은 1인이 대표로 진술하도록 사전 유도하는 등 제한된 시간에 효율적으로 심문회의를 탄력적

---

22 물론 복잡한 사건일수록 한정된 시간 내에 자신의 의견을 개진하는 데에는 한계가 있을 수밖에 없다. 따라서 심판사건의 신뢰성을 제고하기 위해서는 복잡하고 큰 사건의 경우에는 단 1회의 심문회의로만 심판할 것이 아니라 추가적인 심문회의를 갖는 방안도 검토되어야 할 것이다.

23 중앙노동위원회, 앞의 매뉴얼, 152면 참조.

24 예컨대 날씨 상태, 앞 사건이 늦게 끝나 시간이 지연되었을 경우 당사자에 대한 양해 등을 화두로 분위기 조성 후 진행한다.

25 제출된 자료는 상대방에게 제공하여 증거채택 동의여부를 확인하여 결정하고, 상대방의 이의가 있는 경우에도 해당 자료가 판정결과에 중대한 영향을 미칠 수 있다고 판단되는 경우 직권으로 증거채택을 할 수 있다.

으로 운영하여야 할 것이다.[26]

### (2) 심문 진행시 위원 유의 사항[27]

위원들이 사용자와 근로자를 차별하여 호칭하거나 나이가 어리다고 반말을 하지 않는다.[28] 사건기록을 충분히 검토하지 못해 사실관계를 정확히 모르고 심문하는 사례가 없도록 한다.[29] 당사자 주장이나 사실관계 확인을 넘어 당사자로 하여금 판정결과를 미리 예단하는 어투를 사용하지 않는다. 유도성 질문을 하거나 당사자와 논쟁하지 않는다. 감정적 발언과 훈계 중심으로 강의하듯이 심문하거나, 고압적 자세(호통/비난)로 심문하지 않는다.[30] 일방적으로 질문만 하고 답변은 잘 듣지 않는 사례가 없도록 질문에 대한 답변을 경청하여야 한다. 복장은 단정히 하고 심문하는 태도와 자세를 바르게 한다.[31] 다른 위원 심문 시 경청하여 이미 심문한 내용을 중복하여 질문하지 않도록 한다. 특히 다른 위원들이 질문할 시간을 제약하지 않도록 질문시간을 균형있게 사용하여야 한다. 그리고 위원이 편견을 갖고 있다고 오인할 수 있는 당해 사건과 관련 없는 전직경력, 해고이력 등을 질문하지 않는다.

**성희롱 피해자 등이 심문회의에 참석하는 경우 심문 진행 유의사항[32]**

1) 성희롱 피해자 등이 참고인이나 증인으로 참석하는 경우, 피해자 등이 원한다면 질문시간에만 참석 가능할 수 있도록 함
2) 회의의 의장은 심문회의 시작 또는 성희롱 피해자에 대한 질문이 이루어지기 전에 심문회의 참여자에 대해 2차 가해가 될 수 있는 발언을 삼가달라고 유의사항 전달할 필요가 있음
3) 회의의 의장은 상대편 당사자나 대리인 등이 2차 가해가 우려되는 발언을 하는 경우 즉시 제재하도록 함
4) 심문 시 성인지 감수성을 유지
   ① 성적 굴욕감 또는 혐오감은 행위자의 성희롱 의도가 있었는지 여부가 아닌 피해자의 관

26 최종진술은 당사자에게 공평하게 기회를 부여하여야 하기 때문에 심문을 시작하기 전에 당사자, 대리인을 포함하여 1명이 최종진술을 할 수 있다고 미리 주지시키는 것이 바람직하다.
27 중앙노동위원회, 앞의 매뉴얼, 153면 참조.
28 부적정 사례: (사용자) 000 대표이사님, (근로자) 000씨 ⇒ 바른 예: 대표이사 000님, 근로자 000님
29 예컨대 사업장 명칭, 징계처분 종류 등을 잘못 말하는 사례 등을 들 수 있다.
30 부적정 사례: 개선할 점이 많다, 사회생활을 그렇게 하면 안 된다 등이다.
31 부적정 사례: 모자를 쓰거나 심문에 어울리지 않는 복장, 전날 음주, 피로 등으로 졸음, 심문 중 통화 또는 전화벨 울림, 문자 메세지 송수신, 턱을 손으로 고이거나 반쯤 누운 자세 등이다.

점에서 판단하여야 함

② 성희롱 사건의 대부분은 객관적인 증거가 없으므로 심문회의 시 구체적인 증거를 따지는 듯한 태도를 보이지 말아야 함

③ 피해자의 느낌과 피해를 폄하하고, 피해자의 대처방식을 질책하고, 행위자를 용서할 수 있는지를 질문하는 것을 지양

◎ 부적절한 질문 예시

– 오래 전에 있었던 일인데 왜 한참 지나서야 회사에 신고했나요. 다른 이유가 있었던 것 아닌가요?

– 그때 왜 거부의사를 표현하지 않았어요? 본인도 동의했던 것 아니에요?

– 둘이 관계가 좋았던 것 같은데 왜 문제 삼는 거예요?

– 그 정도 행위는 그다지 불쾌할 것 같지 않은데 문제 삼는 건가요?

– 경찰에서 사건 수사가 진행되고 있는데 피해사실 여부는 그 결과가 나와봐야 아는 것 아닌가요?

# Ⅲ 증거자료 등의 활용을 통한 사실 발견

## 1. 증거조사와 공정성 확보

### (1) 증거조사의 공정성 제고

노동위원회 심문 과정에서 사실관계에 대한 충분한 증거조사가 이루어져야 하는데, 민사소송에 비해 증거조사의 한계를 내포하고 있다.[33] 또한 분쟁당사자가 제기한 주장 중 어느 쪽의 주장이 합리적인지에 관한 판단은 계량화, 정량화하기도 어렵다. 그럼에도 불구하고 노동위원회는

32 중앙노동위원회, 앞의 매뉴얼, 146면.

33 증거란 "사실을 확정하기 위한 자료"를 의미하고, 증거조사란 "법관의 심증형성을 위하여 법정의 절차에 따라 인적·물적 증거의 내용을 오관(五官)의 작용에 의하여 지각하는 법원의 소송행위"를 의미한다. 따라서 증거조사는 법정의 절차에 따라야 하고, 그 결과에 따라 '사실을 확정'하게 된다는 점에서, 방식이 제한되지 않고 소송상 사실인정의 근거자료로 되지 않는 사실조사와 본질적으로 구별된다. 사실조사란 "조정기관이 특별한 방식의 제한이나 강제력의 사용 없이 자유롭게 자료를 수집하는 것"을 말한다. 따라서 사실조사는 강제력을 사용하지 않고, 의무를 부과하지 않는 것이어야 하며, 강제력을 사용하거나 의무를 부과하기 위해서는 법적 근거가 필요하다는 점에서, 노동위원회 심문 과정에서의 증거조사는 사실조사를 의미한다고 보아야 할 것이다.

그 업무처리에 있어서 주어진 여건하에서 최대한 공정성 제고를 위해 노력해야 한다.

심판업무 처리과정의 초기단계부터 조사관이 중립성과 공정성을 유지하지 못할 경우 판정의 일련의 과정에 대한 신뢰성에 부정적 영향을 주게 된다. 특히 심문회의 자료준비과정에서 조사관 등 노동위원회 직원으로부터 어떤 인상을 받느냐는 매우 중요할 것이다. 예컨대, 학연이나 혈연 등의 관계로 당사자 일방이 조사관 등 노동위원회 구성원과 관련이 있다는 사실을 알 경우 상대방은 노동위원회의 심판결과가 공정하다 하더라도 이를 불신하게 될 것이다. 따라서 심판 서비스 제공 전이나 중간에 사건배당을 받은 조사관 등이 공정성을 유지하기 어렵다고 판단될 경우에는 언제라도 기피신청을 받아들여 사건배당을 다시 하는 등 적절한 운영의 묘를 살릴 필요가 있다.

### (2) 증거조사의 적극성

노동위원회는 적극적으로 증거조사를 하여야 한다. 만일 조사관이 사건 해결에 필요한 조사를 소극적으로 할 경우에는 분쟁당사자는 판정결과에 불만을 가질 가능성이 높다. 따라서 사실관계를 확인하는 것이 필요하다고 인정되는 경우에는 조사관의 현장조사와 공익위원의 직권에 의한 사실관계조사를 적극적으로 실시하여 판정의 객관성 및 신뢰성을 확보할 필요가 있다.

특히 정보의 편재에 따른 문제를 해결하기 위한 적극적인 노력이 필요하다. 조사단계에서 사용자는 징계위원회 회의록, 단체협약, 취업규칙 등 심문에 필요한 각종 서류를 용이하게 제출하는 반면, 근로자는 이와 반대되는 주장을 입증할 만한 적절한 자료가 무엇인지 제대로 알지 못하는 경우가 많다. 따라서 조사관이 중요한 증거자료가 무엇인지를 노 · 사 쌍방에게 안내해 주고, 필요하면 현장 직권조사를 통하여 사실관계를 분명히 하고 증인심문 등 증거조사가 실질적으로 이루어지도록 해야 한다.

### (3) 당사자주의의 실질화

노동위원회의 심판사건은 기본적으로 당사자주의에 입각하고 있지만, 조사관의 조사과정뿐만 아니라 심판절차에서 심판위원에 의한 직권조사가 가능하므로 적극적으로 직권에 의한 조사를 할 수가 있다. 그러나 심판위원의 대부분은 비상임이므로 조사과정에 적극적으로 참여할 수 없을 뿐만 아니라, 심문절차에 있어서도 1회의 단시간 내에 직권에 의한 실체적 진실을 발견하기가 어렵다. 그리고 조사관의 경우도 적극적으로 직권에 의한 조사를 하게 되면 자칫 당사자로부터 편파적이라는 비난을 받을 우려가 있으므로 적극적인 직권조사를 하는데 한계가 있다.

결국 당자자주의의 한계의 문제인데, 직권조사는 물론 부당해고 구제사건 등에서 사용자가 보유하고 있는 자료에 신청인이 용이하게 접근할 수 있도록 함으로써 실질적인 당사자주의가 실현되도록 하여야 할 것이다.[34] 당사자주의 하에서는 구체적 분쟁사건에 있어서 원칙적으로 사실관계를 주장하는 쪽에서 그에 대한 입증책임을 부담하게 되는데, 노동위원회는 절차가 진행되는 과정에서 이러한 내용을 당사자가 충분히 인식할 수 있도록 안내할 필요가 있다.

**[사례 – 당사자의 주장 사실에 대한 입증책임의 문제]**

(사실관계)

근로자 K는 H 회사 협력업체인 신청 외 H주야간보호센터에 입사하여 주간보호복지사, 방문요양복지사로 근무하였다. 그리고 H 회사가 장기요양기관으로 지정되자 1차 및 2차에 걸쳐 근로계약을 체결하고 이 사건 사업장에서 행정업무 및 방문요양 모니터링 업무를 수행하였다. K는 자신에 대한 욕설, 삿대질, 연장근무 금지 등이 있자, H 회사를 그만둔다는 생각보다 직장 내 괴롭힘에 대한 항의로 시설장에게 1차 사직서를 제출하였고, 사직서가 반려되자 자신의 마음을 감정대로 표현하기 위하여 다시 2차 사직서를 제출하였다.

H 회사는 사직서 사유가 직장 내 괴롭힘으로 되어서 수리하지 않고, K에 대한 징계위원회를 개최하여 K를 해고하였고, 근로자 K는 부당해고를 주장하면서 구제를 신청하였다. H 회사는 '① 근로자 L의 상실사유를 23번 사무실경영악화로 하여 회사에 피해를 입힘, ② 근무 시 상사의 지시를 받지 않고 자기 멋대로 함, ③ 방문요양은 케어포 프로그램을 사용토록 하였으나 이지케어 프로그램을 사용하여 손해를 끼쳤음, ④ 상사의 말을 가로막음, ⑤ 불평불만을 함, ⑥ 무단결근하여 피해를 입힘'으로 해고를 한다고 서면으로 통보하였다. H 회사는 특히 K가 다른 근로자 L의 4대보험 상실신고를 하며 시설장의 허가 없이 회사 직인을 사용하여 독단적으로 고용보험상실 신고를 하였을 뿐만 아니라, 상실사유도 잘못 신고하여 고용노동부로부터 지원받는 돈을 지원받지 못함으로써 손해를 입었다고 주장하고 있다.

(쟁점 및 시사점)

K가 다른 근로자 L의 상실사유를 23번 사무실 경영악화로 신고하여 지자체 및 중장년내일센터에서 수령하는 청년 취업지원희망프로젝트 사업하의 청년지원금 및 중장년 지원금을 수령하지 못

34 구체적으로 신청인이 조사관에게 의뢰하여 조사관이 피신청인에게 자료공개를 요구하는 권리를 인정하는 방안이나, 구제 신청인인 근로자가 사건과 관련된 자료의 열람, 복사 등을 요구할 수 있는 방안 등이 인정될 필요가 있다.

하게 되었으며, 당시 지원금이 중단된 근로자는 3명으로 총 피해액은 1,680만 원에 해당한다고 주장하였다. 이에 대해 심문과정에서 위원들은 징계사유인 L의 상실사유를 23번에서 12번으로 변경하였음에도 취업지원희망프로젝트 사업하의 청년지원금 및 중장년 지원금이 중단되었는지에 대해 중점적으로 확인하였으나, H 회사가 주장만 하지 이에 대한 구체적인 입증을 하지 못하였다. 그리고 K에게 방문요양은 케어포 프로그램을 사용토록 하였으나 이지케어 프로그램을 사용하여 손해를 입혔다는 H 회사의 주장에 있어서도 H 회사가 이지케어 프로그램의 사용료를 계속하여 부담했고, 프로그램의 사용 차이에 따른 손해가 무엇인지도 입증하지 못했다. 그리고 나머지 일부 징계사유가 인정된다 하더라도 그 징계양정이 지나치게 가혹하다고 보아, 노동위원회는 부당해고라고 주장한 근로자 K의 구제신청을 인정하였다. 이와 같이 가장 중한 징계사유라고 주장하는 H 회사에 대한 K의 행위로 인한 손해가 생겼다는 주장만 해서는 안 되고, 구체적으로 그 손해가 무엇인지(예컨대 지자체 등 지급기관의 지급중단 공문, 종래 지원받았던 3명에 대한 지원금이 중단되었음을 확인할 수 있는 통장 사본의 제출 등)를 당사자인 H 회사 쪽에서 입증해야 한다.

### (4) 증거의 합리적 추론

노동위원회의 심문회의는 법원의 변론기일과 달리 1회, 1시간 내외로 진행되는 것이 일반적이다. 이러한 특성으로 인해 실체적 진실을 발견하는데 한계가 있기 때문에, 노동위원회 조사관으로 하여금 구제 신청이 있게 되면 심문회의에 이르기까지 당해 심문회의가 신속 · 공정하게 진행될 수 있도록 다각적으로 지원하도록 하고 있다.[35] 물론 분쟁사건에 대한 심문절차를 통해 최대한 진실에 가까운 사실관계를 확정하고, 그에 기해 해당 분쟁사건에 있어서 권리구제의 인정 여부를 판단하게 되는 것이다.

일반적으로 민사소송에서는 권리와 의무의 발생 · 장애 및 소멸 등과 관련하여 수긍할 것인지 여부는 그 법률요건(구성요건)에 해당하는 구체적 사실, 즉 요건사실[36]이 충족되어 있는지를 따져 판단하게 된다. 따라서 분쟁사건의 경과 등을 당사자 등으로부터 청취할 때 해당 법률효과를 전제로 법률요건을 염두에 두면서 그 당사자의 진술내용을 청취해야 한다. 그리고 심리과정

35 심문회의는 공익위원 3명 전원의 출석으로 개의하고(노위법 제17조 제2항), 근로자위원과 사용자위원이 각 1명씩 참여한 상태에서 진행된다(규칙 제54조 제5항). 다만, 단독심판위원이 처리하는 사건이나 근로자위원 · 사용자위원이 정당한 이유 없이 불참할 때에는 노사위원이 참여 없이 진행한다(노위법 제18조 제2항). 단독심판의 경우에는 노 · 사 위원이 참여하지 않지만, 서면 등 기타의 방법으로 의견을 들을 수 있다.

36 요건사실이란 법률효과를 발생시키기 위하여 필요한 실체법상의 요건(법률요건, 구성요건)에 해당하는 사실을 말한다.

에서 주장을 개진하고 증거조사에 임하여 입증하는 단계를 거치게 된다.

그런데 민사소송에서와 같은 증거에 대한 엄격한 절차를 노동위원회 심문회의에 대해서도 그대로 적용할 수는 없다. 즉 노동분쟁사건의 경우는 보다 제한적인 증거규칙에 의존하는 사법적 모델과 구별된다. 노동분쟁사건에 있어서 미국중재협회(AAA)는 중재절차에 있어 제시된 증거의 관련성과 실질성을 판단해야 하지만, 반드시 법적 증거 규칙에 준하는 단계까지 따라야 할 필요까지는 없다고 하고 있는데,[37] 심판사건에 대한 심문회의에서 이를 참고할 수 있을 것이다.

**[사례 – 문서의 허위성 주장과 판단 문제]**

(사실관계)

근로자 K는 2022. 5. 2. 주식회사 S에 입사하여 서울에 소재하는 병원에서 시설팀장으로 근무하던 중 병원과의 도급계약이 해지된 것을 이유로 2024. 8. 6. 자로 부당하게 해고되었다고 주장하면서, S는 K에게 전출을 명한 것이라고 주장하나, K는 S로부터 근무시간, 근무장소, 연락처가 명시된 정당한 인사명령서를 받지 못하였기에 해고가 존재한다는 것이다. 이에 대해 S는 이 사건 병원은 S에게 K의 귀책사유로 도급계약 해지를 통보하였고, K가 이 사건 병원에서 근무할 수 없다고 판단하여 전출을 명하였으나, K가 이를 거부하고 자진퇴사를 하였기 때문에 이 사건 해고는 존재하지 않는다고 하였다.

(쟁점 및 시사점)

이 사건의 쟁점은 S가 K를 해고하였는지 여부이다. 이 사건 병원은 2024. 8. 1. S에게 K의 허위사실 유포와 그로 인한 업무수행 저해, 회사의 감독 교육 의무 태만으로 인해 2025. 3. 21.까지 맺은 용역계약 업무를 2024. 8. 31. 자로 계약 해지한다는 내용을 통보하였다. S의 대표이사는 2024. 8. 6. S의 행정부장 등과 함께 K를 만나 새로운 현장에서 근무를 명하는 인사명령장을 교부하려 하였으나 K가 수령을 거부하였고, 이에 대해 당사자 간에는 다툼이 있다. 즉, S는 구체적인 업무장소 등이 기재된 인사발령통지서를 교부했음에도 K가 이를 스스로 퇴사하겠다고 하면서 퇴직금의 지급을 요청하는 등 해고가 존재하지 않는다고 주장하였고, K는 처음 인사명령장에 "서현역 인근"이라고만 명시되어 있어 정확한 위치가 명시된 정식 인사발령통지서를 가져오라고 했기

37 AAA Employment Rule 28; AAA Employment Rule 30.

때문에 S가 노동위원회에 제출한 인사발령통지서는 허위로 작성된 문서라고 주장하였다. 나아가 S의 직원 M이 명예훼손을 이유로 자신을 고소하자 그 취하를 조건으로 퇴사하겠다는 문자를 보냈는데 S가 고소가 취하될 수 있도록 하겠다고 약속하였음에도 약속이 지켜지지 않았으며, 사직서도 작성하지 않았음에도 불구하고 S가 부당하게 해고했다고 하면서 2024. 8. 13. 지노위에 부당해고 구제를 신청하였다. S는 2024. 8. 16. K에게 복직명령을 통지하면서 출근을 독려하는 문자를 발송하였다.

이에 대해 노동위원회는 사용자 S는 근로자 K가 근무하던 병원과의 도급계약이 해지됨에 따라 K에게 다른 사업장에서 근무토록 인사명령하였을 뿐 해고가 있었다는 사실을 입증할 만한 객관적인 증거가 부족하므로 해고는 존재하지 않는다고 판단하였다. 결국 노동위원회에 제출된 정확한 근무장소 등을 기재하여 S의 대표자 날인한 인사발령통지서가 K의 주장과 같이 나중에 작성되었을 개연성도 있지만, K가 인사명령장의 존재를 부정하지는 않으면서도 허위 작성 문서라고만 주장할 뿐 그에 대한 입증을 하지 못했고, S의 대표이사가 행정부장 등과 함께 8. 6. K를 만난 시점에 근로관계의 종료를 통보한 것이 아닌 것으로 판명된 이상 근무장소를 구체성이 있게 변경한 것으로 볼 수 있을 것이다. 결국 증거에 대한 엄격한 절차를 요하는 민사소송과 달리 노동분쟁사건의 경우는 어느 정도 합리적 추론에 의해 사실관계를 정리할 수밖에 없는 한계가 있다.

## 2. 증거의 진실성 판단기준

### (1) 허위진술의 문제

분쟁사건의 처리 과정에서 공정성의 확보는 분쟁당사자로부터 도전받기도 한다. 허위자료의 제출[38]은 물론, 심문절차 진행 중 동일 사안에 대해 당사자의 주장이 현저히 달라, 노사 당사

38 허위서류와 관련하여 대법원은 “노동위원회법 제31조가 같은 법 제23조 제1항을 위반하여 허위서류를 제출한 자 등을 처벌하도록 규정하고 있는 것은 노동위원회의 조사권에 강제력을 부여하고 그 조사의 내용에 허위가 없도록 함으로써 실체적 진실에 부합하는 조사가 이루어지고 이를 통하여 노동위원회의 구제명령권이 적정하게 행사될 수 있도록 하려는 데에 그 취지가 있다고 할 것이고, 따라서 노동위원회법 제23조 제1항에서 규정하고 있는 ‘보고’ 또는 ‘필요한 서류의 제출’의 대상이 되는 것은 노동위원회가 객관적 사실관계의 확정을 위하여 행사하는 조사의 자료가 되는 객관적 사실에 관한 것에 한정되고, 단지 구제 신청인의 주장에 대하여 이해관계가 대립되는 반대 당사자의 지위에서 자기의 주장과 견해를 밝히는 것을 그 내용으로 하는 ‘답변서’는 이에 해당되지 아니한다. 노동위원회법 제31조가 같은 법 제23조 제1항을 위반하여 허위서류를 제출한 자 등을 처벌하도록 규정하고 있는 것은 노동위원회의 조사권에 강제력을 부여하고 그 조사의 내용에 허위가 없도록 함으로써 실체적 진실에 부합하는 조사가 이루어지고 이를 통하여 노동위원회의 구제명령권이 적정하게 행사될 수 있도록 하려는 데에 그 취지가 있다

자 어느 일방이 허위진술하는 것으로 볼 수 있는 경우가 많다. 이러한 상황을 방치하는 것은 노동위원회의 권위와 위상을 추락시키는 원인이 될 수 있다. 허위의 진술을 확인하기 위해서는 노동위원회의 직권에 의한 증인채택이나 조사권이 활용될 필요가 있지만, 노동위원회가 직권으로 증인을 채택하는 경우가 많지 않고, 노동위원회의 조사권 또한 법에 명시되어 있음에도 불구하고 실질적으로 많이 활용되지 못하고 있다. 공정한 사건처리를 위하여 증인의 진술 또는 사실관계 조사 등이 필요하다고 인정되는 경우에는 조사권을 적극적으로 행사함으로써 공정성 제고에 만전을 기해야 할 것이다.[39] 그리고 허위진술에 대한 경각심을 갖도록 의장은 심문회의 진행시 당사자 등에 대해 사실에 기해 진술하고, 만일 진술이 허위로 드러날 경우 결정적인 불이익을 받게 될 것임을 안내하고, 이를 주지시킴으로써 허위진술에 대한 경각심을 불러일으킬 필요도 있을 것이다.

### (2) 허위진술 여부의 판단 기준

당사자의 진술이 진실인지 여부를 판단하는 것은 매우 어려운 문제이다. 그러나 심문 과정에서 증거 이외에 당사자 등이 한 진술을 기초로 사실관계를 판단해야 하는 경우도 있으므로, 비록 형사판례에 나타난 기준이기는 하지만 허위진술 여부의 판단에 참고할 수 있으므로, 이를 살펴보고자 한다.[40]

진술의 진실성 내지는 신빙성은 내적 요인과 외적 요인에 의해 판단될 수 있다. 첫째, 진술의 신빙성 인정을 위한 요소 중에서 내적 요소로는 진술 내용이 합리적인가, 객관적 상당성이 있는가, 전후의 일관성이 유지되는가 등이 검토될 수 있다. 즉, 내적 요인에는 진술의 일관성, 진술의

---

고 할 것이고, 따라서 노동위원회법 제23조 제1항에서 규정하고 있는 '보고' 또는 '필요한 서류의 제출'의 대상이 되는 것은 노동위원회가 객관적 사실관계의 확정을 위하여 행사하는 조사의 자료가 되는 객관적 사실에 관한 것에 한정되고, 단지 구제 신청인의 주장에 대하여 이해관계가 대립되는 반대 당사자의 지위에서 자기의 주장과 견해를 밝히는 것을 그 내용으로 하는 '답변서'는 이에 해당되지 아니한다."고 판시하고 있다(대법원 2004. 7. 8. 선고 2003도6413 판결). 또한 대법원은 "허위서류의 제출"은 "노동위원회로부터 서류의 제출을 요구받은 자가 이에 응하여 허위의 서류를 제출하는 경우만을 의미하는 것으로 해석하여야 하고, 그러한 서류제출을 요구받음이 없이 스스로 노동위원회에 제출한 서류가 허위인 모든 경우에 이를 처벌하는 취지로 해석할 수는 없다고 할 것이다."하여, 노동위원회의 서류제출 요구가 없음에도 스스로 허위의 서류를 제출한 경우에는 처벌의 대상이 되지 않는 것으로 보고 있다(대법원 2008. 4. 10. 선고 2008도553 판결).

39 이러한 문제를 해결하기 위해 허위의 증언에 대한 처벌 필요성이 주장되기도 한단, 즉, 정확한 사실관계 파악을 위하여 심문회의시 증인으로 하여금 증언에 앞서서 선서토록 하고, 허위 증언시 형법상 위증죄에 따른 벌금을 부과하는 방안이 검토할 필요가 있다는 것이다. 참고로 형법 제152조 제1항에서는 "법률에 의하여 선서한 증인이 허위의 진술을 한 때에는 5년 이하의 징역 또는 1천만원 이하의 벌금에 처한다, 또한 형사사건 또는 징계사건에 관하여 피고인, 피의자 또는 징계혐의자를 모해할 목적으로 전항의 죄를 범한 때에는 10년 이하의 징역에 처한다."라고 규정하고 있고, 유사 입법례로는 특허법, 실용신안법, 종자산업법 등에 위증죄에 대한 규정을 두고 있다.

40 사법정책연구원, 『성폭력 형사사건에서 피해자 진술의 신빙성과 경험칙에 관한 연구』, 연구보고서 제2호(2020), 82~85면 참조.

구체성, 진술의 객관적 상당성, 진술의 합리성이 있다.[41] ① 진술의 일관성이다. 일관성은 진술의 주요 부분이 번복되지 않고 유지되는가를 기준으로 판단된다. 즉 진술의 '주요 부분'이 '번복되지 않아야 한다'라는 점이다. 쟁점이 된 공소사실에 관한 주요 부분이 일관적이라면, 그 외의 '사소한' 부분에서 다소 일관성이 부족하다 하여 그 진술의 신빙성을 배척해서는 안 된다. 진술의 일관성은 단순히 진술자가 수사기관에서 여러 차례 조사를 받고 그때마다 동일한 취지의 진술을 '반복'하였다고 하여 인정되는 것이 아니라, 수사에서 재판에 이르기까지 절차의 전 과정에서 피고인의 부인, 대질, 공소제기, 증인신문, 상소의 제기 등 진술의 배경이 된 상황의 변화에도 불구하고 쟁점이 된 공소사실에 관하여 진술의 주요내용이 변하지 않는 것을 가리킨다.[42] 진술이 그 주요 부분에 일관성이 있는 경우에는 그 밖의 사소한 사항에 관한 진술에 다소 일관성이 없다는 등의 사정만으로 진술의 신빙성을 함부로 부정할 것은 아니다.[43]

② 진술의 구체성이다. 진술 내용의 구체성이 신빙성 판단 기준으로 언급되는 경우도 종종 있다.[44] 진술 내용이 구체적이라는 것은 진술자가 경험하지 않았으면 알 수 없었을 내용을 진술하는 것, 즉 그 진술 내용에 비추어 진술자가 그 일을 실제 경험하였을 것으로 추정할 수 있게 하는 것을 의미한다.[45] 진술의 구체성은 그 진술 내용 중 상당 부분이 진실일 것이라고 추론할 중요한 근거가 된다고 볼 수 있으나, 진술 내용의 구체성이 반드시 진실성을 담보한다고 볼 수 없는 경우도 존재한다.[46]

③ 객관적 상당성이다. 진술 내용의 객관적 상당성은 진술 내용이 객관적으로 확인된 사실 내지 객관적인 사정에 저촉되거나 모순되지 않고 부합하는 것,[47] 진술 자체로 모순되는 부분이 없는 것,[48] 물증 또는 제3자의 진술과 부합하는 것[49]을 의미한다. 진술 내용을 그대로 믿을 수 없

---

41 진술 신빙성 판단 기준에 있어서 판례에서 활용하는 진술 내적 요인 4가지의 정의를 참조하여 지문을 구성한다면, "증인의 진술은 주요 부분에서 번복되지 않고 유지되었나", "증인의 진술은 논리와 경험칙에 부합하고, 합리적인 내용이었나", "증인의 진술은 모순된 부분이 없었나", "증인의 진술은 직접 경험하지 않았으면 알 수 없었을 내용이었나"와 같은 형식이 될 것이다.

42 대법원 2011. 5. 13. 선고 2010도16628 판결 등.

43 대법원 2009. 8. 20. 선고 2008도12112 판결 등.

44 대법원 2011. 4. 28. 선고 2010도14202 판결; 대법원 2013. 4. 26. 선고 2013도1222 판결 등.

45 그런데 진술이 갈수록 구체화되는 경우 대법원은 "사람이 목격하거나 경험한 사실에 대한 기억은 시일의 경과에 따라 흐려질 수는 있을지언정 오히려 처음보다 명료해진다는 것은 이례에 속하는 일임에도 불구하고 피해자의 진술은 범행 다음날의 조사 시에는 칼을 들이댄 범인이 피고인 A인지 여부를 알 수 없다고 하였다가 그 후 검찰과 법정에서는 위 피고인임이 틀림없다는 것이고 다른 피고인에 대하여도 검찰조사 시까지는 범행 가담 여부를 정확히 기억하지 못하다가 법정에 이르러서 동인들의 범행가담이 틀림없다는 내용이므로 이와 같은 피해자 진술은 그 신빙성이 없다"고 한다(대법원 1983. 3. 8. 선고 82도3217 판결).

46 대법원 2011. 5. 13. 선고 2010도16628 판결 등.

47 대법원 1987. 2. 10. 선고 86도2399 판결; 대법원 2015. 12. 10. 선고 2013도13444 판결 등. 다만 위 2013도13444 판결에서는 '객관적 상당성'과 '객관적으로 확인된 사실이나 다른 진술과의 일치 여부'를 병렬적으로 제시하고 있다.

48 대법원 2018. 10. 25. 선고 2018도7709 판결 등.

는 객관적인 사정이 밝혀지면 진술의 객관적 상당성이 결여되어 신빙성이 배척된다.[50]

④ 진술의 합리성이다. 진술 내용의 합리성은 진술 내용이 논리칙과 경험칙에 부합하는 것을 의미한다.[51] 진술의 합리성은 다른 요소들과는 차이점이 있다. 진술의 합리성이란 진술 내용이 논리칙과 경험칙에 부합하는 것을 말한다. 그런데 진술의 합리성을 판단하기 위한 기준인 논리칙과 경험칙[52]은 그 성질상 문제되는 개별 사건 이전에 이미 존재하고 있을 것이 요구된다. 이는 다른 요소들, 특히 진술 내용과 관련된 내적 요소들(진술 내용의 객관적 상당성, 일관성, 구체성)의 판단 기준이 개별 사건 이전에 주어진 것이 아니라 개별 사건에서의 객관적 정황이나 해당 진술 내용 그 자체에서 도출되는 것과는 차이를 보인다. '경험칙'에 비추어 진술의 합리성 및 결과적으로는 진술의 신빙성을 판단한다는 것은 곧 진술 내용이 사회 구성원 대다수의 경험의 총합에 비추어 볼 때 말이 되는지에 따라 진술을 믿을 수 있는지 여부가 결정된다는 뜻이다.[53]

둘째, 진술 외적 요소, 즉 진술의 신빙성을 판단하기 위한 요소 중에서 진술 외적 요소로는 진술의 동기나 이유, 진술에 이르게 된 경위, 진술자의 인간됨, 진술로 얻게 되는 이해관계 유무, 법관의 면전에서 선서한 후 공개된 법정에서 진술에 임하고 있는 증인의 모습이나 태도, 진술의 뉘앙스 등이 제시된다.[54] 진술 동기를 고려함에 있어서는, 진실된 진술을 할 동기가 밝혀진 경우에만 진술의 신빙성을 인정하는 것은 아니다. 판례에 따르면, 허위로 피고인에게 불리한 진술을 할 만한 동기나 이유가 분명하게 드러나지 않는 이상 그 진술의 신빙성을 특별한 이유 없이 함부로 배척해서는 안 된다.

**[사례 – 징계사유가 날조되었다는 주장과 관계자 등의 진술 판단]**

(사실관계)

이 사건 근로자 K는 2023. 10.경 (다른 동료가 함께 있던 자리에서 피해자1을 언급하며) "살은 빠졌는데 가슴은 그대로더라."라고 하였고, 2024. 2.경 피해자1이 왜 그랬냐고 묻자 "니 가슴 크기가 부러워서 그랬다."라고 발언을 했으며, 2022. 7.경부터 지속적으로 피해자1에게 "살 빼라.", "뚱뚱

49 대법원 2012. 6. 28. 선고 2012도2631 판결 등.
50 대법원 2015. 9. 15. 선고 2014도9494 판결 등.
51 대법원 2005. 1. 27. 선고 2004도5493 판결; 대법원 2018. 10. 25. 선고 2018도7709 판결 등.
52 경험칙은 일반적으로 '경험으로부터 귀납된 사물에 관한 지식 또는 법칙'이라고 정의할 수 있다.
53 사법정책연구원, 앞의 연구보고서, 90면.
54 대법원 2002. 6. 11. 선고 2000도5701 판결; 대법원 2006. 11. 24. 선고 2006도4994 판결; 대법원 2009. 1. 30. 선고 2008도7917 판결 등.

하다.", "살 찌면 보기 좋지 않다.", "남편한테 사랑받지 못한다."는 외모비하 발언을 등을 하였고, 2024. 4.경 피해자2가 이 사건 근로자의 꼬집는 행위를 거부하자 "그럼 안 꼬집을게. 깨물게."라고 하였고, 2024. 5. 12. 피해자2에게 "탕비실에 빨리 가자."며 머리를 잡아당겨 끌고 갔으며, 이동 중에 팔 안쪽을 잡아 꼬집은 행위 등을 이유로 사용자 S가 한 징계해고는 부당하다고 주장하였다.

(쟁점 및 시사점)

이 사건의 쟁점은 K에게 징계사유가 인정되는지 여부, 인정된다면 양정이 적정하고 및 절차가 적법한지 여부이다. K는 사용자 S가 행한 직장 내 괴롭힘 및 성희롱 관련 조사는 K에게 평소 부정적인 감정을 가진 사람들의 진술만으로 사실관계를 판단하여 공정하고 객관적으로 행해진 것이 아니므로 조사결과의 신빙성이 없고, 설령 일부 사실이 인정된다고 하더라도 조사 자체가 편파적이고 이 사건 근로자에 대해 선입견을 가진 사람이 인사위원회 위원으로 참석하여 징계절차가 적법하지 않다고 주장하였다. 이에 대해 사용자는 근로자의 비위행위에 대해 이 사건 근로자, 피해자, 참고인 등 관련자들에 대한 조사 및 입증자료에 따라 직장 내 성희롱 및 괴롭힘이 확인되었고, 징계양정 및 징계절차상 하자가 없다고 주장하였다.

이에 대해 노동위원회는 직장 내 성희롱 관련, K가 ① 甲을 지칭하면서 "살은 빠졌는데 가슴은 그대로더라."라고 발언한 점, ② 이에 甲에게 "니 가슴 크기가 부러워서 그랬다."라고 발언 한 점, ③ 수년간 "살을 빼라."라고 한 점 등은 언어적 성희롱 또는 이에 준하는 행위로 징계사유에 해당하고, 직장 내 괴롭힘 관련, K가 ① 丙을 꼬집거나 머리를 잡아당기는 행위, ② 식사 시간마다 丙에게 빨리 식사를 마치도록 종용하는 행위, ③ 丁의 머리를 잡아 돌린 행위 등이 사실로 인정되며, 이는 직장 내 괴롭힘 행위로 징계사유에 해당한다고 판정하였다. 결국 K 자신에게 평소 부정적인 감정을 가진 사람들의 진술만으로 사실관계를 판단하였다는 주장과 관련하여, K의 언어적 성희롱 또는 이에 준하는 행위인지 여부 및 직장 내 괴롭힘 행위인지 여부를 판단함에 있어서 S가 조사한 피해자들의 진술이 일관성이 있고, 일시와 장소 등 경험을 기초로 구체적인 진술을 하였으며, 그 내용에 대한 참고인들의 진술과도 상당 부분 일치하기 때문에 K의 주장과 달리 이를 허위라고 보기는 어려울 것이다. 특히 S는 CCTV 관련 자료 등을 통해서도 K가 피해자의 머리를 끌고 가는 영상 등 일정 부분에 대해 입증한 점 등에 기해 노동위원회가 K의 주장을 합리적으로 배척할 수밖에 없었을 것이다.

## 3. 증거자료의 유형별 활용

### (1) 제출자료의 증거능력

제출자료(근로계약서, 이메일 · 문자 · 카톡 내용 · 녹취록 등) 가운데 문서와 같은 서증은 가장 확실한 증거방법일 뿐만 아니라, 판정부에게 실제로 증거로서의 가치가 가장 높은 것에 해당한다. 판정 절차는 그 본질상 민사소송절차[55]보다 덜 엄격하며, 특히 심문기일에 출석하여 증언하는 증인에 대해 선서를 강제할 수 없기 때문에 판정부는 증인의 진술보다는 서증에 비중을 둘 수밖에 없다. 보통 당사자들이 자신의 준비서면, 증인들의 서면진술서 등을 심문 절차 초반부에 제출하게 되는데, 이러한 서면들의 주장을 뒷받침하기 위해 서증이 같이 첨부되기 때문에 그 중요도를 가늠할 수 있다. 그리고 문서를 열독(閱讀)하는 것은 증인신문을 통해 증거를 수집하는 것보다 보다 짧은 시간을 요하며, 비용도 저렴하다는 점에서 서증이 갖는 의미가 크다 할 것이다.

### (2) 위법취득한 증거의 효력

문제는 IT 기기의 발달로 녹취, 해킹, 촬영 등이 쉬워짐에 따라 위법하게 취득한 증거가 제출되는 경우 그 효력을 어떻게 볼 것인가 하는 문제가 있다.[56] 개인정보의 보호 필요성 등의 측면에서 원칙적으로 제한을 가하고 있는데, 예컨대 개인정보보호법 제25조에서는 법률의 규정 등 예외적인 경우가 아닌 한 정보 주체의 동의의 한도에서 활용해야 하고, CCTV와 같은 영상정보처리기기의 설치 및 이용도 설치 장소 및 설치 그리고 이용에 있어 제한을 받도록 하고 있다.

그런데 버스에 설치된 CCTV 영상기록의 활용 적법성 여부와 관련해 노동위원회는 그 효력을 부정하였다. 즉, 운송회사인 회사가 소속 근로자들인 운전기사들이 도로교통법에 따라 운전 중에 교통법규를 준수했는지 여부를 확인했는데, 조사를 위해 여객자동차운수사업법 제27조의3[57]에 따라 버스에 설치된 CCTV 영상기록을 열람했고, 해당 열람 결과 교통법규 위반 등의 사실

---

55 민사소송이나 행정소송에서 사실의 증명은 추호의 의혹도 있어서는 아니 되는 자연과학적 증명은 아니나, 특별한 사정이 없는 한 경험칙에 비추어 모든 증거를 종합적으로 검토하여 어떤 사실이 있었다는 점을 시인할 수 있는 고도의 개연성을 증명하는 것이고, 그 판정은 통상인이라면 의심을 품지 아니할 정도일 것을 필요로 한다(대법원 2016. 11. 24. 선고 2015두54759 판결). 이와 같이 민사소송의 증명력은 자유심증주의에 근거를 두고 사실인정자인 법관이 그 사실을 인정하는데 필요한 주관적 확신의 정도를 의미하는 것으로 '고도의 개연성' 기준으로 파악하였으며, 이러한 '고도의 개연성'을 "통상인이 일상생활에 있어 진실하다고 믿고 의심치 않을 정도의 고도의 개연성"으로 보았다.

56 그 효력과 관련하여 견해가 대립되고 있는데, 대법원은 기본적으로 "진실발견이라는 공익과 개인의 인격적 이익 등의 보호이익을 비교형량하여 그 허용 여부를 결정하여야 한다."는 취지의 절충적인 입장을 취하고 있다(대법원 2013. 11. 28. 선고 2010도12244 판결 등). 법원의 이러한 입장은 '기본권의 핵심적 영역'의 의미나 '비교형량'의 의미가 불명확하기 때문에, 사실상 판단 주체의 주관에 따라 달라질 수 있으므로 증거능력 여부의 기준으로 삼기에는 적절하지 않은 측면도 있으나, 실체적 진실의 발견과 개인의 권리보장 모두를 고려한 입장으로 이해된다.

57 제27조의3(영상기록장치의 설치 등) ① 운송사업자는 여객자동차운송사업에 사용되는 차량의 운행상황 기록, 교통사고 상황 파악, 차량 내 범죄예방을 위하여 대통령령으로 정하는 여객자동차운송사업의 사업용 자동차에 영상기록장치를

을 확인한 다음 이를 기초로 정직의 징계처분을 한 사례에서, 근로자는 "사용자가 근로자의 동의 없이 여객자동차운수사업법상 허용되지 않는 목적으로 CCTV 영상정보를 사용하여 징계처분한 것은 개인정보 보호법에 위반되므로 이를 징계 사유로 삼을 수 없고 따라서 징계사유자체가 존재하지 않는다"고 주장했다. 이에 대해 중앙노동위원회는 2021. 6. 29. 판정에서 초심인 지방노동위원회와 같이 먼저 "여객자동차운수사업법 제27조의3에 따라서 설치된 영상기록장치는 해당 법에서 정한 목적으로만 이용할 수 있다"고 전제한 다음, "해당 근로자의 동의가 없는 이상 이 사건 사용자가 해당 영상기록장치의 영상기록을 이용할 적법한 근거가 없었던 것으로 보이는데 그럼에도 불구하고 이 사건 사용자는 이 사건 CCTV 영상기록을 조사하여 이 사건 근로자를 징계처분하게 된 점, … (중략) … 등을 종합하면, 이 사건 사용자가 이 사건 영상기록을 이용하여 이 사건 근로자를 징계 처분한 것은 이 사건 사용자에게 주어진 징계권을 일탈 · 남용한 것으로 보는 것이 타당하다."고 판정하면서, CCTV 영상정보를 증거자료로 인정하지 않고 징계처분을 부당하다고 판정했다.[58] 따라서 CCTV 영상정보 등을 위법하게 수집하여 심문과정에서 증거로 제출한 경우에는 그 효력을 부정하여야 할 것이다.

**표 1 참고 – 사실조사 및 심문 시 사건유형별 착안 사항** [59]

| 유형 | 쟁점사항 및 판단요소 | 참고판례(대) |
|---|---|---|
| 기간제근로자 갱신거절 | 1. 기간제근로자인지 여부<br>- 기간의 정함이 형식에 불과하여 그 실질이 무기계약인지 여부<br>- 기간제법에 따라 무기계약 근로자로 간주되는지 여부 등<br>※ 무기계약(간주) 근로자인 경우에는 해고의 정당성 판단<br>2. (기간제근로자라면) 근로계약 갱신기대권 존재 여부1). 2)<br>- 재계약 의무, 재계약 요건 · 절차규정 유무, 재계약 신뢰 부여, 재계약 관행 등을 종합하여 판단<br>3. (갱신기대권 있다면) 갱신거절의 합리적 이유 존재 여부<br>- 갱신요건 및 평가기준의 공정성, 평가의 공정성, 평가절차 준수 여부 등 | 1) 2005두2247<br>2) 2007두1729 |
| 사직의사표시 | 1. 사직의사표시 존부(사용자가 입증 책임)1)<br>※ 사직 의사표시(사직서 제출 등)가 부인되면 해고의 정당성 여부 판단 | 1) 2007구합19195<br>2) 2001두11076 |

설치하여야 한다. (…) ④ 운송사업자는 다음 각 호의 어느 하나에 해당하는 경우 외에는 영상기록을 이용하거나 다른 자에게 제공해서는 아니 된다. 1. 교통사고 상황 파악을 위하여 필요한 경우, 2. 범죄의 수사와 공소의 제기 및 유지에 필요한 경우, 3. 법원의 재판업무 수행을 위하여 필요한 경우

58 중앙노동위원회 2021. 6. 29. 2021부해542 사건.

59 심문을 집중적 · 효율적으로 하기 위해 요건사실 중심으로 하는 절차 진행이 필요한 바, 사건유형별 착안 사항은 이러한 측면에서 위원들의 심문 진행에 도움이 될 수 있다(중앙노동위원회, 앞의 매뉴얼, 77~79면에서 재인용).

| | | |
|---|---|---|
| (사직서 제출 등) | - 사직서 제출이 없는 경우 구두 · 정황으로 판단<br>※ 출근거부, 퇴직금 · 전별금 수령, 구직활동 및 타 직장 취업, 물품반납, 동료와 작별인사 등이 있으면 사직의사표시 인정<br>2. 사직의사표시의 하자가 있는지 여부(근로자가 입증책임)<br>- 비진의 여부 및 사용자가 이를 알았거나 알 수 있었는지 여부<br>※ 판례경향 : 회사 방침이나 지시에 따라 어쩔 수 없이 일괄사표 제출한 경우 비진의2), 희망(명예)퇴직의 경우 또는 징계 예상하여 제출한 사직서는 진의로 판단3), 4)<br>- 강요 · 강박에 의한 것인지 여부<br>※ 인사상 · 경제적 불이익이나 폭언을 계속 · 반복적으로 가하면서 사직 종용 하는 경우 강요에 의한 것으로 인정5), 6)<br>3. 사직의사표시를 철회한 경우 철회가 유효한지 여부<br>- 사직의사(해지통고)가 사용자에게 도달 전까지7), 사직청약(합의해지)은 사용자 승낙이 근로자에게 도달 전까지8) 철회 가능. 그 후에는 사용자 동의 없이 철회 불가8)<br>※ 철회가 사용자에게 불측의 손해를 입히면 신의칙상 철회불가9),10) | 3) 2002다68058<br>4) 99두8657<br>5) 2006두15172<br>6) 95누12033<br>7) 2011누41900<br>8) 2002다11458<br>9) 91다43138<br>10) 2010두23158 |
| 시용근로자 본채용 거부 | 1. 시용근로자 해당 여부(단협 · 취업규칙 · 계약서에 근거 유무)1), 2)<br>※ 정식근로자(수습 포함)라면 통상의 해고와 동일 기준으로 정당성 판단3). 다만, '수습' 명칭이더라도 실질적으로 시험적 사용이면 시용근로자<br>2. (시용이라면) 본 채용 거절의 정당한 이유가 있는지 여부(통상의 해고보다 넓게 인정)4)<br>- 능력과 자질이 근로관계를 계속할 수 없을 정도인지 여부<br>※ 이력서 허위기재 · 경력사칭, 업무적격성 결여, 인성평가 및 위계질서 문란 여부<br>3. 해고 서면통지 규정 준수 여부(징계절차 규정은 미적용)5) | 1) 99다30475<br>2) 2007두34<br>3) 2002다62432<br>4) 98두5965<br>5) 2005두4991 |
| 직권면직 (당연퇴직) | 1. 직권면직 사유 해당 여부1)<br>2. (해당한다면) 직권면직 사유가 근로관계를 유지시킬 수 없는 사유에 해당하는지 여부2)<br>※ 다른표현: 직권면직 규정이 사회통념상 상당성이 있는지 여부, 인사규정이 인사권 설정과 관련 사용자에게 부여된 합리적인 재량권의 범위를 일탈 · 남용하였는지 여부<br>3. 직권면직 서면통지 여부3)<br>4. (직권면직 절차규정 있다면) 절차 준수 여부4)<br>- (직권면직 절차규정이 없더라도) 징계 사유와 면직 사유가 각각 규정되어 있으나 양자가 실질적으로 동일하면 징계절차 준수하여야 함5) | 1) 94다35350<br>2) 2006두18423<br>2007두12101<br>94다21065<br>3) 2007다85997<br>4) 2009두22171<br>5) 2007두21518 |
| 대기발 | 1. 선행된 대기발령이 정당한지 여부 | 1) 2006두5151 |

| | | |
|---|---|---|
| 령후<br>직권면직 | 2. 자동면직의 정당성<br>- (주류판례) 대기발령 기간 동안 직무수행능력이 향상되었거나 근무태도의 개선이 이루어지지 않는 등 아무런 사정변경이 없다면 기간도과로 면직처분은 정당1)<br>- (최근 전향적 판례) 대기발령 당시에 직권면직 사유가 존재하였거나 대기발령기간 중 면직사유가 확정되어야 정당2) | 2) 2007두1460 |
| 대기발령<br>(직위해제) | 1. 구제이익이 있는지 여부<br>- 대기발령 후 대기발령 처분이 해제되어 다시 직위를 받은 경우 또는 동일한 사유로 정직, 해고 등 징계 처분한 경우(구제이익 없음)1)<br>- 승진 · 승급 제한 등 법률상 불이익 여부(구제이익 있음)2)<br>- 대기발령 기간 동안의 임금 등 경제적 불이익 존부(구제이익 여부 견해 대립)3), 4)<br>2. 대기발령 사유 해당 여부(단협, 취업규칙 등에 사유가 한정된 경우)5)<br>3. (사유 해당 시) 대기발령의 업무상 필요성 및 그에 따른 근로자의 생활상의 불이익 비교 · 형량하여 재량권 일탈 남용 여부6)<br>4. 대기발령기간 명시 여부 및 기간이 합리적인 범위 내에서 이루어졌는지 여부7)<br>5. (절차규정이 있다면) 절차 준수 여부<br>- 정해진 절차 없더라도 신의칙상 요구되는 절차 거쳤는지 여부8) | 1) 87누560<br>2) 2007두18406<br>3) 2009누13193<br>4) 2010다36407<br>5) 92다34933<br>6) 2000두8011<br>7) 2012두10109<br>8) 2000두8011 |
| 전보 ·<br>전근 | 1. 업무상 필요성 유무<br>- 기업운영 합리성이나 근로자 능력향상의 가능성<br>※ 상사 지시거부, 동료 근로자와의 불화1), 불가피한 사업장 이전, 인력감축, 담당업무 소멸, 부서폐지2), 해고회피노력일환 등<br>2. 근로자 생활상의 불이익과의 비교 · 형량(업무상 필요에 비추어 근로자가 통상 감수하여야 할 정도인지 여부)<br>- 직무변경, 노동강도, 출 · 퇴근 어려움(교통, 소요시간)3), 임금차이, 주거생활 수준, 가족 · 사회생활상 불이익4), 특수이익의 상실 등<br>- 통근차량 · 숙소 제공, 특별수당 지급 등 생활상 불이익 완화 조치가 있다면 이를 고려<br>3. 신의칙상 절차(근로자 협의 · 동의) 준수 여부5)<br>- 인사이동 기준 · 절차 규정 있거나 노조와 협의 · 동의 규정 있다면 이에 따라야 함<br>- 근로 내용 · 장소가 사전에 특정되었다면 근로자 동의 필요6) | 1) 93다47666<br>2) 2002두7715<br>3) 94다36316<br>4) 97다18165<br>5) 97다18172<br>6) 2010다972 |
| 징계(해고,<br>정직,<br>감봉, 견책<br>등) | 1. 징계사유의 그 정당성<br>- 비위행위가 있었는지 여부 및 (있었다면) 취업규칙의 징계사유 해당 여부1)<br>※ 무단결근2), 인사명령불응3), 업무상 지시위반4), 근태불량5), 동료 · 상사 폭행6), 범죄 · 사고로 인한 손해발생(92다19910), 사생활 비 | 1) 91다29811<br>2) 86다카1875<br>3) 93다47666<br>4) 90다6095<br>5) 95누15742 |

| | | |
|---|---|---|
| | 행(93누23275), 회사비방, 비밀누설, 관련기관 진정(97누2528), 성희롱 등<br>- 비위행위의 징계시효 경과 여부7) | 6) 95누2548<br>7) 2007구합30574 |
| | 2. 징계양정의 적정성(비위의 정도와 징계의 비례성)1)<br>- 취업규칙 소정의 양정기준에 부합 여부<br>- 징계의 목적 및 사업의 성격<br>- 근로자의 비위행위가 사업에 미친 영향 등<br>- 이전 징계사례 및 동일사건 다른 근로자와의 형평성 | 1) 2000다60890 |
| | 3. 징계절차의 정당성<br>- 징계절차(사전통지1), 소명기회2), 위원회의 정당한 구성3), 재심기회 부여4) 등) 규정 유무<br>- (규정 없다면) 준수 불요(97누14232)<br>- (규정 있다면) 해당 절차 규정 준수 여부(95다16400)<br>※ (절차규정이 사유 발생 시와 처분 시가 다를 경우) 처분 시 규정에 따르되 징계권 유무(징계사유)에 직접 영향을 미치는 경우 사유 발생 시 규정에 따름(94다27960) | 1) 95다16400<br>2) 94누1141<br>3) 2000두7605<br>4) 2011두2071 |
| 그 밖의 징벌 | 1. 징계 해당여부(규정에서 징계로 정하고 있는지 여부)<br>※ 징계로 행해진 경우 징계사유 · 양정 · 절차에 따라 판단<br>2. (징계가 아니라면) '그 밖의 징벌' 해당 여부<br>- 제재로서 가하는 불이익 처분인지 여부1)<br>※ 인정사례: 근속승진누락2), 평가등급 · 근무평정에 영향을 미치는 주의처분 또는 경고, 성적불량 이유로 정기승급 감호조치, 사고를 이유로 한 예비기사 전환3), 승무정지4) 등<br>3. (그 밖의 징벌이라면) 업무상 필요성 유무 및 근로자 수인 가능 범위 내인지 여부 또는 정당성 여부 | 1) 2009두20977<br>2) 2008구합47494<br>3) 2003구합37232<br>4) 2008구합49032 |

## 참고문헌

1. 민사재판실무편람 집필위원회, 「민사재판실무편람, 재판실무편람」 제38호(2017).
2. 법원행정처, 「조정실무」, 2002.
3. 사법정책연구원, 「성폭력 형사사건에서 피해자 진술의 신빙성과 경험칙에 관한 연구」, 연구보고서 제2호(2020).
4. 중앙노동위원회, 「노동분쟁해결 가이드북 조정과심판」, 2024년 겨울호, 2024. 12.
5. 중앙노동위원회(박진환), 「사실조사 및 심문회의 운영시 유의사항」, 2023.
6. 중앙노동위원회(조정심판국 심판2과), 「심판업무 매뉴얼」, 2022.

# 화해 합의문 작성과 합의문의 이해 및 해석

## - 당신이 궁금한 화해에 관한 모든 것 -

박진환 교수

# 화해 합의문 작성과 합의문의 이해 및 해석
# - 당신이 궁금한 화해에 관한 모든 것 -

박 진 환

## I 화해의 효력

### 1. 노동분쟁은 화해에 親한 것인가

노동분쟁은 때론 치킨게임[1]에 비유될 수 있다. 특히 해고 사건의 경우 노동청이나 관계기관에의 진정이나 상호 민사소송 제기 및 형사 고소로 이어져 결국 서로 파국으로 치닫는 경우가 많다. 그런데 노동분쟁은 사업장 내 노사 간의 신뢰관계가 파괴됨에 따라 발생하는 것이다. 따라서 노사관계를 안정시키기 위해서는 파괴된 신뢰관계를 자주적으로 신속하게 회복하는 것이 무엇보다 중요하다. 특히 노동분쟁은 다른 분쟁과 비교하여, ① 패소당사자가 대부분 결정적, 전면적 손실을 입는다는 점, ② 노사관계는 계속성, 포괄성, 집단성, 복잡성, 유동성을 띠고 있어 당사자 사이에 자주적으로 해결되는 것이 바람직한 점, ③ 신속한 해결을 필요로 하는 점, ④ 신뢰관계의 회복이나 결론에 대한 이해가 수반되지 않는다면 확정판결의 실현자체가 곤란한 경우가 많은 점 등의 특징을 가지고 있어 조정이나 화해에 적합한 사건이라고 볼 것이다.[2]

그런데 화해는 민법상 화해계약, 재판상 화해(제소전 화해, 소송상 화해[3])가 있고, 노동위원회 화해와 같이 행정위원회에서 이루어지는 화해가 있다. 민법상 화해는 당사사가 상호 양보하여 분

---

1 치킨 게임(chicken game)은 어느 한 쪽이 양보하지 않을 경우 양쪽이 모두 파국으로 치닫게 되는 극단적인 게임이론이다. 1950년대 미국 젊은이들 사이에서 유행하던 자동차 게임에서 따온 것으로, 이 게임은 도로의 양쪽 끝에서 두 명의 경쟁자가 마주보며 차를 몰고 정면으로 돌진하다 충돌 직전에 핸들을 꺾으면 겁쟁이, 즉 치킨으로 지목돼 게임에서 지게 된다. 그러나 어느 한 쪽도 핸들을 꺾지 않을 경우 게임에서는 둘 다 승자가 되지만 결국 충돌함으로써 양쪽 모두 자멸하게 된다.

2 법원행정처, 『調停實務』, 2002. 257~260면 참조.

3 소송상 화해란 소송을 제기하여 재판을 하다가 소송도중에 상호 양보하여 소송물인 권리관계에 관한 주장을 서로 양보하여 도달한 결과를 소송상 일치하여 진술을 함으로써 소송을 종료시키는 당사자 간의 합의이고(민사소송법 제220조) 이것을 재판상 화해라고 부르기도 한다.

쟁을 종지할 것을 약정함으로써 성립하는 계약을 말한다(민법 제731조). 한편 노동위원회의 화해 제도는 노사간 분쟁 당사자가 서로 양보하여 분쟁을 종료시키는 것을 말하며, 분쟁을 당사자들이 동의하는 내용으로 해결하는 제도이다. 노동위원회는 노동위원회법(제16조의3)에 따라 화해를 권고하거나 화해안을 제시할 수 있으며, 노동위원회에의 화해는 성격상 재판상 화해에 가깝다.

## 2. 재판상 화해의 법률상 효력

### (1) 절차법적 효력

#### 1) 분쟁종료효

소송상 화해의 진술을 조서에 적은 때에는 그 조서는 확정판결과 같은 효력이 있다(민사소송법 제220조). 노동위원회의 권고 또는 화해안의 제시에 의해 작성된 '화해조서'는 민사소송법에 따른 재판상 화해의 효력을 갖는다(노동위원회법 제16조의3 제5항). 즉 화해조서가 작성된 것을 전제로 확정력[4]과 기판력[5]이 있게 된다. 화해가 된 부분은 (노동위원회에서의) 구제신청 절차나 (법원에서의) 소송 절차가 종료된다.

이처럼 화해는 노사분쟁을 판정이 아닌 자주적인 해결방식으로 실질적인 권리구제 및 노사관계를 안정시키는데 도움이 된다. 따라서 그에 의하여 소송은 종료됨과 동시에 그 화해조서를 執行權原[6]으로 하여 강제집행을 할 수 있다(민사집행법 제56조). 소송상 화해의 경우 소송비용에 대하여 특별히 정한 바가 없으면 각자 지출한 비용을 부담 한다(민사소송법 제106조).

#### 2) 기판력

##### 가) 재판상 화해의 법적 성질

재판상 화해의 법적 성질에 대해서는 ① 민법상의 화해와 동일하다는 견해(사법행위설), ② 사법상 화해와는 성질이 전혀 다른 순수한 소송행위로 소송물에 관해 실체상 처분을 하여 소송을 종료시키는 소송상의 진술이고 소송법의 적용을 받으며 민법상 화해계약에 관한 규정은 적용되지 않는다는 견해(소송행위설), ③ 민법상의 화해계약임과 동시에 소송행위의 성질을 갖춘 경합된

---

4 판결의 확정은 법원이 내린 종국판결에 대해 당사자의 불복으로 상소법원에 의해서 취소할 수 없게 된 상태를 의미한다.

5 기판력(旣判力)은 실질적 확정력이라고 하며 확정판결에서 판단된 내용과 동일한 사항이 나중에 문제되었을 때 당사자는 이에 반하여 다시 다툴 수 없고, 어떠한 법원도 이에 모순, 저촉되는 판단을 할 수 없는 기속력을 말한다.

6 집행권원이란 *私法*상의 일정한 이행청구권의 존재와 범위를 표시함과 동시에 강제집행으로 그 청구권을 실현할 수 있는 집행력을 인정한 공정의 증서를 말한다. 구체적으로 어떠한 증서가 집행권원으로 되는가는 민사집행법 기타의 법률에 정하여져 있다. 집행권원의 대표적인 예로는 확정된 종국판결, 공정증서, 소송상 화해조서, 조정조서 등이 있다. 집행권원은 채무자가 상환을 거부하거나 이행하지 않을 경우, 채권자가 강제집행을 신청할 수 있는 권리를 제공한다.

행위로서 법원에 대해서는 소송법이 적용되나 당사자 간에는 사법상 화해계약이 이루어진 것으로 민법 규정이 적용되며, 실체법과 소송법 중 어느 요건에 흠이 있어도 전체가 무효가 된다는 견해(양행위경합설, 다수설)로 나뉘어 있다. 재판상 화해에 기판력이 인정되는지에 대해 소송행위설은 확정판결과 같은 기판력이 인정된다고 하고, 양행위경합설은 실체법상 하자가 없는 경우에만 기판력이 인정된다고 한다.

판례는 1961년까지 양행위경합설을 취하다가(대법원 1955. 9. 15. 선고 4288민상229 판결), 1961년 구 민사소송법 제431조(현행 민사소송법 제461조와 같다)가 개정되어 화해조서에 대하여 준재심(準再審)[7]의 제기가 가능하게 됨에 따라 대법원 1962. 2. 15. 선고 4294민상914 전원합의체 판결로 소송행위설로 전환하였고, 재판상 화해에 확정판결과 같은 기판력을 인정하여 현재까지 이를 유지하고 있다.

**나) 무제한 기판력[8]**

화해가 성립되어 당사자 쌍방의 일치된 진술을 조서에 기재한 때에는 확정판결과 같은 효력을 가지는데 그 효력 중에 하나인 기판력으로 인해 당사자는 동일한 사항이 나중에 문제되었을 때 당사자는 이에 반하여 다시 다툴 수 없다. 이와 관련하여 노동위원회규칙에서는 구제절차 중 화해가 이루어진 후 다시 동일 사안에 대해 구제신청을 제기한 경우 각하 사유로 규정하고 있다(제60조 제5호 참조).

한편 재판상 화해가 성립되면 그 내용이 강행법규에 위배된다고 할지라도 재심절차에 의하여 취소되지 아니하는 한 그 화해조서를 무효라고 주장할 수 없다(대법원 1991. 4. 12. 선고 90다9872 판결). 소송상의 화해는 소송행위로서 사법상의 화해와는 달리 사기나 착오를 이유로 취소할 수는 없다(대법원 1979. 5. 15. 선고 78다1094 판결 참조).

또한 재판상 화해를 한 당사자는 사법상 화해계약임을 전제로 화해 해제와 같은 화해조서의 취지에 반하는 주장을 할 수 없다. 제1화해가 성립된 후에 그와 모순된 제2화해가 성립되어도 제1화해가 조서에 기재되어 확정판결과 동일하게 기판력이 발생한 이상 제2화해에 의하여 제1화해가 당연히 실효되거나 변경된다고 할 수 없다(대법원 1995. 12. 5. 선고 94다59028 판결).

---

7 제461조(준재심) 제220조의 조서 또는 즉시항고로 불복할 수 있는 결정이나 명령이 확정된 경우에 제451조제1항에 규정된 사유가 있는 때에는 확정판결에 대한 제451조 내지 제460조의 규정에 준하여 재심을 제기할 수 있다.

8 화해조서에는 확정판결과 마찬가지로 어떠한 경우에나 기판력을 인정할 것이며, 화해의 성립과정에 하자가 있거나 화해의 내용이 법률에 위반된다고 하더라도 그것이 재심사유에 해당되어 재심절차에 의한 구제를 받는 이외에는 그러한 하자를 들어 화해의 무효를 주장할 수 없다는 입장이다. 김상원 외, 『주석 신민사소송법(Ⅲ)』, 한국사법행정학회, 371~372면.

### 3) 집행력

노동위원회가 작성한 화해조서는 민사소송법에 따른 재판상 화해의 효력이 있으므로 확정판결과 같은 효력을 가지고, 따라서 어느 일방이 화해조서의 내용을 이행하지 않을 경우 민사소송 등을 거치지 않고 바로 화해조서를 집행권원으로 하여 법원으로부터 집행문을 부여받아 강제집행이 가능하다(민사집행법 제56조 제5호).

## (2) 실체법적 효력 – 창설적 효력

창설적 효력은 본래 민법상 화해계약에 인정되는 것으로(민법 제732조[9]), 당사자가 서로 양보하여 확정하기로 합의한 사항에 관하여 새로운 권리, 법률관계를 형성, 변경하는 실체법적 효력을 의미한다. 판례는 재판상 화해의 성질을 소송행위로 보아 기판력을 인정하면서도 실체법상 화해계약에 인정되는 창설적 효력을 인정한다(대법원 2014. 4. 10. 선고 2012다29557 판결).

소송상 화해의 진술을 조서에 적은 때에는 그 조서는 확정판결과 같은 효력이 있고(민사소송법 제220조), 창설적 효력을 가지는 것이어서, 화해가 이루어지면 당사자 사이에 종전의 다툼 있는 법률관계를 바탕으로 한 권리 · 의무관계는 소멸함과 동시에 재판상 화해의 내용에 따른 새로운 권리 · 의무관계가 유효하게 형성되게 된다(대법원 2015. 3. 20. 선고 2012다53505 판결).

그리고 소송에서 다투어지고 있는 권리 또는 법률관계의 존부에 관하여 동일한 당사자 사이의 前訴에서 확정된 화해권고결정이 있는 경우 당사자는 이에 반하는 주장을 할 수 없고 법원도 이에 저촉되는 판단을 할 수 없다(위 대법원 2012다29557 판결 참조). 이와 같이 재판상 화해에 창설적 효력(실체법적 효력)과 함께 확정판결과 같은 무제한 기판력(소송법적 효력)을 모두 인정하는 결과, 권한 흠결 등 하자 있는 화해도 준재심으로 다투지 않는 한 유효하고 그로 인한 법률관계가 창설되는 대세적인 효력이 있게 되어, 실체법적 효력이 없이 기판력만 인정되는 판결에 비해 훨씬 강한 효력이 인정된다.

다만, 재판상 화해 등의 창설적 효력이 미치는 범위는 당사자가 서로 양보를 하여 확정하기로 합의한 사항에 한하고, 당사자가 다툰 사실이 없었던 사항은 물론 화해의 전제로서 서로 양해하고 있는데 지나지 않은 사항에 관하여는 그러한 효력이 생기지 않는다.[10]

---

9 민법 제732조(화해의 창설적 효력) 화해계약은 당사자 일방이 양보한 권리가 소멸되고 상대방이 화해로 인하여 그 권리를 취득하는 효력이 있다.

10 대법원 2001. 4. 27. 선고 99다17319 판결(갑과 을 등이 점포에 관하여 임대차계약을 체결한 후 "갑은 임대차기간 만료일에 을 등으로부터 임대차보증금을 반환받음과 동시에 점포를 을 등에게 인도한다."라는 내용의 제소전 화해를 하였는데, 갑이 임대차기간 만료 전 임대차계약의 갱신을 요구한 사안에서, 임대차계약에 갑의 계약갱신요구권을 배제하는 내용이 없고, 오히려 계약을 갱신할 경우에 상호 협의한다고 정한 점, 화해조서에 임대차계약이 기간 만료로 종료하는 경우 갑이 임대차보증금을 반환받음과 동시에 을 등에게 점포를 인도한다고 기재되어 있을 뿐, 갑의 계약갱신요구권이

## 3. 재판상 화해의 효력을 다투는 방법

재판상의 화해를 조서에 기재한 때에는 그 조서는 확정판결과 동일한 효력이 있고 당사자 간에 기판력이 생기는 것이므로 확정판결의 당연무효 사유와 같은 사유가 없는 한 준재심의 소에 의하여만 효력을 다툴 수 있고, 화해조항에서 정한 의무를 이행하지 아니하였음을 이유로 재판상 화해의 해제를 주장하는 것과 같은 화해조서의 취지에 반하는 주장을 할 수 없다(대법원 2001. 3. 9. 선고 2000다58668 판결 등 참조). 다만 재심사유가 있는 경우 준재심의 소를 제기할 수 있다(민사소송법 제461조). 가령, 대표권 흠결에 관한 사정은 준재심청구의 사유가 될 것이다.

재판상 화해가 준재심의 소에 의하여 취소되고 그 준재심재판이 확정되면 재판상 화해의 효력은 소멸되고, 따라서 그 재판상 화해로 인하여 생긴 모든 법률효과는 당연히 실효된다(대법원 1981. 12. 22. 선고 78다2278 판결).

한편 화해조서에 분명한 잘못이 있을 때에는 판결에 준하여 경정이 허용 된다(민사소송법 제211조). 화해조서의 경정 방법 및 당사자에 대한 송달은 판결경정에 준하여 처리하면 된다. 화해조서에 기재된 내용이 특정되지 아니하여 강제집행을 할 수 없는 경우에는 동일한 청구를 제기할 소의 이익이 있다(대법원 1995. 5. 12. 선고 94다25216 판결).

한편, 노동조합 및 노동관계조정법 제34조 제3항은 단체협약의 해석 또는 이행방법에 관하여 단체협약 당사자의 견해 제시의 요청에 응하여 노동위원회가 제시한 견해는 중재재정과 동일한 효력을 가진다고 정하고 있으므로, 단체협약의 해석 또는 이행방법에 관한 노동위원회의 제시 견해의 효력을 다투고자 할 때에는 노동위원회가 행한 중재재정의 효력을 다투는 절차를 정한 위 법 제69조에 의하여야 할 것이다(대법원 2005. 9. 9. 선고 2003두896 판결 참조).

---

나 이에 관한 권리관계에 대하여는 아무런 기재가 없으며, 그 내용이 갑의 계약갱신요구권 행사와 양립할 수 없는 것이라고 보기도 어려운 점, 갑이 계약갱신요구권을 미리 포기할 이유가 있었다고 볼 만한 사정을 찾기 어렵고, 화해조서에서 점포의 반환일을 임대차기간 만료일로 기재한 점이나 화해의 신청원인으로 '합의된 사항의 이행을 보장하고 장래에 발생할 분쟁을 방지하고자'함에 있다고 기재한 사정만으로 갑이 계약갱신요구권을 포기하는 의사를 표시한 것이라고 단정하기 어려운 점에 비추어, 갑의 계약갱신요구권은 화해 당시 분쟁의 대상으로 삼지 않은 사항으로서 화해에서 달리 정하거나 포기 등으로 소멸시킨다는 조항을 두지 않은 이상 화해의 창설적 효력이 미치지 않고, 갑은 화해조서 작성 이후에도 여전히 법이 보장하는 계약갱신요구권을 행사할 수 있다고 보아야 하는데도, 이와 달리 본 원심판단에 법리오해 등의 잘못이 있다고 한 사례).

## II 화해합의문 작성의 일반 원칙

### 1. 화해조서 작성 개요

#### (1) 작성 원칙

노동위원회에 제기한 구제신청사건의 경우 관계 당사자가 화해안을 수락하였을 때에는 화해조서를 작성하여야 한다(노동위원회법 제16조의3 제3항). 재판상 화해와 같은 효력을 가지는 화해조서는 신속 · 공정하게 분쟁을 종식한다는 측면에서 반드시 체계적이고 명확하게 작성해야 한다. 화해조서의 구성이나 문안이 상이 또는 불분명하거나 누락되는 경우 종국적인 분쟁해결을 저해할 수 있다. 그러므로 화해가 성립되면 당사자들이 참석한 가운데 화해조서의 조항 하나하나에 대해 확인을 하고, 이견이 있을 경우에는 쌍방의 의견을 들어 수정을 한다. 그리고 화해조서는 상대방이 화해조서의 내용을 이행하지 않을 경우 별도의 소송 절차 없이 바로 법원에 강제집행을 신청할 수 있으므로 조서 작성에 각별한 주의가 필요하다.

#### (2) 작성 방법

우선 협상 시작 전 이번 협상에서 최종적으로 달성하고자 하는 합의의 구속력의 범위를 결정해야 한다. 그리고 협상에서 합의에 도달하는 경우, 그 합의서가 첫째, 쟁점이 되는 이해관계를 모두 포함하였는지, 둘째, 합의내용이 실현가능한 것인지를 확실히 챙겨야 한다. 그리고 당사자 간의 합의 내용을 토대로 화해조서를 작성하고, 관계 당사자(또는 대리인)와 화해에 참여한 위원이 서명(또는 날인)하여야 한다(노동위원회법 제16조의3 제4항, 노동위원회규칙 제71조 제2항). 실무적으로 화해성립을 용이하게 하기 위해 화해의 대상이 되는 직접적인 분쟁 대상 외에 당사자가 다툰 사실이 없었던 사항이나 소송을 원천적으로 봉쇄하는 부분까지 화해조서에 담는 경우가 있다. 이 경우 향후 이에 대한 효력 문제 등이 야기될 수 있으므로 그 문구 작성에 세심한 주의를 기울여야 한다.

### 2. 화해안 도출 시 고려사항

#### (1) 분쟁의 종국적 해결을 시도

특별한 경우 이외에는 소송 당사자들 사이의 모든 분쟁을 일거에 해결해 주어야 하고, 화해를 하면 그 화해조항에 따른 이행만이 문제가 되어야지 화해를 하였음에도 그 이행을 위하여 새로운 소송을 하여야 하거나 새로운 분쟁을 야기시켜서는 아니 된다. 특히 집행할 수도 없는 조항을 기재하여 당사자로 하여금 혼선을 빚게 하거나 그 불이행으로 인하여 새로운 분쟁이 발생하도록 하여서는 안 된다.

#### (2) 이행 내지 집행가능성도 검토하여 합의문에 반영

합의문은 이행이 가능한 내용이어야 한다. 그리고 채무자에게 집행할 재산이 있는지 등 화해조항의 집행가능성에 관하여도 검토하고, 채무자가 채무이행을 지체하거나 불이행할 때를 대비한 조항을 반드시 두어야 한다. 노동위원회에서의 화해가 된 사건의 경우 가끔 신사협정 같은 조항이 많아 법적 집행이 안 되어 결국 또 다른 구제신청을 제기해야 하는 경우가 많으니 주의해야 한다. 가령, '이 사건 사용자는 이 사건 근로자에게 향후 동 구제신청 및 정직처분과 관련하여 어떠한 불이익을 주지 않는다.', '앞으로 성실히 단체교섭에 임한다.', '이 사건 교섭대표노동조합은 향후 노동관계 법령에 충실하게 절차적 공정대표의무를 준수하도록 노력한다'는 등의 화해조항이 단순히 도의조항으로 보기는 어려우나 이 역시 법률적 효력이 있다고 보기 어렵고 강제집행과 관련해 논란이 될 수는 있다.

#### (3) 불복할 수 없음을 고지

화해가 성립하면 차후에 불복할 수 없고(노동위원회규칙 제71조 제2항) 확정판결과 같은 효력이 있다는 것을 꼭 고지하여야 한다. 그러한 내용을 포함한 서면에 당사자들로부터 서명 등을 받는 것이 바람직하다.

#### (4) 진심으로 화해할 것과 화해조항은 반드시 이행할 것을 당부한다.

### 3. 화해조항 작성 시 유의사항

#### (1) 다양한 여러 대안을 모색

화해를 진행하는 동안 당사자의 지위, 근로관계 내용, 분쟁의 경위 및 내용, 장래 희망 등을 잘 확인하고, 아울러 당사자가 제출한 이유서 · 답변서에 나타나지 않는 당사자의 진정한 요구 등도 잘 파악하여 여러 대안을 모색해 보는 게 좋다.

**화해안 작성 시 고려사항**

| 구분 | 내용 |
|---|---|
| 기본 내용 | • 근로관계 종료의 원인과 일자<br>• 화해금액과 지급일자, 비밀보장<br>• 부제소 합의(일체의 민 · 형사상, 행정상 이의제기 금지) 등 기본 사항 |
| 일반 유형의 화해내용 | • 원직복직(해고, 징계, 전보), 근로관계 종료 후 재입사, 징계처분 취소 조건부 사직 등<br>• 징계처분의 취소 · 경감<br>• 재취업 보장(알선)<br>• 노동관서 및 타 기관에 진정 등 민원 제기 및 형 사 고소 등 정리 |
| 특수 유형의 화해내용 | • 금품상계<br>• 비밀유지 합의, 유감표명(사과)<br>• 실업급여의 수령 협조, 피보험자격 상실사유 정정<br>• 분할지급, 지연손해금 |

### (2) 기본적 화해 조항

화해조서의 실질적 기재사항으로서는, (가) 화해성립사실, (나) 화해조항, (다) 신청의 표시(신청취지 및 신청원인)[11] 등 3가지가 있고, 그 기재 순서도 대체로 위와 같다. 화해성립사실과 화해조항은 조서의 필수적 기재사항이고(민사소송법 제154조 제1호), 화해조서에 '당사자'와 '신청의 표시'를 하게 하는 것은 화해조서가 확정판결과 동일한 효력이 있으므로 조서의 기재로써 화해의 효력이 미치는 주관적 · 객관적 범위를 명확히 하여 둘 필요가 있기 때문이다. 그런데도 노동위원회의 경우 화해조서에는 '신청의 표시'(신청취지 및 신청원인)가 생략되곤 하여 우려되는 부분이다.

노동분쟁사건의 경우 화해조항은, ① '원직복직' 내지 근로관계 종료 여부, ② 근로관계 종료 시 그 원인을 어떻게 정할 것인지(권고사직, 해고, 자발적 사직 등), ③ 금전 지급관계(화해 합의금)[12],

---

11 노동위원회화해에 있어 노동위원회규칙에는 구제신청 취지를 기재하도록 되어 있지는 않으나 법원에서 이루어지는 소송상화해는 화해조서에 청구의 표시(청구취지와 청구원인)을 기재하도록 하고 있다.

12 "사용자는 근로자에게 화해금 ○원에서 사회보험료 및 소득세 등 합계 ○원을 공제한 나머지 ○원을 2025. ○. ○.까지

④ 기타 합의사항, ⑤ 관련사건 취하(노동청 진정사건 등), ⑥ 부제소 특약, ⑦ 비밀유지 조항, ⑧ 권리포기 및 청산조항 등이 포함될 수 있다. 그 전형적인 예는 별지 '화해조서 예시' 중 '화해조항'란 기재와 같다.

한편 노동분쟁의 경우 화해조서 작성 시 '이 사건 당사자의 근로관계 및 그 근로관계 종료'와 관련하여, 지방노동관서 등 타 기관에 진정을 제기하거나, 다른 다툼이 되고 있는 사항이 있는지 여부를 당사자에게 반드시 확인한다. 되도록 일괄적으로 합의할 수 있도록 하되, 그렇지 않은 경우 다툼이 되고 있는 사항에 대해서는 화해조서에 명시하여 '부제소특약'의 내용이 '일괄 합의'를 의미하는지 여부에 대한 이견이 없도록 한다. 특히, 금전의 경우, ① 세금 포함 여부, ② 지연이자 지급여부 등에 대해서도 명시함이 바람직하다.

### (3) 기타 중요 고려사항

#### 1) 합의내용의 정리 · 검토

화해안은 분쟁의 종국적 해결방안을 합리적으로 정하고, 화해조항은 명확하게 서면으로 작성한다. 화해는 분쟁을 신속하게 종결시킬 수 있으나, 화해조서를 잘못 쓰는 경우에는 원하지 않는 결과를 초래하거나 다시 소송을 해야 할 수 있으므로 화해조서는 신중하게 작성해야 한다. 당사자 사이에 합의가 성립되었다고 하여 그 합의내용 전부를 화해조항으로 기재할 필요는 없다. 합의내용을 정리하고 상당성이 있는지 여부를 판단하여야 한다.

이때 검토하여야 할 점은, 당사자 사이의 합의의 진의를 확인하는 것만이 아니라(성립된 화해조항이 복잡한 경우에는 그 주요내용이 기재된 초안에 쌍방 당사자의 서명 · 날인을 받아 기록에 첨부하기도 한다), 법률행위의 일반적 유효요건을 충족하고 있는지 여부, 당사자가 자유롭게 처분할 수 있는 권리관계에 관한 합의인지 여부 및 상당성이 있는가 하는 점이다. 또한 화해조항으로 해야 할 합의내용과 단순히 당사자 사이의 사실상 양해사항에 불과한 합의내용을 명확히 구분하여야 한다. 화해조항으로 해야 할 합의내용은 원칙적으로 법률상 당사자를 규율 · 구속하는 효과를 발생시키는 것 즉 효력조항이다. 판결의 주문과는 달리, 그 범위는 사건의 내용에 따라 매우 넓고 당사자의 의사를 존중하여 합의된 신사적 조항이나 정신적 조항으로 해야 할 내용 즉 임의조항이 덧붙여지기도 한다.

##### 가) 법률행위의 일반적 유효요건의 충족

합의내용이 사실상 · 법률상 실현할 수 있는 것이어야 한다. 실현이 불능인 경우에는 무효이

---

지급한다." 또는 "사용자는 근로자를 위 제1항의 기일까지 원직에 복직시키지 아니할 경우에는 2025. ○. ○.까지 배상금 ○원(세금공제 없음)을 근로자에게 지급한다."는 등.

다. 여기서 불능은 원시적 불능(가령, 소실한 가옥의 매매)은 물론, 합의 당시에 이행기에 가능하다고 예상되지 않는 것을 말하고, 불능인지 여부는 사회통념에 따라 판단한다. 합의내용이 의사표시의 해석에 의하여 어떠한 권리관계 또는 법률관계에 관한 것인가, 또 이에 기하여 이행할 내용이 무엇인가가 확정되어 있거나 확정이 가능하여야 한다.

합의내용은 강행규정이나 법질서 전체를 규율하는 공서양속에 반하지 않는 것이 바람직하다. 그러나 화해조서는 재판상 화해조서와 같이 확정판결과 동일한 효력이 있으므로, 거기에 확정판결의 당연무효 등의 사유가 없는 한 설령 그 합의내용이 강행법규에 위반된다고 하더라도 이는 단지 화해에 하자가 있음에 지나지 아니하여 준재심 절차에 의하여 구제받는 것은 별문제로 하고 그 화해조서가 무효가 되는 것은 아니다(대법원 2014. 3. 27. 선고 2009다104960 판결 참조).

**나) 성질상 당사자가 자유롭게 처분할 수 있는 권리**

화해에도 사법상의 권리 · 법률관계에 관하여 인정되는 사적자치의 원칙에 기한 처분권주의가 그대로 적용된다. 조정이나 재판상 화해의 대상인 권리관계는 사적 이익에 관한 것으로서, 당사자가 자유롭게 처분할 수 있는 것이어야 하므로, 성질상 당사자가 임의로 처분할 수 없는 사항을 대상으로 한 조정이나 재판상 화해는 허용될 수 없고, 설령 그에 관하여 서로 양보하여 조정이나 재판상 화해가 성립하였더라도 그런 화해조항은 효력이 없어 당연무효이다(대법원 2012. 9. 13. 선고 2010다97846 판결 참조).

가령, 이미 확정된 판결에 대해 민사소송법상 재심을 청구한 사건에서 "재심대상판결 및 1심판결을 각 취소한다"는 내용의 화해와 같이 성질상 당사자가 임의로 처분할 수 없는 사항에 대한 화해 등은 효력이 없다(위 판결 참조).

**다) 화해 내용의 특정 → 이행의무의 주체와 이행목적물의 특정 등**

화해는 구제신청 일부에 대해서 또는 구제신청 내용과 다른 내용으로도 가능한 바, 화해조서의 기판력의 객관적 범위를 명확히 하기 위해서는 화해 대상을 명확히 할 필요가 있다. 화해조항만 보고 누가 누구에게 언제 어떻게 급부를 하는 것인지를 명확히 하지 않으면 결국 집행당사자가 확정되어 있지 않아 집행권원이 될 수 없다. 이해관계인이 참가하거나 그 참가를 명한 경우에 그 이해관계인은 이해관계인이나 참가인이라고 표시할 수 있다.

그리고 이행목적물이 구체적으로 명확하게 특정되어 있지 않으면 화해조서를 집행권원으로 하여 강제집행을 할 수 없기 때문에 이행목적물을 다른 목적물과 오인할 여지가 없도록 화해조항에 구체적으로 정확하게 표시하여야 한다. 화해조항에 이행의 목적물을 특정하지 않아 강제집행이 불가능한 경우 그 화해는 무효라고 할 것이다. 따라서 그러한 경우 동일한 청구를 제기할

소의 이익이 있다.[13]

#### 라) 합의 내용의 상당성

당사자 사이에 합의가 성립하여도 그 내용이 위법하다거나 객관적인 사회통념에 비추어 현저히 타당성을 결한 경우에는 상당성이 인정되지 않는다. 다만 이 경우에도 당사자가 합의내용에 대하여 그 고집을 꺾지 않는 경우가 아니라면 당사자의 진의를 파악하여 상당성 있는 내용으로 수정하여 합의에 이르도록 유도함이 바람직하다.

### (4) 화해조항 작성(문장화) 시 일반적 유의사항

#### 1) 합의내용을 명확하고 간결하게 기재할 것

화해문을 작성하려면 먼저 합의내용이 명확한지 여부를 확인하여 만일 애매한 표현이 있으면 명확히 한 다음, 그 합의내용을 육하원칙에 따라 요령 있고 간결하게 기재하여야 한다. 화해조항으로 해야 할 합의내용이 누락되지 않도록 하여야 함은 물론이다. 그런데 너무 표현의 간결성만 강조하게 되면 사후에 해석상 의문이 생길 여지가 있으므로 주의하여야 한다. 또 가능한 한 평이한 용어를 사용하여 법률전문가가 아닌 일반인도 쉽게 그 내용을 이해할 수 있어야 한다. 그리고 화해조항이 너무 장문이면 이해하기 어렵기 때문에 그 내용에 따라서는 항을 나누어 기재하거나 별지로 목록이나 도면을 작성하여 인용하는 것이 필요한 경우도 있다. 아울러, 문구가 중의적으로 해석되지 않도록 화해조서 작성 시에 각별히 유의해야 한다. 문언의 해석이 다양하다면 이행에 대한 이견이 발생하여 추가 분쟁이 예상되므로, 애초에 명확한 단어 및 문장을 통해 양당사자의 의견을 담아야 한다.

#### 2) 논리적 순서에 따라 조항 수와 배열 순서를 정할 것

일반적으로 화해조항은 논리적 순서에 따라, 화해의 대상이 되는 권리 · 의무의 존재 또는 부존재를 확인하는 확인조항과 권리 · 의무의 발생 · 변경 · 소멸 등을 정하는 형성조항을 먼저 기재하고, 그 다음 법률효과로서의 이행조항과 이행조항을 불이행한 경우의 이행확보조항(부관조항)을 기재하며, 마지막으로 청산조항, 비용부담조항을 기재한다. 소송물(소송의 목적이 되는 권리나 의무, 즉 소송의 객체)에 관한 조항과 소송물 외의 권리 · 법률관계에 관한 조항이 있는 경우에는 전자를 먼저 기재한다. 또 당사자가 여러 명인 경우에는 관계당사자를 명확히 하여야 하고, 당사자별

---

13 판례도, "피고는 원고로부터 1992. 8. 31.까지 제1심판결의 별지목록 기재의 금형 중 라이트케이스, 캡기어, 라이트 카바금형에 대한 하자보수를 완성받음과 동시에 원고에게 금 6,500,000원을 지급한다."는 화해조항은 반대의무의 내용인 하자의 범위와 정도가 특정되었다고 볼 수 없고, 또 하자보수의 완성 여부에 대한 객관적인 명백한 기준도 없어 원고가 집행개시요건인 위 반대의무를 이행할 방법이 없다고 할 것이므로 무효라고 한다(대법원 1995. 5. 12. 선고 94다25216 판결 참조).

로 화해조항을 두는 것이 바람직한 경우도 있을 것이다. 물론 사안에 따라서는 위와 같은 일반적 기재 순서와 달리 작성할 수도 있겠지만, 그러한 경우에도 화해조항이 불명확하지 않도록 주의하여야 한다.

#### 3) 기타 화해문에 부기할 사항

① '화해조항' 主文 제1항 앞에 당사자가 화해에 이르게 된 경위에 관하여 간략히 기재하여 두는 실무례도 있다(이를 '前文'이라고 한다). 가령, "당사자 쌍방은 노동위원회의 화해 권고에 따라 다음과 같이 합의하였다." 등이 있다. 道義條項(당사자에게 도의적 책임이 있음을 확인하거나 윤리적인 준수를 기대함으로써 사후분쟁을 방지하는 조항)의 경우 강제집행의 가능성을 둘러싸고 논란이 있을 수 있다고 보아 여기에 함께 기재하는 방식도 고려할 만하다.

② 근로관계 종료 원인을 어떻게 정할 것인지에 따라 추후 실업급여 등 수급 조건이 달라지므로 근로관계 종료원인을 정하여 명시하는 것이 좋다. 자발적으로 사직서를 제출하는 경우에는 실업급여를 받을 수 없지만, 회사의 권고로 인해 퇴직한 경우(권고사직)는 실업급여를 받을 수 있다.

③ 그리고 지급되는 금전에 관련된 세금문제도 고려하여 화해문을 작성하는 게 좋다. 이게 문제되는 것은 소득세법상 과세대상인 소득에 해당하더라도 소득 내지 화해 합의금의 성격에 따라 세금 부과 여부가 달라지기 때문이다. 통상 개인의 소득을 과세대상으로 하는 소득세는 소득세법에서 '과세대상으로 정한 소득'에만 부과된다. 예를 들어, 퇴직금은 소득세법이 과세대상으로 정한 '퇴직소득'이기 때문에 소득세가 부과된다. 반면 불법행위로 인한 위자료는 소득세법이 과세대상으로 정하고 있지 않아 소득세가 부과되지 않는다.

별지 '화해조서 예시'의 '화해조항' 중 제2항에서 근로자가 받기로 한 화해 합의금이 모두 위자료라면 소득세를 전혀 내지 않는다. 과세관청은 해고합의금이 '사례금'이라고 주장하며 소득세를 부과하고, 이에 근로자는 해고합의금이 위자료와 같은 비과세소득이라거나 다양한 공제가 인정되는 퇴직소득이나 근로소득이라며 다투는 사건이 많다. 소득세법은 '사례금'을 과세대상으로 정하면서도 지출한 경비를 증명한 경우에만 그 경비를 소득금액에서 공제할 수 있다고 정한다. 그런데 법원에서는 화해 합의금을 소득세법 제21조 제1항 제17호가 '기타소득'으로 정한 '사례금'에 해당하여 과세대상에 해당한다는 입장이며,[14] 조세심판원 또한 과세대상이 되는 '기타소득'에 해당한다고 판단한 바 있다.[15][16]

---

14 중앙노동위원회, 『화해업무 매뉴얼(위원용)』, 2019. 44면.

15 소득세법 제21조(기타소득)

① 기타소득은 이자소득 · 배당소득 · 사업소득 · 근로소득 · 연금소득 · 퇴직소득 및 양도소득 외의 소득으로서 다음

그런데 갑이 을 회사를 상대로 징계해고의 무효확인을 구하는 소송을 진행하던 중 법원으로부터 '을 회사는 갑에게 5억원을 2016. 12. 5.까지 지급하고, 미지급시 완제일까지 연 10%의 지연손해금을 가산하여 지급하며, 갑은 나지 청구를 포기한다'는 내용의 화해권고결정이 내려져 확정되었는데, 을 회사가 해당 화해금에 대하여 '필요경비 없는 기타소득'으로 보아 총 22%를 징수하고 남은 3억 9천만원을 근로자에게 지급하였고, 이에 근로자가 해당 5억원의 화해금은 비과세 소득에 해당하므로, 회사의 소득세와 지방소득세 징수는 부당하다고 이의를 제기함으로써 위 화해권고결정에 따른 화해금이 소득세법상 기타소득인 '사례금'인지 문제된 사안에서,"위 화해금은 소득세법 제21조 제1항 제17호에서 과세대상인 기타소득의 하나로 정한'사례금'에 해당하지 않는다"고 판시한바 있다(대법원 2022. 3. 31. 선고 2018다237237 판결).

즉, 대법원은 "소득세법 제21조 제1항 제17호가 '기타소득'의 하나로 규정한 '사례금'은 사무처리 또는 역무의 제공 등과 관련하여 사례의 뜻으로 지급되는 금품을 의미하고, 여기에 해당하는지는 해당 금품 수수의 동기 · 목적, 상대방과의 관계, 금액 등을 종합적으로 고려하여 판단하여야 한다"고 하면서, 분쟁화해금에 대한 성격과 관련하여 "위 제17호가 기타소득의 하나로 규정한 '사례금'은 사무처리 또는 역무의 제공 등과 관련하여 사례의 뜻으로 지급되는 금품을 의미하는데, 이 사건 근로자가 화해권고결정에 이의하지 아니하고 이를 받아들이는 것이 '사무처리 또는 역무의 제공 등'에 해당한다고 보기 어려우므로, 위 화해금이 사례금에 해당한다고 보기 어렵다"고 판시하였다. 특히 원심은 그 근거 중 하나로 "이 사건 화해금을 산정함에 있어 근로자가 해고된 2015. 12. 23. 이후 근로자가 회사로부터 지급받을 수 있었던 임금 이외에 근로자가 이 사건 징계 해고를 통하여 겪게 된 정신적 고통에 대한 위자료(비과세 항목) 등 다양한 요소들이 반영된 것으로 보이는바, 이 사건 화해금 전부를 '사례금'으로 단정할 수도 없다"고 설시하였다(서울고등법원 2018. 5. 10. 선고 2017나2073137 판결 참조).

위 대법원 판결에 비추어 볼 때, 금품 수수의 동기 · 목적, 상대방과의 관계, 금액 등을 종합적으로 고려하여 화해금의 성격이 분쟁해결금으로서 배상금 성격의 금원이라면 비과세 처리할 수 있을 것이다. 다만, 현실적으로는 회사들이 화해금을 기타소득(사례금)으로 판단하는 경우들이 있고, 임금상당액의 성격에 해당하는 금원이라면 근로소득에 해당하고, 퇴직의 대가로 지급하는 금원이라면 퇴직소득에 해당하는 등 금원의 성격에 대한 판단이 쉽지 않을 수 있으므로, 이와 관

---

각 호에서 규정하는 것으로 한다.
10. 계약의 위약 또는 해약으로 인하여 받는 소득으로서 다음 각 목의 어느 하나에 해당하는 것
가. 위약금 나. 배상금 다. 부당이득 반환 시 지급받는 이자
17. 사례금

16 대법원 2018. 7. 20. 선고 2016다17729 판결 참조.

련된 추가적인 분쟁을 방지하기 위해 근로자는 화해(합의) 시 금액을 실수령액(세후금액) 기준으로 정할 필요가 있다.[17]

이처럼 화해금에 대한 과세 문제로 난항을 겪는 경우 화해금의 법적 성격과 과세 기관의 입장 및 소득세 항목별 적용세율 등을 정확히 설명하여 당사자가 합리적인 선택을 할 수 있도록 지원해야 한다. 이때 당사자 간 합의하에 화해금을 세전기준, 실수령금액 또는 양자를 병기하는 것도 가능하다. 단, 근로자 입장에서는 실수령금액이 의사결정에 있어 중요하고, 사용자는 세금 및 사회보험료 등의 원천징수 의무가 있으므로 실수령금액으로 명시하는 것이 바람직하다.

④ 한편 지연이자율의 경우 기본적으로 당사자 간 합의에 의해 결정될 사안이나, 관련 법률에 적시된 법정이자율을 고려하여 선택 · 기재하는 것이 바람직하다.[18] 위로금 등 화해 합의금의 경우는 소송촉진 등에 관한 특례법에 따른 지연손해금을 적용하는 게 낫다.

# Ⅲ 화해합의문의 해석과 적용

## 1. 처분문서의 증명력 및 처분문서에 나타난 당사자 의사의 해석

### (1) 진정성립이 인정되는 처분문서의 법적 증명력

處分文書라 함은 그에 의하여 증명하려고 하는 법률적 행위 즉 공법상 및 사법상의 법률효과를 발생, 변경, 소멸시키는 행위가 이루어진 문서를 말한다(대법원 1997. 5. 30. 선고 97다2986 판결 참조). 예컨대 계약서, 약정서, 각서, 차용증서, 영수증, 유언서, 어음 · 수표 등의 유가증권, 행정처분서 등과 같이 법률행의 자체가 그 문서의 기재(작성)에 의하여 화체되어 있는 경우의 문서를 말한다. 그 중에는 법원의 판결서, 소송상 화해를 기재한 조서도 있다.

처분문서의 진정성립이 인정되면, 법원은 그 기재내용을 부인할 만한 분명하고도 수긍할 수 있는 반증이 없는 한 원칙적으로 그 기재내용(문언)대로 의사표시의 존재와 내용을 인정하여야 하고, 합리적인 이유 설시도 없이 이를 배척하여서는 아니 된다.[19] 즉, 처분문서에는 강한 증명력(추정력)이 인정된다. 이처럼 처분문서의 경우에 그 문서가 작성자의 의사에 따라 작성되었음이 인정되면(즉 진정성립이 인정되면) 그 작성자는 문서에 기재된 내용과 같은 법률행위를 하였을 것

17 조영식, 『화해 방법 및 화해조서 작성요령』, 인천지방노동위원회, 39~40면.

18 근로기준법 제37조 제1항 및 동법 시행령 제17조에 따른 미지급 임금(사망 또는 퇴직한 경우)에 대한 지연이자율은 연 20%, 소송촉진 등에 관한 특례법 제3조 제1항 및 동법 대통령령에 따른 지연이자율은 연 12%이다.

19 대법원 2022. 10. 27. 선고 2019다255089, 255096 판결 등 다수.

이라는 고도의 개연성이 인정되었다고 보아야 한다. 그렇게 보는 것이 경험법칙에도 들어맞는다는 말이다. 판례가 진정성립이 인정된 처분문서의 기재 내용에 대하여 다른 증거방법에 비하여 보다 더 강력한 증명력을 부여하는 것은 위와 같은 법리에 비추어 타당한 것이다.[20]

진정성립이 인정되는 처분문서의 기재내용에 대한 증명력을 부정하려고 하는 당사자는 그 내용을 부정할만한 분명하고도 수긍할 수 있는 반증을 제출하여야 한다는 것이 판례의 태도이다.

### (2) 처분문서 해석의 원칙

처분문서의 증명력에 관한 법리는 민사소송에서의 증거력에 관한 법리이지만, 법원이 구체적 소송에서 증거에 의하여 어떤 의사표시의 존재 및 내용을 확정하는 데에 밀접한 관계가 있다. 처분문서는 그 진정성립이 인정되면 반증이 없는 이상 문서의 기재 내용에 따른 의사표시의 존재 및 내용을 인정하여야 하고, 의사표시 해석에 있어서 당사자의 진정한 의사를 알 수 없다면, 의사표시의 요소가 되는 것은 표시행위로부터 추단되는 효과의사 즉, 표시상의 효과의사이고 표의자가 가지고 있던 내심적 효과의사가 아니므로, 당사자의 내심의 의사보다는 외부로 표시된 행위에 의하여 추단된 의사를 가지고 해석함이 상당하다(대법원 2002. 6. 28. 선고 2002다23482 판결).

한편 처분문서의 진정성립이 인정되는 이상 법원은 반증이 없는 한 그 문서의 기재 내용에 따른 의사표시의 존재 및 내용을 인정하여야 하고, 합리적인 이유 설시도 없이 이를 배척하여서는 아니 되나, 처분문서라 할지라도 그 기재 내용과 다른 명시적, 묵시적 약정이 있는 사실이 인정될 경우에는 그 기재 내용과 다른 사실을 인정할 수 있고, 작성자의 법률행위를 해석함에 있어서도 경험법칙과 논리법칙에 어긋나지 않는 범위 내에서 자유로운 심증으로 판단할 수 있다(대법원 2006. 4. 13. 선고 2005다34643 판결 등 참조).

위와 같은 반증은 대체로 그 처분문서의 작성과정에서 피해당사자의 부주의, 과오, 법에 관한 무지, 그 문서를 다른 목적에 사용하지 않겠다는 감언이설에 속아 넘어간 경우 등에 관한 것들이다. 피해자가 위와 같은 사유로 사실과 다른 내용의 처분문서를 작성하였을 경우에 그러한 문서작성을 유도한 행위자를 문서위조죄로 처벌할 수도 없다(이러한 행위는 사문서의 무형위조[21]가 될 것인데 형법에는 이에 관한 처벌규정이 없다).

그리고 위와 같은 경위로 작성된 처분문서의 기재 내용을 채택하여 사실인정이 되고 그 사실을 전제로 판결이 선고 되어 확정되었을 경우에는 뒤늦게 그 문서의 작성경위가 밝혀졌다고 하더라도 민사소송법 제451조 제1항 제6호의 재심사유에 해당되는 것도 아니다.

---

20 권혁재, "진정성립이 인정되는 처분문서의 증명력과 자유심증주의의 관계", 고시계(50권 4호), 2005, 국가고시학회, 52면.
21 작성 권한 있는 자의 진실에 반하는 문서 작성.

## 2. 계약의 해석 방법

### (1) 법률행위의 해석

당사자가 법률행위를 통하여 의욕한 법률효과가 무엇인지를 밝히는, 이른바 법률행위의 내용(목적)을 명확하게 밝히는 것을 법률행위의 해석이라 한다. 그 중 계약의 해석이란 계약이라는 의사표시를 한 사람의 의사를 밝히는 작업이다. 계약의 효력은 계약내용에 따라 결정되지만 경우에 따라서는 계약내용 자체가 불명확하거나 여러 가지로 해석할 수 있는 경우가 있다. 또한 계약 체결 당시에는 당사자들이 예상하지 못했던 상황이 발생할 수도 있고, 이러한 모든 점에 대비해 계약내용을 작성한다는 것은 현실적으로 쉽지 않은 일이다. 그래서 계약은 해석이라는 작업이 필요하게 되고, 이 해석방법에 따라서 계약의 효력 자체가 달라지게 된다.

### (2) 주류적 견해

법률행위의 해석 방법에 관하여 이를 자연적 해석, 규범적 해석 및 보충적 해석으로 나누어 설명한다. 자연적 해석이란 법률행위의 해석에 있어서 표현의 문자적, 언어적 의미에 구속되지 않고 표의자의 실제의 의사, 즉 내심적 효과의사(진의)를 추구하는 것을 말한다. 이는 계약의 문구가 어떻게 되어 있든지 간에 그 표시된 문구보다는 당사자의 眞意를 중요시하는 해석방법이다. 이러한 해석방법은 특히 계약서에 오기(잘못된 표기)가 있는 경우에 유용하게 사용될 수 있다(오표시 무해의 원칙).

그리고 규범적 해석이란 내심적 효과의사와 표시행위가 일치하지 않는 경우에 상대방의 시각에서 표시행위에 따라 법률행위의 성립을 인정하는 해석이라고 설명된다. 이는 당사자의 진의보다는 표시된 행위의 객관적 의미를 찾는 해석의 방법이다, 이러한 경우 당사자가 계약서에 오기를 한 경우에도 진의보다는 표시된 내용 자체가 의사표시의 내용이 된다. 즉 합리적인 제3자의 규범적(객관적) 평가에 의해 의시표시의 내용이 확정되는 것이다.

마지막으로 보충적 해석이란 당사자가 어느 사항에 관하여 약정한 바가 없는 이른바 공백이 있는 경우에, 당사자들이 그러한 사항에 관하여 약정하였다면 어떻게 하였을까 하는 이른바 가정적인 당사자 의사에 의하여 그 공백을 보충하는 것이다.

위 자연적 해석과 규범적 해석 방법은 모두 장단점을 가지고 있다. 당사자의 진의를 밝히는 자연적 해석이 가장 이상적인 해석이라고 할 수 있겠지만, 계약의 외형적인 표시를 무시하게 되면 이 계약의 외형을 신뢰한 사람들이 예측하지 못한 손해를 입을 수 있다. 즉 당사자들 사이에서 계약서상의 A라는 용어가 B를 의미하는 것이라고 내심의 합의가 있었다고 할지라도, 이 계약서의 A라는 표시를 믿은 제3자의 경우 이러한 당사자 사이의 진의를 예측하기는 힘들 것이다.

한편 규범적 해석은 계약의 문구에 충실한 가장 객관적인 해석방법이라고 할 수 있겠지만, 이를 지나치게 획일적으로 적용할 경우에는 당사자의 진의를 왜곡하게 되는 경우가 있을 수 있다. 즉 당사자의 계약체결 당시의 합의내용과 달리 계약문구가 명백하게 잘못 표기되거나 계약문구의 표현과 무관하게 당사자 간의 어떠한 의사일치가 확실한 경우까지 계약문구의 외형적 · 사전적 의미에 얽매이게 되면 당사자의 진의에 어긋나는 계약해석을 하게 될 가능성이 있다.

따라서 위 두 해석방법을 사건에 따라 절충해 적용하는 것이 가장 이상적이라 할 것이고, 거래의 안정과 계약해석의 객관성을 위해 규범적 해석을 원칙적으로 하되 보충적으로 자연적 해석을 하는 것이 타당하다는 견해가 많다.[22] 한편 유력설은 계약해석을 문언 해석, 객관적 해석, 주관적 해석, 규범적 해석 및 보충적 해석의 5단계로 나누어 설명한다.[23]

## 3. 법률행위의 해석의 기본입장(목표, 대상)

### (1) 문언 해석과 당사자 의사의 해석

계약이 계약서와 같은 서면에 의하여 체결된 경우에는 계약 해석의 제1단계는 그 서면의 문언에서 출발하여야 한다. 그러한 서면이 당사자의 의사를 가장 정확하게 표현한 것일 뿐만 아니라, 계약 해석에 동원되는 여타의 다른 표준에 비하여 가장 객관적이고 신뢰할 수 있는 자료이기 때문이다. 법규범의 해석에 있어서도 그 출발점은 문언인 것과 마찬가지이다.[24]

판례도 계약 해석에서 문언을 기본적인 출발점으로 하고 있다. 즉 처분문서의 증명력에 의하여, 계약당사자 사이에 어떠한 계약내용을 처분문서인 서면으로 작성한 경우에 문언의 객관적인 의미가 명확하다면, 특별한 사정이 없는 한 문언대로의 의사표시의 존재와 내용을 인정하여야 한다는 것이다(대법원 2009. 3. 19. 선고 2008다45828 판결 등). 그리하여 처분문서의 진정성립이 인정되면 법원은 분명하고도 수긍할 수 있는 반증이 없는 한 그 기재내용대로의 의사표시의 존재 및 내용을 인정하여야 한다. 즉, 처분문서에 의하여 행해진 법률행위의 내용이 문서의 기재내용(문언)에 의하여 비교적 명확하게 파악된다면 그 기재대로 법률행위가 이루어졌다는 고도의 개연성이 있고, 또 법률행위 해석에 있어서 제1의 기준을 어디까지나 문언해석에 두어야 하는 이상, 문언과 다른 내용으로 법률행위를 해석하는 일은 극히 제한되어야 할 것이다. 그것이 자유심증주

22 김현, 『건설과 민사 관계: 계약의 효력과 해석, 건설 판례 이해하기』, 범우사, 2012, 297~300면.
23 윤진수, "계약 해석의 방법에 관한 국제적 동향과 한국법", 비교사법(2005. 12권 4호), 학국비교사법학회, 48~49면.
24 윤진수, 전게 논문, 49~50면.

의의 내재적 제한인 논리법칙과 경험법칙에도 부합하는 것이라고 생각한다.

다만, 당사자 일방이 주장하는 계약의 내용이 상대방에게 중대한 책임을 부과하게 되는 경우에는 그 문언의 내용을 더욱 엄격하게 해석하여야 한다(대법원 2002. 5. 24. 선고 2000다72572 판결). 특히 문언의 객관적 의미와 달리 해석함으로써 당사자 사이의 법률관계에 중대한 영향을 초래하게 되는 경우에는 그 문언의 내용을 더욱 엄격하게 해석하여야 한다[대법원 2022. 2. 10. 선고 2020다279951 판결은 근로계약서에서 기간을 1년으로 하되 '계약기간 만료 시까지 별도 합의가 없으면 기간만료일에 자동 연장한다'는 조항을 두었는데, 갑 회사가 계약기간 만료일 전 을에게 '근로계약기간이 만료될 예정이고 헬기조종사로서 필요한 직무상 역량미달로 근로계약 갱신이 불가능하다'고 통보한 사안에서, 사용자의 주장과 같이 '근로를 정상적으로 제공할 수 있음을 전제로 적용되는 규정'이라고 제한 해석할 수 없다고 판단함(따라서 계약이 자동 연장된 것이다)].

### (2) 표시행위가 가지는 객관적 의미 · 내용을 탐구해야

법률행위가 성립하기 위해서는 당사자(주체), 목적(내용), 의사표시라는 요건이 필요하고, 특히 계약에서는 당사자 사이에 의사표시의 합치가 필요하다. 이처럼 법률행위는 의사표시를 요소로 하므로 '법률행위의 해석'이란 결국은 '의사표시의 해석'과 같다고 본다. 즉, 법률행위(의사표시) 해석의 문제는 근본적으로 의사표시의 본질 내지 효력근거에 관한 의사표시이론과 관련이 있다. 대체로 의사표시의 본질론에 관하여, ① 의사주의에 따르면 표의자의 진의나 내심의 의사를 찾는 것을 목표로 할 것이고(주관주의적 해석), ② 표시주의에 따르면 표시의 객관적인 의미를 탐구하는 것을 목표로 할 것이며(객관주의적 해석), ③ 효방주의는 (효과의사와 표시행위의 일치로서의) 의사표시의 객관적인 규범적인 의미를 탐구하려고 한다(객관주의에 가깝게 된다). 기존의 다수설인 표시주의적인 절충설에 의하면(또한, 신뢰보호에 의하여 제한된 의사주의를 취하는 견해도 마찬가지), 적어도 계약과 같이 상대방 있는 의사표시에 관한 한, 표의자의 순수한 내심의 의사를 밝히는 것이 해석의 목표로 될 수는 없고, 표시행위가 가지는 객관적 의미내용을 탐구하는 것이 될 것이다.[25]

대법원 판례도 기본적으로 같은 입장이다. 당사자 사이에 계약의 해석을 둘러싸고 이견이 있어 처분문서에 나타난 당사자의 의사해석이 문제되는 경우, 그 해석은 문언의 내용, 그와 같은 약정이 이루어진 동기와 경위, 그 약정에 의하여 달성하려는 목적, 당사자의 진정한 의사 등을 종합적으로 고찰하여 논리와 경험칙에 따라 합리적으로 해석하여야 하며, 의사표시 해석에 있어서 당사자의 진정한 의사를 알 수 없다면 의사표시의 요소가 되는 것은 표시행위로부터 추단되

25 송덕수, 『민법주해 II』 총칙(2), 박영사, 1996, 177면.

는 효과의사 즉, 표시상의 효과의사이고 표의자가 가지고 있던 내심적 효과의사가 아니므로 당사자의 내심의 의사보다는 외부로 표시된 행위에 의하여 추단된 의사를 가지고 해석함이 상당하다(대법원 1996. 4. 9. 선고 96다1320 판결 참조).

즉 대법원은 의사표시의 요소를 표의자가 가지고 있던 진의나 '내심적 효과의사'가 아니라 표시행위로부터 추단되는 효과의사, 즉 '표시상의 효과의사'라고 보면서, 법률행위의 해석이란 "당사자가 표시행위에 부여한 객관적 의미"를 명백히 하는 것이라고 판시하고 있다. 다만, 판례 중에는 법률행위 해석에 관하여 "당사자의 진의"를 탐구하는 것이라고 하거나(대법원 1977. 6. 7. 선고 75다1034 판결), 형식적인 문구에 얽매이지 않고 "쌍방당사자의 진정한 의사가 무엇인가"를 탐구해야 한다는 판시{대법원 1993. 10. 26. 선고 93다2629, 2636(병합) 판결 등}도 있으므로, 당사자의 진의를 도외시하는 것은 아니라고 할 것이다.

### (3) 당사자가 표시한 문언에 의하여 그 객관적인 의미가 명확하게 드러나지 않는 경우

그 해석은 처분문서의 문언에서 출발하되, 그 의미가 불명확한 경우 아래와 같은 사정들을 종합적으로 고찰하여 합리적으로 해석해야 한다.

예컨대, 계약당사자 사이에 어떠한 계약 내용을 처분문서인 서면으로 작성한 경우, 그 법률행위의 해석은 당사자가 그 표시행위에 부여한 객관적 의미를 명백하게 확정하는 것으로서, 서면에 사용된 문구에 구애받는 것은 아니지만 어디까지나 당사자의 내심적 의사의 여하에 관계없이 그 서면의 기재 내용에 의하여 당사자가 그 표시행위에 부여한 객관적 의미를 합리적으로 해석하여야 하는 것이고, 당사자가 표시한 문언에 의하여 그 객관적인 의미가 명확하게 드러나지 않는 경우에는 그 문언의 내용과 그 법률행위가 이루어진 동기 및 경위, 당사자가 그 법률행위에 의하여 달성하려는 목적과 진정한 의사, 거래의 관행 등을 종합적으로 고려하여 사회정의와 형평의 이념에 맞도록 논리와 경험의 법칙, 그리고 사회 일반의 상식과 거래의 통념에 따라 합리적으로 해석하여야 할 것인데(대법원 2020. 12. 24. 선고 2019다293098 판결 등 참조), 이러한 법리는 당사자 사이에 재판상 화해가 성립한 후 그 화해조항의 해석에 관하여 다툼이 있는 경우에도 마찬가지로 적용되어야 할 것이다(대법원 2013. 2. 26. 선고 2012다98225 판결 참조). 따라서 이러한 법률행위의 일반적 해석원리는 구제신청 사건의 당사자 사이에서 심문기일에 화해가 이루어진 합의의 효력에 관하여 다툼이 있는 경우에도 마찬가지로 적용된다.

이처럼 처분문서에 의하여 법률행위를 한 경우에도 그 문서에 기재된 법률행위의 내용이 불명확하여 이견이 있는 경우에는 앞서 본 실체법상 법률행위의 해석에 관한 일반이론 및 소송법상 자유심증주의의 원칙에 따를 수밖에 없다[대법원 1988. 9. 27. 선고 87다카422(본소), 423(반소) 판결].

## 4. 판례가 판시하는 관련 법리 정리

판례는 '법률행위의 해석의 목표를 당사자의 내심적 의사가 아니라 당사자가 표시행위에 부여한 객관적 의미를 명확히 확정하는 것이라고 선언한 다음, 당사자가 표시한 문언(특히 처분문서의 경우)을 위시하여 제반 사정을 종합적으로 고려하여 사회정의와 형평의 이념에 맞도록 논리와 경험칙, 사회통념에 따라 합리적으로 해석하여야 한다'고 하는바, 이는 주로 주류적 학설인 규범적 해석을 강조하는 것이라고 보인다. 그렇다고 해서 기존 통설인 자연적 해석(오표시 무해의 원칙)을 부정하는 것은 아니고, 그것은 당연한 원칙이라고 한다. 판례도, 쌍방 당사자의 진정한 의사가 합치되었다고 인정되는 경우에는 표시와 관계없이 그 합치된 의사에 따라 계약이 체결된 것으로 인정하여, 같은 해석을 하고 있다.[26]

그러므로 법원에서 계약 해석이 문제되는 대부분의 경우에는 우선 계약서와 같은 객관적인 자료에서 출발하여 그 내용이 불분명할 때에는 계약 체결 당시 및 그 후의 정황 등 제반 사정에 비추어 계약을 해석할 수밖에 없고. 당사자들의 진정한 의사를 인정하여 그에 따라 재판하는 것은 오히려 예외에 속한다. 계약 해석의 결과로 당사자의 의사가 확정된다고 할 때 그 당사자의 의사는 현실적인 당사자의 의사인 경우도 있지만 제반 사정에 의하여 합리적인 당사자라면 그러한 의사를 가졌을 것으로 추단되는 경우도 있고, 오히려 후자의 경우가 계약의 해석에 관하여 당사자 사이에 분쟁이 있는 재판의 실제에 있어서는 주류를 이룬다. 그러한 취지에서 판례도, 단순히 규범적 해석을 말하는 것이라기보다는, 합리적인 당사자가 가졌을 진정한 의사를 추측하는 것으로 이해할 수 있다.

요컨대, 양 당사자가 이해한 의미가 명확하고 그것이 일치한다면 별 문제가 없겠지만, 그렇지 않다면 "합리적인 당사자라면 표시행위에 부여하였을 의미"가 해석의 기준이 될 수밖에 없다.

---

26 대법원 1993. 10. 26. 선고 93다2629, 2636(병합) 판결(대법원 1996. 8. 20. 선고 96다19581, 19598 판결도 같은 취지) : 일반적으로 계약의 해석에 있어서는 형식적인 문구에만 얽매여서는 아니되고 쌍방당사자의 진정한 의사가 무엇인가를 탐구하여야 하는 것이므로, 부동산의 매매계약에 있어 쌍방당사자가 모두 특정의 갑 토지를 계약의 목적물로 삼았으나 그 목적물의 지번 등에 관하여 착오를 일으켜 계약을 체결함에 있어서는 계약서상 그 목적물을 갑 토지와는 별개인 을 토지로 표시하였다 하여도 위 갑 토지에 관하여 이를 매매의 목적물로 한다는 쌍방당사자의 의사합치가 있은 이상 위 매매계약은 갑 토지에 관하여 성립한 것으로 보아야 할 … 것이며, 만일 을 토지에 관하여 위 매매계약을 원인으로 하여 매수인 명의로 소유권이전등기가 경료되었다면 이는 원인이 없이 경료된 것으로써 무효라고 하지 않을 수 없다.

# Ⅳ 합의문서의 해석과 적용을 둘러싼 갈등을 예방하기 위해 유념할 사항

## 1. 노동관련 문서에서 나타나는 오류와 문제

노사관련 사건의 경우 노사당사자 간에 작성된 처분문서나 기타 취업규칙 등의 문언과 관련하여 분쟁이 많이 발생한다. 징계사유나 징계 절차, 갱신기대권(계약기간 자동연장) 조항, 정규직 전환규정, 인사와 관련한 노동조합의 관여 등과 관련하여 근로계약서, 취업규칙과 단체협약 등의 규정이 모호한 경우가 자주 발생한다.[27]

가령, 앞서 본 바와 같이 회사가 을을 헬기조종사로 채용하면서 근로계약서에 근로계약기간을 1년으로 하되 '계약기간 만료 시까지 별도 합의가 없으면 기간만료일에 자동 연장한다'는 조항의 경우, 그리고 단체협약의 인사협의(합의)조항에 노동조합간부의 인사에 대하여는 사전 '합의'를, 조합원의 인사에 대하여는 사전 '협의'를 하도록 용어를 구분하여 사용한 경우, 갑이 을 주식회사에 고용되어 근무하다가 퇴직한 후 약 10개월에 걸쳐 미지급 급여와 퇴직금 등 명목으로 돈을 지급받으면서 '본인은 귀사에 밀린 급료(퇴직금 포함)를 모두 정리하였으므로 더 이상의 추가 금액을 요구하지 않을 것을 약속합니다'라는 각서를 작성 · 교부한 사안,[28] 회사의 취업규칙과 인사규정이 "복직원을 제출하지 아니한 때에는 자진퇴직으로 간주하고 면직시킬 수 있다"고 규정한 경우[29] 등이다.

## 2. 근로계약 내지 단체협약의 해석

### (1) 근로기준법의 강행적, 보충적 효력 ← 개별적 노사관계의 경우

근로계약 역시 법률행위에 관한 앞서 본 해석방법이 적용된다. 다만, 근로계약의 경우 근로

---

27 취업규칙에서 정한 기준보다 유리한 근로조건을 정한 개별 근로계약 부분은 취업규칙에서 정한 기준에 우선하여 적용된다.

28 퇴직금은 사용자가 일정 기간을 계속근로하고 퇴직하는 근로자에게 계속근로에 대한 대가로서 지급하는 후불적 임금의 성질을 띤 금원으로서 구체적인 퇴직금청구권은 근로관계가 끝나는 퇴직이라는 사실을 요건으로 발생한다. 최종 퇴직 시 발생하는 퇴직금청구권을 미리 포기하는 것은 강행법규인 근로기준법, 근로자퇴직급여 보장법에 위반되어 무효이다. 그러나 근로자가 퇴직하여 더 이상 근로계약관계에 있지 않은 상황에서 퇴직 시 발생한 퇴직금청구권을 나중에 포기하는 것은 허용되고, 이러한 약정이 강행법규에 위반된다고 볼 수 없다(대법원 2018. 7. 12. 선고 2018다21821, 25502 판결).

29 이는 휴직한 직원이 복직원을 제출하지 아니하면 회사가 퇴직처분을 할 수 있고 퇴직처분을 하였을 때 회사와 직원 사이의 근로계약관계가 종료된다는 의미로 해석하여야 할 것이지, 이와 달리 "자진퇴직으로 간주 한다"는 문구에 구애되어 근로관계의 당연종료사유를 규정한 것으로 보아서는 아니 된다(대법원 1993. 11. 9. 선고 93다7464 판결 참조). 기타 대법원 1993. 7. 13. 선고 93다3721 판결 참조.

기준법 등 각종 강행규정의 취지와 목적, 종속노동에 기초한 계약당사자 간 협상력의 차이, 약관적 성격, 근로관행 등에도 유념해야 하고, 단체협약과 취업규칙과 같은 계약관계를 정하는 다른 단체법적 규율도 아울러 고려해야 한다. 즉, 근로계약의 경우 사회경제적으로 상대적 열위에 놓인 근로자의 근로조건을 보호하기 위해 민법상 고용계약에 수정을 가한 근로기준법 등으로 다양한 규제를 가하고 있다.

가령, 근로기준법 제15조는 제1항에서 "이 법에 정한 기준에 미치지 못하는 근로조건을 정한 근로계약은 그 부분에 한하여 무효로 한다."라고 규정하고, 제2항에서 "제1항의 규정에 의하여 무효로 된 부분은 이 법에 정한 기준에 의한다."라고 규정하고 있다. 위 각 규정은 근로기준법의 목적을 달성하기 위하여 개별적 노사 간의 합의라는 형식을 빌어 근로자로 하여금 근로기준법이 정한 기준에 미달하는 근로조건을 감수하도록 하는 것을 저지함으로써 근로자에게 실질적으로 최소한의 근로조건을 유지시켜 주기 위한 것인 점과 위 각 규정의 문언에 비추어 보면, 근로기준법 소정의 통상임금에 산입될 수당을 통상임금에서 제외하기로 하는 노사 간의 합의는 그 전부가 무효로 되는 것(민법 제137조 전단)이 아니라 그 법에 정한 기준과 전체적으로 비교하여 그에 미치지 못하는 근로조건이 포함된 부분에 한하여 무효로 된다(대법원 2011. 9. 8. 선고 2011다21693 판결 등 참조).

한편, 근로기준법은 근로조건의 최저기준을 정하고 있는 것에 불과하므로 계약자유의 원칙상 근로계약 당사자는 근로기준법이 정한 기준을 초과하는 시간외근로수당(이른바 법내 초과근로수당)의 지급에 관하여 약정할 수 있는 것이고 그러한 약정을 한 이상 사용자는 그 약정에 따라야 할 의무가 있다(대법원 2002. 6. 14. 선고 2001다2112 판결 등 참조).

### (2) 단체협약 등 단체법적 규율의 특수성도 반영 ← 집단적 노사관계의 경우

단체협약 문언의 객관적인 의미가 명확하게 드러나지 않고 문언 해석을 둘러싼 이견이 있는 경우에는, 해당 문언 내용, 단체협약이 체결된 동기 및 경위, 노동조합과 사용자가 단체협약에 의하여 달성하려는 목적과 그 진정한 의사 등을 종합적으로 고려하여, 논리와 경험의 법칙에 따라 합리적으로 해석하여야 한다(대법원 2022. 3. 11 선고 2021두31832 판결 참조).

특히 단체협약은 근로자의 경제적, 사회적 지위 향상을 위하여 노동조합과 사용자가 단체교섭을 거쳐 체결하는 것이므로, 그 명문 규정을 근로자에게 불리하게 변형 해석할 수는 없다(대법원 1996. 9. 20. 선고 95다20454 판결 등).

가령, 단체협약의 인사협의(합의)조항에 노동조합간부의 인사에 대하여는 사전 '합의'를, 조합원의 인사에 대하여는 사전 '협의'를 하도록 용어를 구분하여 사용하고 있다면, 교섭 당시 사용자의 인사권에 대하여 노동조합간부와 조합원을 구분하여 제한의 정도를 달리 정한 것으로 보아야 하고, 그 정도는 노동조합간부에 대하여는 조합원에 대한 사전 협의의 경우보다 더 신중하게 노동조합 측의 의견을 참작하여야 한다는 정도의 차이만 있는 것으로 볼 수는 없는 것이므로, 조합원에 대한 인사권의 신중한 행사를 위하여 단순히 의견수렴절차를 거치라는 뜻의 사전 '협의'와는 달리, 노동조합간부의 인사에 대하여는 노동조합과 의견을 성실하게 교환하여 노사 간에 '의견의 합치'를 보아 인사권을 행사하여야 한다는 뜻에서 사전 '합의'를 하도록 규정한 것이라고 해석하는 것이 타당하다(대법원 2012. 6. 28. 선고 2010다38007 판결 참조).

## 3. 화해조서 작성 후 갈등 억제 방안

### (1) 화해문 관련 분쟁의 발생 원인

화해절차의 간이성, 신속성과 화해조항의 유연성, 포용성은 화해절차가 제대로 운영되지 못하거나 화해조항의 작성이 일의적으로 되지 않는 경우, 오히려 화해관련 분쟁을 발생하게 하는 위험인자로 작용한다. 화해 관련 분쟁의 발생 원인으로는 대리인, 대표자에 대한 화해권한의 위임에 하자가 있는 경우, 화해의사, 즉 합의가 부존재하거나 합의에 하자가 있는 경우, 화해조항의 해석을 다투는 경우, 화해조서의 효력범위를 다투는 경우 등이 있다.

특히 화해조항은 판결의 주문처럼 청구취지의 범위나 엄격한 형식적 틀에 구애받지 않으므로 기한유예, 분할지급, 조건부 이행, 관련문제와의 연계, 심리적 만족을 유도하는 문구사용 등 다양하고 창의적인 조항이 활용되고 있다. 그러나 이로 인하여 화해조항이 일의적으로 명확하게 작성되지 않고 해석상 의문의 여지가 남는 불명확성을 갖는다면 새로운 분쟁의 발생 원인이 된다.

### (2) 분쟁의 발생 억제를 위한 화해절차의 운영 및 화해조항의 작성

#### 1) 본인 출석주의 원칙과 대리권 유무 및 당사자 본인과의 관계 확인

노동사건의 경우 심문 진행 도중에 화해가 이루어지는 경우가 많으므로, 되도록 본인이 직접 출석한 상태에서 화해가 진행되도록 하는 게 낫다. 노동위원회나 법원이 대리인 선임을 허가할 때에는 본인과의 신분관계나 대리권 수여의 이유 등을 충분히 검토하여 신중을 기하여야 한다. 본인의 출석 없이 대리인만이 출석한 경우나 단체의 대표자가 출석한 경우에는 화해에 대한 정당한 권한을 부여받았는지, 합의사항이 부여받은 권한의 범위를 넘어서는 것은 아닌지를 확인하여 대리권이나 대표권의 흠결문제가 발생하지 않도록 주의하여야 한다. 소송상 화해는 특별수권사항이고(민사소송법 제56조 제2항, 제90조 제2항), 그 권한은 서면으로 증명하여야 하므로(제58조, 제

89조), 구제신청 대리인이 화해를 할 경우에는 소송기록에 의하여 이러한 서면의 유무를 사전에 조사하여야 한다. 그리고 구체적인 위임과 다른 내용으로 화해를 하는 경우 반드시 대리인으로 하여금 유선 등으로 화해조건에 대한 수용 여부를 확인하도록 한다. 소송대리인이 선임된 사건에서는 법원은 화해를 위하여 당사자본인이나 법정대리인의 출석을 명할 수 있다(민사소송법 제145조 제2항).

### 2) 화해조항이 공서양속이나 강행법규에 위배되지 않도록 할 것

대법원은 화해조서 기판력에 대하여 무제한 기판력설을 취하고 있으므로, 화해의 하자는 재심사유가 있는 때에 한하여 준재심의 소에 의해서만 취소될 수 있을 뿐이다. 따라서 화해조서는 재판상 화해와 같이 확정판결과 동일한 효력이 있으므로, 거기에 확정판결의 당연무효 등의 사유가 없는 한 설령 그 합의내용이 강행법규에 위반된다고 하더라도 이는 단지 화해에 하자가 있음에 지나지 아니하여 준재심 절차에 의하여 구제받는 것은 별문제로 하고 그 화해조서가 무효가 되는 것은 아니다(대법원 2014. 3. 27. 선고 2009다104960 판결).

즉, 재판상 화해의 내용이 법률에 위반된다고 하더라도 그것이 준재심에 의하여 취소되지 않는 이상 이와 모순된 당사자의 주장은 기판력에 반하는 것으로 배척된다. 그렇지만 화해는 어디까지나 당사자의 합의에 터 잡은 것인데, 그 합의의 내용이 재판상 화해와 마찬가지로 공서양속에 위반되거나 강행법규에 저촉되는 경우가 있을 수 있고, 이에 관하여 판례는 무효라는 입장을 취한 것[30]이 전혀 없는 것은 아니지만, 대부분은 당해 화해(조정)조서가 준재심절차에 의하여 취소되지 아니하는 한, 그 당사자 사이에서는 그 화해(조정)이 무효라는 주장을 할 수 없는 것으로 보고 있다.[31] 이는 재판상 화해의 법적 성질에 관하여 소송행위설을 취하는 이상 당연한 결과라고 보이지만, 한편 재판상 화해란 법원이나 노동위원회에서 행하여지는 공적인 법적 분쟁해결수단으로서 당사자 사이에 합의가 성립하더라도 그 합의가 담당법관이나 노동위원회에 의하여 상당하다고 인정되는 때에 한하여 화해조서가 성립하는 점을 감안하면, 그 화해조서의 효력을 따지기에 앞서 우선 그 합의의 내용이 법질서에 의하여 허용되는 것이 되도록 주의를 기울여야 할 것이다.[32]

### 3) 처분 내지 화해가 가능한 사건인지 검토할 것

앞서 보았듯이 당사자에게 처분권이 없는 사항에 관하여는 당사자가 임의로 양보하여 새로

---

30 대법원 1970. 3. 10. 선고 69다1812 판결 참조.

31 대법원 1999. 10. 8. 선고 98다38760 판결, 대법원 1991. 4. 12. 선고 90다9872 판결, 대법원 1975. 11. 11. 선고 74다634 판결 등 참조.

32 石川 明 외, 「注解 民事調停法(改訂)」, 青林書院, 1993, 229면 참조.

운 법률관계를 창설할 수 없으므로 소송상화해가 불가능하다. 공익성 및 판결의 對世效[33]와의 관계에서 처분권주의가 제한 · 배제되는 사건(직권탐지주의[34]) 및 형성의 소[35]에서는 판결에 의해 정하여야 할 법률효과 및 판결에 의하여 형성되는 창설적 효과를 내용으로 하는 화해조항의 작성은 원칙적으로 허용되지 않는다. 가령, 중앙노동위원회의 재심사건에서 화해조서에 '초심 판정을 취소한다.'라고 화해조항을 기재하더라도 이는 당사자가 처분할 수 있는 권리에 해당하지 않으므로 당연무효에 해당한다고 볼 수 있다.

#### 4) 화해문의 내용은 강제집행이 가능하도록 명확하게 특정할 것

화해조서는 확정판결과 동일한 효력을 갖게 되므로, 화해문안을 작성함에 있어서는 이행가능성, 기판력과 관련하여 용어의 선택에 신중함을 요한다. 화해조서에 기재된 이행의무가 이행불능이라거나 그 내용이 특정되어 있지 아니한 경우에는 결국 강제집행을 할 수 없게 되어 사실상 집행권원으로서의 효력을 가질 수 없게 되므로 다시 동일한 청구를 구하는 소나 구제신청을 제기할 수 있는 길을 열 수밖에 없게 됨을 유의해야 한다[36].

특히 집행력을 갖는 이행조항이 기재된 조서는 강제집행절차에 있어서는 집행권원이 되므로(민사집행법 제56조 제5호), 당사자가 임의적 이행을 하지 않은 경우에 대비하여 집행단계에서 문제가 발생하지 않도록 이행의 주체 및 상대방, 목적물, 이행의 시기 및 조건, 반대급부의 내용, 이행의 방법 등이 화해조항에 명확하게 드러나도록 작성하는 것이 필요하다.

#### 5) 화해조항의 효력범위를 명확하게 할 것

재판상 화해 또는 제소전 화해는 확정판결과 동일한 효력이 있는데다가 창설적 효력을 가져 화해가 이루어지면 종전의 법률관계를 바탕으로 한 권리의무관계는 소멸하나, 창설적 효력이 미치는 범위는 당사자가 서로 양보를 하여 확정하기로 합의한 사항에 한하고, 당사자가 다툰 사실이 없었던 사항은 물론 화해의 전제로서 서로 양해하고 있는데 지나지 않은 사항에 관하여는 그러한 효력이 생기지 않는다(대법원 2001. 4. 27. 선고 99다17319 판결 참조). 즉 화해조항에 인정되는 확정판결과 동일한 효력은 소송물인 권리관계의 존부에 관한 판단에만 미친다고 할 것이다. 그리고 재판상 화해는 확정판결과 같은 효력이 있어 기판력이 생기지만, 그 기판력은 재판상 화해

---

33 판결이 확정되면 그 판결의 형성력이 소송당사자 뿐만 아니라 제3자에게도 미치는 효력.

34 직권탐지주의가 적용되는 사건에서는 임의로 처분할 수 있는 이혼사건이나 파양사건 등에서만 예외적으로 허용된다.

35 법률관계의 변경 · 형성을 목적으로 하는 형성의 소는 법률에 명문의 규정이 있어야 제기할 수 있고 그 판결이 확정됨에 따라 효력이 생긴다. 이러한 형성판결의 효력을 개인 사이의 합의로 창설할 수는 없으므로, 형성소송의 판결과 같은 내용으로 재판상 화해를 하더라도 판결을 받은 것과 같은 효력은 생기지 않는다(대법원 2022. 6. 7. 자 2022그534 결정 참조).

36 대법원 1995. 5. 12. 선고 94다25216 판결, 대법원 1991. 6. 25. 선고 91다11476 판결 참조.

의 당사자가 아닌 제3자에 대하여까지 미친다고 할 수 없다(대법원 2023. 11. 9. 선고 2023다256577 판결 참조).

이처럼 화해조서는 화해조항에 포함된 것에 한하여 기판력을 가지고(화해조항 기판력의 객관적 범위), 화해 당사자, 화해성립 후의 승계인 또는 그를 위하여 청구의 목적물을 소지한 사람에 대하여 효력이 미치며, 다른 사람을 위하여 화해당사자가 된 사람에 대한 화해조서는 그 다른 사람에 대하여도 효력이 미친다(화해조항 기판력의 주관적 범위).

실무적으로 화해성립을 용이하게 하기 위해 화해의 대상이 되는 직접적인 분쟁 대상 외에 당사자가 다툰 사실이 없었던 사항이나 소송을 원천적으로 봉쇄하는 부분까지 화해조서에 담는 경우가 있다. 쟁점이 되는 부분 이외의 권리관계에도 화해의 효력이 미치려면 특별한 사정이 없는 한 그 권리관계가 화해조항에 특정되거나 화해조서 중 '신청의 표시' 다음에 부가적으로 기재됨으로써 화해조서의 기재내용에 의하여 소송물인 권리관계가 되었다고 인정할 수 있어야 한다.[37]

#### 6) 권리포기조항, 청산조항 및 비밀유지 조항을 명확히 할 것

화해문에는 '권리포기조항'과 '개별적 내지 포괄적 청산조항'이 포함되곤 한다. 권리포기조항의 전형적인 예는 "원고는 나머지 청구를 포기한다"이다. 여기서 "…나머지 청구…"라는 표현은 당해 사건에서 분쟁의 대상이 된 권리관계 중 다른 화해조항에서는 합의되지 않은 청구권을 의미한다.

청산조항은 분쟁의 대상이 되는 권리관계 이외의 모든 법률관계에 관하여 서로 아무런 채권·채무관계가 없다는 내용의 확인조항이다. 그 중 개별적 청산조항은 당해사건에 관하여만 청산조항을 두는 경우로서 "원고와 피고는 양자 사이에 이 사건 근로관계 및 그 근로관계 종료와 관련하여 위 각 조항에서 정한 것 이외에는 어떠한(아무런) 채권·채무도 존재하지 아니함을 서로 확인한다."라고 기재한다. 포괄적 청산조항은 당해 사건에서 분쟁의 대상이 된 권리관계 이외의 모든 법률관계에 관하여도 서로 아무런 채권·채무가 없다는 내용이다. 가령, "원고와 피고는 양자 사이에 위 각 조항에서 정한 것 이외에는 상호 아무런 채권·채무가 없음을 서로 확인한다"는 경우이다.

권리포기조항은 소송법상 청구의 일부포기가 아니라 채권적 청구의 경우에 실체법상 채무면제계약의 의미를 갖는 형성조항이고, 포괄적 청산조항은 확인조항이다. 따라서 양자는 하나의 화해에서 병존할 수 있다.

---

37 대법원 2007. 4. 26. 선고 2006다78732 판결. 위 판결은 소송물 이외의 권리관계에도 조정의 효력이 미치는 경우는 ① 그 권리관계가 조정조항에 특정되거나 ② 조정조서 중 청구의 표시 다음에 부가적으로 기재되어야 한다고 판시하고 있다.

당사자의 희망이 있는 한 위 조항들은 가급적 기재하여야 한다. 그러나 포괄적 청산조항을 포함하여 화해조항을 작성하는 경우에는 나중에 이 조항의 효력 및 범위에 관하여 자신의 진의에 반한다고 이의를 제기할 여지가 있으므로 당사자의 의사를 충분히 확인하여야 한다. 포괄적 청산조항을 두지 않을 경우 주의할 점은 소송물 이외의 권리관계에도 화해의 효력이 미치려면 특별한 사정이 없는 한 그 권리관계가 화해조항에 특정되거나 화해조서 중 청구(신청)의 표시 다음에 부가적으로 기재됨으로써 화해조서의 기재내용에 의하여 소송물인 권리관계가 되었다고 인정할 수 있어야 한다는 것이다.

한편 노사분쟁의 경우 당해 화해가 선례가 될 우려로 화해가 교착상태에 빠진 경우가 있는데, 이때는 화해안에 "양 당사자는 이 사건 화해사실 및 화해 조건에 대해 제3자에게 누설하지 아니하며 본 의무를 이행하지 않아 발생하는 손해는 발설한 자의 책임으로 한다"는 비밀유지조항을 넣기도 한다.

#### 7) 관련 사건의 일괄해결 – 관련 형사사건의 고소취소, 관련 민사 및 행정사건의 소취하 조항 포함

화해가 성립된 사건에서 이와 관련 있는 다른 사건의 처분에 관한 합의를 하는 경우가 있는데 이러한 합의도 화해조항에 기재하곤 한다. 별건의 소송 또는 신청사건의 취하, 노동청에의 진정 내지 형사 고소사건[38]의 진정취하 내지 고소취소에 관하여 합의가 성립한 경우가 그 예이다. 이러한 합의는 위 민 · 형사나 행정사건에서 한 것이 아니라, 별개 사건인 위 화해가 성립된 사건에서 한 것이기 때문에, 그러한 합의가 있었다 하여 곧바로 관련 분쟁의 고소취소 내지 소 취하 등의 효력이 발생하는 것은 아니라고 보는 것이 다수의 견해이다.

그런데 재판상 화해에 있어서 법원에 계속 중인 다른 소송을 취하하기로 하는 내용의 화해조서가 작성되었다면 당사자 사이에는 법원에 계속 중인 다른 소송을 취하하기로 하는 합의가 이루어졌다 할 수 있다. 따라서 다른 소송이 계속 중인 법원에 그 취하서를 제출하지 않는 이상 그 소송이 취하로 종결되지는 않지만 그 소송의 원고에게는 권리보호의 이익이 없게 되어 그 소는 각하되어야 한다.[39]

#### 8) 충분한 검토 및 논의를 거친 후 합의에 이르게 할 것과 조언자 역할

노동위원회는 화해안을 작성할 때 관계 당사자의 의견을 충분히 들어야 하고(노동위원회법 제16조의3 제2항), 화해신청서와 당사자의 화해 조건 등을 충분히 검토하여 화해안을 작성하여야 하며, 그 취지와 내용을 당사자에게 충분히 설명하여야 한다(노동위원회규칙 제70조 제1항). 화해절차

---

38 특히 타 기관에 고소사건 등이 계류 중인 경우 해당 사건이 반의사불벌죄가 성립될 수 있는지 등을 명확히 확인하여 기재할 필요가 있다.

39 대법원 2005. 6. 10. 선고 2005다14861 판결 참조.

에서 분쟁이 조리를 바탕으로 실정에 맞게 해결되도록 당사자를 설득하고 타당한 화해안을 권유하는 등의 일정한 역할이 노동위원회나 법원에 부여되기도 하지만, 근본적으로 화해는 당사자의 합의에 의하여 성립하는 것이므로, 노동위원회나 법원이 사실관계나 권리관계에 대한 정확한 입장을 갖기 위해서라기보다는, 당사자가 사실관계나 권리관계와 화해로 인한 장단점 및 파급효과 등에 대한 충분한 검토를 거칠 수 있도록 충분한 시간을 들여 기일을 진행할 필요가 있다.

따라서 화해사건의 사실관계나 법률관계가 복잡하여 당사자가 정확한 인식을 전제로 합의하기 어렵다거나, 숨은 쟁점이 있을 가능성이 높다면, 심문기일이나 화해기일을 속행하여 화해안에 대하여 당사자가 충분히 검토할 기회를 부여하거나, 충분한 화해기간을 부여하여 그 기간 동안 화해 수용 여부를 검토할 수 있도록 하는 것이 바람직하다. 그리고 공익위원들은 판례, 판정례 및 유사 화해사례 등을 충분히 숙지하여 당사자가 합리적인 판단을 할 수 있도록 '조언자 역할'을 해야 한다.

## V 화해 관련 분쟁을 방지하려면

"가장 나쁜 화해도 가장 좋은 판결보다 낫다."재판상 화해는 승자도 패자도 없이 양자에게 진정으로 이익이 되는 방법이 무엇인가를 강구하면서 서로 양보하여 평화적으로 분쟁을 종결한다는 점에서, 쌍방을 동시에 만족시키는 효율적 제도로서 시간과 비용 면에서도 이득이 되고, 스트레스를 줄이며, 금전으로 환산하기 어려운 심리적 만족감에서도 이득이다. 이처럼 노동위원회에서의 화해는 노사 간의 분쟁을 자주적으로 해결하는 방식이고 노사관계의 안정과 노동3권의 실질적 확보에 도움이 된다(노동분쟁의 자율성).

이러한 화해제도의 장점을 최대한 살리려는 입장에서, 재판상 화해의 법적 효력 및 그 해석 방법을 검토하고, 화해문서의 해석과 적용을 둘러싼 갈등을 예방하기 위한 방법 등을 살펴보았다. 하지만, 화해와 관련하여 새로운 분쟁이 발생하는 경우가 있는 것이 현실이고, 이러한 새로운 분쟁은 기존의 분쟁보다 더 해결하기 어려운 분쟁으로 이어지는 경우도 있다. 재판상 화해가 기본적으로는 당사자의 합의에 의하여 성립하는 것이나 노동위원회나 법원이 일정 부분 그 성립에 개입하는 면을 부정할 수 없는 이상 국가기관에 대한 불신을 야기할 가능성도 적지 않다. 이 글에서 다룬 화해절차 운영 시 고려되어야 할 사항이나 화해조항 작성 시 유의할 사항을 염두에 두면, 다소나마 화해관련 분쟁의 발생을 억제할 수 있을 것이다.

**별지** **화해조서 예시**[40]

## ○ ○ 지 방 노 동 위 원 회

## 화 해 조 서

**사　건**　서울2025부해000 주식회사 ○○ 부당해고 구제신청

**근 로 자**　박○○(940727－2000000)
인천 서구 원당대로685번길 ○○, ○○○동 ○○○○호(마전동, 당하3차풍림아이원)
대리인 공인노무사 김○○

**사 용 자**　주식회사 ○○(법인등록번호: 284711－000000)
인천 서구 소담로 ○○(금곡동)
대표이사 박○○
대리인 주식회사 ○○ 부장 김○○

### 화 해 조 항

1. 이 사건 근로자와 사용자는 2025. ○. ○. 자로 권고사직에 의해 근로관계를 종료하는 것으로 한다. [또는 원상에 회복한다]
2. 이 사건 사용자는 근로자에게 화해 합의금(내지 분쟁해결금)으로 금 1,200,000원(금 일백이십만원, 실수령액 또는 세후실지급금 기준이며 배상금 성격이다)을 2025. ○. ○.까지 이 사건 근로자의 계좌(농협, ○○○○－○○○○－○○○○○)로 지급한다. 합의금 지급이 지체되는 경우 미지급 금액에 대해서는 위 지급약정일 다음 날부터 완제시까지 연 12%의 비율에 의한 지연손해금을 가산한다.
3. 이 사건 양 당사자는 이 사건 화해사실 및 화해 조건에 대해 제3자에게 누설하지 아니하며 본 의무를 이행하지 않아 발생하는 손해는 발설한 자의 책임으로 한다.
4. 이 사건 당사자는 이 사건 근로관계 및 근로관계 종료와 관련하여 향후 일체의 민·형사 및 행정상 기타 어떠한 방법으로도 이의를 제기하지 아니한다.
5. 근로자는 나머지 구제신청을 포기한다.[41]

---

40 아래의 예시는 현재 노동위원회 실무의 화해조서 양식과는 다소 다르나 저자 개인의 의견으로는 화해조서의 기재로써 화해의 효력이 미치는 주관적·객관적 범위를 명확히 할 필요가 있고, 구제신청 관련 비용 등을 말끔히 정리한다는 차원에서 아래 예시와 같이 하는 것이 낫다고 생각한다.

6. 구제신청총비용은 각자 부담한다.[42]

**신청의 표시**

**1. 신청취지**

가. 이 사건 사용자가 2024. 7. 15. 이 사건 근로자에게 행한 해고는 부당해고임을 인정한다.

나. 이 사건 사용자는 이 사건 근로자를 원직에 복직시키고, 해고기간에 정상적 으로 근로하였다면 받을 수 있었던 임금상당액을 지급하라.

**2. 신청원인**

이 사건 해고는 형식상으로는 이 사건 근로자가 스스로 퇴직원을 제출하여 사용자가 이를 수리하는 방식으로 처리된 것처럼 보이나, 실상은 사용자가 위 근로자에게 직장 내 괴롭힘을 하고 부당한 징계를 고지하며 사직서 양식을 주는 등 사직을 강요하여 근로자가 퇴직원을 제출한 것으로 해고에 해당한다.

위 사건에 대하여 위와 같은 조건으로 화해하였음을 확인합니다.

※ 우리 위원회에서의 화해는 관련 법에 따라 법원의 재판상 화해와 같은 효력을 갖습니다. 따라서 동 사건과 같은 내용으로 다시 다툴 수 없고, 상대방이 화해조서의 내용을 이행하지 않을 경우 법원에 강제집행을 신청할 수 있습니다.

2025년 ○월 ○일

근로자(또는 대리인) ○○○ (서명 또는 날인)

사용자(또는 대리인) ○○○ (서명 또는 날인)

**○○지방노동위원회**

**심 판 위 원 회**

위원장 공익위원 김 ○ ○

공익위원 이 ○ ○

공익위원 박 ○ ○

---

41 화해는 신청인측도 양보하는 경우가 많으므로, 화해조서 중 '화해조항' 말미에는 되도록 "신청인은 나머지 구제신청을 포기한다"는 조항이 들어가는 게 낫다.

42 추후 구제신청 관련 지출 비용과 관련하여 분쟁이 생길 수도 있으므로 이 비용 부분도 일거에 해결하는 게 바람직하다. 그리고 각자가 지출한 구제신청 비용을 각자 부담하도록 하는 것이 화해의 취지나 정의관념에 부합하므로 위 조항도 들어가는 게 낫다.

# 신청인 · 피신청인과의 대화 요령 및 사실 조사보고서 작성법은 따로 있다.

## - 신청인 · 피신청인과의 대화요령 및 조사보고서 작성 -

조영식 · 이석준 교수

# 신청인 · 피신청인과의 대화 요령 및 사실 조사보고서 작성법은 따로 있다.
## - 신청인 · 피신청인과의 대화요령 및 조사보고서 작성 -

조 영 식 · 이 석 준

## I 신청인 · 피신청인과의 대화 요령

### 1. 2가지 대화 요령

조사자와 신청인 · 피신청인과의 대화는 크게 2가지로 구분한다. 첫 번째는 신청인의 신청 이유와 이에 대해 구체적인 쟁점이 되는 사실관계를 파악하는 대화(이하 '조사보고서를 위한 대화'라 한다)이다. 이는 조사보고서 작성을 목적으로 하는 대화로서 조사과정에서 가장 중심이 된다. 두 번째는 신청인이 구제를 신청하게 된 경위나 입장을 신청인과 피신청인으로부터 충분히 경청하고 이를 확인하는 과정에서 조사자와 당사자 간의 신뢰를 구축하는 대화(이하 '화해를 위한 대화'라 한다)이다. 노동위원회 사건의 상당수가 조사보고서 작성 이전에 화해로 종결된다는 점에서 화해를 위한 대화 요령도 매우 중요하다.

여기서 화해를 위한 대화는 지금까지 노동위원회 심판사건을 비롯하여 다른 노동분쟁 해결절차에서 소홀히 다루어져 왔다. 그러나 업무처리 과정에서 화해를 위한 대화 요령을 습득하거나 이러한 과정의 효과를 아는 조사관이라면 다른 조사관에 비해 판정에 이르기 전에 화해나 취하로 사건을 조기에 종결하는 비율이 많은 것이 사실이다. 또한 경청을 통한 신뢰 구축은 당장 화해나 사건의 조기 종결에 이르지 않았다 하더라도 조사과정에서 당사자의 민원을 줄이거나 판정 결과의 수용성을 높이고 불만을 줄이는 효과가 있고, 더 나아가서는 다음 심판 절차나 소송절차에서 화해가 이루어지는 기반이 되기도 한다.

특히 화해를 위한 대화 요령은 영국에서도 노동분쟁을 해결하는데 있어 공공영역과 민간영역에서 동시에 중시하고 있음이 확인된다. 자문(Advice), 화해(Conciliation), 조정(Mediation) 및 중재(Arbitration) 등 다양한 대안적 분쟁 해결 방식(ADR)을 활용하는 자문 · 화해 · 중재서비스청(ACAS)을 통한 행정적 노동분쟁 절차와 민간형 대안적 분쟁 해결 방식(ADR) 기구들을 통한 자율적 분쟁 해결 절차에서 화해관 또는 조정관은 경청을 통하여 당사자 간 소통을 원활하게 하고, 각 당사자와 신뢰 관계를 구축하여 사건의 조기 해결을 시도하고 있다. 이와 같은 시도는 영국뿐만 아니라 미국, 독일 등 선진국에서도 운영하고 있는데, 대화와 타협을 통한 당사자 중심 해결이 만족도, 일터 안정, 사회 통합성 등에 유리하다는 인식에 기반하고 있다.

통상 화해를 위한 대화 요령은 정식 소송절차 이전에 대안적 분쟁 해결 방식(ADR)을 활용하는 제도와 병행하면서 당사자의 비밀 보장과 사생활 보호를 핵심가치로 삼고 있다. 그 이유는 경청의 과정에서 당사자와 신뢰가 쌓이면서 당사자는 마음속에 있는 솔직한 입장이나 태도, 증거 등을 처음 이야기하는 기회를 얻는 과정이기도 하고 이러한 과정은 분쟁을 해결하는 디딤돌이 되는데, 만약 비밀이 보장되지 않는다면 이러한 신뢰에 기반한 깊은 경청과 의사소통을 어렵게 만들기 때문이다. 우리나라의 경우는 독립적인 대안적 분쟁 해결 방식(ADR)이 아직까지 존재하지 않으므로 쟁점을 파악하는 경청과 의사소통을 통하여 신뢰를 구축하는 대화를 병행하여 진행하여야 하는데, 이 경우에도 당사자와 나눈 비밀을 보장하는 태도는 여전히 중요함을 인식하여야 한다.

## 2. 진실에 기반한 대화 의무

당사자 또한 조사자와 대화할 때 진실에 기반하여 대화에 참여해야 한다. 만약 당사자가 허위사실에 기반하여 대화할 경우

조사보고서를 위한 대화 방식 측면에서 보면, 허위 사실에 기반한 주장은 신뢰성 있는 증거자료 제출을 어렵게 하고, 다른 연결되는 쟁점과 연계가 어렵게 되어 오히려 주장의 신뢰성을 의심받게 되며 조사자가 직권 조사하는 과정에서 허위 사실이 확인될 수 있다. 실제 사실관계에 기반한 주요 쟁점을 놓치게 되거나 본인이 허위로 주장하는 주요 쟁점에 대하여 상대방이 반대되는 증거자료를 제출할 경우 이를 재반박하는 과정에서 또 다른 허위 사실을 주장하게 됨으로써 주장의 신뢰성을 상실하여 오히려 불리한 판정을 받게 될 가능성이 높아진다.

화해를 위한 대화 방식 측면에서 보면, 허위의 사실에 기반한 대화는 당사자와 조사자가 경청을 통한 신뢰 관계를 형성하기 어려워 당사자가 진정으로 원하는 문제해결을 어렵게 만들고, 설령 아무리 조사자가 경청과 의사소통을 위하여 노력한다고 하더라도 또 다른 상대방과의 의사소통에 장애가 발생하게 되므로 화해 등을 통한 분쟁의 조기 해결 기회를 상실할 수 있다. 따라

서 분쟁의 조기 해결, 공정하고 정당한 방식의 해결, 본인의 주도적 의사결정에 따른 해결, 억울함이 없는 방식의 해결을 원하는 당사자라면 반드시 사실에 기반하여 조사자와 대화를 진행하여야 유리하다는 것을 알아야 한다.

## Ⅱ 화해를 위한 대화 요령

정식재판이나 심판절차와 독립하여 대안적 분쟁 해결 방식(ADR)이 진행되는 미국이나 영국 등의 선진국과 다르게 우리나라는 아직 이러한 독립된 대안적 분쟁 해결 시스템이 구축되어 있지 않다. 그렇지만 우리나라도 조사보고서 작성 전에 대안적 분쟁 해결 방식(ADR)의 원리를 적용하여 화해 성립이 가능하고 그 효용성을 새롭게 강조하고 있다는 측면에서 의미가 있다. 이하에서는 대안적 분쟁 해결 방식(ADR)을 주도적으로 활용하고 있는 영국에서 민간조정 시스템에 참여하고 있는 조정자의 분쟁해결 방식과 대화 요령을 살펴보고, 우리나라에서의 조사보고서 작성 전 화해 성립에 시사하는 점을 확인해 보고자 한다.

### 1. 영국의 민간조정 시스템에서 분쟁을 해결하는 대화 요령

#### (1) Promediate의 일반적 조정 절차[1]

영국에서의 민간 조정은 대부분 사용자 측의 인사 노무 담당 부서(HR)에서 요청한다. 조정 신청이 접수되면 조정인은 이를 신청한 사용자의 인사담당자 또는 대표자에게 전화하여 분쟁의 전반적인 내용, 상황 및 정보를 듣고, 분쟁 당사자들의 연락처를 파악한다.

이후 조정인은 당사자에게 연락하여 양식을 전달한 후 간략한 분쟁 관련 내용을 받아보고, 당사자와 면담 가능한 시간을 조율하여 1대1 개별 면담을 진행한다. 조정인은 회사 내에서 조정자와 당사자가 직접 만나는 일대일 면담 방식을 선호하나, 필요시에는 온라인 면담도 이용한다.

조정인은 우선 당사자에게 향후 진행되는 분쟁 해결 절차에 대하여 설명하고, 조정을 신청한

---

1 민간조정협회(Civil Mediation Council; 이하 "CMC")란 잉글랜드와 웨일즈에서 가장 큰 조정협회 중 하나로 약 900여 명의 조정인들이 회원으로 가입하여 활동하고 있는 단체이다. CMC는 중립적이고 독립적인 민간기구로서 그 설립 목적은 ① 조정을 통한 갈등 해결과 분쟁상황에서 조정 사용의 장려, ② 대중에 대한 조정과 기타 분쟁해결 기법의 교육이다. CMC에서 다루는 조정 분야는 민사·상사 조정, 직장 내 조정, 가사 조정 등이 있다. ProMediate는 ADR을 활용한 민간의 분쟁 조정 기구인 CMC(Civil Mediation Council, 민사조정협회)의 회원사로서, 교육 담당자 Janeen Achtar는 전직 교수이자 변호사이며, ProMediate 소속 조정자 및 국제 중재인이다(중노위, 영국의 노동 관련 권리구제 서비스 체계에 관한 연구, 2024. 12.).

인사 담당자가 기대하는 결과에 대하여도 의견을 듣는다. 이 과정에서 조정 시 발생 비용에 대하여도 협의를 진행한다. 비용에 관하여는 영국의 법무부에서 정한 조정 수수료 가이드라인이 있으나 구속되지는 않으며, 조정인은 일반 사업자로서 시간별 또는 일별로 자유롭게 요금을 정하고 있다.

개별 면담 약속을 잡기 전에 당사자들은 몇 가지 준비 과정을 거친다. 우선, 당사자들이 모두 동의해야 해당 조정 과정을 시작할 수 있다. 당사자들의 동의 후에는 조정인이 조정의 전반적인 과정에 관해 설명하고 해당 조정에 동의한다는 서명을 받는다. 근로자의 경우 조정에 동의하는 경우 비용을 근로자가 부담하게 되는지에 관한 질문을 많이 하는데, 조정 비용은 사용자가 모두 부담한다. 그 외에도 전화 등을 통해 통성명 및 여러 가지 궁금한 사항에 관한 질의 응답 후 1대1 개인 면담에 관한 약속을 잡는다.

조정인이 첫 번째 면담에서 가장 강조하는 부분은 당사자들과 조정인 사이에 오고 간 대화의 내용은 절대적으로 비밀을 엄수하며, 외부인에게 알려지지 않는다는 점이다. 이후 조정인은 해당 분쟁의 전반적인 내용을 당사자로부터 듣고, 당사자들이 느끼는 감정에 대하여도 청취한 뒤 이를 요약한 자료를 작성하여 당사자에게 열람하고 그 내용에 관한 확인을 받는다.

분쟁 해결에 있어 간과하기 쉬운 중요한 요소 중 하나는, 당사자 자신은 알고 있는 내용임에도 타인에게, 특히 직장 내 구성원들에게는 누구에게도 이야기하지 않는 부분이 있을 수 있다는 점이다. 따라서 조정인은 당사자만 알고 있는 내밀한 사정에 대하여 외부에 발설하지 않는다는 점에 대해 당사자가 이를 명확히 인지하고 조정인을 신뢰할 수 있도록 해주어야 한다.

예컨대, 동물병원에서 업무적으로나 업무 외적으로나 계속 갈등을 일으키는 간호사가 있었는데 아무도 그 원인을 알 수 없었으나, 조정 절차에 참여한 후 조정인에 대한 신뢰가 쌓이자 간호사가 새롭게 일어나는 일이나 약속 등을 잘 기억하지 못하는 기억상실장애의 일종인 코르사코프 증후군(Korsakoff Syndrome)을 앓고 있음을 조정인에게 처음으로 말하는 경우도 있었다. 이는 직장 내 분쟁 해결의 핵심적인 정보로서 모든 문제를 성공적으로 해결하는데 가장 큰 열쇠였으며, 조정인이 핵심적인 사실관계를 성공적으로 파악하게 된 사례로 볼 수 있다.[2]

2 파악한 사실관계는 여전이 엄격히 비밀로 유지되어야 하므로, 이를 조정인이 사용자에게 알려서는 안 된다. 그 비밀의 당사자와 긴밀한 대화를 통해 필요한 경우 이를 스스로 알리도록 조정인이 이끌어가거나 조정인에게 동의를 구하여야 한다.

### (2) 효과적인 조정, 화해의 기법[3]

#### 1) 신뢰관계의 형성

조정인(Mediator)으로서 가장 중요하게 생각해야 하는 부분은 당사자들과 신뢰 관계를 형성하는 것이다. 이러한 신뢰 관계 형성을 위해서는 당사자에게 편안한 환경을 조성하고 대화를 이끌어 나가야 한다. 또한, 조정인 자신이 스스로 당사자들과의 조정 또는 협상을 통해 이 분쟁을 합리적으로 조정하고 당사자들이 모두 만족할 수 있는 조정안을 도출해 낼 수 있으리라는 믿음을 가지고 조정에 임하는 것이 필요하다. 이를 위해서는 조정인이 당사자들의 입장을 충분히 경청할 수 있는 태도와 자세를 갖추어야 한다.

그렇다면 구체적으로 조정인은 어떤 능력을 갖추고 어떤 방법으로 분쟁을 조정해야 하는 것인가. 조정인으로서 당사자들의 분쟁을 조정할 때에는 치유적 관계가 형성되어야 한다. 즉, 조정인은 당사자가 겪는 어려움을 심리적 · 정서적으로 회복시킬 수 있는 관계에 서야 한다는 것이다. 이러한 치유적 관계의 형성을 위해서는, 조정인이 당사자들과 어떤 방식으로 대화하여야 진솔한 대화가 가능한지, 어떤 스킬을 갖추어야 하는지, 제스처나 표정 등 외적인 표현은 어떻게 해야 하는지 등 다양한 고려 사항에 대하여 숙지하고 준비해야 한다. 또한, 조정인으로서 당사자들과 신뢰 관계를 형성할 때 조정인 개인적으로 또는 일반적으로 어려운 점은 무엇인지도 파악해야 하며, 조정인 스스로의 정서적인 스트레스를 관리하는 방법에 대하여도 성찰을 통한 사전 파악이 필요하다.

조정인과 당사자들 간의 조정 과정은 두 사람이 마주하여 춤을 추는 것과 같다고 볼 수 있다. 양 당사자가 조화롭게 춤을 잘 추기 위해서는 우선 선곡된 음악을 당사자들이 잘 이해해야 한다. 그리고 당사자 간에 협력하여 그 음악에 잘 맞추어 움직여야 아름다운 춤이 완성된다. 조정에서도 분쟁 해결을 위해 당사자 간에 상호 이해를 바탕으로 긴밀한 협력이 요구되는 것이다.

#### 2) 신뢰 관계 형성의 방법

조정인과 당사자들 간에 관계를 형성할 때 가장 필요한 것은 무제한적인 존중이라고 할 수 있다. 당사자들은 조정 개시 후 무슨 말이든 할 수 있다. 조정인은 이에 대해 선입견을 가지지 않고 그 내용을 주의 깊게 잘 경청하여야 하며, 당사자의 입장에서 이해하고 공감하는 모습을 보여주어야 한다. 이로써 당사자들이 조정인의 존중과 진심, 공감하려는 마음을 느낄 수 있도록 해야 한다. 조정인은 조정 업무를 수행하는 과정에서 당사자가 그러한 마음을 느끼고 있는지는 누구

3 교육 담당자 Peter Causton는 변호사(Barrister)이자 CMC의 회원으로서 상사 및 직장 내 분쟁 조정인이다. 퍼슨 센터(Person center)라는 카운셀링 기관을 운영하고 있다.

보다 잘 알 수 있게 마련이다. 다만, 조정인이 당사자를 진심으로 존중하고 그 입장을 이해하려고 하더라도 지나치게 과몰입해서는 안 되며, 조정인으로서의 중심이 흔들리지 않도록 평정을 유지해야 한다.

사람과 사람 사이에 대화하면서 그 진솔한 감정이 전달되는 데에 언어의 직접적인 역할은 실제로 7% 정도밖에 되지 않는 반면, 몸짓이나 표정, 웃음 등을 통해서는 감정이 전달되는 비율이 55%에 이른다고 한다. 조정인도 조정 과정에서 당사자에 대해 전적으로 공감하기는 어려울 수 있으나, 이때에도 적절한 몸짓, 표정, 웃음 등 비언어적인 소통을 통해 당사자로 하여금 진심으로 공감을 받고 있다는 느낌을 전할 수 있다.

조정인과 당사자 간에 대화가 시작되면, 편안하게 듣는 자세를 취하고, 눈을 마주치며 당사자의 비언어적 표현에 적절한 반응을 하는 기술이 필요하다. 이때 시계를 보거나 휴대전화를 사용하는 등 조정인이 면담에 집중하지 못하는 듯한 모습을 보이는 것은 금물이다.

조정인과 당사자 간에 치유적인 관계를 형성한다는 것은 조정 과정에서 당사자의 심리적 변화를 면밀히 살피면서, 그 변화를 통해 조정인까지도 스스로 치유적 경험을 하는 관계가 만들어지는 것을 말한다. 치유적 관계를 형성하는 방법 중 하나는 당사자들이 말한 내용을 다시 한번 말해달라고 질문하는 방법이 있다. 이는 당사자들에게 조정인이 자신의 이야기에 관심이 있고 집중하고 있다는 느낌을 줄 수 있으며, 내용을 명확히 정리하는 효과도 있다. 또 다른 방법은 당사자가 한 말을 조정인이 다시 한번 이야기하면서 당사자에게 확인하는 것이다. 이는 당사자가 감정적으로 이야기한 내용에 대해 조정인이 감정을 어느 정도 배제하고 키워드 중심으로 그 내용을 당사자에게 전달함으로써, 당사자에게 분쟁 내용을 제3 자로부터 듣고 이를 객관화하여 받아들일 수 있는 기회를 준다.

한편, 조정인은 침묵의 시간을 두려워해서는 안 된다. 당사자가 침묵하는 것은 말하기 싫어서가 아니다. 이는 대체로 잠깐의 침묵을 통해 자신이 이야기할 부분을 정리하는 과정일 경우가 많다. 조정인이 이러한 침묵의 시간을 잘 지켜주는 것은 당사자에게 존중받는 느낌이 들 수 있게 한다.

조정인의 질문의 방법은 크게 열린(open) 질문과 닫힌(closed) 질문으로 나눌 수 있다. 닫힌 질문은 단답형의 대답을 구하는 것으로 "당신은 지금 불행하다고 생각합니까?"라고 질문하면 화자는 자연스레 "예" 또는 "아니오"라고 답변하게 되는 유형을 말한다. 반면, 열린 질문이란 당사자가 자신의 의견이나 생각을 말할 수 있는 기회를 주는 질문 방법으로 "당신을 불행하게 만드는 가장 큰 문제는 어떤 것이 있습니까?"라는 질문을 생각할 수 있다. 조정인은 열린 질문을 적절히 활용하여 당사자의 진정한 의사를 이끌어 낼 수 있어야 한다.

조정인이 당사자에 대하여 파악하여야 할 매우 중요한 부분은 당사자의 진정한 감정 상태이다. 당사자가 감정적인 부분을 이야기하는 경우, 조정인은 당사자가 어떤 정도의 감정을 느끼는지를 객관화하여 파악해야 한다. 예컨대, 당사자가 "나 지금 그 상사 때문에 너무 화가 나고 짜증이 난다."라고 말한 경우, 실제로 그 당사자가 느끼는 부정적 감정의 정도는 그리 높지 않을 수도 있다. 조정인은 그 수치를 가급적 객관화하여, 1(가장 낮음)부터 10(가장 높음)까지의 점수를 부여하는 방식으로 파악하도록 하는 것이 필요하며, 이를 통해 당사자의 감정을 비교적 정확히 파악할 수 있다.

조정인과의 대화는 분쟁을 겪는 당사자가 자신의 감정 상황을 외부인에게 털어놓을 수 있는 첫 번째 기회일 수도 있다. 이러한 숨겨진 진짜 감정을 드러내는 과정은 조정에 있어 뜻밖의 중요한 열쇠가 되는 경우가 많다.

조정인이 당사자의 감정을 감지해 낸 후 그 감정을 반영(reflect)하여 다시 당사자에게 역질문하는 것도 당사자가 그 감정을 스스로 성찰하기 좋은 방법 중 하나이다. 당사자가 "나는 그런 (어떠한) 부당한 대우 때문에 정말 화가 났었다."라고 얘기하는 경우, 조정인은 당사자에게 "그런 (어떠한) 부당한 대우를 겪어서 정말 화가 났겠군요."라고 하면서 그 감정을 반영하여 역질문을 할 수 있는 것이다. 이는 정원이 딸린 두 집 사이에 무성히 자란 덤불 때문에 갈등을 겪는 이웃집 주민 간 갈등에 비유할 수 있다. 자신의 정원에 이웃집 덤불이 들어와서 불편을 겪을 수 있는데 그 불편함과 화난 감정은 사진만 보면서 제대로 판단할 수는 없을 것이다. 이들에게는 대화가 필요하며, 그 과정에서 자신들의 감정을 온전히 표출하고 이를 반영한 역질문을 받아보면서 당사자 스스로 생각할 수 있게 하는 것이 필요하다. 그 과정에서 이웃 주민이 이렇게 화가 날 만한 이유가 있고, 그것이 나로부터 비롯된 것이 아닌지를 스스로 느껴볼 수 있는 것이다.

조정인은 역질문을 통하여 당사자의 감정을 객관화할 할 필요가 있다. 그 과정에서 조정인은 스스로 당사자가 표출하고 있는 감정을 잘 이해하고 있는지를 점검할 수 있고, 당사자는 조정인이 자신의 이야기를 잘 이해하고 있다는 느낌을 받을 수 있다. 또한, 조정인이 그 감정을 제대로 이해하지 못하여 오해가 있는 경우 당사자가 그 부분을 다시 설명하고 바로잡을 기회가 되기도 한다. 조정인의 집중력 저하로 이야기를 놓치는 경우에도 역질문은 그 흐름을 이어나갈 수 있도록 해준다.

이와 같은 반사적(reflective) 대화법을 통해 대화를 이끌어 나가면, 점차 대화의 내용이 분명해지면서 조정인과 당사자가 다음 단계의 내용이나 다른 주제로 대화의 흐름을 이어나가야겠다는 느낌을 받을 수 있다. 이때 조정인은 대화가 다음 단계로 넘어갈 수 있도록 이끌어주는 역할을 해야 한다. 당사자는 상황적으로나 감정적으로 정리되지 않은 소위 밑도 끝도 없는 이야기를 장황하게 할 수도 있는데, 조정인은 경청을 통해 공감대를 형성하고 신뢰를 쌓아가면서도 해결책을 모색할 수 있는 단계로 당사자를 이끌어 가야 하는 것이다.

### 3) 신뢰관계 형성 시 유의할 사항

그럼에도 불구하고 실제 조정 과정에서는 예상치 못한 많은 어려움에 직면하게 될 수 있다. 당사자가 갑자기 말이나 태도를 바꾸거나, 대화 중 아주 작은 일에도 기분이 상하여 모든 것이 원점으로 돌아가는 경우도 있다. 조정인이 아무리 노력하더라도 당사자의 마음이 움직이지 않는 어려운 경우도 있다는 점을 염두에 두어야 한다.

그렇지만, 조정에 있어 실질적으로 그 해결책을 가장 잘 알고 있는 사람은 당사자인 경우가 많다. 분쟁은 어느날 갑자기 생긴 것이 아니라 장기간에 걸쳐 여러 문제가 쌓인 복합적인 경우가 많은데, 그 문제 형성 과정은 당사자가 가장 잘 알고 있다. 이때 조정 과정에서 조정인의 도움을 받아 여러 가지로 문제를 검토해 보고 해결 방법을 모색하면서, 당사자가 스스로 해결 방법을 찾아나갈 수 있다.

이때 조정인은 적정한 합의점이 떠오르거나 조정이 종국적으로 어떤 결과를 맞이할지에 대해 예상이 될 수도 있으나, 이를 당사자에게 절대로 표출해서는 안 된다. 조정인이 생각하는 합리적인 결론과 당사자들의 그것은 다를 수 있으므로, 당사자들이 말하는 바를 있는 그대로 받아들일 필요가 있다. 화창한 날씨가 어떤 사람에게는 너무 더워서 구름이 있었으면 좋겠다고 생각할 수도 있고, 햇빛에 얼굴이 타게 되어 싫을 수도 있는 것처럼 사람마다의 서로 다름을 인정하고 당사자를 있는 그대로 받아들여야 비로소 조정인으로서의 능력이 향상되는 것이다.

다만, 조정인으로서 당사자와 공감대를 형성하는 것에 있어 지나치게 그 감정과 유착되거나, 더 나아가 당사자와 조정인 사이에 개인적인 관계가 형성되는 것은 주의해야 한다. 한편, 이와는 반대로 조정인과 당사자 간에 지나치게 경계선을 긋는 것도 주의해야 한다. 조정인이 지나치게 자신감이 충만하여 당사자 간 협상을 주도적으로 이끌어가는 경우 실질적으로 당사자의 의견이 잘 반영되지 않을 수 있고, 더 나아가 당사자들이 조정인을 두려워하게 되어 만족스러운 결론이 도출되지 않을 수도 있다. 조정인은 아무리 간단히 해결 가능한 분쟁처럼 보이더라도 함부로 결과를 쉽게 만들려고 해서는 안 된다. 조정안에 대하여 동의하고 만족해야 하는 사람은 결국 당사자이기 때문이다.

그리고, 당사자에 대하여 선입견을 배제해야 한다. 당사자가 거짓말을 하는 것 같다는 의심을 하면서 대화를 하면, 당사자도 조정인이 자신에 대하여 선입견을 가지고 있다는 것을 느끼기 쉽고 이는 진솔한 대화를 방해하면서 궁극적으로 신뢰 형성에 가장 큰 장애물이 되기 쉽다.

한편, 조정인은 당사자의 감정적 호소에 휩쓸리면 안 된다. 예컨대, 당사자가 "이 문제가 이번 주 내로 해결되지 않으면 재정적으로 너무 힘들어져서 견딜 수 없을 것이다."라고 호소한다고 가정하자. 조정인은 가급적 그 문제를 신속하게 해결할 수는 있겠지만, 도저히 단기간에 해결할 수 없는 문제를 당사자의 사정만 고려하여 시급히 끝낼 수는 없는 것이다. 조정인은 조정 과정에서 이와 같이 당사자가 어려움에 처해 있는 상황에 직면할 수 있고, 인간적으로 안타깝고 불쌍한 마음이 들 수도 있다. 그러나 조정인이 이에 대한 해결에 직접적인 관여를 하게 된다면 당사자 스스로 문제를 해결할 수 있는 기회를 빼앗을 수 있고, 그것이 궁극적으로 올바른 해결책이 되지 않을 수도 있다.

다른 중요한 점은, 조정인이 당사자가 말하는 도중 끼어들거나 갑자기 화제를 전환하는 것은 자제해야 한다. 당사자가 이야기하고 있는 내용이 실질적으로 분쟁 해결에 큰 도움이 되지 않는 내용이라 하더라도, 당사자가 몰입하여 이야기하는 도중에 끼어들거나 주제를 바꾸는 것은 당사자의 대화 의지를 저해할 수 있다.

당사자들은 조정인과의 사이에 어느 정도 신뢰가 형성되면 문제의 해결책을 바로 제시해달라고 요청할 수도 있다. 이때 조정인은 아무리 명확한 해결책을 가지고 있더라도 이를 직접적으로 제시하는 것을 지양해야 한다. 앞서 살펴본 바와 같이 당사자들은 이 분쟁을 직접적으로 가장 잘 알고 있는 사람이므로 그 해결책도 가장 잘 알고 있는 당사자일 수 있다. 따라서 조정인은 당사자들이 해결책을 스스로 찾을 수 있도록 하는 조력자로서의 역할에 충실해야 한다.

조정인은 계속 타인의 분쟁을 조율하는 역할을 해야 하므로, 지속적인 스트레스 상황에 놓일 수 있다. 그러므로 조정인은 이를 잘 극복하면서 스스로를 돌볼 수 있는 방법에 대하여 생각해 두어야 한다.

이에 대해 몇 가지 살펴보면, 우선 조정인은 맡게 될 분쟁을 잘 해결할 수 있으리라는 긍정적인 마음을 가질 필요가 있다. 어떤 문제는 과연 해답을 찾을 수 있을까 싶을 정도로 상황이 꼬여 있는 경우도 있을 수 있다. 그러나, 실제로 어느 정도 대화를 하다 보면 의외로 단시간에 분쟁이 해결되는 것도 상당하다. 그러므로, 조정인은 긍정적인 마음으로 조정 대상을 바라보며 자신감을 가지고 조정에 임하는 자세를 가질 필요가 있다. 그리고, 조정인은 조정 과정에서 스스로 호흡을 가다듬는 시간을 가질 필요도 있다. 손을 씻으러 간다고 하며 짧은 휴식을 취하거나 당사자들의 동의를 구하고 휴식 시간을 가질 수도 있다. 그리고 조정인은 항상 당사자들의 이야기를 듣는 수동적 입장이어서 정작 자기 자신이 그에 매몰되어 버리는 경우가 있다. 이때 휴식을 취하면서 본인의 가족 사진을 본다든지 좋아하는 음악을 잠깐 듣는다든지 아니면 가슴에 손을 얹고 심장 소리를 듣거나 하는 본인만의 방식으로 기분을 전환하고, 조정인의 자아를 찾고 다시 경청할 수 있는 자리로 돌아가야 한다.

사람의 귀는 두 개고 입은 하나이다. 따라서 말하는 것보다 듣는 것이 두 배로 많아야 한다. 조정인은 더욱 그러한 직업이다. 갈등이 극에 달해 있는 당사자들의 이야기를 경청하여야 조정을 할 수 있으므로, 감정적으로 많은 어려움을 겪게 될 수 있다. 따라서 조정인은 스스로를 잘 돌볼 수 있어야 한다.

### (3) 적극적 경청(Active listening)을 방해하는 요소[4]

조정인은 당사자의 이야기를 적극적으로 경청해야 한다. 적극적 경청을 하는 데에는 여러 가지 방해 요소가 있는데, 상당 부분은 조정인이 제어할 수 있는 것이라고 판단된다.

#### 1) 당사자와의 대화 장소

우선, 당사자와 대화 장소는 정돈된 곳이어야 한다. 외부 소음이나 다른 사람의 왕래 때문에 대화가 방해받는 장소에서는 조정인이 당사자의 이야기에 경청하기 어렵고 집중력도 저해된다. 당사자에 따라 분쟁이 일어난 장소인 직장 내에서 대화하는 것을 불편해 하는 경우도 있는데, 이런 때에는 주변 공원이나 카페 등 보다 편한 외부 장소를 이용하는 것도 고려할 수 있다.

#### 2) 조정과정에서의 메모 습관

그리고 경우에 따라 조정인이 조정 과정에서 메모를 하는 행동조차 방해 요소가 될 수 있다. 조정인은 당사자와 대화를 할 때 눈을 바라보며 집중하는 태도를 가져야 하는데 메모에 집중하다 보면 자칫 이를 놓칠 수도 있다. 그러므로 조정인은 메모를 할 때에도 키워드 위주로 요점만 정리하는 훈련이 필요하다.

#### 3) 당사자가 원하지 않는 충고나 자문

조정인은 당사자가 원하지 않는 충고나 자문을 하지 않도록 주의할 필요가 있다. 사람은 누군가 도움을 요청하는 경우 그에 대한 답변을 주고 싶어하는 본능이 있다. 그런데 도움을 청하는 사람 입장에서 원치 않는 도움이 되돌아오는 경우 상대방이 자신의 말을 경청하지 않았다고 생각할 수 있다.

한편, 이와는 반대로 당사자가 원하는 답변만 맞추어서도 안 된다. 대화 중 당사자가 직접적인 도움이나 자문을 요청하는 경우 상황에 따라 그에 맞는 도움을 줄 수는 있으나, 조정인 스스로가 객관성을 잃고 당사자 일방의 편에 서서 도움을 주는 것은 지양해야 한다. 당사자가 자문을

---

4 교육 담당자 Mediator Chris Breedon는 30년 이상 경력의 조정인이며, 40여 년간 공군 장교로 활동하면서 아프가니스탄 전쟁에서 영국군과 아프가니스탄군 사이의 조정 업무를 수행하기도 하였다.

요청하는 경우에도 깊은 내면에는 표면의 요청 내용과 달리 당사자의 생각에 동의를 구하거나, 혹은 당사자 자신의 생각에 조정인이 동조하는지 여부를 알아보기 위해 하는 경우도 많이 있다. 따라서 조정인이 반드시 적절한 답변을 주어야 한다는 마음을 갖기 이전에 당사자가 스스로 문제의 해답을 가장 잘 찾을 수 있다는 점을 항상 생각해야 한다.

#### 4) 조정인의 선입견

적극적 경청을 방해하는 또 다른 요소는 선입견을 가지고 섣불리 판단하는 것이다. 사람의 뇌는 정보의 효율적 정리를 위해 어느 정도 미리 판단하는 무의식 구조를 가지고 있다. 이는 효율적인 판단이 가능하게 해주기도 하지만, 많은 경우 객관적인 판단을 흐리게 하는 부정적 결과를 초래한다. 예컨대, 영국 사람인 교육 담당자 Breedon은 조정인으로서 어떤 기업에 갔을 때 인사과 직원이 분쟁 당사자인 근로자에 대하여 "그 분은 전형적인 호주 사람입니다."라고 말하였는데, 그 순간 자신은 좀 별나고 술 좋아하고 시끄러운 이미지를 자신도 모르게 떠올렸다고 한다. 이는 사람이라면 누구나 가질 수 있는 보편적 경향성이므로, 조정인은 스스로 항상 무의식적인 편견이 있을 수 있다는 점을 생각하며 되도록 그러한 선입견을 갖지 않도록 노력해야 한다. 한번 굳어진 선입견이 형성되면, 그때부터 조정인은 실제 당사자와 대화를 하는 것이 아닌 스스로의 편견이 그려낸 어떤 사람과 대화를 하는 것이 되기 때문이다.

#### 5) 조정인의 지나친 긍정적 언행과 태도

적극적 경청을 방해하는 또 다른 요소는, 조정인이 지나치게 긍정적인 기대를 갖는 것이다. 어떤 사람은 상담 과정에서 부정적인 이야기를 했는데, 조정인이 '마음을 긍정적으로 가지고 좋은 면을 생각해 보자'라고 제안하는 순간 더 대화할 마음이 사라진다고 한다. 따라서 조정인으로서는 당사자의 감정적인 언어나 표현을 잘 갈무리하면서 관찰자의 시각을 가지는 것이 필요하다. 실제 분쟁 조정 과정에서는 당사자들이 대체로 부정적인 태도를 보이게 마련이다. 이때 조정인이 억지로 긍정적인 방향을 유도하기보다는 우선 당사자들이 모든 것을 꺼낼 수 있게 가만히 경청하는 것이 더 효과적일 수 있으며, 이를 '멈춤의 힘'이라고 표현하기도 한다.

#### 6) 조정인이 과거에 겪은 경험

또 다른 적극적 경청의 방해 요소는 조정인의 과거에 겪은 경험이다. 당사자가 말하는 내용이 조정인의 과거 경험과 관련이 있는 경우, 자연스레 그 경험이 떠올라 당사자에게 집중하기 어려워질 수 있다. 조정인이 영국에서 ADR 교육을 받고 돌아간 후 만난 다른 직장 동료가 자신도 영국으로 여행을 다녀왔다고 하면서 자신의 여행 경험을 이야기할 때 조정인은 그 직장 동료의 여행 경험담에 집중하기보다 ADR 교육을 다녀온 자신의 기억이 먼저 떠오를 수 있는 것이다.

### 7) 조정인 스스로 감정 관리

또 다른 요소는 당사자가 지나치게 부정적이거나 극단적인 이야기를 하는 경우, 조정인에게 감정적인 과부하가 와서 더 이상 조정 과정을 이끌어 나갈 수 없게 되기도 하므로, 이러한 상황을 스스로 잘 극복할 수 있는 방법에 대하여 생각해 두어야 한다.

그리고 조정인이 당사자와 소통하는 과정에서 실수했다고 느끼는 경우, 특히 조정 경험이 아직 충분히 쌓이지 않은 조정인의 경우 자신감이 많이 떨어질 수 있다. 물론 당사자가 그 실수에 대해 민감하게 반응하는 경우도 있지만, 대체로 어떤 실수를 하였더라도 이는 겉으로는 드러나지 않는 경우가 일반적이다. 조정인은 그러한 실수를 아무도 알지 못한다고 생각하며 마음을 추스르고 담대히 조정을 이끌어 나가는 태도를 가져야 한다. 특히 첫 면담에서 실수가 일어나는 경우가 많은데, 이를 계속 신경 쓰면 조정 과정 내내 적극적 경청을 방해할 수 있으므로 심적 부담을 잘 극복해야 한다.

## 2. 우리나라 시사점(화해를 위한 대화)

영국의 민간조정 시스템상에서의 직장 내 분쟁 조정의 목적은 모든 당사자가 기밀이 유지되는 환경에서 솔직히 말하도록 하고, 직장 내 관계를 개선하는 방법에 대해 상호 이해를 촉진하는 것이다. 갈등의 근본 원인을 해결하는데 중점을 두고 있고, 당사자가 모두 수용 가능한 해결책을 지원하는 방식을 강조하고 있다. 직장 내 분쟁 조정은 매우 신속히 진행되기 때문에 적시성이 있고, 분쟁의 어떤 단계에서도 적용될 수 있는 유연한 방법이라는 점에서 매우 효과적이다. 숙련된 조정인은 당사자 간 합의에 도달하도록 지원하는 공정한 제3 자의 역할을 한다. 조정인은 조정 과정 전반을 이끌어가지만 모든 합의 내용은 당사자들이 스스로 결정한다. 그 결과 도출된 합의는 법적 구속력은 없지만, 자발적으로 지켜지도록 노력한다. 이와 같이 직장 내 분쟁 조정은 여러 가지 잠재력을 가지고 있다. 갈등의 당사자들이 일반적으로 하기 어려운 공개적 대화의 장을 열어주고, 각자 처한 상황과 겪는 감정에 대해 상호 이해하고 공감할 수 있도록 한다. 모든 당사자들은 문제점과 우려되는 상황을 공동으로 탐색하고 가장 공평한 해결책을 함께 찾아간다. 적극적인 의사소통을 통해 실행 가능한 해결책을 찾아나가며, 미래의 어려움을 스스로 해결할 수 있는 기술 개발을 가능하게 하기도 한다. 직장 내 분쟁의 경험은 사기 저하, 질병, 스트레스, 결근, 생산성 저하로 이어질 수 있다. 분쟁으로 인한 조직 내 관리 비용은 급격히 증가할 수 있고, 조직의 다른 구성원에까지 광범위한 영향을 미칠 수 있다. 이는 최악의 경우 조직원의 이직 및 회사의 평판 손상(reputation damage)으로 이어질 수 있다. 직장 내 분쟁 조정은 이러한 모든 부정적 측면은 조기에 해결하는 효과적인 방법이 될 수 있다는 점에서 시사점을 제공한다.

이와 같이 경청(Deep Listening)을 통한 대안적 분쟁 해결 방식(ADR)은 분쟁의 어떤 단계에서도 적용될 수 있는 유연한 방법이라는 점, 당사자들의 상호 이해를 촉진한다는 점, 갈등의 근본 원인을 해결하는데 중점을 둔다는 점, 당사자가 모두 수용 가능한 해결책을 지원한다는 점, 조정인은 중립적인 제3자의 입장에서 지원하지만 모든 합의 내용은 당사자들이 스스로 결정한다는 점, 근로자의 입장에서는 공정한 의사소통의 장이 보장되는 시스템을 통하여 빠른 시간 내에 공평한 해결책이 무엇인지 스스로 확인하는 과정을 거치게 된다는 점, 사용자의 입장에서는 직장 내 분쟁으로 조직의 다른 구성원에까지 미치는 광범위한 부정적 영향을 줄일 수 있고, 소셜 미디어의 확산 등 급격한 사회 변화에 따른 직장 내 새로운 갈등 양식에 대하여 지속 가능하고 심지어 효율적일 수 있는 조직문화를 적시에 파악하고 대응할 수 있다는 점 등을 고려하면, 경청(Deep Listening)을 통한 대안적 분쟁 해결 방식(ADR)은 조사 과정에서도 조정인이 신청인과 피신청인과의 대화를 진행하는데 있어서 중요하고 핵심적인 요소가 되어야 한다.

영국에서의 민간 조정을 수행하는 조정인들이 분쟁해결 과정에서 중시하는 대화요령은 분쟁의 어떤 단계에서도 적용될 수 있다는 점에서 특히 정식 심판절차를 진행하기 전에 화해하는 과정에서도 여전히 통용된다. 이를 요약하면 다음과 같다.

**① 편안한 환경 조성**

당사자와의 신뢰 관계를 형성하고 이러한 신뢰 관계 형성을 위해서 당사자에게 편안한 환경을 조성하고 대화를 이끌어 나가야 한다.

**② 무제한적 존중의 방법으로서 경청**

조정인과 당사자들 간에 신뢰 관계를 형성하는데 가장 필요한 것은 무제한적인 존중이라고 할 수 있으며, 조정인은 당사자에게 선입견을 가지지 않고 그 내용을 주의 깊게 잘 경청하여야 하며, 당사자의 입장에서 이해하고 공감하는 모습을 보여 주어야 한다.

**③ 비언어적 요소의 중요성**

언어적 요소보다 비언어적인 요소가 더욱 중요하다. 적절한 몸짓, 표정, 웃음 등 비언어적인 소통을 통해 당사자에게 진심으로 공감받고 있다는 느낌을 전할 수 있다. 특히 전화를 통한 대화가 많은 노동위원회의 경우 전화 통화는 언어적 요소밖에 없다고 생각할 수 있으나, 말투를 낮은 톤으로 부드럽게 하거나, 당사자가 하는 말을 끊지 않고 잘 들어준다거나, 듣는 과정에서 적절히 되짚어 주는 질문을 한다거나, 당사자가 급작스럽게 흥분하여 과격한 말투를 꺼낸다고 하더라도 통화가 종료될 때까지 침착함을 유지한다거나 하는 방식이 필요하다.

④ **침묵의 과정의 필요성**

당사자는 침묵의 과정을 통해서 자신이 이야기할 부분을 다시 정리하는 과정을 가질 수 있다. 처음 대화 또는 통화 시 대화가 잘 안 되었다는 생각이 들더라도 조정인이 당사자와 경청의 자세로 대화를 진행하였다면 다음 번에 다시 통화를 할 경우 의외로 대화가 잘 진행되는 경우를 체험하게 되는데 이와 같이 대화가 잘 안되더라도 경청을 유지하고 침묵의 시간을 잘 지켜주는 것도 당사자가 존중받는 느낌이 들 수 있게 하기도 한다는 점을 놓쳐서는 안된다.

⑤ **열린 질문**

조정인은 당사자 특히 신청인에게 질문을 할 때 단답형의 대답을 구하는 닫힌(closed) 질문이 아닌 당사자가 자신의 의견이나 생각을 말할 수 있는 기회를 주는 열린(open) 질문을 하여야 한다. 이 역시 사건이 많거나 조사할 양이 많은 경우 시간을 단축시키기 위해 조정인은 닫힌(closed) 질문을 많이 하고 싶은 유혹에 빠지게 되는데, 당사자 역시 이러한 조정인의 태도를 금방 알아채고 불만을 제기하여 오히려 조정인에게 더 많은 어려움을 경험하게 할 수도 있다. 특히 처음 당사자와 통화 시 열린 질문을 통하여 당사자가 하고 싶은 말을 충분히 들어주는 방식에 익숙해 지면, 향후 대화 과정이 조정인이 생각한 것보다 훨씬 부드럽게 진행되는 것을 자주 경험하게 된다.

⑥ **당사자의 감정 상태의 객관화**

조정인은 역질문 등을 통하여 당사자의 진정한 감정상태를 객관화하여 파악하여야 하고, 이러한 과정 속에서 지금까지 이야기하지 않았던 새로운 사실을 파악할 수도 있다.

⑦ **경청을 통한 대화를 끝까지 유지**

조정인이 아무리 노력을 하더라도 당사자의 마음이 움직이지 않는 어려운 사건도 있음을 염두에 두어야 한다. 그럼에도 경청을 통한 대화를 끝까지 유지한다면 향후 판정 결과와 상관 없이 판정의 수용성을 높이거나 민원의 강도를 낮추는데 도움이 된다는 점은 부인하기 어렵다.

⑧ **지나친 감정의 유착이나 경계의 주의**

조정인은 당사자와 공감대를 형성하는 것에 있어 지나치게 그 감정과 유착되는 것에 주의하여야 하며, 반대로 조정인과 당사자 간에 지나치게 경계선을 긋는 것도 주의해야 한다. 특히 업무를 수행하다가 예측하지 못한 민원을 경험하게 되면 조정인은 당사자를 경계하며 원론적인 대화만 하려고 하는 경향이 생기는데 이는 장기적으로 조정인이 담당하는 많은 사건들의 조기 해결이나 당사자 모두가 만족하는 해결을 더 어렵게 하거나 또 다른 예측하지 못한 민원의 발생 빈도를 높이는 요소로 작용한다는 점에서 유의하여야 한다.

**⑨ 화해안에 대한 성급한 예단의 경계**

조정인은 아무리 간단히 해결 가능한 분쟁처럼 보이더라도 함부로 결과를 쉽게 만들려고 해서는 안 되는데, 그 이유는 화해안에 대하여 동의하고 만족해야 하는 사람은 결국 당사자들이기 때문이다. 이는 조정인이 사건을 조기 해결하려는 의욕이 과할 경우 흔히 나타나게 되는데 경청을 통하여 신뢰감을 형성하고 그 가운데서 당사자 스스로 조정하고 합의한 화해안만이 당사자의 분쟁 해결에 대한 만족도 뿐만 아니라 분쟁해결 시스템에 대한 만족도도 같이 높아지게 될 수 있다는 점에서, 그리고 당사자들 서로가 향후 미래지향적인 재만남이나 이별을 할 수 있다는 점에서 그 의의가 있다.

**⑩ 당사자가 말하는 도중 대화 주제의 전환 주의**

조정인은 당사자가 말하는 도중 끼어들거나 갑자기 화제를 전환하는 것은 가급적 자제해야 한다. 왜냐하면 당사자가 이야기하고 있는 내용이 실질적으로 분쟁 해결에 큰 도움이 되지 않는 내용이라 하더라도, 당사자가 몰입하여 이야기하는 도중에 끼어들거나 주제를 바꾸는 것은 당사자의 대화 의지를 저해하게 되며, 당사자의 분쟁의 조기 해결 의도나 진정한 의도를 숨기게 되는 요소로 작용할 수 있으며, 최종 결과와 무관하게 분쟁해결 시스템에 대한 불신을 높일 수 있기 때문이다. 이 역시 조정인이 많은 사건으로 업무량이 많을 때 시간을 줄이기 위하여 자주 일어날 수 있는 상황인데 적극적 경청을 통하여 어려운 사건을 조기에 해결하는 경험을 축적하는 과정에서 스스로 자제하는 힘이 생기게 된다. 영국의 민간 조정인은 이를 '멈춤의 힘'이라고 부르기도 한다.

**⑪ 적극적 경청의 자세**

사람의 귀는 두 개이고 입은 하나이므로 조정인은 더더욱 말하는 것보다 듣는 것을 중시하는 '적극적 경청'의 자세를 지녀야 한다.

## Ⅲ 조사보고서를 위한 대화 요령

### 1. 조사보고서 작성 과정의 단계별 대화 요령

조사자가 조사보고서 작성을 위하여 신청인의 신청 이유와 이에 대한 구체적인 쟁점이 되는 사실관계를 당사자로부터 파악하는 대화 요령의 구체적 방식을 살펴보면

① 형식적 요건을 확인하고

② 당사자 관계의 주요 포인트를 파악한 후

③ 사건의 신청 이유를 확인하며,

④ 신청 이유의 인과관계를 이루는 사실관계(대(大) 쟁점)를 파악한 후,

⑤ 이러한 사실관계에 기반하여 도출되는 구체적인 세부 쟁점을 도출하고,

⑥ 구체적인 세부 쟁점을 확인하는데 필요한 사실관계를 보완하는 것이다.

대(大) 쟁점(이하 '대 쟁점'이라 한다) 및 세부 쟁점(소(小) 쟁점, '이하 세부 쟁점'이라 한다)의 도출과 부족한 사실관계에 대한 파악 및 보완은 조사자가 다양한 판례에서 도출되는 쟁점을 얼마나 숙지하고 경험했는가에 따라 좌우된다. 예를 들어 신청인이 부당해고를 구제해 달라는 신청을 하였다면, ① 당사자가 적정한지를 살펴본 후 ② 신청 이유는 해고가 부당하다는 점과 원직복직을 원하는지 아니면 금전보상을 원하는지 여부가 되고, ③ 왜 부당해고라고 주장하는지 그 사실관계를 이루는 경위를 시간순으로 파악하며, 이렇게 파악된 사실관계에서 이 사건 해고의 쟁점이 무엇인지(ex 시용근로자 해고인지, 징계 해고인지, 기간제근로자의 기간만료를 이유로 하는 해고인지) 등을 파악한 후 ④ 다시 쟁점의 세부 내용을 구성하는 구체적인 세부 쟁점(ex 기간제근로자의 해고사건이라면 근로계약의 갱신기대권이 존재하는지 여부, (갱신기대권이 있는 경우) 사용자에게 갱신거절의 합리적 이유가 있는지)을 도출하고, ⑤ 이 세부 쟁점을 구성하는 사실관계를 다시 보완하여야 한다. 아래에서 그 구체적 내용을 살펴보고자 한다.

### (1) 형식적 요건 확인

사건의 신청요건은 해고, 징계, 인사명령 등 구제신청의 내용이 정당한지 여부를 판단하기에 앞서 신청의 요건을 갖추고 있는지 여부, 즉 구제명령의 대상이 되는지 여부를 말한다. 노동위원회 심판과 관련하여 대부분의 신청 요건은 근로기준법과 노동위원회법에 규정되어 있으며 해석상 당연히 도출되기도 하는데, 이를 종합하여 노동위원회 규칙에 명시하고 있다. 만약, 대안적 분쟁 해결 방식(ADR)이 독립된 제도로 운영되게 된다면, 신청요건 역시 그 근거 법률에 따라 달라지게 된다. 사건의 신청요건은 본안 판단에 앞서 선결적으로 이루어진다는 점에서 우선 판단사항이나 실무적으로는 업무를 수행하는 과정에서 직권으로 탐지된다는 점에서 신청요건에 대한 검토와 본안에 대한 검토가 동시에 이루어지는 경우가 더 많다. 주의할 점은 이러한 신청요건이 직권조사 사항이라 하더라도 당사자와 대화를 하다 보면 조사자가 미처 파악하지 못한 내용이나 신청요건의 내용이 실체적 본안 판단과 밀접히 연계되어 있는 경우가 많으므로 이 역시 당사자와 대화를 통하여 의견을 듣거나 관련 서류를 제출받아야 한다. 근로기준법과 노동위원회법

에 따른 노동위원회 심판 절차에서의 신청요건을 살펴보면 아래와 같다.

#### 1) 당사자 적격

구제신청은 근로기준법상 근로자나 사용자가 당사자가 되는데 신청인이 근로기준법상 근로자인지 여부와 피신청인이 근로기준법상 근로자를 고용한 사용자인지 여부는 본안판단에 앞서 신청요건이 되며, 실무에서 매우 중요한 쟁점이 되는 경우가 많다.

#### 2) 대상적격

장소적으로는 법의 일반원칙(속인 · 속지주의)에 따라 본사가 국내에 있고 그 외국 지점 · 출장소에 근무하는 내국인 근로자에게도 적용되며, 외국법인이 국내에 사무소를 두고 인사 · 노무관리 등을 외국에서 하는 경우 외국 법인을 상대로 구제신청을 할 수 있다(국제사법). 그리고 주한 아메리카합중국 군대에 고용된 대한민국 근로자의 경우는 한미 상호방위조약에 따라 개별적 노사분쟁의 경우 SOFA특별위원회에서 처리하도록 규정하고 있어 노동위원회 심판권이 없다. 사업장 규모별로는 근로기준법상 부당해고 등 구제신청은 상시 5명 이상의 근로자를 사용하는 사업 또는 사업장에 대해서 적용되고 있다.

#### 3) 신청기간

근로기준법에 부당해고등의 구제신청은 그 사유가 있었던 날부터 3개월 이내에 하여야 한다고 규정하고 있다. 권리구제 신청기간은 제척기간이므로 그 기간이 경과하면 그로써 행정적 권리구제를 신청할 권리는 소멸하고, 신청인이 책임질 수 없는 사유로 그 기간을 준수하지 못하였다는 등 그 기간을 해태함에 정당한 사유가 있다고 하여 그 결론을 달리할 수 없다(대법원 1997. 2. 14. 선고 96누5926 판결 참조). 그리고 노동위원회법에 심판사건의 재심 신청은 지방노동위원회의 처분을 송달받은 날부터 10일 이내에 제기하여야 한다고 규정하고 있고, 중앙노동위원회 처분에 대한 소송은 처분을 송달받은 날부터 15일 이내에 제기하여야 한다고 규정하고 있다.

#### 4) 이외 기타

이외 중복신청이 있는 경우, 확정판정이 존재하는 경우, 다시 동일한 사건을 신청하는 경우, 신청하는 내용이 법령상이나 사실상 실현할 수 없음이 명백한 경우, 구제신청 내용이 구제신청 대상이 아닌 경우, 구제신청의 이익이 없는 경우(구제신청 전 계약기간 만료 또는 정년의 도래, 사업장의 소멸 등)에도 신청요건을 갖추지 못한 구제신청이 된다.

### (2) 당사자 관계의 주요 포인트 파악

당사자 간의 관계적인 부분은 신청인이 제기한 구제신청 사건을 화해로 정리할지 심문회의를 거쳐 판정으로 갈지를 결정하는 중요한 포인트가 된다. 조사보고서 작성을 통해 관계적인 부분이 정리된다면 심문회의 진행 중에나 판정이 이루어진 후에도 화해가 가능하다. 이를 위해서는 사용자의 사업 내용과 조직도, 의사결정 구조, 근로자 채용 경위, 근로자의 담당 업무 및 근무태도 등을 확인하고, 당사자의 대리인 선임 여부와 대리인의 성향 등을 사전에 파악할 필요가 있다. 대리인이 판단하는 사건의 유·불리, 화해에 대한 의향과 대화와 협상을 통한 화해 경험 등은 사건의 해결 방향에 많은 영향을 미친다.

### (3) 사건의 신청 이유 및 인과관계를 이루는 사실관계(대 쟁점)를 파악

#### 1) 신청 이유와 대 쟁점 파악 방식

사건의 신청 이유 파악은 대부분 신청서를 통하여 확인된다. 그러나 신청서상의 신청 이유가 명확하지 않거나 신청범위를 넘어서 신청하는 경우, 피신청인이 불명확한 경우도 존재하므로 이럴 경우 신청인과 대화 등을 통하여 청구인의 신청 이유를 경청한 후 신청취지를 수정하거나 보완하는 과정을 거쳐야 한다. 또한 이러한 신청 이유를 파악하는 과정에서 자연스럽게 신청 이유와 인과관계를 이루는 대 쟁점이 무엇인지도 파악하게 된다. 즉, 신청 이유가 부당해고의 인정과 원직복직 및 임금상당액 지급이라면, 이후 해고의 대 쟁점이 시용근로자 해고인지, 징계 해고인지, 기간제근로자의 기간만료를 이유로 하는 해고인지 여부 등을 파악하게 된다.

#### 2) 신청 이유와 대 쟁점 파악의 보완 요령

신청 이유의 수정 및 변경은 당사자의 동의하에 수정하는 것이 원칙이다. 조사자의 설명에도 불구하고 신청인이 잘못된 신청 이유를 변경하지 않는다면, 예를 들어 사용자에게 사과를 요구한다거나, 체불된 임금을 지급하라고 하는 등의 신청범위를 넘어서는 잘못된 신청 이유에 대하여 조사자는 신청 이유의 변경을 요청할 수밖에 없는데 신청인이 이를 받아들이지 않는 경우가 발생할 수도 있다. 이 경우에는 해당 내용을 조사보고서에 반영하여 판정에서 해당 부분에 대하여 기각 또는 각하 판정을 통하여 처리하게 된다.

#### 3) 신청 이유를 파악하는 단계에서 대화 요령

조사자는 이때가 신청인과 처음 대화를 시작하는 단계이므로, 시간이 없다는 이유 등으로 너무 빨리 신청 이유 파악만을 목적으로 신청인과 대화하게 되면 신청인과 신뢰 구축 기회를 놓치게 될 뿐만 아니라 화해 등을 통한 신청 사건의 조기 종결 기회도 잃을 수 있으므로 처음부터 경청을 통하여 신청인의 마음을 안정시키고 좀 더 깊은 의사소통이 가능할 수 있는 첫 관문을 열어놓아야 한다. 업무에 대한 전문성이 높아지게 되면 바로 이 단계에서부터 신청인의 이야기를 경청하고 이를 재확인하는 과정에서 중요한 쟁점을 구성하는 사실관계 파악이 가능해지고, 이러한 사실관계를 신청인과 피신청인에게 확인하는 과정에서 당사자 간의 화해 등을 통하여 사건의 조기 종결이 이루어지는 경우가 많아지게 된다.

예를 들어 신청인이 부당하게 해고를 당하였다고 구제를 신청한 경우 조사자는 신청인과의 의사소통과정에서 신청인이 해고를 당하면서 근로기준법 제27조의 해고사유 등의 서면통지 절차에 따르지 않은 해고를 당하였음을 파악할 수 있고, 이를 사용자에게 확인하는 과정에서 사실 여부가 파악되며, 이러한 과정이 신청인과 피신청인을 존중하고 경청하는 과정에서 이루어진다면 원직복직이나 금전보상 등에 대한 당사자 합의를 통하여 조기에 사건의 종결을 할 수 있게 되는 것이다. 물론 예측할 수 없는 신청인의 태도와 행동으로 대화 자체가 처음부터 어려운 경우가 존재하기도 하나, 이러한 경우에도 경청하겠다는 마음으로 사건의 종결까지 절차를 준수하며 공정하게 처리하는 것이 판정 결과에 대한 신청인의 불만을 줄이고, 시스템에 대한 신뢰성을 높이는데 가장 좋은 방법 중 하나인 것은 경험상으로 부인하기 어렵다.

#### 4) 구체적인 신청 이유 및 대 쟁점 파악

구체적으로 신청 이유를 살펴보면 아래와 같다. 다만, 구제를 신청한 사건마다 이러한 신청 이유와 신청 이유의 인과관계를 이루는 사실관계에서 도출되는 대 쟁점과 대 쟁점을 판단하기 위한 세부 쟁점이 다르게 되는데, 우리나라에서는 주로 판례의 태도에 따라 쟁점들이 제시되고 형성되고 있다.

##### 가) 징계해고 및 기간제근로자의 계약기간 만료에 따른 근로관계 종료

대 쟁점이 징계해고의 경우에는 신청 이유는 '① 이 사건 사용자가 2025. 00. 00. 이 사건 근로자에게 행한 해고는 부당해고임을 인정한다. ② 이 사건 사용자는 이 사건 근로자를 원직에 복직시키고, 해고기간에 정상적으로 근로하였다면 받을 수 있었던 임금상당액을 지급하라'로 이루어진다. 만약, 신청인이 원직복직이 아닌 금전보상을 원한다면 신청 이유는 ①은 동일하고, ②는 '이 사건 사용자는 이 사건 근로자를 원직복직에 갈음하여 해고기간에 정상적으로 근로하였다면 받을 수 있었던 임금상당액 금000원을 지급하라.'고 변경된다.

다만, 대안적 분쟁 해결 방식(ADR)이 정식 심판과정과 분리되어 독립적으로 운영된다면, ②항의 내용은 당사자들 스스로 자유로운 의사결정에 따라 화해가 되는 것이기 때문에 법적 해결방식에 얽매이지 않고, 선례(판례)로부터 자유롭고 탄력적인 절차를 거쳐 창조적인 대안을 제시하여 해결할 수 있다. 특히, 당사자들의 감정과 기분을 존중하고 당사자 간 유대관계를 유지하거나 좋게 마무리된다는 점에서 그 효용성이 제3자의 결정에 의존하는 정식심판이나 재판보다 높을 수밖에 없다.

다음, 대 쟁점이 기간제근로자가 근로계약 만기로 인하여 근로계약 종결 통보를 받은 것이 해고인지 여부를 다투는 경우의 신청 이유와, 사용자가 근로자를 해고하였는지 여부, 즉 해고 존부를 다투는 사건에서의 신청 이유 역시 위와 같다.

징계해고나 기간제근로자의 기간만료를 이유로 한 근로관계 종료가 해고인지 여부, 해고 존부를 다투는 해고 등은 같은 해고 사건이다. 그러나 신청 이유의 인과관계를 이루는 사실관계에서 도출되는 대 쟁점이 다르게 되고, 그에 따라 파악하여야 할 구체적인 세부 쟁점과 세부 내용이 다르게 된다는 점에서 차이가 있다. 예를 들면, ① 대 쟁점이 징계해고의 경우 세부 쟁점은 '이 사건 징계사유가 존재하는지 여부, 이 사건 징계양정이 적정한지 여부, 이 사건 징계절차가 적법한지 여부'가 되며, ② 대 쟁점이 기간제근로자의 계약만료 통보의 경우 세부 쟁점은 '근로계약의 갱신기대권이 존재하는지 여부, (갱신기대권이 존재한다면) 사용자의 갱신거절에 합리적 이유가 있는지 여부'가 중심이 되고, ③ 대 쟁점이 해고의 존부를 다투는 경우의 세부 쟁점은 '이 사건 해고가 존재하는지 여부, (해고가 존재한다면) 해고가 정당(사유, 절차)한지 여부가 중심이 된다. 이와 같이 신청 이유를 구성하는 대 쟁점이 도출되면, 이후 각 쟁점을 판단하기 위한 세부 쟁점이 도출되고, 조사자는 이러한 대 쟁점과 세부 쟁점을 구성하는 구체적인 사실관계를 파악하고 조사하게 되는 것이다.

**나) 인사명령(전직, 전보 등)**

다음, 사용자가 근로자에게 행한 인사명령(전보, 전직 등)을 다투는 경우 신청 이유는 '① 이 사건 사용자가 2025. 00. 00. 이 사건 근로자에게 행한 전직는 부당전직(또는 전보 등)임을 인정한다. ② 이 사건 사용자는 이 사건 근로자에게 행한 전직을 취소하고 전직으로 인한 임금 차액을 지급하라'가 되고, 임금 변동이 없어 임금상당액 지급 명령이 불필요한 경우는 '② 이 사건 사용자는 이 사건 근로자에게 행한 전직을 취소하라.'가 된다. 그리고 대 쟁점인 인사명령에서 도출되는 세부 쟁점은 '전직 · 전보의 업무상 필요성 여부, 생활상 불이익 여부, 근로자와의 성실한 협의 등 절차 준수 여부'가 된다.

마찬가지로 이러한 신청 이유를 구성하는 대 쟁점(인사명령의 부당성)이 도출되면, 이후 각 쟁점을 판단하기 위한 세부 쟁점이 도출되고, 조사자는 이러한 대 쟁점과 세부 쟁점을 구성하는 구체적인 사실관계를 파악하면서 조사하게 되는 것이다.

위에서 언급하였듯이 신청 이유에 따라 파악하여야 하는 대 쟁점과 세부 쟁점, 이를 구성하는 사실관계가 달라지는 이유는 신청 이유와 인과관계를 이루는 사실관계를 바라보는 판례의 판단 기준이 다르기 때문이다.

#### 5) 구체적인 신청 이유 및 대 쟁점 파악 단계에서의 대화 요령

이 과정에서도 화해 등 사건의 조기 종결이 많이 이루어지는데 조사자가 신청인과 피신청인을 직접 불러 조사하는 과정에서 신청인과 피신청인의 입장을 충분히 이해하는 경청의 의사소통이 이루어진다면, 신청인의 입장이 변하기도 하고, 피신청인도 조사자의 의견을 경청하게 되어 신청인과 피신청인 스스로 사건의 조기 종결을 원하는 단계로 이끌 수 있기 때문이다. 서면으로 조사하는 과정도 마찬가지다. 서면으로 질문지를 배포하고 그 답변을 구하는 과정에서 신청인과 피신청인과의 경청과 의사소통은 신청인과 피신청인이 자신의 태도나 법률적 쟁점 등을 다시 한 번 되돌아보는 계기를 제공하게 됨으로써 처음에 당사자들이 가졌던 입장을 변화시킬 수 있기 때문이다. 일부 지방노동위원회의 경우 이 단계에서 화해 전문 공익위원이 직접 참여하여 상당한 사건을 화해로 종결시키기도 하며, 이 단계에서 화해가 성립되지 않더라도 심문회의 과정에서 공익위원, 노사위원들의 추가적인 노력이나, 아니면 재심과정에서 화해가 이루어지는 토양을 제공하기도 한다.

### (4) 사실관계에 기반(대 쟁점)하여 도출되는 구체적인 세부 쟁점 파악

#### 1) 구체적 세부 쟁점 파악을 위한 대화 기법

위에서 언급하였듯이, 조사자는 제출된 신청서를 기초로 하여 신청인과 피신청인과의 의사소통을 통하여 신청 이유와 신청 이유를 구성하는 대 쟁점이 도출되면, 각 대 쟁점을 판단하기 위한 세부 쟁점을 파악하여야 한다. 이러한 대 쟁점 및 세부 쟁점을 파악하는 단계에서부터 조사자와 신청인, 피신청인과의 대화 요령은 조사자의 전문적인 지식과 경험이 본격적으로 필요하게 되며, 다양화 대화 기법(대면, 비대면, 구술, 서면)이 적용된다. 주로 사용하는 방법은

① 신청인과 피신청인으로부터 이유서와 답변서를 받는 방법이 기초를 이루며
② 이유서와 답변서의 내용이 대 쟁점 및 세부 쟁점을 파악하는데 미흡한 경우 당사자와 관계인을 출석하여 조사하는 방법
③ 서면으로 필요한 사항에 대하여 질문지를 만들어 답변의 제출을 요구하는 방법
④ 필요한 자료의 제출의 요청하는 방법
⑤ 조사자가 직접 현장에서 확인하는 방법
⑥ 조사자가 당사자에게 유선으로 확인하는 방법
⑦ 전문적인 쟁점 분야에 대하여 전문가 자문을 얻는 방법
⑧ 관계기관의 협조를 받는 방법 등이 있다.

### 2) 구체적 세부 쟁점 파악을 위한 대화 기법의 활용 방법 및 주의사항

#### ① 기본 대화 기법으로서 이유서와 답변서

구체적 세부 쟁점 파악을 위한 대화는 주로 이유서와 답변서를 주고받는 방법이 중심을 이루게 된다. 조사자는 제출된 이유서와 답변서를 검토하면서 쟁점을 확인하고, 부족한 사실관계를 파악하며 이를 보완하는 과정을 거치게 된다. 당사자들도 상대방이 제출한 이유서와 답변서를 검토하면서 자신의 주장을 추가하거나 보완하는 과정을 거치기도 한다. 대리인이 없는 경우에는 당사자가 제출한 이유서와 답변서가 전혀 쟁점과 무관하거나 쟁점과 어느 정도 관련이 있더라도 판단의 주요 요소를 이루는 사실관계와 무관한 주장을 하는 경우가 많다. 설령, 쟁점과 관련 있는 주장을 하는 경우에도 이를 입증하는 증거자료를 부족하게 제출하거나 무엇을 제출하여야 할지 모르는 경우도 존재한다. 이 경우 조사자는 이러한 상황을 파악하고 추가적인 대화 기법을 통하여 이를 보완하게 된다. 대리인이 있는 경우에는 상당한 내용이 쟁점과 쟁점을 구성하는 사실관계에 충실하게 작성되어 제출되지만, 또한, 주요 쟁점이 누락되거나 쟁점을 구성하는 핵심 사실관계를 빠트리는 경우가 흔치 않게 발견된다. 이러한 이유는 대리인이 쟁점과 쟁점을 구성하는 핵심 판단 요소를 모르는 경우도 존재하지만, 당사자에게 불리한 내용을 드러내지 않는 과정에서 이루어지기도 한다. 조사자는 이유서와 답변서를 검토하는 과정에서 이러한 당사자나 대리인의 의도를 명확히 파악하여 이를 보완할 수 있는 전문성이 필요하다.

#### ② 기본 대화 기법을 보완하는 다양한 대화 기법

기본적인 대화 기법인 이유서와 답변서를 통하여 쟁점 및 사실관계 파악이 부족한 경우나 조사자가 쟁점 및 사실관계 파악과 화해를 병행하여 진행하려는 경우 조사자는 이유서와 답변서를 통한 대화 기법 이외의 다양한 대화 기법을 사건의 전체적인 상황과 현장 상황 등을 고려하여 병행하여 사용하게 된다.

- 가장 기초적이면서 쉬운 유선 통화를 통하여 당사자에게 질문을 하고 당사자의 대답을 경청하는 방법,
- 부족한 쟁점을 구성하는 판단요소를 명확히 기재하여 이를 질문하고 당사자가 답변과 증빙자료를 제출하게 하는 방식을 통하여 쟁점 및 사실관계를 파악하면서 당사자 스스로 법 위반 여부를 고민하여 화해를 고민하게 하는 방법,
- 당사자의 출석 조사를 통하여 쟁점 및 사실관계를 파악하는 과정에서 신뢰 관계를 확보하고 이러한 신뢰 관계에 기반하여 당사자가 최선의 문제해결 방법이 무엇인지 다시 한 번 고민하고 입장을 스스로 변경할 수 있는 기회를 부여하는 방법,

– 현장 조사를 통하여 현장 상황과 현장의 증거를 확보하고 이러한 적극적인 조사 의지를 통하여 당사자의 신뢰도를 높이는 방법 등 대부분의 대화 기법에서 조사자는 쟁점 및 사실관계의 파악과 화해의 과정을 병행하여 업무를 수행할 수 있음을 인지하고 이를 활용할 필요가 존재한다.

### 3) 구체적 세부 쟁점 파악을 위한 대화 기법을 위한 사전 준비의 중요성

이러한 다양한 대화 및 조사 기법에서 공통적으로 적용되는 핵심은 조사자가 사전에 대 쟁점과 대 쟁점을 구성하는 세부 쟁점을 명확히 파악하고 있어야 한다는 점이다. 무엇이 쟁점이고 이러한 쟁점을 파악하기 위하여는 어떠한 사실관계가 필요한지를 사전에 충분히 인지하고 있어야 하는 것이다. 즉 철저한 사전 준비가 필요한 부분인데, 업무의 전문성이 쌓인 조사자의 경우 이러한 사전 준비 기간을 짧게 단축시킬 수 있지만, 아직 전문성이 부족한 조사자의 경우 이러한 약점을 보완하기 위하여 미리 대 쟁점과 세부 쟁점 및 관련 판례를 충분히 이해하고, 각 세부 쟁점에 해당하는 사실행위와 주장, 입증자료를 중점적으로 파악할 수 있는 준비를 하여야 한다. 그렇지 않으면 제출된 이유서와 답변서에서 부족한 점이 무엇인지, 당사자에게 무엇을 물어볼지, 대면조사나 서면조사에서 어떤 내용을 질문할지, 관련 증거로 무엇을 확보하여야 하는지, 당사자에게 어떤 자료를 요구할지가 불분명해지고, 조사자가 어떤 쟁점을 놓쳤는지 모르는 상황에서 수집된 자료를 가지고 심판이 이루어지면 정식심판 또는 재판에서 새로운 증거나 쟁점이 드러나는 경우가 발생할 수 있기 때문이다.

가장 쉽게 이해할 수 있는 사례로는, 징계절차에서 징계위원회를 구성하는 위원구성 방법에 대하여 취업규칙에 명시적으로 규정되어 있음에도 이를 검토하지 않고 징계가 정당하다는 판정을 하였는데, 재판과정에서 징계절차 위반이라는 새로운 쟁점이 드러나 징계사유와 징계양정에 대한 타당성 여부와 무관하게 절차 위반으로 판정이 취소되는 경우이다. 이와 같이 당사자의 신청 이유와 신청 이유의 인과관계를 구성하는 대 쟁점과 대 쟁점을 구성하는 세부 쟁점을 명확히 파악하지 못한다면 이후의 조사과정은 이미 쟁점 누락의 결함이 내포된 조사가 이루어진다는 점에서 사전준비의 필요성은 다시 강조해도 부족함이 없다.

### 4) 구체적 세부 쟁점 파악 과정에서의 대화 요령

그리고 이 과정에서 당사자와의 대화 요령 역시 매우 중요한데, 파악하여야 할 다양한 쟁점과 이러한 쟁점을 구성하는 사실관계가 준비된 상태에서 신청인 및 피신청인과 대화가 이루어지지 않는다면, 당사자들은 조사자의 전문성에 대하여 의심을 하게 되며, 이러한 전문성에 대한 의심은 더 이상 조사자와 당사자 간에 충분한 의사소통이 어려워지게 될 수도 있고, 판정 결과에 대하여 불만을 가지게 될 수도 있다. 반대로, 파악하여야 할 다양한 쟁점과 이러한 쟁점을 구성하는 사실관계가 준비된 상태에서 신청인과 피신청인과의 대화는 그동안 조사자가 경청(deep listening)을 통한 당사자와의 의사소통이 원활해진 상태라면 조사자의 전문성에 대한 신뢰가 더해지게 되어 조사자가 물어보는 것에 대하여 좀 더 진지하게 되돌아보는 계기가 되어 당사자의 입장에 변화가 생길 수 있으며, 이러한 마음 상태의 변화는 당사자들 스스로 내가 옳고 상대가 부당하다는 입장을 고수하는 상태에서 무엇인 바람직한 해결인지 진지하게 고민하게 되고, 바람직한 해결을 위한 조건을 스스로 검토해 보고, 상대방과 조건을 타협하고 사건의 조기 종결을 스스로 결정할 수 있는 기초를 제공하기도 한다.

#### (5) 구체적인 세부 쟁점 확인을 위해 부족한 사실관계 보완

##### 1) 최종 사실관계의 보완

상당수의 사건은 위 사실관계에 기반(대 쟁점)하여 도출되는 구체적인 세부 쟁점을 파악하는 단계에서 조사나 당사자와의 대화가 마무리되지만, 구체적인 세부 쟁점을 이루는 사실관계가 충분하지 않은 경우가 생기기도 한다. 조사자는 이러한 경우에 시간이 허락하면 추가적인 조사나 당사자와 대화를 통하여 이러한 사실관계를 보완하여야 하며, 추가조사를 통하여도 확인이 어려운 경우의 사실관계도 존재하는데 이러한 경우에는 공식적인 심판절차에 참여하는 위원들이 이를 인지하고 심문회의에서 질의할 수 있게 별도의 정리를 하여야 한다.

##### 2) 조사보고서 작성 시 최종 보완의 중요성

조사자의 이러한 노력은 조사자와 당사자 간의 충분하고 깊이 있는 의사소통이 어려웠던 사건이라 하더라도 정식 심판절차의 심문회의에서 위원들이 사건에 대하여 깊이 있고 심도 있는 질문을 하는데 기초를 제공할 수 있고, 사건을 완전히 이해하고 있다는 인상을 주는 위원들의 당사자에 대한 질의는 당사자들을 안심시키기도 하며, 마지막으로 심문회의 도중이나 심문회의 이후에 당사자들의 입장을 변화시켜 스스로 화해 조건을 정하고 화해를 결정할 수 있는 마지막 기회를 부여하기도 한다. 설령 화해에 이르지 못하였다고 하더라도 최종 판정 결과에 대한 신뢰성을 높이거나 불만을 줄일 수 있다는 점에서 의미가 있다.

### 2. 조사과정에서 당사자와 대화 시 유념할 사항

#### (1) 조사자의 전문성 확보

지금까지 신청인의 신청 이유와 신청 이유를 구성하는 대 쟁점과 세부 쟁점, 세부 쟁점을 구성하는 사실관계를 당사자로부터 파악하는 대화 요령에 대하여 살펴보았다. 신청 이유를 파악하고, 대 쟁점과 세부 쟁점을 파악하고, 이러한 구조 위에 사실관계를 파악하고 보완하는 과정 전반에 흐르는 주된 핵심 또는 유의하여야 할 사항을 다시 한번 살펴보면, 하나는 당사자와 대화를 하기에 앞서 조사자가 해당 사건에 대한 전문성을 확보해야 한다는 것이다. 전문성 확보는 아직 전문성이 부족한 조사자도 해당 사건에 대하여 전문성 확보가 가능한데 그것은 사건에 대하여 미리 충분한 준비를 하는 것이다. 사건에 대한 충분한 준비는 구두 또는 서면으로 당사자와 질문하고 답변을 받는 대화의 질을 높이게 되며, 당사자들이 심판과정에 신뢰감을 갖게 되는 주된 요소가 된다.

### (2) 조사의 전 과정에서 대안적 분쟁 해결 방식(ADR)인 화해 대화 병행

또 다른 하나는, 당사자들 스스로 입장을 변화시켜 조건에 대하여 합의하고 분쟁을 조기에 종결하는 대안적 분쟁 해결 방식(ADR)이 조사의 전 과정에서 가능하다는 점이다. 영국의 대안적 분쟁 해결 방식(ADR)에서 가장 중요한 원리로 삼고 있는 요소가 경청(Deep Listening)인데, 당사자는 조사자가 본인의 말을 듣고 이를 재확인하거나 질문하는 의사소통 과정에서 조사자가 자신의 말을 경청하고 있는지 여부를 알게 되고, 그 깊이에 비례하여 조사자와 당사자 간에 일체감이나 신뢰감을 형성되게 되는데, 이렇게 형성된 신뢰 관계는 구제를 신청한 신청인의 최초 입장을 변화시켜 본인이 최선이라고 생각하는 결과를 바꿀 수 있게 되며, 피신청인도 이러한 신청인의 입장 변화와 자신의 최초 입장을 되돌아 보면서 자신의 입장을 변화시킬 수 있고, 이러한 당사자들의 입장 변화는 상호 최선의 이익을 합치시켜 당사자들 스스로 최선의 결과를 결정하는 화해에 이를 수 있는 것이다. 만약 당사자와 조사자 사이의 의사소통이 충분하지 않거나 당사자가 자신의 의견이나 주장이 경청되지 않았다고 생각하는 상황에서 심판절차가 진행되고 판정 결과가 나온다면, 설령, 그 결과가 본인에게 유리하게 나왔다고 하더라도 해당 당사자는 판정의 결과만을 중시할 뿐 상대 당사자에 대한 불만이나 분쟁해결 절차에 대한 불신이 지속되게 되어 당사자 본인의 미래 지향적인 삶에 큰 장애가 될 뿐만 아니라 노사 갈등이 본질적으로 개선되는 방향으로 나아가는데 장애가 될 수 있다.

# Ⅳ 조사보고서 작성 사례

## 1. 노동위원회 조사보고서 기능과 구성 등

### (1) 조사보고서의 기능

조사보고서는 조사관이 당사자가 제출한 이유서, 답변서 및 자료, 조사관이 직권 조사를 통해 확보한 자료, 진술서 등을 기초로 사건의 개요와 내용, 당사자 주장과 그 조사 결과, 관련 법령 및 판례 등을 종합적으로 정리한 것으로, 위원들이 사건의 본질 및 쟁점사항을 정확히 이해하고 효율적인 심문과 정확한 판정을 할 수 있도록 돕는 기능을 한다. 조사보고서를 작성할 때에는 사실관계와 쟁점사항별 당사자의 주장 등을 객관적이고 공정하게 기재하여야 한다(노동위원회규칙 제49조제2항).

### (2) 조사보고서의 구성 및 작성 시 착안 사항

조사보고서의 표지에는 사건번호와 사건명, 당사자, 신청일, 신청취지를 기재하고, 본문에는 ① 당사자, 사건의 경위 및 신청에 이른 경위를 포함한 사건 개요, ② 당사자 주장의 요지, ③ 주요 쟁점사항, ④ 주요 쟁점별 당사자 주장 및 조사 결과, ⑤ 그 밖에 직권조사 결과(조사 과정에서 화해가 추진되어 온 경우 화해 추진 경위와 당사자의 입장, 금전보상명령 신청이 있는 경우 임금상당액의 산정 등 포함), ⑥ 참고자료(유사한 판정 · 판결 등)를 기재한다.

| 조사보고서 구성 | 작성 시 착안 사항 |
|---|---|
| 사건번호, 사건명<br>당사자<br><br>신청일 | ① 당사자는 법인, 개인을 구분하고 법인인 경우 법인등기부등본의 명칭 그대로 사용<br>② 대리인이 있는 경우 표시<br>※ 대리인의 성향은 화해 성립에 영향을 미침 |
| 신청 취지 | 신청인이 주장하는 구체적인 위반 행위(주체, 일시, 행위)를 기재 |
| Ⅰ. 사건개요<br>1. 관계 당사자<br>가. 근로자(또는 노동조합)<br>나. 사용자 | 당사자의 기재 사항은 당사자적격 유무, 근로기준법 적용 여부 등 신청요건 구비 여부 판단의 기초가 되므로 정확히 기재 |
| 2. 신청에 이른 경위 | 불이익 조치 받은 날과 구제신청의 경위를 구체적으로 기재 |
| 3. 관계 당사자 주장의 요지 | 당사자의 주장과 주요 논거가 드러나고, 조사보고서의 핵심 내용이 요 |

| | 약되도록 기재 |
|---|---|
| 4. 이 사건 경위 | ① 당사자 관계의 특이점, 참고할 사항<br>② 시간 순서로 기재하는 것을 원칙으로 하되, 필요한 경우 쟁점별로 서술<br>③ 이슈의 배경, 원인, 결과 등을 구조적으로 분석하되 이슈의 선후 · 인과 · 상관관계를 고려<br>④ 사실과 주장, 개인적 의견을 구분<br>⑤ 판단 기준에 따른 요건사실을 빠짐없이 기재<br>⑥ 쟁점별 당사자가 주장하는 주요 논거 비교 |
| 5. 관계 법령 및 규정 | 사안에 관련된 법령, 단체협약, 취업규칙 등 해당 조항을 모두 기재 |
| Ⅱ. 주요 쟁점별 관계 당사자의 주장 및 조사 결과<br>1. 주요 쟁점<br>2. 주요 쟁점별 조사 확인 사항 | ① 쟁점별로 표를 만들어 확인된 사항을 중심으로 기재<br>② 판단의 기준이 되는 판례, 판정 또는 업무 매뉴얼의 참고사항 등을 기재 |
| Ⅲ. 그 밖의 직권조사 결과 | ① 화해 의사 및 조건을 기재하되 민감한 내용은 별도 자료로 보고<br>② 금전보상명령 신청에 관한 조사 내용 보고 |
| Ⅳ. 참고자료(초심 판정 내용 등) | ① 재심의 경우 초심 판정서의 주요 판정 내용 등을 기재<br>② 유사한 판정, 판례 등 사례 제시 |

## 2. 심판사건의 조사보고서 작성

### (1) 조사보고서 표지

#### 1) 사건번호, 사건명

사건번호는 기관 명칭(약칭), 접수년도, 사건유형(약칭), 일련번호(접수순) 순서로 기재하고, 사건명은 사업체명, 사건유형 순서로 기재한다. 사건유형은 구체적인 징계내용을 기재(ex 부당승무정지 구제신청, 부당전적 구제신청)하고 재심사건은 말미의 신청 앞에 재심을 삽입(ex 부당해고 구제 재심신청)한다.

**[예시]**

인천2022부해000 □□□□ 주식회사 부당해고 구제신청

중앙2022부해000 □□□□ 주식회사 부당해고 구제 재심신청

### 2) 당사자

신청인이 근로자인 경우 근로자로 표시하고 성명, 주민등록번호(앞 6자리, 뒤 1자리), 주소 순서로 기재하되 주소는 도로명 주소로 하고 특별시 · 광역시 · 도(道)는 두자로 축약한다. 피신청인이 법인의 경우 법인 명칭(비법인 사단 또는 재단은 그 단체의 명칭), 주 사무소 소재지, 대표자 순서로 기재하고, 개인의 경우 성명(성명 옆에 주민등록번호(앞 6자리, 뒤 1자리) 및 사업체 명칭, 주소 순서로 한다.

**[예시]**

근로자　홍길동(000101－3******)
인천 미추홀구 ○○○, 7층(도화동)
대리인 공인노무사 박◇◇

사용자　□□□□ 주식회사
인천 부평구 △△△(부평동)
대표이사 김○○
대리인 노무법인 ▽▽▽▽
담당 공인노무사 홍□□

### 3) 신청일

노동위원회에 사건이 접수된 날을 기재한다. 제척기간 도과 여부나 구제의 이익 여부를 다툴 때 중요한 판단 기준이 된다(ex 신청일: 2024. 10. 2.).

### 4) 신청취지

신청취지는 심판 대상을 특정하는 중요한 기재사항이므로 구제신청서의 신청취지를 그대로 기재하는 것을 원칙으로 하되, 구제신청서의 신청취지가 부정확 또는 불명확한 경우에는 이유서 등에 나타난 신청인의 의사를 반영하여 정확하게 정리해 기재할 필요가 있다.

**[예시]**

1. 이 사건 사용자가 2022. 1. 1. 이 사건 근로자에게 행한 해고는 부당해고임을 인정한다.

2. 이 사건 사용자는 이 사건 근로자를 원직에 복직시키고 해고기간에 정상적으로 근로하였다면 받을 수 있었던 임금상당액을 지급하라.

### (2) 관계 당사자

근로자의 경우 입사일, 부서 · 직책, 담당 업무, 불이익 조치를 당한 날짜, 불이익 조치를 당할 당시의 사업장 명칭 등을 기재하고 조합원인 경우 노동조합 가입일, 불이익 조치 당시 노동조합 가입 여부, 노동조합 내 지위, 전체 근로자 중 종사 근로자인 조합원 수 등을 기재한다. 사용자의 경우 사업체 설립일, 상시 근로자수, 업종 및 주요 생산품, 사업장 현황 등을 기재한다.

**[예시]**

가. 근로자

이○○(이하 '이 사건 근로자'라 한다)는 20**. 1. 1. □□□□ 주식회사에 입사하였고, 20**. 1. 1. 부터 ◇◇공장(이하 '이 사건 사업장'이라 한다)에서 제품출하팀 수출관리계장으로서 수출 제품의 부두 출하 업무를 담당하던 중 20**. 4. 4. 부당하게 해고되었다고 주장하는 사람이다.

나. 사용자

□□□□ 주식회사(이하 '이 사건 사용자' 또는 '이 사건 회사'라 한다)는 19**. 1. 1. 설립되어 위 주소지에 본점을 두고 상시근로자 약 20,000명을 사용하여 제조업(제철, 제강, 압연, 주조, 단조, 강관 등)을 행하는 법인이며, 이 사건 회사에는 이 사건 사업장, ☆☆공장, △△공장 등이 있다.

### (3) 신청에 이른 경위

해고 등 불이익 조치를 받았거나 그러한 사실을 알게 된 날, 해고통지서 수령 등 불이익 조치에 관한 통지의 수령 방법(구두, 서면, 이메일), 통지가 없었던 경우 그러한 사실을 알게 된 경위, 구제신청을 한 날짜 등을 기재하고, 구제신청서 제출 이후 신청취지를 변경한 경우(원직복직→금전보상) 그 경위를 구체적으로 기재한다.

**[예시]**

이 사건 근로자는 2024. 10. 14. 이 사건 사용자가 행한 해고(이하 '이 사건 해고'라 한다)가 부당하다며 2024. 12. 27. 우리 위원회에 구제를 신청하였다.

(금전보상명령을 신청한 경우: ~신청하였고, 2025. 1. 27. 원직복직에 갈음하여 금전보상명령 신청서를 제출하였다.)

### (4) 관계 당사자의 주장 요지

당사자의 주장 요지는 사실관계에 대하여 일치 · 불일치 사항을 종합하여 사실관계에 대한 법적 가치 판단, 또는 법리에 관한 주장의 요지와 이에 관한 논거나 증명을 요약하여 1페이지 이내로 기재하여야 한다.

**[예시]**

가. 근로자

이 사건 근로자가 이 사건 회사에 출근하지 않고 특근을 신청하여 수당을 받은 사실(총 00회, 약 20,000,000원)은 인정하나 이 사건 회사에 전부 돌려주었으므로 사손 발생에 대한 징계사유는 인정할 수 없다. 이 사건 근로자의 근태 부정에 대해 관리책임자는 출근정지 3일을 처분한 것과 비교하면 이 사건 근로자에게 해고를 처분한 것은 양정이 과하며, 인사위원회 통지서에 '근태 부정'으로 통보하였으나 결과 통보서에 '사손 발생'이 추가되어 방어권을 행사하지 못했으므로 징계절차가 위법하다.

나. 사용자

이 사건 근로자는 수출관리계장으로 보직된 직후부터 고의 · 상습적으로 근태 부정을 하였고 이 사건 회사에 유 · 무형적인 손실을 끼쳤다. 단순히 부당수령한 금액을 돌려주었다고 하여 부당수령한 사실이 없어지는 것은 아니다. 이 사건 근로자도 관리책임자가 근태 부정 사실을 몰랐다고 진술하므로 관리책임자와 이 사건 근로자의 근태 부정 행위를 동일하게 볼 수 없으며, 인사위원회 통보서에 근태 부정과 사손발생에 대한 규정을 기재하였고, 20**. 3. 1. 사전 면담에서도 고지하였으므로 징계절차상 문제는 없다.

### (5) 이 사건 경위

조사 결과 다툼이 없거나 증거자료를 통하여 확인된 사실을 중심으로 해고 등 사건의 경위를 발단에서 결말에 이르기까지 시간의 흐름 순서대로 정리하여 서술형으로 기재하되, 예외적으로 중요·복잡한 사건의 경우 관련 사항을 쟁점별로 번호와 소제목을 붙여 작성하며, 아래의 사항을 고려하여 구조적으로 읽기 쉽게 작성한다.

**1)** 이 사건 경위의 첫 단락은 당사자 관계의 특이점이나 근로계약 관계의 참고할 사항을 기재한다. 이 사건 회사가 어떤 회사인지(연혁, 주요 생산품, 회사 내부 구조(조직도, 원하청 계약관계 등), 내부 보고 체계, 주 수입원 등 사안에 따라 필요한 항목을 기재), 이 사건 근로자는 어떤 경로를 통해 지원하였고, 이 사건 근로자와 사용자의 어떤 내용의 근로계약을 체결하고 계약관계가 어떻게 변동되었는지를 확인하여 기재하는 것이 중요하다. 다시 말해 회사의 전체 구조 속에서 이 사건 근로자의 역할, 직무 범위 등을 보여 주는 것이다.

**[예시]**

가. 이 사건 회사는 전기로를 이용하여 철근, H형강 등 형강류, 스테인리스(STS) 등 다양한 철강 제품을 생산하여 국내·외로 판매하고 있다. 판매되는 철강 제품은 각 제품장에 보관되어 있다가 출하 계획에 따라 발주처로 보내지며, 이와 관련된 업무는 제품출하팀에서 담당한다.[노위 제3-1호증 현장조사 결과 보고]

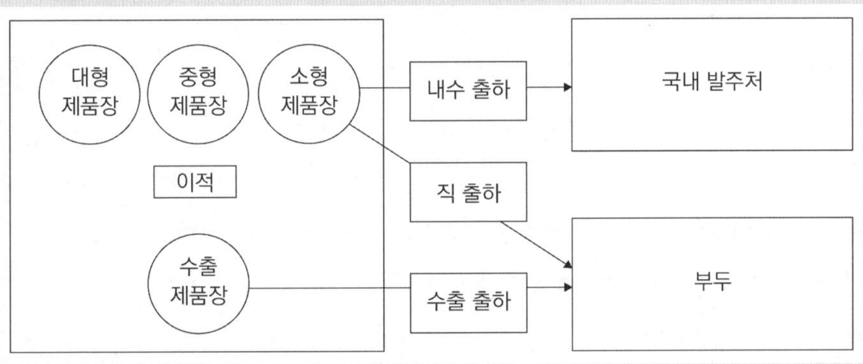


〈제품 출하 과정(발췌)〉

※ 내수용은 제품장에서 건설업체 등 발주처로 출하되며, 수출용은 부두를 통해 선박에 적재되어 수출되는데 선박 일정이 맞으면 제품장에서 부두로 바로 출하되고 일정이 맞지 않는 경우 각 제품장이나 수출제품장에 옮겨 보관함

나. 이 사건 회사 제품출하팀은 대형1, 2 제품장, 중형1, 2 제품장, 소형제품장, 수출제품장, STS제품장 등으로 구성되어 있고, 수출제품장은 근로자가 상주하는 시간에만 운영되고, 나머지 제품장은 24시간 운영된다. 각 제품장별 운영형태, 조업인원, 작업장 수용량(capa)은 다음 표와 같다.[노위 제2－7호증 계장 직급자 담당 제품장 현황]

〈각 제품장 비교〉

| 구분 | 대형 1제품장 | 대형 2제품장 | 중형 2제품장 | 수출제품장 |
|---|---|---|---|---|
| 운영형태 | 24시간 운영 | 24시간 운영 | 24시간 운영 | 상주시간만 운영 |
| 조업인원 (협력업체 포함) | 42명 | 51명 | 19명 | 13명 |
| 작업장 수용량 (capa)(톤) | 13,824톤 | 73,470톤 | 28,595톤 | 10,988톤 |

※ 수출제품장에 근무하는 직원 13명 중 사무직원은 이 사건 근로자, 자회사 소속 여직원 2명과 남직원 1명이고, 나머지는 수출제품장 현장에 근무함

다. 이 사건 근로자는 19**. 1. 2. 이 사건 회사에 기술직으로 입사하여 19**. 8. 1.부터 제품출하팀에서 근무하였고, 20**. 1. 1. 주임 승진, 20**. 8. 1. 계장으로 승진하면서 수출제품장 관리계장으로 보직되었다. 수출제품장 관리계장은 수출제품장에 보관된 제품들을 선박 일정에 맞추어 출하될 수 있도록 조율하고, 소속 직원들의 근태를 관리해야 한다.[노 제2호증 이 사건 근로자의 업무분장표, 노위 제3－1호증 현장조사 결과 보고, 노위 제3－2호증 현장조사 붙임자료]

**2)** 시간 순서로 기재하는 것을 원칙으로 하되, 사건이 중요 · 복잡하여 관련 사항을 쟁점별로 작성하는 것이 사건의 본질을 파악하는 데 더 적합한 경우 쟁점별로 작성이 가능하다.

**[예시]**

1. 시간순서별 방식: 시간 순서대로 각 사건을 분류한다. 다음의 예시문은 폭행을 이유로 징계해고

된 사건을 시간순서와 징계절차로 분류하였다.

가. 사건의 배경

나. 이 사건 항의 방문(2019.10.8.) 관련 사정

다. 이 사건 징계 절차

라. 2016. 1. 27.자 항의 방문 관련

2. 징계사유별 방식: 징계사유가 다수인 경우 활용 가능하다. 다음의 예시문은 병원 차량 무단이용 등 여러 가지 사유로 징계해고된 사건을 각 징계사유별로 분류하였다.

가. 이 사건 병원의 운영 및 보고체계

나. 최○○의 이 사건 병원 차량 이용

다. 2019. 2. 23. 행사 진행

라. 2019. 5. 13. 간담회

마. 이 사건 행사 관련 병원 관계자들의 진술 내용

3. 판단기준별 방식: 근로자성이 쟁점인 경우 활용 가능하다. 다음의 예시문은 방송작가의 근로자성이 다툼인 사건을 근로자성 판단지표별로 분류하였다.

가. 방송프로그램 개요

나. 계약 체결의 경위 및 내용

다. 업무의 내용 및 수행 방법

라. 근무시간 및 장소

마. 업무의 변경 및 추가

바. 보수 및 사회보험 적용

사. 근로 제공의 계속성과 전속성, 제3 자 위임

아. 계약의 종료

**3)** 근로자와 사용자 간에 어떤 사건(What)이 발생하였는지, 각 사건들은 왜(Why) 발생했는지와 그 결과 어떻게(How) 되었는지를 확인하고 조사보고서에 기재한다. 사건의 배경, 원인, 결과 등을 구조적으로 서술하되 이슈의 선후 · 인과 · 상관관계를 고려하는 것이 중요하다. 선후관계는 어떤 사건이 일어난 뒤에 다른 사건이 일어나는 관계를 말하며, 인과관계를 판단하는 데 있어

중요한 변수로 작용하며, 원인이 먼저 발생하고 결과가 뒤따라야 한다. 인과관계는 어떤 사건이 다른 사건의 발생에 영향을 미치는 관계를 말하며, 인과관계가 성립되려면 원인이 결과보다 앞서야 하고, 원인과 결과가 직접적으로 관련되어야 한다. 상관관계는 두 개 이상의 변수가 어느 정도 규칙적으로 변화하는 관계를 말하며, 곧바로 인과관계로 이어지지 않고 인과관계의 필요조건(necessary condition)에 해당한다. "까마귀 날자 배 떨어진다."라는 속담은 상관관계를 보여 주는 대표적인 사례이다.

**[예시]**

가. 이 사건 근로자는 부당수령한 임금을 돌려주었기 때문에 사손 발생이라고 볼 수 없고, 이를 징계사유로 삼을 수 없다고 주장하는 반면 이 사건 사용자는 고의 상습적으로 부당수령하고 이를 돌려주었다고 하여 부당수령한 행위가 없어지는 것은 아니며, 신뢰 관계, 기업의 공동질서를 무너뜨렸으므로 징계사유에 해당한다고 주장하는 등 징계사유에 대한 양 당사자의 주장이 다르다.

→ 근로자는 부당수령한 임금을 돌려주었으므로 징계사유가 사라졌다는 주장이고, 사용자는 임금을 부당수령한 행위가 있어 감사를 진행하였고 감사 결과에 따라 부당수령한 임금을 반환한 것일 뿐이라고 주장하는 사안에서 사건의 선후관계와 인과관계를 확인할 필요가 있었음

**4)** 사실과 주장, 개인적 의견을 구분하여 기재한다. 주장은 상대가 수용하기를 바라는 단정적인 진술로서 이유로 뒷받침되는 진술로 주관적인 것을 말하고, 사실은 실제로 존재하거나 발생한 사건으로 객관적인 것을 의미한다. 개인적 의견은 주관적이면서 가치판단이나 취향의 영역이다. 아래 예시문에서 A는 개인 취향이고, B는 주장이고, C는 사실에 해당한다. 당사자가 제출하는 이유서나 답변서에는 하나의 문장이나 문단에 주장과 사실이 혼재되어 있는 경우가 많으므로 조사보고서를 작성할 때에는 사실과 주장을 명확히 구분하여 기재하여야 한다.

**[예시]**

A. 이 사건 근로자는 이 사건 회사의 유니폼을 촌스럽게 여겼다.

B. 이 사건 근로자가 2024. 12. 25. 출근하지 않은 것은 휴일근무 강요에 대한 거부의 의사표시로서 징계사유에 해당하지 않는다.

C. 이 사건 근로자는 2024. 12. 25. 소정근로일임에도 출근하지 않았다.

**5)** 판단 기준에 따른 요건사실을 빠짐없이 기재한다. 영미법에서 3단 논법(대전제－소전제－결론)으로 칭하는 IRAC는 Issue(쟁점의 정리/논점의 정리), Rule(법조문, 판례법리), Application(사안의 검토), Conclusion(결론)의 구조를 말하며, 요건사실론(Rule의 상세화)이란 일정한 법률효과를 발생시키는 법률요건을 확정한 뒤에 그에 해당하는 사실에 관한 주장 · 입증책임의 소재와 당사자가 제출하여야 하는 공격방어 방법의 배열을 명확히 하는 해석 방법론이다. 여기서 요건사실이란 법규(범)의 법률요건에 해당하는 구체적 사실을 말하는데, 예를 들어 근로자가 사직서를 제출한 사실, 사용자가 수리 통보한 사실이 결합하여 근로계약이 합의해지로 종료되었다는 효과가 발생하는 구조이다. 이를 고려하여 판례에서 제시한 판단 기준과 관련된 기초 사실관계가 조사보고서의 이 사건 경위 부분에 현출되어 있어야 한다는 의미이다.

| 인정사실(요건 사실) | 판단(법률 효과) |
|---|---|
| 이 사건 근로자는 이 사건 사용자에게 2024. 2. 1. 사직서를 제출하였다.<br>이 사건 사용자는 이 사건 근로자에게 사직서가 즉시 수리되었음을 통지하였다.<br>→ 이 부분이 조사보고서에 현출되어 있어야 한다. | 이 사건 근로자가 2024. 2. 1. 사직서를 제출하고 이 사건 사용자는 사직서가 즉시 수리되었음을 이 사건 근로자에게 통지하여 당사자간 근로계약은 합의해지로 종료되었다. |

**6)** 쟁점별 당사자가 주장하는 주요 논거를 비교 분석한다. 단순히 당사자의 주장 차이를 나열하는 것이 아니라 쟁점에 관한 주장과 이에 관한 주요 논거를 현출하여 기재하는 것이 중요하다. 예를 들어 승진 누락의 경우 통계적 유의미성을 검토하기 위해 최근 몇 년간의 승진자 현황, 조합원 유무 등을 분석하거나 근로계약의 갱신기대권 유무를 판단하기 위해 인용과 기각의 논거를 비교할 수도 있고, 근로자의 근태 부정 여부를 확인하기 위한 통계 분석 등을 정리하여 표로 보여 줄 수도 있다.

**[예시1]**

가. 이 사건 당사자는 근로계약 갱신기대권이 인정되는지에 관한 다툼에서 다음과 같은 논거를 제시하고 있다.

| 근로계약 갱신기대권 인정 논거 | 근로계약 갱신기대권 불인정 논거 |
|---|---|
| • 근로계약 · 취업규칙 등에 명시된 규정은 강행규정 | • 근로계약 · 취업규칙 등에 근거가 없거나 명시된 규 |

| | |
|---|---|
| 으로 해석해야 한다. | 정은 임의규정이다. |
| • 임의규정이라 할지라도 사용자가 재량권을 일탈 · 남용하였다. | • 사용자가 재량권을 일탈 · 남용하지 않았다. |
| • 대부분 근로자들이 근로계약 갱신되는 등 관행이 존재한다. | • 갱신의 관행이 존재하지 않는다. |
| • 관행이 인정되지 않더라도 개인적 신뢰를 갖게 하였다. | • 사용자가 근로자를 독려하는 차원에서 재계약을 언급한 것일 뿐이다. |

**[예시2]**

가. 이 사건 근로자의 2019. 9.~2021. 12. 실제 연장근로 실적은 월평균 5.8시간이고, 같은 기간 이 사건 사업장 상주조의 실제 연장근로 실적은 월평균 24.8시간이다. 이 사건 근로자의 2019. ~2021. 연차유급휴가 사용은 연평균 약 8일이며, 같은 기간 이 사건 사업장 상주조의 연차유급휴가 사용은 연평균 약 9.8일이다.[노위 제3-1호증 현장조사 결과 보고, 노위 제3-2호증 현장조사 붙임 자료]

〈이 사건 근로자의 연장근로 실적 및 근태 부정(발췌)〉

| 구분 | 실제 연장근로(시간) | 근태 부정(시간) | 합계 |
|---|---|---|---|
| 2019. 9. | 0 | 18 | 18 |
| - 중략 - | | | |
| 2021. 11. | 0 | 27 | 27 |
| 2021. 12 | 0 | 18 | 18 |
| 월평균 | 5.8 | 22.6 | 28.4 |

### (6) 주요 쟁점, 주요 쟁점별 확인 사항

#### 1) 주요 쟁점

주요 쟁점 사항은 사건 유형에 따라 판례, 판정례에서 판시하고 있는 판단기준을 참고하여 법률적 판단의 쟁점사항별로 정리하여 기재한다. 당사자 주장 중 사실관계가 확인되어 사건 경위에 반영된 사항 및 판단기준과 직접 관련이 없는 쟁점 사항은 주요 쟁점 사항에서 제외하고 당사자의 주장이 다른 경우 주요 쟁점 사항으로 기재하여야 한다.

**[예시]**

가. 징계사유의 존재 여부

나. 징계양정의 적정성 여부

다. 징계절차의 적법성 여부

### 2) 주요 쟁점별 조사 확인 사항

주요 쟁점별로 당사자의 주장과 이유, 근거, 확인된 사항, 조사 결과 등을 정리하여 기재한다. '조사 결과'란에는 '이 사건 경위'에 기재되지 아니한 사실, 입증자료 설명, 법령이나 규정의 해당 조문, 동일 사업체 등에 대한 사건의 조사 결과 등 심판위원들이 심문 또는 판정할 때 참고가 될 만한 사항을 기재하고, 그 출처를 반드시 기재한다.

**[예시]**

가. 징계사유의 존재 여부

| 징계사유의 존재 여부 | |
|---|---|
| **판단 기준** | **확인된 사항** |
| 징계사유의 실제 존재여부 | |
| 단체협약, 취업규칙 등에 징계 또는 해고 사유에 해당 여부 | |
| 징계절차에서 징계 사유로 삼은 사항인지 여부 | |
| 쟁위행위 등 정당한 행위를 징계사유로 삼았는지 여부 | |
| 노사면책 합의사항인지 여부 | |
| 일사부재리 원칙의 위반이 아닌지 여부 | |
| 징계시효가 도과되었는지 여부 | |

나. 징계양정의 적정성 여부

| 징계양정의 적정성 여부 | |
|---|---|
| **판단 기준** | **확인된 사항** |
| 단체협약, 취업규칙 등 규정에 귀책 · 비위사유별 양정 기준 및 가중/감경 규정 유무 | |

<table>
<tr><th colspan="2">징계양정의 적정성 여부</th></tr>
<tr><th>판단 기준</th><th>확인된 사항</th></tr>
<tr><td>사용자의 업종 등 사업의 특색을 반영(금융기관 · 공공기관의 직원인지 여부)</td><td></td></tr>
<tr><td>근로자의 지위 · 직책, 담당업무의 내용</td><td></td></tr>
<tr><td>귀책 · 비위행위의 동기 및 경위(고의 · 과실 및 반복성 등), 의도적 · 적극적 행위인지 여부</td><td></td></tr>
<tr><td>과거의 근무태도(징계 · 표창 이력, 근무성적 등)</td><td></td></tr>
<tr><td>동일, 유사한 사유에 대한 징계 현황</td><td></td></tr>
<tr><td>위계질서 문란 등 기업질서 훼손 및 사용자의 손실 여부</td><td></td></tr>
<tr><td>징계시효가 도과되었는지 여부</td><td></td></tr>
</table>

다. 징계절차의 적법성 여부

<table>
<tr><th colspan="4">징계절차의 적법성 여부</th></tr>
<tr><th colspan="3">판단기준</th><th>확인된 사항</th></tr>
<tr><td rowspan="3">징계절차규정존부</td><td colspan="2">취업규칙, 단체협약 등에 징계절차에 관한 조항이 존재하는지</td><td></td></tr>
<tr><td colspan="2">징계 당시 적용한 취업규칙, 단체협약이 유효한 것인지</td><td></td></tr>
<tr><td colspan="2">취업규칙과 단체협약의 징계절차가 상이한 경우 무엇을 적용하였는지</td><td></td></tr>
<tr><td rowspan="4">징계절차규정준수 여부</td><td rowspan="2">사전통지 등</td><td>징계절차조항이 요구하는 사전통지를 하였는지(서면통지 여부, 통지기간의 준수, 기재사항의 구체성 등)</td><td></td></tr>
<tr><td>징계절차조항이 요구하는 진술 기회를 부여하였는지</td><td></td></tr>
<tr><td rowspan="2">징계위원회 구성</td><td>징계절차조항에 따라 징계위원회를 구성하였는지</td><td></td></tr>
<tr><td>징계위원에 대한 제척, 기피 조항을 준수하였는지</td><td></td></tr>
</table>

<table>
<tr><th colspan="4">징계절차의 적법성 여부</th></tr>
<tr><th colspan="3">판단기준</th><th>확인된 사항</th></tr>
<tr><td rowspan="5"></td><td rowspan="2">징계심의<br>및 의결</td><td>징계위원회에 부의된 내용에 대하여만 심의 · 의결을 하였는지</td><td></td></tr>
<tr><td>심의 · 의결이 실질적으로 이루어 졌는지</td><td></td></tr>
<tr><td>재심절차</td><td>징계절차조항에 규정된 재심절차를 거쳤는지</td><td></td></tr>
<tr><td rowspan="2">징계시효<br>등</td><td>징계시효가 도과하지 않았는지</td><td></td></tr>
<tr><td>징계위원회 개최시기 제한 조항(예컨대, 정당한 쟁의행위 중)을 준수하였는지</td><td></td></tr>
<tr><td>하자의 치유 · 방어권의 포기</td><td colspan="2">절차상의 하자의 치유를 인정할 만한 사정이 존재하는지</td><td></td></tr>
</table>

### (7) 그 밖의 직권조사 결과

그 밖의 직권조사 결과에는 화해와 관련한 사항(화해 가능 여부, 다툼의 배경이나 원인, 화해 가능 범위 등), 위원회에서 요구한 자료 목록, (재심의 경우) 구제명령 이행 여부, 금전보상 조사보고서, 기타 사항(구제신청 이력 등) 등을 기재한다. 조사과정에서 화해가 추진되어 온 경우 그 경위와 화해 조건에 관한 당사자의 입장 등을 반드시 기재하되, 조사보고서가 정보공개의 대상인 점을 고려하여 민감한 사항은 심판위원들에게 별도로 보고한다.

**[예시]**

가. 화해 가능 여부: 적극적인 화해 조정안 제시가 필요함

이 사건 근로자는 최저임금 근로자인 점을 감안하여 금전 합의금 수준을 최대한 높이길 원하고, 이 사건 사용자는 노동관계법 위반에 대한 벌칙(근로계약서 미작성, 주 52시간 위반 등)을 면하기 위해 당사자 간 합의로 마무리하길 원하고 있으므로 1.5~2개월 임금 수준에서 화해를 권고할 필요가 있음

나. 위원회에서 요구한 자료 목록

(1) 위원회 질의 사항에 대한 답변서

(2) 과거 5년간 징계 현황(징계사유, 양정 등 포함)

(3) 징계위원회 회의록

## 3. 조정사건의 조사보고서 작성

### (1) 조정사건에서 조사관의 역할

조정사건에서 조사관의 역할은 커뮤니케이터(Communicator)이다. 조사관은 조정사건이 접수되면 출석 조사 또는 현장 방문을 통해 교섭의 쟁점을 파악함과 동시에 노동쟁의의 원인을 추측할 수 있는 단서를 찾아야 하며, 노동조합과 사용자의 신뢰 관계를 구축해야 한다. 사전 조사를 바탕으로 조사보고서를 작성하지만 조정 사건의 조사보고서는 조정 기간이 짧고(일반 사업장 10일, 공익 사업장 15일), 민감한 정보가 많아 기술하는 데 한계가 있다. 조사보고서를 작성하였다고 하여 조사관의 역할이 끝난 게 아니다. 조정회의는 공개 회의와 비공개 회의(개별회의)로 진행되는데, 조사관은 회의가 진행되는 동안 조정위원 · 노동조합 · 사용자 사이에서 원활한 의사소통이 이루어지도록 커뮤니케이터 역할을 하게 된다.

### (2) 조정 조사보고서 구성

조정사건의 조사보고서는 정해진 형식은 없으나 조사관이 일반적으로 활용하는 틀을 기준으로 보면, 사건번호, 사건명, 당사자 표시, 노동조합 및 사업장 특성, 교섭창구단일화 관련 사항, 교섭 과정 및 교섭 차수별 내용, 조정 신청 사항, 사전 조사 결과, 참고사항 등으로 구성되어 있다. 조정사건의 경우 노사 간에 겉(겉마음)으로 드러내지 않는 속내(속마음)가 있을 수 있으며, 이를 조사보고서에 모두 담는 것은 한계가 있고, 조사보고서가 정보공개의 대상인 점을 고려하여 민감한 사항은 조정위원들에게 별도의 서면을 작성하여 보고하는 것이 좋다.

**[예시(목차 중심)]**

1. 사건번호
2. 사건명
3. 당사자
4. 노동조합 특성
5. 사업장 특성
6. 교섭창구 단일화 관련 사항

7. 교섭 과정 및 교섭 차수별 내용
8. 조정 신청 사항
9. 사전 조사(현장 방문) 결과
10. 참고 사항

### (3) 조정 조사보고서 작성 시 착안 사항 및 작성 예시

#### 1) 노동조합 특성

노사 대표에 관한 정보가 충실해야 한다. 노동조합 대표의 연령, 근속 정도, 리더십(조직 장악력), 기타 경력, 경쟁 계파의 존재 여부, 최근 경선 시 득표율, 차기 선거일, 쟁의행위 돌입 시 동력의 정도 등의 정보를 파악한다.

**[예시]**

가. □□□□□노동조합은 2020. 5. 기업별 노동조합으로 출범, 2020. 12. □□그룹 초기업노동조합의 지부로 조직 형태를 변경함

나. 집행부는 지부장, 사무국장 1명, 감사 1명으로 구성되어 있고 조직력은 과반수 노동조합이나 조합원 간 결집력은 약함

다. 그간 노사는 노사협의회(근로자위원 10명, 사용자위원 10명)를 통해 매년 임금 T/F를 운영하고 임금인상률에 합의하면 당해연도 4. 1.~다음년도 3. 31. 적용하고 있음

라. 노동조합의 최대 이슈는 사용자 측이 노동조합을 교섭의 파트너로 인정하지 않는 태도와 교섭사항에 대한 의견 제시에 상당한 시일이 소요되는 것에 불만을 제기함

#### 2) 사업장 특성

사용자 대표의 연령, 오너십 여부, 의사결정권 소유 여부 및 의사결정 구조, 교섭 태도 및 성향 등을 파악한다.

**[예시]**

가. △△△△주식회사는 1970. 6. 설립되어 자동차 및 중장비용 파이프 가공 제조업 및 판매업을 주요 영업으로 하고 있고, 인천에 본사, 울산과 광주에 공장을 두고 있음(인천, 울산, 광주의

근로조건은 동일함)

- 2021. 12. 9. ㈜○○○○○가 보유하고 있던 △△△△의 주식을 TI Automotive Holdings Ltd.에 전액 매각함

나. △△△△주식회사의 대표이사 ▽▽▽는 대한민국 내 법인 총괄하는 자이고, ◇◇◇ 상무는 아시아 국가 내 법인의 인사 총괄 책임자임

- ▽▽▽ 대표와 ◇◇◇ 상무는 TI Automotive Holdings 그룹 내에서 서열이 동급이며, △△△△주식회사의 주요 안건에 대해 상호 협의하여 결정하고 있음

다. △△△△주식회사의 생산라인은 총 3개이며, A라인은 자동차 브레이크 관련 제품 생산, B라인은 연료 관련 제품 생산, C라인은 엔진 관련 부품을 생산함

- 현재(2022. 6.) A라인은 주문량이 많아 잔업이 필요한 상황이며 근로자들은 잔업을 거부하고 있음(B, C라인은 잔업 없음)

### 3) 교섭창구단일화 관련 사항

교섭창구 단일화 절차를 거쳤는지 교섭의 상대방이 맞는지를 확인한다. 사업장 내 유일한 노동조합일지라도 교섭창구단일화를 거쳐 유일한 노동조합인지, 적법한 교섭인지 등을 확인할 필요가 있다.

**[예시]**

가. 교섭 관련 사항

- 교섭 요구: 2023. 7. 17.
- 교섭요구 사실의 공고: 2023. 7. 18.~7. 25.
- 교섭요구 노동조합 확정 공고: 2023. 8. 1.
- 과반수 노동조합 통지 사실의 공고: 단수노동조합

### 4) 교섭 과정 및 교섭 차수별 내용

교섭 과정 시 교섭 내용의 변화에 대한 정보를 파악한다. 교섭회차별 교섭항목 중심으로 작성하기 보다는 교섭 회차에 따라 교섭 내용이 어떻게 변화하였는지, 노사간 의견이 어떻게 변화하여 왔는지에 대한 정보가 있어야 한다.

**[예시]**

| 교섭 차수 | 일시 | 참가자 | 주요 내용 | |
|---|---|---|---|---|
| | | | 노동조합 | 사용자 |
| 1 | 2022. 4. 14. | 노측: 위원장 국장 조합원<br><br>사측: 상무 노무팀장 | 기본급 대비 13.14% 임금 인상 및 성과금 300% 지급 요구 | 사측 제시안 없음 |
| 2 | 2022. 4. 21. | | 영업이익은 영업과 관련된 모든 매출 중에서 판매비와 일반관리비를 차감하고 남은 금액이고 △△△△ 전 직원이 만든 결과물임 | 2021년 재무제표 관련 매출 2290억원 중 영업이익이 88억은 맞지만 실질적으로 2020년 고객과 협력사에 지급해야 하는 부분들이 2021년으로 이월되어 영업이익이 부풀려진 상황임 실질적인 영업이익은 16억에 불과함 |
| 3 | 2022. 4. 28. | | - | 기본급 대비 3.5% 인상, 성과급 60% 지급 제시 |
| 4 | 2022. 5. 4. | | 재무제표를 기준으로 보면 회사의 재정은 안정적이며, 2022년 임금 인상 요구안을 수용해 줄 것을 다시 한번 요구함 | - |
| 5 | 2022. 5. 11. | | - | 기본급 대비 4.0% 인상, 성과급 70% 지급 수정안 제시 |
| 6 | 2022. 5. 19. | | 사측안 불수용 | 추가 수정안 미제시 |
| 7 | 2022. 5. 26. | | 결렬 선언 | |

### 5) 조정 신청 사항

조정사건에 대한 과거 이력 정보를 파악한다. 조정중지 이후 사업장에서 발생된 주요 사실(파업, 사후조정, 자율 타결 등)에 대한 상세한 정보가 필요하다. 또한 교섭의 쟁점사항을 최소화하도록 노력한다. 조정기간을 감안하면 많은 쟁점을 다루기보다 2~3개 사항을 조정을 통해 합의점을 찾고 나머지 사항은 자율 교섭을 할 수 있도록 물꼬를 터 줄 필요가 있기 때문이다.

**[예시]**

가. 조정 신청 사항

| 노동조합 주장 | 쟁점 | 사용자 주장 |
|---|---|---|
| 기본급 대비 13.14% 인상 | 임금 인상 | 기본급 대비 4.0% 인상 |
| 통상임금 대비 300% 지급 | 성과급 지급 | 통상임금 대비 70% 지급 |

나. 과거 조정 이력 및 조정안

- 2021. 7. 3. 조정 신청하여 기본급 6.8% 인상 요구에 대해 조정안(기본급 4.9%)을 제시하였으나 사측 거절로 조정 중지됨
- 이후 노사는 자율 교섭을 거쳐 2021. 12. 10. 기본급 5.2% 인상에 합의함

### 6) 사전 조사(현장 방문) 결과

사업장 및 노사관계에 관한 사전 정보를 파악한다. 노사 대표자에 대한 평가, 평소의 노사관계 분위기, 실질적인 쟁점사항, 관할구역 담당 근로감독관의 개인적 해결방안 등의 정보를 얻고, 노사가 숨기고 있는 정보 또는 전략을 파악한다. 이를 위해서는 평소 노동위원회와 노사단체간 유대 및 신뢰 관계가 형성되어 있어야 한다.

**[예시]**

가. 노동조합 입장

○ 현 노조위원장은 2020. 6. 당선되었고, 전임 노조위원장은 사측과 친하게 지내다 보니 임금 인상 등 소폭으로 되어 왔음

○ 제조업 분야 16개 시도별 비교해 보면 전체 평균은 기본급 2,177,616원이고 이중 자동차 분야는 2,055,545원임 그러나 △△△△주식회사의 경우 평균 1,822,938원으로 낮은 편임

- △△△△주식회사의 2021년 총 매출액은 2,290억원, 영업이익은 88억, 당기순이익은 102억임에도 기본급 대비 4.0%를 제시한 것은 그간 회사가 꾸준히 성장한 것에 대한 노동자들의 노고를 무시하는 처사임

나. 사용자 입장

○ 영업이익과 당기순이익이 높은 것은 사실이지만 고객사에 향후 지불해야 할 채무와 주주들

의 배당금 등을 고려하면 실질적인 영업이익은 16억 정도에 불과함

– 기본급 대비 4.0% 인상이 최선책이나 추가적인 협의는 가능함

### 7) 참고사항

사업장의 그간 임금인상률 비교, 사용자의 재무 상태를 분석한 결과를 제시하여 할 필요가 있다. 또한 전국의 유사한 조정 사례를 조사·분석할 필요가 있는데, 가능한 최신 사례를 중심으로 조사하고 임금을 비롯한 각종 단협 사항에 관한 동종업계의 타결 수준 등에 대한 정보를 파악해야 한다.

**[예시]**

가. 그간 △△△△주식회사 임금인상률 비교

| 연도 | 임금인상 요구율 | 타결 내용 | 매출 등 | | | 비고 |
|---|---|---|---|---|---|---|
| | | | 매출액 | 영업 이익 | 당기 순이익 | |
| 2010 | 9.5% | 4.5% 인상 | 1,483억 | 71억 | 85억 | |
| 2011 | 9.4% | 정액 1,550원 인상 | 1,868억 | 110억 | 106억 | |
| 2012 | 9.1% | 4.5% 인상 | 1,996억 | 125억 | 142억 | 상여금 600% 중 150% 기본급화 |
| - 중략 - | | | | | | |
| 2018 | 9.2% | 확인 불가 | 2,074억 | 73억 | 119억 | 소정근로시간 243시간->209시간으로 조정 |
| 2019 | 7.5% | 4% 인상 | 2,168억 | 90억 | 127억 | 상여금을 월별 분할지급으로 변경 |
| 2020 | 7.9% | 동결 | 2,008억 | 40억 | 96억 | 15명 권고사직(정리해고) 대신 임금 동결 |
| 2021 | 6.8% | 5.2% 인상, 성과금 60% 지급 | 2,290억 | 88억 | 102억 | |

나. 재무제표 분석(2021년)

○ 재무구조 관련 지표

– 자기자본비율=자기자본/총자산×100

= 47,990,396,430/126,941,884,044×100 = 37.80 (50% 이상이면 안정)

– 부채비율=부채(유동+고정)/자기자본×100

= 78,951,487,614/47,990,396,430×100 = 164.5 (200 이하면 안정)

○ 수익성 관련 지표

– 매출액영업이익율=영업이익/매출액×100

= 8,845,452,513/229,605,338,784 × 100 = 3.85 (10 이상이면 양호)

○ 성장성 관련 지표(매출과 이익 등이 전년에 비해 얼마나 증가했나)

– 매출액증가율=당기매출액–전기매출액/전기매출액×100

= 229,605,338,784–200,873,303,934/200,873,303,934×100 = 14.3%

– 영업이익증가율=당기영업이익–전기영업이익/전기영업이익×100

= 8,845,452,513–4,034,992,386/4,034,992,386×100 = 11.9%

– 당기순이익증가율=금기말 당기순이익/전기말 당기순이익×100

= 10,284,937,584/9,604,447,471×100 = 107–100 = 7%

○ 활동성 관련 지표(기업이 얼마나 활발하게 경영활동을 하고 있나)

– 총자산회전율=매출액/총자산×100

= 229,605,338,784/126,941,884,044×100 = 180.8%(유동자산이나 고정자산 등 효율적으로 운용되는 비율로 150% 이상이면 양호)

– 매출채권회전율=매출액/매출채권×100

= 229,605,338,784/3,422,172,008×100 = 6,709.3%(매출채권의 현금화 속도가 빠르다는 의미)

# 분쟁해결은 윤리를 바탕으로 하여야 한다

## - 분쟁해결지원인의 윤리와 신뢰형성 -

---

윤광희 · 손동희 교수

# 분쟁해결은 윤리를 바탕으로 하여야 한다
# - 분쟁해결지원인의 윤리와 신뢰형성 -

윤 광 희 · 손 동 희

## I 분쟁해결, 왜 윤리가 필요한가?

분쟁해결에서 윤리는 분쟁해결지원인이 도덕적으로 고상해지기 위해 갖추어야 할 당위론이 아니라 분쟁을 해결하기 위해 반드시 필요한 신뢰의 존재론적 개념 요소이다. 분쟁당사자의 분쟁해결지원인에 대한 신뢰는 분쟁해결 과정에서 보여지는 분쟁해결지원인의 모든 활동이 윤리에 바탕을 두었을 때 형성될 수 있기 때문이다. 분쟁해결과정의 시작에서 마무리까지 분쟁해결지원인의 모든 언행이 윤리에서 비롯된 신뢰가 확보되지 않고서는 분쟁해결이 제대로 될 수가 없을 뿐만 아니라 설사 요행히 분쟁해결이 이루어진다 하더라도 그것은 그리 오래 가지 못한다. 윤리가 뒷받침되지 않는 분쟁해결지원인의 설득에 분쟁당사자가 해결안에 합의하게 되더라도 추후에 불신을 하게 되고 급기야 배신감을 갖게 되며, 이는 향후 분쟁해결지원인의 존재 자체를 부정하게 만들 수 있다. 윤리에 바탕을 둔 분쟁해결지원활동으로 신뢰가 갖추어졌을 때에 분쟁당사자는 분쟁해결지원인을 인정하고 분쟁해결책을 수용할 수 있다.

분쟁해결지원인이 윤리를 바탕으로 하는 분쟁해결지원활동을 하여야 신뢰가 형성되는 이유는 분쟁해결의 본질과 분쟁당사자가 처한 상황에 근거한다. 분쟁해결지원활동은 분쟁당사자의 욕구 충돌과 상호간의 감정적인 대립까지 뒤섞인 교착상태를 풀어내는 과정이다. 분쟁당사자는 자신의 불편한 감정을 해소함과 동시에 자신의 욕구를 충족시키는데 모든 관심이 집중되어 있다. 분쟁당사자는 상대방은 안중에도 없고 오직 자신의 불편한 감정과 좌절된 욕구에만 매몰되어 있는 상태임을 분쟁해결지원인은 간파하여야 한다. 분쟁당사자는 자신의 이해관계를 만족시키고 자신의 부정적인 감정을 해소하고자 하는 절박한 상황에서 분쟁해결지원인이 상대방 편에 서서 자신의 부정적인 감정은 헤아려주지 않으면서 상대방의 부정적 감정만 인정해주는 것은 아닌지, 자신에게 손해를 끼치고 상대방에게만 이익이 되게 하는 것은 아닌지 의심을 갖고 지켜볼 수 있다. 양당사자가 분쟁해결지원인을 의심과 불신의 의혹으로 접하고 있는 상황에서 윤리가 토대가 되지 않고서는 분쟁해결 지원은 불가능하다.

분쟁해결지원활동은 분쟁을 일도양단하는 방식으로 승패를 결정짓는 판결이나 심판이 아니라 분쟁당사자와 함께 분쟁을 해결해가야 하는 특성 또한 윤리를 요구한다. 특히 분쟁해결지원인은 문제해결의 블로커가 아니고 분쟁당사자가 자신들의 부정적인 감정을 내려놓고 합리적인 사고 속에서 상호 만족하는 해결책을 찾아가는 여정의 안내자이며, 동반자이기 때문에 윤리가 전제되어야 한다. 소위 임산부가 엄청난 산고를 견디어 내고 새생명을 출산할 수 있게 도와주는 조산사와 같은 역할을 하여야 한다. 분쟁해결지원인은 일방적인 처리방식으로 분쟁해결을 "주도하는" 존재가 아니라, 분쟁당사자가 스스로 문제를 객관적으로 바라볼 수 있게 도와주고 상호 이익이 되는 바가 무엇인지 찾아서 문제를 풀어갈 수 있도록 "지원하는" 존재이다. 문제해결에만 매몰되어 분쟁당사자가 처한 불편한 마음의 상처와 불안한 심리를 헤아리지 못한다면 분쟁은 해결하기도 어려울 뿐만 아니라 설사 해결하더라도 그 해결은 분쟁당사자로 하여금 더 깊은 불신과 분쟁을 야기할 수 있다. 분쟁해결에서의 윤리는 분쟁해결의 성립 자체를 위해 갖추어야 할 필수요소이다.

한편 분쟁해결지원활동에서의 윤리의 중요성과 필요성은 분쟁의 발생요인에서 찾을 수 있다. 이해관계 당사자가 교착상태에 이르고 분쟁으로 나아가는 원인은 협상과정에서 윤리가 결여되어 있거나 비윤리적인 행동을 당사자가 행하는 속에서 비롯되는 경우가 많다.

협상의 일방이 힘으로 압박하는 비윤리적인 방법으로 상대방을 굴복시켜서 합의를 강제로 이끌어내는 경우에 상대방은 불신을 갖게 되며, 이를 타개하기 위해 상대방 또한 비윤리적인 갖은 방법을 동원하게 된다. 개별적 고용관계에서 사업주와 근로자간, 근로자 상하간, 동료간에서 직무 또는 대인관계에서 갈등이 발생한 경우에 비윤리적인 행동 등이 원인이 되어 감정적인 충돌로 심각한 분쟁으로 나아가는 경우가 많다.

집단적 노사관계가 안정적이었던 회사에서 노사관계가 대립적인 관계로 발전한 경우의 사례를 살펴보면, 대체로 초창기에 사측이 회사의 성장에만 집중하다보니 협상과정에서 상대방에 대한 존중이나 보상에 대한 합리적 논의 등을 소홀히 하는 비윤리적인 태도로 상대방을 대하는 과정에서 불신으로 나아가고 대립적인 노사관계로 치닫게 되는 경우를 흔히 볼 수 있다. 아울러 노사관계가 대립적 관계를 지속하고 있는 사업장의 사례를 보면 협상과정에서 노측이나 사측이 윤리를 가볍게 보고 자신의 입장 중심으로 문제해결하는데만 급급해서 일방적인 힘으로 압박하거나 순간의 모면을 피하기 위한 불성실한 언행으로 일관하는 등 윤리적 행위를 찾아볼 수 없다. 윤리가 결여된 협상은 결국에는 분쟁을 야기하고 분쟁을 심화시키게 된다.

## 1. A사의 고용분쟁해결 사례와 윤리

ㄱ은 5인 미만의 소규모 설비제조업체인 A사에서 설비 유통을 담당하는 일을 2년 동안 하다가 1개월 전에 퇴직하였다. 퇴직하기 6개월 전에 ㄱ은 회사 차량으로 제품 배달을 가다가 돌아오는 길에 지인 문상을 마치고 돌아오다가 불법 유턴으로 교통사고를 내었고 본인도 크게 다쳤다. 병원에 입원해 있는 2개월 동안 회사는 ㄱ에게 급여를 지급하지 않았다. 회사 대표는 ㄱ의 부주의로 인해 거의 5,000만원 이상의 손해가 발생하였고 회사 업무가 바빠서 병원에 입원해 있는 동안 한 번도 방문을 하지 않았다. 오히려 본인의 불법 운전으로 회사에 손해를 많이 끼쳤기 때문에 손해배상으로 급여와 퇴직금에서 공제를 일부 하였다.

이에 ㄱ은 회사 대표에 대해 상당한 배신감과 섭섭함을 갖게 되었다. 지난 2년 동안 거의 매일 늦게 퇴근한 사실을 입증하는 서류를 첨부하여 그 동안 받지 못한 연장근로수당과 이에 따른 퇴직금 부족분 등 전체 2,000만원을 지급해줄 것을 권리구제대리인을 통해 노동위원회에 구제신청을 하였다. 또한 임금체불에 대한 형사고발을 노동청에 하였다. 한편 설비제조업체의 대표인 ㄴ은 근로계약서에 포괄임금약정으로 연장근로수당 등을 다 포함하여 지급하였기 때문에 ㄱ이 주장하는 연장근로수당을 지급할 수 없다는 입장이다. 평소 근무과정에서 본인이 게을러서 휴게시간을 너무 가져서 늦게 퇴근하게 되었던 것이고, 연장 근로한 것처럼 보일 뿐이라고 주장한다. 다른 사람들은 충분히 일과시간에 다 마치는 일이었다고 주장한다. 그래서 ㄴ대표이사는 일과시간에 다 마칠 수 있는 일인데도 근로자 ㄱ본인이 연장근로를 만든 것이기 때문에 회사가 시킨 연장근로 자체가 없었다고 주장한다. 사업주인 ㄴ은 한 푼도 줄 수 없다는 입장이며, K노무사에게 분쟁해결을 의뢰하였다.

ADR교육 고급과정까지 이수한 K노무사는 분쟁해결지원인으로서 양당사자의 주장 내용을 먼저 파악하였다. ㄱ근로자는 자신이 불법으로 유턴하다 사고를 낸 것은 인정하지만 회사 업무를 바쁘게 수행하다보니 일어난 것인데 모든 것을 본인에게만 책임을 지우는 것은 억울하다는 입장이다. 특히 사고 난 해당 월의 급여를 전혀 지급해주지 않아서 가정형편이 정말 힘들었으며 심한 배신감을 느끼게 되었다고 한다. 그래서 돈을 못 받아도 좋으니 형사처벌을 원한다고 하였다. 한편 ㄴ대표는 ㄱ근로자가 평소에도 업무를 부실하게 하더니 결국 불법 유턴으로 사고를 내서 회사에 많은 손해를 끼쳤다고 주장한다. 그 동안 급여를 준 것만도 억울한데 2,000만원은 말도 안 되는 금액이고 받아들일 수 없다고 한다. 설사 임금 체불로 형사적 처벌 받더라도 말도 안되는 돈을 줄 수 없다고 강경한 태도를 보이고 있다. 노무사가 자신의 억울한 사정을 잘 헤아려서 근로자를 대응해달라고 주문하였다.

## 2. B사의 노사분쟁해결 사례와 윤리

자동차 부품업체인 B사의 ㄷ대표이사는 자동차 회사의 관리자로 근무하다가 20년 전에 퇴직하여 오늘날의 회사를 일구어내었다. 초창기 어려움을 극복하고 이제는 550명의 직원들과 함께 회사를 발전시킬 희망에 부풀어 있다. 인접 경쟁업체와 비교할 때에 일부 근로조건이 미흡한 면이 있으나 경쟁업체는 ㄷ대표이사의 회사보다 매출이 1.5배나 많고 규모의 경제가 작용하여 영업이익이 2배나 높다. ㄷ대표이사는 회사 매출을 빨리 끌어올려서 주변 경쟁업체와 비교하여 경쟁에서 앞서고 싶다. 특히 3년 전부터 새로 개발한 제품이 호응이 좋아서 회사 매출신장에 크게 기여하고 있다. 지난해부터 신규 인력을 충원하지 않고도 매출과 영업이익이 매년 10% 이상 늘어나고 있어서 고무적이다. 다만 직원들이 허리띠를 졸라매고 따라 주어야 하는데 그것이 잘 안 되고 있는 것 같아서 걱정이다. 특히 지난해에 노동조합 집행부가 교체되었는데 금년의 임단협에 난항을 겪고 있다.

노동조합의 ㄹ위원장은 입사한 지 18년차 되는 가장 모범적인 직원이었는데 최근 3년전부터 가장 회사에 적대적인 사람으로 돌변하였다. 특히 외부의 단체활동을 하고 교육을 받으면서 회사 경영진에는 대립적이고 과거 노동조합 집행부에 대해서는 비판적으로 되었다. 지난해 노동조합 대표자 경선 과정에서도 그 동안 회사 발전을 위해 조합원들이 헌신해왔는데 ㄷ대표이사가 보상을 제대로 해주지 않았다는 점을 주장하여 당선되었기 때문에 금년 임단협 협상에서는 예년과는 달리 강력하게 보상을 요구할 작정이다. 지금까지 해오던 노동조합 집행부 행태를 그대로 이어가서는 도저히 사측에 설득력이 없을 것 같아서 상급 단체의 지원도 받고 조합원들을 교육시켜서 강력한 투쟁으로 보상을 받아내려고 한다. 노동조합에 소극적으로 참여하는 조합원들을 적극적으로 활동에 참여하도록 하는 근무시간 중의 조합활동 등을 단체협약 요구 내용에 포함시켰다. 임단협 교섭이 원만히 진행되지 않으면 쟁의행위도 불사한다는 각오로 임하고 있다.

결국 노사는 임단협 교섭에서 난항을 겪게 되었고 13차까지의 교섭에도 진전이 없었다. 결국 노동조합은 노동위원회에 조정신청을 하게 되었다. 최초 요구안과 제시안으로 노동조합은 임금인상 20% 인상을 요구하였고, 회사는 2%인상안을 제시하였다. 그 동안 교섭에서 노동조합은 15%, 회사는 5%를 마지막 양보안을 끝으로 대립하고 있다. 단체교섭 내용은 여타 부분은 서로 근접하고 있으나 임금인상 부분과 근무시간 중의 조합활동인 조합원 교육 연간 4시간을 확보하는 것을 두고 노사 간에 첨예하게 대립하고 있다. 노동조합 ㄹ위원장은 회사가 노사 파트너십을 인정하지 않기 때문에 조합원 교육시간 요구안은 절대 물러설 수 없다고 주장하고 있다. 한편 ㄷ대표이사는 회사를 더 성장시키기 위해 헌신적으로 노력하고 있는데 노동조합이 협조해주지 않는 점에 속이 상하여 현재 집행부와는 힘으로 대립할 수 밖에 없다는 입장이다. 지난 집행부는 협조적이었는데 ㄹ위원장이 사사건건 제동을 걸고 있는 모습이 실망스럽다고 주장한다. 노동조합 주장에 양보하게 되면 끝없이 밀리게 될 것이라는 위기감 속에 노동조합이 쟁의행위를 하더라도 굴복하지 않고 자신의 입장을 강경하게 견지하려고 한다.

## Ⅱ 분쟁해결지원인과 윤리

### 1. 분쟁해결지원인 윤리의 특징

분쟁해결과정에서 분쟁해결지원인의 윤리는 분쟁당사자 양쪽으로부터 신뢰를 받기 위해 갖추어야 할 필수적 덕목이기도 하고 분쟁해결지원인 전체 구성원과 분쟁해결기관의 사회적 신뢰를 고양하고 유지시키는데도 필요한 가치이기도 하다. 분쟁당사자에게 윤리를 기반으로 신뢰를 받아야 분쟁해결이 될 수 있으며, 윤리성을 갖춘 분쟁해결지원인은 다른 분쟁해결지원인에 대한 신뢰에 긍정적인 영향을 미치며 더 나아가서 분쟁해결기관의 신뢰를 쌓아간다. 즉, 분쟁해결지원인의 윤리는 일회적이거나 단편적인 것이 아니라 지속적으로 요구되는 것이고 다른 분쟁해결지원과 분쟁해결기관 전반의 신뢰형성에 영향을 미친다. 협상에서의 협상 당사자 간에 요구되는 윤리에 비해 분쟁해결에서의 분쟁해결지원인의 분쟁당사자 사이에 요구되는 윤리는 다음과 같은 특징을 가지고 있다.

첫째, 협상 당사자의 윤리적 태도가 협상의 성공을 위해 가장 선제적으로 갖추어야 할 요소인 것과 마찬가지로 분쟁해결에서도 분쟁해결의 성공을 위해 분쟁해결지원인의 윤리적 태도가 가장 먼저 갖추어야 할 요소라는 측면에서 공통점이 있다.

둘째, 분쟁해결지원인은 분쟁당사자 양쪽으로부터 신뢰를 얻는 윤리를 갖추어야 하는 점에서 협상 상대방에 대한 윤리에만 한정되는 협상에서의 윤리와 차이점이 있으며, 더 높은 난이도의 윤리이다.

셋째, 분쟁해결지원인은 분쟁당사자가 비윤리적인 태도를 하지 않도록 해야 할 뿐만 아니라 상호 윤리적인 태도로 행동하도록 이끌어야 하는 측면에서 윤리를 총괄하며 창출하여야 한다.

넷째, 분쟁해결지원인의 윤리적 행위의 축적은 향후 분쟁해결과정에서 자신의 신뢰에 대한 자산적 토대가 되며, 분쟁해결기관과 다른 분쟁해결지원인의 신뢰에 영향을 미친다는 면에서 연속적이며 연계된 전체적인 요소로 작용한다.

## 2. 분쟁해결지원인의 윤리 구성 요소

분쟁해결지원인의 윤리는 분쟁당사자로 하여금 상호 신뢰하게 하여 분쟁을 해결하게 하는 측면에서 분쟁당사자를 설득하는데 필요한 토대이다. 분쟁해결지원인이 갖추어야 할 윤리의 영역은 분쟁당사자를 처음 접하는 순간에서부터 분쟁 쟁점에 대해 논의하는 과정뿐만 아니라 합의에 이르러 분쟁해결책을 정하는 마지막 순간까지 모든 과정에 윤리가 뒷받침되어야 한다. 먼저 분쟁당사자가 분쟁해결지원인 존재 자체를 신뢰하도록 하여야 한다. 이를 바탕으로 분쟁당사자들의 부정적인 감정을 해소하여 주는 감정적인 신뢰를 창출하여야 하며, 분쟁당사자가 전개하는 논리적인 문제해결 방법이 수긍되도록 논리적 신뢰를 갖추어야 분쟁해결에 이를 수 있다. 이에 아리스토텔레스의 설득 3원리가 분쟁해결지원인의 윤리로서 행동의 태도와 기술로서 작용한다.

### (1) 분쟁해결지원인의 윤리와 에토스(Ethos)

분쟁당사자는 상대방에 대한 신뢰가 무너진 경우가 대다수이다. 상대방을 인격적인 존재로 인정하기보다는 경쟁의 대상이며 승패의 대상으로 인식하기 때문에 상대를 공격하고 방어하기에 급급하다. 또한 상대방의 주장 내용에 대해서 불신을 하고 있기 때문에 신뢰를 하지 못하고 분쟁은 지속된다.

이러한 분쟁당사자로부터 신뢰를 얻기 위해 분쟁해결지원인이 갖추어야 할 윤리로서는 에토스(Ethos), 즉 분쟁해결지원인 인격 자체가 우선적으로 신뢰를 받을 수 있어야 한다. 에토스는 분쟁해결지원인과 분쟁당사자와의 신뢰의 첫 연결고리이며, 분쟁지원인의 성격(personality), 권위(authority), 유사성(similarity), 평판(reputation) 등 4가지 요소로 구성된다. 즉, 분쟁당사자가 분쟁해결지원인의 인격 존재 자체를 우선 신뢰하여야 하는데, 분쟁당사자 어느 일방에 편향되지 않고 공정하고 정직하며(personality), 전문적인 지식과 경험을 갖춘 인격적 존재이며(authority), 분쟁당사자와 비슷한 처지의 인간존재이며(similarity), 분쟁당사자 주변 일반인으로부터 평판(reputation)이 신뢰받을 수 있어야 한다. 이러한 신뢰를 얻기 위해 분쟁해결지원인은 엄격한 자격요건을 갖추어야 하며 공정하고 정직한 윤리적 신뢰를 바탕으로 하고 있어야 한다. 또한 분쟁당사자를 대하는 태도가 신뢰를 받을 수 있을 정도로 약속한 일정 준수와 성실한 태도 속에 예의를 갖추고 있어야 한다.

### (2) 분쟁해결지원인의 윤리와 파토스(Pathos)

분쟁해결지원인은 분쟁당사자의 감정적인 대립을 해소하고, 상호 감정적으로 우호적인 태도로 이끌어내는 윤리로서 파토스가 필요하다. 분쟁당사자는 이해관계의 충돌로 비롯된 갈등이 상호 간에 감정적으로 상처를 주거나 받는 속에서 분쟁이 더 심화되어 왔다. 감정적인 앙금이 분쟁해결을 더 어렵게 만들고 분쟁을 더욱 격화시키기 때문에 이에 부정적 감정을 관리 · 해소할 수 있는 덕목을 갖추고 있어야 한다.

분쟁해결지원인은 분쟁당사자 상호 간의 부정적인 감정을 해소하도록 부정적인 감정을 충돌 없이 효율적으로 내뱉게 도와주어야 하고, 그 부정적인 감정을 상호 간에 인정할 수 있도록 이끌어내어야 한다. 이를 위해 먼저 분쟁해결지원인은 분쟁당사자 각자의 부정적인 감정을 인정하고 해소하게 해주어야 하며, 이를 통해 분쟁당사자와의 신뢰를 형성할 수 있게 된다. 분쟁당사자 일방의 부정적 감정이 분쟁해결지원인을 통해 어느 정도 해소되어야 분쟁당사자 상호 간에도 부정적인 감정이 해소될 수 있다.

분쟁당사자에게 부정적인 감정 해소를 요청하거나 강요하는 것은 분쟁해결지원인에 대한 거부 반응으로 나타날 수 있음을 유의할 필요가 있다. 분쟁당사자들의 부정적 감정 해소를 위해 분쟁해결지원인은 요청이나 강요가 아니라 부정적 감정을 무조건적으로 인정하여야 한다. 사실관계는 불확실하지만 부정적 감정 존재 자체는 분명한 진실이기 때문이다. 분쟁당사자의 부정적인 감정을 인정하여 어느 정도 해소한 이후에는 사실관계에 대한 인식 태도가 변화되어야 부정적 감정 해소가 더 많이 이루어질 수 있다. 분쟁당사자 사이에 상호 간 왜곡된 정보와 경험에 의한 그릇된 인식이 부정적 감정을 더 강화하고 있을 수 있기 때문에, 분쟁해결지원인은 분쟁당사자의 왜곡된 정보와 경험의 수정을 도와줄 필요가 있다. 이를 위해서는 질문기법으로 분쟁당사자들 스스로 자신들의 경험과 정보에 대한 새로운 시각을 갖게 지원해서 부정적 감정을 해소할 수 있게 도와 줄 필요가 있다.

#### (3) 분쟁해결지원인의 윤리와 로고스(Logos): 사실 진술의 원리, 상호성의 원리

분쟁해결지원인이 분쟁당사자로부터 신뢰를 받기 위해서는 분쟁당사자와 쟁점 이슈에 대해서 논의를 할 때에 사실 진술이 이루어질 수 있도록 진행하는 윤리를 갖추어야 한다. 거짓 없이 사실에 입각하여 분쟁 쟁점 이슈에 대해 논의를 진행하는 윤리를 갖추어야 분쟁당사자가 분쟁해결지원인을 신뢰할 수 있다. 분쟁해결을 무리하게 진행하는 속에 거짓된 내용이나 불확실한 내용이 무분별하게 진술되는데도 분쟁해결지원인이 이를 간파하지 못하고 분쟁해결만을 시도한다면 분쟁당사자는 사실 진술이 원만하게 이루어지지 못하였다고 판단하고 분쟁해결지원인을 신뢰할 수 없게 된다.

분쟁해결지원인은 분쟁당사자가 의심쩍은 것이나 불확실한 사실을 진술할 경우에는 질문을 통해 그 사실관계를 정확히 해나갈 필요가 있다. 상대방의 입장에서 볼 때 거짓으로 의심이 가는 사실관계에 대해 분쟁해결지원인이 정확한 사실관계를 파악해가는 질문 등의 행위를 한다면 신뢰가 형성될 것이기 때문이다. 또한 다른 상대방의 입장에서도 동일하게 반대편 상대방에게 불확실한 사실관계나 의심쩍은 것에 대해서 질문을 통해 사실관계를 정확히 해가는 것을 통해 신뢰를 확보할 수 있다.

분쟁해결지원인은 분쟁당사자에게 해결책에 따라 상호 양보를 이끌어 낼 때, 상호성의 원리에 따라 이끌어내는 윤리를 갖추어야 한다. 분쟁당사자 가운데 어느 일방만 양보하게 하는 것은 분쟁당사자의 신뢰를 확보하기 어렵다. 일방적인 양보나 손해를 가져오게 하는 것이 아니라, 쌍방 당사자 상호성의 원리에 따라 적절하게 양보와 손해를 이끌어내는 분쟁해결지원인의 윤리적 덕목이 필요하다. 분쟁당사자는 모두 자신은 손해나 양보를 하지 않고 상대방이 모두 양보하고 손해를 보도록 입장을 취한다. 이에 분쟁해결지원인이 양측 당사자로 하여금 정확한 사실관계를 파악하는 사실진술의 원리에 입각하게 하고 상호성의 원리에 따라 상호 존중 배려하여 상대방의 양보에 상응하는 양보를 하게 하여 신뢰를 하게 만들어야 한다.

## III 분쟁해결지원인이 취해야 할 윤리적 행동

노동분쟁 예방과 해결을 위해 화해 · 조정과 중재를 신청한 분쟁당사자와 이를 대변하는 대리인 그리고 중립적인 입장에서 분쟁이 해소될 수 있도록 지원하는 분쟁해결지원인 등 분쟁해결 과정에 참여하는 모든 이해관계자는 앞에서 언급된 기본적으로 요구되는 윤리를 준수하고 상호 신뢰감을 가질 수 있도록 노력할 필요가 있다. 더욱이 갈등이나 분쟁당사자가 문제해결 이후 상대방과의 훼손된 관계를 개선해 나가기 위해서는 분쟁을 해결하는 과정이 매우 중요하기 때문이다. 이런 점에서 분쟁해결지원인의 역할의 중요성은 아무리 강조해도 지나치지 않다.

우선, 분쟁당사자는 원만한 문제해결을 위해 상대방에 대한 비난이나 비신사적 행위 등 신뢰를 헤칠 수 있는 언행을 삼가고 상대방의 입장에서 문제를 바라보고 이해하려는 노력이 필요하다. 이것은 분쟁 해결을 원하는 분쟁당사자가 기본적으로 갖추어야 할 최소한의 태도이자 덕목이다. 여기에서 분쟁해결지원인은 화해 · 조정이나 중재를 실질적으로 주도한다는 측면에서 분쟁당사자들 간의 신뢰감 형성 뿐만 아니라 이들 분쟁당사자로부터 충분한 신뢰를 받을 수 있도록 보다 엄격한 공정성과 중립성 등의 윤리적 태도를 갖추기 위해 노력해야 한다.

화해나 조정을 맡은 분쟁해결지원인의 소극적인 활동이나 비윤리적인 행동은 분쟁 해결 과정을 지체시키거나 문제를 더 복잡하고 어렵게 만들기도 한다. 때로는 분쟁당사자들이 화해 · 조정

요구 자체를 철회하는 동기로 작용하기도 하며 어렵게 도달한 당사자 간의 화해 · 조정 합의를 무산시킬 수도 있다. 분쟁해결지원인의 불성실이나 바람직하지 않은 행위로 인해 발생하는 이 같은 상황은, 공정하고 중립적인 제3자 신분의 분쟁해결지원인에 대한 기대와 신뢰를 철회하도록 만들 뿐만 아니라 그가 속한 분쟁해결지원 기관에 대한 사회적 신뢰도까지 훼손시킬 수 있다.

이런 까닭에, 분쟁조정지원 제도가 잘 발달되어 있는 외국의 경우 분쟁해결지원인은 화해 · 조정에 필요한 전문적인 지식과 의사소통 등의 기본적인 역량 외에도 공정성이나 중립성 등 분쟁해결지원인으로서 갖추어야 할 윤리적 기준을 엄격하게 수립하여 적용하고 있기도 하다. 예컨대, 미국의 대표적인 분쟁조정 기구인 연방알선조정청(FMCS: Federal Mediation and Conciliation Service)과 상업적 거래의 분쟁조정에서 국제적 권위를 인정받고 있는 AAA(American Arbitration Association) 또는 영국의 분쟁조정 기구인 ACAS(Advisory, Conciliation and Arbitration Service) 등 대부분의 공적 · 사적 분쟁조정기관들은 분쟁해결지원인이 윤리적 책무를 위반한 경우 매우 강력한 조치를 취하고 있다. 위반의 경중에 따라 다르지만, 공개적인 경고 조치에서부터 조정인으로서의 자격이 일시적으로 정지되거나 그 자격이 영구 박탈되기도 한다. 경우에 따라서는 형사처벌이나 금전적 배상 등 법적 책임을 물을 수도 있다. 이처럼 분쟁해결지원인에 대해 윤리적 책무를 엄격하게 주문하고 있는 것은 윤리에 기초한 전문성과 공정성이 분쟁해결지원인과 분쟁해결기관에 대한 분쟁당사자들의 신뢰 수준과 평판을 결정짓는 핵심요인이 되기 때문이다. 신뢰할 수 없는 분쟁해결지원인이나 분쟁해결기관을 통해 분쟁해결을 희망하는 분쟁당사자들은 없을 것이다.

분쟁당사자로부터 분쟁해결지원 기관에 화해 · 조정 등 신청이 들어오면 정해진 절차에 따라 분쟁해결지원인이 결정되고 이후 분쟁 조정은 배정된 분쟁해결지원인이 주도적으로 그 역할을 수행하게 된다. 노동위원회의 경우, 개별 노동분쟁을 해결하기 위해 구제신청을 하거나 집단 노동분쟁에서 분쟁당사자 일방이 조정전치주의에 따라 조정(調停) 신청을 함으로써 분쟁해결절차가 진행된다.[1] ADR은 당사자의 신청 시점과 목적에 따라 분쟁 발생을 사전에 예방할 목적으로 활용된다. 분쟁의 사전 예방이라는 목적에 비춰볼 때 사전적 조정은 사후 화해 · 조정보다 더 본질적이다. 노동위원회의 경우에도 당사자가 조정을 신청하기 전이라도 교섭을 주선하는 등 당사자의 자주적 분쟁해결을 지원하고도 있다.[2]

ADR에서 분쟁해결지원인이 배정되는 방식은 이를 활용하는 나라나 기관마다 조금씩 다르지만 어떤식으로든 분쟁당사자의 의견이 반영되는 구조를 갖는 게 보통이다. 노동위원회 조정사

1 노조법 제45조(조정의 전치) 참고.
2 노조법 제53조(조정의 개시) 참고.

건의 경우 노사 양측 및 공익을 대표하는 위원을 노동위원회 위원장이 지명하되, 노사 양측을 대표하는 위원은 각각 추천한 위원에 대해 상호 교차 지명토록 하고 있다.[3] 최종적으로 배정된 분쟁해결지원인은 맡은 사건에 대해 당사자들이 원만하게 화해 · 조정에 이를 수 있도록 역할을 수행하게 된다.

분쟁해결지원인이 취해야 할 윤리적 행동은, 비윤리적 행위를 하지 않기 위한 노력이라기 보다는 적극적이고 능동적으로 취해나가는 행위 영역이다. 즉, 분쟁해결지원인으로서 신뢰를 상실하지 않기 위한 노력에 앞서 분쟁당사자로부터 신뢰를 확보하려는 적극적인 행위 영역이라고 하겠다. 이하에서는 분쟁을 조정하는 과정에서 분쟁해결지원인에게 기대하는 또는 화해 · 조정에 이르기 위해 분쟁해결지원인이 적극적으로 취해야 할 바람직한 행동에 대해 살펴본다[4].

## 1. 친절하고 정중한 태도: 경청

- 식료품 개발부서에 입사하여 8개월째 일을 해오던 A씨는 담당 임원으로부터 "그렇게 일할 거면 내일부터 나오지 말아요~!"라며 일방적으로 구두 해고를 통지받았고, 이에 억울하여 노동위원회에 부당해고 구제신청을 하였다. 위원회는 이유서와 답변서, 관련 자료와 당사자 입장 등을 종합한 조사보고서를 토대로 판단한 결과 더 이상 당사자 간 고용관계 유지가 어렵다고 판단하여 고용관계 종료를 전제로 화해 회의를 진행하게 되었다.
  - 회사 측에서는 A씨를 대신할 인력을 곧바로 채용한 상황이기도 했고, A씨는 식료품 개발을 위해 열심히 시장조사 활동을 한 것에 대해 회사가 근무 태만으로 보고 있었다는 사실과 그 동안 자신이 개발을 위해 정리해 놓았던 초안 레시피 등을 회사 측에 제공하는 등 노력하였으나 아무런 댓가 없이 해고라는 뒤통수를 맞았다는 생각에 크게 배신감을 느끼고 있었다.

- 분쟁해결지원인은 양측의 표면적인 주장 외에도 양측이 진심으로 원하는 이해관계를 파악하기 위해 편안한 분위기에서 충분히 발언할 수 있는 기회를 제공하고 경청하였다. 그 결과 초기 조사에서 확인된 내용과 달리 근로자 A씨의 진정한 의사가 고용관계 종료에 있지 않다는 점을 확인하였다. 다시 일자리를 구하여 취직할 수 있는 여건이 매우 열악한 상황이었기 때문이다.

---

3 노조법 제55조(조정위원회의 구성) 참고. 심판사건의 경우에는 노동위원회규칙에 따라 추첨제로 사건이 배정되어 분쟁당사자의 의견은 배제된다.

4 분쟁해결지원인의 윤리 · 비윤리적 행위에 대한 요소들은 '노동위원회법'의 '행위규범'과 '노동위원회 위원 윤리강령', '노동위원회 공익위원의 서약서' 등 관련 내용을 참고하였다.

- 그러나 A씨가 회사로 복귀한다 해도 갈등 상황이 지속되어 정상적인 근무가 어려울 수 있는 상황이었다. 이에 분쟁해결지원인은 사측과의 대화를 통해 분쟁발생 원인에 관해 허심탄회하게 발언할 수 있도록 분위기를 조성하며 성실하게 경청하였다.
  - 결국, 회사의 입장이 A씨가 회사 밖 업무 중심으로만 하는 것에 대해 불성실하다고 판단하였다는 점과 A씨를 대신할 신규 채용 인력은 A씨의 경력과 업무성과에 미치지 못하고 있어 사실 상당한 고민이 있었다는 점 등을 확인할 수 있었다.

- 분쟁해결지원인은 회사 측과 A씨가 함께 허심탄회한 대화를 할 수 있도록 분위기를 조성하는 등의 노력으로 원직 복직이라는 실질적인 화해를 이끌어낼 수 있었다.
  - 화해 내용에는 외근 활동에 대한 규정을 보완하여 내근과 외근 활동에 대해 사전에 문서 행위토록 하였고, 개발부서의 중요성을 반영하여 개발부서에 대해 연말 추가 성과급을 고려하는 내용이 포함되었다.

부당한 해고나 징계, 부당노동행위 등 개별 노동분쟁과 관련하여 노동위원회를 단골손님처럼 드나드는 당사자는 거의 없다. 대부분의 경우에는, 원치 않았던 분쟁 상황에 놓여 분쟁해결지원인의 도움으로 이를 해결해 보고자 처음 시도하는 당사자들일 것이다. 이들 당사자들은 분쟁해결 절차 자체가 낯설고 어렵게 느껴질 수 있다. 대리인의 도움을 받는 경우도 있지만 그렇지 않은 경우에는 더더욱 그렇다. 노동위원회의 경우, 이유서와 답변서 등의 작성 행위와 심문회의 과정, 그리고 심문회의장 공간 자체도 어렵고 낯선 풍경이다. 더욱이 분쟁 상황에서 상대방에 대한 감정의 골도 깊어져 좋지 않은 상황이다.

이런 조건에서 분쟁당사자들이 화해 · 조정을 위해 대면하게 되는 분쟁해결지원인의 태도는 이후 문제 해결 과정에 큰 영향을 미칠 수 있다. 분쟁당사자가 분쟁해결지원인에 대해 신뢰감을 갖도록 하는 것은 화해 · 조정에 이르는 첫걸음이자 지름길이기도 하다. 이를 위해 무엇보다 분쟁해결지원인은 분쟁 당사자가 감정 · 정서적 안정감을 가질 수 있도록 부드럽고 편안한 분위기를 제공하고, 당사자의 입장과 이해관계에 대해 귀 기울이고 경청하기 위해 노력해야 한다. '노동위원회 위원 윤리강령' 제3조 제④항에서는 "위원은 당사자와 대리인 등 사건관계인을 친절하고 정중하게 대한다"라고 기술하고 있다. '친절'하고 '정중'하게 대한다는 의미는 여러 가지로 해석될 수 있지만, 당사자들의 입장에서 고충을 이해하고 공감하는 행위를 포함한다. 이것은 분쟁당사자들로 하여금 분쟁해결지원인에 대해 신뢰감을 형성토록 하는 반면 분쟁해결지원인의 입장에서는 문제가 되고 있는 분쟁의 실체를 보다 명확하게 이해할 수 있는 단서 확보의 기회이기도 하다. 분쟁해결 과정 초기에는 흔히 당사자들의 입장(position)을 중심으로 분쟁의 실체를 파악하지만 화해 · 조정을 위해서는 친절과 정중한 태도를 통해 당사자들의 실질적인 욕구 또는 이해관계(interest)를 파악하는 것이 중요해진다.

분쟁해결지원인이 일련의 절차를 준수하되 사무적인 태도로 일관하거나 화해 · 조정에 할애할 수 있는 시간의 제약성 등을 이유로 신청인의 고충이나 입장을 경청하지 않게 된다면 분쟁해결지원인의 역할에 대한 낮은 신뢰감으로 화해 · 조정을 위한 이해관계 중심의 협상이나 태도 변화보다는 일관된 자기주장으로 전개될 가능성이 높아질 수 있다.

## 2. 전문성 향상을 위한 노력

**[A사례]**

- H회사의 부사장 겸 핀테크 사업본부장인 S씨는 H회사 사용자의 주요업무 관계자들(00은행장 외 1명)에게 문자 메시지를 발송하여 협박성 발언을 하여 이들 주요업무 관계들이 다시 H회사 사용자에게 항의하는 사건이 발생, H회사는 두 차례 인사위원회를 열어 S씨에 대해 1차에 정직 징계, 2차에 해고 조치를 내렸으며 이에 S씨는 부당징계 및 부당해고 구제 신청을 하였다.

- 분쟁해결지원인은 신청인 S씨의 근로자성 여부에 대해 '부사장'과 '사업본부장' 직책 등을 고려할 때 「근로기준법」상의 근로자로 보기 어렵다고 판단하였다.
  - 따라서 "구제신청의 당사자 적격이 없으므로 정직 처분의 정당성 여부나 해고의 정당성 여부에 대해서는 더 이상 살펴 볼 필요가 없다"고 '각하' 가능성을 예상하였다.

- 그러나 회사 임원이라 하더라도 근로자성에 대한 대법원 판례에 비추어 볼 때 S씨의 근로자성은 인정되는 것으로 나타났다.

※ 대법원 판례(2002다64681 판결)

> [3] 근로기준법의 적용을 받는 근로자에 해당하는지 여부는 계약의 형식에 관계없이 그 실질에 있어서 임금을 목적으로 종속적 관계에서 사용자에게 근로를 제공하였는지 여부에 따라 판단하여야 할 것이므로, 회사의 이사 또는 감사 등 임원이라고 하더라도 그 지위 또는 명칭이 형식적 · 명목적이고 실제로는 매일 출근하여 업무집행권을 갖는 대표이사나 사용자의 지휘 · 감독 아래 일정한 근로를 제공하면서 그 대가로 보수

를 받는 관계에 있다거나

또는 회사로부터 위임받은 사무를 처리하는 외에 대표이사 등의 지휘 · 감독 아래 일정한 노무를 담당하고 그 대가로 일정한 보수를 지급받아 왔다면 그러한 임원은 근로기준법상의 근로자에 해당한다.

※ S씨의 근로자성 여부

- 이 사건 사용자의 지휘 · 감독 : 주장 상이
- 근로시간의 구속: 정직 사유(지각 등)로 보아 구속
- 일정한 근로를 제공 여부: 주장 상이
- 근로 제공의 대가인 보수: 근로제공에 대해 주장이 상이하나 일정금액의 보수를 받음
- 취업규칙 또는 복무규정 적용: 정직 및 해고 처분시 취업규칙 적용
- 근무시간 및 장소: 이 사건 회사의 핀테크 연구소
- 사회보장제도: 4대보험 가입

**[B사례]**

■ B회사는 외국계 반도체 회사로 한국에 5명의 직원을 두고 부품을 전자회사에 판매해 오다 적자가 누적되자 한국 지사장 H씨를 해고예고수당 지급 후 즉시 해고하였고 이에 한국 지사장 H씨는 부당해고 구제신청을 하였다.

■ 분쟁해결지원인은 먼저 지사장 H씨의 지위가 근로자인지에 대한 판단이 필요했다.
- 이에 실제로는 영업부서장 정도의 역할만 수행했을 뿐 독립 사업체의 대표자 역할에 미치지 못하였고, 누적 적자는 회사의 반도체 가격경쟁력이 낮다는 점 등을 고려할 때 지사장 H씨의 근로자성이 인정되고 해고 징계 역시 부당해고 가능성을 예측하였다.

■ 분쟁해결지원인은 양 당사자에게 이 같은 점을 고려하여 화해를 권고하여 양측의 수용 의사표시를 받았고, 지사장 H씨는 회사 복귀가 현실적으로 어렵게 되었다는 점에서 금전적 보상을 원해 화해 협상에 나서게 되었다.
- 양측 간 보상 개월 수 격차가 있었으나 분쟁해결지원인은 '타협전략'을 전개하여 최초 H씨의

12개월 임금보상과 B회사의 6개월을 10개월 보상으로 최종 합의를 이끌어낼 수 있었다.

**[C사례]**

- 회사내에서 부서장을 맡아 근무해오던 J씨가 직장내 괴롭힘 가해자로 지목되어 회사에서 징계를 받았으나 이에 불복하여 부당징계 구제 신청을 한 사건이다.
  - 분쟁해결지원인은 징계사유가 무엇인지 그리고 징계절차는 잘 지켜졌는지, 징계양정은 적정한지 등에 대해 살펴야했다.

- 회사측은 J씨로부터 직장내 괴롭힘을 받았다는 신고자가 5명이 나왔고, 이에 징계위원회를 열어 J씨에게 출석할 것을 요구하였으나 출석도 하지 않았다고 했다. 이에 회사 규정에 따라 해고조치 하였다고 주장했다.

- 부서장 J씨는 본인에게 직장내 괴롭힘을 받았다는 사실은 과장된 것일 뿐 아니라 사실은 최근에 중요한 과제 수행을 완료한 이후 '이제는 웬만하면 나가주는게 좋지 않나?'라는 뉘앙스를 지속적으로 보여왔다고 주장했다.
  - 회사의 입장에서 J씨의 단기과제는 상당히 중요하였을 뿐 아니라 달성여부에 따라 J씨에게 성과 보수도 예정되어 있었다. J씨는 부서내 직원들과 함께 업무 강도를 이겨내기 위해 나름 노력해 왔다는 입장이었다.
  - J씨는 징계위원회 개최시 사전에 본인에 대한 조사나 사실관계 확인 등이 없었다는 점, 징계위원회 개최시 신고의 구체적 내용이 불분명하고 단편적인 내용 예컨대, "일처리를 이렇게 하면 어떻게 해" 등으로 적시되었다는 점 등을 고려할 때 본인이 참석할 의미가 없겠다고 생각하여 아예 징계 절차에 임하지 않았다고 했다.

- 분쟁해결지원인은 양 측의 주장을 경청하였고, 무엇보다 사실관계 확인이 필요하여 직장내 괴롭힘으로 신고한 5명의 참석 및 진술을 요청하였으나 참석 구두 진술은 아무도 하지 않았으며, 2명의 서류상 진술을 확인할 수 있었고 이 마저도 행위의 맥락이 진술되지 않고 단편적인 발언에 대해 기록하고 있었다.

- 분쟁해결지원인은 본 사건의 전체적인 징계절차와 사유 및 징계양정 등에 대한 실체 파악을 한 다음 양 측을 만나 화해 의사를 타진하고자 시도하였다.
  - 분쟁해결지원인은 부드럽지만 명확하고 간결한 어투로 분쟁의 쟁점을 정리하여 알기쉽게 설명한 후 당사자에게 화해할 것을 제안하였다.
  - 사측은 분쟁해결지원인이 판정 추측을 가늠할 수 있을 정도로 쟁점을 명확하게 설명해 줌으로써 강한 신뢰감을 가지게 되었고, 금전적 배상 결과가 되더라도 끝까지 가려고 했던 태도를 바꿔 분쟁해결지원인이 제안한 화해(해고취소, 가장 낮은 징계 검토)를 시도하기로 하였다.
  - J씨 역시 징계 자체에 대한 불만이 있었으나 분쟁해결지원인이 제안한 화해를 수용하기로 하였다.

위 A, B 사례는 부당해고 구제신청에 있어서 신청자의 근로자성 인정 여부에 대한 관련 법률의 전문성 수준에 따라 '각하'와 '화해'의 전혀 다른 해법의 가능성을 살펴본 것이다. A사례에서 분쟁해결지원인은 회사 임원의 근로자성에 대한 '대법원 판례'와 그 판단 기준 등에 대한 법률적 전문성을 갖추지 못함으로 인해 부당한 해고에 관한 분쟁 자체를 '각하'로 예상하였다. 이럴 경우 화해 · 조정을 위한 적극적인 분쟁조정 역할 자체가 전개되기 어렵다. 노동위원회에 구제 신청한 상황이라면 화해의 시도 기회조차 갖지 못하기 때문이다.

한편 B사례에서는 A사례와 반대로, 분쟁해결지원인이 사전에 숙지하고 있던 '근로자성' 여부에 대한 법률적 지식을 토대로 양측 간 화해 · 조정을 시도하였고, 이에 양측은 본인들의 주장(position) 외에 실질적인 이해관계(interest)를 분쟁해결지원인의 조력을 받아 원만한 화해 합의에 이르렀음을 보여준다.

한편, C사례는 부당해고와 부당징계에 관한 사례를 다루고 있는 가운데, 분쟁해결지원인의 관련 법률에 대한 전문성과 쟁점에 대한 이해의 정도는 분쟁당사자들이 분쟁해결지원인에 대한 신뢰 수준에 영향을 미친다는 점을 시사해주고 있다. 비단, 판사나 검사, 변호사 등 법률 전문가가 아니라 하더라도 최소한 분쟁해결지원인이 맡게 된 사건에 대해서는 관련 법률에 대한 이해를 가짐으로써 분쟁당사자들이 향후 진행될 쟁점이 어떻게 전개될지를 가늠할 수 있도록 할 수 있다. 아무리 당사자들의 주장을 경청하고 성실한 태도를 보여준다 하더라도 만약 분쟁에 관한 법적 지식과 전문성이 결여되어 있다면, 화해 · 조정에 이르도록 하기란 쉽지 않다. 화해의 제안은 쟁점에 대한 전문적인 이해가 배경이 되어야 한다는 뜻이기도 하다.[5]

법률적 전문성은, 분쟁 사건이 화해나 조정에 이르지 못하고 최종 판정까지 가게 될 경우 그 결과를 어느 정도 예측할 수 있는 정도의 법률적 지식을 구비해야 함을 의미한다. 분쟁당사자가 분쟁해결지원인의 권고를 수용한다거나 또는 화해할 의지가 있음을 표명하는 행위는 분쟁 결과에 대한 '판정' 예측을 레버리지로 하는 일련의 협상 행위로 볼 수 있다. 당사자들이 화해 · 조정에서 성공적인 협상 결과를 내기 위해서는 분쟁 결과에 대한 어느 정도의 '예측'이 필요하다. 이 때문에 당사자들이 화해 · 조정 권고시 이에 대해 수용하거나 또는 그러한 의사를 피력할 가능성이 높은 시기는 당사자들 간 판결의 유 · 불리에 대한 협상 패가 어느 정도 윤곽이 드러난 이후가 될 가능성이 크다. 다시 말해서, 분쟁조정 초기에는 화해없이 진행하여 최종 판정에 대한 아무런 법률적 유 · 불리를 가늠하지 못한다는 점과 상대방의 실질적인 의중이나 이해관계가 무엇인지 판단하기 어렵기 때문에 섣불리 화해를 시도할 가능성이 낮다는 뜻이기도 하다.

노동위원회에서는 화해 · 조정이 흔히 심문회의 중 의장이 당사자들에게 화해 의사가 있는지를 확인하면서 비롯된다. 물론, 최근에는 심문회의 이전에 분쟁 당사자들의 의견을 물어 화해 회의가 진행되는 경우가 많아지고 있고, 심문회의 종료 이후에도 일정 기간을 부여하여 화해의 기회를 제공하기도 한다. 따라서 분쟁해결지원인은 스스로 분쟁 사건의 최종 판정에 대한 법률적 예측을 할 수 있는 전문성을 가지고 있을 때 당사자들로 하여금 분쟁해결지원인에 대한 강한 신뢰감을 가질 수 있도록 할 것이며, 조기에 화해 · 조정의 필요성에 공감할 수 있는 여건을 조성할 가능성이 높아진다.

## 3. 이해충돌 방지를 위한 노력 : 제척 · 회피 이행

■ G씨는 방송관련업체인 C회사에 지원하여 합격한 후 수습직원(PD)으로 있던 중 W간부가 직원 회식 자리에서 '성희롱' 발언을 하는가 하면, 직원단체 카톡방에서도 선정적인 여성 사진을 올리는 등 '성희롱' 행위를 계속하자 참다 못해 문제제기를 하였으나 수습기간 종료 후 정규직으로 전환하지 못하고 해고되자 부당해고 구제신청을 하기에 이르렀다.

※ 직원 회식 자리에서 성희롱 발언 상황

"여자는 공이다. 10대 여자는 축구공이라 수십 명이 따라다니고, 20대 여자는 농구공이어서 10여명이 따라

5 분쟁해결지원인의 전문성 향상을 위해 본 과정 교과목 中「노동법 · 판례 · 판정 등의 활용 요령」(최선애 교수)을 활용할 수 있음. 국가법령정보센터, 대법원의 종합법률정보와 사건검색, 고용노동부의 근로감독관AI 지원시스템, 노동위원회 판정례 검색 등의 활용 요령에 관해 자세히 다루고 있음.

다니고, 30대는 골프공이어서 한명만 따라 다닌다". 특정인(피해자 A씨)을 지칭하며 "30대지? 조심해, 그나마도 OB라서 도랑에 빠지면 아무도 안 찾는다" (참석자들이 박장대소 함), "40대 여자는 콩 주머니다. 공도 아닌데 공인 척 한다", 40대 팀장을 가리키며 "40대지? 공도 아닌데 공인척하네"

※ 직원 단체 카톡방의 성희롱 발언 상황

- W간부 : 오래 앉아있는 여자들은 엉덩이가 안 예쁘지
- W간부 : 피아노 치는 여자들도 엉덩이가 안 예뻐 ㅎㅎ

□ 직원 : 헐....

- W간부 : 웃기지?? 웃어~

- 분쟁해결지원인은 '성희롱 여부'에 대한 판단이 모호한 측면도 있고, 회사와의 갈등 상황 등을 고려할 때 "서로 좋게 끝내는게 좋지 않겠나"라고 하며 '화해'를 종용하였으나 G씨는 이를 거부하였다.
  - C회사의 주장은 수습기간 종료 후 낮은 평가 결과가 G씨의 해고 사유임을 밝혔으나, 평가자가 가해자로 지목된 W간부였으며, 그동안 C회사에서 수습직원 만료 후 정규직으로 발령나자 않은 경우가 전무하였다는 점이 밝혀졌다.

- 분쟁해결지원인은 사건에 대해 '부당해고'로 예상하면서도 그 사유를 '서면통보 위반 등 절차 위반'으로 파악하였고, 이에 C회사는 G씨에게 계약직 복직을 제안하였으며 G씨가 이를 거부하자 C회사는 절차 위반 사유를 치유하면서 G씨를 다시 해고하였다.

- 분쟁해결지원인은 위 사건 가해자로 지목된 W간부와 대학 선후배 관계였으며, 'G씨를 회사로 다시 복귀시킬 수는 없다'는 W간부의 요청을 받아 화해를 종용하였으나 수용되지 않자 부당해고의 사유를 '절차적 하자'로 처리함에 따라 G씨가 다시 해고될 여지를 제공하게 되는 결과를 초래하였다.

위 〈사례〉는 부당해고 구제신청에 관한 사안이지만 성희롱 사건과 연결된 사례이다. 객관적으로 분쟁해결지원인의 통상적 관점에서는 성희롱과의 연결성 등을 감안할 때 '보복성의 부당해고'로 볼 소지가 컸다. 그러나 분쟁해결지원인이 사건과 관련된 당사자(가해자로 지목된 W간부)와 대학 선후배 관계라는 점과 사적 접촉을 통해 중립성을 훼손하였다는 점에서 이해충돌을 회피하기 위한 윤리적 의무를 이행하지 않은 사례라고 볼 수 있다.

노동위원회법[6]이나 이해충돌방지법[7] 등에서 정하는 제척사유에 해당하거나 심의 · 의결 · 조정을 공정하게 하기 어려운 사정이 있을 때에는 분쟁해결지원인은 해당 사건의 회피를 신청해야 한다. 제척과 기피, 회피는 심판이나 재판의 공정성을 기하기 위한 조치로써 법률적 개념이다. 특정한 환경과 조건에 따라서 법적으로 강제 배제되거나(제척) 당사자의 요청에 의해 제외되거나(기피) 당사자 스스로 물러나는 방식(회피)으로 이루어진다. 이들 용어는 주로 민사소송법, 형사소송법, 헌법재판소법 등의 법률에서 명시하고 있는 법적 용어인 한편, ADR에서 분쟁해결지원인이 분쟁 해결 과정에서 공정하고 중립적인 조건을 충족시키기 위해서도 차용되는 개념이다.

**※ 참고: 제척 · 기피 · 회피 개념 정리**

**1) 제척(除斥, Disqualification)**

제척은 ADR에 참여하는 분쟁해결 조정자의 의지와 무관하게 법적으로 강제 배제되는 것을 말한다.

**2) 기피(忌避, recusation, refusal)**

기피는 분쟁해결 당사자 또는 대리인이 화해 · 조정과정에 참여하는 조정자에 대해 공정성과 중립적인 문제해결에 대한 우려와 염려가 있을 경우 당해 분쟁에 배정된 조정자를 해당 사건에서 배제하도록 신청하는 것을 말한다.

기피신청은 소송을 지연시킬 목적으로 악용될 우려도 있지만, 만약 그러한 목적이 명백한 경우에는 이같은 기피 신청은 기각할 수도 있다(형사소송법). 신속한 분쟁해결 목적에 비추어 ADR에서도 행정소송으로의 진행을 지연하고자 하는 목적 등으로 악용될 가능성도 있으며 이는 비윤리적인 반칙이라고 볼 수 있다.

**3) 회피(回避, exclusion)**

회피는 화해 · 조정에 참여하는 조정자가 스스로 기피의 원인이 있다고 생각될 때 자발적으로 해당 분쟁사건에 참여하지 않는 것이며 신청에 의해 이루어진다.

---

6 노동위원회법 제21조(위원의 제척 · 기피 · 회피 등).

7 이해충돌방지법 제5조(사적이해관계자의 신고 및 회피 · 기피 신청).

**※ 참고: 「노동위원회법」의 제척 사유와 기피 · 회피의 내용**

제21조(위원의 제척 · 기피 · 회피 등) ① 위원은 다음 각 호의 어느 하나에 해당하는 경우에 해당 사건에 관한 **직무집행에서 제척(除斥)**된다. <개정 2016. 1. 27.>

1. 위원 또는 위원의 **배우자이거나 배우자였던 사람**이 해당 사건의 당사자가 되거나 해당 사건의 당사자와 공동권리자 또는 공동의무자의 관계에 있는 경우
2. 위원이 **해당 사건의 당사자와 친족이거나 친족**이었던 경우
3. 위원이 **해당 사건에 관하여 진술이나 감정**을 한 경우
4. 위원이 **당사자의 대리인**으로서 업무에 관여하거나 관여하였던 경우

   4의2. **위원이 속한 법인, 단체 또는 법률사무소**가 해당 사건에 관하여 당사자의 대리인으로서 관여하거나 관여하였던 경우
5. **위원 또는 위원이 속한 법인, 단체 또는 법률사무소**가 해당 사건의 원인이 된 처분 또는 부작위에 관여한 경우

② 위원장은 제1항에 따른 사유가 있는 경우에 **관계 당사자의 신청을 받아 또는 직권으로 제척의 결정을** 하여야 한다.

③ 당사자는 공정한 심의 · 의결 또는 조정 등을 기대하기 어려운 위원이 있는 경우에 그 사유를 적어 위원장에게 **기피신청**을 할 수 있다.

④ 위원장은 제3항에 따른 **기피신청이 이유 있다고 인정되는 경우에 기피의 결정**을 하여야 한다.

⑤ 위원장은 사건이 접수되는 **즉시 제2항에 따른 제척신청과 제3항에 따른 기피신청을 할 수 있음을 사건 당사자에게 알려야 한다.**

⑥ 위원에게 제1항 또는 제3항에 따른 사유가 있는 경우에는 **스스로 그 사건에 관한 직무집행에서 회피할** 수 있다. 이 경우 해당 위원은 위원장에게 그 사유를 소명하여야 한다. [전문개정 2015. 1. 20.]

위 사례는 분쟁해결지원인이 이해충돌을 피하기 위해 제척 또는 회피노력을 하지 않음으로써 결과적으로 화해 · 조정의 공정성을 훼손하게 되었다는 점을 보여준다. 화해 · 조정에 임하는 분쟁해결지원인이 적극적으로 해야 할 책무를 하지 않음에 따른 결과는 분쟁해결지원인 자신 뿐만 아니라 분쟁해결지원기관에 대한 사회적 신뢰도 그리고 위 사례처럼 분쟁해결을 원했던 신청

자에게 실질적으로 악영향을 미치게 된다.

분쟁해결지원인은 사건을 접하게 될 때 일차적으로 제척 또는 회피 신청 대상인지를 판단해 보아야 한다. 대학 선후배 관계라는 사실을 사전에 인지했다면 '제척' 대상에 해당하며 만약, 화해 · 조정 과정에서 확인하게 되었다면 회피 신청을 했어야 했다. 나아가 분쟁해결지원인은 분쟁해결과정에서 차별과 불공정한 언행을 해서는 안된다. 이미 이해충돌 방지를 위해 적극적인 회피 노력을 하지 않았다는 점에서, 분쟁조정을 신청한 당사자에 대한 차별적인 태도와 언행은 예견된 것으로도 볼 수 있다.

한편, 제척이나 회피 신청 등은 이해충돌방지를 위한 분쟁해결지원인의 윤리적 행위지만 이것은 궁극적으로 분쟁 당사자들로부터 분쟁해결지원 과정과 분쟁해결지원인의 공정성과 중립성에 대한 신뢰를 확보하기 위한 적극적 조치의 일환이 된다. 따라서 이해충돌방지의 실질적인 노력을 분쟁 당사자들에게 적극적으로 고지할 필요가 있다. 만약, 분쟁해결지원을 위해 선정된 특정 지원인이 분쟁 당사자와의 사적인 관계를 이유로 회피 신청을 함으로써 지원인의 교체 사실이 있었다면 이를 분쟁 당사자들에게 고지하도록 한다. 분쟁 당사자들에게도 제척 또는 기피 제도를 사전에 고지함으로써 분쟁해결의 절차가 중립성과 공정성을 충분히 담보하고 있다는 사실을 인식시키는 것도 중요하다.

## 4. 공정 · 성실하고 신속한 수행 노력

- 1997년 D건설회사에 입사하여 건설현장에서 일해오던 K씨(차장)는 산업안전관리비에서 과도하게 비자금을 조성했다라는 이유를 들어 회사로부터 해고되었고, 이에 노동위원회에 부당해고 구제신청을 한 사건이다.

- 사실관계 조사에서 K씨와 D건설회사 간에 주장의 불일치가 있었고 내용은 다음과 같다.
  - K씨는 현장소장의 지시에 따라서 비자금을 조성했고, 건설현장마다 있었던 관행이었다고 주장, 비자금 집행 내역을 제시하였고 그 내역에서는 경찰서 정보과, 환경과, 감리단과 소방청, 국토관리청 등이 있었고 안전사고 벌금도 비자금에서 지출한 것으로 주장하였다.
  - 반면 D건설회사는 대관에 사용된 것을 일부 인정하고 나머지는 K씨가 착복한 것으로 주장하였고, K씨를 업무상 배임 횡령죄로 검찰에 고발하고 그 관련 자료를 분쟁해결지원인에게 제출하였다.

※ K씨와 D건설회사의 상이한 주장

| 구분 | K씨(구제신청인) 주장 | D건설회사 주장 |
|---|---|---|
| 정보과 | 770만원 | × |
| 환경과 | 990만원 | × |
| 환경신문 기자 | 280만원 | 인정 |
| 민원 | 400만원 | × |
| 감리단 | 840만원 | 인정 |
| 전문직 급여 | 1,370만원 | 인정 |
| 소방서와 시청 | 230만원 | 인정 |
| 국토관리청 | 200만원 | × |
| 현장소장 등 | 1,080만원 | 인정 |
| 안전사고 벌금 | 200만원 | × |
| 고철BOX변상 | 170만원 | × |
| 합계 | 7,930만원 | |

주) 위의 내용은 임의로 작성한 것임.

- 분쟁해결지원인은 D건설회사가 제출한 검찰 고발 근거자료를 바탕으로 K씨에 대한 해고를 부당해고로 보기 어렵다고 판단하여 K씨의 구제신청이 기각될 것으로 예상했으나, D건설회사가 K씨(차장)에게 업무상 배임 횡령과 건설산업기본법 위반 등에 관한 고발 사건이 무혐의 처분되었고, K씨가 주장했으나 D건설회사가 인정하지 않았던 부분 중 일부는 사실로 드러나기도 했다.

위 사례는 분쟁해결지원인의 공정 · 성실한 업무수행의 필요성을 보여주는 사례이다. 노동위원회에 속한 분쟁해결지원인은 화해 · 조정 등이 적정하게 이루어질 수 있도록 "조사보고서, 이유서, 답변서 등 사건 관련 자료를 성실히 검토하고, 신중하고 충실하게 심문해야 한다"(노동위원회 위원 윤리강령 제3조③항). 분쟁해결지원인의 공정 · 성실한 직무수행은 '사실 관계' 확인 노력에서부터 시작된다. 노동위원회에서 조사관이 작성하는 조사보고서는 현실적으로 공정하고 중립적 화해 · 조정을 위한 핵심적인 수단이라는 점에서 성실한 직무수행이 필요한 중요한 영역 중의 하나이다.

〈사례〉에서는 개별 노동분쟁에서 노사 간 주장이 불일치하는 가운데 분쟁해결지원인이 사측(D건설회사)이 제시한 일방의 자료(사증)에 의존한데 따른 문제점을 보여주고 있다. 노동위원회의 경우, 노사 일방의 신청이 접수되면 일차적으로 관련 분쟁의 쟁점과 자료 수집 및 조사 등이 이루어진다. 당사자가 제출하는 '이유서'와 '답변서' 그리고 관련된 '증거자료' 등을 기초로 조사보고서가 작성되고 이 조사보고서는 5명의 위원들에게 전달된다. 현실적으로 화해 · 조정 및 심판 일정 자체가 매우 촉박하며 이에 참여하는 위원들은 조사보고서에 의존하여 심문기일에 임할 가능성이 매우 높은게 사실이다. 다시 말해서, 해당 사건의 분쟁 상황과 쟁점 및 관련 자료에 대한 충분한 학습과 이해를 도모할 시간이 부족하여 사건을 추상적으로 파악한 상태에서 심문기일에 임할 가능성이 높다는 뜻이기도 하다.

본 사례에서처럼, 노사 양측의 주장이 불일치할 경우에는 노동위원회에서 필요한 추가적인 자료 제출을 요구하는 등 판단의 구체적인 증거를 확보하기 위해 노력해야 한다. 이는 노동위원회 규칙 제46조에서 밝히고 있는 바이다. 노동위원회에서 직권조사로 확보한 판단의 증거자료가 있을 경우 상대방에게 송달하고 판정서에 첨부할 수 있다.

**※ 〈참고〉 노동위원회규칙 제46조(사실조사)**

제46조(사실조사 등) ① 노동위원회는 구제신청사건에 대한 증거자료가 필요하다고 판단하는 경우 당사자에게 관련 자료의 제출을 요구할 수 있다.

② 노동위원회는 당사자의 주장이 일치하지 아니하는 때에는 당사자와 증인 또는 참고인을 출석시켜 조사할 수 있다. 이 경우 진술서를 작성 · 제출하는 것으로 조사를 대신할 수 있다.

③ 위원이나 조사관은 사실관계 확인을 위하여 사업장 등을 방문하여 업무현황, 서류 그 밖에 물건을 조사할 수 있다. 이 경우 그 권한을 증명하는 증표를 관계인에게 제시하여야 한다.

④ 노동위원회는 당사자가 제출한 이유서, 답변서 및 증거자료 등이 외국어로 표기되어 있는 경우 번역본 제출을 요구할 수 있고, 증거자료가 녹음파일일 경우 녹음파일의 녹취서 제출을 요구할 수 있다. <신설 2019. 2. 13., 개정 2024. 2. 14.>

⑤ 노동위원회는 제1항 및 제4항에 따라 당사자가 자료를 제출한 경우 그 부본을 지체 없이 상대방 당사자에게 송달하여야 한다. <신설 2022. 4. 29.>

〈사례〉는 분쟁해결지원인이 분쟁의 실체를 규명함에 있어서 상대적으로 정보 우위에 있는 사측이 제출한 자료에 의존함으로써 객관성을 결여한 판단 결과를 초래할 수 있음을 보여준다.

단순히 사측이 'K씨를 검찰에 고발'하였다는 그 '고발 행위'에 관한 근거자료만으로 사측의 입장을 지지하였다. 사측과 마찬가지로 K씨의 주장도 균형감있게 수용하고 더 성실한 사실관계 확인 노력이 필요했다.

분쟁해결지원인이 해야 할 신속한 업무수행이 단순히 빠른 속도만을 의미하는 것은 아니다. ADR의 활용은 법률적 소송절차보다 분쟁해결기관을 통한 문제해결이 훨씬 더 신속할 뿐 아니라 낮은 비용으로 가능하다는 장점이 있기 때문이라는 점은 분명하다. 그러나 신속한 업무 수행은 사실확인 등을 통해 분쟁의 실체를 명확히 규명하는 것이 전제되어야 한다. 이외에 분쟁해결지원인의 성실한 업무수행에는 분쟁 당사자 또는 그 이해관계자들과의 약속 일정이나 시간을 잘 준수하고, 확정된 회의 일정에는 반드시 참여하는 등의 노력이 포함된다. 이하는 노조법에 명시되어 있는 분쟁해결지원기관의 성실한 업무수행 노력에 관한 조항들이다.

- 노조법 제49조(국가등의 책무) 국가 및 지방자치단체는 노동관계 당사자간에 노동관계에 관한 주장이 일치하지 아니할 경우에 노동관계 당사자가 이를 자주적으로 조정할 수 있도록 조력함으로써 쟁의행위를 가능한 한 예방하고 노동쟁의의 신속 · 공정한 해결에 노력하여야 한다.
- 노조법 제50조(신속한 처리) 이 법에 의하여 노동관계의 조정을 할 경우에는 노동관계 당사자와 노동위원회 기타 관계기관은 사건을 신속히 처리하도록 노력하여야 한다.
- 노조법 제53조(조정의 개시) ①노동위원회는 관계 당사자의 일방이 노동쟁의의 조정을 신청한 때에는 지체없이 조정을 개시하여야 하며 관계 당사자 쌍방은 이에 성실히 임하여야 한다. ②노동위원회는 제1항의 규정에 따른 조정신청 전이라도 원활한 조정을 위하여 교섭을 주선하는 등 관계 당사자의 자주적인 분쟁 해결을 지원할 수 있다.

## Ⅳ 분쟁해결지원인이 해서는 안 될 비윤리적 행동

분쟁해결지원인이 적극적으로 취해야 할 행동과는 반대로, '해서는 안 될' 행동들이 있으며 이에 대해서는 관련 법규나 윤리강령 등에서 그 기준을 마련해 놓고 있기도 하다. 분쟁해결지원인이 '해야 할 행동'을 하지 않는 경우가 '해서는 안 될 행동'이 되는 경우라고 볼 수도 있겠다. 다만, 보다 적극적인 의미에서 '해서는 안 될' 비윤리적 행동에 대해서는 일정한 법적 제재가 가해질 수 있다. 이는 전문가들이 분쟁해결을 공정하고 중립적인 조건들 속에서 공평무사하게 다룰 수 있도록 하는데 방해가 되거나 이를 훼손하는 행위가 될 수 있기 때문이다.

분쟁해결지원인의 비윤리적 행동들은 분쟁해결지원인의 개별적인 인적 속성에 기인하는 바도 있지만, 분쟁조정의 특정한 요인과 배경, 참여자들과의 복잡한 이해관계가 원인이 되는 경우가 있다. 보이지 않게 얽혀있는 이해관계가 비윤리적 행동으로 드러나는 양상은 단순하기 보다는 매우 복합적인 양상으로 드러날 개연성이 있다. 예컨대, 분쟁당사자와 특정한 이해관계가 있는 분쟁해결지원인의 비윤리적 행동의 양상은 그 상대방 측에 대한 차별이나 불공정한 언행, 강압적 태도 등으로 나타날 수 있고 상대방으로부터 획득한 비밀 정보를 어느 일방으로 유출하는 등의 비윤리적 행동 양상과 연결될 소지가 높기 때문이다.

이하에서는 분쟁해결지원인이 유의해야 할 '해서는 안 될' 비윤리적 행동의 유형과 그 내용에 대해 살펴본다. 제시된 사례들은 학습을 위한 목적으로 가공된 사례임을 밝혀둔다.

## 1. 차별과 불공정한 언행

- 동남아에서 온 E-9 비자의 외국인 근로자 M씨는 소규모 제조업체에서 일해 오다가 2년 근로계약 7개월여를 남겨놓은 상황에서 갑자기 회사에서 "너, 내일부터 그만나와!"라고 해고를 당했다.
  - M씨는 사장에게 왜 해고되는지 억울함을 호소하는 한편, 체불된 2개월치 임금도 지불할 것을 요구하였으나, 사장은 M씨에게 "그동안 업무능력이 너무 떨어져 진작에 그만두게할 생각이었으나 너그럽게 봐준 거야~!"라고 했고, "그동안 고생했으니 다음 달 월급날에 본국으로 돌아갈 비행기 값 정도는 줄테니 그리알어~" 라며 강하게 면박을 주었다.

- M씨는 지역의 외국인노동자센터를 찾아가 상담노무사에게 도움을 청하였고, 상담노무사는 M씨를 도와 노동위원회에 부당해고 구제신청을 하였다.

- 사건을 맡은 분쟁해결지원인은 외국인 근로자의 국내취업에 관한 고용허가제 등에 대해 불편한 인식을 가지고 있었다. 국내 많은 일자리가 외국인 근로자로 인해 국내 젊은 청년들의 일자리 구하기가 더욱 어려워졌다고 생각하고 있었다.
  - 분쟁해결지원인은 우선 조사보고서를 검토하고 분쟁 당사자를 불러 양측의 주장을 듣고 화해를 시도해 보기로 하였다.

- 사측의 주장은, 외국인 근로자 M씨가 의사소통도 안될 뿐 아니라 업무지시를 해도 이해를 못하여 한사람이 해야 할 일의 절반의 성과도 못내는 상황에서 배려차원에서 해고하지 않았다가 이제야 정리하는 것이라고 주장하였다.
  - 반면, M씨는 평소 늦은 시간까지 남들보다 더 열심히 일하였지만, 본인에게 험한 말을 하기도 했으며, 2개월치 임금을 받지 못한 상태에서 갑작스럽게 해고를 당하여 억울하다고 호소하였다.

- 분쟁해결지원인은 회사측의 입장을 적극적으로 옹호하는 가운데 화해 시도 과정에서도 동남아 외국인 근로자 M씨에게 불공정한 언행과 차별적 인식을 드러내었다.
  - 분쟁해결지원인은 대화 중에 상담노무사가 M씨의 통역을 맡아 도와주었으나 말을 정확하게 못알아 듣는 M씨에 대해 답답하고 언짢은 표정을 수시로 드러내곤 했다. M씨에게는 "지금까지 한국에서 번 돈으로도 본국에 가면 상당히 큰 돈을 번 것이니 좋게 끝내는게 신상에 좋다", "회사측에서 일이 서툰 M씨를 많이 배려해 준 것이다", "여기서 말썽을 피우게 되면 본국으로 갔다가 다시 한국에 들어오기 어려워질 수 있다", "단순 노동으로 그 정도 임금을 받았으면 본국과 비교할 때 오히려 감사해야 하지 않겠나?."
  - 분쟁해결지원인은 "그간 M씨의 낮은 업무성과와 월 임금수준을 고려하면 2개월 체불 임금 수령 요구는 M씨에게 더 불리할 수 있다." "M씨가 한국에서 사업장을 변경하여 남은 체류기간동안 더 일하기 위해서는 이 회사로부터 '이적 동의서' 등을 받아야 하므로, 체불임금 요구 대신 '이적'에 필요한 동의를 받는 것으로 대신하는게 좋을 것이다", "회사가 1개월치 임금을 지급하는 것을 조건"으로 하는 화해를 제안하였다.

- M씨는 상담노무사와 함께 고민한 끝에 다른 법적 구제 방도를 모색하기로 하였다.

---

- B씨는 S회사 000사업장에서 구매담당 매니저로 근무하다가 육아휴직 후 복직하였는데 B씨 자리에 대체근무자가 근무하고 있었고, 회사는 이미 대체근무자가 일하고 있다는 이유로 한번도 해본적 없는 서비스 담당으로 인사발령을 받았다.
  - B씨가 받은 급여는 이전과 같았지만, 매니저일 때 받았던 월 50만원의 직책수당을 받지 못

하였고, 인사평가 권한도 없어졌다.

– 이에 B씨는 노동위원회에 부당인사(부당전직) 구제신청을 하였다.

■ 사건 배정을 맡은 분쟁해결지원인은 노사 양측의 주장과 진술에 관한 조사보고서를 토대로 원만한 화해·조정을 시도하고자 하였다.

– 분쟁해결지원인은 노사 양측을 만나 주장하는 바를 경청하였고, 법률적 측면에서 볼 때 육아휴직 후 복직의 경우 근로조건은 휴직 전과 같은 업무 또는 같은 수준의 급여를 지급하는 직무로 복귀시키는 것(남녀고용평등법 제19조제4항)이지만, 본 사건의 경우, 소속직원을 지휘·감독하고 평가하는 관리자의 업무와는 상이한 실무 담당자로 변경되었고, 월 50만원의 직책수당과 인사평가 권한도 상실하였다는 점에서 구제신청 될 것으로 판단하였다.

■ 분쟁해결지원인은 이 같은 판단에서 사건을 조정하려고 준비하던 중 B씨가 사내에서 불교동호회 모임의 회장 활동도 열심히 한 사실을 알게 되면서 화해·조정 방향을 전환하였다.

– 분쟁해결지원인은 평소 독실한 기독교인으로 교회에서 장로의 직분을 가지고 있었고, 이 회사에 대해 자세히 알고 있지는 않았지만 교회 집사 중 한분이 이 회사에 다니고 있어서 이 회사에 대해 정서적 친근감을 느끼고 있었다.

– 분쟁해결지원인은 화해 과정에서 B씨에게 "육아휴직 후에 복직할 수 있는 회사가 많지 않은데 행운이라고 본다", "법상 육아휴직 후 복직할 때 휴직하기 전과 완전히 동일한 업무를 부여해야 하는 것은 아니다", "서비스 쪽에서 일하면 불교동호회 활동이 어려워져서 문제 제기한 것은 아닌가?", "조금 참고 일하다보면 다시 매니저 자리로 갈 수 있을 것인데, 이번 일로 분쟁이 커지면 B씨가 직장생활하기 매우 어려워질 수 있으니 사건을 취하하길 권한다"

■ B씨는 분쟁해결지원인이 처음 화해 과정에서 본인에게 부당한 전직이어서 구제 가능할 것으로 이야기했던 것과 달리 '취하'를 강하게 권고하는 등 대화의 일관성이 없어보여 신뢰할 수 없다는 결론에 이르렀다.

– 특히, B씨가 따로 언급한 바 없는 '불교 동호회' 이야기를 하며 다소 불쾌한 표정을 짓기도 하는 등 뭔가 공정하지 않다는 느낌을 강하게 받았다.

– B씨는 지인 노무사와 상담을 한 후 다른 구제 절차를 모색하기로 하였다.

분쟁해결을 요청하는 신청인의 사건 배경과 분야는 매우 다양하고 신청 당사자의 지위도 다양하다. 분쟁해결지원인이 개인적으로 가지고 있는 신념이나 편견이 때로는 무의식적으로 분쟁사건 관계자들에 대한 차별로 드러나는 경우도 있다. 여성이나 외국인 근로자 등에 대한 사회적 편견이 대표적이다. 때로는 정규직과 비정규직 또는 계약직의 신분이나 종교적 배경, 고향이나 기타 지역적 연고 등을 이유로 차별할 수도 있다.

위의 첫 번째 사례는 외국인 근로자에 대한 차별 인식과 그로 인한 불공정한 언행에 관한 내용을 다루고 있고, 두 번째 사례는 종교적 배경을 이유로 한 차별 또는 불공정한 태도에 관한 내용을 다루고 있다. 분쟁해결지원인의 평소 신념이나 종교적 배경이 분쟁해결에 영향을 미치거나 그 과정에 공정성과 중립성이 훼손되지 않도록 해야 한다.

분쟁해결지원인은 분쟁조정의 모든 과정에서 분쟁사건에 관계된 당사자들에 대해 '혈연'이나 '지연', '학연', '성별', '성별', '종교', '경제적 능력' 또는 '사회적 지위' 등을 이유로 차별을 해서는 안 된다(노동위원회 위원 윤리강령 제2조 ②항). 분쟁해결지원인이 적극적으로 제척 또는 회피의 노력을 해야 할 상황이 아니면서도 이 같이 잘 드러나지 않는 차별과 불공정성은 제척 또는 회피 사유의 영향력보다 더 큰 부정적 영향을 미칠 수도 있다.

분쟁해결지원인의 차별이나 불공정한 인식은 흔히 불공정하거나 중립적이지 않은 발언과 연결되곤 한다. 화해 · 조정과정 또는 노동위원회 심문회의 등에서 노출되는 불공정한 언행의 이면을 살펴보면, 분쟁해결지원인 스스로의 차별적 인식을 배경으로 하거나 아니면 그러한 언행으로 조정의 유 · 불리를 의도하고자 하는 비윤리적 관계가 영향을 미치고 있는 경우도 있다. 앞서 '성희롱' 사건과 연계된 '부당해고' 사례에서 확인되었듯이 불공정한 언행의 이면에는 복잡한 이해관계가 배경이 될 수 있다는 점을 경계할 필요가 있다.

위 사례에서 외국인 근로자는 체불된 임금과 함께 부당해고 구제를 통해 다른 사업장으로의 이동이 가능토록 구제될 필요가 있는 사례였지만, 분쟁해결지원인이 외국인 근로자의 국내 유입 등에 대한 평소의 신념과 가치관이 분쟁해결과정에 영향을 미쳤고 동남아 출신의 외국인이라는 점에서 생활수준의 예를 사용하여 외국인 근로자를 낮추어 일컫거나 비하하는 비윤리적 행위를 보였다. 마찬가지로 육아휴직 후 복직자의 근로조건에 대한 판단에 있어서 분쟁해결지원인의 최초 판단이 종교적 이해가 개입되면서 분쟁당사자로 하여금 비일관된 언행과 함께 신뢰를 상실하는 결과를 초래하였다.

위의 두 사례에서는 분쟁해결지원인이 외국인 근로자에 대한 편견과 종교적 배경이 분쟁해결 과정에 영향을 미쳤고, "공정성과 중립성을 훼손할 수 있는 언행을 하지 않는다"(노동위원회 위원 윤리강령 제2조①항)는 기준의 위반을 초래하였다.

## 2. 이해충돌과 비밀누설

- ㈜P화학은 회사가 경제적으로 어렵다는 이유로 노사관계 개선을 위한 요구안을 노조(조합원 100여명)에 제시하였다. (실질적으로 어려운 상황인지는 관점에 따라 다를 수 있었다)

※ P화학의 영업이익 추세 (단위: 억원)

| 연도 | 20X1년 | 20X2년 | 20X3년 | 20X4년 |
|---|---|---|---|---|
| 영업이익 | 656 | 473 | 334 | 451 |

주) P화학은 20여 년간 연속 흑자 기업 상태

– 노조는 이를 수용하지 않고 파업에 돌입하였으나 3개월 파업 후 백기 투항하여 회사 요구에 합의(성과연봉제 전환 등) 하였다.

※ 노조위원장과 000대표이사 대화록 (노조위원장 제출 자료)

■ 000대표이사

집행부 총사퇴해라, 그러면 면직은 안 시키겠다. 면직하면 지노위, 중노위, 지법, 고법, 대법까지 4-5년 걸린다. 깔끔하게 사퇴하면 회장님께 말씀드려 면직은 면하게 하겠다. 집행부와 책임지고 총사퇴해라. 빨리 의견 표명해달라. 회장님하고 상의해야 한다. 위원장직을 유지하면 회장님이 동의 못할 것이다.

□ 노조위원장

내가 사퇴하면 대의원이나 일반간부 징계는 어디까지?

■ 000대표이사

나도 공장장도 사직서 쓰고 일 시작했다. 위원장이 집에 재산이 많은 것도 아니고, 애들도 생각해야 하고...회장님하고 말씀드릴 때 쟁대위 위원들은 감봉 정도로...위원장이 깔끔하게 책임지는게 맞지 않나, 그래야 현장가도 조합원들한테 덜 민망...여러 입장 생각해보라. 임원 입장, 회장님 입장이라면...

– P회사는 직장폐쇄 후 조합원을 개별 선별하여 파업 재발 방지 확인서 날인 후 회사복귀 허용하는 한편, 노조위원장 등 노조 간부에 대한 징계 절차 착수하여 노조위원장에 대해 정직 3개월 징계를 내렸다.

- P회사에서는 복수노조 설립과 취업 규칙 개정 등이 진행되어 P회사 성과급이 신설 복수노조에 300%, 기존 노조 조합원에 130% 지급이 이루어졌는 바, 이에 대해 노조위원장이 부당징계 및 부당노동행위로 구제신청을 하였다.

※ 사측 요구의 주요내용 : i)당해연도 임금동결, ii)임금피크제 도입, iii)호봉제 폐지 및 성과급제 전환, iv) 성과급 지급기준 마련, v)신입사원 초임삭감

- ■ 노조위원장은 사측의 복수노조 설립 개입 의혹 등에 관한 자료를 분쟁해결조정인에게 제출하였다.

- ■ 배정된 분쟁해결지원인들의 이해충돌과 비밀누설
  - 분쟁해결지원인 중 한 명은 과거 P회사 소재 지역에서 분쟁해결 경험이 있었고 P회사 자문회의에도 배석한 경험이 있었다.
  - 다른 분쟁해결지원인은 P회사는 아니지만 다른 회사의 사측 대리인 역할 이력을 가지고 있었으며, 또 다른 분쟁해결지원인은 P회사의 자문 노무법인 대표 이력이 있었다.
  - 분쟁해결지원인들은 진행 경과와 노측의 주요 입장 등 관련 내용에 대해 P회사와 긴밀히 연락을 취하여 공유하였다.

- ■ 분쟁조정 결과
  - 분쟁해결지원인들은 위 사건에서 노조위원장에 대한 일부 징계사유가 존재한다고 보아 부당징계에 대해서는 '기각'을 예정하였고, 부당노동행위에 대해서는 판단을 '유보'하는 등 공정하고 중립적인 문제해결로 판단하기 어려운 상황을 연출하였다.
  - 분쟁당사자인 노조위원장은 분쟁해결을 위해 다른 방법을 모색키로 하였다.

※ 부당징계 및 부당노동행위에 대한 분쟁해결지원인들의 판단

| 징계사유 | 판단 |
|---|---|
| 한마음체육대회 집단불참 형식의 쟁의행위 | 징계사유 O |
| 영업비밀 무단유출 | 징계사유 X |

| | |
|---|---|
| 사내천막 무단설치 및 철거요청 불응 | 징계사유 X |
| 사내별관 강당 무단점거 및 퇴거불응 | 징계사유 X |
| 집회시 확성기 등에 의한 과도한 소음발생 | 징계사유 X |
| 직원들에 대한 위압감, 위화감 조성 | 징계사유 X |
| 거래처 앞 집회 | 징계사유 X |
| 부당노동행위 인정 여부 | 보류 |

위 〈사례〉는 집단 노동분쟁에서 부당노동행위와 부당징계 여부에 관한 판정에 있어서 분쟁 당사자인 사측과 분쟁해결지원인의 이해충돌 및 비밀유지 위반에 관한 사례를 다루고 있다.

노동위원회 위원 윤리강령에서는 "자기나 다른 사람의 부당한 이익을 위하여 노동위원회의 신분을 이용하지 아니하며, 다른 위원이나 조사관의 직무수행에 영향을 미치는 행동을 하지 않는다"(노동위원회 위원 윤리강령 제4조③)는 청렴성 의무를 명시하고 있다. 이들 분쟁해결지원인들은 이번 사건에서 '제척' 대상이었으나, '회피' 신청도 하지 않았다. 보다 심각한 것은 사건 전체 과정에서 분쟁 당사자의 입장과 태도 등 분쟁해결 과정에서 득한 내용에 대해 기밀을 유지하여야 했지만, 이미 이해충돌 배경하에서는 비밀유지가 준수되기 어려운 조건을 분쟁해결지원인들 스스로 조성하였다는 점이다.

결국, 분쟁해결지원들은 분쟁해결 과정에서 P회사와의 긴밀한 소통을 통해 기밀 유지되어야 할 내용을 함께 공유함으로써 「노동위원회법」 제28조의 '비밀엄수' 의무를 위반하였다. 분쟁해결지원인들의 비윤리적 행동으로 인해 사례 사건의 분쟁 해결은 전체적으로 공정성과 중립성이 심각하게 훼손되고 말았다. 명확하게 제출된 증거자료에도 불구하고 부당노동행위에 대한 판단을 유보하였고, 징계 사유에 대한 부당성 여부도 중립적 판단으로 보기 어렵게 만들었다.

국내외를 불문하고 비윤리적 행위 중에서도 분쟁해결지원인이 반드시 지켜야 할 윤리로써 가장 엄격하게 다루고 있는 부분이 '기밀유지'이며, 이를 위반할 경우 지원인으로서의 자격이 박탈되는 등 매우 강력한 조치가 뒤따른다. 이는 조정인과 조정기관의 공정성과 중립성에 대한 신뢰에 치명적인 영향을 미치기 때문이다.

## 3. 사적 접촉

- L씨는 S은행에서 대출 담당자로 2000년부터 근무해 오던 중, 고객에게 대출을 상담하는 과정에서 본인이 가입한 모 회사(다단계 회사)에 투자를 권유하는 등의 사유로 S은행으로부터 취업규칙 위반의 직권면직 통보를 받아 분쟁해결기관에 부당해고 구제신청을 하였다.
  - S은행은 "불법 다단계 상품에 투자활동을 한 것은 회사의 대외적 신용을 떨어뜨릴 위험이 있고 사전 승인없이 이뤄진 겸직행위에 해당"한다는 주장이었고, L씨는 "투자한 회사는 불법 다단계 회사가 아니고 개인적 투자회사이며, 투자 행위는 사업 활동이 아니기 때문에 회사의 승인을 받을 이유가 없다"는 주장이었다.

- 분쟁해결지원인은 L씨가 투자한 회사와 L씨로부터 상품 가입을 권유받은 고객 및 지인들을 개별적으로 접촉하여 진위 확인을 위한 사실조사를 하였고, 조사 과정에서 접촉 상대방의 진술 때문에 L씨가 곤란한 상황에 있음을 알리는 방식으로 조사를 수행한 후 수집된 사실조사를 토대로 S은행이 화해를 수용할 것을 종용하는 한편, 분쟁해결지원인들과 분쟁해결 회의에서 사적으로 수집한 자료를 공유·활용하였다.

- 결과적으로 L씨의 구제신청은 과다한 징계양정으로 판단하여 인용되었으나 S은행은 문제를 제기하며 다른 경로의 해결 모색에 나섰다.

분쟁해결지원인의 주요 역할 중에는 화해·조정을 이끌기 위한 전제로써 쟁점의 실체를 정확히 규명하기 위해 필요한 경우 '조사'와 '사실관계 확인' 등을 통해 분쟁해결의 공정성을 기하는 것이 포함된다. 노동위원회법에 따르면 "필요한 경우 "근로자, 노동조합, 사용자, 사용자단체, 그 밖의 관계인에 대하여 출석·보고·진술 또는 필요한 서류의 제출을 요구"할 수 있고, "사업 또는 사업장의 업무상황, 서류, 그 밖의 물건을 조사"할 수도 있다.

다만, 여기서 유의해야 할 점은 그러한 접촉은 '공적'이어야 한다는 점이다. '공적'이라 함은 분쟁해결기관(노동위원회)이 필요하다고 인정할 때 그 명에 따라서 이루어질 때를 의미한다고 볼 수 있고, 분쟁해결기관의 장이 지명한 위원 또는 조사관은 조사하고자 하는 관계인에게 그 권한을 표시하는 증표를 보여주는 방식이어야 함을 뜻하기도 한다. 사실조사를 위해 분쟁해결지원인이 임의로 분쟁당사자 일방이나 분쟁과 관련된 관계자를 접촉하는 것은 분쟁당사자 어느 일방에 편파적일 가능성을 높여 분쟁해결의 공정성과 중립성을 훼손할 수 있으므로 분쟁해결지원인의 이같은 사적 접촉은 해서는 안 될 행동에 속한다. 노동위원회 위원 윤리강령(제2조④항)에는 "위원(공익)은 맡은 사건의 당사자와 대리인 등 관계인을 어느 일방에 유리하게 할 목적으로 면담하거나 접촉하지 아니한다"라고 기술하고 있기도 하다. 또한 법원 판례에서는 비록 조사 행위가 아닌 단순한 접촉의 경우라 해도 노동위원회법령에 의한 공정 의무 등을 위반하지 않는 범위 내에서 이루어져 한다고 판시하기도 했다.

위 사례에서는 분쟁해결지원인의 사실 · 증거조사 및 자료 수집이 공적 절차에 의하지 않은 채 사적으로 이루어졌다는 점과 L씨의 곤궁한 상황이 접촉 대상자의 진술 등과 관련성을 인지시키는 등 불공정한 언행이 있었고, 이렇게 비공식 · 사적으로 수집된 자료를 토대로 S은행으로 하여금 화해의 수용을 압박하는 행위 등은 모두 비윤리적 행위로써 분쟁해결지원인이 해서는 안 될 행동 유형 중의 하나이다.

노동위원회의 경우 현실적으로 보면, 신속하고 경제적인 분쟁해결 방식이라는 점에서 조사관의 조사 행위가 일차적으로 이루어진 후 조사보고서를 기초로 화해 · 조정이나 심문회의가 이루어져 현장이나 관계자와의 대면 접촉 방식의 조사 행위가 이루어질 시간적 여력이 많지 않은 것이 사실이다. 그럼에도 불구하고 분쟁해결지원인이 분쟁의 실체 규명과 그에 따른 사실확인 노력을 전개함에 있어서 이 같은 비공식적인 사적 접촉 행위를 해서는 안된다는 점에 유의할 필요가 있다.

**※ 참고: 노동위원회법 제23조(위원회의 조사권)**

노동위원회법 제23조(위원회의 조사권 등) ① 노동위원회는 제2조의2에 따른 소관 사무(제3호의 업무는 제외한다)와 관련하여 사실관계를 확인하는 등 그 사무집행을 위하여 필요하다고 인정할 때에는 근로자, 노동조합, 사용자, 사용자단체, 그 밖의 관계인에 대하여 출석 · 보고 · 진술 또는 필요한 서류의 제출을 요구하거나 위원장 또는 부문별 위원회의 위원장이 지명한 위원 또는 조사관으로 하여금 사업 또는 사업장의 업무상황, 서류, 그 밖의 물건을 조사하게 할 수 있다. <개정 2016. 1. 27.>

② 제1항에 따라 조사하는 위원 또는 조사관은 그 권한을 표시하는 증표를 관계인에게 보여 주어야 한다.

③ 노동위원회는 제1항에 따라 관계 당사자 외에 필요하다고 인정되어 출석한 사람에게 대통령령으로 정하는 바에 따라 비용을 변상한다.

④ 노동위원회는 심판사건과 차별적 처우 시정사건의 신청인이 제출한 신청서 부본을 다른 당사자에게 송달하고 이에 대한 답변서를 제출하도록 하여야 한다.

⑤ 노동위원회는 제4항에 따라 다른 당사자가 제출한 답변서의 부본을 지체 없이 신청인에게 송달하여야 한다.

## Ⅴ 「노동위원회법」상 행위규범과 「노동위원회 위원의 윤리강령」

공적 조정기관에 해당하는 노동위원회의 경우 분쟁해결지원인 역할을 맡고 있는 위원들의 윤리와 관련하여 그 '행위규범'을 법 조항에 담고 있다. 나아가 2013년 '노동위원회 위원의 윤리강령'도 제정되어 분쟁해결지원인의 윤리적 행위의 중요성을 강조해 오고 있기도 하다. 노동위원회의 위원 특히, 공정성과 중립성이 강조되는 공익위원의 경우 노동위원회규칙에서 별지의 서식을 통해 '서약서'를 작성토록 하고 있다. 서약서의 내용은 앞서 노동위원회법의 '행위규범'과 위원의 '윤리강령"에 관한 내용을 담아 분쟁해결지원인으로서의 도덕적 · 윤리적 책무와 공정 · 중립성의 준수 의무에 대한 결의를 담고 있다.

노동위원법 제13조에서는 위원의 신분보장에 관한 내용을 담고 있다. '위원의 의사에 반하여 면직되거나 위촉이 해제되지' 않지만 그 예외에 관해 5가지를 기술하고 있다. 여기에는 ⅰ)국가공무원으로서의 결격사유, ⅱ)장기간 심신쇠약으로 인한 직무수행 불가, ⅲ)직무 관련 비위사실, ⅳ)위원의 '행위규범' 위반, ⅴ)공익위원 자격기준 미달 등이 포함된다. 이 중에서 위원으로서 지켜야 할 윤리의 위반과 관련한 내용에는 '직무와 관련한 비위사실'과 '행위규범' 위반이 있다. 위원의 '행위규범' 위반은 노동위원회법 제11조의2에서 다루고 있으며 향응이나 금품 수수 금지에서부터 편파적이거나 사건처리 방해 등의 공정성 · 중립성 위반, 직무수행 과정에서 습득한 정보를 본인 또는 타인의 이익을 위해 이용 금지, 위원회 출석 등 성실한 업무수행, 끝으로 위원으로서의 '품위유지'에 관한 사항들이다. 한편, 노동위원회 위원의 윤리강령은 '행위규범'의 내용을 좀 더 세부적으로 기술하고 있으며, 공익위원의 서약서는 이 같은 내용의 준수를 결의하는 형식을 갖추었다.

## ※「노동위원회법」상의 '위원의 행위규범'

제11조의2(위원의 행위규범) ① 노동위원회의 위원은 법과 양심에 따라 공정하고 성실하게 업무를 수행하여야 한다.

② 중앙노동위원회는 노동위원회 위원이 제1항에 따라 업무를 수행하기 위하여 준수하여야 할 행위규범과 그 운영에 관한 사항을 제15조에 따른 전원회의의 의결을 거쳐 정할 수 있다.

③ 제2항에 따른 노동위원회 위원의 행위규범에는 다음 각 호의 사항이 포함되어야 한다.

1. 업무수행과 관련하여 **향응 · 금품 등을 받는 행위**의 금지에 관한 사항
2. 관계 당사자 중 어느 한쪽에 **편파적이거나 사건 처리를 방해하는 등 공정성과 중립성을 훼손하는 행위**의 금지 · 제한에 관한 사항
3. 직무수행과 관련하여 **알게 된 사항을 자기나 다른 사람의 이익을 위하여 이용하거나 다른 사람에게 제공하는 행위**의 금지에 관한 사항
4. 제15조에 따른 부문별 **위원회의 출석 등 노동위원회 위원으로서의 성실한 업무수행**에 관한 사항
5. 그 밖에 **품위 유지** 등을 위하여 필요한 사항

## ※ 노동위원회의 위원 윤리강령

### 노동위원회 위원 윤리강령

제정 2013. 4. 6 노동위원회 위원 윤리강령 제1호

개정 2015.10.20 노동위원회 위원 윤리강령 제2호

노동위원회 위원은 신속하고 공정한 판정 및 조정을 통해 근로자의 정당한 권리를 보호하고, 노동분쟁을 예방·해결함으로써 노동관계의 안정과 국민경제의 발전에 기여할 책임이 있다.

위원은 이 같은 책임을 다하기 위하여 높은 도덕성과 윤리성 그리고 전문성을 갖추고, 법과 양심에 따라 공정하고 성실하게 직무를 수행하여야 한다.

이에 노동위원회법에 따라 위원이 지켜야 할 윤리기준과 행위규범을 다음과 같이 마련하니, 위원은 이를 실천하여 노동위원회가 국민으로부터 신뢰를 받을 수 있도록 하여야 한다.

**제1조(위원의 책무)** 위원은 법과 양심에 따라 공정하고 성실하게 직무를 수행하며, 위원으로서의 품위를 유지한다.

**제2조(공정한 직무수행)** ① 위원은 사건을 처리함에 있어 공정성과 중립성을 훼손할 수 있는 언행을 하지 아니한다.

② 위원은 사건 당사자들을 혈연·지연·학연·성별·종교·경제적 능력 또는 사회적 지위 등을 이유로 차별하지 아니한다.

③ 위원은 조사보고서 등 사건 관련 자료를 사건당사자를 포함하여 어느 누구에게도 제공하지 아니한다.

④ 위원(공익)은 맡은 사건의 당사자와 대리인 등 관계인을 어느 일방에 유리하게 할 목적으로 면담하거나 접촉하지 아니한다.

⑤ 위원은 「노동위원회법」이 정하는 제척사유에 해당하거나 심의·의결·조정을 공정하게 하기 어려운 사정이 있을 때에는 해당 사건의 회피를 신청한다.

**제3조(성실한 직무수행)** ① 위원은 맡은 직무를 성실하게 수행하고, 직무수행 능력을 향상시키기 위하여 꾸준히 노력한다.

② 위원은 전원회의나 부문별위원회에 성실히 출석하고, 사건을 맡은 이후에는 사고나 질병 등 부득이한 사유가 있는 경우를 제외하고는 불참하지 아니한다.

③ 위원은 판정과 조정이 적정하게 이루어질 수 있도록 조사보고서, 이유서, 답변서 등 사건 관련 자료를 성실히 검토하고, 신중하고 충실하게 심문한다.

④ 위원은 당사자와 대리인 등 사건관계인을 친절하고 정중하게 대한다.

⑤ 위원은 「국가공무원법」이 정한 공무원의 결격사유에 해당하게 된 경우에는 지체 없이 노동위원회에 신고한다.

**제4조(청렴한 직무수행)** ① 위원은 맡은 사건의 당사자 등으로부터 금품, 금전상 이익, 향응이나 기타 경제적 편의를 제공받지 아니한다.

② 위원은 직무수행과 관련하여 알게 된 정보를 자기나 다른 사람의 부당한 이익을 위하여 이용하거나 다른 사람에게 제공하지 아니한다.

③ 위원은 자기나 다른 사람의 부당한 이익을 위하여 노동위원회의 위원 신분을 이용하지 아니하며, 다른 위원이나 조사관의 직무수행에 영향을 미치는 행동을 하지 아니한다.

④ 위원이 노동위원회에서 관여한 사건과 관련하여 당해 위원(공익위원의 경우 소속법

인 · 기관을 포함한다)은 사건의 재심 또는 소송에서 그 사건에 관하여 직무를 수행하지 아니한다. <신설 2015.10.20.>

⑤ 위원(공익위원의 경우 소속법인·기관을 포함한다)은 소속 노동위원회의 사건 대리를 자제한다. <신설 2015.10.20.>

⑥ 노동위원회 위원장 · 상임위원의 직에 있다가 퇴직하여 법무·노무법인에 취업하거나 변호사 또는 공인노무사 개업을 한 경우 퇴직 전 1년부터 퇴직할 때까지 근무한 노동위원회 사건을 퇴직한 날부터 1년 동안 수임하지 아니한다. <신설 2015.10.20.>

⑦ 제5항 및 제6항에 있어서 법제6조의2 규정에 의한 사회취약계층 권리구제 업무를 대리하는 경우 또는 사건당사자가 민법 제767조에 따른 친족인 경우의 대리는 그러하지 아니한다. <신설 2015.10.20.>

**부칙〈노동위원회 위원 윤리강령 제2호, 2015.10.20.〉**

이 윤리강령은 2015년 11월 30일부터 시행한다.

**※ 노동위원회 공익위원의 서약서 中 내용**

1. 직무상 취득한 비밀을 유지하며 어떠한 경우라도 외부에 누설하지 않겠습니다.
2. 직무상 취득한 정보를 사적으로 활용하지 않겠습니다.
3. 당사자 · 대리인 · 이해관계자와의 사적 접촉을 하지 않겠습니다.
4. 직무와 관련한 어떠한 편의 · 향응 · 금품 등이나 청탁 · 압력을 거절하고, 편의 · 향응 · 금품 등을 요구하거나 청탁 · 압력을 하지 않겠습니다.
5. 본인 및 가족, 본인이 속한 단체 및 기관 등과 밀접한 관계가 있는 심판 · 조정 사건은 스스로 회피하겠습니다.
6. 당사자의 고충이 신속하고 공정하게 해결될 수 있도록 조정 · 심판회의에 적극 참여하고 사전준비를 철저히 하겠습니다.
7. 당사자 · 대리인 · 참고인 모두에게 공감하고 존중하는 언행으로 대하겠습니다.
8. 회의 결과가 당사자에게 통보되기 전에는 누구에게도 결정 내용을 알리지 않겠습니다.
9. 노동위원회 윤리강령을 엄격히 준수하며, 기타 노동위원회 직무와 관련하여 부당한

이익을 취하거나 공공이익에 반하는 행위를 하지 않겠습니다.

ADR은 공적조정 외에 사적조정 부문에서 광범위하게 활용될 필요가 있다는 점에서는 노동위원회와 같은 공적 분쟁해결지원기관에서 규정하고 있는 분쟁해결지원인의 윤리적 책무에 비해 결코 가볍게 다룰 수 없는 영역이다. 분쟁해결지원인 개인의 비윤리적 행위라 할지라도 그 결과는 분쟁해결지원 기관 전체에 대한 신뢰도를 무너뜨리는 결과를 초래할 수 있기 때문이다.

ADR은 화해 · 조정과 중재를 통해 분쟁당사자의 자율적인 문제해결을 촉진하는데 있고, 이를 위해서는 엄격한 윤리 기준을 바탕으로 하는 전문적이고 중립적인 분쟁해결지원인의 역할이 매우 중요하다. 따라서 분쟁해결지원인은 일정한 조건 즉, 관련 분야에서 전문성을 보유하고 있으며 많은 경험을 통해 공정하고 중립적이며 도덕적 책무를 수행할 수 있는 역량을 갖추어야 한다.

이들 분쟁해결지원인이 화해 · 조정 등 분쟁상황에 참여하여 활동하는 전반에서 비윤리적이거나 공정 · 중립성을 훼손한 경우에는 그에 따른 제재 규정도 엄격하다. 위반의 경중에 따라서는 해당 분쟁해결기관의 분쟁해결지원인으로서 화해 · 조정 자격을 일정기간 또는 영구적으로 박탈하기도 한다. 「노동위원회법」에서도 위원들에 대한 제재 조항이 있으며 구제신청에 참여하는 분쟁당사자의 윤리의무 위반에 대해서도 벌칙 조항을 가지고 있다.

윤리적 행위는 분쟁당사자들이 기대하는 공정하고 중립적인 문제해결에의 신뢰 수준을 가늠하는 척도일 뿐 아니라 분쟁해결지원 기관에 대한 사회적 신뢰도를 결정하는 핵심 요인이다. 따라서 분쟁해결지원인이 갖추어야 할 여러 핵심적인 요건들이 있지만 윤리적 책무는 그 중에서 가장 중요한 요건이자 책무라고 할 수 있다.

**표 1 노동위원회법상 벌칙 조항**

| 관련 조항 | 내용 | 위반시 벌칙 |
|---|---|---|
| 제28조<br>(비밀엄수 등) | • 노동위원회의 위원이나 직원 또는 그 위원이었거나 직원이었던 사람은 직무에 관하여 알게 된 비밀 누설 금지.<br>• 노동위원회의 사건 처리에 관여한 위원이나 직원 또는 그 위원이었거나 직원이었던 변호사 · 공인노무사 등은 영리를 목적으로 그 사건에 관한 직무 수행 금지 | 1년 이하의 징역<br>또는<br>1천만원 이하의 벌금 |
| 제23조<br>(위원회의<br>조사권) | • 노동위원회 소관사무와 관련하여 사실관계 확인 필요시 이해당사자 출석 · 보고 · 진술 또는 필요한 서류제출 요구하거나 사업장의 업무상황, 서류, 그 밖의 물건 조사 가능 | 500만원 이하의 벌금<br>• 보고 · 서류제출 요구에 미대응 또는 거짓보고, 거짓 |

| | | 서류 제출자<br>• 조사거부 · 방해 또는 기피 한 자 |
|---|---|---|
| 제20조<br>(회의의<br>질서유지) | • 위원회의 위원장은 소관회의의 공정한 진행을 방해하거나 질서를 문란하게 하는 자에 대해 퇴장명령 및 필요한 조치 가능 | 퇴장명령 불응시<br>100만원 이하의 과태료 |

## VI 분쟁해결지원인의 윤리성을 확보하려면

### 1. 분쟁해결 토대로서의 윤리

분쟁해결지원인의 윤리는 앞에서 언급한 바와 같이 분쟁해결을 위한 토대이다. 분쟁해결을 잘하거나 부작용이 없도록 하기 위한 부가적인 요소가 아니라 분쟁해결을 하기 위해 기본적으로 갖추어야 할 필수 요소이며 핵심 요소이다. 분쟁해결지원인이 분쟁당사자와 처음 대면하는 단계에서부터 윤리를 갖추어 신뢰가 형성되어야 하며, 분쟁해결을 해가는 과정에서도 윤리가 바탕이 되어 진행되는 속에 신뢰가 형성되며, 해결책을 결정하는 단계에서도 윤리에 의한 합의가 도출되어야 신뢰가 유지된다. 분쟁해결지원인의 윤리는 분쟁당사자로 하여금 자연스럽게 부정적인 감정에서 벗어나서 쟁점을 객관적으로 사실에 입각해서 바라보고, 자율적으로 합의에 도달하는 길을 안내하는 가장 강력한 수단이며 설득의 원천으로 3가지 요소로 구성되어 있다.

첫째, 분쟁당사자에게 분쟁해결지원인의 인격체로서의 존재자체가 신뢰를 가져올 수 있도록 윤리를 갖추어야 한다. 먼저 분쟁해결지원인의 언행의 태도에서 신뢰를 줄 수 있도록 윤리를 갖추어야 한다. 다음으로 분쟁당사자가 분쟁해결지원인의 공정성과 전문성에 대한 신뢰를 가질 수 있도록 자신의 존재 자체에 대한 윤리를 갖추어야 한다. 필요시 이해충돌방지를 위해 기피·회피를 하여야 하며, 공정성에 문제를 야기할 수 있는 사적 접촉을 자제하여야 한다. 분쟁해결지원인은 언행에서 예의를 갖추고 분쟁당사자를 존중하는 윤리로 공정성을 확보하고 분쟁사건에 대한 끊임없는 연구로 분쟁쟁점에 대한 전문성을 갖추어야 한다.

둘째, 분쟁당사자의 불편한 감정을 헤아리는 공감하는 의사소통을 할 수 있는 윤리적 덕목을 갖추어야 한다. 분쟁당사자의 부정적 감정을 이해하는 윤리 바탕 위에서 분쟁해결은 가능하게 된다. 분쟁당사자들의 부정적 감정을 공감하고, 더 나아가서 부정적 감정에서 분쟁당사자가 벗어나와 합리적 인식에서 문제해결에 임하도록 이끌 수 있는 윤리를 갖추어야 한다.

셋째, 분쟁당사자가 사실을 진술하도록 적절한 질문과 사실파악을 명확히 하여 사실에 입각한 분쟁해결을 하여야 한다. 상호성의 원리에 따라 분쟁당사자가 상호 존중하고 배려하게 하여 일방이 손해를 보거나 양보하지 않도록 하는 윤리를 통해 분쟁당사자로부터 신뢰를 확보하여야 한다.

이러한 분쟁해결지원인의 윤리는 당해 분쟁사건을 해결하기 위해 갖추어야 할 윤리이기도 하지만 당해 사건을 넘어서 향후의 분쟁사건을 해결하는데 있어서도 현재의 윤리 덕목은 그 토대가 된다. 한 사람의 분쟁해결지원인의 윤리는 그 당해 분쟁해결지원인에게만 한정되는 것이 아니라 다른 분쟁해결지원인에 대한 사회적 신뢰에도 영향을 끼치며, 분쟁해결지원 기관의 신뢰에도 심대한 영향을 미친다.

## 2. A사의 경우

A사의 분쟁사건을 ㄴ사업주로부터 의뢰받은 K노무사는 분쟁해결지원인으로서 분쟁을 해결하는데 지원하고자 하였다. 그는 분쟁해결지원인의 윤리로서 에토스(Ethos)를 일정 부분 갖추고 있었다. 관내에서 평판으로 신뢰를 받고 있는 분쟁해결지원이었다. 분쟁당사자를 접하면서도 언행에서 신뢰를 확보하는 예의있는 행동을 보여 에토스를 더 강화하였다. 이러한 에토스(Ethos)는 분쟁당사자들로 하여금 주변인으로부터 분쟁해결지원인에 대한 긍정적인 평판을 듣는 과정에서 신뢰를 더 갖게 되고 분쟁해결과정에 기대를 갖고 임하게 하였다.

K분쟁해결지원인은 먼저 분쟁해결을 의뢰한 ㄴ사업주의 불편한 감정에 공감적 경청을 하는 태도로 파토스(Pathos)를 형성하였다. 사실관계를 정확히 파악하기 위한 질문을 통해 ㄴ사업주의 인식의 폭을 확대하여 분쟁에 대해 자포자기 상태를 극복하고 해결하고자 하는 의지를 가질 수 있게 지원하였다. ㄴ사업주와의 신뢰관계 형성은 분쟁해결지원인의 향후 활동의 폭을 확대하여 분쟁해결의 가능성을 높여주게 되었다. 한편 ㄴ사업주로부터 의뢰를 받았지만 ㄱ근로자를 만나서 불편한 감정을 경청하고 공감을 하여 불편한 감정을 해소하여 신뢰를 형성하였다.

아울러 공감대 형성과 로고스(Logos)에 의한 사실에 입각한 당사자와의 의견교환으로 신뢰를 확보하여 분쟁해결에 이를 수 있었다. 정확한 사실관계 진술의 원리를 위해 ㄱ근로자에게 적절한 질문을 하여 객관적 사실관계를 파악하였다. 사실 진술 원리에 따라 사실관계를 어느 한쪽으로 편향되지 않고 객관적으로 파악하는 윤리 행동을 함에 따라 신뢰관계를 확보하였다. 분쟁당사자와 사실 진술에 바탕으로 한 신뢰관계를 확보한 이후에 양측 당사자로 하여금 상호성의 원리에 따라 상호 양보하게 함으로써 윤리를 확보하고 신뢰를 형성하였다. 분쟁당사자는 분쟁해결지원인에게 상호성의 원리에 따라 양보를 하고 상대방에 대한 오해를 풀고 이해하며 미안한 마음과 감사한 마음을 갖게 되었다. 노동청에 고발된 사안도 합의취하를 하게 되었으며 분쟁해결지원인의 윤리에 바탕으로 한 신뢰는 더 공고하게 되었다.

## 3. B사의 경우

B사의 임단협 교섭과정에서의 분쟁은 평소의 불신에서 비롯된 것이다. 분쟁당사자는 자신들의 입장에서 정보를 취득하고 자신에게 유리하게 해석하고 행동한다. 상대방의 입장 처지를 헤아릴 여유가 없다. 이러한 분쟁은 평소의 노사관계에서 상호간에 감정적인 충돌로 진행되어 왔고, 분쟁을 자신의 이익 중심으로 해결하기 위해 힘으로 상대방을 제압하려고 하는 속에 법적인 책임문제까지 야기할 가능성이 높다.

조정을 담당한 분쟁해결지원인은 ㄷ대표이사와 노동조합 ㄹ위원장을 존중하는 태도와 해당 분야의 전문적인 지식을 갖추는 등 에토스(Ethos)로 기본적인 신뢰관계를 형성하였다. 아울러 분쟁당사자들의 부정적 감정을 헤아리는 파토스(Pathos) 노력을 경주하였다. 회사 성장 과정에서 헌신한 조합원들에 대한 보상에 실망한 노동조합 위원장의 감정을 이해하고 해소하게 하였다. 아울러 회사 성장을 위해 자신도 헌신했는데 그것을 오해 받고 있는 대표이사의 감정도 해소하게 하였다. 이러한 부정적인 감정이 해소되게 되자 분쟁당사자는 분쟁 상대방에 대한 이해를 하기 시작하였고, 상대방에 대한 긍정적인 태도로 변화되었다. 당연히 조정에 대해서도 긍정적인 태도로 나타나게 되었고, 분쟁해결을 위해 자신들이 무엇을 어떻게 해야 할 것인가에 대한 문제로 관심을 갖게 되었으며 원만한 조정이 가능할 수 있는 토대가 마련되었다. 분쟁해결지원인은 사실에 입각한 논리 전개의 로고스(Logos) 윤리를 위해 적절한 질문을 통해 사실이 진술되게 하였고 상호성의 원리에 따라 상호 양보하게 하여 분쟁해결에 이를 수 있었다.

분쟁해결을 위한 윤리적 요소로서 에토스, 파토스, 로고스를 잘 수행하기 위해서 분쟁해결지원인이 해야 할 구체적인 행동과 하지 말아야 할 행동들은 제4장과 5장에서 본 바와 같다. 이러한 구체적인 행동들을 수행하는 것은 윤리적 요소로서 에토스, 파토스, 로고스를 잘 하기 위한 것이라는 것을 명심하고 진실한 마음으로 끈기있게 실행하여야 할 것이다.

# 사항색인


[ㄱ]
가치의 상호공존 169
각하 524
간접 질문 344
간접차별 448
갈등 284, 669
갈등 상황 실전 가이드 271
갈등의 '사건화' 215
감정과 사실을 명확히 구분하는 대화 방식 270
감정 설문 299
감정 억압의 규칙 288
감정적 대응 91
감정 조절 94
강력한 역제안 60
강박 423
강행법규 670
강행법규성 532
개방형 질문 46, 344
개별 대화 방식 269
개별화된 관계 구축 267
개선·보완 피드백 29
개인적 의견 712
거래계약형 협상 371
거래비용 40
거시경제 지표 184
검색범위 527
결렬 시 최선책(BATNA) 77
경영정보 데이터 178
경쟁노조 153
경제적 상한선 171
경청(Deep Listening) 691
고용관계 갈등 249
고용관계의 정보 비대칭 37
고용상의 차별 457
공감(empathy) 능력 65
공공기관 107
공공부문 101, 106
공공부문 노동분쟁 101, 110
공공부문 노사관계 106
공기업 107
공동의 경험 형성 274
공서양속 670
공정대표의무 492
공정대표의무제도 165
과도한 선제안에 맞대응 60

과정 11, 13
과정적 갈등(process conflict) 285
과제 추진 로드맵 26
관계의 우위 472
관계적 갈등(relational conflict) 285
교대추첨제 572
교섭대표노조 493
교섭요구서 179
교섭요구안 183
교섭의 3요소 195
교섭전략 183
교섭창구단일화 제도 493
교섭팀 183
교차추천제 574
교착 91
교환적 임금 504
구술심리 623
구조화 115
권리포기조항 428, 672
귀납법 154
규범적 부분 497
규범적 해석 662
근로감독관AI 지원시스템 529
근로계약 399, 400, 668
근로기준법 668
근로시간면제자 492
근로시간면제제도(Time Off) 491
글로벌 기업 545
금전보상명령제도 593
금전보상제도 525
금품지급명령 519
기능적 갈등(functional conflict) 285
기본 룰(Ground Rule) 141, 142
기타 공공기관 107
기타소득 430
기판력 648
기피 744
깔대기형 질문(funnel question) 46, 56

[ㄴ]

내담자 342
노동분쟁 367, 515
노동분쟁과 ADR 활용 사례 374
노동분쟁 유형에 따른 ADR 활용방법 373
노동분쟁 유형에 따른 구분 372
노동분쟁의 성격 131
노동분쟁의 특성 368
노동시장 유연성 542
노동위원회 102
노동위원회 공익위원 102
노동위원회 준상근조정위원 102
노동위원회규칙 524
노동조합 정파 갈등 152
노사관계의 자율성 강화 117
노사의 임·단협 전략 164
노정 갈등 106
노조민주주의의 실현 169
논의 범위 설정 90

[ㄷ]
단계적 도입 61
단계적 정보공개 58
단순화 115
단체교섭권 침해 153
단체교섭권한 502
단체협약 532, 667
단체협약의 해지 496
단체협약체결권한 502
닫힌(closed) 질문 684
담합구조 111, 112
답변서 700
당사자 적격 695
당사자주의의 실질화 629
당좌비율 188
닻 효과(anchoring) 56, 60
대기발령 433
대리권 669
대리인 문제 109
대립적 집단심리 151
대면조사 620
대상적격 695
대안 제시 82
대상(代償)조치 113, 120
대안적 분쟁해결제도(ADR: Alternative Dispute Resolution) 369, 421
대 쟁점 696
대표권 669
데이터 기반의 교섭전략 177
도덕적 감정 254
도덕적 감정별 전환 접근법 267
도덕적 감정을 객관화 264
도덕적 경멸 254
도덕적 분노 254
도덕적 역겨움 254
도의조항 658
두괄식 구성 602
디지털 노동관계 490
디지털 에티켓 315

[ㄹ]
레버리지 82
로고스(Logos) 733
로그롤링 60
로우볼(low-ball) 전술 48
로이어링(Lawyering) 394

[ㅁ]
맥락적인 정보 317
맥락 중심의 대화 방식 전환 270
메소(MESO) 제안 57
메타포 사용하기 350
명예로운 양보 161
모집공고문 320
목표 77
무노동무임금 원칙 154, 155, 505
무임승차자 155
무제한 기판력 649

문서화 81
문자메시지 309
문제 중심적 사고 289
문제해결(problem solving) 66
물가상승률 185
미러링(mirroring) 47
민주주의자 '우리' 157

[ㅂ]
반괴롭힘 정책 220
반사적(reflective) 대화법 685
발견의 과정(process of discovery) 41
발언 풍토(voice climate) 292
배치전환 321
법령정보 526
법률대리인의 소극적 기능 390
법률대리인의 적극적 기능 389
법률요건 581
법률행위 662
법률행위의 해석 663
법률효과 581
법적 정당성 180
법적 협상의 개념 370
법적 협상의 모델 370
법적 협상의 성공 조건 387
법정 정년연장 160
보안작업 499
보정요구, 심문회의 생략 592
보충적 해석 662
복잡성 114
복합분쟁 106, 111
본 조정 118
부당노동행위 492
부당해고 구제신청 517
부제소특약 655
부제소합의 428
부채비율 188
분배적 협상(distributive negotiation) 371
분쟁 669
분쟁조정기구 111, 113
분쟁종료효 648
분쟁해결 727
분쟁해결 방법에 따른 장·단점 377
분쟁 해결 시스템 10, 14
분쟁 해결 전문가 10
분쟁해결지원인 727, 731
분쟁해결형 협상 371
불리한 처우 444
(불)신임투표 151
불필요한 갈등 311
브레인스토밍 10
비공식적 분쟁해결절차 228
비과세 430
비교대상근로자 443
비대면 의사소통 309
비밀유지 429
비방금지 429
비실시간(비동기, non-synchronized)

309
비정규직·성·연령 차별 439
비진의의사표시 423
빅마우스 137

[ㅅ]
사건검색 528
사건의 상세 목록 568
사고습관(habits of mind) 252
사고습관의 고착화 262
사람 중심 갈등 상담 모형 340
사람－직무의 적합성(person－job match) 38
사실과 주장 712
사실적 정보 48, 56
사실조사 618
사실 조사권 577
사외 구제 절차 216
사용자 역할 166
사용자의 안전배려 의무 이행 469
사전인준투표제(총회인준조항) 503
사전 조정 103, 118
사전 준비 72
사직 421
사직서 321
사회통념상 합리성 이론 533
사후 조정 105, 118
산별 중앙교섭 105
산업전환 490
산출 11, 13, 28
3단 논법 579
상급 단체교섭 지침 194
상담 구조화 347
상생의 교섭 177
상생의 교섭문화 201
상호존중 293
상호주의의 원칙 48
상황 분석 76
새로운 갈등 프레임 설정 263
새로운 쟁점 개발 61
생활보장적 임금 504
서면통지 425, 519
선거제도 152
선제안 56
선제안과 메소(MESO) 제안 56
선제적 대응 211
선택적 지각 256
先 협의－後 결정 26
선후·인과·상관관계 711
세대간 가치관 313
세부 쟁점 699
소극적 기만(omission) 50
소급효 534
소송 515
소수노조의 희생 최소화 162
소의 이익 518
솔선수범(lead by example) 48
수습기간 320

수익성 188
순차배제 576
신사협정 653
신청기간 695
실리 찾기 156
실무 교섭 소위원회 196
실수령금액 660
실시간(동기, synchronized) 309
실질적 의사결정권 137
실행 가능성 161
심급 516
심리적 안전감 287
심문회의 617, 624
심판위원회와 단독심판 588
심판위원회의 사건처리 방식 588

[ㅇ]

안전보호시설 500
암묵지 159
액션 플랜 427
양보 94
업무적 갈등(task conflict) 285
업무환경의 악화 477
ADR과 법적 협상의 차이 370
에토스(Ethos) 732
역제안 94
연방알선조정청(FMCS) 735
연봉 산정 321
열린(open) 질문 684
영구보관 317
영업이익률 189
예방적 고충처리시스템 229
예방적 고충해결시스템 220
예방중심 통합적 대응 218
오피스 빌런 434
완결형 318
요건사실 713
요인분석을 위한 설문조사 10
우선순위(priorities) 42, 56, 59
우선순위 설정 167
우위성 472
원직 복귀 434
원칙 있는 패배 169
원칙의 충돌 156
위원회의 종류와 역할 585
위자료 659
유리조건 우선원칙 407
윤여정 316
의사소통 17, 426
의사표시 664
의제 77
이메일 309
이모지 315
이모티콘 315
이슈 결합 및 재결합 60
이슈 번들링 56
이슈 재결합(issue rebundling) 61
이슈 쪼개기(issue chopping, or issue

unbundling) 61
이유서 700
2차 가해 216
인건비 적정성 191
인격체 316
인내심과 끈기 65
인스타그램 315
인정 판정, 기각 판정, 각하 판정, 화해권고기간 부여 592
인지부조화 축소 성향 170
일반적 구속력 508
일생활균형(work–life balance) 315
임금교섭 86
임단협 교섭 183, 195
임·단협의 우선순위 159
임단협 타결 198
입법 동향 534
입체적 신뢰 172

[ㅈ]

자기과신(overconfidence) 58
자기과신의 오류(overconfidence) 50
자기자본비율 188
자동연장협정 497
자료제출명령 622
자료제출협조요청 622
자연적 해석 662
자율교섭 및 타결의 시간 158
장애요인 168
재무건전성 186
재진술 343
재판상 화해 647
쟁점의 전환 167
저항선 77
적극적 경청 47, 56, 65, 688
적극적 기만(commission) 50
전권 확인 76
전략적 의사소통 170
전략적 정보 48
전문지식 65
전원합의체 판결 521
전화통화 309
점진적인 신뢰 구축 274
접수되는 사건의 종류 567
접수 사건의 배정 572
정기적인 대화 채널 유지 275
정당성 424
정당한 이유 424
정보 검색 530
정보 열위 59
정보 우위 57
정보 은닉 및 왜곡 40
정보의 비대칭 19
정보의 비대칭성 183
정부의 지침은 상수 163
정보 프리미엄 56
정신적 고통 477
정체성 기반 갈등 251

정체성(identity) 250
정체성 위협 257
정치적 하한선 171
제도화 28
제척 744
조건부 양보 56, 58
조망수용 대화 265
조사권 619
조사보고서 704
조정 118
조정사건 사실 조사 Checklist 583
조정사건의 배정 574
조정 생태계 연결고리 171
조정신청 103
조정안 104
조정안 제시 및 조정회의 종료 587
조정연계중재(Med-Arb) 104, 120
조정위원회 103
조정위원회의 사건처리 방식 585
조정자의 역량과 자세 65
조정전지원 105
조정전지원 제도 102
조정 조사보고서 718
조정중지 결정 587
조정회의 102, 103
조직개발OD: Organization Development 293
조직경쟁 163
조직 문화 291
조직적 투명성 180
존중 리더십 237
준재심 651
준정부기관 107
중립성(impartiality)/비밀 유지 65
중립적 질문 46
중앙노동위원회 103
중앙 단위 노사정 논의 160
중재 103, 118, 120
중재위원회 104
중재인의 역할 387
증거조사 628
증명력 661
지속 가능한 갈등 해결 체계 268
지위의 우위 472
지향성 115
직무수행 평가 321
직장 내 괴롭힘 214, 218, 224, 319, 467
직장 내 괴롭힘 금지제도의 오·남용 479
직장 내 괴롭힘의 성립요건 470
직장 내 괴롭힘의 행태적 구성요건 472
직장 내 성희롱 319
직장 빌런 434
직장폐쇄 505
직접 질문 344
진단 TF 20
진실성의 원칙 48
진정성 292
진정직업자격 450

집단적 분쟁 490
집행권원 656
집행력 650
징계위원회 73

[ㅊ]
찬반투표 158
창설적 효력 650
창의적 문제해결 능력 65
창의적 파이 키우기 56, 59
채무적 부분 497
처분권주의 656
처분문서 660
첫 제안 80
청산조항 672
첵크인(check－in) 58
최상의 대안(BATNA; Best Alternative to a Negotiated Agreement) 372
최저임금 193
취업규칙 399, 401, 518, 523
치킨게임 647
침묵의 힘(power of silence) 47

[ㅋ]
카카오톡 309
커뮤니케이터(Communicator) 718
콜 포비아(Call Phobia) 314

[ㅌ]
탄소중립 490
탈교섭화 116, 121
탈법행위 533
탈복잡화 115
탐사 질문(calibrated questions) 46
태업 505
통상임금 533
통합적 협상(integrative negotiation) 371
퇴직위로금(ex gratia) 431
투입 11, 13
특성별 교섭 105
팃포탯(Tit－for－Tat) 48

[ㅍ]
파괴적 갈등(destructive conflict) 285
파업 504
파토스(Pathos) 732
판례 526
판정 530
판정서의 구성 593
판정서의 본격적인 작성 596
판정회의록 595
펄스 서베이(pulse survey) 299
평판과 선입견 170
폐쇄형 질문 46, 344
포괄적 조정 서비스 118
포커스 그룹(focus group) 299
포커스 그룹 인터뷰 10

표시행위 664
프레이밍 기법(framing techniques) 392
프레임의 경직화 252
필수공익사업 107, 499
필수유지업무 107, 499

[ㅎ]

하버드류 협상술 371
하이볼(high−ball) 전술 48
합리적 이유 445
합의 성사 가능성 426
해고 421, 523
해고 의사표시 520
해지 청약 422
해지통고 422
핵심 이슈 60
핵심 이해(interests) 42, 43, 55, 56, 58, 59
핵심 인식(top−down processing) 능력 65
행정지도 결정 587
허위진술 634
협상 17
협상력의 불균형 40
협상방법론 125
협상 스타일 42
협상의 틀 90
협상 점검표(NPT: Negotiation Preparation Table) 43
협상 프레이밍 설정 56
협상 프레임 설정 56
협상 환경 76
협정근로자 499
화해 Checklist 590
화해기간 674
화해성립사실 654
화해절차 589
화해조서 652
화해조항 654
화해 합의금 658
회피 744
훌륭한 법적 협상가(Legal Negotiator) 392

[A]

AI 531
Anchor 80
BATNA 56, 57, 77
CASS의 원칙 43
ENCOURAGE 기법 354
ESG 경영 490
Negative Leverage 432
NPT 작성 56
Positive Leverage 432
Promediate 681
SNS 309
SOLER 354

## 공저자 소개

### 김태기

현장을 중시하는 노동경제학자로 이론과 실제의 통합적 연구를 추구해왔다. 현재 중앙노동위원회 위원장을 맡고 있으며 분쟁의 평화적 해결을 넘어 신뢰사회 구축에 힘을 쏟고 있다. 우리나라 최초로 단국대학교에 분쟁해결연구소를 설립했고, 한국노동경제학회 회장을 역임했다. 주요 저서로 『협상의 원칙』(사회평론, 2003), 『분쟁과 협상』(경문사, 2007), 『분쟁 조정의 경제학』(한국노동연구원, 1990), 『노사분쟁조정에 관한 연구』(한국노동연구원, 1999) 등이 있다.

### 김용민

김용민은 국민대학교 경영대학 명예교수로 경영대학장, 기획처장과 부총장을 역임하였으며, 대학원에서 다년간 인사관리론과 협상론을 강의한 바 있다. 삼성, LG, 현대기아차, SKT, 포스코, 기획재정부, LH공사, KAMCO 등 50여 개 기업 및 정부 기관에서 경영자문 및 산학연구를 수행하였으며, 저서로는 『기업의 시대를 읽는 새로운 경영학』, 『경영학자와 경제학자가 함께 쓴 창조경제 이야기』, 『경영승계의 이론과 실제』 등이 있다.

### 박호환

서울대에서 경영학 학사 · 석사 학위를. 미국 일리노이대학교(어바나 – 샴페인)에서 노사관계학 박사 학위를 취득하였다. 아주대학교에서 경영대학장과 경영대학원장을 역임하고 현재 명예교수로 있다. 한국인사관리학회장, 한국노사관계학회장을 역임하였고, 서울지방노동위원회 공익위원으로 20년간 활동하였으며 현재 서울중앙지법 조정위원으로 있다. 청와대 노동자문위원, 삼성경제연구소 자문위원, 환경부 중앙환경분쟁조정위원회 공익위원, 행안부 갈등관리심의위원회 위원으로도 활동하였다. 『윈윈 협상법』, 『분쟁조정핸드북』 등 협상과 갈등관리, 노사관계, 인사관리 분야의 여러 저서와 연구 논문이 있다.

### 김학린

뉴욕주립대학교(Binghamton)에서 정치학 박사를 취득했으며, 현재 단국대학교 경영대학원 협상학과 교수로 재직 중이다. 갈등학회 회장, 대입제도개편공론화위원회 위원, 가습기살균제피해구제조정위원회 위원 등을 역임했으며, 현재는 중앙노동위원회 공익위원(조정)으로 활동하고 있으며, 주요 저서로는 『갈등관리와 협상』(노스보스, 2018), 『한국사회 공론화 사례와 쟁점』(박영사, 2020), 『다수가 옳다는 착각』(지식노마드, 2021, 역서) 등이 있다.

### 이성희

이성희는 서울대학교와 고려대 대학원을 졸업(경영학 박사)하고 노동전문기자 및 연구자로 활동하였고, 인천지방노동위원장, 중노위 조정심판국장으로 근무하며 노사분쟁 조정업무를 담당했다. 청와대 고용노동비서관, 고용노동부 차관으로 일하며 대형 노동분쟁 해결에 참여한 바 있다. 저서로는 『노사협상전략의 선택조건과 협상전략이 협상결과에 미치는 영향』(2002), 『노동분쟁 예방 및 해결기능 강화방안 연구』(2020), 『한국 노동시장 이중구조 개혁과 노사관계 혁신방안』(2023) 등이 있다

### 황기돈

황기돈은 1996년 독일 브레멘 대학교에서 경제–사회학 박사학위를 받고 1997년 한국노동교육원에서 시작한 노동과 일자리, 그리고 삶의 질 향상에 대한 연구 및 실천을 대통령비서실 삶의질향상기획단 기조실장, 한국고용정보원 연구개발본부장, 지역고용학회 이사장, 나은내일연구원 이사장, 현대자동차 노사공동 고용안정위원회 자문위원등을 역임하면서도 이어가고 있다. 현재 중앙노동위원회 조정담당 공익위원이며, 주요 저서로는 『베이비붐 세대의 직업 생애사와 고용정책』(2011), 『디지털화에 따른 경제사회 변화와 대응전략』(2020), 『2022 한국의 노동과 윤석열 정부』(2022) 외에 다수의 저서와 논문이 있다.

### 편정일

유한킴벌리 노동조합 사무국장으로 재직하고 있으며, 서울사이버대학교 경영학과를 졸업하고 한남대학교 노사관계전문가 과정을 수료하였다. 노동조합의 관점에서 본 협력적 분쟁 해결 방식과 실용적인 교섭 사례를 주제로 한국노총 산하의 조합간부교육, 노사발전재단, 노사민정협의회, 노사관계전문가과정 등에서 강의를 진행해왔다. 유한킴벌리를 3회 연속 노사문화우수기업으로 이끄는 데 주도적인 역할을 하였으며, 상생의 노사문화 정착을 위한 합리적인 교섭방향을 추구하며 선진적인 노사문화 확산에 기여하고 있다.

### 문강분

문강분은 행복한일연구소 · 노무법인의 대표이며 1993년 공인노무사에 합격한 이래 이화여자대학교 법학박사, 미국 페퍼다인대학교 LLM. in Dispute Resolution 학위를 취득하였다. 경제사회노동위원회 전문위원, (사)여성노동법률지원센터 회장을 역임하였으며, 현재 서울중앙지법 상근조정위원, 중앙노동위원회 공익위원(준상근조정위원), 서강대학교에서 멘탈코칭 & 창의적 리더십 과정의 겸임교수로서 분쟁 조정 실무와 인재 양성에 집중하고 있다. 주요 저서로는 『이것도 직장 내 괴롭힘인가요?』(2022), 한경MOOK 『직장 내 괴롭힘금지법』(2022) 등이 있다.

## 김나정

김나정은 보스턴칼리지(Boston College)에서 경영학 박사학위를 취득하였다. 현재 국민대학교 경영대학 부교수로 재직 중이며, 조직행동과 인적자원관리를 가르치고 있다. 주요 연구 분야는 경력 전환, 정체성 변화, HR 관행과 관계 역학이며, 근거이론, 내러티브 분석, 현상학 등 다양한 양적 · 질적 연구 방법론을 활용한다. 관련 논문을 Human Resource Management, Journal of Vocational Behavior, Academy of Management Learning and Education 등에 게재하였다. 현재 국내외 주요 학술지의 편집자문위원으로 활동 중이며, 다양한 단체의 이사회 구성원으로도 참여하고 있다.

## 도보람

도보람은 Boston College에서 경영학 박사 학위를 취득하였고, 현재 연세대학교 경영대학 매니지먼트 분야 부교수로 재직 중이다. 주요 연구 관심분야는 조직 변화 관리, 조직 내 정서경험 및 긍정조직학 등이다.

## 이영면

이영면은 연세대학교 경영학과 학사, 서울대학교 경영학과 석사, 미국 미네소타대학교 산업관계학 박사학위를 취득하고, 1994년부터 동국대학교 경영대학 교수로 재직하고 있다. 2007년부터 3년 동안 서울지방노동위원회 공익위원을 역임하였고 2010년부터 중앙노동위원회 공익위원으로 심판사건을 다루고 있다. 최근 연구논문으로는 "노동위원회의 개인수준 노동분쟁 사건 처리 현황과 개선 방향"(2024. 3), "미국의 부당노동행위에 대한 화해 · 조정제도와 우리 제도 개선방안"(2024. 9), "디지털 시대 고용노동분쟁의 특징과 해결 방식"(2024. 9), "Korean human resource management as number one: Lessons for the Asia Pacific"(2025. 1, 공저) 등이 있으며 저서로는 『고용관계론』(2023), 『K－Management from Incheon』(2021, 공저), 『Routledge Handbook of Korean Business and Management』(2025, 공저) 등이 있다.

## 차명호

차명호는 George Washington University에서 상담학 박사를 취득하고, 현재 평택대학교에서 근무하고 있다. 교육과학기술부 정책보좌관을 역임하고 (사)한국군상담회 회장으로 군 조직 및 심리상담 서비스를 제공하였으며, 다수의 대기업과 국내 기관에 자문 및 강연을 하였다. 또한, 국내 언론사의 자문 및 칼럼위원으로 활동하고 있다. 현재 영국 Oxford University의 한국어 전공 교수와 남북 언어 통합 구축 연구 사업과 한국어 세계화 연합회 사업을 수행하고 있다. 학습동기를 높여주는 공부원리, 군 상담의 이론과 실제, 군 집단상담의 이해, 상담 및 심시치료사를 위한 가치 명료화 프로그램 등의 저서가 있다.

## 이정

일본 동경대학에서 「노사분쟁의 법적 개념」, 「해고분쟁 해결의 법리」라는 주제로 석 · 박사 학위를 받았으며, 직장 내 갈등과 분쟁 해결의 실사구시에 천착해왔다. 일본 규슈(九州)국립대학 법학부 교수, 한국고용노사관계학회 회장, 한국노동법이론실무학회 회장, 한국외대 로스쿨 원장 등을 역임하였으며, 현재는 중앙노동위원회 공익위원으로 활동하면서 강의와 집필활동을 하고 있다. 주요 저서로는, 『노동법체계의 새로운 지평』(법문사, 2023)을 비롯하여, 『解雇紛争解決の法理』(信山社, 2001), 『整理解雇と雇用保障の韓日比較』(日本評論社, 2002), 『노동법의 세계』(지식출판원, 2015), 『일본노동법』(법문사, 2015) 등이 있다.

## 이광선

이광선은 성균관대학교 및 고려대학교 대학원을 졸업하고(노동법 전공, 박사 수료), 사법연수원 제35기를 수료하였다. 연수원 수료 이후 씨제이 주식회사 사내변호사, 법무법인(유) 지평 노동그룹장을 역임하고 2023년 율촌에 합류하여 노동팀 부팀장, 내부조사팀의 부팀장을 맡아서 노동 관련 소송과 자문, 노동 조사 등 노동 관련 전 부분의 업무를 담당하고 있다.

## 권순하

권순하는 서울대학교 법학과를 졸업하고 사법연수원 28기 수료 후 공군법무관을 거쳐 2002년부터 김앤장 법률사무소에서 변호사로 근무하면서 인사노무, 산업안전보건 등 업무를 담당하고 있다. 주요 저서는 『M&A와 근로관계승계』(BFL총서12, 2017)가 있다.

## 변성영

변성영은 성균관대학교에서 법학박사 학위(노동법 전공)를 취득하고, 2015년 중앙노동위원회에 입사하여 현재까지 비정규직 차별시정 관련 연구 · 조사 업무를 수행하고 있다. 2021~2022년 경제사회노동위원회 자문위원을 역임하였으며, 2023~2025년 한국노동법학회 상임이사를 맡고 있다. 주요 논문으로는 "최근 비정규직 차별 판결에 대한 소고"(2021), "비정규직 차별시정제도의 실무상 쟁점들"(2019), "'고용승계기대권'에 관한 소고"(2021), "상대평가에 의한 갱신거절의 정당성"(2018) 등이 있다.

## 이세리

이세리는 사법연수원을 제33기로 수료하고 2004년부터 법무법인 광장에서 변호사 업무를 시작하여 김앤장 법률사무소를 거쳐 2022년부터는 법무법인(유) 세종 노동그룹에서 노동 전문 변호사로 근무하고 있다. 서울지방노동위원회 공익위원, 서울지방고용노동청 직장 내 괴롭힘 전문위원회 위원 등 노동문제에 관한 다양한 외부활동도 하고 있으며 주요 논문으로는 고려대학교 노동대학원 석사논문

「회사분할과 근로관계의 승계」(2011. 2.), 고려대학교 법학전문대학원 전문박사 논문인 「직장 내 괴롭힘 금지제도의 법적 쟁점 및 개선과제」(2024. 2.)가 있다.

**최영우**

현재 우리나라 최대 인사노무교육기관인 중앙경제HR교육원 원장, 경기지방노동위원회 공익위원(심판), 아주대 경영대학원 MBA과정 교수, 한국인사관리학회 이사, 행정안전부 공무원노사문화우수기관 심사위원 등으로 활동 중이며, EBS 노동법 강사, 한국고용노동교육원 교수를 역임하였다. 실무 노동법 베스트셀러인 『개별 노동법 실무』(중앙경제, 개정 14판, 2025), 『집단 노동법 실무』(중앙경제, 개정 10판, 2025), 『노동법 상식 70선』(박영사, 2024)의 저자이기도 하다. 단국대에서 「노동분쟁 조정에 관한 연구」로 박사학위를 받았다.

**최선애**

최선애는 고려대학교와 워싱턴주립대학교 LL.M을 졸업하였고 제36회 사법시험(연수원 26기)에 합격한 후 1997년부터 변호사 업무를 개시하여 현재 덴톤스 리 법률사무소에서 인사노무를 전문 분야로 하고 있으며, 2007년부터 2014년까지 서울지방노동위원회 차별시정 공익위원으로 이후 2017년까지 서울지방노동위원회 상임위원으로 해고 등 개별분쟁과 집단분쟁, 차별, 의결 등 사건을 심의 의결하였다. 주요 저서로는 『한국 · 미국 · 캐나다의 노동법제 비교연구』(2007, 공저), 『노동법 실무』(2017. 6, 공저), 『개별 노동관계법』(2024. 1, 공저)이 있다.

**서덕일**

서덕일은 성균관대학교 법학과와 하버드대학교 법과전문대학원을 졸업한 마국 뉴욕주 변호사이다. 대통령 비서실 정책기획실을 거쳐 현재 김 & 장법률사무소에서 글로벌 기업의 노사관계, HR제도, Compliance 관련 업무를 하고 있다. 2019년 Asia law Regional Award에서 한국의 최우수 변호사로 선정되기도하는 등 매해 Global Media로부터 우수 변호사로 선정되고 있다. 저서로는 『노사관계의 미래』(공저, 한국경제신문, 2022)가 있다.

**김민표**

김민표는 연세대학교를 졸업하고 SK 텔레콤(주) 법무실, 법무법인 중앙법률원 변호사, 법무부 인권구조과 변호사, 경기지방노동위원회 공익위원 등을 역임하고 현재 부산지방노동위원회 상임위원(일반직 고위공무원)으로 재직 중이다. 주요 저서는 『노동법 강의』(2015. 9.), 『노동법 연습』(2016. 8.), 『노동법 고득점 답안의 비결』(3단 논법을 통한 답안작성, 2022. 5.) 등이 있다. 한국괴롭힘학회 이사이며 법학전문석사와 교육학석사를 취득하였다.

**맹수석**

맹수석은 충남대학교에서 박사학위를 취득하고, 일본 동경대학교 법학부에서 초빙연구원으로 연구한 후 충남대학교 법학전문대학원 교수로 근무하면서 원장, 법학연구소장 등을 역임하였다. 학술활동으로는 『공정거래법』(2012), 『상법판례백선』(2011) 등 10여 권의 저서가 있고, "사회적 기업에 대한 제도적 쟁점과 개선방안"(2015), "근로자 퇴직연금수급권의 보호 방안에 관한 연구"(2019) 등 140여 편의 논문이 있다. 사회활동으로 대한상사중재원 원장, 건설근로자공제회 투자심의위원회 위원, 한국사회적기업진흥원 감사 등을 역임하였고, 현재는 충남대학교 법학전문대학원 명예교수, 중앙노동위원회 공익위원으로 활동하고 있다.

**박진환**

박진환은 성균관대 행정학과와 서울대학교 융합과학기술대학원 수리정보공학과를 졸업(이학 석사)하고, 미국 Duke Law School에서 Visiting Scholar로 활동하였다. 제36회 사법시험(연수원 26기)에 합격한 후 1999년 판사로 임명된 이래 대법원 재판연구관으로서 형사 · 근로조에서 노동사건을 전담하였고, 현재 대전고등법원에서 형사항소심을 맡고 있다. 2011년부터는 중앙노동위원회에서 공익위원을 겸직하며 부당해고 등 및 부당노동행위 심판업무를 담당하고 있다. 2024년에 근로자의 날을 맞이하여 '근정포장'을 수상하였다. 주요 연구자료는 '사용자 중 부당노동행위 구제신청의 피신청인적격성 범위'(2016. 12.), '사용자의 표현의 자유와 부당노동행위 여부'(2017)가 있다.

**조영식**

조영식은 단국대학교를 졸업하고 2011년 고용노동부에서 공직 생활을 시작하여 근로감독관으로 근무, 2020년부터 인천지방노동위원회에서 조사관 겸 전문관으로 재직하며 집단노동분쟁, 차별 등의 사건을 다루고 있다. 주요 저서는 『근로계약서 한 장으로 끝내는 근로기준법』(2021. 6.), 『도급과 근로자 파견의 실무』(2021. 7.)가 있고, 연구 자료는 '성희롱 · 성차별 사건과 대안적분쟁해결 연구'(2023. 8.)가 있다.

**이석준**

이석준은 고려대학교를 졸업하고 2007년부터 고용노동부에서 근로감독관, 산업안전근로감독관, 산재재심사위원회 심사관 등으로 근무한 바 있다. 현재, 중앙노동위원회 조사관 겸 전문관으로 근무 중이며, 주요 수행 업무는 심판업무 수행, 영상심판 기획 및 매뉴얼 발간, 전자심판(전자송달) 운영방안 기획, 심판업무 효율화 방안 기획, 심판업무 매뉴얼 개정, 심판분야 기관평가, 영국의 노동 관련 권리구제 서비스 체계에 관한 연구 보고서 발간, AI디지털노동위원회 구축지원 등이 있다.

**윤광희**

1990년부터 한국고용노동교육원에서 현장 노사관계를 연구하고 강의활동을 해오다가 1998년부터 프리랜서로 활동해오고 있다. 법학박사(동국대, 노동법전공)이며 공인노무사이다. 동국대, 숭실대, 단국대 등과 한경국립대 등에서 27년 동안 노동법 강의를 하였다. 산업현장에서는 대안적 분쟁해결 방법인 win－win협상, 직장인 고충해결, 신뢰소통 등의 주제로 35년째 5,000회 이상의 강의와 연구를 해오고 있다.

**손동희**

손동희는 고려대학교 대학원 경영학 박사를 졸업, 한국고용노동교육원 교수로 근무하면서 노사관계 관련 연구 및 강의를 수행하고 있다. 2018년 경제사회노동위원회 전문위원과 2020년 정책기획위원회 한국판 뉴딜 국정자문단 위원 등의 활동을 하였다. 주요 저서는『고용관계론』(공저, 2025. 2)이 있고, 연구 자료는「국공립대 노사관계 쟁점 및 단체교섭 사례연구」(2024. 12),「소방공무원의 광역시도단위 단체교섭 사례연구」(2023. 12),「경찰공무원 노사관계 연구」(2022.12) 등이 있다.

노동분쟁해결 시리즈 3

ADR — 대안적 분쟁해결 제도 — (고급편)

초판발행 2025년 6월 23일
중판발행 2025년 7월 30일

지은이 중앙노동위원회
김태기 · 김학린 · 문강분 · 이 정 · 김민표 외 22인

펴낸이 안종만 · 안상준

편 집 이승현
기획/마케팅 정연환
표지디자인 Ben Story
제 작 고철민 · 김원표

펴낸곳 (주) 박영사
서울특별시 금천구 가산디지털2로 53, 210호(가산동, 한라시그마밸리)
등록 1959. 3. 11. 제300-1959-1호(倫)
전 화 02)733-6771
f a x 02)736-4818
e-mail pys@pybook.co.kr
homepage www.pybook.co.kr
ISBN 979-11-303-2440-1 93360

copyright©김태기 · 김학린 · 문강분 · 이 정 · 김민표 외 22인, 2025, Printed in Korea

* 파본은 구입하신 곳에서 교환해 드립니다. 본서의 무단복제행위를 금합니다.

정 가 60,000원